Wil Tondok
Burghard Bock

Israel und Palästina

Handbuch für individuelles Entdecken einer alten Kulturregion

IMPRESSUM

Wil Tondok
Burghard Bock

Israel und Palästina
erschienen im
Reise Know-How Verlag

Wil Tondok
Nadistraße 18
D-80809 München
info@tondok-verlag.de
www.tondok-verlag.de

ISBN 978-3-89662-485-7
4. neu bearbeitete, komplett aktualisierte Auflage 2013/14
Fortführung des ursprünglichen Titels *Israel, palästinensische Gebiete und Ostsinai)*
Gestaltung und Herstellung
Umschlagkonzept: Günther Pawlak, Peter Rump, Bielefeld, Realisierung Carsten Blind
Lektorat: Kirsten Kauss
Karten: Elke & Achim Krauß, Bernhard Spachmüller (hintere Umschlagkarte)
Grafiken Seiten 87, 504: Burghard Bock
Druck und Bindung: Wilhelm & Adam OHG, Heusenstamm

Dieses Buch ist in jeder Buchhandlung der BRD, Österreichs, der Niederlande und der Schweiz erhältlich. Auslieferung für den Buchhandel: **Prolit Verlagsauslieferung GmbH**, 35463 Fernwald sowie alle Barsortimente (BRD), **AVA-buch 2000**, CH-8910 Affoltern (Schweiz), **Mohr Morawa GmbH**, A-1230 Wien (Österreich), Willems Adventure, Postbus 403, NL-3140 AK Maassluis (Niederlande).

Fotonachweis
Alle Abbildungen von Burghard Bock, außer
Dr. Klaus-Peter Adam, Chicago: S. 254, 281??, 323, 348; Christa Epe, München: S. 168; Christa Grünenfelder, Dr. Klaus-Peter Adam, Chicago: vordere Umschlagklappe 2. Bild von oben, S. 254, 323, 348, 371; Sebastian Engelbrecht, Berlin: S. 438; Christa Epe, München: S. 168; Christa Grünenfelder, Bern: S. 37, 77; Br. Miro Matekic OFMcap, Innsbruck: vordere Umschlagklappe oberstes Bild, S. 13, 183, 394, 454, 461, 475; Christina Meier, Münster: S. 293; Marcus Stange, Greifswald: S. 15, 307, 386; Ellen Tietz, Triptis: S. 151, 327, 328, 333; Sigrid Tondok, München, S. 125, 155, 159, 191; Kai Wiedenhöfer, Berlin: S. 478; Michael Wohlrab, Jerusalem: S. 455
Titelabbildung (Burghard Bock): Blick vom früheren zum heutigen Küsten-Hauptort: Tel Aviv von Jaffa aus

Inhalt auf einen Blick

Reise Know-How im Internet

Aktuelle Neuigkeiten zu den
Tondok-Reiseführern und -gebieten
unter
www.tondok-verlag.de

Zu diesem Buch

Sie halten einen Individual-Reiseführer zu den Sehenswürdigkeiten und zu den Menschen in Israel und Palästina in der Hand. Er will Sie mit detaillierten Beschreibungen gut informieren und mit möglichst präzisen Angaben sicher ans jeweilige Ziel bringen.

• **Schreibweisen**: Hebräische und arabische Wörter und Namen auf Deutsch oder Englisch umzuschreiben ist kompliziert, weil die Alphabete unterschiedlich viele Konsonanten und Vokale haben, die noch dazu unterschiedlich ausgesprochen werden. Das Wort *Zion* findet sich auch in Versionen wie *Tzion, Ziyyon, Ziyon.* Auch das Schild *Qesarya* führt nach *Caesarea*, und hinter *Sepphoris* verbirgt sich die Ausgrabungsstätte *Zippori.*

• Die **Ortsnamen** stellen einen Kompromiss dar aus sprachlicher Richtigkeit und der Wiedererkennbarkeit auf Plänen oder Verkehrsschildern (die leider auch nicht immer einheitlich sind). Schließlich sollen Sie als Deutsche/r die Namen auch möglichst erkennbar aussprechen können.

• Alle **Informationen** entsprechen dem uns bei Redaktionsschluss im Juli 2010 bekannten Stand.

• **Sprachvielfalt**: Nicht einfach ist es, wenn es um ein und dieselben Namen in verschiedenen Sprachen geht: Wenn wir hier nördlich der Jerusalemer Altstadt etwas in der *Nablus St* empfehlen, werden Sie auf dem Plan der Tourismus Information den *Derekh Shkhem* finden – was dasselbe meint: den Straßennamen zu dem Ort, der in der deutschen Bibel Sichem heißt. Ähnlich ist es in West-Jerusalem mit einer Straße aus der britischen Mandatszeit: Die *King David St* heißt auf dem Plan *David HaMelekh.* Straßen mit Personennamen sind manchmal nicht zu finden, weil sie nur mit bzw. nur ohne Vornamen aufgelistet sind, z.B. kommt die *Salomon St* vielleicht nur unter *Yoël Salomon* bzw. umgekehrt die Yoël Salomon nur unter *Salomon St* vor.

Bleiben Sie also flexibel – am besten mit der Vorstellung, wie bei einer Internet-Suche auf den Button „auch ähnliche Namen finden" zu klicken. Willkommen im Orient!

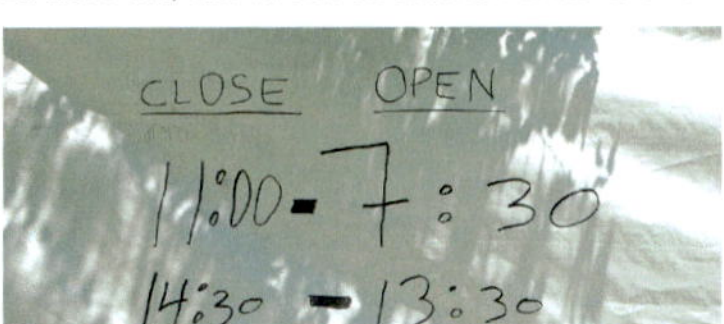

Offizielle Anzeigetafel: die Öffnungszeiten des Tempelplatzes in Jerusalem – hebräisch/arabisch von rechts nach links gedacht

Über die Autoren

Wil Tondok (Dipl.-Ing.) fuhr mit seiner verstorbenen Frau Sigrid (Fotografin) 1971-1974 im VW-Bus um die Erde und verfasste darüber ein viel gelesenes Buch, das sich damals als eine Art Kultbuch für individuelle Fernreisen entwickelte. 1985 war er Mitgründer der Reihe Reise Know-How und schreibt noch heute Reiseführer über den Nahen Osten, insbesondere Ägypten. 1996 erschien „Israel, Jordanien und Ostsinai", von dem 1999 der Jordanien-Teil als eigenständiger Führer abgetrennt wurde. Wegen der innenpolitischen Situation Israels unterblieb die Neuauflage, bis sich Burghard Bock als Koautor mit viel Akribie an die Aktualisierungsarbeit machte und diesen Reiseführer auf den aktuellen Stand brachte.

Burghard Bock aus Bremen hat Theologie und Archäologie studiert. Er verbrachte ein Studienjahr in Jerusalem, leitete eine Saison das Spätbronzezeit-Areal bei der Ausgrabung auf Tel Bet Shean und hat auch die umliegenden Länder bereist. Darüber hinaus kennt er sich auf Geige und Mandoline mit jiddischen Liedern und klassisch arabischer Musik gut aus.

Wenn Sie genauere, aktuellere oder nützlichere Angaben machen können, teilen Sie uns Ihre Erfahrungen bitte so frisch wie möglich mit, siehe Seite 467.

Abkürzungen

Öffnungszeiten sind in Klammern nach dem Namen der Sehenswürdigkeit angegeben (soweit diese bekannt sind). Der Einfachheit halber wurde das Wort *Uhr* fortgelassen: So-Do 9-12, 13-16 bedeutet, dass Sonntag bis Donnerstag von 9 bis 12 Uhr und von 13 bis 16 Uhr geöffnet ist; falls keine Tagesangabe vorkommt, ist täglich geöffnet. Sofern bekannt, folgt nach den Zeitangaben der Eintrittspreis, erkenntlich durch das vorangestellte Shekelzeichen ₪ bzw. die frühere Bezeichnung NIS, die in palästinensischen Gebieten bevorzugt wird.

Kilometerangaben zwischen den jeweils beschriebenen Orten bzw. Kreuzungen sollen lediglich ein Gefühl für die zurückzulegenden Entfernungen vermitteln; die Angaben entstammen dem *Atlas HaSahav 2011* von Mapa; www.mapa.co.il.

Als Entscheidungshilfe finden Sie vor jeder Route unter ***Sehenswertes*** eine bewertete Übersicht.

Die **Sehenswürdigkeiten** wurden von uns klassifiziert – subjektiv natürlich. Wir meinen, dass man an Orten mit der Markierung

****auf keinen Fall vorbeigehen sollte, dass
***wertvolle Bereicherungen darstellen und
**ebenfalls den Besuch lohnen. Aber auch die Sehenswürdigkeiten, die nur mit
*bewertet sind, sollte man beim Planen nicht außer Acht lassen.

Beachten Sie bitte, dass sich **Preisangaben** auf Mitte 2010 beziehen und sich entsprechend der aktuellen Wirtschaftslage schnell ändern können. Das gilt insbesondere für Übernachtungspreise, die im Frühsommer 2010 ermittelt wurden.

Allgemeine Abkürzungen

CBS – Central Bus Station
JD – Jordanischer Dinar
Jh – Jahrhundert
LE – Ägyptisches Pfund
NIS, ₪ – Neue israelische Shekel
PA – Palästinensische Autonomiebehörde
$ – US-Dollar
SPNI – Society for the Protection of Nature in Israel, der israelische Umweltschutzverband
St – Straße, Street, Boulevard
vC – vor Christi Geburt
nC – nach Christi Geburt
₪ 14/7 – Eintritt für Erwachsene/Kinder; hier Erwachsene ₪ 14, Kinder ₪ 7 Shekel

Abkürzungen bei Hotelangaben

AC – Aircondition
B – Bad
B&B – Bed & Breakfast, Übernachtung mit Frühstück
D – Doppelzimmer
Dorm – Dormitory (Schlafsaal)
E – Einzelzimmer
mF – mit Frühstück
pP – pro Person

Die Auflistungen beginnen mit dem jeweils teuersten Hotel, bezogen auf ein Einzelzimmer oder einen Übernachtungsplatz. Die Rangfolge wird sich vermutlich bald nach Erscheinen dieses Buches aufgrund von Wechselkursschwankungen ändern.

Buch-Konzeption

Die nebenstehende Karte ermöglicht einen schnellen und einfachen Zugriff auf das Gebiet, über das man gerade etwas wissen will.

- Kapitel 1 informiert über **Reisen in Israel und Palästina**, ab S. 13
- Viele **praktische Ratschläge**, wie man in der Reiseregion zurechtkommen kann, finden Sie in Kapitel 2, ab S. 43
- **Hintergrundinformationen** über Land und Leute, über Geschichte und Gegenwart erleichtern ein besseres Eindenken/Einfinden in die manchmal nicht unproblematische Situation Ihres Reisegebietes, Kapitel 3, ab S. 97

Die eigentlichen Orts- und Routenbeschreibungen beginnen nach diesen Kapiteln:

- **Jerusalem**, Kapitel 4, S. 133
- **Tel Aviv und Umgebung**, Kapitel 5, ab S. 219
- Die **gesamte Mittelmeerküste** mit verschiedenen Abstechern nach Osten, Kapitel 6, ab S. 257
- **Galiläa** mit christlichen und jüdischen Stätten, **See Genezareth und Golan-Höhen**, Kapitel 7, ab S. 315
- Orte und Landschaften am **Toten Meer**, im **Negev** mit seinen ungewöhnlichen Wüstenformationen bis nach **Elat**, Kapitel 8, ab S. 373
- **Palästinensische Gebiete** mit aktuellen und historischen Stätten wie Nablus, Jericho, Bethlehem, Hebron und Gaza, Kapitel 9, ab S. 427

Vorwort

Ein Staat und ein halber

Die Sonne scheint, alle sind immer gut drauf, die Einheimischen stören keinen, Essen und Trinken wunderbar – so könnte man vielleicht einen *All-Inclusive-Urlaub* bewerben. Das Reiseziel Israel und Palästina jedoch nicht: Die Kameras der Welt sind ständig in Großaufnahme auf diesen schmalen Landstrich gerichtet, fast täglich schaffen es Nachrichten von dort in die weltweiten Schlagzeilen. Alle, die hinfahren, haben bereits eine nähere Vorstellung und Meinung über ihr Reiseziel.

Das liegt auch daran, dass quasi jeder Quadratmeter des Landes geschichtsträchtig ist. In der Antike war hier die Durchgangsstrecke für die Kriegszüge von Ägyptern, Assyrern und Babyloniern, Griechen und Römern. Heute wirken über den ganzen Globus verteilte Interessen ins ohnehin schon komplizierte Tagesgeschäft vor Ort. Europa interessierte sich seit dem 19. Jh wieder für die südliche Levante. Die spätere britische Mandatszeit und besonders natürlich der in die Tat umgesetzte deutsche Wahn, ein Weltjudentum vernichten zu müssen, schufen denkbar schlechte Voraussetzungen für Staatswesen, die miteinander auskommen sollen.

Wer seine Vorstellungen flexibel hält, bekommt mehr mit, denn es gibt unzählige Graustufen zwischen dem in unseren Nachrichten oft gebotenen Schwarz/Weiß. Jede Reise bietet Begegnungen und Begebenheiten, die man sich vorher nicht mal hätte vorstellen können. In Israel gäbe es auch *All-Inclusive -Urlaub*, aber der wäre exklusive der Menschen und ihrer Geschichte(n) beiderseits der Grünen Linie – der formalen Grenze zwischen dem besetzten Gebiet und Israel. Exklusive der Möglichkeit, zurück Zuhause die Nachrichten mit anderen Ohren zu hören, exklusive des Erlebnisses, nicht nur erholt, sondern anders aus dem Urlaub zurückzukommen, als man hingefahren ist. Israel und Palästina halten dafür jede Menge Anlässe bereit

Gibt es denn einen Staat Palästina? Die Antwort lautet ähnlich wie beim Klimawandel: Die meisten gehen davon aus (sowohl UNESCO als auch UNO), auch die US-Regierung kommt allmählich dahinter. Doch die Wirtschaft nimmt diese Zukunft voraus, z.B. unterscheiden die Mobilfunker ganz strikt zwischen zwei Staaten und berechnen fleißig Roaming-Gebühren diesseits und jenseits der Grünen Linie. Auch das Internet deutet auf eine Zwei-Staaten-Zukunft mit den Länderkennungen .ps und .il.

Alles, was normaler Sprachgebrauch ist, wird irgendwann in den Duden aufgenommen – möge entsprechend das inzwischen gut auf die staatlichen Funktionen vorbereitete Palästina bald in die UNO-Staatenliste eingetragen werden. Falls nicht, wird aktuell wieder vorgeschlagen, Israel solle Palästina annektieren. Dann kämen zwar die Palästinenser in den Genuss staatsbürgerlicher Rechte und Pflichten, doch ob das die Bevölkerung beider Seiten wirklich will, ist schwer vorstellbar. Am besten wäre Daniel Barenboim auf welche Lösung auch immer vorbereitet. Der große Musiker und Humanist lebt als vermutlich einzige Person der Welt mit einem israelischen und einem palästinensischen Pass. Man muss nicht gleich die Staatsbürgerschaft verlangen, aber vielleicht können auch Sie sich mit beiden Staaten beiderseits der Grünen Linie anfreunden.

Denn Politik beiseite: Israels und Palästinas überbordendes Angebot an Kultur und Historie wird Sie faszinieren, und sogar *All-Inclusive-Freunde* fänden außerhalb ihrer Clubs problemlos Orte, wo die Sonne immer scheint (z.B. Elat), wo die Leute immer gut drauf sind (in Tel Aviv und Ramallah nachschauen), wo Sie überhaupt niemand stört (im Negev oder bei den Klöstern in der Wüste Juda) und wo Sie eindrucksvoll speisen und bestens übernachten können.

Burghard Bock

Inhalt

Verzeichnis der Karten und Pläne

Zum schnelleren Finden ist dieses Verzeichnis alphabetisch sortiert.

Alles über Reisen in Israel und Palästina

Verstehen und Verständnis

Ein ungewöhnliches Stück Orient

Reisen im Nahen Osten, mitten hinein ins **Pulverfass?** Ende 2012 flogen wieder Raketen aus dem und in den Gazastreifen, Israels Regierung will mit weiteren tausenden Siedlungseinheiten die Westbank durchtrennen, und manchmal hört man von einer anstehenden dritten Intifada. Harte Zeiten für Optimisten. Man stellt sich als Autor daher die Frage, ob man dem Leser Israel und Palästina guten Gewissens als Reiseland empfehlen kann.

Statistisch betrachtet sind **Touristen nicht oder kaum stärker gefährdet als zu Hause** oder in anderen Gebieten der Welt. Man muss dieses Risiko ganz nüchtern sehen, vielleicht auch die Tatsache, dass man im Heiligen Land eher aus purem Zufall in eine Gefahr für Leib und Leben verwickelt werden kann. Doch wer schützt Sie zu Hause gegen Raser auf der Autobahn oder einen brutalen Raubüberfall? Lesen Sie bitte mehr zum Thema Sicherheit auf S. 67. Außerdem hat es mit den Mechanismen des Nachrichtengeschäfts zu tun, dass wir vor allem über Hitzköpfe und Terroristen informiert werden, statt über den friedliebenden Großteil der Bevölkerung.

Die überwiegende Mehrheit der Israelis und Palästinenser sind in der Tat freundliche und hilfsbereite Menschen, die Gäste schätzen und denen das **Gastrecht** etwas bedeutet. Der kulturelle Schmelztiegel, der Israel zweifelsohne ist, hat zu Weltoffenheit und zum Interesse am fremden Besucher geführt. Dies zeigt sich vergleichsweise weniger aufdringlich als in vielen orientalischen Ländern – eine manchmal vielleicht wachsende, manchmal aber auch spontan-herzliche Angelegenheit, die sich im Bus, auf der Straße oder bei zufälligen Begegnungen ergibt.

Die Schmelztiegelrolle ist vor allem **Israel** zugefallen, denn die Juden strömten aus aller Welt herbei, um ins gelobte Land zurückzukehren. So trifft man auf alle denkbaren Hautschattierungen zwischen den schwarzen äthiopischen Juden bis hin zu blonden, blauäugig-stupsnasigen Menschen, die aus Nordeuropa zuwanderten. Schon dieses **Menschengemisch** unterschiedlichster geografischer Herkunft macht Israel so interessant.

Ungewöhnliches Flair gewinnt Haifa, die schönste Stadt Israels, durch den Baha'i-Schrein und Park

In der zunehmend isolierten **Westbank** stellt sich die Situation natürlich anders dar - vom **Gazastreifen**, der Touristen derzeit nicht offen steht, ganz zu schweigen –, doch der Effekt ist ganz ähnlich. Wer sich in ein Gebiet begibt, in dem der Tourismus weitgehend zum Erliegen gekommen ist, obwohl man dort doch so sehr darauf angewiesen wäre, kann sich der sowieso schon sprichwörtlichen orientalischen Gastfreundschaft sicher sein!

Aber nicht nur die Menschen zwischen Mittelmeer und Jordan sind einen Besuch wert. Auf einer Fläche von der Größe Hessens drängen sich historische und kulturelle, aber auch **landschaftliche Eindrücke** in einer Vielfalt zusammen, wie sie kaum ein anderes Stück Erde so kompakt aufzuweisen hat. Jericho im Jordangraben gehört zu den ältesten bekannten Stadt- bzw. Gemeinschaftsansiedlungen der Menschheit. Vor etwa 10 000 Jahren taten sich dort Jäger und Sammler zusammen und bauten eine befestigte Siedlung, was 2010 gefeiert wurde.

Doch Jericho ist nur der Anfang. Es gibt eine ganze Reihe Orte, deren Geschichte zwar nicht so weit zurückzuverfolgen ist, die aber bereits auf ein paar Jahrtausende vor der Zeitenwende zurückblicken können. Besucherinnen und Besucher haben also mehr als genug Gelegenheit, sich alte und uralte Steine oder Gemäuer anzuschauen und dabei über die menschliche Vergänglichkeit nachzudenken.

Das so genannte Heilige Land ist der Ursprung dreier Religionen: Judentum und Christentum entstanden hier und wurden ganz entscheidend geprägt – so entscheidend, dass der Prophet Mohammed aus ihnen schöpfte, als er den Islam formulierte. So stellt Jerusalem die drittheiligste Stadt der Muslime dar, und für **Juden** ist die Westmauer ihres ehemaligen Tempelbezirks (hebräisch *Kótel*, auch *Klagemauer* genannt) in der Jerusalemer Altstadt das wichtigste Ziel der ganzen Welt.

Der Hügel Golgatha und das Grab Christi, ebenfalls in der Altstadt Jerusalems gelegen, die Bethlehemer Geburtskirche und die Verkündigungskirche in Nazareth sind heilige bzw. historisch die bedeutsamsten Stätten des **Christentums**.

Während der letzten beiden Jahrtausende fand also – salopp formuliert – ein Wettbewerb zwischen den drei Religionen in diesem so genannten *Heiligen Land* statt. Zählt man jedoch die Toten, Verstümmelten, die Zerstörungen an Besitz und Natur aufgrund dieser Rivalitäten, dann kann man die Gegend eigentlich nur als unheiliges bzw. unheilvolles Land bezeichnen. Laut hebräischer Bibel schlugen bereits die alten Israeliten grausame Schlachten gegen die Vorbesitzer des Landes, wurden jedoch ihrerseits von neuen Eroberern furchtbar verprügelt, vertrieben und wieder zurückgelassen. Nicht minder schlugen die Christen auf die Juden ein, weil sie in letzteren „Gottesmörder" sahen. Die **Muslime** gingen bei und nach ihrer Schnelleroberung des Nahen Ostens kaum weniger zimperlich mit den ihnen doch nahe stehenden Anhängern der Buchreligionen um. Der Boden des Nahen Ostens ist wahrlich durch und durch mit Blut getränkt.

Schaut man aus der Luft auf diese so kleine und doch für die Entwicklung der modernen Menschheit so bedeutsame Fläche, dann sieht man ihr die vielen Schlachten gar nicht an, traut sie ihr eigentlich überhaupt nicht zu. Denn der **Norden Israels**, d.h. Galiläa, lässt den Betrachter ob seiner fast lieblichen Hügellandschaft wirklich staunen; eine Landschaft, die heute über weite Flächen saftiggrün bewaldet ist oder landwirtschaftlich genutzt wird. Auch **Judäa**, das bereits über halb wüstenhafte Gebiete verfügt, wirkt nicht abweisend. Die im Westen noch grünen und weiter südöstlich schon eher braunen Hügel machen von der Form her einen sanften Eindruck. Der **Negev**, die Wüste ganz im Süden, ist inzwischen so erschlossen, dass man ihn nicht mehr zu fürchten braucht.

Der **Jordangraben mit Totem Meer**, die tiefstgelegene Fläche der Erde, bietet die landschaftliche Sensation schlechthin. Die wüstenhaften Gebirge Jordaniens im Osten ragen

Blick nach Jordanien am südlichen Teil des Toten Meers

steil, aber nicht unnahbar in den Himmel. Auch sie waren seit Menschengedenken dort besiedelt, wo sich landwirtschaftlicher Anbau betreiben lässt.

Andererseits führt die Reise in eine hoch industrialisierte Welt, die ihren **Preis** hat. In Israel werden Sie kaum weniger Geld ausgeben können als bei einem Urlaub in Mitteleuropa. Doch die Kosten lassen die Besucher offenbar kalt. Trotz stockendem Friedensprozess und kaum ermutigender Nachrichtenlage verzeichnete Israel 2012 wiederum einen der höchsten Besucheranstürme. An der Spitze der besuchten Orte liegt Jerusalem, gefolgt von Elat am Roten Meer – zuerst die Pflichtübung, dann das Vergnügen.

Was man alles unternehmen kann

Israel und Palästina bieten den Besuchern eine unglaubliche Vielfalt an Unternehmungen, sportlichen Betätigungen und auch Erholungsmöglichkeiten:

- Besichtigungstouren nach den unterschiedlichsten Kriterien: religiös (jüdisch, christlich, islamisch), historisch und kulturhistorisch (u.a. jüdisch, griechisch, römisch, christlich, muslimisch-arabisch, israelisch), landschaftlich (fruchtbar, wüstenhaft, gebirgig)
- Teilnahme an nahezu ständig und überall stattfindenden kulturellen Veranstaltungen (Konzerte, Theateraufführungen, Festivals, Folklore-Veranstaltungen etc.)
- Der Kunst in Künstlerkolonien, Galerien, Ausstellungen und Museen nachspüren
- Märkte erkunden, Gewürze erduften und mit den Händlern feilschen
- Baden im Mittelmeer, im See Genezareth, im Toten und im Roten Meer
- Tauchen und Schnorcheln vor allem im Roten Meer
- Windsurfen, Wasserski oder Seekajak fahren, Rudern, Segeln
- Drachenfliegen von diversen hohen Bergen oder Hängen
- Wandern, Schlauchboot fahren auf dem oberen Jordan
- Trekking in der Wüste
- Tennis, Golf, Radfahren oder Reiten
- Marathon um den See Genezareth, in Tel Aviv oder in Jerusalem
- See-Genezareth-Wettschwimmen und -Marathon, Jerusalem-Marsch

- Kuren am Toten Meer bzw. in seiner unmittelbaren Umgebung
- Hobbyarchäologie in Israel betreiben
- Vögel beobachten – vor allem Zugvögel auf der Durchreise
- Längere Zeit mit einem sinnvollen Volontariat verbringen – also nicht unbedingt im Kibbuz: Anregungen dazu bietet auch unser Band *Palästina: Reisen zu den Menschen*

Einstimmen und Vorbereiten auf die Reise

Literatur

Die folgenden subjektiv ausgewählten Titel aus einer Vielzahl unterschiedlichster Nahost-Bücher können anregende Ergänzung zu diesem Reiseführer sein. Insgesamt lohnt ein Blick in spezialisierte Häuser zum Nahen Osten wie www.palmyra-verlag.de und www.aphorisma-verlag.de, letzterer reagiert mit seinen kleinen Schriften flexibel auf aktuelle Fragen. Jüdische Lebenswelt und das Verhältnis Deutschland-Israel erschließen z.B. www.suhrkamp.de/juedischer_verlag_68.html oder die www.juedische-verlagsanstalt.de.

Vorweg sei das **PASSIA Diary** genannt, jährlich herausgegeben von der gleichnamigen akademischen Gesellschaft – zwar keine Literatur, aber ein Vademecum für Palästina: Außer dem Jahreskalender enthält es das PASSIA Directory, ein Adress- und Telefonverzeichnis vom Präsidenten bis zum Taxiunternehmen sowie eine Art Fischer Weltalmanach nur für Palästina mit interessantem Statistik-Material. Das Directory ist neuerdings auch als App für das iPhone zu haben, siehe S. 23.

- Lasker-Schüler, E., *Das Hebräerland*, Zürich 1937/München 1986; Palästina und Jerusalem in britischer Mandatszeit poetisch geschildert
- Rosenthal, D., *Die Israelis*, München 2007; sortiert das Völkerdickicht im Land, kenntnisreiche Einblicke in Politik und Alltagskultur
- Vieweger, D., *Streit um das Heilige Land.* Was jeder vom israelisch-palästinensischen Konflikt wissen sollte, 3. Aufl. Gütersloh 2011; lohnendes Handbuch mit gut aufgeschlossenen Quellen und kritischem Blick auf alle Beteiligten; vom selben Autor auch *Archäologie der biblischen Welt*, Gütersloh 2012; ein wissenschaftliches Handbuch sowie *Abenteuer Jerusalem.* Die aufregende Stadt dreier Weltreligionen (mit I. u. H.D. Beyer), Gütersloh 2011; reich bebildert für Kinder
- Michener, J.A., *Die Quelle,* deutsch 1966; etwas konstruiert, aber packend: Ohne es zu wissen, gräbt ein Archäologe seine eigene, 12000 Jahre alte Familiengeschichte und die Geschichte Israels aus, Romanvorlage war Tel Megiddo
- Finkelstein, I./Silberman, N.A., *Keine Posaunen vor Jericho*, München 2002; glänzendes Buch darüber, was die Bibel und archäologische Ergebnisse bedeuten können und was nicht
- Masalha, N., *The Bible & Zionism.* Invented Traditions, Archaeology and Post-Colonialism in Israel–Palestine, London/New York 2007; der Londoner Gelehrte zeichnet die Entwicklung des anfangs säkularen Zionismus zur religiösen Heilslehre für Juden und Christen nach – mit Effekten auch auf die Archäologie
- Grossman, D., *Das Lächeln des Lammes*, München 1988 (Hebr. 1983); *Eine Frau flieht vor einer Nachricht,* München 2009; der 2010 mit dem Friedenspreis des Deutschen Buchhandels ausgezeichnete Autor schreibt Kinderbücher, Romane und Politisches zum Nahostkonflikt – sein erster Roman thematisierte 1983 erstmals die Rolle Israels als Besatzungsmacht
- Nusseibeh, S., *Es war einmal ein Land.* Ein Leben in Palästina, Frankfurt a.M. 2009; sehr lesenswerte Autobiografie des palästinensischen Diplomaten und Präsidenten der Jerusalemer AlQuds-Universität, gilt als Pendant zu
- Oz, A., *Eine Geschichte von Liebe und Finsternis.* Roman, Frankfurt a.M. 2004; autobiografischer Roman des Friedenspreisträgers des Deutschen Buchhandels von 1992 über Jerusalem, Israel und Europa in den 1940er Jahren
- Schrobsdorff, A., *Wenn ich dich je vergesse, oh Jerusalem…*, München 2004; *Jericho. Eine Liebesgeschichte,* München 1997; hervorragende Einführungen für Jerusalem- und Jericho

• Abulhawa, S., *Während die Welt schlief*, München 2011; ein in über zwanzig Sprachen übersetzter Familienroman, gespiegelt in historischen Ereignissen – gut zum Einstieg

• Peace Research Institute in the Middle East (PRIME), *Learning Each Other's Historical Narrative: Palestinians and Israelis*, Bet Jala 2006; Geschichtsbuch-Projekt arabisch-israelischer Lehrer, das den Konflikt von beiden Seiten schildert – moderiert in Braunschweig, dort als PDF-Datei für € 5 zu haben: www.gei.de oder Download unter www.vispo.com/PRIME/leohn1.pdf

• Wenger, K./Wiedenhöfer, K., *Checkpoint Huwara. Israelische Elitesoldaten und palästinensische Widerstandskämpfer brechen das Schweigen*, München 2008; genaue Beschreibungen, bewegende Bilder

• Breaking the Silence, *Breaking the Silence.* Israelische Soldaten berichten von ihrem Einsatz in den besetzten Gebieten, Berlin 2012; Selbstzeugnisse ehemaliger Besatzungssoldaten aus der Westbank, die nicht mehr schweigen können – atemberaubend

• Weizmann, E., *Sperrzonen. Israels Architektur der Besatzung*, Hamburg 2009; detaillierte, gut lesbare Studie über Abgrenzungen Israels seit 1967 – auch unterirdisch und in der Luft

• Shehade, R., *Fremd in Ramallah.* Mein Leben als Sohn im besetzten Palästina, Hamburg 2003 & *Wanderungen in Palästina.* Notizen zu einer verschwindenden Landschaft, Zürich 2011; der Rechtsanwalt sowie Begründer der Menschenrechtsorganisation www.alhaq.org formuliert seine Erlebnisse allen Nahostgruppen gegenüber kritisch – und nahezu poetisch

• Pappe, I., *Die ethnische Säuberung Palästinas*, Frankfurt 2007; der Historiker recherchierte akribisch die u.a. von Ben Gurion veranlasste Vertreibung und Enteignung der Palästinenser

• Hass, A., *Morgen wird alles schlimmer.* Berichte aus Palästina und Israel & Gaza. Tage und Nächte in einem besetzten Land, München 2003 bzw. 2006; die Journalistin der Tageszeitung HaAretz lebt unter Palästinensern

• Farhat-Naser, S., *Thymian und Steine*, Basel 2009; *Disteln im Weinberg*, Basel 2008; eine palästinensische Frau schildert eindringlich ihr Leben und ihre Sicht der politischen Situation

• Avidan, I., *Israel.* Ein Staat sucht sich selbst, Kreuzlingen/München 2008; eine Innen- wie Außenperspektive jenseits des Schwarz-Weiß der täglichen Nachrichten: Die innerisraelische Diskussion über den jüdischen Staat und dessen Verhältnis zu arabischen Israelis und Palästinensern hat viele Graustufen

• Yaron, G., *Israel.* Party, Zwist und Klagemauer & *Israel/Palästina.* Zwischen Abraham und Ibrahim, Wien 2011 & 2012; kurzweilige Reportagen eines Israelis zu nicht alltäglichen Alltagsthemen beiderseits der Grünen Linie

• Zimmermann, M., *Die Angst vor dem Frieden.* Das israelische Dilemma, 3. Aufl. Berlin 2012; aufschlussreiches, eher innerisraelisches Buch über den Stillstand des Friedensprozesses vom streitbaren Jerusalemer Professor für neuere jüdische und deutsche Geschichte

• Bröning, M., *The Politics of Change In Palestine.* State Building and Non-Violent Resistance, London 2011; die Studie erläutert das politische System Palästinas und zeigt, dass der Wille zu Veränderung und Gewaltfreiheit bei palästinensischen Politikern sehr präsent ist

• Sand, Sh., *Die Erfindung des jüdischen Volkes.* Israels Gründungsmythos auf dem Prüfstand, Berlin 2010; der Tel Aviver Historiker beurteilt die gängige Geschichte des jüdischen Volks als zionistische Erfindungen des 19. Jh.s – da bleibt eine Diskussion nicht aus

• Schnieper, M., *Nakba – die offene Wunde.* Die Vertreibung der Palästinenser 1948 und die Folgen, Zürich 2012; bewusst einseitige, gut lesbare und bebilderte Darstellung der Geschichte Palästinas im 20. Jh., die mittels Interviews von Zeitzeugen anschaulich-konkret wird

• Zang, J., *Unter der Oberfläche.* Erlebtes aus Israel und Palästina, 4. Aufl. Berlin 2010; gut lesbare, ungeschönte Episoden von der immer frustrierenden israelischen Besatzung

• Brunswig-Ibrahim, M., *KulturSchock Vorderer Orient*, Bielefeld 2007; stimmt auf die fremde arabische Welt der östlichen Mittelmeerküste ein mit Hinweisen für das Alltagsleben

• Nussbaum, H., *101+ Ways To Help Israel.* A Guide To Doing Small Things That Can Make Big Differences, New York 2008; eine Übersicht über die jüdische Welt inner- und außerhalb Israels, auch christliche Zionisten sind ausdrücklich angesprochen

• Lau, Israel M., *Wie Juden leben. Glaube, Alltag, Feste,* Gütersloh 2008; umfassende Einführung in die jüdische Glaubenspraxis des ashkenasischen Oberrabbiners von Tel Aviv

• Runciman, S., *Geschichte der Kreuzzüge,* München 2008; umfang- und kenntnisreiches, spannend geschriebenes Meisterwerk

• Rees, M.B., *Der Verräter von Bethlehem* & *Ein Grab in Gaza* & *Der Tote von Nablus* & *Der Attentäter von Brooklyn,* München 2009-2011; brillante Palästina-Krimis eines ehemals Jerusalemer *Time*-Korrespondenten, ungeschminkter Schilderung der palästinensischen Gesellschaft

Einzelne der hier genannten Titel gibt es in kostengünstig bei der **Bundeszentrale für politische Bildung**. Zum 60-jährigen Bestehen Israels entstand ein aufschlussreiches Online-Dossier www.bpb.de/internationales/asien/israel.

Anschauliches

• de Vet, A. (Hg.), *Subjective Atlas of Palestine,* Rotterdam 2007; mehrfach ausgezeichnetes Buch mit kreativen Beiträgen von über 30 palästinensischen KünstlerInnen zu ihrer Heimat, auch als Download auf www.annelysdevet.nl/palestine

• Sacco, J., *Palestine,* Seattle/WA 2001 (deutsch 2009); vom Begründer der Doku-Comics eine gut recherchierte Schilderung der Situation in den besetzten Gebieten – 2009 erschien auch der Band *Footnotes in Gaza*

• Levit, R., *Atlas Israel | Palästina.* Subjektive und unkonventionelle Wahrnehmungen, Berlin 2011; augenöffnende Darstellungen der südlichen Levante, die jenseits des häufigen Schwarz-Weiß den vielen Graustufen der Realität seiner BewohnerInnen verpflichtet sind etwa mit einer Angstkarte der Westbank aus der Sicht säkularer Juden, jüdischer Siedler und Palästinensern aus der Westbank

• Delisle, G., *Aufzeichnungen aus Jerusalem,* Paris 2011 (deutsch 2012); ein Comic-Meilenstein, der locker aus dem immer wieder absurden palästinensisch-israelischen Alltag berichtet aus der Perspektive eines Hausmannes mit zwei Kindern an der Seite einer NGO-Mitarbeiterin – prima Material zur Begleitung einer eigenen Reise.

Andere Reiseführer

Wanderführer siehe unten unter *Karten.*

• Bock, B./Tondok, W., *Palästina, Reisen zu den Menschen,* München 2013; ausführlichere Informationen zum Reisen innerhalb der Grünen Linie von den Autoren des vorliegenden Bandes

• Alternative Tourism Group (ATG), *Palästina Reisehandbuch.* Geschichte, Politik, Kultur, Menschen, Städte, Landschaften, Heidelberg 2013; ein ausführlicher Reiseführer Palästina-Israels aus der Sicht von Palästinensern, nämlich der preisgekrönten ATG aus Bet Sahur, siehe S 29.

• Shahin, M./Azar, G., *Palestine.* A Guide, Northampton/MA 2007; ein Reiseführer mit schönen Fotos, insgesamt touristischer ausgelegt als das Buch der ATG

• Semplici, A./Boccia, M., *Akko – Haifa – Taybe* [Israel] – *Tulkarem – Nablus – Jericho* (shalom – salaam); im Jahr 2009 entstanden sechs Reiseführer im Schuber im Zuge eines von der Region Toskana initiierten und von der EU finanzierten einzigartigen Kooperationsprojekts für den Mittelmeerraum: es überschreitet die Grüne Linie. Die informativen Bändchen gibt es nur auf der Website der *Med Cooperation* (Med steht für Mittelmeer/Mediterraneo) zu lesen: www.med-cooperation.org/en/pubblicazioni.php.

• Eine kostspielige, weil wissenschaftliche, aber gut lesbare Reihe der Autoren O. Keel, M. Küchler und C. Uehlinger heißt *Orte und Landschaften der Bibel* und erscheint in Göttingen. Gute Pläne und Karten. Bd. 1: *Geografisch-geschichtliche Landeskunde* 1984; Bd. 2: *Der Süden* 1982; Bd. 4 (1,5 kg!): *Jerusalem.* Handbuch u. Studienreiseführer 2006

• Eine konzentrierte und vorzügliche Einführung zu weltweiten Reisezielen bieten die

Sympathie-Magazine des Studienkreises für Tourismus und Entwicklung e.V., Ammerland, Tel 08177 1783, www.sympathiemagazin.de (€ 3,60), hier: *Israel verstehen, Palästina verstehen, Islam verstehen* und *Judentum verstehen*

Christliches Pilgern

• Die aktuellsten Informationen bietet das franziskanische ***Christian Information Center*** in Jerusalem auf http://cicts.org – Öffnungszeiten heiliger Stätten und von Sehenswürdigkeiten, Gottesdienstzeiten, ausführlichste Liste christlicher Hospize etc.

• Zu den Bibelstellen, die das vorliegende Buch ergänzen, siehe die Tabellen ab S. 482 Folgende Bücher helfen außerdem weiter:

• Fürst, H., *Im Land des Herrn*. Ein Pilgerführer für das Heilige Land, 4. Aufl. Werl 2011; trotz 600 Seiten handlich, alle relevanten Bibeltexte zitiert, Bestellmöglichkeit auf www.heilig-land.de, dort auch ein Büchlein mit Texten und Gebeten für den Kreuzweg auf der Via Dolorosa.

• Der Maaruf-Verlag ist dem Salesianer-Kloster Cremisan in Bet Jala verbunden; vor allem Bücher von Georg Dittrich: geistlich orientierte Reiseführer für Jerusalem und Bethlehem, Einführungen zu Islam und Christentum und Bücher für Jugendliche; www.maaruf-verlag.de

• Kassis, R.O., *Kairos for Palestine*, Ramallah 2011; aktueller Stand des Geschehens um das *Kairos Palestine Document* von 2009 von einem der Initiatoren.

• Braverman, M., *Verhängnisvolle Scham*. Israels Politik und das Schweigen der Christen, Gütersloh 2011; manchen gilt dieser jüdische Autor als Antisemit: Er traut dem Christentum zu, in Israel und Palästina Frieden zu stiften, wenn die Anhänger des „palästinensischen Juden" Jesus nicht länger zur Politik Israels schweigen.

Skulptur im Künstlerort Arad

• Für **aktuelle Informationen** geben die **Franziskaner** vierteljährlich die Zeitschrift *Im Land des Herrn* heraus, die sich ebenfalls über www.maaruf-verlag.de beziehen lässt. Ein evangelisches Pendant ist der vierteljährlich erscheinende Gemeindebrief/Stiftungsjournal der deutsch-lutherischen **Erlöserkirche** in der Jerusalemer Altstadt (siehe S. 161), der über www.evangelisch-in-jerusalem.org > Publikationen auf Papier oder elektronisch bestellt werden kann. Schließlich besteht seit 1852 der **Jerusalemsverein**, der arabisch-evangelische Christen unterstützt: er gibt jährlich dreimal *Im Lande der Bibel* heraus – selten zu direkt biblischen Themen. Die Hefte sind kostenfrei zu abonnieren, Tel 030 24344195, oder man lädt sie herunter: www.jerusalemsverein.de > Publikationen.

Karten

Im Reiseteil erfahren Sie, wo Sie vor Ort jeweils ausführlichere Karten als die in diesem Buch angebotenen erhalten können – bei den Nationalparks z.B. immer am Tickethäuschen.

• Zur genaueren **Planung** und zum **Autofahren** im Land empfiehlt sich die Karte *Israel* von 2012 aus dem Reise Know-How Verlag, Bielefeld. Maßstab 1 : 250 000, reiß- und wasserfest, u.a. mit deutscher Legende.

• Eine gute Ergänzung für Palästina sind dazu die etwa halbjährlich aktualisierten Karten des **OCHA** – *Office for the Coordination of Humanitarian Affairs* der Vereinten Nationen, die die Situation unter der Besetzung Israels mit Checkpoints und Straßensperren dokumentiert – als PDF-Datei gratis erhältlich im *Map Centre* auf www.ochaopt.org.

• Atlanten sind rar: Der *Israel Road Atlas* (2005) und der *Israel Touring Atlas and Easy Guide* (2007) sind vergriffen und überholt. Nur auf Hebräisch gibt es den knapp 400-seitigen

Atlas *HaSahav* (Gold-Atlas) von Mapa, der zum Preis von ₪ 180 Städte auf 1 : 10 000 - 23 000 vergrößert und Autobahn-Durchfahrtskizzen bietet. Für die Westbank wird jede jüdische Siedlung genau dargestellt, aber arabische Orte sind nicht über die Überblickskarten hinaus vergrößerbar, außerdem fehlen Straßen und Orte. Arabische Karten sind noch seltener.

• Abhilfe schafft demnächst die Bethlehemer Firma **PalMap** (www.palmap.org), die von immer mehr palästinensischen Städten **Stadtpläne** fertigt. 2011 veröffentlichte sie einen **Taschenatlas für Jerusalem**. Ein Atlas für die gesamten palästinensischen Gebiete soll 2013 erscheinen. Am einfachsten erhält man die PalMap-Produkte in der Touristeninformation in Ramallah (nahe beim Rathaus), im Educational Bookshop in der Jerusalemer Salah AdDin Road sowie im Bethlehemer Peace Center am Manger Square. – Navigations-Software für Israel wird schon länger angeboten, für die Westbank ist sie bislang jedoch unzureichend.

Wanderkarten

• Ausgesprochene Wanderkarten gibt es fast ausschließlich auf Hebräisch; vgl. die Regierungsseite www.mapi.gov.il. Die Nationalpark-Behörde (www.parks.org.il/ParksENG) bietet für ₪ 80 eine Mappe mit dem ganzen Land in sechs Blättern 1 : 100 000 an. **Die besten Karten** 1 : 50 000 für meist ₪ 99 pro Blatt liefert die **SPNI** – wer z.B. die Negev-Wüste befahren/erwandern will, sollte sich z.B. Karte Nr. 20, Region Elat, besorgen (praktischerweise gibt es eine kostenlose englische Übersetzung der hebräischen Legende auf http://jesustrail.com/downloads/SPNI_Israeli_hiking_maps_key_translated_english.pdf). – Ausnahme von der Hebräisch-Regel: die englische 1 : 50 000 *Sde-Boker Desert Map* (2008) mit Routen im zentralen Negev, für Mountain Biker und Wanderer.

• Gute Chancen auf vorrätige Karten gibt es bei der Outdoor-Ladenkette Lametayel, z.B. in Jerusalem, Solomon St 5 (Nähe Yafo St); in Tel Aviv im Dizengoff Center. Vielleicht gibt es auch einen der folgenden, teils antiquarischen Wanderführer.

• **Wandern in Israel:** Roskin, J., *A Guide to Hiking in Israel, 40 Selected One Day Hikes*, Jerusalem 1994; sehr guter Wanderführer für's ganze Land mit ausführlicher Beschreibung von Flora und Fauna

• Bar-Am, A./Shalem, Y., *Guide to the Golan Hights*, 1995; sehr ausführlicher Führer mit vielen Einzelinformationen

• Bar-Am, A./Shalem, Y., *Israel's Southern Landscapes*, 1996; ein detailreicher Führer für Israels Süden mit 10 Autorouten kreuz und quer durch den Negev mit Negev-Karte

• Roman, Y./Shkolnik, Y., *Hiking in Israel: 36 of Israel's Best Hiking Routes*, New Milford/CT 2008; leichte und schwere Wanderungen im ganzen Land der Herausgeber des Eretz Magazine, www.eretz.com

• Dintaman, A./Landis, D., *Hiking the Jesus Trail and Other Biblical Walks In the Galilee*, Harleysville/PA 2010; ein Brühwürfel an Informationen auch für säkulare Wanderungen im Dreieck Nazareth – See Genezareth – Bet Shean, ausgezeichnete Karten und Höhenreliefs auf http://jesustrail.com/downloads/Jesus_Trail_Free_Map_2012.pdf. Der **Jesustrail** wird ebenso von der SPNI unterstützt wie der **Israel National Trail** (kurz: INT, hebr. Shvil Yisrael):

• Saar, J./Henkin, Y., *Israel National Trail and the Jerusalem Trail*, Haifa 2011; schon die enthaltenen englischen Karten 1 : 50 000 helfen weiter, bei den Sehenswürdigkeiten knappe, aber für den Wanderzweck auf dem 1995 eröffneten, fast 1000 km lange Nord-Süd-Weg äußerst nützliche Angaben mit Verknüpfung zur SPNI, auf deren Website beispielsweise die aktuelle Liste der *Trail Angels* zu haben ist: http://teva.org.il/english/israelnationaltrail

• Der INT startet unterhalb der Golanhöhen und führt um die Westbank herum. Umso begrüßenswerter sind Initiativen, die **beiderseits der Grünen Linie** agieren.

• **Wandern in Palästina:** Ein verbindliches Buch zum **Abrahampfad** (www.abrahampath.org) steht noch aus, nicht zuletzt wegen des aktuellen Syrien-Bürgerkriegs. Dem Neuen Testament widmet sich der ***Nativity Trail***:

• Di Taylor und Tony Howard, *Walks in Palestine and the Nativity Trail*, Milnthorpe 2001; von mittelschwerer Höhlentour bis zum zehntägigen „Geburtspfad" von Nazareth nach Bethlehem
• S., *Walking Palestine*. 25 Journeys into the West Bank, Northampton/MA 2012; ein **Bestseller** mit genau beschriebenen Touren und prima Karten, Fotos und Hintergrundinformationen, wobei die Zeiten für Normal-Wanderer knapp bemessen sein können.
• Bei den Denkmalschützern von RIWAQ aus Ramallah gibt es eine ausgezeichnete Karte für (geführte) Wanderungen zu sehenswerten Gebäuden in der Umgebung von Ramallah und Birzeit, im Download unter www.riwaq.org/2010/culture-heritage-routes.php. Die Rozana Association lädt zu drei Exkursionen zur Sufi-Spiritualität ein, die sich in Maqamen westlich und nordwestlich von Birzeit manifestiert – schon die Website macht große Lust, die Gegend zu erkunden, www.sufitrails.ps.
• Schließlich sei noch auf drei **historische Kartenwerke** hingewiesen: Der *Tübinger Bibelatlas*, Stuttgart 2000, entstammt dem wissenschaftlichen Mammutwerk *Tübinger Atlas des Vorderen Orients* und bietet exzellente, großformatige Karten vom 3. Jahrtausend vC bis 1920. Aus einer Ausstellung des Israel-Museums ging *Das Heilige Land auf Landkarten*, Göttingen 2007, hervor. *Palestine Alive. Let's Remember* von PalMap zeigt die 1948 entvölkerten arabischen Dörfer und Städte.

Filme

Es müssen nicht immer Bücher sein: auch viele Filme können zur Einstimmung auf eine und/oder Nachbereitung einer Reise durch Israel und Palästina dienen. Hier ein paar Vorschläge:
• *Exodus*, USA 1960, R: O. Preminger; Einwanderungsklassiker nach dem Roman von Leon Uris
• *Jesus Christ Superstar*, USA 1973, R: N. Jewison; Verfilmung des Lloyd Webber-Musicals zum Teil in Bet Guvrin, Bet Shean und am Toten Meer
• *Schindlers Liste*, USA 1993, R: S. Spielberg; 7-Oscar-Welterfolg über den in Jerusalem begrabenen Industriellen Oskar Schindler, der Hunderte Juden vor den Nazis rettete – gehört in Israel zum Schulunterricht
• *Curfew – die Ausgangssperre*, ISR/F/PAL/D/NL 1994, R: R. Masharawi; palästinensischer Alltag in Gaza unter der Besatzung
• *Private*, I 2004, R: S. Costanzo; ein authentischer Fall: Das Haus einer palästinensischen Familie im Niemandsland wird 1992 von der israelischen Armee beansprucht. Da die Familie nicht auszieht, wird das Haus in zwei Sektoren geteilt
• *Knowledge Is the Beginning*, D 2005, R: P. Smaczny; Dokumentation über das West-Eastern Divan Orchestra mit jungen Musikern aus dem Libanon, Syrien, Ägypten, Palästina und Israel und seine Begründer Daniel Barenboim und Edward Said
• *Paradise Now*, PAL/F/D/NL/ISR 2005, R: H. Abu Assad; zwei Palästinenser sollen in Tel Aviv ein Selbstmordattentat ausführen – Oscar-nominiert
• *The Iron Wall*, PAL 2006, R: M. Alatar; Dokumentation über die israelische Trennmauer und das Siedlungsprogramm
• *Das Herz von Jenin*, D 2008, R: L. Geller/M. Vetter; ein palästinensischer Vater besucht die jüdischen Familien, deren Kinder eine Organspende seines Sohnes erhalten haben, der von der israelischen Armee erschossen wurde
• *My First War*, ISR 2008, R: Yariv Mozer; sehr offene, unprätentiöse Doku eines filmemachenden Reserveoffiziers über die Absurditäten des zweiten Libanonfeldzugs 2006
• *Waltz with Bashir*, ISR/D/F/USA 2008, R: A. Folman; animierte Dokumentation der Erinnerungsreise eines israelischen Soldaten zu seinem Einsatz im ersten Libanon-Krieg 1982 – Oscar-nominiert
• *Du sollst nicht lieben*, ISR/D/F 2009, R: H. Tabakmann; zwei ultraorthodoxe Männer wollen in Jerusalems frommem Viertel Mea Shearim sowohl ihre Leidenschaft füreinander leben als auch weiterhin alle Gebote halten
• *Im Haus meines Vaters sind viele Wohnungen*, D/CH 2010, R: H. Schomerus; Dokumentation über das Konfessionswirrwarr in der Jerusalemer Grabeskirche

• *Budrus*, ISR/PAL/USA 2010, R: J. Bacha; Dokumentation über ein Dorf nahe der Sperranlage, dass sich gewaltfrei seiner Besetzung durch das Militär widersetzt

• *Susya*, ISR/PAL 2011, R: Y. Gross/D. Rosenberg; Kurzfilm über einen 60-jährigen Palästinenser und seinen Sohn, die per Eintrittskarte die archäologische Ausgrabung besichtigen, an deren Stelle vor 25 Jahren noch ihr Haus stand

• *Nach der Stille*, D/PAL 2011, R: S. Bürger, J. Ott, M. Abdallah; Dokumentation über den Besuch der Witwe eines israelischen Friedensaktivisten, der 2002 bei einem Selbstmordanschlag umkam, bei der Familie des palästinensischen Attentäters

• *Wir weigern uns Feinde zu sein.* Den Nahost-Konflikt verstehen lernen – Deutsche Jugendliche begegnen Israelis und Palästinensern, D 2011, R: S. Landgraf/J. Gulde; Dokumentation einer erhellenden Begegnungsreise, wahlweise auch mit Unterrichtsmaterialien zu beziehen bei www.terramedia-online.de/aktuelles/filme-palaestina.html

• *Cinema Jenin – The Story of a Dream*, D/ISR/PAL 2012, R: M. Vetter; Dokumentation über die Herrichtung des großen Kinos von Jenin, die sich aus dem Film *Das Herz von Jenin* (siehe oben) entwickelte

Weihrauchstraße: Nationalpark-, UNESCO- und israelische Flagge

Auch ein **Computerspiel** ist zu empfehlen:

• Zwei Settings der Reihe *Global Conflicts* der dänischen Firma Serious Games Interactive spielen in Jerusalem – *Military Operations und Checkpoints*. Man lernt als Journalist in einer 3D-Umgebung beide (gut recherchierten) Seiten des Nahostkonflikts und seine alltäglichen Probleme kennen, weiß nicht, wem man trauen kann, und muss sich ein Urteil bilden – nicht nur für Jugendliche: www.globalconflicts.eu.

• Töte zuerst!, ISR/F/D/B 2012, R: D. Moreh; oskar-nominierte Doku, in der sich die Chefs a.D. des Inlandsgeheimdienstes Shin Bet äußern: Die Besetzung Palästinas schadet Israel

Verständigung

Englisch ist die Basis der internationalen Verständigung auch in Israel und Palästina. Grundsätzlich bestehen durchaus Chancen, auf Deutsch zurechtzukommen. Viele Israelis und Palästinenser sprechen auch Französisch. Und: Ein Fünftel der Israelis stammt mittlerweile aus Russland.

Individualreisende sollten auf jeden Fall ein Verständigungsminimum an Englisch beherrschen. Noch besser wären z.B. im Taxi oder auf dem Basar ein paar Worte der Landessprachen, die sich mit den Büchlein aus der Reihe **Kauderwelsch** des Reise Know-How Verlags Peter Rump, Bielefeld, leicht erlernen lassen: Hebräisch, ISBN 978-3-89416-002-9, Palästinensisch- und Syrisch-Arabisch, ISBN 978-3-89416-265-8, sowie Jiddisch, ISBN 978-3-89416-248-1. Bei rund 100 Herkunftsländern der BewohnerInnen Israels können beispielsweise auch die Bände für Armenisch (Jerusalemer Altstadt) oder Amharisch (Schwarze stammen meist aus Äthiopien) zu Reisebekanntschaften führen. Zu allen Bänden gibt es auch einen Aussprachetrainer auf CD bzw. das Buch im pdf-Format, in dem sich die Wörter per Klick vorsprechen lassen. Das Wichtigste steht jedoch auch im Minilexikon, im Anhang S. 480, dem Sie darüber hinaus die Aussprachehinweise für dieses Buch entnehmen können.

Internet & Smartphone

Ressourcen des *World Wide Web* werden in diesem Band an Ort und Stelle aufgeführt, so dass hier nur auf Adressen von allgemeinem Interesse hingewiesen wird. Wenn nicht anders vermerkt, gibt es auf allen genannten hebräischen und arabischen Seiten irgendwo einen *English*-Button.
Der arabische Frühling zeigte, dass die Kommunikation innerhalb Palästinas aber auch Israels besonders lebhaft über **Facebook** und Co läuft: Manche Institutionen vernachlässigen daher ihre Präsenz im WWW oder haben keine mehr.

Deutschsprachige Vertretungen in Israel & Palästina

- www.auswaertiges-amt.de/DE/Laenderinformationen/00-SiHi/IsraelSicherheit.html – Reisehinweise des deutschen Auswärtigen Amtes für Israel & Palästina, im Zweifel eher vorsichtig statt risikofreudig, ebenso
- www.eda.admin.ch/eda/de/home/reps/asia/ *und danach* vpal/palaes.html *oder* visr/israel.html – Reisehinweise des eidgenössischen Departements für auswärtige Angelegenheiten
- www.tel-aviv.diplo.de – Deutsche Botschaft in Tel Aviv
- www.ramallah.diplo.de – Deutsches Vertretungsbüro in Ramallah
- www.eda.admin.ch/telaviv – Schweizerische Botschaft in Tel Aviv
- www.eda.admin.ch/eda/de/home/reps/asia/vpal/roram.html – Schweizerisches Vertretungsbüro in Ramallah
- www.aussenministerium.at/telaviv – Österreichische Botschaft in Tel Aviv
- www.entwicklung.at/laender-und-regionen/palaestinensische_gebiete – in Österreich ist die Vertretung in Palästina der Entwicklungszusammenarbeit zugeordnet

Komfortverbindung
Auf unserer Website www.tondok-verlag.de finden Sie unter *Neues zu Israel* die hier genannten Internet-Adressen zum direkten Anklicken, Sie brauchen also nichts Eintippen. Weiterhin haben wir dort ergänzende Angaben zu weiteren Themen hinterlegt.

Allgemeine Infos

- www.cia.gov/library/publications/the-world-factbook/geos/is.html – umfassende allgemeine Angaben der CIA zu Israel und mit den Kürzeln *we* und *gz* statt *is*.html auch zur Westbank und zum Gazastreifen
- www.ims.gov.il/IMSENG/All_Tahazit – Israels meteorologischer Dienst
- www.xe.com/ucc – aktuelle Wechselkurse von Euro und Dollar zum Shekel
- www.yellowpages.com.ps – das palästinensische Branchenbuch; wer Arabisch kann, sollte auch www.shobiddak.com versuchen
- www.englishpal.ps – ein Info- und Austauschportal für englischsprachige Palästina-Freunde, manchmal nicht *up to date*
- www.maven.co.il – thematisch sortiertes Israel-Portal, ähnlich Yahoo
- www.ynetnews.com – englischsprachiges Nachrichtenportal der Zeitung *Yediot Akhronot*
- www.haaretz.com – englische Version der israelischen Tageszeitung mit ausgewogener Berichterstattung
- www.jpost.com – täglich neu: die englischsprachige Ausgabe der *Jerusalem Post*
- www.palestinechronicle.com – englischsprachige palästinensische Tageszeitung aus den USA, Zeitungen aus Palästina erscheinen nur auf Arabisch
- www.maannews.net – Nachrichtenportal aus Bethlehem und Gaza
- www.aljazeera.com – die Netzpräsenz des Nachrichtensenders der Arabischen Emirate
- www.972mag.com – pfiffig-blogartiges israelisch-arabisches Nachrichtenportal

- www.greenprophet.com – das Thema Umweltschutz zwischen Marokko und Iran, also auch Israel & Palästina
- www.foeme.org – die *Friends of the Earth Middle East* in Israel, Palästina und Jordanien setzen beim Umweltschutz auf Information und Jugendarbeit

Reisen in Israel

- www.eyeonisrael.com – eine interaktive Karte mit allerhand Informationen
- http://berlin.mfa.gov.il – Seiten der israelischen Botschaft (funktioniert auch mit *vienna* oder *bern* statt *berlin*), auf der man einen Kultur-Newsletter abonnieren kann
- www.israel.org – hier bietet das israelische Außenministerium eine Fülle vornehmlich politischer, aber auch kultureller, z.B. archäologischer sowie historischer Informationen. So ist hier unter *Peace Process* der Wortlaut der diversen Verträge mit den Palästinensern hinterlegt
- www.goisrael.de und www.goisrael.com – die staatlichen Portale für Touristen, die Israel bereisen möchten
- www.ahkisrael.co.il/Deutsch/tips.htm – Hinweise für Geschäftsleute der Israelisch-Deutschen Industrie- und Handelskammer
- www.ecotourism-israel.com – Portal für umweltverträgliches Reisen in Israel
- http://digital.timeout.co.il/english – landesweit erscheinendes Veranstaltungs- und Kulturmagazin auch digital durchzublättern
- www.israelhotels.org.il – Homepage der Hotel Association mit Detailinformationen über fast alle Hotels, nicht häufig genug aktualisiert
- www.kibbutz.co.il – der Verband der Kibbuz-Hotels lockt nicht nur mit angenehmen Unterkünften, sondern u.a. auch mit Fly&Drive-Angeboten
- www.bnb.co.il – hier vermittelt die Bed & Breakfast-Organisation in Jerusalem Adressen
- www.hostels-israel.com – Homepage der regen unabhängigen Hostels
- www.iyha.org.il/ger – Homepage der Internationalen Jugendherbergen
- www.hostels.com – internationale Hostel-Seite, die auch komplett unabhängige Hostels und Gästehäuser führt
- www.couchsurfing.org – günstig und nett reisen in Israel & Palästina: weitere Info und Portale auf S. 50.
- http://ilmuseums.com – halboffizielle Seite mit Kurzinfo über Israels Museen, Öffnungszeiten nicht immer aktuell

Reisen in Palästina

- www.palaestina.org – die seit 2012 „Botschaft" genannte palästinensische Generaldelegation in Deutschland bietet breit gefächerte Informationen über Land, Leute, Kultur, Tourismus und den politischen Prozess in Dokumenten und Landkarten
- www.visitpalestine.ps – gut gemachtes halboffizielles Informationsportal
- www.travelpalestine.ps – offizielle Seite des palästinensischen Tourismusministeriums
- www.pirt.ps – Zusammenschluss palästinensischer Institutionen für nachhaltigen Tourismus
- www.thisweekinpalestine.com – sehr gute Internetpräsenz des monatlich gedruckten Veranstaltungsmagazins mit breitem redaktionellen Teil und Stadtkarten. Kann man auch als pdf-Datei herunterladen
- www.palestinehotels.ps – der palästinensische Hotelverband macht Appetit darauf, die arabische Kultur kennenzulernen
- www.beautifulpalestine.com – faszinierende Fotografien von Majdi Hadid
- www.greatmirror.com > West Bank – Bilder zur Einstimmung in 22 Kapiteln mit englischem Text, auch 8 Kapitel über Jerusalem

Nahostkonflikt, NGOs

- www.ochaopt.org – UN-Abteilung, die z.B. zum Gazakrieg qualitätvolle Landkarten als israelkritisches Material bereitstellt
- www.unrwa.org – die Präsenz der Vereinten Nationen in den besetzten Gebieten
- www.gush-shalom.org – die Organisation um Aktivisten-Urgestein Uri Avnery

- www.passia.org – der Nahostkonflikt aus wissenschaftlich fundierter, palästinensischer Sicht, gute Landkarten
- www.peacenow.org – hebr. *Shalom Akhshav*, einer der Klassiker der israelischen Friedensbewegung
- www.alternativenews.org – die kritische Stimme des Alternative Information Center zur israelischen Palästinapolitik, wochenaktuelle Berichte und Analysen, Veranstaltungen
- www.btselem.org/English – israelischer Informationsdienst zu Menschenrechtsverletzungen von wem auch immer in den besetzten Gebieten, viele weitere Links
- www.icahd.org – israelische Bürgerinitiative gegen die Zerstörung palästinensischer Häuser durch die israelische Armee, mit weiterführenden Links
- www.whoprofits.org – israelisches Informationsportal der *www.coalitionofwomen.org for Peace* zu den wirtschaftlichen Vorteilen für Israel durch die Herrschaft über Westbank und Golan
- www.bitterlemons.org – gute Texte zum Nahostkonflikt
- www.badil.org – Wissenswertes aus Bethlehem über intern vertriebene Palästinenser und palästinensische Flüchtlinge
- www.al-awda.org – Informationen zum palästinensischen Recht auf Rückkehr
- www.freegaza.org – aktivistische Schiffstouren Richtung Gazastreifen
- www.palestineremembered.com – viel Material zum Nahostkonflikt; Achtung: www.palestineremembered.org ist eine Anti-Seite
- www.justpeaceforisrael.com – ein Weblog für ein starkes Israel mit Argumenten, warum eigentlich kein Land hergegeben werden darf
- www.theisraelproject.org – sammelt Argumente für das Handeln der israelischen Regierung: *Facts For a Better Future*
- www.rhr.org.il – die *Rabbis for Human Rights* kümmern sich seit 1988 natürlich aus religiösen Gründen um die Einhaltung der Menschenrechte in Israel, nicht nur gegenüber den Palästinensern
- www.phr.org.il – die israelischen Ärzte für Menschenrechte verfolgen ähnliche Ziele aus anderen Gründen mit anderen Methoden wie mobiler medizinischer Schulung und Versorgung

Deutschsprachige Informationsportale

- www.alsharq.de – Blog zum Nahen Osten von Christoph Dinkelaker aus Stuttgart
- www.deutsch-israelische-gesellschaft.de – die Adresse sagt es
- www.dpg-netz.de – Angebote und Nachrichten der Deutsch-Palästinensischen Gesellschaft
- www.fairunterwegs.org/laender/palaestina und /israel – Informationen vom Schweizer Portal für verantwortungsbewusstes Reisen samt konkreten Anregungen für Palästina auf www.fairunterwegs.org/aktuell/aktionen/palaestina.html und www.fairunterwegs.org/laender/palaestina/hintergrund/brennpunkt-tourismus.html
- www.hagalil.com – immer streitbares deutsch-jüdisches Internet-Portal
- www.inamo.de/index.php/israelpalaestina.html – Nachrichtenticker des Informationsprojekts Naher und Mittlerer Osten e.V.
- www.info-middle-east.com – Portal zu den Schriften mit Schwerpunkt Israel von Gil Yaron
- www.israelheute.com – früher NAI, Nachrichten Aus Israel; christlich-konservative Berichterstattung eines Familienunternehmens, das gar nicht so sehr „auch das bringt, was andere weglassen", sondern eher zeigt, dass der Staat und die Politik Israels für manchen heilsgeschichtliche Bedeutung hat
- www.judith-bernstein.de – vielfältige Beiträge von Judith & Reiner Bernstein zum Nahostkonflikt, Blick auf ausländische Presse, viele Rezensionen
- www.j-zeit.de – die monatliche Jüdische Zeitung ist zentralratkritisch
- http://liportal.inwent.org/palaestina.html – Länderportal InWEnt der GIZ zu Palästina von Petra Schöning mit vielen Hintergrundinformationen und Links

- www.medico.de/projekte/israelpalaestina – ein guter erster Einstieg dazu, was es alles für humanitäre Projekte gibt
- www.juedische-allgemeine.de – vom deutschen Zentralrat der Juden herausgegebene Wochenzeitung
- www.ipk-bonn.de – Präsenz des Bonner Instituts für Palästinakunde e.V.
- www.palaestina-portal.eu – Portal von Erhard Arendt aus Dortmund, aktuelle Nachrichten und ausführliche Materialhinweise
- www.salamshalom-ev.de – ein bayerischer Verein mit lohnenden Materialien und ebensolcher Linkliste auf der Website
- www.wibilex.de – sehr nützliches wissenschaftliches Lexikon der deutschen Bibelgesellschaft zu biblischen Orten, Namen und Themen

Smartphone-Apps

Für Android-Systeme scheint es die größere Bildschirmhintergrund-Auswahl zu geben, aber auch einige Programm-Perlen. Wir orientieren uns hier jedoch am Angebot des Apple Stores (die meisten Programme sind gratis), schon wegen des bislang nur hier erhältlichen

- **PASSIA Directory** – wie oben unter Literatur erwähnt: sehr nützlich für Reisende, die Palästina nicht auslassen. Es kostet € 3,99 statt € 12 für das Buch, wenn man Palästina für die Westentasche möchte. Auch die Karten von Westbank und Gazastreifen für Mobilgeräte im *Map Centre* von www.ochaopt.org gibt es bislang nur für iPhone und iPad. Weitere Apps alphabetisch sortiert:
- All4Palestine – kleines Personenlexikon prominenter PalästinenserInnen mit Kurzbiographien
- APN Map – Landkarte der *Americans for Peace Now* mit Infos über die jüdischen Siedlungen in der Westbank
- Arabic Free – kleines Englisch-Arabisch Lexikon
- Bitterlemons – Texte zum Nahostkonflikt, derzeit funktionieren die (halb)offiziellen Dokumente am besten
- Birds IL – für Ornithologie-Fans
- Egged – Auskunft der größten israelischen Busfirma (Hebräisch)
- Haaretz – verlässliche israelische Tageszeitung mit Push-Nachrichten
- Hebrew Free – kleines Englisch-Hebräisch Lexikon
- Hebräisch-Deutsch/Deutsch-Hebräisch – in der Gratisversion rund 25000 Wörter
- ICEJ News – Nachrichtenportal der christlich-zionistischen *International Christian Embassy Jerusalem*
- iGaza – Push-Nachrichten aus abgeriegelter Weltgegend
- iJew mobile – Devotionalien per Smartphone, ohne Bezahlung stark eingeschränkt
- iKotel – die Westmauer per Smartphone
- iSiddur – hebräisches Gebetbuch für Synagogengottesdienste, nervende Werbung
- Israel MFA – Informationen des israelischen Außenministeriums
- Israel Money – der aktuelle Shekel-Kurs
- Jerubus – Westjerusalemer Buslinien, gegen Aufpreis mit eigenem Standort
- Jerusalem Map & Walking Tours – der Name sagt es
- Jpost.com – die englische Jerusalem Post als App
- Mawwal – palästinensisches Radio
- Muslim Pro – Gebetszeiten und –richtung sowie eine Feiertagsliste
- myIsrael/myPalestine – stürzt häufig ab, aber egal: nur alle paar Wochen Postings, meist von Israel- bzw. Palästina-Freunden sowie Araber- und Judenhassern kann man sich sparen
- Old City of Jerusalem Audio Tours – prima Angebot der Stadtverwaltung
- Orgs Guide – arabisches Verzeichnis der palästinensischen Regierungsinstitutionen des Ministeriums für Telekommunikation und Informationstechnologie
- Palestine – textlastige, aber erstaunlich umfangreiche Infos über Land, Leute, Städte in Groß-Palästina, Politik sowie Folklore: Kleidung, Kochrezepte und Lieder

- Next Train – Infos für Eisenbahnfahrten
- Radio Israel – beeindruckende Liste israelischer Sender mit Aufnahmefunktion
- Tel Aviv Map & Walking Tours – der Name sagt es
- Waze – Navigation, die auch in Palästina halbwegs funktioniert
- Zionation – einige Infos über Zionismus, mit Quiz

Touristische Informationen

- Staatliches Israelisches Verkehrsbüro, 10117 Berlin, Friedrichstr. 95, Tel 030 20399720, Fax 030 20399730, info@goisrael.de, www.goisrael.de – wer Englisch kann, bekommt auf www.goisrael.com oft ausführlichere Informationen.

Vor einigen Jahren gab es noch fünf Büros im deutschsprachigen Raum. Als Service listet man jetzt für die Schweiz und Österreich (und auch Deutschland) spezialisierte Reiseveranstalter und -büros:

- unter goisrael.de > Reiseplanung > Reiseveranstalter.

Die *Field Schools* der **SPNI**, der **Society for the Protection of Nature in Israel**, vermitteln Naturinteressierten detaillierte Einblicke durch Seminare, gut bestückte Bibliotheken, geführte Wanderungen bzw. Trecks in die Wildnis und sonstige Informationen. In den meisten *Field Schools* kann man auch übernachten. Das System an der zentralen Buchungs-Telefonnummer funktioniert nur auf Hebräisch, deshalb die Häuser besser direkt anrufen, eine englische Liste gibt es unter www.teva.org.il/english/fieldschools. Das Programm der SPNI lässt sich auf www.teva.org.il/english nachlesen; nicht ganz deckungsgleich lohnt auch das amerikanische Pendant www.aspni.org.

- **Büros** gibt es in Jerusalem, 24 Hebron St, Tel 02 6257682, und Tel Aviv, 85 Nakhalat Binyamin St, Tel 03 5660960 (wohl nicht mehr aktuell: 2 HaNegev HaShfela St, Tel 03 6388653). Das Büro in Haifa, 90 Yafo St, Tel 04 8553860, bevorratet nur Landkarten.

Entspannt im Toten Meer

- **Deutsch-Israelische Gesellschaft** und **Deutsch-Israelisches Jugendforum**, Martin-Buber-Str. 12, 14163 Berlin, Tel 030 8090 7028, Fax 030 8090 7031, www.deutsch-israelische-gesellschaft.de, www.deutsch-israelisches-jugendforum.de
- **Deutsch-Palästinensischen Gesellschaft,** Postfach 150426, 10666 Berlin, www.dpg-netz.de.

Einige Fluglinien und Reisebüros

Arkia, El Al und Israir fliegen auch innerhalb Israels. Manche hier nicht aufgeführte osteuropäische Fluggesellschaften bieten günstige Tarife an, die jedoch meist mit einigen Stunden Aufenthalt und Umsteigen zu nachtschlafender Zeit und häufig sehr später Ankunft in Israel verbunden sind.

- **Air Berlin**, www.airberlin.com, Berlin, Service-Tel D 01805 737800, A 0820 737800, CH 0848 737800; fliegt direkt von Berlin, Düsseldorf, Frankfurt, Köln/Bonn, München und etliche Zubringer

- **Arkia**, www.arkia.com
Polo-Reisen, Amalienstr. 42, 80799 München, Tel 089 2870080, www.poloprogress.de; fliegt von München und Berlin
- **easyJet Switzerland**, www.easyjet.com, Genf, Service-Tel CH 0848 282828, D 01805 666000, A 0820 320950; fliegt direkt von Basel und Genf
- **EL AL Israel Airlines**, www.elal.co.il
Flughafen Schönefeld, Haus C 006, Zimmer 1.02, 12521 Berlin, Tel 030 2017790; Eschersheimer Landstr. 162, 60322 Frankfurt/Main, Tel 069 929040; Flughafen München, Terminal F, Ebene 4, Zimmer 25 + 26, 80333 München, Tel 089 2106920; Manessestr. 170, 8045 Zürich, Tel 044 2257171, auch Genf wird angeflogen; Flughafen Wien, Office Park 3, 1. Oberstock 172, 1300 Flughafen Wien, Tel 01 700732400
- **Germanwings**, www.germanwings.com, Köln, Service-Tel D 0900 1919100, CH 0900 000407, A 0820 900144; fliegt direkt nur von Köln/Bonn
- **Hamburg International,** www.hamburg-international.de, Hindenburgstr. 171, 22297 Hamburg, Service-Tel 030 3198819-12/14/17, fliegt von München und Weeze (Niederrhein), Buchung derzeit nur per Reisebüro
- **Israir**, www.israir.com,
- Mörfelden-Walldorf, Tel 06105 206090, fliegt von Berlin
- **Leiserowitz Reiseagentur,** Friedrichstr. 95, 10117 Berlin, Tel 030 20962280, www.leiserowitz.de;fliegt von Berlin, Köln, München, Stuttgart und Basel
- **Lufthansa**, www.lufthansa.com
Flughafen-Bereich West, 60546 Frankfurt/Main, Service-Tel D 01805 838426, A 0810 10258080, CH 0900 900922 fliegt direkt von Berlin, Frankfurt, München, Wien und Zürich
- **Polo Progress Reisen**, München, Tel 089 28808000, www.poloprogress.de
- **Swiss International Air Lines**, www.swiss.com, Basel, Tel CH 0848 700700, D 01803 000337, A 0810 810845
- **TUIfly**, www.tuifly.com
c/o Hapag-Lloyd Express GmbH, Langenhagen, Tel D 01805 757510, CH 0848 000271, A 0820 820033, vermittelt direkte Flüge von Berlin, Frankfurt, Köln/Bonn, München, Wien und etliche Zubringer

Teilorganisierte Reisen

Viele Reiseveranstalter beschäftigen sich mit Israel; von den israelischen Informationsstellen erhält man auf Wunsch für den deutschsprachigen Raum eine seitenlange, gut gegliederte Liste, in der man sich einen fundierten Überblick über das Angebot beschaffen kann: www.goisrael.de > Reiseplanung > Reiseveranstalter.
Für die Leser dieses Buches dürfte die Rubrik **Fly & Drive** besonders interessant sein. Beispielsweise vermittelt El Al über die Seite www.superstar.de/html/flydrive.php einen Flug aus Deutschland inklusive Mietwagen für eine Woche ab € 430.
Generell empfiehlt es sich, einen Mietwagen im eigenen Land zu buchen: es kostet weniger und spart Zeit, da man sich vor Ort Vorträge über unübersichtliche Zusatzversicherungen erspart. Einen erfreulichen Preis scheint man beim Buchen auf www.eldan.de, ein israelischer Anbieter, erzielen zu können.
Wer vorhat, auch die Westbank zu erleben, sollte jedoch einen **palästinensischen Mietwagen** nehmen, siehe S. 204: Das kostet etwas mehr, aber man braucht nicht zu überlegen, wo man wann genau ist, weil diese Autos beiderseits der Grünen Linie versichert sind und das israelische gelbe Nummernschild besitzen.
Auch in Israel bieten sich eine ganze Reihe von Kombinationen an, die dem Reisenden einen Teil der Mühe des Selbstorganisierens abnehmen, ihm aber genug Freiheit lassen – von der SPNI war oben schon die Rede.

- Omnibus-Gesellschaft **EGGED** bietet über ihre Tochtergesellschaft www.eggedtours.com in Zusammenarbeit mit Gray Line Israel touristische Ausflüge an, Tel +972 3 5271212/14, in Israel 170 0707577. Von Tel Aviv, Jerusalem, Netanya, und Herzliya gibt es durchweg interessante und preiswerte Touren in die nähere Umgebung, aber auch in die Ferne vom Golan bis Elat, zum Teil mit deutschsprachiger Reiseleitung; Broschüre unter www.eggedtours.com > brochure; online buchen unter www.grayline.com/israel.

- Auch die Omnibusgesellschaft **UNITED TOURS** offeriert ein ähnliches Programm wie EGGED, manchmal deutschsprachig, Tel +972 3 6173333, nach 17 Uhr 6173315, www.unitedtours.co.il.
- Die **KIBBUTZ HOTELS CHAIN**, 41 Montefiori St, 65201 Tel Aviv, der Zusammenschluss der größeren Kibbuz-Hotels, organisiert Reisen mit verbilligten Übernachtungen in ihren Hotels, zum Teil mit Fly & Drive, zum Teil inklusive Touren von bestimmten Hotels aus. Es gibt auch Radtouren unter Tel +972 3 5608118 und www.kibbutz.co.il. Der Anbieter www.diesenhaus.de wirbt für sein Programm Kibbuz & Drive: günstige Preise für Mietwagen und Kibbuz-Übernachtungen nach Wahl, die jedoch vor Reiseantritt gebucht werden müssen: Mindestens sieben Übernachtungen und nicht mehr als vier an einem Ort.
- Die **International Youth Hostels Association**, International Convention Center (*Binyane HaUma*), 1 Zalman Shazar St, Jerusalem, Tel 02 6558400/6, Fax 02 6558432, bietet preiswerte Rundreisen an und unterstützt bei der Planung; der unabhängige Hostel-Verband **ILH** ermöglicht erschwingliche Ausflüge und Handy-Vermietung, www.hostels-israel.com.

Viele Hotels/Hostels in Jerusalem bieten Touren ins Land an, z.B. nach Massada und ans Tote Meer für ca. $ 50 pP. Dies vereinfacht die Reise u.U. erheblich, ist aber wegen der kurzen Aufenthalte am Ausflugsziel sehr stressig (siehe S. 190). Ein Anbieter, der quasi von überall nach überall mehrtägige Touren offeriert:

- **Bein Harim**, Tel 02 6452445, 03 5468873, www.beinharim.co.il

Ausflüge nach Jordanien (meistens nach Petra) können mit diversen Veranstaltern, u.a. Arkia, der oben genannten Fluglinie, unternommen werden. Ein Tagestrip von Tel Aviv, Flughafen Sde Dov, nach Petra einschließlich Flug nach Elat und zurück kostet etwa $ 320.

Es geht jedoch auch umgekehrt: Wer von Jordanien aus einen mehrtägigen Ausflug nach Israel/Palästina plant, ist bei den Mount of Olives Tours richtig, 14 Nur EdDin St, 20091 Jerusalem, Tel +972 2 6271122, www.mountofolivestours.com, deren Angebot sich vor allem an größere christliche oder muslimische Pilgergruppen richtet, die eine Rundfahrt von der König-Hussein-Brücke aus starten möchten.

Schließlich seien hier noch ein paar Anbieter genannt, die auf beiden Seiten der Grünen Linie aktiv sind und Ausflüge und Kontakte für einzelne Tage oder eine ganze Reise vermitteln:

- **Alternative Tourism Group** (ATG), Bet Sahur (Tel 02 2772151, www.patg.org), bietet verschiedene Gesamtpakete an, die auch Israel einbeziehen können. Auf Wunsch werden Gespräche mit Personen des öffentlichen Lebens organisiert, auf palästinensischer wie auf israelischer Seite. Infrastruktur auch für Gruppen kann ohne Probleme organisiert werden. Um eine Vorstellung zu haben: Eine Reise für 8 Tage kostet um 700$ (Einzelzimmerzuschlag $30), Unterbringung in Familien, von Deutschland aus müsste dann lediglich der Flug organisiert werden.
- **Alternative Tours & Transport**, Jerusalem (im Jerusalem Hotel, Tel/Fax 02 6283282, www.alternativetours.ps), unterscheidet schon auf der Website zwischen eher touristischen und eher politischen Angeboten, eins der ersten Angebote dieser Art
- **Crown Tours**, Bethlehem (Tel 02 2740911/2, Fax 02 2740910, www.crown-tours.com), ein Familienunternehmen mit besonderer Expertise für kirchlich ausgerichtete Gruppen
- **Daher Travel**, Jerusalem (Tel 02 6283235 oder 050 5545179, www.dahertravel.com), führt vorwiegend verschiedene Tagestouren

oder mehrtätige Heilig-Land-Fahrten für Christen und Muslime durch

- **Green Olive Tours** (Tel 03 7219540, vormals Alternative Tours in English, www.toursinenglish.com), ist ein Abzweig der Alternative Tours und ähnlicher Allrounder – neuerdings auch mit Exkursion in eine jüdische Siedlung
- **Mount of Olives Tours**, Jerusalem (Tel 02 6271122, www.mountofolivestours.com), richtet sich vor allem an christliche oder muslimische Pilgergruppen, die eine Rundfahrt von der König-Hussein-Brücke aus starten – für Abstecher von Jordanien aus sehr praktisch
- **Near East Tourist Agency**, Jerusalem (NET, Tel 02 5328720, www.netours.com), operiert international mit historisch orientierten Reisen und wäre empfehlenswert, wenn es auch nach Jordanien gehen soll
- **Reisemission Leipzig** stellt ebenfalls grenzüberschreitende Touren für unterschiedlichste Interessen zusammen (Tel 0341 3085410, www.reisemission-leipzig.de).
- **Terra Sancta Tours** aus Bern (Tel 031 9917689, www.terra-sancta-tours.ch) wendet sich vor allem an kirchliche Gruppen mit Wüsten-, Wander- und Begegnungstouren
- **Iteru** heißt ein Marburger Reiseveranstalter mit Schwerpunkt Ägypten und Nahost. **Sebastian Plötzgen** bietet unterschiedliche Themenreisen für verschiedene Zielgruppen an und arbeitet auch Individualreisen aus, Tel 06421 9686603, www.iteru.de.
- Schon medial wendet sich der Blog **www.alsharq.de** eher an jüngere Leute. Es werden Reisen in den Orient angeboten, aber es werden auch Touren nach Wunsch organisiert (**Christoph Dinkelaker**, Tel 0177 9729057, christoph.dinkelaker@gmail.com).

Papierkram – Pass, Visum

Israelische diplomatische Vertretungen

- **Deutschland**: Botschaft des Staates Israel, Auguste-Viktoria-Str. 74-76, 14193 Berlin, Visaabteilung Tel 030 89045523, Fax 030 89045519, visa@berlin.mfa.gov.il
- **Österreich**: Botschaft des Staates Israel, Anton-Frank-Gasse 20, 1180 Wien, Konsularabteilung Tel 01 47646501, Fax 01 47646575, consular@vienna.mfa.gov.il
- **Schweiz**: Botschaft des Staates Israel, Alpenstr. 32, 3000 Bern 6, Konsularabteilung Tel 031 3563587 Fax 031 3563555, info@bern.mfa.gov.il
- Die **palästinensischen Auslandsvertretungen** haben zwar mit den Einreiseformalitäten in ihr Land nichts zu tun, aber vielleicht ändert sich das ja einmal:
- **Deutschland**: Palästinensische Botschaft/Generaldelegation, Michaelkirchstr. 17-18, 10179 Berlin, Tel 030 2061770, Fax 030 2061778, deemb@mofa-gov.ps
- **Österreich**: Palästinensische Delegation, Josefsgasse 5/1, 1080 Wien, Tel 01 4088202/3/10, Fax 01 4088119, atemb@mofa-gov.ps
- **Schweiz**: Palästinensische Generaldelegation, 96 Route de Vernier Chatelaine, 1211 Geneva 1, Tel 022 7967660, Fax 022 7967860, chemb@mofa-gov.ps

Visabestimmungen

Zur Einreise nach Israel benötigt man einen Pass, der mindestens noch 6 Monate gültig ist. Ältere deutsche Staatsbürger, die vor dem 1. Januar 1928 geboren sind, benötigen ein Visum, das kostenfrei bei der israelischen Botschaft in Berlin erhältlich ist.

Jüngere Deutsche brauchen kein Visum, d.h. sie bekommen es automatisch an der Grenze bei der Einreise. Dasselbe gilt für Österreicher und Schweizer, ältere Reisende dieser Länder benötigen kein vorheriges Visum. Kinder unter 16 brauchen einen Kinderpass, unter 10 Jahren genügt ein Eintrag im Elternpass. Bei Aufenthalten, die länger als drei Monate dauern sollen, ist generell ein vorheriges Visum erforderlich. In einer Reihe größerer israelischer Orte können Visa bei den Dienststellen des Innenministeriums zu ₪ 125 verlängert werden.

Verlässt man das Land für einen Kurzbesuch z.B. Jordaniens, erlischt das Visum und man erhält bei der Wiedereinreise an der Grenze nur

Fahrräder nicht zu nah am Toten Meer parken

ein Monatsvisum. Wer noch in arabische Länder ohne Friedensvertrag weiterreisen möchte, derzeit also alle außer Jordanien und Ägypten, sollte einen zweiten Pass dabeihaben oder bei der Einreise nach Israel sagen, dass er keinen israelischen Stempel im Pass wünscht. Andersherum verhindern arabische Stempel im Reisepass die Einreise nach Israel keineswegs, nur das Einreise-Gespräch könnte lang ausfallen.

Autopapiere

Bei der Einreise mit dem eigenen Fahrzeug (oder beim Mietwagen) akzeptieren die Israelis den heimischen Führerschein und auch die Kfz-Zulassung. Ein Internationaler Führerschein ist nicht nötig. Die heimische Versicherung muss auch für Israel gültig geschrieben sein (im Zweifel erkundigen Sie sich bei Ihrem Versicherer), sonst zahlt man in Israel erhebliche Beträge für eine lokale Haftpflichtversicherung. Die grüne Versicherungskarte deckt allerdings nur Personenschäden ab, für Sachschäden sollte man noch eine Kaskoversicherung abschließen.

Studentenausweis

Mit einer *International Student Idendity Card (ISIC)* erhält man bei Sehenswürdigkeiten bis zu 30 Prozent, z.B. auch in öffentlichen Verkehrsmitteln 10 Prozent Rabatt, auf Überlandstrecken eventuell noch mehr. Der Ausweis kostet in Deutschland € 12 und wird gegen Vorlage von Studienbescheinigung und Passfoto ausgestellt. Unter www.isic.de, at oder ch sowie www.issta.co.il erfährt man, wo man den Ausweis bekommt; außerdem ist es eine genaue Discount-Datenbank für Israel.

Schwerbehinderte

Israel erkennt den Schwerbehindertenausweis an. In vielen Fällen gibt es erhebliche Ermäßigungen. Auch Rentner können eventuell mit Vergünstigungen rechnen.

Einfuhrbestimmungen

Grundsätzlich gelten die Bestimmungen der Europäischen Union analog in Israel. Bei Geschenken für israelische und palästinensische Freunde sollten Sie an die Obergrenze von $ 150 pro Person denken; alles darüber ist zu verzollen. Persönliche Dinge wie Kamera, Fahrrad, 2 Liter Wein, 1 Liter Schnaps und 250 Zigaretten sind frei. Wenn Sie besonders wertvolle Geräte wie Videokamera oder Laptop für den persönlichen Bedarf einführen wollen, müssen Sie eventuell eine Kaution hinterlegen (auch per Kreditkarte möglich), die bei der Ausfuhr erstattet wird.

Diese Bestimmung wird allerdings sehr selten angewendet.

Reiseziele und -routen

Obwohl Israel als Reiseziel handlich und kompakt ist, bietet das kleine Land andererseits so viele faszinierende Ziele, dass man schon einige Zeit benötigt, um wenigstens die wichtigsten anzufahren; zwei Wochen sollten das Minimum sein, mit einem Abstecher nach Jordanien sollten es drei Wochen als geringster Zeitbedarf sein. Andernfalls hetzt man mit heraushängender Zunge von einem Ort zum nächsten.

Die Top-Ten-Ziele der Region

1. Jerusalem

Diese Stadt ist mit Sicherheit der Höhepunkt einer jeden Reise nach Palästina. Für ein flüchtiges Kennenlernen sowohl der Altstadt (ein Tag) als auch der wichtigsten anderen Sehenswürdigkeiten wie des Israel Museums oder der Holocaust-Gedenkstätte Yad VaShem sind zwei Tage als absolutes Minimum einzuplanen.

2. Haifa, Akko und Obergaliläa

Zu den landschaftlich am schönsten gelegenen Städten der Region gehört Haifa auf dem Karmel-Gebirgsrücken mit seinem Wahrzeichen, der goldenen Kuppel des Bahai-Mausoleums. Eine knappe Autostunde nördlich liegt Akko, die alte Hafenstadt und das letzte Refugium der Kreuzfahrer. Wegen seines pittoresken alten Stadtbildes ist Akko heute einer der Hauptanziehungspunkte im nördlichen Israel. Für beide Städte muss man mindestens einen Tag ansetzen.

3. Das Tote Meer

Israel und Jordanien teilen sich den tiefstgelegenen See der Erde, in dem eine hochkonzentrierte Salzbrühe jegliches Leben im Keim erstickt. Die Ufer bieten herrliche landschaftliche Reize, kleine Süßwasseroasen und Heilbäder. En Gedi und En Boqeq sind für Kurmöglichkeiten bekannt, zusätzlich wartet Massada, einst ein jüdischer Schicksalsberg, auf Besucher. Für eine Rundreise von Jerusalem vielleicht mit Abstecher nach Jericho ist ein Tag anzusetzen.

4. Elat

Elat ist vor allem wegen der Lage am Roten Meer mit seinen phantastischen Korallenbänken und seiner Unterwasserwelt einen Besuch wert. Elat, mit ca. 365 Sonnentagen pro Jahr das Touristenrefugium am nördlichen Roten Meer schlechthin, bietet jede Menge Attraktionen, z.B. den trockenen Einstieg in die Unterwasserwelt. Ein Tag geht mit Schwimmen/Schnorcheln/Tauchen und kurzen Ausflügen in die Wüstenberge schnell vorüber. Von hier liegen auch der Sinai und Petra in Jordanien um die Ecke, jeweils mindestens ein Tagesausflug.

5. Nazareth, See Genezareth

Der See Genezareth ist allen Christen vom Wirken Jesu her wohlbekannt. Der mitteleuropäische Besucher ist erstaunt ob der Fruchtbarkeit, des angenehmen Klimas und nicht zuletzt wegen der vielen Plätze, die er sich aus den Beschreibungen des Neuen Testaments vermutlich anders vorstellte. Eine Rundreise um den See lässt sich an einem Tag bewältigen. Diese Tour ließe sich auch mit einem Golantrip verbinden. Wer sich auf die heiligen Stätten beschränkt, schafft an dem Tag vielleicht noch Nazareth, aber auch die größte arabische Stadt Israels samt Umgebung hat nicht bloß die Verkündigungskirche zu bieten.

6. Westjordanland

Die touristisch weniger erschlossene Westbank ist gerade deshalb ein reizvolles Reiseziel. Alles nicht allzu weit von Jerusalem entfernt: Jericho, die Oase im Jordangraben und eine der ältesten Städte der Welt, das quirlige Ramallah, wo am meisten „los" ist, Nablus und Hebron – vergleichsweise ursprünglich geblieben, aber auch gut, um von den Absurditäten des Nahostkonfliktes zu erfahren, und natürlich

Bethlehem mit einer der ältesten Kirchen, in der der Geburt Jesu gedacht wird. Zwei bis drei Tage sind dabei schnell herum. Wer auf beiden Seiten der Sperranlage reist, versteht zuhause die Nachrichten besser.

7. Die Kraterlandschaft von Mizpe Ramon

Israel besteht zu zwei Dritteln aus der faszinierenden Negev-Wüste. Ziemlich mittendrin liegt der riesige Erosionskrater (Maktesh) Ramon, der wie ein Bilderbuch aus der Entstehungszeit der Erde anmutet. Für Trekkingtouren durch diese ungewöhnliche Landschaft wären der Standort Mizpe Ramon sowie zwei Tage Zeit das Richtige.

8. Tel Aviv und Umgebung

Müsste das Wirtschaftszentrum Israels, noch dazu an einem hübschen Mittelmeerstrand gelegen, nicht auf einen der vorderen Plätze? In der Tat: Wer es mit dem Heiligen und dem Nahostkonflikt nicht so hat, könnte auch hier seinen gesamten Urlaub verbringen. Neben der Hektik der Großstadt bietet Tel Aviv jede Menge und jegliche Art von Unterhaltung, von Kunst bis Club Culture. Es gibt aber auch einiges zu sehen, allem voran das Erez Israel Museum und die uralte, idyllische Hafenstadt Jaffa. Wer sich nicht am Strand aalen will, kommt jedoch mit ein bis zwei Tagen aus.

9. Die Mittelmeerbadeküste

Von Ashkelon im Süden bis Rosh Ha-Nikra im Norden ziehen sich – mit kurzen Unterbrechungen – herrliche Sandstrände an der Mittelmeerküste entlang. Wer Trubel am Strand liebt, bleibt am Gordon Beach von Tel Aviv oder an einem der Strände von Haifa, aber man kann auch recht einsame Plätze abseits der angesagten Partystrände finden.

10. Beer Sheba und Umgebung

Im nördlichen Teil des Negev liegt die „Wüstenhauptstadt" Beer Sheba mit ein paar Sehenswürdigkeiten, und auch die Umgebung hat historisch und landschaftlich einiges zu bieten. Für all das sollte man schon zwei Tage ansetzen.

Der Rest

Die Top-Ten der Region stellen nur die wirklich herausragenden Sehenswürdigkeiten dar. Auf dem Weg von einem zum anderen Platz liegen weitere zahlreiche historische oder landschaftliche Leckerbissen, an denen der Eilige meist vorbeifahren muss, die aber dem Genießer sehr viele tiefe und erlebnisreiche Einblicke in das Heilige Land bescheren – von Ausflügen nach

Diese Getränke vom Karmel kurierten vermutlich auch manch orientalische Unpässlichkeit

Jordanien oder zum Katharinenkloster auf dem Sinai gar nicht zu reden. Daher haben wir im Folgenden zwei Routenvorschläge zusammengestellt:

Pilgerreisen

Israel ist das Pilgerziel für Christen schlechthin, täglich landen hier viele Pilgergruppen und machen sich auf den Weg zu den heiligen Stätten der Christenheit. Viele jüdische Stätten sind für die Pilger ebenso interessant wie die Plätze, die mit dem Leben und Sterben von Jesus verbunden sind. Die Spannweite reicht von der Geburtsstadt Bethlehem bis zum See Genezareth, an dessen Ufern Jesus aufwuchs, um schließlich seinen schweren Weg zum Hügel von Golgatha nach Jerusalem zu gehen. Das israelische Fremdenverkehrsbüro verteilt eine instruktive Karte mit detaillierten Angaben. Alle dort genannten Orte von Bedeutung sind auch in diesem Führer beschrieben.

14-Tage-Rundreise für Eilige

Die folgende Rundreise – bei der aus Zeitgründen auf einen Sinai-Besuch verzichtet wird – ist nur bei genauer Planung und eiserner Disziplin durchführbar.

- 1 Tag Tel Aviv
- 1 Tag Tel Aviv – Haifa mit Besuch von Caesarea, Megiddo und dem Karmel
- 1 Tag Haifa mit Besuch von Akko
- 1 Tag Haifa – Nazareth – Tiberias
- 1 Tag Tiberias und See Genezareth
- 1 Tag Tiberias – Bet Shean – Jerusalem
- 3 Tage Jerusalem mit Bethlehem und Ramallah
- 1 Tag Jerusalem – Jericho – Totes Meer – Massada – Beer Sheba
- 1 Tag Beer Sheba – Mizpe Ramon – Elat
- 2 Tage Elat
- 1 Tag Elat – Ashkelon – Tel Aviv

Drei- bis Vier-Wochen-Rundreise für Genießer

Wer drei oder vier Wochen auf eigene Faust in der Region herumreisen will, kann an das obige Programm entweder Badetage hängen oder aber zusätzliche Besichtigungen einlegen:

- 1 Tag Tel Aviv – Ashkelon – Tel Aviv
- 1 Tag Nahariya und Nordwestgaliläa
- 1 Tag Bethlehem und Hebron
- 1 Tag Ramallah und Nablus

Zusätzlich werden für diverse Abstecher leicht noch ein oder zwei Tage hinzukommen.

Für Reisende, die gern alle Eintragungen auf der **UNESCO-Weltkulturerbe-Liste** nachvollziehen und in ihrer Planung berücksichtigen möchten, hier eine Liste der gewürdigten Orte und das Jahr der Aufnahme in die Liste (von Nord nach Süd geordnet):

Hazor: biblischer Tel (2005), **Akko**: Altstadt (2001), **Haifa** und **West-Galiläa:** Heilige Stätten der Baha'i (2008), **Karmel**: steinzeitliche Höhlen (2012), **Megiddo**: biblischer Tel (2005), **Tel Aviv**: die *Weiße Stadt* in Bauhaus-Architektur (2003), **Jerusalem**: Altstadt und Stadtmauer (1981, Vorschlag von Jordanien), **Bethlehem**: Geburtskirche und Pilgerweg (2012), **Massada** (2001), **Beer Sheba**: biblischer Tel (2005), **Mamshit**: nabatäische Wüstenstadt an der Weihrauchstraße (2005), **Elusa** (Haluza): nabatäische Wüstenstadt an der Weihrauchstraße (2005), **Shivta**: nabatäische Wüstenstadt an der Weihrauchstraße (2005), **Avdat**: nabatäische Wüstenstadt an der Weihrauchstraße (2005).

Was man außerdem noch unternehmen kann

Vögel beobachten

30 000 Menschen kommen jährlich zur Vogelbeobachtung nach Israel – Jordangraben und Wadi Arava sind eine der wichtigsten Nord-Süd-Verbindungen für Zugvögel. Das größte Beobachtungszentrum liegt in Elat mit seinem *International Birding and Research Center (IBRCE)* (östlich des Kibbuz Eilot, 3 km nördlich von Elat, Tel +972 50 2112498, Fax +972 8 6376922, www.birdsofeilat.com), weiterhin kann man im Kibbuz Lotan im Wadi Arava (www.birdingisrael.com), in der Hula Nature Reserve, Gamla Nature

Reserve, Abu Kabir bei Tel Aviv, an den Fischteichen neben Ma'agan Mikhael sowie an weiteren Stellen ist mit Unterstützung von Ornithologen Birdwatching möglich.

In Palästina bietet der Botanische Garten von Jericho die beste Möglichkeit. In der *Jericho Wildlife Monitoring Station*; www.wildlife-pal.org auf JWMS klicken. Nahebei in Awja AtTahta lassen sich die *Friends of the Earth – Middle East* (FoEME) nicht lang um Unterstützung bitten, www.jvec.ps. Oder in Bet Jala auf dem Gelände der deutschen Schule Talitha Kumi das *Environmental Education Center* besichtigen und an dessen Exkursionen teilnehmen, www.eecp.org,

Reiturlaub

In Jericho gibt es etwas außerhalb im ruhig gelegenen Südosten einen Reitclub mit kleinem Hotel, Schwimmbecken, selbstgezogenen Küchenzutaten, nebenan ein Freizeitpark. Das sind nicht die ersten Assoziationen, die man in Europa zum Stichwort Palästina hat.

In Israel sind die Möglichkeiten ungezählt: Die besten Gegenden für Ausritte sind Galiläa und der Golan.

Hobby-Archäologie

In Israel ist für **Hobby-Archäologen** reichlich Gelegenheit, an einer Ausgrabung teilzunehmen. Am aktuellsten ist die Liste der *Biblical Archaeological Review* auf http://digs.bib-arch.org. Teilnehmer müssen über englische Sprachkenntnisse verfügen, mindestens 18 Jahre alt und bereit sein, für etwa zwei bis drei Wochen jeweils von 6 bis 12 Uhr aktiv mitzuarbeiten; meistens sind auch ein paar hundert Dollar Kosten zu übernehmen. Man kann sich darüber hinaus in Jerusalem für weitere Auskunft an die Israel Antiquities Authority wenden, Tel 02 6204679, www.antiquities.org.il. Daneben gibt es das Angebot *Dig for a Day*, das die *Archaeological Seminars Ltd.* vermitteln: www.archesem.com/dig.asp.

Zum Kennenlernen ist vielleicht das *Tempel Mount Sifting Project* am einfachsten: läuft das ganze Jahr, man sagt eine Woche vorher für mindestens drei Tage Bescheid, keine Unterbringung, aber auch keine weitere Kosten. Muslimische Aktivitäten auf dem Tempelplatz haben Jahrtausende alte Kulturschichten einfach weggebaggert, die nun wenigstens sorgfältig gesiebt werden. Genaueres und die Adresse unter http://digs.bib-arch.org/digs/temple-mount.asp.

Gesund werden

Der hohe medizinische Standard in Israel ist bekannt. Ausländische Kundschaft wird jedoch vor allem in den USA und in Russland beworben. Aber auch von Mitteleuropa aus könnte es vorteilhaft sein, sich im Nahen Osten behandeln zu lassen – von den Kosten her vermutlich und beispielsweise wegen anderer ethischer Einschätzung der In-Vitro-Fertilisation (IVF). Einen Überblick verschafft das Heft *Israel: A Medical Tourism Manual*, das man bei der Firma *Israel Travel News* bestellen kann, www.itn.co.il.

Eine Reise mit medizinischer Versorgung zu kombinieren geht auch in Palästina: im Golden Park Resort & Hotel in Bet Sahur, das mit der St. Joseph Dental Clinic zusammenhängt, www.goldenparkresort.ps und www.st-josephdentalclinic.com, Tel 02 2765371. Bisher liegen keine Erfahrungsberichte vor, aber es kamen bereits deutsche Kunden. Während der Behandlung wohnt man gratis im Golden Park Hotel. Für eine Behandlungs-Expertise kann man Röntgenaufnahmen mailen. Die Preisliste: www.st-josephdentalclinic.com/index.php/price-list.

In Israel & Palästina arbeiten

Arbeiten im Kibbuz oder Moshav

Die idealistische Grundstimmung, von der die Kibbuz-Bewegung während der Pionierzeit getragen wurde, hat sich in den letzten Jahrzehnten den von außen aufdrängenden Realitäten angepasst. Dennoch finden sich hier Menschen zusammen, die Gemeinsinn, soziale Verantwortung und einfache Lebensart miteinander verbindet. Ein paar Wochen oder

Monate in einer solchen Gemeinschaft zu leben und zu arbeiten, bereichert den eigenen Erfahrungsschatz und Horizont auf jeden Fall. Nach wie vor zieht die Kibbuz-Bewegung Freiwillige aus aller Herren Länder an. Doch in das Gemeinschaftsleben der Kibbuzniks werden die Helfer in der Regel nur am Rande oder überhaupt nicht einbezogen, was einerseits bei der relativ kurzen Verweildauer verständlich ist. Andererseits wurden diese Leute sehr häufig von der Kibbuz-Ideologie angezogen, aber die Kibbuzniks bleiben auf unerwarteter Distanz, betrachten die Helfer bei der Arbeit als unterste Schicht, die man nicht unbedingt freundlich behandeln muss. In kleineren Kibbuzim sollen die Verhältnisse besser sein, weil man sich dort schon von den Umständen her näher kommt.

Diese Beurteilung entnehmen wir verschiedenen Leserbriefen, sie muss nicht in jedem Fall zutreffen. Sie wird aber durch eigene Erfahrungen oder vielmehr Beobachtungen aus diversen Kibbuz-Überna<chtungen durchaus verifiziert. Der bunte Haufen der Freiwilligen bleibt mehr oder weniger unter sich, während die Kibbuzniks ihre eigenen Kreise pflegen. Vielleicht ist daher die Zusammenarbeit mit Ähnlichgesinnten aus den unterschiedlichsten Nationen eine der interessantesten Erfahrungen.

Wenn wir diese im Ton eher negative Beurteilung der Situation mitteilen, dann nur, um vor allzu großen Illusionen zu warnen. Es ist besser, man schraubt die Erwartungen herunter und wird dann positiv überrascht als umgekehrt.

Wenn Sie zupacken und im Kibbuz mitarbeiten wollen, dann müssen Sie zwischen 18 und 35 Jahre alt sein, zuweilen einen HIV-Test absolvieren und krankenversichert sein. Sie müssen bereit sein, zwischen zwei und sechs Monate lang 6 Tage in der Woche jeweils 8 Stunden (häufig ab 5 Uhr) zu arbeiten und dafür – neben freier Unterkunft und Essen – ca. ₪ 400 pro Monat zu verdienen. Wenn Sie jetzt immer noch das Kibbuzleben kennenlernen wollen, dann sollten Sie sich an das

- Kibbuz Program Center, 6 Frishman St (Ecke HaYarkon), 61030 Tel Aviv, Tel 03 5246154/6, www.kibbutzprogramcenter.org.

wenden.

Diese Organisation wird in Deutschland vertreten durch die

- Vereinigte Kibbuzbewegung, Schadowstr. 9, 60596 Frankfurt, Tel 069 61993460, Fax 069 61994129.

Empfehlenswert ist, sich vorab direkt mit Tel Aviv in Verbindung zu setzen oder einen Flug zu den günstigsten Konditionen selbst zu buchen und dann vor Ort zu verhandeln, weil die deutsche Organisation nicht unbedingt den erschwinglichsten Flug in den Arbeitsvertrag einbezieht und außerdem Verwaltungsgebühren erhebt. Man muss dann zwar vermutlich einige Tage in Tel Aviv auf einen Platz im Kibbuz warten, kann diese Zeit aber für Besichtigungen nutzen.

Biologisch-dynamisch landwirtschaften

Man könnte sich auch einer direkter strukturierten Organisation anvertrauen, ohne Verdienst und vielleicht 30 Wochenstunden für Essen und Unterkunft: Die internationale Organisation *Willing Workers On Organic Farms* (WWOOF) vermittelt weltweit Aufgaben auf Bio-Höfen, deren Namen und Adressen man gegen eine Gebühr erhält. Die israelische Unterorganisation (www.wwoof.org.il) verlangt ₪ 200 und bietet außer der Information von über dreißig Anbietern auch eine Versicherung. Bei den unabhängigen WWOOF-Mitgliedern soll auch eine Farm aus Palästina nach Freiwilligen suchen. Vielleicht kann man dort auch:

Oliven ernten mit Palästinensern

Die Zeit für die Olivenernte im Oktober/November ist kurz. Manchmal kommen Palästinenser nicht zu ihren Hainen wegen der Westbank-Mauer, Ausgangssperre, oder weil jüdische Siedler das zu verhindern versuchen. Gemeinsam mit Gästen aus dem Ausland geht es einfacher oder ist dadurch manchmal überhaupt erst möglich. Der Ost-Jerusalemer YMCA und die Alternative Tourism Group aus Bet Sahur bieten einwöchige *Olive Picking Programs* inklusive Kultur, Vorträgen und ein paar Heiligen Stätten an. Im Februar kann man zum Olivenbäume Einpflanzen kommen; www.jai-pal.org > Visits and Trips.

Volontär werden

In Palästina und natürlich auch Israel gibt es jede Menge lohnender Initiativen und Institutionen, die Hilfe gebrauchen können. Eine zentrale Anlaufstelle dafür gibt es nicht. Informieren Sie sich im Reiseteil, was für Sie in Frage kommen könnte, wenn Sie Zeit übrig haben und sinnvoll investieren möchten, ähnlich wie beim genannten Olivenpflücken. In unserem Palästina-Band bieten außerdem die Abschnitte *Begegnungen mit Menschen* vielerlei Anregung.

Als Freiwilliger bei der Armee

Vielleicht eine Alternative zur Arbeit im Kibbuz: Auch die Israel Defence Forces (IDF) nehmen Freiwillige beiderlei Geschlechts ab 17 Jahren zur Arbeit Seite an Seite mit Soldaten an. Dieses Angebot ist sicherlich etwas ungewöhnlich, es bietet aber Einblick in eine besondere Organisation in besonderer Situation. Alles weitere unter www.sar-el.org.

In Europa kaum vorstellbar: ziviler Spaziergang mit schwerem Gerät

Andere Arbeiten

In den Großstädten Israels können Besucher, denen das Bargeld ausging, Jobs wie den des berühmten Tellerwäschers finden.

Allerdings darf man dann nicht von Reichtum träumen. Die häufig in Hostels vermittelten Angebote gehören in die Abteilung „illegal", sind miserabel bezahlt, nicht oder kaum versichert und der Willkür der jeweiligen Arbeitgeber ausgesetzt. Nicht wenige von ihnen – offenbar häufig Baufirmen – nutzen die Situation der illegalen Jobsuchenden schamlos aus und zahlen am Ende eines 12-Stunden-Tages nichts oder weit weniger als vereinbart.

Klima und Reisezeit

Klima

Unsere Reiseregion teilt sich eigentlich in drei deutlich unterschiedliche Klimazonen. Die israelische Küstenzone wird vom Mittelmeer geprägt: Hier regnen sich im Spätherbst, Winter und Frühjahrsbeginn von Westen anziehende Wolken ab, die Temperaturen bleiben auch im Winter mild. Im Sommer kann es ganz schön warm und auch feucht-schwül werden, doch fächelt die Mittelmeerbrise Abkühlung zu.

Die zweite Klimazone besteht aus den Mittelgebirgen diesseits des Jordans, in denen der Besucher leicht auf 1000 m Höhe kommt. Dort kann es im Winter sogar schneien.

Im tief liegenden Jordantal treffen wir auf die dritte Klimazone, die in etwa auch für den Negev gilt (dort allerdings mit krasseren Tag/Nacht-Unterschieden). Im Winter hat man es mit milden, sehr angenehmen Temperaturen zu tun, im Sommer kann es richtig heiß werden. Doch für alle drei Gebiete sind Temperaturen bis knapp 40 Grad nichts Ungewöhnliches.

Reisezeit

Wann ist nun die beste Reisezeit? Der für das Auge schönste Zeitabschnitt beginnt Ende Februar, wenn vor allem in den vegetationsstarken Gebieten der Frühling ausbricht – dann kann man auch die Wüste blühen sehen. Besonders Galiläa mit seinen Bergwiesen schmückt sich dann mit einem Blütenteppich. Nachteil dieser Zeit ist die noch unsichere Wetterlage, die Regen und durchaus noch Kälteeinbrüche bescheren kann. Wir froren z.B. in Jerusalem noch in der zweiten Aprilhälfte zwar ausnahmsweise, aber doch bitter. Das andere Extrem in dieser Zeit ist der heiße Wüstenwind Khamsîn aus Ägypten, der Hitze, Sand und häufig Kopfbrummen mit sich bringt.

Das spätere Frühjahr, der Frühsommer wie auch der Frühherbst sind vom Wetter her vorzuziehen. Dann herrscht allerdings auch schon Saison, die Preise steigen, je näher man den Sommer-Ferienmonaten kommt. In der Hochsaison ist Israel von Touristen überlaufen, Hotelzimmer sind rar und teuer, an den Sehenswürdigkeiten reiht man sich in Schlangen ein – bei Temperaturen, die zumindest schweißtreibend sind.

Am Toten Meer dagegen ist es in der sonstigen Hochsaison zu heiß. Hier ist im Winter Hochsaison.

Ausrüstung

Theoretisch erfordert Israel mit seinen westlichen Standards keine besonderen Vorkehrungen hinsichtlich Ausrüstung, zumal man Vergessenes dort nachkaufen kann. Trotzdem sollte man sich ein paar Gedanken machen:

Kleidung

Die Israelis sind europäisch gekleidet, aber sehr viel lässiger. Im Büro trägt man z.B. nur selten Krawatte und geht auch in wichtige Besprechungen ohne Jackett und mit offenem Hemdkragen – der Hitze sei's gedankt. Viele Männer laufen in kurzen Hosen herum, Frauen kleiden sich ähnlich offenherzig wie im sommerlichen Italien. Demgegenüber fallen die orthodoxen Juden in ihren pechschwarzen Anzügen mit Hut auf, nicht minder die manchmal verschleierten Palästinenserinnen.

Luft-Durchschnittstemperaturen in Grad Celsius

		Jan	Feb	Mrz	Apr	Mai	Jun	Jul	Aug	Sep	Okt	Nov	Dez
Jerusalem	min.	6	6	8	13	16	18	19	20	19	17	12	8
	max.	12	13	15	22	25	28	29	29	28	25	19	14
Tel Aviv	min.	10	10	12	14	17	21	23	24	23	19	15	11
	max.	18	18	19	23	25	28	29	30	29	27	23	19
Hebron	min.	4	4	6	9	12	15	17	17	16	14	9	6
	max.	12	13	16	21	25	28	29	29	28	25	17	14
Tiberias	min.	10	9	11	14	18	20	23	23	22	20	15	11
	max.	18	19	23	28	33	36	38	38	36	32	26	20
Elat	min.	10	11	14	18	22	24	26	26	25	21	16	11
	max.	21	22	26	31	35	39	40	40	37	33	27	22
Totes Meer	min.	13	14	17	21	25	28	30	30	28	25	19	14
	max.	21	22	25	30	34	38	40	39	37	32	27	22

Wasser-Durchschnittstemperaturen in Grad Celsius

Mittelmeer	18	17	17	18	21	25	28	29	28	27	23	19
See Genezareth	17	15	16	21	24	27	28	29	29	27	24	21
Totes Meer	21	19	21	22	25	28	30	30	31	30	28	23
Rotes Meer	22	20	21	21	24	25	26	27	27	26	25	24

Passen Sie sich – vor allem als Frau – in orthodoxen Gegenden in Ihrer Kleidung insoweit an; d.h. achten Sie auf bedeckte Schultern und Arme, mindestens knielange Röcke oder, besser, Hosen. Dies gilt insbesondere für Moscheen, Synagogen und viele Kirchen, in die auch Männer nicht in Shorts gehen dürfen. In den jüdischen Gotteshäusern müssen Männer eine Kopfbedeckung tragen, häufig kann man sich eine *Kippa* ausleihen.

Grundsätzlich gilt für den Sommer: Leichte luftige Kleidung, d.h. komfortable leichte Hosen und Shorts, Hemden bzw. Blusen und T-Shirts. Jeans trägt man überall, obwohl sie im Sommer zu warm werden können. Für bessere oder teurere Gelegenheiten – falls man sie denn sucht – sollte Frau mit entsprechender Ausstattung vorbereitet sein, Mann ein Jackett einpacken. Für den etwas kühleren Sommerabend (Berge, Wüste) kann man mit einem leichten Anorak oder ähnlichem vorbeugen. In der Übergangszeit kann es kühl, im Winter unangenehm kalt werden, vor allem in den Gebirgsregionen, in denen auch Jerusalem liegt. Für diese Gegenden benötigt man dann warme Kleidung wie Pullover, dicken Anorak oder einen entsprechenden Mantel.

Packen Sie Badesachen und unbedingt eine Kopfbedeckung gegen die unbarmherzige Sonne ein, natürlich auch Sonnenschutzcreme und Sonnenbrille.

Die Schuhe richten sich nach dem, was man unternimmt. Wer wandert, braucht Trekkingschuhe, wer badet, sollte eventuell Flossen und Schnorchelausrüstung einpacken, für die Salzbrühe im Toten Meer Badesandalen oder alte

Turnschuhe, die man anschließend entsorgt. Für die täglich meist langen Besichtigungswege eignet sich leichtes, bequemes Schuhwerk, was immer man auch zu Hause im Hochsommer bei ähnlichen Wanderstrecken anziehen würde.

Taucherausrüstung

Es macht Sinn, über Schnorchel- oder gar Taucherausrüstung, eventuell auch Kamera-Unterwassergehäuse (ab € 50) bzw. Einwegunterwasserkamera für das Rote Meer nachzudenken. Wenn's der Transportplatz erlaubt, am besten das eigene Gerät mitnehmen. Wichtig für **Brillenträger** ist zu wissen, dass Gläser mit der passenden Dioptrie für Taucherbrillen nur schwer zu bekommen sind. In Deutschland bieten Tauchsportgeschäfte Maskenkörper und Gläser der Stärke 1 bis 6,5 der Firma Seemann Sub an (www.seemannsub.de).
In den meisten Orten kann man Schnorchelausrüstung für wenig Geld leihen. Zum Waten über das flache Riff eignen sich alte Turnschuhe o.ä.

Radio & TV

Ein Kurzwellenradio hält die Verbindung zur Heimat (z.B. Deutsche Welle, siehe S. 73) aufrecht. Wenn Sie sich vor Ort mit einem günstigen Datentarif ausstatten, kommen natürlich auch mehrere Smartphone-Apps z.B. für die Tagesschau in Frage.

Fotografieren

Bringen Sie am besten genügend Speicherkarten oder Filme mit, weil Sie in Israel tendenziell mehr bezahlen als zu Hause. Für eine Digital-Kamera wäre ein zusätzliches Speichermedium (z.B. Laptop) vorteilhaft; man kann sich aber auch in Internetcafés z.B. CDs brennen lassen. Bei der vermutlichen Fülle von Aufnahmen wird es sich vermutlich lohnen, sich unterwegs Notizen über die Motive zu machen, um sie später besser zuordnen zu können.
Fotografieren darf man alles außer militärischen Anlagen, auch öffentliche Gebäude wie Flughäfen oder Busterminals können ausgenommen sein. In religiösen Institutionen sollte man unbedingt die Vorstellungen und Gefühle der Besitzer und anderen Besucher respektieren. Am Shabbat verbitten sich orthodoxe Juden das Ablichten, muslimische Frauen mit Kopftuch tun dies meist generell.

Ausrüstung für Camper

Israel verlangt aufgrund seiner äußerst günstigen klimatischen Bedingungen für das Schlafen im Freien nicht viel mehr Ausrüstung als einen guten Schlafsack für kühle Nächte (besonders im Negev) und eine auf die persönlichen Komfortwünsche abgestimmte Unterlage (Isoliermatte, Luftmatratze). Um sich vor unerwünschten Zuschauern, aber auch Wind, Schlangen, Skorpionen oder gar einem der hoffentlich seltenen Regenfälle zu schützen, ist ein leichtes Zelt zu empfehlen.

Ausrüstung für Wohnmobile

Wohnmobile sieht man nur selten auf Israels Straßen. Man findet nur ganz wenige Campingplätze mit entsprechender Infrastruktur, d.h. Elektroanschluss und Sanitärentsorgung. Daher sollte man zu Hause für genügend Unabhängigkeit sorgen, in dem man z.B. eine Solaranlage installiert und ein Toilettensystem verwendet, das ohne Chemie auskommt, sodass man den Behälterinhalt auch in der freien Natur vergraben kann.
Israels Straßen setzen Wohnmobilen keine Schwierigkeiten entgegen. Man kommt mit jedem normalen Fahrzeug gut voran; es sei denn, Sie wollen z.B. quer durch den Negev fahren. Nur bei solchen Übungen wäre Allradantrieb von Vorteil. Dann sollten allerdings auch Sandbleche und Schaufel dabei sein, um sich notfalls aus Weichsandstellen befreien zu können. Wenn man in diesem Fall den Reifen-Luftdruck reduziert, entsteht eine breitere Auflagefläche. Zum späteren Aufpumpen ist ein 12-V-Kompressor nötig.

Ausrüstung für Radfahrer

Normale Basis ist ein stabiles Tourenrad mit entsprechenden Gepäckträgern (ein Leser war per Rennrad unterwegs und hielt dies für die beste Lösung). Flickzeug, Knochen oder entsprechende Schlüssel, Schraubenzieher, Kombizange, Speichenspanner, Ersatzspeichen, Kettenschloss, ein paar Ersatzmuttern, eine solar ladbare Taschenlampe und zwei bis drei Flaschenhalter mit Jumboflaschen sollten mitgenommen werden, wenn man durch den Negev oder Sinai radeln will. Weiterhin sind eine Schirmmütze, eine Sonnen-/Gletscherbrille auch als Staubschutz, für die Nacht (im Gebirge) ein Leichtschlafsack und eventuell ein Leichtzelt empfehlenswert. Für die Ernährung ist Müsli bei vielen Radlern eine wichtige Basis.

Ein Fahrrad muss bei jeder Fluggesellschaft als Gepäckstück angemeldet werden. Am kostengünstigsten transportieren *Germania* (im Fahrradkoffer gratis), *El Al* (bis 20 kg extra ebenfalls gratis) und TUIfly (bis 30 kg extra € 25). Für Palästina finden Sie Unterstützung und ganze Touren auf www.bikepalestine.com.

Anreise

Abflughäfen im deutschsprachigen Raum finden sich in der obigen Liste der **Fluggesellschaften**. Die Preise für die gut vier Stunden Flug schwanken zwischen € 150 und € 1200.

Wenn Sie mit EL AL fliegen, erleben Sie gleich eine Einführung ins tägliche israelische Leben, denn mit dieser Linie erwartet den Israeli sozusagen ein Stück Heimat. Nicht nur, dass die Mitreisenden manchmal blitzartig alle Gepäckfächer vollstopfen, sondern man erlebt auch bald die Kommunikationsfreudigkeit lautstark und nahe am Ohr. Auf dem Gang herrscht reger Betrieb, man hat sich irgendwo beim Einchecken vielleicht flüchtig kennengelernt und muss nun die Kontakte vertiefen. Kinder spielen zwischen den Beinen der Essen austeilenden Stewardessen und diesen scheint es jedes Mal ein ganz neues Ereignis zu sein, die vorhandene Nahrung gerecht zu verteilen, mal hier, mal dort, bis schließlich jeder etwas vor sich stehen hat. Bei der Landung auf dem Ben Gurion Airport wird nicht nur wie häufig bei Charterflügen geklatscht, sondern richtig gejubelt, vor allem von der jüngeren Generation.

Andererseits werden gerade bei El Al die Sicherheitsvorkehrungen besonders streng gehandhabt, sie gilt als sicherste Fluglinie der Welt. Mit der Fragerei der meist sehr jungen Sicherheitsmenschen wird es jedoch häufig zu viel des Guten: Da Individualreisende nicht immer in die Routine-Fragekataloge passen und sich der weitere Verlauf des Gesprächs schnell im Grotesken verliert, ziehen wir den geringeren Sicherheitsstandard der Mitbewerber von El Al vor.

Auf dem **Landweg** kann man Israel/Palästina von Jordanien und Ägypten aus erreichen bzw. verlassen. Ein israelischer Mietwagen darf jedoch nicht außer Landes, auch nicht in die Gebiete der Palästinensischen Autonomiebehörde. Wer außerdem einen israelischen Stempel im Pass hat, kann nicht von Jordanien aus in arabische Länder reisen. Selbst wenn die Israelis keinen Stempel in den Pass drücken, geht dies meist aus den Ein- und Ausreisestempeln der Nachbarländer oder bei Autofahrern aus den Fahrzeugpapieren hervor.

Wie man gesund bleibt

In Israel herrschen praktisch dieselben hygienischen Bedingungen wie in Mitteleuropa, d.h. man kann bedenkenlos alles essen, was das Land zu bieten hat. Das gilt ähnlich für Palästina. Wer absolut sicher gehen will, kauft nur Früchte, die man pellen kann.

Generell gilt, dass man sich unbedingt vor der Gluthitze durch Sonnenhut und leichte Kleidung bzw. Sonnenöl schützen muss; mit einem Sonnenstich ist nicht zu spaßen. Wer generell unter Hitze leidet, sollte mit seinem Arzt sprechen und sich medizinisch entsprechend ausrüsten. Auch Eis kann in einem empfindlichen Magen einen Temperatursturz auslösen, der die gesamte Verdauung durcheinander bringt, das gilt übrigens auch für eiskalte Getränke: Die ersten Schlucke im Mund anwärmen.

Denken Sie besonders daran, viel zu trinken. Denn im trockenen Wüstenklima verdunstet der Körper durch fast unbemerktes Schwitzen sehr viel Feuchtigkeit, die ersetzt werden muss. Spätestens dann, wenn der Urin sehr gelb bzw. dunkel wird, sollte man dies als Alarmzeichen werten, dass der Körper unter Wassermangel leidet.

Man sollte eine den individuellen Bedürfnissen angepasste Reiseapotheke mitnehmen, in der zunächst alle Medikamente, die man zu Hause regelmäßig einnimmt, in ausreichender Menge vorhanden sein müssen. Packen Sie nur das ein, was aus Ihrer persönlichen Sicht während der Reisedauer notwendig sein könnte; im Zweifel sollten Sie mit Ihrem Hausarzt sprechen. Kopieren Sie für alle Fälle das Rezept Ihrer Medikamente, damit Sie einer Apotheke klarmachen können, was Sie brauchen, falls etwas verloren geht. In Israel und Palästina sind außerdem weniger Medikamente rezeptpflichtig, Antibiotika beispielsweise können Sie einfach so in der Apotheke kaufen.

Als pauschale Empfehlung: Medikamente gegen Erkrankungen des Magen-Darm-Traktes, gegen Insektenstiche, Erkältungskrankheiten (relativ häufig wegen der Temperaturwechsel); Fieberthermometer, fiebersenkende Mittel, Schmerzmittel, Verbandszeug.

Empfehlenswert ist der Abschluss einer Auslandsreiseversicherung, denn unser Krankenversicherungssystem gilt nicht oder nur eingeschränkt (vor der Abreise erkundigen). Ärzte verlangen von Ausländern meist Vorauskasse.

▶ In **Notfällen** leistet Erste Hilfe der

- ***Magen David Adom*** (Roter Davidsstern), israelweit erreichbar unter **Tel 101** oder der
- ***Hilal AlAkhmar*** (Roter Halbmond), **palästinaweit** erreichbar ebenfalls unter **Tel 101**.

Impfungen

Der Nachweis spezieller Impfungen wird nicht verlangt. Allerdings empfiehlt sich der auch bei uns übliche Impfschutz wie Tetanus, Polio etc. bzw. dessen Auffrischung. Aktuelle Hinweise zu Israel und Palästina gibt es auf www.travelmed.de.

Behinderte

Die Situation für Behinderte dürfte in Israel offiziell kaum anders als in der Heimat sein. In der Praxis muss man sicher mit einigen zusätzlichen Schwierigkeiten rechnen, vor allem was die freie Beweglichkeit betrifft. Aber dies sollte kein Hinderungsgrund für eine Israelreise sein. Weit reichende Planungshilfe bietet die Non-Profit-Organisation Access Israel, www.aisrael.org/eng und Access unlimited, www.access-unlimited.co.il. Auf www.goisrael.com stößt man mit dem Suchwort disabled bald auf Tourenvorschläge für Menschen mit *mobility challenges*.

Darüber hinaus unterhält das Sheba Medical Center bei Tel Aviv ein gutes Beratungszentrum namens *Milbat* für Behinderte, Tel 03 5303739, milbat@netvision.net.il, www.milbat.org.il (momentan nur Hebräisch). *Yad Sarah* ist eine landesweite Organisation mit Stützpunkten in allen Städten, die Rollstühle und andere medizinische Hilfsmittel kostenlos verleiht, Tel 02 6444555, info@yadsarah.org.il, www.yadsarah.org.

Bei Fragen zur Mobilität in Palästina können Sie versuchen, die *Disabled Without Borders Organization* zu erreichen, Tel 02 2954453 oder 059 7232009, barakatdw@yahoo.com.

In Israel und Palästina zurechtkommen

Ankunft und Einreise

Derzeit gibt es zwei **internationale Flughäfen** im Reisegebiet, **Ben Gurion** bei Tel Aviv und **Ovda** im Bereich von Elat. Wer noch mit **Filmen** fotografiert, sollte erst nach der Ankunft in Israel einen Film in die Kamera einlegen. Falls Sie das Gehäuse bei der Flughafenkontrolle öffnen müssen, wäre der Film ruiniert.

Vor der Ankunft wird man Ihnen ein **Formular** aushändigen, in dem unter anderem nach einer Anschrift in Israel gefragt wird. Geben Sie Ihre erste Unterkunft an. Sollten Sie noch nichts gebucht haben, geben Sie eins der großen Hotels an, z.B. das Dan Panorama im Charles Clore Park in Tel Aviv. Niemand prüft die Angabe nach, schließlich können Sie sich ja auf dem Weg zum Hotel anders entschieden haben und woanders einchecken.

Wenn Sie noch in **arabische Staaten** außer Ägypten oder Jordanien reisen wollen, kann ein israelischer Einreisevermerk im Pass eine unüberwindliche Einreisehürde sein. Daher empfiehlt sich, am Passschalter ausdrücklich um **keinen Stempel** zu bitten. Die Kontrollbeamten können aggressiv werden oder lassen sich, lesen wir, zuweilen erst nach einer Stunde erweichen. Sie bekommen dann ein gestempeltes Blatt in den Pass gelegt, das Sie bis zur Ausreise aufheben müssen. **Achtung**: Da alle Einreisenden aus Kontrollgründen sowieso ein gestempeltes Blatt in den Pass bekommen, das jedoch 20 Meter weiter wieder eingesammelt wird, muss man auf zwei gestempelten Blättern bestehen! Wenn Sie nämlich später nicht nachweisen können, dass Sie ein Touristenvisum haben, wird bei der Automiete keine Steuer erlassen und man bekommt z.B. an Checkpoints ein Problem. Alternativ kann man sich zu Hause einen **zweiten Pass** ausstellen lassen, der zwar Geld kostet, aber Ärger erspart.

Umgekehrt können Sie mit arabischen Stempeln im Pass nach Israel einreisen, sollten jedoch auf ein ausführliches Interview gefasst sein.

Eine Liste mit weiterführenden Informationen über alle auch kleineren Inland-**Airports** sowie die **Grenzübergänge** findet sich unter www.iaa.gov.il/Rashat/en-US.

Ben Gurion Airport

Üblich ist die Anreise über den größten Flughafen, in Israel auch mit dem Akronym *Natbag* bezeichnet. Informationen wie z.B. Orientierungskarten bietet www.ben-gurion-airport.com. Wenn möglich, vermeiden Sie den **Shabbat** (Samstag) als Ankunfts-/Abreisetag, weil der öffentliche Verkehr auf ein Minimum reduziert ist und häufig teure Taxis anstelle von Bussen angeheuert werden müssen. Vielleicht sind die Sicherheitskontrollen kürzer, aber wer früh am

Flughafen Ben Gurions Haupthalle bei Sonnenuntergang

Tag anreist, hat womöglich ein Hotel gebucht, dessen Zimmer erst nach Sonnenuntergang bezogen werden dürfen.

In der Regel verläuft die Ankunftsprozedur relativ unkompliziert und zügig. Während man auf die Gepäckausgabe wartet, könnte man noch vor der Zollabfertigung zu teurem Kurs Geld tauschen (siehe weiter unten), um später nicht zahlungsunfähig vor dem Taxi zu stehen. Gleich neben den Geldwechslern warten Damen der Touristeninformation darauf, Ihnen einiges an Papier in die Hand zu drücken; erwarten Sie aber nicht, dass komplizierte Fragen dort eine Antwort finden.

Sollten Sie Schwierigkeiten haben, sich am Ben Gurion Flughafen oder darüber hinaus zurechtzufinden, dann können Sie beim **Voluntary Tourist Service**, einem ehrenamtlichen Touristen-Hilfsservice, um Unterstützung bitten. Im Flughafen stehen von 6 bis 20.30 Uhr Helfer zur Verfügung; fragen Sie beim Tourist Information Office.

Wer nach **Elat** weiterfliegt, muss – mit Glück – nur am Ben Gurion Flughafen mit dem Shuttlebus zum weniger frequentierten *Domestic-Terminal* fahren. Ungünstiger ist die Situation, wenn man vom Inlandsflughafen Sde Dov nach Elat fliegt. Er liegt am nördlichen Stadtrand von Tel Aviv. Während der Woche verkehren Busse, am Shabbat geht ein Taxi ganz schön ins Geld.

Ovda Airport

Ovda, der zweite internationale Flughafen Israels, gehört den Militärs, wird jedoch für Charterflüge nach Elat wegen des dort völlig überlasteten Innenstadt-Flughafens mitbenutzt. Er liegt etwa 60 km nördlich von Elat in der Wüste. Normalerweise werden Charter-Passagiere mit Bussen von und zum Flughafen transportiert. Es gibt aber auch Taxis für die Strecke. Von der Bürokratie her läuft alles so ab wie im Ben Gurion Airport auch. Selbst ein Tourist Information Office ist vorhanden.

Wäre der Friedensprozess nicht ins Stocken gekommen, gäbe es jetzt einen Großflughafen vor der Tür von Elat, nämlich den von Aqaba. Erste Probeflüge und -abfertigungen fanden bereits im November 1997 statt, aber eine Wiederaufnahme des Projekts ist unwahrscheinlich.

Zoll

Zollfrei können **eingeführt** werden: von Leuten ab 17 Jahren bis zu 1 Liter Spirituosen und 2 Liter Wein, bis zu 250 Zigaretten oder 250 g Tabak pro Person, ein Viertel Liter Parfüm, Medikamente nur zum persönlichen Gebrauch, persönliche Bekleidung, Foto- und/oder Filmkamera, Radio, Fernglas etc., Geschenke (außer Alkohol, Tabak und Fernseher) bis zu einem Wert von $ 200 pro Stück. Bargeld und Schecks über ₪ 80 000 müssen angemeldet werden. Ohne Genehmigung sind verboten: Pflanzen, rohes Fleisch, Schusswaffen und lange Messer.

Sicherheitskontrollen

Die Probleme Israels lernt der Reisende schon vor dem Abflug auf dem Heimatflughafen kennen. Vor allem, wenn man mit der israelischen Linie EL AL unterwegs ist, wird man einer äußerst peniblen Gepäckkontrolle und zum Teil bis weit in die Privatsphäre reichenden Fragen ausgesetzt. Wenn das Durchleuchten des Koffers irgendwelche Zweifel erweckt, muss er total ausgeräumt werden, jedes einzelne Inhaltsstück wird überprüft und eventuell erneut geröntgt. Man muss sich klarmachen, dass die Sicherheitsvorkehrungen letztlich auch dem Schutz der eignen Person gelten und daher geduldig ertragen werden sollten. Der hohe Zeitbedarf erfordert in der Regel, dass man bei EL AL-Flügen oder anderen ähnlich vorgehenden Gesellschaften, z.B. Lufthansa, am besten drei Stunden vor Abflug erscheinen muss. Andere Linien gehen mit diesem Problem großzügiger um.

Schlimmer noch kann es **Auto- oder Wohnmobilfahrern** bei der Ankunft ergehen. Im Ankunftshafen oder beim Grenzübergang aus den arabischen Nachbarländern kommen die Sicherheitsleute auf die seltsamsten Ideen. Als wir uns vor Jahren bei der Einreise von Ägypten her weigerten, die Innenverkleidungen abzuschrauben, rückte einer der forschen jungen Männer mit einer Bohrmaschine an...

Vom Flughafen weiterkommen

Wer günstig per **Bus** oder **Zug** reisen will, sollte je nach Ziel die praktischere Möglichkeit wählen. Zu Israels wichtigstem Bus- und Eisenbahnverteiler HaHagana in **Tel Aviv** braucht man mindestens 90 Minuten und muss zweimal umsteigen. Also nehmen Sie die **Eisenbahn** gleich unterhalb des Ankunftterminals, von wo Sie auch die beiden anderen Tel Aviver Bahnhöfe HaShalom und Savidor Merkas direkt erreichen können. Zum HaHagana-Bahnhof brauchen Sie nur 10 Minuten, ₪ 15, Fahrkartenautomaten an den Ausgängen 1 und 3, www.rail.co.il. Die Züge fahren täglich etwa halbstündig zwischen 5-23, Fr bis 14, Sa ab 19.30 Uhr. Nicht von der hebräischen Beschriftung abschrecken lassen, fragen Sie einfach jemanden.

Nach **Jerusalem** ist der Zug bislang unpraktisch: Man benötigt mindestens zwei Stunden und muss mindestens einmal umsteigen. Außerdem liegt der neue Bahnhof, anders als der alte, weit draußen beim Teddy-Kollek-Stadium. Tagsüber wäre allerdings die Fahrt über 700 m Höhenunterschied durch das **judäische Gebirge** reizvoll; in Fahrtrichtung am besten links sitzen (So-Do ca. 6-19.30, alle ein bis zwei Stunden, Fr bis ca. 13, Sa ab ca. 19-0 Uhr, ₪ 22,50), www.rail.co.il. Per Bus 6, 14 oder 18 geht es bis zum zentralen Busbahnhof von Jerusalem, mit der 6 auch bis zum Damaskustor. Die künftige Schnellzugtrasse vielleicht ab 2017 wird effizienter, aber mit Tunnelblick.

Praktischer wäre der **Egged-Bus** 5 zunächst Richtung Airport City – an der El Al Junction aussteigen. Von dort geht es mit Bus 947 weiter nach Jerusalem zum zentralen Busbahnhof Binyanei HaUma, von dort weiter wie eben beschrieben (So-Do ca. 5-22 Uhr, Fr bis ca. 17, Sa ab ca. 18 Uhr, tagsüber alle 20-40 min, zusammen rund ₪ 30), www.egged.co.il. Auskunft gibt es auch über die Egged-App. **Kleinbusse** findet man aus dem Haupteingang heraus rechter Hand. Diese fahren nicht nach Tel Aviv, aber u.a. nach Haifa sowie natürlich nach Jerusalem: Dort wird man zum Preis von $ 15 direkt vor dem Hotel oder z.B. am Damaskustor abgesetzt. Unweit von letzterem warten die sehr günstigen palästinensischen Busse auf die Weiterfahrt in die nördliche oder südliche Westbank (siehe S. 203). Auch für normale Taxis gibt es vor der Halle bei Ausgang 8 einen Buchungsstand; nach Tel Aviv z.B. zahlt man etwa $ 40, nach Jerusalem etwa $ 60.

Falls Sie ein **Auto mieten** wollen, aber nicht vorgebucht haben, sind Sie in der Lobby der Ankunftshalle richtig: Kurz vor dem Ausgang links die Treppe hoch bringt Sie zu den Verleihern. Wenn Sie ein Mietauto ab Flughafen möchten, sollten Sie noch zwei Dinge überlegen: Abgesehen davon, dass Sie hier einen Flughafenzuschlag entrichten müssen, sollten Sie unbedingt geklärt haben, ob Ihr Wagen auch in der **Westbank** versichert sein soll. Das ist direkt am Flughafen kaum möglich, daher empfiehlt es sich, erst in Jerusalem oder der Westbank bei entsprechenden Anbietern zu mieten, siehe S. 53 und S. 204. Diese palästinensischen Firmen unterhalten auch einen Shuttle-Service, der Sie am Flughafen mit Ihrem Mietwagen versorgt.

Wenn Sie **zu Hause** bereits einen israelischen Wagen **gebucht** haben, müssen Sie aus der Halle hinaus geradeaus ins Parkhaus, dann links halten. Eldan hat seine Autos direkt dort, andere Firmen bringen Sie von dort oder vom Stockwerk drunter per Shuttle nach außerhalb zum gemeinsamen Mietwagenpark. Dort wird Ihr Voucher unkompliziert in einen Wagen umgewandelt.

Beim der **Auto-Rückgabe** müssen Sie mit einem israelischen Fahrzeug den orangen Schildern folgen, nach der Übergabe bringt Sie ein Shuttle alle 10 Minuten zum Abflug-Terminal. Für palästinensische Mietwagen gibt es keine übliche Prozedur dafür: alles nach Absprache.

Aufenthaltsdauer

Automatisch erhält jeder Einreisende eine maximale Aufenthaltserlaubnis von drei Monaten.

Eine Verlängerung ist im Allgemeinen problemlos möglich. Zuständig ist das Innenministerium (Misrad HaPnim); fragen Sie auf dem Land am besten bei der Polizei nach; in Tel Aviv lautet die Adresse

- Tel Aviv Government Complex, Visa Department, Kaplan St, 3. Stock, Tel 03 651941, in Jerusalem im Generali Building, 1 Shlomzion HaMalka, Tel 02 228211.

Wer nach Ablauf des Vierteljahres aus- und wieder einreist, erhält erneut drei Monate.

Anders ist es bei Leuten, die von den israelischen Behörden – berechtigt oder nicht spielt keine Rolle – als **Aktivisten** eingestuft werden: Sie können am Flughafen direkt abgewiesen werden, sie können in der Westbank sogar innerhalb der eigentlich palästinensischen Hoheitszone A in Gewahrsam genommen werden, und einmal ausgewiesen, wird dem Vernehmen nach eine Einreisesperre für die nächsten zehn Jahre verhängt und natürlich eine Akte angelegt.

Ausreise

Abflug

Vergessen Sie nicht, Ihren Rückflug 72 Stunden zuvor von Ihrer Fluggesellschaft bestätigen („confirmen") zu lassen. Angeblich soll das, etwa bei Air Berlin, nicht mehr nötig sein, aber theoretisch kann der Platz andernfalls storniert werden. El Al-Flüge lassen sich 24 Stunden lang unter den Telefonnummern 02 6246725-28 oder 03 9722333 bestätigen.

Die Abflug-Zeremonie ist interessanterweise von eher mehr Sicherheitschecks begleitet als die Abfertigung beim Flug nach Israel (siehe oben). Dies beansprucht Zeit, die man vor dem Abflug am besten mit drei Stunden einkalkulieren muss. Mit Chuzpe könnte man aber auch spekulieren, dass man kürzer warten muss, wenn man später kommt, und tatsächlich lassen die Sicherheitsleute ihre Kunden selten einen Flug verpassen, weil ihre Abteilung angeblich die Kosten für Umbuchung und Übernachtung tragen muss.

Die Sicherheitsabteilung klebt zum Abschied einen Barcode auf den Pass

Für den Sicherheitscheck empfiehlt es sich, Hotelrechnungen, Busfahrscheine oder Prospekte bereitzuhalten, damit die unerbittlichen Kontrolleure die Reiseroute einfach nachvollziehen können, zumindest kann dies dem Kofferausräumen vorbeugen. Man wird sich vermutlich nach Ihren Kontaktpersonen in Israel erkundigen. Ob man die Westbank oder Kontakte zu Palästinensern von sich aus erwähnen sollte oder nicht, ist nicht ganz klar. Und unabhängig von der Fluglinie wird Ihr Handgepäck sehr genau auseinandergenommen werden, unsichere Kadetten wie Reisebuchautoren können auch in einer Art Umkleidekabine auf Sprengstoff untersucht werden. Anlass schien ein arabischer Stadtplan von Nablus gewesen zu sein. Behalten Sie bei diesen Sicherheitsaktivitäten die Ruhe und wundern Sie sich höchstens über den Aufwand, der getrieben wird.

Damit Sie ahnen, was Sie erwartet: Der Kleber auf dem Pass spiegelt wohl die Höhe des Sicherheitsproblems einer Person, angeblich soll man das an der ersten Ziffer über dem Barcode erkennen können: Einsen seien demnach den Israelis vorbehalten, Rucksack-Hippies bekommen eher eine Fünf oder Sechs und damit vermutlich ein ausführliches Gespräch vor der Rucksack-Durchsuchung vielleicht inklusive Leibesvisitation. Bleiben Sie entspannt.

Beim Abflug ist eine sogenannte Ausreisesteuer in Höhe von $ 15 zu zahlen, die allerdings in den meisten Flugtickets bereits enthalten ist.

Ausreise auf dem Landweg

Intensiver noch fallen die Checks aus, wenn Sie auf dem Landweg ausreisen. In diesem Fall scheinen alle Menschen jedweder Couleur unter Terrorverdacht zu stehen – cool bleiben. Den Abschied auf der Straße lässt sich der israelische Staat recht teuer bezahlen, pro Person sind in der Regel ₪ 88 fällig.

Auto/Wohmobiltransport auf dem Seeweg
Der Fährbetrieb aus Griechenland und Zypern wurde eingestellt. Eventuell bietet die italienische Grimaldi Lines eine Kabine auf einem Frachtschiff an, dann kann man auch sein Auto oder Wohnmobil mitnehmen. Wer mit dem eigenen Auto einreist und seine grüne Versicherungskarte nicht für Israel gültig gekennzeichnet hat, muss eine relativ teure Haftpflichtversicherung abschließen.
Bei der Ein- und Ausreise findet eine penible Befragung durch die Security statt. Für all das muss man schließlich satte Gebühren von derzeit ₪ 88 pP bezahlen.

Einreise/Abstecher nach Jordanien oder Ägypten

Viele Besucher Israels legen gern einen Abstecher in eins der von hier aus zugänglichen Nachbarländer ein. Für den besseren Überblick finden Sie alle wichtigen Informationen zum Grenzübergang hier zusammengefasst. Aktuelles von der israelischen Seite erfahren Sie unter www.iaa.gov.il/Rashat/en-US:

Ein- und Ausreise nach bzw. von Jordanien

Drei Personen-Grenzübergänge gibt es derzeit nach Jordanien, die jedoch für Touristen mit ungleichen Bestimmungen und Kosten aufwarten. An den **Festtagen** Yom Kippur und Id AlAdha (das Opferfest) ist die Grenze **überall geschlossen** (Ausnahme: anstatt Id AlAdha ist die *Jordan River Crossing* und *Yizkhak Rabin* am muslimischen Neujahrstag und an sonstigen jüdischen Feiertagen nicht passierbar). Außer der Reihe können auch mal zu Ostern oder Pessach sämtliche Terminals geschlossen sein – für möglichst sichere Planung vermeidet am besten sämtliche Festtage.
An allen drei Übergängen können Sie **Geld tauschen**, um z.B. die Grenzgebühren zu bezahlen.

Allenby Bridge
► (Jordanisch: *King Hussein Bridge*), Übergang südöstlich von Jericho (So-Do 8-24, Fr/Sa 8-15), Tel 02 5482600.
Da diese Grenzstelle im besetzten Gebiet liegt, erkennen die Jordanier den Übergang nicht als Grenzpassage an. Wer von Jordanien her ausreist, erhält keinen Ausreisestempel, sondern wird nach wie vor als im Land befindlich betrachtet. Man kann also über diesen Übergang mehrfach ein- und ausreisen, ohne ein neues Visum für Jordanien zu benötigen (es sei denn, man hätte inzwischen Israel verlassen). Andererseits kann man hier auch kein Visum erwerben, für die Ersteinreise an diesem Übergang muss man das Visum mitbringen (von zuhause oder von der jordanischen Botschaft in Tel Aviv, Tel 03 7517722). Wer auf israelischer Seite nur ein ***PA (bzw. Judea & Samaria) only*-Visum** erhält, sollte sofort **protestieren**: Die Weiterreise nach Jerusalem oder Ausreise über Israel ist damit unmöglich!
Nach dem Zoll fährt man an der jeweiligen Grenzstation mit einem Shuttlebus (₪ 5) auf die andere Seite weiter. Gebühren: Ausreise Jordanien JD 10, Einreise wie Ausreise Israel ₪ 178.
Von Jerusalem per Bus 961 oder 948 (966 ist teurer), Central Bus Station bis Allenby Bridge ca. 30-40 min, ₪ 13, So-Do 8-20, Fr -15, Sa 19-22.
Per Taxi des Reiseveranstalters ABDO vom Damaskustor, Tel 02 6283281 und auch jedem anderen Taxi kommt man zwischen 7 und 12.30 Uhr zum Grenzübergang und wieder zurück. Der Übergang ist **nicht** für **Autofahrer** zugelassen.

Yizkhak Rabin (früher: Arava)
► (Jordanisch *Araba*), Übergang bei Elat (So-Do 6.30-20, Fr,Sa 8-20), Tel 08 6300555.
Dies ist der für Touristen unkomplizierteste Grenzübergang, nur wenige Kilometer von Elat entfernt, der wie eine beliebige Grenzstelle agiert. Man kann per Auto (allerdings keine israelischen Leihwagen) beliebig ein- und ausreisen, das jordanische Visum wird für zwei Wochen unbürokratisch und ohne Gebühr ausgestellt und ließe sich auf drei Monate verlängern. Busreisende müssen in einen jor-

danischen Bus umsteigen und ihr Gepäck ca. 200 m weit schleppen. Die Ausreise aus Israel kostet hier nur ₪ 105, die jordanischen Nummernschilder insgesamt rund JD 50 und eine KFZ-Versicherung JD 20-30 (für vier Wochen), die Carnetbearbeitung JD 7. Wenn Sie aus Jordanien kommen, kostet die Ausreise JD 7 und die Einreise nach Israel nichts.

Jordan River /Bet Shean Crossing

(Jordanisch *Sheikh Hussein Bridge*), bei Bet Shean (So-Do 6.30-21, Fr/Sa 8-20, Einlass bis 19), Tel 04 6093400. Ebenfalls ein „normaler" Grenzübergang mit Ausreisekosten von ₪ 105. Ohne eigenes Gefährt kommt man nur per Taxi hin, im Niemandsland verkehrt ein Shuttlebus (₪ 5-6). Lässt man das eigene Auto zurück, sind täglich ₪ 24 Parkgebühren fällig; nimmt man das Fahrzeug mit, wird für eine Woche Versicherung JD 45 erhoben, für vier Wochen JD 66. Das jordanische Visum kostet JD 10; wer umgekehrt von Jordanien aus einreist, zahlt JD 4. Auf jordanischer Seite kann man per Bus (1 km entfernt an der Hauptstraße) über Irbid nach Amman zu etwa JD 3 fahren oder direkt per Taxi zu ca. JD 25-35.

Daneben existiert noch ein Übergang namens **Adam Bridge** am Ende der Straße 57, die von Nablus herunterkommt. Hier ist kein Personen-, sondern nur Warenverkehr zugelassen.

Ein- und Ausreise nach bzw. von Ägypten

Der Grenzübertritt in **Raffah** im Gazastreifen ist für Touristen derzeit nicht möglich; das 40 km weiter südlich gelegene **Nizzana** dient zwar nur dem Güterverkehr, aber zuweilen scheinen es auch Geschäftsleute zu benutzen.

Am einzigen Weg über **Elat/Tabah** (täglich 24 Stunden geöffnet außer Yom Kippur und Id AlAdha, Tel 08 6360999) zahlt man ₪ 105 an die Israelis, die Ägypter verlangen ca. LE 75, falls Sie nicht nur in Tabah bleiben wollen. Von der israelischen Grenzstation zur ägyptischen Abfertigung verkehren Taxis (ca. LE 15), die Strecke kann man in ca. 15 Minuten auch zu Fuß zurücklegen. Die Abfertigungsprozedur ist verhältnismäßig unkompliziert, beachten Sie aber, dass links an der Straße im Büro „Bordertax" eine (relativ geringe) Gebühr zu zahlen ist. Ohne eine Quittung kommt man nicht aus Tabah heraus (was Rückmarsch erfordert). Bei umgekehrter Reise, von Tabah nach Elat, zahlt man in Tabah LE 2 und in Israel nichts.

Wenn Sie ein Visum für ganz Ägypten besitzen, machen Sie den Passbearbeiter auf dieses Visum aufmerksam; falls er Ihnen im Eifer des Gefechts nur das Sinai-Visum erteilt, verfällt das andere, und Ihre Reise endet in Sharm Ash-Sheikh. Falls Sie ein Ägyptenvisum benötigen, können Sie es bei den ägyptischen Konsulaten in Elat (Tel 08 6376882) oder Tel Aviv erwerben; rechnen Sie mit gut einem Tag an Bearbeitungsdauer. Verwechseln Sie es nicht mit dem Kurzzeitvisum, das nur für die Ostküste des Sinai einschließlich Katharinenkloster gilt.

Per Bus von Tel Aviv nach Kairo

Von Tel Aviv/Jerusalem nach Kairo verkehrt Mazada Tours. Der Bus fährt So+Do von deren Büro in Tel Aviv, 141 Ibn Givrol St, Tel 03 5444454, Do um 10, So um 18 Uhr ab, in Elat jeweils fünf Stunden später; in Jerusalem, 6 Jannai St, Tel 02 6235777, Do bereits um 8, So um 16.30 Uhr. Die Reise dauert 12-13 Stunden. www.mazadatours.com/Home/mazada-busline. Buchen Sie möglichst drei Tage im Voraus. Vergessen Sie das Ägyptenvisum nicht. Die Hin- und Rückfahrpreise starten bei $ 165 pP (inkl. $ 55 Steuern). Von **Kairo nach Jerusalem/Tel Aviv** fährt ebenfalls *Mazada Tours* So um 16, Do um 7.30 Uhr vom Sheraton Hotel ab. Buchungen u.a. bei den Travel Agencies am Midan Tahrir in Kairo oder über die Website.

Sich in Israel und Palästina informieren

Touristen-Information

Grundsätzlich ist das **Israel** Ministry of Tourism, Tel 02 6664331 für touristische Belange zuständig, informativ ist auch die landesweit zum Ortstarif nutzbare Servicenummer *3888. Dem eigenen Tempo kommen www.goisrael.com und .de entgegen, nicht zu vergessen:

www.facebook.com/goisrael. In den meisten größeren Städten gibt es Touristen-Informationsbüros, die Adressen finden Sie bei den jeweiligen Stadtbeschreibungen. Manchmal gibt es auch Büros mit regionalem Bereich, etwa in Galiläa oder auf dem Golan. Für das gesamte Land soll Jerusalem am Jaffator zuständig sein, was jedoch nur sehr begrenzt der Fall ist. Bei der Ankunft auf dem Ben Gurion Airport können Sie noch vor dem Zoll mit dem *Tourist Information Office* Kontakt aufnehmen. Leider macht dieses Büro ebenso wie manch andere – einen eher verschlafenen Eindruck. Der Besucher kommt sich zuweilen wie ein ungebetener Bittsteller vor, der die Tagesbeschäftigungen der Angestellten nur stört. Doch in Jerusalem, Haifa, Elat und Tel Aviv wird einem eigentlich immer freundlich und kompetent weitergeholfen.

Auf der anderen Seite der **Grünen Linie** ist das Ministry of Tourism and Antiquities der PA zuständig, Tel 02 2741581, www.travelpalestine.ps und www.facebook.com/visit.palestine. Das Budget ist knapp, das Material nicht üppig. Das aufmerksame und hilfsbereite Personal müsste noch geschult werden. Am besten aufgestellt sind die Touristen-Informationsbüros in Bethlehem und neuerdings in Ramallah, 2012 entstanden auch Kioske in Jericho und Nablus.

Ehrenamtliche Touristenbegleiter

Die Mitarbeiter des ehrenamtlichen Touristenservice (VOLUNTARY TOURIST SERVICE, VTS) helfen Besuchern und bieten ihnen insbesondere Führungen an. Informationen über VTS erhalten Sie bei den Touristeninformationen oder auch in größeren Hotels.

Eine solche Organisation fehlt in Palästina, aber wie sagte uns jemand in Nablus: „In dieser Stadt ist jeder ein Fremdenführer – gratis!"

Studentenservice

Um das Wohl der Studentenschaft kümmert sich die Israel Student Travel Association (ISSTA), Jerusalem, 31 HaNevi'im St, Tel 6257257; Tel Aviv, 109 Ben-Yehuda St, Tel 03 5210111 und im Dizengoff Centre; Haifa, 20 Herzl St, Tel 04 8682227. Die Website www.issta.co.il ist auf Hebräisch, www.issta.com auf Englisch.

Es gibt Informationen über Touren, Ermäßigungen etc., und hier werden die **ISIC-Studentenausweise** ausgestellt, online nur auf Hebräisch: www.issta.co.il/isic. Also besser schon zuhause beim örtlichen AStA oder auf www.isic.de, .at oder .ch besorgen.

Nationalparks und Nature Reserves

Israel Nature and National Parks Authority, 3 'Am VeOlamo St, Givat Sha'ul, Jerusalem, Tel 02 5006261, Fax 02 5005471, info@parks.org.il, www.parks.org.il; seit dem letzten Relaunch funktioniert die englische Seite bisher leider nur halbwegs.

Die Israelis unterscheiden zwischen *Nationalparks* (blau ausgeschildert) und *Nature Reserves* (braun ausgeschildert). Letztere sind Landschaften gewidmet, während die Nationalparks in der Regel die großen historischen Sehenswürdigkeiten umfassen. Beide Behörden wurden 1998 zusammengeschlossen.

Alle 58 Nationalparks und Nature Reserves könnte man mit der (inzwischen orangen) ***Green Card*** zu ₪ 147 pP besuchen, was wesentlich günstiger ist als mehrere Einzeleintritte – um nicht zu sagen, eins der besten Angebote in Israel überhaupt. Die Karte ist zwei Wochen gültig und in den größeren Parks und Reserves oder un-

Grenzübergang Tabah nach Ägypten

ter der obigen Adresse erhältlich. Einzeleintritte kosten ₪ 18-38, so dass sich die *Green Card* schnell auszahlt. Bei wenig Zeit könnte sich ein grünes Ticket zu ₪ 107 für 6 oder ein blaues zu ₪ 76 für 3 beliebige Eintritte wiederum innerhalb von zwei Wochen lohnen.

Die **Öffnungszeiten** liegen – in der Regel – im Sommer von 8 bis 17 Uhr, im Winter wird um 16 Uhr geschlossen. Eine Stunde vor Toresschluss wird meist niemand mehr eingelassen. Etwa 20% der Gesamtfläche Israels sind als Nationalparks und Nature Reserves ausgewiesen.

Auch in der **Westbank** liegen israelische Nationalparks, doch alle in der von Israel kontrollierten Zone C (siehe S. 111), die rund 60 % des Landes umfasst: Qumran, Herodeion, Quellen im Wadi Qelt und Samaria/Sebaste zählen dazu. Insbesondere das Ausweisen von großflächigen *Nature Reserves* im Süden scheint auch eine Funktion in der Besatzungspolitik zu haben.

Hebräisch im Land der Bibel lernen

Zum Einstieg findet man Online-Kurse oder auch Smartphone-Apps. Ins Geld geht es schon *online* z.B. bei www.ulpanet.com oder www.learn-hebrew.co.il. Tiefergehend muss aber wohl Sprachunterricht her. Dazu sind die meisten Universitäten des Landes in der Lage, am besten mit Sommerkursen. Kibbuzim, die einen Ulpan, also einen Hebräisch-Lernkurs anbieten, listet www.kibbutzulpan.org oder www.kibbutzprogramcenter.org. All das ist vermutlich günstiger als der ansonsten zu empfehlende

- Ulpan Israeli, 100 Akhusa St, Ra'anana (östlich von Herzliya, Tel 09 7967499 oder 050 6582868, www.ulpanisraeli.com.

In Jerusalem/Talpiot kann man bei der **Aktion Sühnezeichen** Hebräisch oder Jiddisch lernen, Näheres unter www.beit-ben-yehuda.org . Das Angebot für **Arabisch** ist weniger breit. Die Universitäten in Birzeit und Nablus bieten auch Ausländern Sommerschulen zu erschwinglichen Preisen, und in Jerusalem und Ramallah gibt es sechs- bis achtwöchige Kurse des

- Centre for Jerusalem Studies at AlQuds University, Souk AlQattanin, Old City Jerusalem, Tel 02 6287517, www.jerusalem-studies.alquds.edu

Sich fortbewegen – unterwegs in Israel und Palästina

Es gibt viele Möglichkeiten, sich fortzubewegen. Wir empfehlen Individualreisenden für Israel und Palästina **ganz klar** den **Mietwagen**, wenn Sie viel in kurzer Zeit sehen möchten. Selbst das zweitgrößte Busunternehmen der Welt, Egged, fährt in Galiläa, dem Golan oder im Negev die Haltestellen nicht halbstündlich an, und am Samstag tut sich gar nichts. Für abgelegenere Gebiete hilft also ein Auto, und wenn Sie zu mehreren mieten, bleibt auch der Preis im Rahmen. Wenn Sie auch in die Westbank schauen wollen, sollten Sie bei einer palästinensischen Firma mieten (siehe S. 204), denn dann ist Ihr Wagen beiderseits der Grünen Linie versichert. In Israel haben Sie mit diesen Autos wegen des gelben Nummernschilds keine Probleme, und in Palästina werden sich die Leute freuen, dass Sie bei einem Landsmann gemietet haben.

Busse

Über ganz Israel ist ein sehr **enges Busnetz** gelegt; es gibt kaum Orte, der nicht per Omnibus erreichbar wären. Das Ganze ist auch vergleichsweise günstig. Die lokalen Busgesellschaften sind meist Kooperative, die in der Regel nur eine Stadt bedienen. Überregional ist vor allem die Gesellschaft **EGGED** unterwegs, aber auch **DAN** aus Tel Aviv fährt über längere Distanzen. Das System der Fernverbindungen entspricht etwa dem unserer Eisenbahnnetze mit „ICE-Strecken" und lokalen Bummel-Bussen.

Hier eine Liste **lokaler Unternehmen** von Nord nach Süd (die Websites sind fast ausschließlich auf Hebräisch, möglicherweise auch die einzige Sprache am Telefon; Egged-Adresse siehe unten,):

- Rama Golan, www.golanbus.co.il, Tel 04 6964025 oder *3254 (Qazrin & südlicher Golan)
- Nativ Express, www.nateevexpress.com, Tel 159 9559559 oder *3553 (Nahariya-Haifa-Khadera, Safed, Nazareth)
- Kavim, www.kavim-t.co.il, Tel 03 6066055 oder *2060 (Tel Aviv, Nazareth, Bet Shean)

- Superbus, www.superbus.co.il, Tel 1-700 700181 oder 08 9205005 (Jerusalem & Umgebung, Ramla/Lod, Tel Aviv)
- Dan, www.dan.co.il (auch Englisch), Tel 03 6394444 (Tel Aviv & Umgebung)
- Metropoline, www.metropoline.com, Tel *5900 (Herzliya-Tel Aviv-Ashkelon, Beer Sheba-Dimona-Mizpe Ramon)
- Weitere regionaler Betriebe siehe unter **www.bus.co.il**, Tel 190 0721111, auch als englischsprachige App **bus.co.il** für iPhone und Android unbedingt empfehlenswert.

Fast jede Stadt besitzt einen **Busbahnhof** oder, modern ausgedrückt, einen Busterminal (*Central Bus Station* – ***CBS***), in dem die Fäden zusammenlaufen und das von vielen innerörtlichen Linien angefahren wird. Die Fernlinien starten und enden ausschließlich in den Busterminals. Man muss also meist einen städtischen Bus zum Terminal nehmen. Aber mit diesen zentralen Anlaufstellen fällt das Fortkommen recht leicht, selbst dann, wenn man z.B. auf dem Weg von Nahariya nach Elat mehrfach umsteigen muss. Bei längeren Reisen empfehlen sich Platzkarten. Als grobe Preiskalkulation rechnen Sie mit etwa ₪ 20-30 pro 100 km.

Israels Busse sind **häufig voll**, dann wird beim Einsteigen gedrängelt, und wer nicht mitdrängelt, kann leicht draußen bleiben. Auch auf kurzen Strecken sind die Fahrzeuge meistens klimatisiert. Die Busse können sich leicht zu Kommunikationszentren entwickeln; man sitzt selten stumm nebeneinander, häufig kommen Gespräche mit den Nachbarn in Gang, dann schrumpft eine lange Fahrt auf interessante Gespräche zusammen und die Zeit verfliegt.

In den Städten fahren die Busse meist im Fünf- oder Zehnminutentakt, der Fahrpreis beträgt etwa ₪ 6. Im innerstädtischen Verkehr halten die Busse nur auf Aufforderung per Knopfdruck. In der Regel fahren am **Shabbat** keine oder nur wenige Busse. Bedenken Sie also bei Ihren Busreisen, dass sie von Freitag- bis Samstagabend nicht mit diesem günstigen Transportmittel rechnen können!

In der Regel erhalten Studenten und Rentner (Ausweis mitnehmen) etwa zehn Prozent **Ermäßigung**. Für ausländische Besucher gibt es ein Zwei- bis Vierwochenticket, mit dem man in dieser Zeit im gesamten Land herumfahren kann. Ermäßigte Tickets sollte (z.B. Studenten) man immer am Ticketschalter kaufen, weil der Fahrer entweder die Preise nicht kennt oder einfach keine Lust auf das Prozedere hat.

Informationen und Übersichtsfahrpläne etc. erhält man in jedem Busbahnhof. Sie können aber auch die Zentrale anrufen:

- **EGGED Information Center**, 142 Petah Tikva St, Tel Aviv, Tel 03 6948888 oder landesweite Servicenummer *2800, oder sich die Egged-App (hebr.) laden.

Die Website www.egged.co.il ist etwas mühsam, weil man Orte bei der Fahrplansuche nur so wie Egged schreiben darf: Wer Beer Sheba statt Be'er Sheva schreibt, wird von dem fehlerunfreundlichen System keine Auskunft erhalten. Auch die englische Suchmaske zeigt Ihnen אין מיבושי – „den von Ihnen gesuchten Begriff gibt es nicht".

Für Ihre Reiseplanung listen wir hier nur die Busse zwischen den größeren Orten (es ist klar, dass ein Bus von Tel Aviv nach Ashdod auch in umgekehrter Richtung fährt), die wir für die eggedsche Rechtschreib-Suchmaschine geeignet wiedergeben:

Von **Tel Aviv** nach:

▶ Ashdod, Ashkelon, Be'er Sheva, Ben Gurion Airport (besser nicht, siehe oben, ₪ 24), Beit

Grüner Egged-Bus am Busbahnhof Jerusalem

She'an, Eilat (₪ 78), Haifa, Jerusalem (₪ 18), Kiryat Shmona, Tiberias

▶ Vom **Ben Gurion Airport** nach:

▶ Tel Aviv (besser nicht, siehe oben, ₪ 24), Jerusalem (₪ 30), Haifa

▶ Von **Jerusalem** nach:

▶ Be'er Sheva, Beit She'an, Ein Gedi (₪ 43), Haifa (₪ 42), Hebron (₪ 9), Masada, Eilat (₪ 78), Nazareth

▶ Von **Haifa** nach:

▶ Acre (Akko), Eilat, Nahariya (₪ 18), Tiberias (₪ 24)

▶ Von **Tiberias** nach:

▶ Beit She'an, Khamat Gader, Nazareth (₪ 36), Safed

▶ Von **Be'er Sheva** nach:

▶ Mitspe Ramon (₪ 24), Mitspe Ramon – Eilat (₪ 44), von Eilat nach Jerusalem ₪ 78.

Zumindest für lange Strecken und am Wochenende, insbesondere zu Feiertagen, sollten Tickets vorsichthalber im Voraus beschafft werden – schließt Platzreservierung ein – denn am Wochenende sind viele Busse überfüllt.

Palästinensische Busse

Der Hauptverkehrsknoten liegt natürlich in Jerusalem: Von der Nablus St aus fahren grün-weiße Busse Ziele in der nördlichen Westbank an, nordöstlich des Damaskustores beim Golden Walls Hotel starten blau-weiße Busse in die südliche Westbank. Inzwischen gibt es noch eine dritte Haltestelle nordwestlich des Damaskustores in der Nähe der Straßenbahnhaltestelle. Vom ersten Busbahnhof startet z.B. die Linie 18 teils in großen, klimatisierten Fahrzeugen nach Ramallah für NIS 7,50, günstiger geht es nur zu Fuß. Nach Ramallah und innerhalb Ostjerusalems sind Busse das Hauptverkehrsmittel. Die Busverbindungen sind allerdings langsamer und weniger flexibel als die Sammeltaxis, obwohl Sie Busse auch einfach heranwinken können, um ohne Haltestelle zuzusteigen.

Die verschiedenen Linien sind im Kapitel über Jerusalem gelistet, siehe S. 203 .

Eisenbahn

Die Zugstrecken werden immer weiter ausgebaut und sind in punkto Service und Pünktlichkeit sehr empfehlenswert. Fuhr vor nicht einmal zwanzig Jahren täglich ein Bähnle von Jerusalem nach Tel Aviv, sind es inzwischen zehn Verbindungen pro Tag, was durch eine Schnelltrasse eventuell ab 2017 noch intensiviert werden soll. Dann ist vielleicht auch die Busanbindung in Jerusalem hoffentlich nicht mehr so langwierig.

Der übrige Personenverkehr verbindet die Küste zwischen Nahariya im Norden über Tel Aviv nach Ashdod und bedient auch Beer Sheba. Man kommt schneller und stressfreier voran als per Auto. Zwischen Haifa/Nahariya und Tel Aviv verkehren wochentags mehr als 30 Züge, z.T. mit komfortablem Intercity-Service. Eine konsequentere englische Beschriftung würde touristischen Interessen sicherlich entgegenkommen; www.rail.co.il. Hilfreich ist auch die iPhone-App *Nexttrain* als Zugfahrplan.

Inland-Flugverbindungen

Die Fluggesellschaften ARKIA und ISRAIR verbinden die Städte Tel Aviv (Ben Gurion und Sde Dov), Elat und Haifa miteinander. Auch kleinere Flughäfen wie in Rosh Pina, Kiryat Shmona und beim Toten Meer anzusteuern, scheint ARKIA aufgegeben zu haben. Die kleine Fluggesellschaft Ayit (http://fly.ayit.co.il, hebräisch) bedient die Linie Tel Aviv – Rosh Pina.

Für Inlandsflüge mindestens eine Stunde vor Abflug einchecken!

Taxi

Als Alternative zum Busreisen kann man auch mit **Sammeltaxen** – häufig Kleinbusse für sieben bis zwölf Fahrgäste, durchs Land reisen. Die Israelis nennen sie **Sherut**, bei den Arabern heißen sie **Service**, sprich: *ßerwíeß*. Diese Taxis fahren von jeweils festgelegten Plätzen in den Städten zu festen Preisen und erst dann, wenn der Wagen voll ist, was manchmal dauern kann. Man kann mit etwa zehn Prozent geringeren Kosten als beim Bus rechnen und hat wie im Bus beste Chancen, nicht nur Touristen zu treffen. In der nördlichen Westbank ersetzen sie die Busse weitestgehend. Sie können diese Taxis ebenfalls unterwegs einfach heranwinken. Von Bethlehem nach Hebron beispielsweise kostet eine Fahrt im Service-Taxi NIS 8.

Auch **normale Taxis** sind – verglichen mit Deutschland – relativ preiswert. Sie werden *Special Taxis* genannt. Jeder Fahrer ist gesetzlich verpflichtet, den Taxameter einzuschalten. Bestehen Sie darauf: Auch wenn angebliche Sonderangebote gemacht werden, ist der per Taxameter ermittelte Preis allemal günstiger. Die verschiedenen Tarifzonen sind

- 0 – Zuschlag für's Abholen
- 1 – Normaltarif
- 2 – Nachttarif mit 25% Zuschlag (21-5.30, auch am Shabbat und an Feiertagen)

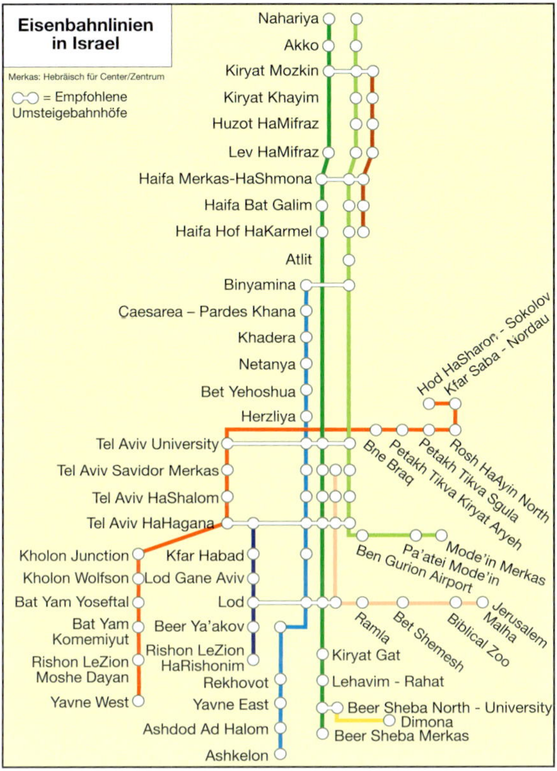

Beschwerden über Taxis nimmt der regionale *Controller of Road Transport* entgegen; Tel Aviv Tel 03 5657199 oder 5657214, Jerusalem Tel 02 6228600, Haifa Tel 04 8529986. Normalerweise erwarten Taxifahrer kein Trinkgeld.

Auf der **Westbank** sieht es allerdings anders aus: Viele Taxis besitzen so etwas 'Unnötiges' wie einen Taxameter überhaupt nicht. Hier hilft nur zähes Feilschen, tunlichst bevor die Fahrt beginnt. Fahrten im Ort sollten in der Westbank nicht mehr als NIS 25 kosten, Fernfahrten pro Stunde nicht mehr als NIS 80-100. Wenn Sie ein Taxi mit englischsprachigem Taxifahrer, der sich einigermaßen auskennt, länger mieten wollen, sollten Sie für einen halben Tag NIS 300, für einen ganzen Tag NIS 450 ansetzen.

Trinkgelder sind im Taxi nicht üblich. Sie sollten allerdings passendes Kleingeld dabei haben, denn häufig ergibt sich doch ein Trinkgeld, weil der Fahrer leider nicht wechseln kann.

Mietwagen

Mietwagen sind eigentlich recht preiswert; kleinere Fahrzeuge bekommt man um € 20 pro Tag bei unlimitierter km-Leistung einschließlich aller Versicherungen, wenn man länger als drei Tage mietet. Mittelklassewagen einschließlich Aircondition (AC) kosten ab € 35 pro Tag, ein Mini-Van schlägt mit € 70-100 zu Buche. Bei diesen Preisen muss man bedenken, dass der israelische Staat auf jedes Fahrzeug eine Importsteuer legt, die dem Neupreis entspricht, also den Fahrzeugpreis praktisch verdoppelt.

In Israel sind alle bekannten **internationalen Vermieter** vertreten. Es gibt eine Reihe kleiner und meist preiswerter lokaler Anbieter, die allerdings kaum Servicestützpunkte unterhalten und bei denen man das Fahrzeug am Empfangsort wieder abliefern muss. Größere israelische Firmen wie **Eldan** unterbieten die Preise der Internationalen z.T. erheblich und lassen sich via Internet bereits von Europa aus buchen, www.eldan.co.il.

Es gibt reichlich Auswahl an Vermietern. Die großen bieten in der Regel den besseren Service, sind aber teurer. Bei kleineren Firmen wird es im Falle eines Unfalls oder einer Reparatur u.U. schwierig, ein Ersatzfahrzeug zügig zu bekommen. Angeblich ist Eldan der größte Vermieter in Israel, gut im Geschäft ist auch Shlomo/Sixt. Natürlich gibt es auch Vertretungen von Avis, Budget, Europcar und Hertz. Für Preisbeispiele können Sie einen Blick auf den Broker www.holiday-autos.de werfen.

Achtung: Einige Vermieter berechnen für das Bereitstellen am **Flughafen Sondergebühren**. Sollten Sie an einem Feiertag den Wagen zurückgeben wollen, so erkundigen Sie sich zuvor, ob die betreffende Niederlassung geöffnet ist (auch wenn es im Prospekt steht).

Häufig sind die Autos bei der Übergabe **nicht vollgetankt** oder sollen leer zurückgegeben werden (was natürlich nie ganz klappt). Wenn Sie nicht unbedingt dem Vermieter einen Zusatzverdienst verschaffen wollen, versuchen Sie Ihr Tanken so einzuteilen, dass Sie mit etwa entsprechendem Anzeigestand vorrollen.

Auf ein weiteres Zubrot der Verleiher sei hingewiesen: Wenn Sie die neue **Maut-Autobahn 6** (hebräisch *Kvesh Shesh*) befahren haben, wird Ihr Vermieter wegen der verwendeten Abrechnungstechnik zwei, drei Monate später die Gebühr bei Ihnen einziehen und darüber hinaus etwa ₪ 50 als Unkosten in Rechnung stellen. Überlegen Sie also gut, ob Sie die schnellere Verbindung wirklich benötigen, denn landschaftlich hat die Mautstrecke den parallelen Straßen nichts voraus.

Der Besuch des **Ostteils Jerusalems** oder der **palästinensischen Gebiete** ist mit einem **israelischen Mietwagen** derzeit **verboten**.

Für Trips dorthin eignen sich **Autos palästinensischer Anbieter** aus Ostjerusalem (mit Shuttle-Service vom Ben Gurion-Flughafen oder von der Allenby-Bridge; Adressen siehe S. 204). Diese haben in der Regel gelbe Nummernschilder, können also in Israel fahren. Steinwurf-Attacken kommen deswegen weder von jüdischen Siedlern noch von Arabern (wegen der palästinensischen Firma) praktisch nicht vor. Besonders wichtig: Immer mehr dieser Firmen versichern Ihr Auto sowohl in Palästina als auch Israel. Das hat seinen Preis ($ 60-70 pro Tag), aber es lohnt sich.

Achten Sie beim **Preisvergleich** und bei der Anmietung darauf, dass die Versicherung in Höhe von $ 15-20 im Preis enthalten ist und nicht zusätzlich berechnet wird. Schließen Sie **keine Verträge auf Hebräisch oder Arabisch** ab, es sei denn, Sie verstehen es. Und: Je nach Saison lassen sich die Mietpreise kräftig herunterhandeln.

Bei Vertragsabschluss ist ein ganz kritischer Punkt zu beachten und möglichst zu verhandeln: Im Kleingedruckten steht irgendwo, dass man auch **für unverschuldete Unfälle** bis zur Haftungsgrenze von meist $ 400 in **Regress** genommen werden kann bzw. wird. Als mir eine 18-Jährige, ein Stoppschild großzügig übersehend, in die Seite meines Avis-Mietwagens fuhr, teilte mir der örtliche Vertreter freudestrahlend mit, dass die Kaution nun aufgebraucht sei, weil die Versicherer grundsätzlich Schwierigkeiten bei Ausländern machen würden. Zum Glück war dieses Malheur direkt vor einer Polizeistation passiert, so dass der Blechschaden sogar amtlich registriert war. Dennoch sollten die 400 Dollar in die Taschen von Avis fließen. Harte Verhandlungen und der Hinweis auf die Publicity in diesem Buch ließen den Herrn einlenken, der offensichtlich zu bequem war, den Schaden mit der Versicherung abzuwickeln. Wer

derartigen Ärger vermeiden will, schließt eine Zusatzversicherung zu etwa $ 6 pro Tag ab, mit der dann alle Schäden abgedeckt sind.
Als Konsequenz: Lassen Sie sich **bei** einem **unverschuldeten Unfall** unbedingt eine klare **Schuldanerkenntnis auf Englisch** ausstellen. Ein hebräisches Stück Papier hilft Ihnen nichts, wenn Ihnen nicht ein unparteiischer Zeuge den Wortlaut übersetzt und möglichst schriftlich bestätigt.
Apropos **Kaution**: Wir lesen von einem großen Vermieter, dass die Kreditkartennummer nicht nur für den Fall der Fälle angegeben, sondern die Karte auch tatsächlich belastet worden sei, so dass das Konto knapp wurde. Erkundigen Sie sich rechtzeitig, was Sie erwartet und wählen Sie entsprechend einen anderen Anbieter.
Schließlich ein Tipp zur Mietwagenrückgabe am Flughafen Ben Gurion: Die letzte Gelegenheit zum Tanken finden Sie, wenn Sie auf der Autobahn 1 statt der Abfahrt *Ben* Gurion die nächste Abfahrt östlich *Lod* nehmen und die Straße 40 nach Norden nehmen. An der nächsten Abfahrt, der El Al Junction, bleiben Sie auf der 40 (müssen also nach Westen abbiegen) und kommen sofort nach Unterquerung einer Bahnlinie an einen Kreisverkehr: Dort können Sie tanken. Weiter Richtung Westen erreichen Sie das Flughafengelände und folgen den orangen Schildern zur Fahrzeugabgabe.
Noch ein Hinweis: Sie sollten Ihr Auto gut abschließen und z.B. mit leerem, geöffneten Handschuhfach zeigen, dass es wenig Anlass gibt, einzubrechen.

Autofahren

Die meisten Straßen Israels sind gut asphaltiert und ausgebaut, spezielle Anforderung an Fahrer oder Fahrzeug werden nicht gestellt. Allerdings muss der Fahrer absolut abstinent sein, es gilt die **Nullpromille-Grenze**. Auch **Geschwindigkeitsbegrenzungen** gilt es zu beachten: Innerhalb geschlossener Ortschaften 50 km/h, außerhalb auf Landstraßen sind 80, manchmal auch 90 km/h erlaubt, für Motorräder 70 km/h und für Gespanne 60 km/h. Auf den Autobahnen darf man mit atemberaubenden 100 km/h dahinrasen, auf der neuen Maut-Autobahn 6 (hebräisch *Kvesh Shesh*) geht es sogar noch etwas flotter. Die meisten Autofahrer halten sich mit einem kleinen Zuschlag an die Regeln. Wer allerdings bei Übertretungen erwischt wird, zahlt bereits bei wenigen km/h über dem Soll beachtliche Strafen.

Geschwindigkeitsbeschränkungen in Israel

Im Winter sind ab 1. November auch bei Tag die Scheinwerfer einzuschalten. Umsichtig fahren sollte selbstverständlich sein, weil man auf der Fahrbahn immer mal Tieren oder anderen Hindernissen begegnen kann. Seien Sie auch vorsichtig bei bestimmten **Wetterlagen**: Wenn es schneit wird nicht so unmittelbar geräumt wie in Mitteleuropa, und den anderen Fahrern ist Schnee ungewohnt. Außerdem kann der Frühjahrs-Sandsturm Chamsin im Nu die Sicht nehmen: 2012 gab es Tote im Jordantal, weil der Saharastaub wie dichtester Nebel wirkte.
Die **Verkehrszeichen** ähneln weitgehend den europäischen, bis auf das Stoppschild, das als Handfläche dargestellt wird. Hinweisschilder und Straßennamen sind meist auf Hebräisch

Grenzübergänge zwischen der Westbank und Israel sowie Jordanien		
Stadt Nähe Checkpoint	**Checkpoint-Name**	**Besonderheiten**
Jenin, nördlich	AlJalama	nur 8-18 Uhr
Jenin, nordwestlich	Salem DCL	Einreise manchmal schwierig
Tulkarm	Kafriat	
Nablus, westlich	Qalqiliya North	
Ramallah, westlich	Ni'lin	(unsichere Information)
Ramallah, südlich	Qalandiya	immer offen nach Jerusalem
Jerusalem, östlich	Zaitun	St. 1 nach Jericho, meist offen
Bethlehem/Bet Sahur	AnNuman	für Nachbarort Bet Sahur
Bethlehem	Rachelgrab/Gilo	offen, für Fußgänger und Fahrzeuge getrennt
Bethlehem /Bet Jala	Tunnel der St. 60	für Nachbarort Bet Jala
Hebron, westlich	Tarqumiya	
Hebron, südwestlich	Meitar	St. 60 nach Beer Sheva
Totes Meer	Mizpe Shalem	fast immer offen
Jordantal, Mitte	Adam Bridge	ausschließlich Güterverkehr
Jordantal, bei Jericho	Allenby Bridge	Einreise manchmal schwierig

Hin und Her über die Grüne Linie

Es lohnt kaum, die aktuellen Öffnungszeiten der Checkpoints zu drucken, da sie sich häufig ändern. Die maßgebliche Auskunft darüber liefert die israelische *Coordination of Government Activities in the Territories*, www.cogat.idf.il/1039-en/Cogat.aspx.

Die Verfahren an den Checkpoints sind höchst unterschiedlich, was sicherlich auch an den Betreibern liegt: Mal ist es das Militär, mal die Grenzpolizei, manchmal auch Sicherheitsfirmen. Häufig geht es nur zu Fuß durch den Checkpoint, manchmal kann man dann in dasselbe Taxi wiedereinsteigen, meist muss man sich jedoch ein neues nehmen. Nachts allein im Checkpoint kann es auch mal dauern, bis einem ein Lautsprecher sagt, wo man lang soll. Manchmal darf man nur per Auto durch den Checkpoint: dann sollten auch individualreisende Fußgänger üblicherweise auf die andere Seite trampen können. Vielleicht hilft ein europäischer Pass dabei, eine Mitfahrgelegenheit zu bekommen. Bleiben Sie entspannt und aufmerksam, das sollte Wartezeiten verkürzen helfen.

und Englisch verfasst, so dass man in der Regel problemlos zurechtkommt. In den palästinensischen Gebieten wird es etwas schwieriger, weil manchmal nur arabische Beschilderung den Weg weist und eine Straßenbenennung mancherorts erst entsteht, aber auch dort ist die Orientierung kein unlösbares Problem, siehe Ortsliste S. 502.

GPS-Navigation funktioniert in Israel gut, es gibt mehrere Systeme. In Palästina ist es schwieriger, weil viele Straßen keinen Namen und viele Häuser keine Nummern haben. Ein Postleitzahlensystem wurde erst 2012 etabliert. Aber ein Navi nützt auch nicht immer: Ob Checkpoints geschlossen sind oder Straßen frisch blockiert wurden, weiß auch die aktuellste Software nicht. Wenden Sie sich an Taxifahrer, die kennen sich meistens aus. Oder Sie lassen das Auto zuweilen stehen und nehmen ein Taxi. Allerdings soll in Kürze Navigationssoftware von der Firma PalMap aus Bethlehem erhältlich sein (siehe S. 20), später auch als App für Smartphones. Bis dahin soll die App Waze recht tauglich sein.

Wichtig ist noch zu wissen, dass Sie **nicht überall langfahren** dürfen, was dem Navi vielleicht nicht klar ist. Am harmlosesten sind da die **Bus- und Taxispuren** in den Großstädten – setzen Sie auf Ihre Desorientierung als kenntnisloser Ausländer, wenn Sie jemand anhält. Das Problem, mit **israelischen Mietwagen** nicht in die A- und B-Zonen Palästinas zu fahren, wurde bereits erwähnt (die Straße 90 im Jordangraben z.B. oder Straße 1, 45 und 60 sind kein Problem, weil sie in der Zone C liegen), aber es geht auch umgekehrt: Sollten Sie ein von der **PA zugelassenes Auto** fahren, sind Ihnen spezielle nur jüdischen Siedlern vorbehaltene Straßen in der Westbank untersagt. Abhilfe schafft wie gesagt ein palästinensischer Mietwagen mit gelbem Nummernschild. Schließlich ist dringendst davon abzuraten, am **Shabbat oder einem sonstigen Feiertag** in einen Ort oder ein Stadtviertel mit **ultraorthodoxer Bevölkerung** zu fahren: Sie entheiligen mit dem Verbrennungsmotor den Feiertag und kämen glimpflich davon, wenn Ihr Wagen nur bespuckt würde.

An dieser Stelle passt eine kleine **Nummernschild-Kunde**:

- Gelb: in Israel oder einer Siedlung zugelassener Wagen
- Grün auf weiß: Wagen von der PA zugelassen
- Weiß auf grün: Palästinensisches Taxi, Bus
- Blau (selten): In den besetzten Gebieten zugelassen, bevor es die PA gab (vor 1994)
- Rot auf weiß: Offizielles Fahrzeug der PA
- Weiß auf rot: Israelische Polizei
- Weiß auf Schwarz: Israelische Armee [oder kürzer: IDF]
- Schwarz auf Weiß: UN oder Diplomatisches Corps

Beim **Parken** an Bürgersteigen sollte man unbedingt die Farbmarkierungen der Bordsteinkante beachten:

- **Rot-weiß**: Totales Halte- und Parkverbot
- **Blau-weiß**: Parken nur mit Parkschein, der an Kiosken oder Postschaltern erhältlich ist
- **Rot-gelb**: Nur für Busse oder Taxis.

Die israelischen Autofahrer benehmen sich **nicht sonderlich rücksichtsvoll**. Blinken hat sich als Kulturfähigkeit nicht durchgesetzt, dafür ist rechts Überholen Standard. Als Fußgänger sollte man keineswegs frohgemut und blindlings über den Zebrastreifen gehen; es könnte das letzte Mal sein. Man muss häufig genug die Autofahrer richtig fixieren, damit sie anhalten. Apropos Anhalten: Selbst in stark frequentierten, schmalen Einbahnstraßen denkt sich ein Autofahrer nichts dabei, sich schnell von einem Shopkeeper etwas ans Auto bringen und eine lange Schlange hinter sich warten zu lassen. Das Hupkonzert, das dann ausbricht, stört niemanden. Achten Sie z.B. darauf, dass auch trotz roter Ampel zuweilen gefahren wird und man bei einem Kreisel lieber später fahren sollte als auf der eigenen Vorfahrt zu bestehen. Zur Reisevorbereitung könnte man sich mit Buddhismus, autogenem Training oder dem orthodoxen Herzensgebet befassen.

2006 kamen 514 Menschen in Israel bei **Verkehrsunfällen** ums Leben, weit mehr als bei allen Terroranschlägen. Die Israelis sehen ein großes Problem in dieser hohen Todesrate im Straßenverkehr. Ziemlich drakonische **Verkehrsstrafen** sollen die Disziplin verbessern. So kosten z.B. ein missachtetes Rotlicht ₪ 1000, 20 km/h Geschwindigkeitsüberschreitung ₪ 750

Neue Busse der Linie 18 Jerusalem-Ramallah

Strafe, bei 30 km/h zuviel wird zusätzlich der Führerschein für 30 Tage konfisziert.

Tanken ist manchmal gar nicht so einfach. Sieht man an einer Tankstelle zwei Preise pro Kraftstoff, hat man keine Wahl: Der leicht höhere ist mit Service und für Touristen obligatorisch. Wird noch die Scheibe geputzt, können ₪ 5 – 10 Trinkgeld angebracht sein. Wer an der Tanksäule mit ausländischer Kreditkarte zahlt, unterliegt möglicherweise einer Beschränkung von etwa ₪ 200 pro Zahlungsvorgang. Dann muss man einfach ein zweites Mal tanken und zahlen. Tankstellen ohne Service verlangen oft Vorkasse oder wollen wissen, für wie viel man tanken möchte. Am umständlichsten sind automatisierte Tankstellen, weil sie meist nur hebräisch beschriftet sind und ausländische Kreditkarten möglicherweise rundweg ablehnen. Falls Letzteres nicht der Fall ist oder vielleicht die EC-Karte funktioniert, muss dem Automaten vor der PIN auch die Passnummer und das Autokennzeichen (und gegebenenfalls die Nummer der Zapfsäule) eingegeben werden. Manchmal klappt das, und obwohl die Systeme nicht einheitlich zu sein scheinen, ist die

Diesel heißt auf Arabisch und Hebräisch Solar

Wahrscheinlichkeit jedenfalls weit höher als ein Sechser im Lotto. In jedem Fall sollten Sie Vorsichtsmaßnahmen treffen, um den **Shabbat** nicht mit leerem Tank verbringen zu müssen.

Die **Kraftstoffpreise** lagen 2012 bei etwa ₪ 7,50–8 für bleifreies Benzin/Super (unleaded oder grün beschriftet, meist mit Oktanzahl 95/98 gekennzeichnet; 96 Oktan ist verbleit), für **Diesel** (Solar: סולר) bei etwa ₪ 9 pro Liter. Der Automobile and Touring Club of Israel (MEMSI), der Mitgliedern ausländischer Clubs in Notfällen Unterstützung bietet, ist erreichbar unter:

- 20 HaRakevet St, Tel Aviv 65117, Tel 03 5641111, www.memsi.co.il (hebräisch), memsi@netvision.net.il

In Palästina gibt es den

- Palestine Automobile Club, Ramallah, Tel 02 2987395 oder 2954403, rani.khalil@hotmail.com

Per Wohnmobil / eigenem Auto unterwegs

Unseres Wissens bietet kein israelischer Autoverleiher Wohnmobile an. Wer auf seine rollende Wohnung nicht verzichten will, muss derzeit verschiffen, weil der Landweg über Syrien bzw. Libyen/Ägypten unmöglich bzw. nicht ratsam ist und alle Fährschiffverbindungen eingestellt wurden. Es geht zur Zeit nur per Frachtschiff auf dem Seeweg.

Eventuell bietet die italienische *Grimaldi Lines* eine Kabine auf einem Frachtschiff an, dann kann man auch sein Auto oder Wohnmobil mitnehmen. Wer mit dem eigenen Fahrzeug einreist und seine **grüne Versicherungskarte** nicht für Israel gültig gekennzeichnet hat, muss eine relativ teure Haftpflichtversicherung abschließen.

Bei der Ein- und Ausreise findet eine penible Befragung durch die Security statt. Für all das muss man schließlich satte Gebühren von derzeit ₪ 88 pP bezahlen.

In Israel muss man auf Campingplätze weitgehend verzichten. Viele Plätze sind nur während der Haupt- und eventuell der Nebensaison geöffnet. Doch welcher Platz wann geschlossen

ist, darüber sind Angaben nur schwer zu beschaffen, seit der Campingclub aufgelöst wurde. Bei geschlossenen Plätzen kann man häufig dort dennoch übernachten oder auf einem Plätzchen in der Nähe. Stellplätze in der freien Natur – bei Picknick-Plätzen, auf öffentlichen Parkplätzen, am Strand etc. – finden sich genügend; wer sich ängstigt, sollte z.B. einen Kibbuz ansteuern und dort fragen.
Nachteilig ist immer, dass man keine Steckdose und keine Möglichkeit vorfindet, den Toilettenbehälter umweltgerecht zu entleeren. Daher sollte man selbst genügend Solarstrom erzeugen und eine chemiefreie Toilette verwenden, deren Inhalt man in der freien Natur notfalls vergraben kann.
Wasser bekommt man häufig auf Picknick-Plätzen, bei Tankstellen oder bei Privatleuten. Die Gasversorgung stellt ebenfalls kein ernstes Problem dar, in allen großen Städten gibt es Auffüllmöglichkeiten. Allerdings sollte man unterschiedlichste Adapter mitnehmen.
Wir selbst sind mehrmals per Wohnmobil in Israel herumgereist und kamen immer bestens zurecht.

Mit dem Fahrrad unterwegs

Die Straßen Israels gehören ganz eindeutig den Autofahrern, Radfahrer gelten eher als **Exoten**. Man darf selbst auf vierspurigen Schnellstraßen radeln, fühlt sich aber ziemlich deplaziert. Doch auf den Regionalstraßen kommt man gut voran. Zwar hupen Autofahrer meist kurz, wenn sie überholen wollen. Aber das dient der Sicherheit. Fahrradwege gibt es praktisch nicht. Die immer wieder empfohlene Umrundung des Sees Genezareth könnte reizvoller sein: Das Ufer bekommt man quasi nie zu sehen und falls doch, sollte man lieber auf den starken Verkehr achten.
Die Israelis fahren bevorzugt offroad auf Pisten, gern in der Wüste oder auf abenteuerlichen Strecken von z.B. Jerusalem zum Toten Meer, wo man sich dann abholen lässt. Für den Inlandtourismus – gerade auch für den organisierten – ist so das Radfahren zu einer der Hauptattraktionen geworden. Sich solch einer organisierten Tour anzuschließen, mag durchaus eins der Highlights einer Israelreise sein. Sein eigenes Rad kann man dann getrost zuhause lassen.
In **Tel Aviv** scheint die Verkehrslage zunächst unerbittlich zu sein, aber trotz des täglichen Kampfes um jeden Fleck Asphalt werden Radler toleriert und schweben nicht ständig in Lebensgefahr wie in ähnlichen Situationen in Deutschland, wo jeder auf sein Recht pocht. Im Zweifel wird Fahrradfahrern auf dem Bürgersteig Asyl gewährt. Immerhin ist die Stadt zum wohl größten Fahrradvermieter aufgestiegen (zum *Tel-O-Fun* siehe S. 240). Die flache Küstenebene nach Norden ist gut zu durchfahren.
Man kann natürlich auch das eigene, vertraute **Rad mitbringen**. Die Lufthansa verlangt dafür allerdings € 150 statt sonst € 70 pro Strecke, weil Israel für diesen Fall zu Asien zählt.
Für die Straßen **Galiläas** braucht man gut trainierte Muskeln, weil es ständig bergauf und bergab geht. Von Jerusalem Richtung Jericho/ Totes Meer benötigt man eigentlich nur Bremsen, weil die Straße steil und ständig bergab führt; dafür ist der Rückweg eine Strapaze. Auch im Negev muss man mit vielen Steigungen und Gefällen rechnen.
Beim **Mieten** also außer den Bremsen auch prüfen, ob die Schaltung vernünftig funktioniert. Ein massives Schloss und Parken an belebten oder gar bewachten Plätzen schützt vor Diebstahl. Vor allem im Sommer ist die Hitze zu berücksichtigen. Man sollte sehr früh aufbrechen, eine lange Mittagspause einlegen, um dann bis weit in den Abend radeln – was wegen der frühen Dämmerung jedoch auch seine Grenzen hat. Neben entsprechend sonnenschützender Kleidung sind ausreichende Mengen Trinkwasser in vielen Gegenden fast überlebenswichtig.
Der **Israel Cyclists Touring Club** (ICTC), Tel Aviv, Tel 03 6856262 organisiert Fahrradtouren von ein bis zwei Wochen Dauer. Der Jerusalem Cyclist Club, Tel 02 5619416, hilft bei Fahrradvermietung und mit Ratschlägen.
Eine aktuelle Anbieter- und Adressensammlung bietet das Faltblatt „Mit dem Fahrrad Israel er-

kunden", das vom staatlichen Verkehrsbüro in Deutschland gerne zugeschickt wird.
In **Palästina** ist Radfahren nicht so sehr verbreitet, sieht man von der ebenen Stadt **Jericho** ab. Aber zweimal jährlich veranstaltet das Siraj Center Bethlehem eine Wochen-Fahrradtour durch die Westbank unter dem Motto www.bikepalestine.com.

Hitchhiking, Trampen

Hitchhiking (oder Trampen) ist zumindest für Frauen ohne männliche Begleitung überhaupt **nicht empfehlenswert**, auch wenn wir Berichte über geglückte Versuche erhalten. Auch Leute mitzunehmen kann zu einem unerwünschten Verlauf der weiteren Reise führen. Obwohl man immer wieder Leute winkend am Straßenrand stehen sieht, sollte man auch als alleinreisender Mann diese Transportmethode aus Sicherheitsgründen möglichst nicht in Betracht ziehen. Darüber hinaus ist es in Israel Usus, immer zuerst trampende Soldaten mitzunehmen. Am Wochenende kann es also dauern, bis man drankommt. Aber wenn schon trampen, dann nicht wie bei uns mit aufgestelltem Daumen: keine feine Geste in Israel. Man lässt den Arm hängen und winkt lässig nach unten.

Organisierte Touren

Diverse Reisebüros bieten Bustouren innerhalb Israels an. *EGGED*, das bekannteste und größte Busunternehmen, offeriert über seine Filiale www.eggedtours.com Trips vom Tagesausflug bis zur Siebentagerundfahrt, die viele interessante Ziele Israels abdeckt. Von Tel Aviv und Jerusalem aus werden z.B. die folgenden Orte angefahren: Jerusalem, Massada und Totes Meer, Nazareth einschließlich Kapernaum und Safed, Golan-Höhen mit Banyas, Bet Shean, Caesarea, Karmel, Akko und Rosh HaNikra, Jordan-Tal mit Tiberias und Safed, Elat. Genaueres dazu und andere Touren auf der EGGED-Website.
In den Hostels und den *Field Schools* der SPNI werden vergleichbare Ausflüge angeboten. Unbedingt empfehlenswert sind dabei die *Nature Trails* der SPNI-Organisation. Diese größte Umweltschutzorganisation des Nahen Osten gibt eine Einführung in die Natur der Region durch sanften, angepassten Tourismus, siehe S. .27.
Ein Pendant in Palästina sind die Friends of the Earth Middle East (zu denen auch Israelis und Jordanier gehören) in Awja AtTahta nördlich von Jericho mit guten und interessanten Touren, auch auf Nachfrage: www.foeme.org.

Ein Platz für die Nacht

Hotel-Beschreibungen in diesem Buch

Israel ist ein Touristen-Land, zumindest, was die Hotelsituation betrifft. Bei den Ortsbeschreibungen in diesem Buch finden Sie die wichtigsten Angaben zu fast allen der jeweils vorhandenen Unterkünfte. Wir beschreiben Luxushotels nur kurz und nicht alle, denn wir gehen davon aus, dass sie sauber sind und auch sonst alles funktioniert. In Palästina muss man bei Vier- und Fünf-Sterne-Häusern vielleicht Abstriche machen. Mehr Wert legen wir auf Angaben zum Rest der Unterkünfte, weil Einzelreisende in der Regel in Mittelklasse- oder Billighotels absteigen. Daher wurden nahezu alle beschriebenen Unterkünfte von uns persönlich gecheckt, nur bei einigen wenigen verließen wir uns auf Leserangaben.
Die jeweiligen Hotellisten sortierten wir immer nach den Preisangaben, d.h. die teuerste aufgeführte Unterkunft steht am Anfang. Sortierkriterium ist der Preis für ein Einzelzimmer, es sei denn, diese werden nicht angeboten. Die meisten Preise sind auf $-Basis angegeben; wenn jedoch der Hotelier NIS-Angaben vorzog, haben wir diese übernommen. Versuchen Sie dennoch, wegen der Mehrwertsteuerersparnis in ausländischer Währung zu bezahlen.
Hier noch einmal die Bedeutung der **Abkürzungen** (siehe auch S. 6):
E+B – Einzelzimmer mit Bad
D+B – Doppelzimmer mit Bad
Dorm – Dormitory, in Israel üblicher Begriff für Schlafsaal
pP – pro Person
mF – mit Frühstück

B&B für *Bed and Breakfast* ist in Israel ein verbreiteter Ausdruck, der in Hotels einfach Übernachtung mit Frühstück meint, in diesem Buch jedoch traditionell ein Zimmer von Privatleuten mit etwas Familienanschluss und Frühstück bedeutet.

Übernachten

Wer den Luxus liebt, kann von einer Nobelunterkunft zur nächsten ziehen, alljährlich entstehen neue. Doch die Masse der Hotels bewegt sich in der mittleren Preislage, wirklich billige Herbergen wie in den Nachbarländern sind weniger häufig anzutreffen. Rechnen Sie etwa mit mitteleuropäischen Kosten.

Luxushotels sind mit allem ausgestattet, was der verwöhnte Reisende braucht oder zu brauchen glaubt: Da sie quasi standardisierten Luxus zu bieten haben, müssen wir nicht prüfen, ob z.B. die Toilettenspülung oder die Dusche funktioniert.

Mittelklassehotels sind natürlich nicht so großzügig ausgestattet. Man kann aber auch hier Aircondition und Heizung, Telefon, TV, Radio, Kühlschrank und einigermaßen brauchbare Zimmer mit Bad voraussetzen. Ein Restaurant und eine Bar gehören fast immer dazu wie auch ein Swimmingpool, Sportmöglichkeiten etc. Die Grenze zum Luxus ist fließend, genauso wie zur unteren Kategorie. Mit Glück kann man manchmal die Qualität eines Luxushotels bekommen. Hotels dieser beiden Kategorien sind in entsprechenden Verbänden zusammengeschlossen. Dort können Sie – nicht allzu aktuelle – Informationen abrufen:

- Israel Hotel Association, 29 HaMered St, Tel Aviv, Tel 03 5170131, Fax 03 5100197, www.israelhotels.org.il
- Arab Hotel Association, Jerusalem, Tel 02 6283140, www.palestinehotels.ps

Die nächste Preiskategorie oder Alternative zu herkömmlichen Hotels sind die **Kibbuz-Hotels**. In der Regel etwas billiger als normale Unterkünfte, bieten sie häufig Erkenntnisse über das Kibbuz-Leben und Kontaktmöglichkeiten zu den Kibbuz-Mitgliedern, vor allem dort, wo der Gast am gemeinsamen Essen teilnehmen kann. Immerhin bietet knapp die Hälfte der rund 250 Kibbuzim Unterkunft für Urlauber an, die meisten etwas schlicht als ***Bed and Breakfast***. Gut 50 Kibbuzim besitzen richtige Hotels, die den internationalen Standards entsprechen, sie sind unter KIBBUTZ HOTELS CHAIN zusammengeschlossen. Auskünfte erteilen die Tourist Information Offices oder aber die

- KIBBUTZ HOTELS CHAIN, 90 Ben Yehuda St, Tel Aviv, Tel 03 5608118, www.kibbutz.co.il

Eine besondere Einrichtung Israels sind die **christlichen Hospize**, die von den verschiedenen Religionsgemeinschaften betrieben werden. Wer sich eine ärmliche Unterkunft darunter vorstellt, wird meist komfortable Zimmer mit Bad, AC und Telefon, allerdings häufig ohne TV, zu entsprechendem Zimmerpreis vorfinden. Gerade in Jerusalem, aber auch in anderen christlichen Zentren sind die Hospize eine Ergänzung der Standardhotels, denen sie in Komfort und Service kaum nachstehen. Auf der Website des *Jerusalemer Christian Information Center*, www.cicts.org, sind diese Gästehäuser für Israel und Palästina aufgelistet.

Auch **Jugendherbergen** stellen eine gute aber leider nicht sehr preiswerte Unterkunft mit gehobenem Niveau für Besucher aller Altersgruppen dar. Der Rabatt durch den Mitgliedsausweis ist eher kläglich, und in der Regel bekommt man den Schlafsaal-Preis erst, wenn alle Räume einzeln vermietet sind. Nähere Informationen erhalten Sie beim

- Israel Youth Hostel Association, International Convention Center (Binyane HaUma), Jerusalem, Tel 02 6558406, Fax 02 6558432, www.iyha.org.il.

Munterer wirkt der Verband der abwechslungsreicher-unabhängigen

- Israel Hostels (ILH), POB 2606, Nazareth, www.hostels-israel.com

Hier kann die Online-Buchung günstiger sein als vor Ort.

In den Herbergen beider Verbände muss man zwar häufig Zimmer, Dusche und Toilette mit anderen Gästen teilen, dafür spart man Geld. Der

Einzelreisende kann in der Regel für ₪ 100-150 sein Haupt in einem Mehrbettzimmer *(Dormitory, Dorm* abgekürzt) zur Ruhe legen. Die Hostels sind meist nur von 17-21 Uhr für Ankommende und von 7-12 Uhr für Abreisende offen. Die Hostel Association offeriert auch günstige Touren durch das Land unter dem Titel *Israel on the Youth Hostel Trail*. Es gibt Vouchers für 7, 14 oder 21 Tage, mit denen man Geld sparen kann.

Ähnlich strukturiert sind auch die über das ganze Land verteilten **Unterkünfte der SPNI Field Schools**. Sie entsprechen dem Charakter der Hostels mit Gemeinschaftsunterkünften, die aber auch in den meisten Fällen als Einzel- oder Doppelzimmer recht günstig vermietet werden. Hier findet man außerdem beste Auskünfte zur Umgebung übers Wandern etc.. Grundsätzliche Informationen erteilt

- SPNI Tourist Service, Tel Aviv, 85 Nakhalat Binyamin St, Tel 03 5660960, www.teva.org.il/english.

Der **palästinensische Jugendherbergsverband** harrt noch seiner Gründung, aber es gibt vor allem in der Jerusalemer Altstadt, vereinzelt aber auch in Jericho, Nablus und Jenin jugendherbergsartige Unterkünfte, meistens Hostels oder *Guest House* genannt. Diese Häuser werden meist privatwirtschaftlich betrieben. Empfehlenswert ist das Portal http://palestineguesthouse.com.

Eher am Ende der Skala stehen die „normalen" **Hostels,** die – meist privatwirtschatflich betrieben – relativ unkomfortable, aber billige Einrichtungen sind. Zwar lässt die Sauberkeit hin und wieder zu wünschen übrig, dennoch kann man nicht von schmuddelig oder gar schmutzig sprechen, zumal auch Mittelklassehotels in dieser Beziehung Defizite aufweisen. Die meisten Hostel stopfen ihre Schlafsäle *(Dormitories)* mit Doppelstockbetten voll, ebenso mit Gästen beiderlei Geschlechts – manchmal wäre es gut, wenn man fliegen könnte, so voll sind die Flure gestellt. In den besseren Unterkünften gehört zu jedem *Dormitory* eine Toilette mit Dusche, aber bei der Mehrheit muss man die sanitären Anlagen für den ganzen Flur mitbenutzen. Diese sind dennoch erstaunlich sauber.

Wichtig sind auch abschließbare Schränke oder Schließfächer *(Lockers*, für manche braucht man ein Vorhängeschloss, also mitnehmen), die zwar meistens zur Verfügung stehen, aber in den ganz billigen Unterkünften selten oder nicht zu finden sind. Ein weiteres Ärgernis stellen die Öffnungszeiten *(Curfew)* dar. Damit es die Reinigungstrupps möglichst leicht haben, wird die Bude abgeschlossen, außerdem muss der Manager/Besitzer anschließend ein Schläfchen halten. Das führt dazu, dass einige Herbergen vom frühen Vormittag bis in den späten Nachmittag geschlossen sind. Und damit man den Nachtportier spart, wird auch ab 22 oder 23 Uhr abgeschlossen. Dass es auch anders geht, zeigen diverse preisgünstige Hostel, die 24 Stunden lang geöffnet sind.

Gespart wird auch an Handtüchern und Bettwäsche. Wer also auf die billigsten Unterkünfte angewiesen ist, sollte sein eigenes Handtuch, Seife und zumindest einen Leinenschlafsack mitnehmen, will er nicht zusätzlich für diesen Service zahlen. In solchen Hostel ist Vorkasse üblich, Kreditkarten werden nicht überall akzeptiert.

Nahezu alle Hostel stellen recht gute Küchen oder Kochgelegenheiten zur Verfügung. Häufig tun sich Traveller zusammen und brutzeln gemeinsam etwas mehr oder weniger Schmackhaftes; einige Hostel erlauben, dass der Koch an hungrige Mitbewohner verkauft. Bei anderen muss man jede Tasse Tee bezahlen.

Da Klimaanlagen nicht immer zum Standard gehören, haben viele Hostel Schlafmöglichkeiten auf dem Dach geschaffen – wohl das Beste, was einem passieren kann. Denn über das Dach streicht nahezu immer ein kühler Nachtwind. Wer nicht schlafen kann, zählt die vielen Sterne am wolkenfreien Himmel.

Privatzimmer mit Frühstück werden häufig ***Zimmerim*** genannt (צימרים – Jiddisch mit hebräischer Plural-Endung). An diese meist preiswerten Unterkunftsmöglichkeiten, durch die

man außerdem guten Kontakt zur Bevölkerung gewinnt, kommt man über die örtlichen Touristen-Auskünfte. Oder man fährt durch die Straßen und sucht nach einfachen, meist recht kleinen Schildern mit Telefonnummern (manchmal auch englisch beschriftet). Besonders in Galiläa erschlossen sich viele Familien ein Zusatzbrot. In der Regel teilt man sich nicht etwa Bett und Stuhl mit den Vermietern, sondern wohnt recht komfortabel im abgeschlossenen Apartment.
Schließlich sei noch auf die vielleicht modernste Form günstiger Unterkunfts-Vermittlung verwiesen: Der **Schlafsofa-Tausch**. Es handelt sich um Internet-Portale, in denen in der Mehrzahl 20- bis 40-jährige Personen gratis einen Schlafplatz zur Verfügung stellen, zum Teil auch für mehrere Reisende. Bedingung ist natürlich, sich freundlich auf die Gastgeber einzulassen und – wieder zuhause – ebenfalls Reisende aus der Couchgemeinschaft bei sich aufzunehmen.
Spezialportale wie www.warmshowers.org und www.campinmygarden.com vor allem für Fahrradtouristen, die ihr Zelt im Garten aufstellen, listen noch keine Anlaufstelle in Israel und Palästina, aber auf www.intervac.com – Haustausch weltweit – gibt es im Raum Tel Aviv immerhin vier Anbieter. Weit mehr AnsprechpartnerInnen für einen Schlafplatz liefern www.couchsurfing.org, das prominenteste Portal, das jedoch im September 2012 in seine Geschäftsbedingungen schrieb, dass sie mit den gesammelten Daten der Benutzer alles machen werden, was ihnen beliebt. Also besser nachschauen auf www.hospitalityclub.org! Vor allem israelische Teilnehmer verzeichnen www.bewelcome.org und der Klassiker aus Dänemark www.servas.de bzw. www.israel.servas.org.

Ein paar grundsätzliche Anmerkungen

Im Prinzip klafft eine Lücke zwischen den gehobenen Hotels und den billigen Unterkünften – je nach Betrachtungsweise entweder im Komfort und Service oder im Preis. Will man nicht im *Dormitory*, sondern halbwegs komfortabel unterkommen, rutscht man leicht in die Preisklasse um $ 50 und mehr für das Einzelzimmer. Häufig

Die günstigste Übernachtungskategorie in Elat

genug blättert bei dieser Kategorie die Farbe oder die Tapete von den Wänden, die Flecken in den Teppichen erzählen lange Geschichten über die Vor-Schläfer. Dreht man den Wasserhahn auf, fehlt öfter mal der Luftmischer, in wenigen Augenblicken ist man in der Bauchgegend nass gespritzt. Die Fliesen sind schlampig verlegt, die windigen Plastik-Toilettenbrillen fast immer verkratzt. Zwar funktioniert die Toilettenspülung in der Regel gut, aber häufig genug vermisst man eine simple Klobürste. Sehr oft liegt auch nur ein eher winziges Handtuch pro Person bereit, das bereits nach dem Händetrocknen seine Saugfähigkeit erschöpft hat. Ein nicht unwichtiges Detail: Wenn Sie zwischendurch Wäsche selbst auswaschen wollen, sollten Sie einen Universalstopfen für das Waschbecken besser selber dabeihaben.
Ein besonderes Kapitel sind die **Airconditioner**. Es kommt vor, dass alle Bedienungsknöpfe fehlen, d.h., man kann das Gerät nur ein- oder ausschalten. Wird es zu kalt, schaltet man also aus, wird es zu warm, schaltet man wieder ein. Das fördert nicht unbedingt die Nachtruhe. Was kann man tun? Gewiefte haben ein Sortiment Bedienungsknöpfe dabei, aber mit einem Multifunktionswerkzeug mit Kombi-Zange à la Leatherman kann man die nackten Achsen der Regler ebenfalls drehen.
Mit Freude sparen die Hoteliers auch an der **Beleuchtung**. Wer abends noch lesen oder schreiben will, ärgert sich zu oft über die Funzeln in den Lampen. Von Vorteil wäre bereits, wenn alle Lampen heile wären. Viele dieser kleinen, nervigen Probleme ließen sich lösen,

Saison-Zeiten israelischer Hotels
(jF: jüdische Feiertage)

	Hochsaison	Normal	Niedrig
Jeru-salem	Weihnach-ten, jF	01.03. 14.11.	15.11. 28.02.
Kibbuz-Hotels	15.07. 31.08., jF	01.03. 14.07., 01.09. 14.11.	15.11. 28.02.
Tel Aviv	01.03. 14.11.	15.11. 28.02.	
Tiberias	Jul/Aug, Weihnach-ten, jF	01.03. 01.07., 01.09. 14.11.	15.11. 28.02.
Totes Meer	15.03. 14.06., 15.09. 14.11.	01.03. 14.03. 01.-15.06. 01.-30.09. 15.-30.11.	15.06. 14.09. 01.12.- 14.03.

wenn der Hotelbesitzer nicht ständig vor dem Fernseher in der Rezeption säße, sondern Zimmer und Reinigungsservice selbst kontrollieren würde.

Um dem nächsten Abschnitt vorzugreifen, ein paar Worte zum **israelischen Frühstück**, das für seine Vielfalt aus Obst, Säften, Salaten, Fisch, Gemüse, Eiern, Milchprodukten und natürlich Brot, Kuchen, Kaffee oder Tee angeblich weltweit als einzigartig bekannt ist. Sicherlich biegen sich in den Luxushotels die Tischplatten unter der Vielfalt des Gebotenen, doch je weiter man in der Kategorie absteigt, umso dürftiger wird das Angebot. Bereits in der Mittelklasse beschränkt sich die Auswahl deutlich, der Saft kommt aus dem Automaten, das Grünzeug wird vielleicht nach einer Verjüngungskur am nächsten Tag nochmals angeboten. Trotzdem ist man beim Frühstück meistens besser bedient als in entsprechenden Preiskategorien Mitteleuropas. Wer jedoch mit mehreren Fischsorten und säuerlich angemachten Salaten morgens nicht viel anfängt, hat zwar alles mitbezahlt, muss dann aber mangels etwas so Praktischem wie Müsli mit maximal zwei Sorten Marmelade, Butter, knetweichem Brot und eventuell einem Stück Kuchen auskommen.

Wichtig für alle Kategorien:

- Legen Sie beim Einchecken den **Zahlungsmodus** fest: Begleichen Sie Ihre Rechnung entweder mit Kreditkarte oder in ausländischer Währung, denn dann sparen Sie die Mehrwertsteuer! Das gilt auch für Rechnungen aus dem Hotelrestaurant, die zusammen mit der Zimmerrechnung beglichen werden.
- Versuchen Sie die **Hochsaison** bzw. **religiöse Feiertage** zu **vermeiden**, andernfalls können Zuschläge 50 % und mehr ausmachen.
- Behalten Sie den **Shabbat** und **Feiertage** auch wegen diverser Einschränkungen im Blick, siehe S.:74. Sie können nicht nur Zeit im religiös-langsamen Shabbat Elevator verlieren, sondern sollten sich über Art und Weise der Mahlzeiten informiert haben und an einem Feiertag damit rechnen, dass Sie das Zimmer erst nach Sonnenuntergang beziehen dürfen. All das ist in palästinensischen Hotels natürlich kein Thema.
- Auch über **Hotelpreise** lässt sich beim Check-in **verhandeln**, versuchen Sie es zumindest immer dann, wenn aus saisonalen Gründen Betten leer stehen.
- Das israelische **Frühstück** ist in der Luxus- und Mittelklasse im Preis inbegriffen.

Essen und Trinken

Wenn Sie **Essen gehen** wollen, wird das Freitag abends meist schwierig sein. Christliche Lokale könnten geöffnet haben, muslimische und jüdische – also die Mehrzahl – jedoch nicht. Arabische sind Samstag schon tagsüber, jüdische erst ab Samstagabend wieder geöffnet, christliche möglicherweise sonntags geschlossen. Von der Kleiderordnung her geht es – bis auf ganz wenige Ausnahmen – in israelischen Restaurants äußerst leger zu.

Wenn es ein gemeinsames Merkmal der israelischen Küche gibt, dann ist es ihre **Vielfalt**. Kein Wunder, denn dieses kleine Land ist ein Schmelztiegel so vieler nationaler Bräuche, die sich natürlich auch in den Essgewohnheiten manifestieren, sie umspannen fast die ganze Erde. Es lohnt sich sicherlich auch, auf ein hochpreisigeres Restaurant der kreativen **Fusion-Küche** zu sparen: Die kaum zu kategorisierenden Kombinationen, die dort geboten werden, finden in Mitteleuropa nur schwerlich Parallelen.

Das liegt natürlich am Grundakkord des Landes, in dem die moderne jüdische Heimstätte Wirklichkeit wurde: die **Küche des Orients**. Deren Produkte und Zubereitungsarten haben die Zuwanderer stark beeinflusst. Wundert sich etwa jemand, warum das z.B. auf Postkarten gefeierte israelische Nationalgericht **Felafel** auch überall in Palästina gebruzzelt wird? Wer hat's wohl erfunden?

Die folgende Liste ist für arabische Gegenden nützlich, aber wegen der vielfältigen Anleihen bzw. gemeinsamen Traditionen mit den sefardischen Juden großteils auch in israelischen Lokalen brauchbar:

Khubs: das typische, dünne Fladenbrot

Tabun-Brot: dickeres Fladenbrot aus dem traditionellen Tabun-Ofen

Felafel: Gemüsefrikadellen auf der Basis von Kichererbsen, mit Kräutern angereichert und scharf gewürzt; meist mit Tahina und Salat in Fladenbrot serviert

Shauwarma: Fleischstreifen (Lamm oder Geflügel) vom türkischen Drehspieß, zusammen mit Salat und Sauce in Fladenbrot gerollt

Kebab: Fast wie Shauwarma, jedoch aus Hackfleisch – sind es Fleischstücke, heißt der Spieß **Shukaf**

Hummus: Pikant gewürztes Kichererbsen-Püree mit Tahina, Knoblauch und Zitronensaft

Tahina: Dicksämige Sauce aus Sesamöl und feingemahlenen Hülsenfrüchten; viel Knoblauch, Zitrone, Salz und Pfeffer geben die nötige Würze

Bagdunsiya: Dip aus Tahina, Knoblauch und Petersilie

Türkischer Salat: kein Salat, sondern ein Dip aus Zwiebeln, Tomate und Paprika

Tabule: zitroniger Salat aus glatter Petersilie, Tomaten, Gurke, Zwiebeln und Weizengrieß

Fattush: Romana-Salat mit Kräutern und geröstetem Fladenbrot

Foul: Getrocknete braune Bohnen werden viele Stunden gekocht (Foul hält sich trotz des heißen Klimas über mehrere Tage); gewürzt; endgültig zubereitet wird jedes Gericht erst kurz vor der Mahlzeit

Baba Ghannush: Mus von gebackenen Auberginen

Mtabbal: Mus von gebackenen Auberginen mit Tahina

Sfiha: kleiner Teigfladen mit orientalisch gewürztem Hack und Pinienkernen

Ungewöhnliches Mitbringsel: Falafelpressen

Manakish: Teigfladen mit Satar

Sambusek: halbmondförmige Teigtasche mit Käse- oder Fleischfüllung, als Dreieck meist mit Spinat

Kibbe oder **Kubbe:** kleiner zitronenförmiger Mantel aus Weizengrieß mit Lammhack-Pinienkern-Füllung

Mussakhan: traditionelles Gericht aus Tabun-Brot, darauf viele Zwiebeln, das Gewürz Sumakh, und Hähnchen-Teile

Maqlube: Ein gestürztes Gericht in Schichten aus Reis, Lamm- oder Hühnerfleisch und Auberginen und Blumenkohl – in Gaza auch mit Fisch statt Fleisch

Kusa Mahshi: Zucchini mit Reis und Fleisch gefüllt

Mashwi: „Gegrilltes" unterschiedliches Fleisch, dazu Reis, Salate und Brot

Mansaf: beduinisches Gericht mit in Joghurt gekochtem Fleisch, das mit Pinienkernen auf Reis serviert wird

Sa'atar: Gewürzmischung aus Thymian, geröstetem Sesam und Salz

Die meisten der genannten Gerichte gehören zu den reizvollen Vorspeisen. Wollen Sie gleich mehrere bestellen, fragen Sie nach einer **Mese**. Bestellen Sie jedoch nicht zu viel, sonst geht es dem Koch oder der Köchin an die Ehre, wenn Sie kein Hauptgericht nehmen. Wenn Fleisch zu einem Gericht gehört, ist es meist Lamm oder Huhn; es gibt auch viele vegetarische Möglichkeiten.

Nachspeisen sind meistens ziemlich süß. Versuchen Sie die Spezialität aus Nablus, **Knafeh**, Frischkäse in Fadenteig, warm gegessen und sehr lecker. **Baqlawa** sind unterschiedliche Gebäckteilchen mit Nüssen und Sirup gefüllt, **Qatayif** kleine gerollte Pfannkuchen mit verschiedenen Füllungen, gern im Ramadan verspeist. Eine Oster-Spezialität sind **Ma'amul**, Grießgebäck mit Füllungen aus Datteln, Walnüssen oder Pistazien.

Eine nahezu poetisches arabisches Kochbuch durch die Jahreszeiten stammt von

- Viola Raheb und Marwan Abado, *Zeit der Feigen*. Die arabische Küche von Bethlehem bis Damaskus, Wien 2009.

Im selben Verlag ist ein voluminöseres Grundlagenwerk der jüdischen Küche in deutscher Übersetzung erschienen:

- Claudia Roden, *Das Buch der Jüdischen Küche*. Eine Odyssee von Samarkand nach New York, Wien 2012.

Besonderheit der **jüdischen Küche** ist das **koshere Essen** (wobei manche Bestimmungen dem islamischen *halal* recht ähnlich sind). Die Kashrut-Vorschriften beginnen beim Schlachten, das nur nach biblisch-ritueller Vorgabe stattfinden darf, ferner sind Schweinefleisch, wild lebendes Geflügel, wirbellosen Tiere (Krebse, Muscheln etc.) verboten. Milch- und Fleischprodukte dürfen nicht zur selben Mahlzeit eingenommen werden, zwischen Milch- und Fleischprodukten müssen fünf Stunden Esspause eingelegt werden. Werfen Sie einen Blick z.B. auf die Koscherliste der Israelischen Kultusgemeinde Zürich (www.icz.ch), um zu ahnen, worauf für den richtigen Einkauf zu achten ist. *Kosher* lässt sich übrigens noch steigern: *kosher lePessakh* genügt auch der besonderen Reinlichkeit zum Pessach-Fest, *glatt kosher* entspricht den strengeren Regeln der sefardischen Tradition, und *mehadrin* ist auch für Ultra-Orthodoxe geeignet.

Für Juden, die sich an die Speisegebote halten

Die koshere Küche hat zur Folge, dass sich in Israel eine sehr gute **vegetarische Küche** (*Dairy Restaurants*) herausbildete. Sehr bekannt sind die Restaurants des Kibbuz Yotvata, das sich auf Milchprodukte spezialisierte (siehe S. 408). Fast an jeder Ecke kann man köstliche Yoghurts kaufen, entweder natur oder mit der ganzen Palette an Früchten des Landes gemixt.

Die Regeln der kosheren Küche machen es Fischrestaurants etwas schwer, es sei denn, sie spezialisieren sich ausschließlich auf Fisch oder verzichten generell auf koshere Küche (und Kunden, die Wert darauf legen). Ähnlich geht es den (überall vorhandenen) Allerwelts-Imbissketten, die entweder Cheeseburger oder Hamburger verkaufen können, oder auf das Schild "Kosher" verzichten müssen.

Einige typisch jüdische, meist mit einem Fest verbundene Gerichte, die nach einer Israelreise zum kulinarischen Allgemeinwissen gehören könnten:

Mazzen: ungesäuertes Brot zum Pessach-Fest, knäckebrotartig

Khalla: süßes Shabbatbrot als Zopf geflochten

Tsholent/Shalet: ein ab Freitag mittag köchelnder Eintopf aus Fleisch, Bohnen, Graupen und Kartoffeln für Shabbat-Mittag

Gefilte Fish: eine Art Fischbulette, kunstvoll in der Fischhaut gekocht

Shakshuka: scharfe Tomatensoße mit Spiegelei darauf, aus Nordafrika
Latkes: Kartoffelpuffer, vor allem zu Chanukka
Hamantaschn: dreieckiges, süßes Gebäck mit diversen Füllungen, vor allem zu Purim
Leqakh: Honigkuchen, vor allem zu Rosh HaShana

An **Getränken** gibt es meistens alles, was das Herz bzw. der Durst begehrt. Sehr beliebt sind die frisch gepressten **Fruchtsäfte**, die man an vielen Straßenecken erhält. Auch die Erfrischungen auf Grundlage von **Kharub** (Johannisbrotbaum), **Sus** (Lakritze) und **Tamarinde** sind einen Test wert. Wasserflaschen werden überall angeboten und als Softdrinks gibt es ebenfalls verschiedene Sorten. Die traditionellen und zu jeder Gelegenheit gereichten Getränke sind besonders in Palästina jedoch schwarzer **Tee** mit frischer Minze (arab. *shay)* sowie Mokka-**Kaffee** (arab. *qahwa* oder *'ahwa)* mit Kardamom – beides aus kleinen Gläsern oder Tassen mit viel Zucker, falls Sie nicht Einhalt gebieten.

Drei **Biermarken** werden im Land gebraut, Goldstar, Maccabee und Taybeh; alle sind süffig und eine gute Abwechslung zwischen den vielen notwendigen Softdrinks, die den Wasserhaushalt aufrechterhalten müssen. Neben den lokalen findet man fast überall auch internationale Biersorten. **Taybeh Bier** (hell, dunkel oder bernsteinfarben – häufig gibt es nur das helle) wird in der Westbank in Taybeh gebraut, ist ab und an jedoch auch in Tel Aviv erhältlich. Häufig findet man auch internationale Biersorten.

Einheimische rote und weiße **Weine** stammen in Israel vor allem aus dem Golan, vom Karmel und neuerdings sogar aus dem Negev. In Palästina gibt es zwei weinanbauende Klöster mit empfehlenswerten Produkten: Cremisan und Latrun.

Typisch Hochprozentiges sind meistens Vodka oder **Arrak**, ein zwei- bis vierfach gebrannter Trester, dem Kräuter, vor allem Anis zugesetzt werden. Er wird kaum nach dem Essen getrunken, sondern davor und währenddessen mit Eiswasser vermischt, was den klaren Schnaps weiß eintrübt.

Unter dem Motto *„Meet the Israeli at his Home"* werden Kontakte zu Einheimischen vermittelt, die häufig eine Einladung zum Essen beinhalten. Beliebt sind Shabbat-Abendessen am Freitagabend, weil der Gast dann israelische Bräuche miterleben kann. In Palästina funktioniert so etwas am einfachsten über die Familienunterkünfte vor allem in Bethlehem und Hebron.

Entspannte israelische Polizisten (Tempelberg)

Sicherheit

Wenngleich Israel und Palästina nicht in dem Maße von Gewaltverbrechen heimgesucht werden wie europäische Staaten, so stehen eigenartigerweise vor allem in Deutschland Terroranschläge ganz im Vordergrund der Sorge ums eigene Leben. Es wäre falsch, diese Gefahr zu verharmlosen. Das Problem dürfte auch noch lange akut bleiben. Zwar bemühen sich die Sicherheitsbehörden auf israelischer wie auf palästinensischer Seite, die Lage unter Kontrolle zu halten, dennoch passieren immer wieder schreckliche Dinge – Touristen sind allerdings so gut wie nicht betroffen. Wenn man sich gut informiert, ist eine Reise durch Israel und Palästina vermutlich weniger gefährlich als eine Fahrt auf deutschen Autobahnen.

Vorsichtige Leute sollten sich besonders in Palästina als Ausländer kenntlich machen. Kein gerade erstandenes Souvenir wie ein „Palästinensertuch" oder eine Kippa tragen, am besten wäre eigentlich eine Touristen-Verkleidung: Hawaii-Hemd mit Kamera vor dem Bauch . Man kann möglichen Gefahren noch weiter aus dem Weg gehen, wenn man volle Busse zur Hauptverkehrszeit, volle Innenstädte sowie Märkte meidet und sich hauptsächlich an der Mittelmeerküste oder in Elat aufhält. Aber ohne das Zentrum lernt man eine Stadt schwerlich kennen, und zu einem Besuch der Region gehört auch Jerusalem.

Wundern Sie sich nicht, wenn Sie überall in Israel Zivilisten und Militärs mit lässig an der Schulter baumelnder Waffe herumlaufen sehen; z.B. müssen bei Schulausflügen Eltern die Klasse sozusagen als Flankenschutz begleiten, was besonders an idyllischen Orten für unsereinen etwas befremdlich aussieht. Beim Kino-, Kaufhaus- oder Theaterbesuch werden Taschen kontrolliert; seien Sie in solchen Fällen kooperativ, dieser Akt dient auch Ihrer Sicherheit. Besonderes Augenmerk wird auf die Fliegerei gelegt (siehe 44).

In diesem Zusammenhang muss auch auf einen gegenteiligen Effekt hingewiesen werden: Lassen Sie nirgends ein Gepäckstück unbeaufsichtigt stehen. In wenigen Augenblicken könnte ein Bombenentschärfungskommando anrücken und sich der Sache annehmen.

Bombenmülleimer Nähe Grabeskirche – kein Witz

Wie schützt man sich gegen unliebsame Überraschungen?

- Die wichtigste Regel besagt, akute **Unruhegebiete** tunlichst zu **meiden**. Für die Reiseplanung erfährt man die aktuelle Situation bei den eigenen **Botschaften** (siehe S. 242), auch bei israelischen und unbedingt bei palästinensischen Stellen, siehe weiter unten. Beachten Sie, dass diese Büros gewissen Einflüssen unterliegen, dass sich ihre Adressen geändert haben können oder sie nicht mehr existieren. Versuchen Sie, aus der Interpretation möglicherweise unterschiedlicher Aussagen über die aktuelle Lage konkrete Schlüsse für Ihre Reisepläne zu ziehen.
- Vor Ort haben sich Gespräche mit **Taxifahrern** (z.B. am Taxistand schräg gegenüber dem Damaskustor) als Quelle aktueller Informationen sehr bewährt. Da sie ihre Fahrgäste und Wagen nicht unnötig gefährden wollen, sind sie zumeist sehr gewitzt, Gefahren durch z.B. Umwege zu vermeiden.
- Bleiben Sie **als Tourist erkennbar**: Kamera vor dem Bauch, Frauen tragen am besten Hosen.
- Unkompliziert und sicher bewegt man sich mit öffentlichen Verkehrsmitteln bzw. Taxis vorwärts. Die Busfahrt von Jerusalem z.B. nach Bethlehem/Hebron verläuft in der Regel äußerst gemütlich und relaxt, im Service-Taxi geht es etwas hektischer zu.
- Wenn Sie am Zielort selbstsicher und mit Ihrer umgehängten Kamera im Touristenlook auftreten, dann schwimmen Sie in der Masse mit, immer freundlich begrüßt. Eine Deutsche, die seit Jahren in Ramallah lebt, erzählte, dass sie einfach ins nächste Geschäft flüchtete, bevor der Besitzer bei einem Schusswechsel auf der Straße den Rolladen hinunterließ. Dort wurde sie sehr freundlich aufgenommen, bis sich die Lage wieder beruhigt hatte. Anlass zu solch einer Flucht weg von der Straße könnte auch ein Freudenfest sein, denn aus nicht nachvollziehbaren Gründen muss aus Freude dringend scharf geschossen werden – selbst, wenn das *friendly fire* nur in die Luft geht: Irgendwann

fällt die Munition wieder herunter. Feiern Sie besser nicht mit.

Größere Vorsicht ist eher vor Dieben und Räubern geboten. Straßenkriminalität ist zwar in Israel nicht in dem Maße bekannt wie in vielen anderen westlichen Ländern. Aber auch im Heiligen Land leben Kriminelle und Drogenabhängige. Passen Sie daher vor allem im Menschengewühl auf Hand-, Umhänge- und Fototaschen auf; am besten ohne solche Taschen, sondern mit einem Bauchgurt und dem Geld lose in einer Hosentasche, über die Hemd oder Bluse hängen, dann werden die meisten Taschendiebe abgehalten. Wenn Sie Ihr juwelenbesetztes Halsband unbedingt mitnehmen müssen, so legen Sie es im Hotel in den Safe des Hauses oder, falls vorhanden, den des Zimmers. Das gilt natürlich auch für alle anderen Wertsachen.

Ein wichtiger Tipp: Nehmen Sie **stets** Ihren **Pass mit**, um sich bei irgendwelchen zufälligen Problemen ausweisen zu können oder beispielsweise den Tempelberg betreten zu dürfen. Dies gilt besonders bei Besuchen Palästinas; sollten während Ihrer Anwesenheit überraschend die Grenzen geschlossen werden, können Sie wenigstens wieder ausreisen. Und für den Fall, dass die Papiere doch einmal verloren gehen sollten, können Sie vorbeugen: Scannen Sie Ausweise und Reiseunterlagen. Die Dateien können Sie in einem Freemail-Account lagern, der auch Datenspeicherung zulässt (z.B. bei www.gmx.net oder www.arcor.de), und haben dann weltweit Zugriff darauf. Noch einfacher funktioniert die Ablage, wenn Sie sich auf www.dropbox.com registrieren.

Sie sollten Kontakte mit israelischen Soldaten und Siedlern gut abwägen, denn auch diese Menschen haben Interessantes zu erzählen – aber palästinensische Beobachter könnten freundliche Kontakte missverstehen. Sie sollten in Palästina auch nicht als pro-israelische(r) Missionar(in) auftreten.

Praktische Informationen

- Beachten Sie bitte die sehr vorsichtigen Warnungen des **Auswärtigen Amts:** www.auswaertiges-amt.de > Reise&Sicherheit > Reise- und Sicherheitshinweise: Länder A-Z

Israelische Infos in Jerusalem

- **Polizei**, Tel 100
- **Stadtverwaltung**, Hotline Tel 106, von außerhalb der Stadt Tel 02 5314600
- **Tourist Information Office**, Jaffator, Tel 6271422
- **Christliches Informationszentrum**, Jaffator, Tel 6272692, kann speziell bei Reisen zu christlichen Stätten (z.B. Bethlehem) beraten
- **Humanitäres Call Center**
- Tel 02 9977733/318/ 312/747
- Diese Nummer soll Probleme lösen helfen, wann und wo auch immer in der Westbank sie auftreten, z.B. an einem Checkpoint.

Palästinensische Infos in Jerusalem

- **aic – Alternative Information Center**, 4 Shlomzion HaMalka St (Nähe Jaffa St/ Stadtverwaltung), Tel 6241195, www.alternativenews.org, kritische israelisch-palästinensische Stimme mit guten Kontakten
- **Jerusalem Media and Communication Center**, Khalil AsSakakini St (Nähe Mount Scopus Hotel), Tel 5838266, www.jmcc.org
- **Palestine Monitor**, Ramallah, eine Internet-Zeitung aus den besetzten Gebieten, www.palestinemonitor.org
- **This Week in Palestine**, monatliches Veranstaltungsheft aus Ramallah mit Themenschwerpunkten und einer Vielzahl von Informationen, www.thisweekinpalestine.com
- **Tours in English** betreibt einen Blog, der tagesaktuell sein kann: http://blog.toursinenglish.com
- Ganz unorthodox: Unterhalten Sie sich mit **Bus-** oder **Taxifahrern** am Damaskustor oder wo auch immer, die wissen zumindest über Sperren etc. Bescheid

Alleinreisende Frauen

Wer in Israel und Palästina reist, sollte eher bedeckende als betonende Kleidung tragen, um weniger wünschenswerte Begegnungen zu vermeiden.

Eine Leserin schreibt, da besonders die Altstadt und Teile Ostjerusalems für alleinreisende Frauen schwierig seien, sollte frau sich lieber einer Gruppe anschließen. Zweckmäßig sei, nicht oder nur selten zu erzählen, dass sie allein unterwegs sei. In den Städten sollte man sich von seinem Weg nicht ablenken lassen. Anmache am besten völlig ignorieren, bei Handgreiflichkeiten sollte frau sich laut und energisch wehren und Hilfe eher bei älteren Männern als bei Frauen suchen (Verständigung siehe S. 22). Als Hilfeschrei soll am besten hebräisch: *Hazilu!* – Hilfe! oder *Uf mipo!* – Hau ab! bzw. arabisch: *Ikhras!* – Hau ab! oder *'Aib!!!* nützen Letzteres bedeutet so viel wie „Schande" und wird jeden ehrenhaften Menschen in der Nähe dazu bringen, sich für Sie einzusetzen.

Diese Hinweise sollten keine Frau davon abhalten, Israel und Palästina allein zu bereisen. Es geht hier nur darum, Sie auf mögliche Probleme aufmerksam zu machen.

Schwule und lesbische BesucherInnen

Gleichgeschlechtliche Liebe wird in Israel nicht so offen behandelt wie in Europa, bzw. anders offen: 2008 schimpfte Shlomo Benlsri, Mitglied von Knesset und ultra-orthodoxer Shas-Partei, über die liberale Schwulen-Gesetzgebung der Regierung – das habe die jüngsten Erdbeben verursacht. Als Rabbi und ehemaliger Gesundheits-, Arbeits- und Sozialminister kennt er sich da bestimmt aus. Die Schwulenszene war jedoch überrascht, dass Benlsri ihnen direkten Einfluss auf die Plattentektonik zutraute.

In Tel Aviv und Elat ist alles einfach, doch vor allem in religiös geprägten und arabischen Gegenden kann das offene Zeigen einer gleichgeschlechtlichen Beziehung zu deutlichen Schwierigkeiten führen. In **Palästina** wird gleichgeschlechtliche Liebe praktisch nicht toleriert, im Prinzip ist sie sogar strafbar. Von ihren Familien verstoßene oder mit dem Tod bedrohte palästinensische Schwule fristen oft ein kümmerliches Dasein ohne Aufenthaltserlaubnis auf dem Straßenstrich beim Tel Aviver Busbahnhof.

Aber es gibt sie auch in Palästina, die LGBTs (*lesbian, gay, bi- & transsexuals*): Erste Infos bei der www.aswatgroup.org, in der ernsthaften Facebook-Gruppe Gay Palestine auf www.facebook.com/group.php?gid=80437437769 (Arabisch-Kenntnisse helfen), oder hier: www.gaymiddleeast.com/country/palestine.htm.

Erste Anlaufstelle für diese Themen in **Israel** ist die

- Gay, Lesbian, Bisexual and Transgender Association (HaAguda), 28 Nakhmani St, Tel Aviv, Tel 03 6205591, www.glbt.org.il.

Treffpunkte in einschlägigen Lokalen wechseln öfter (ein paar findet man im Magazin *Timeout Israel* und sind per Mundpropaganda wohl zuverlässiger zu erfahren, so dass auf den Strand bei Dor südlich von Haifa oder der am nördlichen Ende des Toten Meeres hier nicht hingewiesen werden müsste. Wenig Recherche braucht, wer an einschlägigen **Festivals** wie der Tel Aviv oder Eilat **Pride** teilnimmt – in Jerusalem gerät diese Veranstaltungsform nur halbwegs amüsant. Für Tel Aviv siehe www.gaytelaviv.net und www.gaytlvguide.com, für Eilat www.gayisrael.co.il. Mit Sicherheit werden auch Smartphones zum Kontakten eingesetzt, aber am effizientesten sind natürlich mündliche Nachrichten. Möglicherweise können auch die zwölf Kurzfilme der DVD *Fucking Different – Tel Aviv* von 2008 zur Einstimmung dienen.

Geld und Währung

Das israelische Zahlungsmittel ist der **Neue Israelische Shekel** (₪ oder **NIS**), der sich in 100 **Agorot** unterteilt. Der Kurs des Shekel orientiert sich sehr stark am US-Dollar, demgemäß ist er heftigen Schwankungen gegenüber anderen Währungen unterlegen. Bei Redaktionsschluss im Januar 2013 kosteten 100 Schekel € 20,10. Umgekehrt betrachtet: für € 1 erhält man 4,98 NIS. Dividieren Sie also Shekel-Angaben

Ein Museum im Portemonnaie: Die antiken Vorbilder der aktuellen israelischen Münzen

Beschreibung von rechts, jeweils Vor- und Rückseite:

10 Agorot: *siebenarmiger Leuchter nach einer Münze des Mattathias Antigonus (40-37 vC)*

½ Neuer Schekel: *Lyra eines Siegels der Königstochter Ma'adana (spätes 7. Jh vC), Haifa, Privatbesitz*

1 Neuer Schekel: *Lilie mit dem Wort Jehud in althebräischer Schrift nach einer Münze aus persischer Zeit (4. Jh vC), Jerusalem, Israel-Museum*

2 Neue Schekel: *zwei Füllhörner und ein Granatapfel nach einer der ersten jüdischen Münzen unter Hyrkan I. (135/4-104 vC)*

5 Neue Schekel: *proto-ionisches Kapitell, israelitische Zeit (10-7 Jh vC), Jerusalem, Israel-Museum*

10 Neue Schekel: *Palme mit sieben Wedeln, zwei Dattelkörben und dem Motto für die Befreiung Zions nach einer Münze aus der Zeit des ersten jüdischen Aufstands (69 nC)*

durch fünf, um eine grobe Euro-Vorstellung zu entwickeln. Für den US-Dollar – die „Zweitwährung" des Landes – sollte man knapp ₪ 4 ansetzen. Mit einem Smartphone ausgerüstet sollten Sie die App *Israel Money* für aktuelle Kurse inklusive Taschenrechner laden.

Kaufen Sie Shekel am besten nicht schon zuhause, der Kurs ist um etwa 20 Prozent deutlich ungünstiger, vor allem beim Rücktausch. Offiziell ist es nur bis zu $ 1000 möglich, andernfalls müssen Sie per Umtauschquittungen nachweisen, dass Sie entsprechende Mengen Fremdwährung in Shekel eingetauscht hatten. Der ehemalige Schwarzmarkt ist ausgetrocknet. Wer Geld auf der Straße anbietet, will vermutlich Blüten unters Volk bringen.

Zum Start nach der Ankunft könnten Sie Dollar mitbringen oder erstmal per Kreditkarte zahlen oder Travellerschecks tauschen, die allerdings langsam auszusterben scheinen. In touristischen Gebieten wie in der Jerusalemer Altstadt und auch sonst kann man meistens in Dollar oder Euro bar bezahlen – aber es lohnt sich, im Kopfrechnen so gut wie der Händler zu sein.

Geldwechsel

Zum Start in Israel könnten Sie von zuhause Dollar mitbringen, und ansonsten in Wechselstuben, die sich in Israel und Palästina in jedem Stadtzentrum finden, Euros zu Shekeln tauschen. Die Wechsler arbeiten zuverlässig und man vermeidet Gebühren. Außerdem kann man sicher sein, Shekel zu erhalten – in der Westbank scheinen manchmal überraschenderweise auch Jordanische Dinare ausgegeben zu werden, die man dann erstmal wieder loswerden muss.

An weiteres Bargeld kommt man am einfachsten per Geldautomat. Mit einer Kreditkarte funktioniert das häufig ohne die einst horrenden Gebühren, mit einer EC-Karte kann man in der Regel bis ₪ 2500 ziehen und zahlt rund € 5-6 Gebühr dafür. Genaueres siehe unten, andere Wechselmöglichkeiten folgen hier.

Wer unbedingt muss, kann auch direkt bei der Ankunft auf dem Flughafen Ben Gurion gleich nach der Passkontrolle, noch während man auf das Gepäck wartet, Geld wechseln, allerdings mit extra hohen Flughafen-Gebühren. Dort gibt es Bankschalter und Wechselautomaten, die auch Euro-Scheine akzeptieren und meist sogar zu günstigeren Kursen als am Schalter tauschen. Ein englisches Display muss man manchmal suchen. Die Banken verlangen Kommissionen von etwa ₪ 20 oder 0,15 Prozent; wenn Sie also kleine Mengen tauschen, könnte die Kommission den größten Teil auffressen. Auch für den Rücktausch von Shekel in andere Währungen sind Mindestgebühren von ₪ 15-20 zu zahlen, allerdings gibt es einen etwas besseren Kurs als zuhause.

Nach subjektiven Beobachtungen tauscht die israelische Postbank zu sehr günstigen Kursen; werfen Sie zumindest einen Blick in ein Postamt, bevor Sie größere Mengen wechseln. Travellerschecks werden dort gebührenfrei und ebenfalls zu günstigem Kurs eingelöst. Sollten Sie Ihre Kreditkarte oder Ihr **Geld verloren** haben, so können Sie sich von Ihren Angehörigen innerhalb weniger Minuten über den Banking Services der Israel Postal Authority Geld überweisen lassen. Verlorene Amex-Schecks melden: Tel 180 9438694 (die Nummer scheint auch für Palästina zu gelten).

Die **Öffnungszeiten der Banken** sind So, Di, Do 8.30-12.30, 16-18, Mo, Mi, Fr 8.30-12.30. In Jerusalem sind die Wechselstuben in der Altstadt auch samstags geöffnet, doch der Kurs ist dann meist deutlich ungünstiger.

Kredit- und EC-Karten

Auch für Kreditkartenbesitzer ist gesorgt:

- **American Express Büros**: Tel Aviv, 112 HaYarkon St, Tel 03 5242211 und Jerusalem, 18 Shlomzion HaMalka St, Tel 02 6240830. Verlorene Karte melden: 180 09403211.

Verlorene Kreditkarten anderer Institutionen meldet man bei **Diners**, Tel 03 5723666, **Eurocard/Mastercard**, Tel 180 09418873 (gebührenfrei), **Visa**, Tel 180 9411605 oder 180 09416384 (gebührenfrei).

Wichtig zu wissen: Per Eurocard/Mastercard lässt sich nur bei der HaPoalim und der Mizrahi Bank Geld beschaffen ($ 6 Komission), alle anderen Banken akzeptieren nur Visa. Mit der LeUmi Bank gibt es immer wieder Karten-Probleme (EC und Kreditkarte). Am unproblematischsten erschien die Bank *Yahav* (בנק היב). Generell wird die Visa-Karte lieber gesehen, oder sogar nur diese akzeptiert. Doch zuweilen kommt man nicht mal mit der Visa-Karte klar.

An den meisten Geldautomaten (im Land auch englisch *ATM* genannt) kann man praktischerweise mit der EC-Karte Geld ziehen, in einigen Geschäften auch bezahlen. Kalkulieren Sie die nicht unwesentlichen Gebühren ein.

Wichtig zu wissen: In Palästina zahlen die Automaten manchmal **Jordanische Dinare** aus, die Sie möglicherweise nur schwer oder verlustreich wieder loswerden können.

Trinkgelder

Die üblichen Hotelrechnungen enthalten 15% Service Charge, d.h. man hinterlässt in der Regel beim Auschecken kein zusätzliches Trinkgeld, es sei denn, das Personal war in einer besonderen Situation sehr hilfreich. Auch viele Restaurantrechnungen enthalten 15% Service Charge. Ist dies nicht der Fall, was auf der Rechnung meist freundlich handschriftlich vermerkt wird, sollte man den entsprechenden Betrag dem Bedienpersonal geben.

Gruppenreisende geben ihren Begleitern Trinkgelder, die sich an der Größenordnung von $ 5 pro Tag orientieren, wobei etwa ein Drittel der Omnibusfahrer erhält, den Rest der *Tour Guide*. Taxifahrer erhalten üblicherweise kein Trinkgeld.

Shopping, Öffnungszeiten

Große **Supermärkte** für den täglichen Bedarf firmieren unter *Canyon* bzw. *Kanyon* oder ähnlichen phonetischen Umschreibungen dieses Wortes. Sehr praktisch sind kleinere Läden um die Ecke, besonders in Tel Aviv, die 24 Stunden sieben Tage die Woche geöffnet haben, z.B. die Kette *AM:PM*. Nachdem letztere jedoch nur noch koschere Produkte anbietet, wird der

Boykott der Ultra-Orthodoxen wohl bald auch geschlossene Läden am Shabbat durchdrücken. Orientalische Souvenirs erwirbt man am besten und bei größter Auswahl in der Altstadt von Jerusalem oder anderen arabischen Siedlungen (mit geringerer Auswahl, aber besseren Preisen). Moderne Souvenirs wie Diamanten und andere Pretiosen, Kleidung, Badeanzüge oder Schuhe kauft man am besten in Tel Aviv, weil dort das Angebot am reichhaltigsten ist. Wer mit Devisen, z.B. Kreditkarte, bezahlt, kann häufig Rabatte herausschlagen.

Wichtig zu wissen: **Elat** liegt in einer Freihandelszone, d.h. dort muss man grundsätzlich keine Mehrwertsteuer (V.A.T.) bezahlen. Man kauft also Reiseandenken, die man z.B. sonst in Tel Aviv erwerben würde, günstiger in der Sonnenstadt ein (und erspart sich die im nächsten Absatz geschilderte Prozedur). Die Preise kommen einem jedoch auch unbesteuert nicht immer niedriger als zuhause vor.

Als Tourist, der seine Souvenirs ausführt, kann man sich die **Mehrwertsteuer (V.A.T.** *Value Added Tax)* in Höhe von 16 Prozent bei der Ausreise **erstatten** lassen, wenn man in entsprechend ausgewiesenen Geschäften für mehr als $ 100 eingekauft hat. Die Waren werden in einer durchsichtigen Einkaufstüte verpackt und versiegelt. Nur bei unversehrtem Siegel kann man im Ben Gurion bzw. Ovda (bei Elat) Airport oder im Hafen von Haifa jeweils bei der LeUmi Bank im Abreisebereich die V.A.T. zurückerhalten. Auch Rechnungen für Hotels, Mietwagen, organisierte Reisen etc., für die man V.A.T. zahlte, fallen unter diese Bestimmung. Einfacher jedoch ist, direkt in Devisen, z.B. per Kreditkarte zu zahlen, dann wird die Steuer erst gar nicht berechnet.

Grundsätzlich sollte man stets versuchen, um Preise zu feilschen. Besonders bei teureren Souvenirs lassen sich häufig Rabatte erzielen. Manchmal wird quasi auch umgekehrt gefeilscht: Sie bekommen an der Kasse noch etwas zusätzlich zu einem Super-Rabatt angeboten, weil man ja nun gerade das und das gekauft habe. Dieses Cross-selling ist lästig, aber

Bankautomaten funktionieren wie bei uns
rot: Abbruch, gelb: Korrektur, grün: Bestätigung

vielleicht wird ja auch mal etwas angeboten, was Sie wirklich brauchen können.

Relativ günstig kann man Kleidung in Israel kaufen, da auch relativ viel im Land hergestellt wird. Die bekannte Kunstfaser „Goretex" z.B. ist übrigens eine hiesige Erfindung, d.h., dass Waren mit dieser Faser günstiger zu haben sind. Auch Schuhe kauft man in der Regel günstiger in Israel als in Europa.

Einige typische Preisbeispiele für's tägliche Leben:

1,5 l Coca Cola .... ₪ 8
1/3 l Bier .... ₪ 7,50
1,5 l Mineralwasser .... ₪ 4-5
Shauwarma .... ₪ 15-20
Felafel .... ₪ 10-15
1 Tee (Straße) .... ₪ 1,50-3
Fladenbrot .... ₪ 0,50-1
1 kg Äpfel ab .... ₪ 7-10
1 kg Tomaten.......... ₪ 4-7

Öffnungszeiten

Üblicherweise sind Geschäfte 8.30-13 und 16-19 Uhr geöffnet, außer Freitagnachmittag und samstags. Supermärkte und Kaufhäuser verzichten auf die Mittagspause, kleinere Geschäfte können durchgängig geöffnet sein. Banken sind So, Di, Do 8.30-12.30 und 16-18, Mo, Mi, Fr 8.30-12 Uhr geöffnet. Die größeren Postämter öffnen So-Do 8.30-18, kleinere 8-12.30, 15.30-18, Fr 8-12.30 Uhr.

Leider gibt es kein durchgängiges System der Öffnungszeiten von Sehenswürdigkeiten, das noch dazu auf die Bedürfnisse der Touristen abgestimmt wäre. Eine der wenigen Regeln besagt, dass samstags die meisten öffentlichen Einrichtungen geschlossen sind, außer Nationalparks. Wenn Sommer- und Winteröffnungszeiten angegeben sind, kann man davon ausgehen, dass von April bis Ende Oktober bis 17 Uhr, von November bis Ende März bis 16 Uhr geöffnet ist mit letztem Einlass eine Stunde zuvor.

Ansonsten empfiehlt sich gerade in Jerusalem, Tel Aviv, Haifa oder am See Genezareth, aus den in diesem Buch angegebenen Öffnungszeiten ein Programm so zusammenzustellen, dass man nicht plötzlich vor verschlossenen Türen steht.

Ein Hinweis: Leider ändern sich diese Zeiten sehr häufig, wir können daher **keine Garantie** für die Gültigkeit der angegebenen Zeiten übernehmen. Der aktuelle Stand geht aus den lokalen Informationen der Tourismusbranche hervor, aber auch die können nicht über jede Änderung auf dem Laufenden sein. Mit ziemlicher Sicherheit wird es Veränderungen und bei verschiedenen Institutionen und Glaubensgruppen auch Ausnahmen geben.

Feier- und Festtage

Feiertage sind für die arbeitende Bevölkerung eine Erholung, für den Reisenden sehr häufig ein Handicap. Daher sollte man wissen, wann auch außerhalb des Wochenendes Geschäfte, Banken oder Reisebüros geschlossen sind. Als Faustregel gilt, dass man freitags im muslimischen, freitags/samstags im jüdischen und sonntags im christlichen Bereich mit beispielsweise Besichtigungen oder Einkaufswünschen scheitern kann. Darüber hinaus sollte man wissen, wann auch außerhalb des Wochenendes Geschäfte, Banken oder Reisebüros geschlossen sind. Die jüdischen Feiertage sollte man für Ausflüge nach Israel, aber vor allem auch für die An- und Abreise im Blick haben: Wenn Sie beispielsweise von Amman zurückfliegen wollen, dazu über die Allenby-Brücke ausreisen müssen, jedoch nicht an den Yom Kippur gedacht haben, werden Sie Zeit verlieren und umbuchen müssen.

Wohl in keinem Land kann man so viele Festtage feiern wie in Israel mit seinen drei zelebrierten Religionen; schon allein Neujahr findet gregorianisch, jüdisch und muslimisch an jeweils völlig anderen Tagen statt. Dominant sind heute die jüdischen religiösen Feiertage, an denen sich Behörden und Industrie orientieren. Sie werden in einer solchen Anzahl gefeiert, dass selbst verwöhnte Feiertagsnutzer wie die Bayern neidisch werden können.

Jüdische Feiertage

Der jüdische Kalender beginnt mit der Schöpfung im Jahr 3760 vC, d.h., die Juden schreiben 2013 tatsächlich das Jahr 5773/74. Der Kalender basiert auf einem lunar-solaren System, das einigermaßen kompliziert ist und eine Jahresdauer von 354 Tagen hat. Zum Ausgleich der Verschiebungen zum Sonnenjahr gibt es innerhalb eines 19-jährigen Zyklus sieben Schaltjahre. Auch der Jahresanfang verschiebt sich damit gegenüber dem bei uns fixierten Neujahrstag ständig.

Ein jüdischer Tag – wie auch Woche, Monat und Jahr – beginnt bei Sonnenuntergang und endet beim nächsten Sonnenuntergang; auch alle Festtage wie der Shabbat oder die anderen Feste. Bei mehrtägigen Feiertagen ist jeweils der erste und letzte Tag der heilige Hauptfeiertag.

Der **Shabbat** ist der religiöse und staatlich geschützte Wochenfeiertag am Samstag. Deutlich strenger als beim hiesigen Sonntag darf nach den Regeln der Ultra-Orthodoxen von Sonnenuntergang am Freitag bis Sonnenuntergang am Samstag nicht gearbeitet und kein Feuer angezündet, z.B. auch keine elektrische Energie verbraucht werden. Das kann für Reisende unpraktisch sein, spielt in Palästina jedoch vor allem an den Checkpoints eine Rolle.

Der Beginn des Shabbat wird mit einem festlichen Mahl und dem Anzünden von zwei Kerzen zelebriert.

Für Reisende bedeutet der **Shabbat** ziemlich unpraktische **Einschränkungen**. Geschäfte,

Die Menora symbolisiert die israelitische/jüdische Religion und ist Teil des israelischen Staatswappens – diese hier von Salvador Dalí steht zur Begrüßung am Flughafen Ben Gurion

Termine jüdischer Feiertage bis zum Jahr 2015 (jüdisch 5775/5776) ohne Gewähr										
Jahr	Purim	Pessach	Yom HaShoá	Yom HaSikha-ron/ HaAzma'ut	Lag BaO mer	Jerusalemtag	Shavuot	Tish'a BeAw	Rosh Ha-Shana	Yom Kippur
2013	23.-24.02.	25.03 02.04.	06.-07.04.	14.-16.04	27.-28.04.	08.05.	14. 16.05.	15. 16.07.	05. 06.09.	13. 14.09.
2014	15.-16.03.	14.-22.04.	27.04. 28.04.	03.-05.05.	17.-18.05.	28.05.	03. 05.06.	04. 05.08.	25. 26.09.	03. 04.10.
2015	05.-06.03.	03. 11.04.	15.-16.04.	21.-23.04.	06. 07.05.	17.05.	23. 25.05.	25. 26.07.	13. 15.09.	22. 23.09.

Restaurants und Cafés schließen z.B. ab 14/15 Uhr, die Innenstädte sterben aus, der Busverkehr wird weitgehend eingestellt. Ab Dunkelheit wird es schwierig, noch etwas zu essen zu bekommen, nur wenige Lokale bleiben geöffnet. In Hotels oder Hostels kann es ratsam sein, ein Essen für den Shabbat zeitig vorzubestellen – es wird dann automatisch erwärmt, ohne dass Gebote gebrochen werden müssten. Der *Shabbat-Fahrstuhl* sollte in Hotels ebenfalls vermieden werden: Weil religiös observante Juden am Shabbat keinen elektrischen Schalter betätigen dürfen, muss der Lift selbsttätig an jedem Stockwerk halten, damit niemand sich versündigt. Die Lifte sind extra gekennzeichnet. Am Shabbat selbst dürfen die staatlichen Museen keine Eintrittskarten verkaufen; aber auch selbst verordnete Not macht erfinderisch: Flugs ist ein Kartenverkaufsstand vor der Tür eröffnet…

Das **Purim-Fest** (im Februar oder März) wirkt wie ein ausgelassener Karneval, bei dem sich die Menschen verkleiden und kostümiert durch die Straßen ziehen, sogar in der Synagoge feiern. Geschenke werden verteilt, hauptsächlich Süßigkeiten und spezielles Gebäck: *Hamantaschen*, und auch die sozial Schwachen werden mit Geschenken bedacht. Das Fest erinnert an die Errettung von Juden vor der Vernichtung durch den persischen Statthalter Haman unter Xerxes. Esther, die Gattin von Xerxes, erfuhr von den Mordplänen und ließ Haman hinrichten. Daher werden noch heute Haman-Puppen zum Schluss des Festes verbrannt oder gehängt.

Das **Pessach-Fest** (Passah), das einen Monat nach Purim stattfindet, erinnert an den Auszug der Kinder Israels aus Ägypten. Das Fest wird mit der *Seder-Feier* am Abend vor Beginn von Pessach eröffnet. Die Familie sitzt mit Gesang und Gebeten bei einer feierlichen Mahlzeit zusammen und liest die Pessach-Haggada über den Auszug aus Ägypten. In den sieben Tagen der Pessachzeit isst man nur ungesäuertes Brot (Mazzen). Es ist das Familienfest, bei dem sich die Angehörigen treffen – auf den Straßen entstehen riesige Verkehrsstaus.

Yom HaShoá ist der im April seit 1951 stattfindende staatliche Holocaust-Gedenktag. Die Flaggen stehen auf Halbmast, und es gibt Veranstaltungen und Dokumentarfilme zum Gedenken an das Leiden und Sterben der Nazi-Opfer. Um 10 Uhr vormittags heulen die Sirenen, und das ganze betriebsame Land sowie der gesamte Verkehr stehen still. Bars, Kino und Konzerte sucht man vergeblich, ebenso wie genau eine Woche später:

Am **Yom HaSikharon** wird der gefallenen Soldaten und ziviler Terroropfer gedacht. Am Vorabend nach dem jüdischen Tagesbeginn um 20 Uhr heulen wie am Yom HaShoá die Sirenen für eine Gedenkminute. Ungewöhnlich ist das große gemeinschaftliche Singen auf dem Rabin-Platz vor dem Rathaus in Tel Aviv. Am nächsten Vormittag um 11 Uhr gibt es eine weitere landesweite Gedenkminute. Abends geht der besinnliche Tag in die fröhlichen Feierlichkeiten zum Unabhängigkeitstag, dem **Yom HaAzma'ut**, über. An diesem Feiertag sind die Läden geschlossen, aber alle Stätten öffentli-

Sukkot	Simkhat Tora	Chanukka
19. 25.09.	26 27.09.	27.11. 05.12.
09. 15.10.	16. 17.10.	16. 24.12.
27.09. 04.10.	05. 06.10.	06. 14.12.

cher Unterhaltung haben geöffnet. Die größte Party anlässlich der Proklamation des Staates Israel steigt wiederum am Vorabend auf dem Tel Aviver Rabin-Platz. In Jerusalem ist man auf der Hillel und natürlich auf der Ben Yehuda Street nicht allein. Im ganzen Land finden Feuerwerke statt. Außerdem ermittelt man den Gewinner des Internationalen Bibelwettbewerbs für Schüler. Verdienten Bürgern wird der Israel-Preis verliehen, die höchste Ehre des Staates.

Kein hoher, jedoch reizvoller Feiertag ist der **Lag BaOmer** am 33. Tag der Trauerzeit zwischen Pessach und Shavuot. An diesem Tag braucht man nicht trauern, was vor allem ultraorthodoxe Juden ausgiebig tun. Das Fest erinnert an die Zeit des Bar-Kochba-Aufstandes (siehe S. 92) sowie an den wundertätigen *Rabbi Shimon Bar Yochai* (abgekürzt: *Rashbi*) aus dem 2. Jh nC, dem das Hauptwerk der Kabbala, das Buch *Sohar*, zugeschrieben wird. Die Erleuchtung durch Rashbi wird am Vorabend durch Fackelumzüge und Freudenfeuer symbolisiert, an seinem Grab in Meron nahe Safed treffen sich angeblich bis zu 200 000 Wallfahrer. Es gibt Picknicks, die Kinder springen „bewaffnet" mit Pfeil-und-Bogen-Spielzeug durch die Gegend. Nach den Trauertagen werden traditionell viele Hochzeiten gefeiert, man kann sich wieder rasieren und die Haare schneiden.

Ein weiterer, seit 1998 nationaler Feiertag, den auch die Haredim mitfeiern, ist der Jerusalemtag oder **Yom Yerushalayim**. Er erinnert an die Einnahme der Altstadt im Sechs-Tage-Krieg 1967. Anlässlich des seitdem freien Zugangs zur Westmauer des Tempelplatzes versammeln sich vor allem Siedler und Nationalreligiöse an diesem Ort. Das Feuerwerk gegen 22 Uhr ist ganz schön, aber die aggressive Grundstimmung lädt nicht jedermann zum Mitfeiern ein. Manche sprechen von der Wiedervereinigung Jerusalems, aber nach wie vor gehen Leute aus dem Westen kaum in den Osten und umgekehrt.

Zu **Shavuot** wird an die Gabe der Tora am Sinai erinnert. Wie zu allen Wallfahrtsfesten wird an der Westmauer in Jerusalem der Priestersegen gebetet.

Tish'a BeAw ist ein Trauertag, denn schreckliche Ereignisse der israelitischen und jüdischen Geschichte wie die Zerstörung des ersten und des zweiten Tempels geschahen oft um den neunten Tag des Monats Aw herum. Es gibt nur wenige kulturelle Veranstaltungen.

Das zweitägige Neujahrsfest **Rosh HaShana** wird im Herbst begangen. Dann bläst man das Shofar (Widderhorn), das den Sünder aufrütteln soll, seine Taten zu bereuen. Nach dem Gottesdienst wird beim Abendessen eine in Honig getauchte Apfelscheibe gegessen und dabei Gott um ein "gutes und süßes Jahr" gebeten.

Zehn Tage nach Rosh HaShana findet das Versöhnungsfest **Yom Kippur** statt. Es ist das heiligste Fest, gläubige Juden fasten 24 Stunden lang und trinken in dieser Zeit nichts; die

Keine Inventur: Zu Pessach muss alles besonders koscher sein, deshalb wird in den Läden alles Gesäuerte (Khamez) mit Planen zugehängt

Zeit wird mit Gebeten ausgefüllt. Der öffentliche Verkehr sowie Rundfunk und Fernsehen werden praktisch im ganzen Land eingestellt; lediglich in touristischen Orten wie Elat scheinen die Sitten etwas lockerer zu sein. Am Tag zuvor schließen um 14 Uhr alle Geschäfte, danach gibt es nichts mehr zu kaufen. Ab 17 Uhr fahren praktisch keine Autos mehr; auch in den Restaurants stehen nur leere Tische. Vermutlich funktioniert nicht mal mehr Ihr Telefon. 24 Stunden später erschallt das Schofarhorn, um das Fastenende anzuzeigen, dann bricht auf den Straßen und in den Restaurants die Hölle aus, alles ist zum Bersten gefüllt – erst am frühen Morgen enden die ausgelassenen Festlichkeiten.

Wenn Sie als Besucher nicht an den Feiern teilnehmen möchten, organisieren Sie Ihr Programm so, dass Sie sich in dieser Zeit in Elat, Tel Aviv oder der Westbank aufhalten. Denn die streng orthodoxen Juden können unversöhnlich reagieren: Fahrende Autos sind steinwurfgefährdet!

Sukkot, das Laubhüttenfest, wird vier Tage nach Yom Kippur in Erinnerung an die Wüstenwanderung nach dem Auszug aus Ägypten sieben Tage lang gefeiert. In dieser Zeit wohnen gläubige Juden in Hütten (*Sukkot*), die sie in Gärten, Wohnungen oder auf Balkonen errichten und die symbolisieren sollen, dass alles auf Erden ein Provisorium (Hütte) sei. Wirklich koschere Hütten müssen nach strengen Regeln erbaut werden. Die Sukkot-Zeit endet mit **Simkhat Tora**, dem Fest der Freude an der Weisung Gottes. Auch Nicht-Juden können sich mitfreuen: Wenn in ultraorthodoxen Stadtvierteln mit den Tora-Rollen auf der Straße getanzt wird, kann sich jeder gern einhaken.

Beim achttägigen Lichterfest **Chanukka** gedenkt man der Reinigung und Neu-Einweihung des Tempels von Jerusalem durch die Makkabäer 165 vC nach dessen Entweihung durch den syrisch-griechischen Herrscher Antiochos IV. Täglich wird eine weitere Kerze des achtarmigen Chanukka-Leuchters angezündet. Dazu singt man ein Chanukka-Lied und isst spezielle, ölgetränkte Speisen.

Islamische und palästinensische Feiertage

Muslimische Feste nehmen in der Öffentlichkeit wenig Raum ein. Prominent alltäglich sind die fünf **Tagesgebete**, die nach dem Gebetsruf vom Minarett in kleinen, schlichten Moscheen quasi zwischendurch verrichtet werden, die sich in muslimischen Wohnquartieren an vielen Stellen befinden. Am auffälligsten ist es in Jerusalem, wenn die Muslime freitagvormittags zum **Freitagsgebet** zur AlAqsa-Moschee auf den Tempelplatz strömen und um die Altstadt großer Verkehrsstau entsteht. Der Freitag ist zwar nicht von vornherein arbeitsfrei, aber muslimische Geschäfte und Institutionen können geschlossen sein.

Für Ungeübte sind die **Zeitpunkte der Gebete** nicht immer nachzuvollziehen. Morgens ruft der Muezzin zwischen Dämmerung und Sonnenaufgang, mittags betet man nach dem Sonnenhöchststand um 12 (Sommerzeit 13) Uhr, nachmittags am Spätnachmittag, abends zwischen Sonnenuntergang und der letzten Dämmerung und schließlich nachts irgendwann zwischen dem Ende der Dämmerung und der Morgendämmerung.

Die **jährlichen Feste** verschieben sich im Vergleich zum westlichen Kalender jedes Jahr um elf Tage nach vorn, weil der Koran einen reinen Mondkalender vorsieht (nur im Iran und in Afghanistan zählt man auch Sonnenjahre wie im Abendland). Auf 32 Sonnenjahre kommen ungefähr 33 Mondjahre. Zum Geburtstag des Propheten Mohammed, **Mauwlid AnNabi**, wird - in der Öffentlichkeit kaum wahrnehmbar - vor allem in den Bäckereien ein bestimmtes Gebäck angeboten wird und möglicherweise werden Moscheen festlich beleuchtet.

Zwischen Prophetengeburtstag und Ramadan liegt die **Lailat AlMiraj**, die nächtliche Himmelfahrt Mohammeds von Medina nach Jerusalem und zurück auf dem Pferd *Buraq*. Festliche Aktivitäten sind nicht festzustellen. Doch

durch diese heilige Nacht wurde Jerusalem zur drittheiligsten Stadt des Islam, und Mohammed erhielt von Allah die Weisung für die fünf Tagesgebete.
Der **1. Ramadan** ist der Beginn des neunten islamischen Monats und damit der Fastenzeit, die zu den fünf Säulen des Islam gehört. Gedacht wird der Offenbarung des Korans an den Propheten Mohammed. Der Verzicht auf Nahrung, Trinken, Rauchen und Sex dauert den ganzen Monat von Tagesbeginn bis Tagesende (mit Ausnahmen u.a. für Schwangere, Kinder und Reisende) und wird nach Sonnenuntergang mit einem kleinen, aber dennoch verschwenderischen Fest gebrochen.
Der Ramadan endet mit dem **Id AlFitr**, dem dreitägigen Fest des Fastenbrechens, bei dem die köstlichsten Speisen serviert werden. Wegen der reichlichen Süßigkeiten wird es auch Zuckerfest genannt; mindestens der erste Festtag ist arbeits- und schulfrei. Man muss allerdings damit rechnen, dass die **Zuckerferien** noch zwei, drei weitere Tage dauern, das bedeutet: muslimische Händler öffnen nicht, Autovermieter vermieten nicht usw.
Id AlFitr gilt als zweithöchstes islamisches Fest, nur übertroffen vom Opferfest **Id AlAdha**, das vier Tage lang dauert und den Höhepunkt des Pilgermonats, des zwölften islamischen Monats Dhu AlHidja, markiert. Der Name des Festes stammt von der Geschichte, in der Abraham auf Gottes Anordnung hin beinahe seinen Sohn Ismael geopfert hätte. Anstelle Ismaels wurde, laut Koran am Platz des Jerusalemer Felsendoms, ein Widder dargebracht.
Das islamische **Neujahr** wird zwar nicht gefeiert, aber gedenkt des Ereignisses, mit dem die islamische Jahreszählung beginnt: die **Hidjra**, Mohammeds Flucht aus Mekka nach Medina am 16. Juli 622 nC. Momentan schreiben wir das Jahr 1433/1434.
Die folgenden offiziellen **palästinensischen Feiertage** sind meist aus Aktionen Israels in der Vergangenheit hervorgegangen. Öffentlich äußern sie sich meist in Demonstrationen und führen dadurch häufig zu Zusammenstößen mit

Die AlAqsa ist eigentlich keine Moschee, sondern eine Djami'a, eine große Versammlungsmoschee für das Freitagsgebet

Islamische Feiertage der nächsten Jahre				
Jahr	2013	2014	2015	2016
Mohammeds Geburtstag *(Mulid el Nabi)*	23.01.	12.01.	02.01.	12.12.15
Mohammeds Himmelfahrt	06.06.	27.05.	16.05.	05.05.
Ramadan-Beginn	09.07.	28.06.	17.06.	06.06.
Ramadan-Ende *(Beiram,* auch *Id AlFitr)*	08.08.	28.07.	17.07.	06.07.
Opferfest *(Großes Beiram,* auch *Id AlAdha)*	15.10.	04.10.	23.09.	12.09.
Neujahr *(Awil Sana)*	04.11.	25.10.	14.10.	03.10.

der israelischen Polizei oder Armee – Checkpoint Qalandiya ist besonders am Tag der Erde, am Nakba- und am Unabhängigkeitstag jeweils um die Mittagszeit kein guter Aufenthaltsort. Daher sind diese Feiertage touristisch nicht zu empfehlen. Aus Freude oder Wut könnte scharf in die Luft geschossen werden, gehen Sie aus dem Weg, vermeiden Sie Blindgänger. Auch die Festlegung der Termine ist nicht einfach – meist halten sich die Daten an den westlichen Kalender.

8. März: Die palästinensischen Frauen engagieren sich recht stark beim von der UNO geförderten **Internationalen Tag der Frauen**. 1994 wurde dieser Tag von den Palästinenserinnen gestaltet.

30. März: Der **Land Day** (*Yaum AlArd)* erinnert an die großflächige Enteignung palästinensischen Landes in Galiläa durch die israelische Regierung im Jahr 1976. Die Reaktion darauf war ein Generalstreik und ließ die Palästinenser erstmals deutlich als gemeinsam handelnde Zivilgesellschaft erkennen. Es gibt regelmäßig meist gewaltfreie Demonstrationen, die manchmal jedoch auch von Ausschreitungen begleitet werden.

17. April: Am **Tag der palästinensischen Häftlinge** wird der schätzungsweise 7000 Palästinenser gedacht, die in israelischen Gefängnissen aus unterschiedlichen oder nicht bekannten Gründen einsitzen.

1. Mai: Der internationale **Tag der Arbeit** wurde in früheren Jahrzehnten des Staates Israel als Anlass genutzt, von Seiten der kommunistischen Partei der Palästinenser Missfallen gegenüber der Regierung zu äußern.

15. Mai: 1948 erklärte sich Israel am 14. Mai für unabhängig. Die Palästinenser nennen den folgenden Tag **AnNakba**, die Katastrophe – Vertreibung und Flucht aus dem Land und Verlust bzw. Zerstörung ihres Eigentums (siehe S. 108). Er wird seit 1998 - auch von den Palästinensern im Ausland - durch öffentliche Ansprachen und Demonstrationen begangen, manchmal mit Ausschreitungen. Israel feiert diesen Tag jedoch nach dem jüdischen Kalender, so dass der Yom HaAzma'ut nur alle 19 Jahre auf den 15. Mai fällt. So erinnern sich Palästinenser *in Israel* an den Tag der Nakba vorwiegend am jeweiligen israelischen Unabhängigkeitstag (siehe unten) mit entsprechenden Gegenveranstaltungen. Ein wichtiges Symbol stellen die Schlüssel dar, die viele Palästinenser von ihren verlorenen Häusern nach wie vor aufbewahren.

15. November: An diesem Tag verlas Jassir Arafat als „König ohne Land" in Algier die einseitige **Unabhängigkeitserklärung** Palästinas. Mangels eines souveränen Staatsgebildes spielt der Palästinensische Unabhängigkeitstag jedoch keine größere Rolle.

Christlich-orthodoxe Feiertage

Von Ausnahmen wie bestimmten Heiligengedenken abgesehen, feiern Ost- und Westkirchen vor allem gleiche Feste. Allerdings trennt sie der Kalender, seit Papst Gregor XIII. 1582 den heutigen westlichen Kalender einführte, der in Israel *political correct* einfach *common era (CE)* genannt wird. Die Ostkirchen allerdings datieren nach wie vor nach Julius Caesar, dessen Kalenderjahr jedoch ein klein wenig länger dauert als der gregorianische. Daher hat er sich gegenüber dem astronomischen Sonnenjahr um mehrere Tage verschoben und wird das auch weiter tun. Somit wird **Weihnachten** gewissermaßen am selben Termin – der Wintersonnenwende gefeiert – aber wegen der zunehmenden julianischen Verschiebung zu unterschiedlicher Zeit: In der Orthodoxie „erst" am 6./7. Januar statt „schon" am 24./25. Dezember. Die armenische Kirche feiert Weihnachten sogar erst am 19. Januar, sozusagen am Epiphaniasfest des julianischen Kalenders. Die orientalischen Kirchen (Kopten, Syrer, Äthiopier) feiern dagegen am 18. Januar schon das Tauffest Jesu an der Taufstelle am Jordan östlich von Jericho (siehe S. 454), ein lohnender Termin dort, falls man gerade in der Gegend ist.

Süße Spezialität zu Mohammeds Geburtstag

Da **Ostern** ein bewegliches Fest ist, ändert sich der Terminabstand zwischen Ost und West immer wieder. Es gibt neuerdings einen Algorithmus zur Berechnung bis zum Jahr 3000 – man kann also gut im Voraus planen. Laut www.smart.net/~mmontes/ec-cal.html fallen die Osterfeste 2014 und 2017 zusammen (was aber schon ab 2698 nicht mehr vorkommt!). 2015, 2018/19/20 liegt Ostostern eine Woche nach dem westlichen Pendant, 2013 und 2016 wird sogar erst fünf Wochen später gefeiert.

Telefon, Internet, Post, Elektrizität

Telefon

Es scheint, als ob in keinem Land der Welt so häufig und so anhaltend telefoniert wird wie in Israel, zumindest mit Handys. Die Telefonitis der Israelis ist sogar statistisch belegt: Sie telefonieren 500 Minuten pro Monat, die Amerikaner 90 und die Deutschen 45 Minuten.

Um sich den Gepflogenheiten des Landes anzupassen, kann man ein **Handy mieten**.

- *Orange* (www.orange.co.il fast nur hebräisch). Oder versuchen Sie
- *IsraelPhones*, 12 Abba Hillel Silver St, Lod, Tel +972 180 0721111, www.israelphones.com, mit Ladengeschäft in der Ankunftshalle *GlobalCellular.*

Die Vertragsmodelle wechseln häufig, weswegen die aktuellen Pakete hier nicht dargestellt werden.

Wenn Sie Ihr **eigenes Handy** (auf Englisch: *cell* oder *mobile [phone]*) mitnehmen, sollten Sie prüfen, was das Roaming in Israel und in Palästina kostet, ansonsten informiert Sie eine SMS darüber, wenn Sie das Gerät nach der Landung wieder einschalten. Das ist jedoch vermutlich teurer als eine israelische oder palästinensische **Prepaid-Karte** zu beschaffen, die Sie von den Firmen **Cellcom** (Talkman, Vorwahl 050 u. 052) und **Orange** (Vorwahl 054) z.B. an autorisierten Kiosken oder auch gleich im Flughafen in der Buchhandlung Steimatsky's erwerben können. Ihr Handy darf dafür nicht per **SIM-Lock** ausschließlich an den heimatlichen Anbieter gebunden sein. Früher verfielen die SIM-Karten nach einem Jahr; bei Pelephone können Sie sieben Jahre lang weitertelefonieren, wenn

CallingCard: Viele Nummern tippen, aber dafür 9 Stunden günstig ins deutsche Festnetz

Sie mal wieder im Land sind, und bei Orange angeblich lebenslang – wenn denn die Firma so lange durchhält.

Lassen Sie sich die SIM-Karte am besten gleich **einbauen** und das **Sprachmenü** von Hebräisch auf Englisch umstellen! Auch die wichtigsten Dinge wie das **Wiederaufladen** von Gesprächszeit sollte man sich gleich erklären lassen. Bei den meisten Anbietern kosten SIM-Karte und Freischaltung um ₪ 100, häufig müssen Gesprächsminuten dann noch dazugekauft werden. Der Minutenpreis (bzw. eine SMS) ins israelische Festnetz kostet je nach Tageszeit rund 1 Shekel, ins deutsche Festnetz beträgt er etwa ₪ 1,50. Bei Orange können Sie auch Pakete für Datendienste dazukaufen. Ist die Karte abtelefoniert, lässt sich ein Account auf drei Arten wieder mit Geld aufladen:

Allein vom Handy aus funktioniert das angeblich aus Sicherheitsgründen nur für Besitzer einer israelischen Kreditkarte.

In ziemlich jedem Geschäft gibt es Karten zum Nachladen, bei Orange zu rund ₪ 90, 110, 160 (wovon jeweils ₪ 7 Gebühr nicht vertelefoniert werden können, deshalb steht auf den Karten 83, 103 und 153). Man rubbelt auf der Karte einen Code frei und gibt ihn während der Aufladeprozedur am Handy ein.

In manchem Kiosk kann man auch direkt bezahlen, der Mensch dort tippt an einem Kästchen herum, und man bekommt kurz darauf eine SMS, dass man endlich wieder für soundsoviele Schekel weiter telefonieren kann.

Auch der größte palästinensische Mobilfunkanbieter **Jawwal** (Vorwahl 059) bietet Prepaid-Karten und gute Vernetzung auch in Israel an, www.jawwal.ps. Jüngeren Datums ist die Firma **Wataniya** (Vorwahl 056) mit eigenem Netz mit verschiedenen Verträgen für Privatleute, www.wataniya.ps. Die Vertragsmodelle wechseln immer mal wieder, die Preise nehmen sich nicht allzuviel. Beide Mobilfunker tragen wesentlich zur Wirtschaft in Palästina bei, gehören jedoch Firmen in Kuwait und Qatar. Viele Palästinenser haben auch ein Cellcom-Handy, weil es wohl die beste Netzabdeckung in der Westbank hat.

Alle drei Gesellschaften führen natürlich auch Mikro-SIM-Karten für **Smartphones**, sie können jedoch auch eine normale Karte kaufen und sich entweder eine Mikro-SIM herausstanzen lassen oder selbst die Nagelschere in die Hand nehmen: www.micro-sim.de/selbst-basteln. Ein Prepaid-Datentarif sollte reichen, aber Sie können sich natürlich auch immer ein WLAN (WiFi oder *wireless*, siehe unten zu Internet) suchen, um online zu gehen. Einige sinnvolle Apps siehe auf S. 23.

Wenn Sie **stundenlang** nach Hause telefonieren möchten oder müssen, empfiehlt sich eine ***Calling Card***, die es auch im mobilen Zeitalter noch gibt und mit der man die Heimat unglaublich günstig erreicht.

Mit **Telefonzellen** kommt man auch auf jeden Fall günstiger als im Hotel davon. In Postämtern – dort geht es am billigsten – und einigen Zeitungs- und Papierwarengeschäften gibt es **Telefonkarten** ab ₪ 20 für öffentliche Fernsprecher zu kaufen, was schon für einige Minuten nach Deutschland ausreicht. Da man die meisten öffentlichen Apparate in Israel anrufen kann, könnte ein deutscher Gesprächspartner z.B. unter www.teltarif.de die gerade günstigste Call-by-Call-Vorwahl für Israel herausfinden und Sie für etwa 1 Cent pro Minute **zurückrufen**. An wenigen öffentlichen Telefonen kann man auch seine **Kreditkarte** verwenden, von der dann direkt abgebucht wird.

Gespräche über Kreditkarte lassen sich unter der Vorwahl 180 0800580 gebührenfrei anmelden. Per Festnetz nach Europa kostet nachts und am Shabbat z.T. erheblich weniger. Es gibt außerdem verschiedene Anbieter für Auslandsverbindungen, die sich in der Vorwahl unterscheiden. Derzeit sind *Golden Lines* mit der Vorwahl 012 und *Barak* mit 013 die preiswerteren nach Europa (man spart auch innerhalb Israels!). Wählen Sie also anstelle der bei uns für internationale Gespräche üblichen 00 die 012, 013, 014 (*Beseq*) oder 018 (*xfone*), d.h. beispielsweise nach Deutschland 01249, nach Österreich 01243, in die Schweiz 01241.

Die Vorwahl von Europa nach Israel beginnt mit +**972**. Mit dieser Nummer erreichen Sie auch die Nummern in den palästinensischen Gebieten (Call-by-Call Israel: ca. 1 ¢; Palästina: ca. 10 ¢); wenn Sie die offizielle Landesvorwahl **+970** für Palästina verwenden, ist die Vermittlung nicht immer zuverlässig, aber prinzipiell gibt es günstigere Call-by-Call-Vorwahlen.

Festnetz-Telefonieren – ein eher seltenes Bild in Israel

Landesweite Notrufnummern

- **Polizei 100**
- **Notfall**, **Krankentransport 101**
- **Magen David Adom** (*Roter Davidsstern*) bzw. **Hilal AlAkhmar** (Roter Halbmond)
- **Feuerwehr 102**
- **Auskunft** (auch Englisch) **144**
- **Humanitäres Call Center**

02 9977733/318/312/747

Diese Nummer soll Probleme lösen helfen, wann und wo auch immer in der Westbank sie auftreten. Für Touristen könnten das Probleme an einem Checkpoint sein.

Überall gibt es in Israel Hinweise auf **Servicenummern** verschiedenster Institutionen. Sie sind leicht am Stern mit vier Ziffern zu erkennen. Die Kosten entsprechen meist einem Ortsgespräch. Beispiel: Touristische Hotline *3888

Vorwahlen der wichtigsten Städte

Zur Orientierung: Jerusalem & Umgebung 02, Tel Aviv & Umgebung 03, Norden 04, Süden & Gazastreifen 08, Sharon-Ebene 09

Ashdod	08	Ashkelon	08
Beer Sheva	08	Bethlehem	02
Elat	08	Gaza	08
Haifa	04	Hebron	02
Herzliya	09	Jenin	04
Jericho	02	Jerusalem	02
Nablus	09	Nazareth	04
Netanya	09	Ramallah	02
Safed	04	Tel Aviv	03
Tiberias	04		

An der Vorwahl 05x oder 06x können Sie **Mobilfunknummern** erkennen; **gebührenfreie Nummern** beginnen mit 018.

Internet

Wie man unterwegs an das **Internet** und **Mail**-Postfach herankommt, wird immer unspektakulärer. Datendienste erledigt mittlerweile fast jedes Handy. Die Websites mit Listen der Internet-Cafés weltweit veralten vor sich hin, denn inzwischen führt fast jedes Hostel und Hotel ein paar **Computerplätze** als Kundenservice, ca. $ 6 für 30 Minuten. Um einen Laptop oder ein reisefreundlicheres Netbook an ein **Wireless LAN** (WLAN, auch *Wi-Fi* oder *wireless*) anzuschließen und loszusurfen, ist man wahrscheinlich ebenfalls in der Lobby des nächsten Hostels oder im nächsten Café mit eher jungem Publikum gratis dabei. In gehobenen Hotels kostet WLAN dagegen extra. Eine etwas veraltete Karte mit **Hot Spots** in der Jerusalemer Neustadt siehe auf www.jerusalemite.net/maps. Noch 2013 soll der öffentliche Raum in Tel Aviv-Jaffa gratis WLAN-vernetzt werden. Wie auch immer: Wer ein *Headset* dabeihat, kann so über die Software **Skype** am erschwinglichsten nach Hause **telefonieren**. Bemerkenswert: In Palästina sind drahtlose Netze meistens **verschlüsselt**, in Israel ist das dagegen fast die Ausnahme, so dass man dort z.B. per Smartphone praktisch überall gratis online sein kann. Vermutlich fehlt auf beiden Seiten die aus Europa gewohnte Rechtsprechung zur Verantwortung des Besitzers, wenn ein offenes WLAN kriminell missbraucht wird; für Palästina kann man darüber spekulieren, warum dort das Sicherheitsbedürfnis für Computer und Netze höher ist.

Wer unterwegs mal schnell in einem Internetcafé seine **Emailbox** checkt oder seinen **Kontostand** zu Hause prüft, kann durch Spyware aller Art böse Überraschungen erleben – im schlimmsten Fall ein leeres Konto. Man sollte daher nur im größten Notfall von öffentlich zugänglichen PCs z.B. Flüge per Kreditkarte buchen, Rechnungen überweisen oder ein E-Bay-Account nutzen.

Muss es denn sein, dann löschen Sie so bald wie möglich alle temporären Dateien des benutzten Browsers; beim **Internet Explorer** über >*Extras > Internetoptionen > Allgemein > Löschen*, bei **Firefox** >*Extras > Private Daten löschen*. Wenn man sich auf Internetseiten als User einloggte, unbedingt auch wieder ausloggen.

Um **Missbrauch des Emailkontos** zu vermeiden, sollte man sich ein (temporäres) Email-Account für unterwegs anlegen, über das man nur während der Reise kommuniziert. Dorthin kann man auch die eingehende Post der Heimat-Box weiterleiten und dann bearbeiten. Kostenlose Accounts gibt es z.B. bei www.arcor.de, www.gmx.de, www.web.de oder www.de.yahoo.com. Alle bieten weitere Features wie zusätzlichen Speicherplatz, um Fotos hochzuladen, Bildbearbeitung, SMS- oder Faxversand etc. Wer trotzdem in seine Standard-Mailbox schaute, sollte gleich nach der Rückkehr das Zugangspasswort ändern.

Sie können auch Ihr eigenes kleines **Emailprogramm auf einem Stick** oder einer Diskette (einfacher in vielen Internetcafés benutzbar) mitnehmen und hinterlassen damit keine Spuren auf dem Internetcafé-Computer. Das pfiffige, schnelle Gratisprogramm *Popcorn* lädt man unter www.tucows.com/preview/333653 herunter. Damit schaut man sich nur die eingegangene Post an, kann sie auch bearbeiten und speichern, aber man lässt sie trotzdem auf dem Server des Providers und hat alles bei der Rückkehr parat.

Post

Gute Chancen auf ein geöffnetes Postamt bestehen zwischen 8.30 und 14 Uhr. In Israel gibt es rote und gelbe Briefkästen, wobei die roten im Allgemeinen für Auslandspost und Post in andere Gebiete vorgesehen sind. Kleine wie größere Postkarten und Briefe bis 100 g nach Europa kosteten 2012 ₪ 4,20, ohne Luftpost 3,50 Porto, www.israelpost.co.il. Die Gummierung auf israelischen Briefmarken ist koscher.

Die Palästina-Post zeichnet ihre Briefmarken in JD aus, rechnet beim Verkauf jedoch in NIS um. Postlaufzeiten sind sehr lang (oft 3 Wochen und länger), da über Israel verschickt wird und Sendungen dort genau untersucht werden.

Elektrizität

Die elektrische Versorgungsspannung beträgt 220 Volt bei 50 Hertz. In vielen Hotels finden Sie Steckdosen, in die deutsche Gerätestecker (wie z.B. an Rasierapparaten) passen. Das früher ebenfalls präsente britische Steckdosensystem scheint verschwunden zu sein.

Die Medien

Presse

Die bekannteste englischsprachige Zeitung ist die ***Jerusalem Post***, die freitags eine spezielle Jerusalembeilage mit Veranstaltungen etc. publiziert, www.jpost.com. Während die Jerusalem Post rechtskonservativ angesiedelt ist, wird die ziemlich ausgewogene ***HaAretz*** (erscheint auch auf Englisch als Beilage der Herald Tribune) eher von Intellektuellen gelesen, www.haaretz.com. Beide Zeitungen beschicken als **App** Ihr Smartphone mit Push-Nachrichten.

Sehr informativ ist das gratis ausliegende, monatlich erscheinende Veranstaltungsmagazin **This Week In Palestine**, www.thisweekinpalestine.com, das auch jeden Monat unterschiedlichsten Themen Gastbeiträge widmet. Die Hefte lassen sich im Archiv für die letzten Jahre herunterladen. Im Serviceteil gibt es außer den Veranstaltungen lange Listen von Hotels und Restaurants, die aber nicht immer aktuell sind. Auch ein paar Stadtpläne sind immer dabei.

Funk & Fernsehen

Auch bei diesem Thema bieten **Smartphones** klare Vorteile, wenn man Apps wie die vom NDR Radio oder das TuneIn Radio geladen hat. Doch nicht immer steht das Telefonnetz oder ein WLAN zur Verfügung: Es lohnt sich nach wie vor, einen **Weltempfänger** im Gepäck zu haben.

Englischsprachige Radio-Nachrichten

Mittelwellen-Radio: Israel Radio (576 und 1458 kHz) um 7 und 17 Uhr; BBC (1323 kHz) immer zur vollen Stunde. Fernsehnachrichten von Israel TV Channel One: So-Do 18.15, Fr 16.30, Sa 17 Uhr; AlJazeera English zu fast jeder vollen Stunde, http://english.aljazeera.net.

Deutsche Nachrichten

Wer in der Ferne über die Heimat auf dem Laufenden bleiben will, hat es heutzutage mit Smartphone leicht: mit der kostenlosen **Tagesschau-App** bleibt man über die ARD aktuell informiert. Althergebracht kann man im **Satellitenfernsehen** häufiger auf RTL und Sat 1 stoßen. Unabhängiger ist man mit einem kleinen Weltempfänger, auf dem man überall Nachrichten hören kann. Die Sendefrequenzen werden oft geändert, daher am besten den aktuellen Frequenzplan beschaffen, für die Deutsche Welle unter www.dw-world.de/empfang.

- Deutsche Welle 6075, 9565, 13780, 15275, 17845 MHz
- Österreich 11670 und 11715 kHz
- Schweiz 9885 kHz

Fernsehprogramm

Viele Hotels bieten TV per Satellit an. Größtenteils liefern diese hebräische und/oder arabische Programme, ab und zu ist etwas auf Englisch dabei. Interessant und der Sprachkompetenz förderlich ist es zwar, bekannte Filme in Fremdsprachen zu schauen, aber in der Mehrzahl scheinen Helden- oder Monsterfilme zu laufen.

Israel/Palästina ist unserer Mitteleuropäischen Zeit (MEZ) eine Stunde voraus und stellt mit einigen Tagen Unterschied auch auf Sommerzeit um, so dass die zeitliche Differenz erhalten bleibt. Bei der Sommerzeit-Umstellung kommt es manchmal kurzzeitig zu unterschiedlichen Zeiten in Israel und Palästina.

Unterhaltung, Sport

Unterhaltung

Israel und Palästina bieten ein schier unerschöpfliches Potpourri an Veranstaltungen jeder Art, seien es Theater, Musik, Kino oder Nightlife in jeder Form. Bei den einzelnen Ortsbeschreibungen finden Sie grundsätzliche Angaben zu Veranstaltungen. Aktuelle Programme liegen in vielen Hotels aus oder sind bei den Touristeninformationen erhältlich. Aber bereits zu Hause lässt sich per Internet (Adressen siehe S. 23) einiges ermitteln oder sogar bereits buchen. Den besten Überblick bieten Ihnen www.digital.timeout.co.il/english für Israel und www.thisweekinpalestine.com oder http://ncm.birzeit.edu/orchestras_ewo.html für Palästina.

Musikliebhaber werden besonders gut im Internet bedient, z.B. kann man das Programm des **Israel Philharmonic Orchestra** verfolgen und auch gleich Karten bestellen, www.ipo.co.il. Es gibt auch ein Kibbuz-Orchester **The Israel Netanya Kibbutz Orchestra**, Kibbuz Yakum, Doar Yakum; Informationen über Tel 09 9604757 oder www.nko.co.il. Das von Daniel Barenboim und Edward Sa'id begründete **West-Östliche Diwan Orchester** mit jungen Musikern beiderseits der Grünen Linie ist leider selten vor Ort zu hören, www.west-eastern-divan.org.

Sport

Die Israelis lieben Sport, aber nicht nur vor dem Fernseher, sondern auch in der Praxis. Fußball und Basketball gehören zu den äußerst beliebten Sportarten, aber auch Schwimmen, Surfen, Tauchen oder Segeln. Selbst Skifahrer können im Winter an den Hängen des Mount Hermon auf ihre Kosten kommen. Tennisfreunde finden in fast jeder Stadt entsprechende Plätze. Grundsätzliche Informationen erteilt

- THE ISRAEL SPORT-FOR-ALL ASSOCIATION, 5 Warburger St, Tel Aviv, Tel 03 5281968

Für eher ausgefallenere Sportarten sind zuständig:

- AERO CLUB OF ISRAEL, 67 HaYarkon St, Tel Aviv, Tel 03 5175038, www.aeroclub.org.il, für Drachenflieger
- SKY CLUB FREE FALLING PARACHUTING, Tel Aviv, Tel 06 6391068
- ISRAEL HANG GLIDING ASSOCIATION, Bat Yam, Tel 064 601862, www.ihga.up.co.il
- ISRAEL DIVING FEDERATION, Tel Aviv, Tel 03 6954277, www.diving.org.il

Beliebt sind **Wandern** und **Trekking** in Israel und Palästina. In **Israel** wurde von Nord nach Süd ein knapp 1000 km langer Wanderweg markiert – *The Israel National Trail* (kurz: INT) –, der selbst vor der Wüste Negev nicht Halt macht. Das *National Geographic Magazine* zählte die Strecke 2012 zu den zwanzig besten der Welt. Die Wegmarken sind Richtung Süden weiß–blau-rot, Richtung Norden rot–blau–weiß (weiß: Berg Hermon, blau: Mittelmeer, rot: Rotes Meer). Ein Forum bietet www.israelnationaltrail.com; weitere Information oben bei den Wanderführern S. 20.

Die SPNI hat noch weitere 9000 km Wanderwege markiert. Zum INT gehört auch der Jerusalem Trail in die Stadt hinein, in Galiläa wird erfolgreich der Jesus Trail von Nazareth nach Kapernaum angeboten (siehe ebenfalls S. 20).

Über die **Grüne Linie hinweg** führen Abraham Path (Türkei, Syrien, Jordanien, Palästina & Israel! – www.abrahampath.org) und der Nativity Trail (Nazareth–Bethlehem), siehe S. 20. Über letzteren siehe eine BBC-Reportage von 2008 auf http://news.bbc.co.uk/2/hi/middle_east/7784227.stm

In **Palästina** ist Wandern einfacher geworden durch das Buch *Walking Palestine* (S. 21), aber wegen fehlender oder zerstörter Markierungen ist Begleitung sehr zu empfehlen. Zu den dafür nützlichen hier nur gelisteten Webadressen vgl. den Reise Know-How Palästina-Band S. 23: www.pace.ps, www.patg.org, www.riwaq.org, www.rozana.ps mit www.sufitrails.ps, www.sirajcenter.org mit www.walkpalestine.com und www.bikepalestine.com.

Zum **Schwimmen** noch ein paar Worte. Die so harmlos aussehende Mittelmeerküste kann an einigen Stellen gefährliche Grundströmungen aufweisen, die selbst trainierten Schwimmern gefährlich werden. Man sollte daher vorsichtig sein und – als nicht so trainierter Schwimmer – möglichst nur an Stränden mit Lebensrettern baden. Auch an dieser Stelle sei daher auf die Bedeutung der Beflaggung aufmerksam gemacht:

- **Weiße Flagge – Sicher**
- **Rote Flagge – Gefährlich**
- **Schwarze Flagge – Schwimmen absolut verboten**

Übrigens: **Nacktbaden** ist in Israel und Palästina generell **verboten**. Ausnahmen bestätigen die Regel: einfach die Nudisten fragen, www.naturism.co.il.

Land und Leute

Geschichte Palästinas

Ein paar Vorbemerkungen

Im Folgenden wird mit *Palästina* eine Landschaft bezeichnet, die heute politisch nur bedingt so umschrieben ist. Dieser Begriff soll lediglich die geografische Fläche bestimmen, die von der Mittelmeerküste bis ans heutige Jordanien reicht, vom Sinai im Süden nach Syrien und Libanon im Norden. Es ist also nicht der kleine Restbereich gemeint, der – als *Westbank*, *Westjordanland* oder *Cisjordanien* benannt – dereinst hoffentlich den Kern eines Staates Palästina bilden wird, und auch nicht das „Groß-Palästina" der Briten und Extrem-Zionisten, das das heutige Jordanien noch mit einschloss.

Das geografische Palästina ist seit Menschengedenken stets eine Pufferzone zwischen Großmächten gewesen. Denn von der ersten Hochkultur und Großmacht der Welt in Mesopotamien führte der Landweg zur zweiten Großmacht, nämlich Ägypten, zwangsweise durch Palästina und den Sinai. Kein Wunder, dass beide Mächte danach trachteten, die Pufferzone entweder selbst zu besitzen oder zumindest halbwegs neutrale oder von ihr abhängige Lokalmächte dort zu wissen.

Seit grauer Vorzeit

Palästina zählt zu den ältesten Siedlungsräumen der Menschheit. In der Altsteinzeit (**100 000** bis **11 000** vC) durchstreifen Jäger und Sammler das Land, die primitive Steinwerkzeuge benutzen. In den Höhlen des Karmel hausen Vorfahren des modernen Menschen, aber auch "Neandertaler", die um 40 000 aussterben. In der mittleren Steinzeit ab **11 000** werden Pfeil und Bogen sowie Fallen zur Jagd benutzt. Wie die ersten Siedlungsschichten von Jericho (etwa **9000** vC), der ältesten bekannten menschlichen Steinbau-Siedlung, beweisen, haben sich die Bewohner zu einer Sozialgemeinschaft zusam-

4000 Jahre Israel & Palästina im Überblick

Jh	Historische Stichworte	Bibl. Ereignisse	
2000	Ägypten: Interregnum		Bronzezeit
1900			
1800	ägyptische Vormacht	Abra(ha)m?	
1700			
1600			
1500		Auszug nach Ägypten?	
1400	1457 Ägypten siegt bei Megiddo		
1300			
1200	Seevölkersturm	Rückkehr aus Ägypten? „Landnahme"	
1100		Richter, Philisterkämpfe	Eisenzeit
1000		David, Salomo, Tempel	
900	922 Feldzug Pharao Sheshonk	Königreiche Israel & Juda	
800			
700	722 Assyrer erobern Israel & Samaria Assyrer		
600	586 Babylonier erobern Juda & Jerusalem		
500	539 Kyros	Babylonisches Exil	Perserzeit
400		Rückkehr aus Exil Esra & Nehemia	
300	332 Alexander d.Gr. Na-		Griechen & Römer
200	Ptolemäer (Ägypten) Seleukiden (Syrien) ba-	Makkabäeraufstand	
100vC	64 Pompeius tä-	Hasmonäe-Dynastie Herodes d.Gr.	
100nC	66 jüd. Aufstand 70 Jerusalem samt. er. Tempel zerstört	Jesus Paulus	
200	132 BarKochba-Aufstand		
300	Konstantin d.Gr.		
400			Christentum
500			
600	632 Islamische Eroberung		
700	Omaijadische Kalifen Abbassidische Kalifen		Islam
800			
900	Fatimidische Kalifen (Shiiten)		
1000			
1100	1099 Jerusalem fällt an die Kreuzfahrer		Kreuzfahrer
1200	1187 Jerusalem fällt an Saladin (Salah AdDin) Ayyubidische, ab 1249 Mamlukische Sultane & Kalifen 1292 letzte Bastion Akko fällt an die Muslime		
1300			
1400			
1500	1517 Süleiman der Prächtige Osmanische Sultane		
1600			
1700			
1800			
1900	1882 erste jüdische Einwanderungswelle		
2000	1917 Brit. Mandatszeit 1948 Ausrufung Israels/Nakba		Briten & Staat Israel

mengeschlossen und betreiben Ackerbau und Viehzucht.

Aus der Jungsteinzeit (ab **7500** vC) gibt es bereits mehrere Zeugnisse, dass Dorfgemeinschaften systematisch Feldanbau betreiben. Der größere Wohlstand erlaubt die Beschäftigung mit künstlerischen Ausdrucksformen, besonders als um **6000** vC die Töpferei erfunden ist. In Jericho wird ein erster Tempel für eine aus Mann, Frau und Kind bestehende Gottheit gebaut. In der ab **4500** vC folgenden Kupfersteinzeit hat man gelernt, Kupfer zu gewinnen und es nutzbringend für Werkzeuge und Waffen einzusetzen. Auch aus dieser Zeit gibt es diverse Fundstellen. In Ägypten und Mesopotamien künden sich die ersten Hochkulturen an.

In der frühen Bronzezeit ab **3300** vC entstehen in Palästina neben Jericho weitere Städte wie Arad und Megiddo. In der mittleren Bronzezeit ab etwa **2000** vC bilden sich erste Stadtstaaten, von denen die wichtigsten Hazor und Jerusalem sind.

Den größten Teil des Landes besiedeln die **Kanaaniter**. Das Auftreten dieses Volks fällt ziemlich genau mit der Bronzezeit von **3000** bis **1200** vC zusammen. Die Bronzezeit heißt in Israel daher oft bereits interpretierend *Kanaanitische Zeit* und die Eisenzeit entsprechend *Israelitische Zeit*. Der ägyptische Pharao Amenhotep II. berichtet **1429** vC, dass Palästina von Hurritern im Landesinneren und Kanaanitern in den Küstenstädten bewohnt werde. 100 Jahre später sprechen die Ägypter auch von *Habiru* – mit anderen Vokalen: *Hebräern* – und meinen damit alle aus den östlichen (Wüsten-)Gebieten eingewanderten Gruppen.

Um etwa **2000** vC ist eine Invasion von westsemitischen Nomaden nicht mehr aufzuhalten; dazu gehören z.B. die aus der syrischen Wüste kommenden Amoriter. Wie historisch zutreffend die Erzvätergeschichten der Bibel auch immer sind: Demnach wäre etwa im **18. Jh** vC ein Mann namens **Abraham** auf die Idee gekommen, ebenfalls nach Westen auszuwandern. Er stammte aus Ur in Mesopotamien und zog entlang des Euphrats flussaufwärts,

Der Präsident und sein Land

Israels Präsident Eser Weizmann hielt am 17. Januar 1996 vor dem Deutschen Bundestag eine viel beachtete und beachtenswerte Rede. Sie ist nicht nur wegen ihres literarischen Wortklangs schön zu lesen, sie sagt auch mit ganz anderen Worten sehr viel mehr als eine nüchterne landeskundliche Beschreibung über Israel und seine Vergangenheit. Daher wollen wir sie hier ungekürzt abdrucken:

Das Schicksal hat es gewollt, dass ich und die Angehörigen meiner Generation in einer Zeit geboren wurden, in der Juden in ihr Land zurückkehrten und es neu aufbauen konnten. Ich bin nun nicht mehr ein Jude, der in der Welt umherwandert, der von Staat zu Staat ziehende Emigrant, der von Exil zu Exil getriebene Flüchtling. Doch jeder einzelne Jude in jeder Generation muss sich selbst so verstehen, als ob er dort gewesen wäre – dort bei den Generationen, den Stätten und den Ereignissen, die lange vor seiner Zeit liegen. Daher bin ich noch immer auf Wanderschaft, aber nicht mehr auf den abgelegenen Wegen der Welt. Jetzt wandere ich durch die Weite der Zeiten, ziehe von Generation zu Generation, laufe auf den Pfaden der Erinnerungen.

Die Erinnerung verkürzt die Distanzen. Zweihundert Generationen sind seit den historischen Anfängen meines Volkes vergangen, und die erscheinen mir wie wenige Tage. Erst zweihundert Generationen sind vergangen, seit ein Mensch namens Abraham aufstand, um sein Land und seine Heimat zu verlassen und in ein Land zu ziehen, das heute mein Land ist. Erst zweihundert Generationen sind vergangen, seit Abraham die Machpela-Höhle in der Stadt Hebron kaufte, bis zu den schweren Konflikten, die sich dort in meiner Generation abspielen. Erst hundertundfünfzig Generationen sind vergangen von der Feuersäule des Auszugs aus Ägypten bis zu den Rauchsäulen der Shoá. Und ich – geboren aus den Nachkommen Abrahams im Lande Abrahams – war überall mit dabei.

Ich war ein Sklave in Ägypten und empfing die Tora am Berge Sinai, und zusammen mit Jo-

sua und Elia überschritt ich den Jordan. Mit König David zog ich in Jerusalem ein, und mit Zedekia wurde ich von dort ins Exil geführt. Ich habe Jerusalem an den Wassern zu Babel nicht vergessen, und als der Herr Zion heimführte, war ich unter den Träumenden, die Jerusalems Mauern errichteten. Ich habe gegen die Römer gekämpft und bin aus Spanien vertrieben worden, ich wurde auf den Scheiterhaufen in Magenza, in Mainz, geschleppt und habe Tora im Jemen studiert. Ich habe meine Familie in Kishinev verloren und bin in Treblinka verbrannt worden. Ich habe im Warschauer Aufstand gekämpft und bin nach Erez Israel gegangen, in mein Land, aus dem ich ins Exil geführt worden war, in dem ich geboren wurde, aus dem ich komme und in das ich zurückkehren werde. Unstet und flüchtig bin ich, wenn ich den Spuren meiner Väter folge.

Und wie ich sie dort und in jenen Tagen begleite, so begleiten mich meine Väter und stehen hier und heute neben mir. Die Scharfsichtigen unter Ihnen werden sie erkannt haben – eine Gefolgschaft von Propheten und Bauern, Königen und Rabbinern, Wissenschaftlern und Soldaten, Handwerkern und Schülern. Manche starben wohl lebenssatt in ihrem Bette, manche wurden vom Feuer verzehrt und manche fielen dem Schwert zum Opfer.

Und wie von uns verlangt wird, kraft der Erinnerung, an jedem Tag und jedem Ereignis unserer Vergangenheit teilzunehmen, so wird auch von uns verlangt, kraft der Hoffnung, uns auf jeden einzelnen Tag unserer Zukunft vorzubereiten. Doch erst im letzten Jahrhundert schwankten wir zwischen Tod und Leben, zwischen Verzweiflung und Hoffnung, zwischen Entwurzelung und Einpflanzung. Dies ist das furchtbare Jahrhundert des Todes, in dem die Nazis und ihre Gehilfen einen großen Teil von uns während der Shoá ermordeten, aber es ist auch das schwindelerregende Jahrhundert der Rückkehr zum Leben, der Wiedergeburt, der Unabhängigkeit und schließlich – der Chancen zum Frieden.

Zum ersten Mal spricht ein Präsident des Staates Israel in diesem Hohen Hause. Ich danke Ihnen für die Ehre, die Sie uns erwiesen

schließlich über Aleppo südlich bis nach Hebron und siedelte dort. Er gilt als der Stammvater der Juden bzw. Israeliten. Etwa um **1650** vC besiegen die Hyksos – wahrscheinlich asiatische Reitervölker – Ägypten. Vermutet wird, dass Abrahams Enkel Jakob und Urenkel Joseph diese Gelegenheit nutzten, um nach Ägypten zu ziehen.

Im Norden Kanaans sind die Hethiter so stark geworden, dass sie 1285 in der Schlacht von Kadesch von Ramses II. bekämpft, aber nicht besiegt werden. Mit der Patt-Situation arrangiert man sich. In die Regierungszeit dieses Pharaos oder seines Sohnes Mercnptah fällt wahrscheinlich die Rückkehr der Israeliten unter Moses aus Ägypten über den Sinai nach Palästina. In einem langjährigen Prozess verdrängen die verschiedenen jüdischen Stämme die Kanaaniter, die zunächst noch Teile der Küstenebene und Jerusalem halten können. Aber nicht genug des Ungemachs, aus dem Osten und Südosten stoßen Ammoniter, Moabiter und Edomiter nach Palästina vor, von Westen her ab etwa **1200** vC die Philister, vermutlich indogermanische Seevölker aus der Ägäis. Damit beginnt die rund 400 Jahre dauernde Zeit des israelitisch-judäischen Königtums.

Nun haben die Israeliten bei ihrer sogenannten Landnahme mit den Philistern einen weiteren und technisch durch Eisenwaffen überlegenen Feind zu bekämpfen. Die Sache mit den Kanaanitern lässt sich im Laufe der Jahre durch Eroberung, Vertreibung, Assimilation oder Vernichtung regeln. Doch die Philister bleiben über viele Jahrhunderte Feinde, obwohl ihr Einflussgebiet auf die Gegend um Gaza und Ashkelon sowie auf Gath und Ekron im Landesinneren begrenzt ist. Ende des **11. Jhs** können die Philister in der Schlacht bei Eben-Ezer sogar die Bundeslade erobern (ein transportabler Holzschrein mit den Gesetzestafeln der Zehn Gebote).

Um **1015** vC wird Saul in Gilgal bei Jericho zum König der Israeliten gesalbt. Damit beginnt die gut 300 Jahre dauernde Zeit der israelitischen Herrscher. Saul besiegt zunächst die Philister, fällt aber **1006** im erneuten Kampf gegen sie.

Nun setzt sich der Stamm Juda durch und krönt in Hebron David zum Nachfolger Sauls.

Um **1004** vC erobert David Jerusalem, erklärt die Stadt zu seiner Residenz und stellt die von ihm zurückeroberte Bundeslade auf dem Tempelberg auf. David geht auf weiteren Eroberungskurs: Er nimmt den Philistern die Jesreel-Ebene ab, besiegt die Moabiter und die Ammoniter und nimmt Damaskus, die Hauptstadt der Aramäer, ein. Nach Südosten arrondiert er seinen Machtbereich mit dem Sieg über die Edomiter, mit dem ihm der Zugang zum Roten Meer beim heutigen Elat/Aqaba in die Hand fällt. Er führt eine straffe, nach ägyptischem Vorbild organisierte Verwaltung in dem nun entstandenen Vielvölkerstaat ein.

965 vC wird Davids Sohn Salomo König des israelitischen Großreichs. Er festigt die Eroberungen seines Vaters und sorgt umsichtig für sein Reich. Um **953** lässt er den ersten israelitischen Tempel in Jerusalem bauen. Nach seinem Tod **926** zerfällt das Staat in ein südliches Reich ***Juda*** mit zwei Stämmen sowie ein nördliches Reich ***Israel*** mit zehn Stämmen.

Soweit die biblische Darstellung. Viele Archäologen sind heute der Meinung, dass es das Großreich Davids und Salomos nie gegeben hat und ihre Herrschaft sich mehr oder weniger auf Jerusalem beschränkt hat.

878 vC wird Omri König Israels, der die neue Hauptstadt Samaria gründet. **722** erobern Assyrer Israel mitsamt der Kapitale Samaria nahe dem heutigen Nablus und verschleppen die Bewohner. Assyrische Siedler füllen das Vakuum, vermischen sich mit den zurückgebliebenen Juden und werden fortan Samaritaner genannt. Damit erlischt das Königreich Israel.

Das südlich gelegene Königreich **Juda** muss sich **733** den Assyrern unterwerfen und geht auch auf deren religiösen Kult ein. Nachdem aber die Babylonier die Assyrer vernichtend schlagen, nutzen die Judäer die Chance des Machtvakuums und annektieren geschwind Samaria und Galiläa. Doch ab **608** geraten sie in Abhängigkeit der Babylonier. Nachdem die Judäer immer wieder den Aufstand proben,

haben, und ich freue mich, hier bekannte und befreundete Gesichter zu sehen. Herr Bundespräsident, Frau Bundestagspräsidentin, Herr Bundesratspräsident, Herr Bundeskanzler, Israel erinnert sich bewegt an Ihre Besuche bei uns und die Haltung, die Sie den Schrecken der Vergangenheit, aber auch den Hoffnungen der Zukunft gegenüber an den Tag gelegt haben. Sie waren auch in der schweren Stunde bei uns, als wir unseren Ministerpräsidenten Yitzhak Rabin, seligen Angedenkens, zur letzten Ruhe begleiteten, der auf dem Wege zum Frieden ermordet worden war. Und ich danke Ihnen herzlich für die Freundschaft und die Zusammenarbeit, die heute zwischen Israel und Deutschland bestehen und die in wirtschaftlichen, sicherheitspolitischen, kulturellen und vielen anderen Bereichen zum Ausdruck kommen. Und hier möchte ich einen Bereich aufgreifen, der mir ganz besonders am Herzen liegt – nämlich den Bereich der wissenschaftlichen Forschung. Deutsche und israelische Wissenschaftler teilen Wissen und Begabung, und die deutsche Förderung der wissenschaftlichen Forschung bei uns gehört zu den Dingen, die von den israelischen Bürgern besonders geschätzt werden.

Aber dennoch, meine Damen und Herren, ist dies kein leichter Besuch. Erst fünfzig Jahre, ein Augenblick in der langen Geschichte meines Volkes, sind seit dem Ende des schrecklichen Krieges bis auf den heutigen Tag vergangen. Nicht leicht fiel es mir, heute das Konzentrationslager Sachsenhausen zu besuchen. Nicht leicht ist es für mich, in diesem Lande zu sein, die Erinnerungen zu hören und die Stimmen, die zu mir von der Erde schreien. Nicht leicht ist es, hier zu stehen und zu Ihnen zu sprechen, meine Freunde in diesem Hause. Tausend Jahre und länger lebten Juden in Deutschland. Bis zur Zerstörung durch die Nationalsozialisten war dies die größte und älteste jüdische Gemeinde in Europa. Von den ersten Kaufleuten, die im Gefolge der Römer hierher kamen, bis zu den Wissenschaftlern des 20. Jahrhunderts. Von Kalonymus bis Mendelssohn, von der Fuldaer Ritualmordbeschuldigung bis zu den Schrecken der

Reichspogromnacht. Vom Schandmal bis zum Gelben Fleck, von den antisemitischen Schriften Martin Luthers bis zu den Nürnberger Gesetzen, von der Schriftauslegung Raschis bis zur Lyrik Heinrich Heines, Rabbenu Gershom, die Leuchte des Exils, Walter Rathenau, Martin Buber, Franz Rosenzweig, Albert Einstein – dies sind nur einige Namen, die dieses Land gekannt hat.
Unter den Millionen Kindern meines Volkes, die die Nazis in den Tod geführt haben, waren weitere Namen, an die wir heute mit dem gleichen Maß an Ehrfurcht und Hochachtung erinnern könnten. Doch wir kennen diese Namen nicht. Wie viele Bücher, die niemals geschrieben wurden, sind mit ihnen gestorben? Wie viele Symphonien, die niemals komponiert wurden, sind in ihren Kehlen erstickt? Wie viele wissenschaftliche Entdeckungen konnten nicht in ihren Köpfen heranreifen? Jeder und jede einzelne von ihnen ist hier zweimal getötet worden. Einmal als Kind, das die Nazis in die Lager geschleppt haben und einmal als Erwachsener. der sie oder er nicht sein konnten.
Der Nationalsozialismus hat sie nicht nur ihren Familien und den Angehörigen ihres Volkes entrissen, sondern der gesamten Menschheit. Als Präsident des Staates Israel kann ich über sie trauern und ihrer gedenken, aber ich kann nicht in ihrem Namen vergeben. Ich kann nur fordern, meine Damen und Herren Abgeordnete des Bundestages und Bundesrates, dass Sie in Ihrem Wissen um die Vergangenheit Ihre Sinne auch auf die Zukunft richten. Dass Sie jede Regung des Rassismus wahrnehmen und jede Regung des Neo-Nazismus zerschlagen. Dass Sie diese Elemente mutig zu erkennen wissen und von der Wurzel her ausreißen, auf dass sie nicht wachsen und Zweige und Wipfel bekommen. Ich vermute, dass auch für Sie, meine Damen und Herren, der Besuch des israelischen Staatspräsidenten einige nicht leichte Momente mit sich bringt. Doch wir treffen uns hier nicht als Privatpersonen, sondern als Abgesandte souveräner Staaten. Wir müssen das Gemeinsame finden, um die von uns selbst gesteckten Ziele anzusteuern und zu erreichen.

erobern **586** die Babylonier unter Nebukadnezar II. Jerusalem und treiben einen Großteil der Bewohner ins babylonische Exil. Nun existiert auch das Königreich Juda nicht mehr.
Als beide israelitischen Reiche zerschlagen sind und ihre Bewohner entweder von den Assyrern aufgerieben wurden oder im babylonischen Exil festsitzen, mischen sich die Karten in Nahost und Palästina neu. **539** vC zerschlägt der Perserkönig Kyros II. das Babylonische Reich und erlaubt **538** den Juden die Rückkehr nach Palästinain, eine kleine autonome Provinz namens Jehud mit Zentrum Jerusalem. Die Stadt wird wieder befestigt, ein kleiner Tempel auf den Überresten des einst von König Salomo errichteten gebaut. schließlich werden die Küstenstädte Akko und Gaza erobert und befestigt. In den folgenden beiden Jahrhunderten lassen sich immer mehr Griechen in Palästina nieder.
Die griechische Besiedlung wird sozusagen legalisiert, als Alexander der Große **333** vC bei Issos über die Perser unter Darius III. siegt. Doch 10 Jahre später stirbt Alexander, Palästina gerät in die Wirren um seine Nachfolge, die sogenannten Diadochen-Kämpfe. Die Ptolemäer aus Ägypten triumphieren und halten Palästina besetzt. Die Provinz Juda wird von einem Hohepriester verwaltet, viele Juden wandern in das Machtzentrum nach Ägypten aus. In Palästina leben nun im Landesinnern die verbliebenen Judäer und Samaritaner, in der nördlichen Küstenebene Phönizier, im Süden Nabatäer.
198 vC kommt es zwischen den Ptolemäern und den in Syrien herrschenden griechischen Seleukiden zur Schlacht beim heutigen Banias: Die Seleukiden unter Antiochos III. gewinnen, Palästina gerät unter ihre Herrschaft. Sein Nachfolger Antiochos IV. Epiphanes befiehlt eine konsequente Hellenisierung Palästinas, auch in religiöser Hinsicht. Da **169** selbst der Jerusalemer Tempel nicht verschont wird, wehren sich die Juden unter Führung der sogenannten Makkabäer in einem Aufstand mit der Folge, dass **165** Antiochos IV. wieder die Ausübung der jüdischen Religion erlaubt. 141 vC gelingt

3

es schließlich den Hasmonäern, die Selbstständigkeit des Staates Juda durchzusetzen.

Römer und Christen

Als **64/63** vC der Feldherr Pompejus den Nahen Osten überrennt und unter römische Hoheit bringt, fällt der Hasmonäerstaat ins Vasallentum zurück. **37** vC richten die Römer den letzten Hasmonäerkönig hin, Mattathias Antigonus. Stattdessen küren sie den aus Edom/Idumäa stammenden Herodes zum König. Dieser geht als Herodes der Große in die Geschichte ein. Er lässt zahlreiche Prachtbauten anlegen, erneuert und erweitert den Jerusalemer Tempel zum sogenannten Zweiten Tempel und dehnt seinen Herrschaftsbereich weit ins heutige Syrien und Jordanien hinein aus. Nach seinem Tod **4** vC wird sein Herrschaftsgebiet unter seinen drei Söhnen aufgeteilt, die teils ebenfalls *Herodes* heißen.

Es kommt zu Spannungen zwischen Juden und römischen Besatzern, 66 nC beginnt der Aufstand der Juden gegen die Römer. **69** wird Vespasian Kaiser in Rom, sein Sohn Titus zieht gegen Jerusalem, zerschlägt den jüdischen Aufstand und zerstört im August **70** den Tempel. 1000 jüdisch-extreme Zeloten können sich noch bis zum Mai **73** auf der Festung Massada am Toten Meer verschanzen – bis zum kollektiven Selbstmord wenige Stunden vor der Eroberung durch die Römer. Die jüdische Führungsschicht wird nach Rom geführt (verschleppt), was am Titusbogen in Rom noch heute zu sehen ist.

115 finden Judenaufstände in Kyrene, Ägypten und auf Zypern statt, die auch auf Judäa übergreifen. Als **130** der römische Kaiser Hadrian die Beschneidung der jüdischen Männer verbietet, ruft Simeon Ben Kosba zum Bar-Kochba-Aufstand auf, der **135** von den Römern niedergeschlagen wird und zum Religionsverbot der Juden führt, das allerdings **140** von Antoninus Pius wieder aufgehoben wird. Doch Juden dürfen sich nicht in Jerusalem und Umgebung niederlassen. Daraufhin wandert das Zentrum des palästinensischen Judentums nach Galiläa, wo es im 4. Jh. in Tiberias zu einer neuen Blüte kommt. Sie gipfelt im Abschluss des Palästi-

Unstet und flüchtig bin ich. Mit dem Rucksack der Erinnerungen auf meinen Schultern und dem Stab meiner Hoffnung in den Händen trete ich auf die große Kreuzung der Zeitläufe am Ende des 20. Jahrhunderts. Wohl weiß ich, woher ich komme, und voller Hoffnung und Besorgnis möchte ich wissen, wohin ich gehe. Der Staat Israel befindet sich gegenwärtig auf dem Höhepunkt einer ermutigenden und bewegenden Entwicklung, die doch zugleich auch besorgniserregend und beängstigend ist. Schon hat sie das Leben führender Friedenspolitiker als Opfer verlangt, das Leben des israelischen Ministerpräsidenten Yitzhak Rabin, der kaltblütig von einem Feind des Friedens ermordet wurde, und zuvor das Leben des ägyptischen Staatspräsidenten Anwar Sadat. Doch der Friedensprozess ist der wichtigste Prozess seit der Gründung des Judenstaates. Und wir befinden uns im Augenblick auf dem Höhepunkt.

Herr Bundespräsident, meine Damen und Herren, länger als hundert Jahre der Verwirklichung des Zionismus haben wir auf diesen Frieden gehofft und uns bemüht, ihn zu erreichen. Nicht auf Schlachtschiffen sind wir in unsere Heimat zurückgekehrt, nicht mit erhobenen Lanzen nach Hause marschiert. In Karawanen träumender Menschen kamen wir zurück und in Booten ausgemergelter Flüchtlinge. Wir kehrten zurück, und wie unsere Vorväter – wie König David den Tempelberg, wie unser Vater Abraham die Höhle in Machpela kaufte – so kauften wir Boden, besäten Felder, pflanzten Weinberge, errichteten Häuser, und noch bevor wir einen Staat gegründet hatten, mussten wir zur Waffe greifen, um unser Leben zu schützen. Immer wieder haben wir die Hand zum Frieden ausgestreckt, immer wieder wurden wir zurückgewiesen. Immer wieder mussten wir in Kriege ziehen, immer wieder töten und getötet werden. Immer wieder mussten wir Haus und Büro, Universität und Plantage verlassen und auf das Schlachtfeld ziehen. Und immer wieder mussten wir entdecken. dass sich auch jenseits der größten Siege nur Krise und Verlust verstecken.

Wir sehnen uns nach diesem Frieden, wir träumen von ihm und beten um ihn; denn dieser Frieden begegnet uns in jedem einzelnen Abschnitt des jüdischen Denkens: in der Tora und in den Psalmengesängen, im Talmud und in den Schriftauslegungen, in den Gebeten und in den Midraschim. Doch gerade wegen dieser unendlichen Sehnsucht nach Frieden, gerade weil wir uns gut an die früheren Seiten unserer Geschichte erinnern, insbesondere an die Seiten, die schrecklicher als alles andere sind, die Seiten, die in diesem Lande geschrieben wurden, müssen wir vorsichtig und pragmatisch sein.
Wir pflegen diesen zerbrechlichen, empfindlichen Friedensprozess, weil wir voller Hoffnung sind. Und ich bin mir sicher, auch mit Rationalität und pragmatischer Umsicht. Die Terrororganisationen und extremen islamischen Staaten trachten ebenso wie radikale Elemente in unserer Mitte danach, den Friedensprozess zu sabotieren. Die Situation ist geladen und nicht leicht. Nicht nur wegen der mörderischen Radikalität, die es sich zum Ziel gesetzt hat, diesen Frieden zunichte zu machen, sondern auch, weil selbst in den Herzen der Friedensstifter sich Befürchtungen eingenistet haben, und die Wunden auf beiden Seiten noch offen, die Erinnerungen noch frisch sind. Noch schreit das Blut zu uns von der Erde.
Viele Friedensverträge wurden in der Geschichte unterzeichnet. Man sprach dort von wirtschaftlichen Beziehungen und Sicherheitsregelungen, über Entschädigungen und Grenzen. Als Verteidigungsminister der israelischen Regierung habe ich an den Friedensverhandlungen zwischen Israel und Ägypten teilgenommen, und ich kann Ihnen sagen, dass auch in den Friedensverträgen im Nahen Osten auf diese Aspekte genau geachtet wird, aber nicht nur auf sie. Bei uns spricht man auch über heiligen Boden, über heilige Gräber, über heilige Kriege, und Erinnerungen aus den Zeiten Josua Ben-Nuns, der Tempelritter, aus den Tagen eines Pontius Pilatus und eines Saladins schweben um den Verhandlungstisch.

nensischen Talmuds (trotz seiner Redaktion in Tiberias auch Jerusalemer Talmud genannt).
Langsam entwickeln sich auch christliche Gemeinden in Palästina, zunächst in Jerusalem, Akko, Jaffa, Lod und Pella (Jordanien). Unter Konstantin dem Großen steigt das Christentum Anfang des 4. Jhs zur staatstragenden Größe auf. Dies hat eine enorme Aufwertung Palästinas und vor allem der Stätten zur Folge, die unmittelbar mit dem Wirken von Jesus zusammenhängen bzw. in Zusammenhang gebracht werden. So entstehen die Grabeskirche auf dem Hügel Golgatha in Jerusalem und die Geburtskirche in Bethlehem als kaiserliche Projekte.
Kaiser Theodosius I. zerteilt **395** das Römische Imperium in das West- und das Oströmische Reich, das in der Folge Byzanz genannt wird. Daher bezeichnet man diese Epoche der Geschichte Palästinas als die byzantinische Zeit.
Damit bricht für Palästina die Byzantinische Epoche an, d.h. die christliche Herrschaft. Am Ende der Regierung von Theodosius II. (**408-450**) ist Palästina weitgehend christianisiert. Immer wieder flackern Aufstände der in Palästina verbliebenen Juden auf, die aber von den byzantinischen Herrschern niedergeschlagen werden.
614 erobern die Perser, die sich erneut (neben Byzanz) als Großmacht etabliert haben, unter Chosroes II. Palästina. Der christliche Patriarch von Jerusalem, Zacharias, wird mitsamt dem Heiligen Kreuz aus der Grabeskirche und 37 000 Christen nach Persien verschleppt. Zahlreiche Kirchen werden zerstört. **628** gelingt es Kaiser Heraklios, die Perser zu schlagen, die Gefangenen zu befreien und das Heilige Kreuz zurückzuholen.
Doch die erneute byzantinische Herrschaft wird rasch beendet: Arabische Heere dringen unter der Fahne des Propheten Mohammed in Palästina ein und verkünden den Islam. **636** wird in der Schlacht am Yarmuk das byzantinische Heer von den Arabern vernichtend geschlagen, **638** übergibt der Patriarch Sophronius die Stadt Jerusalem dem Kalifen Omar. Das Übergabeschreiben ist im Jerusalemer Museum des griechischen Patriarchats ausgestellt.

Arabisch-islamische Epoche

Die direkten Nachfolger Mohammeds fallen im Kampf um das sich schnell ausdehnende islamische Herrschaftsgebiet Morden zum Opfer. **661** kommen die Omaijaden in Mekka an die Macht und verlegen ihren Herrschaftssitz nach Damaskus. Sie regieren ein riesiges, in wenigen Jahren erobertes Gebiet, zu dem auch Palästina gehört. Kalif Abd Al Malik lässt auf dem Tempelberg von Jerusalem eins der bis heute schönsten islamischen Bauwerke errichten, den **Felsendom**.

750 lösen die Abbasiden die omaijadische Dynastie ab und verlegen die Residenz nach Bagdad. **878** erobert ein türkischer Söldner, Ibn Tulun, die Vormacht in Ägypten und Palästina. Kurz vor der Jahrtausendwende übernehmen die aus dem Maghreb kommenden schiitischen Fatimiden die Nachfolge der Tuluniden. Die tolerante Koexistenz mit Christen, Juden und Sunniten geht mit dem ägyptischen Kalifen Al Hakim zu Bruch: Andersgläubige werden Bürger zweiter Klasse, **1009** zerstört er sogar die Grabeskirche. Die Drusen verehren ihn dagegen als Gottesinkarnation. **1055** erobern die Seldschuken Bagdad und Palästina. Sie überfallen christliche Pilger und geben damit den letzten Vorwand für die Kreuzzüge.

Kreuzfahrer

Als Papst Urban II. **1095** die Christen zur Befreiung des Heiligen Grabes aufruft, findet er genügend ambitionierte Adlige und religiöse Fanatiker, die zum Kreuzzug aufbrechen. Mit Unterstützung aus Pisa und Genua erobern sie **1099** Jerusalem und richten ein so schreckliches Blutbad sowohl unter Muslimen als auch Juden als auch orientalischen Christen an, welches das Bild vom Westen im kulturellen Gedächtnis der Muslime bis heute entscheidend prägt. Gottfried von Boullion wird *Beschützer des Heiligen Grabes*. Nach dessen Tod **1100** lässt sich sein Bruder als Balduin I. zum König von Jerusalem ausrufen.

Die Kreuzfahrer sichern nun – besonders unter Fulko – ihre Eroberungen durch den Bau zahlreicher Festungen. König Amalrik will Ägypten

In das letzte Abkommen mit den Palästinensern wurde auch ein Abschnitt eingefügt, der von der Erziehung beider Völker zu einem Miteinanderleben im Frieden spricht. Im Nahen Osten, wo jahrtausendealte antike Elemente der Rache und Abrechnung in wirrem Durcheinander bestehen, ist doppelte Vorsicht geboten. Der Kopf möchte praktisch und pragmatisch handeln und die Zukunft bauen. Doch die Füße treten in den Senken jener uralten Generationen auf der Stelle, und die Hände sind doch dieselben Hände, die einst zur Zeit der Rückkehr nach Zion die Mauern Jerusalems errichteten – nur die eine Hand verrichtet die Arbeit, denn die andere hält die Waffe.

Nehmen Sie die Dinge bitte nicht leicht. Wir versuchen, einen Frieden zu schaffen, der uns ins 21. Jahrhundert führt. Aber alte Kreuzfahrerkarten hängen an der Wand, und alte biblische Erinnerungen liegen in der Luft. Frühe Prophezeiungen wollen sich selbst verwirklicht sehen. Und zusammen mit uns am Verhandlungstisch sitzen die Gäste aus der Tiefe der Zeiten, Repräsentanten anderer Epochen: Josua Ben-Nun und David Hen-Isai, der Prophet Mohammed und Jesus von Nazareth. Und sie beobachten uns genau. Manchmal ist diese Last zum Tragen zu schwer, aber trotz Schwierigkeit und Schmerz soll sie doch auch die Quelle unserer Kraft und der Ursprung unserer Hoffnung sein.

Lassen Sie uns daran denken, dass es im Heiligen Land nicht nur heilige Stätten gibt, sondern auch Häuser und Felder, Fabriken, Lehrstätten und Werkstätten. Nicht nur Gräber und Totengebeine, sondern auch lebende Menschen, für deren Schicksal wir verantwortlich sind.

1977 trafen sich der ägyptische Präsident Anwar Sadat und der verstorbene israelische Ministerpräsident Menachem Begin in Jerusalem. Der Friedensvertrag mit Ägypten wurde unterzeichnet, ein Vertrag, den ich persönlich gut kenne. Seit der Unterzeichnung des Friedensabkommens mit Jordanien haben wir nun die Oslo-Abkommen mit den Palästinensern unterzeichnet, Bande des Dialogs und der Wirtschaft mit weiteren arabischen Ländern geknüpft und erste, nicht einfache Friedenskontakte mit Syrien gehabt. Hoffnung liegt in der Luft, aber wir dürfen uns nicht durch Illusionen irreführen lassen. Noch immer besteht das Gefühl der Fremdheit zwischen beiden Völkern. Allmählich entsteht eine Brücke gegenseitigen Verständnisses, doch noch müssen wir viel in den Bau dieser Brücke investieren und sicher sein, dass ihre tragenden Schichten stabil sind.

Wir respektieren unsere Nachbarstaaten und die uns umgebenden Kulturen. Wir möchten unseren Platz in ihrer Mitte einnehmen, aber auf unsere Art und Weise, und in Treue zu unseren Werten und unserer Kultur. Sie, meine Damen und Herren, die Sie einen entscheidenden Beitrag zur Stärke des Staates Israel und zum Friedensprozess geleistet haben, wissen, dass beide Elemente miteinander verknüpft sind. Denn nur dank der Stärke des Staates Israel konnten wir den Friedensprozess auf uns nehmen.

Ich spreche nicht nur von militärischer Stärke und nicht nur vom materiellen Besitzen. Während der letzten hundert Jahre, seit unserer Rückkehr nach Erez Israel, haben wir dort nicht nur Dörfer und Städte gegründet, nicht nur Fabriken, Viehställe, Geschäftsräume und Militärbasen errichtet, sondern auch ein demokratisches System aufgebaut und ein umfangreiches kulturelles und pädagogisches Netz geknüpft: Kindergärten und Schulen, Forschungsinstitute, Bibliotheken, Museen, Konservatorien und Universitäten. Doch über alle diese Dinge hinaus, die in jedem zivilisierten Staat existieren, haben wir ein besonderes Kulturwunder vollbracht – wir haben unsere Sprache – die hebräische Sprache – zu neuem Leben erweckt. Es ist die Sprache, in der ich jetzt zu Ihnen spreche, die mehr als alles andere Symbol und Zeugnis für unsere Wiedergeburt ist.

Wir und unsere Sprache leben. Wir, die wir uns aus der Asche erhoben haben, und unsere Sprache – die in den Leichentüchern der Torarollen und zwischen den Seiten der Gebetsbücher gewartet hat – leben. Die Sprache, die nur im Gebet geflüstert, nur in Synagogen ge-

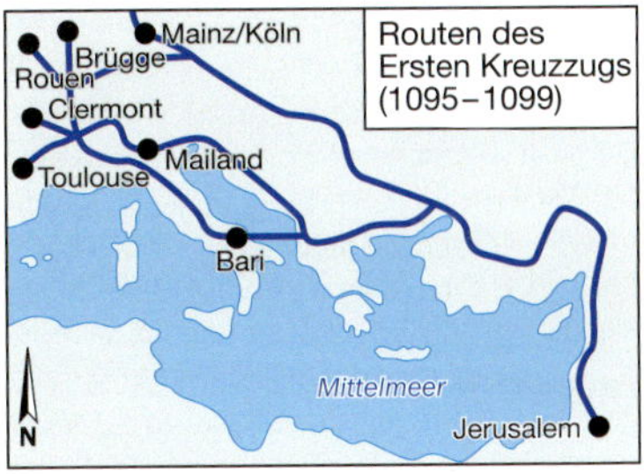

annektieren, scheitert jedoch. Dafür rückt nun der erfolgreiche ägyptische Sultan Saladin (*Salah Ad Din*) den Kreuzfahrern auf die Fersen. Saladin schlägt **1187** die Christen vernichtend bei den Hörnern von Hittin und nimmt drei Monate später Jerusalem ein. Beim Dritten Kreuzzug gelingt es den christlichen Heeren, Akko zurückzuerobern und diese Stadt zur Hauptstadt des nur noch sehr kleinen Kreuzfahrerstaates auszurufen. Der Vierte Kreuzzug erreicht 1204 unter Führung Venedigs lediglich Konstantinopel und zerrüttet mit der Eroberung dieser Stadt das Verhältnis zwischen Ost- und West-Kirche komplett. Beim Fünften Kreuzzug unter Kaiser Friedrich II. **1228/29** kommt man dagegen vertraglich (!) mit dem ägyptischen Sultan überein, Jerusalem, Bethlehem und Nazareth unter christliche Kontrolle zu stellen. Doch **1244** fällt Jerusalem zurück an die Ägypter, **1261-1272** erobert der Mamluke Baibars den Rest des Kreuzfahrerstaats, **1292** fällt schließlich auch Akko. Das christliche Abenteuer in Palästina ist zu Ende, es hat alle Beteiligten unsägliche Opfer gekostet. Immerhin hat jedoch der Kulturaustausch das rückständige Abendland vorangebracht.

Mamluken und Osmanen

In Ägypten hatten um **1250** freigelassene türkische und tscherkessische Sklaven die Macht an sich gerissen: Bis **1516** regieren die machthungrigen und häufig unberechenbaren Mamluken auch Palästina. So grausam sich ihre Machtablösung in vielen Fällen ereignet, so sehr üben sich einige Mamluken in schönen Sakralbauten oder im Ausbau von Straßen und Brücken. In Palästina hinterlassen sie, abgese-

hen vom Tempelplatz, nur wenige Spuren. **1492** erlauben sie aus Spanien vertriebenen Juden die Rückkehr.
Nachdem der osmanische Sultan Selim I. **1516** die Mamluken bei Aleppo geschlagen und Jerusalem sowie Ägypten eingenommen hat, etabliert sich eine neue Großmacht in Palästina, die von Konstantinopel (Istanbul) aus ihr Reich regiert. Unter seinem Sohn Suleiman II., dem Prächtigen, der immerhin 46 Jahre an der Macht bleibt, findet auch Palästina zu einer neuen Blütezeit. So wird die Stadtmauer Jerusalems erneuert und teils verlegt, immerhin so dauerhaft, dass sie heute noch den Ruhm Suleimans verkündet und zum UNESCO-Weltkulturerbe zählt. Nach dem Tod des Sultans bahnt sich langsam ein Machtverfall der Osmanen an. So können sich in Akko regionale Fürsten etablieren (u.a. Daher Al Omar und Ahmed Al Jazzar). **1805** kommt der aus Mazedonien stammende Offizier Mohammed Ali in Ägypten an die Macht, sein Sohn Ibrahim erobert **1833** Palästina und Syrien, **1840** übernehmen die Türken auf Druck westlicher Staaten wieder die Verwaltung.
1841 gründen Protestanten das erste Bistum in Jerusalem, **1878** jüdische Siedler Petakh Tikva als erste landwirtschaftliche Siedlung. Ab **1882** kommen – unterstützt von Baron Edmond de Rothschild – in einer ersten Einwanderungswelle (Aliya) zwischen 20 000 und 30 000 russische und polnische Juden aufgrund von Pogromen in Russland nach Palästina. Die jüdischen Siedler kaufen Land in immer größerem Umfang auf. Verkäufer sind meist reiche Araber, die in den umliegenden Metropolen – Beirut, Damaskus, Kairo oder gar Paris – leben und sich um die sozialen Folgen ihrer Verkäufe nicht scheren.
1896 legt Theodor Herzl sein Buch *Der Judenstaat* vor und begründet damit den Zionismus, der die Juden nach Palästina zurückführen soll. Seine Ideen finden bald Anhänger, so dass sich aufgrund von Pogromen in Russland durch eine zweite Einwanderungswelle zwischen 1904 und 1914 die Anzahl der Juden auf rund 100 000 gegenüber rund 600 000 Arabern erhöht.

lesen und nur in religiösen Texten gesungen wurde, die Sprache, die in den Gaskammern – im Gebet „Shema' Yisrael" geschrieen wurde – sie ist zu neuem Leben erwacht. Ich weiß, dass die deutsche Sprache auf vielen Feldern reicher ist als die hebräische. Doch mir fehlen keine Begriffe, um hier und jetzt meine Gefühle zum Ausdruck zu bringen, und gewiss fehlten uns niemals Wörter für Glauben, Liebe, Träume, Sehnsucht und Hoffnung.
Wir haben einen Wortschatz entwickelt, der unseren besonderen Bedürfnissen entspricht. Wir warten, wir hoffen. Wir sehnen, wir erwarten. Verlangen ergreift uns, Erwartung erfüllt uns, Hoffen und Harren sind unsere Begleiter. Wir sind voller Sehnsucht, wir bitten und beten… und hier muss ich wohl einhalten und die Dolmetscher um Verzeihung bitten, falls es ihnen schwerfallen sollte, die jeweils adäquaten Übertragungen zu finden.
Diese beiden Toten, die nach so vielen Jahren wieder zum Leben erwacht sind – der jüdische Staat und die hebräische Sprache – sind die Hauptelemente unseres Wesens in diesem Jahrhundert. Gerade in diesem Jahrhundert, das uns als Vernichtete und Tote gesehen hat, sind wir zum Leben auferstanden. Und diese Sprache, die wir im Exil nur mit Gott sprachen, sprechen wir heute in unserem Lande miteinander. Wir beten noch immer in Hebräisch, aber wir sprechen diese Sprache jetzt auch im Alltag, wir schreiben Hebräisch und arbeiten in Hebräisch, wir studieren in Hebräisch und streiten in Hebräisch, wir werben umeinander in Hebräisch und singen in Hebräisch. Kann es ein größeres Wunder geben? Denn wären der Prophet Jesaja, König Salomo und Jesus von Nazareth hier unter uns, dann verstünden sie meine Worte ebenso wie ich, meine Tochter und mein Enkel ihre uralten Worte verstehen, die vor Jahrtausenden gesprochen, geschrieben und über die Zeitläufe hinweg aufbewahrt worden sind.
Herr Bundespräsident, Frau Bundestagspräsidentin, Herr Bundesratspräsident, verehrte Herrschaften, ich darf Ihnen nochmals für Ihre Gastfreundschaft danken, die Sie meiner Frau und mir und unseren Begleitern erweisen. Mit

Ihrer Erlaubnis möchte ich mit einem Bild der Hoffnung und des Friedens schließen. Meine Väter haben den Frieden mit einem hebräischen Sprichwort beschrieben, das jeder Landwirt und Feldarbeiter im Nahen Osten an seinem eigenen Leib erfahren kann: "Ein jeder wird unter seinem Weinstock und Feigenbaum wohnen." Es ist nicht genug, im Schatten des Weinstocks und unter den Zweigen des Feigenbaumes zu sitzen. Frieden muss anspornen und darf nicht einschläfern. Er muss uns in das fünfte Jahrtausend unserer Geschichte bringen, in das 21. Jahrhundert, in dem uns kulturelle, pädagogische, technologische, wissenschaftliche und landwirtschaftliche Herausforderungen erwarten.
Die Zukunft liegt vor uns. Das heutige Israel mit der umfangreichen Einwanderung, mit dem wirtschaftlichen Aufschwung und den Friedensabkommen muss und kann wieder das große kulturelle Zentrum des jüdischen Volkes werden. Zu lange haben wir unsere Mittel und Ressourcen, unsere psychische Kraft und physische Stärke auf dem Schlachtfeld zum Einsatz gebracht. Jetzt haben wir eine Aufgabe in den Schulen und Forschungsinstituten, in der Werkstatt und im Labor. Dort, nicht auf dem Schlachtfeld, liegen unsere wahren Ambitionen.
Unser Wesen ist ganz und gar verankert in Bildung, Studium und Ausbildung. Das jüdische Ethos hat stets Pädagogen, Gelehrte und Forscher den Angehörigen der Armee vorgezogen. Und Sie dürfen mir glauben, dass es mir als ehemaligem Armeeangehörigen nicht leicht fällt, dies zu sagen.
Meine Damen und Herren, wir sind ein Volk der Erinnerung und des Gebets. Wir sind ein Volk der Worte und der Hoffnung. Wir haben keine Reiche geschaffen, keine Schlösser und Paläste gebaut. Nur Worte haben wir aneinander gefügt. Wir haben Schichten von Ideen aufeinander gelegt, Häuser der Erinnerungen errichtet und Türme der Sehnsucht geträumt – möge Jerusalem wieder erbaut werden, möge Frieden schnell zu unseren Zeiten gestiftet und bereitet werden.
Amen.

Wirtschaftlich betroffen von den Landkäufen sind die unteren sozialen Schichten der Einheimischen, die Fellachen, die ihre Arbeitsplätze verlieren. Denn die neuen Landeigentümer legen selbst Hand an, um sich zu ernähren. So kommt es **1908** zu ersten bewaffneten Angriffen auf jüdische Siedler und in der Folge immer wieder zu Unruhen, die sich gegen die neuen Landbesitzer richten.
Der **Erste Weltkrieg** verändert auch die politische Landkarte im Nahen Osten. Die Türkei tritt als Alliierte Deutschlands und Österreichs in den Krieg ein, Ägypten wird zum Britischen Protektorat erklärt. **1917** erobern die Engländer unter anderem Palästina, nach Ende des Ersten Weltkriegs **1918** zerfällt das Osmanische Reich.

Britisches Mandatsgebiet

Die Briten übernehmen als Besatzungsmacht die Verwaltung Palästinas, die **1920** durch ein Mandat der sog. San Remo Konferenz sanktioniert und 1922 als offizielles *Palästina-Mandat* vom Völkerbund bestätigt wird. Vermutlich hatten sich die Briten ihr Mandat über Palästina etwas gemütlicher vorgestellt, als es sich dann in der Realität zeigte. Zwischen Juden und Arabern kommt es zu immer heftigeren Auseinandersetzungen. Ab **1933** beginnt die Zahl der jüdischen Einwanderer wegen der deutschen Judenverfolgungen stark anzuschwellen, **1936** beginnt ein arabischer Aufstand gegen die britische Herrschaft und die jüdische Einwanderung, der im Laufe der nächsten drei Jahre von den Briten blutig unterdrückt wird.**1939** erschweren die Briten den Juden die Einwanderung, es kommt immer wieder zu Kämpfen zwischen illegalen jüdischen Einwanderern und den Briten. 1942 fordert eine zionistische Sonderkonferenz in den USA einen eigenen Staat und eine eigene Armee in Palästina.
Bereits 1920 war die jüdische Untergrundmiliz *Hagana*, wie der Name sagt, zur *Verteidigung* jüdischer Siedlungen gegründet worden. Sie ist die Keimzelle der nach der Staatsgründung aufgebauten israelischen Armee. 1931 spaltet sich davon der *Irgun* ab als noch militantere

Politische Archäologie

Die Vergangenheit erschließt sich neben erhaltenen Texten vor allem durch planvolle und gut dokumentierte Zerstörung menschlicher Überbleibsel: archäologische Ausgrabungen.

Es ist zwar bei wissenschaftlichen Grabungen die absolute Ausnahme, dass zunächst die jüngeren arabischen Schichten weggebaggert werden, um schneller an jüdische oder israelitische Hinterlassenschaften zu gelangen, aber wenn nationalreligiöse Siedler in der Westbank nach Synagogen suchen, kommt es sicherlich vor. Für manche geht es sowohl auf israelischer als auch arabischer Seite bei Ausgrabungen um den Nachweis, dass „man" überhaupt oder eher da war als die anderen. Die Palästinenser neigen dazu, sich auf den Seevölkersturm aus der Ägäis im 13. Jh vC und die aus der Bibel bekannten Philister zurückzuführen (die Volksbezeichnungen haben denselben Buchstabenbestand plst), was zumindest fraglich ist. Die Israelis sprechen dagegen in Ausstellungen und Veröffentlichungen häufig nicht von der sonst weltweit eingebürgerten Bronze- und Eisenzeit, sondern bezeichnen erstere als kanaanäisch (Canaanite) und letztere als israelitisch (Israelite). Bronze Age und Iron Age wäre aber nicht nur üblicher, sondern auch genauer, wenn nicht gar seriöser.

Neutral lässt sich feststellen, dass Archäologie einen sehr hohen Stellenwert in Israel genießt: Für die Fachwelt Aufsehen erregende Funde schaffen es auch in die Hauptnachrichten für jedermann, und im Internet informiert offiziell das Außenministerium über Archäologie in Israel www.mfa.gov.il/MFA/Facts+About+Israel/Culture > Archaeology. Darüber hinaus kann man sich ohne kostspielige Fachliteratur im Internet über aktuelle Entwicklungen informieren:

- www.wibilex.de – wissenschaftliches Bibellexikon der Deutschen Bibelgesellschaft
- www.weltundumweltderbibel.de – auch Laien gut verständliche Zeitschrift des Katholischen Bibelwerks, Vorbild ist die französische Le Monde de la Bible
- www.bib-arch.org – die Biblical Archaeological Review ist zwar an Breitenwirkung interessiert, aber deswegen auch ein wichtiges internationales Diskussionsforum
- www.etana.org – und die Bibliographie www.etana.org/abzu erschließen Quellen für den Alten Orient zwischen Ägypten und Zweistromland, ein Gemeinschaftsprojekt amerikanischer Universitäten
- www.perseus.tufts.edu – der griechisch-römischen Antike kann man im umfangreichen Perseus-Projekt der Tufts Universität aus Massachusetts nachgehen
- http://israelexplorationsociety.huji.ac.il – die Israel Exploration Society ediert Ausgrabungsberichte, Fachzeitschriften und die umfassende New Encyclopaedia of Archaeology in the Holy Land
- www.antiquities.org.il – die Israel Antiquities Authority ist von Staats wegen mit Aufbereitung und Bewahrung der Altertümer in Israel beauftragt

Untergrundorganisation gegen britische und arabische Ziele (identisch mit *Etzel)*. Nach Ende des Zweiten Weltkriegs gehen diese Organisationen mit Terroranschlägen gegen Araber, in verstärktem Maß auch gegen britische Einrichtungen vor. Die Engländer antworten mit harten Strafmaßnahmen, 4000 Juden werden verhaftet. Daraufhin führt die *Irgun* unter Menakhem Begin, einem späteren Ministerpräsidenten, im Juli **1946** einen Anschlag gegen Büros des britischen Hauptquartiers im Südflügel des King David Hotels in Jerusalem durch. 91 Menschen sterben, der Gebäudeteil fällt in Trümmer (siehe auch S. 185). Dieser Anschlag wird von Historikern als einer von mehreren Gründen angesehen, dass die Briten Anfang **1947** gegenüber den Vereinten Nationen ihren Rückzug aus Palästina ankündigen. Die UNO setzt eine

Kommission ein, die eine Teilung Palästinas in einen jüdischen und einen arabischen Staat mit demokratischen Verfassungen, aber innerhalb einer wirtschaftlichen Union vorschlägt. Dieser Plan wird am 29. November 1947 mehrheitlich von der UNO-Vollversammlung als **Resolution 181** gebilligt. Demnach steht den Arabern Palästinas 42 Prozent der Landesfläche zu, den Juden 56 Prozent, wobei die Bevölkerungsanteile umgekehrt liegen (die Zahlenangaben schwanken stark, vermutlich etwa 1 Millionen Araber zu 600 000 Juden).

Die zionistische Führung unter David Ben Gurion innerhalb der **Jewish Agency** und ihre Untergrundorganisationen wollen schon vor dem offiziellen Ende des britischen Mandats Fakten im Hinblick auf die arabische Bevölkerung schaffen. Mit der Verabschiedung der UNO-Resolution bricht in der Mandatszone praktisch ein Bürgerkrieg aus, bei dem die zionistischen Milizen ihre Stärke ausspielen und Palästinenser aus ihren Dörfern vertreiben. Palästinensische Untergrundkämpfer rächen sich durch Terrorakte. Unter Ben Gurion war ein Plan *D* (hebräisch: *Dalet)* vorbereitet worden, im Zuge dessen ab Anfang April 1948 radikalzionistische Untergrundgruppen mit der ethnischen Säuberung palästinensischer Dörfer in großem Stil fortfahren.

In das kollektive Gedächtnis der Palästinenser geht die Zerstörung des nahe Jerusalem gelegenen Dorfes **Deir Yassin** ein, obwohl ein Nichtangriffspakt besteht: Soldaten von *Irgun* und *Lekhi*, letztere eine extremistische Abspaltung von ersterer, dringen am 8. April 1948 unter Maschinengewehr-Dauerfeuer in das Dorf ein und töten dabei viele Einwohner. Die Überlebenden werden zusammengetrieben, in einer Art Siegesparade durch Westjerusalem geführt und dann nach Ost-Jerusalem gebracht, das Dorf fast total zerstört – heute das Gelände der geschlossenen Psychiatrie Giv'at Sha'ul. Die Angaben über Opferzahlen schwanken zwischen 93 und 254, in jedem Fall genug, um bei den Arabern Angst und Schrecken auszulösen.

Die jüdischen Milizen stoßen bei den Säuberungen in der Folgezeit selten auf ernsten Widerstand. Sie greifen die Dörfer in der Regel von drei Seiten an, so dass die Bewohner aus der offenen, meist östlichen Seite überstürzt fliehen, gerade einmal mit den Habseligkeiten, die sie tragen können. Die Gebäude werden gesprengt oder verbrannt und vermint, damit niemand zurückkommt. Vom zurückgelassenen Eigentum fällt das, was nicht als Kriegsbeute abtransportiert wird, (später) an den israelischen Staat. Bis zur Staatsgründung sind 200 Ortschaften zerstört und weit über 300 000 Palästinenser geflohen.

Am **14. Mai 1948**, einen Tag vor Ende der britischen Mandatszeit, ruft David Ben Gurion den Staat Israel aus. Für die Palästinenser besiegelt dieser Akt ihre nationale Katastrophe, die **Nakba.**

Israel – Staat der Juden

Kurze, aber ereignisreiche Geschichte

Die arabischen Nachbarn des neuen Staats versuchen sofort nach seiner Gründung, ihn zu vernichten: Jordanien, Ägypten, Syrien, Libanon und der etwas entfernte Irak lassen am **15. Mai 1948** ihre Armeen einmarschieren. Die Israelis, die diesen Krieg *Unabhängigkeitskrieg* nennen, schlagen in harten Kämpfen zurück, sodass beim Waffenstillstandsabkommen am 15. Januar **1949** immerhin ein großer Teil Palästinas unter israelische Kontrolle kommt.

Aus der Sicht vieler Israelis fehlt jedoch der entscheidende Teil, nämlich die beiden Stammländer Samaria und Judäa, die **1950** von König Hussein von Jordanien annektiert werden. Sie nehmen fortan den Namen *Westbank* an, der aus der Sicht Ammans nur zu naheliegt.

1956 verstaatlicht der ägyptische Präsident Nasser den Suezkanal und sperrt die Straße von Tiran und damit den Zugang zum Hafen Elat. Israel greift am 29. Oktober Ägypten an und erobert den Gazastreifen wie auch den Sinai, zieht sich aber nach Vermittlung der UNO wieder zurück.

Das wichtigste Ergebnis 1967 auf einer 10-Lirot-Münze: Der Weg zur Westmauer ist wieder frei

1964 gründen die Palästinenser die *Palestine Liberation Organisation*, kurz **PLO**, die, zunächst kaum wahrgenommen, in den folgenden Jahrzehnten zur wirklichen Vertretung dieses Volkes wird. **1967** sperrt Nasser erneut die Straße von Tiran. Ab 5. Juni schlägt Israel zurück und kann in sechs Tagen den Sinai bis zum Suezkanal, die sogenannte Westbank, Ostjerusalem und den Golan erobern *(Sechstagekrieg)*.

Ab **1972** versucht Jassir Arafat, der Gründer der palästinensischen Partei *Fatah*, durch aufsehenerregende Terroranschläge – wie den auf die israelische Olympiamannschaft in München 1972 – das Interesse der Weltöffentlichkeit für die Probleme der Palästinenser zu wecken.

In aller Stille sammeln die Ägypter ihre Kräfte und stoßen völlig unerwartet am Versöhnungstag *Jom Kippur*, am 6. Oktober **1973**, über die als uneinnehmbar geltenden Befestigungen am Suezkanal auf den Sinai vor. Auf Vermittlung der UNO wird – nach starken Verlusten der Kriegsparteien – ein Waffenstillstandsabkommen geschlossen. Doch dieser Konflikt hat Einsichten auf beiden Seiten gefördert: Israel ist für die Araber zu stark geworden, um es, wie lange Zeit verkündet, von der Landkarte zu wischen, andererseits hat Israel die wachsende Stärke seiner Nachbarn realisiert.Diese Erkenntnisse sind die Basis für die letztlich erfolgreiche Pendeldiplomatie des US-Außenministers Henry Kissinger: Per Truppenentflechtungsabkommen verpflichten sich **1975** die Israelis zum Teilrückzug vom westlichen Sinai. Im November **1977** reist der ägyptische Präsident Anwar As Sadat nach Jerusalem, in der Knesset hält er eine weltweit beachtete Rede, die schließlich **1978** zu den Camp-David-Verhandlungen führt. In einem Rahmenabkommen verpflichten sich dabei Israel und Ägypten zum Abschluss eines Friedensvertrages, Sadat und Begin erhalten für ihre beispielhafte Leistung den Friedensnobelpreis.

Am 26. März **1979** wird der in der arabischen Welt auf heftigste Kritik stoßende Friedensvertrag geschlossen, entgegen allen Schwarzmalereien hat er bis heute gehalten. Demnach verpflichtet sich Israel zum vollständigen Rückzug vom Sinai in Teilschritten, die bis April **1982** abgeschlossen sein müssen. Israel und Ägypten nehmen diplomatische Beziehungen auf. Kurze Zeit später nimmt die Knesset ein Gesetz an, das Jerusalem zur ewigen Hauptstadt Israels erklärt – der weltweite Protest ist Israel sicher; wie auch bei der gesetzlichen Annexion der Golanhöhen. Im Oktober **1981** wird Sadat in Kairo von fundamentalistischen Terroristen wegen seines Friedensschlusses ermordet.

Im Sommer **1982** geht die israelische Armee gegen Stellungen der Palästinenser im Südlibanon mit allen militärischen Mitteln vor, die PLO soll endgültig vernichtet werden. Trotz Vormarsch bis Beirut gelingt dies nicht, die PLO verlegt ihr Hauptquartier lediglich in sichere Entfernung nach Tunesien. Erst **1985** zieht Israel seine Truppen endgültig aus dem Südlibanon ab.

Seit der Besetzung der Westbank und des Golan entstehen jüdische Siedlungen innerhalb dieser palästinensischen Gebiete. Die in der großen Mehrheit sehr religiösen oder politisch rechts stehenden Siedler lösen viele Konflikte aus. Die Siedlungen sind eine ständige Provokation der Palästinenser, vor allem die am Rand oder inmitten von Städten gelegenen wie z.B. in Hebron. Die Siedler vertreten durchaus militante Ansichten und zetteln ihrerseits häufig genug Terrormorde von Palästinensern an. Der jüdische Arzt Baruch Goldstein z.B., der 1994 in

Hebron 29 betende Muslims erschoss und noch mehr verletzte, wird als heiliger Märtyrer von radikalen Siedlergruppen verehrt, sein Grab ist eine kleine Pilgerstätte. Trotz weltweiter Proteste lässt die Siedlungstätigkeit nicht nach. Stützt man sich auf Zahlen der Foundation for Middle East Peace (www.fmep.org), dann leben Ende 2012 mehr als 550 000 Siedler in der Westbank, auf dem Golan und in Ostjerusalem.
1987 bricht im Gazastreifen die *Intifada* aus, der Kampf jugendlicher Steinewerfer gegen israelisches Militär. Massendemonstrationen der Palästinenser, zusätzliche Streiks und Boykottmaßnahmen verdeutlichen den Israelis, dass sich das palästinensische Problem nicht durch Verdrängen bzw. Vergessen der seit dem Ende der 1940er Jahren in Flüchtlingslagern hausenden Menschen lösen lässt. Besonders als der irakische Präsident Saddam Hussein nach der Annexion von Kuweit im Sommer **1990** den Rückzug davon abhängig macht, dass Israel alle besetzten Gebiete räumt, fühlen sich die Palästinenser bestärkt und werfen umso mehr Steine. Beim Anfang **1991** ausbrechenden zweiten Golfkrieg will Saddam Hussein Israel durch Raketenbeschuss in den Krieg zwingen, um eine breite arabische Front zu etablieren. Trotz Todesopfern halten die Israelis still, Saddam Hussein verliert sein Vabanque-Spiel; mit ihm der PLO-Chef Arafat, der Saddam Hussein unterstützt hatte.
1992 siegt die Arbeitspartei unter Yitzhak Rabin bei den Knessetwahlen. Nach Geheimverhandlungen mit der PLO in Oslo erfährt Ende 1993 die Weltöffentlichkeit, dass die beiden Seiten die gegenseitige Existenz anerkennen und Israel zu einer Teilautonomie für die Palästinenser bereit ist. Bereits **1994** kommen der Gazastreifen und Jericho unter palästinensische Verwaltung, **1994/95** folgen weitere Inseln. Im Juli **1994** wird mit Jordanien die *Washingtoner Erklärung* unterzeichnet und damit der 46-jährige Kriegszustand zwischen den beiden Ländern beendet. **1995** folgt die Unterzeichnung eines formalen Friedensabkommens.
Doch innerhalb Israels formiert sich ein bitterernster Widerstand gegen jegliche Autonomie der Palästinenser, der im Mord an Präsident Rabin im November **1995** eskaliert. Aber auch auf der Seite der Palästinenser bleiben die Hitz- und Wirrköpfe nicht untätig. Als Ende Februar **1996** bombende Selbstmörder verheerende Massaker in Jerusalem, Ashkelon und Tel Aviv anrichten, wehrt sich Israel, indem es die palästinensischen Gebiete sperrt und beschließt, sie mit einem möglichst undurchlässigen Grenzzaun völlig abzuriegeln. Mit der (ersten) Wahl von Benjamin Netanjahu zum Ministerpräsidenten wird der Friedensprozess weitgehend ausgebremst.
Im Herbst **1998** laden die Amerikaner die beteiligten Parteien zu weiteren Verhandlungen nach USA ein. Nach äußerst zähem Ringen wird das Abkommen von Wye unterzeichnet, das u.a. eine Ausweitung der palästinensischen Autonomie vorsieht, aber Netanjahu boykottiert es bis zur faktischen Bedeutungslosigkeit. Im Jahr **2000** zieht die israelische Armee aus dem Südlibanon ab, die von US-Präsident Clinton begleiteten Verhandlungen von Camp David II führen nicht weiter. Im Herbst besucht Ariel Sharon provokativ den Tempelberg und löst damit die zweite, viel blutigere Intifada *(AlAqsa-Intifada)* aus. Sharon wird trotzdem wenige Monate später **2001** zum Ministerpräsidenten gewählt.
2002 verläuft eine von Saudi-Arabien geführte Friedensinitiative im Sand, ein Jahr später wird die sogenannte *Road Map* des Nahost-Quartetts UNO, Russland, USA und EU für einen Nahost-Frieden verkündet und kommt bis heute nicht in Schwung. Israel beginnt dagegen den Bau der Barriere („Mauer") zur Westbank, meist kilometertief in palästinensisches Gebiet greifend.
Am 11. November **2004** stirbt Arafat, Mahmud Abbas wird Anfang **2005** sein Nachfolger als Präsident der Palästinenser. Im Februar erklären Sharon und Abbas die AlAqsa-Intifada offiziell für beendet. Später im Jahr räumt die israelische Armee überraschend die jüdischen Siedlungen im Gazastreifen, obwohl die Siedler sich gegen den Abzug heftig zur Wehr setzen.
Im Jahr **2006** werden Ismail Haniye (Hamas) und Ehud Olmert (Kadima) jeweils Ministerpräsident

– ersterer durch die unbeanstandeten ersten Parlamentswahlen in den Autonomiegebieten. Olmert hatte vorher schon den seit Januar im Koma liegenden Sharon vertreten. Nach Entführungen von israelischen Soldaten marschiert die Armee für kurze Zeit wieder in den Gazastreifen ein und führt später vier Wochen lang einen ergebnislosen Krieg im Südlibanon, der die dortige Hisbollah jedoch nicht schwächt, sondern stärkt. Zum Jahreswechsel beginnt die Hamas, sich in einem Bürgerkrieg mit der im Westjordanland stärkeren Fatah von Präsident Abbas die Macht im Gazastreifen zu erstreiten und zu sichern. Die palästinensischen Gebiete sind von nun an nicht nur geografisch geteilt.

Im Sommer **2008** vereinbart Israel eine Waffenruhe mit der Hamas, mit dem Libanon und Syrien finden Friedensgespräche statt. Ende 2008 geht die israelische Armee gegen den Raketenbeschuss der Hamas mit einem gnadenlosen Krieg vor, der über 1400 Tote, tausende Verletzte fordert und Gaza in Trümmer legt. Dieser Krieg beeinflusst die Wahl **2009** in Israel zwischen Zipi Livni *(Kadima)* und Netanjahu *(Likud)* zugunsten des letzteren. Netanjahu bildet eine Regierung mit dem international wenig beeindruckenden Rechtsaußen Avigdor Lieberman *(Yisrael Betenu)* als Außenminister. Merkliche Bewegungen bleiben seither aus: Obamas Druck auf einen Stopp des Siedlungsbaus hat nicht weitergeführt, der Iran rasselt weiterhin mit seinem Atomprogramm-Säbel.

Im Mai **2010** lässt sich Israels Regierung von einem *Free Gaza*-Schiffskonvoi mit Hilfsgütern für den Gaza-Streifen provozieren und das türkische Schiff *Mavi Marmara* auf internationalen Gewässern durch die IDF *(Israel Defence Forces)* die Schiffe angreifen, neun türkische Aktivisten werden getötet. Netanjahu lässt nicht zu, dass diese international weithin als unangemessen beurteilte Reaktion unabhängig untersucht wird. Damit manövriert sich Israel weltweit ins Abseits und verliert mit der Türkei einen freundlich gesinnten Staat.

Am **31.10 2011** wird Palästina als Vollmitglied in die UNESCO aufgenommen, sehr zum Verdruss von Israel und den USA, die darauf ihre Beitragszahlungen an die UNESCO einstellen. Während die USA **2012** mit Wahlen beschäftigt sind, droht Netanjahu mit der Zerstörung iranischer Atomanlagen, um den möglichen Bau von Atombomben zu unterbinden. Es bleibt zumindest bis zum Redaktionsschluss dieses Buches bei der Drohgebärde. Mitte November 2012 eskaliert wiederum ein Konflikt zwischen Israel und der Hamas im Gazastreifen, weil Raketen militanter Palästinenser auf den Südwesten Israels abgefeuert werden. Nach einer Woche heftiger Bombardierung kommt es zum Waffenstillstand. Die Hamas meldet 165 Tote, mehr als 1200 Verletzte und 55 total zerstörte Gebäude; fünf Israelis sind ums Leben gekommen.

Am **29.11.2012** stellt Palästinenserpräsident Abbas in der UNO-Vollversammlung den Antrag auf Palästinas Mitgliedschaft im Beobachterstatus, der mit überwältigender Mehrheit angenommen wird, Einen Tag später verkündet Netanjahu, dass Israel sozusagen als Bestrafung mit dem Bau von 3000 neuen Wohnungen in Ost-Jerusalem und im Westjordanland beginnen wird.

Der heutige Staat Israel

Die Gesamtfläche Israels beträgt derzeit einschließlich Jerusalem und der Golan-Höhen 21 946 qkm, hinzukommen die noch umstrittenen Gebiete des sog. Biblischen Kernlandes mit 5879 qkm. Die Gesamtfläche von knapp 28 000 qkm liegt unter der des deutschen Bundeslandes Brandenburg.

Die parlamentarische Demokratie Israel besitzt zwar einige 1958 beschlossene Grundgesetze, aber **keine Verfassung**. Diese soll künftig aus den Grundgesetzen heraus formuliert werden. Oberhaupt des Staates ist der Staatspräsident, der ähnlich repräsentative Aufgaben wahrnimmt wie etwa der deutsche Bundespräsident, aber keine wirkliche Macht besitzt. Die gesetzgeberische Macht liegt beim Parlament, in Israel *Knesset* genannt. 120 Abgeordnete werden alle vier Jahre in die Knesset gewählt. Der Staatspräsident überträgt demjenigen Parteichef, der die besten Chancen hat, eine Koalitionsregierung zu bilden (nicht unbedingt die stärkste Partei) die Regierungsbildung. Eine 1996 eingeführte Direktwahl des Premierministers hat sich nicht bewährt und wurde wieder abgeschafft.

In Israel bestanden traditionell zwei große Parteien, die linksgerichtete Arbeitspartei, die bis 1977 ununterbrochen die Regierungen bildete, und der rechtsgerichtete Likud, der zum ersten Mal 1977 an die Macht kam. Seitdem haben sich die beiden Parteien abgewechselt bzw. auch gemeinsame große Koalitionen gebildet. In jüngster Zeit zersplitterte sich die Parteienlandschaft weiter durch die Abspaltung der gemäßigten Kadima-Partei 2005 und durch den unerwarteten Erfolg der neuen Yesh Atid-Partei bei den Wahlen im Januar 2013.

Das sprichwörtliche Zünglein an der Waage spielen deshalb die kleinen, meist zwischen den Blöcken stehenden Parteien, die bei den Koalitionsverhandlungen umworben werden. In den meisten Regierungen saßen Mitglieder einer der religiös ausgerichteten Parteien, die dann einen überproportionalen Einfluss auf das politische Geschehen nehmen konnten. Die Religiösen tragen auch die Verantwortung für die nicht vorhandene Verfassung; sie wollen ein theokratisches System installieren, in dem die Rechtsprechung ausschließlich in der Hand der Rabbiner liegen soll. Interessant dürfte in diesem Zusammenhang sein, dass über 50 Prozent der Kinder Jerusalems unter 10 Jahren aus ultraorthodoxen Familien stammen. In der nächsten Generation werden sie den Ton in den demokratischen Institutionen Jerusalems angeben und deutlich mehr Einfluss auf die Abstimmungsergebnisse der Knesset nehmen. Dem Wahlsystem gut tun würde eine Prozenthürde, aber für ein Gesetz dazu bräuchte man wiederum die kleinen Parteien, die man mit dieser Hürde aus dem Parlament halten könnte.

Eine wichtige Rolle spielt der **Gewerkschaftsverband** *Histadrut*, der bereits 1920 gegründet wurde. Wenn man alle Unterorganisationen einbezieht, dann sind über ihn etwa 85 Prozent der Arbeitnehmer organisiert. An Arbeitskampf besteht kein allzu hoher Bedarf, weil die Löhne in Abhängigkeit von der Steigerung der Lebenshaltungskosten automatisch erhöht werden, so besagt eine Übereinkunft mit den Arbeitgeberverbänden. Histadut ist denn auch in der Weiter- und Ausbildung, im sportlichen, sozialen und kulturellen Bereich tätig.

Die israelische **Armee** *(Israel Defence Forces IDF bzw. Zahal)* gehört sicherlich zu den anerkannt kampfstarken Armeen der Erde. Sie ging aus der Selbstschutzorganisation *Hagana* der jüdischen Siedler hervor. Der ständigen verbalen und faktischen Bedrohung musste sich Israel zwangsläufig durch eine effiziente Truppe stellen, die innerhalb kürzester Zeit voll einsatzfähig zu sein hatte. Ein relativ kleiner Kern von Berufssoldaten sorgt durch Ausbildung von Rekruten und die Bereitstellung von Material für die ständige Bereitschaft. Die eigentliche Armee bilden die 400 000 Reservisten, die durch ständige Übungen – jährlich vier Wochen für Männer bis zum 55. Lebensjahr und für kinderlose Frauen bis zum 34. Lebensjahr – fit gehalten werden.

Es besteht Wehrpflicht für Juden, Drusen und Tscherkessen. Männer müssen 36 Monate,

Sanfter politischer Protest in Tel Aviv, Sommer 2008: „... der kleine weitere Schritt bis zum Ende der Welt." Darin steckt das Wort Vorwärts, der Name der Partei Kadima

Frauen 24 Monate Wehrdienst ableisten. Muslime und Christen werden nicht zum Wehrdienst gezwungen, sie können sich aber freiwillig melden. Neben aller Notwendigkeit für das Überleben des Staates erfüllt der Militärdienst eine zusätzliche Aufgabe: Er dient der Integration und fördert die Identifikation mit dem Land an sich.

Shabbat-Andacht einer Soldateneinheit auf dem Ölberg

Die nach Israel einwandernden Juden sorgten wie schon in der Diaspora dafür, dass ihre Kinder möglichst optimal ausgebildet wurden. Das Schul- und Bildungswesen Israels ist denn auch hervorragend aufgebaut und organisiert. Für die akademische Bildung gibt es Universitäten in Jerusalem, Tel Aviv, Ramat Gan, Haifa und Beer Sheba, an denen etwa 120 000 Studenten eingeschrieben sind; weitere 20 000 besuchen die Talmudschulen, d.h. Religionsschulen (Yeshivot). Andererseits hatte der Staat mit dem Problem zu kämpfen, dass vor allem aus Afrika und Asien eine ganze Reihe Analphabeten einwanderten und der Anteil dieser Gruppe unter der arabischen Bevölkerung ebenfalls sehr hoch war. Durch große Anstrengungen konnte die Rate auf 3 Prozent gesenkt werden.

Israel hat in den vergangenen Jahren sehr viele Wissenschaftler als Einwanderer vor allem aus Russland aufgenommen. Es gibt kein anderes Land der Welt mit einer auch nur annähernd so hohen Rate an Akademikern pro Einwohner. So steht auch das kleine Land in vielen Forschungsdisziplinen mit an der Spitze der Weltrangliste, von der Medizintechnik über Molekularbiologie, Biotechnologie, Nanotechnologie bis hin zur Bewässerungs- und Solartechnologie.

Die Zukunft

Wenn man die blutgetränkte Historie Palästinas beschreibt, die großen geschichtlichen Zeiträume überfliegt und die eigenen Erfahrungen der jüngsten Geschichte aneinanderreiht, so ergeben sich zwei widersprüchliche Bilder: Auf der einen Seite versuchen Menschen, deren Urahnen eine geschichtlich nicht unbedeutende Zeit in Palästina lebten, dorthin zurückzukehren, wo ihre Vorfahren vor 2000 Jahren die Flucht ins Ausland ergriffen. Auch nach dem Auszug der Juden riss in Palästina die Kette der Kämpfe nicht ab, wechselte ein Eroberer den nächsten ab. Die geschichtlich jüngsten (Rück-)Eroberer sind die Juden, die sich nach weltweit denkbar schlechtesten Erfahrungen in der Heimat ihrer Vorväter eine sichere Bleibe zu schaffen hoffen.

Leidtragende dieses nicht unverständlichen Wunsches sind ganz objektiv die Palästinenser, deren Land annektiert wurde, die vertrieben wurden oder geflohen sind und seit 60 Jahren in ihren Lagern auf eine Rückkehr warten. Landnahme ist nichts Neues auf dieser Erde. Wenn auch die großen Raubzüge der Völker offenbar mit dem Zweiten Weltkrieg vorläufig beendet wurden, so finden die kleinen weiterhin statt. Der Staat Israel, durch Landkauf, beständige Infiltration, Verdrängung und schließlich Eroberungskrieg entstanden, ist ein nicht mehr von der Landkarte zu wischendes Faktum. Die Palästinenser, jedoch nur die Fatah, haben dies anerkannt.

Wie die israelische Geschichte sehr deutlich und eigentlich lehrreich zeigt, erzeugen große Reden und Gesten, Einzelmorde und Totschlag keine politisch positiven Fakten. Menakhem Begin rechtfertigte in seiner Autobiografie den von ihm angeführten Terroranschlag auf das bri-

Parteien in Israel

Israels Parteienlandschaft ist vergleichsweise unübersichtlich, weil sich Parteien immer wieder spalten und auch immer wieder miteinander verbinden. Aufgrund einer niedrigen Prozenthürde (2006 immerhin von 1,5 auf 2 % angehoben) können kleine Parteien das Zünglein an der Waage einer Koalition darstellen, was nahezu automatisch auch zu häufigerem Scheitern von Regierungen und häufigeren Wahlen führt.
Hier eine Übersicht:

Parteien in Israel (Quelle: Economist/HaAretz; blau: Zionistische Parteien)

	Kurzbeschreibung	Religiös	Plan für Besetzte Gebiete
Halkhud HaLe'umi – Nationale Union	siedlerfreundlich, religiös, rechtsaußen	****	für immer behalten
HaBet HaYehudi – *Das jüdische Zuhause*	ultranationalistisch, nationalreligiös, rechtsaußen	****	Siedlungen ausbauen, kein Staat Palästina
Israel Beitenu – *Unser Haus Israel*	russisch-sprachig, rechtsaußen	**	wichtigste Siedlungen behalten, aber arabische Städte in Israel übergeben
Shas – Abkürzung für *Sefardische Tora-Wächter*	sefardisch, religiös, rechtsaußen	****	zumindest jetzt erstmal behalten
Likud – *Zusammenführung*	traditonell Mitte-rechts	**	erstmal behalten
Kadima – *Vorwärts*	neue Mitte	**	einseitiger Rückzug, wichtigste Siedlungen behalten
Arbeitspartei – *HaAwoda*	traditionell Mitte-links	**	Rückzug einseitig oder durch Verhandlungen, wichtigste Siedlungen behalten
Meretz/Jakhad – *Energie/gemeinsam*	säkular, linksaußen	*	Rückzug durch Verhandlungen
Vereinigtes Tora-Judentum –	ultra-orthodox, ashkenasisch, nicht-zionistisch	*****	Keiner
Khadash – *neu*	säkular, jüdisch/arabische Linke	*	Rückzug durch Verhandlungen
Balad – arab. *Land,*	säkular, palästinensische Nationalisten	*	Rückzug durch Verhandlungen
Vereinigte Arabische Liste – hebr. Abk.: *Ra'am*	Islamisten & säkulare palästinensische Nationalisten	****	Rückzug durch Verhandlungen

tische Hauptquartier 1946 im Jerusalemer King David Hotel: „Wenn du dein Volk liebst, musst du diejenigen hassen, die es unterjochen. Wenn du dein Land liebst, musst du diejenigen hassen, die es besetzen. Und du musst kämpfen, mit allen Mitteln – denn nur wer kämpft, der lebt." Klingt zunächst beeindruckend, kann aber auch von den meisten Palästinensern genauso formuliert werden und hilft also kaum weiter. Begins Friedensschluss mit Sadat war seine weitaus größere Leistung. Vor allem die Erkenntnis der Araber, dass Israel militärisch nicht zu schlagen ist und politisch großen Einfluss besitzt, hat die Einsicht zur Annäherung gezeitigt. Allein die sehr wesentlich durch die Intifada vermittelte Erkenntnis der Israelis, dass sich das palästinensische Problem nur lösen, aber nicht verdrängen lässt, führte zur Bereitschaft, das Abkommen von Oslo auszuhandeln.

So schmerzlich der langwierige Friedensprozess im Nahen Osten für all die bisherigen und noch zu erwartenden Opfer ist, er birgt aber für Friedensprozesse wichtige Schlüsse: Die Lösung muss ein wie auch immer geartetes Gleichgewicht der handelnden Kräfte sein, das zur gegenseitigen Anerkennung, vielleicht sogar Achtung zwingt. Es braucht die Beharrlichkeit besonnen führender Politiker und nicht zuletzt Zeit, in der die Unverbesserlichen und Uneinsichtigen entweder wegsterben oder die Lust verlieren. Kurz gefasst könnte man von einem Interessensausgleich reden, das ist real, pragmatisch und realistisch. Der Begriff Frieden hält nur so lange, wie er sich mit dem Interessenausgleich deckt.

Palästina – künftiger Staat der Palästinenser

Vorbemerkungen

In diesem Kapitel ergeben sich zwangsläufig Überschneidungen mit dem vorangehenden Ausführungen, weil die Geschichte der Palästinenser seit der ersten zionistischen Einwanderung eng mit der der Israelis verbunden ist. Es soll daher zunächst hauptsächlich auf die soziale Struktur der Menschen eingegangen werden, die sich im Lauf der Jahrhunderte entwickelt hatte und schließlich mit der israelischen Staatsgründung weitgehend verändert wurde.

In Zusammenhang mit den palästinensischen Gebieten haben sich die Begriffe Westbank, Gazastreifen und besetzte Gebiete eingebürgert. Der Ausdruck *Westbank* beschreibt zunächst nur die westliche Schulter des Jordantals, bezieht sich aber allgemein auf die Gebiete, die nach dem Unabhängigkeitskrieg 1949 unter jordanischer Verwaltung blieben, also im palästinensischen Sinn auch nicht unabhängig waren. Dabei handelt es sich wiederum um die historischen jüdisch-biblischen Kernlande Samaria und Judäa, um die es den orthodoxen Juden bei der Rückkehr ins Gelobte Land eigentlich geht. Der Gazastreifen entstand ebenfalls eher als Zufallsprodukt; er war der Landstrich, den die ägyptische Armee während des israelischen Unabhängigkeitskrieges gehalten hatte. Als die besetzten Gebiete werden die gesamten Landflächen bezeichnet, die Israel 1967 eroberte, die zuvor entweder unter jordanischer oder syrischer oder ägyptischer Verwaltung standen.

Historischer Abriss

Palästina, die Brücke zwischen den Kontinenten und den ganz frühen Staatsgebilden, stand, wie mehrfach erwähnt, stets unter der Herrschaft der mächtigeren Regenten aus der Nachbarschaft; seien es ägyptische Pharaonen, Perser, Griechen, Römer, arabische Kalifen oder schließlich das osmanische Reich gewesen. Als sich dies auflöste, kamen die Engländer, die schließlich nur einen Teil des Landes an die ursprünglichen Bewohner zurückgaben.

Die lokale, weitgehend arabische Bevölkerung lebt praktisch immer unter Herrschern, deren eigentliches Machtzentrum weit entfernt liegt; ob es sich um Bagdad, Konstantinopel oder London handelt. Sie war es gewohnt, sich unter diesem Mantel einzurichten, die große Politik an sich vorüberziehen zu lassen und sich mit den lokalen Gegebenheiten abzufinden. Es war eine ländliche Gesellschaft, in deren Mittelpunkt die Familie stand, der größere Familienclan und das Dorf. Über den Tellerrand dieses Mikrokosmos schaute man nicht weit hinaus. Das tägliche Leben der weitgehend bäuerlichen Gesellschaft bestimmte die Landwirtschaft, für ein staatliches oder in diesem Sinne nationales Bewusstsein gab es keinen Bedarf. Man fühlte sich als Teil der arabischen Bevölkerung im nahöstlichen Großraum; der Begriff *Palästinenser* und die Identifikation mit einer palästinensischen Heimat kamen erst als Folge der Vertreibung durch die Juden auf.

Auch die soziale Struktur richtete sich im Wesentlichen nach der Landwirtschaft und dem daraus erzielbaren Einkommen. Häufig gehörten größere Ländereien einer Großfamilie, und das Familienoberhaupt bestimmte, was damit geschah. Es gab aber auch viele Besitztümer, deren Eigner in Städten lebten. Sie ließen ihr Land von Fellachen (Landarbeiter, Kleinbauern) bewirtschaften, die auf diese Weise einen bescheidenen Lebensunterhalt verdienten. Angebaut wurde im Wesentlichen nur dort, wo es sich von den natürlichen Bedingungen her lohnte, also in den fruchtbaren Tälern oder Ebenen. Große Flächen lagen brach. Diese Situation muss wohl zu dem bekannten zionistischen Spruch geführt haben: „Ein Volk ohne Land in ein Land ohne Volk."

Das traditionsreiche Leben wird nachhaltig gestört, als im Zuge der Zionistenbewegung mehr und mehr jüdische Einwanderer ins Land kommen. Diese Siedler kaufen seit den 1880er Jahren Grundstücke in größerem Umfang und ganz legal auf. Verkäufer sind meist reiche Araber, die in den umliegenden Metropolen – Beirut, Damaskus, Kairo etc. – leben und sich von den sozialen Folgen ihrer Verkäufe kaum tangiert fühlen.

Wirtschaftlich betroffen von den jüdischen Landkäufen sind die unteren sozialen Schichten, die ihre Arbeitsplätze verlieren. Denn die neuen Landeigentümer legen selbst Hand an, um sich zu ernähren. So kommt es 1908 zu den ersten bewaffneten Angriffen auf die Siedler und in der Folge immer wieder zu Unruhen, die sich gegen die neuen Landbesitzer richten und nicht gegen das ganz und gar feudale eigene System.

Doch langsam formt sich auch in den Köpfen der Araber Palästinas ein politisches Bewusstsein, das unter anderem 1913 in einen arabischen Kongress in Paris einmündet, bei dem mehr Rechte von den osmanischen Herrschern gefordert werden, aber (noch) nicht die Unabhängigkeit. Nach Ende des Ersten Weltkriegs und nach der Unabhängigkeit Syriens 1920 erwacht auch bei den Bewohnern Palästinas nationales Selbstverständnis. Als 1920 bei Unruhen 250 Menschen (meist Juden) umkommen, ist dies der letzte Anlass für den Völkerbund, Palästina zum Mandatsgebiet der Engländer zu erklären. Aber die Araber trauen den Engländern bald nicht, weil immer mehr Juden einwandern. 1921 versuchen sie sich in einem landesweiten Aufstand zu wehren.

Die Engländer sehen andererseits, dass sich die soziale Lage der Fellachen immer mehr verschlechtert und beschränken die weitere jüdische Einwanderung. Die Araber stehen der sich entwickelnden Situation etwas hilflos gegenüber, denn übergeordneter Zusammenhalt war (und ist) nicht ihre Stärke. 1929 kommt es erneut zu großen Unruhen mit vielen arabischen wie jüdischen Todesopfern, die durch einen Streit über heilige Stätten in Jerusalem ausgelöst wurden, aber bald auf andere Städte wie Hebron übergreifen. Die Engländer schränken daraufhin die jüdische Einwanderung weiter ein.

Unter dem Druck der Nazis wandern dennoch mehr Juden ein. 1936 finden arabische Massendemonstrationen gegen diese Einwanderungswellen statt, die von den Engländern mit Gewalt unterdrückt werden. Die Araber treten daraufhin in einen sechsmonatigen, doch ergebnislosen Generalstreik. Dieser zwingt hingegen die Juden, sich unabhängig von den arabischen Nachbarn zu versorgen, sodass am Ende zwei nebeneinander operierende Versorgungssysteme im Land existieren.

1937 legt die Peel-Kommission einen Plan vor, der die Teilung des Landes in einen arabischen und einen jüdischen Staat vorsieht. Im Mai 1939 veröffentlichen die Engländer ein Weißbuch, das eine Teilung Palästinas zwischen Arabern und Juden vorschlägt, die jüdische Einwanderung auf 75 000 Menschen in den folgenden fünf Jahren begrenzt und dessen Verlängerung von der Zustimmung der Araber abhängig gemacht werden solle. Diese glauben, ein Ziel erreicht zu haben und verhalten sich während der folgenden Weltkriegsjahre mehr oder weniger ruhig.

1945 gründen Ägypten, Libanon, Syrien, Saudi-Arabien und der Irak die Arabische Liga, die u.a. Palästina als Teil arabischer Einflusssphäre deklariert. Anfang 1947 teilen die Engländer der UNO mit, sich aus Palästina zurückzuziehen. Die UNO lässt einen **Teilungsplan** zwischen Palästinensern und Israelis entwickeln, der am 29. November 1947 als (häufig zitierte) **UN-Resolution 181** mit Zweidrittelmehrheit beschlossen wird. Die arabischen Staaten lehnen diese Resolution strikt ab. Die Zionisten nutzen die Zeit bis zum endgültigen britischen Abzug, um ihre Stellungen auszubauen und möglichst viele Palästinenser zu vertreiben.

Am 15. Mai 1948 verlassen die Engländer Palästina, am Vorabend verkündet der erste israelische Ministerpräsident David Ben Gurion die Gründung eines unabhängigen Staates Israel. Dieser Tag symbolisiert für die Palästinenser die **AnNakba**, die **Katastrophe**, den Jahrestag am 15. Mai begehen sie in großer Trauer. Ihnen hatte die UNO-Resolution ebenso einen eigenen Staat zugestanden, jetzt vertrauen sie auf die arabischen Anrainerstaaten, die am 15. Mai Israel den Krieg erklären und den Palästinensern die Rückkehr versprechen. Doch die arabischen Armeen werden unter hohen Verlusten zurückgedrängt. Am 15. Januar 1949 wird ein Waffenstillstand abgeschlossen. Zur traurigen Bilanz zählt neben den Kriegstoten, dass nun etwa 750 000 Palästinenser aus ihrer Heimat vertrieben wurden oder geflohen waren. Die Israelis beherrschen jetzt 77 Prozent des Landes anstelle der im Teilungsplan vorgesehenen 56 Prozent.

Die meisten palästinensischen Flüchtlinge landen im Gazastreifen und auf der Westbank, aber viele ziehen auch weiter nach Jordanien, in den Libanon und in andere arabische Staaten. In den Aufnahmeländern werden zwar Flüchtlingslager errichtet, aber Unterstützung finden die Menschen kaum. Sie werden auch nicht angesiedelt, weil das politisch ein Aufgeben des Rechts auf Rückkehr und Heimat bedeutet hätte. Erst die neu gegründete UN-Flüchtlingshilfe UNRWA (siehe S. 476) sorgt für das Notwendigste.

Diese Situation und Auffassung hat sich bis heute nicht oder nur unwesentlich geändert. Die Flüchtlingslager bestehen immer noch, wenn auch nicht mehr aus Zelten, so doch als eng gepackte Dörfer mit einfachen Häusern. Viele Menschen wiegen sich immer noch im Glauben, in ihre einstigen Häuser in Jaffa, oder wo sonst sie lebten, zurückkehren zu können. Besuchern zeigen sie den alten Hausschlüssel, den sie ständig bei sich tragen.

Im April **1950** annektiert Jordanien das Westjordanland (Westbank) und Ostjerusalem, die dort lebenden Palästinenser erhalten die jordanische Staatsbürgerschaft. Der Gazastreifen steht unter der Kontrolle der ägyptischen Armee, wird aber nicht ägyptisch, die Bewohner sind praktisch staatenlos. Die ohnehin nur schwach ausgeprägte Führungsschicht der Palästinenser ist zerschlagen. Bald tritt der charismatische ägyptische Präsident Nasser als Leitfigur an deren Stelle. Als Nasser 1958 mit Syrien die Vereinigte Arabische Republik gründet, scheint der panarabische Traum auch die Lösung des Palästinaproblems zu ermöglichen. Doch drei Jahre später platzt mit der Auflösung der VAR der Traum.

1964 wird anlässlich der ersten arabischen Gipfelkonferenz in Kairo die Palestine Liberation Organisation (PLO) gegründet, mit Ahmed Shuqeiri an der Spitze. Von ihm stammt der häufig wiederholte Spruch: „Werft die Juden ins Meer!“ In dem von Shuqeiri einberufenen ersten palästinensischen Nationalkongress wird ein *Palästinensisches Manifest* beschlossen, das die Befreiung ganz Palästinas fordert, also das Auslöschen des Staates Israel. Neben der PLO bilden sich in dieser Zeit Guerillaorganisationen wie Fatah und Assefa, die Terroranschläge gegen Israel ausführen.

1967 löst Nasser den sogenannten **Sechstagekrieg** aus. Jetzt hoffen die Palästinenser, bald in ihre Heimat zurückkehren zu können. Doch das Gegenteil ist der Fall. Israel erobert die Westbank, die Golanhöhen, den Gazastreifen und den Sinai. Weitere 300 000 Palästinenser fliehen nach Jordanien, etwa eine Million Menschen (Westbank, Ostjerusalem und Gazastreifen) stehen von jetzt an unter israelischer Herrschaft.

1969 wird **Jassir Arafat** zum Vorsitzenden des Exekutivausschusses der PLO gewählt. Dem charismatischen Arafat gelingt es, das zerstrittene Lager der unterschiedlichen Interessen zusammenzuschmieden.

Die Macht der PLO unter den Palästinensern wächst und wird auch nach außen demonstriert. Als dies dem jordanischen König Hussein zu viel und zu gefährlich wird, wirft er die Organisation **1971** mit brutaler Gewalt aus dem Land. Der Yom Kippur Krieg **1973** führt den Palästinensern erneut die militärische Macht Israels vor Augen. 1974 erkennt die arabische Gipfelkonferenz die PLO als einzige legitime Vertretung der Palästinenser an, Jassir Arafat kann zum ersten Mal vor der UNO-Vollversammlung sprechen.

1977 versucht der ägyptische Präsident Anwar Sadat Bewegung in die Fronten zu bringen. In den Camp-David-Verhandlungen von 1978 kommt es zum Friedensschluss zwischen Ägypten und Israel, der 1979 formal unterzeichnet wird.

Nach dem Debakel in Jordanien hatte sich die PLO Beirut als Hauptquartier auserkoren, wo sie förmlich aufblüht und nahezu uneingeschränkte Freiheiten genießt. Vom Südlibanon aus werden immer mehr Terroranschläge gegen Israel ausgeführt. Unter dem Vorwand, diesen Terror zu bekämpfen, marschieren israelische Truppen im Herbst **1982** im Libanon ein und versuchen, nun ihrerseits die PLO ins Meer zu werfen. Doch die sieggewohnten Israelis brauchen diesmal gut zwei Monate, um die Stützpunkte zu zerschlagen. Nachdem die letzten PLO-Kämpfer den Libanon verlassen haben, ermorden falangistische Milizionäre mehr als 200 der zurückgebliebenen Frauen und Kinder; die israelische Armee greift nicht ein.

Die aus Beirut vertriebene PLO muss in verschiedenen Staaten Zuflucht nehmen, das Hauptquartier landet in Algier. Innerhalb der besetzten Gebiete ändert sich langsam die soziale Situation dadurch, dass immer mehr Palästinenser in Israel Arbeit finden, damit ihr Einkommen entscheidend verbessern, aber auch mit modernen Techniken und Ideen in

Streitpunkt Siedlungen

Eine große Belastung und ein ständiger Streitpunkt stellen vor allem die jüdischen Siedlungen innerhalb der besetzten Gebiete dar. In der Regel handelt es sich um national-religiöse Juden, die quasi mit der Bibel in der Hand von dem Land Besitz nehmen, das Gott dem auserwählten Volk versprach. Die Radikalen unter ihnen sind voller Verachtung und Hass auf die Palästinenser, sie schrecken auch vor Morden nicht zurück.

Dass Siedler im nahezu rechtsfreien Raum agieren können, ihre Taten höchstens von der Nicht-Regierungsorganisation www.btselem.org dokumentiert werden, verdanken sie staatlichem Schutz mit einem Aufwand von etwa hundert Soldaten pro Siedler. Die Siedlungen, die gegen UN-Beschlüsse, Weltmeinung und wider alle Vernunft aus dem Boden gestampft wurden, sind – harmlos ausgedrückt – eine ständige Belastung sowohl der Beziehungen zwischen den beiden Völkern als auch des Friedensprozesses.

Menschenrechte

Amnesty International beobachtet, wie die PA mit den Menschenrechten umgeht und kommt zu keinem anerkennenden Schluss: Polizei und Behörden gehen sehr rigide vor, viele Strafverfahren werden unfair und im Schnellverfahren abgehandelt, es kommt zu Folterungen oder gar Geiselnahme von Familienmitgliedern. Schwere Menschenrechtsverstöße wie willkürliche Festnahmen und Folter werden sowohl von Fatah als auch Hamas begangen.

Berührung kommen. Andererseits steigt das allgemeine Bildungsniveau ganz erheblich, nicht zuletzt durch die von der UNRWA und den arabischen Nachbarländern unterstützten Bildungseinrichtungen. Trotz all dieser Fortschritte gärt es innerhalb der Bevölkerung, die ungeliebte Besatzungsmacht verletzt schon allein durch ihre Anwesenheit, so moderat sie sich (nach eigener Meinung) auch verhalten mag. Die Israelis wiegen sich im trügerischen Glauben, alles unter Kontrolle zu haben.

Ein Verkehrsunfall im Gazastreifen, bei dem drei palästinensische Jugendliche getötet werden, bringt das Fass zum Überlaufen. Er löst im Dezember **1987** die **Intifada**, den Krieg der Steine, aus: Jugendliche bewerfen nicht wie zuvor Soldaten mit Steinen und fliehen dann, sondern sie nehmen jetzt quasi den Kampf auf, finden Verstärkung von Kameraden und ziehen sich erst dann zurück, wenn die Soldaten schießen. Die Intifada greift schnell auf alle besetzten Gebiete über, die Palästinenser werfen sich buchstäblich den Frust von der Seele. Im Januar 1988 bildet sich eine nationale Führung der Intifada, die auch Generalstreiks der in Israel Beschäftigten organisiert. Diesmal ist die Revolte nicht von der Exilführung bestimmt, sondern sie demonstriert den Willen der Menschen in den besetzten Gebieten, ihren Zustand nicht mehr hinzunehmen.

Die spontane Erhebung bleibt nicht ohne Eindruck. Die PLO schwenkt auf diese Linie ein,

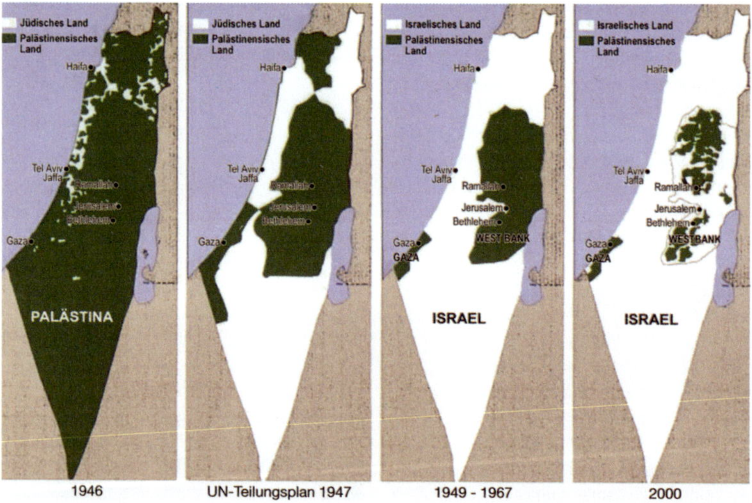

Dieser Ausschnitt aus einem Flyer der *Jüdische Stimme für einen gerechten Frieden zwischen Israel und Palästina (Schweiz)*, www.humanrights-in-israel.ch/de/, stellt die chronologische Entwicklung der Gebietsaufteilung grob, aber übersichtlich dar. Aktuelle Aufteilung der Westbank siehe Karte nächste Seite.

König Hussein von Jordanien verzichtet auf die Westbank und spricht sie den Palästinensern zu. Jassir Arafat gibt sich nun staatsmännisch gemäßigt und wird schließlich auch von den USA anerkannt. Am 5. November **1988** verkündet das Palestinian National Council (das Exilparlament) die Gründung eines palästinensischen Staates, der bald von vielen Regierungen diplomatisch anerkannt wird. Wichtiger aber ist die Tatsache, dass die Palästinenser zum ersten Mal zumindest indirekt eine Zweistaatenlösung in Palästina zugestehen, in der Praxis also einen palästinensischen neben einem jüdischen Staat.

Aus einer Privatinitiative entstehen in Oslo Geheimverhandlungen, die **1993** zum Abschluss der sogenannten **Oslo-Verträge** führen. Beide Vertragsparteien erkennen nun einander und das Existenzrecht des jeweils anderen an und beschließen, die Konfrontation zu beenden. Teile der besetzten Gebiete sollen an die neu zu gründende, interimistische Palestinian Authority (PA) übergeben werden, damit sich die Bewohner selbst nach demokratischen Prinzipien regieren können. Zunächst handelt es sich um den Gazastreifen und um Jericho, in der zweiten Phase (Oslo-2) werden die Israelis Nablus, Jenin, Ramallah, Bethlehem und Hebron (weitgehend) zurückgeben. In der letzten Phase wird Jerusalem zur Debatte stehen. Nach einer fünfjährigen Übergangsperiode hätten die legitimen Rechte des palästinensischen Volkes endgültig realisiert sein sollen.

Die besetzten Gebiete sind während der Zeit des Oslo-II-Abkommens – das noch heute berücksichtigt wird - in drei Zonen aufgeteilt. Die Zone A (11 Prozent des Gesamtterritoriums) untersteht alleiniger palästinensischer Kontrolle, die Zone B (25 Prozent) wird gemeinsam von Israelis und Palästinensern kontrolliert, die restlichen 73 Prozent fallen in die Zone C und unterstehen ausschließlich israelischer Militärverwaltung. Die gemeinsame Kontrolle in Zone B wird so verstanden, dass die PA für den öffentlichen Bereich zuständig ist und die Isarelis die übergeordnete Sicherheit, vor allem auch

Aufteilung der Westbank

für die Siedler, garantieren. In den Zonen A und B leben etwa 70 Prozent der palästinensischen Bevölkerung. Die Frage, welchen Status Jerusalem endgültig einnehmen soll, ist immer noch ungeklärt und eins der größten wie auch belastendsten Probleme überhaupt.

Im Mai **1994** zieht sich die israelische Armee aus dem Gazastreifen und aus Jericho zurück, in den Folgejahren – zum Teil nach großen Verzögerungen – auch aus den meisten anderen vereinbarten Gebieten der Phase 2. Arafat kehrt

Mitte 1994 aus dem Exil nach Gaza zurück, von wo aus er eine staatliche Organisation aufzubauen beginnt. Dies scheint viel leichter gesagt als getan zu werden, denn die Palästinenser sind immer nur regiert worden. Sie müssen viele Strukturen von Null an aufbauen. Dass dabei Fehlentwicklungen stattfinden, liegt auf der Hand. Aber die Euphorie für die neue Zukunft und der Wille, etwas neues Eigenes zu gestalten, schafft auch Korrektive. Dennoch kommt es zu Korruption großen Ausmaßes.

Ende **1995** wird der israelische Ministerpräsident Rabin von einem jüdischen Fanatiker ermordet, Anfang 1996 reißen palästinensische Selbstmordattentäter 60 Menschen mit in den Tod. Neuwahlen in Israel bringen den Hardliner Netanjahu an die Macht, der im Laufe seiner Regierungszeit den Friedensprozess massiv verlangsamt, eher zum Stillstand bringt.

1996 finden die ersten demokratischen Wahlen der Palästinenser statt, bei denen Jassir Arafat mit Mehrheit zum ersten Präsidenten gewählt wird. Arafat versucht, die widerstrebenden Gruppen seines Volkes unter einen Hut zu bringen, vor allem die militanten Terrororganisationen einzudämmen. Doch immer wieder finden Attentate statt, die vor allem den erzkonservativen Kräften in der israelischen Regierung Argumente gegen die weitere Erfüllung der abgeschlossenen Verträge in die Hand spielen.

Als Strafe und aus Rache riegeln die Israelis die Grenzen der palästinensischen Gebiete immer wieder ab. In Osteuropa und Fernost angeheuerte Gastarbeiter nehmen mehr und mehr die Arbeitsplätze der Palästinenser ein. Arbeiteten 1991 noch 120 000 Palästinenser in Israel, so waren es 1996 nur noch 60 000. Das Durchschnittseinkommen der Palästinenser sinkt von 1988 bis 1997 um ein gutes Drittel, die Arbeitslosenquote liegt (als Durchschnitt aller Gebiete) bei über 30 Prozent.

Im Herbst **1998** verhandeln auf Druck der USA Netanjahu und Arafat in Wye, USA, um den Friedensprozess wieder in Gang zu bringen. Das sogenannte Wye-Abkommen wird am 23. Oktober unterzeichnet. Die Israelis machen Zugeständnisse bei der Zonenzuteilung der verschiedenen Gebiete, die Palästinenser verpflichten sich unter anderem, die Israel bedrohenden oder diskriminierenden Artikel aus ihrer Charta zu annullieren.

Betrachtet man die Karte auf Seite 111, dann sieht die palästinensische Landschaft noch schlimmer aus als die der deutschen Kleinstaaterei vor 200 Jahren. Es ist kaum vorstellbar, wie aus einem derart zerrissenen Gebilde ein funktionierender Staat entstehen soll.

Das seit der ersten Intifada kaum bemerkte Erstarken der Hamas, die sich schwungvoller als die ziemlich verknöcherte Fatah für die Belange der Bevölkerung einsetzt, zeigt sich deutlich beim weit brutaleren Verlauf der AlAqsa-Intifada, nachdem General Ariel Sharon – sich seiner Wirkung bewusst – im September **2000** den Tempelplatz in Jerusalem besucht hatte. Die zunehmenden Selbstmordanschläge und der Beschuss durch Qassam-Raketen aus dem Gazastreifen seit 2001 führen die israelische Armee **2002** zur *Operation Schutzschild*, durch die bestimmte Palästinenser gesucht und gezielt getötet werden – eine kontrovers beurteilte, aber weiterhin ausgeführte Praxis.

Im Frühjahr **2003** wird Mahmud Abbas unter Arafat vom Parlament als Ministerpräsident gewählt. Schon im Herbst tritt er zurück, worauf Arafat Ahmed Kurei als Nachfolger ernennt. In diesen Monaten beginnt Israel mit dem Bau der Sperranlagen zur Westbank, deren Mauer und Checkpoints ältere Deutsche unwillkürlich an die ehemalige deutsch-deutsche Grenze erinnern. Die israelische Mauer ist etwa viermal so lang und dreimal so hoch wie die DDR-Mauer damals in Berlin. Der vom obersten israelischen Gericht stellenweise korrigierte Verlauf trennt dennoch palästinensische Familien voneinander, verhindert z.T. die Bewirtschaftung von Feldern und Ölbäumen.

Ende **2004** stirbt Arafat nach langer Krankheit, die Ikone der palästinensischen Befreiungsbewegung. Sicherlich hätte er als Präsident mehr für sein Volk tun können, als mutmaßlich Millionen ausländischer Hilfszahlungen unter Verwandten und Hofschranzen zu verteilen – ein funktionierender säkularer arabischer Staat hätte dem Nahen Osten sicherlich gut getan. Dass es nicht so kam, ist aber keinesfalls Arafat allein zuzuschreiben. Weder Arafats Nachfolger Abbas, noch Haniye, derzeit Oberhaupt im Gazastreifen, werden die Problematik lösen können; der erste besitzt zu wenig Rückhalt in der Bevölkerung, der zweite zu wenig Anerkennung im Westen.

In den weiteren Jahren ist die immer tiefer gehende Spaltung unter den Palästinensern deutlich zu Tage getreten. Die Menschen im Gazastreifen sind durchschnittlich jünger und chancenloser als in der Westbank: Der Bevölkerungszuwachs ist weit stärker und die Bedrohung durch Arbeitslosigkeit enorm. Die Versorgung mit alltäglichem Bedarf wegen der langen Wirtschaftsblockade kann nur durch die Tunnel zum Sinai

Traum aller Palästinenser: Befreiung von der israelischen Mauer

Was hätten wir in Deutschland getan, wenn…

„Die Araber sind zu allerletzt für das Problemfeld Israel verantwortlich zu machen. Sie haben das Problem nicht verursacht, müssen es aber jetzt bis zur bitteren Neige ausbaden und werden noch vor aller Welt dafür gebrandmarkt, dass sie sich wehren. Welches Land hätte sich denn nicht gewehrt, wenn es plötzlich ein ganzes zahlreiches und noch dazu kulturell fremdes Volk aufnehmen müsste? Was hätten wir gesagt, wenn etwa Russland auf die Idee gekommen wäre, die christlichen Armenier oder gar die moslemischen Tschetschenen im besetzten Teil Deutschlands anzusiedeln? Oder wenn die UdSSR überhaupt in den besetzten deutschen Gebieten eigene Siedlungen errichtet hätte, wo es doch völkerrechtlich verboten ist, in besetzten Gebieten zu siedeln? Israel aber „darf" das alles. Darf in den besetzten Gebieten des Westjordanlandes eine Siedlung nach der anderen errichten, das Wasser für die Plantagen der Palästinenser auf eigene Plantagen und Swimming-Pools umlenken und die Palästinenser dann noch dafür verachten, dass deren Landwirtschaft nicht genügend Ertrag bringt. Die westliche Welt sieht zu." Vera Zinsgen in ihrem Buch „Sind die Weltreligionen friedensfähig?"

Wasserrecht – Wassernot

Amnesty International (AI) gab im Oktober 2009 einen Bericht „Troubled Waters - Palestinians Deinied Fair Access To Water" heraus, in dem der Zugang zu Wasser in Israel und in den besetzten palästinensischen Gebieten einschließlich Gaza untersucht wird. Israels Infrastruktur-Minister Uzi Landau reagierte mit der barschen Entgegnung, es handele sich um einen oberflächlichen und lügnerischen Bericht, der die Realität verzerrt darstelle.

Nun ist AI nicht gerade als Lügner bekannt. Auch wenn man unterstellt, dass diverse Zahlenangaben des Berichts diskutabel sind oder nur geschätzt werden konnten, dann ergibt sich dennoch ein trostloses Bild für die palästinensische Bevölkerung. Demnach stehen den Israelis täglich 300 Liter Wasser pro Kopf zur Verfügung, den Palästinensern nur 70. Diese Angabe lässt sich tendenziell insoweit nachvollziehen, als die grünen Rasenflächen und Swimmingpools in den (widerrechtlich errichteten) israelischen Siedlungen häufig schon von weitem auffallen und hinreichend bekannt sind. Die 450 000 Siedler im Westjordanland verbrauchen laut AI etwa so viel Wasser wie man den 2,5 Mio Palästinensern zugesteht, rein rechnerisch also 72 Liter pro palästinensischen Kopf. Israel hält dem entgegen, dass es den Palästinensern mehr Wasser liefere als vertraglich festgelegt und dass der tatsächliche Wasserverbrauch bei 400 Litern in Israel und 200 bei den Palästinensern liege.

Das vielschichtige Problem kann hier nur angerissen werden, anders als in dem 115 Seiten langen Report, www.amnesty.org > News > Reports > 27 October 2009. Kaum bekannt ist, dass die israelische Militärverwaltung bereits kurz nach der Okkupation 1967 alle Wasserrechte an sich zog und dass jeder neue Brunnen, jede Wasserleitung, ja sogar jede Zisterne genehmigt werden muss - ein oft jahrelanger Weg durch die Behörden mit meist ungewissem Ausgang. Alle „Schwarzbauten" werden sofort zerstört. Zwar wurde in den Oslo-Verträgen ein Join Water Committee vereinbart, in dem die Palästinenser vertreten sind. Der AI-Report zitiert allerdings einen internationalen Experten, der die Verhandlungen als Unterwerfung und Demütigung der palästinensischen Seite beschreibt.

Eigentlich ist das Westjordanland von der Natur mit einer wasserführenden, von den winterlichen Regen jeweils neugefüllten Gesteinsschicht gesegnet, die seit Menschengedenken die Brunnen speist. Durch die Wasserentnahme Israels sank der Wasserspiegel jedoch um 10 m und mehr. Viele Brunnen fielen trocken, eine Genehmigung zum Nachbohren bis zum Grundwasser ist nur schwer oder gar nicht zu bekommen. In vielen Dörfern muss das Trinkwasser mit Tankwagen herangekarrt werden; schon allein durch die vielen Umwege wegen gesperrter Straßen ist es ein teures Luxusgut für die Verbraucher geworden.

Schlimmer noch sieht die Lage im Gazastreifen aus. Im Krieg um die Jahreswende 2008/9 wurde die Wasserversorgung dermaßen beschädigt, dass die Hälfte der Bevölkerung ohne Leitungswasser auskommen musste. Parallel dazu zerstörte die israelische Armee mehrere Abwasseranlagen, aus denen das auslaufende Abwasser Felder überflutete, unfruchtbar machte und ins Grundwasser eindrang. Die Gaza-Bevölkerung lebt allein vom Grundwasser unter ihrem Boden, das früher ausreichend aus der Bergregion gespeist wurde, aber jetzt wegen der Überbevölkerung über alle Grenzen ausgebeutet werden muss. Dadurch fließt Salzwasser von der Küste nach, zusätzlich entleeren die zerstörten, schlechten oder undichten Abwasseranlagen kontaminiertes Wasser in den Grund; Prognosen besagen, dass bereits 2010 bei 20 % des Grundwassers die Grenzwerte für die Chlorid-Konzentration überschritten werden. Über 90% des Trinkwassers in Gaza sind eigentlich nicht trinkbar, dadurch ausgelöste Krankheiten weit verbreitet.

erfolgen, denn auch Ägypten hat eine Sperrwand zum Gazastreifen hin errichtet, was häufig vergessen wird. In dieser Situation hat es die Hamas leicht, sich mit sinnvollen sozialen Projekten, Geld und Waffen aus z.B. dem Iran Freunde zu machen, und seit der Wahl **2006** ist sie auch demokratisch legitimiert und hat ihren Machtanspruch im Gazastreifen verteidigen können.

Im Sommer **2008** vereinbart Israel eine Waffenruhe mit der Hamas.. Doch im November dringt die israelische Armee tief in den Gazastreifen ein, um einen Tunnel zu sprengen und liquidiert dabei angebliche Hamas-Leute. Das wiederum löst einen Raketenhagel der Hamas aus, bei dem allerdings fast nur Sachschaden entsteht. Die israelische Regierung nutzt Ende 2008 die Hamas-Raketen als Vorwand, um den Gazastreifen mit einem gnadenlosen Waffengang zu überziehen. Der pausenlose Bombenhagel und die Bodentruppen lassen nach vier Wochen brutalem Krieg eins der am dichtesten besiedelten Gebiete der Welt weitflächig als Trümmerhaufen mit über 1400 Toten und mehren 1000 Verletzten zurück.

Am **31.10 2011** gelingt es Präsident Abbas erfolgreich, die UNESCO Vollversammlung mit Zweidrittelmehrheit für die Aufnahme Palästinas als Vollmitglied zu gewinnen. Die USA bestrafen daraufhin die UNESCO mit der Einstellung der Beitragszahlen. Einen ähnlichen Erfolg kann Abbas am **29.11.2012** verbuchen, als die UNO-Vollversammlung mit 138 von 193 Stimmen Palästina die Mitgliedschaft im Beobachterstatus zugesteht. Nun bestraft postwendend die israelische Regierung die Palästinenser mit dem Bau von 3000 weiteren Siedlungswohnungen in Ostjerusalem und in der Westbank.

Menschen in Israel und Palästina

Israel ist in fast jeder Beziehung ein westlich geprägtes Land. Die Israelis gehen auf den Fremden zu, wie sich jeder Europäer Besuchern gegenüber verhalten würde. Freundlich zwar, aber distanzierter als es die arabischen Nachbarn z.B. in Ägypten tun. Wo immer man Hilfe braucht, sei es bei der Suche nach einer Straße oder beim Einkaufen hebräisch beschrifteter Waren, stets wird man auf Menschen treffen, die sich fast rührend um einen kümmern. Die Menschen Israels schlagen sich im Grunde im Alltag mit nahezu denselben Problemen herum wie wir auch – nur, dass noch einige aufgrund der Rahmenbedingungen des Nahen Ostens hinzukommen.

Das Judentum im heutigen Israel stellt einen Schmelztiegel unterschiedlichster Gruppierungen dar. Es bekennen sich zwar alle zum Judentum, aber sie stammen aus rund 100 zum Teil gegensätzlichen Kulturregionen, wie z.B. dem Jemen und den USA, Äthiopien und Europa. Viele Sprachen und Dialekte werden weiterhin gesprochen, viele unterschiedlichste Traditionen gepflegt und gelebt. Der Besucher kann schon anhand der vielen verschiedenen Restaurants ermessen, aus welchen Gegenden der Welt hier Menschen ein neues Zuhause gefunden haben

Die Majorität der israelischen Bevölkerung stellen die Juden, 76,4 Prozent der rund 7,6 Millionen Einwohner (Statistik 2009) bekennen sich zum jüdischen Glauben, 17 Prozent sind Muslime, 2 Prozent Christen, 1,7 Prozent Drusen und knapp 4 Prozent Angehörige anderer Religionen (z.B. Baha'is). Mit etwa 18 Prozent machen Neueinwanderer aus der ehemaligen Sowjetunion einen hohen Anteil an der Bevölkerung aus, was sich schon rein äußerlich durch viele kyrillische Beschriftungen an und in Geschäften zeigt.

Noch vor knapp 100 Jahren bestimmten die Araber die absolute Majorität. Infolge der Einwanderungswellen der Juden und andererseits der Flucht vieler Palästinenser hat sich das Verhältnis umgekehrt. Denn nach der Vertreibung im 1. und 2. Jh nC konnten sich nur wenige Juden in Palästina halten. Ab 1870 fanden Einwanderungswellen größeren Umfangs statt, die letzten in jüngster Zeit, in der vor allem russische Juden nach Israel strömen.

Die durchschnittliche Lebenserwartung liegt bei 81 (Männer knapp 79, Frauen 83,4) Jahren

3

und das Bevölkerungswachstum bei 1,5 Prozent. Die jüdische Bevölkerung kommt oder kam aus 143 (!) unterschiedlichen Ländern, aber bereits jetzt wurden mehr als zwei Drittel der Israelis im Land geboren.
Während der Diaspora-Periode, also der Zeit, in der die Juden außerhalb Palästinas lebten, konzentrierte sich die jüdische Bevölkerung auf Europa, zunächst auf Spanien und Portugal, später

Dieses Plakat hing nicht in Jerusalem...

dann, nach der Vertreibung von dort, vor allem auf Mittel- und Osteuropa. Mit dem Erschließen des amerikanischen Kontinents zog es auch viele auf die andere Seite des Atlantiks; besonders in den Jahren des Naziterrors fand eine große Anzahl Juden Zuflucht in den USA. Aber auch in Nordafrika (besonders Marokko), in Asien, vor allem in den Gebieten von der Türkei bis in den Iran, waren über die Jahrhunderte größere Ansiedlungen entstanden. Trotz vieler Pogrome und Repressalien blieben die Juden über zwei Jahrtausende ihrem Glauben treu, der ihnen stets das Bild des Gelobten Landes wach hielt.
Entsprechend der unterschiedlichen kulturellen Umgebung bildeten sich bei den europäischen Juden andere Traditionen heraus als z.B. bei den in südlichen Ländern lebenden. Jiddisch war die Sprache der mittel- und osteuropäischen Juden, viele ihrer Bräuche und natürlich ihr Wissen und Können brachten sie mit nach Israel. Man nennt sie *Ashkenasim* im Gegensatz zu den *Sephardim*, die aus Nordafrika und Asien zurückwanderten. Diese Bezeichnungen haben sich auch auf die Nachkommen der Einwanderer vererbt. Leider versteckt sich hinter den Begriffen auch eine soziale Differenzierung. Obwohl die Sephardim die Mehrheit der Bevölkerung stellen, sind sie in den Führungspositionen der Wirtschaft und des Staates unterrepräsentiert.
Trotz der immer noch hohen Einwanderung – jeder Jude weltweit besitzt per israelischem Gesetz Heimatrecht im Gelobten Land – ist bereits die Mehrheit der heutigen Bevölkerung in Israel geboren, diese "Eingeborenen" nennen sich *Sabras* – Kaktusfeigen: außen wehrhaft-stachlig, innen wohlschmeckend-angenehm. Es ist ganz erstaunlich, dass sich Menschen so unterschiedlicher Herkunft so schnell mit ihrer neuen Heimat identifizierten und auch miteinander auszukommen lernten. Der jüdische Glaube und die damit verbundene Hilfsbereitschaft innerhalb der Glaubensgemeinschaft haben sicher viel zur Gemeinsamkeit beigetragen. Ein ganz wesentlicher Integrationsfaktor war und ist jedoch die hebräische Sprache.
Doch in den letzten Jahren scheint mehr und mehr eine Polarisierung zwischen den unterschiedlichen religiösen Lagern stattzufinden, vor allem zwischen den **ultraorthodoxen Juden** und den Säkularisierten. Etwa sechs Prozent der Juden stufen sich als ultraorthodox ein, zu erkennen sind die Männer an ihren oftmals pechschwarzen Anzügen und dem schwarzen Hut, unter dem die Stirnlocken hervorschauen. Mit geübterem Blick wird man unterschiedliche Trachten der diversen Gruppen unterscheiden lernen. Sie leben strikt nach den Geboten der Tora, lehnen – weil nicht der Heiligen Schrift entsprechend – Zionismus, Demokratie und moderne Kultur ab. Der Staat Israel hätte nach Ansicht der meisten nicht vor dem Kommen des Messias entstehen dürfen. Und sie können sich sogar vom Militärdienst befreien lassen. Der staatlichen Sozialfürsorge gegenüber zeigen sie sich jedoch meistens aufgeschlossen.
Nicht ganz so konservativ, aber zum Teil intoleranter und in der Regel schwer bewaffnet sind die **National-Religiösen**, die häufig in Sied-

lungen in der Westbank leben und etwa 13 Prozent der Bevölkerung stellen. Sie kleiden sich zwar modern und tragen lediglich eine oft weiße Kippa, die kleine, mit einer Klemme festgehaltene Kappe auf dem Kopf als Zeichen ihrer Gläubigkeit, aber sie fordern das in der Tora verheißene Land und sind gegen den Ausgleich mit den Palästinensern. Sie dienen in der Armee und nehmen am kulturellen Leben teil.

Die dritte Gruppe nennt sich *traditionell*, sie macht etwa ein Drittel der Bevölkerung aus. Äußerlich ist den *Traditionellen* ihre Anschauung nicht anzusehen, sie verhalten sich staats- und demokratieloyal, gehen aber häufig in die Synagoge und achten die Orthodoxen.

Der große Rest, also etwa die Hälfte der Israelis, gehört dem jüdischen Glauben an, achtet und respektiert ihn, lebt aber in einem Kompromiss, wie er auch im säkularisierten Europa üblich ist. Zu den Säkularen kann man auch das liberale **Reformjudentum** zählen, weltweit die größte Gruppe (vor allem in den USA), aber in Israel praktisch bedeutungslos. Z.B. sind von Reform-Rabbis in Israel geschlossene Ehen ungültig (werden in Israel aber anerkannt, wenn sie im Ausland geschlossen werden). Wer in Israel reformjüdische Spiritualität kennenlernen möchte, hat in Jerusalem in der Har-El-Synagoge oder im Kibbuz Lotan im südlichen Negev Gelegenheit dazu.

Dass Spannungen zwischen den Religiösen und den Säkularen entstehen müssen, liegt auf der Hand. Aber die Einflussnahme der Orthodoxen auf die Politik, die weit über ihre demografische Bedeutung hinausgeht, heizt diese Konflikte massiv an. Denn unglücklicherweise spielen die religiösen Gruppierungen das Zünglein an der Waage, sie sind in der Vergangenheit stets die Mehrheitsbeschaffer der Regierungspartei gewesen. Die Verlangsamung des Friedensprozesses bis zum Stillstand geht zum guten Teil gerade auch auf ihr Konto.

Über das künftige Verhältnis zwischen den Gruppen wird denn auch heftig diskutiert, ja sogar massiv gestritten. Vorschläge, Israel noch einmal zu teilen und jeder Gruppierung ihr Territorium zuzuweisen, besitzen einen bitterernsten Hintergrund – so fern von dieser Welt sie auch sind.

Die streng orthodoxe Jüdin

Wie in nahezu allen Gesellschaften beschränkte sich in der Vergangenheit die Rolle der Frau auch im traditionellen Judentum auf wenige Funktionen: Führen des Haushalts sowie Ge-

Die beiden Jungs in Hebron kennen alle 613 Ge- und Verbote

bären und Erziehen der durchschnittlich acht Kinder – vor allem der Töchter, denn um die Erziehung der Söhne kümmerte sich ab deren sechstem Lebensjahr der Vater. Auch Zugang zur Bildung war den Frauen weitestgehend verwehrt.

In den Pionierzeiten während der ersten Einwanderungswellen nach Israel, mussten die Frauen ebenso hart arbeiten wie die Männer. Sie gewannen dadurch zwar etwas mehr Freiheit und Selbstständigkeit, aber ihre soziale Stellung war von außen betrachtet immer noch demütigend. Spätestens mit der Ausrufung des unabhängigen Israel begann sich auch die Rolle der Frau in ultraorthodoxen Familien zu ändern. Die Männer, die häufig jahrzehntelang religiöse Studien treiben, können in dieser Zeit nicht den Lebensunterhalt der Familie erwirtschaften. Daher springen die Frauen als Ernährerinnen der Familie ein, viele von ihnen als Lehrerinnen in strenggläubigen Schulen, aber auch in anderen Berufen. Zwangsläufig müssen die Männer sich an der Hausarbeit beteiligen und sich auch um die Kindererziehung kümmern. Die jetzt besser gebildeten Frauen suchen auch außerhalb der Familie kulturelle Interessen zu befriedigen, kommen sowohl durch Beruf als auch Hobbys mit Ideen der säkularen Geschlechtsgenossinnen in Kontakt.

Diese über mehrere Jahrtausende unvorstellbare Emanzipation der ultraorthodoxen Frau fand dennoch in relativ engen Grenzen statt. Denn die Berufstätigkeit erfolgt neben der Rolle als meist vielfache Mutter mit all ihren Pflichten, da Geburtenregelung bei den Ultraorthodoxen nicht akzeptiert wird. Hinzu kommt die Unterordnung unter den Mann als Familienoberhaupt mit all ihren Konsequenzen.

Im Moment schlägt das Pendel auch wieder zurück: Die Haredim setzen mehr und mehr Mehadrin-Busse durch, in denen die Frauen abgetrennt hinten sitzen müssen, damit sich die Männer von den „blutflüssigen" Wesen nicht eingeschränkt zu fühlen brauchen. Die Regisseurin Anat Zuria hat darüber den Dokumentarfilm *Black Bus* gedreht. Strikte Geschlechtertrennung auch im Supermarkt und im Gesundheitswesen soll demnach eine Reinheit hervorbringen, die dem Kommen des Messias den Weg ebnet.

Um Missverständnissen vorzubeugen: Es handelt sich hier um etwa sechs Prozent der israelischen Frauen. Und auch die Ultraorthodoxen sind kein einheitlicher Block, wie sich bei genauerem Hinsehen schon an der Kleidung zeigt – bei den Frauen z.B. an der Kopfbedeckung nach der Heirat: beispielsweise kahlgeschoren mit Kopftuch (häufig Frauen mit Bezug zur ungarisch-rumänischen Tradition), oder mit Perücke (auf Jiddisch: *sheitel)* über den Haaren, die nur der Ehemann sehen darf, oder mit Perücke und Kopftuch. Manche Rabbiner verbieten Frauen, einen Führerschein zu machen, andere nicht, manche ermutigen sie zu beruflicher Karriere, viele jedoch nicht. Die Familien der sogenannten Traditionellen dürften zwar eher zu diesem Muster tendieren, aber bei weitem nicht so streng wie die Ultraorthodoxen. Die Stellung der Frau in den Familien der Säkularisierten entspricht etwa dem generellen westlichen Spektrum.

Hebräisch, die erneuerte alte Sprache

Neuhebräisch *(Ivrit)* und Arabisch – beide zum semitischen Sprachstamm zählend – sind die beiden offiziellen Sprachen Israels. Hebräisch, die Ursprungssprache der Juden, wurde gar nicht so lange gesprochen, wie man geschichtlich eigentlich annehmen könnte. Bereits im 6. Jh vC hatte sich das Aramäische, die Verkehrssprache des Nahen Ostens dieser Zeit, auch in Israel so durchgesetzt, dass die Juden es als Umgangssprache (und bis heute auch als Schrift) nutzten und nur im Religiösen auf die Sprache der Bibel zurückgriffen. Bei dieser Sprachteilung ist es bis zum Ende des 19. Jh nC geblieben.

Die zionistische Bewegung entdeckte die Attraktivität des Hebräischen als Identifkationsmerkmal der neuen jüdischen Bewegung. Für die orthodoxen Gläubigen jedoch ist Hebräisch eine heilige Sprache, die erst der Messias bei seiner Ankunft zu neuem Leben erwecken wird. Trotzdem machte man sich daran, die seit zweieinhalb Jahrtausenden "eingefrorene" Sprache für den täglichen Gebrauch aufzutauen und zu modernisieren. Besondere Verdienste erwarb sich Eliezer Ben Yehuda, der viele moderne Begriffe in der alten Sprache entwickelte. Das schier Unvorstellbare gelang: Aus einer uralten Riten vorbehaltenen Sprache entwickelte sich ein ganz modernes, heute selbstverständlich angewendetes Kommunikationsmittel, noch dazu mit eigener Schrift.

Die hebräische Schrift, von rechts nach links geschrieben, besteht aus 22 Buchstaben, die aber nur die Konsonanten und langen Vokale abbilden. Kurze Vokale werden durch Zeichen angedeutet, die unter oder über dem Buchstaben angebracht werden, dem ein Vokal folgt – im Alltag werden sie jedoch weggelassen. Die ursprünglich aramäischen Buchstaben würden jeweils in einen quadratischen Kasten passen, daher spricht man von Quadratschrift.

Für den Besucher bringen Sprache und Schrift ein paar Nachteile mit sich, weil man praktisch nichts lesen kann, das gilt natürlich genauso für arabische Länder. Viel bequemer für westliche Besucher wäre es gewesen, wenn zumindest die lateinische Schrift beibehalten worden wäre…

Die Palästinenser

Die Wurzeln der heute im Raum Israel lebenden Palästinenser gehen sowohl auf die vielen Besatzer des Landes als auch auf die arabische Eroberung bzw. die arabischen Nachbarn zurück. Gemeinsam ist ihnen in erster Linie der Islam als bestimmende Leitlinie ihres Handelns, aber auch die arabische Tradition. Sie verbindet ebenso die christlichen und drusischen Minderheiten mit der muslimischen Majorität der Palästinenser. Dabei bestimmen durchaus auch islamische Elemente Verhaltensweisen und Traditionen der Christen.

Wie kompliziert es ist, Palästinenser zu sein, lässt sich am unterschiedlichen politischen Status erläutern: Im Gazastreifen sind sie ihrer Freizügigkeit weitestgehend beraubt, sie können ihr Gebiet kaum verlassen und auch nur äußerst umständlich Besuch empfangen. Leute aus der Westbank mit grüner PA-Identitätskarte oder mit jordanischem Pass dürfen nur auf Antrag nach Israel, Ostjerusalem eingeschlossen, und brauchen auch eine Erlaubnis, wenn sie ins Ausland reisen wollen. Leute aus Ostjerusalem mit ihrer blauen Jerusalem-Identitätskarte dürfen relativ problemlos in die Westbank und nach Israel hinein.

Die arabischen Israelis dürfen mit ihrem israelischen Pass wiederum nicht in die palästinensischen Autonomiegebiete, was 2009 lockerer, aber inzwischen wieder streng gehandhabt wird. Die Palästinenser in arabischen Ländern können sich frei bewegen, wenn sie keinen Flüchtlingsstatus haben wie z.B. der Großteil der Landsleute im Libanon, wo sie nicht einmal eine Arbeitserlaubnis erhalten, dürfen aber beispielsweise aus Kuwait oder den Arabischen Emiraten nicht nach Israel, in die Westbank also nur über Jordanien. Am einfachsten haben es die Auslandspalästinenser in Europa und Süd- und Nordamerika. Mit anderer Staatsbürgerschaft können sie – nach sicherlich ausführlichem Grenz-Check aufgrund ihres Namens und Aussehens – sogar nach Israel. Alles klar?

Das tägliche Leben unterliegt – so modern sich die Palästinenser auch geben – den Regeln des Islam, angefangen bei den täglichen fünf Gebeten und endend im gemeinsamen Fasten während des Ramadan. Unter die religiösen Traditionen fällt auch der Umgang der Geschlechter miteinander; das Patriarchat dominiert das Familienleben. Zwar gilt die Frau als die Herrscherin im Haus, aber die wichtigen Entscheidungen und die "Außenpolitik" obliegen dem Mann.

Palästinensische Frauen bewegen sich deutlich freier als z.B. ihre Geschlechtsgenossinnen in Saudi-Arabien. Sie sind gut ausgebildet und spielen auch im Berufsleben eine wichtige Rolle. Dennoch orientiert sich ihre Kleidung an islamischen Moralvorstellungen, oder es werden noch die traditionellen Trachten getragen. Frauen zeigen sich selten allein in der Öffentlichkeit. Entweder sorgt ein männliches Familienmitglied für Begleitung und Schutz, oder die Frau geht mit Freundinnen oder Verwandten aus.

Das öffentliche Nachtleben unterscheidet sich grundlegend von dem des Westens. Man geht ins Kino oder bummelt durch die Basare, aber als Frau nie allein, sondern entweder mit Ehepartner und den Kindern oder, seltener, mit anderen Frauen. Die Männer hocken gern im Café, beschäftigen sich mit Brettspielen oder diskutieren mit den Nachbarn. Alkohol spielt aus religiösen Gründen keine oder eine untergeordnete Rolle.

Der Besucher trifft auf offene, kontaktfreudige und freundliche Menschen. Trotz aller wirtschaftlichen und politischen Nöte zeigt sich die Situation der Palästinenser nach außen nicht so drastisch wie in anderen armen Ländern dieser Erde. Selbst die Flüchtlingslager sehen ordentlicher und aufgeräumter aus als z.B. so manches ärmere Viertel in Kairo.

Tscherkessen

Das nordkaukasische Volk nennt sich selbst Adygen, Israelis sprechen meist englisch von *Circassians*. Die russischen Zaren hatten bis 1864 rund 100 blutige Jahre gebraucht, um den Kaukasus zu erobern und deportierten Hunderttausende aus den zwölf tscherkessischen Stämmen ins Osmanische Reich. Dem Sultan dort waren die guten Krieger zum Grenzschutz in Syrien und Palästina willkommen. Um 1880 fanden einige Unterschlupf in der südlichen Levante, also dem heutigen Israel. Als nach wie vor anerkannte Minderheit können sie ihre Sprache und Kultur pflegen, und als israelische Staatsbürger dienen sie oft in Armee und Polizei. Die bereits im 5. Jh christianisierten Tscherkessen erhielten ihre Stammesreligionen weitgehend bis zur islamischen Mission im 15. Jh. Heute sind fast alle Tscherkessen Sunniten. Es gibt keine eigene Schrift, Tscherkessisch ist bisher mit arabischen, lateinischen und kyrillischen Lettern notiert worden. Am einfachsten trifft man die israelischen Tscherkessen in ihren beiden Dörfern: rund zweitausend Schapsughen in Kfar Kama zwischen Berg Tabor und See Genezareth und rund tausend Abadzechen in Rikhanya nördlich von Safed. Traditionell nehmen sie außerdem mit Gesang und Tanz zum Fest Lag BaOmer (siehe S. 77) am Umzug zum Berg Meron teil. Ausführlicheres bieten die Portale www.circassianworld.com und www.circassiancenter.com.

Drei monotheistische Religionen

Judentum

„Höre, Israel, der Herr, unser Gott, ist einzig!" ist das Gebet, das jeder fromme Jude täglich morgens und abends spricht. Ein nicht unähnliches Gebet schallt fünfmal täglich von den Minaretten der islamischen Moscheen (siehe S. 124).

Die Einzigartigkeit des Gottes Jahwe, und damit den strengen Monotheismus, führten die Israeliten in die Weltgeschichte ein. Für die damalige Welt mit ihren vielen Religionen und den zahllosen Göttern war die Einzigartigkeit dieses Gottes ein Novum, das erstaunlicherweise isoliert blieb, ja Gefahr lief, durch Nebengötter entweiht zu werden. Immer wieder mussten Propheten mit aller Macht für eine Reinigung der Lehre und des Tempels eintreten.

Da der Gott Israels einzigartig ist, hängt ausschließlich von ihm alles Leben, alles Fortbestehen ab. Er hat die Welt mit dem Ziel der Fortentwicklung zu einem Ende – nicht zu einem Kreislauf – geschaffen, an dem das Reich Gottes als große Verheißung steht, als Lohn für ein gottgemäßes Leben. Er begegnet den Menschen in Gerechtigkeit und Liebe, aber auch in Zorn. Der Mensch ist zwar ein Ebenbild Gottes, aber geschaffen aus einer Handvoll Staub.

Er hat die Freiheit, nach Gottes Willen zu leben oder zu sündigen. Die Unvollkommenheit des

Menschen impliziert zwar auch einen Zwang zum Bösen, dem man sich aber willentlich entziehen kann. Wenn der Mensch Gott liebt, dann muss er auch seinen Mitmenschen, der ja ebenfalls Gottes Geschöpf ist, lieben.

Nach jüdisch-orthodoxem Glauben gibt es keine Trennung zwischen dem sakralen und dem profanen Bereich im Leben eines Menschen. Alle Handlungen und Verrichtungen müssen geheiligt werden. Der fromme Jude geht segnend durch den Tag, Speise und Trank oder neue Kleidung, alles was von Gott kommt oder ihm dient, wird gesegnet.

In der Heiligen Schrift ist der Glaube der Juden festgehalten. Sie besteht aus der Tora (den Gesetzen), den Propheten und den Weisheitsschriften.

Als Jerusalem und der Tempel 70 nC zerstört worden waren, traten die Rabbiner an die Stelle der Tempelpriester. Die Tora (bei Luther die fünf Bücher Mose) stellt mit ihren Anweisungen für das soziale und Familienleben, den Vorschriften über die Einhaltung des Schabbat und der Feiertage und den Speise- und Reinigungsgesetzen den Kern des jüdischen Religionsgesetzes dar und wird in einem jährlichen Zyklus im Morgengottesdienst des Schabbat gelesen. Detailliertere und vertiefte Vorschriften, die zunächst mündlich überliefert wurden, wurden um 215 in Sephoris/Zippori in der Mischna kodifiziert. Als Kommentar zur Mischna bildete sich im Laufe der nächsten Jahrhunderte der Talmud heraus, der neben Diskussionen über die exakte Auslegung der Gesetze und alle vorstellbaren Probleme, die sich aus ihnen ergeben können, auch geschichtliche und anekdotische Teile enthält.

Es gibt z.B. sehr detaillierte Regeln, wie geschlachtet werden muss (*Schachtung*, d.h. totale Ausblutung) und was gegessen werden darf, d.h. was koscher ist. Nicht koscher sind Schweinefleisch, Aal, Schalentiere wie Krabben, Muscheln etc. Verbindungen von Milch- und Fleischspeisen sind unkoscher, d.h. eine Bratensauce mit Sahne verwandelt augenblicklich den koschersten Rinderbraten in ein ungenießbares Stück. Nicht einmal die Zubereitungs- und Esswerkzeuge dürfen für beide Speisenarten gemeinsam benutzt werden; orthodoxe Familien besitzen sowohl für

Fromme Juden beten an der Westmauer (Klagemauer), den Ruinen der Umfassungsmauer des von Herodes errichteten Tempelbezirks

Milch- als auch für Fleischspeisen eigenes Geschirr, Besteck und Spülmaschinen. Ein typischer jüdischer Witz erzählt: Als Herr Stern seine Schwiegermutter umbringen will und zum nächstbesten Messer greift, fällt ihm seine Frau in den Arm: „Nicht doch mit dem milchigen Messer!"

So bestimmen 613 Gebote und Verbote das tägliche Leben. Am heiligen Shabbat sind 39 Betätigungen untersagt. Zu den wichtigsten Regeln gehört, dass am Shabbat kein Feuer angezündet werden darf; wobei die Betonung auf *Anzünden* liegt, ein brennendes Feuer darf unterhalten werden. Daraus leitet sich wiederum ab, dass auch das Einschalten von Elektrizität verboten ist, z.B. auch das Betätigen eines Liftknopfes, der veranlasst, dass der Bewohner in seine Wohnung im 20. Stockwerk gebracht wird. Doch die moderne Technik macht manche dieser Einschränkungen weniger spürbar. Aufzüge werden z.B. vor Beginn des Feiertags auf eine Automatiksteuerung geschaltet, die den Fahrstuhl ohne Knopfbetätigung losfahren und an jedem Stockwerk halten lässt. Wundern Sie sich also nicht, wenn der Lift Ihres (streng religiös ausgerichteten) Hotels ab Freitagabend nur langsam vorankommt.

Überhaupt ist der Shabbat ein besonders wichtiger Tag, an dem der Synagoge große Bedeutung zukommt. Vater und Söhne suchen den bilderlosen Versammlungsraum bereits am Freitagabend zum Gebet auf. Samstagvormittag geht die ganze Familie zum Gottesdienst, die Frauen versammeln sich getrennt von den Männern. Während der Feierstunde tragen fromme Juden den Gebetsmantel *(Talit)*, der auch über den Kopf gezogen wird, um sich noch inniger mit Gott verbinden zu können. Kein Mann betritt ohne das kleine Käppchen, *Kippa* genannt, die Synagoge. Viele tragen sie auch im täglichen Leben als ein Zeichen der Verehrung Gottes. (Kleidungssitten der Ultraorthodoxen sind bei der Beschreibung des Jerusalemer Ultraorthodoxen-Viertels Mea Shearim erwähnt, siehe S. 181.)

Christentum

Für die drei monotheistischen Religionen ist Israel von größter Bedeutung. Die Wurzeln des Judentums und die des Christentums führen in dieses Land zurück, für den Islam gewann Jerusalem als drittheiligste Stadt hohe Bedeutung, weil der Prophet Mohammed von hier aus zu seiner nächtlichen Himmelsreise aufbrach.

Wir gehen in diesem Abschnitt hauptsächlich auf das Judentum und den Islam ein, weil das Christentum den Lesern des deutschen Sprachraums wohl hinreichend bekannt sein dürfte. Wir halten aber ein paar grundsätzliche Bemerkungen für wichtig.

Wer Israel besucht, wird an den christlichen Pilgerorten auf Schritt und Tritt an Aktivitäten Jesu erinnert. Man hat den Eindruck, dass viele Plätze, an denen der Verkünder des Gottesreiches gewirkt haben soll, heute nicht selten vordergründig frömmelnden Anlässen oder schlichter Geschäftemacherei dienen. Doch Jesus als Person ist ein großes Mysterium, im Grunde entzieht er sich weitgehend jeder Lokalisierung seines Tuns, was ihn vielleicht deshalb zusätzlich interessant macht. Denn seiner Lehre gemäß wäre ihm der heutige Rummel um die christlichen Stätten sicher zuwider gewesen; ihm ging es wohl um die Inhalte seiner Lehre und nicht um Anhimmelung.

Um die geschichtlichen Relationen zu beleuchten, folgen einige Gedanken und Thesen aus zwei Büchern:

- Klaus Berger: *Wer war Jesus wirklich?*, Stuttgart, 1995
- Hans Küng: *Christ sein*, München, 1993.

Wann lebte Jesus wirklich?

Wie von anderen Persönlichkeiten der Bibel und Antike findet sich in ganz Palästina bisher kein archäologischer Beweis dafür, dass Jesus wirklich lebte. Im Gegensatz dazu konnten viele im Alten Testament erwähnte Orte und Stätten in Form von Inschriften, typischen Bauwerken etc. nachgewiesen werden. Nur wenige Worte im Neuen Testament sind eine authentische Wiedergabe der Worte von

Christus, obwohl innerhalb der Niederschriften weitgehend wörtliche Zitate vorkommen mögen; doch es lässt sich kaum bestimmen, welche es sind. Die Evangelien, die über das Wirken von Jesus berichten, wurden frühestens etwa 40 Jahre nach der Kreuzigung (Markus) oder gar erst 70 Jahre später (Johannes) verfasst. Die Evangelisten waren keineswegs Historiker, sondern Prediger, Verkünder einer neuen Religion, die im heutigen Sinn eher Propagandaschriften für ihre Botschaft verfassen mussten, als sich akribisch getreu historischen Schilderungen widmen zu können. Selbst wenn sie sich als sorgfältige Chronisten gesehen hätten, so lagen doch die Ereignisse zu lange zurück, um sie überhaupt noch genau schildern zu können.

Zeitlich näher am Leben Jesu liegt der bekannte jüdisch-römische Geschichtsschreiber Flavius Josephus, der berichtet, dass „Jakobus, der Bruder des sogenannten Christus" vor das oberste jüdische Gericht zitiert wurde. 117 nC schreibt der römische Historiker Tacitus, dass Christus (als Namensgeber der Christen) unter Pontius Pilatus hingerichtet worden war.

Rückschlüsse auf die Existenz und das Leben von Jesus lassen sich im Wesentlichen nur aus dem Neuen Testament, d.h. den Evangelien ziehen, die im Übrigen im Kern ihrer Aussagen erstaunlich übereinstimmen. Verdichtet man diese Aussagen, so ergibt sich zumindest, dass Jesus unter Kaiser Oktavian "Augustus" (27 vC bis 14 nC) geboren wurde, unter dessen Nachfolger Tiberius öffentlich auftrat und unter dem römischen Statthalter in Judäa, Pontius Pilatus, hingerichtet wurde. Seine historisch gesicherte "Öffentlichkeit", das heißt sein öffentliches Wirken, dauerte demzufolge zwischen wenigen Monaten bis wohl maximal drei Jahren.

Analysiert man die Evangelien, so wurde Jesus zwischen 27 und 33 nC am 14. oder 15. Nisan des jüdischen Kalenders gekreuzigt. Die Römer richteten ihn wohl kaum aus religiösen Gründen hin, für die sie sich wenig interessiert haben dürften, sondern vielmehr aus innenpolitischer Sorge, vermeintlich umstürzlerische Gedanken im Keim ersticken zu müssen. Auch die Jahreszahlen sind mit gewisser Vorsicht zu interpretieren, denn erst im 6. Jh nC legte der römische Mönch Dionysius Exiguus die christliche Zeitrechnung fest – so lange nach den Ereignissen konnte wohl kaum

Äthiopischer Mönch auf dem Dach der Grabeskirche

für ein korrektes Zählen der seither verstrichenen Jahre garantiert werden.
Wenn auch die geschilderten Umstände oder Schlüsse aus historischer Sicht nicht oder nicht immer im Wortlaut oder auch Wortsinn mit den Evangelien korrespondieren, so sollte dies keinen gläubigen Christen beunruhigen. Denn die Grundaussagen des Christentums sind nicht an Orte oder Zeitangaben gebunden.

Islam

Im 7. Jh entwickelte ein Kaufmannssohn namens Mohammed in Mekka im heutigen Saudi-Arabien eine neue monotheistische Lehre, den Islam, der an jüdische und christliche Überlieferungen anknüpft. 622 zieht er wegen Zwistigkeiten mit den Kaufleuten Mekkas nach Medina um: Mit dieser *Hidjra* beginnt die muslimische Zeitrechnung. Als der Prophet Mohammed 10 Jahre später stirbt, hat er nicht nur eine neue starke Religion gestiftet, sondern auch die zerstrittenen arabischen Stämme soweit unter der Fahne des Islam geeint, dass diese die neue Religion und den ihr eigenen Gottesstaat blitzartig im Orient ausbreiten können.
Die von Mohammed verkündete streng monotheistische Religionslehre des Islam (deutsch *Hingabe*) ist im **Koran** festgehalten. Viele Elemente dieser Lehre basieren auf der Bibel, so betrachtet Mohammed auch Jesus, Moses und die anderen Propheten der Bibel als seine Vorgänger. Wie auch in anderen Religionen glauben die Muslime an das Leben nach dem Tod, werden die Taten des Menschen nach dem Tode bewertet (allerdings erst beim Jüngsten Gericht), landen die Bösen unter furchtbaren Qualen in der Hölle, die Guten im Paradies. Jedoch verhält sich der Mensch prinzipiell nach Allahs Willen, er kann sein irdisches Wandeln nur bedingt entgegen Allahs Wunsch modifizieren. Daraus resultiert ein gewisser Fatalismus, dem wir Europäer häufig erstaunt oder gar fassungslos gegenüberstehen.
"Es gibt keinen Gott außer Allah, und Mohammed ist sein Prophet" (auf Arabisch: "La ilaha illa-lLah wa Muhammadun rassulu-lLah"), dieses Glaubensbekenntnis und Grunddogma ist einer der fünf Grundpfeiler des Islam. Täglich hören Sie es von den Minaretten der Moscheen schallen. Wenn Sie es selbst aussprechen, sind Sie danach nach muslimischer Vorstellung ebenfalls Muslim – besser in der Richtung nichts überstürzen.
Eine weitere Grundpflicht sind die täglichen fünf Gebete: Bei Sonnenuntergang (Beginn des neuen Tages) erfolgt das erste Gebet, zwei Stunden nach Sonnenuntergang das zweite, in der Morgenröte das dritte, mittags das vierte und gegen drei Uhr nachmittags das fünfte. Das Gebet muss rein, d.h. mit

Muslimischer „Rosenkranz"
Muslimische Männer sieht man häufig mit Gebetsketten aus verschiedensten Materialien. Mit Ursprung in Indien verbreiteten sie sich seit dem 9. Jh, rechtlich erlaubt waren sie erst im 15. Jh. Als christlicher Rosenkranz kamen sie mit den Kreuzzügen nach Europa. Im Islam hat die Subha (auch Misbaha oder Tisbah) 99 oder 33 Perlen: Man betet je 33 mal Formeln wie Allahu akbar – Gott ist größer, oder das Glaubensbekenntnis; oder die 99 schönen Namen Allahs (die Beduinen erzählen, den 100. kenne nur das Kamel, das ihn aber nicht verrate). Die Subha dient manchmal wohl auch nur dem Zeitvertreib und an Rückspiegeln sicher als Amulett.

Der Felsendom in Jerusalem gilt als eins der schönsten islamischen Bauwerke

gewaschenen Füßen, Händen und Gesicht, barfuß und auf einer reinen Unterlage (Gebetsteppich) mit dem Kopf in Richtung Mekka erfolgen. Daher hat auch der Besucher einer Moschee entweder die Schuhe auszuziehen oder die häufig angebotenen Stoffüberschuhe anzulegen.

Einmal im Jahr haben Muslime einen Fastenmonat einzuhalten, der im Mondmonat Ramadan liegt und 30 Tage dauert, ebenfalls einer der fünf Glaubensgrundpfeiler. Von der ersten Dämmerung bis zum Sonnenuntergang darf weder gegessen noch getrunken, geraucht oder sonstigen fleischlichen (sexuellen) Genüssen nachgegangen werden. Darüber hinaus sollen keine bösen Worte gesagt oder gedacht und Streit vermieden werden. Für den Besucher kann der Monat Ramadan ein paar praktische Probleme mit sich bringen, da viele Restaurants tagsüber geschlossen und nach Sonnenuntergang total überfüllt sind.

Als ein weiterer Glaubenspfeiler gilt die Almosenpflicht gegenüber Armen. Mit dieser Armensteuer reinigt sich der Besitzende vom Makel des Besitzes, für den Habenichts ist sie eine Art von Rentenversicherung. Weiterhin soll – als letzte der fünf grundlegenden Vorschriften – jeder Muslim einmal im Leben eine Pilgerfahrt (Hadj) nach Mekka unternehmen. Sie zählt zu den Höhepunkten im muslimischen Leben; das gemeinsame Gebet mit vielen tausend anderen Pilgern vor der Kaaba in Mekka ist ein tief prägendes und die Glaubensgemeinschaft bindendes Erlebnis.

Das Grün am Turban weist wohl auf Verwandtschaft zur Familie des Propheten Mohammed hin

Zu den weiteren Vorschriften des Korans zählt die Beschneidung der Knaben. Diese häufig mit einem großen Fest verbundene Zeremonie findet heute meist kurz nach der Geburt statt. Strenge, den klimatischen Verhältnissen angepasste Verbote herrschen auch bei Tisch: Es gibt keinen Alkohol oder andere berauschende Getränke; der Verzehr von Schweinefleisch und das Fleisch aller Säugetiere, die sich von Fleisch ernähren, ist verboten.

Im Islam ist die bildliche Darstellung besonders von Menschen verpönt, weil sich Mohammed in dieser Richtung äußerte (seine Äußerungen – keine ausdrücklichen Verbote – waren mehr gegen den Götzendienst als gegen figürliche Malerei gerichtet). Daher scheuen auch heute noch strenge Muslims vor Kameras zurück. Dieses "Verbot" hatte allerdings extreme Auswirkungen auf die Kunst: Es führte zu der reichen Flächenornamentik des Islam. Die antike Blattranke wurde zur Arabeske stilisiert, einem fortlaufenden Rankenmuster aus Stengel, Blatt und Blüte. Darüber hinaus entstand die arabische Schriftmalkunst, die Kalligrafie, die in keiner anderen Kultur ihresgleichen hat – bestes Beispiel dafür ist der Felsendom.

Landschaften Israels

Schon der erste Blick auf die Karte macht deutlich, dass Israel aus unterschiedlichen Landschaftstypen besteht: der westlichen Küstenebene am Mittelmeer, dem sich anschließenden Bergland von Judäa und Samaria sowie dem Grabenbruch mit dem Jordan und Toten Meer. Im Norden dehnt sich Galiläa von Grenze zu Grenze und im Süden breitet sich die Wüste Negev aus.

Die Küstenebene zieht sich am Mittelmeer 270 km von Nord nach Süd, 16 bis 40 km von West nach Ost, allerdings im nördlichen Drittel durch den vorspringenden Block des Karmelgebirges mit dem Hafen von Haifa unterbrochen. Bemerkenswert ist die sich zwischen dem Karmel und dem Yarkonfluss erstreckende Sharon-Ebene, die ursprünglich Sumpfland war, von den jüdischen Einwanderern trockengelegt wurde und heute zu den fruchtbarsten Gebieten des Landes zählt.

Das Bergland östlich der Küstenebene besteht hauptsächlich aus Kalkstein und Dolomit, zwischen Bergen und Ebene verläuft noch das sanfte Hügelland der Shefela mit seinem rostroten Ackerboden. Im Norden ist es das bis zu 1208 m hohe Bergland von **Galiläa** *(HaGalil)*, das landschaftlich zu den eher lieblichen Regionen des Landes zählt, aber dennoch reiche Abwechslung vom schneebedeckten Berg Hermon bis hinunter zum See Genezareth bietet. Ab dem Jesre'el Tal zieht sich das Bergland von **Samaria** *(Shomron)* mit Erhebungen von maximal 1018 m bis an die Flüsse Yarkon und Shilo, dann folgt nach Süden das ähnlich hohe Bergland von **Judäa** (Yehuda), schließlich die Wüste Negev. Sind die Galiläischen Berge vor allem durch Aufforstung recht grün, so nimmt die Vegetation nach Süden immer mehr ab, bis sie von der Wüste ganz ausgelöscht wird.

Das Jordantal, in einem Teil des syrisch-ostafrikanischen Grabenbruchs gelegen, fällt vom Berg Hermon im Norden stetig ab und hat bereits beim See Genezareth -210 m erreicht, um dann im Toten Meer mit -400 m den tiefsten Punkt der Erdoberfläche zu markieren. Im

Norden schuf der Jordan die Hula-Ebene, eine Sumpflandschaft, die nach der Trockenlegung durch jüdische Siedler zum hervorragenden Ackerland wurde. Auch der weitere Flusslauf nach dem See Genezareth ist durch üppiges Grün gekennzeichnet, allerdings immer schmaler werdend. Die westlichen Gebirge fallen meist sehr steil zum Grabenbruch hin ab. Besonders deutlich erlebt dies der Reisende auf dem Weg von Jerusalem zum Toten Meer. Die Fahrt dorthin führt durch die Judäische Wüste, eine äußerst karge, im Regenschatten liegende Landschaft, die zwar etwas mehr Regen als der Negev verbuchen kann, dessen Menge aber für eine Kultivierung nicht ausreicht. Sie zieht sich an der Ostseite der Judäischen Berge bis zum Negev.

Am Fuß der Judäischen Berge hat sich das Wasser des Jordans im abflusslosen Toten Meer gesammelt und durch Verdunstung im Laufe der Zeit so viele Minerale angesammelt, dass allein der Salzgehalt jegliches Leben auslöscht. Einzelheiten hierzu finden Sie auf S. 376.

Wie ein Keil verläuft der Negev nach Süden. Auf der Höhe von Beer Sheba beginnend weist er zunächst noch Lößschichten in einer Hügellandschaft auf, die mit dem geringen Niederschlag von bis zu 700 mm pro Jahr und künstlicher Bewässerung noch landwirtschaftlich genutzt werden können. Weiter südlich wird es dann schon gebirgiger, bei Mizpe Ramon hat die Erosion den bekannten „Krater" geschaffen. Nach Süden hin wechseln Berg- und Talformationen mit großen Höhenunterschieden einander ab und verwandeln die Wüste in eine faszinierende Landschaft. Ganz im Süden bei Elat tritt die Urgewalt des Urgesteins, das sich vom Sinai hierher fortsetzt, zutage. Östlich wird der Negev durch das 170 km lange und 5 bis 30 km breite Wadi Arava begrenzt, das sich vom Roten zum Toten Meer absenkt. Auf der Ostseite des Wadi erheben sich die bis zu 1000 m hohen Edomiter Berge, die ihren Namen nach ihrer rötlichen Grundfarbe (*edom*) erhielten.

Die Küsten- und westlichen Gebirgszonen Israels werden klimatisch durch das Mittelmeerkli-

Eine Schirmakazie in der gleißenden Mittagshitze des Negev

ma bestimmt, das trocken-heiße Sommer und milde, regnerische Winter erzeugt. Die winterliche Regenzeit dauert von Mitte November bis April, dann folgt eine kurze Übergangszeit, ab Mai herrschen bereits sommerliche Temperaturen, die im Oktober ausklingen. In einem relativ schmalen Streifen von der Gegend um Ashkelon zum Toten Meer und dann am östlichen Gebirgsrand nach Norden herrscht Steppenklima mit wenig Niederschlag. Ungefähr auf der Linie Gaza – Beer Sheba beginnt das Wüstenklima der Negev-Wüste. Eine Temperaturtabelle für einige ausgewählte Orte finden Sie auf S. 39.

Flora und Fauna

Flora und Fauna werden in Israel sehr stark durch die unterschiedlichen Klimazonen, aber auch durch die Lage zwischen zwei Kontinenten geprägt. Vor der Zeitenwende waren die Ebenen und Gebirgszonen bewaldet, aber die Wälder wurden abgeholzt, grasende, d.h. Wurzeln ausreißende Ziegen taten ein Übriges, sodass die Erosion ein leichtes Spiel hatte und die fruchtbaren Böden davonwusch oder verwehte. In der Küstenebene überlebten nur wenige der typischen Tabor-Eichen diesen Kahlschlag. Anfang des 20. Jahrhunderts erkannten die jüdischen Siedler das Problem und begannen mit der Aufforstung, soweit es ihre bescheidenen Mittel zuließen. Später dann gab es große Kampagnen; heute noch können Besucher einen Baum spenden und selber einpflanzen.

Aufgeforstet wird mit schnell wachsenden, andererseits anspruchslosen Bäumen. Bei den Nadelbäumen erweisen sich Kiefern als sehr geeignet, bei Laubbäumen ist es der Eukalyptus. Daneben findet man Zypressen, Lorbeerbäume, Johannisbrotbäume, Dattelpalmen, Zypressen, Oliven-, Zitrus-, Apfel-, Birnen-, Pflaumenbäume und noch eine ganze Reihe weiterer Nutzbäume, die nahezu alle im nördlichen und mittleren Bereich gedeihen. Als Besonderheit sei auf wildwachsende Papyruspflanzen im Huletal hingewiesen, die heute nur noch am Rand der Kanäle und im Naturschutzgebiet zu finden sind. Um Beer Sheba wachsen nur mehr Zwergsträucher, am häufigsten kommt Wermut vor. Erstaunlich ist auch der Blumenreichtum des Landes, von Rosen, Nelken, Gladiolen, Narzissen bis hin zu Alpenveilchen – allerdings kann man ihn nur im Frühjahr bewundern.

In der Übergangszone des Negev wächst an wenigen Stellen die Trauer-Schwertlilie, die zwischen März und Mai ihre fast schwarzen Blüten entblättert; ein ungewöhnliches Schauspiel. Weiter südlich geht die Vegetation auf wenige Pflanzen zurück. Die Steinwüste ist praktisch tot, während in Wadis (besonders im Wadi Arava) oder auf sandigerem Boden vereinzelt Akazien und dornige Sträucher einen harten Lebenskampf durchfechten. Für den Pflanzenliebhaber interessanter sind die beiden Oasen En Gedi am Toten Meer und Jericho, die wegen des Wasserreichtums subtropische Vegetation mit mehr als 40 Pflanzenarten aufweisen.

Israel besitzt eine recht vielfältige Fauna, was natürlich wiederum mit den so unterschiedlichen Klima- und Landschaftszonen zusammenhängt. Vergleicht man allerdings die Anzahl der heute noch existierenden Arten mit den in der Bibel genannten, dann zeigt sich auch daran, dass unsere natürliche Umgebung ärmer geworden ist. Die starke Besiedlung des Landes drängt auch jetzt noch Arten immer weiter ins Abseits; andererseits hat sich in Israel ein starke Bewusstsein für die Probleme der Natur entwickelt, bestes Beispiel sind die SPNI Field Schools (siehe S. 27). In Palästina ist die *Palestine Wildlife Society* die entsprechende Anlaufstelle; www.wildlife-pal.org.

Von den Großkatzen wie Löwen, die zu biblischen Zeiten das Land durchstreiften, sind nur ein paar Wüstenleoparden bei En Gedi übrig geblieben, die sich von Feldhasen und ähnlichen Kleintieren ernähren. Im Wadi Avdat lassen sich häufig Ibex-Herden beobachten, die über steile Klippen zum Bach hinunterturnen.

Perfekt getarnter Gecko

Mit Glück kann man im Negev Gazellen sehen, deren Bestand dank ihres Schutzes wieder wächst. Sogar ein paar Wölfe leben in der judäischen Wüste.

Von den Reptilien gibt es im Wasser oder auf dem Land lebende Schildkröten, Echsen wie Geckos oder den kräftigen ägyptischen Dornenschwanz. Mit Aufmerksamkeit kann man vielleicht ein Chamäleon entdecken, das seine Farbe der Umgebung anpasst. Auch Schlangen leben in dem heißen Klima, z.B. die Sandboa und die Schwarze Schlange als Vertreter der freundlichen, nicht giftigen Arten, dagegen sollte man sich vor der Sandviper tunlichst hüten.

Da Israel wie der Sinai den Zugvogelarten, die das offene Meer scheuen, als Landbrücke und Rastplatz während des Zuges dienen, landen im Frühjahr und Herbst viele von ihnen auf ihren traditionellen Rastplätzen. In Elat z.B. kann man sie, begleitet von Ornithologen, beobachten. Weiß- und Schwarzstörche, wie auch Bussarde, Schreiadler oder Sperber ziehen zu Tausenden über das Land. Aber es gibt auch sehr viele Vogelarten, die in Israel heimisch sind und höchstens kurze Wanderwege von Nord nach Süd zurücklegen.

Die Meeresfauna ist im Roten Meer vielfältig wie kaum sonst, weil im Golf von Aqaba die Wassertemperaturen auch im Winter recht hoch sind. Korallenbänke, in denen sich die farbenprächtigsten Fische tummeln, säumen die Ufer – ein Paradies für Taucher. Die Mittelmeerküste eignet sich mehr für Angler und Fischer, direkt vor der Küste leben, gefördert durch eine vom Nil herrührende Meeresströmung, unter anderem Tintenfische, Brasse, Rochen und Barsche. Manchmal folgt auch ein Hai dem Kielwasser eines Dampfers. Nicht unerwähnt bleiben soll der See Genezareth in dieser Aufzählung wegen seines Fischreichtums und des beliebten St.-Peter-Fisches bleiben, der ein spezieller, maulbrütender Buntbarsch ist.

Kultur

Die Kulturgeschichte Palästinas geht, zumindest was die Architektur betrifft, bis auf die Anfänge in Jericho im 8. Jahrtausend vC zurück. Alle Eroberer, Besatzer und Bewohner ließen ihre Spuren in der Architektur zurück, seien es die israelitischen Baumeister, die Griechen, Römer, Araber oder Kreuzfahrer, die Osmanen, Engländer und schließlich die modernen Israelis.

Israel besitzt nicht nur eine, sondern sehr viele Kulturen, die sich schließlich wie ein Mosaik zusammenfügen. Es gibt wohl kein Land, das in so kurzer Zeit so viele kulturelle Impulse aufnehmen konnte wie Israel; und das sie nicht nur begierig aufnahm, sondern sie auch intensiv nutzt und weiterentwickelt. Hinzu kommt, dass viele weltbekannte Künstler jüdischer Abstammung sind und dass die meisten, selbst wenn sie im Ausland leben, dennoch enge Verbindungen mit Israel unterhalten und sich kulturell aktiv im Land engagieren.

Die Musik gehört zu den allerwichtigsten Bestandteilen des kulturellen Lebens. Fast jede Stadt, die etwas auf sich hält, unterhält ein Orchester oder bietet zumindest Konzerte an und bemüht sich um die jungen Künstler. Im Sommer finden an zahlreichen Orten kostenlose Open Air Konzerte unterschiedlichster Prägung statt, von Folklore über Jazz, Rock, Reggae bis hin zur Klassik. Eine andere Art der Musikdarbietung betreibt eine ganze Reihe vor allem russischer Emigranten, die auf belebten Straßen oder Plätzen manchmal hervorragende klassische Konzerte geben und sich von den paar Shekel ernähren, die in ihrer umgedrehten Mütze landen.

Der Musik, die an Sprache nicht gebunden ist, kann sich jeder Besucher widmen. Für das kleine Land gibt es eine Riesenauswahl an Veranstaltungen. Musikliebhaber suchen sich entweder vor Ort Veranstaltungen heraus oder bereiten ihren Besuch bereits per Internet (siehe S. 23) vor. Besonders attraktiv dürften Konzerte des Israel Philharmonic Orchestra sein, dessen Programm ebenfalls per Internet abrufbar ist.

Neben der Musik spielt das Theater eine wichtige Rolle im Kulturleben. Naturgemäß findet der überwiegende Teil der Aufführungen auf Hebräisch statt, es gibt jedoch zumindest in Tel Aviv und Jerusalem auch englischsprachige oder simultan übersetzte Stücke. Interessenten sollten die lokalen Touristikinformationen befragen.

Moderne Malerei und Plastik führen einerseits die westlichen Entwicklungen fort, setzen andererseits auch deutlich eigene Akzente. So beschäftigte sich z.B. die bekannte Malerin Anna Ticho (siehe auch S. 179) mit den typischen Erscheinungsformen der israelischen Landschaft. Jüngere Maler setzen sich vor allem in letzter Zeit mit der politischen und sozialen Situation Israels auseinander. Interessenten werden, abgesehen von den großen Kunstmuseen in Jerusalem, Tel Aviv und Haifa, viele engagierte Galerien oder Kunstabteilungen in kleineren lokalen Museen finden. Die Künstlerkolonien von z.B. Jaffa, En Hod oder Safed mit ihren Galerien bieten ebenfalls einen Überblick über das künstlerische Geschehen im Land.

In jeder größeren oder kleineren Stadt findet man Kinos. Zwar werden viele Filme auf Hebräisch gezeigt, aber häufig durch Untertitel auch Leuten verdeutlicht, die Hebräisch nicht verstehen. Englischsprachige Filme mit hebräischen Untertiteln gehören eher zur Ausnahme.

Zum Schluss dieses Kapitels noch ein paar Worte zur Subkultur. Lebenslustig wie die meisten Israelis sind, gehört ein ziemlich ausgeprägtes Nachtleben zum Land, zumindest in den größeren und großen Städten. Richtig los geht es meist erst gegen Mitternacht, das Ende dämmert irgendwann im Morgengrauen. Früher öffnen die Pubs, die meist ihre Gäste mit Happy Hours anlocken, in denen es zwei Drinks zum Preis von einem gibt oder was sich die Wirte einfallen lassen, um Kunden anzulocken. Geschlossen wird in aller Regel erst dann, wenn der letzte Gast das Lokal verlässt, in welchem Zustand auch immer. Diskos und Nightclubs verlangen fast ausnahmslos Eintritt, einige allerdings nur für Männer.

Wirtschaft

Wenn man bedenkt, dass bis zum Ende des Zweiten Weltkriegs kaum Industrie in Palästina existierte, so ist erstaunlich, was bisher geschaffen wurde, um Israel vom Tropf der USA und anderer Länder abzunabeln. Das rohstoff- und energiearme Land muss nahezu alles importieren, was es veredeln will und zum Veredeln benötigt – außer dem Know-How seiner Ingenieure, Wissenschaftler und Arbeiter. Eine der Industrien, bei der Im- und Export nicht sonderlich transportaufwendig sind, ist die Diamantenschleiferei. Sie war schon immer eine Domäne der Juden. Sie etablierte sich nach dem Zweiten Weltkrieg vor allem in Netanya. Israel ist heute mit Abstand der Weltmarktführer – die Diamantenbörse in Ramat Gan bei Tel Aviv ist, ebenfalls mit weitem Abstand, die größte ihrer Art weltweit.

Auch in der Elektronikindustrie besitzt Israel gute Karten, besonders im Computerbereich, bei Mess- und medizinischen Geräten. Ein wichtiger Faktor im Export ist auch die chemische Industrie. Im Binnenmarkt ist die Bauindustrie einer der Hauptarbeitgeber, weil durch die Einwanderer und den Bedarf der Industrie eine ständige Nachfrage nach Bauleistungen herrscht. Dazu wurden leistungsfähige Betriebe für die Produktion von Fertigteilen errichtet, u.a. auch Zementwerke.

Wie jeder Schiffsreisende unschwer erkennen kann, liegen nördlich von Haifa Chemie- und Schwerindustriebetriebe, Ähnliches gilt für Ashdod. In Haifa beschäftigen sich Werften mit dem Schiffsbau, in Lod werden Flugzeuge produziert. Auch der Maschinenbau ist gut entwickelt.

Die Landwirtschaft besitzt einen hohen Stellenwert in Israel. Die Siedler der Anfangszeit konnten sich fast nur durch landwirtschaftliche Produktion ernähren. Auch heute sind nur 17 Prozent der Landfläche, trotz künstlicher Bewässerung, nutzbar. Der Ertrag reicht insgesamt nicht aus, um das Land zu ernähren. Dabei unternahmen die Israelis alle Anstrengungen, sowohl trockene Gebiete zu bewässern als auch den Wasserbedarf generell zu senken.

Gewaltige Bewässerungsprojekte wurden realisiert: Man pumpt das Wasser vom See Genezareth und dem Yarkon über die Höhenzüge hinweg bis in den Negev; die Abwässer im Raum Tel Aviv werden in der Anlage Schafdam bei Rischon LeTzion so wiederaufbereitet, dass sie als Nutzwasser zur Bewässerung im Negev verwendet werdon können und immerhin zehn Prozent des Bedarfs decken. Die Israelis entwickelten die Tropfbewässerung, die das Wasser direkt zu den Wurzeln führt und den Wasserverbrauch von Pflanzen um die Hälfte reduziert. Plastikfolien über den Pflanzen sollen die Verdunstung verhindern.

Trotz aller Maßnahmen kann die Produktion nicht mit dem Bedarf Schritt halten; schlimmer noch, es wird etwa 20 Prozent mehr Wasser verbraucht als nachregnet. Viele Auguren sind heute der Meinung, dass die nächsten Kriege im Nahen Osten nicht um die Landverteilung, sondern um Wasser geführt werden.

Zitrusfrüchte und Obstkonserven gehen, wie jeder von den sonnenglänzenden Jaffa-Orangen weiß, in den Export, darüber hinaus – neben dem Exportschlager Diamanten – Flugzeuge, militärische Güter, Maschinen und Elektronik. Nicht zuletzt spielt auch der Tourismus eine wichtige Rolle für die (nach wie vor negative) Handelsbilanz.

Wenn auch Israel nicht am Ölboom partizipiert, der nur wenig entfernt die Araber beglückt, so gibt es doch einige Bodenschätze, deren Ausbeute sich lohnt. An erster Stelle ist das Tote Meer mit seinem hohen Gehalt an Mineralien zu nennen. Die Dead Sea Works bei En Bokek stellen Pottasche, Brom-, Kali- und Kochsalz her. Ein guter Teil geht in den Export. Gleich neben dem Park von Timna bei Elat wird Kupfer abgebaut, dessen Ertrag allerdings stark von den Weltmarktpreisen abhängt. Im Negev

gibt es Eisenerz- und Phosphatvorkommen. Im Mittelmeer etwa 275 km westlich von Haifa entfernt wurden große Erdgasvorkommen entdeckt, die Israel unabhängig von Importen machen können. Allerdings erheben auch Zypern und der Libanon Anspruch darauf.
Die Arbeitslosenquote liegt bei 6% (2011). Im Prokopfeinkommen wird Israel auf Platz 40 der Weltrangliste gezählt (Deutschland Platz 26, Österreich 19, Schweiz 14).

Kibbuz und Moshav

Zehn Männer und zwei Frauen taten sich 1909 zusammen und gründeten den ersten Kibbuz (damals noch *Kvuza* genannt) in Deganya am See Genezareth als eine Lebens- und Arbeitsgemeinschaft. Der gesamte Besitz gehörte allen Mitgliedern, alle Entscheidungen wurden auf demokratischer Grundlage gefällt, die Kinder gemeinsam erzogen, auch die Mahlzeiten gemeinsam eingenommen. Diese sozialistische Grundidee hat sich in den vergangenen Jahrzehnten überlebt; sie hätte mit der Staatsgründung Israels ihr Ziel erreicht, meinen nicht wenige Stimmen auch aus den Reihen der Kibbuzniks. Denn vor allem die jüngeren Generationen können mit den sozialistischen Idealen und den daraus folgenden Lebensweisen nicht mehr viel anfangen, sie wandern in die Städte ab.
Privat- und Arbeitsbereich sind heute voneinander getrennt, die Kinder leben bei ihren Eltern. 1997 löste der letzte Kibbuz das Kinder-Gemeinschaftshaus auf, in dem die Kleinen auch nachts schliefen. Zwar gehört nicht mehr alles allen, aber das Gemeinschaftseigentum ist ein wesentlicher Bestandteil eines jeden Kibbuz. Wurden früher die Einkünfte gleichermaßen auf alle Mitglieder – vom Helfer bis zum Chef – verteilt, so differenziert man heute bei der Verteilung und akzeptiert Privateigentum. Die Privatisierung geht so weit, dass in vielen Kibbuzim auch die Gemeinschaftsküchen eingestellt wurden, die Mitglieder nach Können und Leistung bezahlt werden, sich dafür aber an den Kosten beteiligen müssen.
Die Kibbuz-Idee wird heute sehr kritisch thematisiert, z.B. vom Filmregisseur Dror Sha'ul, der 2006 im Film Sweet Mud (der hebräische Titel lautet wörtlich: Verrückter Ackerboden) in amüsanter Weise seine schreckliche Kindheit in einem Kibbuz Revue passieren lässt.
Für den Aufbau des Staates spielten die Kibbuzim eine sehr wichtige Rolle, auch als eine Art von Identifikation mit dem Boden des Gelobten Landes. Viele bekannte Persönlichkeiten und Politiker gingen aus der Kibbuzbewegung hervor, als Beispiel sei nur David Ben Gurion genannt. Heute ist die Bedeutung der 230 Kibbuzim (zwischen 60 und 2000 Mitglieder) zurückgegangen. Sie mussten sich den modernen wirtschaftlichen Bedingungen anpassen. So entstanden kibbuzeigene Industriebetriebe größeren Umfangs; viele investierten in den Tourismus und bauten (gern gebuchte) Hotels. Dennoch blieben wirtschaftliche Fehlentscheidungen nicht aus; die Kibbuzim zählen heute zu den höchstverschuldeten Industriebetrieben Israels. Nur 2,8 Prozent der Gesamtbevölkerung lebt heute noch in Kibbuzim.
1921 wurde der erste **Moshav** in Nakhalal in der Jesre'el-Ebene gegründet. Im Gegensatz zum Kibbuz schließen sich hier private Haus- und Grundbesitzer zusammen, die genossenschaftlich organisiert das Land gemeinsam bearbeiten. Größere Maschinen werden gemeinsam angeschafft, die Erzeugnisse vom Moshav vertrieben. Insgesamt existieren 420 Moshavim, deren Mitgliederzahl zwischen 100 und 1000 Personen liegt.
Als dritte Organisationsform ist noch das **Moshav-Shitufi** zu nennen, das wie ein Kibbuz allen Mitgliedern gehört und dessen Boden gemeinsam bewirtschaftet wird. Allerdings gehört jeder Familie der eigene Haushalt, der Verdienst richtet sich nach dem jeweiligen Engagement. Derzeit leben etwa 7000 Menschen in 45 Moshav-Shitufi. (Vgl. www.communa.org.il/e-israel.htm und www.kibbutz.org.il).

Jerusalem und Umgebung

Jedem seine Stadt

Die Juden nennen sie Yerushalayim, die Muslime AlQuds (die Heilige) und die arabischen Christen Urshalim. Diese ungewöhnliche Stadt ist den drei monotheistischen Religionen heilig, hier liegen die Ursprünge der miteinander verwandten Glaubensgemeinschaften: Vor etwa 4000 Jahren sollte der Urvater Abraham auf dem Hügel Moria, den heute der Felsendom krönt, seinen Sohn opfern – der in der Bibel Isaak und im Koran Ismael heißt. 2000 Jahre später wurde Christus unweit dieses Hügels gekreuzigt, gute 600 Jahre später hob der Prophet Mohammed vom Hügel Moria zu seiner himmlischen Reise ab. Seither gehört der Begriff Jerusalem bereits zum kindlichen Wortschatz der Glaubensnachfahren von Abraham, seien sie nun jüdisch, muslimisch oder christlich.

Die „systembedingten" Konflikte der drei Religionen untereinander prägen auch heute noch das Bild dieser Stadt. Ihr Boden ist getränkt mit dem Blut all derer, die glaubten, ihren Gottesbegriff den Andersgläubigen per Schwert oder Feuerwaffe aufoktroyieren zu müssen. Und immer ist das Vorbeben zu spüren, das in Erwartung der auf unbestimmte Zeit aufgeschobenen Verhandlungen zwischen Israel und den Palästinensern über den endgültigen Status der Stadt Jerusalems Erde erzittern lässt. Was die Lage nicht vereinfacht: die historisch und religiös bedeutsamen Orte befinden sich allesamt in Ost-Jerusalem.

Doch unabhängig von allen künftigen Entwicklungen hat das Jerusalem der Gegenwart und Vergangenheit so viel zu bieten und ist schon vom Äußerlichen her eine so sympathische Stadt, dass man in seinen Mauern Wochen und Monate zubringen könnte – wenigstens aber

Meistfotografierter Einlass in die Altstadt: das Damaskustor

einige Tage für ein erstes Kennenlernen einplanen sollte.

Als Tourist in Jerusalem

Jerusalem, die 850 m hoch gelegene Stadt mitten im schroffen Mittelgebirge – wie konnte man eine Stadt dort gründen, wo es kaum eine ebene Fläche gibt, wo es immer keuchend bergauf oder nahezu rutschend bergab geht! Sicher bietet eine solche Lage auch diverse Vorteile – sei es nur der Ausblick in fast alle Richtungen. Aber auch die ständige Verfügbarkeit von Wasser spricht für den Platz, günstige Verteidigungsmöglichkeiten durch die umgebenden Täler und, nicht zuletzt, die angenehme kühle Brise im Sommer (die allerdings im Winter in beißende Kälte umschlagen kann).

Was aber macht dieses Fleckchen Erde so attraktiv, dass es seit 3000 Jahren von Aposteln, Herrschern, Religionsstiftern, Rittern und Knechten umkämpft, umworben oder brutal zerstört und immer wieder aufgebaut wurde? Mit großer Sicherheit gibt es viele ähnliche geografisch und versorgungsmäßig gleich günstige oder sogar viel besser gelegene Plätze im Nahen Osten, die sich für eine Stadtgründung eignen. Eine schlüssige Antwort, warum es nun unbedingt die geografischen Koordinaten Jerusalems sein mussten, gibt es nicht; abgesehen von den vielen teilschlüssigen Antworten.

Wie auch immer es zur Auswahl dieser Lokation gekommen sein mag, heute ist die Ansammlung von gelbgrauen Steinhäusern (auch wenn sich neuerdings dahinter Beton verbirgt) ein faszinierendes, liebenswertes, zur Nachdenklichkeit anregendes und ständig herausforderndes Gebilde. Jerusalem – bis vor etwa 160 Jahren zwischen den hohen Mauern der Altstadt eingefangen – ist aber heute auch eine Art Wildwuchs auf den Bergen ringsum und daher geografisch vielleicht etwas schwieriger zu verstehen als manch andere Stadt.

Man muss sich in Erinnerung rufen, dass es bis zur Eroberung der Westbank 1967 nur eine Ausdehnungsrichtung gab, und zwar nach Westen. Schon die ersten Siedlungen außerhalb der Altstadt entstanden westlich der Mauern. So ist heute ein deutliches Gefälle von Wohlstand und Architektur von West nach Ost auszumachen. Östlich der Altstadt liegen die alten arabischen Dörfer, eng an die Berghänge geklebt, ungepflegte Straßen, einfache Häuser, wenig Komfort. Auch die jüdischen Siedlungen nordöstlich der Altstadtmauer machen einen eher ärmlichen Eindruck, während die neuen jüdischen Siedlungen – die zum Ärger der Palästinenser die Stadt nahezu völlig einkreisen – besser ausgestattet sind. Doch die Viertel im Westen und Südwesten sind gepflegt, modern wie überall in der westlichen Welt.

Die Altstadt selbst ist ein einziges Abenteuer der Sinneseindrücke, eine Schaubühne der Religionen und Rassen, eine Lebensgemeinschaft unterschiedlichster Menschen verschiedenster

Sehenswertes

Altstadt

****Tempelberg mit AlAqsa-Moschee und Felsendom,** das Bau-Ensemble auf dem Moria-Hügel besitzt große Ausstrahlung, der Felsendom zählt zu den schönsten islamischen Bauwerken weltweit, die AlAqsa-Moschee ist ebenfalls sehr sehenswert, S. 152

****Grabeskirche**, schön und/oder erhaben kann man die Grabeskirche nicht nennen, dennoch vermittelt sie Rückbesinnung, regt wegen ihrer historischen Bedeutung zum Nachdenken, aber auch zum Meditieren und Beten an, S. 161

***Westmauer (Klagemauer),** wichtigste religiöse Stätte der Juden, gewaltiges Mauerwerk aus Herodes' Zeiten, S. 149

***Western Wall Tunnel** ermöglicht Einblicke in mehrere Jahrtausende jüdischer und Jerusalemer Geschichte, S. 150

***__Jerusalem Archaeological Park/Ofel Garden__, sehr interessante Ausgrabungsstätte, gute Einblicke in Tempel- und Stadtgeschichte, S. 168

****__Jüdisches Viertel__, durch Kriegseinwirkungen stark zerstört, daher neu und stimmungsvoll aufgebaut, wobei interessante historische Relikte zutage kamen; ein Besuch lohnt sich (Burnt House, Tempel Modell, Wohl Museum, Cardo Maximus), S. 165

***__Zitadelle, Tower of David,__ mächtiger Gebäudekomplex, gutes Display, gute Informationen, S. 146

**__Anna-Kloster und -Kirche__, schöne Kreuzfahrerkirche in erholsamem Garten, Teich Bethesda, S. 156

**__Via Dolorosa__, fast jeder alte Kreuzgang vermittelt mehr vom Leiden Jesu als der vom geschäftigen Alltagsleben geprägte *Weg der Schmerzen*, der zum Standardprogramm der christlichen Pilger gehört, S. 157

**__Stadtmauerspaziergang__, guter Überblick über die Altstadt, S. 144

*__Armenisches Museum__, mit Sinn für Nostalgie macht das etwas verstaubte Museum durchaus Spaß, S.169

*__Damaskustor__, das fotogene, weil mächtigste Tor der Altstadt mit buntem Treiben und Relikten der Römerzeit, S.175

In direkter Umgebung der Altstadt

***__Davidsstadt__, der über 2700 Jahre alte Hiskia-Tunnel mit Warren-Schacht ist die sehenswerteste Attraktion der Davidsstadt, S. 173

***__Ölberg__, toller Blick auf die Altstadt, religionshistorisch interessanter Spaziergang nach Gethsemane, S.140

**__Berg Zion__, für Christen dürfte der Abendmahlssaal von Bedeutung sein, daneben beeindruckt das bauliche Ensemble, das hier im Laufe der Jahrhunderte entstand, S. 171

**__Rockefeller Archaeological Museum__, wichtige Funde aus vielen Epochen und unterschiedlichsten Orten der Region sind hier zu besichtigen, einige Exponate des Israel Museums (das deutlich mehr bietet) sind hierher ausgelagert, S. 178

*__Garden Tomb (Gartengrab)__, die als "alternative" Kreuzigungsstätte bekannte Anlage besticht vor allem durch den gepflegten Garten, S. 176

Westjerusalem

****__Israel Museum__ mit dem **Shrine of the Book** und dem **Jerusalem-Modell aus der Zeit des Zweiten Tempels**, eines der ganz großartigen und bedeutenden Museen Israels und des Nahen Ostens, mit genügend Material für zwei Besichtigungstage, S. 187

****__Yad VaShem__, die wichtigste und ergreifendste Holocaust-Gedenkstätte Israels mit Historischem Museum, Kunstmuseum, Memorial Hall, Kindergedenkstätte und Tal der Gemeinden, S. 190

****__Bible Lands Museum__, von der Konzeption her interessant, da Zeitepochen über große geografische Gebiete dargestellt werden, S. 188

***__Supreme Court__, das von der Architektur her ungewöhnlichste Gebäude der Stadt mit hoher Symbolkraft für die Rechtsprechung, S. 186

**__Bloomfield Science Museum,__ das "Museum zum Anfassen", in dem Naturgesetze praktisch veranschaulicht werden, S. 187

*__Ticho Museum__, dieses hübsche kleine Museum der gleichnamigen Malerin sei hier auch wegen seines angeschlossenen Cafés erwähnt, S. 179

Herkunft auf engstem Raum. Diese Quadratmeile von alten und uralten Häusern, Palästen, Kirchen, Synagogen, Moscheen und Klöstern wird von einem unentwirrbaren Knäuel von Gassen und schmalen Sträßlein durchzogen. Überdachte Basare lassen kaum einen Blick zur Orientierung zu, man kann sich zu Beginn nur an bergauf oder bergab informieren; denn das Terrain fällt von Westen und Norden her zum Tempelberg hin stetig ab; geht man also bergauf, wird sich meistens irgendwann das Jaffa- oder das Damaskustor öffnen.

Und doch ist diese Altstadt nicht der große orientalische Basar, wie es der von Damaskus oder der Khan AlKhalili von Kairo ist. Einerseits scheinen die Souks von Jerusalem zwar sauberer, aber gefühlt auch deutlich steriler und von der Stimmung her nüchterner zu sein. Die Händler handeln nicht mehr in dem Maß, wie es die Tradition des Orients will, schnelles Absahnen ohne großes Palaver ist angesagt. Das gilt vor allem für die Kitsch- und Souvenirabteilung; in den Souks fürs tägliche Leben kommt viel eher ein Schwatz über die Kinder, Enkel und Urenkel des Basari zustande.

Morgens gegen 9 Uhr klappern die ersten Eisentüren, und einige Händler öffnen, eher missmutig, ihren kleinen Laden. Der eigentliche Betrieb beginnt frühestens um 9.30 Uhr. Abends gegen 18 Uhr klappern die Eisentüren erneut, und die Altstadt klappt zusätzlich die Bürgersteige hoch. Selbst die meisten der Restaurants versuchen noch schnell, die letzten halbwarmen Speisen an den Gast zu bringen und schließen wenig später. Zwar kann man auch um 20 Uhr vielleicht noch ein paar offene Shops finden (und dabei vielleicht sogar ein Schnäppchen machen), aber die Luft ist raus, die Atmosphäre zerfallen. Es beginnt die Zeit, in der die Altstadt etwas unheimlich wird und Frauen vielleicht nicht allein durch das Halbdunkel gehen sollten.

Aber die Altstadt ist nicht Souvenirmarkt allein. Sie ist genauso religiöser Kommerz. Da gibt es die Priester der unterschiedlichsten Konfessionen – vom schwarzen christlichen Äthiopien bis hin zu den blassen römisch-katholischen Profis -, die sich um den Gottesdienst in der Grabeskirche so streiten, dass das Gebäude eher zusammenfällt, als dass dringendst notwendige Restaurationen vorankämen. Da gibt es die Pilgerscharen, die, angeleitet von einem Mönch oder Priester, mit dem aufgeschulterten Kreuz die vierzehn Passionsstationen durcheilen. Da legt sich während der muslimischen Gebetszeiten die Geräuschkulisse der betenden Mullahs von den Minaretten der Stadt aufs hektische Getriebe. Und da sind die arroganten Felsendom- und AlAqsa-Wärter, die zwischen muslimischen und heidnischen Schuhen brutal unterscheiden und im Winter die Heiden zur Strafe erstmal auf den kalten Fliesen barfuß marschieren lassen.

Sicher und mit Recht fokussiert sich das touristische Interesse zunächst auf die Altstadt. Aber außerhalb dieses Kristallisationspunktes gibt es mindestens ebenso viel zu sehen und zu erleben. Eine der leichtesten Übungen – und der erfreulichsten – ist die Schatzgrube des Israel-Museums. Besonders aufwühlend stellt sich für Deutsche und Österreicher der Besuch der Holocaust-Gedenkstätte Yad VaShem dar. Die Reiseplanung sollte berücksichtigen, dass nach den Zeugnissen der Gräueltaten unserer Väter- und Großvätergeneration sicherlich keine leichte Muse angesagt ist.

Jerusalem ist eine so seltsame Mischung aus Empfindungen, Gefühlen, Stimmungen, Herausforderungen. Man muss diese Stadt mit viel Zeit, am besten mehrmals erleben, auch zu unterschiedlichen Jahreszeiten, um das Spiel von Licht und Schatten, oder nur die vielen typischen und unterschiedlichen Gerüche wahrzunehmen.

Praktische Informationen

Touristische Informationen .... S. 197
Öffnungszeiten Sehenswürdigkeiten...... S. 198
Wichtige Adressen................................ S. 200
Wichtig zu wissen................................. S. 200
Sicherheit in Jerusalem.......................... S. 201
Verkehrsverbindungen .... S. 202

Besuchszeiten von Sehenswürdigkeiten

Besonders am Wochenende, aber auch an anderen Tagen kann es in Jerusalem passieren, dass man vor geschlossenen Türen steht – eine gute Besuchsplanung hilft, dies zu vermeiden. Damit Sie einfacher Pläne schmieden können, finden Sie eine übersichtliche Zusammenfassung der Öffnungszeiten zu Beginn der Praktischen Informationen S. 198.

Jerusalem kennenlernen

Eine prima Einführung in Jerusalems Geschichte für Kinder bietet das reich illustrierte Buch von D. Vieweger, *Abenteuer Jerusalem*. Die aufregende Geschichte einer Stadt dreier Weltreligionen, Gütersloh 2011, oder zunächst hier schauen: www.abenteuer-jerusalem.de.

Geschichte: *Bereits im 19. Jh vC erwähnten ägyptische* ***Ächtungstexte*** *(in denen die Ägypter ihre Feinde ächteten) Jerusalem. Auch im 14. Jh vC wird Jerusalem in der sog.* ***Tell ElAmarna-Korrespondenz*** *als wichtige Stadt des kanaanitischen Reiches beschrieben. Das Alte Testament berichtet, dass im Zuge der israelitischen Eroberungen der Stamm Juda im Verlauf einiger Jahrhunderte Jerusalem bekämpfte und schließlich eroberte, 1000 vC übernahm* ***David*** *die Stadt, holte die Bundeslade herbei und machte Jerusalem zum politischen und religiösen Zentrum des Volkes Israel. Sein Sohn* ***Salomo*** *dehnte den Ort nach Norden aus, baute den Ersten* ***Tempel*** *auf dem Tempelberg, aber auch Paläste und Prachtbauten. Als nach seinem Tod sein Reich zerfiel, blieb Jerusalem die Hauptstadt Judas.*

König ***Hiskia*** *baute im 8. Jh vC die Befestigung massiv gegen die vorrückenden Assyrer aus und legte einen* ***Tunnel*** *zur Wasserversorgung an (siehe S. 174). Doch* ***586*** *gelang es* ***Nebukadnezar****, Jerusalem zu erobern und die Einwohner nach Babylon zu verschleppen. Als sie etwa 50 Jahre später unter* ***persischer Herrschaft*** *zurückkehren durften, fanden sie eine Steinwüste vor, die unter Nehemia wieder bewohnbar gemacht wurde, aber nicht mehr die vormalige Ausdehnung erreichte. 333 vC verleibte sich* ***Alexander der Große*** *auch Palästina ein, unter seinen Nachfolgern drang griechischer Einfluss nach Jerusalem vor, sogar bis hin zum Tempeldienst. 168 vC brach der von* ***Judas Makkabäus*** *entfachte, erfolgreiche Aufstand der Hasmonäer gegen die Besatzer aus. Die politische Unabhängigkeit der Hasmonäer endete 63 vC als* ***Pompejus*** *das Land für die Römer eroberte und Herodes zum König Judäas (von Roms Gnaden) machte.*

Herodes der Große *war einer der bauwütigsten Herrscher Palästinas. Er ließ sich die Festung Antonia neben dem Tempelberg und die schon vorhandene heutige Zitadelle zu Prachtpalästen ausbauen, erneuerte den Tempel mitsamt dem Tempelberg. Unter ihm entstanden öffentliche Bauten, Paläste, ein Theater und ein Hippodrom. In den 30er Jahren des 1. Jh nC kam Jesus nach Jerusalem und wurde schließlich gekreuzigt. 66 nC rebellierten die Juden zum ersten Mal massiv gegen die Römer, die Jerusalem im Jahr 70 in Schutt und Asche legten.*

Beim zweiten jüdischen Aufstand, 60 Jahre später, vernichteten die Römer das, was von der ersten Zerstörung übrig geblieben war und bauten eine völlig neue Stadt, ***Aelia Capitolina****, nach neuen Plänen auf, die in den Grundzügen noch heute das Altstadtbild bestimmt. Die Römer verwehrten Juden den Zutritt zu dieser eher unbedeutenden Stadt. Erst als Kaiser* ***Konstantin*** *die Macht im Römischen Reich übernahm und sich das Christentum zur Hauptreligion entwickelte, gewann Jerusalem auch wieder offiziell religiöse Bedeutung. An christlichen Stätten wurden Kirchen gebaut, die Stadt wurde Sitz eines Patriarchen.*

Die Kreuzfahrer erobern Jerusalem

Am 27. November 1095 rief Papst Urban II. auf einem Konzil in Clermont-Ferrand zum Kreuzzug auf. Als Ziel nannte er, neben der Hilfe für die christliche Kirche des Ostens, die Befreiung Jerusalems und des Heiligen Landes von gottloser muslimischer Herrschaft. Er fand großes Echo und versprach allen Teilnehmern vollständigen Ablass ihrer Sünden. 1096 setzte sich von Frankreich aus ein Heer von 1500 Rittern und etwa 40 000 Mann Fußvolk nach Osten in Bewegung, das drei Jahre später das Heilige Land erreichte. Am 17. Juni 1099 erblickten die Kreuzritter vom Berg Nabi Samwil zum ersten Mal Jerusalem und brachen vor Freude in Tränen aus.

Die Bewohner der umliegenden Dörfer waren hinter die dicken Mauern der Stadt geflohen, zuvor hatten sie alle Brunnen vergiftet und alle Bäume gefällt, um dem Heer kein Baumaterial für Mauerbruchwerkzeuge in die Hände fallen zu lassen. Neben 20 000 Jerusalemer Bewohnern drängten sich 20 000 Flüchtlinge in der geschlossenen Festung. Die Kreuzfahrer bliesen am 7. Juli zum Angriff. Sie besaßen nicht genug Werkzeuge und Baumaterial, um eine Bresche in die Stadtmauer zu schlagen. Unter großen menschlichen Verlusten versuchten sie erfolglos, Steinquader mit Primitivwerkzeugen herauszubrechen.

Eine Flotte aus Genua, die in Haifa landete, kam den Kreuzrittern zu Hilfe. Sie kauften die Schiffe auf, und die Schiffszimmerleute bauten aus deren Holz Belagerungstürme an der Stadtmauer. Am 15. Juli gelang es einigen Rittern, in die Stadt einzudringen und die Tore zu öffnen. Mit einem grauenvollen Abschlachten der Bevölkerung – von den 40 000 Eingeschlossenen sollen keine 100 überlebt haben – nahmen die West-Christen von der bis zu Fußknöchelhöhe blutüberschwemmten Stadt Besitz.

614 eroberten die ***Perser*** *Jerusalem und zerstörten viele Sakralbauten. Als die Byzantiner 629 die Stadt zurückgewannen, sollte es nur für einen geschichtlichen Augenblick sein: 638 bereits übernahmen* ***arabisch-muslimische Heere*** *das Regiment. 691 errichtete der Omaijade Abd AlMalik den Felsendom, denn hier hatte nach muslimischem Glauben Mohammed zum nächtlichen Ritt in den Himmel angesetzt. 1099, 460 Jahre nach der muslimischen Übernahme, eroberten die* ***Kreuzfahrer*** *Jerusalem und machten es zur Hauptstadt ihres "Königreichs Jerusalem". Die christlichen Stätten wurden wiederhergestellt, der Felsendom und die AlAqsa Moschee "umgewidmet". Doch* ***Saladin****, der geniale Muslim-Feldherr, machte bereits 1187 dem Gastspiel ein Ende und ließ die Kirchen zu Moscheen "zurückwidmen". Saladin forderte die Juden auf, in die Stadt zurückzukehren.*

Zwar konnten die Kreuzfahrer noch einmal von 1229-44 eine christliche Herrschaft etablieren, unter der bald beginnenden mamlukischen Epoche behielt Jerusalem zwar die religiöse Bedeutung, verlor aber fast jeden politischen Einfluss. Unter den ***Mamluken*** *– asiatische Sklaven, die in Ägypten zur Macht gekommen waren – entstand eine Reihe von bemerkenswerten Bauwerken. 1517 stürzten die türkischen* ***Osmanen*** *die mamlukische Herrschaft. Sultan* ***Suleiman der Prächtige*** *ließ die seit 1219 zerstörte Stadtmauer wieder errichten und hauchte der Stadt neues Leben ein. Doch dies überdauerte ihn kaum, in den folgenden Jahrhunderten blieb Jerusalem eine Kleinstadt.*

Ab 1831 machte sich der Einfluss des ägyptischen Reformers ***Mohammed Ali*** *deutlich bemerkbar. Palästina öffnete sich dem Westen, immer mehr Konsulate und Handelsvertretungen wurden eingerichtet, Pilger und Touristen strömten in die Stadt. Nun wagten die Bewohner, auch außerhalb der Stadtmauern zu siedeln. Das erste jüdische Viertel wurde Mishkenot Sha'ananim (friedliche Wohnstatt) getauft. 1917 eroberte der britische* ***General Allenby*** *Jerusalem und beendete die osmanisch-türkische Herrschaft. Unter der britischen Mandats-*

Symbolträchtig: der Felsendom auf dem Tempelberg

*verwaltung nahmen die Spannungen zwischen Juden und Arabern, aber auch zwischen Juden und Briten zu. Als im **Unabhängigkeitskrieg** 1948 die Engländer abzogen, gelang es den Israelis nicht, die gesamte Stadt zu erobern, der östliche Teil fiel an Jordanien. Bis zum Sechstagekrieg 1967 blieb Jerusalem eine **geteilte Stadt**, die zwar zur Hauptstadt Israels erklärt worden war, unter den gegebenen Bedingungen aber nur relativ langsam wachsen konnte.*

Mit der israelischen Eroberung auch Ostjerusalems 1967 brach wiederum eine neue Epoche an. Die Grenzmauern zwischen den beiden Stadtteilen fielen, Minenfelder wurden beseitigt und das stark zerstörte Jüdische Viertel der Altstadt wiederaufgebaut. Seither ist Jerusalem stetig gewachsen, vor allem im Westen entstanden neue Wohnviertel – und alle, gemäß einer Verordnung aus der Türkenzeit, in freundlich-hellem Jerusalemer Naturstein – arabisch-hebräisch heißt er „königlich."

Heute leben rund 800 000 Menschen in Jerusalem, knapp ein Zehntel der Bevölkerung Israels wohnt in der größten Stadt. Davon sind 32 Prozent Palästinenser (gegenüber 25,8 Prozent 1967) und 2 Prozent Christen. Beim Anstieg der Bevölkerung haben die Palästinenser anteilsmäßig die Juden überholt. Prognosen besagen, dass dieser Anteil in den kommenden Jahren weiterhin steigen wird. Auch die Anzahl der ultraorthodoxen Juden unter der jüdischen Bevölkerung wird sich erhöhen. Etwa ein Drittel der Jerusalemer Juden zählt zu den Ultraorthodoxen, in Gesamtisrael nur sieben Prozent.

Rund 1200 Synagogen stehen in der Stadt, auf 400 Juden kommt also eine Synagoge. Die Christen verfügen über knapp 160 Kirchen, die Muslime über etwa 75 Moscheen.

Ausblicke auf die Stadt

Beginnen wir unsere Stadterkundung mit einem etwas distanzierten Blick auf das Häusermeer. Eine der schönsten Altstadtansichten offenbart der **Ölberg** (Beschreibung siehe S. 140). Der Blick von Jerusalems höchstem Punkt, dem Turm der deutsch-lutherischen **Himmelfahrtskirche** auf dem Ölberg, ist ganz wunderbar, weil man auch in die judäische Wüste bis zum Toten Meer und nach Jordanien schauen kann. Derzeit nur per Treppe zu besteigen, Mo-Sa 8.30-13, ₪ 5, siehe unten.

Den wohl besten und spektakulärsten Ausblick auf vor allem West- und Südjerusalem kann man von der **East Talpiot Promenade** (auch *Walter und Elise Haas Promenade)* im Südosten der Stadt nahe dem israelischen UN-Hauptquartier genießen. Der Blick schweift über den Berg Zion, die Altstadt bis hin zum Ölberg und dem Mount Scopus (erreichbar mit Bus 8 oder 12).

Näher zu allen Sehenswürdigkeiten in der Weststadt liegt der **City Tower** (Bus 4, 18, 32) an der Ecke King George V/Ben Yehuda St, vor dessen Dachrestaurant sich das Stadtzentrum ausbreitet.

Als Besichtigungsbeginn: Vom ***Ölberg zum Zionstor

Um einen ersten optischen Eindruck speziell vom historischen Jerusalem zu gewinnen, sollte man den arabischen Bus 75 vom Busbahnhof nahe dem Damaskustor oder ein Taxi zum Ölberg (Mount of Olives) nehmen, zum arabischen Dorf AtTur. Von hier oben, genauer von der Aussichtsterrasse vor dem Hotel Seven Arches, bietet sich ein berauschender Aus- und Überblick über das Kidron-Tal hinweg auf die Altstadt und das Zentrum. Fahren Sie möglichst am frühen Vormittag, solange die Sonne von Osten her die Stadt anstrahlt und die goldene Felsendomkuppel zurückleuchtet.

Steigen Sie am besten im Dorf AtTur am südlichen Dorfausgang an der **Paternoster Kirche** (Mo-Sa 8.30-12, 14.30-16.30) aus, die zum Kloster der Karmeliter-Nonnen gehört und auf dem Platz der 614 von den Persern zerstörten und von den Kreuzfahrern wiedererrichteten, dann erneut demolierten Eleona-Kapelle steht. Hier soll, nach Vorstellung der Kreuzfahrer, Jesus seine Jünger das Vaterunser gelehrt haben. An den Wänden des Innenhofs ist das Gebet in 80 Sprachen zu lesen – auch auf Plattdeutsch. Schräg gegenüber der Kirche steht in einem

Moscheen-Bezirk die **Himmelfahrtkapelle**, auch *Imbomon* genannt, die eigentlich eine Moschee ist (₪ 5, klingeln, falls nicht geöffnet ist). Sie wurde von den Kreuzfahrern an der Stelle errichtet, an der Jesus laut Lukas-Evangelium gen Himmel fuhr. Ursprünglich hatte sie keine Kuppel, was sich unter den Muslimen änderte. Die heutige, von einem tristen Hof umgebene, leere Kapelle ist den Besuch kaum wert, Jesu Fußabdruck ist, sagen wir mal, undeutlicher als auf mittelalterlichen Gemälden. Östlich davon liegt das russisch-orthodoxe **Himmelfahrtkloster** mit seinem 80 m hohen Turm, das aber kaum zugänglich ist, angeblich soll es Di+Do vormittags geöffnet sein (10-13, im Winter 9-12).

Wenn Sie von hier aus einen Abstecher einlegen und sich noch weiter oben umsehen wollen, sollten Sie sich auf der Kammstraße Raba AlAdawiye weiter nach Norden bis zum 850 m hohen **Mount Scopus**, der höchsten Erhebung Jerusalems, begeben. Dort steht das **Auguste Victoria Hospital**, das auf Namen und Besuch der deutschen Kaisergattin Ende des 19. Jh zurückgeht. Im Komplex des Krankenhauses ragen Turm und Gebäude der protestantischen **Himmelfahrtkirche** (Mo-Sa 8.30-13 und nach Vereinbarung) mit sehenswerten Mosaiken auf, die – nach nur drei Jahren Bauzeit 1910 fertiggestellt – ein typisches Beispiel preußisch-wilhelminischer Kirchenarchitektur ist. Auf den 45 m hohen Turm mit seiner bestechenden Aussicht kommt man zur Zeit nur zu Fuß (₪ 5). Das hier ansässige *Evangelische Zentrum für Touristen und Pilger* berät und hilft Besuchern bei der Reisevorbereitung, lädt zu Führungen, Vorträgen und Gottesdiensten ein, s. S. 197; im zugehörigen großen Garten und Café (Mi-Sa 10-16) kann man rasten (Arabischer Bus 75 vom Damaskustor). Unter www.evangelisch-in-jerusalem.de gelangt man außer zu den Veranstaltungen für Touristen auch z.B. zu Vorträgen im **Deutschen Evangelischen Institut für Altertumswissenschaften**, dessen Gebäude sich auf demselben Gelände befindet.

Turm der deutsch-lutherischen Himmelfahrtkirche auf dem Ölberg

Ein kurzes Stück nördlich vom Hospital und nach einem kleinem Wald wurde rechts eine kleine Aussichtsplattform namens *Gerald Halbert Plaza* angelegt. Quasi gegenüber liegt am westlichen Hang des Berges die 1925 eröffnete **Hebräische Universität**, genauer deren östlicher Teil (Hauptsitz heute in Giv'at Ram, Nähe Israel Museum, siehe S. 187). Führungen finden So-Do um 11 Uhr statt, www.huji.ac.il. Quasi zu Füßen der Hebräischen Universität bauten die Mormonen an der Shmuel Ben Adaya St, die zum Ölberg und zum Mount Scopus hinaufführt, eine architektonisch auffallende Gebäudegruppe, die zwar **Mormon University** genannt wird, offiziell jedoch *Jerusalem Center for Near Eastern Studies* der *Brigham Young University* heißt, http://ce.byu.edu/jc. Aus Angst vor Terror fiel der Lehrbetrieb 2001-2007 aus. Zugehörig ist ein sehr schöner Garten mit Pflanzen, die in der Bibel erwähnt werden. Ein angeblich 2000 Jahre alter Olivenbaum wurde aus Galiläa hierher verpflanzt. Besichtigung des Anwesens nur mit geführter Tour, Info unter Tel 626 5666.

Doch zurück nach AtTur mit der Himmelfahrtkapelle. Gehen Sie von dort auf der südwestlichen Straße (also nicht der Ausschilderung *Carmeliter Monastery* folgen) bis zum Hotel *Seven Arches*. Von der dortigen Aussichtsterrasse an der Straße haben Sie den besten Ausblick. Zu Ihren Füßen zieht sich der **Jüdische Friedhof** den steilen Hang hinunter. Seit der Zeit des Ersten Tempels begraben Israeliten und Juden hier ihre Toten, die heutigen Grabsteine gehen allerdings nur bis ins 16. Jh zurück. Laut alttestamentlicher Prophezeiungen wird Gott zum Jüngsten Gericht im Kidrontal erscheinen. Die Juden möchten dann sofort zur Stelle sein. Daher entstanden hier seit alters her jüdische Gräber.

Viele dieser Gräber wurden bis zum Sechstagekrieg von den Jordaniern beschädigt, aber seit der Eroberung der Westbank restauriert. Die vielen darauf liegenden Steine sind ein Zeichen des Gedenkens und der Ehrerbietung der Nachfahren. Da auch die Muslime hier das Jüngste Gericht erwarten, haben sie Friedhöfe gegenüber, vor der Mauer des Tempelbergs angelegt. Der Friedhof endet praktisch an der Talsohle des **Kidrontales**, eines sehr steil eingeschnittenen Grabens, der von Jerusalem her nie baulich überschritten wurde. Der Bach Kidron ist einer der drei nie versiegenden Wasserläufe, der schließlich ins Tote Meer mündet. Auf der anderen Talseite schließt der Steilhang oben mit der Altstadtmauer ab, die mit ihrer gewaltigen Baumasse schwindelerregend hoch hinauf steigt und nur von der schmalen grünen Baumkrone des Tempelbergs mit seinen Kuppeln noch überragt wird. Die dunkle Kuppel ganz links gehört der **AlAqsa Moschee**, die goldene zum **Felsendom**. Unweit rechts vor der Felsendomkuppel ist das zugemauerte **Goldene Tor** der Altstadt mit dem davor liegenden muslimischen Friedhof zu erkennen, links der südlichen Altstadtmauer der massive Bau der Dormitio-Kirche auf dem Zionsberg. Weiter südlich und weiter nördlich der Altstadt liegen neuere bzw. ganz neue Stadtteile.

Wir wollen nun den Berg hinunter wandern. Kurz vor der Terrasse zweigt eine Gasse ab, an der ein Schild zu *The Tombs of the Prophets*, den **Prophetengräbern**, weist. Hier sollen die Propheten Haggai und Maleachi beerdigt worden sein, doch die (kaum beachtenswerten) Grabhöhlen entstammen der byzantinischen Epoche (Mo-Do 9-15). Der Pfad führt den Berg hinunter, nach ca. 200 m sieht man rechts den Eingang zur Franziskanerkapelle **Dominus Flevit** (8-11.45, 14.30-17). Sie wurde 1955 über den Grundmauern einer Kirche aus dem 5. Jh erbaut und soll an die Stelle erinnern, an der Jesus über das künftige Schicksal Jerusalems weinte. Gehen Sie für ein paar Minuten in den von Gruppenreisenden eher verschonten Garten mit der Kapelle. Pinienduft, der Schatten hoher Zypressen, Olivenbäume und Blumenschmuck werden Sie erfreuen. Innerhalb der Kirche sind Bodenmosaike aus dem 5. Jh nC erhalten.

Noch weiter den Berg hinunter sieht man die russische **Maria Magdalena-Kirche** (Di und Do 10-12) mit ihren sieben Kuppeln durch den umgebenden Park. Zar Alexander III. ließ sie 1886 zum Gedächtnis an seine Mutter bauen.

Vielleicht standen sie schon zur Zeitenwende hier: Ölbäume im Garten Gethsemane

Sie gehört zum gleichnamigen Frauenkloster und liegt ebenfalls in einem blumen- und baumreichen Garten. Am Ende der Gasse steht die **Kirche der Nationen** (8-12, 14-17, Sommer bis 18) im Garten Gethsemane. Hier hatte Kaiser Theodosius I. im 4. Jh eine Basilika über dem Felsen errichten lassen, auf dem Jesus vor seiner Gefangennahme gebetet haben soll. 1924 wurde über den alten Grundmauern – der Grundriss ist noch im modernen Fußboden sichtbar – eine Kirche mit zwölf Kuppeln errichtet, für die einige Länder Bilder stifteten. Im **Garten Gethsemane** verbrachte Jesus die letzten Stunden vor seiner Gefangennahme, hier stehen noch acht steinalte Ölbäume.

Unten im Tal gibt es noch das **Mariengrab** (*Church of the Tomb of the Virgin*; 5-12, 14.30-17, im Winter erst ab 6) zu besichtigen, nur unweit vom Garten rechts der Straße. Im 4. Jh stand hier bereits eine kleinere Basilika, die Kreuzfahrer erweiterten die Anlage gewaltig und umbauten das Grab mit einer großen Basilika, die wiederum von den Muslimen zerstört wurde. Eine breite Marmortreppe – der letzte Rest der Kreuzfahrerbauten – führt in die Tiefe, unterwegs ist rechts eine Grabnische (angeblich für die Eltern von Maria, tatsächlich für die Kreuzfahrer-Königin Melisanda) in die Wand gelassen. Links befindet sich eine Nische mit Altar über dem Grab von Joseph. In dem recht großen unterirdischen Raum ist (rechts) das Mariengrab aus dem Felsen gemeißelt, davor ein armenischer Altar, rechts eine islamische Gebetsnische in der Seitenwand. Von ihrem Grab aus soll Maria von Engeln in den Himmel getragen worden sein. – Auf dem Vorplatz oben weist ein Schild auf die **Grotto of Gethsemane** hin, eine natürliche Höhle, die Jesus mit den Aposteln vor seinem letzten Gebet besucht haben soll (8.30-12, 14.30-17, Do/So -16).

Südlich des Mariengrabs führte die Hauptstraße weiter Richtung Jericho, jetzt endet sie an der israelischen Mauer. Der erste schmale Abzweig führt rechts hinunter ins Kidrontal. Er wurde aus Anlass der christlichen 2000-Jahr-Feiern als Fußweg ausgebaut; man kann auf der Ostseite des Tals hinunter- und auf der anderen wieder hinaufgehen, um dort auf die Umfahrungsstraße der Altstadt zu stoßen. Der jüdische Friedhof zieht sich bis zu diesem Weg hinunter. Direkt am

Wegesrand stehen einige sehr alte, in den Fels getriebene **Grabbauten** aus hellenistischer Zeit, wie die Architektur zeigt.
Obwohl die Grabmäler mit Namen des Alten Testaments belegt sind, stammen sie tatsächlich aus viel späterer Zeit. Das erste Grabmonument – das am besten erhaltene überhaupt – mit ionischen Säulen und dorischem Fries wird *Absalom*, dem Sohn König Davids, fälschlich zugeschrieben, denn es stammt aus dem 1. Jh vC. Verbunden mit dieser Anlage ist eine Folge von tiefer in den Fels gelegten Kammern, die mit dem Namen des Jakobus verbunden werden. Unweit entfernt liegt eine weitere ähnliche Doppelanlage, an deren Eingang der Name des Priesters Hezir (1. Jh vC) eingemeißelt ist. Die anschließenden Räume werden als *Grab des Zacharias* bezeichnet.
Wenn Sie jetzt noch Lust und Zeit haben, die Altstadt zu besuchen, könnten Sie auf der 1996 zur 3000-Jahrfeier angelegten Treppe zur Altstadt hinaufsteigen. Oder aber Sie gehen talwärts, um die Gihon-Quelle und die spärlichen Ruinen der Stadt Davids zu besuchen (insofern empfehlenswert, da Sie sich schon im Tal aufhalten; siehe S. 173).

Die Altstadt

Die Altstadt – *Old City* – ist mit Abstand das Interessanteste und Reizvollste, was Jerusalem zu bieten hat. Sollten Sie wenig Zeit haben, dann konzentrieren Sie sich auf diesen Bereich.
▶ Denken Sie bitte auch daran, religiöse Stätten, besonders muslimische und jüdische, nicht in Shorts zu besuchen. Frauen sollten keine körperbetonende, sondern -bedeckende Kleidung tragen.
Die Altstadt unterteilt sich ziemlich strikt in Wohnviertel der unterschiedlichen religiösen Gruppen: Im Nordosten liegt das muslimische Viertel der Palästinenser, vom Damaskustor aus westlich das christliche Viertel, im Südwesten leben die Armenier und im Südosten, quasi im Blickkontakt mit der West(Klage)mauer, die Juden. Man kann sich bei der Erkundung der Altstadt an diese Aufteilung halten, wir wollen jedoch in mehreren, **kombinierbaren Spaziergängen** in das Leben zwischen den Jahrtausende alten Steinen tauchen.
Die heutige **Stadtmauer** (– imposantes Weltkulturerbe in Höhe und Erhaltungszustand – ließ der Ottomanen-Sultan Suleiman (1537-41) vor allem zum Schutz gegen Nomaden und andere Eindringlinge bauen. Sie ist gut 4 km lang, bis zu 12 m hoch und bis zu 3 m dick. Insgesamt führen sieben Tore in das Häusergewirr, das achte, das Goldene Tor, wurde 1530 von Muslimen verschlossen; die anschließend vor dem Tor angelegten Gräber sollen es für den dort erwarteten jüdischen Messias blockieren. Da die Altstadt von Osten und Westen durch tiefe Täler gut geschützt war, musste sie besonders von der relativ ebenen Nordseite stark befestigt werden. Daher baute Suleiman das nördliche Tor, das Damaskustor, sehr massiv und wuchtig aus – zur Freude heutiger Fotografen.
Man kann die ****Stadtmauer** begehen (*Rampart's Walk*, tägl. 8-18, im Winter 7-17; ₪ 16, Kinder die Hälfte, Tickets innen im Jaffator für beide Richtungen – nur einmal zahlen, wenn man beides am selben Tag läuft [Aufgang Richtung Süden außen an der Zitadelle, ca. 45 min; [Aufgang Richtung Norden innen am Jaffator, ca. 75 min, freitags manchmal gesperrt] sowie am Römischen Platz unterhalb des Damaskustors. Tickets für einen Samstag entweder vorher oder unter www.pami.co.il [hebräisch] besorgen; Ausgänge an jedem Tor) und dabei die Altstadt aus einer etwas höheren Perspektive betrachten. Vom Jaffator geht es zunächst nördlich zum Neuen Tor und über das Damaskus- und Herodestor bis zum Löwen- bzw. Stephanstor – danach ist Schluss wegen des Tempelplatzes. Wiederum vom Jaffator, nämlich von außen am südlichen Ende der Zitadelle, gelangt man am Armenischen Viertel entlang über das Zionstor zum Mist- oder Dungtor südlich des Platzes an der Westmauer. Man sollte keine spektakulären Ein- oder Überblicke erwarten und der Gehweg ist äußerst unbequem gepflastert, an

Geführte Touren – ein erster Überblick

Die **staatliche Touristen-Information** innerhalb des Jaffators (dort, wo keine möchtegernantik verkleideten Angestellte Sie hineinziehen wollen wie links daneben) bevorratet zehn durchaus **hilfreiche Broschüren** für selbst geführte Rundgänge in und um die Altstadt.

Wer nur mit **mp3-Player** losziehen möchte, kann sich auf www.jerusalemp3.com Audiotouren samt Karten gratis herunterladen.

Die *Jerusalem Development Authority* hält nicht nur mp3-Dateien bereit: Für iPhone und Android gibt es die App ***Jerusalem Old City Audio Walking Tours***, größtenteils überzeugend gemachte zehn Rundgänge – fünf davon auch für Rollstuhlfahrer. Bilder, Text oder Audio, Karten z.B. auch mit allen öffentlichen Toiletten: hilfreich. Ohne Smartphone finden Sie das Ganze auch auf der Website **www.jerusalem-old-city.org.il**.

Die Stadtverwaltung bietet gratis jeden Samstagvormittag 10-13 **informative Spaziergänge** auf Englisch an, Treffpunkt 24-26 Yafo St (Kikar Safra), Tel 5314600, www.itraveljerusalem.com > Tours > Free Saturday Tours. Diese Rundgänge führen häufig durch unbekanntere Stadtteile.

Außerhalb des Jaffators startet *Sandeman's New Europe* (mit Sitz in Berlin) seine zweistündigen Gratis-Touren, www.newjerusalemtours.com. Trinkgeld ist jedoch quasi obligatorisch, tägl. 8.45, 11, Sa-Do auch 14 Uhr. Speziellere Rundgänge kosten knapp € 20.

Zion Walking Tours startet vom eigenen Büro aus gegenüber dem Eingang zur Zitadelle ebenfalls beim Jaffator (Altstadt täglich 10 und 14, inzwischen auch auf Trinkgeldbasis, und 7 verschiedene andere Touren), Tel 6277588 oder 050 5305552, http://zionwt.dpages.co.il.

Archaeological Seminars Ltd. hat viel im Programm, wendet sich vom Preis her eher an Gruppen, www.archesem.com/tours.htm. Für $ 30 darf man außerdem unter dem Motto *Dig for a Day* für drei Stunden der Ausgrabung auf Tel Maresha weiterhelfen, exklusive Eintritt für den Nationalpark.

Abseits üblicher Pfade

Alle touristischen Standard-Sehenswürdigkeiten bieten die folgenden Institutionen ebenfalls an. Sie empfehlen sich jedoch besonders für Reisende, die über die aktuelle Situation in Ostjerusalem mehr erfahren wollen.

Emek Shaveh führt alle zwei Wochen freitags um 11 Uhr (auf Englisch nur alle vier Wochen) eine alternative archäologische Tour durch die Davidsstadt und das östlich davon liegende palästinensische Dorf Silwan, 3 Std., Spende von € 4 erwünscht, Treffpunkt am Givati Parkplatz gegenüber dem Eingang zur Davidsstadt, www.alt-arch.org. Reiche Geldgeber wollen König Davids und Salomos Überbleibsel finden lassen, und die Archäologie braucht Erfolge, wofür manches palästinensische Haus abgebrochen wird. – Was der Verein über Archäologie zu sagen hat, gibt es auch auf Deutsch zu lesen: Emek Shaveh, *Archäologie im Schatten des Konflikts.* Jerusalem von Siloah bis Silwan, Berlin 2010.

Alternative Information Center (AIC), 4 Shlomzion HaMalka St, Tel 6241159, www.alternativenews.org; ein israelisch-palästinensisches Projekt, das besonders Menschen- und Flüchtlingsrechte im Blick hat. Vielfältiges Vortrags- und Kulturprogramm. Der Hauptsitz ist in Bet Sahur.

Tamar Avraham, Tel 054 5622532, tamar-av@013.net, führt an politisch instrumentalisierte archäologische Stätten und Krisenherden mit Schwerpunkt Jerusalem, zeigt Reibungspunkte zwischen eingeschränkten Palästinensern und jüdischen Siedlern, die mit allen Mitteln ihre biblischen Wurzeln finden und verteidigen wollen.

Ir Amim (Stadt der Völker), 27 King George St, Tel 6222858 oder 6233973, www.ir-amim.org.il; sehr informative Website „für ein gleichberechtigtes und beständiges Jerusalem mit einer von allen akzeptierten politischen Zukunft", die mit Eindrücken vor Ort gefüllt werden können.

Israeli Committee Against House Demolitions (ICAHD), 7 Ben Yehuda St, 1. Stock, Tel 6245560 oder 050 5651425, www.icahd.org (auch Audioguide zum Download); beobachtet die für die palästinensische Bevölkerung nachteilige Auslegung von Bebauungsplänen durch Israel. Vom Aktivisten Jeff Halper stammt das Buch *Ein Israeli in Palästina.* Widerstand gegen Vertreibung und Enteignung – Israel vom Kolonialismus erlösen, Berlin 2011.

Jerusalem Reality Tours, Tel 052 3634370, jerusalemrealitytours@gmail.com, www.jerusalemrealitytours.com; der Aktivist Rotem Mor bietet unterschiedliche politische Touren in und um Jerusalem herum an.

Peace Now/Shalom Akhshav, 6 Lloyd George St, Tel 5660648, www.peacenow.org.il; der Klassiker in der israelischen Friedensbewegung gegen Besatzung und Besiedlung, nach wie vor sehr aktiv.

Rabbis For Human Rights (RHR), 9 HaRekhavim St, Tel 6482757, www.rhr.israel.net; die Auslegung der Tora mündet hier in Information über Judentum, Islam und Menschenrechte sowie in Aktionen gegen die Verletzung dieser Rechte in den besetzten Gebieten, insbesondere Hausabrisse.

▶ **Sabeel – Ecumenical Liberation Theology Center**, www.sabeel.org, bietet sehr interessante Informationen und Touren: Kreuzwege in moderner Form.

der Straßenseite lärmt der Verkehr – am interessantesten ist die Strecke zwischen Jaffa- und Damaskustor. Am meisten haben **Fotofreunde** von dem Spaziergang: Von der Höhe des Damaskustors bietet sich ein schöner Blick auf den Felsendom, hier kommt seine elegante Silhouette besonders deutlich zum Vorschein.

Die ***Souk-Straßen der Altstadt

Jede der Souk-Straßen ist geprägt durch ihr Publikum. So werden Sie in den Hauptstraßen, die auf dem Weg zu den Sehenswürdigkeiten liegen, hauptsächlich Souvenirs finden, häufig genug Kitsch in jeder Form. Viel interessantere Einblicke gewinnt man in den Straßen, in denen die Bewohner den täglichen Bedarf einkaufen. Sehr typisch dafür ist die Gegend um das Damaskustor und den Souk Khan EzZeit, der sich bis kurz vor dem ausgegrabenen Cardo Maximus wenig an touristischem Bedarf orientiert. Wenn Sie Olivenseife, arabischen Kaffee mit Kardamom, Gewürze oder einen Haarschnitt benötigen, sind Sie hier richtig. Die Preise sind allerdings in der Regel vergleichsweise hoch. Feilschen nicht vergessen.

Ein Bummel durch diese enge, weithin überdachte Gasse ist besonders für den von Bedeutung, der den Orient möglichst original erleben will. Die vom Damaskustor etwas weiter östlich verlaufende AlWad St (HaGal) ist bei weitem nicht so stark frequentiert, aber auch nicht mit so vielen Shops gesegnet. Sie mündet auf den Platz vor der Tempel-Westmauer und wird daher im letzten Teil wieder touristischer.

Den Höhepunkt an Händler-Aufdringlichkeit bieten die sich quasi aneinanderreihenden Straßen Souk AlBasar (David St) und Bab As-Silsileh St, weil sich durch sie die Touristenmassen vom Jaffator zum Tempelberg und zur Westmauer wälzen. Sehr teuer und vornehm kann man im Cardo Maximus einkaufen.

Vom Jaffator zum Tempelberg

Das **Jaffator** öffnet den Eingang von Westen, also vom uralten Hafen Jaffa her. Es wird von den Juden *Sha'ar Yafo* und von den Palästinensern *Bab AlKhalil* genannt. Westlich vor dem Tor liegt die jüdische Neustadt von Jerusalem, dahinter nach Norden das Christliche und nach Süden das Armenische Viertel. Damit Kaiser Wilhelm II. und sein Tross bei seinem Besuch 1898 standesgemäß in die Altstadt einreiten konnten, schlugen die Türken eine Öffnung rechts neben dem ursprünglichen Jaffator in die Mauer, über die sich die heutigen Bewohner insofern freuen, weil sie den Autozugang ermöglicht. Im Moment wird hier allerdings heftig gebaut, so dass der Zuweg in die Altstadt noch schwieriger ist als sowieso schon. Zum Jaffator fahren die Busse 1, 3, 38.

Gleich neben der Mauerbresche erhebt sich die sehenswerte ***__Zitadelle__**. Ihre Ursprünge legten die Hasmonäer im 2. Jh vC, große Teile gehen jedoch auf Herodes zurück, der die Anlage ca. 24 vC als Sicherung seines nebenan liegenden Palastes erbauen ließ. Als die Römer 70 nC die Stadt eroberten, zog eine Garnison in die Festung ein. Später verfiel die Anlage, sie wurde nacheinander von den Kreuzfahrern, Mamluken und Türken wieder aufgebaut. Im

14. Jh erhielt sie den Davidsturm anstelle des ehemaligen Phasaelturms.
Heute beherbergt die Zitadelle das interessante ***Tower of David Museum** (*(Davidsturm-Museum,* So-Mi 10-16, Do -18, Sa -14, Juli/Aug Sa-Mi -17, Do -19, Fr -14, englischsprachige Führung So-Do (Sommer auch Fr) 11 Uhr, ₪ 30, Kinder die Hälfte. Öffnungs- und Anfangszeiten wechseln immer mal: Tel 6265310, www.towerofdavid.org.il). An manchen Abenden wird eine gute Sound and Light Show zur Geschichte Jerusalems geboten (für draußen warm genug anziehen, bei Regen fällt's aus, 45 Minuten, Mo/Mi/Do/Sa 19 & 20, Sa 30 min später, Sommer 21.30, ₪ 55, Kinder 45, kombinierbar mit Tagesticket, Reservieren empfohlen: Tel 6265333). Das Museum schildert mit hervorragenden Displays sowohl die Geschichte der Zitadelle als auch die der Stadt. Im Garten kann man Ausgrabungen betrachten, vom Davidsturm und den Mauern bieten sich immer wieder neue Ausblicke auf die Altstadt und Westjerusalem.
Gegenüber der Zitadelle erhebt sich die **Anglikanische Kirche** (Christ Church) im neugotischen Stil, die erste protestantische Kirche

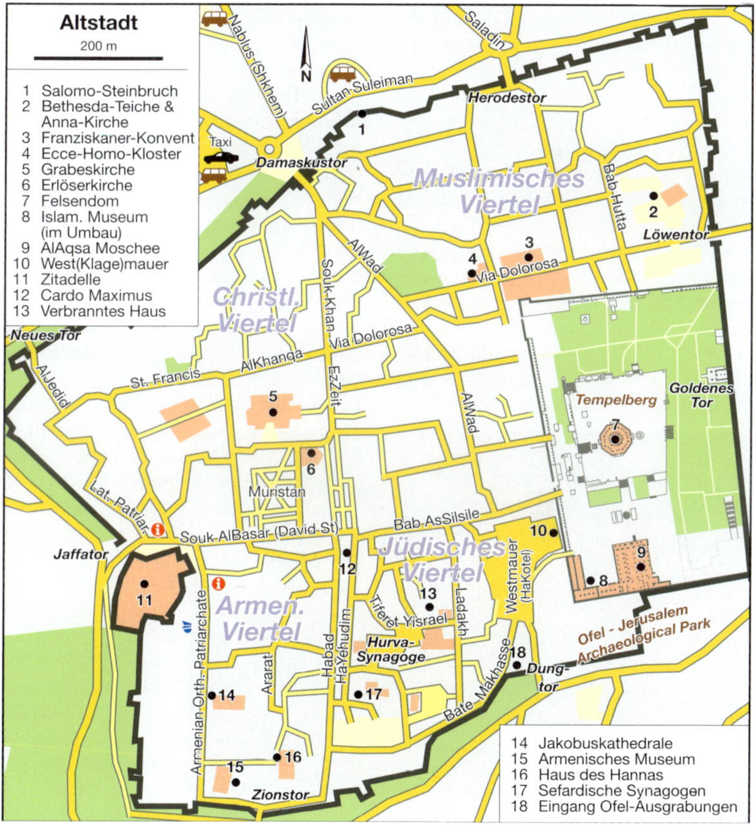

4

des Nahen Ostens; sie wurde 1849 eingeweiht. Direkt um sie herum gibt es eine Reihe anderer protestantischer Einrichtungen wie Missionsstationen und das einstmals erste moderne Hospital Jerusalems. Das Gebäude rechts der Kirche war der Sitz des britischen Konsuls und ist heute ein von der Innenarchitektur her stimmungsvolles Hospiz. Schließlich gibt es hier die auf S. 197 genannte christliche Informationsstelle.

Obwohl das Armenische Viertel gleich nebenan liegt, wollen wir diese historischen Stätten zunächst rechts liegen lassen und der **David St** (Souk AlBasar) nach Osten folgen, die vom Tor aus praktisch geradewegs in das Herz der Altstadt führt. Hier geht es mitten hinein in das Basarleben, vordergründig findet hier Orient in seiner schillernden Vielfalt und seinen uralten Traditionen statt. Tatsächlich handelt es sich um brutalen Kommerz, dem Sie Ihren gesunden Verstand und viel Misstrauen sowohl in Preise als auch in qualitative Aussagen oder Altersangaben entgegensetzen sollten. Bereits hier, am Beginn der vielen Souks, kann man sich unzählige Souvenirs andrehen lassen – wenn Sie Ihr Geld in der Altstadt verprassen wollen, schauen Sie sich zunächst um und kaufen Sie erst beim zweiten oder dritten Besuch.

Beiderseits der David St breitet sich der **Souk AlBasar** aus. Ungefähr in der Hälfte der Straße liegt links der Souk Aftimos, an der dritten Querstraße nach links ausgeschildert. Diese Straße (Muristan St) führt übrigens zur nahe gelegenen Grabeskirche (siehe S. 161). Gehen Sie die David St bis zu ihrem Ende, d.h. dort, wo man auf eine T-Kreuzung stößt. Die drittletzte Straße kurz vor dieser Kreuzung rechts ist praktisch die Verlängerung des von Nord nach Süd verlaufenden, sehr lebendigen Souk Khan Ez-Zeit, die hier als *ElHussor St* ausgeschildert ist und ab der St. Mark's St dann *Habad St* heißt.

Die vorletzte Straße führt rechts zum **Cardo Maximus**, der aus römischer Zeit stammenden, wieder freigelegten Hauptstraße (siehe S. 168). Doch gehen Sie bis zur letzten Querstraße weiter, um dann an der T-Kreuzung rechts abzubiegen und gleich in die nächste, die Silsileh St (hebräisch *HaShashelet – Kettenstraße*), links hinunterzugehen; also die Richtung der David St etwas versetzt beizubehalten. Nördlich dieser Gasse, die den Spuren einer mamlukischen Verbindungsstraße folgt, liegt das **Muslimische Viertel**, das am dichtesten besiedelte der Altstadt.

Gleich zu Beginn steht links die aus der Kreuzfahrerzeit stammende, gut erhaltene Karawanserei **Khan AsSultan** (auch *Wakala*), in der sich durchreisende Händler samt Reittieren einmieten und gleichzeitig ihre Waren verkaufen konnten. Nach der Abzweigung der Misgav Ladakh St kann man rechts einen Blick auf eine ehemalige Koranschule namens **Tashtamuriya** werfen oder aber ein paar Schritte in diese Gasse hineingehen und vom ersten Platz links bereits die West(Klage)mauer betrachten. Wenn Sie die Silsileh St immer weiter wandern, würden Sie am Ende der Straße vor einem der großen Tore zum Tempelberg stehen; Sie dürfen aber nicht hin-

Ein Himmel voller Krimskrams im Basar der Altstadt

aufgehen, denn Nichtmuslimen ist nur noch der Eintritt durch das Bab Mughrabi gestattet. Dort würden Sie das Gebäude des Mamluken **Tankisiya** anschauen können, der sich 1312 vom Sklaven zum Gouverneur von Damaskus aufschwang, 1342 jedoch hingerichtet wurde. Doch wir wollen einen kurzen Umweg einlegen und ein Stück zuvor rechts in die Western Wall Road (so ausgeschildert > hebräisch *HaKótel St*) abbiegen, um zur Westmauer zu gelangen.

Sie werden – nach der unvermeidbaren Sicherheitskontrolle – auf einem erstaunlich großen Platz in der Altstadt ankommen; ursprünglich reichte die Bebauung bis vier Meter an die Mauer heran. Die (arabischen) Häuser wurden 1967 nach der Eroberung Jerusalems durch die Israelis abgerissen, wohl nicht zuletzt aus Sicherheitsüberlegungen. Denn auf der anderen Seite erhebt sich eine der Stützmauern des Tempelberg-Areals, hier heißt sie ***Westmauer** (hebräisch *HaKótel*; d.h. Westmauer, der Begriff *Klagemauer* ist heute eher verpönt). Dieser Mauerteil lag dem Allerheiligsten des Zweiten Tempels am nächsten, hier beten die Juden und manche klagen vielleicht über den Verlust des Tempels. Das heilige Mauerstück – das erst in der Nach-Kreuzfahrerzeit seine heutige Bedeutung erlangte – ist nur 48 m lang und 18 m hoch, rechts beten die Frauen, links, durch ein Gitter getrennt, die Männer. Wer einen Wunsch an Gott hat, schreibt ihn auf einen kleinen Zettel und steckt ihn in die Mauerritzen. In der Praxis handelt es sich um eine große, offene Synagoge.

Die Zettel in den Ritzen enthalten Gebete und Wünsche an Gott, sie werden zweimal jährlich auf dem Ölberg vergraben. Juden von außerhalb können ihre Anliegen auch per Fax oder Mail oder z.B. die App *iKotel* an fromme Institutionen übermitteln, die sie dann in die Ritzen stopfen. Die Zettel sind tabu, so dass es ein großer Affront war, als 2008 der Zettel des damaligen Präsidentschaftskandidaten Barack Obama von einem Studenten herausgefischt und einer Tageszeitung zum Abdruck verkauft wurde.

Hier herrscht ständiges Kommen und Gehen, am Freitagabend ist Hochbetrieb: Vor allem streng orthodoxe Juden mit dem leicht ins Genick geschobenen schwarzen Hut „schütteln" sich im Gebet vor der Mauer, Soldaten mit der MP auf dem Rücken, Schüler oder Hausfrauen kommen für ein schnelles Gebet an diesem heiligen Platz vorbei. An Samstagen (weniger am Montag und Donnerstag) finden hier *Bar Mizwa*-Zeremonien statt. Auf den direkten, durch eine kleine Mauer abgegrenzten Bereich vor der Westmauer wird niemand ohne Kopfbedeckung – am Eingang auszuleihen – eingelassen, Frauen müssen schultorbedeckende Kleidung tragen. Zum Platz fahren die Busse 1, 3, 38, 43 , 51 und 99, www.thekotel.org. Auf dieser Website gibt es eine Webcam für die Westmauer, über die Sie Ihren Lieben nach Hause winken können. Am Shabbat läuft sie allerdings nicht.

Leicht unangenehm sind Leute, die gewissermaßen als Kampf-Segner an der Westmauer unterwegs sind. Jemand kommt direkt auf Sie zu, fragt nach Ihrem Namen, spricht eine etwa zwei Sekunden dauernde Beracha, einen Segen, auch für Ihre Kinder und Verwandten, falls Sie deren Namen auch verraten. Danach will er für diesen ungebetenen, eigentlich ja netten Service Geld von Ihnen, natürlich für ein ganz wichtiges soziales Projekt und an diesem heiligen Ort möglichst hoch. Überlegen Sie sich schon mal eine passende Antwort, falls Sie diese Form der Geldmacherei nicht schätzen.

Links der Mauer ist ein Brückenbogen des antiken Zufahrtsweges zum Tempelplatz erhalten, er ist nach seinem Wiederentdecker *Wilson's Arch* benannt, aber von den Häusern links am Platz überbaut. Seine Basis beherbergt jetzt eine Synagoge für die Betenden, in deren Eingang an der Westmauer sich die schwarzbefrackten orthodoxen Juden hinein- und herausdrängen wie Bienen am Schlupfloch zum Korb. Dort müssen Sie auch hinein, um den gewaltigen Bogen bewundern zu können (für Frauen ist dieser Eingang verboten, aber es gibt einen extra Frauenbalkon mit anderem Zugang).

Ganz in der Nähe (neben den Toiletten) liegt auch der Eingang zum ***Western Wall Tunnel** (Kótel Tunnel; ausgeschildert *Western Wall Heritage*), dessen Besuch leider etwa acht Wochen im Voraus bei *The Western Wall Heritage Foundation* unter Tel 6271333, 159 95158888 oder www.thekotel.org gebucht werden muss (nur geführte Besichtigungen, So-Do 7-abends, Fr -12, ₪ 30, Kinder 15). Das Telefon ist häufig besetzt. Sie können jedoch auch einfach versuchen, sich ohne Anmeldung einer Führung anschließen zu dürfen – einzelne Leute haben gute Chancen. Die Tourist Information am Jaffa Gate schickt Interessenten ansonsten alternativ zu *Zion Walking Tours*, dort muss man sich einer Stadtführung anschließen, und es wird etwa fünffach teurer.

Der Tunnelweg an der Mauer entlang gehört zu den durchaus eindrucksvollen Erlebnissen, die Jerusalem zu bieten hat. Allerdings eignet sich die etwa einstündige Tour durch zum Teil sehr feucht-warme, häufig sehr enge Gänge weniger für Menschen, die unter Klaustrophobie leiden.

Wünschen, Hoffen, Bitten, Danken – Zettel an Gott in der Westmauer

Es handelt sich um einen Tunnel, der von hier bis zum Nordende der insgesamt 487 m langen westlichen Stützmauer des Tempelberges entlang verläuft, man kann auch sagen, an der Grenzlinie zwischen Judentum und Islam. Denn die Muslime passen eifersüchtig auf, dass ihr Tempelberg nicht unterhöhlt wird – keine unbegründete Furcht angesichts extremer jüdischer Gruppierungen, die gern den Felsendom sprengen würden, um einen Dritten Tempel zu bauen. Bei dem Tunnel handelt es sich um einen trotz internationalem Protest auch im Muslimischen Viertel 1968-1985 vorangetriebenen, modernen Stollen des israelischen Religionsministeriums. Offiziell darf nur die *Israel Antiquities Authority* graben, und so brachte das Schuttausräumen durch das Religionsministerium archäologisch auch nichts, was nicht schon im 19. Jahrhundert vermessen und beschrieben worden war.

An einer Stelle sieht man denn auch den vergeblichen Versuch, weiter zum Zentrum des Tempelplatzes vorzudringen in der absurden Hoffnung, à la *Indiana Jones* die verschollene Bundeslade zu finden. Aber die muslimischen Tempelbergwächter hörten die verdächtigen Geräusche und erzwangen das Zuschütten der bereits gegrabenen Höhle. An anderen Stellen war man vorsichtiger und möglichst geräuschlos vorgegangen, denn den ersten Abschnitt legten die Arbeiter mehr oder weniger mit bloßen Händen frei und benötigten mehr als zwei Jahrzehnte. Als 1996 der Tunnel für das Publikum geöffnet werden sollte, protestierten die Muslime erzürnt: Falschinformationen hatten besagt, der Tunnel unterwandere die AlAqsa-Moschee bzw. den Tempelberg. Diese katastrophale Informationspolitik hat nach einer Woche 57 palästinensischen Zivilisten und 11 israelischen Soldaten das Leben gekostet. Sinnlos.

Der ursprüngliche, bereits von den Römern blockierte Ausgang führte in ein palästinensisches Geschäft in der Via Dolorosa. Er durfte aus muslimischer Sicht nicht geöffnet werden, daher schlugen die Israelis in der Nähe einen neuen Ausgang in den Fels direkt zur Via Dolorosa.

Zunächst geht man einen Gang entlang und dann über und ein paar Stufen hinunter in eine große Kammer, die unterschiedlich datiert wird, z.T. bis auf die Hasmonäer zurückgehend. Man wendet sich jetzt nach Norden und kommt in die sog. Große Halle, ein Stützbauwerk aus dem 13. oder 14. Jh für die Madrasa oberhalb; hier wird auch ein interessantes Modell des Zweiten Tempels und seiner Konstruktionsdetails gezeigt. Schließlich erreicht man die westliche Stützmauer des Tempels und kann den größten Baustein Israels bewundern, der vermutlich 500 Tonnen wiegt und mit Primitivwerkzeugen – aus heutiger Sicht – millimetergenau eingepasst wurde. Aber nicht nur die Größe, auch die Sorgfalt, mit der Details der Mauer geschaffen wurden, ist bewundernswert. Dann folgt *Warren's Gate,* eins der vier Tore zum Tempelberg, das von dem Engländer Wilson wiederentdeckt und nach seinem Kollegen benannt wurde. Nach der Zerstörung des Tempels galt diese Stelle als die nächste zum ehemaligen Allerheiligen und diente vermutlich als Synagoge. Auf dem Weiterweg sieht man u.a. eine hasmonäische Zisterne, freigelegte und durch Glasplatten im Boden zu betrachtende herodianische Säulen mitsamt Straßenpflasterung, einem Steinbruch oder einem Wasserbecken aus der Zeit Hadrians. Schließlich taucht man in der Via Dolorosa wieder aus der Tiefe auf, vielleicht sogar etwas überrascht, nach all den intensiven historischen Eindrücken wieder mitten im modernen Leben zu stehen.

Wir wollen unseren zuvor unterbrochenen Rundgang fortsetzen. Geht man von der Westmauer Richtung Dungtor, so zweigt am Tor links eine Treppe zu den Ausgrabungen des Tempelbergs ab, dem *****Jerusalem Archaeological Park** (auch *Ofel Garden* genannt; So-Do 8-17, Fr -14; ₪ 30, Kinder 16; am Eingang ist eine für die Besichtigung notwendige detaillierte Beschreibung erhältlich, englischsprachige Führungen müsste man für ₪ 160 vorab buchen, auch die Besichtigung des *Virtual Reconstruction Models* im Davidson Center ist vorher anzumelden, www.archpark.org.il). Seit 1968 wird hier gebuddelt, 25 Siedlungsschichten sind aus einem Niveau abgetragen worden, das ursprünglich auf der Höhe des Mughrabi-Tors lag. Neben unendlich viel Schutt kamen auch eine Reihe von Überraschungen zutage.

Gehen Sie die Treppe hinunter und zunächst zur Ecke der Tempelbergmauer. Nur der untere Teil mit den riesigen, sorgfältig geglätteten Steinen stammt vom Zweiten Tempel, der obere Teil wurde erst im vorigen Jahrhundert wieder aufgesetzt. Diese bis zu 200 Tonnen wiegenden

Rückweg nach dem Gebet an der Westmauer

Steinquader der herodianischen Stützmauern wurden ohne Zement passgenau aufeinander gestapelt. Ihre Größe hatte den Vorteil, dass keine Bindemittel für den Aufbau notwendig waren und dass sie dank ihres Gewichts auch Belastungen wie Erdbeben klaglos überstanden. Auf der Westseite ragen einige Stümpfe aus der sonst glatten Mauer heraus, die man mit viel Fantasie als das Ende eines Bogens interpretieren kann. Vom Amerikaner Robinson entdeckt und nach ihm als *Robinson's Arch* benannt, handelte es sich um einen gewaltigen Brückenbogen (den größten der Antike), der die mauerparallele Straße zur königlichen Basilika überspannte.

Ein Münzfund unterhalb dieses Bogens belegte kürzlich, dass Herodes' groß angelegte Tempel-Erneuerung wohl erst unter seinem Enkel Herodes Agrippa I. (regierte 37-44) fertig gestellt worden ist.

4

Auf der Südseite der Tempelbergmauer kamen – zum Erstaunen der Historiker – Reste eines Omaijaden-Palastes zum Vorschein. Die Rechtecke an der Außenmauer gehörten zu Gärten mit Bewässerungskanälen. Noch vor der Quermauer führt eine Eisentreppe zu einer Aussichtsplattform, die sowohl einen vortrefflichen Überblick über das Ausgrabungsgelände als auch einen neuen Blickwinkel auf das Jüdische Viertel gibt. Noch vor dem Tor in der Quermauer sind Reste byzantinischer Häuser zu sehen. Der Grabungsbezirk außerhalb der Mauer ist auf den ersten Blick noch unübersichtlicher und schwieriger zu verstehen. Leicht erkennbar ist die breite Freitreppe, die zum sogenannten Huldator führte, d.h. in den eigentlichen Tempel. Weiter östlich sind deutlich die Umrisse des östlichen Teils dieses Tores zu erkennen, die allerdings aus der Omaijaden-Zeit stammen und im 11. Jh zugemauert wurden.
Die vielen Details des Grabungsbezirks zu beschreiben würde den Rahmen dieses Buches sprengen, zumal sich meist "Vorgebildete" hierher begeben, denen die Epochen der vergangenen zwei Jahrtausende geläufig sind.

****Tempelberg mit Felsendom (Haram AshSharif)

Geschichte: *Ein steiler Berg namens Moria bildet den historischen Hinter- und Untergrund des vor Ihnen liegenden, für die drei monotheistischen Religionen heiligen Bezirks. Abraham erhielt im 85 km entfernten Beer Sheba von Gott den Befehl, auf dem Berg Moria seinen Sohn Isaak (nach islamischer Tradition: Ismael) zu opfern, mit großer Wahrscheinlichkeit wanderte er zu diesem hier liegenden Berg und wurde im letzten Moment von der Opferpflicht befreit. Ein Jahrtausend später eroberte um 1000 vC David den Berg, errichtete dort einen Altar und stellte die Bundeslade ab. Sein Sohn Salomo ließ an dieser Stelle den ersten prächtigen, aber recht kleinen Tempel in siebenjähriger Bauzeit von phönizischen Baumeistern errichten. Die Wände des Hauptraums und des Allerheiligsten waren mit Zedernholz aus dem Libanon getäfelt und vergoldet. Fast 400 Jahre später, 587 vC, wurde der Tempel von Nebukadnezar zerstört. Nach der Rückkehr aus der babylonischen Gefangenschaft errichteten die Juden den Zweiten Tempel anstelle des ersten, der 516 vC fertiggestellt wurde. Als Herodes I. an die Macht kam, ließ er den vermutlich beschädigten Tempel renovieren und vergrößern. Um das 300 x 480 m große Areal zu schaffen, musste zusätzliche Fläche durch Aufschüttungen gewonnen werden, Stützmauern waren nötig, um die Aufschüttungen zusammenzuhalten. Die Mauern sind noch heute an der Ost-, Süd- und südwestlichen Seite zu sehen. In diesem Tempel diskutierte Jesus mit den Schriftgelehrten, hier vertrieb er die Händler und wurde vom Teufel versucht. 70 nC zerstörten die Römer den Zweiten Tempel, übrig blieben nur die Stützmauern.*
Im 6. Jh nC ließ Justinian auf dem Tempelberg eine Marienkirche als Basilika bauen. Nach der muslimischen Eroberung Jerusalems 638 pilgerten viele Anhänger Mohammeds zum Felsen Moria, denn von hier aus war der Prophet zu seiner nächtlichen Himmelsreise ins Paradies aufgestiegen, sein Lieblingspferd Al-Buraq hatte einen Fußabdruck auf dem Felsen hinterlassen. 687-691 ließ der Omaijadenkalif Abd AlMalik einen Dom über den Fußabdruck-Felsen bauen, 705-715 sein Sohn Walid die Marienkirche in die AlAqsa Moschee umwandeln. Damit gewann der Tempelberg sein heute charakteristisches Bild, er wurde Wahrzeichen Jerusalems. Den Muslimen ist er nach Mekka und Medina die drittheiligste Stätte der Erde. Im Ramadan versammeln sich hier bis zu 300 000 Menschen zum Gebet.

Zugang für Nichtmuslime ist nur südlich der Westmauer über die Stelzenkonstruktion zum Marokkanertor (Bab AlMughrabi) möglich (Einlasszeit So-Do im Sommer: 7.30-11, 13.30-14.30, im Winter: 7.30-10, 12.30-13.30; Öffnungszeiten können sich ändern und ohne vorherigen Hinweis auch ganz wegfallen, im

Ramadan stark eingeschränkt, während islamischer Feiertage – siehe S. 80 – meist geschlossen, Tel 6226250). Verlassen müssen Sie den Tempelplatz bis 15 Uhr durch jedes der acht anderen Tore. Der Eintritt auf den Tempelplatz ist frei, doch derzeit ist für Nichtmuslime kein Blick in Dom oder Moschee möglich, auch das Islamische Museum in der Südwestecke des Platzes wird umgebaut. Angeblich sollen Leute durch Bakshish in die Gebäude gelangt sein, doch empfehlenswert ist das nicht. Wer einfach behaupten wollte, Muslim zu sein, muss sich auf Fragen gefasst machen und sollte zumindest die Sure AlFatiha beten können (Aussprachetrainer: www.mounthira.com/learning/surah/001-al-fatihah). – Vermutlich wird Ihnen ein selbst ernannter *Guide* seine Dienste anbieten; sollten Sie darauf eingehen, dann den Preis unbedingt vorher vereinbaren. Sollten Sie die keuschen Kleidersitten nicht erfüllen, so können Sie blaue Kittel als Schutz gegen und vor dem bösen Blick der denkbar unfreundlichen Wärter ausleihen. Unser Tor entlässt uns direkt auf das Gelände der **AlAqsa-Moschee**.

Sollte der Besuch von Dom und Moschee wieder erlaubt sein, muss man in einem kleinen Kiosk rechts zwischen Moschee und den Gebäuden gleich an der Mauer Eintrittskarten kaufen (₪ 30-40). Die Gebäudegruppe, die sich L-förmig an der Mauer entlang zieht und an die AlAqsa Moschee stößt, dient dem **Islamischen Museum** als Unterkunft, das jedoch seiner Wiedereröffnung harrt. Sehenswert wären Korantexte, Reste von Balken aus dem 8. Jh und des beim AlAqsa-Brand 1969 beschädigten Minbars.

Gehen Sie weiter zur ****AlAqsa Moschee** (*die Fernste*, von Mekka und Medina aus gesehen), deren Ursprung die christliche Marien-Basilika war. Sie wurde im Laufe ihrer Geschichte mehrfach stark beschädigt, die Kreuzritter benutzten sie zunächst als Sitz des Königs von Jerusalem. Heute besteht sie aus sieben Langschiffen, in denen 5000 Gläubige Platz finden. Leider wurde der bekannte holz-

Für Nicht-Muslime führt der einzige Eingang zum Tempelplatz vom Vorplatz der Westmauer durch einen Check-Container über den hölzernen Stelzengang zum Bab AlMughrabi (blaues Sonnensegel)

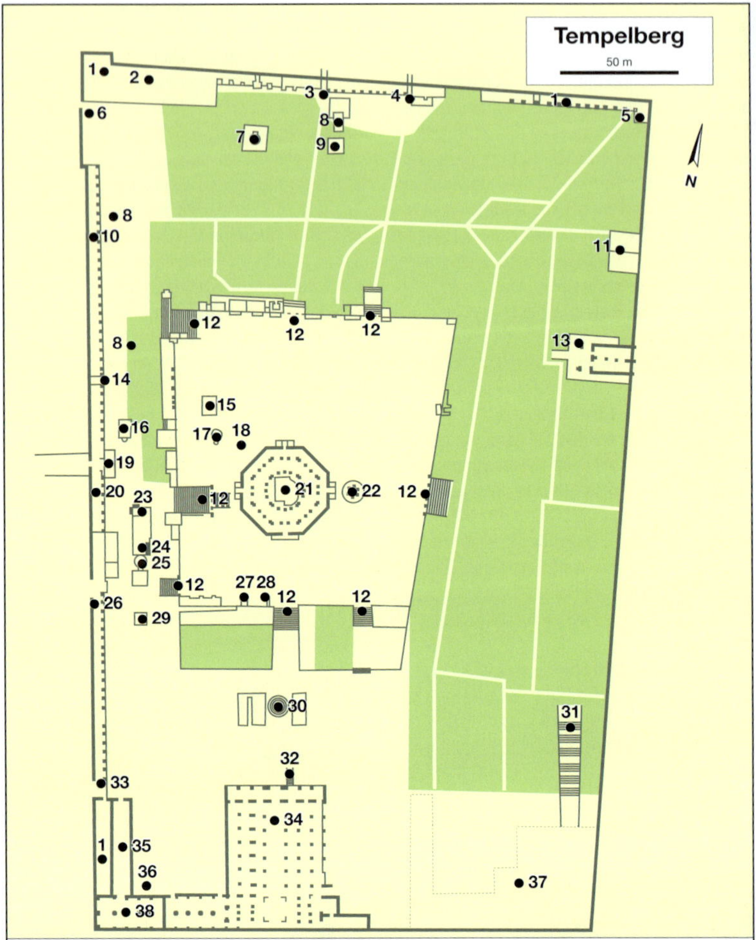

1 Minarett
2 Felsgrund der Herodes-Burg Antonia
3 Tor der Dunkelheit
4 Tor der Sühne
5 Tor der Stämme
6 Tor der Ghawanima
7 Qubba Suleimans
8 Sabil (arab.: Brunnen)
9 Pavillon von Sultan Mahmud II.
10 Tor des Aufsehers
11 Thron Salomos
12 Aufgänge mit Spitzbogenarkaden
13 Goldenes Tor (vermauert)
14 Eisentor
15 Moschee des Propheten
16 Mihrab des Ali Pasha
17 Qubbat AlMiraj (Himmelfahrtskuppel)
18 Qubbat AnNabi (Kuppel des Propheten)
19 Tor der Baumwollhändler (Bab AlQattanin)
20 Tor der Reinigung
21 Felsendom (Qubbat AsSakhra)
22 Kettendom (Qubbat AsSilsile)
23 Sabil AlAshraf Qaitbai
24 Orangenteich
25 Sabil des Qasim Pasha
26 Kettentor und Tor der Einwohnung Gottes
27 Qubba des Yussuf Agha
28 Minbar AsSaif (Sommerkanzel)
29 Qubba des Mose
30 Reinigungsbrunnen AlKas
31 Abstieg zu den Ställen Salomos (bzw. zur Marwan-Moschee)
32 Abstieg zum Hulda- oder Doppeltor
33 Maghrebinertor (Bab AlMughrabi, einziger Zugang zum Tempelplatz für Nicht-Muslime)
34 AlAqsa Moschee (Djami'a AlAqsa)
35 Maghrebiner-Moschee
36 Islamisches Museum (im Umbau)
37 Ställe Salomos
38 Halle des einstigen Tempelritter-Palastes

geschnitzte Minbar, ein Geschenk Saladins, durch einen Brandanschlag eines geistesgestörten Australiers 1969 so zerstört, dass er nicht mehr vorhanden ist (siehe S. 170 zum Jerusalem-Syndrom). Der Betrachtung wert sind besonders die Ausschmückungen der Kuppel und ihrer Trommel, die zum Teil auch auf Saladin zurückgehen.

In der Südostecke des Tempelbergs, links neben der Moschee, liegen die wegen ihrer Größe eindrucksvollen, sogenannten **Ställe Salomons** unterhalb der Deckplatte des Plateaus. Sie wurden von Herodes zur Erweiterung des Tempelplatzes auf dem abfallenden Gelände angelegt, sind aber wiederum nur Muslimen zugänglich, die sie seit Neuestem als Marwan-Moschee nutzen.

Am Reinigungsbrunnen *AlKas* vorbei geht man nun zum ****Felsendom**; er ist übrigens keine Moschee, sondern – profan ausgedrückt – ein Schutzbauwerk über dem Felsen Moria. Beim Näherkommen strahlt das Gebäude – das zu den schönsten islamischen Bauwerken zählt – eine erhabene Schönheit aus, die man kaum anderswo in Jerusalem wiederfindet:

Aus einem achteckigen, mit strahlend blauen Fayencen verkleideten Unterbau wächst der runde Kuppelbau auf, dessen Basis ebenfalls mit herrlichen Kacheln belegt ist. Die 1994 neu vergoldete Kuppel wirft vornehm-gedämpft den Glanz der Sonne zurück; das Gebäude stellt als Gesamtkonzeption ein architektonisches Meisterwerk von Weltgeltung dar. Es ist das älteste existierende muslimische Bauwerk. Sollten Sie hinein dürfen, müssen Schuhe, Taschen und Kameras unbeaufsichtigt draußen bleiben – zu mehreren Leuten könnte man einfach abwechselnd besichtigen.

Die erlesene Ausstattung im Inneren ist hoffentlich bald wieder zugänglich: Marmorsäulen mit vergoldeten antiken Kapitellen tragen den Kuppelbau, der mit vollendeten Arabesken und Ornamenten ausgeschmückt ist. Die künstlerische Vollendung dort oben steht eigentlich im krassen Gegensatz zu der rauen, hellgrauen Oberfläche des Moria-Felsens, dem sie ja eigentlich gewidmet ist. Auch der achteckige Unterbau, der fast unmerklich den Kuppelbereich umschließt, ist aufwendig verziert; man betrachte allein die Ausschmückung der Holzdecken oder die in aller Farbenpracht leuchtenden Glasfenster.

In der Luft liegt ein verhaltenes Murmeln der Menschen, die hier Gebete verrichten, obwohl es sich nicht um eine Moschee handelt. Rechts des Felsens (vom Eingang aus gesehen) wird ein Felsstück in einem kleinen Schrank aufbewahrt, das die Gläubigen berühren, weil es den berühmten Fußabdruck enthält. Über dem Schrank steht ein Behälter mit drei Barthaaren Mohammeds, die nur einmal jährlich gezeigt werden. In der Höhle Bir Al'Arwah (arabisch ***Brunnen der Seelen***) unterhalb des Felsens warten nach muslimischem Glauben die Seelen der Toten auf das Jüngste Gericht. Achten

Felsendom: Ausschnitt aus einer Außenwand

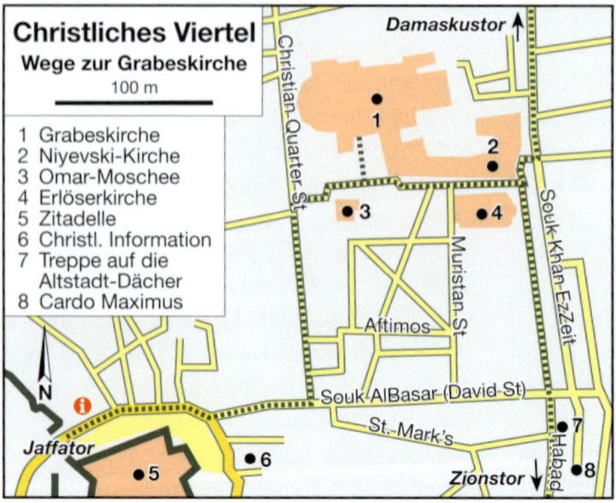

Sie in der Höhle auf den sehr flachen Mihrab: Vielleicht ist er die älteste Gebetsnische der Welt, oder entstand zumindest spätestens um 900 nC.

Nicht allein den Muslimen, auch den Juden ist der Fels heilig, nicht nur die versuchte Opferung, sondern sie betrachten ihn auch als den Grundstein und Mittelpunkt der Welt.

Man sollte sich für den Tempelberg Zeit nehmen, um die Atmosphäre dieses wahrhaft historischen Platzes zu erfassen. Wandern Sie an den Außenmauern entlang. Von der Ostmauer aus werden Sie östlich vom Felsendom ein kleines Kuppelbauwerk sehen. Es ist der **Kettendom**, der die Mitte des gesamten Tempelplatzes markiert und am Gerichtsplatz Davids steht. Angeblich hat David hier eine Kette aufhängen lassen, aus der bei Meineiden ein Glied herausfiel. Etwa in der Mitte der Ostmauer würde sich das **Goldene Tor** öffnen. Da die Juden glauben, dass durch dieses Tor der Messias die Stadt betreten werde, mauerten es die Muslime zu und legten Gräber – ebenfalls als Schutz – davor an. So kommt der Messias vielleicht per Hubschrauber. Am Ende der Treppen zum Dom stehen östlich schöne Spitzbogenarkaden. Die Muslime glauben, dass an diesen Bögen die Waagschalen beim Jüngsten Gericht aufgehängt werden, mit denen die Menschen gewogen und gemessen werden.

Über die **Via Dolorosa zur ****Grabeskirche

Wenn Sie genug gesehen haben auf dem Tempelberg, verlassen Sie ihn am besten durch das Bab Hutta (Tor der Sühne) rechts auf der Nordseite. Die nächste große Querstraße, nachdem Sie durch einen Häuserblock gingen, ist die Sha'ar HaArayot St (Löwentorstraße), die vom Löwentor im Osten kommt. Gehen Sie ein Stück auf dieser Straße nach rechts bis fast zum Tor in der Stadtmauer, das von den Christen nach dem ersten Märtyrer Stephanstor und von den Juden **Löwentor** (wegen der Löwen an der Außenmauer) und von den Palästinensern Marientor genannt wird. Links vor dem Tor erstreckt sich ein langgezogener Gebäudekomplex, dessen erste Tür zum **St. Anna Kloster** (Mo-Sa 8-12, 14-18, im Winter -17, ₪ 8, einschließlich Teich Bethesda) mit der St.-Anna-Kirche führt.

Dieser in sich geschlossene Komplex ist einen Besuch wirklich wert, schon weil der kleine Garten im Innenhof zu einer erholsamen Pause in einer Oase der relativen Ruhe einlädt. Die Kirche wurde von der Witwe Balduin I., dem ersten Kreuzfahrerkönig Jerusalems, 1142 in Auftrag gegeben. Saladin richtete nach der Eroberung Jerusalems eine Koranschule in ihr ein, die Osmanen gaben sie 1856 an Napoleon III. zurück. Danach wurde sie in die Kirchenform zurückgebaut. Hervor kam eine typische, vollständig erhaltene Kirche der Kreuzfahrerepoche. Sie besteht aus einer dreischiffigen Pfeilerbasilika, deren Seitenschiffe durch Spitzbögen vom Hauptschiff getrennt sind. Der Hochaltar aus dem Jahr 1954 stammt von dem französischen Bildhauer Phillippe Kaeppelin. Unter dem rechten Seitenschiff liegt eine **Grotte**, die von den Kreuzfahrern als Geburtsstätte Marias angesehen wurde (freier Eintritt, Spende erwartet).

Die **Akustik der Kirche** überrascht mit einem außergewöhnlich langen Hall, daher singen hier immer wieder besuchende Chöre oder

Gruppen. Es ist durchaus interessant und stimmungsvoll, den Gesängen aus aller Welt zu lauschen.

Nordöstlich schließt sich an die Kirche das Ausgrabungsgelände um den **__Teich Bethesda__** an. Hier soll Jesus einen Mann, der 38 Jahre lang krank war, geheilt und ihn mit dem bekannten Spruch: „...nimm dein Bett und geh" entlassen haben. Ursprünglich handelte es sich vermutlich um eine Zisterne, die ein Damm in der Mitte in zwei große Becken trennte. An den Seiten und auf dem Damm standen Säulenhallen, von denen auch das Neue Testament berichtet. Die Ausgrabungen sind hervorragend erläutert, so dass man sich leicht ein Bild von der Umgebung vor 2000 Jahren machen kann – viele Meter unter dem heutigen Bodenniveau.

Gehen Sie nun zurück zur Löwentorstraße und stadteinwärts. Ein kurzes Stück nach der Querstraße AlQadhsiye Darwish überspannt ein Halbbogen die Straße, links führt ein schmaler Weg auf einer Rampe aufwärts. Hier lag einst die **Festung Antonia**, die – 100 x 160 m groß – von Herodes gebaut worden war und von der aus er den Tempelberg gut kontrollieren konnte. Bereits 70 nC ließ Titus die Festung schleifen.

Ab hier beginnt die **__Via Dolorosa__**, die *Straße der Schmerzen*, auf der Jesus sein Kreuz zur Hinrichtung auf den Hügel Golgatha schleppen musste.

Gehen Sie den schmalen Weg auf der Rampe links hinauf. Er endet in der eigentlich sehr profanen islamischen Schule **AlOmariya**, die ordentlich und sauber ist und deren Wände mit kindlichen Zeichnungen muslimischer Motive geschmückt sind. Die Südmauer des Schulhofes stammt noch von der Antonia-Festung des Herodes; werfen Sie einen (lohnenden) Blick von hier durch die Fensternischen auf den Tempelberg. Der Schulhof besitzt insofern Bedeutung, da er als ***Station Eins*** des Leidensweges Jesu angesehen wird, beginnend mit der Verurteilung Jesu im *Praetorium*. Jeweils freitags um 15 (Sept.-März) oder 16 Uhr (April-Sept.) führen Franziskaner eine Prozession an, die alle 14 Kreuzwegstationen berührt (am interessantesten aber auch überfülltesten am Karfreitag). Diese Stationen entsprechen zum Teil den Berichten der Evangelien, einige wurden erst im 19. Jh hinzugefügt.

Die ***Zweite Station***, bei der Jesus ausgepeitscht wurde, die Dornenkrone erhielt und das Kreuz aufnahm, ist gegenüber der Rampe zur Schule durch einen schmalen Eingang zu erreichen. Auf einem kleinen Innenhof stehen sich dort die **Kapellen der Verurteilung** (links) und der **Geißelung**, auch Flagellatio genannt, gegenüber (täglich 8-18, im Winter -17). Wer Genaueres über die Zeit des Neuen Testaments wissen möchte, ist hier außerdem im Museum des *Studium Biblicum Franciscanum* richtig. Es gibt allerhand aus den eigenen Grabungen der Franziskaner zu sehen, das aber nur vormittags Di-Sa 9-11.30, besser vorher anrufen Tel 6282936; intuitive Internet-Adresse http://198.62.75.4/www1/ofm/sbf/SBFmuse.html.

Kreuzfahrerarchitektur der St.-Anna-Kirche

4

Gute Orientierung: der Turm der Erlöserkirche

Nach der nächsten schmalen, rechts abzweigenden Gasse erhebt sich ein massiges Gebäude, die **Ecce Homo Basilika** und das **Kloster der Schwestern Zion** (auch *Ecce Homo* Kloster; täglich 8-17; ₪ 8). Unterhalb dieses Gebäudekomplexes sind interessante historische Relikte aus der Römerzeit zu sehen (Eingang gleich links in der schmalen Gasse), die noch dazu sehr gut erschlossen sind: zum einen die erstaunlich große **Zisterne** des Strouthionteichs, von Herodes zur Wasserversorgung seiner Festung angelegt, zum anderen ein gutes Stück des originalen Straßenpflasters des Forums und Marktplatzes – **Lithostrotos** -, das Hadrian (135 nC) über dem Strouthionteich anlegen ließ. Im Pflaster ist ein römisches Spiel eingeritzt, mit dem sich die Soldaten die Zeit vertrieben. In dieser Gegend soll Pilatus den bereits mit Kreuz und Dornenkrone gezeichneten Jesus dem Volk gezeigt und gesagt haben: „Seht, welch ein Mensch" (auf Latein: *Ecce Homo*). Folgen Sie beim Rundgang durch die Unterwelt den Pfeilen, Details sind auf Tafeln erklärt. Draußen überspannt ein zweiter Halbbogen die Straße, der sich in der Basilika als kleinerer Nordbogen fortsetzt. Er wurde in der bereits teilzerstörten Festung für den Besuch Kaiser Hadrians errichtet; heute wird er **Ecce-Homo-Bogen** genannt.

Der nächste Eingang weiter westlich vom Konvent der Zionsschwestern führt zum griechisch-orthodoxen **Praitorion** und **Gefängnis**

Die **Via Dolorosa

Man muss wohl ein paar Worte zur Via Dolorosa anmerken. Fast jeder alte Kreuzgang vermittelt mehr vom Leiden Jesu als der vom geschäftigen Alltagsleben, von geschäftsmäßigen Pilgerführern und dem Gedränge der Touristen geprägte Weg, den Jesus nach seiner Verurteilung bis zur Hinrichtungsstätte zurückgelegt haben soll. Der Weg selbst – für dessen Pflasterung teils Steine aus der Zeit von Herodes verwendet wurden – ist **historisch keineswegs gesichert**, einige Stationen wurden erst 1800 Jahre nach der Kreuzigung festgelegt. Ursprünglich ist der Kreuzweg eine Andachtsform, die im Mittelalter entstand. Zunächst waren sieben Stationen festgelegt, erst 1518 kamen weitere sieben hinzu. Biblisch lassen sich die erste, fünfte, achte und elfte bis vierzehnte Station begründen, die zweite und zehnte ergeben sich logischerweise. Wenn wir in den folgenden Beschreibungen nicht den Konjunktiv benutzen, also nur die Möglichkeit der Geschehnisse beschreiben, dann hat es hier nur pragmatische Gründe, nicht viele Male diese Form zu wiederholen.

Sicher ist die **Nähe zum eigentlichen Leidensweg** das Entscheidende für den Gläubigen; einerlei wie der tatsächliche Weg verlief. So muss man auch den Pilgern, die sich mit Leih-Holzkreuz in frommer Inbrunst durch die engen Gassen drängeln, Respekt entgegen bringen.

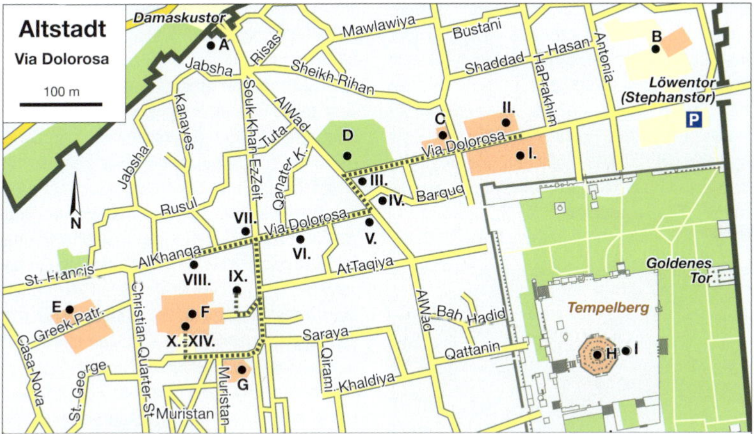

I.-XIV. Kreuzwegstationen
A Damaskustor mit römischen Anlagen
B St.-Anna-Kirche & Teich Bethesda
C Ecce-Homo-Kloster
D Österreichisches Hospiz
E Griechisch-orthodoxes Museum
F Grabeskirche mit Golgatha
G Erlöserkirche
H Felsendom
I Kettendom

Christi, für Griechisch-Orthodoxe der Beginn der Via Dolorosa (meistens geöffnet, Spende willkommen). Man steigt in drei übereinander liegende, finstere Grabhöhlen aus der Zeit des Ersten Tempels hinab, die u.a. als Verließ des Schwerverbrechers Barrabas und als Gefängniszelle des an den Beinen gefesselten Jesus zur Andacht hergerichtet sind. Historisch ist hier nichts los: Die christliche Dramatisierung der eisenzeitlichen Gräber geschah Anfang des 20. Jhs.

Die Via Dolorosa mündet schließlich in die AlWad (hebräisch *HaGai)* St. Rechts liegt das Österreichische Hospiz (Austrian Hospice), das 1856 gebaut wurde. Wenn Sie hineingehen, haben Sie, auch wenn Sie nicht dort wohnen, einen lohnenden Blick vom Dach und könnten sich für eine Pause in ein Wiener Café versetzt fühlen.

Gleich links ist die ***Dritte Station*** an der sogenannten polnischen Kapelle zu sehen, die 1947 durch Spenden polnischer Soldaten geschaffen wurde; hier fiel Jesus zum ersten Mal. Diese Kapelle, mit einem das Geschehnis schildernden Relief, steht links vom Eingang zur armenischen Kirche, die nur freitags geöffnet ist. Gehen Sie jetzt auf der AlWad St weiter, kurz vor dem ersten Abzweig nach links

Auf der Via Dolorosa

folgt (linke Straßenseite) die ***Vierte Station***, an der Jesus seine Mutter traf, ein Relief über der Tür einer kleinen armenisch-katholischen Kapelle zeigt die Begegnung. Jetzt links bei Abu Shukri sich entweder mit exzellentem Hommos stärken oder in die nächste, rechts abzweigende Straße einbiegen, gleich an der linken Ecke half Simon, Jesus das Kreuz zu tragen (***Fünfte Station***).

Nach dem nächsten Abzweig links folgt die

Jeder bitte nur ein Kreuz! Die Franziskaner-Prozession startet freitags um 15 Uhr

griechisch-katholische ***Sechste Station*** nach dem Ende eines Torbogens bei einer eisenbeschlagenen Holztür: Jesus erhält von Veronika an deren Haus ein Schweißtuch – im Neuen Testament kommt zwar keine Veronika vor, doch das Schweißtuch befindet sich im Petersdom in Rom. Die ***Siebte Station*** liegt gegenüber der Einmündung in die lebhafte Basarstraße **Khan EzZeit** (auch Bet Habad St), bei der Jesus zum zweiten Mal fiel. Hier war auch sein Todesurteil ausgehängt. Wir biegen links in den leicht ansteigenden Souk Khan EzZeit ab und machen nach ein paar Metern einen Abstecher in die rechts abzweigende AlKhanqa St. Ein kurzes Stück bergauf in dieser Gasse erreicht man beim **Johanniter-Hospiz** (das nach wie vor dem Johanniter-Orden gehört) die ***Achte Station*** (Jesus tröstet die Frauen von Jerusalem); sie ist durch ein Kreuz mit lateinischer Inschrift in der Mauer des griechischen Klosters markiert. Von hier aus führte vermutlich der Weg durch ein Stadttor zum Hügel Golgatha. Bereits seit dem Mittelalter ist der Weiterweg dorthin verbaut.

Man muss zurück zum Souk Khan EzZeit gehen, diesem nach rechts so lange folgen, bis rechts eine lang gezogene Treppe abzweigt, dort hinauf. Der Weg führt noch um ein paar Ecken und endet vor dem koptisch-orthodoxen Patriarchat, dem Sitz des Erzbischofs der ägyptischen Christen. Gleich links in der Ecke liegt die ***Neunte Station***, an der Jesus zum dritten Mal zusammenbrach. Rechts öffnet sich eine Tür zur koptischen **Helena-Basilika**, durch die man zur eindrucksvoll-großen, (meist) mit Wasser gefüllten Zisterne der Helena gelangen kann.

Links führt ein grünes Eisentor zum **Äthiopischen (Abessinischen) Kloster** (Deir As-Sultan). Dieses etwas exotisch anmutende, aus kleinen Steinhütten bestehende Kloster wurde auf dem Dach der Helena-Kapelle der Grabeskirche errichtet. Scheuen Sie sich nicht, einen Blick auch auf den weiteren Mosaikstein des christlichen Geschehens um die Grabeskirche zu werfen. Die Äthiopier und Kopten streiten seit Jahrhunderten erbittert um die Besitzrechte. Daher können die Äthiopier ihre extrem spartanischen Unterkünfte weder modernisieren noch abreißen.

Durch eine schmale Tür, etwa gegenüber dem grünen Eisentor, kann man durch das Äthiopische Kloster zur Grabeskirche hinuntersteigen, ein nicht uninteressanter Gang an Gebetsräumen der Äthiopier vorbei. Doch der "offizielle" Weg führt zurück zur Basarstraße, dort rechts weiter und an der Straßenteilung rechts halten und nach ein paar Schritten rechts in die

Souk AlDabbagha St abbiegen. An dieser Ecke steht (rechts) die russische **Alexander-Niyevski-Kirche** (tägl. 9-18), die 1887 erbaut wurde. In ihr sind noch vorhandene Relikte der ersten, unter Kaiser Konstantin erbauten Grabeskirche zu sehen, die wesentlich größer als die heutige war. Am Ende eines Korridors führen Treppen zu einem rekonstruierten Bogen hinunter, der Teil des römischen Forums im 2. Jh war. Links in der zweiten Halle ist ein Teil der Originalmauer der ersten Grabeskirche zu sehen, die hier begann und innerhalb des heutigen Grabeskirchengebäudes endete. Sie wurde 1009 zerstört.

Schräg gegenüber erhebt sich die protestantische **Erlöserkirche** – Sitz der lutherischen Propstei der deutschsprachigen Gemeinde –, die Kaiser Wilhelm II. 1898 einweihte, nachdem er prunkvoll als erstes westliches Staatsoberhaupt in Jerusalem eingezogen war. Sie steht auf dem Grund der Kirche St. Maria Latina, die 1009 von Kalif AlHakim zerstört, im 11. Jh wiederaufgebaut wurde, später aber verfiel. Den Eingang finden Sie in der links abzweigenden Muristan St. Seit November 2012 kann man die Kirche auch von unten besichtigen: Nach jahrelangen Ausgrabungen, Auf- und Vorbereitungen wird das Projekt **Durch die Zeiten** eröffnet, das eine Grabung bis auf den Felsgrund unter der Kirche als Archäologischen Park für Touristen erschlossen hat und die Fundstücke ausstellt. Mit mittelalterlichem Kreuzgang, kaiserlicher Kirche und Blick vom Turm auf das heutige Jerusalem – der beste Blick auf Grabeskirche und Altstadt – entfalten sich so rund 2000 Jahre Geschichte des Gebietes um die Grabeskirche; Mo-Sa 9-12/13-15.30 (Museum Sa geschlossen), Turm & Ausgrabung ₪ 15, Führung bis 6 Personen durch das DEI € 50, mehr als 6: € 100, Tel 6284792, www.erlöserkirche-jerusalem.info, www.evangelisch-in-jerusalem.de.

Gegenüber der Erlöserkirche zieht sich der **Muristan** nach Süden, ein ehemaliges Pilgerhospiz, dann Irrenhaus *(Muristan)*, das heute als Basar mit Schwerpunkt Lederwaren dient. Die **Omar-Moschee** gehört zu diesem Ensemble. Wir gehen allerdings die paar Schritte zurück und biegen jetzt links in die Souk AlDabbagha St ein, auf der wir kamen, dort trifft man bald rechts auf den Vorhof zur Grabeskirche, in der die Via-Dolorosa-Stationen zehn bis vierzehn liegen.

Die ****Grabeskirche

Geschichte: *Die Grabeskirche überdeckt den heiligsten Platz der Christenheit, den Hügel Golgatha und das Grab Jesu. Hatten die Römer nach der Zerstörung Jerusalems zunächst einen Venustempel über der Grabhöhle und eine Jupiterstatue auf dem Hügel Golgatha errichtet, so wurden 335 unter Kaiser Konstantin diese Bauwerke abgetragen, über dem Felsengrab eine kuppelüberwölbte Rotunde errichtet, an die sich nach Osten eine fünfschiffige Basilika anschloss. Der eigentliche Felshügel Golgatha mit dem Kreuz Christi blieb frei stehen. Beide Gebäude wurden 614 von den Persern zerstört, 629 von den Byzantinern nach alten Plänen wieder-*

Abends gibt es kaum Wartezeit vor dem Heiligen Grab

Die geplante (und nicht gebaute) neue Grabeskirche; die konisch zulaufende Rotunde sollte das Heilige Grab überdachen

aufgebaut. 1009 schlug der Fatimide AlHakim zu und zerstörte die Anlage bis auf die Grundmauern. Erneut ließ Byzanz 1048 die Gebäude wiederherstellen, allerdings kleiner als zuvor.

Ab 1099 beschäftigten sich die Kreuzfahrer mit dem Komplex. Anstelle der Basilika entstand ein Kirchenschiff, der Felsen Golgatha wurde mit einer überhöhten Seitenkapelle überbaut. Dieses etwas unübersichtliche und eher unansehnlich-düstere Ensemble blieb im Wesentlichen bis heute erhalten. Sieben Religionsgemeinschaften teilen sich den Besitz der Grabeskirche, und dies keineswegs immer im christlich-friedfertigen Sinn – Besitzansprüche und strittige Gottesdienstzeiten führen besonders in der Osterzeit immer wieder zu Prügeleien unter Priestern und Mönchen. Aus diesem Grund kommt auch die dringende Restaurierung nur schleppend voran. Im Übrigen glauben manche Protestanten, dass der Kreuzigungshügel nicht hier, sondern nördlich beim heutigen Gartengrab gelegen habe (siehe S. 176). Aber warum ist das Grab eigentlich so wichtig, wenn es gemäß dem christlichen Glauben nach drei Tagen wieder leer war? Die Orthodoxen betonen das Wesentliche, wenn sie das Gebäude nicht Grabeskirche, sondern Griechisch Anastasis nennen: Auferstehungskirche!

Darüber hinaus konkurrieren hier nicht nur die christlichen Religionsgemeinschaften, sondern alle zusammen noch mit den Muslimen, die der Grabeskirche nördlich die Khanqa AsSalihiye und südlich die Omar Moschee beigesellt haben. Das Grab Jesu liegt sicherlich nicht zufällig auf der Verbindungslinie der beiden Minarette, die speziell zu Gottesdienstzeiten vor allem in der Passionszeit nahezu ohrenbetäubende Gebetsrufe erschallen lassen.

(Siehe auch www.holysepulchre.custodia.org)

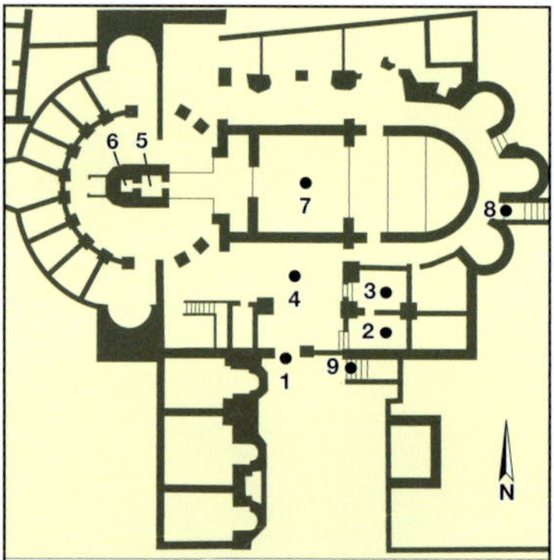

Grabeskirche (Ausschnitt)

1 Eingang
2 Kreuzannagelungs-Kap. (X., XI.)
3 Kreuzigungskapelle (XII., XIII.)
4 Salbstein (gr.-orth.: XIII.)
5 Engelskapelle
6 Grabkammer (XIV.)
7 Katholikon
8 Zur Helenakapelle, Kreuzauffindungskap.
9 Aufgang zum Dach

Besuch der ****Grabeskirche

(Öffnungszeiten: Sommer 5-21; Winter 4-19 Uhr)
Schauen wir uns nun in dem unübersichtlichen Komplex mit seinen mehr als dreißig Kapellen um. Das Eingangsportal öffnet sich an der südlichen Querseite der eigentlichen Kirche. Ursprünglich gab es zwei nebeneinander liegende Portale, Saladin ließ eins zumauern. Ein Blick lohnt auf die schön verzierten Fenster über dem Portal, davor liegt das einzige aus

Dem Rummel entgehen

Als im Religionsunterricht unterwiesener Christ stellt man sich Golgatha und den Grabesfelsen völlig anders vor, als man ihn heute antrifft. Damals, zur Zeit des tragischen Geschehens, lag der Steinhügel knapp außerhalb der Stadtmauer, durchaus geprägt von Einsamkeit und öder Steinlandschaft. Der heutige Besucher ist denn auch zunächst enttäuscht oder gar entsetzt, wenn er den Rummel der endlosen Besucherscharen – besonders bei der freitäglichen Prozession – miterlebt oder, noch ernüchternder, den Konkurrenzstreit der Priester der einzelnen Glaubensgemeinschaften. "Heidnische Stätten" im Nahen Osten wie z.B. der pharaonische Tempel von Karnak, strahlen trotz ähnlicher Besuchermassen weit mehr Impulse zur Rückbesinnung aus; machen Sie sich also illusionslos auf einiges gefasst, was nichts mit Religiosität zu tun hat.

Wenn Sie allerdings ohne Besuchermassen und etwas besinnlich die Stätte betrachten, meditieren oder beten wollen, dann sollten Sie entweder gleich nach der Öffnung am frühen Morgen oder nach 18 Uhr kommen; bis zur Schließzeit trifft man meist nur noch auf vereinzelte Besucher. Bei allem Wirrwarr in der Grabeskirche wird sie vielleicht sympathischer, wenn man die ernsthaften Pläne der Franziskaner von 1949 sieht. Der Grabeskirchen-Neubau hätte das halbe Christliche Viertel wegrasiert, um ein Gegengewicht zum Tempelplatz zu schaffen. Achten Sie im umseitigen Schwarz-Weiß-Bild auf die winzige heutige Erlöserkirche zwischen dem ersten Turmpaar – schöner wäre die Altstadt durch dieses monströse Etwas nicht geworden.

der Kreuzfahrerzeit erhaltene Grab (Philippe d'Aubigny). Kurz hinter dem Eingang residiert der Hüter und Torwärter der Kirche des Heiligen Grabes namens Wadjee Y. Nusseibe in einer Nische; sein Amt wird innerhalb einer muslimischen Familie vererbt, damit keine der christlichen Konkurrenzreligionen die andere aus dem heiligen Gefilde aussperren kann und der Status Quo von 1873, als der türkische Sultan das christliche Gezänk besonders satt hatte, erhalten bleibt...

Doch gehen Sie zunächst rechts nach dem Eingang die Treppe in der Ecke hinauf zum etwa fünf Meter hohen **Golgatha-Felsen**. Zuerst betritt man die katholische **Kreuzannagelungs-Kapelle**. Ihr Name, aber auch mittelalterliche Reliefs und neuzeitliche Mosaike besagen, was hier mit Jesus geschah (***Zehnte*** und ***Elfte Station***). Diese Kapelle geht links – nur durch Stützpfeiler getrennt – in die griechisch-orthodoxe **Kreuzigungskapelle** über, unter deren Altar die Stelle im Fels liegen soll, an der das Kreuz stand. Unter der Altarplatte ist ein Silbergefäß angebracht, welches den Standort lokalisiert *(**Zwölfte Station**)*. Rechts und links vom Altar geben Glasscheiben den Blick auf den Golgatha-Felsen frei; rechts verdeckt eine Metallschiene den Riss im Fels, der beim Tod Jesu entstanden sein soll. Zwischen den beiden Kapellen steht eine Marienstatue an der Stelle, an der die Mutter den Leichnam Jesu in die Arme nahm (***Dreizehnte Station*** der römischen Katholiken). Der Weg führt aus der griechischen Kapelle wieder hinunter.

Direkt unterhalb der obigen Kapellen liegt die **Adamskapelle**. Hier wurde angeblich bei der Kreuzigung der Schädel Adams gefunden. Hinter einem eisernen Gitter ist der Golgatha-Felsen mit dem Riss zu sehen. Nur ein paar Schritte vom Haupteingang entfernt steht der **Salbstein** *(Dreizehnte Station* der Griechisch-Orthodoxen), auf dem der Leichnam Jesu gesalbt wurde. Fromme Pilger streichen über die feuchte Oberfläche oder benetzen Gegenstände, die sie mit nach Hause nehmen. Gehen Sie von hier nach links, im Halbdunkel erkennen Sie bereits die Rotunde, unter der sich der türkisch-barocke Überbau des Heiligen Grabes befindet, vor dem sich meist lange Besucherschlangen bilden. Man betritt zunächst die sog. **Engelskapelle** (auch Grabkapelle genannt), die man zunächst mit maximal sieben weiteren Wartenden betreten darf.

In der dahinter liegenden eigentlichen Grabkammer (***Vierzehnte Station***) können sich nur drei bis sechs Menschen gleichzeitig aufhalten. In der Engelskapelle kann man beim Warten in Muße die Reste des Steins betrachten, auf dem der Engel gesessen haben soll, der die Auferstehung Jesu verkündete. Dieser Rollstein war so groß, dass er die niedrige Öffnung der **Grabkammer** verschließen konnte. In der Grabkammer bedeckt an der rechten Wand eine Marmorplatte die Stelle, auf welcher der Leichnam gelegen hatte. Das Kopfende der Grabhöhle – durch eine Wand hermetisch abgetrennt – nehmen die Koptisch-Orthodoxen für sich in Beschlag. Geht man vom Eingang der Engelskapelle um den Bau des Heiligen Grabes herum, sieht man in einer engen Kapelle einen koptischen Mönch vor dem nicht mit Marmor abgedeckten Felsen des Kopfendes sitzen – ähnliches Gedränge wie nebenan wäre hier vermutlich auch erwünscht.

In der **Osternacht** entzündet der griechisch-orthodoxe Patriarch im Heiligen Grab – das jeweils am Karfreitag verschlossen wird – zwei Kerzen an einem bläulichen Lichtwunder, ein Symbol für die Auferstehung. Wenn der Patriarch aus dem Grab tritt, reicht er das Heilige Feuer zunächst an seinen armenischen und seinen koptischen Kollegen weiter. Dieser Akt ist nicht risikolos: Angeblich in diesem Zusammenhang gab es 1808 einen großen Brand, durch den z.B. die Gräber der Kreuzfahrerkönige weitgehend zerstört wurden, und 1834 griff die Hysterie der extra angereisten Pilger so weit um sich, dass fast 300 Menschen bei einer Panik ums Leben kamen.

Wie schon erwähnt, gibt es eine ganze Reihe von Kapellen, in die man noch einen Blick werfen kann. Östlich der Rotunde liegt das Langschiff der Kirche, das griechisch-orthodoxe **Katholikon**, mit einer Schale in der Mitte, die den Nabel der Welt geografisch definiert.

Noch weiter östlich führt eine Treppe zur armenischen **Helenakapelle** hinunter, die wegen ihrer Architektur sehenswert ist. Das Bodenmosaik soll an den Völkermord an den Armeniern während des Ersten Weltkriegs erinnern. Die Kapelle ist nach der Mutter Konstantins, Helena, benannt, die 335 von hier aus das originale Kreuz in einer ehemaligen Zisterne gefunden haben soll. Zur eigentlichen **Kreuzauffindungskapelle** geht man eine weitere Treppe hinunter; rechts steht ein griechischer, links ein katholischer Altar mit einer Statue der Helena und dem von ihr entdeckten Kreuz. Eigentlich fand sie drei Kreuze; das Kreuz Christi wurde dadurch bestimmt, dass man die drei Kreuze über ein gerade gestorbenes Kind hielt. Bei dem echten Kreuz wurde das Kind wiederbelebt. 628 wurde es – nach der Rückeroberung der Stadt aus den Händen der Perser – nach Konstantinopel in Sicherheit gebracht, später in kleine Stücke geschnitten und u.a. als Reliquien an Kirchen gegeben.

Umgebung der Grabeskirche

Wenn Sie nach dem Verlassen der Grabeskirche rechts die Treppen hinauf und an der nächsten Kreuzung links der Christian Quarter St folgen, so kommen Sie – vorbei an Shops mit christlich geprägten Souvenirs und Devotionalien – auf die David St, die – rechts herum – zum Jaffator führt. Biegen Sie an der Kreuzung jedoch rechts und danach wieder links ab, so liegt in dieser Gasse namens Greek Orthodox Patriarchate St nach wenigen Schritten rechter Hand das **griechisch-orthodoxe Patriarchats-Museum** (Greek Orthodox Patriarchate Museum), dessen Umbau hoffentlich bald abgeschlossen ist (dann vermutlich Mo-Sa 9-13, ₪ 12). Ausgestellt sind bemerkenswerte archäologische Funde speziell der griechisch-orthodoxen Stätten in Palästina wie der Sarkophag der 29 vC von ihrem Mann Herodes I. ermordeten Königin Mariamne sowie die Original-Urkunde zur Übergabe Jerusalems an den muslimischen Befehlshaber durch den Patriarchen aus dem Jahr 638.

Vom Museum aus können Sie in nördlicher Richtung weitergehen und durch das Christliche Viertel bummeln oder, sich mehr östlich haltend, bis zur Basarstraße Khan EzZeit wandern und dann z.B. diesem Souk nach links bis zum Damaskustor folgen.

1 Zitadelle
2 Christl. Informationsdienst
3 Lutherisches Gästehaus
4 Treppe auf die Altstadt-Dächer
5 Israelitischer Turm, 1. Tempel
6 Last Battle of the Old City Museum
7 Breite Mauer (Broad Wall)
8 West- bzw. Klagemauer
9 Tempelberg
10 Islamisches Museum (im Umbau)
11 Old Yishuv Court Museum
12 Hurva/Rambam Synagoge
13 Burnt House
14 Deutsches Kreuzfahrer-Hospiz
15 Archäologisches Museum Wohl
16 Tiferet Yisrael Synagoge
17 Tempelmodell Museum
18 Jakobuskathedrale
19 Armenisches Museum (im Umbau)
20 Haus des Hannas
21 Sefardische Synagogen
22 Rothschild-Haus
23 Apsis der Nea-Kirche
24 Hotel Sephardic House
25 Aussichtspunkte zur Kotel

Von der ***West(Klage)mauer zum Jaffator

Dieser Weg führt zunächst durch das Jüdische, dann durch das Armenische Viertel. Von der **Westmauer** geht man nach Süden Richtung Dungtor, biegt aber zuvor rechts ab auf die Treppe, die hinauf zu dem modernen, fast wie eine Festung aussehenden Gebäudekomplex führt. Diese Treppe ist einer der wichtigsten Zugänge des Jüdischen Viertels zur Westmauer; am Freitagabend strömen hier unzählige, festlich gekleidete Menschen hinunter, um zu beten.

Das vor uns liegende *****Jüdische Viertel** ist seit gut 700 Jahren von Juden bewohnt, nachdem ein Bann der Kreuzfahrer gegen die Besiedlung Jerusalems durch Juden von den Muslimen aufgehoben worden war. Während des Unabhängigkeitskrieges 1948 und bei den Kämpfen 1967 wurde es weitgehend zerstört – zum Glück für die Archäologen –, danach aber fast vollständig neu wieder aufgebaut. Hier sieht es wirklich schmuck aus: die Häuserfassaden bestehen durchgängig aus Jerusalemer Naturstein, auch die Straßen sind damit gepflastert. Alles ist adrett und gepflegt, manchmal vielleicht ein bisschen zu schön, ein bisschen zu isoliert gegenüber der viel tiefer verschachtelten arabischen Welt, die zwar nur ein paar Schritte entfernt ist, jedoch eher auf einem anderen Stern angesiedelt zu sein scheint. Hier entstand ein Wohnviertel mit Statuscharakter, in dem viele Religiöse, Intellektuelle und Politiker wohnen.

Vor der ersten Querstraße (Misgav Ladakeh St) stehen rechts die Ruinen des **Deutschen Hospiz und der Kirche der Heiligen Maria**, etwa 1127 für Ritter und Pilger der Kreuzfahrerzeit gebaut, allerdings ist nicht mehr viel erhalten:

Seit der Instandsetzung mit Unterstützung durch Axel C. Springer dienen die Mauern inzwischen vor allem als Stuhl-Abstellkammer der benachbarten Restaurants. In dieser Gegend, d.h. im größten Teil des heutigen jüdischen Viertels, lebten während der Kreuzfahrerzeit hauptsächlich Deutsche, die Misgav Ladakh St hieß damals Straße der Deutschen.

Wenn Sie noch weitere (Foto-) Blicke auf Westmauer und Felsendom suchen, dann gehen Sie noch vor dem Hospiz rechts die schmale Gasse entlang, sie eröffnet immer wieder neue Perspektiven (ähnlich auch in der links abzweigenden Gasse). Auf unserem Weiterweg jedoch gehen wir die Treppen ganz hinauf, kreuzen die Ladakeh St und wandern unter dem Mauerbogen hindurch (links ist eine saubere Toilette). Gleich das zweite Haus rechts in der Tiferet Yisrael St ist das **Burnt House** (*Verbranntes Haus;* So-Do 9-17, Fr -13, So 10-17; ₪ 25, Eintrittskarten im Museum Wohl), das 70 nC während der jüdischen Rebellion niederbrannte. Greifbare Geschichte: Eine kleine Ausstellung zeigt die unter der zweitausendjährigen Asche verborgenen Gegenstände, eine gut gemachte Dia-Show klärt über Umstände und Zeit des Unglücks auf.

Konzert von „König David" im Jüdischen Viertel

Unser Weg führt weiter unter den Arkaden hindurch in die Tiferet Ysrael St, an der links die konservierten, 1948 von jordanischen Soldaten zerstörten Ruinen der **Tiferet Yisrael Synagoge** stehen, einst eine der größten Synagogen von Jerusalem.

Nach wenigen Schritten erreichen Sie den recht großen Kikar Hurva, das eigentliche Zentrum des Jüdischen Viertels, den links einige Shops und Cafés säumen. Schräg gegenüber sehen Sie – neben einem einsamen Minarett – nicht mehr einen bloßen Mauerbogen, wie ihn noch Ralph Giordano in „Israel, um Himmels Willen Israel" beschreibt, sondern die neu errichtete **Hurva-Synagoge** in den Himmel ragen, das neue alte Zentrum der ashkenasischen Juden. Zum letzten Mal wurde sie 1948 zerstört und später nicht wieder aufgebaut. Nach 1967 sollte die Ruine als Mahnmal dienen, doch im Jahr 2000 entschloss man sich, das Gebäude im alten Stil wieder zu errichten. Nach archäologischen Grabungen wurde der Neubau 2005 begonnen. 7,3 Mio. Dollar später im März 2010 wurde die Hurva wieder mit Tora-Rollen ausgestattet. Wer hineinschauen möchte, muss vorher reservieren, Tel 6265900. Treffpunkt ist in der Habad Rd an der Westseite des Gebäudes. Unterhalb liegt die **Ramban Synagoge**, die 1267 als erste in der Altstadt auf Initiative des Rabbi Moses ben Nahman errichtet wurde. Nicht unerwähnt sollen die vier **Sefardischen Synagogen** (So-Do 9.30-16, Fr 9-12) bleiben, die in der schräg gegenüber beginnenden Gasse Mishmeret HaKehuna in einem Gebäudekomplex untergebracht sind (links kurz vor dem Parkplatz eine Treppe hinunter). Ihr Ursprung geht auf das 16. Jh zurück; sie wurden 1948 zerstört und 1967/68 an alter Stelle wieder aufgebaut.

Den Kikar Hurva wollen wir halbrechts (von der Tiferet Ysrael St kommend) verlassen und bis zur Plugot HaKótel St weitergehen. Bereits vor dem Zusammentreffen der beiden Straßen sehen Sie rechts eine Häuserlücke, in der unterhalb des Straßenniveaus die **Breite Mauer** (*Broad Wall*) verläuft, ein imposantes, uraltes Mauerstück, das aus der Zeit des Ersten Tempels stammt und immerhin eine Dicke von 7 m, bei ursprünglich 8 m Höhe, aufweist (an der gegenüberliegenden Ecke gibt es eine saubere Toilette). In der Nähe (Shonei HaLakhot St) lassen sich im Haus **The First Temple Model** (So-Do 9-16, Fr 9-13; ₪ 20, www.ybz.org.il) das Modell und die dominanten Figuren aus der Zeit des Ersten Tempels per raffinierter 3D-Diashow betrachten. Außerdem gibt es kleine Ausstellungen zum Thema. Schräg gegenüber führt eine Treppe hinunter zu den Resten des **Israelitischen Turms** (*Israelite Tower*) (am besten anrufen Tel 6286288), d.h. eigentlich zweier Befestigungs- oder Tortürme, wobei der gewaltigere etwa aus dem 7. Jh vC und der zweite aus der Hasmonäerzeit (2. Jh vC) stammt.

Die neue alte Hurva-Synagoge

Zurück zum Kikar Hurva. Lassen Sie sich hier (auf der linken Seite) einen Leckerbissen des Jüdischen Viertels nicht entgehen: Das **Archäologische Museum Wohl** (Tel 6265922, So-Do 9-17, Fr 9-13; ₪ 15), das sich mehrere Blocks unterhalb des Wohl-Komplexes erstreckt. Es entstand während der Rekonstruktion des Jüdischen Viertels, als die Grundmauern von sechs Gebäuden aus der Zeit von Herodes freigelegt wurden. Die Besitzer müssen wohlhabend gewesen sein, wie man aus Bädern, Mosaikböden und vielen Funden schließen kann. Nicht weniger beeindruckend ist die Konstruktion des modernen Gebäudes, mit der die antiken Teile überspannt werden.

Die Ausgangstür des Museums entlässt Sie auf den von der Westmauer heraufführenden Yehuda HaLevi Treppenweg, den wir zuvor schon emporgeklommen sind. Gehen Sie wieder bis zur Misgav Ladakh St hoch, biegen Sie aber jetzt links in diese ein. Am Ende des zweiten Blocks gehen Sie rechts in eine Art Hohlgasse auf den recht großen Platz namens Kikar Batei Makhase, der früher einmal *Deutscher Platz* hieß. Hier hatten deutsche und holländische Juden Grund gekauft und Wohnhäuser, u.a. auch für Arme gebaut. Das schöne alte Arkadenhaus, das **Rothschildhaus**, (dient heute als Tora-Schule) ist ein beredtes Architekturbeispiel aus der Mitte des 19. Jhs. Ein kurzer Abstecher, der ein paar Meter vor dem Rothschildhaus links (westlich) die Treppen hinunterführt, dann wieder links, bringt uns nach wenigen Schritten in der Nahamu St zu den Resten der nördlichen Lateral-Apsis der **Nea-Kirche** (*Neue Kirche)*, die 543 von Justinian gebaut worden war und die größte und schönste der byzantinischen Kirchen des 6. Jhs in Jerusalem gewesen sein soll. Bereits 640 legten die Muslime sie in Schutt und Asche. Reste wurden an verschiedenen Stellen des Jüdischen Viertels gefunden, u.a. auch die Stützbauten, die notwendig waren, um die große ebene Fläche zum Bau der Kirche herzustellen. Auf der Karte des

Madaba-Mosaiks markiert sie das Ende des Cardo Maximus. Eintritt nicht immer möglich.

Verlassen Sie nun den ehemals deutschen Platz, indem Sie rechts am Rothschildhaus entlanggehen. Gleich an der Ecke steht ein eher unscheinbares Denkmal aus einem kubischen Steinquader, das an die Verteidiger des Viertels erinnert, die 1948 hier umkamen und an dieser Stelle beerdigt wurden. Biegen Sie hier rechts in die Bet El Galed St ab (mit blauen Pfeilen ausgeschildert). Sie mündet in den Kikar Hurva und endet an der Jewish Quarter Road. Jetzt stehen Sie vor einem tiefen Graben mit ein paar Säulen und einem freigelegten Gewölbe: Es handelt sich um ein Teilstück des **Cardo Maximus**. Er wurde von den Römern als Nord-Süd-Hauptstraße – auf den Trümmern des 70 und 135 nC zerstörten Jerusalems – quer durch die Stadt gezogen. Auf der Jerusalem-Karte in Madaba in Jordanien ist er übrigens ganz deutlich zu erkennen. Dass Jahrtausende seit der Pflasterung des Cardos vergangen sind, zeigt die Tatsache, dass er sich heute 6 m unterhalb des Straßenniveaus befindet; Treppen führen zu dem 1976-85 freigelegten, gut 200 m langen Straßenabschnitt hinunter. Man kann die Nachbildung eines Bodenmosaiks, die typischen Säulenreihen und moderne Geschäfte in alten Räumen bewundern oder sich im The Last Battle for the Old City Museum, (So-Do 9-17, Fr 9-13) umsehen. Es mag für Lokalpatrioten wichtig sein, die Kämpfe um Jerusalem anhand weniger Fotos anzuschauen, aber Normaltouristen könnten trotz freiem Eintritt auch etwas anderes unternehmen.

Der Cardo, der von Norden her die geradlinige Verlängerung der Khan EzZeit St ist, gibt gute Einblicke in das alte Gefüge der Stadt; viele Details sind gut ausgeschildert. Besonders eindrucksvoll ist die Nachbildung der überdachten Arkaden; hier kann man sich sehr gut die Pracht der ehemaligen Römerstraße vorstellen.

Der **Cardo** mündet sozusagen in das Herz des Basars, in die Kreuzung mit dem **Decumanus**, der Ostwest-Verbindung, heute die David St bzw. Souk AlBasar. Heute laufen hier drei Gassen parallel zueinander. Die östliche – Souk AlKhawajat – ist der **Gold-Souk**, in der Mitte – Souk AlAttarin – gibt es Gewürze und nördlich in der Souk AlLahhamin hängen Fleischstücke in den Metzgerläden; diese Märkte stammen noch aus der Kreuzfahrerzeit.

Hier an der David St sollten Sie jedoch auf der Habad St wieder ein Stückchen zurück Richtung Süden bis zur nächsten Kreuzung gehen. Dort zweigt rechts die St. Mark's St ab. Genau an der Abzweigung führt linker Hand eine Metalltreppe auf die **Dächer des zentralen Marktbereichs**. Wer einen Blick auf die Marktstraßen erwartet hätte, sieht sich getäuscht; zumindest in dieser Gegend lassen die völlig überdeckten Gassen von oben her nur ahnen, welch quirliges Leben sich unten abspielt. Hier blickt man im Wesentlichen nur auf Dächer, Kuppeln und Antennen. Man kann übrigens in südöstlicher Richtung weiter und nicht unweit des Verbrannten Hauses oder nicht mal 100 m weiter nach Nordosten im Khan EsSultan an der

Jerusalem auf der Mosaik-Karte in Madaba/Jordanien, 6. Jh nC

Kettentorstraße (Bab AsSilsile) wieder hinuntergehen. Doch folgen wir zunächst der schmalen St. Mark's St ein Stück. Bald treffen Sie rechts auf das **Lutherische Hospiz und Gästehaus** (Watson House, 1860 auf Kreuzfahrerfundamenten erbaut), ursprünglich das Zentrum der Protestanten in Jerusalem, heute ein sehr stilvolles Mittelklassehotel im Herzen der Altstadt mit einem unerwarteten, erholsamen kleinen Garten und, noch attraktiver, einer Dachterrasse mit schönem Ausblick über die Dächer hinweg zum Felsendom.

Doch wieder zurück Richtung Cardo, aber gleich an der ersten Kreuzung rechts und nach ein paar Schritten wieder rechts in eine stille Sackgasse. Quasi an deren Ende steht das erste jüdische Hospital (Bikur Kholim) aus dem 19. Jh, kürzlich noch Jugendherberge, jetzt Yeshiva, ein altes Gebäude mit hoher Halle. Aus der Sackgasse heraus und rechts haltend, stößt man nach wenigen Schritten auf das **syrisch-orthodoxe Kloster St. Mark**. Es besitzt zwei Kirchen, von denen die ältere erst vor einigen Jahren unterhalb der jüngeren entdeckt wurde. Wenn Sie sich für christliche Bauwerke interessieren, werfen Sie einen Blick hinein, Mo-Sa 9-17, im Winter -16, So 11-16.

Folgen Sie rechts der Ararat St. Biegen Sie an der nächsten Kreuzung links in die Or HaKhayim St ein, in der Nr. 6 können Sie das **Old Yishuv Court Museum** (So-Do 10-17; ₪ 18) besuchen. In der interessanten Ausstellung gewinnt man Einblick in eine der typischen kleinen Siedlungen (Court) und auch Wohnverhältnisse, die für das jüdische Viertel im 19. Jh und bis zur Flucht 1948 typisch waren: Um einen engen Hof gruppierten sich Wohnungen und Synagoge; in diesem Fall je eine sephardische und eine ashkenasische Synagoge. Zusätzlich sieht man in den Wohnungen Möbel, Einrichtungsgegenstände und Werkzeuge fürs tägliche Leben.

Zurück in der Or HaKhayim St, die nach der Kreuzung mit der Ararat St in die St James St übergeht, die Sie – ein bisschen im Zickzack – zur armenischen Jakobus-Kathedrale bringen könnte. Sie führt quer durch das **Armenische Viertel**, in dem ca. 2000 Armenier ziemlich zurückgezogen leben, die meisten von ihnen in dem auch räumlich großen Klosterkomplex. Dies gibt dem Viertel eine wohltuende Stille gegenüber dem mit lautem Leben erfüllten Rest der Altstadt. Obwohl die Armenier nur eine kleine christliche Gruppe darstellen, halten sie seit dem 5. Jh Besitz in der Gegend.

Doch wir folgen der Ararat St bis zu ihrem Ende: Hinter einem ab 17 Uhr geschlossenen Tor liegt – wie das Marmorschild ankündigt – **St. James Monastery**, das Jakobus-Kloster, mit dem stimmungsvollen **Haus des Hannas**. Nur mit viel Glück lässt der Torwächter Sie vielleicht ein, denn man kann sich nicht auf den Durchgang zum ***Armenischen Museum** berufen, da letzteres geschlossen ist (bis auf Weiteres gründliche Renovierung, Tel 6282331). Falls Sie um das Viertel herum von der Armenian Orthodox Patriarchate St aus das Museum besuchen können, wäre von hier aus der Zugang zum Haus des Hannas eventuell möglich, das man an einem kleinen Glockenturm erkennen kann. Der Tradition nach gehörte das Haus einst dem Schwiegervater des Hohepriesters Kaiphas.

Typische armenische Kreuze

4

Krank durch Jerusalem

Jerusalem-Syndrom heißt eine psychische Desorientierung, die nach dem Ort benannt wurde, an dem sie am häufigsten auftritt, aber auch in Florenz, Lourdes und Paris gelegentlich vorkommt. Das Krankheitsbild wird noch erforscht. Man kann sich aber leicht vorstellen, dass die so heilige Stadt Jerusalem auch heute ab und zu Menschen überschnappen und glauben lässt, in besonderem Auftrag oder gar als Jesus oder Elias **die Welt erlösen** zu müssen.

Dabei ereignen sich eher **drollige Geschichten**, bevor die Erkrankten in die Psychiatrie im Vorort Kfar Sha'ul eingewiesen werden; jährlich mehrere Dutzend. Ein deutscher Hotelgast rief die Polizei, als das Personal ihm nicht die Küche zur Zubereitung des letzten Abendmahls überließ. Eine etwas ältere „Maria" schaute in Bethlehem nach ihrem Jesuskind und lud alle Passanten zur Geburtstagsfeier ein. Berichtet wird von einem Nackten in der Jerusalemer Altstadt, der schwertschwingend herumrannte, um dadurch Blinde sehend zu machen.

Am folgenreichsten jedoch verlief der Wahn des australischen Christen und Schafscherers Michael Denis Rohan, der 1969 – angeblich im Auftrag Gottes – die **AlAqsa Moschee in Brand** steckte und damit beinahe auch die islamische Welt. Als seine Geisteskrankheit erwiesen und kein Hinweis auf eine jüdische Aktion zu entdecken war, erübrigte sich unter den Muslimen der Ruf nach Rache.

Die **meisten** Psychosen verlaufen **harmlos** und sind meist nach wenigen Wochen geheilt. Man kann z.B. ein Zimmer mit mehreren Heilanden belegen, weil jeder vom anderen denkt, dass der Bettnachbar ein Scharlatan sei. Doch die beste Therapie ist, Jerusalem zu verlassen. Dann ist Schluss mit innerer Unruhe, mit dem Wunsch nach öffentlichem Deklamieren oder Singen von biblischen Texten oder diffusen Predigten an heiligen Stätten.Eine Studie aus den 1990er Jahren zeigt zwei Aspekte. Erstens: **Muslimische Pilger** werden vom Jerusalem-Syndrom praktisch **gar nicht** befallen, allerdings ist ihre Anzahl vergleichsweise gering.

Zwei Drittel der psychisch Gestörten sind **Juden** (häufig als Mose oder König David auf dem Ölberg oder vor allem an der Westmauer, dort besonders nachts) und ein Drittel Christen, meist **Protestanten** (gern als Jesus, Maria oder Johannes der Täufer auf der Via Dolorosa oder am Gartengrab unterwegs). Auslöser kann z.B. sein, dass die als heilig erwartete Stadt sich auf desillusionierende Art problembehaftet erweist. Zweitens: Knapp zehn Prozent der Leute mit Wahnvorstellungen waren **davor angeblich** psychisch **unauffällig** – fast alles fromme Protestanten aus den USA oder Westeuropa, deren abstrakter Gott sie ohne Mittlerfiguren wie den Papst oder Heilige nicht bei Sinnen hält. Auch die Verwurzelung in Ritualen wie bei Katholiken oder Orthodoxen scheint die Psyche gesund zu halten. Bei Touristen ergibt sich die Wende oft am zweiten Tag nach der Ankunft. Die Patienten sind in der Mehrzahl **zwischen 20 und 40 Jahre alte männliche Singles**. Die Erforschung des Syndroms ist jedoch schwierig, weil ein „Messias" wenig geneigt ist, irdische Fragebögen auszufüllen.

Minbar der AlAqsa Moschee vor dem Brand

Nach armenischer Überlieferung wurde Jesus hier gefangen gehalten und, an den knorrigen Ölbaum an der östlichen Stirnseite gefesselt, von dem Hohepriester verhört. Heute ist das Haus des Hannas eine armenische Kirche, deren Inneres man nur durch die vergitterten Fenster betrachten kann, falls man nicht gerade während eines Gottesdienstes hier ist.
Aus dem Museum heraus geht man auf der Armenian Patriarchate St rechts, bis hinter den ersten Hausbogen, der zum Armenischen Patriarchat gehört. Rechts öffnet sich eine Tür in der hohen Mauer zur **St. James Cathedral** – Jakobuskathedrale – (zu besichtigen nur während der Gottesdienste Mo-Fr 6.30-7.30, 15-15.30, Sa 8, So 6.15, 8). Die Kathedrale demonstriert die Vorliebe der Armenier für Lampen, die zwischen alle sich bietenden Befestigungspunkte gehängt sind. An den Säulenbasen und den Wänden kann man schöne Fayencen bewundern; die Kapelle links vom Eingang ist an der Stelle erbaut, an der angeblich Jakobus, der Bruder Jesu, 44 nC hingerichtet wurde und an der sein Kopf begraben ist. Rechts vom Kircheneingang hängen etwas seltsam geformte Holzbretter; sie dienten als „Glockenersatz" (die Mönche schlugen mit Hämmern darauf) während der Zeit, als die Muslime Glockenläuten verboten hatten.
Aus der Kathedrale heraus nach rechts führt die erste Gasse hinunter ins Jüdische Viertel, geradeaus weiter sind es nur ein paar Schritte zum Jaffator.

Umgebung der Altstadt

**Berg Zion

Geschichte: *Der Berg Zion war unter Herodes die "Oberstadt". Jesus soll hier die Jünger zum Abendmahl versammelt haben, was bereits im 4. Jh zur Verehrung dieser Stätte führte. Doch alle Bauten waren bei der Ankunft der Kreuzfahrer verfallen, sie errichteten an der Stelle des Abendmahls ein zweistöckiges Haus, dessen Untergeschoss den Saal der Fußwaschung und dessen Obergeschoss den Abendmahlsaal enthielt. Dieser wurde zwar 1219 von Muslimen zerstört, ab 1342 von Franziskanern aber wieder instand gesetzt.*

Der Berg Zion ist am besten durch das gleichnamige Tor vom Jüdischen bzw. Armenischen Viertel her erreichbar. Vom Tor geht man geradeaus, hält sich an der ersten Abzweigung schräg rechts, an der zweiten links – wobei die Dormitio-Kirche rechts liegen bleibt – und geht bis zu einem Gebäude, das die Gasse überbaut. In dieses Haus links hinein und ein paar Schritte bis zur ersten Tür, dann stehen Sie im eher unschönen Saal der Fußwaschung, der heute als Synagoge dient. Der anschließende Raum – der nur mit Kopfbedeckung betreten werden darf – enthält das **Davidsgrab** (So-Do 8-18, Fr 8-14). Der Eintritt ist frei, auch wenn irgendwelche Tagediebe Ihnen das anders weismachen wollen. Außerdem werden sich Ihnen hier im Davidsgrab-Bereich selbst ernannte, eher nicht so qualitätsvolle Führer aufdrängen, die hinterher ein ziemlich hohes Bakshish erwar-

Zionstor mit Einschusslöchern der letzten Kriege

4

ten – und ähnlich wie an der Westmauer wird wahrscheinlich einer dieser Kampf-Segner auf Sie zukommen, der für zehn Sekunden Zwangsbesegnung gern auch inklusive Betatschen eine möglichst erfreuliche Geldherausgabe erwartet. Lassen Sie sich von diesen religiösen Geschäftsmodellen nicht beeindrucken.

Obwohl es sich hier mit sehr hoher Sicherheit **nicht** um **das Grab** des Königs handelt, wird dieser Platz doch von vielen jüdischen Gläubigen verehrt. Im Raum steht ein mit Tüchern bedeckter Kenotaph. Vielleicht werden Sie zufällig Zeuge innerjüdischer Auseinandersetzungen: Etwa zweimal wöchentlich kommt eine – wie soll man sie nennen: Ultra-Picknickgruppe, die sich auf dem Gelände zum säkularen Schmausen niederlässt, um zu unterstreichen, dass das Davidsgrab nicht echt und also nicht heilig und das ganze Getue in diesem etwas heruntergekommenen Anwesen überflüssig sei. Eine bemerkenswerte Protestform.

Von diesem Gebäudekomplex führt ein schmaler Weg zur kleinen **Holocaust Gedenkstätte**, die Exponate zur Erinnerung an die Gräueltaten zeigt – wer noch nach Yad VaShem möchte, braucht hier nicht hinein.

Vom Saal der Fußwaschung würde links vom Eingang eine Treppe hinauf in den Abendmahlsaal führen, doch sie ist blockiert. Man muss aus dem Haus heraus und ein paar Schritte zurückgehen. Rechts die dritte Tür unter einem schönen Torbogen ist der richtige Eingang, dort eine Treppe hinauf, dann links zum **Abendmahlsaal** (tägl. 8-17, Eintritt frei, Gottesdienste nur zu Pfingsten und Mariä Himmelfahrt am 15.08.). Ein Gewölbe mit gotischen Säulen prägt den Raum. In der westlichen Ecke (gegenüber dem Eingang) ist eine Marmorsäule mit zwei Pelikanen dekoriert, die einem dritten in die Brust picken. Sie versinnbildlichen, wie sich ein Tier für seine Nachkommen opfert, und sollen die Aufopferung Jesu für die Menschheit darstellen. In die südliche Wand baute Sultan Suleiman einen Mihrab (Gebetsnische) ein.

Beherrschendes Bauwerk auf dem Zionsberg ist die Kirche **Dormitio Beatae Mariae Virginis** der deutschsprachigen Benediktinerabtei auf dem Zion (Mo-Sa 8.30-11.45, 12.40-17.30, So 10.30-11.45, 12.30-17.30, www.dormitio.net), kurz Dormitio genannt, Zutritt links vor der kleinen Cafeteria. Die Kirche wurde Anfang des 20. Jhs im neuromanischen Stil errichtet und 1910 gemäß der Tradition des hiesigen Sterbeorts der Dormitio (auf deutsch *Entschlafung der seligen Jungfrau Maria)* geweiht. Sehenswert ist der Mosaikboden, dessen drei ineinander verschlungene Kreise (unterhalb des Zenits der Kuppel) die Dreieinigkeit symbolisieren sollen, die dann folgenden konzentrischen Kreise enthalten zunächst die Namen der Propheten, dann der Apostel. Unterhalb des Kirchenbodens liegt eine schöne Krypta (Eingang links vom Haupteingang). Deren Seitenaltäre wurden von verschiedenen Nationen gestiftet, die zum jeweiligen Nationalfeiertag eine Abordnung zur Gottesdienstfeier schicken. In ihrer Mitte liegt eine von alttestamentlichen Frauenfiguren umringte Marienfigur auf dem Totenbett, das mit einer schönen Mosaikkuppel überwölbt ist.

Auf den Friedhöfen des Bergs Zion sind viele Persönlichkeiten begraben, die mit der Geschichte Jerusalems oder ihrer Erforschung verbunden sind.

Das dafür nötige Spezialinteresse benötigt man nicht auf dem katholischen Friedhof für das **Grab von Oskar Schindler**, der 1994 durch den Spielberg-Film *Schindlers Liste* weltweit berühmt wurde. In der Schlussszene des Films sieht man einige der 1200 Juden, die ihm sein Leben verdanken, beim Besuch seines Grabes, ganz kurz ist der Glockenturm der Dormitio zu sehen. Wenn Sie die Straße überqueren, die ganz im Süden den Berg Zion umrundet, werden Sie über einem Friedhoftor den Hinweis „To Oskar Schindler's Grave" finden – dort dann auf der unteren Terrasse halb rechts halten zu dem Grab mit den meisten Steinen. Die jüdische Sitte, Verstorbenen die Ehre zu erweisen, gilt dem einzigen ehemaligen Mitglied der NSDAP, das in Israel begraben liegt und in der Allee der Gerechten in Yad VaShem gewürdigt wird.

Zurück Richtung Zionstor könnten Sie noch dem **David Palombo Museum** einen Besuch abstatten. Palombo (1920-1966) war Bildhauer und arbeitete vorwiegend mit Metall, die Tore zur Knesset und an der Halle der Erinnerung in Yad VaShem stammen von ihm. Sein kurzes Leben beendete eine Shabbat-Kette: Von Haredim zum Erzwingen der Shabbat-Ruhe über eine Straße gespannt, riss sie Palombo vom Motorrad und in den Tod. Zu sehen sind sein Atelier und natürlich Kunstwerke von ihm, Tel 6710917, So-Do 9-14, Fr -13.

Wieder am Zionstor können Sie entweder in die Altstadt zurückgehen oder aber ins Zentrum der Neustadt wandern, indem Sie außerhalb der Stadtmauer bleiben. Dieser relativ einsame Spaziergang zunächst direkt an der Stadtmauer entlang ist vor allem gegen Sonnenuntergang zu empfehlen, wenn die Stadtmauer und die davor liegenden Grünanlagen vom letzten Sonnenlicht angestrahlt werden. Unten im Hinnom-Tal baute Sultan Suleiman einen Damm – auf dem heute die Straße das Tal quert – und staute den Flusslauf zum **Sultan's Pool**, heute ein beliebter Platz u.a. für Open-Air-Konzerte. In dieser Gegend überspannt ein Drahtseil das Tal zum Zionsberg, über das mit einem kleinen Wägelchen während des Unabhängigkeitskrieges israelische Soldaten versorgt wurden. Auf der gegenüberliegenden Talseite liegt die erste jüdische Siedlung außerhalb der Stadtmauern, Mishkenot Sha'anannim, mit der Montefiore-Windmühle.

***Die Stadt Davids

Geschichte: *Südlich der heutigen Altstadt lag die Davidsstadt auf dem Berg Ofel. Ausgrabungen belegen, dass dieser Hügel seit der Zeit Davids 1000 vC bewohnt war. Wenn es David war, hat er eine Siedlung auf vier Terrassen angelegt, die durch Treppen miteinander verbunden waren und ein Abwassersystem besaßen. Bereits die Kanaaniter, die David von diesem Platz vertrieb, hatten zur Wasserversorgung einen Tunnel von der nahe gelegenen Gihon-Quelle her gegraben. Im 8. Jh vC wurde er durch eine 13 m tiefe Felsspalte innerhalb*

Grab von Oskar Schindler auf dem Mt. Zion

der Stadt "angezapft", die nach ihrem Wiederentdecker Warren-Schacht heißt – der Zugang wurde jedoch entgegen Warrens Interpretation 1867 nicht künstlich angelegt und diente David auch nicht zur Eroberung der Jebusiterstadt.

Doch dieses Versorgungssystem war König Hiskia (727-698 vC) nicht gut genug. Er ließ einen insgesamt 540 m langen, bis zu 4 m hohen Tunnel anlegen, der in einem Becken endete, dem heutigen Siloa-Teich, an dem Jesus später Blindgeborene heilte. Damit war die Wasserversorgung auch bei Belagerung gesichert. Der Tunnel wurde von beiden Seiten begonnen, wie eine Inschrift (heute im Museum von Istanbul) und die unterschiedliche Hackrichtung am Treffpunkt der damaligen Tunnelbohrer beweisen.

In den letzten Jahren gibt es um die Davidsstadt bzw. das dortige arabische Viertel Silwan heftige Auseinandersetzungen. Es setzen sich nicht nur nationalreligiöse Siedler seit Jahren in arabischen Häusern fest, um König David möglichst nahe zu sein, sondern auch der Bedarf, israelitische Hinterlassenschaften auszugraben, wächst stetig. Für wissenschaftlich zumindest umstrittene Ergebnisse, da die z.T. frommen Geldgeber für die Grabungen mit möglichst sensationellen Funden bei Laune ge-

halten werden müssen, sollen arabische Familien umgesiedelt werden. Ein Informationsportal der Bewohner Silwans bietet http://silwanic.net. Monatlich gibt es freitags um 15 Uhr eine alternative archäologische Führung auf Englisch durch die Davidsstadt und durch Silwan, www.alt-arch.org, Treffpunkt vor dem Eingang zur Davidsstadt.

In der Praxis ist von Davids Pracht nichts außer ein paar Grundmauern und jenem Kanal erhalten, alle Relikte liegen relativ weit – vor allem in der Höhendifferenz – voneinander entfernt. Für den Besuch gibt es seit der Eventisierung der ganzen Angelegenheit im Jahr 2000 nur noch eine Möglichkeit: Vom Dungtor hält man sich auf der Ofel St östlich, bis rechts die Ma'alot Ir David St ins Tal abzweigt, nach ein paar Schritten geht es linker Hand zum *Visitor Center* der *City of David* (So-Do 8-19, im Winter -17, Fr 8-16, im Winter -14, ₪ 27, Kinder 14, plus 3D-Film ₪ 13 addieren, Eintritt mit Film und geführter Tour ₪ 60 bzw. 45, Tel 180 0252423, www.cityofdavid.org.il). Für den Tunnel und Warren's Schacht muss man die Karte mindestens eine Stunde vor Schluss kaufen, mitzubringen sind eine Taschenlampe sowie Kleidungsstücke und Schuhe, die nass werden dürfen sowie je nach Wasserstand ein Rucksack, den Sie über Kopf halten können.

Wenn Sie ein Ticket lösen, erfahren Sie die Uhrzeit, wann Sie Zugang zum Hiskia-Tunnel bekommen. Abhängig von der bis dahin verbleibenden Zeit können Sie eventuell schon zum Ausgrabungsbereich schauen oder vielleicht nur eine Erfrischung zu sich nehmen.

Je nachdem, wie gut man zu Fuß ist, eröffnen sich zwei Besichtigungsmöglichkeiten: Wegen des Termins am Tunnel empfiehlt es sich, diesen zuerst zu durchwandern. Die Ausgrabungen ließen sich dann auf dem Fußmarsch zurück besichtigen, oder man nimmt am Siloa-Teich den Shuttle-Service für ₪ 5 zurück zum Visitor Center und macht sich wiederum von dort an die Grabungsareale und hat den weniger beschwerlichen Weg bergab, diesmal überirdisch zum Siloa-Teich. Von dort wieder per Shuttle zurück oder mit einem Taxi weiter ziehen.

Der **Siloa-Teich** liegt unterhalb einer Moschee auf der westlichen Seite der Davidsstadt, er mag vielleicht derzeit etwas enttäuschend klein sein, aber schließlich zählt er, wie der ihn speisende Kanal, zu den ältesten noch funktionierenden Wasserversorgungssystemen der Welt. Der *****Hiskia-Tunnel** zieht sich nicht geradlinig durch den Berg, sondern kurvenförmig, weil die Erbauer vermutlich einer natürlichen Spalte folgten. Wenn man dem Lauf des Kanals watend folgen will – was größtenteils in aufrechter Haltung möglich ist – so kommt man am trockensten während der Sommermonate davon. Besucher erhalten eine Kerze und zur Sicherheit eine Taschenlampe.

Achten Sie auf den Treffpunkt der beiden Grabungsteams an einer Doppelkurve, in deren Scheiteln je ein kurzer, tauber Kanal im Felsen endet. Die Arbeiter konnten sich gegenseitig hören und hackten dann aufeinander zu.

Bevor Sie jedoch wirklich den Hiskia-Tunnel durchwaten, haben Sie noch Gelegenheit, den **Warren-Schacht**, den kanaanäischen Tunnel aus der Mittelbronzezeit vor etwa 3800 Jahren sowie die **Gihon-Quelle**, die nie versiegende Wasserquelle Jerusalems, aus der Nähe zu inspizieren.

Im Ausgrabungsbereich ist die **Area G** am interessantesten, die als Palastbereich interpretiert wird, und in der man einige historische Bibelauskünfte wiederzuerkennen glaubt. Die Ausgrabung erregte in den 1980er Jahren die Gemüter der ultraorthodoxen Juden, weil man angeblich auf einen Friedhof gestoßen sei und die Totenruhe nicht angetastet werden dürfe. Später zeigte sich, dass dies nicht der Fall war. Für den Laien sind keine überwältigenden Sehenswürdigkeiten zu sehen. Die heute sichtbaren Mauerreste, wurden ausgeschildert, Tafeln erläutern kurz die Bedeutung. Unter anderem kommt man noch an einem Steinbruchbereich vorbei und stößt nahe beim Siloa-Teich auf die Ausgrabung des weitaus größeren Pools in neutestamentlicher Zeit, wie er auch im

Jerusalem-Modell des Israel-Museums zu sehen ist.

Lassen Sie auf Ihrem Weg ein bisschen die andere der beiden Welten, zwischen denen man in Jerusalem ständig pendelt, auf sich einwirken. Auf der Mauer am Wegesrand sitzend, schweift der Blick über das Tal, das abseits des Jerusalemer Trubels liegt. Der städtischen Infrastruktur jenseits des Kidrontals gelingt offenbar keine regelmäßige Müllabfuhr, und an diesem Hang scharren Hühner, Schafe blöken, Ziegen streiten sich meckernd um das bisschen Grün. Der Wind weht von der anderen Seite fröhliche Kinderstimmen herüber, die Häuser dort kleben dicht aneinander den Hang hinauf wie eine einzige große Wohnburg. Mütter rufen nach ihren Kindern oder zetern mit ihnen herum, bunte Wäsche flattert auf den Dächern der Häuser. Die Sonne flirrt in eine Welt, die sich seit Hunderten von Jahren nicht verändert zu haben scheint. Doch diesseits des Tals rumort es kräftig. In einer einstmals ähnlichen Welt müssen Menschen ihre Häuser aufgeben, um für die Selbstvergewisserung über die israelitische Gründungsdynastie von David und Salomo (was sich wissenschaftlich befriedigend kaum jemals wird machen lassen) sowie einer erkennbaren Eventisierung der Davidsstadt Raum zu schaffen. Der Konflikt zwischen Silwan und Davidsstadt wird noch viele Jahre weiter schwelen.

Etwa gegenüber dem Zionstor zweigt talwärts von der Ma'ale HaShalom St ein Sträßlein zur Kirche **St. Peter in Gallicantu** ab, die 1931 an der Stelle des dreimaligen Hahnenschreis errichtet wurde (Mo-Sa 8.30-17). Eine Aussichtsplattform eröffnet einen schönen Blick auf den Felsendom und ins Kidrontal.

Vom Damaskustor nach Norden und Osten

Das ***Damaskustor** ist mit seinen Türmen und Zinnen der beeindruckendste und am besten befestigte Eingang zur Altstadt. Es wurde 1532 von Suleiman dem Prächtigen – seinem Namen gemäß – erbaut. Es sollte die Stadt an ihrer schwächsten Seite, der ebenen Nordseite, durch mächtige Barrikaden schützen. Hier

Nur mit mehr als 70 cm Körpergröße bekommt man im Hiskia-Tunnel noch Luft

beginnt die Straße von Jerusalem über Nablus (Sichem) nach Damaskus. Die Araber nennen das Tor *Bab AlAmud (Tor der Säule)* nach einer Säule, der zur Ermittlung der Entfernung nach Damaskus diente und auf dem Madaba-Mosaik zu sehen ist (siehe S. 168). Die Juden nennen es Sha'ar Shkhem nach der Straße, die nach Sichem (Nablus) führt. Unterhalb der mächtigen Barrikade wurde 1982 ein **Römischer Platz** freigelegt, Ruinen der erst kurz vor der Zerstörung durch Titus 70 nC fertig gestellten dritten Mauer und der römischen Toranlage aus der Zeit Hadrians kamen zum Vorschein. Die Besichtigung ist derzeit nicht möglich, aber Sie können von der äußeren Rampe zum Tor links unterhalb noch den kleinen östlichen Eingang des römischen Tors sehen – rund 1500 Jahre älter als das heutige Tor und mit weit niedrigerem Straßenniveau.

Auf den Treppen draußen vor dem Tor herrscht meist hautnahes Geschiebe und Gedränge der Fußgänger, die vor allem zu den "Rushhours" in die Altstadt drängen, bzw. wieder heraus. Gnadenloser geht es auf der Straße zu; denn hier starten und enden die meisten Bus- wie auch Sherut-Minibus-Linien, die in die palästinensischen Gebiete fahren. Außerdem zwängen sich die innerstädtischen EGGED-Busse der Linien 1 und 3 durch das Gewühl.

Etwa 200 m östlich an der Außenseite der Mauer, also Richtung Herodestor, liegt der Eingang zum **Steinbruch des Salomo** (Sa-Do 9-17, Winter -16, ₪ 16 – aus politischen Gründen immer wieder geschlossen; am besten beizei-

Gartengrab

ten Tel 6277550 anrufen), ausgeschildert *King Solomon's Quarries (Zedekiah's Cave).* Die Forscher sind sich einig, dass bereits Salomo die Steine, die er für den Tempel brauchte, hier – unterhalb der heutigen Altstadt – brechen ließ. Alle anderen großen Baumeister folgten ihm. Dabei entstand ein großes Höhlenlabyrinth. Fromme Juden identifizieren es dagegen als die Höhle des Zedekia, denn nach ihrer Annahme hielt sich dort 587 vC Zedekia, der letzte König von Juda, vor seiner Gefangennahme durch babylonische Truppen versteckt. Die Höhle geht tief in den Berg hinein, nach einer großen Halle – über der ca. 1,5 Millionen Tonnen Gestein lagern – endet sie quasi an einem kleinen Rinnsal, das beständig von der Decke tropft und *Tränen des Zedekia* genannt wird, weil es die Tränen des Herrschers über die Tempelzerstörung symbolisiert. In osmanischer Zeit zugemauert und in Vergessenheit geraten, wurde die Höhle nach ihrer Wiederentdeckung unter anderem als Treffpunkt der Freimaurer genutzt.

Manchmal hat man den Eindruck, dass die Felsen unterhalb der Altstadt wie ein Käse durchlöchert sind; vermutlich bergen diese Höhlen und die Schichten zwischen Fels und heutigem Straßenniveau noch so manche Überraschung.

Vom Damaskustor gibt es höchst interessante **Spaziergänge** z.B. auf den Altstadtstraßen nach Süden, siehe S. 146. Denn die palästinensische Bevölkerung benutzt diese Souks, um den täglichen Bedarf an Lebensmitteln, aber auch an Kleingeräten einzukaufen. Was Sie hier sehen, ist also der Teil der Altstadt, der dem orientalischen Handelstreiben noch am nächsten kommt.

Wenn Sie Zeit genug haben, gehen Sie vom Damaskustor nach Norden in die Nablus (Shkhem) St. Lassen Sie sich am Beginn des Weges von den blauen Abgaswolken der hier wartenden Busse nicht die Lust nehmen. Schülerinnen und LehrerInnen der an der Straßenecke liegenden Deutschen Schule müssen sich ständig mit der Belastung herumschlagen.

Sie kommen dann am *Deutschen Verein zum Heiligen Lande* vorbei, der sonntags zum Gottesdienst lädt, www.heilig-land-verein.de. Bald weist ein Schild auf das ***Garden Tomb** (Mo-Sa 9-12, 14-17.30) hin, das von dem Engländer Charles Gordon 1882 entdeckt und für das Grab Jesu gehalten wurde, weil es außerhalb der osmanischen Stadtmauer am Fuß eines Felsens lag, der die Form eines Schädels ("Golgatha") hat. Diese Theorie ist insofern widerlegt, als die Stadtmauer zur Zeitenwende anders verlief. Allerdings glauben einige protestantische Glaubensrichtungen an Gordons Idee und geben sich alle Mühe, sie den Besuchern zu beweisen. Unabhängig davon sollte man die Anlage als erholsamen *Garten* betrachten, denn den Besucher erwartet eine kleine Oase mit viel Grün und Blumenschmuck.

Nach dem Gartengrab wäre ein Abstecher zu etwas ganz anders Gelagertem denkbar: Am Kreisel links, dann die große Straße 60, Hel HaHandasa, überqueren und auf der anderen Seite der Straße rechts halten. Nach knapp 200 m erreicht man das **Museum On the Seam**, 4 Hel HaHandasa St, Tel 6281278, www.mots.org.il, So-Do 10-17, Fr -14, ₪ 30. Dieses Gebäude steht im wahrsten Sinne auf der Grenze, nämlich der grünen Linie, die 1948-1967 Ost- von Westjerusalem trennte. Aber auch religiöse Observanz und Säkulares treffen hier aufeinander. Dazu passen die Ausstellungen zeitgenössischer, sozio-politisch engagierter Kunst, die längst nicht nur den Nahostkonflikt zum Thema hat: Nicht unbedingt „schön", aber immer anregend.

Zurück weiter nördlich auf der Nablus St liegt die **St.-Georgs-Kathedrale**, die selten besucht wird. Am nördlichen Ende dieses Blocks kommt von rechts die Saladin St (Salah EdDin); östlich dieser Straße erstreckt sich die 1881 gegründete Amerikanische Kolonie. Praktisch an dieser Kreuzung, wenige Schritte nur nach rechts, liegen die (kaum sehenswerten) sog. **Königsgräber** (am besten vorher anrufen, Tel 6259481, Mo-Sa 8-12.30, 14-17; 🚌 10), die fälschlicherweise den judäischen Königen zugeschrieben wurden. Tatsächlich ließ Königin Helena vom mesopotamischen Reich Adiabene, die um die Zeitenwende zum jüdischen Glauben konvertierte, die Anlage für ihre Familie schaffen. Die Sarkophage stehen allerdings im Pariser Louvre. Dafür weht hier die französische Flagge, ein Schild sagt „République Française: Tombeaux des Rois"... Eine Treppe führt 26 hohe Stufen hinunter zu einem Tor im Fels, das eine Zisterne abschließt. Links ist ein großer Hof in den Fels geschlagen, an dessen Straßenseite die Graböffnung liegt. Man sieht eine Vorhalle, von der ein Eingang in einen weiteren Raum führt. Von hier aus sind 48 Grabkammern in zwei Stockwerken geschaffen worden. Im Sommer finden hier Open-Air-Konzerte des palästinensischen Jerusalem Festivals statt. Ein paar Schritte weiter Richtung American Colony Hotel biegt rechts die Abu Obeida St ab und führt zum **Museum für arabisch-palästinensische Folklore**, besonders interessant die bestickte Damenkleidung, etwa das Hochzeitskleid aus der ersten Hälfte des 20. Jh, Dar AtTifl AlArabi Schule, Tel 6283251, täglich 9-13. Schräg gegenüber liegt das Orient-Haus. Wer das PLO-Hauptquartier der 1980er und '90er Jahre kennenlernen möchte, mailt abusham-seyeh@yahoo.com; www.orienthouse.org.

Etwas weiter in der Nablus St trifft man auf das **American Colony Hotel**. Diese stimmungsvolle Oase befindet sich in einem ehemaligen türkischen Palast, der 1860 von einem reichen Araber gebaut und 1865 an eine amerikanisch-schwedische Familie verkauft worden war. Das Gebäude bildete bald den Kristallisationspunkt einer kleinen amerikanischen Kolonie. Ab 1902 diente es teilweise als Hospiz, später als Hotel, das sich bald zum Prominenten- und Pressehotel entwickelte. Die ersten Kontakte zwischen Palästinensern und Israelis, die zum Oslo-Abkommen führten, fanden übrigens hier statt.

Falls Sie an der israelischen Kriegsgeschichte interessiert sind, können Sie von hier aus weiter nach Norden zum **Ammunition Hill** fahren. Dort lag einst das Hauptquartier der jordanischen Armee für den Bereich Jerusalem. Im Sechstagekrieg war es heftig umkämpft, bis es schließlich erobert werden konnte und dadurch der jordanische Verteidigungsring durchbrochen wurde. Die Originalanlage mit Bunker, Schützengräben und Freilandbereich ist heute Museum und offizielle Gedenkstätte (So-Do 9-17, im Sommer -18, Fr -13, Spenden willkommen, www.g-h.org.il/en).

Von den Königsgräbern aus sollte man nun die Saladin St wieder zurück zur Altstadt gehen, wo Sie eine Pause im Cafe des *Educational Bookshops* einlegen können. Die Saladinstraße stößt am Herodestor auf die stark befahrene Suleiman St, der wir nur für ein kurzes Stück

Rockefeller-Museum: Steinwanne von Herodes

ostwärts bis zur Nordostecke der Stadtmauer folgen. Links steht das unübersehbare Gebäude *des Palestine Archaeological Museum,* besser bekannt als ****Rockefeller Archaeological Museum** (So/Mo/Mi/Do 10-15, Sa -14, im Winter nicht geheizt, Bus 1, 3, 99, Parkplätze nur samstags). Das Rockefeller wird vom Israel-Museum gemanagt, die Eintrittskarte für ₪ 50 gilt innerhalb der nächsten sieben Tage auch dort, www.english.imjnet.org.il > Wings > Rokkefeller. Wenn Sie ausschließlich das Rockefeller Museum besichtigen wollen, ist der Eintritt weit billiger. Ein Besuch der z.T. spektakulärsten Funde der Britischen Mandatszeit in dem noch dazu charmanten Gebäude ist sehr zu empfehlen. John D. Rockefeller rief das 1938 eröffnete Museum durch eine Spende ins Leben. Die **Ausstellung** reicht etwa 200 000 Jahre zurück mit Exponaten aus der Stein- und Kupfersteinzeit, kanaanäischer und israelitischer Zeit, Byzanz und der muslimischen Epoche. Wichtige Stücke aus den verschiedensten Ausgrabungen im Land sind – unter anderen – die 9000 Jahre alten Schädel-Beisetzungen aus Jericho, die ägyptischen Stelen und Sarkophage aus Bet Shean, im idyllischen Innenhof die Badewanne von Herodes I. aus seiner Festung Kypros südlich des Wadi Qelt bei Jericho, die überraschend reich geschmückten Dekorationsrelikte aus dem Hisham-Palast in Jericho (siehe S. 450) sowie Reste der Kreuzfahrerausstattung der Grabeskirche. Seit Eröffnung der Ausstellung hat sich museumspädagogisch zwar einiges

Straßenbahnbrücke – das neue Wahrzeichen Jerusalems von Santiago Calatrava

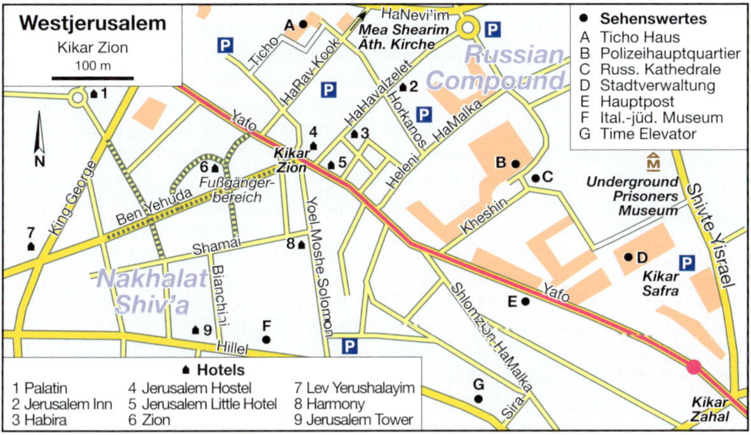

getan, und insgesamt wäre für einen besseren Überblick eine Vereinigung der Sammlungen mit denen des Israel Museums wünschenswert, doch das Rockefeller lohnt einen Besuch in jedem Fall.

Westjerusalem

Beiderseits der Yafo Street

Die Yafo (Jaffa) St verbindet den westlichen Stadteingang (d.h. das Ende der von Tel Aviv heraufkommenden Autobahn 1 über die Ben Gurion und später Weizmann St, die bei der neuen Calatrava-Brücke in die Yafo St übergeht) mit dem nahebei gelegenen zentralen Busbahnhof sowie mit der westlichen Neustadt und schließlich der Altstadt. Die Yafo St ist sowohl eine zentrale Verkehrsader als auch eine Orientierungslinie. Für den Autoverkehr steht sie allerdings nicht mehr zur Verfügung: nur noch Busverkehr ist erlaubt, und seit 2011 fährt hier die erste Straßenbahnlinie.

Aus Richtung Westen zweigt ein Stück stadteinwärts nach dem Kikar Nordau rechts die Makhane Yehuda St ab, die sowohl das hier sich ausbreitende Stadtviertel bezeichnet als auch an großen Markthallen vorbeiführt. Der **Makhane Yehuda Markt** erinnert an die typischen jüdischen *Shtetl* in Osteuropa: Besonders donnerstags und freitags wimmelt es hier von ultraorthodoxen Juden, die für den Shabbat einkaufen.

Noch interessanter dürfte eine andere Begegnung mit dem ultraorthodoxen Judentum sein. Wenn man etwa auf der Hälfte der Entfernung zur Altstadt auf den **Kikar Zion** – einen wichtigen Platz im Stadtzentrum – kommt und links (etwas verwinkelt) in die HaRav Kook St abbiegt, so kann man zunächst bei der Nr. 7 dieser Straße das ***Ticho Museum** (So-Do 10-17, Di -22, Fr -14, www.english.imjnet.org.il > Wings > Ticho) bewundern. Anna Ticho war eine Malerin, ihr Mann sammelte Menorot, also siebenarmige Leuchter, die zusammen mit Bildern Anna Tichos im Museum ausgestellt sind. Dem Haus angeschlossen ist ein kleines, stadtbekanntes *Little Jerusalem* Restaurant (So-Do -23, Fr -14), in der Saison gibt es Di-Do und Sa Abend Konzerte. – Gleich in der Nachbarschaft Haus Nr. 9 könnten Sie noch das *Museum of Psalms* anschauen: Malereien des Malers Moshe Zvi Berger – durchaus anregend (So-Do 10-16, Fr -13, aber besser vorher anrufen Tel 6230025, Spende willkommen). Doch

Orientierung unter Ultraorthodoxen

Die ultraorthodoxen Juden (Haredim) mögen sich zwar auf den ersten Blick sehr ähneln, tragen aber je nach Gruppenzugehörigkeit und Anlass unterschiedliche Kleidung. Etwa die Hälfte der Haredim sind ***Chassidim*** (wörtlich: Fromme) unterschiedlicher Gruppierungen, die in sogenannten Höfen zusammenleben. Diese tragen die Namen osteuropäischer Orte, in denen sie gegründet wurden. Die einzelnen Gruppen werden von Rebben geführt, die als *Zadik*, Rechtschaffene, Vorbild ihrer Gemeinschaft und Mittler zu Gott sind. Chassidim sind z.B. an langen, dunklen Mänteln oder den sefardisch inspirierten langen Kaftanen mit Mantel zu erkennen, die Kaftane wochentags bläulich gestreift, feiertags nahezu goldglänzend gestreift. Die Gerer Chassidim, die größte Gruppe in Israel, wickelt die Hosenbeine ihrer schwarzen Anzüge in Knöchelhöhe in die Socken. Letztere sind schwarz, bei anderen Gruppen jedoch nur wochentags – feiertags bei verheirateten Männern nämlich weiß.

Als Kopfbedeckung dienen häufig schwarze, runde Hüte, oftmals Homburger, die in Deutschland zuletzt durch Adenauer populär waren. Am Shabbat und an Feiertagen tragen viele Chassiden pelzbesetzte, wagenradartige Hüte, ursprünglich Tracht des polnischen Adels. Diese *Streimel* sind leicht zu verwechseln mit den weniger ausladenden, aber höheren Pelzkappen namens *Spodik* – braun, von ursprünglich polnischen, z.B. den Gerer Chassidim getragen, oder *Kolpik* – schwarz, von den Belzern favorisiert, und dort dem Rebben und seiner Familie vorbehalten. Die weltweit präsenteste chassidische Gruppe Chabad (ein Akronym für Weisheit, Einsicht, Wissen), ursprünglich Lubawitscher Chassiden, haben Pelzkappen allerdings abgeschafft.

Mit den verschiedenen Arten von Schläfenlocken, den Peijes, könnte man sich ebenfalls länger befassen und nach einer Weile geografische Herkunft, zeitlichen Anlass, praktische Erwägungen und persönliche Vorlieben unterscheiden lernen.

Bei der anderen Hälfte der Haredim, die in Mea Shearim weniger vertreten sind, gibt es weniger zu unterscheiden. Es handelt sich um die litauischen Juden, auf Jiddisch ***Litvish*** oder auch ***Litvak*** oder von den Chassidim ***Mitnagdim***, Gegner, genannt. Sie stammen ursprünglich aus dem Bereich des Großherzogtums Litauen, das im späten Mittelalter bis ans Schwarze Meer reichte. Die Gegnerschaft zu den Chassidim geht auf den Gaon von Vilna, Elia ben Shlomo Salman (1720-1797) zurück, der die mystische Suche der Nähe zu Gott im Chassidismus als pantheistisch einstufte und demgegenüber eine höchst gelehrsame, wortgetreue Tora-Auslegung hochhielt. Gaon, wörtlich Herrlichkeit, war vordem vom 7. bis 11. Jh nC der Titel der führenden Talmudgelehrten im Zweistromland.

Die Litvak wirken durch moderne schwarze Anzüge und weißes Hemd insgesamt eleganter und einheitlicher als die Chassiden und tragen über der Kippa meist einen breitkrempigen Borsalino; die Schläfenlocken werden oft dezent getragen, z.B. hinter die Ohren gelegt. Die Frauen können sehr modisch mit überraschend kurzen Röcken gekleidet sein. Sie tragen meist Perücken ohne Kopftuch.

Beide Gruppen der Haredim kommen heute besser miteinander aus, vor

An der Westmauer: Frömmigkeit muss nichts mit Kopfbedeckungen zu tun haben, kann aber...

allem der Obrigkeit gegenüber. Gemeinsam entscheiden sie z.B., wie die religiösen Abgeordneten in der Knesset abzustimmen haben. Auf beiden Seiten gibt es extreme Gruppierungen, die Zionismus und den Staat Israel völlig ablehnen, auf chassidischer Seite sind das die *Satmarer*, auf litvisher Seite die erst 1935 gegründete *Neturei Karta*. Letztere nehmen nicht einmal staatliche Fürsorge in Anspruch und arbeiteten – aus ihrer Sicht konsequent – mit der PLO zusammen.

Die Frauen in Mea Shearim, bei durchschnittlich acht Kindern häufig genug schwanger, haben in ihrem Viertel zumindest öffentlich wenig zu sagen, um so mehr zu arbeiten, zumal sie sehr häufig einen wesentlichen Anteil am Familieneinkommen aufbringen müssen. Die Männer studieren meist bis zum Alter von 30 und mehr Jahren an den Talmud-Schulen und suchen danach eine Stellung möglichst im religiösen Umfeld. Die Frauen integrieren sich eher in das weltliche Arbeitsleben und kommen dadurch mit offeneren geistigen Strömungen in Kontakt; Scheidungen nehmen daher auch im ultraorthodoxen Leben von Mea Shearim zu.

gehen Sie nach Norden bis zur Prophetenstraße (*HaNevi'im*) weiter.

Die HaNevi'im St grenzt das jüdisch-orthodoxe Viertel **Mea Shearim** *(Hundert Tore)* nach Süden ab, das 1875 als zweite jüdische Siedlung außerhalb der Altstadt gegründet wurde. Am Eingang weisen Schilder darauf hin, dass sich die Besucher der Umgebung entsprechend verhalten mögen: Frauen müssen mindestens Ellbogen und Knie bedeckt halten, Männer lange Hosen tragen. Sehr empfehlenswert sind auch Kopftuch und Kippa.

Beim Fotografieren sollte man sehr vorsichtig sein, zumindest die Leute fragen. Meist ist die Atmosphäre friedlich, aber die Bewohner können schnell aggressiv werden, bewerfen am Shabbat durchfahrende Autos mit Steinen oder bespucken Touristen, die sich nicht adäquat benehmen. Angesichts dessen mag überraschen, dass Sie die Menschen dort auf Deutsch ansprechen können, „aberr vielleicht passen an Satzbau ein bisschen". Wenn Sie den Schnellsprechern eine Weile zuhören, werden Sie einzelne Worte erkennen, denn hier wird **Jiddisch** gesprochen. Und es wundert hier niemanden, sondern ruft eher erfreute Reaktionen hervor, wenn man die Ähnlichkeit mit der deutschen Sprache zur Verständigung nutzt. Jiddisch wird gesprochen, weil Hebräisch als heilige Sprache nur dem religiösen Bereich vorbehalten sein soll (siehe auch S. 22 Kauderwelsch-Sprechführer Jiddisch).

Mea Shearim ist quasi eine der letzten Zufluchtsstätten der einst in Osteuropa blühenden Gemeinden der ultraorthodoxen Juden. Aufgrund der hohen Geburtenrate hat es sich allerdings über die traditionellen Grenzen hinweg in Richtung Altstadt ausgebreitet – etwa ein Drittel der Einwohner Jerusalems widmen sich der strengen jüdischen Glaubenspraxis. Richtung Norden gibt es weitere haredische Stadtteile wie Ge'ula, Sanhedriya oder Kiryat Belz, östlich von Tel Aviv sogar die ganze Stadt Bne Braq.

Fast überflüssig zu sagen, dass in diesem Stadtviertel jede Menge religiöser Literatur und Gegenstände wie Gebetsschals, Leuchter und Shofare preiswert zu haben sind, außerdem gibt es sehr gute Bäckereien, die vor allem donnerstags Kuchen für den Shabbat backen. Überqueren Sie also die HaNevi'im St und gehen Sie zunächst die Ethiopia St hinauf. Links an der Ecke steht das heute **Tabor House** genannte Gebäude (Nr. 58), das sich der deutsche Exmissionar und bedeutendste Architekt Jerusalems im 19. Jh, Konrad Schick, baute. Er war übrigens auch der Planer und Architekt von Mea Shearim. In der Ethiopia St steht rechts die **Äthiopische Kirche**, deren Löwenreliefs über dem Tor an den „Löwen von Juda" erinnern. Denn die äthiopischen Herrscher führten ihre Dynastie auf die Königin von Saba zurück, der Salomo das Wappen mit dem Löwen von Juda verliehen haben soll – er ist auch das Wappen-

Besuch beim Rebben

In Mea Shearim besteht am einfachsten die Möglichkeit zu einem Erlebnis, das Sie kaum vergessen werden: Sie können am späten Freitagabend im Sommer gegen 23 Uhr, im Winter gegen 21 Uhr, bei manchen Chassidim auch Samstagnachmittag, an einem ***Tish*** teilnehmen. Tisch auf Jiddisch bedeutet eigentlich dasselbe wie im Deutschen, meint hier jedoch eine etwa zweistündige, gottesdienstähnliche Zusammenkunft der Chassidim mit ihrem Rebbe. Sie steht Nicht-Juden beiderlei Geschlechts zwar nur bei Einladung offen, aber mit züchtiger Kleidung sowie Kippa oder Kopftuch sollte es kein Problem geben. – Viele Ultraorthodoxe wirken abweisend, aber Sie werden auch offene Personen treffen, die Sie fragen können, wann und wo Sie zu einem Tish gehen könnten. Fragen Sie z.B. nach der Synagoge der **Karlin-Stoliner Chassidim**. Vermutlich vom für die Frauen vorgesehenen, abgetrennten Raumteil aus werden Sie ungefähr Folgendes beobachten: An einem Tisch (natürlich) sitzt der Rebbe der Gemeinschaft, vielleicht mit seiner Familie, und isst verschiedene Dinge, unterrichtet ein wenig Tora, und die Chassidim verfolgen alles ganz genau. Manchmal wird herumgereicht, was der Rebbe übrig gelassen hat, mal wird gesungen – zum Teil so bis zur Verzückung, dass man die Aufbauten, auf denen die Männer stehen, für einsturzgefährdet halten muss. Gegen Ende kann man sich mit einreihen, um dem Rebben die Ehre zu erweisen und ein Gläschen shabbat-süßen Likör zu empfangen. Für eine noch genauere Vorstellung von einem *tish* kann man bei Google Video den Suchworten jewish tish nachgehen. Informationen in voller Breite der chassidischen Lebenswelt findet man in Miriam Woelkes Weblogs http://chassidischegruppen.blogspot.com und http://chassidicstories.blogspot.com.

tier von Jerusalem. Sobald die Ethiopia St in die HaZanovitz St mündet, müssen Sie in der gegenüberliegenden Shlomo Salman Bahran St weitergehen, die schließlich in die Mea Shearim St mündet. Der letzte Abzweig rechts führt Sie in das Herz des **ultraorthodoxen Viertels**. Zunächst wird man von dem Dreck auf den Straßen und von den vielen heruntergekommenen Häusern überrascht sein. Dem Viertel fehlt jeglicher Charme. Und wären da nicht die vielen exotischen Gestalten in ihren häufig pechschwarzen Anzügen, die – an ihren Ohrenlocken zwirbelnd – stets fürchterlich eilig durch die Gassen huschen, dann würde man einen großen Bogen um dieses Viertel machen. Es liegt irgendein Geheimnis hinter diesen Mauern, hinter denen die Frauen mit den kahl geschorenen, aber mit Tüchern oder Perücken geschmückten Köpfen sehr viele Kinder gebären, sie ultraorthodox aufziehen und möglichst in diesem Kleinkosmos des religiösen Übereifers ihr Leben (zumeist) beschließen möchten.

Am Kikar Zion zweigt rechts die Ben Yehuda St ab, die Hauptgeschäfts- und Fußgängerstraße des modernen Jerusalems.

Die Yafo St streift am Kikar Bar Kokhba – kurz nach dem Kikar Zion – das links liegende **Russische Viertel**, das von den grünen Kuppeln der russisch-orthodoxen Dreifaltigkeits-Kathedrale gekennzeichnet ist. Der ehemals von einer hohen Mauer umgebene Komplex, dessen Zentrum die Kirche war, wurde um 1860 für russische Pilger gebaut, die hier Pilgerherbergen und ein Krankenhospiz vorfanden. Gegenüber dem Eingang zur Kathedrale in der Nähe der Polizeistation ist eine bei der Herstellung beschädigte und daher **aufgegebene Säule** eines antiken Steinbruchs zu sehen. Östlich der Kathedrale liegt im ehemaligen russischen Damenhospiz das Museum of the Underground Prisoners, in dem die britische Mandatsregierung einst jüdische Widerstandskämpfer gefangen hielt (So-Do 8.30-16).

Da an der neuen Regierung ab Januar 2013 möglicherweise keine ultraorthodoxen Parteien beteiligt werden müssen, könnten zwei von

säkularen Israelis als überkommen betrachtete Privilegien fallen: die Befreiung vom Wehrdienst und die Freiheit, sich nicht auf dem Arbeitsmarkt bewähren zu müssen.
Die Yafo St führt weiter zum Kikar Zahal, der an der Nordwestecke der Altstadtmauer liegt. Den Komplex an der linken Seite vor dem Kikar Zahal bildet die **Stadtverwaltung** – City Hall -, die hier erst 1993 einzog und den durchaus sehenswerten Platz, den sie umschließt, Kikar Safra nennt. Kostenlose Führungen auf Englisch finden montags um 10 Uhr statt, Treffpunkt bei den Palmen am Eingang der Plaza.
Die Yafo St wendet sich der Westmauer der Altstadt zu und endet schließlich an deren Jaffator. Zuvor, am Kikar Zahal, zweigt die HaZanhanim St links ab, die der nördlichen Altstadtmauer folgt. Nur ein paar Schritte entfernt in dieser Richtung erhebt sich ein fast monumentales Gebäude, **Notre Dame de France**, das 1887 als große Pilgerunterkunft eröffnet worden war, www.notredamecenter.org. 1948 diente es den Israelis im Kampf gegen die Jordanier, wobei es stark zerstört wurde und erst 1973 wieder als modernes Pilgerhotel eröffnet werden konnte.
Die 6 m hohe Marienstatue auf dem Dach gehört zu den Landmarken in Jerusalem. Angeblich wurde zeitweilig von israelischer Seite geplant, das Gebäude zu erwerben, was die Überlegung nach sich zog, was denn dann mit dieser Statue auf dem ehrwürdigen Haus anzufangen sei. Ein Vorschlag: „Nichts – das ist dann einfach Mutter Herzl mit dem kleinen Theodor!" Das Hotel wurde frisch renoviert und hat neuerdings ein *Roof Top* Restaurant mit erfreulicher Karte mit vor allem französischen Produkten. Für europäische Kurzbesucher mag das nicht so wesentlich sein, aber der Blick über die Altstadt ist spektakulär.

Das moderne Stadtzentrum

Die **Ben Yehuda St** ist die Hauptgeschäftsstraße der Stadt, der erste Teil vom Kikar Zion aus ist als **Fußgängerzone** deklariert. Wenn man schicke Boutiquen dort erwartet, wird man enttäuscht sein. Das Angebot ist eher Mittelmaß, nicht anders die Straßencafés.
Viel stimmungsvoller zeigt sich die kleine Seitenstraße Yoel Moshe Salomon, die am Kikar Zion nach Süden abzweigt und in der zweiten Hälfte von Straßencafés und Restaurants in voller Breite belegt wird. Ein Spazier-Rundgang: durch diese Gasse bis zum Ende, dann links am

Klesmermusiker lassen's rocken

Platz – auf dem ab etwa 17 Uhr Kunsthandwerker Schmuck und Ähnliches feilbieten – bis zur Joseph Rivlin St und diese mit Restaurants besiedelte Gasse hinauf zur Yafo St und zurück zum Kikar Zion; vorher zweigt noch die Ma'alot Nakhalat Shiv'a St links ab, die eine ähnliche Atmosphäre bietet. Am Samstagabend, wenn der Shabbat vorbei ist, herrscht in dieser Gegend der meiste Betrieb.
Ziemlich am Ende der Ben Yehuda St zweigt die HaMelekh George St (King George V) ab, in die wir nach links abbiegen. Von ihr kann man einen Abstecher zu zwei Zielen in der Hillel St machen: erstens in das relativ kleine **Museum für italienisch-jüdische Kunst** (So/Di/Mi 10-17, Do 12-21, Fr 10-13, Spenden willkommen, www.jija.org), 27 Hillel St. Es mag vom Namen her eher Italiener anziehen, ist aber für den Liebhaber jüdischer religiöser Kunst sicher einen Besuch wert. Als Glanzstück kann man einen Toraschrein bewundern, dessen Ursprünge auf die Mitte des 17. Jhs zurückgehen. Zweitens gibt es in 37 Hillel St ein Angebot, dessen Werbung Sie bisher kaum entgangen sein dürften: Der **Time Elevator** (So-Do 10-17,

Fr -14, Sa 12-18, ₪ 54, auch Kinder, Reservierung Tel 6248381, www.time-elevator-jerusalem.co.il). In diesem Zeitfahrstuhl rumpeln Sie durch die Geschichte Jerusalems, es ist eine Mischung aus 3D-Kino und Jahrmarktkarussell – für Kinder ab 5 Jahren bestimmt ein Spaß, aber leider gibt es keinen Familienrabatt. Sollte Ihnen der Hauptprotagonist bekannt vorkommen: richtig, Chaïm Topol aus *Fiddler on the Roof*. Wieder auf der HaMelekh George St erhebt sich ein Stück weiter gegenüber dem Leonardo Plaza Hotel (früher: Sheraton) die **Große Synagoge,** die größte von Jerusalem (9-13, Fr -12, Tel 6230628); am Freitagabend und Samstagmorgen singt ein bekannter Chor, der Besuch eines Gottesdienstes lohnt durchaus. Das direkt anschließende, von Sir Isaac Wolfson gestiftete Gebäude ist das **Hekhal Shlomo**, das Oberrabbinat, der Sitz sowohl des sephardischen als auch des ashkenasischen Oberrabbiners. Die Herren sind zuständig für religiöse Fragen und das jüdische Recht. Weiterhin ist eine Synagoge aus Padua mit der Bundeslade in dem Gebäude rekonstruiert und das **Wolfson Museum** (So-Do 9-15) untergebracht, das sich hauptsächlich religiösen Themen widmet.

Wenn Sie eine Ausrede für einen Abstecher in das bekannte Wohnviertel Rehavia suchen, dann schauen Sie sich Jason's Tomb an. Das Viertel zwischen Ramban und Azza St gehört zu den vornehmsten der Stadt. Hier siedelten sich in den 1930er Jahren von den Nazis vertriebene deutsche Juden an. Obwohl die meisten Gebäude eher unauffällig aussehen, überrascht die üppige Vegetation in den Vorgärten. Biegen Sie am Kikar Zarfat halbrechts in die Ben Maimon St, die bald in einer Rechtskurve doppelspurig abzweigt; geradeaus heißt die Hauptverkehrsachse jetzt Azza (Gaza) St. Die zweite Querstraße der Ben Maimon St ist die Alfassi St, in die man links einbiegt. Zwischen Nr. 10 und 12 liegt rechts **Jasons Grab**. Es handelt sich um eine jüdische Grabanlage in hellenistischem Stil aus dem 2. Jh vC mit einer Fassade aus Quadern, einer Dachpyramide und einem durch eine Säule geteilten Eingang. Im Inneren ist ein Gang mit Grabnischen zu sehen – dies alles dürfte bestenfalls Archäologen interessieren.

Im östlichen Teil der Azza (Gaza) St steht das Haus des Premierministers, der Präsident des Staates residiert übrigens nicht weit entfernt in der Nr. 3 HaNasi St. In der Nr. 2 HaPalmah St (sie zweigt von der HaNasi St ab) finden Liebhaber islamischer Kunst das **L. Mayer Museum of Islamic Art** (So/Mo/Mi 10-15, Di/Do -19, Fr -14, Sa -16; ₪ 40, Kinder die Hälfte, Bus 15, www.islamicart.co.il) mit einer sehenswerten Sammlung von Miniaturen, Malereien und anderen islamischen Kunstgegenständen, insgesamt etwa 5000 Stücke. Eine wichtige Aufgabe sieht das Museum darin, Verbindungen zwischen islamischer und westlicher Kunst darzustellen.

Doch zurück zum Kikar Zarfat. Folgen Sie nun der Gershon Agron St nach Osten. Bald sehen Sie links den Gan Ha'Azma'ut, den **Unabhängigkeitspark** mit Spazierwegen und der so genannten Löwenhöhle, in der ein Löwe die Gebeine der Märtyrer bewachte, sowie einer antiken Zisterne namens Mamilla für die Wasserversorgung Jerusalems. Biegen Sie am Ende der Grünflächen (hier handelt es sich um den muslimischen Friedhof) rechts in die HaMelekh David St (King David St) ab; zunächst können Sie im Eckhaus, wenn Sie unbedingt wollen, das vom Finanzministerium betriebene **Steuer-Museum** anschauen – für historisch Interessierte ist Steuererhebung und Schmuggel seit der Antike nicht so dröge, wie der Name des Museums vielleicht befürchten lässt (Öffnungszeiten verabreden: Tel 6257597 oder 5317332, Eintritt frei).

In der King David St werden Sie bald rechts das **YMCA-Gebäude** mit seinem 46 m hohen Turm sehen. Das aus den 1930er Jahren stammende Art-Déco-Bauwerk soll architektonisch Orient und Okzident miteinander verbinden, was die beiden kuppelüberwölbten Seitengebäude anzeigen. Auf dem Vorplatz findet sich ein Zitat in drei Sprachen aus der Widmungsrede Lord

Allenbys, das nach wie vor gilt: *„Here is a place whose atmosphere is peace, where political and religious jealousies can be forgotten and international unity be fostered and developed."* Vom Turm lohnt der Rundblick. Heute hat sich dieses Hotel auf Mittelklasse-Touristen spezialisiert, seiner besonderen Atmosphäre wegen kann es sehr empfohlen werden. Jüdische und arabische Folklore-Veranstaltungen finden Mo, Do und Sa um 21 Uhr statt, www.jerusalemymca.org.

Eines der besten Hotels der Stadt und des Landes liegt gleich gegenüber, das **King David Hotel**. Im Zweiten Weltkrieg und bis zur Unabhängigkeit benutzten es die Engländer als Verwaltungssitz, 1946 sprengte die Untergrundgruppe unter dem späteren Ministerpräsidenten Begin einen Seitenflügel in die Luft, siehe auch S. 98. In diese Gegend fahren die Busse 13, 30, 38, 49, 99.

Rechts vom King David Hotel, seitlich der Abu Sikhara St, liegt in einem kleinen Park das **Herodianergrab**. Herodes I. ließ hier für seine Familienangehörigen eine Begräbnisstätte in den Felsen hauen, er selbst schuf sich das Herodeion bei Bethlehem (siehe S. 467). Felsstufen führen in den Vorhof hinunter. Vor dem Eingang zum weiterführenden Stollen liegt noch der Rollstein, der als Verschluss diente. Am Ende des Stollens folgen zwei Räume, dann die drei Grabkammern. Die Sarkophage – u.a. von Herodes Frau Mariamne – wurden von den Briten, die das Grab als Luftschutzbunker benutzten, in das griechisch-orthodoxe Patriarchatsmuseum nahe der Grabeskirche versetzt (siehe S. 164). Der Besuch dieser Anlage lohnt kaum wegen des Grabes, umso mehr aber wegen des hübschen umgebenden kleinen Parks, der, wenig besucht, eine erholsame Oase mit Blick auf die Altstadt bietet.

Wenn Sie der King David St weiter nach Süden folgen, kommen Sie bald an die links liegende **Montefiore-Windmühle**. Sir Moses Montefiore kaufte Mitte des 19. Jahrhunderts das umliegende Gelände und ließ hier die erste jüdische Ansiedlung namens Mishkenot Sha'ananim außerhalb der Altstadt erbauen. In

Kein Aufruhr, sondern Breakdance mit Live-Band auf der Ben Yehuda St

der Windmühle ist ein kleines Museum (So-Do 9-16, Fr -13) über das Leben des Namensgebers zu besichtigen; u.a. die Nachbildung einer Kutsche mit Originalteilen.

Nicht weit entfernt steht am Straßenrand ein Denkmal für die Opfer des Flugzeugabsturzes 1992 in Amsterdam. Während des Unabhängigkeitskrieges erlitt die Umgebung starke Zerstörungen, danach wurde für viel Geld saniert. Heute ist sie für Künstler, zumindest für Kunstgalerien und teuren Wohnwert bekannt. Schräg gegenüber liegt der **Liberty Bell Park** mit einer Nachbildung der amerikanischen Freiheitsglocke aus Philadelphia.

Falls Sie den **deutschen Templern** nachspüren und besonders gute Cafés aufsuchen wollen, so können Sie nach Süden weitergehen, am Ende der King David St rechts in die Beit Lehem St und dann rechts in die Emeq Refa'im St. Links liegt der **alte Bahnhof** von Jerusalem, der inzwischen kulturell genutzt wird, etwa für Restaurants, ein Bier-, ein Musik-Festival und eine Buchwoche sowie als Auftrittsmöglichkeit für Nachwuchsbands. Am Kikar David Remez, dem Bahnhof gegenüber, beherbergte einst ein **Khan** Besucher Jerusalems, heute finden in dem umbenannten und renovierten Gebäude Theateraufführungen statt, www.khan.co.il. Von dort wäre es auch nicht weit, unterhalb der schottischen St.-Andrews-Kirche und südlich des Sultan's Pool, zur Cinemathèque an der Hebron St zu gehen, einem ausgezeichneten Programmkino mit kleinem Restaurant, Tel 5654333, www.jer-cin.org.il. – Nördlich der Emeq Refa'im St siedelten ab 1873 die Templer, die aus Württemberg auswanderten, in typischen, innerhalb von kleinen Gärten liegenden Häusern. Von den Briten wurden sie während des Zweiten Weltkriegs nach Australien deportiert, als sie der NSDAP beigetreten waren. Der Sektengründer, Christoff Hoffmann, ist auf dem Friedhof begraben.

Regierungsviertel, Israel Museum

Westlich des modernen Stadtzentrums um die Ben Yehuda St musste schon bald nach der Unabhängigkeit Platz für die Ausdehnung der Stadt geschaffen werden. Heute breitet sich hier das Regierungsviertel HaKiriya aus, nach Westen folgen Universitäten und, noch etwas weiter westlich, das Holocaust-Gedenkzentrum Yad VaShem.

Zum Parlamentsgebäude, der **Knesset**, fahren die Busse 7, 14, 32, 35 und 99, als Autofahrer sollte man von Tel Aviv kommend den Herzl Blvd. anfahren und dann links in die David Wolfsohn St abbiegen, die in die Ruppin St mündet. Von dieser zweigt nach links die Eli'ezer H. Kaplan St ab, an der das Parlament liegt. Das Gebäude wurde 1966 eröffnet, den Schmuck der Eingangshalle (Mosaik und Wandteppich) schuf Marc Chagall (Besichtigung per geführter Tour So u. Do 8.30, 12 und 14 Uhr, Pass erforderlich; www.knesset.gov.il). Links an der Straße, gegenüber dem Eingang, steht eine sehr schöne 6 m hohe **Menora** aus Bronze mit 29 Reliefs über die jüdische Geschichte, von Benno Elkan entworfen. Die Menora ist ein Geschenk des britischen Parlaments. Gleich hinter der Menora beginnt der nach ihr benannte Garten, daran schließt sich der **Wohl Rose Park** an, ein hübscher Park mit über 450 Sorten von Büschen und Rosen.

Von der Knesset führt ein direkter Weg durch den Wohl Rose Park zum sehr sehenswerten Neubau des *****Supreme Court** (Oberster Gerichtshof), der 1992 fertig gestellt wurde und dessen Besichtigung (So-Do englische Führung um 12, http://elyon1.court.gov.il/eng/home) wegen der ungewöhnlichen Architektur unbedingt empfehlenswert ist – man muss selbst in Israel lange suchen, um ein so ausgewogenes modernes Gebäude zu finden. Die Architekten haben die Grundprinzipien des Hauses, nämlich Recht, Wahrheit und Gerechtigkeit, durch geometrische Formen und Licht Gestalt werden lassen, wobei Linien Gesetz und Wahrheit, Kreise dagegen Gerechtigkeit im Sinne von Psalm 23,3 symbolisieren sollen. Kurz nach dem Eingang eröffnet ein Panoramafenster den Blick auf Jerusalem, dann führt der Weg in die pyramidenförmige Bibliothekshalle und weiter in die große Vorhalle, von der die eigentlichen Gerichtssäle abzweigen. Diese raffiniert mit

Tageslicht ausgeleuchtete Halle wiederholt die Symbole des Hauses besonders eindrucksvoll. Selbst im Verwaltungstrakt bleiben die Symbole nicht verborgen: die Räume der vierzehn Gerichtskammern sind um einen Innenhof gruppiert, in dessen Hof ein gradliniger Wasserkanal in kreisrunden Becken beginnt bzw. endet.

Westlich der Achse Knesset/Supreme Court stehen Regierungsgebäude, u.a. der Amtssitz des Ministerpräsidenten und der wenig ansprechende Bau der Bank von Israel. Rechts der Ruppin St liegt das Gelände Giv'at Ram der **Hebräischen Universität**, d.h. des Neubaus, der nach 1948 notwendig wurde, weil sich der ursprüngliche Campus am Mount Scopus in jordanischem Gebiet befand. Die **National- und Universitätsbibliothek** auf dem Campus ist nicht nur für ihre Buchschätze bekannt, sondern auch wegen des beeindruckenden und sehenswerten **Glasmosaikfensters** von Mordechai Ardon über den jüngsten Tag (im ersten Stockwerk). Interessant ist das am Eingang zum Uni-Bereich gelegene ****Bloomfield Science Museum** (Mo-Do 10-18, Fr -14, Sa -15; ₪ 37-45, Kinder ab 5: 29-45, Tel www.mada.org.il), ein wissenschaftliches Museum, in dem Naturgesetze durch bedienbare Modelle erläutert werden – für Kinder ein großer Spaß. Zur Universität gehört auch ein großer **Botanischer Garten** (Sa-Do 9-17, Fr -15, ₪ 30, Kinder 15, www.botanic.co.il) mit Bäumen aus aller Welt und vielen seltenen Pflanzen.

Südwestlich der Knesset erstreckt sich der ausgedehnte Komplex des bekannten ******Israel Museums** (So, Mo, Mi, Do 10-17, Di 16-21, Fr 10-14, Sa 10-17; ₪ 50, Kinder -17 J. ₪ 25, Tel 6708811, www.english.imjnet.org.il). Hier werden sowohl archäologische Funde als auch Judaica gesammelt und ausgestellt als auch Kunst im weitesten Sinn. Machen Sie sich daher auf einiges an Fußmärschen gefasst...

Per Bus erreichen Sie das Museum mit den Linien 7, 9, 14, 35, 99. Außerdem gibt es Shuttle-Touren zum **Rockefeller Museum** (sehr zu empfehlen, einige Stücke des Israel Museums sind auch nach dort ausgelagert) mit Führung Mo/Mi ab 11 Uhr vom Parkplatz, Rückkehr um 13.30 Uhr, vorher buchen: Tel 6708811

Am Eingang gibt es einen guten Übersichtsplan *A quick general tour,* für dessen Studium man sich ein paar Minuten Zeit nehmen und dann Schwerpunkte festlegen sollte. Im Preis ist ein *Audioguide* inbegriffen. Englischsprachige Führungen zu den wichtigsten Ausstellungsstücken, im Schrein des Buches und am Jerusalem-Modell finden oft um 11 Uhr statt– schauen Sie auf der Website unter > Visiting > Guided Tours auf den aktuellen Kalender.

Für die meisten Besucher wird der ******Schrein des Buches** am wichtigsten sein, der sich rechts vom Eingang erhebt und an seiner ungewöhnlichen Betonkuppel leicht zu identifizieren ist. Die Kuppel ist den Verschlüssen der Tongefäße nachgebildet, in denen die in Qumran am Toten Meer gefundenen Schriftrollen (siehe S. 374) eingeschlossen waren. Einige dieser Schriften mit Texten aus dem Alten Testament nebst bemerkenswerten Kleinfunden aus den Höhlen bei Qumran finden Sie an den Außenwänden des Rundbaus, in der Mitte ei-

Die Menora gegenüber der Knesset

nen Faksimile-Nachdruck der gut 7 m langen Schriftrolle des Buchs von Jesaja. Vorher schon anschauen: www.imj.org.il/panavision/shrine_index.html, die Jesaja-Rolle durchlesen: http://dss.collections.imj.org.il/isaiah.

Seit 2006 befindet sich eine weitere, sehr instruktive Attraktion im Außengelände des Museums: das ******Modell Jerusalems zur Zeit des Zweiten Tempels** (um 66 nC, kurz vor der Zerstörung durch die Römer). Dieses nach wissenschaftlicher Auswertung aller zur Verfügung stehenden Quellen errichtete Modell im Maßstab 1:50 befand sich seit 1969 beim Holyland Hotel West, auf dessen Internetseiten man es auch noch sehen kann: www.holylandnetwork.com/temple/model.htm.

Das Hauptgebäude enthält ansonsten verschiedene Museen bzw. Abteilungen: das **Fine Arts** (ehemals Bezalel) **Museum** mit Exponaten aus allen Kontinenten mit Schwerpunkt auf der Moderne und natürlich Israel, die **Mandel Wing Samuel** mit Judaica aus dem Lebens- und Jahreskreis und das archäologische **Samuel Bronfmann Museum** sowie, als Freilichtmuseum, den **Billy Rose Art Garden**. Den Garten kann man natürlich besichtigen, und in der Jugendabteilung kann man die Mittel bestaunen, mit denen Kinder an die Ausstellungen herangeführt werden. Besonders die **Archäologie** erscheint gut sortiert: Es gibt einen zeitlichen Durchgang von den ersten Anzeichen von Zivilisation bis zu den Kreuzfahrern, einen Blick auf die benachbarten Kulturen im Mittelmeerraum und thematische Schwerpunkte zur Entstehung des Alphabets und zur Entwicklung von Münzen und Glas.

Praktischerweise liegt dem Israel Museum das *****Bible Lands Museum** gegenüber, für alle, die von archäologischen Funden noch nicht genug haben (So-Do 9.30-17.30, Mi -21.30, Fr/Sa -14, ₪ 40, Kinder 20, englischsprachige Führung täglich 10.30, Mi auch 17.30, Samstag abends Konzerte mit Wein und Käse, www.blmj.org). Es ist im Wesentlichen der Kunst und den Traditionen zu Zeiten der Bibel und in den dort erwähnten Ländern im Nahen Osten gewidmet. Es gibt 20 verschiedene Galerien, von denen sich jede mit einer bestimmten Zeit beschäftigt und Stücke aus dem gesamten geografischen Raum dieser Epoche ausstellt, um die kulturellen Verbindungen zwischen den einzelnen Ländern aufzuzeigen. Die Ausstellung über antike Siegel dürfte weltweit einzigartig sein.

Östlich des Israel Museums, im Tal des Kreuzes, steht das **Kloster des Kreuzes** (Mo-Sa 10-17, im Winter-16), vom Israel Museum über einen Pfad erreichbar, der seitlich vom Museum beginnt. Bis vor wenigen Jahrzehnten gab es in dem damals einsamen Wadi keine andere Ansiedlung als das Kloster, nicht zuletzt aus diesem Grund entstand hier ein festungsartiger Gebäudekomplex. Er erhebt sich an der Stelle, an der angeblich der Baum wuchs, aus dessen Holz das Kreuz Christi hergestellt wurde. Über die Gründung des Klosters sind nur Legenden bekannt. Bis zum 18. Jh gehörte es Georgien, seither ist es griechisch-orthodox. In der Klosterkirche, die vermutlich aus dem 12. Jh stammt, identifiziert ein Silberring im Altarraum die Stelle, an der einst der Baum gestanden haben soll.

Herzl Berg und ****Yad VaShem

Vom Kreuzkloster sollte man zurück zur Ruppin St fahren und dieser bis zur Herzl St folgen, in die man links einbiegt. Sie führt nach Süden. Am Kikar Holland biegt man rechts zur Gedenkstätte Yad VaShem ab. Bei der Anfahrt sehen Sie rechts den **Herzl Berg** inmitten einer Parklandschaft. Hierher wurden die Gebeine des Zionismusbegründers Theodor Herzl und seiner Familienangehörigen gebracht. Herzl selbst ruht in einem auf der Spitze des Hügels frei stehenden Sarkophag. Auf dem militärischen Teil wurde der am 4. November 1995 ermordete Premierminister Yizkhak Rabin beigesetzt. Das **Herzl-Museum** (So-Mi 8.30-18, Do -19, Fr -13 [letzte Führung jeweils 1 Stunde vorher]; ₪ 25, Kinder ab 6 J. ₪ 20) zeigt Fotos, Bücher und andere Erinnerungsstücke aus Herzls Leben, jedoch nur, wenn Sie frühzeitig reserviert haben

Der Schrein des Buches im Israel Museum

– dann aber auch auf Deutsch: Tel 6321515, www.herzl.org.il.
Die Busse 10, 13, 16, 20, 21, 27, 33, 35, 39 und die Straßenbahn fahren zum Mount Herzl; von der Haltestelle sind es etwa 10 Gehminuten nach Yad VaShem, Bus 99 hält direkt an der Gedenkstätte.
Gleich nach dem Mount Herzl zweigt eine Straße rechts zum **Hügel des Gedenkens**, Har HaSikaron, auf dem die 1957 errichtete Holocaust-Gedenkstätte ******Yad VaShem** liegt (So-Mi 9-17, Do -20, Fr -14, Einlass bis 1 Std vor Schluss, Eintritt frei, *Audioguide*-Miete ₪ 20 (deutsch/englisch), fremdsprachige Führungen auch für Einzelreisende buchen Tel 6443802, www.yadvashem.org). *Yad VaShem* bedeutet *Denkmal und Erinnerung* (wörtlich: *Hand und Name)* an die *Shoá*, den hebräischen Begriff für vernichtende Zerstörung, also den Holocaust. Mit 62 Millionen unveröffentlichter Dokumente, 267 000 Fotos, tausenden Filmen, zehntausenden Videos im Forschungsarchiv sowie 115 000 Bände und 4000 Zeitungen in der Bibliothek wurde hier das umfangreichste Material über die Vernichtungsaktion der Nazis zusammengetragen – eine Ahnung vermittelt schon ein Klick auf *Digital Collections*. Doch nicht nur ein immenses Archiv wurde geschaffen, sondern auch eine eindrucksvolle und vor allem bewegende Erinnerungsstätte, die das Gedenken an das unfassbare Geschehen wach hält. Am ehesten kann sich Kunst Unfassbarem annähern.
Vom *Visitor Center* aus geht man auf der **Allee der Gerechten** in Richtung des neuen, 2005 eingeweihten *Holocaust History Museums*, das quer durch den Berg gebaut wurde und auf beiden Seiten über ihn hinausreicht. In der Allee werden für Nichtjuden, die Juden unter Einsatz ihres Lebens retteten, Johannisbrotbäume gepflanzt, die den jeweiligen Namen tragen. Ausnahmeerscheinungen sind hier Oskar Schindler (ein Baum rechter Hand in der zweiten Reihe, einige Schritte vom *Visitor Center* entfernt; sein Jerusalemer Grab siehe S. 172), der trotz seiner Rettungsaktion immerhin Mitglied der NSDAP war, und ein nordafrikanischer Araber.
Hält man sich links, geht es über eine Brücke in das **Historische Museum**. Der Weg führt durch elf Räume mit einer erschütternden Text-, Foto-, Video- und Realia-Dokumentation des Leidensweges der europäischen Juden während der Naziherrschaft – von antisemi-

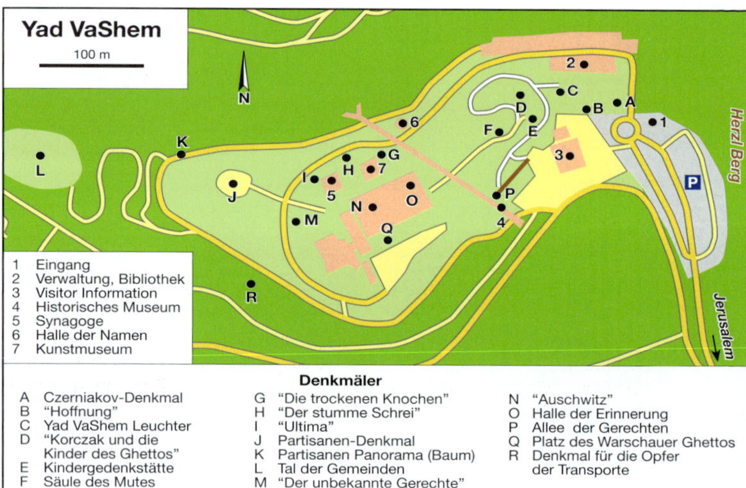

Die trockenen Knochen von Nandor Glid

tischen Kinderbüchern über die Judenverfolgung bis zum Zweiten Weltkrieg, das Leben in Ghettos und Lagern, die Ausrottung in KZs, des Schweigens der freien Welt, des bewaffneten Widerstands der Juden bis zur Auswanderung nach Israel und den Namen der Opfer.

Es sind Bilder der Demütigung, der Erniedrigung, Ausbeutung und des brutalen Mordes, wie man sie schon häufig gesehen hat. Doch in dieser Abfolge und Eindringlichkeit sprechen sie alle Fasern des Mitfühlens an, da man sich der Monstrosität von Millionen vernichteter Leben durch das sogenannte Volk der Dichter und Denker schwerlich entziehen kann. Besonders für Deutsche ist es kein leichter Gang durch diese Ausstellung. Nach der *Hall of Names*, in der bislang 3 Millionen, also nur etwa die Hälfte der ermordeten Juden dokumentiert sind, öffnet sich das lang gestreckte Museum am Schluss zu einem freien Blick auf das heutige Jerusalem. Durchatmen.

Von diesem Ausblick gelangt man weiter auf den Platz der Hoffnung (*Square of Hope*), auf dem rechter Hand die **Synagoge** einen Blick wert ist. In ihr sind Reste der Ausstattung ehemals osteuropäischer Synagogen ausgestellt. Gegenüber liegt das **Kunstmuseum**. Es beherbergt eine einzigartige Sammlung von etwa 8000 in Ghettos und KZs entstandenen Kunstwerken. Zwischen Synagoge und Kunstmuseum geht es zu einem Raum für Wechselausstellungen und einem Medienzentrum mit Filmen und einer Datenbank zu Zeitzeugenberichten. Geht man eine der Treppen hoch, ist die obere Ebene mit der ***Hall of Remembrance*** erreicht, die Halle der Erinnerung – vom hebräischen Namen und vom Dach her eigentlich ein Zelt. Hierher kommen Staatsgäste, um ihre Reverenz zu erweisen. Im Inneren brennt neben einer Gruft mit der Asche von KZ-Opfern eine ewige Flamme zum Gedenken der Millionen umgekommener Menschen. Im Fußboden sind die Namen der 22 größten Konzentrationslager in Steinplatten eingelassen, unter denen jeweils Gebeine von Toten liegen.

Wer sich jetzt wieder Richtung Eingang wendet, sollte ein Stück hinter der gut sichtbaren Säule des Mutes (*Pillar of Heroism*) keinesfalls die 1987 eingeweihte **Kindergedenkstätte** versäumen. Man tastet sich durch einen unterirdischen, von scheinbar Millionen Lichtlein schwach beleuchteten Raum. Die unzähligen Lichter sollen die Seelen der mehr als 1,5 Millionen Kinder symbolisieren, die in den wenigen Jahren der Vernichtung umgebracht wurden. Abwechselnd liest eine Frauen- und eine Männerstimme einen Kindernamen nach dem anderen vor, gibt Alter und Geburtsort an. Das Bild des unendlichen Lichtermeers wird von nur einer Handvoll Kerzen erzeugt, die sich in Glaswänden spiegeln. Der tiefe Symbolwert dieser Gedenkstätte lässt Besucher den Sternenhimmel künftig mit anderen Gedanken betrachten.

Für die bisherige Besichtigung sind leicht drei, vier Stunden vergangen. Daraus können ebenso leicht fünf und sechs Stunden werden, denn auf dem weiteren Außengelände befinden sich ebenfalls eindrucksvolle Skulpturen. Unterhalb des *Visitor Center* und am Platz der Hoffnung gibt es eine Cafeteria.

Östlich des Gebäudeensembles legen sich drei konzentrische Straßen um den Hügel, eine immer ein Stück tiefer am Hang als die davor. Auf dem obersten Weg befindet sich unter anderem das Denkmal für die Opfer der Vernichtungslager *Die trockenen Knochen* von Nandor Glid – ein zweites Exemplar davon steht in Dachau, sowie die äußerst eindrucksvolle Plastik von Lea Michelson *Der stumme Schrei*. Hier am Weg steht auch einer der schwedischen Rot-Kreuz-Busse, mit denen viele Tausend Juden noch in den letzten Kriegstagen aus Lagern ins sichere Schweden gebracht wurden.

Am Weg darunter endet ein Bahngleis vom Hang aus im Nichts, auf dem ein Viehwaggon der Deutschen Reichsbahn steht – das **Denkmal für die Opfer der Transporte**. In solchen Viehwaggons transportierten die Nazis bis zu 100 eingepferchte Menschen tagelang und ohne Versorgung quer durch Europa. Nördlich davon hat das Partisanen-Panorama 2003 seinen Ort gefunden – der bronzene Schattenriss eines Baums, dessen Laub bei genauerem Hinsehen aus lauter Menschen besteht.

Von hier aus, bergab zum nächsten Rundweg, gelangt man in wenigen Minuten zum ***Valley of the Communities*** (Tal der Gemeinden), in dem die Erinnerung an 5000 durch den Holocaust ausgelöschte jüdische Gemeinden in Fels gefräst wurde. Der Besucher geht in Höfe, die durch große, grob behauene und zimmerhoch aufgeschichtete Steinblöcke gebildet werden. Der fast labyrinthartige Komplex ist ähnlich der Landkarte Nazi-Europas angelegt. In jedem Hof sind die Namen von zerstörten Orten eingraviert. Ein kleiner Ausstellungsraum zeigt wechselnde Präsentationen zum Thema sowie Videos.

Von hier aus kann man auf dem unteren Weg wieder nach Osten Richtung Ausgang wandern, man gelangt dann nördlich vom *Visitor Center* zum Archiv, zur Bibliothek und Verwaltung. Yad VaShem ist ja nicht ausschließlich Gedenkstätte, sondern auch Forschungs- und Dokumentationszentrum der Holocaust-Geschehnisse. Zu diesem Themenkomplex werden Seminare veranstaltet und Schüler über die Geschichte des Holocaust unterrichtet. Kurz vorher sollte man noch den Janusz-Korczak-Platz und die **Kinder des Ghettos** von Boris Saktsier würdigen. Das Denkmal gilt dem polnischen Arzt, der die ihm anvertrauten Kinder freiwillig aus dem Ghetto über den Umschlagplatz in den Viehwaggon und weiter in die Gaskammern von Treblinka begleitete und dabei umkam.

Vom Kikar Holland führt die En Kerem St in das kleine, ehemals arabische Dorf **En Kerem**, dessen arabische Bevölkerung 1948 vertrieben wurde (Busse 12, 19, 27, 28, 42). Heute leben hier viele Künstler. An diesem Ort soll Johannes der Täufer geboren worden sein, woran das den Franziskanern gehörende Johanneskloster mit der **Johanneskirche** erinnert (*Church of John the Baptist*, tägl. 8-12, 14.30-17.45, Okt-März -16.45; in Ortsmitte bei Schild *Virgins Fountain* rechts am Hang). Das aus dem 17. Jh stammende, jedoch auf byzantinische Ursprünge zurückgehende Bauwerk besitzt ein sehenswertes Mosaik aus dem 5. oder 6. Jh und in der Krypta eine alte Marmorplatte.

Jetzt wieder zurück zur Hauptstraße, diese überqueren und dem Sträßlein auf der anderen Seite zur **Virgin's Fountain** folgen, der **Marienquelle**, die neben einer Moschee hervorsprudelt. Von hier aus geht der Weg weiter und bald den Hang hinauf zur **Kirche Visitatio**

Mariae (Öffnungszeiten wie Johanneskirche, bitte klingeln). Sie steht an der Stelle, an der angeblich die Eltern von Johannes dem Täufer lebten und wo auch Maria vor ihrer Niederkunft verweilt haben soll.

Fährt man die En Kerem St weiter und biegt dann links auf die Straße 396 ab, kommt man beim **Hadassa-Krankenhaus** an – nicht zu verwechseln mit dem gleichnamigen Vorgänger nördlich der Hebräischen Universität auf dem Mt. Scopus. Gesunde Besucher wollen hier vor allem die **Synagoge** besichtigen, die **Marc Chagall** 1962 mit zwölf wunderbaren, den Stämmen Israels gewidmeten Glasfenstern ausgestattet hat (Öffnungszeiten unklar, vor Besuch auf jeden Fall anrufen: Tel 6776271, Busse 12, 19, 27 und 42, www.hadassah-med.com > About > Art at Hadassah).

Sollten Sie von der Klinik zum Zoo hinübergelangen wollen, dann fahren Sie zunächst die Straße weiter, die Sie gekommen sind. Oder versuchen Sie folgende Abkürzung: bei der Ora Junction rechts in die Panama St fahren, die bald Dahomey St heißt. Die erste Straße rechts heißt HaSaifan, nochmal rechts halten, am Kreisel gleich die nächste Ausfahrt nehmen und danach sofort wieder links auf der Khayim Kukits St. Am nächsten Kreisel rechts biegen Sie in die Aharon Shulov St ein, neben der wiederum rechts der Biblische Zoo liegt.

Der 1993 eröffnete **Tish Family Zoological Garden** (im Sommer So-Do 9-17, Fr 9-16.30, Sa 10-17, Tel 6750111, ₪ 49, Kinder 38, www.jerusalemzoo.org.il) ist ein moderner Zoo, der harmonisch in die Landschaft eingepasst wurde und eine Fülle an Tierarten beherbergt. Ein ganz wichtiges Thema sind Tiere, die bereits in der Bibel erwähnt wurden. Dazu passt auch der Nachbau der Arche Noah, in der Ausstellungen zum Thema und ein Film gezeigt werden. Von der Stadt her fahren die Busse 26, 33, und 99, vorbei, und auch der Zug hält hier.

Yad VaShem: „Halle der Namen" – bisher rund 4 Millionen

Umgebung von Jerusalem

Ziele in der Umgebung von Jerusalem sind in anderen Kapiteln beschrieben, weil sie besser in deren Routenverlauf passen. Selbstverständlich können sie auch von hier aus angefahren werden, z.B.

östlich der Stadt nach **AlAsariya/Bethanien** (siehe S. 447) und **Ma'ale Adummim mit Martyriuskloster** (siehe S. 447), südlich zum **Kloster Mar Saba** (siehe S. 465), **Herodeion** (siehe S. 467) und nach **Bethlehem** (siehe S. 458.

Die westlichen Ziele sind im folgenden Kapitel beschrieben.

Jerusalem – Tel Aviv

Bei der kurzen Reise von Jerusalem hinunter nach Tel Aviv ändert sich nicht nur das Klima von den kühleren Höhen ans feucht-warme Mittelmeer, sondern auch die Umgebung von 3000-jähriger Vergangenheit in mehr als

Sehenswertes

- ****Abu Gosh**, arabisches Dorf mit einer der wenigen komplett erhaltenen Kreuzfahrerkirchen; En Khemed (Aqua Bella) Erholungspark, S. 194
- ****Latrun**, viel umkämpfter Platz, heute mit interessantem Panzermuseum, Kloster, Ruinen einer Kreuzfahrerfestung, Canada-Erholungspark, dem Park *Mini Israel* und dem Friedensbeispiel Neve Shalom, S.195
- ****Tropfsteinhöhle Me'arat Soreq**, größte Tropfsteinhöhle Israels, S. ##

100 Jahre moderner Geschichte. *In Tel Aviv lebt, in Jerusalem betet man,* dieser Spruch zeigt sich hier nur allzu deutlich.

Die Straße nach Tel Aviv hat in der zweiten Hälfte des 20. Jahrhunderts zum Teil sehr blutige Geschichte geschrieben, die rostigen Fahrzeugwracks am Straßenrand sollen die Erinnerung daran wach halten. Denn nach der Unabhängigkeit Israels war sie der einzige und sehr schmale Korridor, der Jerusalem mit dem übrigen Land verband. 1947/48 wurde eine Umgehungsstraße gebaut, um die Versorgung der jüdischen Bevölkerung Jerusalems sicherzustellen.

Selbstfahrer finden auf die Autobahn 1 am besten vom Kikar Zahal im Nordwesten der Altstadt aus in Richtung Westen auf der Shlomzion HaMalka St, dann links und gleich wieder rechts in die Agron St, die nach der Kreuzung mit der King George St Ramban St. heißt und schließlich als Ruppin St rechts abknickt, hier fahren Sie dann auf die Ben Zvi St Richtung Norden auf und lassen die Knesset links liegen. Nach einer großen Kreuzung zweimal links auf der dann Shazar genannten Straße halten, die später als Weizmann und Ben Gurion St in die Autobahn übergeht.

10 km: **Har El Interchange**

Links der Autobahn wurde der Nationalpark namens **Castel** (ausgeschildert, 8-17, Winter -16, ₪ 14, Kinder 7) zur Erinnerung an die Kämpfe während des Unabhängigkeitskrieges – die hier dargestellt sind – angelegt. Zu sehen sind Strukturen aus arabischer und Kreuzfahrerzeit, der Ort drumherum namens Ma'os Zion entstand nach 1967 auf dem Gelände eines 1948 eroberten und zerstörten arabischen Dorfes. Schattige Picknickplätze bieten Erholung.

4 km: **Khemed Interchange**

Rechts der Autobahn liegt das arabische Dorf

**Abu Gosh

Geschichte: *Der Ort besitzt eine reiche Quelle, die bereits den Römern zur Versorgung eines Kastells, später den Kreuzfahrern diente. Die Römer hatten zur Quelle ein relativ großes Reservoir angelegt. Die Kreuzfahrer nahmen an, dass dieser Platz mit dem Ort Emmaus identisch sei, an dem Jesus zwei Jüngern erschienen war, die ihn aber nicht erkannt hatten, bis er das Brot beim gemeinsamen Mahl brach. Die Kreuzfahrer bauten eine Kirche, noch dazu an einer den Weg nach Jerusalem beherrschenden Stelle.*

Um 1800 wurde einem Beduinenscheich das Wegerecht zum Schutz der Pilger vergeben, was zum Wohlstand seiner Sippe führte. – Die arabische Kleinstadt und der jüdische Nachbarort Mevasseret Zion zeigen heute, dass es auch anders geht: Nachdem der gemeinsame FC HaPoël in die dritte Liga aufgestiegen ist, in dem Juden und Araber gleichberechtigt kicken und das Sagen haben, plant man jetzt eine gemeinsame Wasserversorgung.

Fahren Sie etwa 1,5 km zum Dorf, in dessen Mitte eine Moschee steht, neben der das massive Gebäude der Basilika bereits von der Zufahrtsstraße her auszumachen ist. Abu Gosh vom Jerusalemer Busbahnhof aus: Linie 185.

Die **Kreuzfahrerkirche** (8.30-11.30, 14.30-17.30), die innerhalb einer Karawanserei und über die Quelle samt Reservoir gebaut worden war, hatte nach dem durch Saladin erzwungenen Abzug ihrer Erbauer als Stall gedient. 1899 wurde sie von Franzosen gekauft und den Benediktinern vermacht. Heute gehört sie zu einem Kloster. Die monumentale dreischiffige Basilika ist eins der wenigen komplett erhaltenen Beispiele von Sakralbauten aus der Kreuzfahrerzeit. Größere Freskenreste der Auferstehungskirche lassen ahnen, wie bunt die mittelalterlichen Gotteshäuser eigentlich waren. Die Quelle entspringt in der Krypta unterhalb der Kirche.

▶ An der Kirche links, 88 HaShalom St, liegt ein gutes libanesisches Restaurant, **The Lebanese Restaurant**, wo man sich arabisch Kochen auch beibringen lassen kann. Täglich von morgens bis nachts geöffnet, Tel 02 5702397.

▶ Unter weiteren Alternativen sei noch **Luisa Bagan** in der Dovdevan St 1 erwähnt, hochpreisige Küche mit überzeugend-ungewohnt kombinierten Bio-Gerichten, nur freitags 9-16, Tel 02 5791250 oder 052 2633918, www.luiza.co.il.

Oberhalb des Dorfes steht eine weitere Kirche mit einer weithin sichtbaren Marienstatue. Sie wurde 1924 von den französischen St.-Josephs-Schwestern erbaut und erhielt den Namen ***Notre Dame de l'Arche d'Alliance*** *(Unserer lieben Frau von der Bundeslade)*, der daran erinnert, dass Abu Gosh mit dem biblischen Qiryat Yearim identisch sein soll, wo die Bundeslade der Israeliten 20 Jahre lang aufbewahrt wurde. Die Statue steht an der Stelle einer byzantinischen Kapelle, von der Teile und der Mosaikboden noch zu sehen sind (8.30-11.30, 14.30-18, Winter -17). Zu Sukkot und zu Shavuot findet hier ein Gesangsfestival und von November bis April monatlich ein Konzert statt, www.agfestival.co.il.

Auf der südlichen Seite der Autobahn breitet sich der Erholungs- und **Nationalpark En Khemed (Aqua Bella)** aus (8-17, Winter -16, ₪ 21, Kinder 9). Die *schöne Quelle* wurde von den Kreuzfahrern so getauft, bei den Arabern heißt sie *anmutige Quelle*, weil sie landschaftlich so bezaubernd eingebettet ist. Die Kreuzfahrer bauten ein Fort zum Schutz der Quelle, von dem ein Gebäude noch recht ansehnlich erhalten ist. Weil es so ein hübscher Platz zwischen alten Eichen und Granatäpfelbäumen ist, wurden ausgiebige und gern genutzte Picknickmöglichkeiten eingerichtet.

11 km: **Sha'ar Haggai Interchange**
Für Höhleninteressenten lohnt sich hier ein Abstecher nach Süden zur größten ****Tropfsteinhöhle*** (*Stalactite Cave*) in Israel namens *Me'arat Soreq*. Man folgt zunächst 9 km der Straße 38 bis kurz vor Bet Shemesh. Falls Sie **Bet Shemesh** (das bedeutet *Sonnengott-Tempel*) sehen wollen, erwartet Sie westlich der Straße ein seit 1911 ausgegrabener großer **Tel** mit Stadtmauer aus der Mittelbronzezeit, Felsgräbern aus der Eisenzeit im Westen und byzantinischen Klostergrundmauern im Südosten. In die moderne Stadt östlich der Straße sind sehr viele Ultraorthodoxe gezogen, was zu prominenten innerjüdischen Auseinandersetzungen geführt hat.

Die extremsten Gruppen wollen ihre Lebensweise auch den übrigen Einwohnern aufdrängen und verstiegen sich zur Jahreswende 2011/2012 zu einer Demonstration gegen die Obrigkeit in Konzentrationslager-Häftlingskleidung. Das hat ihrer Reputation in Israel geschadet. Richtung **Höhle** biegen Sie jedoch *vor* Bet Shemesh nach links auf die Straße 3855 ab, nach gut 2 km geht es wieder links auf die Straße 3866 nach Nes Harim; ca. 6 km später zweigt links die kurze Stichstraße zur Höhle ab, die zum Avshalom Naturpark gehört. Sie wurde 1968 zufällig bei Sprengarbeiten für einen Steinbruch entdeckt und 1977 öffentlich zugänglich gemacht (8-17, Winter -16, ₪ 27, Kinder 14, Fr ohne Führung, eigene Fotos möglich).

Die Autobahn 1 führt bald nach der obigen Abfahrt in die Schlucht Sha'ar Haggai ein, deren Höhen während und nach dem Unabhängigkeitskrieg in arabischer Hand waren. Durch dieses Nadelöhr musste Jerusalem versorgt werden. Noch heute ist bei der Latrun-Ausfahrt beiderseits der Autobahn Kriegsschrott als Erinnerung an die Kämpfe zu sehen.

4 km:

**Latrun Interchange

Linker Hand fällt nördlich der Straße 3 ein festungsartiges Gebäude auf. Es war die ehemalige **britische Polizeistation**, die von den

4

Engländern 1948 den Arabern übergeben wurde. Während des Befreiungskrieges fanden hier die blutigsten Kämpfe statt. Die Station, die das Tal beherrscht, blieb in arabischer Hand. Die Israelis mussten Umgehungsstraßen bauen, um den Angriffen der Araber zu entgehen. Daher konnte die Autobahn nach Jerusalem auch erst nach 1967 weitergeführt werden.

Heute befindet sich dort eine Gedenkstätte für gefallene Panzersoldaten samt **Panzermuseum** (*Latrun Armoured Corps Museum*, S-Do 8.30-17.30, Fr -13.30, Sa 9-17, Einlass bis 1 Stunde vor Schließzeit, ₪ 30, Kinder 20, www.yadlashiryon.com). Selbst wenn die Ausstellungsstücke fürchterlich drohend in die Hügellandschaft schauen, so ist die Sammlung für Militärs, aber auch für Maschinenbauer nicht uninteressant, vor allem wegen der Internationalität ihrer Ausstellungsstücke. Sogar der militärische Laie wird staunen, weil er in zwei aufgeschnittene Panzerhälften schauen und die Arbeitsplätze der dort Beschäftigten mit wohl nachdenklichem Blick betrachten kann.

Selbstverständlich hat man auch hier an biblische Zeiten gedacht und antike Kampfwagen rekonstruiert. Beeindruckend dürfte ein Modell des wohl ersten "Panzers" sein, ein Entwurf von Leonardo da Vinci. Schließlich gibt es auf dem Gelände ein Radar, dass die Flughöhe von Zugvögeln messen kann: die Hälfte der Flugunfälle in Israel hat mit der Milliarde Zugvögel zu tun, die jährlich über das Land rauscht. Von der Terrasse ergibt sich ein schöner Rundblick über die Hügellandschaft und das Ayalon-Tal.

Nordwestlich des Museums, auf der anderen Seite der Straße 424, liegt eine relativ neue, intensiv beworbene Attraktion: der **Mini Israel Park** (Fr 10-14, sonst tägl. Sep-Juni -18, Juli-Aug 17-22, ₪ 79, 5-18 J. ₪ 59, 2-5 J. ₪ 24, keine Familienermäßigung, im Internet manchmal Rabatt: www.minisrael.co.il). Der Park ordnet die verschiedenen Regionen Israels wie einen Davidsstern an und zeigt etwa 380 gut gemachter, z.T. mannshoher Modelle im Maßstab 1 : 25, für Kinder und Modelleisenbahnfreunde sehr kurzweilig. Zu sehen sind u.a. die Knesset, die Dormitio, die Festung Massada mit rekonstruiertem Herodes-Palast usw. Weniger reizvoll erscheinen die Hotelhochhäuser in Tel Aviv. Sie können im Park außerdem heiraten oder mit einer Gruppe auch mitten in der Nacht kommen.

Ende des 19 Jh.s gründeten französische Trappisten das **Kloster Latrun** an der Ostseite des Ayalontales; heute liegt es als Landmarke zwischen der alten Straße und der Autobahn südlich der Straße 3 und der ehemals britischen Polizeistation. Die meist einem Schweigegelübde verpflichteten Mönche keltern einen bekannten, empfehlenswerten Wein, der im Kloster verkauft wird (Sommer: Mo-Sa 8.30-12/15.30-17, Winter: Mo-Sa 8-30-11/14.30-16). Der blumenübersäte Klostergarten überrascht – je nach Jahreszeit – mit seiner Farbenpracht, die angenehm schlichte Klosterkirche selbst lohnt den Weg nicht, der Parkplatz ist ein schattiger Rastplatz. Hinter dem Kloster erhebt sich ein Hügel mit spärlichen Resten der Kreuzfahrerfestung **Toron des Chevaliers** (von *Toron* leitet sich vermutlich der Name *Latrun* ab), die in jenen Zeiten ähnlich heiß umkämpft war wie die britische Polizeistation im 20. Jahrhundert. Schon damals wurde sie dem Erdboden gleich gemacht.

Inzwischen geht es friedlich zu: Hier im Niemandsland wohnt heute eine kleine Gemeinschaft der **Jesusbruderschaft Gnadenthal**, www.jesus-bruderschaft.de/kloster/welt/latrun/index.html. Die Deutschen leisten dort Versöhnungsarbeit und ermöglichen Begegnungen zwischen Christen unterschiedlicher Denominationen, zwischen Arabern und Juden, Deutschen und Israelis.

Von der Straße zweigt etwa 2 km weiter westlich eine Stichstraße zum Friedensdorf

Neve Shalom/Wahat AsSalam.

Angesichts des fortdauernden Konflikts zwischen Juden und Arabern bildet dieses in Israel einzigartige Dorf bei Latrun eine, wie der Name schon sagt, **Oase des Friedens**. Seit den 1970er Jahren leben hier jüdische und arabische Israelis gleichberechtigt miteinander. In Kindergarten, Grundschule, Friedensschule und im spirituellen Zentrum begegnen sich Menschen beider Seiten und dreier Religionen. Programme für Besucher auf Anfrage: visits@nswas.org. Das **Gästehaus** wäre auch ein gutes Standquartier, hotel@nswas.org; Tel 02 9993030. Informationen auf www.nswas.org oder über den deutschen Freundeskreis: friedensoase@gmx.de.

Östlich der Autobahn wurde der **Ayalon bzw. Canada Park** geschaffen, ein schöner Landschaftspark mit schattigen Picknickplätzen und einigen historischen Ruinen. Gleich rechts der Ausfahrt gehören die antiken Reste zum römisch-byzantinischen **Emmaus/Nikopolis**: eine Kirche mit Taufkapelle aus dem 5. Jh, die von den Kreuzfahrern kleiner wieder aufgebaut und später wieder zerstört wurde, Felsgräber und ein Aquädukt. Um die Stätte kümmert sich ein katholisch-charismatischer Konvent, Mo-Sa 8.30-12/14.30-17.30, im Winter -17, Sa durchgehend, Führungen gratis: Tel 08 9256940 oder 052 3562071, www.emmaus-nicopolis.org. Schon beim südlichen Badehaus wohl aus dem 3. Jh wird es komplizierter, denn die Mamluken widmeten es im Mittelalter zu einem Sheikh-Grab um, das an Abu 'Ubeida, den Heerführer der muslimischen Armee, erinnern soll. Der starb hier 636 an der Pest.

Erstaunlicherweise blieb dieser Maqam 1967 erhalten, als die IDF die drei Dörfer Amwas (Emmaus), Yalu und Beit Nuba dem Erdboden gleichmachte, auf deren Gelände sich jetzt der Canada Park erstreckt. Erinnerung an die **Naksa** gibt es offiziell nicht, und die Beschilderung des Geländes durch die israelische Aktivistengruppe Sokhrot (www.zochrot.org) wird immer wieder zerstört. Kundige Führung z.B. eben durch Sokhrot hilft weiter.

15 km: **Lod Interchange**

Auf Straße 40 nach Lod und Ramla, siehe S. 254.

1 km: **Ben Gurion Interchange**

Rechts zum **Internationalen Flughafen Ben Gurion.**

Die Autobahn 1 erreicht nach 15 km das Stadtzentrum von Tel Aviv. Wer die Stadt umfahren will, könnte dies gegen Maut schon an der nächsten Junction Daniel machen und auf der Autobahn 6 nach Norden fahren, oder man fährt noch weiter und lässt die Stadt Richtung Norden auf der Straße 4 links liegen.

Praktische Informationen

▶ Telefon-Vorwahl 02

• Das **Tourist Information Center** am Jaffator, Tel 6280382 (So-Do 8-17, Fr 9-13), ist außer für Jerusalem auch für ganz Israel zuständig und damit das einzige mit Informationen für das gesamte Land. Brauchbarer Gratis-Stadtplan. Die Stadtverwaltung informiert inzwischen ohne Büro nur noch im Netz, aber lohnend: www.jerusalem.muni.il

Achtung: Wo viele Touristen auftauchen, haben Diebe und Autoknacker leichtes Spiel; wir erfuhren von Lesern, dass ihnen nachmittags auf der belebten Sultan Suleiman St das Auto aufgebrochen wurde, obwohl sie nur wenige Minuten ein Hotel anschauten.

▶ Beim Jaffator offeriert das **Christian Information Center** der Franziskaner, Tel 6272692, Fax 6286417, www.cicts.org, (Mo-Fr 8.30-17.30, Sa -12.30), Informationen zu eher religiös bezogenen Fragen, aber auch zu christlichen Hospizen oder Sehenswürdigkeiten. Interessant dürfte eine Liste mit sämtlichen christlichen Unterkünften in Jerusalem und darüber hinaus in ganz Israel und Palästina sein. Ein Muss ist die aktuelle Liste mit den Öffnungszeiten der christlichen Stätten Jerusalems, und wer Gottesdienst feiern möchte, erfährt das Wann und Wo der vielfältigen christlichen Denominationen am besten hier oder auf der genannten Website.

▶ Vor allem deutschsprachige Pilger und Touristen unterstützt das **Ev. Pilger- und Begegnungszentrum der Kaiserin Auguste Victoria-Stiftung** auf dem Ölberg, s. S. 197, Tel 6287704, Fax 6273148, auguste@netvision.net.il, www.evangelisch-in-jerusalem.de.

4

Überblick über die Öffnungszeiten Jerusalemer Sehenswürdigkeiten

Wochentag	So	Mo	Di	Mi	Do	Fr	Sa
Vor-/Nachmittag	V N	V N	V N	V N	V N	V N	V N
Tourist Information Office	d	d	d	d	d	o x	x
Christian Information Center	x	d	d	d	d	d	o x
Abendmahlssaal	d	d	d	d	d	d	d
Alexander-Nijevski-Kirche	d	d	d	d	d	d	d
Ammunition Hill	d	d	d	d	d	o x	x
Archäolog. Museum Wohl	d	d	d	d	d	o x	x
Armenisches Museum (im Umbau)	x	x	x	x	x	x	x
Auguste Viktor. Stiftung/Himmelfahrtkirche	x	o x	o x	o x	o x	o x	o x
Bible Lands Museum	d	d	d	d +	d	o x	o x
Bloomfield Science Museum	x	d	d	d	d	o x	o x
Botanischer Garten (Universität)	d	d	d	d	d	o x	d
Burnt House	d	d	d	d	d	o x	x
Chagall-Synagogenfenster, Hadassa-Klinik (unbedingt vorher anrufen)		o o	o o	o o	o o	o o	x
David Palombo Museum	o x	o x	o x	o x	o x	o x	x
Davidsgrab	d	d	d	d	d	o(x)	d
Davidsstadt mit Hiskia-Tunnel	d	d	d	d	d	o x	x
Dominus Flevit	o o	o o	o o	o o	o o	o o	o o
Dormitio Mariae Kirche	(o)o	o o	o o	o o	o o	o o	o o
Erlöserkirche – Archäologie-Park & Turm	x	o o	o o	o o	o o	o o	o o
Flagellatio-Kapelle	d	d	d	d	d	d	d
Gartengrab	x	o o	o o	o o	o o	o o	o o
Grabeskirche	d +	d +	d +	d +	d +	d +	d +
Große Synagoge	o x	o x	o x	o x	o x	o x	o x
Herzl-Museum (reservieren)	d	d	d	d	d +	o x	x
Himmelfahrtkapelle (Imbomon)	d	d	d	d	d	d	d
Islam. Museum auf d. Tempelberg (im Umbau)	x	x	x	x	x	x	x
Israel Museum mit Shrine of the Book & Jerusalem-Modell z.Zt. d. 2. Tempels	d	d	xo+	d	d	o x	d
Israelite Tower	d	d	d	d	d	o x	o x
Jerusalem Archaeolog. Park (Ophel)	d	d	d	d	d	o x	x
Jerusalem-Modell z.Zt. d. ersten Tempels	d	d	d	d	d	x	x
Johanneskirche, En Kerem		o o	o o	o o	o o	o o	o o

Abkürzungen: V – Vo rmittag, **N** – Nachmittag, **d** – durchgehend offen, **o** – offen, **(o)** – eingeschränkt offen, **x** – geschlossen, **+** abends länger geöffnet.

► Die Tourist Information bietet ein Überblicksblatt zu den Öffnungszeiten am Freitag und Samstag an. Generell gilt: Jüdische Institutionen sind von Freitagmittag bis Samstagabend, christliche am Sonntag, muslimische am Freitag geschlossen.)

Kirche der Nationen (Gethsemane)	o o	o o	o o	o o	o o	o o	o o
Kirche Visitatio Mariae, En Kerem		o o	o o	o o	o o	o o	o o
Kloster der Schwestern Zion (Ecce Homo)	d	d	d	d	d	d	d
Kloster des Kreuzes	x	d	d	d	d	d	d
Knesset	o x	x	x	x	o x	x	x
Lazarus-Grabhöhle, Bethanien (s. S. 422)	o	o o	o o	o o	o o	o o	o o
Lazaruskirche, Bethanien (s. S. 422)	x	o o	o o	o o	o o	o o	o o
Maria-Magdalena-Kirche	x	x	o x	x	o x	x	x
Mariengrab	o o	o o	o o	o o	o o	o o	o o
Montefiore-Windmühle (Yemin Moshe)	d	d	d	d	d	o x	x
Mus. d. Griech.-orth. Patriarchats (im Umbau)	x	x	x	x	x	x	x
Museum des Studium Biblicum Franciscanum	x	x	o o	o o	u u	o o	o o
Museum für italienisch-jüdische Kunst	d	x	d	d	xo	o x	x
Museum für paläst.-arabische Folklore	o x	o x	o x	o x	o x	o x	o x
Museum of Islamic Art	d	d	d +	d	d +	o x	d
Museum of Psalms	d	d	d	d	d	o x	x
Museum of the Underground Prisoner	d	d	d	d	d	x	x
Museum on the Seam	d	d	d	d	d	o x	x
Old Yishuv Court Museum	d	d	d	d	d	o x	x
Oskar Schindler-Grab (Zeiten unsicher!)	x	o x	o x	o x	o x	o x	o x
Paternoster-Kirche	x	o o	o o	o o	o o	o o	o o
Rockefeller Museum	d	d	x	d	d	x	o x
Russisch-orth. Himmelfahrtkirche	x	x	o x	x	o x	x	x
Sephard. Synagogen	d	d	d	d	d	o x	x
St. James Cathedral	(o) (o)	(o) (o)	(o) (o)	(o) (o)	(o) (o)	(o) (o)	(o) x
St. Peter in Gallicantu	x	d	d	d	d	d	d
St.-Anna-Kirche, Bethesda-Teiche		o o	o o	o o	o o	o o	o o
Stadtmauer (Rampart's Walk)	d	d	d	d	d	d	d
Steinbruch des Salomo (Zedekia-Höhle)	d	d	d	d	d	x	d
Steuer-Museum	(d)	(d)	(d)	(d)	(d)	x	x
Supreme Court	(o) x	(o) x	(o) x	(o) x	(o) x	x	x
Syrisch-orth. Markuskirche	d	d	d	d	d	d	d
Tempelberg	o (o)	o (o)	o (o)	o (o)	o (o)	x	x
Ticho Museum	d	d	d +	d	d	o x	x
Time Elevator	d	d	d	d	d	o x	xo
Tish Family Zoo	d	d	d	d	d	d	d
Tower of David Museum	d	d	d	d	d	o x	d
Western Wall Tunnel	d	d	d	d	d	o x	x
Wolfson Museum of Jewish Art	d	d	d	d	d	(o) x	(o) x
Yad VaShem	d	d	d	d	d +	o x	x

4

▶ Mit Rat, Tat und Büchern zum Thema Natur, Wandern, Trekking etc. hilft **SPNI-Field School** Jerusalem, 24 Hebron St, Tel 6257682, weiter. Touren werden sowohl für das gesamte Land als auch für Jerusalem angeboten, z.B. geführte Tagestouren durch Jerusalem. Im angeschlossenen Shop gibt es sehr gute einschlägige Literatur zu kaufen. Die SPNI steckt auch hinter dem Angebot www.sustainable-jerusalem.org, doch die Nachhaltigkeit auf Englisch entdeckt man besser mit der sehr empfehlenswerten Seite www.greenmap.org.il.

▶ Informationen zur Situation der Palästinenser sammelt und verbreitet **aic – The Alternative Information Center**, 4 Shlomzion HaMalka St (2. Stock im Daila-Haus, ein linkes Kulturzentrum mit Zweigstelle auch in Bet Sahur), Tel 6241159, www.alternativenews.org

Internet-Cafés

Auf www.jerusalemite.net gibt es unter *Maps* einen etwas veralteten Plan, auf dem Internetzugang per Wireless LAN in der Neustadt verzeichnet ist: Es gibt kaum noch Cafés ohne, insofern braucht man die Karte auch nicht. Auch fast kein Hotel oder Hostel kommt ohne diesen Service aus. Israelisches WiFi ist häufig nicht passwortgeschützt, palästinensisches dagegen schon. Drei Empfehlungen:

- *Mike's Centre*, 172 Khan EzSeit St (Altstadt, 9. Station der Via Dolorosa), günstig und schnell; www.mikescentre.com
- *Tmol Shilshom*, 5 Solomon St, angenehme Buchhandlung mit Café und WLAN; www.tmol-shilshom.co.il
- *Cafe Net*, 232 Yafo St (neuer Busbahnhof, 3. Stock), Tel 5379192, www.cafenet.co.il

Publikationen

Der vierteljährlich erscheinende, offizielle Visitor's Guide heißt *iTravel Jerusalem* und vergisst nicht, auch einige Dinge für Ostjerusalem zu listen, siehe auch www.itraveljerusalem.com. Der Schwerpunkt liegt jedoch auf der Weststadt und dem jüdischen Viertel der Altstadt, insbesondere, wenn es um nächtliche Veranstaltungen in der Altstadt geht (*Nights in the Old City*) – da scheint die Altstadt fast ausschließlich aus dem Südwesten zu bestehen.

Für breiter gefächerte Veranstaltungen ist das gratis ausliegende, monatliche *This Week In Palestine* eine verlässliche Auskunft, www.thisweekinpalestine.com.

Eher an Westjerusalem orientiert gibt es außerdem immer freitags in der englischen Ausgabe der Zeitung *HaAretz*, die dem *International Herald Tribune* beiliegt, die Beilage *The Guide* mit Hinweisen auf Musik, Tanz, englische Führungen etc. Das freitägliche Zusatzheft der *Jerusalem Post* (www.jpost.com) heißt *What's On* und listet ebenso Veranstaltungen. Monatlich erscheint *Time Out Israel* mit vielen Hinweisen auch kulinarischer Art natürlich auch für Jerusalem, im Netz: http://digital.timeout.co.il/english.

Die **offizielle Website** der Stadt ist www.jerusalem.muni.il, die natürlich auch jede Menge Besucher-Informationen liefert, siehe http://tour.jerusalem.muni.il. Halboffiziell ist die gut gemachte Seite der Jerusalem Development Authority: www.jerusalem-oldcity.org.il, die es auch als Smartphone-App gibt. www.gojerusalem.com hält versierte Informationen zur Jerusalemer Kultur bereit: Events, Museen, Aus- und Essengehen vor und darüber hinaus auch einen etwas verwirrenden Gebetsservice– per App mit dem iPhone (siehe *Jerusalem by Religion*).

Adressen für den Notfall

- **Erste Hilfe (Magen David Adom, Hilal AlAkhmar) Tel 101**
- **Polizei** (im Russian Compound) Tel 100, "Tourist Desk" Tel 5391254
- **Feuer** Tel 102
- **Städtische Hotline** Tel 106 (*Moqed* – Brennpunkt: Beschwerden aller Art, Information z.B. Öffnungszeiten)
- **Telefon-Auskunft** Tel 144

Wichtig zu wissen

▶ Das Busunternehmen EGGED geht mit seiner Linie 99 auf *City Tour* durch die Stadt, über Kopfhörer deutschsprachige Erläuterungen (So-Do ab Centraler Bus-Station um 9, 11, 13.30, 15.45, entsprechend später an den 28 weiteren Stopps, Fahrplan: www.egged.co.il, auf *Tourism* und *Route 99* klicken). Man kann den Parcours ganz abfahren, ₪ 60, oder auch an Sehenswürdigkeiten aus- und später wieder zusteigen für ₪ 80 (für 24 Stunden ₪ 100, für 48 Stunden ₪ 130, Familienrabatt mit zwei Kindern bis 12 Jahre ₪185). Ticket beim Fahrer oder im Hotel.

▶ Als besonderer Service wird der **Holy Pass** angeboten: Man kann man innerhalb einer Woche Sehenswürdigkeiten in und um die jüdische Altstadt anschauen und bekommt Einkaufsrabatte, erhältlich in Hotels, im Tourist Information Center,₪ 99, Kinder 50. Das System ist etwas kompliziert, man sollte Lust dazu haben, damit es sich wirklich lohnt. Man kann etwa ein Viertel der Kosten sparen, aber die Auswahl ist beschränkt – bei den Museen gilt der Pass nur für das Tower of David Museum, das Wohl und das Old Yishuv Court Museum; www.holypass.co.il.

▶ Außerdem gibt es die **Jerusalem Card** für verschiedenste Rabatte. Da die Website www.yerushalmi.org.il nur auf Hebräisch ist, richtet sich das Ganze nicht an Touristen, aber warum nicht nachfragen im Tourist Office. Darüber hinaus gibt es verschiedene Couponhefte mit Rabatten für Einkäufe und Restaurants – ein Volkssport aus den USA. Viele sind auf Hebräisch, aber die Hefte *Jerusalem Coupons* und *Jerusalem Menus* könnten beim Essen gehen im Westen helfen.

▶ **Kleidung:** Wenn Sie christliche, jüdische oder muslimische religiöse Stätten besuchen, dann sollten, ja müssen Sie Ihre Kleidung entsprechend anpassen: Männer und Frauen dürfen keine Shorts tragen, Frauen sollten den Körper eher verhüllende als betonende Kleidung tragen (weite Hosen, lange Kleider). Während muslimische Stätten häufig Überzieher ausleihen, ist das bei den Christen nicht üblich; dann steht man draußen. In Synagogen nicht die Kippa vergessen, wenn man keinen Papp-Ersatz bekommen möchte.

▶ Der *Jewish National Fund* propagiert: *Plant a Tree With Your Own Hands Program*. Wenn Sie sich im *Jerusalem Forest* mit einem selbst gepflanzten Baum verewigen wollen, rufen Sie 6583349 an wegen der Details, www.kkl.org.il/eng/tourism-and-recreation/planting-centers.

Sicherheit in Jerusalem

Die Gefahr von **Terroranschlägen** ist in Jerusalem **stark zurückgegangen**, manche glauben, wegen der Sperranlage – die aber noch längst nicht fertig ist –, eher wohl wegen des Wirtschaftsaufschwungs in der Westbank der letzten Jahre. Insgesamt ist die Wahrscheinlichkeit, in einen Anschlag verwickelt zu werden, ähnlich der, in Deutschland auf der Autobahn zu verunglücken. Wer ganz sicher gehen will, meidet Märkte wie die Makhane Yehuda, Bushaltestellen und ähnliche Stellen mit vielen jüdischen Israelis. Die Altstadt sowie Ostjerusalem sind praktisch nicht gefährdet.

Besonders in der Altstadt lauern dafür die kleineren Gefahren des täglichen Touristenlebens

Unbeholfenheit in heiligen Räumen: Modische Kleidung und lässiges Lehnen am Kreuzannagelungsaltar der Grabeskirche könnten zu Verwicklungen führen

4

wie **Taschendiebe** oder **Handtaschenräuber**. Im Menschengewühl sollte man also besonders auf seine sieben Sachen aufpassen. Im Gewimmel kommt es vor, dass Frauen begrapscht oder angemacht werden. Sehr unangenehm kann es für Frauen nachts werden, wenn sie zu einer der Altstadtunterkünfte gehen müssen. Auch das Kidrontal ist nicht zu empfehlen. Manchmal warten Jugendliche in dunklen Ecken, um zumindest einen Schrecken einzujagen und, wenn sie erfolgreich sind, noch mehr zu versuchen.

Verkehr

Straßenbahn und EGGED-Busse

Die Entfernungen innerhalb der Stadt sind nicht so riesig, dass man unbedingt auf motorisierten Transport angewiesen wäre. Die Altstadt lässt sich ohnehin nur zu Fuß erkunden, auch ihre unmittelbare Umgebung nimmt man am besten unter die Schuhsohlen.

Nach jahrelangen Verzögerungen erschließt nun aber eine **Straßenbahn** (Easy Train oder auch Light Rail) den Westteil der Stadt, für deren Trasse westlich des Busbahnhofs eine spektakuläre Brücke von Santiago Calatrava errichtet wurde (Foto siehe S. 178). Die Linien sollen die umliegenden Siedlungen mit der Stadt verbinden, was internationale Proteste hervorgerufen hat. Für ₪ 6,60 verbindet die Linie 1 immerhin das Damaskustor direkt mit dem zentralen Busbahnhof, nach Norden reicht sie bis Pisgat Zeev. Man muss es nur schaffen, ein **Ticket** aus dem Automaten zu bekommen… Die Tickets gelten übrigens lediglich an dem Tag, an dem man sie kauft. – Man kann innerhalb von 90 Minuten so häufig auch in Egged-Busse umsteigen, wie man möchte. Also nicht Tage vor Benutzung kaufen, nur weil gerade ein funktionierender Automat ohne Menschentraube zur Verfügung steht!

Eine Liste der Straßenbahnhaltestellen von Nordost nach Südwest:

- Kheil HaAvir
- Sayeret Dukhifat
- Pisgat Zeev Center
- Yekuti'el Adam
- Bait Hanina (Shuafat North)
- Shuafat (Center)
- EsSahl (Shuafat South)
- Giv'at HaMivtar (French Hill)
- Ammunition Hill
- Shimon HaZadiq
- Shivtei Yisrael
- Damascus Gate
- City Hall
- Jaffa St Center (King George)
- HaDavidka
- Makhane Yehuda
- HaTurim (Jaffa St West)
- Central (Bus) Station (Binyane HaUma)
- [Calatrava Brücke]
- Kiryat Moshe (Ben Dor)
- HeKhalutz (Haft Square)
- Denia Square
- Yefe Nof
- Mount Herzl

Von hier sind Israel Museum, Knesset und Yad VaShem gut zu erreichen.

Die Straßenbahn hält natürlich auch am zentralen **EGGED-Busbahnhof** am westlichen Ende der Yafo St, nur wenige hundert Meter vom Ende der Autobahn aus Tel Aviv entfernt. Hier können Sie Busse in die meisten Stadtteile oder die Intercitybusse besteigen. Wer von Tel Aviv mit einem EGGED-Bus kommt, sollte den Fahrer fragen, ob er ins Stadtzentrum zum Kikar Zion fährt, dann muss man u.U. nicht umsteigen. Die Intercity-EGGED-Busse halten auf beiden Straßenseiten (Verbindung durch die Unterführung) am Binyane HaUma (Convention Center).

▶ Die **Information** der EGGED-Busgesellschaft, 224 Yafo St, erreichen Sie unter Tel 5304962 bzw. 03 6948888 oder www.egged.co.il oder mit der **Egged-App**, mit der man sogar Tickets kaufen kann – allerdings nur auf Hebräisch. So werden die meisten die landesweite, auch englischsprachige App **Bus.co.il** bevorzugen oder den Plan von **Jerubus**.

Zur Busplanung sowohl in Jerusalem als auch landesweit hilft die Regierungsseite http://jet.

gov.il, sehr hübsch, aber leider veraltet ist der Jerusalem-Busplan auf http://busmap.co.il, Google Earth zu Hilfe nimmt www.jerusalem-busmap.net (auch auf Facebook).

Als **erste Hilfe für ein paar Buslinien** vom Busbahnhof aus:

▶ Altstadt (Jaffator), Mount Zion: 1, 3 (an der Endstation *Western Wall* sitzen bleiben)

▶ Altstadt (Damaskustor), Ostjerusalem: Light Rail, 1, 3 (fährt Umwege)

▶ Stadtzentrum in Westjerusalem: Light Rail, 6, 8, 18, 32

▶ Knesset, Israel Museum: 14, 032, 35, 99

▶ Yad VaShem, Herzl-Berg: 21, 39, 99

▶ Hadassa-Krankenhaus (Chagall-Fenster): Light Rail 27, 99

▶ Eisenbahn-Bahnhof Malha: 6, 14, 18

▶ Ma'ale Adummim/Martyrius-Kloster: 126, 127, 174-177

▶ Latrun/Ramla: 404, 432, 435

Der innerstädtische Fahrpreis beträgt ₪ 6,60, dafür kann man 90 Minuten lang umsteigen (auch Straßenbahn). Es gibt auch Tagestickets oder 10er- und 20er-Karten (*kartißya*). Sie sollten daran denken, dass der **Bus-Service von Freitagnachmittag bis Samstagabend eingestellt** wird, um herauszufinden, ob sich ein Rabatt auch lohnt. Die Fahrplanangaben an den Haltestellen sind oft veraltet, vorsichtshalber den Fahrer fragen, ob man im richtigen Bus gelandet ist.

▶ Jerusalem CBS – Tel Aviv CBS direkt: Bus 405, ₪ 18, So-Do 6-ca. 23, Fr -16, Sa ab 18.30, alle 15-30 Minuten

▶ Jerusalem CBS – Haifa CBS direkt: Bus 940 & 947 (Hof HaKarmel) sowie 960 (HaMifraz), ₪ 42, So-Do 6.30-21, Fr -15, Sa 18.15-22, alle 30-90 Minuten

▶ Jerusalem – Elat Bus 444, ₪ 78, So-Do 7, 10, 14 und 17, Fr -14, buchen!

Palästinensische Busse

Man muss wissen, wo man hin will, um die richtige der drei Abfahrtstellen ansteuern zu können. Alle liegen nur wenige Minuten **außerhalb des Damaskustors**. Ein Zusammen-

Endlich fährt sie, die Jerusalemer Straßenbahn

wirken mit den israelischen Linien findet nicht statt. Praktischerweise ist man nicht auf Haltestellen angewiesen, man kann den Bus einfach heranwinken. Preisbeispiel: Jerusalem-Bethlehem mit Bus 21 kostet NIS 7, weiter nach Hebron per Bus 23 NIS 6, per Service-Taxi NIS 9.

Vom **Busbahnhof vom Damaskustor aus geradeaus in die Nablus St,** linker Hand gegenüber dem Gartengrab, für die nördliche Westbank mit grün-weißen Bussen:

▶ **Mt. Scopus Krankenhaus**: 1

▶ **Sheikh Jarrah, Bethanien** (AlAsariya): 74

▶ **Qalandiya**: 78

▶ **Ramallah**: 18 (in Ramallah umsteigen und weiter nach **Emmaus/Qubeibe** oder **Taybeh** per Taxi, nach **Nablus** ebenfalls per Taxi oder wiederum Bus)

Vom **Busbahnhof vom Damaskustor aus rechts nach Nordosten** zwischen Schmidtschule und Golden Walls Hotel für die östliche Westbank mit blau-weißen Bussen:

▶ Ölberg/**Mt. of Olives**: 75

▶ **Abu Dis**: 63

▶ **Bethanien** (AlAsariya): 36

▶ **Jericho**: 36 (in Bethanien in Service-Taxi nach Jericho umsteigen)

Vom **Busbahnhof vom Damaskustor aus links Richtung Nordwesten** zur Straßenbahnhaltestelle Damaskustor (Sha'ar Shekhem) für die südliche Westbank mit blau-weißen Bussen:

▶ **Silwan, Abu Tor**: 76
▶ **Bethlehem**: 124 (am Checkpoint in Taxi umsteigen)
▶ **Bet Jala, Bethlehem, Bet Sahur**: 21, hält auch unterhalb des Jaffators (über Tunnelstrecke der Str. 60)
▶ **Hebron**: 21 (in Bethlehem umsteigen an der Bab AsSqaq-Kreuzung, dort weiter mit Bus 23 bis Hebron, oder Umstieg in AlKhader südlich von Bethlehem in ein Service Taxi)

Taxis

▶ **...zur Allenby-Bridge**: Abdo (gegenüber dem Damaskustor), Tel 6283281; AnNidjmeh (Sultan Suleiman St nahe Damaskustor), Tel 6277466, alle halbe Stunde; ca. NIS 35
▶ **...zum Flughafen**: Nesher Taxi, 23 Ben Yehuda St, Tel 6257227 oder 159 9500205, Sa Tel 6231231, www.neshertours.co.il, schickt Taxen/Sammeltaxen vor allem zum Flughafen Ben Gurion. Das Unternehmen hält quasi ein Monopol und kann entsprechend unfreundlich auftreten. Einen Tag vorher buchen, für Samstagabend oder Sonntag zwei Tage vorher, man wird abgeholt, ₪ 60.
▶ Ein normales (*special* genannt) Taxi kostet ₪ 250, am Shabbat 300.
▶ **... nach Tel Aviv**: links in der HaRav Kook St vom Zionsplatz aus oder von der CBS, ₪ 25, Tel 5002890

Eisenbahn

Im Moment ist es mit der Eisenbahn in Jerusalem etwas mühsam wegen der weit entfernten Anbindung. Der sehr zentral gelegene alte Bahnhof wurde stillgelegt und durch den Bahnhof Malha draußen beim Teddy-Stadion ersetzt. Man benötigt mit Wartezeit locker eine Stunde, um mit den Buslinien 6 (z.B. vom Safra Sq), 14 oder 18 (z.B. von der Shlomzion HaMalka St) in die Innenstadt oder raus zum Bahnhof zu gelangen; außerdem muss man zum Flughafen in Tel Aviv umsteigen. Dafür ist die Bahnstrecke zur Küste sehr reizvoll, nach Tel Aviv am besten in Fahrtrichtung rechts sitzen.

Airlines

- El Al, Malha Technologiepark (*Gan Technology*) bei der Malha Mall, Hauptgebäude 4. Stock, Tel 03 (!) 9771111

Israelische Mietwagen

Wenn Sie von der Küste bereits per Auto anreisen, folgen Sie auf der Autobahn 1 am besten den Schildern Richtung Mt. Scopus, bis schließlich auch die Old City angezeigt wird. Sie nähern sich der Altstadt dann von Norden.
Jerusalem per Auto erkunden kann aufgrund der Bautätigkeiten und immer mal geänderten Einbahnstraßen nervtötend sein – es kostet leicht eine Stunde Umweg, wenn man im Gewusel eine Straße zu früh oder zu spät abbiegt. Auch Parkplatzsuche ist kein Vergnügen. Vor einer Fahrt also gut auf den Stadtplan schauen.

- AVIS, 19 King David St, Tel 6249001
- BUDGET, 18 Abba Eban St, Tel 03 (!) 9350015
- ELDAN/EUROPCAR, 22 King David St, Tel 6252151
- HERTZ, 28-30 Bet HaDfus (Giv'at Shaul), Tel 6248689
- SHLOMO/SIXT, 8 King David St, Tel 6250833
- T.I.R, 6 King David St (akzeptiert auch Cash), Tel 6259007

Palästinensische Mietwagen

Um in die palästinensischen Gebiete fahren zu können, braucht es einen Verleiher, der das erlaubt. Wenige, wie die ersten drei Anbieter, decken **Israel *und* Palästina** mit einer **Versicherung** ab – ohne sollte man sich nicht auf das Abenteuer einlassen, dass einem der Wagen beschädigt oder geklaut werden könnte.

- DALLAH, im American Colony Hotel und in Ramallah direkt am Clock Square, Tel 2974141 oder 059 7988819 (Hamdi Daoud), www.dallahrentacar.com, Website nicht aktuell, aber guter Service zu angemessenen Preisen
- JERUSALEM, hinter dem US-Konsulat bzw. nordwestlich des ersten Kreisels auf

der Nablus St hinter der Tankstelle, Tel 5831333 oder 050 5450103, www.jerusalemrentcar.com, Preisvorstellungen auf der älteren Firmenwebsite www.greenpeace.co.il, rund $ 60-70 Miete inklusive Versicherung für Israel und Palästina, Parken eines anderen Autos nebenan für ₪ 20-25 pro Tag für $ 60 Miete ab Ben Gurion oder der Allenby Bridge

- MIDDLE EAST, westlich des ersten Kreisels: 17 Nablus St, Tel 6262777, Fax 6262203, www.mecarrental.co.il, versichert ebenfalls in beiden Gebieten, Abholservice von Ben Gurion oder Allenby Bridge
- PETRA, Ostjerusalem, Shuafat St (Ausfallstraße nach Ramallah), Tel 5823735, Fax 5822668
- URABI, AlBireh (bei Ramallah), Jerusalem St, Tel 02 2403521, Fax 02 5853106

Fahrrad

- Vermutlich hat www.bikepalestine.com eine Idee, was man machen könnte und worauf es beim Drahteseln ankommt. Ansonsten existiert der
- *Jerusalem Cyclist Club*, 16 Harazim St, Tel 02 6438386, hilft bei Fahrradvermietung, erteilt Routenratschläge, veranstaltet samstags Rundfahrten

Reisebüro

- Studierende sollten bei der *Israel Student Travel Association (ISSTA)*, 31 HaNevi'im St, Tel 6257257 vorbeischauen, dort werden verbilligte Flüge etc. vermittelt.

Post, Banken

- Hauptpostamt, 23 Yafo St; Poste Restante So-Do 8-18, Fr -12, eine Zweigstelle z.B. nördlich des Damaskustors, selbe Öffnungszeiten, und Nähe Jaffator in der Armenian Orthodox Patriarchate St So-Do 8-14.30
- American Express, 18 Shlomzion HaMalka St, Tel 6240830,
- Bank HaPoalim, Kikar Zion, Bankautomat
- LEUMI Bank, 21 Yafo St, Tel 6227471
- Mizrahi Bank, Shlomzion HaMalka, Bankautomat

Was man unternehmen kann

Bekannte Veranstaltungen

Tickets für **Theater oder Konzerte** verkauft

- BIMOT, 8 Shamai St, Tel 6237000, tickets@bimot.co.il

Fast zu jeder Jahreszeit werden in Jerusalem ausgezeichnete kulturelle Veranstaltungen angeboten, viele davon finden regelmäßig zu bestimmten Jahreszeiten statt.

▶ Der Körperkultur widmet sich seit 2011 im März der *Jerusalem Marathon*, dessen Strecke auch mal über die Grüne Linie lugt, www.jerusalem-marathon.com

▶ Das *Israel Festival* (internationale Beteiligung) lockt jeweils im Mai/Juni mit Konzerten, Theateraufführungen und Kunstausstellungen viele Besucher an, www.israel-festival.org.il

▶ Seit 2009 steigt das einwöchige Jerusalem ***Festival of Light,*** das vor allem im Süden der Altstadt und um sie herum Architektur illuminiert und internationale Lichtkunst ausstellt, http://en.lightinjerusalem.org.il

▶ Eine Veranstaltung, die in der Form eigentlich nur für Jerusalem denkbar ist, heißt ***Jerusalem Hug.*** Rund 4000 Israelis, Araber und internationale Friedensaktivisten treffen sich seit 2007 an einem Tag im Juni, um eine Menschenkette um die Altstadt zu bilden (Englisch hug bedeutet Umarmung). Frieden zwischen Israelis und Arabern war für 2012 angestrebt; www.jerusalemhug.org, www.loversofjerusalem.org

▶ Seit 2006 gibt es im Juni/Juli das Kammermusikfestival *Sounding Jerusalem*. Es bringt palästinensische, israelische und europäische Künstler und Studenten zu Auftritten in der Altstadt und West- und Ostjerusalem zusammen – hingehen! Eintritt frei, www.soundingjerusalem.com

▶ Im Juli wird Ostjerusalem durch Musik und Tanz internationaler Ensembles belebt: Weltmusik, Jazz und HipHop beim *Jerusalem*

Festival bei den Königsgräbern (veranstaltet vom Kulturzentrum Yabous, www.yabous.org) sowie das *Palestine International Festival* im AlHakawati-Theater, aber auch in Ramallah, Bethlehem und Nablus, www.pnt-pal.org

▶ Ebenfalls im Juli lädt die Cinematheque zum *Internationalen Filmfestival* ein; die Vorführungen finden unter freiem Himmel statt, www.jff.org.il

▶ Im Amphitheater von Suleiman's Pool (unterhalb des Ziontors) werden im Sommer *Open Air Konzerte von Klassik bis Rock* angeboten

▶ Konzerte des *Israelischen Philharmonischen Orchesters* finden in der Binyane HaUma, dem Kongresszentrum, statt, www.ipo.co.il

▶ Im August/September beherbergt der Konzertsaal des YMCA, 26 King David St, das internationale *Jerusalemer Kammermusikfestival*, www.jcmf.org.il/EN

▶ In der zweiten Oktoberhälfte ruft das schon klassische *International Puppet Festival* ins Palestinian National Theater (*AlHakawati* heißt: der Geschichtenerzähler)

▶ Mitte Oktober bis Mitte November schließlich zeigt die *Jerusalem Show* der AlMa'mal-Stiftung seit 2007 zeitgenössische Kunst, www.almamalfoundation.org

▶ Über das ganze Jahr verteilt gibt es *Kirchenmusiken* in der deutschsprachigen Altstädter Erlöserkirche, der Himmelfahrtskirche auf dem Ölberg und der Dormitio Mariae der deutschsprachigen Benediktiner auf dem Mount Zion, www.evangelisch-in-jerusalem.de, www.dormitio.net

▶ Das *Magnificat Institute School of Music* im christlichen Altstadtviertel veranstaltet mit seinen 200 Schülerinnen und Schülern immer wieder Konzerte, St. Francis Road 1 (St. Saviour's Monastery), Tel 6266609, www.magnificat.custodia.org

▶ Im ***Ticho House bzw. dem zugehörigen Café kann man an mehreren Abenden in der Woche Konzerte hören, siehe S. 179***

▶ *Jazz-Freunde* können sich im Pargod Theater, 94 Bezalel St, erfreuen, www.pargod.org

▶ *Folkloristische Aufführungen* im Khan Center, 2 Kikar Remez, werden dienstags simultan ins Englische übersetzt, www.khan.co.il

▶ *Jüdische und arabische Folklore*-Veranstaltungen finden Mo, Do und Sa um 21 Uhr im YMCA in der King David St statt, Tel 050 5233210, www.jerusalemdance.com

▶ **Vorträge, Lesungen, Filmvorführungen**, die vorwiegend den Nahen Osten im Blick haben, findet man am ehesten im

▶ Educational Bookshop, www.educationalbookshop.com, Tel 6275858, 19 Salah AdDin St (mit Café), im

▶ Alternative Information Center (aic), 4 Shlomzion HaMalka St (Nähe Jaffa St/Stadtverwaltung), Tel 6241195, www.alternativenews.org, und im

▶ Willy Brandt Center, www.willybrandtcenter.org, Tel 6732171, info@willybrandtcenter.org, Mo-Fr 10-18, 22 En Rogel St/Abu Tor (Hausnummer fehlt, auf rote Tür achten)

Schließlich noch ein niedrigschwelliges Angebot für einen direkten **Eindruck vom Nahostkonflikt**: Jeden Freitag gegen 15 Uhr findet seit vielen Monaten in der American Colony am Grab Shimon HaZadiqs eine *Demonstration* vor allem linksgerichteter Israelis gegen jüdische Siedlungen in der Umgebung statt. Gewaltlos, freundliche Atmosphäre, Trommelmusik – einfach hingehen, schauen und Leute ansprechen. Das weltweit dominierende **liberale Judentum** ist in Israel ziemlich unterrepräsentiert. Aber auch in Jerusalem findet man ein paar Beispiele dieser jüdischen Lebenswelt:

▶ *Har El Synagoge, wo Shalom Ben-Chorin* lange Zeit Rabbiner war, 16 Shmuel HaNagid St, Tel 6253841, www.kharel.org.il

▶ Hebrew Union College, hier werden *liberale RabinerInnen und KantorInnen* ausgebildet, prima archäologisches Museum leider nur für Gruppen mit Voranmeldung, 13 King David St, Tel 6203333, www.huc.edu

▶ *Conservative Yeshiva, konservativ* ist im Judentum irreführend: es heißt soviel wie liberal – hier können auch Gäste in Sommer- oder

Fernkursen jüdische Studien treiben, 8 Agron St, Tel 6223116, www.conservativeyeshiv.org

Nightlife

Die T-Shirts mit dem Spruch: „Das Beste am Jerusalemer Nightlife: Die Straße nach Tel Aviv!" sind rar geworden, aber das Nachtleben bollert längst nicht so sehr wie in der Mittelmeermetropole. Die beliebtesten Gegenden zum abendlichen Flanieren, Essen, Trinken und Tanzen befinden sich – vor allem Do-Sa – auf der Yafo/BenYohuda und zwischen Ben Sira/ Hillel St, Rivlin und Shlomzion HaMalka herum. Weiter draußen lockt der alte Bahnhof und südlich davon die German Colony. Das Publikum ist meist recht jung, und auch viele Traveller sind hier unterwegs. Achja: In Bars geht es ab 21 Uhr allmählich los, in Clubs nach Mitternacht.

▶ Wer sich nicht nur treiben lassen möchte, könnte auf ein Bier im Tuvia, 6 Shoshan St (nebenan Nr. 4 beherbergt die Mikve: wichtiger Gay-Anlaufpunkt) oder im jazzigen Barud, 31 Yafo St vorbeischauen. Jeden Abend Live Musik bietet der amerikanisierte Mike's Place, 37 Yafo St, oder, südlich der Altstadt, der Zappa Club in der 28 Hebron St, Tel 6222333. Für's Lockerschütteln nach zuviel Rucksacktragerei wäre die rockige Heleni Dance Bar, 15 Heleni HaMalka, oder das recht neue Studio 72, 72 Yafo St, einen Versuch wert. Bedächtigere Reggae-Sounds bietet das Sira, 4 Ben Sira St.

▶ Weiter draußen im Stadtteil Talpiot lohnt sich der Weg für 17, 17 HaOman St, Tel 6781658, ein Club, in dem auch internationale DJs den Plattenteller nicht leerlaufen lassen – Vorbild für das Tel Aviver HaOman 17 (!) – nebenan im Haus Nr. 19 kann man Billiard spielen; sowie das Yellow Submarine, 13 Erkevim St, Tel 6794040, www.yellowsubmarine.org.il, mit gutem allabendlichen Musik- und Standup-Programm besuchen; an beiden Orten ist man mit ₪ 30-80 dabei.

Ausflüge

In diversen Hostels, aber auch bei anderen Gelegenheiten werden **Minibusausflüge** nach Massada, Galiläa, Bethlehem und an andere Ziele angeboten. Auch arabische Anbieter sind am Markt wie z.B. www.alliancetravel-jrs.com. Diese Trips klingen häufig schon vom Preis her verlockend, z.B. Massada etwa $ 50-100. Man sollte sich aber überlegen, ob man sich einer solchen Gewalttour z.B. nach Massada aussetzt statt selbst per EGGED-Bus und nach eigenem Gusto dorthin zu fahren, vor allem, wenn man Zeit hat. Der EGGED-Bus-Trip hin und wieder zurück kostet ₪ 84. Wer einen solchen Trip bucht, sollte ausreichend Trinkwasser und Badesachen fürs Tote Meer mitnehmen.

Ein Leser berichtet, dass sein Minibus nach der Abfahrt um 2.30 Uhr übervoll war, dass es nach der Ankunft hieß, der Schlangenweg nach oben sei wegen Bauarbeiten gesperrt gewesen (was er bezweifelt), daher musste er knapp ₪ 40 für die Seilbahn zusätzlich zahlen, oben herrschte großes Gedränge und die erwartete Romantik bei Sonnenaufgang kam erst gar nicht auf. Später waren die weiteren Stopps am Toten Meer sehr kurz und die Teilnehmer kehrten am frühen Nachmittag ziemlich entnervt zurück. Andererseits kostet eine Übernachtung in Massada ähnlich viel wie der Fahrpreis dieser Tour.

Während der Nebensaison werden viele Ausflüge wegen mangelndem Interesse nicht angeboten.

Shopping

Allgemein

Vorweg, und vielleicht überflüssig zu erwähnen: Der Basar der Altstadt, besonders im christlichen und im muslimischen Viertel, ist ein einziges Einkaufserlebnis für Gewürze, Kosmetika, Obst und Gemüse, orientalische Mitbringsel wie Tischdecken, Brettspiele mit Intarsien usw.usf. Die Preise sind allerdings „touristisch" und können – obwohl man sich mit arabischer Begrüßung vorgestellt hat – vierfach über dem landesweit Üblichen liegen. Die Preisfindung kann außerdem langwierig sein, denn man sollte ernsthaft den Laden ver-

4

lassen, damit der Händler mit einem günstigeren Angebot hinterher gelaufen kommt. Wer früh kommt, hat gute Karten: Kauft der erste Kunde des Tages nichts, wird das Geschäft schlecht laufen!

▶ Ohne zu feilschen geben manche Geschäfte in der Neustadt Rabatte an Inhaber des oben erwähnten HolyPass und aufgrund von Coupons von www.jerusalem-coupons.com – wer kein entsprechendes Coupon-Heft gefunden hat, kann sich Gutscheine von der Website ausdrucken oder sich einfach eine Nummer dort notieren.

▶ *Kanyon Jerusalem Shopping Mall* (oder auch Malha Mall, bis 22 Uhr geöffnet), im Südwesten, Nähe Teddy Stadium, zählt zu den größten Kauftempeln im Land: 260 Läden auf 37 000 Quadratmetern fürs Einkaufen, 8 Kinos für die Unterhaltung (Busse 4, 6, 18). Vom Shopping Center liegt der Tish Family Zoo nicht weit entfernt, siehe S. 193.

▶ Gleich im Westen der Altstadt, wenn man das Jaffator verlässt, beginnt die 2007 eröffnete Fußgängerzone im völlig entkernten Mamilla-Viertel. Auf 800 m sollen hier schließlich 140 Läden in Betrieb sein – eher vom Feinsten, denn auch ein weiteres Fünf-Sterne-Hotel gehört mit zum Komplex. Eine Wohnung in dem Bereich soll 2-3 Millionen Dollar kosten, aber die meisten sind bereits verkauft und stehen leer, weil die Besitzer sich für nur wenige Wochen oder Tage im Jahr das Vergnügen gönnen, eine Bleibe nur einen kurzen Spaziergang von der Westmauer entfernt zu haben. Die neue Fußgängerzone ist wegen der Bars und Cafés zum Flanieren recht beliebt, wirkt direkt neben der Altstadt jedoch unglaublich steril, www.alrov.co.il/development.html.

Bücher

▶ *Steimatsky*, in Israel allgegenwärtig, unterhält mehrere Läden, unter anderem 39 Yafo St (Hauptgeschäft), 7 Ben Yehuda St, im Mamilla-Viertel und in der Central Bus-Station. Wer Reiseführer sucht, wird bei Steimatsky am ehesten fündig, sollte jedoch in mehreren Läden der Kette nachschauen. Reiseführer und Karten auch bei Lametayel, 5 Joel Salomon St.

▶ Schöneres Ambiente und distinguiertere Auswahl haben jedoch zwei Buchläden in Ost-Jerusalem: Der *Bookshop* auf dem Gelände des American Colony Hotel sowie der *Educational Bookshop*, 19 Salah AdDin St, www.educationalbookshop.com, vom Herodestor nach ca. 300 m auf der linken Seite, mit Café und Veranstaltungsraum für Literaturabende. Hier gibt es die beste Auswahl internationaler Literatur zum Thema Palästina. Das ursprüngliche Geschäft rechter Hand Hausnummer 22 führt vor allem Schreibwaren.

▶ Archäologie-Interessierte könnten bei der *Israel Exploration Society* fündig werden, 5 Avida St, im Kellergeschoss, nördlich des Leonardo Plaza (früher Sheraton). Hier entstehen wissenschaftliche Ausgrabungsberichte, Lexika und andere archäologische Veröffentlichungen; http://israelexplorationsociety.huji.ac.il.

Palästinensisches Kunsthandwerk

▶ Eine der ältesten Fair Trade Organisationen, Sunbula (www.sunbula.org, auch mit Online-Shop), bezieht ihre Handelsware aus 18 Kooperativen, über die Westbank verteilt. Zu sehen ist das Ganze auch in zwei Ladengeschäften: Im *House of Palestinian Crafts*, 7 Nablus St., und im Craft Shop at St. Andrews, das ist im Gästehaus der schottischen Kirche im Südwesten der Altstadt jenseits des Hinnom-Tals.

Kosmetika

▶ Aus dem Salz des Toten Meers stellen die Israelis verschiedenste Kosmetika her. Die Marke Ahava bekommt man allerdings weltweit in fast jedem Supermarkt. Origineller wäre, palästinensische Produkte aufzutreiben. Eine Marke aus Ramallah z.B. heißt Vitalité – Dead Sea Products, www.vitalite.ps.

Armenische Keramik

▶ Einst waren die Armenier für ihre Keramik im Orient berühmt, mit der türkischen Vertreibung starb ihre Kunst fast aus – bis auf zwei Familien in Jerusalem, die nach der Deportation hier siedelten. Heute können Sie sowohl in der Via Dolorosa in der Altstadt armenische Keramik kaufen als auch bei *Balian Armenian Pottery*, 14 Nablus St sowie natürlich im armenischen Altstadt-Viertel beim Zionstor.

Russische Ikonen

▶ Die russischen Einwanderer brachten viele Ikonen mit ins Heilige Land, die jetzt ebenfalls in der Via Dolorosa in den Geschäften beim Ecce Homo-Bogen gehandelt werden.

Blaues Glas

▶ Seit alters her sind die Glasbläser bei Hebron für ihr kunstvoll geblasenes blaues Glas bekannt. Viele Händler der Altstadt bieten es an, spezialisiert ist Neker Glass, 6 Bet Yisrael.

Kelims und Teppiche

▶ In der Christian Quarter Road in der Altstadt findet man Kelims und Teppiche, die von Beduinen vor allem der Nachbarländer geknüpft bzw. gewebt wurden. Doch ist Vorsicht bei den Preisverhandlungen geboten.

Judaica, Jüdische Souvenirs

▶ Wer z.B. Shabbat- und Chanukkaleuchter oder Gebetsriemen mit nach Hause nehmen möchte, kann im Fußgängerbereich der Ben Yehuda St oder vermutlich billiger in Mea Shearim fündig werden. Hochpreisiger geht es im nördlichen Cardo-Bereich des jüdischen Altstadt-Viertels zu.

Antiquitäten

▶ Eine Fundgrube ist der Laden von *Khader Baidun*, 20 Via Dolorosa, www.baidun.com dessen Vater der erste Händler war, der sich mit archäologischen Stücken beschäftigte. Hier finden Sie nicht nur teure Stücke, sondern auch Münzen aus der Zeit von Christi Geburt, Öllampen, Keramiken etc. – Ein paar Häuser weiter, Via Dolorosa 6 an der 2. Kreuzwegstation, offeriert *Joseph Hammad im Palace* zertifizierte Antiken von der Bronze- bis zur Mandatszeit.

▶ Im Muristan Nähe Grabeskirche unweit der Christian Quarter Road gibt es schließlich noch *Turath Antiquitäten* mit Schwerpunkt

Typische Gefäße aus Hebrons Glasbläsereien

auf islamischer Kunst, Möbeln, Metall- und Glasgegenständen sowie Textilien. Die genaue Adresse Walid Radwans lautet 69-70 Aftimos St.

▶ *Charlotte*, 4 Koresh St, verkauft vor allem Schmuck unterschiedlichsten Alters bis zu pharaonischen Zeiten zurückgehend. Aber auch moderne Keramik oder sonstige erlesene Geschenkartikel sind im Programm. Die Charlotte war eine Jüdin aus Berlin und eröffnete ihr Geschäft 1938.

Kunst und Kunsthandwerk

▶ *Jerusalem Artist's House*, 12 Shmuel HaNagid St, bietet Werke israelischer Künstler an, www.art.org.il. *Anadiel Gallery*, 17 Salah EdDin St, hat sich auf palästinensische Kunst spezialisiert. Südwestlich vom Jaffator gibt

Schreiben Sie uns bitte, wenn Sie Neues oder Änderungen gegenüber diesem Buch entdecken.

4

Essen und Trinken

Fast selbst ein Museum: Armenische Taverne

Wer als Selbstversorger preiswert einkaufen will, geht ins ultraorthodoxe Viertel, z.B. Mea Shearim St. Dort sind Lebensmittel um 20-30% billiger, weil sie wegen der dort hohen Kinderzahl der Ultraorthodoxen angeblich subventioniert sind.

Ein sehr typisches, sehr preiswertes und schmackhaftes Sättigungsmittel sind **Bagel** (englisch, *Bäigl* ausgesprochen), eine Art süßliche „Brezn", die man in eine grüne, köstlich pikante Gewürzmischung stippt: Sa'ater, aus Thymian, geröstetem Sesam und Salz. Ohne Gewürz schmecken sie langweilig. Der stadtbekannte beste Bäcker rackert sich 24 Stunden täglich ab, heißt *Musrara* und ist östlich am großen Bushalteplatz beim Damaskustor zu finden.

Als Jerusalem-Besucher wird man in der Gegend essen wollen, in der man sich gerade aufhält – zumeist in der Altstadt. Viele Restaurants dort sind auf die schnelle und eher lieblose Abfertigung eingestellt. Selbst den typisch orientalischen Essplätzen im arabischen Viertel merkt man die routinemäßige Fütterung durcheilender Gäste an. Man sollte also die Altstadt-Gastronomie mehr für die Stärkung während der Besichtigungsphase nutzen. Außerhalb der Altstadt kann man gute Entdeckungen im Fußgängerbereich der Ben Yehuda St und vor allem in den kleinen Seitenstraßen südlich des Kikar Zion machen, besonders in und um die Yoel Salomon St. Südöstlich der Altstadt ist der alte Bahnhof mit ein paar Restaurants ausgestattet worden, und dann wäre man auch schon fast in der *German Colony* – zum Kaffeetrinken. Die folgende Liste spiegelt nur einen kleinen Ausschnitt von Jerusalems kulinarischer Szene wieder.

Altstadt

Fast in jeder wichtigen Straße der Altstadt findet man kleine und größere, gute und weniger gute Restaurants. Die unscheinbareren bieten oft bessere und schmackhaftere Gerichte als die herausgeputzten Etablissements. Aus eigener Erfahrung läuft z.B. bei den Namen *Abu Shukri* und *AnNasser* das Wasser im Mund zusammen.

- **ABU SHANAB**, 35 Latin Patriarchate St, wenige Schritte vom Jaffator Richtung Gloria Hotel, gute Atmosphäre, die einst hervorragenden Pizzen und Salate fanden wir beim letzten Besuch sehr enttäuschend, untere bis mittlere Preislage
- **ABU SHUKRI**, 63 AlWad St, Nähe 5. Station der Via Dolorosa, prompter Service, obwohl in vielen Reiseführern empfohlen, essen viele Einheimische dort – und das Humus-Frühstück wurde schon von Mustafa AlKurd besungen, reale Preise
- **ARMENIAN TAVERN**, Nähe Jaffa- Richtung Zionstor, Kellerlokal, museal eingerichtet, übliche Küche und Preise
- **GREEN DOOR PIZZA BAKERY**, vom Damaskustor kommend in der AlWad St gleich die erste Gasse links, bis zu einer grünen Tür, die in ein Gewölbe führt, ziemlich uriger Familien-

betrieb, in dem jede Nahost-Pizza (mit Spiegelei) frisch zubereitet wird, günstig

• **PAPA ANDREAS**, Café-Restaurant südlich des Damaskustors mit Plätzen auf dem Dach des Gebäudes, auch südlich des Muristans, an dem sich AlWad und Khan EzZeit teilen, Menü und Preise angemessen

• **AMIGO EMIL**, Restaurant gegenüber der Khanqa in der AlKhanqa St (östl. Verlängerung der Via Dolorosa), schönes Gewölbe, prima Vorspeisen, mittlere Preisklasse

• **CULINARIA**, Cardo Maximus; im römischen Stil nachempfundenes Restaurant mit alten, auf heutige Zeiten angepassten Rezepten, Gäste werden in Togas gekleidet, Kellner laufen in römischen Uniformen herum, trotzdem nicht dekadent, sondern koscher, gute Küche, teuer

• **AnNASSER**, 55 Khan EzZeit St, typisch palästinensisches Restaurant mit hervorragendem gegrillten Huhn und Salaten, preiswert, aber besser anderswo auf die Toilette gehen

• **HEBRON YOUTH HOSTEL TEAROOM**, 8 Aqabat Takiye (kleine Seitenstraße – Parallelstraße zur Via Dolorosa –, die vom Souk Khan EzZeit abzweigt), einfache, preiswerte Gerichte

• **JAFFAR SWEETS**, Khan EzZeit St, verlockende arabische Süßigkeiten

• **EUCALYPTUS**, 14 HaTivat Yerushalayim, was könnte biblisch-israelische Küche sein – in jedem Fall koscher, auch Samstag abends geöffnet, nur mit Reservierung Tel 6244331

• Wer den orientalischen Trubel einmal hinter sich lassen möchte, findet Ruhe und einen Snack in der Cafeteria des **ÖSTERREICHISCHEN HOSPIZES**, AlWad St bei der 3. Kreuzwegstation, oder des **DORMITIO KLOSTERS**, südlich vom Zionstor.

Ostjerusalem

• In der Sultan Suleiman St gegenüber dem Herodestor gibt es eine Reihe von Hähnchenbratereien, die – mit guten arabischen Beilagen – noch dazu preiswert sind; dies gilt ähnlich für die gesamte Umgebung.

• **PETRA RESTAURANT**, 11 Rashid St; ein besseres Restaurant Ostjerusalems, gute orientalische Küche, Salate und Gegrilltes

• **ASKADINYA**, 11 Shimon HaZadiq St, nette Atmosphäre, italienisches Essen, höherpreisig in antik-arabischem Gebäude; direkt daneben

• **BORDERLINE**, 13 Shimon HaZadiq St, beliebte Bar, Treffpunkt von NGO-Mitarbeitern, der doppeldeutige Name zwischen psychischer Erkrankung und der Jerusalemer Grünen Line wird wohl Absicht sein

• **CHRISTMAS HOTEL**, 1 Ali Ibn Abu Talib St, gute Küche im PATIO, angenehmer Restaurantgarten mit Künstlerpublikum (Zugang auch von der Stichstraße zum Palestinian National Theatre)

• **AMERICAN COLONY HOTEL**, Nablus St; (siehe auch S. 177) Treffpunkt der Journalisten, im *Arabesque Restaurant* am Pool kann man gut essen und die besondere Atmosphäre des Hauses genießen, teuer, samstags sehr gutes Buffet

• **NOTRE DAME ROOF TOP**, 3 Paratroopers St., außerhalb der Altstadt zwischen Neuem und Damaskustor auf dem Dach des päpstlichen Instituts, tägl. 17-1, Fr-So schon ab 12, die wohl beste Auswahl an vor allem französischen Weinen und Käse, nicht ganz günstig, aber bestechende Aussicht auf die Altstadt

• **JERUSALEM HOTEL**, Nablus St; ein Restaurant drinnen, eins draußen, gute nahöstliche Küche, Mittwoch und Freitag abends klassisch-arabische Musik, dafür am besten reservieren, Tel 6283282

• **AMBASSADOR HOTEL**, Nablus St, feine arabische, auch französische und italienische Küche, kostspielig

Westjerusalem

Nähe Kikar Zion

• **HOLY BAGEL**, 39 Yafo St; in den USA als jüdische Spezialität viel präsenter als in Israel, gibt es die Kringel-Brötchen mit unterschiedlichstem Belag nun auch in Jerusalem, günstig

- **BARUD**, 31 Yafo St; im Feingold-Innenhof zwischen Yafo & Rivlin St, originelle Küche, nicht zu teuer, abends Live-Musik
- **DARNA**, 3 Horkanos St; marokkanisches Restaurant, Einrichtung und Speisen auch etwas für's Auge, was seinen Preis hat, www.darna.co.il
- **HaMISHPACHA**, 12 Yoel Solomon St; interessante, aber nicht umwerfende Gerichte, preiswert
- **LA GUTA**, 18 Rivlin St, französische Küche, viel Fisch und koscher, teuer, Mittagstisch günstiger
- **LITTLE JERUSALEM** im **TICHO HOUSE**, 9 HaRav Kook St, stimmungsvolles Café, leichte und durchaus preiswerte Gerichte
- **TA'AMI**, 3 Shammai St, Hummus-Lokal für Frühstück und Mittag, billig
- **TMOL SHILSHOM**, 5 Yoel Salomon St, Cafè-Buchladen mit preiswerten leckeren Speisen, www.tmol-shilshom.co.il
- **BOLINAT**, 6 Dorot Rishonim St; gutes Café mit kleinen Speisen, bei Studierenden sehr beliebt – auch, weil es rund um die Uhr geöffnet hat, sogar am Shabbat – genau wie
- **ZUNI**, 15 Yoel Solomon St, eher Bistro, auch mit Pasta-Gerichten auch am Shabbat, und das in Jerusalem
- **VAQUEIRO**, 54 HaNevi'im/Ecke HaRav Kook; Südamerika-Küche, fleischbetont, große Portionen, angemessene Preise

Übernachten in Jerusalem

Bei der Hotelwahl in Jerusalem sollte man sich ein paar Gedanken machen. Der touristische Schwerpunkt liegt eindeutig in der Altstadt. Wohnt man direkt dort, kann man bei Ermüdungserscheinungen schnell einmal die Füße hochlegen. Außerdem sind die Anfahr- bzw. Anmarschwege kurz, Terroranschläge (wenn man diese überhaupt in seine Überlegungen einbezieht) finden voraussichtlich nicht in der Old City statt. Wer mehr Wert auf kurze Wege zum Nightlife legt bzw. am früheren Abend noch ein paar Menschen um sich herum haben will, der ist in der Gegend des Kikar Zion und der Fußgängerzone der Ben Yehuda St recht gut aufgehoben. In den Altstadthotels steigen hauptsächlich Touristen und Pilgergruppen ab, in den Hostels trifft man auf gleichgesinnte Traveller, während westlich der Altstadt in der Regel deutlich mehr Israelis als Ausländer nächtigen.

In der Altstadt konzentrieren sich die besseren Unterkünfte etwa auf das Gebiet zwischen dem Neuen Tor und Jaffator wie auch an der Via Dolorosa, hier kann man sich zu guten und z.T. günstigen Mittelklassekonditionen zur Ruhe legen. Die billigeren Hostels bieten sich ab Jaffator Richtung Damaskustor an, junge Leute und Junggebliebene werden hier auf ihresgleichen stoßen und etwas mitleidig von ihren Schlafdächern auf die sterilen Herbergen schauen. Doch sollten alleinreisende Frauen, die Jerusalem auch nachts erkunden wollen, vorsichtig sein; wir bekommen ab und an Berichte über Belästigungen.

Eine weitere Option stellt Ostjerusalem dar. Die Hotels liegen in der Nähe des Damaskustors, aber sie haben alle mehr oder weniger harte Zeiten hinter und wohl auch vor sich, so dass nötige Investitionen nicht immer rechtzeitig stattfinden; hin und wieder muss man also ein paar Defizite in der Ausstattung hinnehmen. Man kommt auch in dieser Gegend zu ähnlichen Preisen oder sogar preiswerter als in der Altstadt unter. Aber auch Luxus wird zu entsprechendem Preis geboten.

Die teureren und besseren Hotels – die Preise haben sich in den letzten zehn Jahren zum Teil mehr als verdoppelt – liegen hauptsächlich im Westen der Stadt und etwas weiter entfernt vom touristischen Geschehen, abgesehen von Ausnahmen wie dem King David und dem David Citadel Hotel.

Wir beschreiben im Folgenden bei weitem nicht alle möglichen Unterkünfte in Jerusalem, bieten Ihnen aber eine Auswahl an, die sich an den touristischen Bedürfnissen orientiert. Einen Überblick bekommt man auch auf www.palestinehotels.ps und www.jerusalem-hotels.org.il.

Noch ein Tipp: Auch Bethlehem und Bet Jala offerieren auch viele preiswerte Hotelbetten. Falls keine Konflikte den Verkehr bremsen, dauert die Anfahrt kaum länger als 30 Minuten.
Sollten die Hotels zu teuer oder ausgebucht sein, kann das Tourist Information Center weiterhelfen. Eine zentrale Anlaufstelle für ***Zimmerim*** und ***Bed & Breakfast*** gibt es noch nicht. Man findet einzelne Angebote wie www.jerusalem-bed-and-breakfast.com, jedoch die ***Jerusalem Home Accomodation Association*** listet immerhin einige Möglichkeiten – von mitten in der Altstadt bis ganz weit draußen: www.bnb.co.il. Aber es geht ja auch günstiger: Versuchen Sie einfach, sich ein Schlafsofa zu buchen (siehe S. 63.)

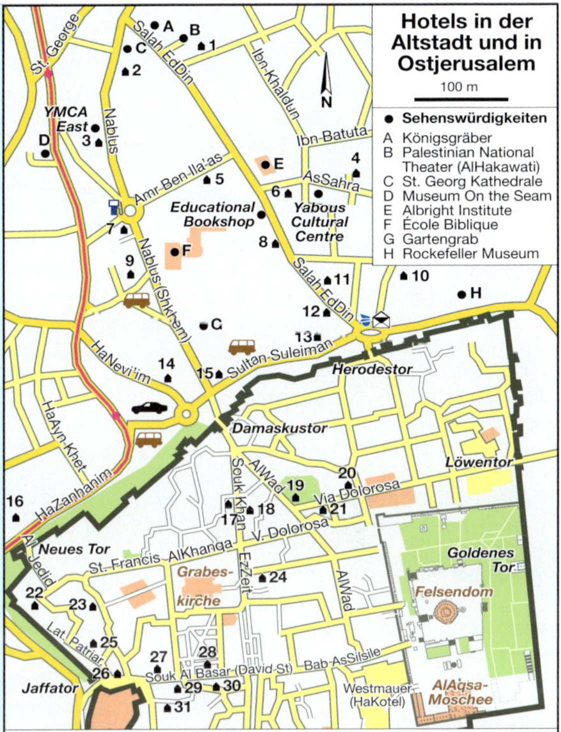

1 Christmas
2 St. George's G. H.
3 Legacy
4 AsSahra
5 St. George Landmark
6 National
7 St. Thomas Home
8 Capitol
9 Jerusalem
10 Holyland East
11 New Metropole
12 Rivoli
13 Golden Walls
14 (New) Palm Hostel
15 Paulus-Haus
16 Notre Dame
17 Golden Gate Inn
18 Hashimi Ho(s)tel, AlArab Hostel
19 Austrian Hospice
20 Ecce Homo
21 Armenian Catholic G. H.
22 Knight's Palace
23 Casa Nova, Greek Catholic
23 Patriarchate Hospice
24 Hebron Y. H.
25 Gloria
26 East New Imperial
27 Petra Hostel
28 New Swedish H.
29 Mar Marun G. H.
30 Lutheran G. H., Citadel Y. H.
31 Christ Church G. H., Jaffa Gate Hostel

(Y. H. = Youth Hostel, G. H. = Guest House)

Luxushotels

• **KING DAVID**, 23 King David St, Tel 6208888, Fax 6208880, www.danhotels.com/Luxury-Hotel-Jerusalem; gerühmt als das schönste Hotel Israels (siehe auch S. 185),
mF.. E+B $ 470-760, D+B $ 490-780, Royal Suite ab $ 3900

• **AMERICAN COLONY**, 23 Nablus St, Tel 6279777, Fax 6279779, www.americancolony.com; stimmungsvolle, erholsame Oase in einem ehemaligen türkischen Paschapalast und späteren Prominenten- und Pressehotel,
mF............................... E+B $ 390-430, D+B $ 455-495, Pasha-Räume D+B $ 525-635, Suiten bis $ 950

- **MAMILLA**, 11 Shlomo HaMelekh St, Tel 5482222, Fax 5482220, www.mamillahotel.com; brandneu, edles Design im ehemals arabischen Viertel, Bar auf dem Dach, mF .... E+B $ 280-360, D+B 305-385, Suiten bis $ 2800
- **MOUNT ZION**, 17 Hebron St, Tel 5689555, Fax 6731425, www.mountzion.co.il; mF .... E+B $ 222-296, D+B $ 234-308, Suiten (bis zu 10 Personen) bis $ 3000
- **LEONARDO PLAZA** (früher SHERATON), 47 King George St, Tel 6298666, Fax 6321667, www.fattal.co.il; viele Haredim, Rezeption unterbesetzt .... E+B ab $ 210, D+B ab $ 220
- **DAN JERUSALEM** (ehemals Regency), 32 Lehi St, Tel 180 0800234, Fax 5815947, www.regency.co.il; vortreffliche Lage auf dem Mount Scopus, mF .... E+B $ 188-273, D+B $ 212-297

Hotels anderer Kategorien – Altstadt

- **GLORIA,** 33 Latin Patriarchate St, unweit vom Jaffator, Tel 6282431, Fax 6282401, www.gloriahotel.com; eigener Parkplatz, sehr ruhig, gerade renoviert und gut eingerichtet, sauber, freundlich und hilfsbereit, Waage für das Fluggepäck in der Lobby, AC/Heizung, preiswert, wesentlich besser als z.B. Christ Church Guest House, WLAN, mF .... E+B $ 130-150, D+B $ 170-200
- **KNIGHT'S PALACE,** Latin Patriarchate, Neues Tor, Tel 6282537, Fax 6275390, www.knightspalace.com; ein ehemaliges Priesterseminar wurde zum stimmungsvollen Pilgerhotel mit Einrichtung umgebaut (vom Hotel Gloria gemanagt), sehr sauber, AC/Heizung, mF .. E+B $ 130-150, D+B $ 170-200
- **SEPHARDIC HOUSE**, 1 Batej Makhasse (Jüdisches Viertel), Tel 6282344, www.secjerusalem.org; ganz neu und hübsch renoviert, AC, TV, WLAN gratis, mF .... E+B $ 100, D+B $ 120, 3er$ 150
- **ARMENIAN CATHOLIC GUEST HOUSE**, Via Dolorosa, 36, Tel 6260880, Fax 6261208, armenianguesthouse@hotmail.com; sehr freundlich eingerichtet, erstaunlich große Räume, TV, WLAN, mF .... Dorm pP € 28, E+B € 72, D+B € 100, 3er € 140
- **AUSTRIAN HOSPICE/ÖSTERREICHISCHES HOSPIZ ZUR HL. FAMILIE**, 37 Via Dolorosa, Tel 6265800, Fax 6271472, www.austrianhospice.com; ältestes nationales Pilgerhaus im Hl. Land, weit bekannt als eine Art von Institution, viele Gäste der Habsburger Familie nächtigten hier, schöner Garten, Dachterrasse mit tollem Blick von Osten über Altstadt, sehenswerter Empfangs-"Salon", ebenso sehenswerte Kapelle, fürs leibliche Wohl gibt es Apfelstrudel, Sacher- und Linzertorte in der Cafeteria, flächenmäßig wohl größte Hotelzimmer in Jerusalem, solide eingerichtet, vorher buchen, 23 Uhr Curfew, Bezahlung nur bar, mF .... Dorm pP € 24, E+B € 67, D+B € 114
- **CHRIST CHURCH GUEST HOUSE**, Jaffator östlich der Zitadelle, Tel 6277727, Fax 6282999, www.cmj-israel.org; eigener Parkplatz, aus verschiedenen älteren Gebäuden zusammengeschachtelt, stimmungsvoll in Architektur und Nutzung der alten Architektur, teilweise recht laut, Unverheiratete nur in Einzelzimmern, Zimmer teilweise ziemlich eng, mF .... E+B ₪ 320-365, D+B ₪ 500-550
- **HASHIMI HOTEL & HOSTEL**, 73 Souk Khan EzZeit, Tel 6284410 u. 052 2572121, Fax 6284667, www.alhashimihotel-jerusalem.com; alle Räume mit eigenem Bad, kürzlich renoviert, blitzender Marmor, sehr sauber und gepflegt, zwei Küchen, Dach mit kleinem Restaurant und schönem Blick, freundlich, hilfsbereit, D nur verheiratete Paare, organisierte Touren, keine Kreditkarten, Waschmaschine, AC, WLAN, mF .... Dorm pP € 28, E+B € 60, D+B € 75, 3er € 90
- **CASA NOVA PILGRIM'S HOSPICE**, 10 Casa Nova St (Nähe Neues Tor), Tel 6282791, Fax 6264370; keine Kreditkarten, von den Franziskanern unterhaltenes Hospiz, solide eingerichtet, sehr sauber, schöner Esssaal, Heizung, Einlass bis 23 Uhr, mF .... E+B $ 70, D+B $ 90
- **LUTHERAN GUEST HOUSE/GÄSTEHAUS DES PROPSTES,** St. Mark's St, Tel 6266888, Fax 6285107, www.luth-guesthouse-jerusalem.com; von Ausstattung und Atmosphäre her mit Abstand bestes Hospiz der Stadt, große freundliche Zimmer, toller Blick über die Altstadt, schöner Garten zum Relaxen, hilfsbereit, viele Deutsche, Internet inkl., mF .... E+B € 55-60, D+B € 86-90, 3er € 111-120

• **MAR MARUN GUEST HOUSE (FOYER MAR MAROUN)**, 25 Maronite Convent St (Nähe Jaffator), Tel 6282158, Fax 6272821, fmm@maronitejerusalem.org; schönes altes gut renoviertes Gemäuer, freundlich, sauber – französisch: maronitische Christen stammen aus dem Libanon und sprechen eher Französisch als Englisch, mF........ E+B $ 65, D+B $ 90

• **PETRA HOSTEL**, 1 David St, Jaffator am Eingang zum Souk, Tel 6286618, Fax 6262434, www.newpetrahostel.com; angeblich ältestes Hotel (1830 gebaut), vergleichsweise geräumig, Traveller-Treff, gute Atmosphäre, in jedem Stockwerk eine Küche (manchmal etwas ungepflegt, z.T. auch Toiletten/Duschen), große Flure als Treffpunkte, herrlicher Altstadtblick vom Dach, freundlich, Safe, Küche, Airport Shuttle ₪ 70, Touren-Service (Preis verhandelbar), WLAN, mF........ Dorm (max. 7 Betten/Raum) $ 20, E $ 60, D $ 75, D+B $ 88

• **EAST NEW IMPERIAL HOTEL**, Jaffator (zweites Haus links), Tel 6282261, Fax 6271530; www.newimperial.com; eines der ältesten Hotels, 1880 gebaut, u.a. logierte Kaiser Wilhelm hier, der bescheidene Eingang verrät nichts von der Nostalgie, die bereits das Treppenhaus sowie die Lobby ausströmen; die Zimmer entstanden durch Abtrennungen und sind manchmal bescheiden, dennoch gute Atmosphäre, freundlich-hilfsbereiter Besitzer, toller Ausblick vom Dach fast über die gesamte Stadt, große Küche zum selber Kochen, Internetzugang, mF E+B $ 55-70, D+B $ 85-100, 3er $ 120-140

• **ECCE HOMO CONVENT/NOTRE DAME DE SION**, 41 Via Dolorosa, Tel 6277292, Fax 6282224, www.eccehomoconvent.org; etwas verschachteltes Hospiz mit relativ gut eingerichteten Zimmern, Dormitories mit einer Art von Kabinen für jedes Bett (daher quasi Einzelbetten), Terrassen mit tollem Blick auf Felsendom und Altstadt, Curfew 23 Uhr, mF........ Dorm pP $ 29, E+B $ 55, D+B $ 90

• **JAFFA GATE HOSTEL**, Jaffator (neben Christl. Information), Tel 6276402; www.hostelworld.com; gut renoviert, Zimmer originell aus vorhandener Bausubstanz geschaffen, z.T. kleine Hütten auf Hausdach, sauber, freundlich, ruhig, pro Flur eine Küche, kein Alkohol, Rauchverbot, etwas steife Atmosphäre, guter Ausblick, Tourenservice, keine Kreditkarten
Dorm ....(1-4 Betten/Raum) pP ₪ 90, E+B ₪ 200-220, D+B ₪ 250-300, 3er ₪ 270-360

• **CITADEL YOUTH HOSTEL**, 20 St. Mark's St, Tel 6284494, Fax 5327056, citadelhostel@mail.com; Räume und Toiletten ziemlich eng, mäßig sauber, kleine Terrasse, schöner Blick auf die Grabeskirche, WLAN........ Dorm pP ₪ 65-80 (auf dem Dach 50), E ₪ 200-220, D ₪ 172-300, 3er+B ₪ 295-420

• **HEBRON YOUTH HOSTEL**, (hieß mal TABASCO), 8 Aqabat Takiye (kleine Seitenstraße – Parallelstraße zur Via Dolorosa –, die vom Souk Khan EzZeit abzweigt; von dort zu sehen), Tel 6281101; einfach, sauber, sehr gute Atmosphäre, freundlich, hilfsbereit, beliebter Tea Room im Souterrain bis Mitternacht geöffnet, viele Traveller, Curfew 1 Uhr, Lockers, keine AC, Frühstück ₪ 15-20........ Dorm pP ₪ 60-70, E ₪ 200, E/D+B ₪ 250, 3er ₪ 350

• **NEW SWEDISH HOSTEL,** 29 David St, Tel 6277855, Fax 6264124, www.hostelworld.com; relativ klein in einem Stockwerk, gemischte Rückmeldungen, einfach, Küche, Heizung, AC, 2 Uhr Curfew........ Dorm (max. 15 Betten) pP ₪ 55-70, E/D ₪ 170-200

• **GREEK CATHOLIC PATRIARCHATE HOSPICE,** St. Dimitri St (im Gebäude des Patriarchates), Tel 6282023, Fax 6286652, www.mliles.com/melkite/indexmelkiteotherholylandpatriarch.shtml; wie alle Hospize zweckmäßig eingerichtet, sehr sauber, Heizung .... E+B $ 39, D+B $ 58

• **PALM HOSTEL**, 6 HaNevi'im St, Tel 6273189; direkt am Damaskustor, hübsche Lounge, sehr freundlich, WLAN gratis, ... Dorm ₪ 75, E ₪ 150-220, D ₪ 200-300

• **GOLDEN GATE INN**, 10 Khan EzZeit (Eingang von der Aqabat AlBatiq), Tel 6284317 oder 052 5192456, goldengate442000@yahoo.com; freundlich, recht einfach, sauber, relativ ruhig, AC, TV, 0 Uhr Curfew, keine Kreditkarten, mF........ E+B ₪ 150, D+B ₪ 250

AIARAB HOSTEL, Khan EzZeit St, Tel 6283537; heruntergekommenes, baufälliges Hostel mit möglichst vielen Betten pro Raum, mäßig freundlich, ranzige Küche, auf der Dachterrasse

4

Doppelstockbetten unter Blechsonnenschutzdach, viele Traveller, ziemlich laut, einziger Vorteil: der Preis – trotzdem noch zu teuer .... Dorm pP ₪ 50, E ₪ 120-200

NEW PALM HOSTEL, 4 HaNevi'im St, Tel 6287502, www.angelfire.com/vt/faisalhostel; freundlich, Küche, Internetzugang, Räume ziemlich beengt, alternative Palästina-Touren.... Dorm ₪ 50, D ₪ 100

Westjerusalem/Neustadt

Karte hierzu siehe S. 179 und im vorderen Einband

- **HARMONY**, 6 Yoel Moshe Solomon St (Navi: 14 Shamai St), Tel 6219999 (Reservieren: 03 5425555), www.atlas.co.il/harmony-hotel-jerusalem; mittendrin, Designerzimmer, gutes Frühstück, Gratis-Snacks zur Happy Hour in der Lounge, AC, TV, Parkplätze begrenzt, WLAN gratis, mF........ E+B $ 165-178, D+B $ 180-194
- **DAN BOUTIQUE HOTEL** (früher ARIEL), 31 Hebron St, Tel 5689999, Fax 6734066, gratis von Deutschland 00800 32646835, www.danboutiquejerusalem.com; sehr schöner Blick auf Altstadt und Ölberg, große Zimmer, sehr gut und freundlich eingerichtet, sehr sauber, AC, TV, WLAN kostet, mF........ E+B $ 162-232, D+B $ 172-242, Suiten ab $ 390
- **JERUSALEM INTERNATIONAL YMCA THREE ARCHES**, 26 King David St, Tel 5692692, Fax 6235192, www.ymca3arch.co.il; (siehe YMCA S. 184), stimmungsvolle, teilrestaurierte Originalausstattung der 1930er Jahre, sehr sauber und gepflegt, Hallenbad, Sauna, Fitnessstudio, AC, TV, WLAN gratis, mF........ E+B $ 137-183, D+B $ 157-229, Suite $ 235-292
- **JERUSALEM TOWER**, 23 Hillel St, Tel 6209209, www.inisrael.com/jth; prima Lage, nicht alt, könnte aber besser in Schuss sein, relativ kleine Räume, gut eingerichtet, teilweise guter Blick, AC, TV, mF .... E+B $ 125-170, D+B $ 140-185
- **BET YEHUDA GUEST HOUSE**, 1 Khaim Kulitz St (südwestl. Stadtrand Nähe Bahnhof Malha), Tel 6322777, Fax 6322702, www.byh.co.il; stylische Einrichtung, Café, Pool, großes Kinderspielzimmer, AC, TV, mF........ E+B $ 114, D+B $ 153
- **JERUSALEM INN**, 7 Horkanos St, Tel 6252757, Fax 6251297, www.jerusalem-inn.com; Nähe Kikar Zion, skandinavisch inspirierte Möblierung, Betten mit Lattenrost, teilweise großzügige Räume, WLAN, Internet-Rabatte
mF.......... E+B $ 99-177, D+B $ 159-197, Familien-Einheit (2 verbundene D+B & Kitchenette) $ 300-350
- **ZION**, 10 Dorot Rishonim St (Nähe Kikar Zion), Tel 6232367, Fax 6257585, http://hotelzion.com; recht gut eingerichtet, mehrere Zimmer mit Balkon, TV, AC, Rabatt im Café Bolinat (s.o.), mF........ E+B $ 95-128, D+B $ 108-136
- **PALATIN**, 4 Agrippas St, Tel 6231141, Fax 6259323, www.palatinhotel.com; Haus von 1936, auf halben Weg zwischen CBS und Altstadt, nett eingerichtet, AC, TV, WLAN gratis, mF........ E+B $ 85-99, D+B $ 95-165
- **LEV YERUSHALAYIM (ROYAL PLAZA)**, 18 King George St, Tel 5300333, Fax 6232432, www.levyerushalayim.co.il; Apartmenthotel mit nicht allzu üppigen Apartments, aber freundlich und sauber, Mehadrin-Frühstück plus € 12 .... E+B ab € 67, D+B ab € 96
- **RABIN INTERNATIONAL YOUTH HOSTEL**, 1 Nakhman Avigad St (Giv'at Ram, zw. Universität & Israel Museum, Egged-Busse 9 & 17), Tel 5945511, Reservieren 159 9510511, Fax 6796566, www.iyha.org.il; recht groß, gute Location für den Westen der Weststadt, AC, TV, mF.... E+B $ 82, D+B $ 98
- **AGRON INTERNATIONAL YOUTH HOSTEL**, 6 Gershon Agron St (Egged-Busse 7, 8, 14, 31, 32), Tel 5945522, Reservieren 159 9510511, Fax 6221124, www.iyha.org.il; weniger modern als das Rabin Hostel, doch übersichtlicher, Rezeption 7-23 (Achtung Shabbat), AC, TV, Internet, mF. E+B $ 76, D+B $ 97
- **HABIRA**, 4 HaHavazelet St, Tel 6255754, Fax 6233513, www.hotel-habira.co.il; Nähe Kikar Zion, einfach eingerichtet, sauber, relativ kleine Zimmer, TV, mF........ E+B $ 67, D+B $ 89

- **ABRAHAM HOSTEL**, 67 HaNevi'im St/Davidka Sq, Tel 6502200, www.abrahamhostels.co, auf halbem Weg zwischen CBS u. Altstadt, freundlich, sauber & preiswert, Touren (Altstadt gratis) AC, WLAN gratis, mF .... Dorm ₪ 70-100, E+B ₪ 240-360, D+B ₪ 270-400
- **BEIT BEN YEHUDA**, 28 En Gedi St (Talpiot), Tel 6730124, www.beit-ben-yehuda.org; das internationale Begegnungszentrum der Aktion Sühnezeichen im Haus des Erfinders des modernen Hebräisch steht auch Individualreisenden offen, Sprachkurse, freundlich, nett eingerichtet, auch barrierefrei, Küche, AC, WLAN gratis, gute Busanbindung, mF...... Dorm (6er) ab € 20 pP, E+B € 55-75, D+B € 70-90
- **GESHER GUEST HOUSE**, 10 King David St, Tel 6228000, Fax 6228080, www.gesher.co.il; eine Stiftung für Brückenbau zwischen den jüdischen Gruppierungen Israels, AC, TV, WLAN gratis (funktioniert nicht überall), Mahlzeiten extra (Frühstück ca. ₪ 30) .... E+B ₪ 200-400, D+B ₪ 250-450
- **JERUSALEM HOSTEL**, 44 Yafo St (am Kikar Zion), Tel 6236102, Fax 6236092, www.jerusalem-hostel.com; starker Verkehrslärm, aber gut in Schuss, mF .... Dorm ₪ 80, E+B ₪ 200-310, D+B ₪ 250-340
- **JERUSALEM LITTLE HOTEL**, 40 Yafo St (gehört zum Jerusalem Hostel), Tel 6236102, Fax 6236092, http://jerusalem-little-hotel.com; kürzlich eröffnet, gute Location, hell und freundlich eingerichtet, sauber, Gemeinschaftsküche, günstig für Familien, WLAN gratis, mF .... E+B ₪ 200-230, D+B ₪ 250
- **ALLENBY #2**, 2 Allenby Square, (nördlich der CBS), Tel 052 2578493, www.bnb.co.il/allenby/index.htm, sehr günstig zur Central Busstation gelegen, Jerusalem Museum und Ben Yehuda Mall in Fußgängerreichweite, sehr sauber, gut eingerichtet, unterschiedliche Raumkapazität, Rabatte möglich, mF .... E ab $ 30, D $ 35-55, E+B $ 30-55, D+B ab $ 85

Ostjerusalem

Die hier interessierenden Hotels konzentrieren sich bis auf wenige Ausnahmen hauptsächlich an der Salah EdDin und der Nablus St; sie liegen so nahe an der Altstadt, dass man auch zu einer Verschnaufpause ins Zimmer zurückkehren kann. Allerdings sind beide Straßen – besonders die Salah EdDin St – stark frequentiert, also laut und abgasreich.

NOTRE DAME OF JERUSALEM CENTER, HaZanhanim St gegenüber dem Neuen Tor; Tel 6279111, Fax 6271995, www.notredamecenter.org; dominantes Gebäude mit Marienstatue, stimmungsvolle Architektur der vorletzten Jahrhundertwende, frisch renoviert, gut eingerichtet, großzügige Räume, sehr sauber, tolles Roof Top Restaurant, AC, mF .... E+B $ 160, D+B $ 200

LEGACY, 29 Nablus St (beim US-Konsulat), Tel 6270800, Fax 6277739, www.jerusalemlegacy.com; gehört zum Ost-Jerusalemer YMCA, Pool & Wellness (auch *Champion's* Sports Bar, Happy Hour 17-19), Terrasse & Garten, nett eingerichtet, gutes Preis-Leistungsverhältnis, AC, TV, WLAN, mF .... E+B $ 160, D+B $ 180

NATIONAL, 4 AsSahra St, Tel 6278880, Fax 6277007, www.nationalhotel-jerusalem.com; als Boutique-Hotel 2012 wiedereröffnet, modern-luxuriös, AC, TV, WLAN gratis, Parkplätze, mF .... E+B $ 155, D+B $ 199

GOLDEN WALLS, Sultan Suleiman St (zwischen Damaskus- und Herodestor), Tel 6272416, Fax 6264658, www.goldenwalls.com; gutes und stilvolles Hotel, 2007 renoviert, den Busbahnhof halten gute Doppelfenster außerhalb, Lobby etwas plüschig, sehr sauber, AC, TV, Parkplätze, mF .... E+B $ 150-198, D+B $ 180-242

CHRISTMAS, 1 Ali Ibn Abu Talib St, Tel 6282588 o. 6282533, Fax 6264417, www.christmas-hotel.com; unweit des American Colony Hotels, angenehme Einrichtung, guter Service, Restaurant und Garten, AC, TV, WLAN, mF .... E+B $ 150-160, D+B $ 180-190, Suiten ab $ 220

RITZ, 8 Ibn Khaldun St, Tel 6269900, Fax 6269910, www.jerusalemritz.com; freundlich, sauber,

4

Dachterrasse im Sommer mit Bar, Lobby etwas überakustisch, WLAN überall, mF........E+B $ 140, D+B $ 160, 3er+B $ 180

JERUSALEM, Nablus St, Tel/Fax 6283282, www.jrshotel.com; wegen Busverkehrs laute Straßenecke, lauschiger Vorgarten mit gutem libanesischen Restaurant (Mo/Fr arabische Live-Musik), christlicher Familienbetrieb, guter Eindruck, hübsch eingerichtete, traditionell hohe Räume, TV, WLAN überall, mF........E+B $ 117-160, D+B $ 162-220

COMMODORE, Samual Ben Adaya St, Tel 6271414, Fax 6284701, www.commodore-jer.com; ziemlich weit abseits der Altstadt an der (lauten) zum Ölberg führenden Straße gelegen, große Zimmer, gut eingerichtet, sehr sauber, frisch renoviert, AC, WLAN gratis, mF ....E+B $ 115-125, D+B $ 129-160

AMBASSADOR, 56 Nablus St (etwas verbaut zur Har HaZetim St), Tel 5412222, Fax 5828202, www.jerusalemambassador.com; 15 Minuten Fußweg zur Altstadt........E+B $ 112-154, D+B $ 124-169

ST. GEORGE'S CATHEDRAL GUEST HOUSE, 20 Nablus St, Tel 6283302, Fax 6282253; sehr stimmungsvoller Innenhof mit Garten, sehr guter Eindruck, TV, mF ....E+B $ 110, D+B $ 150

HOLY LAND (EAST), 6 Harun ArRashid St (unweit Herodestor), Tel 6284841, Fax 6280265, www.holylandhotel.com; freundlich, angejahrt, aber sauber, Straßenlärm kaum hörbar, schöner Blick auf Felsendom, AC, mF........E+B $ 105-135, D+B $ 145-215

SEVEN ARCHES, Rub'a AlAdawiya St, Mt. of Olives, Tel 6267777, Fax 6271319, www.7arches.com; (siehe S. 140), spektakulärer Blick auf Alt- und Neustadt, aber in die Jahre gekommen, mF........E+B $ 100, D+B $ 130

AsSAHRA, 13 AsSahra St (ruhige Seitenstraße der Salah EdDin St), Tel 6282447, Fax 6283960, www.azzahrahotel.com; früher Privathaus, gute italienisch-arabische Küche, freundlich, sauber, AC, WLAN, mF........E+B $ 85-110, D+B $ 130-160, 3er $ 150-215

ST. THOMAS HOME, 6 Chaldean St/Nablus St, Tel 6282657, Fax 6264684, ronniemontana@gmail.com; Zentrum der syrisch-katholischen Christen, freundlich, hübsche Kirche, aber Unterkunft eher für Gruppen – für Einzelreisende zu kostspielig: Einrichtung einfach, teils schmuddelig, Betten kurz, Bad klein, manchmal laut, mF........E+B $ 85-95, D+B $ 110-120

NEW METROPOLE, 8 Salah EdDin St, Tel 6283846, Fax 6277485; einfach, sauber, Kühlschrank, TV, AC, mF........E+B $ 75, D+B $ 99

CAPITOL, 17 Salah EdDin St, Tel 6282561, Fax 6264352; etwas von der Straße zurückgesetzt, viele Zimmer mit Balkon, große Räume, gut möbliert, Zimmersafe, Kühlschrank, AC, holzgetäfelte Bar, angenehme Lobby, mF........E+B $ 70-75, D+B $ 85-99

RIVOLI, 3 Salah EdDin St, Tel 6284871, Fax 6274879, www.booking.com; eher einfach, sauber, nicht überlaufen, sehr nah zur Altstadt, ein von der Straße abgewandtes Zimmer nehmen, mF........E+B $ 65, D+B $ 75

MOUNT OF OLIVES HOTEL, 53 Mount of Olives St (bei der Himmelfahrtsmoschee), Tel 6284877, Fax 6264427, www.mtolives.com; Familienbetrieb, gute Aussicht, sauber und ruhig, mF........E+B $ 60-72, D+B $ 82-98

Camping

Einen Camping- oder Zeltplatz sucht man im Jerusalemer Bereich derzeit vergeblich. Wohnmobile können nachts relativ ungestört auf dem großen Parkplatz am Zionstor (tagsüber dunkle Abgaswolken von Reisebussen), an der Windmühle im Künstlerviertel oder auf dem Parkplatz des Israel Museums stehen. Leser fanden den sehr großen Parkplatz des Hotels Ramat Rahel in der gleichnamigen Siedlung im Südosten an der Straße nach Hebron brauchbar; dort endet der Egged-Bus Nr. 7, mit dem man bequem in die Stadt fahren kann (eventuell ist Busfahrertoilette benutzbar).

Tel Aviv und Umgebung

Ein Strand mit Stadt

Tel Aviv bedeutet *Frühlingshügel*. Die zweitgrößte Stadt Israels kokettiert ein bisschen mit diesem Begriff, denn sie verkörpert den Aufbruch in die neue Zeit wie keine andere in diesem Land. Seit ihrer Gründung 1909 ist sie **förmlich explodiert**; heute beherbergt sie rund 410 000, der Großraum Tel Aviv über 3,5 Millionen Menschen. Hier werden Wirtschaft und das moderne Leben des Landes ganz entscheidend angetrieben. Diese Stadt ist 24 Stunden lebendig, getreu dem Satz: „In Jerusalem wird gebetet, in Haifa gearbeitet und in Tel Aviv gelebt."

Am heftigsten lebt man am Freitagabend, dann ist laut einem Hotelier „die Hölle los" – am Samstagvormittag „sind die Helden müde" und kommen erst nachmittags wieder richtig in Schwung. Die einschlägigen Straßen gleichen Müllhalden, weil den Nachtmenschen alles aus der Hand fällt und die Müllabfuhr am Shabbat nicht arbeiten darf. Ab 19 Uhr öffnen samstags bereits viele Geschäfte. Für die nicht wenigen Angestellten beginnt die Arbeitswoche tatsächlich, wie im jüdischen Kalender vorgesehen, am Samstagabend. Doch für die Yuppies, für das Establishment, das diese Metropole Tag und Nacht antreibt, beginnt das richtige Leben erst nach Mitternacht, wenn die angesagten Lounges und Clubs öffnen und man die Freunde trifft, mit denen man nachmittags surfen war.

Am Autobahnkreuz der 1&4 bei Kholon entsteht östlich von Tel Aviv der Ariel-Sharon-Park – auf der einst widerlichsten Müllkippe Israels

Schließlich ist das Durchschnittsalter der Einwohner nicht mal 35 Jahre, und sie kommen oder sind Abkömmlinge aller Nationen, in denen Juden leben oder lebten – Irak, Russland, Usbekistan, Polen, Jemen, Deutschland, USA ... Kein Wunder also, dass Tel Aviv seit 2011 Zentrum der **Sozialproteste** gegen steigende Mieten und Lebenshaltungskosten ist: Sie zählt zu den **50 teuersten Städten** der Welt noch vor Paris und New York.

Tel Aviv schläft angeblich nie, man misst sich hier, etwas überheblich vielleicht, mit dem Leben in abendländischen Metropolen –. Wer sich nicht die halbe oder ganze Nacht in Restaurants und Diskos um die Ohren schlägt, sitzt surfend vor dem Bildschirm oder knobelt neue Software aus. Rund 1000 Computerfirmen sorgen dafür, dass sich der Ruf der Stadt vom israelischen ***Silicon Wadi*** festigt und die Freaks einen Job finden – Tel Aviv zählt weltweit zu den zehn wichtigsten HighTech-Städten. Aber auch TV-Studios, Plattenfirmen oder Werbeagenturen geben der Stadt den Touch von Moderne, Unbändigkeit und Dynamik. Auch für der **Haute Couture** und **Cuisine** liefert Tel Aviv eigenständige Beiträge, die so auch nur hier entstanden sein können. Die Mädchen, die hübschesten der Welt, probieren den Catwalk auf hohen Plateauschuhen oder Stilettos grazil und elegant um die Löcher in den Bürgersteigen herum, tragen ihre Reize an den endlosen Stränden zur Schau, damit die Surfer auf den Wellen sich nicht zu weit ins Meer wagen.

Tel Aviv ist nicht prüde. Die erste ***Love Parade*** fand zwar erst 1998 statt, ist aber wie die *Gay Pride* eine feste Institution. 2008 schließlich öffnete Israels erstes Sex-Festival seine Pforten. Die sogenannte „Zweite Bürgermeisterin" ist zumindest im Ausland bekannter als der erste Bürgermeister, sie war einmal ein Mann, nennt sich **Dana International** und holte 1998 als Popsängerin mit dem Schlager „Viva la Diva" den Grand Prix d'Eurovision nach Israel, besser nach Tel Aviv. Das hat ihr die Szene bis heute nicht vergessen. In Jerusalem würde sie gesteinigt, die Ultraorthodoxen verunglimpfen sie als „Stimme Satans". Aber Tel Aviv ist frei und selbstbewusst genug, auch den Extremen den Freiraum zum Atmen und Lebensraum zu ermöglichen.

Man muss das alles ein bisschen im Kopf haben, wenn man auf dem Ben Gurion Flughafen vom Himmel fällt und in Tel Aviv landet. Denn eine Schönheit ist diese Stadt keineswegs. In Eile gewachsen, fast möchte man meinen, für jedes Einwandererschiff wurde wieder ein Stück hinzugebaut, macht die Masse der Häuser, abgesehen vom **Bauhaus-Weltkulturerbe** wenig her. Der Salzwasserwind von Westen her lässt die Häuser früher altern als anderswo, angereichert von einer Luftverschmutzung, die nach Erkenntnissen der Analytiker zu den schlimmsten der Welt zählt und im Jahr rund 1100 Opfer fordert.

Gerade in Tel Aviv fällt auch die „**Jalousien-Architektur**" der älteren israelischen Häuser sehr deutlich auf. Die schattenspendenden und in Zeiten, bevor man sich Klimaanlagen leisten konnte, dringend nötigen Jalousien bedecken meist die gesamte Fensterfront einschließlich der Balkone oder Veranden. Diese Lamellen-Fassaden lassen die Häuser ziemlich uniform, geradlinig und einfallslos aussehen. Bei den neueren Bauten hingegen lassen die Architekten ihre Fantasie spielen; sowohl beim Einfamilienhaus wie auch bei den Stadthochhäusern sieht man interessante bis ungewöhnliche Lösungen.

Wer von der Fassade der Luxushotelburgen in Strandnähe nach Osten wandert und nicht die modernen Bürohochhäuser ins Visier nimmt, der stößt immer wieder – selbst an der Strandpromenade – auf verfallende **Hausruinen** und "Trümmergrundstücke". Eher stolpert man über die holprigen Bürgersteige, als dass man leichten Schrittes dahinlaufen könnte, und den ziemlich allgegenwärtigen Hundekot sollte man im Auge behalten. Tel Aviv zeigt wie keine andere israelische Stadt **zwei Gesichter**: Wenn man am Shabbat durch die leeren Straßen wandert, fällt das abgehärmte, ja morbide Fassadengesicht besonders krass ins Auge, doch ab Sonntagmorgen treibt einen die Hetze und Dynamik der Geldmaschine vorwärts, verdeckt alles und lässt keinen Augenblick der Betrachtung zu.

Aber Tel Aviv ist nicht nur die Hauptstadt von Kommerz und Freizeit, sondern auch die der **Musik, Kunst** und **Kultur**. Gute zwei Dutzend Theater, Konzertsäle, Mehrzweckbühnen, Museen und noch mehr Galerien bieten jede Menge Abwechslung für die vielen Kunstfanatiker der Stadt. Wenn auch die meisten kulturellen Veranstaltungen bald ausgebucht sind, so findet sich doch für den Fremden häufig noch ein Platz. Doch die meisten Besucher kommen wegen der meilenlangen Strände in die Großstadt am Meer, sie wollen sonnenbaden, schwimmen, surfen oder sich sonstwie vergnügen.

Selbst in der Historie hat die Stadt mit dem 4000 Jahre alten Jaffa, den Ausgrabungen am Tel Qasile und den Museen eine Menge zu bieten. Und wer am Tag noch nicht genug unternommen hat, kann sich in den Kneipen und Pin-

Sehenswertes

****Lebendigste Stadt Israels**, Tag und Nacht in Aktion
****Erez Israel Museum,** sehr interessantes Museum mit breit gefächertem Angebot von der Ausgrabung bis zur Münzsammlung, S. 232
****Museum of the Diaspora**, eindrucksvolle Dokumentation des Judentums während der Diasporazeit, S. 234
***Die Weiße Stadt**, tausende Häuser im Bauhaus-Stil, seit 2003 UNESCO-Weltkulturerbe, S. 228
***Jaffa**, uralte Hafenstadt, deren arabisches Zentrum renoviert und als Künstlerkolonie ausgebaut wurde; diverse historische Denkmäler, S. 235
***Museum of Art**, sehr gut ausgestattetes modernes Kunstmuseum (Picasso, Kandinsky u.a.), S.231
***Tolle Strände**, jedoch während der Badesaison sehr überfüllt, S. 225
Bialik House und **Rubin Museum** (beide Bialik St), Haus des Dichters Bialik und Haus des Malers Rubin, beide lohnend, S. 227
Karmel Markt, lebendiger, ein bisschen orientalischer Markt für den täglichen Bedarf; in der Nähe Kleidermarkt und Fußgängerzone, S. 228
Asrieli Center, Hochhaus mit Aussichtsterrasse und tollem Blick über das Häusermeer, S. 230
Safari Park, befahrbarer Wildpark mit vielen afrikanischen Tieren, S. 234
*Kikar Dizengoff**, Mittelpunkt im Stadtzentrum, sehr geschäftig, Light & Fire Fountain, S. 226
*Kikar Yitzkhak Rabin und Rathaus**, hier wurde 1995 Rabin ermordet, S. 231

ten, den Discos und Nachtclubs bis zum frühen Morgen amüsieren.

Praktische Informationen

Tel Aviv kennenlernen

Geschichte: *Die eigentliche Geschichte der Großregion Tel Aviv beginnt in Jaffa (Yafo), der südlich von Tel Aviv gelegenen arabischen Stadt. Dort überragt ein 37 m hoher Steinhügel den natürlichen Hafen, der schon in der Antike Siedler anzog. Schenkt man jüdischer Überlieferung Glauben, dann gründete Noahs Sohn Japhet den Ort nach dem Ende der Sintflut, auf Japhet geht sowohl der Ortsname Jaffa als auch der Straßenname Yefet zurück. Für die Griechen besaß der im Hafen liegende Felsen Bedeutung, weil an ihn die schöne Andromeda gefesselt war. Zum Glück befreite sie der Sohn von Zeus und Danae, Heros Perseus, bevor ihr größeres Unheil*

Tel Aviv 1909: Verlosung der ersten Grundstücke

A Schweizer Botschaft
B Ägyptische Botschaft
C Gordon Bad
D Yachthafen
E Gan Ha'Ir Shopping
F Rathaus
G Kikar Dizengoff
H Dizengoff Center
I Deutsche Botschaft
J Museum of Art, TAPAC
K Ben Gurion House
L Opera Tower
M Bialik House, Rubin House
N Mann Auditorium, Habimah Theater
O Kleidermarkt
P Karmel Markt, Kikar Magen David
Q Delfinarium
R Shalom Tower
S Hagana Museum
T Independence Hall
U Block Club
V Suzanne Dellal Center
Hilton
Marina
Gordon
Frishman
Bograshov
Trumpeldor
Yerushalayim
Ge'ula
Aviv
Kikar Atarim
HaYarkon
Ben Yehuda
Basel
Jabotinski
Arlosoroff
David Ben Gurion
Shlomo HaMelekh
Gordon
Dizengoff
Reines
Mapu
Frishman
Mendele
Kikar Y. Rabi
Herbert-Samuel-Promenade
Bograshov
Pinsker
King George
Trumpeldor
Dizengoff
Ben Zion
Idelson
Allenby
Ge'ula
Rav Kook
Kikar HaTizmo
Marmore
Achad HaAm
Rothschild
Jemenitisches Viertel
Sheinkin
Yehuda HaLevi
Daniel
HaKovshim
Karmelit CBS
Kalisher
HaCarmel
Balfour
Hassan Beq
Nakhalat Binyamin
Nakhmani
Charles Clore Park
Kaufmann
David Interconti
Dan Panorama
HaMeret
Trade Tower
Yekhezkel
En Ya'akov
Neve Zedeq
Pines
Herzl
Rothschild
Lilienblum
Yehuda HaLevi
Gan HaHashmal
HaRakevet
Shabazi
Shlush
Yehieli
Rokach
Yafo
Florentine
Etzel Museum
HaTakhana

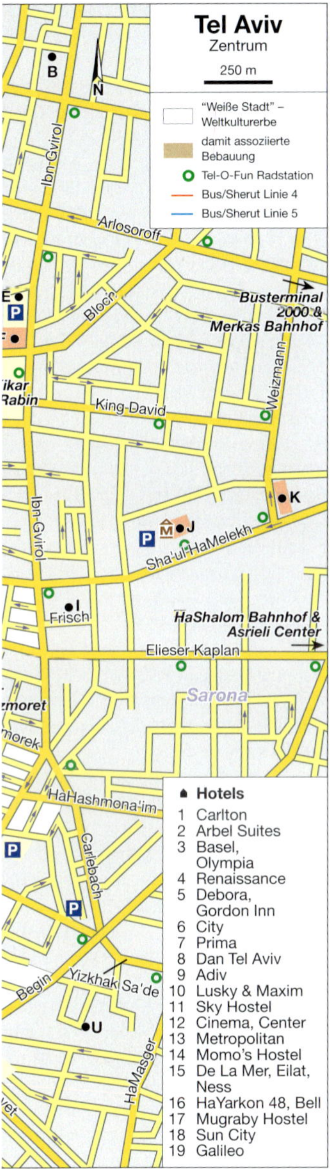

widerfuhr. Das Alte Testament wiederum verbindet Jaffa mit dem Propheten Jona, der – vor Gott flüchtend – bei heftigem Sturm vom Schiff geworfen, von einem großen Fisch verschlungen und im Hafen wieder ausgespien wurde. Schließlich berichtet auch das Neue Testament, dass der Apostel Petrus in Jaffa wohnte.

Ausgrabungen am Hügel von Jaffa beweisen, dass sich die Besiedlung bis zur ägyptischen Hyksoszeit (18.-16. Jh vC) verfolgen lässt. Danach hinterließen die Pharaonen Thutmosis III. und Ramses II. ihre Spuren. Ab dem 12. Jh vC dominierten die Philister. König David eroberte Jaffa um 1000 vC, Salomo benutzte den Hafen zur Einfuhr von Libanon-Zedern für den Tempelbau. Dann ging Jaffa in phönizische Hände über, im 3. Jh vC machten sich die Griechen breit, die 142 vC vor den Makkabäern kapitulierten. Als im 1. Jh vC die Römer den Hafen Caesarea gründeten, verlor Jaffa massiv an Bedeutung. Zu Beginn der christlichen Ära wurde die Siedlung durch den Aufenthalt des Apostels Petrus bekannt, im 4. Jh wurde sie Bischofssitz.

Die arabische Eroberung 632 setzte der christlichen Zeit ein abruptes Ende. Die Omaijaden wie auch die Abbasiden verhalfen der Stadt zu neuer Blüte – bis sie die Kreuzfahrer 1099 zerstörten, aber für die Jerusalem-Pilger mit neuen Mauern wieder aufbauten. Nachdem 1267 die Mamluken die Kreuzfahrer vertrieben hatten, versank Jaffa in die Bedeutungslosigkeit. 1650 durften die Franziskaner eine Kirche und eine Pilgerherberge bauen. 1799 wurde Jaffa während des Ägypten-Feldzugs von Napoleon erobert. Glanz kam erst 1807 in die alten Mauern, als Mahmut, der wegen seiner Strenge Abu Nebut (Vater der Keule) genannt wurde, Pascha von Gaza wurde und in Jaffa seine Residenz erbaute. Das Serail – heute als Museum genutzt –, eine Moschee und der Brunnen Abu Nebut gehen auf den strengen Pascha zurück. 1834 eroberten die Ägypter unter Ibrahim Jaffa. Sie gründeten den Vorort Abu Kabir.

Langsam kamen auch die Europäer und Amerikaner nach Jaffa bzw. in seine Umgebung. So siedelten die deutschen Templer 1869 auf einem Platz, den Amerikaner aufgegeben hatten und den sie Jaffa-Walhalla nannten. Nördlich davon entstanden 1891 jüdische Siedlungen namens Neve Zedeq und Neve Shalom. Den Grundstein zum heutigen Tel Aviv legten russische Juden, die 1909 den nördlichen Vorort Achusat

5

Bayit gründeten, 1910 erhielt die Siedlung den Namen Tel Aviv, 1921 wurde sie eine selbstständige Stadt. 1924 gingen die Lichter an: Tel Aviv erhielt als erste Stadt Palästinas mit dem Bau eines Kraftwerks elektrischen Strom – im heutigen pulsierenden Modeviertel Gan HaHashmal. 1936 wurde der Hafen von Jaffa geschlossen, Tel Aviv baute eigene Hafenanlagen.

Die jüdischen Siedler wurden von den Palästinensern nicht gerade geliebt, in den Jahren 1921 bis 1939 wehrten sie sich immer wieder durch Aufstände in Jaffa gegen die Landnahme.

Während des Unabhängigkeitskrieges eroberten israelische Truppen 1948 Jaffa. Ben Gurion proklamierte am 14. Mai 1948 den Staat Israel in Tel Aviv im ehemaligen Haus des ersten Bürgermeisters, Meir Dizengoff. Ein Jahr später wurde Jaffa mit Tel Aviv zu Tel Aviv-Yafo vereint. Heute leben nur noch wenige Palästinenser in Jaffa.

Im Golfkrieg 1991 gegen den Irak versuchte Saddam Hussein, Israel durch Raketenbeschuss auf Tel Aviv in den Krieg zu ziehen. Die Bewohner erlebten schlimme Tage und noch schlimmere Nächte, weil bei jeder einschlagenden Rakete die Freisetzung von Giftgas befürchtet wurde, aber die Provokation gelang nicht. Heute liegt die Stadt noch sicher außerhalb der Qassam-Raketen aus dem Gazastreifen, so dass vom Nahostkonflikt bei der 100. Geburtstagsfeier Tel Avivs 2009 praktisch nichts zu spüren war.

Ein kurzer Überblick

Schon ein Blick aus dem Flugzeug offenbart die breiten **Sandstrände** der Stadt; Sandstrände, die im Sommer dicht bedeckt sind von Badehungrigen und Sonnenanbetern.

Erst ein Blick aus einem der exklusiven Hotels am Strand lässt den goldgelben Sand erkennen, den die badefreudigen Bewohner fast vollständig bedecken. Doch wenige Meter landeinwärts nach der Strandpromenade schlägt das Herz der Industrie- und Geschäftsmetropole Israels mit hektischem Büroalltag, verstopften Straßen, mondänen Geschäften. Aber zwischen all den Büros und Fabriken gibt es noch offene Märkte und Tante-Emma-Läden, stehen noch Wohnhäuser in gepflegten Gartengrundstücken. Wo beginnt man mit der Stadtbesichtigung, mit dem Kennenlernen von Tel Aviv? Jeder Besucher wird den bzw. die Strände sehen wollen.

Wenn Sie also nicht in einem der vielen Hotels direkt am Meer wohnen, sollten Sie immer nach Westen marschieren, der breite Sandstrand ist nicht zu verfehlen. Es lohnt sich allerdings, etwas zielgerecht zu wandern, denn das meiste Leben und Treiben herrscht etwa im Abschnitt zwischen der Marina im Norden und dem *Charles Clore Park* im Süden. Schon bei Sonnenaufgang treten hier Jogger erste Spuren in den Sand, der kurz zuvor von fleißigen Menschen gesäubert und geglättet wurde. Spaziergänger wandern am Wasser entlang, Gymnastikgruppen bemühen sich um ihre Gesundheit und Sonnenanbeter stecken – im Sommer – ihre Claims per Handtuch oder Liegestuhl ab. Cafés und Restaurants, Souvenirshops und Imbissstände säumen diesen Strandabschnitt. Hier kommen Badefreunde, die ungern allein am Strand und im Wasser sind, voll auf ihre Kosten.

Der von Touristen am meisten frequentierte Strand ist der **Gordon Beach** gegenüber dem Ende der gleichnamigen Straße und knapp südlich vom Kikar Atarim.

Die Strandlage hat denn auch die Stadtplanung diktiert: Von Nord nach Süd ziehen sich die bekanntesten Straßen nahezu parallel zum Strand. Die von Hotels gesäumte HaYarkon St liegt am nächsten zum Wasser, ein bis zwei Blocks östlicher verläuft die lebendige Ben Yehuda St mit vielen Hostels, preiswerteren Restaurants und Shops, sie geht später in die Allenby St über. Um ähnliche Distanz versetzt, zieht sich die Dizengoff St zunächst von Nord nach Süd; sie wird als die größte Shopping-Straße apostrophiert, wendet sich aber bald nach dem Kikar Dizengoff nach Osten in die touristische Bedeutungslosigkeit. Von den West-Ost-Verbindungen sind die Arlosorov, Ben Gurion, Gordon und Frishman St von Bedeutung.

Die ***Strände

Für viele Besucher gehören die Badestrände zum Besten, was Tel Aviv zu bieten hat. Sie werden allmorgendlich gesäubert und gepflegt, Restaurants, Snackbars oder mondäne Cafés sorgen fürs leibliche Wohl, Lebensretterstationen für die Sicherheit. Überall hört man das PingPong von **Matkot**, dem israelischen Speckbrettspiel mit squash-ähnlichem Ball. Manchen gilt es bereits als israelischer Nationalsportart.

Die größten Strandtennis-Künstler treffen sich am Gordon Beach, vor allem am Shabbat, und die größten Fans mussten ihrer Leidenschaft ein Museum widmen (Stadtteil Neve Zedeq, 61 Shabazi St). An Sommerabenden, vor allem im Juli und August, gibt es an der Herbert Samuel Promenade Musik, Theateraufführungen, Folklore und Tanz; „nur" Musik aber auch an vielen anderen Stellen.

Parallel zum Wasser verläuft im nördlicheren Bereich ein lohnenswerter Spazierweg, von dem aus sich die Lage recht gut erschließt, vor allem, wenn man nicht in einem der Strandhochhaus-Hotels wohnt. Man sollte den Spaziergang im Park **Gan HaAzma'ut** beginnen (übrigens ein Treff der Gay Szene), der gleich nördlich des Hilton Hotels etwas erhöht auf einer Düne liegt (dort endet die HaYarkon-Querstraße Nordau St). Der Strand unterhalb des Parks repräsentiert die ganze verrückte Bandbreite Tel Avivs auf wenigen Quadratmetern: Der nördliche Nordau Beach wird im Wechsel von ultraorthodox-jüdischen Männern und Frauen besucht – und direkt am Strand südlich davon treffen sich die anderweitig gleichgeschlechtlich Interessierten aus dem Park am nördlichen Hilton Beach.

Wichtig für Schwimmer

Viele Strände werden von Rettungsschwimmern überwacht. Die Bedeutung der am Strand aufgezogenen Flaggen:

- **Weiße Flagge:** Keine Gefahr
- **Rote Flagge:** Schwimmen gefährlich
- **Schwarze Flagge:** Schwimmen verboten

Beachten Sie diese Zeichen unbedingt, besonders das schwarze, denn es gibt heimtückische Strömungen, denen auch die besten Schwimmer nicht gewachsen sind. An den Stränden sind Zonen für Ballspiele abgegrenzt, an die man sich halten sollte.

Strand und Skyline von Tel Aviv

Man passiert die Vorderfront des Hilton und den folgenden, ebenfalls recht hübsch angelegten Spiegel Park und hat von dort aus einen „Postkarten"-Blick über die Palmen des öffentlichen, hufeisenförmigen Gordon-Bades hinweg nach Süden, von der Silhouette Jaffas begrenzt. Hier geht man am besten hinunter zum Strand und setzt den Weg in südlicher Richtung fort; wer Lust hat bis Jaffa.

Von Ferne sieht die Wasserfront der Stadt wie ein zusammenhängender Strand aus. Vor Ort differenziert man. Angefangen am alten Hafen Tel Avivs, heißen die Strände von Nord nach Süd meist nach den an ihnen endenden Straßen:

- MEZIZIM BEACH, war für Familien nicht schlecht, jetzt aber wegen der Nähe zum Vergnügungsviertel am Tel Aviv Port dichter von jungen Leuten belagert
- NORDAU BEACH, hoch eingefriedete, ultraorthodoxe Badefreuden – So, Di, Do sind nur Frauen erlaubt, auch Touristinnen! – am Shabbat können alle anderen einmal hinter den Sichtschutz schauen. Gleich südlich davon sind Hunde erlaubt, was kultische Reinheit nicht zu beeinträchtigen scheint
- HILTON BEACH, sauber und eher ruhig, beliebt auch bei Surfern
- MARINA BEACH, noch mehr Wassersportler unterwegs
- GORDON und FRISHMAN BEACH gehen eigentlich ineinander über, sind überlaufen, viele Touristen
- BOGRASHOV BEACH
- TRUMPELDOR BEACH
- YERUSHALAYIM BEACH
- GE'ULA BEACH
- AVIV (auch: BANANA oder DOLFINARIUM) BEACH, hier ist der Sandstrand unterbrochen. Party, Trommeln, Vorführungen meistens hier
- CHARLES CLORE PARK (auch: ALMA BEACH)

Hier beginnt die **Familienidylle** mit Stuhl, Tisch und Grill, großen Kühltaschen, manchmal sogar Kühlschränken, Liegen etc. Je näher man Jaffa kommt, umso häufiger trifft man arabische Familien; die Frauen gehen meist komplett angezogen ins Wasser; wohlgemerkt, gehen, nicht schwimmen.

In Tel Aviv zählt **Wassersport** eher als Nebensache, es geht mehr darum, sich zu zeigen, sonnenzubaden, ein bisschen zu schwimmen oder dem anderen Geschlecht zu imponieren. Windsurfen scheint sehr populär zu sein, wenn man aber die scheinbar vielen Surfer in Relation zu den Massen Sonnenbader setzt, dann machen sie wenige Promille oder Prozent aus. Als einer der beliebtesten Surfplätze gilt die Bucht vor Jaffa. Falls es Sie selber packt: Bei Yamit Y.S.B. an der Marina bekommen Sie jedes Gerät, das Sie brauchen, Tel 5271777, www.yamitysb.co.il (hebr.). Leihgerät und Unterricht gibt es nördlich des Clore Parks beim www.israelsurfclub.co.il, Tel 5103439.

Trotz aller Lebenslust sollte man die Realität nicht aus den Augen verlieren. **Taschendiebe** lieben derartige Menschenansammlungen und schlagen unerbittlich zu. Frauen sollten nachts nicht allein am Strand herumwandern oder gar dort schlafen; tagsüber kann die Anmache sich unwiderstehlich fühlender Männer sehr nervig für Frauen sein, die allein sind.

Südlich des Zentrums

Wir wollen die Stadtbesichtigung von Tel Aviv in einen südlich und einen nördlich orientierten Spaziergang aufteilen und am zentralen, stadtbekannten Dizengoff-Platz – ***Kikar Dizengoff** (auch Kikar Zina) – beginnen. Diese Besichtigungswege korrespondieren größtenteils mit der *Orange Route 1* der Touristenorganisation, die durch orange Pfeile gekennzeichnet ist.

Der Kikar Dizengoff ist nach dem ersten Bürgermeister Tel Avivs benannt. Die Fahrbahnen der Dizengoff St sind mit einer Fußgängerebene überbrückt, auf der man die **Light and Fire Fountain** bewundern kann. Der Künstler Yaacov Agam schuf dieses computergesteuerte Meisterwerk: Stündlich finden illuminierte, musikalisch untermalte Wasserspiele statt.

Gehen Sie nun die Pinsker St nach Süden. Die fünfte links abzweigende Straße ist die Idelson St, der Sie bis zum Bialik-Platz folgen. Sollten

Light and Fire Fountain in Ruhestellung

Sie diese Besichtigung lieber von der Hotelgegend, also von Westen her, starten, dann gehen Sie von der Ben Yehuda St aus direkt in die Idelson St (erste südlich der Trumpeldor St) und geradeaus in die Bialik St. Diese knickt bald in einer Rechtskurve nach Süden ab. Im Kreisel steht ein moderner Brunnen, nördlich davon in der Nr. 27 – Tel Avivs schmuckes Rathaus 1925-1965 – befindet sich das **Museum zur Stadtgeschichte** Tel Aviv-Yafos (Mo-Do 9-17, Fr/Sa 10-14, http://beithair.org), östlich davon in der Nr. 26 das **Music Center and Library of Felicia Blumental**, www.fbmc.co.il. Hier gibt es Konzerte, aber das große Frühjahrs-Festival findet im Tel Aviver Kunstmuseum statt: www.blumentalfestival.com.

Das übernächste Haus Nr. 22 heißt ****Bialik House** (Mo-Do 11-17, Fr/Sa 10-14, ₪ 20) mit dem Museum und der Bibliothek von einem der größten Dichter Israels, Chaim Nachman Bialik. Dieses Haus ist nicht nur als Museum interessant, sondern auch als Wohnhaus des Schriftstellers. Hier kann man die Wohnkultur der 1920er und 30er Jahre etwas nachvollziehen, zumal auch die Wohngegend typisch für damals bessergestellte Kreise ist. Auf der gegenüberliegenden Straßenseite, Nr. 21 eröffnete 2008 ein **Bauhaus-Museum** mit originaler Innenausstattung, es scheint selten zu öffnen, also anrufen: Mi 11-17, Fr 10-14?, Tel 6204664. Wenige Schritte weiter südlich, 14 Bialik St, steht das ****Rubin Museum** (So-Fr 10-15, Di -20, Sa 11-14, ₪ 20, Kinder bis 18 J. frei, www.rubinmuseum.org.il). Die Dauerausstellung zeigt Bilder und Zeichnungen des international beachteten Malers Reuven Rubin. Hier ist ebenfalls das Wohn- und Arbeitshaus des Malers sehenswert, gehen Sie unbedingt ins Atelier im dritten Stock – Rubin scheint es gerade erst verlassen zu haben.

Gehen Sie durch diese recht ruhige und typische Wohnstraße weiter bis zur Ben Yehuda St, dort links und gleich an der nächsten Kreuzung wieder links in die Tchernikhovsky St. An der nächsten Ecke rechts stoßen Sie auf den **Bezalel Kleidermarkt**, wo Kleidung wirklich günstig sein *kann*. Folgen Sie der schmalen Bet Lechner St des Kleidermarktes, dann rechts der King (HaMelekh) George St, unterqueren Sie an der nächsten Kreuzung die Allenby St, und

Bauhaus-Haus in Tel Aviv

Sie finden sich im bekanntesten Markt von Tel Aviv, dem ****Karmel Markt** (Shuk HaKarmel) wieder, So-Do 8-abends, Fr ist eher Schluss; in diese Gegend fahren die Busse 4, 13, 24, 25.

Hier kauft man – recht orientalisch – fürs tägliche Leben ein: hauptsächlich Obst, Gemüse und andere Lebensmittel. Es lohnt sich durchaus, sich durch das Menschengewühl zu quetschen und ein Marktgeschehen zu beobachten, das zumindest einen Hauch Orient verspüren lässt. Um diesen Markt, vor allem aber südlich siedelten sich viele jemenitische Einwanderer an. Wenn Sie – wie weiter unten beschrieben – das Neve Zedeq Viertel besuchen, dann sollten Sie auch immer an die Jemeniten denken, die in dieser Gegend leben. Leider gingen durch die „Landnahme" der Textilindustrie ein Stück weiter südlich (Hochhaus *Trade Tower*) viele der alten kleinen Häuser verloren, zusätzlich durch die Busparkplätze nördlich davon.

Am Kikar Magen David, an der Kreuzung Allenby/King George St, zweigt rechts im spitzen Winkel die Nakhalat Binyamin St ab. Sie ist eine **Fußgängerzone** mit Boutiquen und Straßencafés, in der man sich vom bisherigen Spaziergang ausruhen kann. Sollten Sie dienstags oder freitags zwischen 10 und 17 Uhr hier vorbeikommen, dann können Sie Geld bei bunt gemischten Kunsthandwerksständen ausgeben, Straßenmusikern lauschen oder Tänzern zuschauen. Folgen Sie der Straße bis zum Ende des Fußgängerbereichs, dann biegen Sie rechts ab und gehen eine der vor Ihnen liegenden Querstraßen links zum unübersehbaren **Shalom Tower** (So-Do 10-18, Fr 10-14). Dieses 142 m hohe Hochhaus wurde 1965 als damals höchstes Gebäude des Nahen Ostens eröffnet. Es wird saniert, doch die Aussichtsplattform schloss wegen zu wenig Besuchern. Für einen Blick von oben muss man zum **Asrieli Center (siehe S. 230). Auch das nach wie vor in Reiseführern empfohlene Wachsmuseum ist seit den 1990er Jahren geschlossen. Dafür kann man im westlichen Flügel großflächige Wandmosaike von Nahum Gutman bewundern, im östlichen gibt es eine Fotoausstellung zur Geschichte Tel Avivs.

Das Hochhaus befindet sich am südlichen Ende einer Gegend, die sich zwischen den Weltkriegen entwickelte. Damals entstanden die meisten Gebäude der aus dem Nichts geplanten Stadt im **Bauhaus-Stil** durch die aus Deutschland vertriebenen Avantgarde-Architekten. Typisch sind weiß verputzte, schlichte kubische Formen mit Betonung der Horizontalen. Der weiße Putz hat im Laufe der Jahre seinen Glanz verloren, ist häufig auch ein Stück abgebröckelt. Doch haben viele Hausbesitzer saniert und renoviert. 2003 erhob die UNESCO die sogenannte *****Weiße Stadt** Tel Avivs zum **Weltkulturerbe**. Das erleichterte nicht gerade die Bürde, das weltweit größte Bauhaus-Ensemble von rund 4000 Bauten zu unterhalten – und verpflichtete, auch die bisher unsanierten 80 Prozent anzugehen. Ein Bummel in dieser Gegend kann für den Architekturliebhaber sehr interessant sein:

Südlich des Shalom Tower beginnt der Rothschild-Boulevard, dem Sie nur nach Norden folgen brauchen, um einige der Häuser zu sehen. Ausgiebige Erkundungen auch zu abgelegenen Bau-Häusern erfordern den Stadtplan *Tel Aviv-Yafo – Preservation Map and Guide*, in der die Gebäude mit Hausnummern eingezeichnet sind – erhältlich im ***Bauhaus Center***, 99 Dizengoff St, ₪ 59; www.bauhaus-center.com, oder in der Touristeninformation, vgl. auch www.white-city.co.il.

Den Shalom Tower verlassen sie am besten auf der Herzl St nach Süden (oder Sie gehen zunächst südwestlich ins Neve Zedeq Viertel, siehe weiter unten). Falls Sie einen Blick in die Hauptsynagoge, *Bet Knesset HaGadol*, von Tel Aviv werfen wollen, müssen Sie ein paar Schritte die nächste Straße namens Akhad Ha'Am bis zur Ecke Allenby St gehen. Sie wurde in den 1920er Jahren erbaut und 1970 renoviert. Gehen Sie dann auf der Allenby St einen Block weiter nach Süden und biegen an der ersten Kreuzung rechts in den Rothshild Boulevard ab. Im Haus Nr. 23 wurde das über drei Stockwerke reichende **Hagana Museum** (So-Do 8-16; ₪ 15) eingerichtet. Hier wird die Geschichte der Selbstverteidigungsbewegung der israelischen Siedler und ihre Bemühungen um die illegalen Einwanderer – audiovisuell sehr gut gestützt – nachgezeichnet.

Wenn man auch die beiden Etzel-Museen über die Taten der anderen bedeutenden Untergrundorganisation anschaut und all die Anschläge auf Einrichtungen der Briten, aber auch auf die der Bewohner Palästinas betrachtet, dann fragt man sich unwillkürlich, welcher Unterschied eigentlich gegenüber den Terroranschlägen der Palästinenser neueren Datums besteht – im einen Fall sollte Land erobert, im anderen soll es zurückerobert werden.

Haus Nr. 16 des Rothshild Boulevards ist ein wichtiger historischer Platz: In der heutigen **Independence Hall** ("Bet Ben Gurion"; So-Do 9-17, Fr -14, ₪ 18) verlas Ben Gurion am 14. Mai 1948 die Unabhängigkeitserklärung. Die Originalrede wird auf Tonträger abgespielt; abgesehen von den Räumlichkeiten gibt es nicht viel zu sehen. In demselben Gebäudekomplex ist auch das **Bible Museum** (So-Fr 9.30-12.30, Mi auch 16-19, ₪ 6) mit Ausstellungen von Bibeln und Bibel-Kunst untergebracht.

Vom Shalom Tower kann man sich aber auch zunächst nach Westen wenden, um den Ursprüngen der ersten jüdischen Siedlungen im 19. Jh im **Neve Zedeq** nachzuspüren (Bus 13, 24, 25). Dieses Viertel mit seinen kleinen, geduckten Häusern hat sich in den letzten Jahren zu einem avantgardistischen Zentrum der Stadt entwickelt. Gehen Sie von der Herzl St die Lilienblum St nach Westen. Nach einer Weile geht sie in eine Fußgängerstraße über, der man folgen sollte, denn sie ist von einigen gut restaurierten Häusern gesäumt. Am Ende schließt man sich am besten der *Orange Route No. 1* einen Block nach links an, dann rechts, an der nächste Ecke ein paar Schritte rechts, gleich links und man kommt direkt im **Suzanne Dellal Centre for Dance and Theatre** (6 Yekhieli St, www.suzannedellal.org.il) an.

Es ist in den schön renovierten Gebäuden der ersten, 1889 gegründeten ehemaligen Knaben- und Mädchenschule, untergebracht und bietet in einem reichhaltigen Programm Ballett- und Theateraufführungen, auch Open Air Veranstaltungen auf dem Platz zwischen den Gebäuden. Man kann das Centre auch vom Strand her in wenigen Minuten erreichen, wenn man rechts vom Trade Tower, und zwar ziemlich genau in der Verlängerung der Wand des gegenüberliegenden, braunen Hochhauses die einzig mög-

Die Große Synagoge von Tel Aviv

liche schmale (namenlose) Straße direkt nach Osten geht; kurz vor dem Center hat sich rechts an der Straße das ziemlich lauschige **Café Susanna** mit seinem Biergarten etabliert. Der tief eingeschnittene Graben, der östlich der Chelouche St verläuft, war ursprünglich für die (inzwischen hier demontierte) Eisenbahnlinie nach Gaza und Ägypten ausgehoben worden.

Wer ein bisschen durch die alten Gassen wanderte, mag seinen Füßen genug zugemutet haben. Unermüdliche können aber zum Strand gehen und dann weiter nach Süden marschieren, um sich das nahe liegende Jaffa anzuschauen (Einzelheiten siehe S. 235) oder sich in einem der Lokale am Wegesrand zu erholen. Unterwegs kann man das **Etzel (Irgun Tzvai Leumi) Museum** (So-Do 8-16; ₪ 15) besichtigen, das über die Aktivitäten dieser Untergrundorganisation berichtet.

Oder aber man wendet sich am Strand nach Norden und sucht südlich des Charles Clore Parks das Lokal *Manta Ray* auf oder kehrt nördlich des Parks und des vor Jahren durch einen Terroranschlag verwüsteten Delfinariums an einem der nördlicheren Strandlokale ein.

Nördlich des Zentrums

Diesmal gehen wir vom Dizengoff-Platz (bzw. Kikar Zina, Busse 5, 8, 13) in südöstlicher Richtung auf der Dizengoff St weiter. Diese Straße wird – etwas großspurig – gern mit den berühmten Einkaufsmeilen der Welt verglichen, mit denen sie nur bedingt mithalten kann; dennoch strahlt sie viel eigenes Flair aus.

Bald überspannt das **Dizengoff Center** die Straße, eins der größten Shopping Center von Tel Aviv. Hier biegt unser Weg zunächst wie die *Green Route 2* rechts auf die Querstraße King George St ein. Wenn Sie an der Vorgeschichte des heutigen Staates Israel interessiert sind, gehen Sie zunächst bis zu Haus Nr. 38 in das neue **Etzel Museum** (auch *Jabotinsky Institute*, So-Do 8-16, www.jabotinsky.org, Busse 5, 18, 24, 25), das die Aktivitäten der Untergrundorganisation *Irgun Tzvai Leumi* und des Oberkommandierenden Ze'ev Jabotinsky, der auch der spätere Ministerpräsident Menahem Begin angehörte, aufzeigt. Die Erläuterungen sind in erster Linie auf Hebräisch gehalten, die englischen Texte gehen etwas unter, zumal die Thematik stark nationalistische Züge trägt. Ein zweites Etzel Museum steht an der Straße nach Jaffa, siehe oben.

Gehen Sie nun ein kurzes Stück auf der King George St zurück und dann rechts in die Ben Zion St, die zum Kikar HaTizmoret weiterführt (Wahrzeichen: hohe Dreischeiben-Plastik).

An diesem Platz pocht das kulturelle Herz der Stadt. Im 1935 errichteten **HaBimah-Theater** ist das Nationaltheater Israels zu Hause. Es wurde bereits 1917 in Moskau gegründet, zog aber 1928 nach Tel Aviv um. Eine ganze Reihe von (hebräischen) Aufführungen kann man mit Kopfhörer-Simultanübersetzungen mithören. Im rechten Winkel dazu steht das **Frederic Mann Auditorium.** Der 3000 Zuhörer fassende Konzertsaal – der größte Israels – ist die Heimat der weltbekannten Israelischen Philharmoniker.

Nordwestlich, durch einen schönen kleinen Park getrennt, liegt an der Ecke Dizengoff / Tarsat St der **Helena-Rubinstein-Pavillon** (Mo-Do+Sa 10-16, Di+Do -22, Fr -14, Ticket des Kunstmuseums gilt auch hier), in dem wechselnde Ausstellungen moderner in- und ausländischer Künstler stattfinden.

Wir biegen wieder auf die Dizengoff St rechts ein und folgen ihrer Verlängerung an der Ibn Gvirol: der Kaplan St. In dieser Gegend siedelten rechter Hand einst die deutschen Templer; ihre Siedlung **Sarona** spielt für den Know-How-Transfer für die jüdische Besiedlung im 20. Jh eine wesentliche Rolle, und später dienten die etwa 130 Jahre alten Häuschen als erste Regierungsgebäude. Inzwischen wurde die Gegend zu einem erholsamen Park umgestaltet, und es gibt geführte Touren durch dieses Stück auch deutscher Geschichte, Tel 5166188.

Nach etwa 1 km kreuzt die Kaplan St die Begin St, weiter geradeaus gelangt man zum Shalom-Bahnhof, und linker Hand liegt nun das ****Asrieli Center**. Die drei glitzernden Hochhäuser haben einen quadratischen, einen dreieckigen und einen runden Grundriss. Unter den Türmen befindet sich ein ziemlich mondänes Shopping Center. Ein Besuch lohnt nicht nur zum Shopping, sondern auch wegen der ungewöhnlichen Architektur. Ein Turm beherbergt das Crowne Plaza City Center Hotel, das wenig zu wünschen und zu bezahlen offen lässt, und es gibt „unterm Dach" außerdem das Gourmet-Restaurant *2C* (sprich: *to see*) sowie für alle einen Ausblick über das Häusermeer vom *Asrieli Observatory* vom 49. Stock (Zugang im 3. Stockwerk des runden Turms, tägl. 9.30-18, im Sommer -20, Fr -18, anrufen, ob es auch keine geschlossene Gesellschaft gibt: Tel 6081179, ₪ 22, Kinder 17, http://mitzpe49.co.il). Vom Shopping Center besteht direkter Zugang zum Shalom-Bahnhof.

Ohne Sarona und das Asrieli Center können Sie auch die zweite von der Kaplan St abzweigende Querstraße links, die Leonardo da Vinci St bis zur Sha'ul HaMelech St gehen und dann rechts. Auf dem jetzt links liegenden Komplex stoßen Sie zunächst auf das 1994 eröffnete **Tel Aviv Performing Arts Center** (TAPAC, 28 Leonardo da Vinci St), ein Multifunktionsbau, in dem die Neue Israelische Oper zu Hause ist, in dem aber auch Konzert- und Ballettveranstaltungen stattfinden; www.israel-opera.co.il.

Ein kurzes Stück weiter steht das *****Tel Aviv Museum of Art** (27 Sha'ul HaMelech Blvd, Busse 9, 18, 28, Mo-Do+Sa 10-16, Di+Do -22, Fr -14, ₪ 48 inkl. Rubinstein-Pavillon, Kinder bis 18 J. gratis, www.tamuseum.com), das ein breites Spektrum an israelischer und internationaler Malerei ausstellt. Es besteht aus verschiedenen Pavillons (Jaglom, Assia, Meyerhoff und andere) bzw. Galerien. Bekannt ist die Dauerausstellung *Twentieth Century Modern Masters* mit 60 Werken von Pionieren der modernen Kunst, u.a. von Picasso, Kandinsky, Mondrian, Braque. Aber es gibt auch Alte Meister zu bewundern, z.B. A. Dürer, oder auch häufige temporäre Ausstellungen zu meist anspruchsvollen Themen und israelischer Gegenwartskunst. Schon wegen der spektakulären Architektur sollten Sie das neue Herta & Paul Amir Building nicht verpassen.

Gehen Sie nach dem Museumsbesuch weiter in östlicher Richtung bis zur nächsten Kreuzung für einen Blick auf einige modernere Gebäude. Das *Asia House*, *America House* und das *Europe House* wurden als architektonisch interessante ultramoderne Bürosilos gebaut. Nun können Sie der abzweigenden Weizmann St bis zum weitläufigen Kikar HaMedina folgen. An diesem Platz finden Sie einige sehr elegante Shops.

Wenn Sie von hier aus ein paar Schritte zurückgehen und dann rechts der Arlosorov St folgen, kommen Sie an der Hauptverwaltung der Gewerkschaft (Histadrut) vorbei. Sobald Sie die Ibn Gvirol St erreichen, biegen Sie links ab. Zunächst können Sie erneut Geld im *Gan Ha'ir Shopping Center* ausgeben und anschließend die **City Hall**, das moderne ***Rathaus** am Kikar Yizkhak Rabin anschauen. Am 4. November 1995 wurde der damalige Premierminister **Yizkhak Rabin** auf dem Bürgersteig der Ibn Gvirol St nahe der Seitentreppe des Gebäudes ermordet. Der zuvor Kikar Malkhe Yisrael genannte Platz wurde deshalb nach dem Premier umbenannt. Ein kleiner Steingarten erinnert an die Stelle des tragischen Geschehens.

Basalt, durch den das Erdinnere brodelt: Die Rabin-Gedenkstätte erinnert an das erdbebenartige Ereignis seiner Ermordung

5

Auf dem großen Platz vor dem Rathaus steht das **Holocaust- und Widerstandsmonument** von Yigal Tomarkin, an dessen Basis ein gelbes Dreieck und eine kopfüberstehende Pyramide von oben geschaut den Davidsstern bilden. Am Unabhängigkeitstag und zum israelischen Kostümfest zu *Purim* wird auf dem Platz und in den umliegenden Straßen heftig gefeiert.

Von der Rathaus-Gegend kann man entweder nach Norden z.B. zum Erez Israel Museum fahren (siehe weiter unten) oder aber die Ben Gurion St nach Westen wandern und ziemlich in Strandnähe, in 17 Ben Gurion St, das **Ben Gurion House** (So-Do 8-15, Mo -17, Fr -13, merkwürdige Adresse: http://ben-gurion-house.org.il.preview21.livedns.co.il/html/indexEnglish.html) mit vielen Erinnerungsstücken an den bekannten Mann besuchen. Briefe von Kennedy, Churchill und anderen Größen an Ben Gurion und eine Bibliothek mit 20 000 Bänden sind erhalten. Am Ende der Straße liegt der **Kikar Atarim,** der als ein touristisches Zentrum mit Souvenirshops, Cafés etc. gebaut worden war, aber in Tel Aviv nicht mehr den besten Ruf genießt und allgemein als Touristenfalle mit überhöhten Preisen gilt.

Der Norden

Vom Rathaus aus sollten Sie per Bus (8, 24, 25) oder Taxi nach Norden über den Yarkon-Fluss fahren und sich die Museen in der Nähe der Universität anschauen. Der Yarkon war einst der Grenzfluss zwischen den Stämmen Ephraim im Norden und Dan im Süden; heute sind die Grünanlagen an seinen Ufern ein beliebtes Naherholungsgebiet. Der **Yarkon Park** (₪ 27 für Erwachsene, ₪ 14 für Kinder; Eingang am besten vom Parkplatz an der Rokach St gegenüber den Exhibition Grounds, Busse 7, 17, 27, Camping möglich) ist das Ziel für Picknick oder Paddelbootfahrten auf dem Fluss.

Das im Park liegende **Wohl Amphitheater** wird bei Konzerten von Tausenden von Musikliebhabern besucht. Im Park kann man Fahrräder leihen oder sich per Miniaturzug kutschieren lassen. Im Tropischen Garten wachsen exotische Pflanzen, Vögel nisten in den Bäumen, Schwäne und Gänse bevölkern die Seen, ein Stein- und Kakteengarten zeigt das Gegenteil von tropischem Grün.

Innerhalb des Geländes befindet sich auch der **Zapari Bird Park** (angeblich nur am Shabbat und an Feiertagen geöffnet, Eintritt, Tel 6422888, www.zapari.co.il), der eine weite Variation von Vögeln zeigt, z.B. mehr als 400 Papageienarten oder 70 Wasservogelarten. Im Eintrittspreis sind „Vogelschauen" dressierter Papageien und anderer Vögel enthalten, und es gibt das Afrika-Abenteuerdorf *Junga Junga* mit Hüpf- und Klettergelegenheiten für Kinder bis 12 Jahren, Streichelzoo und Brot backen, während sich die Eltern in einem Café erholen können. Nicht weit davon gibt es zwei weitere Parks desselben Veranstalters: Das nicht allzu weitläufige Vergnügungs- und Karussellensemble *Luna Park* und den Planschpark *Meymadion* (geöffnet Juni-September). Für Kinder eine prima Sache, aber nicht billig – rechnen Sie mit ₪ 80-100 Eintritt; www.lunapark.co.il, www.meymadion.co.il. Da diese Parks häufiger komplett gebucht werden, erkundigen Sie sich vorher: Tel 6427080.

Nahe der Universität, 2 Chaim Levanon St, liegt der Eingang zum ******Erezt Israel Museum** (So-Mi 10-16, Do -20, Fr/Sa -14, ₪ 42, Kinder bis 18 J. gratis, mit Planetarium ₪ 74, Kinder 32, auch englische Führungen, Tel 6415244, Busse 7, 13, 24, 25, www.eretzmuseum.org.il), dem israelischen Landesmuseum. Es handelt sich um einen sehr interessanten, allerdings auch recht ausgedehnten, aus acht Pavillons bestehenden Komplex, der um den antiken *Tel Qasile* herum angelegt wurde und in unterschiedliche Schwerpunkte gegliedert ist: Das Glasmuseum spürt mit einer herausragenden Sammlung der Geschichte der Glasherstellung nach, das *Kadman Numismatic Museum* der Historie der Münzen, der *Ceramics Pavilion* dokumentiert vor allem arabische Keramik aus Gaza und Akko, sehr interessant ist hier aber auch der Nachbau eines israelitischen Hauses aus der Zeit des Ersten Tempels. Im *Nehushtan Pavillon* sind Funde aus den Kupferminen von

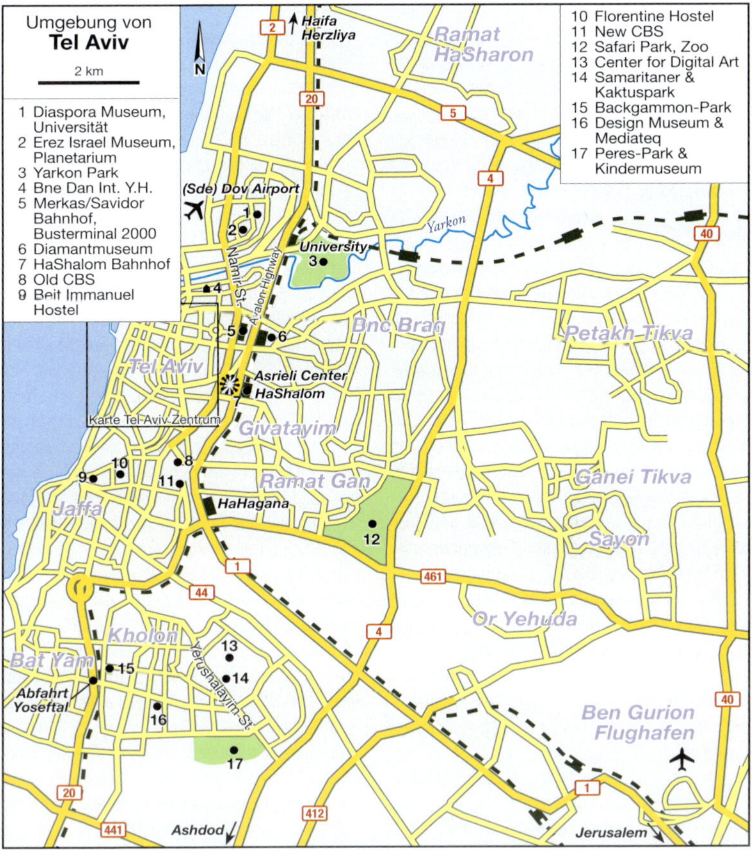

Timna zu sehen, das *Man and His Work Center* stellt die Entwicklung arabischer Handwerkstechniken dar. Der Folklore-Pavillon widmet sich jüdischer religiöser Kunst, das *Alphabetmuseum* der Entwicklung der Schrift und das *Alexander Museum of Postal History and Philately* alten und neuen Kommunikationstechniken. Darüber hinaus gibt es einen rekonstruierten orientalischen Markt, eine Ölpresse, ein Planetarium und eine ausgezeichnete audiovisuelle Schau mit dem Titel „Tel Aviv – The Ancient Town – The Modern City" zu sehen.

Der Tel dokumentiert die Geschichte der Umgebung bis zurück ins 12. Jh vC, Rundwege mit Ausschilderung führen durch die Grundmauern der Philistersiedlung und des Tempelareals. Die Funde sind im **Tel Qasile Pavilion** ausgestellt. Aus den Grabungen geht auch hervor, dass Philister und Israeliten die Yarkon-Mündung als Hafen nutzten, in dem vermutlich auch Zedern für die Tempelbauten umgeschlagen wurden. Eine neuere Errungenschaft ist das **Planetarium**, in dem sich das Universum jedoch nur auf Hebräisch erschließt.

Die **Universität** ist die größte des Landes, sie offeriert ein breit gestreutes Spektrum von Studiengängen, www.tau.ac.il (Architektur- und Judaica-Begeisterte werden sich über die *Cymbalista-Synagoge* mitten auf dem Campus, nördlich des nördlichen Arms der Dr. George Wise St freuen, www.tau.ac.il/institutes/cymbalista). Gehen Sie beim Gate 2 (das man am besten über eine Verbindungsstraße von der Abfahrt Rokach St der Autobahn 20 erreicht) auf den Campus. Dort steht das sehr sehenswerte ******Museum of the Diaspora** (hebräisch *Bet HaTefuzot*, So-Di 10-16, Mi/Do -19, Fr 9-13; ₪ 42, Kinder 32, 90-Minuten-Führung auch auf Deutsch für zusätzliche ₪ 130 bei bis zu zehn Teilnehmern, Bus 7, 25, www.bh.org.il).

Dokumente und Dokumentationen des Exil-Lebens der Juden über Jahrtausende sind das Thema des Museums, nicht zuletzt die Leiden der Juden, beginnend bei den Babyloniern über die Römer bis hin zu den Nazis. Aber auch die Bräuche der jüdischen Familien, besonders eindrucksvoll das Leben in den Gemeinden der Diaspora, die Architektur der Synagogen (an 18 Modellen erläutert) und vieles mehr zeichnen ein sehr eindrucksvolles Bild des jüdischen Volkes. Wer die Zeit erübrigen kann, sollte eher einen ganzen als einen halben Tag vorsehen, um die Fülle der Informationen ohne Stress erleben zu können.

Zu erwähnen wäre noch der ehemalige **Hafen** von Tel Aviv direkt südlich der Mündung des Yarkon. Sein „Miniaturbecken" erfüllte wohl eher Vorzeigefunktion. Dennoch müssen hier auch eine ganze Menge Waren umgeschlagen worden sein, wie die vielen Lagerschuppen zeigen, die inzwischen mit Shopping- und Vergnügungsmöglichkeiten zum *Tel Aviv Port* wiederbelebt worden sind. Auch das Nightlife bietet hier Austobe-Möglichkeiten (siehe S. 245).

Östlich des Stadtzentrums

Der vier- bis fünfspurige Ayalon Highway (Autobahn 20, meist als Ayalon North/South ausgeschildert; www.ayalonhw.co.il) zieht einen deutlichen Trennstrich von Herzliya im Norden nach Rishon LeZion im Süden durch das Häusermeer. Aus touristischer Sicht gibt es östlich dieser Linie nur ein paar Attraktionen. Im 1920 entstandenen Ort **Ramat Gan** kann man den ****Safari Park** und den darin liegenden Zoo, Perez Bernstein St, Bus 35 (Sa-Do 9-17, Fr 14, im Winter kürzer; ₪ 69, auch Kinder, www.safari.co.il [hebr.]), besuchen. Autofahrer nehmen am besten die ziemlich östlich gelegene Straße 4 und biegen an der Aluf Sadeh Interchange nach Westen auf die Aluf Sadeh St ab und von dieser an der ersten Kreuzung links in die Perez Bernstein St; am ersten Straßenrondell führt links eine namenlose Straße zum Parkplatz.

Der Eintrittspreis für den Park ist gut angelegt. Auf den 7 km Asphaltstraße – auf denen man auch im Shuttlebus mitfahren kann – begegnet man vielen Tieren Afrikas, die man sonst nur weit aufwändiger in freier Wildbahn betrachten kann. Zwar handelt es sich hier um eine Scheinfreiheit der Tiere, aber Landschaft und Klima vermitteln durchaus einen realen Eindruck von deren Leben. Bei echten Safaris muss man schon Glück haben, um wie hier z.B. Löwen-Rudel aus nächster Nähe beobachten zu können, oder Gazellen, Impalas, Gnus und Zebras ohne Scheu und fast so zu sehen, wie sie sich in ihrer natürlichen Umgebung bewegen. Das Löwen-Terrain ist übrigens doppelt gesichert, einmal durch Automatik-Tore, zum anderen durch Elektrozäune, die offenbar auch dem König der Tierwelt Respekt abfordern.

Ebenfalls in Ramat Gan, allerdings ein Stück nördlich des Parks, liegt das **Harry Oppenheimer Diamond Museum** im Maccabi Diamond Building (So-Do 10-16, Di -18, Eintritt frei, www.diamond-museum.co.il), 1 Jabotinsky St/ Zismen St (Hochhaus ganz in der Nähe des neueren Bahnhofs Merkas), das über die Diamantenherstellung recht ausführlich informiert; häufig sind wertvolle Leihgaben zu sehen. Es gibt auch einen **besonderen Service**: Sie können sich So-Do um 9.30 bzw. 13.30 (Fr 9) Uhr zu einer Gratis-Stadtrundfahrt von etwa 4 Stunden an Ihrem Hotel abholen lassen. Über Alt-Jaffa,

1 Andromeda-Felsen
2 St.-Michael-Kirche
3 Armenische Kirche
4 St.-Peter-Kirche
5 Information & Jaffa Tales-Museum
6 HaSimta-Theater
7 Ilana Goor Museum, Souvenirshops
8 Ramses-Tor
9 Tel Jaffa Gipfel
10 Amphitheater
11 Antiken-Museum
12 Moschee
13 Clock Tower
14 Dr. Shakshuka

den HaBima-Platz, das TAPAC und das Kunstmuseum bringt man Sie zum Diamantenmuseum und zur Diamantenbörse – hier würde man Ihnen Händlerpreise gewähren, aber es besteht wohl kein Kaufzwang, Tel 5757979 anrufen oder im Hotel nachfragen. Die Börse befindet sich in dem Brückengebäude zwischen den beiden Hochhäusern und gibt als größte der Welt den Ton auf dem Weltmarkt an. Falls Sie tatsächlich garantiert echten Diamantenschmuck mit Zertifikat kaufen möchten, benötigen Sie $ 400 - 100 000 in der Portokasse.

***Jaffa

Nach Jaffa kommt man von Tel Aviv aus per Taxi, Bus (8, 10, 25) oder aber bei einem Strandspaziergang (vom *Opera Building* etwa 3 km). Jaffa selbst besitzt noch orientalischen Charme, wenn auch nur gelegentlich und versteckt. Die malerischen Gassen des Zentrums sind nahezu komplett in die Hände von Händlern übergegangen, die sich auf Touristen-Souvenirs spezialisieren. Damit fehlt das typische Leben und Treiben, man trifft in der vergleichsweise sterilen Atmosphäre meist seinesgleichen; www.oldjaffa.co.il.

Der Bus 10 hält kurz vor dem **Clock Tower**, dem noch von den Türken Anfang des 20. Jhs zu Ehren Sultans Abdülhamid II. gebauten Uhrenturm. Jeweils mittwochs um 10 Uhr startet hier eine geführte, freie Besichtigungstour durch Jaffa, Anmeldung nicht nötig. An der Straße, die vom Uhrenturm aus nach der nächsten Kreuzung rechts abzweigt, steht die Große oder **Mahmudiya Moschee**, die 1810 von Mahmud Pascha (Abu Nebut) unter Verwendung antiker Säulen aus Caesarea und Ashkelon errichtet wurde. Sie steht eigentlich nur Muslimen offen, aber im Rahmen der Führung können Sie vermutlich hinein. Nicht weit entfernt teilt sich die Straße. Halten Sie sich halblinks auf der bergauf führenden Mifraz Shlomo Promenade. Links liegt bald das **Jaffa Museum of Archaeology** im alten türkischen Regierungsgebäude, das im Wesentlichen Funde aus Jaffa ausstellt und eine interessante Münzsammlung besitzt. Derzeit wird es im Rahmen des Jaffa Cultural Heritage Project, an dem auch die Universität Mainz mitarbeitet, renoviert, kann jedoch von Gruppen besucht werden, Tel 6825375. Direkt hinter dem Museum stößt man auf das (moderne) Amphitheater im Pisgah Garden. Gehen Sie weiter auf der Promenade bergan bis zum **Kikar Kedumim**, dem zentralen Platz des touristischen Jaffa. In der Mitte gibt es eine steinüberdachte Ausgrabungsstätte – „das **„Jaffa Tales" Visitor Center** (täglich

10-18, ₪ 30, Kinder 20) – aus griechischer und römischer Zeit, die hervorragend gestaltet ist und deren Besichtigung lohnt.

Dominant ist die **St.-Peter-Kirche**, die zum gleichnamigen Franziskanerkloster gehört (hier residiert auch die Vatikan-Botschaft). Sie wurde 1654 auf den Mauern einer Kreuzritterburg erbaut. Der Name erinnert an den Apostel Petrus, der in Jaffa die Tabita auferweckte. Schräg unterhalb des Klosters steht die griechisch-orthodoxe St.-Michael-Kirche. Am Westrand des Platzes, quasi einen Häuserblock nach der Kirche, öffnet sich neben einem Restaurant ein schöner Blick auf den Hafen. In der Brandung ist der **Felsen der Andromeda** zu erkennen, an den, der griechischen Mythologie zufolge, die arme schöne Frau – auf das Meeresungeheuer wartend – gefesselt war, bis sie der Halbgott Perseus befreite.

Etwa gegenüber der St.-Peter-Kirche führen eine Steintreppe, dann eine Holzbrücke und ein Fußweg hinauf zum „Gipfel" des Tel Jaffa mit dem **Standbild des Glaubens** (Gan Ha-Pisgah), das oben den Fall von Jericho sowie Isaaks Opferung und Jakobs Traum darstellt. Der Park selbst enthält historische Ausgrabungsstätten, u.a. des pharaonischen Ägypten. An dessen Ramses-Torbogen kommen Sie vorbei, wenn Sie von dem Standbild wieder zurück Richtung Kikar Kedumin gehen, sich aber an der ersten Verzweigung nach links wenden. Von dort sind es nur ein paar Schritte bis zu den renovierten Häuserblocks mit Kunstgalerien und Souvenirgeschäften.

Mit der **Einnahme Jaffas** durch die jüdische Armee flüchteten die Palästinenser aus der Stadt, oder sie wurden vertrieben. Plötzlich standen die Häuser leer, in denen die Familien zum Teil viele Jahrhunderte gelebt hatten. Bald übernahmen jüdische Familien, die als Flüchtlinge nach Israel gekommen waren, die verwaisten Gebäude – die eigentlichen Besitzer erhielten bis heute keinen einzigen Shekel als Entschädigung oder, was nur fair wäre, als „Miete". Kein Wunder, dass sich bald der Charakter der Besiedlung änderte bzw. bewusst geändert wurde, besonders in der Umgebung des Kikar Kedumim.

Ab 1963 wurden die alten **Häuser weitgehend abgerissen** und durch Neubauten mit Kreuzgewölben – aus örtlichem porösen Sandstein gebaut – ersetzt; damit war das palästinensische Jaffa weitgehend verschwunden. Viele Künstler zogen um und ein, mehr und mehr Touristen besuchten den Ort, immer neue Souvenirgeschäfte und Galerien entstanden. Wenn Sie heute durch die Gassen bummeln, werden Sie auf diese Mischung aus Kunst und Kommerz stoßen, die hier eine einträgliche „Ehe" eingegangen sind. Nicht zuletzt kann man in den diversen Restaurants vorzüglich speisen und danach shoppen gehen, denn die meisten Geschäfte sind bis 23 Uhr geöffnet. Auch gegen Verirren in den Gassen ist gesorgt, denn überall hängen sehr detaillierte Pläne, die den jeweiligen Standort anzeigen. Zur Orientierung hilft es auch zu wissen, dass die Straßen im Künstlerviertel nach den Tierkreiszeichen benannt sind. Und sollten Sie einem Napoleon-Standbild begegnen: Es verweist Sie auf einen individuellen Rundgang mit zwölf Stationen an Orten, die an die Eroberung Jaffas durch den kleinen Korsen im Jahr 1799 erinnern.

Wenn Sie nicht, wie weiter oben beschrieben, auf den Gipfel des Tel Jaffa gestiegen sind, dann sollten Sie vom Kikar Kedumim in südlicher Richtung hinunter zum Hafen gehen, aber zuvor in eine der schmalen Gassen nach links abbiegen. An der letzten Ecke macht ein Schild auf das **Ilana Goor Museum** (So-Fr 10-16, Sa 10-18, Tel 6837676, www.ilanagoor.com) aufmerksam, das hauptsächlich einer Sammlung der Werke der Künstlerin gewidmet ist. Aber auch die Atmosphäre des ehemaligen Pilger-Hospizes und die von der Künstlerin bewusst arrangierte Einrichtung geben dem Besuch eine sehr eigene Note. Von hier aus bietet sich für Hungrige ein Abstecher hinunter zum Hafen an. Dort gibt es hervorragende Fischrestaurants (siehe S. 247). Nahebei könnte man sich auch eine aufregende Tanzshow ansehen: Wem die Tanz-Stepp-Akrobaten von *Stomp* gefallen haben, der wird auch

die Show *Mayumana* genießen; Nähe alter Hafen, Tel 6811787, www.mayumana.co.il.
Gehen Sie schließlich wieder, am Museum vorbei, zurück zur Großen Moschee und biegen Sie an der Kreuzung mit der Hauptstraße Yefet St rechts ab. Kurz hinter der Kreuzung sehen Sie auf der linken Straßenseite die lang gestreckte arabische Bäckerei Abulafia, deren ausgezeichnete Waren stadtbekannt sind. Biegen Sie am nächsten Abzweig links ab, diese Gegend war früher ein Souk (namens Zalachi). Heute wird hier ein sehr bekannter **Flohmarkt** abgehalten, auf dem man alles bis hin zu dem ein oder anderen Schnäppchen für Retro-Freunde kaufen kann. Der passende Laden dazu nebenan in der Olei Zion St heißt *Vintage*.

Praktische Informationen

▶ Telefon-Vorwahl 03

• Es gibt derzeit zwei **Tourist Information Centers**: 46 Herbert Samuel St/Ecke Ge'ula St, nahe der Strandpromenade, So-Do 9.30-18.30 (Nov-März 1 Stunde kürzer), Fr 9-13, Tel 5166188 +2, +1;
nordöstlich des Clock Towers in Jaffa: 2 Marsuk & Asar St, So-Do 9.30-18.30, Sa 10-14 (Nov-März 1 Stunde kürzer & Sa geschlossen), Fr 9.30-14,Tel 5166188 +2, +2.

Hier finden Sie meist freundliche, nur auf Tel Aviv und nächste Umgebung bezogene Auskunft. Im Falle eines Falles erreichen sie hier auch die *Tourist Police*, So-Do 8-23, Tel 5165382, sonst Tel 100.

Außer diversem **Info-Material** z.B. zu Hotels oder Eintrittskarten für Ausstellungen und Konzerte sowie den **City Pass** für verschiedenste Rabatte (weitere Couponhefte sind meist auf Russisch) gibt es vor allem verschiedene englischsprachige **Stadtpläne**:

• *Tel Aviv-Jaffa Tourist Map* (inklusive Bat Jam und Herzliya), vom Tourismusministerium kostenlos

• *Tel Aviv-Yafo Tourist Map*, größerer Kartenausschnitt, mit Straßenverzeichnis, von der Stadtverwaltung, ₪ 3

Minarett der Mahmudiya Moschee in Jaffa

• *Tel-O-Fun Map* von der Stadtverwaltung, kostenlos, die Fahrradleihstationen sind auch auf den anderen Karten vermerkt, aber hier hat man nochmal Anleitung und Preise (s.u.)

• *Tel Aviv-Yafo Preservation Map and Guide*, DER Schlüssel zur Weißen Stadt, ₪ 59

▶ Hotmap Tel Aviv, die Tagversion zeigt Restaurants, Fortbewegung etc., die Nachtversion Clubs, Bars etc., von www.hotmap.co.il und der Stadtverwaltung, kostenlos

▶ Schließlich gibt es noch allerhand **Stadtteil-Karten**, die vor allem beim Shoppen und Essen gehen nützlich sind: unter anderem *Jaffa*, *Neve Zedeq*, das Modeviertel *Gan Ha-Hashmal*, die *Küstenlinie*, und Kunstfreunden hilft die *Art Galleries & Museums Map* weiter.

▶ Im **Internet** gibt es außer der Stadtverwaltung www.tel-aviv.gov.il auch deren touristischeren Zweig www.visit-tlv.com oder sogar auf Deutsch www.visit-tel-aviv-yafo.com (auch als – wacklige – App zu haben: VISIT TLV). Beachten Sie auch private Angebote wie www.telaviv4fun.com oder www.telavivme.com, die können z.B. für's Nightlife aktueller sein.

▶ Die Tourismusorganisation bietet gratis vier geführte **Rundgänge auf Englisch** an, für die keine Anmeldung nötig ist: montags um 11 Uhr *Kunst und Architektur* im Norden auf dem Universitätscampus (beeindruckende Synagoge, siehe S. 234), Treffpunkt Levanon/ Ecke Einstein St vor dem Dyonon-Buchladen; dienstags um 20 Uhr *Tel Aviv bei Nacht*, Treffpunkt auf dem Boulevard Rothshild Ecke Herzl St; mittwochs 10 Uhr am Tourist Information Center beim Uhrturm in Jaffa für eine Führung durch *Jaffas Altstadt*; samstags um 11 Uhr eine Führung durch das Weltkulturerbe der *Weißen Stadt* der Bauhaus-Architekten, Treffpunkt 46 Rothshild Ave/Ecke Shadal St.

▶ Außerdem gibt es seit dem Stadtjubiläum 2009 drei **selbst geführte Touren** unter dem Motto (auf www.visit-tlv.com): *Walk This Way – Walk the City*. Die *Weiße Route* führt von Jaffa über Neve Zedeq in die Weiße Stadt durch die Geschichte, die *Blaue Route* führt natürlich von Jaffa bis zum Tel Aviv Port am Wasser entlang, und die *Grüne Route* widmet sich dem Yarkon Park vom Leuchtturm an der Mündung nach Osten.

▶ Die Firma **EcoBike** vermittelt mit lockerer 3-Stunden-Radtour einen Überblick von Jaffa über den Rothshild Boulevard zum Yarkon Park, Fahrräder (wahlweise E-Bikes) und Helme werden gestellt, bei einer Variante gibt es auch Bier zu trinken. Nicht ganz billig, Tel 077 4501650, www.ecobike.co.il.

▶ Gute Informationen vor allem für den Outdoor-Bereich erhält man von der **SPNI Field School,** 2 HaShefela St, Tel 6388653, www.teva.org.il/english, in relativer Nähe zur Central Busstation. Die Leute sind sehr professionell, hilfsbereit und freundlich. Umweltkampagnen werden im SPNI's Tel Aviv Center for Environmental Action, 85 Nakhalat Binyamin St, Tel 5660960, angeschoben. Laden Sie sich z.B. die *Foot Metro Map* herunter mit Minutenangaben für verschiedene **Fußwege** in der ganzen Stadt: www.teva.org.il/english/_Uploads/dbsAttachedFiles/SPNI.TelAviv.MetroMap.pdf

Internet Cafés

Ein WLAN finden, ist einfach in Tel Aviv. Die WiFi-Netze sind oft unverschlüsselt. Die meisten Hotels und Hostel bieten WLAN gratis für ihre (Bistro-)Gäste ebenso wie die meisten Cafés oder auch Großunternehmen wie der *Port of Tel Aviv* locken mit drahtlosem Zugang.

Verkehrsverbindungen

Da sowohl Straßen- wie U-Bahn erst in ferner Zukunft in Betrieb gehen sollen, bleibt dem öffentlichen Nahverkehr nur ein dichtes **Busnetz**.

▶ Nahezu alle Linien gehören der Firma Dan (Tel 6394444, www.dan.co.il). Die meisten der blauen Busse fahren, eher rasen, alle 5 Minuten von etwa 6 Uhr bis Mitternacht durch die Stadt. Hinzu kommen auf den Linien 4, 5, 16 und 66 Sherut-Taxis, das sind Minibusse, die wie die Busse durch Straßenrennen ans Ziel gelangen müssen. **Am Shabbat sind nur die Sheruts unterwegs!** Der Fahrpreis beträgt ₪ 6,60 (im Sherut ₪ 6), Tagesticket (*Hofshi Yomi*) ₪ 14.50, Zehnerkarte (*Cartissia*) ₪ 53.

▶ Fast alle Busse starten ihr Rennen an bzw. in der *New Central Bus Station* (*Takhana Merkasit Khadasha*, 106 Levinski St), die Sherut-Taxis in der David Zemakh St direkt neben dem Terminal. Dieser Betonklotz ist angeblich der größte Busbahnhof der Welt. Die Busse nehmen ihre Fahrgäste auf mehreren Ebenen und unzähligen Plattformen auf, die meisten **Fernbusse** fahren aus der 6. Etage ab, in der es auch eine hilfreiche **Auskunft** gibt. Die meisten Stadt- und Vorstadtbusse trifft man im 4., manchmal auch im 1. Stock. Im Inneren dient der Terminal als eins der großen Shoppingcenter von Tel Aviv.

▶ Für die Firma EGGED ist in diesem gewaltigen Bau natürlich auch Platz, denn sie betreibt fast alle Überlandbusse. Innerhalb Tel Avivs bedient sie nur ein paar Haltestellen auf dem Weg in die Städte, die Tel Aviv umgeben. EGGED-Busauskunft Tel 6948888.

▶ Außerdem existieren noch **drei weitere Busbahnhöfe**: Im Norden jenseits des Yarkon-Flusses an dessen Mündung der *Reading Ter-*

minal sowie im Nordosten beim Zentralbahnhof (*Merkas*) der *Terminal 2000* (Arlosoroff St). Über die Linie 61/62 dient letzterer vor allem als Verbindung von Zugfahrgästen zur und von der Innenstadt. Schließlich gibt es ein paar Blocks nördlich von der Neuen die Alte Central Bus Station, die weiterhin als Verteiler für Vorstadtbusse dient.

▶ Wer viel per Bus unterwegs sein will, kauft sich am besten am Infoschalter in einem der Terminals für wenige Shekel einen **Stadtplan**, in dem alle Linien penibel verzeichnet sind. http://telaviv.busmappa.com/p/bus-map.html bzw. www.jet.gov.il hilft auch weiter oder die App Bus.co.il.

Einige wichtige Linien

Auf Linie 4 und 5 fahren auch Sherut-Taxis.

▶ **Bus 4**: Central Bus Station (4. Etage) – Levinsky – Allenby – Ben Yehuda – Dizengoff – HaTa'aruha – Reading Terminal. **Diese Linie fahren auch Sherut-Taxis.**

▶ **Bus 5**: Central Bus Station (4. Etage) – Har Zion – HaShomron – Allenby – Rothshild – Dizengoff – Nordau – Pinkas – Weizmann – Yehuda HaMaccabi – Namir – Terminal 2000 – Arlosorov – Weizmann – Yehuda HaMaccabi – Nordau – Dizengoff – Rothshild – Yafo – Allenby – Har Zion – Central Bus Station.

▶ **Bus 10**: Terminal 2000/Bahnhof Merkas – Arlosorov – Bloch – Rathaus/Kikar Rabin – Ben Gurion – Adam HaCohen – Arlosorov – Ben Yehuda/Herber Samuel/Kaufman/Goldman nach Jaffa/Uhrturm und weiter über Yefet nach Cinema City in Rishon LeZion; Rückweg über HaYarkon statt Herbert Samuel.

▶ **Bus 18**: Terminal 2000/Bahnhof Merkas – David HaMelekh – HaMelekh George – Allenby – Montefiore – HaMered – Kaufmann – Yerushalayim (in Jaffa) und weiter bis Bat Yam.

▶ **Bus 25**: Tel Aviv University – Klatzkin – Klausner – Dr. George Wise – Levanon/Erez Yisrael Museum – Namir – Yehuda HaMaccabi – De Haas – Pinkas – Ibn Gvirol – HaMelekh George – Allenby – Montefiore – Ya'avez – HaKarmel – Yitzhak Elhanan – Kaufman – Yerushalayim über Jaffa nach Bat Yam und zurück.

▶ **Bus 26:** Dov Airport (nördlich des Yarkon-Flusses, Inlandsflüge) – Ibn Gvirol – Rathaus – Yehuda HaLevi – Mikve Yisrael – Begin – HaAliya – Shocken – Kibbuz Galuyot – Salame – Yerushalayim über Jaffa nach Bat Yam. Zurück ohne HaAliya über Har Zion (hier naheste Haltestelle zur Central Bus Station) und Rothshild statt HaLevi.

▶ **Bus 40**: von Bahnhof/Terminal 2000 schnellste Verbindung nach Jaffa.

▶ **Bus 46**: Central Bus Station (4. Etage) schnellste Verbindung nach Jaffa.

▶ **Bus 61**: von Ramat Gan über Bahnhof/Terminal 2000 in die Innenstadt über Arlosorov – Dizengoff – HaMelekh George – Allenby – Montefiore – Herzl – HaKarmel – Elhanan – Grusenberg und über Allenby wieder zurück.

▶ **Linie 100** nennt sich die **Stadtrundfahrt** zwischen Tel Aviv Universität und Jaffa. Start ist am *Reading Terminal* an der Rokach St östlich vom Hafen, So-Do 9, 11-16 stündlich, Fr 9, 11, 13, Ticket beim Fahrer, ₪ 45/Kinder 36 für eine Runde, ₪ 65/Kinder 56 für zwischendurch aus- und wieder einsteigen können, Tel 6394444, Routen-Karte: www.dan.co.il/download/files/100Nom_1.pdf.

Einige Fernbus-Verbindungen

per EGGED von Tel Aviv, Neue CBS, 6. Etage:

▶ **300**: direkt nach **Ashkelon**, CBS, knapp eine Stunde, ₪ 18, 7-22 Uhr halbstündlich

▶ **370**: direkt nach **Beer Sheba**, CBS, gut 90 Minuten mit Egged Ta'avura oder Metropoline, ₪ 17, 6-23 Uhr alle 15-60 Minuten

▶ **394**: normaler Bus nach **Elat**, CBS, rund fünf Stunden, ₪ 78, von 8-17 Uhr alle 90 Minuten, Nachtbus 23.58 Uhr, im Sommer auch Expresslinie **390**

▶ **405**: direkt nach **Jerusalem**, CBS, 55 Minuten, ₪ 18, von 6-0 Uhr alle 15-20 Minuten

▶ **830, 835, 841**: nach **Tiberias**, CBS, 130-170 Minuten, ₪ 42, von 6-22 Uhr alle 15-60 Minuten

▶ **910**: Express-Bus nach **Haifa**, Hof HaCarmel CBS, 90 Minuten, ₪ 24, von 6.20-23 alle 60-90 Minuten

5

Zum Flughafen

▶ Per Bus zum Ben Gurion ist nicht zu empfehlen (s.o. S. 43). Die drei **Zugverbindungen** Richtung Flughafen (siehe S. 45) bringen einen dagegen von allen drei Tel Aviver Bahnhöfen (Savidor Merkas/Bus-Terminal 2000, HaShalom, HaHagana) schneller und ohne Umsteigen in 15 Minuten unter den Abflugterminal 3 (So-Do rund um die Uhr, tags etwa halbstündlich, nachts und Fr/Sa stündlich, Fr bis ca. 14, Sa ab ca. 19.30 Uhr, ₪ 13, www.rail.co.il).

Airlines

▶ Im Internet-Zeitalter gibt es immer weniger Innenstadt-Büros von Fluggesellschaften. Die meisten erreicht man am besten über den Flughafen Ben Gurion, Tel 9755555, www.bengurion-airport.com. Informationen über ankommende oder abfliegende **Flüge**: Tel 9723332.

- El Al, 32 Ben Yehuda St, Tel 9771111

Eisenbahn

▶ Sie verbindet Tel Aviv an der Küste flott und bequem mit den Städten zwischen **Ashdod** und **Nahariya** und ins Land hinein mit **Jerusalem** und **Beer Sheba**. Vom Bahnhof weiterkommen ist manchmal umständlich, aber der Bahn-Service ist insgesamt gut und zu empfehlen. Nach Jerusalem ₪ 22,50, wegen der Steigung gut 100 Minuten; tagsüber stündlich Beer Sheba ₪ 30, gut 90 Minuten; tagsüber alle 20 Minuten in einer guten Stunde per Express nach Haifa, ₪ 31, www.rail.co.il.

Taxis in Tel Aviv

▶ Zwar sind die Jerusalemer Kollegen am bekanntesten für „großzügige" Abrechnungen, aber man sollte auch in Tel Aviv darauf bestehen, dass der **Taxameter** eingeschaltet wird. Am Tag gilt der Tarif 1, von 21-5.29 Uhr der teurere Tarif 2. Wenn Sie eilig zum Flughafen müssen, können Ihnen die leeren Taxispuren helfen, allerdings kostet ein normales Taxi dorthin rund ₪ 150.

Sammeltaxis (**Sherut-Taxis**) befahren innerhalb Tel Avivs die Buslinien 4 und 5 (auch 16 in den Süden der Stadt und 66 nach Ramat Gan und Petakh Tiqwa) – für ₪ 6 kann man mit den orangen Kleinbussen fahren, so weit man möchte und vor allem ein- und aussteigen, wo man will: Die Bushaltestellen gelten nur für Busse. Ein weiterer Vorteil: Die Sherut fahren von 5-3 Uhr, und im Gegensatz zu den Bussen **auch am Shabbat**!

▶ Die Sammeltaxen fahren von der Central Bus Station aus außerdem für ₪ 25 bzw. ₪ 30 auch nach Jerusalem und Haifa. Abfahrt am Shabbat (25 Prozent Feiertagszuschlag) ist von der HaHashmal St am südlichen Ende der Allenby St.

Mietwagen

Am Ben Gurion Flughafen sind zumindest die großen internationalen, aber auch nationale Autovermieter vertreten. Wer nicht gleich bei der Ankunft ein Auto braucht, tut besser daran, sich in Tel Aviv umzuschauen. Auf sehr viele Vermieter trifft man im Hotelviertel an der HaYarkon St.

- AVIS, 113 HaYarkon St, Tel 5271752
- HAGAR, 106 HaYarkon St, Tel 5700203
- BUDGET, 99 HaYarkon St, Tel 9350012
- HERTZ, nur am Flughafen, Tel 9754505
- ELDAN, 114 HaYarkon St, Tel 5271166
- EUROPCAR, 76 HaYarkon St, Tel 5417676
- SHAY, 130 HaYarkon St, Tel 5220777 oder 4950, www.auto-shay.com (hebr.)
- THRIFTY, 80 HaYarkon St, Tel 6335252
- T.I.R, akzeptiert auch Cash, www.tir.co.il, 94 HaYarkon St, Tel 5279090

Achtung beim **Parken**: Achten Sie unbedingt auf die **Bordsteinmarkierungen**, siehe S. 57. Die Polizei ruht auch nachts nicht – und ruck-zuck ist Ihr Auto abgeschleppt. Dann nehmen Sie ein Taxi zum Dolfinarium, der Taxifahrer weiß, wo genau Sie hinmüssen. Dort zahlen Sie ₪ 350 und können weiterfahren.

Fahrradvermietung

Tel Aviv erschließt sich prima per Rad, wenn man es sich nicht klauen lässt. Es gibt auch immer mehr Radwege. Fahrradvermieter haben es allerdings schwerer, seit die Stadt das Kurzmiet-System **Tel-O-Fun** betreibt; www.tel-o-fun.co.il/en. Besorgen Sie sich in der Touristen-Information den entsprechenden **Stadtplan** mit Bedienungsanleitung (in der fehlt, dass Sie im

Verlauf der Prozedur eine Mobil-Telefonnummer angeben müssen).
Es funktioniert folgendermaßen: Per **Kreditkarte** mieten Sie an einem der Automaten für einen Tag (₪ 17), Feiertag (₪ 23), eine Woche (₪ 70), oder vielleicht lohnt gleich ein ganzes Jahr (nur ₪ 280!). Wenn Sie ein Fahrrad immer innerhalb von 30 Minuten wieder an irgendeiner Mietstation anschließen und danach erst mindestens 10 Minuten später wieder ein Rad nehmen, zahlen Sie keinen weiteren Shekel mehr, ansonsten kann es Stunde um Stunde sehr teuer werden. Für Ihr Geld erhalten Sie einen Bon mit Strichcode, mit dem man an jeder Station ein Rad freischalten kann.

Günstiger und ohne Parkprobleme geht es in Tel Aviv nicht.

▶ Geführte **Fahrradtouren** bietet die Firma ECOBIKE an, s.o., www.ecobike.co.il.

▶ Einfach nur **Fahrrad mieten** geht hier:

- CYCLE BIKE RENTAL, 147 Ben Yehuda, So-Do 10-19, Fr -15, Tel 5293037, www.cycle.co.il ₪ 25/h, ₪ 65/Tag
- O-FUN, 197 Ben Yehuda, So-Do 10-19, Fr -14, Tel 5442292, www.rentabikeisrael.com, ₪ 25/h, ₪ 60/Tag, ₪ 350/Woche,

▶ Einschlägige Auskünfte gibt die **Tel Aviv Bicycle Association**, Tel 6429815, www.facebook.com/bike.org (hebr.) – **Fahrradmitnahme** in Stadtbussen ist nicht möglich, aber in Fernbussen zu 50 Prozent Aufpreis und in Zügen außerhalb der Rush Hour, www.rail.co.il/EN/Homepage/UsefulInfo/Pages/bicycles.aspx.

Segwayvermietung

Wenn Sie Überblick brauchen und gern auffallen wollen, sollten Sie sich ein Segway mieten – ein leicht futuristisches Mittelding zwischen Einrad und Elektro-Roller, das Laune macht:

▶ **Segway Tours Tel Aviv** organisiert Touren durch den Yarkon Park, den Tel Aviv Port und durch den Safari Park in Ramat Gan ($ 60 ohne Eintrittsgeld, Rabatt bei mehreren Teilnehmern), www.segwaytlv.co.il

▶ **Segs** ... and the City/on the Cliff (in Netanya)/in the Park (Yarkon)/at Night sind die Themen des zweiten Veranstalters, wiederum zu $ 60, Tel 054 5850405, www.segs.co.il

Tel-O-Fun Fahrrad Mietstation

Straßennetz von Tel Aviv

Im Einzugsgebiet von Tel Aviv leben über drei Millionen Menschen, die zur Arbeit, zum Einkaufen oder zum Vergnügen in die Stadt oder hinaus fahren. Die Behörden versuchen, ein Verkehrsnetz aufzubauen, das dem Andrang gewachsen ist. Dennoch kommt es regelmäßig zu Staus, die man gelassen in Kauf nehmen muss.
Eine der wichtigsten Verbindungen von Nord nach Süd ist der **Ayalon Highway** (der unter diesem Namen auch ausgeschildert ist), eine acht- bis zehnspurige Autobahn, in deren Mitte die Eisenbahnschienen liegen und die gleichzeitig die Grenze zwischen Tel Aviv und dem östlich anschließenden Ramat Gan bildet. An verschiedenen Kreuzungen *(Interchanges, Junctions)* zweigen Querstraßen ab, z.B. kommt man vom HaShalom Interchange zur Haupteinkaufsstraße Dizengoff St, vom HaRakevet Interchange quer durch die Stadt auf dem kürzesten Weg ins Hotelviertel am Strand, oder in östlicher Richtung quer durch Ramat Gan nach Petakh Tikva. Die Kreuzungen sind meist nach der kreuzenden Straße benannt.

Der Ayalon Highway gehört gleichzeitig als Teilstück zur von Nord nach Süd verlaufenden Autobahn 20, im Süden verzweigt er in die Autobahn 1 zum Flughafen Ben Gurion und nach Jerusalem, führt aber noch weiter bis zur Autobahn 4 nach Ashdod und Ashkelon. Im Norden kreuzt der Highway die West-Ost-Autobahn 5 und endet derzeit etwas abrupt an der Menachem Begin St, die westlich ins Zentrum von Herzliya führt. In diese Richtung erreicht man auch die Autobahn 2 Richtung Norden nach Haifa, falls man nicht schon bei der Kreuzung mit Autobahn 5 auf diese Strecke abgebogen ist.

Zu erwähnen ist für Tel Aviv noch die strandparallele Straße **HaYarkon**, deren Beginn im Norden man mit der Überquerung des Yarkon-Flusses gleichsetzen kann und die sich dann durch das Hotelviertel quält, nach kurzem Aufatmen durch Jaffa und schließlich weiter nach Bat Yam und Kholon führt.

Nützliche Adressen

Notfall

- **Polizei** Tel 100
- **Erste Hilfe** Tel 101
- **Feuer** Tel 102
- **Stadtverwaltung** Tel 106

Krankenhaus

- Ikhilov Hospital, 6 Weizmann St, Tel 6974444 oder 6974226, 24-Stunden-Not- und Unfalldienst, auch Zahnarzt

Diplomatische Vertretungen

Obwohl Jerusalem nach israelischer Version als Hauptstadt des Landes deklariert wird, zogen bisher nur wenige diplomatische Missionen von der ehemaligen, provisorischen Hauptstadt Tel Aviv nach Jerusalem um. Für deutschsprachige Besucher wichtige Vertretungen:

- ÄGYPTEN, 54 Basel St, Tel 5464151, Fax 5441615
- DEUTSCHLAND, 3 Daniel Frisch St, Tel 6931313 – für Notfälle außerhalb der Öffnungszeiten 057 7257537, Fax 6969217, www.tel-aviv.diplo.de
- JORDANIEN, 14 Abba Hillel St, Ramat Gan, Tel 7517722, Fax 7517712, www.jordanembassytelaviv.gov.jo
- ÖSTERREICH, Sason Hogi Tower 4. Stock, 12 Abba Hillel St, Ramat Gan, Tel 6120924 – für Notfälle außerhalb der Öffnungszeiten 054 7921892, Fax 7510716, www.bmeia.gv.at/botschaft/tel-aviv.html
- SCHWEIZ, 228 HaYarkon St, Tel 5464455, Fax 5464408, www.eda.admin.ch/telaviv

Post

- HAUPTPOST, 7 Mikve Yisrael St/Ecke Levontin St, zwei Blocks östlich des Südendes der Allenby St), Poste restante So-Do 7-18, Fr -12.
- Weitere Zweigstellen: Trumpeldor/Ecke HaYarkon St; Zamenhoff St beim Kikar (Zina) Dizengoff; HaMelekh George gegenüber Dizengoff Center, Öffnungszeiten meist So-Fr 8-12.30, So-Do 15.30-18.30.

Banken, Reisebüros

- FIRST INTERNATIONAL, 22 Allenby St, Tel 5110200
- LEUMI, 19 Herzl St, Tel 5148378; 43 Allenby St, Tel 5143182
- AMERICAN EXPRESS, 32 Ben Yehuda St, Tel 5268837

Geld tauscht man am besten bei den privaten Büros, deren Change-Schilder hauptsächlich in der Dizengoff, Ben Yehuda und HaYarkon St zu finden sind. Der Kurs gegenüber den Flughafenbüros kann um fünf Prozent besser sein.

- ISSTA, Israel Student Travel Association, 109 Ben Yehuda St, Tel 5210555 oder Dizengoff Center, Tel 6216100, billige Flüge
- ESHET INCOMING, 12 Nakhalat Yizkhak St, Tel 6086222, www.eshetincoming.com, vgl. mit derselben Postadresse auch www.ddtravel-acc.com

Fotoservice

- INTERPHOTO, 19 Allenby St, Bilder brennen und drucken, Kamerareparatur, Tel 5175346, www.ifoto.co.il

Antiquitäten, Bücher, Antiquariate

- STEIMATZKY, 103 Allenby St, bietet im Kellergeschoss die größte Auswahl an Reiseliteratur; weitere Geschäfte im Flughafen und den meisten Shopping Centern

- LAMETAYEL, Dizengoff Center, Outdoor-Kette mit guter Reiseführer- und Kartenabteilung, Tel 5286894
- ARCHAEOLOGICAL CENTER ROBERT DEUTSCH, 7 Mazal Dagim St und Dan Hotel, 99 HaYarkon St, Jaffa, sowie im Tel Aviv Hilton als Händler für Antiquitäten vom zuständigen Ministerium zugelassen, Tel 6826243, www.archaeological-center.com
- ANTIQUARIAT M. POLLAK, 36 und 42 King George St, hat sich u.a. auf alte Drucke und Karten sowie Lithografien spezialisiert, Tel 5281336, www.pollakbooks.com
- TOUCH WOOD NURIT GALLERY, 90 Dizengoff St/zw. Kikar und Center, alte Fotos und liebenswerte Antiquitäten aus der Anfangszeit des Staates Israel, Tel 6298572, www.touchwoodnurit.com
- THE THIRD EAR, 48 HaMelekh George, z.T. Second Hand/Third Ear-CDs und DVDs, Jazz und Worldmusik – u.a. *Krautrock*, Tel 6215222, www.third-ear.com

Kunstgalerien

- BAUHAUS CENTER, 99 Dizengoff St, pfiffiger Shop, aber nicht ganz billig, Tel 5220249, www.bauhaus-center.com
- BRUNO GALLERY, 64 Ben Yehuda St, Bilder von Chagall, Dali, Picasso u.a., Tel 5220635, www.brunoartgroup.com
- CHELOUCHE GALLERY FOR CONTEMPORARY ART, 7 Mazeh St, (nahe Allenby St), hauptsächlich junge israelische Künstler, Tel 6200068, www.chelouchegallery.com
- DAVID GERSTEIN GALLERY, 99 Ben Yehuda (Eingang v. Yeshuron St), Gemälde und Objekte des weltweit gefragten Künstlers, Tel 5293826, www.davidgerstein.com
- KAYMA GALLERY, 26 Ben Dosa St (Jaffa, Nähe Flohmarkt), betont non-konformistisch, Tel 5185144, www.kayma.net

Kunsthandwerk

- CAD AL HAYAM, Opera Tower, 1 Allenby St, 2. Stock, sehr gute Keramik, Tel 5171431
- DERVISH, 21 Dov Hoz St, geschmackvolle und ausgefallene Arbeiten aus aller Welt, Tel 5230171, www.dervishgallery.com

Was man unternehmen kann

Veranstaltungen

▶ Tel Aviv verwöhnt seine Bewohner und Besucher mit jeder Menge von Kulturangeboten. Aktuelle Informationen stehen in den Freitagsausgaben von *HaAretz* und *Jerusalem Post*, in *Time Out Israel* (http://digital.timeout.co.il/english) oder der Broschüre *Tel Aviv-Jaffa* (herausgegeben vom Ministry of Tourism, auch auf Deutsch). Auch der *Go Tel Aviv-Jaffa City Guide* informiert u.a. über das Kulturangebot. Ansonsten im Tourist Office nachfragen, siehe oben.

▶ Als ständige Einrichtungen sind u.a. zu nennen: Hebräisches Theater mit englischen Untertiteln bietet dreimal wöchentlich das **Cameri Theater** (meist So, Di, Sa), 19 Sha'ul HaMelekh St (beim Kunstmuseum), Tel 6060960 oder 6060900, www.cameri.co.il. Auch in Israels **Nationaltheater**, dem für Tel Avivs Jubiläum 2009 renovierten Gebäude, wird Service für Leute geboten, die kein Hebräisch können; 2 Tarsat St (Nordende Rothshild Ave), Tel 5266666, www.habima.co.il. Von **jiddischem Theater** hätte man vielleicht auch mit nur knappem Textverständnis etwas, doch jede Aufführung wird simultan übersetzt – im ZOA House, 28 Bialik St, Tel 5254660 und 180 0444660, wwww.yiddishpiel.co.il. Im Juli und August treten Theatergruppen an der Strandpromenade auf.

▶ Wie das eben erwähnte Cameri Theater befindet sich auch die **Oper** von Tel Aviv-Jaffa im Tel Aviv Performing Arts Center (TAPAC). Ausgezeichnete Oper, Konzerte oder das Israel Ballett buchen unter Tel 6927777 oder www.israel-opera.co.il.

▶ Das **Israel Philharmonic Orchestra** tritt nördlich des Yarkon im Smolarz Auditorium der Bar Ilan Universität auf, Tel 170 0703030, www.ipo.co.il.

▶ Die **Jazz** Szene von Tel Aviv erschließt sich vielleicht am besten über Sessions, z.B. montags 23 Uhr bis tief in die Nacht im tonangebenden Jazzclub Tel Avivs *Shablul*, 13 Hangar St im Hafengebiet südlich der Mündung des

Yarkon-Flusses, Tel 5461891, www.shabluljazz.com (hebr.), in dem überhaupt täglich ein Ensemble auftritt, freitags um 16 Uhr auch gratis. In der Restaurant-Bar *Rothshild 12* (gleichzeitig die Adresse) scheint am letzten Montag im Monat eine Jam Session zu steigen.

▶ Im Sommer gibt es **kostenlose Konzerte** im HaYarkon Park und in der Altstadt von Jaffa, und Musikfreunde werden auch am Strand Richtung Jaffa meistens etwas zu hören bekommen. Man könnte auch in Jaffas Altstadt in der **Jazz Alley**, 8 Mazal Dagim St (auf dem Dach des Simta Theaters), nachschauen. Info und Tickets 6812126, www.hasimta.com (hebr.).

▶ Theater- und Konzertkarten kann man im Voraus kaufen bei:

▶ CASTEL, 153 Ibn Gvirol St, Tel 6045000, www.tkts.co.il (hebr.)

▶ HADRAN, 90 Ibn Gvirol St, Tel 5279797, www.hadran.co.il (hebr.)

Shopping – Allgemein

• Wer kleine oder kleinere preiswerte Shops vorzieht, sollte die Allenby St erkunden; nicht zuletzt liegen rechts bzw. links des Kikar Magen David der quirlige Karmel Markt, der Bezalel Kleidermarkt und die Nakhalat Binyamin Fußgängerzone mit dem Kunsthandwerkermarkt am Dienstag und Freitag (siehe S. 228). Auch auf der Dizengoff St zwischen Kikar und Frishman St bieten Kunsthandwerker ihre Werke an (Mo 12-20, Fr 9-16). Vielleicht macht Ihnen aber auch der Flohmarkt von Jaffa (siehe Seite 219) und der am Kikar Dizengoff (Do 14-20, Fr 8-17) mehr Spaß. Spät dran auf dem Dizengoff-Platz ist schließlich der Designermarkt *Fashionably Late* (Do 16-23).

• **Dizengoff Shopping Center**, im Stadtzentrum Dizengoff/King George St, mit vielen Shops und Boutiquen, Restaurants, Cafés und zwei Kinos; ein beliebtes Einkaufsparadies der Bevölkerung. Zusätzlich bietet sich natürlich auch die Dizengoff St selbst als Shopping-Meile an. Täglich bis Mitternacht geöffnet, nur freitags bis 16; Bus 5, 18, 25, 100.

• **Gan Ha'ir**, 69 Ibn Gvirol St, Nähe Rathaus, neuerer Kauftempel für alles, was das Herz begehrt, mit Grünflächen, Springbrunnen und allen Annehmlichkeiten. Bus 10, 18, 25, 26.

• **Opera Tower**, 1 Allenby St, direkt am Strand, ist ein futuristisches Appartement-Hochhaus, das anstelle der ersten Knesset (später als Opernhaus umfunktioniert, daher der Name) errichtet wurde. Die unteren drei Stockwerke dienen als Vergnügungs- und Shopping Center der eher gehobenen Art, von Juwelen und Schmuck, Kleidung bis hin zu Judaica gibt es vieles zu kaufen. Kino, Restaurants und Cafés laden zum Verschnaufen ein. Täglich bis 22, Bus 4, 10, 16, 18.

• **New Central Bus Terminal**, 106 Levinski St, Umschlagplatz von Menschen und Waren, wo 140 Shops mit unterschiedlichstem Angebot aufwarten, aber auch Banken, Restaurants, Cafés oder Kinos vorhanden sind.

• **Asrieli Center**, 132 Menachem Begin St zwischen HaShalom-Bahnhof und Tel Aviv Kunstmuseum, beherbergt in den unteren drei Stockwerken Outlet-Shops und teure Geschäfte – natürlich gibt es auch ein Kino und ordentliche Restaurants. So-Do 10-22, Fr-16, Sa 20-24, Bus 7, 40

• Diamanten kauft man am besten weiter nördlich im **Diamond Center** in Ramat Gan, unweit des Bahnhofs (siehe S.234).

Shopping – Mode-Artikel

Im kürzlich renovierten Viertel Gan HaHashmal (*Elektro-Garten*, nach dem ersten Kraftwerk Tel Avivs dort benannt, zwischen HaRakevet, Begin und Yafo St) residieren einige der Leute, die Tel Aviv zur Mode-Metropole machen. Halten Sie unter den Shopping und Accessoire-Läden Ausschau z.B. nach

• FRAU BLAU, 8 HaHashmal St, Mode, Tel 5601735, www.fraublau.com,

• KISIM, 8 HaHashmal St, Handtaschen Tel 5604890, www.kisim.com

• KERENVEMICHAL, 6 Levontin St, Damenmode, Tel 5603454, www.kerenvemichal.com

• Es gibt weitere Modezentren, z.B. südöstlich des Rabin-Platzes, um den Kikar HaMedina, in den Vierteln Florentin und Neve Zedeq sowie in Jaffa und neuestens am alten Jaffa-

Bahnhof *HaTakhana* (siehe unten). Auch am Tel Aviv Port an der Yarkon-Mündung kann man Ausgefallenes erstehen, z.B. im Hangar 26, wo das Motto Empowering Women lautet:

- LE'ELA, Accessoires und Wohn-Gimmicks
- GAL DESIGNS, Kleidung designed und geschneidert in Israel
- SISTERS – ein frauenfreundlicher Sexshop – werben damit, offiziell aus der Fun Factory from Germany zu importieren: www.sisters.co.il

Vielleicht lässt sich am Hafen auch etwas auf dem Flohmarkt freitags 11-20 Uhr erstehen.

Sport

▶ Sport aller Art kann man auf den Plätzen an der Rokach St, am Yarkon-Fluss am nördlichen Ende der Stadt, treiben – von Kletterwand (Olympus, 42 Rokach St, Tel 6990910) bis Minigolf (Kreuzung Rokach/Namir St). Wenn Sie Paragliding oder Drachenfliegen wollen, gibt Ihnen der Aero Club of Israel, 67 HaYarkon St, Tel 5175038, www.aeroclub.org.il, Auskunft. Reiter wenden sich an die Association of Horseback Riding, 26 Hissim St, Tel 5251348. Segler oder Bootfans können im Lev Hayam Club, Tel Aviv Marina (Kikar Atarim), Boote mieten, Taucher sich ausrüsten lassen oder Lehrgänge belegen, Tel 5226246. Wellenreiten/Surfen könnte man z.B. beim Topsea Surfing Center lernen, Tel 050 4329001, www.topsea.co.il. Im Hafen von Jaffa bietet die Firma Tashoot Ltd Bootstrips entlang der Küste an, Tel 5274222.

▶ Für **Segler** gibt es zwei **Marinas**, die größere liegt direkt in der Hotelgegend am Kikar Atarim, die zweite, vielleicht etwas reizvollere im Hafen von Jaffa. Beide bieten alle Service- und Reparaturmöglichkeiten.

Nightlife

Wenn es in Israel Nightlife gibt, dann in Tel Aviv – meist bis zum frühen Morgen. Am besten geht man selbst auf Entdeckungstour, die Broschüren der Hotels bieten viele Namen und Adressen. Im Tourist Office gibt es eine **Hotmap**, www.hotmap.co.il, von der Trendscouts sicherlich die Finger lassen, denn was da empfohlen wird, kann ja nur schon wieder auf dem absteigenden Ast sein. Doch warum nicht damit starten, unterwegs gibt es bestimmt mündliche Nachrichten über den allerletzten Schrei.

Als In-Meile wird immer die **Sheinkin St** empfohlen, die am Kikar Magen David beginnt und deren Attraktivität in der Gegend der Rothshild St ausklingt. Israelis nennen sie gern in einem Atemzug mit dem Greenwich Village in New York oder Londons Hamstead High St – prüfen Sie selbst, was dran ist.

Kurzweilig geht es auch **südlich des Shalom-Towers** zu – zwischen Rothshild und Lilienblum St –, auch weiter südlich der Yafo und Salame St im **Florentine** Viertel. In der **Allenby St** gibt es ebenfalls lohnende Locations – Richtung Strand rotlichtert es etwas, aber wenig einladend.

Dafür verspricht der *Tel Aviv Port* (hebr. *Namal Tel Aviv*) südlich der Yarkon-Mündung erlebnisreiche Nächte, auch wenn auf der Website eher vom neuen Wochenmarkt als von coolen Clubs die Rede ist. Parken Sie dafür am besten nördlich des Yarkon beim Reading Terminal.

Das neueste, sehr ansprechend restaurierte Gelände ist der alte Jaffa-Bahnhof, hebräisch ***HaTakhana***, gleich beim Armee-Museum südwestlich von Neve Zedeq. Eine große Open Air Bar, tagsüber flippige Läden, manchmal mit Live-Musik und recht jungem Volk; www.hatachana.co.il.

Gleichgeschlechtlich geht einiges in Tel Aviv, vor allem für **Gays** lohnt ein Blick auf www.atraf.com, siehe auch S. 70. Vielleicht sind auch nach Drucklegung dieses Buches Clubs wie die Ashmoret Bar (10 Rothshild), -1 Club (52 Nakhalat Binyamin St), der Klassiker Evita (31 Yavne St) oder der Theatre Club (Jaffa, 10 Jerusalem St) nach wie vor angesagt. Aktuelle Parties listet monatlich http://digital.timeout.co.il/english.

Die Nightclubs öffnen **kaum vor 24 Uhr** – Ende quasi offen. Allerdings kann man den Abend auch in Pubs totschlagen, die gegen 20 Uhr öffnen und häufig nach dem letzten Gast schließen, selten vor 2 Uhr. Wer dann am früheren oder späteren Morgen Hunger ver-

Wegmarke: Fisch am Restaurant von Margaret Tayar (S. 248)

spürt, sollte die Ben Yehuda oder die Ibn Gvirol St ansteuern, dort gibt es einige 24-Stunden-Restaurants. Auch die Strände sind 24 Stunden geöffnet.

Noch ein Tipp: **Geld mitnehmen** – Eintritt für die Clubs etwa ₪ 50-150, ohne Getränke. Hier ein paar – eher beliebige – Tipps zur schnell sich verändernden Nightlife Szene, die Grenze zwischen Bar und Club ist fließend.

ARTHUR, Tel Aviv Port, gleich beim Hangar 23, großer Irish Pub, anständige Auswahl an Whiskeys und schottischen Single Malts, viele Biere vom Fass – nicht nur Weihenstephaner: die Hausmarke Arthur's wird in Mannheim gebraut

ASHMORET, 10 Rothshild Ave, täglich Elektro-Sounds

BLOCK CLUB, 157 Shalma St, www.block-club.com, ziemlich neu, viele Live-Acts

CAT & DOG, 23 Carlebach St, unterirdisch gut! Internationale Plattenaufleger stehen quasi Schlange

CLARA, 1 Kaufman St/nahe dem alten Dolphinarium, Sommerfrische am Strand, nicht weit von Jaffa entfernt

EVITA, 31 Yavne St, älteste Gay Bar, verschiedene Themenabende, z.B. So Eurovision, Di Drag Show

HaMISBA'AS, Hangar 13 (Tel Aviv Port, Seiteneingang), Tel 5444250, www.rest.co.il/misbaa (hebr.); israelische Folk- und Popmusik, auch nachmittags

HAOMAN 17, 88 Abarbanel St (Florentin-Viertel), Tel 6813636, ebenso gute DJ-Gäste wie beim Jerusalemer Namensvetter, nebenan ein Strip-Club

LEVONTIN 7 & 11, 7 bzw. 11 Levontin St im Mode-Viertel Gan HaHashmal,, www.levontin7.com, die eine Adresse macht mehr in Musik, die andere in bildender Kunst

MAKOM MEHASRATIM (A Place From the Movies), 14 Akhad HaAm St, www.2eat.co.il/mm, Bar und Restaurant auch für religiöse Juden koscher, WLAN gratis

M.A.S.H. (More Alkohol Served Here), 275 Dizengoff St, Bierbar mit nostalgischer Musik

MIKE'S PLACE, 86 Herbert Samuel Promenade, direkt am Strand, auch 24 Raoul Wallenberg St, viele Traveller, relativ preiswertes Bier, bei Mike auch Live-Musik, unter der zweiten Adresse findet man auch den

ZAPPA CLUB, ebenfalls mit Konzerten, www.zappa-club.co.il

NANUCHKA, 28 Lilienblum St, georgisches Essen, osteuropäische Getränke und Musik

9 BEACH MEZIZIM, Tel Aviv Port (ganz im Süden, wo der Strand beginnt), www.9beach.com/mezizim.php, Chillen am Strand von morgens bis zum letzten Kunden Discos und Live Music

OLD SCHOOL, 3 HaTa'arucha St (Tel Aviv Port), www.old-school.co.il, distinguierte Retro-Bar, nicht für Kinder unter 25 Jahren

PUSSYCAT CLUB, 3 Yordei HaSira St (Tel Aviv Port), falls Mann's braucht: täglich Table Dance ab 23 Uhr

SHABLUL, Hangar 13 (Tel Aviv Port, Seiteneingang), Tel 5461891, www.shabluljazz.com, jeden Abend Live-Jazz lokaler oder internationaler Größen

YAYA CLUB, 3 Ben Yehuda St, 2012 eröffnet und schwer angesagt

ZIZI, 7 Carlebach St, Tanzen bis zum Morgengrauen und weiter

Essen und Trinken

Im kosmopolitischen Tel Aviv findet sich mit Sicherheit für jeden Geschmack ein Restaurant. In der folgenden Liste können bei weitem nicht alle attraktiven Essplätze genannt werden; betrachten Sie die Erwähnung als eine Basis für weitere eigene Erkundungen.

Noch einige Vorbemerkungen: Die Etzel St (im Süden, östlich der Autobahn 1, Bus 15 und 16) ist bekannt für viele kleine Restaurants, arabische wie jüdische, Fast Food, Stehimbisse und auch gute Essplätze. Hervorragende jemenitische Restaurants finden Sie (noch) zwischen dem Karmel Markt und dem Strand, sehr beliebt bei Einheimischen. Viele kleinere Restaurants und Imbisse haben sich in der Nähe des Kikar Dizengoff angesiedelt, in der Sheinkin St gibt es gute Cafés, im Florentin-Viertel jede Menge Kneipen. Vor allem unkonventionelle Genießer sollten nach Jaffa gehen; dort werden gerade in den eher unscheinbaren Etablissements ausgefallene oder preiswerte Gerichte serviert.

Ben Yehuda St und Strandgegend

- BAR-LIN, 296 HaYarkon St, Hamburger in Hafennähe
- BENEDICT, 171 Ben Yehuda St, Tel 5440345 (auch 29 Rothshild/Allenby), 24 Stunden, Frühstück
- CAFÉCAFÉ, Kikar Atarim/Gordon Beach, Tel 5222284,
- MANTA RAY, Strandlokal Höhe Etzel-Museum, Tel 5174773, www.mantaray.co.il (hebräisch), Küche vegetarisch und aus dem Meer, tolle Vorspeisen, die ihren Preis haben
- MUL-YAM, 24 Hangar (Tel Aviv Port), schon www.mulyam.com wirkt kostspielig, aber appetitanregend: Fisch und Meeresfrüchte auf hohem Niveau
- OSTERIA DE FIORELLA, 148 Ben Yehuda St, gute italienisch-jüdische Küche, mittlere Preise
- TASTE OF LIFE, 35 Ben Yehuda St, www.tasteoflifeisrael.com, vielfältige vegane Küche
- WINEBERG, 106 Ben Yehuda St, hübsches Lokal, kleine Speisen vorzugsweise zu Wein

Zentrum (Dizengoff St) und nördliche Adressen

- 2C (*to see*), 132 Petakh Tikva St, Asrieli Tower, Tel 6081990, www.2-c.co.il, höchster Genuss in Tel Aviv im 49. Stock – aber nicht nur die Aussicht, auch das Essen und die Preise können mithalten
- CAFÉ LANDWER, BRASSERIE M&R, 70 Ibn Gvirol St, ganztags und nachts geöffnete Café-Bistros, siehe auch NONA, 44 Ibn Gvirol St
- MESSA, 19 HaArba'a St, Tel 6856859, beeindruckend schwarz-weiß gestylt, das Gourmet-Erlebnis leert den Geldbeutel nicht *so* sehr
- PAELLA, 116 Dizengoff St, Tel 5244454, bodenständig spanische Küche
- THE HUNGARIAN, 35 Yirmeyahu St, Tel 6050674, http://hungarianblintzes.rest-e.co.il, spezialisiert auf ungarische Plinsen

Südliches Tel Aviv

- ABRAXAS, 40 Lilienblum St, Tel 5104435, wird zu Recht gerade überall empfohlen – vermutlich gibt es keinen Platz
- BELLINI, 6 Yekhieli St (Neve Zedeq), Tel 5178486, gutes italienisches Restaurant
- CAFÉ SUSANNA, 9 Shabasi/Ecke Khevrat Shas St (Neve Zedeq), gute Sitzplätze unter ausladendem Feigenbaum, mittlere Preise – anders als gegenüber im erlesenen DALLAL mit exquisiter Küche, Tel 5109292, www.dallal.info
- DALAS, 38 Etzel St (HaTikva-Viertel), hübsch dekoriert, jemenitische Küche, gut und preiswert
- ELIMELECH, 35 Wolfson St (Florentin-Viertel), Tel 6814545, Pub und Restaurant, sehr urig, sehr jiddisch, gutes Essen, die besten Biere der Stadt, eng, besonders gegen Feierabend sehr voll. Freitagnachmittag „kaufen" ganz Gierige Tische auf, d.h. sie bezahlen den dort Sitzenden die Rechnung, um einen Platz zu bekommen.
- LONG SENG, 13 Allenby St, gutes und preiswertes China-Restaurant
- SUS EITZ, 20 Sheinkin St, Restaurant und Café, beliebt vor allem bei jüngeren Leuten

- MAX BRENNER, 45 Rothshild Ave, Tel 5604570, www.maxbrenner.com, Schokolade in vielfältiger Form, auf Expansionskurs
- NANUCHKA, 28 Lilienblum St, Tel 5162254, ausgefallene Einrichtung, und georgische Küche, die in Tel Aviv auch eher ausgefallen ist
- SHMULIK COHEN, 146 Herzl St, Familienlokal seit 1936 mit jiddischer Küche
- YOSI & YOSI, 85 Etzel St (HaTikva-Viertel), koscher: Fisch, Huhn, Rind, gut

Jaffa – hier lässt sich's hervorragend speisen

- Vorzüglich und mit eigener Note kocht das kleine Restaurant von *Margaret Tayar*, 4 Ratsif HaAliya HaShnia (von Norden kommend erster Abzweig rechts am Clock Tower), Tel 6824741. Es besitzt kein Namensschild, nur ein blauer Blechfisch über dem Eingang (siehe vorletzte Seite). Noch lange wird sich Ihr Gaumen an die Köstlichkeiten erinnern.
- An der weiter südlich gelegnenen strandparallelen Qedem St werden Sie auf dem Weiterweg nach Süden an einer ganzen Reihe guter bis exzellenter Restaurants vorbeikommen, u.a.:
- ABU HASSAN, 1 HaDolfin St (Verlängerung der Qedem nach Norden), immer wieder gelobtes Hummus-Lokal
- HINAWI GRILL HOUSE, 58 Qedem St, Tel 5184531, toller Blick auf Meer, Familienbetrieb mit arabischen Fleischspezialitäten
- HaSAKEN VeHaYAM, 83 Qedem St, Tel 6818699, Der alte Mann und das Meer ist natürlich ein Fischlokal, sehr zu empfehlen und preisgünstig, ebenfalls bestechender Blick
- ABU NASSAR ON THE HILL, 130 Kedem St, Tel 5067132, ein bekanntes und sehr gutes Fischrestaurant

Zu Fuß von der Altstadt aus erreichbar

- DR. SHAKSHUKA, 3 Bet Eshel St, Tel 6822842, rund um das eigentlich libysche Gericht Schakschuka (Tomate, Ei, Gewürze) sind auch andere nordafrikanische Köstlichkeiten erhältlich, guter Service, vernünftige Preise
- PUA, 3 Yokhanan St (südlicher Flohmarkt), Café-Bistro mit kleinen Gerichten, auch Shabbat geöffnet
- FISHERMAN'S RESTAURANT, direkt am Hafen, Tel 6824115, ein israelisches Promi-Lokal, Fisch und Meeresfrüchte zu akzeptablen Preisen
- CONTAINER, direkt am Hafen, Tel 6836321, modern gestylt, eher besseres Essen als beim Fischer nebenan
- CORDELIA, 30 Yefet St, Tel 5184669, www.cordelia.co.il, innovative Kochkunst mit entsprechendem Preis, im selben schmucken Gebäude das NOA BISTRO, Tel 5184668, mit erschwinglichen Köstlichkeiten sowie Frühstück und Mittagstisch, nahebei noch die JAFFA BAR desselben Küchenchefs, Mo-Sa 20-2 Uhr
- ABULAFIA & SÖHNE, 7 Yefet St, rund um die Uhr geöffnet, arabische Bäckerei – eine Institution, an der Sie kaum vorbeigehen können

Übernachten

Wer in Tel Aviv übernachten will, wird die Nähe zum Mittelmeerstrand bevorzugen, zumal sich die meisten Hotels dort angesiedelt haben (siehe auch Stadtplan S. 222). Die Gegend zwischen Strand und Ben Yehuda St ist als Hotelviertel bekannt. Aber auch in Jaffa (siehe weiter unten) bietet sich eine interessante und preiswerte Alternative.

Die erste Linie direkt am Strand haben die Luxusherbergen okkupiert, billigere Etablissements müssen ab der zweiten Reihe vorliebnehmen. Die Luxushotels differenzieren außerdem fein säuberlich, ob der Gast nach Westen direkt aufs Meer schaut, oder nach Süden bzw. Norden um die Ecke schielen oder mit dem Blick auf die Stadt auskommen muss. Den Meeres- von dem Stadtblick trennen häufig bis zu $ 50 pro Nacht.

Wer in Jaffa übernachtet, muss samstags auf öffentliche Busse nach Tel Aviv verzichten. Das Hotelportal für Tel Aviv und Umgebung adressiert www.telavivhotels.org.il.

Tel Aviv

Einige **Luxushotels** als typische Beispiele .

- **THE CARLTON**, 10 Elieser Peri St, Tel 5201818, Fax 5271043, www.carlton.co.il ..E/D+B $ 326-663
- **DAN TEL AVIV**, 99 HaYarkon St, Tel 5202525, Fax 5249755, www.danhotels.com/TelAvivHotels/DanTelAvivHotel; Superluxus-Hotel (das Schwesterhotel DAN PANORAMA weiter südlich ist etwas einfacher und billiger)........E+B $ 320-460, D+B $ 340-480
- **RENAISSANCE**, 121 HaYarkon St, Tel 5215555, Fax 5215588, www.renaissancehotels.com/tlvbr, direkt im Zentrum der Strandpromenade,........E+B $ 243-350, D+B $ 243-1000

Andere Hotels/Hostels

- Die **ATLAS-Kette** unterhält eine Reihe von Mittelklassehotels u.a. in Tel Aviv, alle der folgenden drei Hotels sind sehr sauber, verfügen über AC, TV, gratis WLAN. Das erste liegt günstig zum Strand, die anderen beiden mittendrin am Kikar Dizengoff.
- **CITY**, 9 Mapu St (von der HaYarkon St abzweigende Seitenstraße), Tel 5246253, Fax 5246250, www.atlas.co.il/city-hotel-tel-aviv; mF........E+N $ 176, D+B $ 195-330
- **CENTER CHIC,** 2 Zamenhoff St, Tel 5266100, Fax 5266101, www.atlas.co.il/center-hotel-tel-aviv; mF........E+B $ 158, D+B $ 174-314
- **CINEMA,** 1 Zamenhoff St, Tel 5207100, Fax 5207101, www.atlas.co.il/cinema-hotel-tel-aviv; mF........E+B $ 148, D+B $ 164-302
- **LEONARDO BASEL**, 156 HaYarkon St, Tel 5207711, Fax 5270005, www.fattal.co.il; zentral, direkte Strandnähe, WLAN gratis, mF........E+B ab $ 165-195, D+B $ 190-220
- **BELL**, 50 HaYarkon/Ecke Allenby, Tel 5174291, www.bellhotel-telaviv.com; freundlich eingerichtet: kürzlich Upgrade zum Boutique-Hotel, zentral gelegen, laut, AC, TV, Internet, mF ....E/D+B $ 162-190
- **METROPOLITAN**, 11-15 Trumpeldor St, Tel 5192727, Fax 5172626, www.hotelmetropolitan.co.il; modern und funktional für Geschäftsleute, Sauna,Fitness-Studio, WLAN, mF........E+B ab $ 140, D+B ab $ 178
- **PRIMA TEL AVIV**, 105 HaYarkon St, Tel 5275660, Fax 7602244, www.prima.co.il, ist den Preis wert: gehörte mal zur Luxuskategorie, WLAN gratis, mF ....E+B $ 133-170, D+B $ 157-194
- **LUSKY SUITES**, 84 HaYarkon St, Tel 5163030, Fax 5171047, www.luskysuites-htl.co.il; gut eingerichtete Apartments mit Kochnische, AC, TV, DSL ....E+B $ 125, D+B $ 176-188, Einraum-Ap. $ 230, Zweiraum-Ap. (bis 5 Personen) $ 274
- **OLYMPIA**, 164 HaYarkon St (Ostseite, etwa Höhe Sheraton Moriah), Tel 5242184, Fax 5247278, www.inisrael.com/olympia; gut gepflegt, wenige Zimmer mit Meerblick, AC, TV, mF........E+B $ 120, D+B $ 130
- **MAXIM**, 86 HaYarkon St, Tel 5173721, Fax 5173726, www.inisrael.com/maxim; sauber, ziemlich kleine Zimmer, AC, TV, WLAN gratis, mF........E+B $ 119, D+B $ 175-195
- **DEBORA**, 87 Ben Yehuda St, Tel 5278282, Fax 5278304, www.deborah-hotel.co.il; mF........E+B $ 116, D+B $ 128
- **ADIV**, 5 Mendele St (östlich abzweigende Seitenstraße der HaYarkon St), Tel 5229141, Fax 5229144, www.adivhotel.com; sehr sauber, kleine Zimmer, AC, TV, WLAN, gehobenes Mittelklassehotel in Strandnähe, mF........E+B $ 108-155, D+B $ 128-182
- **HOTEL DE LA MER**, 2 Nes Ziona/Ecke HaYarkon St, Tel 5100011, Fax 5167575, www.delamer.co.il; aufgeräumt, weil den Feng-Shui-Maximen verpflichtet, AC, TV, mF........E+B $ 99-255, D+B $ 115-197
- **SUN CITY**, 42 Allenby St, Tel 5101515, Fax 5173455, www.sun-hotels.co.il/sun_city, Internet-Rabatt; kein Spitzenhaus, AC, TV, WLAN, mF ....E+B $ 95-200, D+B $ 99-200

• **HAYARKON 48 Hostel**, 48 HaYarkon St (Nähe Opera Tower), Tel 5168989, Fax 5103113, www.hayarkon48.com; 24h geöffnet, fittes Hostel-Team, Jobs möglich, Seeblick, Lockers, Internet, Küche, sauber, Dorms mit Balkon, mF .... Dorm pP $ 25 (+AC: 30), D $ 82, D+B $ 96

• **NESS**, 10 Nes Ziona St (Nähe Ben Yehuda St), Tel/Fax 5106084, www.cheaphoteltelaviv.com; günstige Lage zum Stadtzentrum und zum Strand, sauber, freundlich, kleine Küche mit Kühlschrank, ziemlich laut, TV, AC, mF............ E+B $ 78-110, D $ 82-100, D+B 116-150

• **BNEI DAN INTERNATIONAL YOUTH HOSTEL**, 36 Bnei Dan St, Tel 5945655, www.iyha.org.il; fast am Ufer das Yarkon gelegen (Bus 5, 24 oder 25), über 300 Betten, sauber, AC, mF............ Dorm pP $ 33, E+B $ 75, D+B $ 92, 3er+B $ 118

• **GORDON INN HOTEL**, 17 Gordon/Ecke Ben Yehuda St, Tel 5238239, www.inisrael.com/gordon_inn/en; war mal preiswerter, sauber und relativ günstig zum Strand gelegen, einfachste Möblierung, wenige Zimmer mit Bad, AC, mF............ E/D $ 75, E/D+B $ 90

• **EILAT**, 58 HaYarkon St, Tel 5102453, Fax 5160594, www.hotel-eilat.co.il; einfach, freundlich, relativ sauber, Vermietung auch stundenweise ($ 38)............ E+B $ 55, D+B $ 63

• **SKY HOSTEL**, 34 Ben Yehuda St, Tel 6200044, Fax 5280797, www.sky1hostel.com; angeblich kürzlich renoviert – merkt man nicht immer, sauberer wäre auch gut, aber günstig, Lockers, Internet, mF............ Dorm pP ₪ 90, E ₪ 180, E+B pP ₪ 210, D pP ₪ 230, D+B & AC pP ₪ 310

• **MOMO'S HOSTEL**, 28 Ben Yehuda St, Tel 6297421, Fax 5280797, www.momoshostel.com; etwas verwohnt, aber erschwinglich, mF............ Dorm pP ₪ 90, E ₪ 170-190, D ₪ 240, D+B & AC ₪ 310

• **MUGRABY HOSTEL**, 19 Allenby St, Tel 5102443, Fax 5166335, www.mugraby-hostel.com; sehr einfach, freundlich, relativ sauber, Ventilator, mF............ Dorm pP ₪ 58, E ₪ 160, D ₪ 200

• **ARBEL SUITES**, 11 Khulda St, Tel 5225450, Fax 5272460, www.arbelhotel.com; relativ strandnah auf Höhe der Marina, noch recht neu eingerichtete Appartements, Parken ₪ 40/Nacht, AC, TV, WLAN gratis .... E/D+B $ 98-140, Suiten $ 120-160

• **GALILEO**, 8 Hillel HaSaken (nahe Karmel-Markt), Tel 5160050, Fax 5101782, www.sun-hotels.co.il/?cat=24; kleines, sauberes, Hotel mitten in der Stadt – wer den Strand nicht so braucht, mF............ E/D+B $ 100

Camping

ist (bedingt) im YARKON RIVER PARK möglich. Einigermaßen unkonventionell steht man zu ₪ 30 pro 24 Stunden auf dem bewachten und beleuchteten Parkplatz des Hotels DAN PANORAMA, 10 Kaufman St am Charles Clore Park. oder

• HASHIVA **CAMPING**, beim gleichnamigen Moshav an den Straßen 4 und 44, 10 km vom Flughafen, Tel 03 9604524, Fax 03 9604712

In Jaffa (Karte siehe S. 235)

BEIT IMMANUEL HOSTEL, 8 Auerbach St (Bus 44 o. 46 von CBS), Tel 6821459, Fax 6829817, www.beitimmanuel.org; christliches Hospiz, eine Dependance der Christ Church Jerusalem, sauber, Nichtraucher, Volontäre willkommen, Parken im Hof nur mit Fledermaus-Exkrementen, mF............ 4er-Dorm pP ₪ 125, E+B ₪ 265, D+B ₪ 370

FLORENTINE HOSTEL, 10 Elifelet St, Tel 5187551 www.florentinehostel.com; 1 km bis Jaffa oder zur neuen CBS, Neve Zedeq-Kultur und Florentine-Nightlife Nähe, sehr sauber und feundlich, WLAN, Handy- u. Fahrradvermietung, Gepäckaufbewahrung............ Dorm NIS 77, E/D NIS 220-270

• **OLD JAFFA HOSTEL**, 13 Amiad St, Tel 6822370, Fax 6823328, www.telaviv-hostel.com; im Zentrum Alt-Jaffas beim Flohmarkt, sehr sauber, freundlich und hilfsbereit, sehr gute Atmosphäre, viele Traveller schlafen auf dem Dach ₪ 65,
.... Dorm pP ₪ 80, E ₪ 210, E+B ₪ 240-300, D ₪ 250, D+B ₪ 280-350

Bat Yam

Südlich schließt sich an Jaffa die ziemlich neue Stadt **Bat Yam** an, per Auto 20 Minuten vom Tel Aviver Zentrum entfernt, westlich des Ayalon Highways, Autobahn 20. Die „Tochter des Meeres" ist touristisch wegen ihres 3,5 km langen Strandes und der gebotenen Sportmöglichkeiten, wegen der Nähe zu Kholon (siehe unten), aber auch wegen der etwas preiswerteren Hotels interessant (siehe auch Plan S. 233)

Der durch eine Promenade von der Stadt getrennte **Strand** wird von Rettungsschwimmern überwacht, Umkleidekabinen, Duschen und Toiletten sind ausreichend vorhanden. An dem Al Gal Beach verführt eine konstant günstige Brandung zum Wellenreiten und Kite-Surfen. Im Süden, südlich der HaQomemiut St, gibt es ein Sportzentrum mit allen Möglichkeiten, sich bis zur Erschöpfung zu martern.

Die Website www.bat-yam.muni.il bietet einen Visitor's Guide zum Download. Das Tourist Information Center befindet sich an der Ben Gurion Promenade/Ecke 17 Yoseftal St, Tel 057 7347700.

Übernachten

Alle Hotels liegen in der Ben Gurion St und damit direkt am Strand bzw. in dessen Nähe. Diese Straße kann zumindest in den Abendstunden sehr laut werden; so verlockend auch der Seeblick ist, man muss den Verkehrs- und Flanier- und manchmal auch noch anderen Lärm in Kauf nehmen. Fragen Sie auch bei den Holiday Apartments im Visitor's Guide nach.

- **LEONARDO SUITES**, 99 Ben Gurion St, Tel 5550555, Fax 5550550, www.leonardo-hotels.de; jede Suite mit Kitchenette und Balkon, Fitness-Möglichkeiten, Hotel oberhalb eines Shopping Centers, AC, TV, WLAN, mF .... E+B ab $ 160, D+B ab $ 190
- **ARMON YAM**, 95 Ben Gurion St, Tel 5522424, Fax 5522429, www.armon-yam.co.il; ein 1980er Jahre-Bau für Retro-Fans, freundlich-vertrauensvoll, sauber, etwas abgewohnt, freies Parken, AC, TV, WLAN, mF .... E+B $ 100, D+B $ 125
- **BAT YAM**, 53 Ben Gurion St, Tel 5064373, Fax 5074905, batyamhotel@gmail.com; Räume an der Straße mit Balkon, aber laut, einfach, leicht abgewohnt, aber gut gebucht, AC, TV mF .... E+B $ 90, D+B $ 110
- **HOFIM**, 127 Ben Gurion St, Tel 5529183, Fax 5079798, doram4u@bezeqint.net; von außen schmuddelig, Eingang seitlich, sehr kleines und einfaches Hotel, abgewohnt, doch sauber, Preis recht hoch, aber z.B. auch 3 Stunden $ 35 (für diesen Zweck etwas teurer abseits der Promenade das Hotel Spa T), AC, mF .... E+B $ 85, D+B $ 95
- **SHENHAV**, Jerusalem St/Ecke Ben Gurion, Tel 5075231; renovierungsbedürftig, aber sauber (Putzmittel etwas streng), große Räume, aber Einrichtung leicht beschädigt, mF .... E/D+B $ 65-80

Kholon

Kholon liegt östlich von Bat Yam, auf der anderen Seite des Ayalon Highways. Was will man von einer 1936 gegründeten Stadt mit 170 000 Einwohnern touristisch erwarten, deren Name mit Sand zu tun hat und nach Haifa die **zweitgrößte Industrieansammlung** vereint? Mit umtriebigem Bürgermeister einiges. Die hebräische Beschilderung weist zwar nicht darauf hin, dass hier ausländische Reisende erwartet würden. Auf den ersten Blick macht die Stadt wenig her, es gibt kein einziges Hotel vor Ort, aber ein **Ausflug** lohnt sich für **unterschiedliche Interessengebiete**.

Zweigt man vom Ayalon bei der Abfahrt 8 Yoseftal Richtung Osten ab, könnte man an der ersten großen Kreuzung links in die Elat St fahren und an der nächsten großen Kreuzung mit der HaHistadrut St ganz profan schauen, ob in dem Park an der Ecke wirklich dauernd **Sheshbesh** gespielt wird – die israelische Variante von Backgammon. Fährt man statt in die Elat St jedoch noch zwei Kreuzungen weiter, dann rechts in die Reuven Barqat St und gleich wieder links in die Orna Porat, wo man gut parken kann, ist es nicht mehr weit zum ersten Highlight: Das im März 2010 eröffnete **Design-Museum** von Kholon. Das kühn geschwungene Gebäude ist allein schon einen Stopp wert,

5

auch die Ausstellungen sind entsprechend anregend-amüsant; offizielle Adresse: 8 Pinkhas Eilon St, Tel 073 2151515, www.dmh.org.il, außer So ab 10, Mo/Mi -16, Di/Do -20, Fr -14, Sa -18, ₪ 35, 11-17 J. ₪ 30, 5-10 J. ₪ 20.

Westlich des Museums befinden sich vor allem **Sportstätten**, nördlich dagegen die **Mediateq**, eine der größten Bibliotheken Israels und eine Cinémathèque, die auch ein Jugendtheater beherbergt. Sicherlich gibt es hier auch Konzerte, denn Kholon bietet so unterschiedlichen Protagonisten eine Heimat wie dem transsexuellen Popstar **Dana International**, die hier einfach wohnt, oder musikalischen Sommerworkshops, die von **Daniel Barenboim** organisiert werden.

Kholon nennt sich jedoch selber auch Stadt der Kinder. Das äußert sich jährlich zu Purim (siehe S. 76), wenn mehrere Straßen für den **Kinder-Karneval** Adloyada gesperrt werden, sowie ganzjährig im Betrieb des **Kinder-Museums**. Das ist allerdings noch kurzweiliger, wenn man Hebräisch kann, noch dazu sind es recht kostspielige geführte Touren. Man muss reservieren: Mifraz Shlomo St im Peres-Park, Tel 6503000, www.childrensmuseum.org.il, So-Fr 9-13, Sa ab 10, So/Di-Do auch 16-20 Uhr. Nebenan im lohnenden **Plantsch-Park Yamit** dürften Verständigungsprobleme keine Rolle spielen, www.yamit2000.co.il (hebr.).

Fährt man die Straße von der Yoseftal-Abfahrt ganz durch bis zur Jerusalem St, der Nordwest-Südost-Achse, liegen nördlich dieser Kreuzung die Stadtteile Neve Arasim und Neve Pinkhas (Shomronim). Man sollte sich durchfragen. Denn in ersterem befindet sich das **Israeli Center for Digital Art**. Möglicherweise wird man hier intellektuell intensiver gefordert als im Design Museum, wenn man sich auf die im Digital Art Lab produzierte Video- und Computerkunst einlässt: 16 Yirmeyahu St, Tel 5568792, www.digitalartlab.org.il (mit Video Archiv), Gallerie geöffnet Di/Mi 16-20, Do 10-14, Fr/Sa 10-15, Eintritt in der Regel frei.

Eine völlig andere Welt eröffnet sich südlich davon in **Shomronim**, Hebräisch für die samaritanische Gemeinschaft, deren eine Hälfte hier zuhause ist (siehe S. 416). Das Viertel entstand ab 1951 durch den Einsatz des Arbeiterführers und späteren Präsidenten Yizkhak Ben Zvi und heißt auch Neve Pinkhas nach dem damaligen samaritanischen Hohepriester Pinkhas Ben Abraham. Die hiesigen **Samaritaner** kamen zu Beginn des 20. Jhs aus wirtschaftlichen Gründen zunächst nach Jaffa. Sie sprechen vor allem Hebräisch, anders als die andere Hälfte der Gemeinde auf dem Berg Garizim bei Nablus. Zu sehen ist die samaritanische Synagoge, die anders als jüdische Synagogen nicht nach Jerusalem ausgerichtet ist. Außerdem wird das Bilderverbot strenger beachtet.

Damit nicht genug: Wenn Sie vom Ayalon erst eine Abfahrt weiter südlich nach Osten abzweigen (Nr. 7 Komemyut), sind sie vermutlich Autobus-Fan. Denn die nächste Straße rechts führt Sie zum **EGGED-Museum** mit gewienerten Schätzchen aus der britischen Mandatszeit bis in die 1990er Jahre inklusive dem Wrack eines Terroranschlags; Fr & Feiertage 8-12, in der Woche nur Gruppen, Eintritt frei.

Umgebung von Tel Aviv

In der Umgebung von Tel Aviv bieten sich einige Ausflugsziele an, die sich allerdings auch mit anderen Routen in Verbindung bringen lassen. Die folgenden Orte liegen im Osten und Südosten der Stadt; man kann sie in einer eintägigen Rundreise besuchen.

Vom Stadtzentrum fährt man am besten auf die Straße Sha'ul HaMelekh, die bald Begin St und nach der Überquerung der Autobahn 1 bis Petakh Tikva Jabotinski St heißt sowie die Nr. 481 trägt, quasi immer geradeaus nach Osten.

Zwischendurch könnte man in den Vorort **Bne Braq** abfahren, der nach Jerusalem die meisten, ca. 150 000 Haredim versammelt – eine gute Idee bei Interesse an ultraorthodoxem Judentum. Eine passende Bleibe wäre das Vishniz Zippori Class Hotel, 16 Damesek Ele'asar St, Tel 03 6777141, Website auch Jiddisch: www.vz-

Sehenswertes

- ****Ramla**, lebendige Stadt mit wenigen historischen Relikten, einzige arabische Neugründung in Palästina, S. 255
- ***Lod**, Geburtsort des Heiligen St. Georg, sehenswerte Basilika, S. 254
- ***Yarkon Nationalpark** und **Tel Afeq**, weniger ansehnlicher Park mit ottomanischen Ruinen an der Yarkon-Quelle, S. 253

chotel.net. Abfahrt von der Geha Junction, auf der Autobahn 4 an der Citroën- und der Coca-Cola-Fabrik vorbei an der Giv'at Shmuel Junction abfahren, 1. links, 4. rechts und immer geradeaus auf das Hotel zu.

Das auf der Straße 481 von Tel Aviv nur 5 km entfernte **Petakh Tikva** ist leider ziemlich unübersichtlich: Halten Sie sich an die zunächst mit der Jabotinski identischen 481 und biegen nach Überquerung der Autobahn 4 nach etwa 3 km links auf die Ze'ev Orlov St ab. Bald gelangen Sie an die Straße 40, der Sie rechts nach Süden bis zur nächsten großen Kreuzung folgen und biegen dort links auf die Straße 483 ab, an der der Yarkon Park liegt. Einfacher und bequemer geht es mit dem Zug: Der Parkeingang liegt am Bahnhof von Rosh HaAyin.

3 km: **Abzweig,** links zum

*Yarkon Nationalpark & Tel Afeq

***Geschichte**: Hier entspringt der Yarkon, der als einer der wenigen Flüsse Israels ganzjährig Wasser führt. Schon seit 3000 Jahren kümmern sich die jeweiligen Bewohner um das Quellgebiet. Herodes z.B. ließ 35 vC eine Festung zu Ehren seines Vaters Antipatris bauen und sie nach ihm benennen. Auf dem 3 km entfernten Hügel Migdal Afeq legten die Kreuzfahrer die Burg Mirabel an. In der Folgezeit nutzten die islamischen Herrscher die Festung. 1936 verlegten die Briten eine Wasserleitung nach Jerusalem und bauten ein Militärlager auf, aus dem sich die heutige Stadt Rosh HaAyin entwickelte. 1955 verlegten dann die Israelis eine 100 km lange Wasserleitung zum Negev, die 1960 an die vom Jordan kommende Leitung angeschlossen wurde.*

Der Nationalpark liegt in Sichtweite der Stadt Rosh HaAyin (per EGGED-Bus 641, 921 von Tel Aviv CBS, umsteigen in Petakh Tikva Kfat Avraham auf Linie 7, 17 oder 27; Eintritt ₪ 27, Kinder 14). In einem Erholungspark sind die **Ruinen** der Festung, die auf Herodes zurückgeht, auf dem **Tel Afeq** zu sehen. Mit diesem Mauerwerk beschäftigten sich (lange) nach Herodes die Kreuzfahrer, die Mamluken und Türken. Die vorhandenen Mauern gehören zur ottomanischen Zeit. Sie zeigen eine massive Festung mit einem großen Innenhof, in dem eine Moschee steht. Zu erkennen ist auch noch der römische Cardo mit einem kleinen Theater.

Der Park lädt recht weitläufig zum Spazieren, Picknicken und Entspannen ein. Er besteht noch aus einem zweiten, nordwestlichen Teil jenseits der Bahnlinie, *Sources of the Yarkon* genannt (eigener Zugang per Auto über die Autobahn 5 und die Straße zum Kfar Baptistim, dem „Täuferdorf"). Der Fußweg zwischen beiden Parkteilen führt unter der Bahn und an einem kleinen Stausee voller gelber Wasserlilien vorbei.

Fahren Sie vom Park aus noch ein kurzes Stück auf der Straße 483 weiter, sie mündet bald in die Straße 444, auf der es rechts weitergeht. Sie kreuzen dabei die neue Autobahn 6, deren Maut sie jedoch sparen sollten, denn es geht am Ort Rosh HaAyin vorbei. Man sieht an dessen Ostende links auf einer Anhöhe die Ruinen der Kreuzfahrerburg **Mirabel**, die von den Muslimen zerstört wurde. Das Gelände ist für Besucher gesperrt. Wer dennoch hineinkommt, findet Ruinen mit einigen recht gut erhaltenen Kreuzgewölben oder abenteuerlich-absturzgefährdeten Treppen bis hinauf aufs Dach. Etwa 3 km weiter steht links am Hang ein **Römisches Mausoleum** aus dem 2.-3. Jh nC. Es sieht zwar von der Straße her einigermaßen gut aus, aber außer Mauerwerk hat es nichts zu bieten.

19 km: **Mode'in Junction**

Links auf die Straße 443, falls man unbedingt Mode'in sehen will: eine Retorten-Schlafstadt vom Reißbrett, aber auch Israels viertgrößte Stadt.

7 km: **Abzweig** zu den *Maccabean Graves* (קברות המכבים), links liegt

Mode'in

***Geschichte**: Als 167 vC – unter der Herrschaft Königs Antiochos IV. Epiphanes – der Priester Mattathias in Mode'in sah, wie ein Jude – im Geist der Zeit – auf dem Altar der Götzen opferte, erschlug er den Mann voller Zorn. Der Priester und seine fünf Söhne lösten damit den Makkabäeraufstand aus. Die Söhne führten die Aufständischen an, Judas Makkabäus tat sich besonders hervor. Schließlich entstand der Makkabäerstaat, der erst 37 vC von Herodes aufgelöst wurde.*

Auf dem Zuweg Straße 4466 muss man einfach auf der asphaltierten Strecke bleiben. Die **Felsgräber** der fünf Söhne sind erhalten, jedoch für den Laien nicht erkennbar. Der Platz oberhalb des Wendehammers bietet lediglich ein Befreiungskrieger-Denkmal. Allerdings besitzt er für die Israelis insofern Bedeutung, als hier in der ersten Nacht des **Chanukkafestes** – das die Juden in Erinnerung an Judas Makkabäus und den gereinigten Tempel feiern, siehe S. 78 – eine Fackel entzündet und nach Jerusalem getragen wird. Dieses Feuer überträgt dann der Staatspräsident auf den offiziellen Chanukkaleuchter.

Zurück auf der Straße 443 Richtung Westen und 9 km nach

*Lod / Lydda

***Geschichte:** Die laut Altem Testament vom Stamm Benjamin gegründete Stadt wurde im 8. Jh vC von den Assyrern zerstört, im 5. Jh wieder aufgebaut und später von Griechen besiedelt, die sie Lydda nannten. 67 nC eroberten die Römer die Stadt und tauften sie in Diospolis um. Nach dem siegreichen Einzug der Muslime kam Lod ab 750 nC bis zum Bau des nahe gelegenen Ramla zur Ehre, Hauptstadt der Provinz Djund Filastin zu werden.*

Der Heilige Georg, Schutzheiliger von England und einst römischer Soldat, der 303 nC als Märtyrer starb, ist in Lod geboren. In byzantinischer Zeit wurde zu seinen Ehren eine Basilika errichtet, die von den Omaijaden zerstört, später von den Kreuzfahrern wieder aufgebaut wurde. Da Georg auch den Muslimen unter dem Namen AlKhadr (der Grüne – die Farbe des Islam) von Bedeutung ist, bauten sie im 13. Jh die AlKhadr-Moschee unter teilweiser Verwendung von Baumaterial der Basilika. Auf deren Resten wiederum errichteten 1870 die Griechisch-Orthodoxen ihre St.-Georgs-Kirche. 1948 flohen die meisten Araber aus Lod, heute leben nur mehr 13 000 neben 54 000 Juden in der Stadt.

Die Mamluken-Brücke nördlich von Lod trägt seit knapp 750 Jahren

Lod ist heute durch den nördlich der Stadt gelegenen internationalen **Flughafen Ben Gurion** bekannt, der gleichermaßen Tel Aviv und Jerusalem versorgt.

Die Stadt besitzt ein christlich-islamisches Doppelheiligtum aus nebeneinander liegender **St.-Georgs-Kirche** und **AlKhadr-Moschee**. Das weiße **Minarett** der Moschee weist gleichermaßen auf die Kirche hin. Wenn man auf unserer Strecke in die Stadt kommt und am ersten Abzweig von der Straße 443 nach links und dann weiter geradeaus fährt, sieht man bereits Moschee und Kirchenkreuz durch die Häuserzeilen. Dann muss man so bald wie möglich rechts abzweigen und auf diese Landmarke zusteuern. Sollte die Kirchentür verschlossen sein, so können Sie gegenüber am Kloster läuten, der dort lebende Mönch öffnet bereitwillig. In die Kirche wurden Säulen und die beiden Apsiden der Kreuzfahrerkirche eingebaut. Über dem Eingang sehen Sie ein Relief mit dem Heiligen Georg als Drachentöter. Vor der Ikonostase führen Treppen in die Krypta mit dem Sarkophag des Heiligen, die Ketten an der Ostwand dort hielten früher Geisteskranke fest, damit die Gegenwart des heiligen Leichnams sie heilen könne. Die Moschee grenzt praktisch an die Kirche. In den Nordteil ist eine weitere Apsis der byzantinischen Basilika integriert.

Falls Sie von Norden auf der Autobahn 40 in die Stadt fahren oder sie in diese Richtung verlassen, überqueren Sie auf der Straße 434 kurz nach bzw. vor der Junction *Gesher Lod* zur Straße 40 den Ayalon-Fluss. Diese **Brücke** ist die älteste noch benutzbare in Israel. Mamluken-Sultan **Baibars** ließ sie 1273 errichten. Seitlich an der Brücke sind die typischen Löwen zu sehen, die sich auch am Löwentor der Jerusalemer Altstadt befinden.

Lod geht fast in die Nachbarstadt Ramla über.

**Ramla

Geschichte: *Der Omaijaden-Kalif Sulayman – Sohn des Erbauers des Felsendoms in Jerusalem – gründete 715 nC eine neue Verwaltungsstadt (im Übrigen die einzige islamische Stadtgründung in Palästina), die er nach der sandigen Umgebung „Ramla" nannte. Paläste und Moscheen sollten ihr das eines Kalifen würdige Gepränge geben. Nachdem ab 750 die Abbassiden die Macht übernahmen, ließen sich strenggläubige Sufis, Schiiten, Sunniten, Diasporajuden und die jüdische Sekte der Karäer in Ramla nieder. Im 11. Jh suchten Plünderungen und zwei Erdbeben die Stadt heim, 1099 die Kreuzfahrer, die sich 1101 gegen ägyptische Fatimiden behaupten konnten, 1102 geschlagen wurden und 1105 die Stadt erneut eroberten, aber 1187 endgültig von Saladin vertrieben wurden. 1267 erbaute der Mamluke Baibars den Weißen Turm. Ramla war ein wichtiger Stützpunkt der Pilger auf dem Weg nach Jerusalem. 1799 schlug Napoleon hier vorübergehend sein Hauptquartier auf, nachdem er zuvor den Ort erobert hatte. Der britische General Al-*

2010 eröffnet: Kholons Design-Museum

lenby benutzte den Weißen Turm 1917 zur militärischen Beobachtung der Umgebung. 2006 wurde Ramla in den Naturwissenschaften berühmt: Bei Bauarbeiten wurden die zweitgrößte Höhle Israels, die unterirdische Ayalon-Höhle, und in ihr acht bis dahin unbekannte Tierarten entdeckt, die lange genug abgeschottet waren, um die Evolution andere Bahnen, z.B. für eine blinde Skorpionart, finden zu lassen. Die Höhle steht nur Wissenschaftlern offen.

Der modernen Stadt sieht man ihre lange Geschichte zunächst gar nicht an. Ein Besuch lohnt sich dennoch.

Wenn man auf der üblichen Verbindungsstraße von Lod nach Ramla fährt, trifft man bald nach Stadtbeginn im Südosten auf die quer durch den Ort führende Hauptstraße, die Herzl St, in die man nach rechts einbiegt. Bald liegt rechts der **Busbahnhof**, wenige hundert Meter weiter zweigt links die schmale Jabotinski St in den sehr lebhaften und für den arabischen Einfluss typischen **Souk** ab, denn in Ramla leben wieder einige tausend Araber. Es lohnt sich, das tägliche Einkaufsleben hier zu erkunden. In der Nähe steht die **Große Moschee**, die auf eine Basilika der Kreuzfahrer zurückgeht. Ihr Minarett war einst der Glockenturm, innen wurde ein Mihrab eingebaut. Ebenfalls in der Nähe liegt das Ramla Museum, 112 Herzl St, das außer der Stadtgeschichte auch Kombitickets für den Weißen Turm und den Helena-Pool anbietet. – Wenn Sie der Herzl St nach Nordwesten folgen, werden Sie links die **Franziskanerkirche** St. Joseph von Arimathea (dessen Heimat die Kreuzfahrer hier vermuteten) und das Nikodemus-Hospiz erkennen. Links in die Bialik St eingebogen führt das erste Tor links zur (meist verschlossenen) Kirche, deren Gemälde von der Kreuzabnahme von manchen Tizian zugeschrieben wird. Klingeln oder Klopfen, Eintritt frei.

Fahren Sie nun weiter auf der Herzl St und gleich die nächste Straße links (Dani Mass St). Fußgänger können bereits kurz nach der Kirche der Einbahnstraße zum **Weißen Turm** folgen, um das von Muslimen *Turm der vierzig Gefährten des Propheten* genannte Bauwerk zu erreichen. 1318 von den Mamluken mit quadratischem Grundriss und 27 m Höhe errichtet, gehörte der Turm zu einer recht großen Moschee, die anhand der Ruinen in ihren Ausmaßen gut abgrenzbar ist. In der Nordwestecke liegt das Grab des Nebi Salih, ein Mitstreiter Saladins, der 1190 Reparaturarbeiten an der Moschee ausführen ließ. Der Innenhof der Moschee wurde für den Bau dreier unterirdischer Zisternen genutzt. Über eine Treppe erreicht man die obere Plattform des Turms, von der sich einst eine herrliche Aussicht auf das fruchtbare Land ringsum bot, wie verschiedene zeitgenössische Autoren begeistert berichten; heute erlaubt der Ausblick hauptsächlich noch die Orientierung im ständig wachsenden Siedlungsgebiet.

Im Norden der Stadt, nahe der Hagana St, liegen die sogenannten **Pools der Helena**, die in Wahrheit nicht von der römischen Kaiserin, sondern 780 vom Kalifen Harun ArRashid gebaut wurden. Es handelt sich um eine etwa 500 Quadratmeter große und ziemlich tiefe Zisterne, die von baugeschichtlich sehr frühen Kreuzgewölben überdacht ist. Das durch Wasserspiegelungen glitzernde Gewölbe kann man per Boot bewundern.

1945 wurde etwa 8 km südöstlich von Ramla an der Straße 424 der Kibbuz **Geser** gegründet, quasi neben dem historischen Geser. Dieses alte Geser spielte eine Schlüsselrolle bei der Kontrolle der Straße nach Jerusalem – ähnlich heiß war der Ort umkämpft, viele Male wechselte er die Besitzer: von den Ägyptern über die Hyksos (18. Jh vC), die Israeliten unter Josua, die Philister, König David und Salomo, die Makkabäer bis hin zu den jüdischen Aufständen im 1. Jh nC. Der Tel Geser, in dessen Schichten die ganze Geschichte begraben ist, wurde gründlich erforscht, er bietet aber dem Laien nicht viel.

Von Ramla kann man auf der Straße 44, die nach ca. 20 km in Jaffa endet, zurück nach Tel Aviv fahren.

Die Mittelmeerküste

Die Mittelmeerküste Israels wird gern Goldküste genannt – nicht nur weil sie Urlauber in Massen anlockt und das Geld in den Kassen der Tourismusindustrie klingeln lässt, sondern auch wegen der häufig goldgelben Strände. Letztendlich ist die gesamte Küstenlinie von Nord nach Süd ein einziges Badeparadies, allerdings mit Schwerpunkten, die sich im Laufe der Zeit herausgebildet haben.
Wir wollen zunächst einen Abstecher von Tel Aviv in südliche Richtung einlegen und dann das nördlichere Revier erkunden.

Sehenswertes

****Ashkelon**, Stadt der Philister und (kurz) der Kreuzritter mit solider touristischer Infrastruktur, gemütlich-schönem historischen Park und guten Badestränden, S. 260

***Ashdod**, Hafenstadt, auch für moderne Kreuzfahrer, einige gute Strände, S. 259

***Rishon LeZion**, Stadt aus der Pionierzeit mit Pionierpfad und -Museum, S. 257

***Maskeret Batya**, Kleinstadt aus Pioniertagen abseits üblicher Reiserouten, die sich touristisch gerade erst entwickelt, S. 257

Süd- und südwestlich von Tel Aviv

Wir verlassen Tel Aviv auf der Autobahn 1 in südlicher Richtung und wechseln an der Ganot Interchange auf die Straße 4. 15 km nach

*Rishon LeZion

Die 1882 gegründete, kurz Rishon genannte viertgrößte Stadt Israels mit 1948 noch 10 000, heute über 230 000 Einwohnern war die erste landwirtschaftliche Siedlung jüdischer Einwanderer; www.rishonlezion.muni.il (hebr.). Am Kikar HaMeyasdim berichtet das interessante **Rishon LeZion Museum** (So,Di-Do 9-14, Mo 9-13, 16-19) über die Stadtgeschichte und über das Leben und Wirken der ersten Siedler. Der **Pioneer's Way** führt als Straßenlinie zu insgesamt 18 historischen Häusern, an denen jeweils ein Schild den Hintergrund erklärt (ein Plan ist im Museum erhältlich). Aus den Gründertagen stammt auch die **Carmel Winery**, www.carmelwines.co.il, die hier jedoch nur noch ihren formellen Firmensitz hat und besser in Zikhron Ya'akov zu besichtigen ist (siehe S. 280) Schließlich ziehen noch der **Khai Kef Zoo** sowie der Amüsier-Park **Superland**, eine Mischung aus Schützenfest und Zirkus, Besucher an. Der Park liegt westlich Richtung Strand, gleich hinter der Autobahn 20, nur samstags und in der Urlaubszeit geöffnet, ₪ 80-100, Tel 03 6427080, www.superland.co.il. Ein anderer Freizeittempel ist die riesige **Cinema City** östlich der Autobahn an der Straße 441 (Moshe Dayan St), www.cinema-city.co.il.
Weiter auf der Straße 42 nach Süden. Nach 10 km

Yavne, Rekhovot und *Maskeret Batya

Geschichte: *Bereits durch die Eroberung Josuas, dann durch die Übernahme durch die Philister im 12. Jh vC historisch bekannt, kam der Ort Yavne schließlich zum Königreich Juda. Später, in der persischen Epoche, wanderten Griechen und Phönizier zu, die den Ort Jamnia nannten. Die Makkabäer zerstörten Jamnia, bauten es aber 147 vC wieder auf. 68 nC nahm der spätere Kaiser Vespasian die Stadt ein und erlaubte dem Rabbi Jokhanan Ben Sakkai, eine jüdische Schule zu gründen. Nach der Zerstörung Jerusalems 70 nC zog der Sanhedrin nach*

Yafne. Hier entstanden wesentliche Teile der Mishna, die jedoch erst in Tiberias fertiggestellt wurde. Bei der Niederschlagung des Bar-Kochba-Aufstands zerstörten die Römer Yavne. 1946 wurde an der Stelle eines zuvor verlassenen arabischen Dorfes Yavne gegründet, das sich wegen eines Kernforschungszentrums zu einer kleinen Industriestadt entwickelte.

Spärliche Ruinen einer Kreuzfahrerburg und einer aus mamlukischer Zeit stammenden Moschee sind vorhanden.

Man kann von Yavne über Autobahn 4 oder Straße 42 und dann auf der 41 nach Westen direkt nach Ashdod, oder auf der Straße 410 einen Schlenker nach **Rekhovot** fahren (oder dorthin schon ohne Yavne von Rishon LeZion aus auf der Straße 412). 1890 von polnischen Juden gegründet, ist Rekhovot heute vor allem durch das **Weizmann Institute of Science** (Haupttor an der Kreuzung der Straßen 410 und 412, auch vom Bahnhof gut zu erreichen, So-Do 9-16, ₪ 20, Kinder ₪ 15, Besuch im Levinson Visitor Center anmelden: Tel 08 9344499, Fax 08 9344960, www.weizmann.ac.il) weltweit berühmt. Der Wissenschaftler und erste Präsident Israels, Chaim Weizmann – Onkel des späteren Präsidenten Eser Weizmann (siehe S. 88) –, hatte sich hier niedergelassen und 1934 eine landwirtschaftliche Versuchsstation als Daniel Sieff Institut eingerichtet. 1944 gründeten Freunde zu seinem 70. Geburtstag das Weizmann Institut, das vor allem in den Bereichen Chemie, Physik und Biologie forscht. Das **Haus Weizmanns** von 1936/37 im Bauhausstil mit damals geradezu luxuriöser Einrichtung, kann ebenfalls besichtigt werden. Es steht auf dem Institutsgelände am Ende der HaNasi HaRishon St; auch das Grab des Expräsidenten ist hier zu finden.

Viel Vergnügen für Kinder in jedem Lebensjahrzehnt bietet auf dem Institutsgelände der **Clore Garden of Science**, Mo-Fr ab 8.30 (Dauer unterschiedlich bis 14 oder mit Mittagspause bis 20 Uhr), Tel 08 9344401, ₪ 30, Kinder ab 5 Jahren ₪ 20, Familien ₪ 90; Rabatt zusammen mit Institutsbesichtigung ₪ 45/35, http://davidson.weizmann.ac.il/en/content/clore-garden-science. Im Außengelände kann man sich den Gesetzen der Physik aussetzen und Naturphänomene ausprobieren. – Noch zwei Museen in der Nähe für speziell Interessierte: Das **Ayalon-Institut**, die unterirdische Munitionsfabrik der Hagana 1946-48 (So-Do 8.30-16, Sa ab 9, Fr -14; Tel 08 9406552, www.shimur.org/article.php?id=981), und das **Minkov Museum** über Orangenanbau und -verwertung mit einem Hain von 1904 (öffnet nach Bedarf: Tel 08 9469197).

Folgen Sie der Straße 412 weiter nach Süden und biegen Sie nach 4 km an der Straße 40 diesmal rechts und an der nächsten Kreuzung nach 1 km sofort wieder links auf die Straße 411 ab. Nach 3 km kommt links die Abzweigung auf die Rothshild St von *Maskeret Batya. Das Städtchen mit heute knapp 9000 Einwohnern entstand wie Rishon schon 1882 bei der ersten Einwanderungswelle, und die Unterstützung Baron Rothschilds dankte man mit dem Gedenken *(maskeret)* an dessen Mutter Batya. Der Ort lag lang genug abseits, so dass viele der Häuser wie die stallähnlichen *Kasermas* der weißrussischen Gründerväter aus den 1880er Jahren noch stehen und behutsam zur touristischen Nutzung hergerichtet werden. Auch drei Dutzend **Kunsthandwerker** verschiedenster Couleur haben hier Inspiration gefunden.

Ein liebenswertes Heimatmuseum, 40 Rothshild St, Tel 08 9349525, täglich vormittags, montags auch 16-18, zeigt die Geschichte des Ortes und das frühere Alltagsleben. An der roten Telefonzelle davor ist vor allem früh abends Stelldichein für Hochzeitspaare.

Die Synagoge am Ende der Rothshild St ist von 1927, und jeweils nur wenige Schritte vom Museum entfernt findet man gute

Essplätze, z.B:

- ESRA (ארזע), Hauptstraße, gute Felafeln und Shauwarma
- KASERMA, 36 Rothshild St, Café-Restaurant
- HAPINA SHEL MICHAL, 35 Rothshild St, Tel 08 9340415 oder 052 3228275, www.hapina-shel-michal.co.il; kleines Hotel mit Toskana-Touch

- SHIRAIN, im Bereich südlich des Museums, Café-Bistro und Galerie

Übernachten

- LEMASKERET, 49 Rothshild St, Tel 077 5100611 oder 054 3975883, www.lemazkeret.co.il; aufwändig hergerichtete Gästezimmer mit Dusche oder Whirlpool ....D+B ₪ 380-450, Wochenendpreise ₪ 450-650

Zurück auf die Straße 40, 6 km nach Süden, an der Gedera Junction auf die Straße 41 und nach Westen. Nach 10 km

*Ashdod

***Geschichte**: Das alte Ashdod lässt sich bis auf das 17. Jh vC und auf ägyptische Relikte zurückverfolgen. Im 12. Jh vC war es ein Fürstensitz der Philister. Doch die Siedlung gewann nie große Bedeutung, obwohl sie stets bewohnt war. Etwa ab dem 6. Jh vC entwickelte sich der Hafen, fast 2000 Jahre später benutzten ihn die Kreuzfahrer als einen ihrer Haupthäfen. 1957 beschloss die israelische Regierung, 3 km nördlich der alten Siedlung einen modernen Tiefwasserhafen anzulegen. Seither siedelte sich Industrie an, die Einwohnerzahl stieg auf ca. 210 000.*

Der Hafen im Norden der Stadt, der jährlich mit 17 Millionen Tonnen knapp zwei Drittel der Schiffsfracht in Israel umschlägt und seit 2005 mit dem Eitan Port einen voll computerisierten Containerhafen besitzt, wurde auch zum bedeutendsten Anlegepunkt für Kreuzfahrtschiffe, denn die wichtigsten Städte Israels sind von hier aus schnell erreichbar; www.ashdodport.co.il. Seit einiger Zeit investiert die Stadt denn auch mehr in die Tourismusindustrie, so wurde die Infrastruktur verbessert und die Blue Marina erbaut, www.bluemarina.co.il. Angesichts der katastrophalen Zustände im Gazastreifen und der steigenden Reichweite der Raketen von dort könnte jedoch der ganz große Tourismus-Boom wie schon im südlicheren Ashkelon ausbleiben.

Ashdod verfügt über 8 km Strand, die touristisch mehr genutzt werden sollen. An einigen Stränden wurden Toiletten, Duschen, Umkleidekabinen und Picknickplätze eingerichtet, so am beliebten **Miami Beach**, der eigentlich zu nahe am Hafen liegt, aber von Restaurants und Nightclubs umgeben ist. Nicht weniger schlecht ist der südlichere **Lido Beach** ausgestattet, auf dessen Parkplatz mittwochs ein Flohmarkt abgehalten wird. Neues Zentrum ist nun die Marina mit Wassersportlern und entsprechendem Publikum, südlich davon liegt der Beach für orthodoxe Juden, nördlich davon der HaKshatot Beach mit größerer Imbiss- und Restaurant-Auswahl. Wer vom Strand genug hat, kann zwischen dem Hafen und der Stadt am Lakhish-Fluss spazieren; es gibt einen Zoo mit Zebras und kostenlosem Eintritt.

Modernisiertes Gründerväter-Haus in Maskeret Batya

Das kleine **Corinne Maman Ashdod Museum**, 16 HaShayatim St, berichtet über die Stadtgeschichte, und das 2003 eröffnete, imposante **Ashdod Kunstmuseum** innerhalb des Monart Centers for the Arts zeigt hinter seinem an den Louvre erinnernden Portal moderne und zeitgenössische israelische und internationale Kunst. Es liegt nahe dem Busbahnhof und überblickt die Marina, 16 HaGdud Halvri St, Mo-Do 10-16, Mo -20, Fr/Sa 10.30-13.30, ₪ 30, www.ashdodartmuseum.org.il (hebr.). Vom Jaffa Ben-Ami Memorial Hill gewinnt man schnell einen Überblick über die betriebsame Stadt samt ihrer beliebten Badestrände – und der gigantischen Verkehrsstaus auf den Zubringerstraßen.

Praktische Informationen

▶ Telefon-Vorwahl 08

Ein **Tourist Information Office** scheint es derzeit nicht zu geben. Die Adresse www.ashdod.muni.il gibt auf Englisch nur groben Überblick.

Verkehrsverbindungen

▶ Egged-Bus 438 oder 448 (Express) von/nach Jerusalem – mit Umstieg Gedera Junction auf Linie 301 von/nach Tel Aviv, mit Umstieg Re'em/Masmiya Jct auf 446 von/nach Beer Sheba. Direkt nach Tel Aviv fährt der Veolia-Bus Nr. 320, direkt nach Beer Sheba die Metropoline Nr. 352..

▶ Schneller und günstiger geht's per **Eisenbahn**: Egged Taavura 6 oder 66 oder Connex 17 fährt zum **Ad Halom-Bahnhof** an der gleichnamigen Junction der Straße 4.

Essen und Trinken

▶ Entlang der Strände gibt es eine Reihe preiswerter Essplätze und Imbisse. Eins der besten Restaurants, GOLDEN PHOENIX, gehört zum Orly Hotel und serviert chinesische Gerichte.

Übernachten

• **ORLY**, 22 Nordau St, Tel 8565380, Fax 8565382, www.orly-hotel.co.il (hebr.); AC, TV, WLAN in der Lobby gratis, mF .... E+B $ 88, D+B $ 125

• **MI AMI**, 12 Nordau St, Tel 8522085, Fax 8560573, http://malon-mi-ami.index.co.il, AC, mF .... E+B $ 75-88, D+B $ 150

Zurück zur Kreuzung mit der Straße 4, die nach Ashdod keine Autobahn mehr ist, dann auf dieser rechts nach Süden. Nach 13 km kann man rechts zum Kibbuz Nizan und dem **Kholot Nizanim National Reserve** abbiegen; www.parkholot.info. Zu sehen sind die letzten Dünen, die seit dem Bau des Assuan-Staudammes am Nil mehr und mehr verschwinden (keine Sedimentablagerungen mehr im Mittelmeer, z.Z. noch 30 m hoch und 250 m lang), relativ unberührte Natur und der Nizanim Beach mit meist wenig Gleichgesinnten.

9 km: **Ashkelon Junction**. Rechts nach

****Ashkelon

***Geschichte**: Ashkelon wird bereits im 18. Jh vC in ägyptischen Texten erwähnt, 1200 vC kamen die Philister übers Mittelmeer und machten die Siedlung zu ihrem bedeutendsten Fürstensitz. Bis zur Zeitenwende ging die Stadt in assyrische, dann in persische, hellenistische und schließlich in römische Hände. Um 73 vC wurde Herodes möglicherweise hier geboren. Nach der byzantinischen Epoche – einer Blütezeit der Stadt an der Via Maris – eroberten die Muslims im 7. Jh Ashkelon, 1099 die Kreuzritter, 1187 Saladin, der sie 1192 an Richard Löwenherz abgeben musste. 1290 gelangte sie endgültig in die Hände der Mamluken, danach verfiel sie mehr oder weniger zu einem riesigen Schutthügel, von Gras und Bäumen überwuchert. In der Nähe blieb allein das kleine arabische Dorf namens Madjdal bestehen. 1952 gründeten südafrikanische Juden westlich von Madjdal eine Siedlung namens Afridar, aus der sich die moderne Stadt entwickelte.*

Das heutige Ashkelon mit knapp 120 000 Einwohnern zählt zu den viel besuchten Orten der Mittelmeerküste. Neben schönen, 10 km langen Stränden ist der Nationalpark der größte Anziehungspunkt. Die Stadtverwaltung hatte einst hochfliegende Pläne, die Stadt mit Vergnügungs- und Shoppingparks sowie einem Golfplatz zu einer Tourismushochburg auszubauen, doch seit der AlAqsa-Intifada mit der allseitigen

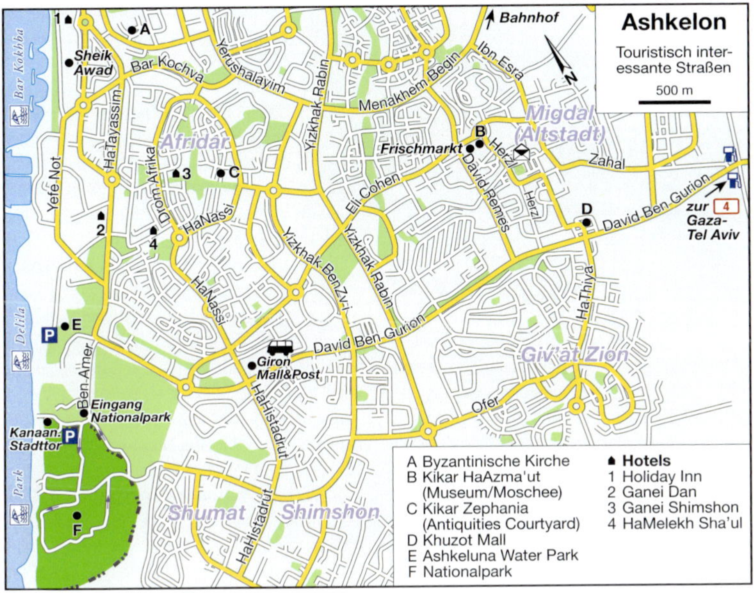

Unfähigkeit zum Frieden gingen diese Pläne bislang im Qassam-Beschuss unter.

Die Einfallstraße führt südlich an Madjdal und Afridar vorbei direkt zum Strand. Hält man sich dort links, so endet man bei der Hauptattraktion, dem etwa 2 km südlich von Afridar gelegenen Ashkelon Nationalpark (8-22, Nov-März -18, letzter Einlass zwei Stunden vorher, Tel 6736444, ₪ 27, Kinder 14, Camping auf Website vorher buchen pP ₪ 50, Kinder 40), der außerdem mit Stadtbus 6 zu erreichen ist. Heute ist von der einstigen Pracht nicht mehr viel zu sehen. Dennoch lohnt sich ein Besuch, weil die Israelis auch hier recht unkonventionell das Gebiet des alten Ashkelon in einen großen Picknick-Park verwandelt haben. So gehen Freizeitvergnügen und historische Relikte eine Symbiose ein, die den Monumenten die Aura des „Berühr-mich-nicht" nimmt und ins moderne Leben integriert; Seite an Seite mit dem attraktiven Badestrand und Rettungsschwimmern, Restaurant, Disco, Campingplatz, Cafeteria, Picknick-Bänken und Toiletten. Ein (modernes) Amphitheater wird gern für Konzerte und Theateraufführungen genutzt – eine der schönsten Erholungslandschaften südlich von Tel Aviv. Achtung: Es wird am Parkeingang ausdrücklich darauf hingewiesen, in geparkten Autos keine Wertgegenstände zurückzulassen.

Zwar wird am Eingang ein (bescheidener) Plan vergeben, der die historischen Fragmente erklärt, aber man sollte keine Sensationen erwarten. Archäologie-Fans werden allerdings von dem fast 4000 Jahre alten **Stadttor** an der Nordmauer aus mittelbronzezeitlichen Lehmziegeln begeistert sein: Man schreitet durch den **wohl ältesten Mauerbogen** der Welt. Außen, nördlich unterhalb der Mauer wurde ein kleiner Schrein mit einem **Bronzekalb** entdeckt (jetzt im Israel Museum), das wohl den Gott Baal repräsentierte.

Am eindrucksvollsten sind die weiteren **Stadtmauerreste**. An der Seeseite bauten byzantinische Baumeister römische Säulen quer in die

Lehmziegel-Stadttor mit ältestem Mauerbogen der Welt

Mauer, sie wurden durch Verfall der Mauer freigelegt. Jetzt sehen sie von Ferne wie auf See gerichtete Kanonenrohre aus; allerdings hat die Brandung viele Säulen auf den Strand fallen lassen. In der Nähe des Hauptparkplatzes lag einst das **Bouleuterion**, eine Versammlungshalle mit Kolonnaden aus immerhin 60 Säulen von 8 m Höhe, die eine Fläche von knapp 4000 Quadratmetern einnahm. Vermutlich wurde der Komplex im 3. Jh nC angelegt. Einige der Säulen und Kapitelle sind ausgestellt sowie Statuen der Göttinnen Nike und Isis, die aus der Apsis am südlichen Ende stammen.

Auch im modernen **Afridar** gibt es ein paar antike Monumente zu sehen. Fahren Sie bis zum Zentrum um den Kikar Zephania mit Uhrenturm, Post und einer Reihe Geschäften, nicht zuletzt auch preiswerten Restaurants.

Im **Antiquities Courtyard**, der etwas versteckt unweit des Uhrturms liegt, sind zwei **römische Marmorsarkophage** ausgestellt, die bei Ausgrabungsarbeiten gefunden wurden. Sowohl Herkunft als auch endgültige Benutzung der außerordentlich schön dekorierten, aber nicht vollständig fertiggestellten Steinsärge werfen ungeklärte Fragen und Spekulationen auf. Es lohnt sich also, einen etwas intensiveren Blick vor allem auf die Skulpturen zu werfen, denn hier sehen Sie die schönsten bisher in Israel gefundenen Sarkophage.

Im nördlichen Vorort **Barnea** wurden bei Bauarbeiten die eher spärlichen Reste zweier **byzantinischer Basiliken** nahe der Zvi Segal St entdeckt. In der zweiten, etwas kleineren Basilika ist ein schöner Mosaikboden erhalten.

Das arabische **Madjdal** (hebr. *Migdal*) wird von Neubauten immer mehr eingekreist; der früher gepriesene orientalische Charme hat unter der Moderne ziemlich gelitten. Allerdings herrscht hier ganz anderes Leben und Treiben als in den Shopping Centers der Stadt. Wer einen Hauch von orientalischem Leben mitbekommen will, sollte am späten Nachmittag ein bisschen durch die schmalen Straßen bummeln, noch bevor das hier geplante Künstlerviertel realisiert wird. Am hiesigen Kikar HaAzma'ut berichtet das **Ashkelon Museum** (So-Do 9-13, 16-19, Fr 9-13, Sa 10-13, Tel 6727002, Eintritt frei) über die 5000-jährige Geschichte des Siedlungsraums – u.a. wird eine Nachbildung des spektakulären Bronze-Kalbs vom Nordtor des Nationalparks gezeigt. Das Museum ist Teil eines alten Khan mit einer Khan-Moschee, die jetzt geschlossen ist. Ganz in der Nähe kann man mittwochs und donnerstags auf einem **Frischmarkt** Obst und Gemüse kaufen.

Praktische Informationen

▶ Telefon-Vorwahl 08

Ein **Tourist Information Office** sucht man auch in Ashkelon inzwischen vergeblich. Man kann bei der Stadtverwaltung Tel 6792373 versuchen oder die auch auf Englisch aufschlussreiche Seite www.ashkelon.muni.il befragen. Für Rucksackreisende gibt es in der Herzl St 8 eine ISSTA-Büro, Tel 6778555.

Verkehrsverbindungen

▶ Die **Central Bus Station** liegt in der Ben Gurion St. Nach Tel Aviv fahren die EGGED-Busse 300 (direkt), 301 & 310, Bus 311 mit Umstieg auf die 438, 448 aus Jerusalem nach Ashdod, Bus 436 (direkt) und 437 nach Jerusalem, Busse 363, 364 (Express) nach Beer Sheba. Busse 364-366 von Egged Taavura verbindet den Kibbuz Yad Mordekhai mit Ashkelon. Stadtbus 6 verkehrt zum Nationalpark und zu den Beaches und Hotels, Busse 4 und 5 nach Madjdal/Migdal. Außerhalb des Terminals warten Sammeltaxis nach Tel Aviv.

▶ Flotter und günstiger geht es wieder per **Eisenbahn**: Egged Taavura 18 fährt zum **Bahnhof** im Nordosten der Stadt – Tel Aviv in etwa halber Fahrzeit für 26 statt 30 Shekel.

Marina, Shopping

Der ehrgeizige Plan, eine der besten Marinas Israels zu schaffen, spiegelt sich in folgen Zahlen wieder: Platz für bis zu 600 Boote, 4-6 m Tiefe an den Ankerplätzen, Shopping Center etc. – aber die Strandpromenade harrt noch ihrer Fertigstellung; www.ashkelon-marina.co.il.

▶ Viele kleine Shops findet man im alten arabischen Viertel von Madjdal/Migdal in der Gegend des Kikar HaAzma'ut; Shoppingcenter sind u.a. GIRON MALL, 21 Ben Gurion St (Nähe CBS), LEV ASHKELON MALL, 40 Histadrut St im Süden, und die größte südlich von Migdal an der Ben Gurion St, die HUZOT MALL.

Baden

▶ Fünf Strände stehen den Benutzern offen; der **Seperate Beach** ist nur für Religiöse und je nach Geschlecht zu unterschiedlichen Zeiten geöffnet. Am nördlichsten liegt, sinnigerweise, der **North Beach**, der noch relativ ruhig ist, nach Süden folgt der „Familienstrand" **Barnea Beach,** dann der **Bar Kokhba Beach** unweit des Diving Center an der Marina, südlich der Marina der beliebteste, der **Delila Beach**. Der große **Ashkeluna Water Park** (nur im Sommer geöffnet), den man schon von Ferne sieht, gehört quasi dazu, ebenso wie drei kleine Inseln, zu denen man hinausschwimmen kann. Vielleicht deswegen gilt dieser Strand als der sicherste. Am südlichsten liegt der bereits erwähnte **Park Beach** im Nationalpark. Beachten Sie beim Baden unbedingt die Flaggen, denn es gibt hier gefährliche Unterströmungen. **Bei schwarzer Flagge also auf keinen Fall ins Wasser** gehen, bei roter große Vorsicht!

Essen und Trinken

▶ Um die Marina und den Delila Beach stößt man auf das vielfältigste Angebot im Strandbereich, u.a. das SHIP RESTAURANT, das Fisch-, aber auch Fleischgerichte und orientalische Küche serviert. Daneben ist das Hotelrestaurant des Ganei Dan, THE MAGIC CHEF, einen Versuch wert. Sehr viel mehr Auswahl bietet die Herzl St im Fußgängerbereich in Madjdal/Migdal mit Felafel- und Shauwarma-Ständen, aber auch Restaurants wie das LUNA RUBEMAT CAFÉ rechts vom Khan.

Übernachten

Ashkelon hat einige Überkapazitäten, besonders bei kritischer Nachrichtenlage. Im GANEI DAN wurden einige Zimmer als Wohnungen vermietet und aus dem HILTON ist ein HOLIDAY INN geworden. Vom Preis/Leistungsverhältnis ist SAMSON'S GARDENS/GANEI SHIMSHON zu empfehlen.

• **HOLIDAY INN**, 9 Adam Yekuti'el St, Tel 6748888, Reservierung 03 5390808, Fax 6718822, www.afi-hotels.com; die zwei Halbkugeln sind an der nördlichen Strandpromenade unübersehbar, Fitness, Pool, Tennis, AC, TV, Rabatt für Internet-Frühbucher, mF .... E/D+B ab $ 148

• **DAN GARDENS/GANEI DAN**, 56 HaTayassim St, Tel 6771777, Fax 6710066, www.danhotels.com/AshkelonHotels/DanGardensAshkelonHotel; führendes Hotel im Ort, gepflegt, gut eingerichtet, AC, TV, mF .... E+B $ 131-151, D+B $ 144-164

• **HaMELEKH SHA'UL** (früher GOLDEN TOWER), 28 HaRaqefet St, Afridar (einige Blocks oberhalb des Dan Gardens Hotel, nicht sehr nahe zum Strand), Tel 6734124, Fax 6734129; mittelmäßige Zimmer, etwas abgewohnt, Kühlschrank, AC, TV, WLAN in der Lobby, glatt kosher – also viele Haredim,mF .... E+B $ 70, D+B $ 100

• **SAMSON'S GARDENS/GANEI SHIMSHON**, 38 HaTamar St, Afridar, Tel 6734666, Fax 6739615, www.ganei-shimshon.co.il (hebr.); Bungalows im Garten, Einrichtung nicht mehr neu, AC, TV, mF (wochenends nur Vollpension)............. ....E+B ₪ 220 (500), D+B ₪ 300 (700)

Camping

• Im Nationalpark kann man April-Oktober auch campen, allerdings nur freitags und an jüdischen Feiertagen, dann ist es vermutlich auch voll,

Voranmeldung muss sein. Erwachsene pP ₪ 50, Kinder ₪ 40. Wer nachmittags kommt, zahlt Übernachtung und den Eintritt des nächsten Tages, an dem man bis 17 Uhr bleiben kann. Abends kommt man nur bis 20 Uhr in den Park hinein und nur bis 22 Uhr heraus. Danach ist bis 8 Uhr geschlossen, Tel 6739660.

Von Ashkelon nach Süden und Osten

Von Ashkelon aus bietet sich eigentlich die Weiterfahrt nach Süden, Osten oder Südosten an. Bei uneingeschränkter Bewegungsfreiheit könnten die Reiseziele **Gaza** (siehe S. 475) oder **Hebron** (S. 469) lauten. Gaza fällt bis auf Weiteres aus, Hebron ist nur eingeschränkt möglich, so dass vor allem **Beer Sheba**, die Beduinenstadt **Rahat** und der südlichere **Negev** in Frage kommen, alternativ könnte man auch von hier aus die bedingt mögliche Reise durch die teilweise hübschen judäischen Berge nach **Jerusalem** ins Auge fassen. Wo auch immer das Ziel liegen wird, unterwegs sollte man sich unbedingt **Bet Guvrin** ansehen.

Sehenswertes

- ***Bet Guvrin und Tel Maresha**, altes jüdisches Siedlungsgebiet mit interessanten Relikten in schöner Landschaft, imposante „Glockenhöhlen", S. 266
- ****Yad Mordekhai**, im Unabhängigkeitskrieg dramatisch umkämpfter Kibbuz, Denkmal, Museum über die Leiden der Juden unter den Nazis, S. 264
- ***Netivot**, Kleinstadt am Wüstenrand mit Mausoleum von Baba Sali, S. 265
- ***Lakhish**, Ruinenhügel einer Großstadt Judas, von Assyrern grausam erobert, S. 265
- ***Carlsberg Brauerei**, Brauereibesichtigung in der Wüste, S. 264

Abstecher nach oder in Richtung Beer Sheba

Kaum wieder auf der Straße 4 kann man nach 4 km rechts in die Chaim Bar Lev St 5 zum Industriegebiet südlich von Ashkelon abbiegen und 3 km bis zum Ende durchfahren. In wüstenhafter Landschaft füllt hier die ***Carlsberg Brauerei** die Biermarken Carlsberg und Tuborg sowie Sprudel ab – keine Fata Morgana! 8 km vom Gazastreifen entfernt sind Grundstückspreise und Gewerbesteuer vermutlich niedrig. Visitor Center So-Do 9-16 Uhr, für den Eintrittspreis unbegrenztes Verkostungsvolumen, eigentlich nur Gruppenbesichtigung, Tel 6740727 oder 6740740.

3 km weiter auf der Straße 4, rechts auf Straße 3411 und wieder die erste rechts befindet sich ein kleiner **Campingplatz**.

5 km weiter auf Straße 4 nach

**Yad Mordekhai

Der Kibbuz Yad Mordekhai, der südlichste an der israelischen Mittelmeerküste, wurde nach dem Anführer des Aufstands im Warschauer Ghetto, Mordekhai Anielewicz benannt. Ein Denkmal innerhalb des Kibbuz erinnert an ihn.

Während des **Unabhängigkeitskrieges** widerstanden die 165 Kibbuzmitglieder sechs Tage lang einer mit 2500 Mann weit überlegenen ägyptischen Armee-Einheit; die entscheidende Hilfe aus Tel Aviv kam erst im allerletzter Minute. Von einem (ausgeschilderten) Hügel des Kibbuz kann man den spannenden Kampfverlauf – durch Attrappen im Gelände nachgestellt – nachverfolgen, über Lautsprecher (auf Wunsch auf Deutsch) wird das Kampfgeschehen geschildert, ein eroberter Panzer steht unterhalb des Hügels. Etwa 1 km entfernt wurde ein **Museum** errichtet, das an die Leiden der Juden und vor allem der Kinder unter den Nazis eindrucksvoll erinnert. Schlachtfeld und Museum sind täglich von 10-16, Fr -14 Uhr geöffnet.

Östlich von Yad Mordekhai

Von Yad Mordekhai führt die Straße 34 nach Süden, nach der Vereinigung mit der Straße

Eshkol Nationalpark: jüdisch-orthodoxe Badefreuden

25 endet diese in Beer Sheba. Knapp 20 km nach Yad Mordekhai erreicht man die Kleinstadt ***Netivot**, in der hauptsächlich marokkanische Juden wohnen. Unter ihnen lebte **Baba Sali**, ein Gerechter, der Wunder gewirkt haben soll. Ihm wurde ein Mausoleum gebaut, das Ziel vieler Wallfahrer ist. Sie erwarten posthum durch Besuch und Erwerb von Devotionalien weitere Wunder. Das Mausoleum liegt am Westrand der Stadt, es bietet neben dem eigentlichen, tuchverhangenen Sarkophag für den Nichtjuden nur die Pilger-Atmosphäre, diese weltweit ähnliche Mischung aus tiefer Frömmigkeit und unverhohlenem Kommerz.

Wenn Sie das Mausoleum besuchen wollen, fahren Sie auf der Straße 25 angelangt die nächste rechts, Yerushalayim St, am Wasserturm vorbei bis zur HaRambam St, wieder rechts hinein und am Ende links in die Bar Ilan St (hier sieht man bereits den Kuppelbau), danach die zweite Straße rechts in die Jabotinski St; www.windowshades.com/babasali.

11 km weiter östlich auf dem Weg nach Beer Sheba – das dann nur noch 21 km entfernt ist – zweigt an der Gilat Junction die Straße 241 nach Westen über Ofakim zum **Nationalpark Eshkol** (16 km) ab. Dieser zweitgrößte Naturpark Israels, am Nakhal Besor gelegen, besitzt neben ein paar Ruinen von der kanaanitischen bis zur byzantinischen Zeit vor allem Picknickplätze, Sportanlagen und das mit 3500 Quadratmeter größte Schwimmbecken des Landes. Wanderwege und eine „Scenic Route" erschließen das 1300 Hektar große Gelände, ₪ 21, Kinder 9, Camping ₪ 50/40.

Von Ashkelon Richtung Hebron oder Jerusalem

9 km auf der Straße 35 nach **Sde Yo'av,** einem kleinen, relativ unbekannten und daher preiswerten **Schwefelbad** mit 39 Grad heißem Wasser, das aus einem 100 m tiefen Brunnen mit hohem Schwefelgehalt hervorsprudelt.

6 km nach **Kiryat Gat**

Ein 1954 gegründeter Ort, der sich zu einer ansehnlichen Industriestadt mit 48 000 Einwohnern entwickelt hat.

8 km: **Lakhish Junction**

Rechts 2 km zum Kibbuz

*Lakhish

***Geschichte**: Lakhish zählt zu den sehr alten Siedlungen Israels, es war bereits im 3. Jahrtausend vC bekannt, im 2. Jahrtausend siedelten Kanaanäer an dem Ort. Im ägyptischen Tell el Amarna wurden Briefe des Königs Zimridu (1375-1340 vC) aus Lakhish an Pharao Echnaton gefunden. Salomos Sohn Rehabeam befestigte 920 vC den Ort. 701 vC nahm der Assyrerkönig Sanherib Lakhish ein und gab dies – wie alle seine Eroberungen des Feldzuges – in seinem Palast in Ninive samt allen Scheußlichkeiten der damaligen Belagerungstechnik in einem eindrucksvollen dreiteiligen Basrelief bekannt (Kopie im Israel Museum, Jerusalem). 588 vC fiel die Stadt in die Hände des Babyloniers Nebukadnezar. Nach der Rückkehr aus der babylonischen Gefangenschaft siedelten zwar wieder Juden in Lakhish, aber im 2. Jh vC sank es zur Bedeutungslosigkeit ab.*

6

Vom antiken Lakhish wurden die Ruinen einer inneren und äußeren **Stadtmauer** freigelegt. Vom Picknickplatz aus kann man die **Belagerungsrampe der Assyrer** an der Südostecke des Tels sehen – nicht so imposant wie die römische Rampe an der Festung Massada am Toten Meer, aber 800 Jahre älter! Eine Toranlage führt in die Stadt. Im **Torturm** wurden die Lakhish-Briefe gefunden, Althebräisch mit Tinte beschriebene Tonscherben, die sich auf 588 vC datieren lassen. Schräg links vom Eingangstor – etwa im Zentrum der Stadt – stand der **Statthalterpalast**. Im Nordosten wurde ein kanaanitischer Sonnentempel ausgegraben, der auf etwa 1480 vC zurückgeht. Doch die Ausgrabungen liegen schon einige Jahrzehnte zurück. Das Ruinengelände ist derzeit offiziell durch Schilder gesperrt, die mehrfach vor unerwartetem Einbruch in Hohlräume warnen. Der Besuch lohnt also nur für archäologisch wirklich Interessierte – auf den Pfaden kann nichts passieren.

Die gewaltige Ruinenstätte ist nicht gut ausgeschildert, daher hier die Anfahrt: 2 km nach dem Abzweig von der Straße 35 führt eine schmale Straße rechts zum Moshav Lakhish. Bei der Fahrt dorthin sehen Sie links bereits den Tel mit seinen Mauern. Biegen Sie direkt vor dem ersten Zaun des Kibbuz links auf einen Feldweg, dann etwa 400 m, danach links zu einem schattigen Picknickplatz und zum Eingang ab.

6 km: **Guvrin Junction**

Rechts 2 km zum Nationalpark

Felsentreppe zu einer Zisterne in Bet Guvrin

***Bet Guvrin und Tel Maresha

***Geschichte**: Maresha wird bereits im Buch Josua erwähnt; jedenfalls befestigte Salomos Sohn Rehabeam um 920 vC den Ort, der dann 587 von den Babyloniern zerstört und später nicht wieder von Juden besiedelt wurde. Stattdessen siedelten wie überall in Judäa Edomiter, später kamen Griechen hinzu, die Siedlung hieß Marisa. In der hellenistischen Epoche war der Ort am stärksten besiedelt, damals entstanden die meisten Höhlen im Berg. Im 2. Jh vC eroberten die Hasmonäer die Gegend und bekehrten die Bewohner zum Judentum. 40 vC zerstörten die Parther den Ort endgültig.*

Der „Vorort" von Maresha, Bet Guvrin, schrieb eine unabhängige Geschichte. Nach der Zerstörung von Maresha verschob sich der Siedlungsschwerpunkt nach Guvrin, es entwickelte sich eine bedeutende Stadt, die nach dem Besuch von Kaiser Septimius Severus im Jahr 200 in Eleutheropolis (Stadt der Freien) umbenannt wurde. Im 3. und 4. Jh wurde Bet Guvrin eine wichtige jüdische, während der byzantinischen Periode eine bedeutende christliche Siedlung mit mehreren Kirchen.

Nach ihrer Eroberung begannen die Araber, im größeren Stil Kalkstein aus dem unter einer harten Deckschicht weichen Berg zu brechen. Die Kreuzfahrer errichteten die Festung Gibelin in Bet Guvrin, die sie aber bald an Saladin verloren. Der weiche Kalkstein verführte offenbar alle Bewohner der Vergangenheit dazu, die Berge auszuhöhlen, teils für Wohnzwecke, teils als Steinbruch.

Bereits 1921 hatten Ausgrabungen in Bet Guvrin schöne **Bodenmosaike** von christlichen Kirchen aus dem 5./6. Jh freigelegt, die Jagdszenen, Tiere und Sinnbilder des Jahres zeigen. Sie wurden ins Rockefeller Museum in Jerusalem gebracht. Außerdem wurden Reste einer **Synagoge** aus dem 3. Jh nC entdeckt.

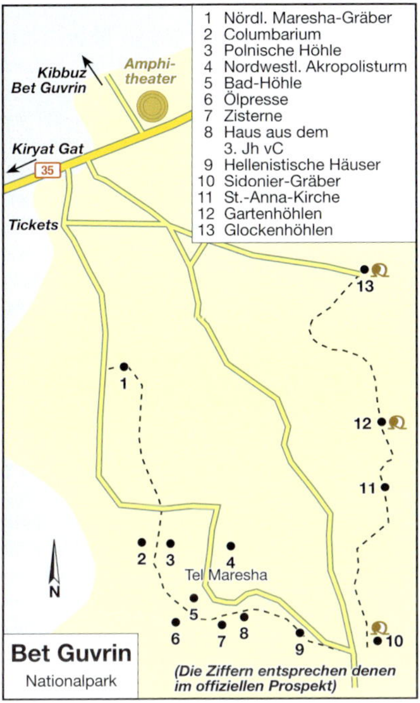

Das historische Gebiet (täglich 8-17, im Winter -16; ₪ 27/14, Camping pP ₪ 50, Kinder 40) ist recht weitläufig. Vom Eingang aus fährt man am besten am Picknickplatz vorbei zum Parkplatz II und wandert dann, dem ausgeschilderten Pfad nach, hügelauf. Als erstes stößt man auf die **Polnische Höhle**, eine Zisterne, die ihren Namen von polnischen Besuchern erhielt, die 1943 ihre Namensgraffiti hinterließen. Gleich nebenan führen Treppen in eine ziemlich ausgedehnte Höhle, die wegen ihrer mehr als 2000 Nischen in den Wänden **Columbarium** (Taubenhaus) genannt wird. Zwar ist in der gängigen Literatur nahezu unisono von Nischen für Urnen die Rede, aber die Verwaltung des Nationalparks spricht sowohl von einer höheren Nischen-Zahl als auch davon, dass es sich ursprünglich um ein großes Taubenhaus handelte – wie auch immer, heute beweist sonores Gurren, dass Tauben in der Höhle gern wohnen.

Der Weg führt am Hügelrand des Tel Maresha weiter, unterwegs sollten Sie die Besichtigung einer uralten unterirdischen **Ölmühle** und -presse nicht versäumen, kurz vor dem Parkplatz III lädt ein Haus aus dem 3. Jh vC mit großer Zisterne zum Besuch ein. Von hier aus muss man nun zurück zum Parkplatz II wandern, falls man nicht ohne Auto oder mit Fahrer unterwegs ist. Für den Rückweg sollte man den Weg über den Tel nehmen, nicht so sehr, weil es ein paar Befestigungsreste des nordwestlichen Akropolisturms zu sehen gibt, sondern wegen des herrlichen Ausblicks: Bei klarer Sicht schweift der Blick zum Mittelmeer, nach Tel Aviv und zu den judäischen Bergen.

Zwischen Parkplatz III und IV gibt es ein **hellenistisches Haus** mit einem hübschen Bad und einem großen Untergrundkomplex aus Höhlen und Zisternen zu sehen. Parkplatz IV ist im Tal vor **Grabhöhlen** angelegt, die mit interessanten Malereien aus der Tierwelt und Mythologie dekoriert sind. Von hier aus geht es weiter zur imposantesten Sehenswürdigkeit von Bet Guvrin (unterwegs liegen rechts der Straße die Ruinen der byzantinischen, später von den Kreuzfahrern wiedererrichteten Kirche St. Anna, die aber nur auf dem Fußweg zu erreichen ist).

Musikerhöhle in Bet Guvrin

6

Hinter einem kleinen Rasthaus verbirgt sich der Eingang zu einem **Höhlensteinbruch** (Bell Caves, *Glockenhöhlen*) gewaltigen Ausmaßes. Da eine etwa 1,5 m dicke, härtere Deckschicht über dem weichen Kalkstein liegt, bohrten sich die antiken Steinbrecher zunächst runde „Mann-Löcher" für den Einstieg durch diese Schicht und räumten dann darunter glockenförmig Hohlräume aus, wobei sie hier auch die Zwischenwände beseitigten und eine große zusammenhängende Höhle schufen. Da in der Zwischenzeit ein Teil der Deckschicht einstürzte, muss man sich heute nicht durch die Mann-Löcher abseilen, sondern kann bequem in die Gewölbe hineinwandern. Einritzungen an den Wänden lassen das Hauptwerk auf eine arabisch-sprachige christliche Bevölkerung der Zeit vom 7.-10. Jh datieren. Insgesamt gibt es etwa 800 solch glockenförmiger Höhlen in der Umgebung – diese hier werden auch für Konzerte genutzt.

Die Eintrittskarte, die Sie zuvor lösten, gilt auch für das Ausgrabungsgelände nördlich der Straße 35, das Sie sicher bei der Anfahrt bereits sahen. Auch hier – Northern Complex genannt – lohnt ein Besuch der ursprünglich römischen Ruinen. Das ziemlich große Amphitheater diente vermutlich Gladiatorenkämpfen; östlich davon stand ein großes Badehaus. In byzantinischer Zeit wurde das Amphitheater als Markt benutzt. Die Kreuzritter überbauten schließlich den Komplex mit einem Fort, in das sie auch eine Kirche einbezogen, die Mamluken benutzten das Fort weiterhin, bauten aber eine Moschee ein.

Vom Eingang her stößt man zunächst auf eine Ölmühle und geht dann weiter zu den Resten des Kreuzritterforts, dessen Kirchenruinen hier besonders auffallen. Nach Überqueren einer Stadtmauer über eine Holzbrücke geht man weiter zum Amphitheater, das zwar nicht groß ist, dessen dicke Stützmauern und Bogengänge unter den Sitzreihen jedoch imponieren. Hier wurden wahrscheinlich die Raubtiere für die Gladiatorenkämpfe gehalten.

Jetzt stellen sich, neben der Rückkehr nach Ashkelon, mehrere **Optionen für die Weiterreise**: Man fährt nach Kiryat Gat zurück und dort auf die Straße 40, um **Beer Sheba** (siehe S. 389) zu besuchen. Oder man bleibt auf der Straße 35 und fährt 23 km nach **Hebron** (siehe S. 469), wofür Sie allerdings den Checkpoint Tarqumiya passieren müssten, was nur mit palästinensischem Mietwagen erlaubt ist. Informieren Sie sich vorher über die aktuelle Situation dort, siehe S. 429. Die dritte Option wäre die Fahrt nach **Jerusalem**, indem man sich auf der Straße 38 nach Norden hält bis diese nach 30 km in die Autobahn 1 einmündet, von dort liegt Jerusalem 20 km entfernt. Unterwegs könnte man noch die Tropfsteinhöhle Me'arat Soreq (siehe S. 195) besuchen.

Von Tel Aviv nach Haifa

Die Autobahn nach Norden führt mehr oder weniger am westlichen Rand der landwirtschaftlich extrem genutzten Sharon-Ebene entlang, besonders im nördlichen Bereich vorbei an vielen Kibbuzim und Moshawim oder privaten Landwirtschaftsbetrieben. Sie können auf der Landstraße oder Autobahn, oder aber per Bus bzw. Eisenbahn nach Norden reisen.

Wir wollen grundsätzlich der Autobahn 2 möglichst nah am Meer folgen; die deutlich langsamere Straße 4 liegt entfernter im Land, die noch weiter östliche Autobahn 6 kostet Maut.

10 km nach

**Herzliya

***Geschichte**: Die 1924 von amerikanischen Juden gegründete und nach Theodor Herzl benannte Stadt entwickelte sich von 5000 Einwohnern 1948 auf jetzt 89 000. Dennoch blieb sie der Zufluchtsort der Bessergestellten von Tel Aviv, nicht zuletzt wegen des feinen, weithin bekannten Sandstrandes direkt vor den Haustüren. Die besseren Wohnviertel liegen westlich des Sandsteinkamms im Stadtteil Pituakh. Der östliche Teil der Stadt hat High-Tech-Firmen vor allem der Kommunikationsindustrie und der Computerindustrie angezogen. Wer in Pituakh in den schattigen Alleen bummelt, kann*

Sehenswertes

****Caesarea**, uralte und heute noch aufschlussreiche Siedlung, die durch die Hände vieler Eroberer ging, als letzte nutzten sie die Kreuzfahrer; gute Bademöglichkeiten im historischen Umfeld, S. 275

***Dor** und Kibbuz Nakhsholim, von Ramses II. bis in die Kreuzfahrerzeit genutzter Hafen, historische Relikte, herrliche Badestrände, S. 280

Herzliya, Prominentensiedlung mit gepflegtem Strand, entsprechenden Hotels und islamischem Heiligtum, S. 268

Netanya, Touristen- und Diamantenhochburg am Mittelmeer mit acht gepflegten und überwachten Badestränden, S. 271

***Weinanbau**, eins der guten Weinanbaugebiete liegt um Zikhron Ya'akov und Binyamina; drei Weinkellereien sind zu besichtigen, S. 280

***Kibbuz Ma'agan Mikhael**, beliebte Fischteiche bei Zugvögeln, gute Beobachtungsmöglichkeiten, S. 279

***Zikhron Ya'akov**, hübsch gelegenes Weinbaustädtchen mit Museum und in der Nähe gelegener Grabanlage des Baron Rothschild, S. 280

***En Hod**, Künstlerkolonie mit Dadaismus-Museum in einem einst arabischen Dorf, S. 281

so manchen Wohnpalast auch ungewöhnlicher Architektur entdecken.

Im eigentlichen Herzliya östlich der Autobahn 20, Ecke Ben Gurion/HaBanim St steht das **Herzliya Museum of Contemporary Art** (Di/Do 16-20, Mo/Mi/Fr/Sa 10-14, ₪ 10, Tel 9551011, www.herzliyamuseum.co.il), das zum Yad Labanim Memorial Center mit einem modernen Skulpturengarten gehört. Wechselnde Ausstellungen sollen das künstlerische Schaffen der gegenwärtigen Generation darstellen. In ungeraden Jahren gibt es zum Laubhüttenfest eine Biennale für zeitgenössische Kunst, www.herzliya-biennial.com. In der HaNadiv St 8 können Sie das **Bet Rishonim Museum** (So-Fr 8-13, Mo auch 16-19, Eintritt frei) besuchen, das über die ersten Siedler und die Stadtentwicklung berichtet. Drumherum ist ein erholsamer Botanischer Garten angelegt.

Die Mehrzahl der Gäste kommt allerdings wegen der insgesamt 6 km langen **goldgelben Badestrände** nach Herzliya, die wegen der ständigen Pflege und Lebensretter Eintritt kosten. Falls Sie Rucksackwanderer sehen: Der Israel Trail führt hier entlang. Am meisten frequentiert sind die Strände im Zentrum, nach Norden hin gibt es etwas mehr Sand pro Körper. Eine 2 km lange Promenade verbindet die Hotelburgen miteinander, die sich am Strand entlang aufreihen. Im Norden der Stadt erhebt sich direkt am Strand die Moschee aus dem 11. Jh des islamischen Heiligtums **Sidna Ali** (Bus 29 vom Busterminal). Vom gleich anschließenden Parkplatz führt eine Betontreppe zum Strand hinunter, an dem rechts das **Hermit House** liegt (z.T. auch auf der Düne); eine skurrile Sehenswürdigkeit. Nissim Kakhlon baut seit den 1970er Jahren eine fantasievolle „Sandburg" ins Kliff. Eventuell kann man Hummus sowie hausgemachte Pita kaufen, und vielleicht ergibt sich die Gelegenheit, durch die ausgedehnte Fantasie-Anlage geführt zu werden.

Einige hundert Meter nördlich erkennt man **Tel Ashraf**, das Ruinengelände des antiken Hafens

Bekannt als Theodor, hieß dieser Mann eigentlich Dr. Benjamin Ze'ev Herzl

Rishpon und späteren griechischen **Apollonias**. Die Kreuzfahrer errichteten an dieser Stelle 30 m über dem Meer ihre Burg Arsuf, besiegten 1191 hier Saladin, wurden aber 1265 von den Mamluken geschlagen, welche die Stadt zerstörten, zur Ausgrabung: www.tau.ac.il/humanities/archaeology/projects/proj_apollonia.html. Von Mai bis September findet in diesem Nationalpark (Einlass 8-16, Winter -15, Fr -14, ₪ 21, Kinder 9) jeden Freitag bis zum Sonnenuntergang ein Konzert statt, ₪ 50-60. Auch im Süden an der Marina wird im Juli/August dienstags ab 19.30 Uhr Music by the Sea geboten. Von der Straße 2 aus müssen Sie an der Rabin/Kfar Shmaryahu Junktion abfahren, auch wenn die Beschilderung aus Richtung Süden fehlt.

Praktische Informationen

▶ Telefon-Vorwahl 09

Information

▶ Eine Touristen-Information scheint keine Mehreinnahmen zu bringen. Die englische Version der Stadtverwaltung www.herzliya.muni.il ist verkehrt programmiert. Besser läuft www.herzliyacity.com.

Wassersport und Wellness

▶ Nahe der Marina beim Dan Accadia Hotel befindet sich der Tauch- und Surfclub REEF, Tel 9574461, www.reefisrael.com. Wenn Sie Geld für einen Ausflug mit Luxusjacht und Skipper haben, ist SEA-GAL die richtige Adresse, Tel 170 0700058, www.sea-gal.co.il. Erholung, ohne dass man selber viel tun muss, vermittelt das DREAM SPA in der Arena Mall an der Marina mit unterschiedlichen Massagen, Tel 050 2720551, www.dreamspa.co.il, sowie ganz in japanischem Gewand TOMOKO, 142 Wingate St (Parallele zur Hotelstraße Ramat Yam), Tel 9552365, www.tomoko.co.il.

Shopping

▶ In Herzliya tummeln sich mehrere Malls, in denen bei Bedarf auch Höherpreisiges zu erstehen ist: Arena Mall, 2 HaShunit St, mit italienischem Flair, das Forum, Herzliyas erste Mall, 1 King David St (Kfar Shemaryahu Junction), die Seven Stars Mall, 8 Stars St, www.7star.co.il, die sich auch eventmäßig hervortut, sowie die Outlet-Mall im Industriegebiet, 85 Medinat HaYehudim St.

Nightlife

▶ Tel Aviv ist nur eine gute Viertelstunde entfernt, Abend und Nacht lassen sich aber auch in Herzliya verbringen. An der Marina gibt es den relativ irischen Pub MURPHY'S mit Live-Jazz im Sommer ab 16.30 Uhr. Für Live-Musik ist wie andernorts MIKE'S PLACE eine gute Adresse, 10 Abba Even St, Tel 054 9948842, www.mikesplacebars.com, dienstags Sessions. Im Industriegebiet westlich der, HaSira Junction (Str. 2) liegen die beiden Dance-Clubs SOURCE, 10 HaSadnaot St, Tel 9580043, und MASKIT 3, 3 Maskit St, Tel 052 6366554.

Essen und Trinken

▶ An der Marina und in der dortigen Arena Mall sollte sich für jeden Geschmack und Geldbeutel etwas finden: Fischrestaurants wie YACHT CLUB und DERBY BAR DAGIM, Sushi bei STREET FOOD, brasilianische Fleischspezialitäten bei PAPAGAIO und eine Mischung aus Restaurant und Tanzclub im CASSIOPEIA mit durchdachter Beleuchtung, www.cassiopeia.co.il. Weiter nördlich liegen gediegenere Restaurants wie das TERASSA beim Hotel Daniel oder TZIDON beim Hotel Sharon.

▶ Wer preiswerter und gut essen will, sucht sich einen Platz im Industrieviertel in der Nähe oder nördlich der erwähnten Tanzstätten unweit der Autobahn Nähe Herzl-Denkmal, dort gibt es viel Auswahl. Außer kleineren Lokalen und Fast Food in der Maskit St z.B. SALSALAT, das Bistro SEBASTIAN, die OCEAN BAR oder (auf der teureren Seite) TANDOORI, 32 Maskit St, mit sehr guten indischen Gerichten, sowie in der Arie Shenkar St asiatisch bei ZOZOBRA, CIAO BELLA (leicht zu raten: ein Italiener) und mittelpreisig der Spanier TAPEO und Fusion bei STACCATO – edle Adressen wären hier in der Nr. 16 MEAT & WINE und SEGEV.

Übernachten

Herzliya ist die Stadt der Wohlhabenden – und der Luxushotels. Sie liegen direkt am Strand und verfügen über all die Annehmlichkeiten, die man dort erwartet. Internet-Buchung erlaubt häufig Rabatte.

• **DAN ACCADIA**, 122 Ramat Yam St, Tel 9597070, reservieren 03 5202552, www.danhotels.com/HerzliyaHotels/DanAccadiaHerzliyaHotel, ... E+B $ 390-680, D+B $ 410-700

• **DANIEL**, 60 Ramat Yam St, Tel 9528232, Fax 9528281, www.tamareshotels.co.il; renoviert, 15% Online-Rabatt E+B $ 338-517, D+B $ 375-554

• **SHARON**, 5 Ramat Yam St, Tel 9525777, Fax 9525768, www.sharon.co.il; .... mF......................... E+B $ 189-279, D+B $ 279-405

• **OKEANOS**, 50 Ramat Yam St, Tel 9616222, Fax 9506411, www.okeanos.co.il (2. Haus für Sportler direkt an der Marina); Suiten-Hotel, manchmal mind. 10 Nächte, pro Nacht.......... E/D+B $ 185-266

• **HOLZMANN**, 77 HaQidma St, Tel 180 0352635 oder 9572227, www.holtzman.co.il; Einrichtung ok, Website lustig: behaupten, *Zimmer pro Stunde* sei ihr Konzept – 19-10 Uhr nur halber Preis, Doppelbetten, Erotikfilme, viele Spiegel, barrierefrei .... ₪ 500

• **TADMOR**, 38 Basel St, Tel 9525050, www.tadmor-hotel.co.il (hebr.); ein ganzes Stück vom Strand entfernt, Pool, gut eingerichtet, gepflegt, AC, TV, mF .... E+B $ 90-110, D+B $ 110-140

Weiter geht es auf der Autobahn 2, die nun häufig recht dicht am Strand nach Norden verläuft.

11 km: **Poleg Interchange**

Noch bis in die 1930er Jahre waren die Sümpfe dieser Gegend unpassierbar. Heute besteht (ein Stück südlich der Ausfahrt) ein **Naturreservat**, das sich am Nakhal Poleg flussaufwärts zieht. Von der Mündung des Poleg bietet sich eine schöne Wanderung durch das üppig grüne Reservat an, in dem im Februar/März an manchen Stellen die nur in Israel und Jordanien wachsende **schwarze Iris** blüht. Der Poleg Beach ist voll ausgebaut und besonders bei Kitesurfern beliebt.

Nahe dem weiter südlich gelegenen Kibbuz Ga'ash (mit heißen Quellen und Golfplatz) ragen bis zu 61 m hohe Klippen aus dem Meer und bilden einen der landschaftlich schönsten Strände Israels.

8 km nach

**Netanya

Geschichte: *Auch Netanyas Geschichte beginnt erst im 20. Jh. 1928 gründeten Pioniere der Bene Binyamin eine Zitrusplantage, die sie nach Nathan Strauss benannten. Heute leben rund 180 000 Menschen hier, die sich u.a. von Diamantenschleiferei – deren Know-How von Emigranten aus Antwerpen und Amsterdam bei der Flucht vor den Nazis mitgebracht wurde – und Tourismus ernähren. Denn das relativ angenehme Klima und 11 km feiner, öffentlicher Sandstrand ziehen viele Badegäste an, die auf eine gut ausgebaute Infrastruktur treffen. Die Stadt selbst ist mit sauberen Straßen recht ge-*

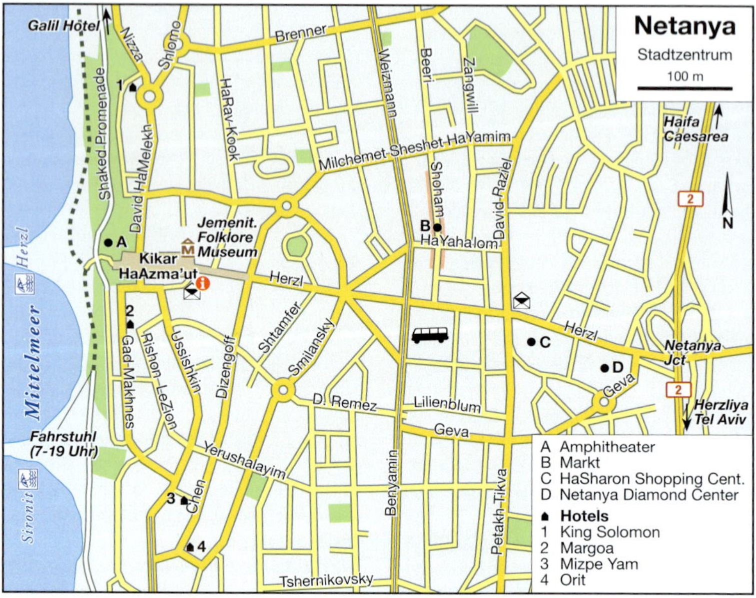

pflegt, hin und wieder wiegen sich Palmen in der Meeresbrise.

Im Moment wird viel modernisiert, nicht zuletzt, weil weniger Touristen kommen, aber das soll sich ändern.

Von der Autobahnabfahrt führt die Herzl St, die Hauptstraße, bis zum Strand. Dort, im letzten Stück zwischen Dizengoff St und Kikar HaAzma'ut, ist sie Fußgängerzone mit vielen Restaurants, Cafés und Boutiquen. Besonders am Freitag- und Samstagabend flaniert, wer immer kann, in dieser Gegend.

Der weitläufige **Kikar HaAzma'ut** ist ein beliebter Treffpunkt im Zentrum der Stadt, nach einer großen Gasexplosion 2011 wird er runderneuert, aber vielleicht können Sie hier am Shabbat Volkstänze mitmachen. Am westlichen Ende zweigen die **Promenaden** an der Dünenkante entlang ab, eine Treppe führt hinunter zum **Strand** (die Promenade etwas nach Süden gibt's auch einen Fahrstuhl). Hier findet der Spaziergänger schönen Strandblick, bei Sonnenuntergang den perfekten Fotospot. Im Nordosten des Kikar HaAzma'ut (Nr. 11, 4. Stock) versteckt sich ein **kleines Jemenitisches Folklore-Museum** (Tribes of Israel Pearl, So-Do 9-16, Tel 8331325) bei längeren Aufenthalten in Netanya sicher einen Blick wert.

Vom **Poleg Beach** im Süden bis zum religiösen **Zanz Beach** und dem z.Z. geschlossenen **Blue Bay Beach** im Norden stehen Touristen sieben benutzbare Badestrände mit Duschen, Schatten, Rettungsschwimmern etc. zur Verfügung. Der zentral gelegene **Sironit-Strand** wird das gesamte Jahr über gewartet und ist über den Fahrstuhl zugänglich, während die anderen nur Mai-Oktober geöffnet sind. Am Sironit gibt es außerdem montags und mittwochs von 6-7 Uhr Frühsport. Je weiter Sie nach Norden kommen, umso mehr Platz finden Sie. Zum Vorwärtskommen können Sie reiten, sich ein Fahrrad mieten oder die Szene zunächst von oben per Paragliding erkunden (Info bei der Tourist Information

Sharon-Ebene

Zwischen dem Yarkon-Fluss bei Tel Aviv im Süden und den Ausläufern des Karmel-Gebirges im Norden liegt „**Zitrus-Land**", die einst sumpfige, malariaverseuchte ca. 20 km breite Sharon-Ebene, aus der heute die berühmten Jaffa-Orangen den Sonnenschein Israels in alle Welt exportieren. Besonders wenn Mitte Dezember bis April die Früchte geerntet werden und alles überquillt in orange, wird sichtbar, dass hier eins der landwirtschaftlichen Hauptexportprodukte herangewachsen ist. Aber es werden nicht nur Apfelsinen angebaut, man entdeckt auf der Durchreise ebenso Zitronen, Bananen und Baumwolle. Die Sharon-Ebene ist so fruchtbar, weil sie von ganzjährig wasserführenden Flüssen durchzogen wird. Doch diesen Flüssen versperren Sanddünen den Abfluss ins Meer. Die frühen Siedler – Kanaaniter, Assyrer, Phönizier und Juden – legten bereits Durchbrüche zur Küste und zur Entwässerung der Ebene an. Nach den Zerstörungen durch die Mamluken im 13. Jh kümmerte sich dann niemand mehr darum, die Ebene versumpfte, Malaria vertrieb die Bewohner. Daher war die Ebene bis ins 19. Jh nur dünn durch wenige palästinensische Dörfer besiedelt. Ab 1878 gründeten jüdische Einwanderer Siedlungen und kümmerten sich um die Entwässerung. Moderne Drainage- und Pumpsysteme drehten das Bild der Landschaft um, vertrieben Mücken und Malaria und legten den Grundstein für die heute am dichtesten besiedelte Region Israels.

oder auf der städtischen Website, siehe unten). Aber nicht nur das: Es gibt Tennisplätze, Fitness-Studios, Basket- und Volleyballmöglichkeiten.

Reiten oder Jeep-Touren am Strand entlang veranstaltet Alik, Tel 050 5315277, vorwärts mit Bike, Jeep oder Traktor geht es mit Herman Wanderer, Tel 050 8941055. Paragliding gelingt mit Dvir Tandem Flight, Tel 050 8333103, oder Shamayim Gliding, Tel 9549788 oder 052 2223221.

An der Kreuzung Shoham/HaYahalom St wird täglich (7-19, Fr 7-14) ein bunter **Markt** abgehalten. Freitags, kurz vor Shabbat-Beginn, geht es bei den Lebensmitteln laut her, wenn noch die vorletzten Tomaten an den Käufer gebracht werden müssen. An der Herzl/Petakh Tikva St (stadtauswärts letzte große Kreuzung vor der Autobahn) kann man viel Geld im Canyon HaSharon Shopping Center ausgeben.

Wenn Sie Diamantenschleifen anschauen wollen, gehen Sie ins **Diamond Center** (So-Do 8-16, Fr 8-13, Tel 8620436), 90 Herzl St (eher unscheinbares Gebäude kurz vor der Autobahn rechts). Netanya bezeichnet sich als die Diamantenhauptstadt der Welt – was wenig nachvollziehbar ist. Doch Diamantenschleifen wird

Am Strand von Netanya

eben kaum öffentlich betrieben. Daher lohnt sich der Besuch, der mit einer Filmvorführung (auch auf Deutsch) beginnt, einen kurzen Rundgang beinhaltet und mit Verkaufsgesprächen endet. Wer ein paar tausend Dollar erübrigen kann, dem wird wärmstens die Anlage in den Funkelsteinen empfohlen, aber nicht aufgedrängt. Darüber hinaus gibt es südwestlich des Kikar HaAzma'ut weitere Diamant-Infos im Diamomim, 2 Gad Makhnes St, Tel 861182.

Praktische Informationen

▶ Telefon-Vorwahl 09

• **Tourist Information Office**, Südost-Ecke des Kikar HaAzma'ut mit Post daneben, So-Do 8-16, Tel 170 0709292 oder 8827286. Instruktive Website der Stadt: www.netanya.muni.il

Verkehrsverbindungen

▶ Der **Egged-Bus** 641/2 fährt alle 30 Minuten nach Tel Aviv, Bus 947 nach Haifa und Jerusalem. Der Busbahnhof liegt relativ zentral Ecke Benyamin/Herzl St.

▶ Südöstlich der Autobahnabfahrt liegt der **Bahnhof** mit guten Zugverbindungen nach Süd und Nord, siehe S. 52.

Veranstaltungen

▶ Montags finden von 12-13 Uhr klassische Konzerte russischer Musiker am Kikar HaAzma'ut statt. Während der Hauptsaison im Juli/August wird fast täglich abends etwas am Kikar HaAzma'ut und/oder im Amphitheater geboten, von Disko (sonntags) bis zu Volkstänzen (samstags). Im Fußgängerbereich der Herzl St breiten im Sommer Kunsthandwerker ihre Arbeiten aus, fast das ganze Jahr über finden Schachwettbewerbe statt.

▶ Im Amphitheater am strandseitigen Ende der Herzl St finden zeitweise Konzerte zum Sonnenuntergang statt.

Essen und Trinken

kann man je billiger, desto weiter man sich vom Strand entfernt. Am nördlichen Strand liegen nahe des religiösen Viertels einige jüdische Lokale wie INGELE/CAFÉ NIZZA und GLATT AL HaESH in der Nizza St. Doch schon die Fußgängerzone bietet Gutes zu vernünftigen Preisen.

• MINI GOLF RESTAURANT AND PUB, 21 Nizza St, bietet bei gutem Essen Strandblick

• CASABLANCA, 5 Kikar HaAzma'ut (Passage), Fisch und Fleisch auf marokkanisch

• MUL HaYAM, 1 David HaMelekh St (zwischen Strandtreppe & Amphitheater), prima Fisch und Milchiges – kosher mehadrin

• SCOTSMAN, 7 Kikar HaAzma'ut, serviert komischerweise italienische und russische Küche

Und etwas entfernt in der Poleg Industrial Zone nordöstlich der Poleg Junction:

• YUGA, 7 Gibore Yisrael St, alles, was der Ferne Osten zu bieten hat

• SCHNITZEL AYALA, 10 Gibore Yisrael St, schnelles Essen, viel Huhn

• HEALTH BAR, 1 HaMakhsev St, Vegetarisches

Sie fahren von Netanya aus am besten wieder auf die Autobahn, die direkt am östlichen Stadtrand vorbeiführt. Wenn Sie eine Erholungspause einlegen wollen, würde sich schon bald ein Stopp anbieten:

8 km: **Yannai Interchange**

Links der Autobahn mündet der **Nakhal Alexander** ins Mittelmeer. Richtung Mikhmoret gelangen Sie zum gleichnamigen Nationalpark. Die nicht sehr frequentierten Strände eignen sich für einen Sprung ins Mittelmeer. Camping ist auch erlaubt. Teil des Parks ist ein Reservat für eine Schildkrötenart mit weichem Panzer. Die Soft-shelled Turtles können bis zu 60 cm lang werden.

10 km: **Olga Interchange**

Abzweig nach **Khadera**, einer geschäftigen Stadt, die 1891 von russischen Siedlern quasi mitten in den malariaverseuchten Sümpfen gegründet wurde. Die heute ca. 80 000 Einwohner beweisen, dass sich der Ort trotz aller Schwierigkeiten positiv entwickelte. Das **Khan Historical Museum** (Tel 6322330, www.khan-hadera.org.il) dokumentiert die interessante Geschichte.

Im **Kibbuz Givat Khaim-Ikhud**, 10 km südöstlich von Khadera, wurde von ehemaligen Häftlingen des Ghettos Theresienstadt eine Gedenkstätte mit Ausstellungsräumen namens BEIT THERESIENSTADT/TERESIN (So-Do 8-15

Übernachten

Gerade in Netanya schwanken die Preise sehr stark zwischen der Hochsaison im Juli/August und der Nichtsaison im Winter. Nicht in jedem Fall erfuhren wir die Schwankungsbreite; gehen Sie daher eher von den Preisen aus, die vor Ort für die „Regular Season", also Zwischensaison, angegeben werden. Die eigentliche, parallel zum Strand verlaufende Hotelstraße heißt Gad Makhnes, in der eine Herberge neben der anderen steht. Hier ist nur ein kleiner Teil der Hotels aufgeführt, die großen Bettenburgen wurden nur wenig berücksichtigt, können wegen ihrer immensen Kapazitäten jedoch manchmal erfreuliche Tarife anbieten, www.netanyahotels.org.il.

- **KING SOLOMON/SHLOMO HAMELEKH**, 18 HaMa'apilim St, Tel 8338444, Fax 8611397, www.inisrael.com/kingsolomon; von außen nicht schön, innen aber hübsch und alle Zimmer mit Meerblick, Pool, Sauna, mF E+B $ 155-195, D+B $ 180-220
- **GALIL**, 26 Nizza St, Tel/Fax 8624455, www.inisrael.com/zyvotels/galil; am Nordende der Promenade, viele französische Gäste, mF .... E+D $ 108-117, D+B $ 120-130
- **MARGOA**, 9 Gad Makhnes St, Tel 8624434, Fax 8623430, www.hotelmargoa.co.il; Familienbetrieb, frisch renoviert, sehr freundlich, TV, AC, WLAN, mF .... E+B $ 80-110, D+B $ 90-125
- **MIZPE YAM**, 1 Jabotinski St, Tel/Fax 8623730, www.inisrael.com/mizpe-yam; neu eröffnetes Boutique Hotel, sehr sauber und gepflegt, freundlich, AC, TV, WLAN, mF ... E+B ab $ 96, D+B ab $ 113
- **ORIT**, 21 Chen St, Tel/Fax 8616818, www.israelsvan.com/orit; etwas abseits, ruhig, gehört einer schwedischen Missionsgesellschaft, halbjährlich von schwedischem Ehepaar gemanagt, blitzblank, freundlich-liebevoll eingerichtet, familiäre Atmosphäre, früh buchen, AC, mF .... 4er-Dorm ₪ 130-160, E+B ₪ 190-290, D+B ₪ 280-390

Außerhalb

- **KIBBUZ SHEFAYIM GÄSTEHAUS**, Shefayim, 13 km südlich von Netanya, nahe der Küste, Tel 09 9595595, Fax 09 9595555, www.inisrael.com/Shefayim; schönes, nicht günstiges Landhotel, barrierefrei, mF .... E+B $ 155-180, D+B $ 172-200
- **NE'URIM HOLIDAY VILLAGE**, HaVazelet HaSharon, nördlich von Netanya, wo die Autobahn 2 wieder fast auf den Strand stößt, Tel 8663232, Fax 8664112, www.neurim.co.il (hebr.); Feriendorf direkt an der Klippe, für Familien praktisch: allerhand Spaß für Kinder, an Feiertagen überfüllt Unterkunft .... (Kinder gut die Hälfte) pP ₪ 330-500

Uhr) errichtet. Neben dem Gedenken an die vielen Opfer werden hier in wechselnden Ausstellungen Zeugnisse des künstlerischen Schaffens in Theresienstadt gezeigt.

3 km: **Caesarea Interchange**

Rechts führt die Straße 65 nach Nordosten aus der Sharon Ebene heraus, folgt dem Iron-Tal, in die Jesre'el Ebene nach Afula. Zuvor, nach 32 km, zweigt man links nach Megiddo (siehe S. 371) auf die Straße 66 ab. Es lohnt, der landschaftlich recht hübschen Strecke zu folgen und neben Megiddo weitere interessante Plätze in der Jesre'el Ebene zu besuchen (siehe S. 369).

Links (über verwinkelte Straßen) nach Caesarea, siehe Überblickskarte S. 279. Alternativ kann man eine Abfahrt später (Or Akiva) nehmen und braucht nur geradeaus nach Westen bis zur Ausgrabung fahren. Per Bus geht's nur über Khadera, z.B. mit den Linien 841, 852 oder 921 von Tel Aviv oder 921 von Haifa. Von Khadera dann mit Bus 76 oder 77 der Firma Nate'ev weiter nach Caesarea. Oder per Bus 910 oder 947 von Haifa oder 910 von Tel Aviv bis Or Akiva, dann 3 km Fußmarsch nach Westen zum Nationalpark.

****Caesarea

***Geschichte**: Im 4. Jh vC legten Phönizier einen Hafenort namens „Stratons Turm" an, den nach der Eroberung durch Alexander 332 vC Griechen bewohnten. 22 vC nahm sich der bauwütige Herodes der Stadt an, vergrößerte sie*

6

mit Prachtbauten und taufte sie zu Ehren des Kaisers Augustus in Caesarea um; der Augustustempel, das Hippodrom, das Theater und die Wasserversorgung entstanden unter seiner Regie. 69 nC ließ sich Vespasian in Caesarea zum Kaiser krönen und bestimmte die Stadt zur Römischen Kolonie. Der Apostel Paulus pflegte sich bei seinen Mittelmeerreisen in Caesarea einzuschiffen und war hier zwei Jahre in Haft. Ende des 2. Jhs war der Ort bereits Bischofssitz. 637 eroberten die Araber die Stadt, im 12. Jh rückten Kreuzfahrer ein, die erst 1254, durch Ludwig IX. veranlasst, Stadt und Hafen befestigten. 1275 nahmen die Mamluken Caesarea ein, der Hafen versandete fortan endgültig. 1940 kam mit der Gründung des Kibbuz Sdot Yam wieder Leben in die Gegend.

Mit Caesarea verbinden Israelis zwei Bedeutungen: zum einen den teuren Villenort amerikanischen Zuschnitts mit dem derzeit einzigen 18-Loch-Golfplatz des Landes, dem exklusiven Dan-Hotel und dem Caesarea Beach Club sowie prominenten Bewohnern wie Eser Weizmann,

Eingang zur Kreuzfahrerstadt Caesarea Maritima

der 2005 hier starb und in Or Akiva statt in Jerusalem beigesetzt ist, sowie mit Benyamin Netanjahu. Zum anderen handelt es sich um eine der bedeutenden historischen Stätten, www.caesarea.com. In Old-Caesarea können Sie neben oder nach der Besichtigung von interessanten historischen Zeugnissen Badefreuden am Mittelmeerstrand oder Gaumenfreuden in Restaurants innerhalb des Nationalparks genießen. Die Strandbenutzung innerhalb des Parks (nördlich des alten Hafens) kostet ₪ 15, es gibt Duschen, Toiletten, Liegestühle und Rettungsschwimmer. Der Strand nördlich des Parks beim Aquädukt und der südliche Shonit Beach bieten Ähnliches, kosten aber keinen Eintritt. Im Sommer finden im Römischen Theater Konzerte und Opernaufführungen mit bekannten Interpreten statt.

Einen Abstecher ist das **Ralli Museum** wert (außer Mi und So 10.30-15, Jan-Feb nur Fr/Sa, freier Eintritt, www.rallimuseums.com/Caesarea_home_EN), in Caesarea etwa unterhalb des weithin sichtbaren Wasserturms, umgeben von einem 40 000 qm großen Park. Verschiedene Innenhöfe mit Springbrunnen lockern die Ausstellungsräume auf, die ruhige Umgebung tut ein Übriges, um sich ganz dem Kunstgenuss hinzugeben. Highlights sind Werke von Dali. Das Museum wurde von dem Banker und Kunstsammler Leon Recanati bzw. seinem Sohn Harry Recanati zur Erinnerung an die 1492 in Portugal und Spanien sowie die 1942 in Saloniki umgekommenen Juden gegründet.

Von Or Akiva kommend, fahren Sie geradeaus nach Westen, bis Sie an einer rechtwinklig nach Süden weisenden Kurve auf die Ruinen stoßen.

Auf der linken Straßenseite, kurz vor der Kurve bzw. dem **Eingang zu den Ruinen** (täglich 8-18, im Winter -16; ₪ 38, Kinder 23, die Eintrittskarte gilt auch für das Römische Theater), steht ein Café. Dahinter entdeckten die Kibbuzmitglieder zufällig eine **byzantinische Straße**, auf der zwei Schmuckstücke von Caesarea, zwei schöne kopflose römische Statuen (2./3. Jh) zum Vorschein kamen. Eine aus weißem Marmor, die andere aus Porphyr; vielleicht waren sie dem Kaiser Hadrian gewidmet, und wahrscheinlich handelt es sich um das Forum der Stadt. Diese Statuen sind, was die Kunst anbelangt, das Schönste in Caesarea – versäumen Sie nicht den Besuch.

Die Kreuzfahrerstadt war durch eine Mauer mit Bastionen und einen davor liegenden Graben geschützt. Wir gehen durch den **Torbau mit schönem Spitzbogengewölbe** und biegen dahinter links ab. Auf dem Weiterweg kommt man an Häuserresten mit Zisternen vorbei. Hier sieht man auch sehr drastisch, dass die Kreuzfahrer die römische Siedlung als Steinbruch benutzten und damit Häuser bauten oder Straßen pflasterten. An verschiedenen Stellen lässt sich die Stadtmauer besteigen, was sich wegen des besseren Überblicks lohnt.

Westlich weitergehend, sind bald die Ruinen der **Kathedrale der Kreuzfahrer** an drei halbrunden Apsiden zu erkennen. Ursprünglich stand hier eine byzantinische Klosterkirche. In der Nähe sehen Sie Ruinen des **Augustustempels** und antiker Kanäle.

Caesarea: der römische Cardo und das Kohlekraftwerk Orot Rabin

Gehen Sie weiter Richtung Meer zum **Alten Hafen** und bis zur Bastion an der Landspitze (auf der sich ein Restaurant mit gutem Ausblick etabliert hat). Hier könnte der namengebende Turm der ersten phönizischen Siedlung gestanden haben. Hafenbefestigungen aus Steinsäulen der Kreuzritter haben sich ebenfalls erhalten.

Innerhalb der Ruinenlandschaft gibt es zwei **Restaurants** und ein **Café**, allerdings mit Preisen, die dem Mehrwert der historischen Umgebung angepasst sind. Ähnliches gilt bei den verschiedenen Boutiquen.

Die Besichtigung muss nicht an Land enden, denn im letzten Gebäude auf der Pier residiert das *Old Caesarea Diving Center,* So-Do 9-17 (Dez-März 10-16), Fr/Sa/Feiertage 7-17 (Winter -16), vor Feiertagen -14, Tel 04 6265898, www.caesarea-diving.com: Außer Kursen gibt es unterschiedliche **geführte Touren** (je 30-50 Minuten vom Schnorcheln für jedermann bis zu 9 m tiefen Tauchgängen, ₪ 70-320) durch den **archäologischen Unterwasserpark**, Ausrüstung wird gestellt. Herodes' Hafen war vielfach größer als die Kreuzfahrerreste, die Sie über Wasser sehen können.

Von hier aus können Sie die Kreuzfahrerstadt nach Süden verlassen und stehen nach wenigen Schritten im 250 Meter langen **Hippodrom** des Königs Herodes, in dem gut 10 000 Menschen für Wagenrennen Platz fanden. Östlich davon weist ein Blechdach auf ein prunkvolles

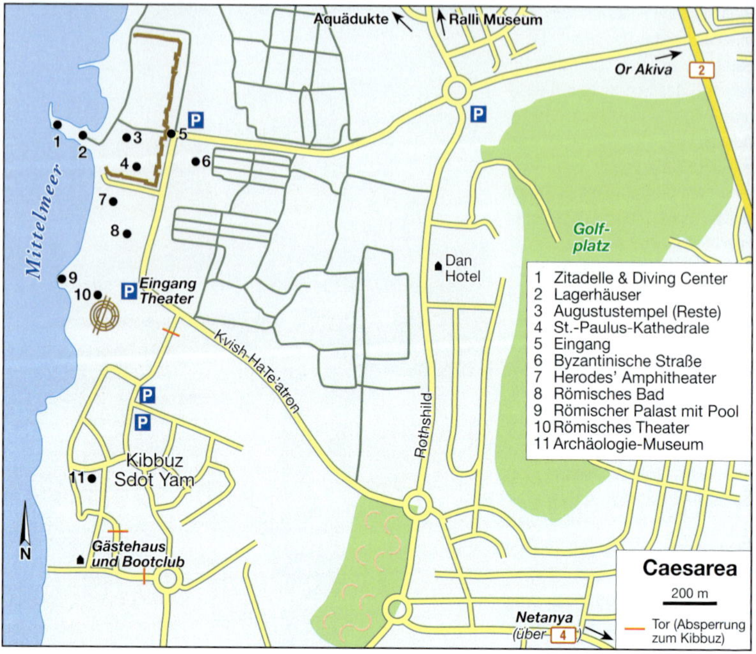

öffentliches Badehaus hin, welches wiederum westlich des römischen Cardo lag. Südlich des Hippodroms ragt eine Landnase ins Meer, auf der einst ein **römischer Palast** stand, dessen Schwimmbecken noch erkennbar ist.

Wenn Sie sich nun umdrehen und zum **Römischen Theater** gehen, sollten Sie auf dem Gelände auf die Nachbildung der einzigen Inschrift achten, die den Namen *Pontius Pilatus* belegt. Das Theater ist das älteste in Israel, es stammt aus dem 1. Jh nC und bot 3500 Zuschauern Platz. Die sehr gute Rekonstruktion vermittelt einen plastischen Eindruck römischer Theaterbaukunst. Im Sommer nutzen viele Theater- oder Musikveranstaltungen die fantastische Akustik.

Auch die Reste der alten **Aquädukte** sind sehr imposant; denn das Trinkwasser musste für Caesarea aus 14 km Entfernung herangeschafft werden. Man fährt vom Haupteingang zurück Richtung Or Akiva und biegt an der ersten asphaltierten Straße links, und an der nächsten wieder links ab (ausgeschildert *Caesarea Aqueduct* oder *Cluster 2)*, insgesamt etwa 2,5 km. Auf dem Weg dorthin kommen Sie an einem „Vogel-Haus" vorbei, einem großen, wunderschönen Mosaik einer römischen Villa, das einen kurzen Stopp lohnt. Am Aquädukt werden Sie erstaunt sein, welch eine Fleißarbeit hier im 2. Jh nC von den Römern vollbracht wurde. Im Grunde handelt es sich um zwei Aquädukte, von denen der höhere Wasser vom Nakhal Taninim im Karmel und der etwas niedrigere Wasser von den Kabara-Quellen heranschaffte.

Übernachten

- **DAN CAESAREA GOLF HOTEL**, Tel 04 6269111, Fax 04 6269122; Luxushotel für Israels Golfer .... E+B $ 265-349, D+B $ 290-374
- **B&B** in einer Villa: Wer mit 8-12 Leuten unterwegs ist, könnte auch eine der vielen offenbar

Strandvergnügen mit Umzieh-Gelegenheit unterm Aquädukt

freistehenden Villen in Caesarea mieten, die Preise weiß eine Dame namens *Maya*, Tel 052 4258045, Anwesen schon mal anschauen unter der wohl programmatischen Adresse www.aloha.co.il

• **GRUSHKA B&B**, nordöstlich von Caesarea in Binyamina, 28b HaMeyasdim St, Tel 04 6389810, Fax 04 6380580, www.6389810.com; israelisch-niederländische Unterkunft, gepflegte Anlage, Vermietung nur wochenweise..............D|B $ 635-800

▶ Der südlich des Römischen Theaters gelegene **Kibbuz Sdot Yam** hat sich neben der typischen Landwirtschaft touristisch engagiert und bietet Unterkunft in einem gut geführten Gästehaus sowie Sportmöglichkeiten vom Segeln bis zum Speedboot, Jeeptouren am Strand und, für Unersättliche, ein kleines archäologisches Museum mit Münzen, Siegeln, Statuen und einer interessanten Sammlung von Tonwaren. Von der Straßenabzweigung fährt oder geht man geradeaus an der Glasbrennerei und der staubigen Kachelfabrik (die das Urlaubsleben stören kann) vorbei und hält sich dann rechts zum Strand.

Für weitere Stopps unterwegs müssen Sie von Autobahn 2 auf die Straße 4 wechseln und nordwärts fahren. Wenn es schnell gehen soll, dann die Straße 2.

2 km: **Binyamina Junction**

Rechts liegt Binyamina, ein 1922 von Baron Rothschild gegründeter Ort, der eher durch Weinanbau denn als Geburtsort von Ehud Olmert bekannt ist. Vielleicht sind Ihnen die beiden, in der Stadt gut ausgeschilderten ***Weinkellereien**, Baron Wine Cellars (hauptsächlich Weißweine) und Binyamina Winery, einen Abstecher wert. Zumindest in letzterer kann man die Weine probieren.

6 km: Links zweigt eine Straße zur Küste zum

*Kibbuz Ma'agan Mikhael

ab. Es ist eins der größten Kibbuzim in Israel. Seine Teiche an der Küste sind beliebt bei Zugvögeln, je nach Jahreszeit rasten hier sogar Flamingos, Kraniche oder Störche. Die hiesige SPNI Field School (Tel 04 6399655) dient vor allem als Birdwatching Center. Interessenten finden gutes Informationsmaterial oder können geführte Touren buchen.

1985 entdeckte ein Kibbuz-Mitglied ein Schiffswrack direkt an der Küste, das aus dem 5. Jh vC stammt und Handelsware sowie Gebrauchsgegenstände der Besatzung enthielt. Die Univer-

6

sität von Haifa kümmerte sich um den Fund, ein Schiffsmodell ist im Reuben und Edith Hecht Museum der Uni ausgestellt.

2 km: **Ma'ayan Zvi Junction**, rechts 3 km nach

*Zikhron Ya'akov

***Hintergrund**: Baron Rothschild hatte große Ländereien der Umgebung aufgekauft, die er parzellierte und an Juden weitergab, die sie landwirtschaftlich nutzen mussten. Insgesamt entstanden im Umkreis auf diese Weise 44 Siedlungen. Auch die Synagoge im Zentrum der Stadt ist eine Stiftung Rothschilds. Zikhron Ya'akov („Gedenken an Jakob", den Vater Rothschilds) wurde zu einem der bekanntesten Weinorte Israels (Carmel-Mizrahi Wein).*

In der Hauptstraße HaMeyasdim St 40 steht das kleine **Museum Aaronson House** (So-Do 9-16, Fr 9-12, ₪ 6, www.nili-museum.org.il), dessen Namensgeber als Botaniker bekannt waren. Sarah und Alexander Aaronson waren aber auch in einer gegen die Türken gerichteten Untergrundorganisation im Ersten Weltkrieg aktiv. Doch die Türken sprengten den Spionagering, Sarah erschoss sich nach vier Tagen Verhör, andere Mitglieder wurden von den Türken getötet. Zu sehen sind Erinnerungen an die Familiengeschichte und Zeugnisse der frühen Siedler.

Auch die schöne, 1886 erbaute Synagoge (HaMeyasdim/HaNadiv St) ist einen Blick wert. Im **Bet Daniel Music Center** (Tel 6399001) finden sowohl am Passah- als auch am Sukkot(Laubhütten)-Fest in ganz Israel bekannte Kammerkonzerte statt.

Fahren Sie die HaNadiv St nach Süden den Berg hinunter, um das ***Carmel-Mizrahi Weingut** zu besuchen, das von Baron Rothschild vor über 100 Jahren gegründet wurde und dessen ausgedehnte Anlagen – mit Weinprobe – besichtigt werden können (So-Do 9.30-17, Fr 9-14, Tel 6391788, pP ₪ 25-100, www.carmelwines.co.il).

Am südlichen Stadtrand, an der Straße nach Binyamina, steht das **Mausoleum der Rothschilds**, Ramat HaNadiv (Sa-Do 8-16, Fr -14, samstags ist die Grabstätte geschlossen), in einer sehr gepflegten und nach verschiedenen Pflanzenthemen (Palmen, Rosen etc.) angelegten Gartenanlage. Von hier oben hat man guten Ausblick über die Sharon-Ebene. Das Mausoleum selbst ist eine eher etwas düstere Gruft. Südlich der Anlage liegt ein Naturpark mit recht schönen Rundwanderwegen von leicht bis schwierig; www.ramat-hanadiv.co.il.

Praktische Informationen

▶ Telefon-Vorwahl 04

• *Tourist Information* neben dem Busbahnhof an der HaMeyasdim St, Mo-Do 8-13, guter Stadtplan erhältlich.

Übernachten

• **BET MAIMON**, 4 Zahal St, Tel 6290390, Fax 6396547, www.maimon.com; familiäre Atmosphäre, Sauna, sehr sauber, AC, TV, mF .... E+B ₪ 386-652, D+B ₪ 472-686

Wenn Sie direkt in den Karmel hinauffahren möchten und dabei einerseits auf die noch vor Haifa liegenden und im Folgenden beschriebenen Orte verzichten, andererseits aber die **Drusendörfer** Daliyat AlKarmel und Isfiya anschauen möchten (Beschreibung siehe S. 299), dann müssen Sie hier auf die Straße 70 abbiegen. Nach 12 km geht es links ab auf die Straße 672, die durch Drusendörfer und den **Karmel Nationalpark** von Süden nach 23 km in den Stadtteil Central Karmel von Haifa führt. – Zurück auf die Straße 4.

2 km nach **Fureidis** („Paradies"!)

Links (nach dem Dorf) **Abzweig**

3 km nach

***Dor

***Geschichte**: Die erste schriftliche Erwähnung von Dor geht auf Ramses II. im 13. Jh vC zurück, auch in der Bibel wird der Ort erwähnt. Die örtlichen Funde lassen auf eine Besiedlung sogar seit der Bronzezeit schließen. Nicht zuletzt begünstigten die vom felsigen Meeresgrund und den Inseln gebildeten guten Ankerplätze den Ort über die Jahrtausende, auch wenn er zeitweise unbewohnt war. So erbauten die Kreuz-*

fahrer im 12. Jh die Burg Merel, die aber von den Mamluken zerstört wurde. 1799 schiffte sich der geschlagene Napoleon hier ein.

Wer von der Hauptstraße abbiegt und über die Bahnlinie fährt, stößt rechts auf den Kibbuz Nakhsholim und links auf das Dorf Dor an einem schönen Sandstrand an der Mittelmeerküste. Im Meer direkt vor der Küste liegen vier Inseln, die als Vogelschutzgebiete deklariert sind. Sie dienen auch als Wellenbrecher und schützen den Strand sowie die Gewässer vor den Meeresgewalten.

Dor ist nicht mit öffentlichen Verkehrsmitteln erreichbar.

Im Küstengewässer konnten interessante Funde geborgen werden, da in dem schwierigen Untergrund viele Schiffe sanken. Diese Funde sind im **Nakhsholim Museum**, der ehemaligen Flaschenfabrik für die Carmel-Weine Baron Rothschilds, ausgestellt (So-Do 8.30-14, Fr -13, Sa 10.30-15; ₪ 18).

▶ Dor und der Kibbuz Nakhsholim bieten einen **Campingplatz, zwei Feriendörfer, eine Tauchschule** und alle möglichen weiteren, mit Baden zusammenhängenden Vergnügungen. Viele Israelis stufen die etwas abgelegenen Strände als die attraktivsten am Mittelmeer ein. Der Feriengast, der Ruhe und Erholung sucht, kann hier außerhalb der Hochsaison wirklich relaxen.

Die antike Stätte, der **Tel Dor**, liegt etwa 3 km nördlich; http://dor.huji.ac.il. Das im 12. Jh vC von den Philistern gebaute Fort mit einer 3 m hohen Mauer zählt zu den besterhaltenen Ruinen seiner Art und Zeit. Auch aus hellenistischer und römischer Zeit sind Relikte geblieben, etwa eine byzantinische Kirche. Die Kreuzfahrer hinterließen die Festung Merel, ebenfalls als Ruine.

Übernachten

• **MOSHAV DOR HOLIDAY VILLAGE**, Tel 04 6397180, Fax 04 6392781; Iglus (etwas eng) oder zweistöckige Apartments in sog. Cottages (großzügiger), sauber, direkt am Strand, Kitchenette, AC, TV, mF .... E+B $ 126, D+B $ 140-210,
Camping: .... pP ₪ 60

• **SEASIDE RESORT NAKHSHOLIM**, Kibbuz Nakhsholim, Tel 04 6399533, Fax 04 6397614, www.inisrael.com/nahsholim; Apartments, AC, TV, mF ....E+B $ 158-180, D+B $ 180-230

Weiter auf der Straße 4. Nach 3 km Abzweig, rechts liegt

Nakhal Me'arot

Das Naturreservat ist eigentlich ein historisches Reservat, denn hier geht es um Höhlen mit prähistorischen Relikten. Es wird angenommen, dass die Iabun(Ofen)-Höhle seit der Altsteinzeit (vor 500 000–200 000 Jahren) benutzt/bewohnt wurde. In ihr fand man das Skelett einer Frau vom Neandertal-Typus. Die AlWad-Höhle dürfte die interessanteste sein, denn hier kamen Gebrauchsgegenstände und Schmuck zutage. Die Höhlen wurden 2012 in die UNESCO-Welterbeliste eingetragen.

Die Besichtigung der Höhlen, geöffnet täglich 8-17, im Winter -16, ₪ 20/9, dauert etwa eine Stunde. In einer Höhle wird ein Film gezeigt.

Abzweig, rechts 2 km nach

*En Hod

Am Hang der Karmel-Berge lebten 670 Araber im Dorf Ein Houd, das sie aber 1948 verlassen mussten. 1953 wurde es von Marcel Janco, einem der Dadaismus-Begründer, zu einer Künstlerkolonie umfunktioniert, Überblick auf http://ein-hod.info.

Heute ist es ein Dorf mit vielen Ateliers („Worpswede"), in denen Künstler arbeiten und leben. Einige Galerien bieten die Ergebnisse des künstlerischen Schaffens an; das **Janco-Dada-Museum** (So-Fr 9.30-14, Sa 11-15, ₪ 25/15, Tel 9842350) ist dem Dadaismus gewidmet. Kurios sind auch die mechanischen Musikinstrumente im **Nisco Museum** (Mo-Sa 9.30-16.30, stündlich Führungen, ₪ 25/15). Samstags finden Workshops in Glasbläserei, Töpfern und anderem Kunsthandwerk statt.

▶ Ferner gibt es geführte Touren (auch Englisch) durch das Dorf mit Lea Ben-Arie,

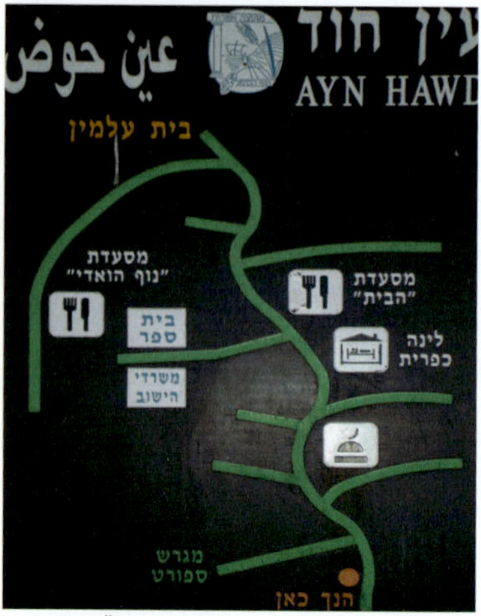

Plan des Überlebens-Künstlerdorfes Ayn Hawd

Tel 04 9841126 oder 054 4811968, und man kann es sich bei argentinischer Küche von DOÑA ROSA, nahöstlichen Leckereien von ABU YA'ACOV und selbstgebrautem Bier aus der ART BAR gut gehen lassen. Das CAFÉ EN HOD (mit Secondhand-Laden und WLAN-Zugang) befindet sich in der 1948 verlassenen Moschee. Wer länger bleiben möchte, findet besonders geschmackvoll eingerichtete

• **B&B**s, ... D+B mF etwa ₪ 500,

Wochentags ist En Hod von Haifa mit Bus 202 oder 921 zu erreichen, die aber das Dorf nicht anfahren; von der Haltestelle an der Straße 4 muss man gut 2 km bergan marschieren. Autofahrer können während der Saison nur außerhalb von En Hod parken. Freitags treten im Amphitheater von En Hod bekannte israelische Sänger und Musiker auf.

Dadaismus war eine Reaktion auf den Ersten Weltkrieg und von daher wohl passender Ansatz, ein durch das Nakba-Geschehen geleertes Dorf zu besiedeln. Die einstigen Bewohner Ein Houds sind jedoch nicht einfach weg, sondern wohnen wenige Kilometer weiter den Berg hinauf. Wer sich die Mühe macht, der unwegsamen Straße ins zwangsweise neue **Ayn Hawd** zu folgen, kann sich **besonderer Gastfreundschaft** der arabischen Israelis dort sicher sein – es gibt auch dort zwei Esslokale und eine Unterkunft.

1 km: Abzweig links nach

Atlit

Westlich der Küstenstraße liegt auf einer kleinen Halbinsel Atlit mit den Resten einer Kreuzfahrerburg (die nicht zu besichtigen ist).

***Geschichte**: Nach dem Verlust von Jerusalem 1187 bauten die Kreuzritter auf der kleinen Halbinsel Atlit 1218 ihr Castrum Peregrinorum (Pilgerschloss). 1265 versuchten die Muslime, Atlit zu stürmen, zerstörten aber nur die Vorstadt. Nachdem 1292 Akko, die Hauptstadt des christlichen Königreichs, und Tartus in Syrien gefallen waren, gaben die in Atlit lebenden Templer auf und kehrten nach Frankreich zurück. Die Burg verfiel langsam, wurde aber erst 1837 durch ein Erdbeben stark beschädigt. Die Briten kamen auf die Idee, die Reste der Burg als Gefängnis zu nutzen. Leider hält die israelische Armee die Anlage weiterhin gesperrt, obwohl sie ein nur durch Zerfall, nicht aber durch Eroberung beschädigtes Beispiel der hervorragenden Kreuzritter-Baukunst ist.*

Die Engländer errichteten hier 1938 ein Auffanglager für illegale jüdische Immigranten, das aus 200 Holzbaracken bestand. Die Israelis setzten hier nach den Kriegen von 1956 und 1967 Araber fest. Später zerfielen die meisten Baracken. Heute stehen nur noch wenige Gebäude, die man besichtigen kann.

Baron Rothschild kaufte in der Umgebung größere Ländereien auf und gründete 1903 ca. 2 km südlich eine landwirtschaftliche Siedlung, die sich hauptsächlich mit der Salzgewinnung aus Meerwasser beschäftigt.

1 km: **Oren Junction**

Rechts auf Straße 721 in die Karmel-Berge.

Entweder fahren Sie direkt weiter nach Haifa oder Sie legen einen schon wegen der Landschaft lohnenden Umweg von ca. 35 km ein:

Karmel

„Weinberg Gottes" bedeutet „Karmel" (Kerem-El) im Hebräischen. Dieser Wein-Berg ist ein 25 km langer Doppel-Bergrücken aus hartem Kalkstein und Dolomit, der sich von Nordwesten nach Südosten zieht und wie ein Keil über die Nord-Südküste Israels hinaus ins Wasser ragt. Diese Blockade der Küste führte in alten Zeiten dazu, dass die Via Maris, die von Süden her immer parallel zur Küste verlief, bereits in Caesarea nach Osten abbog und den Karmel damit umging. Wegen der häufigen Niederschläge sind die Hänge mit dichter Vegetation unterschiedlichster Art bedeckt. Nicht zuletzt die reichhaltige Flora führte zur Einrichtung eines ausgedehnten Nationalparks.

Allerdings vernichtete im Dezember 2010 nach acht Monaten Dürre der bislang größte **Waldbrand** Israels in vier Tagen ca. 40 % der Natur auf dem Karmel – ein **Viertel des Waldes** im Land. 44 Menschen kamen um, etliche Häuser z.B. in En Hod brannten ab. Das **Naturreservat** Hai Bar Karmel wurde geöffnet, damit die Tiere fliehen können. Die mangelhafte Ausstattung der israelischen Feuerwehr – nicht ein Löschflugzeug – sorgte allseits für Überraschung. Beim Löschen halfen u.a. Palästina, Jordanien, Ägypten und die Türkei. Ursache des Hauptbrandes waren zwei Jugendliche, die Wasserpfeife rauchen wollten. Die **Hamas** beurteilte die Katastrophe als Strafe Gottes, während die **SPNI** die Natur für kraftvoll genug hält, sich zu regenerieren und Aufforstungsfehler zu vermeiden.

Biegen Sie rechts ab auf die Straße 721, sie windet sich hinauf in den Karmel und den Karmel Park. Sobald Sie auf die Kreuzung mit der Straße 672 kommen, sollten Sie einen kurzen Abstecher nach rechts zu den Drusendörfern **Isfiya** und **Daliyat AlKarmel** einlegen (Beschreibung siehe S. 299).

Haifa – schönste Stadt Israels

Wer von Süden her Richtung Haifa fährt, sieht von Weitem bereits die Stadtteile, die sich wie eine Kappe auf dem Karmel hinziehen. Beim Näherkommen empfängt ihn die Stadt schon am Autobahnende, dort, wo vor wenigen Jahren noch absolutes Brachland herrschte, mit einem ausgedehnten **Technologiepark** auf der Seeseite der Straße 4. Namen wie Intel und Google zeigen, dass sich hier Hochtechnologie angesiedelt hat. Auf der anderen Seite sticht das etwas futuristische, neue Kongresszentrum ins Auge und ihm gegenüber ein ziemlich gigantisches **Kanyon Shoppingcenter** sowie die abgefahren ausgestattete **Mall Castra**. Schon eine Menge los, aber touristisch startet man meist auf der östlichen Seite des Gebirgsstocks.

Die drittgrößte Stadt Israels mit 270 000 Einwohnern zieht sich malerisch über den Karmel-Bergrücken; nicht zuletzt der wohl aus Hof Yafe – Schöne Küste abgeleitete Name weist auf die

Der 2002 eröffnete Sail Tower von Haifa

6

Sehenswertes

****Baha'i-Schrein** und Gärten, Gold-Wahrzeichen von Haifa, stimmungsvolle Gartenanlagen, seit 2008 UNESCO-Welterbe, S. 288
****Karmel**, Stadtteil und Höhenzug mit berauschender Aussicht, S. 289
***Technion**, naturwissenschaftliches, sehr gutes Museum im ehemaligen Gebäude der Technischen Universität, S. 288
Beit HaGefen, arabisch-jüdische Verständigungs- und Begegnungsstätte, Ausstellungen zu dieser Thematik, S. 289
Deutsche Kolonie, restaurierte Häuser der deutschen Templer, gute Atmosphäre, Bummeln, Nightlife, S. 286
Eshkol Tower, Hauptgebäude der Uni mit höchstem Aussichtspunkt von Haifa, entsprechend weiter Blick, S. 292
Haifa Museum of Modern Art, ansprechende Moderne und Gegenwartskunst, S. 288
*Eisenbahnmuseum**, für Eisenbahnfans, S. 286
*Karmeliter-Kloster**, ansprechendes Gebäude mit Elia-Höhle, kleinem Museum und gutem Ausblick, S. 288
*Mané-Katz-Museum**, Bilder von Katz und anderen jüdischen Künstlern, S. 290
*Museum für Getreide-Bearbeitung**, nicht uninteressant, weil selten, S. 286
*Museum of Illegal (Clandestine) Immigration**, Museum of Illegal (Clandestine) Immigration, hauptsächlich aus israelisch-nationalem Blickwinkel interessant, S. 287
*Prähistorisches und Biologisches Museum**, Interessierte freuen sich über das Gebotene, S. 289
*Tikotin Museum**, Museum japanischer Kunst, S. 290

Gunst der Landschaft hin. Der Hafen bietet genug Schutz und genug Platz, um einen großen Teil des israelischen Seeverkehrs im Mittelmeer abzuwickeln. So hat sich denn auch nördlich des Zentrums viel Industrie angesiedelt, vor allem Petro- und Kunststoffindustrie; Haifa gilt dahe als die „fleißigste Stadt" Israels.

Aus eigenem, subjektivem Betrachten mag sie auch als die gepflegteste und sauberste Stadt herhalten. Dies gilt natürlich besonders für die oberen Wohngebiete, aber auch die Unterstadt ist nicht so unansehnlich wie ähnliche Gebiete in Tel Aviv. Wer allerdings in den nördlichen Industriestandorten zu tun hat, wird dieses Urteil bald revidieren. Denn hier wird Geld verdient, ob es dabei fürchterlich aufgeräumt oder umweltgerecht zugeht, danach fragt man erst in zweiter Linie.

Haifa schmückt sich durchaus noch mit einem weiteren Attribut. Hier leben unterschiedliche religiöse Gruppen relativ friedlich unter einem kommunalen Dach: in der Mehrzahl Juden, aber auch 14 Prozent arabische und nichtarabische Christen; die am stärksten wachsenden 4 Prozent der Bevölkerung bekennen sich zum Islam, wobei im eigentlichen arabischen Viertel Wadi Nisnas unterhalb des Kunstmuseums Sunniten und Schiiten leben; hier weht noch ein Hauch Orient durch die Gassen mit ihren kleinen Basaren und den Cafés mit arabischer Musik. Im islamischen Stadtteil Kababir oben auf dem Karmel geht es dagegen wesentlich distinguierter zu, dort wohnen eher wohlhabende Ahmadya-Muslime in ihren Villen bzw. Wohnungen besseren Zuschnitts. Diese muslimische Strömung kommt aus Indien, die Moschee im Viertel ist sehenswert (siehe S. 292). Als weitere Gruppe sind die Baha'i zu nennen, die das Stadtbild durch ihr Mausoleum weithin sichtbar prägen. Haifa ist das Weltzentrum der über alle Kontinente verstreuten, etwa 8 Millionen Anhänger dieser Religion.

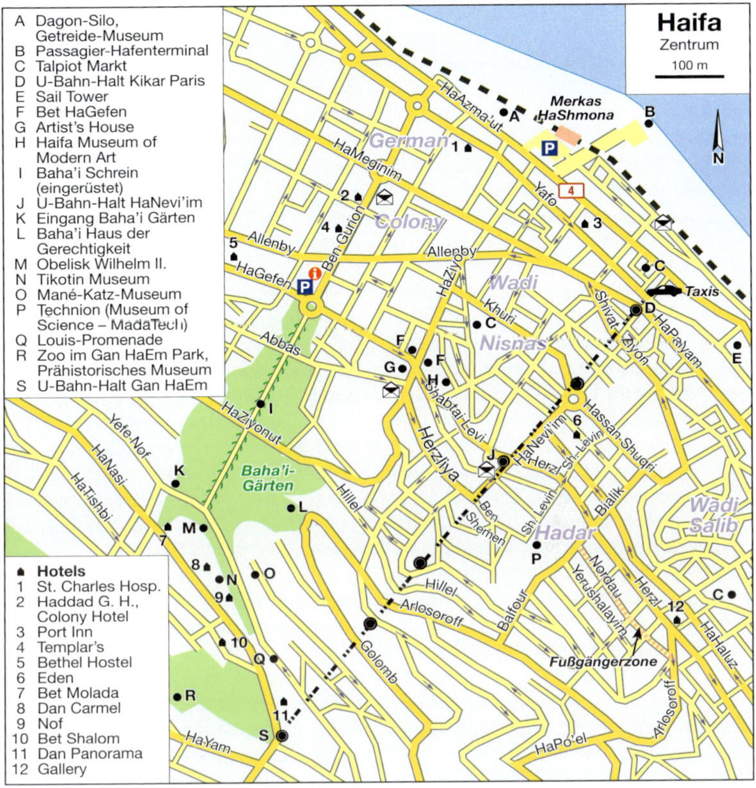

Die hiesige religiöse Vielfalt hat eine Toleranz hervorgebracht, die in anderen israelischen Städten nicht in dem Maße spürbar ist: In Haifa sind z.B. auch freitags Theater, Nachtclubs oder Diskos geöffnet, am Shabbat der Zoo und einige Museen, der Busverkehr wird nur reduziert. Seit kurzem wird die Shabbatruhe jedoch mehr und mehr durchgesetzt.

Praktische Informationen

***Geschichte**: Im Gebiet von Haifa gab es zwei historisch belegte Siedlungen, Salmona und Shiqmona (zur Zeit Salomons im 10. Jh vC). Das später zwischen diesen Orten entstehende Haifa wurde im 3. Jh nC zum ersten Mal in talmudischer Literatur erwähnt. Die damals blühende Stadt wurde im 7. Jh von muslimischen Eroberern besetzt und zerstört. Ab dem 9. Jh begann ein erneuter Aufschwung, 1100 wurde Haifa von den Kreuzfahrern erobert und bis auf eine Zwi-*

schenzeit bis 1291 gehalten. Ihnen galt die Stadt kurioserweise als der Ort, an dem die 30 Silberlinge geschlagen worden waren, die Judas als Lohn für seinen Verrat an Jesus erhielt. In diese Zeit fällt die Gründung des Karmeliter-Ordens und seines Klosters auf dem Berg Karmel. Die Mamluken vertrieben bei der Eroberung 1292 die Bewohner und legten die Stadt so in Trümmer, dass sie sich erst wieder im 18. Jh erholte. Scheich Dahir AlUmar, der sich 1740 Haifas bemächtigte, baute die heutige Altstadt zwischen Kikar Paris und dem Postamt. Ab 1755 durften auch die Karmeliter zurückkehren. Um 1850 begann die Einwanderung der Juden. Ab 1868 ließen sich deutsche Templer am Rand von Haifa nieder, das damals um 4000 Einwohner hatte. Sie trugen viel zur Stadtentwicklung bei, aber zu Beginn des Zweiten Weltkriegs wurden sie vertrieben. Anfang des 20. Jhs förderte die zionistische Bewegung die Einwanderung der Juden, Haifa vergrößerte sich rasch. 1918 rückten die Engländer ein, später wurde die Stadt ein wichtiger Stützpunkt für illegale Einwanderung. Nach der Proklamation Israels 1948 gewann Haifa als Hafenstadt umso mehr an Bedeutung, als durch den arabischen Boykott andere Verbindungen zur Außenwelt verwehrt waren.

Der Hanglage Haifas sind drei typische Stadtteile zu verdanken: Die Unterstadt mit Hafen und Altstadt (auch als Downtown apostrophiert), die Mittelstadt mit dem 60 bis 120 m hoch gelegenen Stadtviertel Hadar und die Oberstadt (250 bis 300 m) mit dem zentralen Bezirk Merkas HaKarmel (Karmel Center) und einer Reihe anderer Stadtteile, die sich jeweils über Bergrücken erstrecken. Haifa ist am gepflegtesten (und teuersten) ganz oben in der Höhenlage mit wunderschöner Aussicht; je tiefer man den Karmel zum Hafen hinabsteigt, umso einfacher werden die Angebote in den Geschäften, umso enger rükken die Häuser zusammen, umso ungepflegter sind die Straßen – mit immer mehr Ausnahmen wie der German Colony.

Unsere folgende Stadtbeschreibung fasst jeweils lokale Schwerpunkte zusammen; dabei ist das Fortbewegen von einem Ort zum anderen nicht direkt erwähnt.

Die Unterstadt

Beginnen wir mit dem Kennenlernen der Unterstadt, und dort mit dem **Hafen**, der von 1929 bis 1933 geschaffen wurde. Da für die notwendige Infrastruktur nicht genug Platz auf dem engen Küstenstreifen vorhanden war, musste Land in großem Umfang aufgeschüttet werden. Eine Art Wahrzeichen des Hafens ist das 68 m hohe **Dagon-Silo** innerhalb des Hafengeländes, in dem 100 000 Tonnen Getreide Platz finden nebst einem, von R. Hecht gegründeten, ***Museum für Getreide-Bearbeitung in Israel**, Tel 8664221, Eintritt frei, das die Entwicklung des Grundnahrungsmittels über 5000 Jahre darstellt. Der Eingang liegt links vom Zentralbahnhof Haifa-Merkas HaShmona: der Büroeingang der DAGON-Gesellschaft.

Die Ausstellungsstücke stehen in der Eingangshalle und im ersten Stock des Bürotrakts, daher sind sie nur per Voranmeldung auf eine Führung (oder nach spezieller Vereinbarung) zu besichtigen. Das Museum ist vermutlich weltweit das einzige, das sich auf die Behandlung und Lagerung von Getreide spezialisiert hat.

Eisenbahnfans werden gern einen Schlenker einlegen und den Eisenbahnschienen nur ein kurzes Stück Richtung Akko zum ***Eisenbahnmuseum** *folgen (So-Do 8.30-14, 1 HaTivat Golani St,* 13, Tel 8564293) zum Besichtigen alter Dampfloks, Luxus-Waggons und Schienenmonstern aus der Pionierzeit sowie teils aus der Zeit der ersten Bahn von 1888.

Aber wenden wir uns vom Hafen zunächst auf der HaAzma'ut St nach Norden (das heißt hier in Richtung Tel Aviv, da die Halbinsel nach Norden weist) in Richtung auf die Spitze des Kap Karmel. Doch lange vor dem Kap wollen wir einen Abstecher nach links in die Ben Gurion St einlegen. Hier siedelten einst die **Deutschen Templer**, die 1868 eine Kolonie in Haifa gründeten, die noch heute als ****German Colony** bekannt ist. Mitte der 1990er Jahre beschloss die Stadtverwaltung, den Bezirk als weiteres touristisches und kulturelles Zentrum zu renovieren, was ihr bestens gelungen ist. Tagsüber und abends schauspielhafte Führungen, Genaueres sowie Anmeldung unter Tel 180 0305090.

Viele der Häuser mit den roten Ziegeldächern strahlen im alten Glanz, die Ben Gurion St sieht richtig herausgeputzt aus. Hinzu kommt der Blick auf die Gartenanlage der Baha'i, deren Treppen genau in diese Straße münden. Das **Tourist Information Office** residiert in einem Templerhaus, und allerhand charmante Boutiquen und Shops, Cafés und Restaurants haben wieder Leben bis spät in den Abend in die Siedlung gebracht.

Typische Beispiele für die originale Architektur sind die Hausnummern 11, 12, 16, 24 und das Haus 5, Meir Rutenberg St, das von 1888-1948 als Hospital diente. In der Tagungshalle und späteren Schule Nr. 11 hat jetzt das **Haifa City Museum** Platz gefunden mit Ausstellungen zur Stadtgeschichte, Sonderausstellungen über den Hof in der kürzlich mit deutscher Unterstützung sanierten Templerschule (Mo-Do 10-16, Fr -13, Sa -15, ₪ 30, www.hcm.org.il, zum **Kombiticket** siehe unten). Vor den Landgewinnungsaktivitäten reichte die Küste bis an das heutige Ende der Ben Gurion St. So konnte Kaiser Wilhelm II. bei seinem Palästinabesuch 1898 sozusagen unter Landsleuten an Land gehen und, von deutschen Lauten begleitet, seine Reise hier beginnen.

Zurück zur HaAzma'ut bzw. Jaffa (*Yafo* ausgeschildert – in der Nr. 90 finden Sie die SPNI) St und auf dem Weg zum Kap vorbei am Bahnhof und am Busbahnhof. Etwa gegenüber liegt links ein sehr gepflegter Soldatenfriedhof aus dem Ersten Weltkrieg und der Friedhof der Templer, der mit Bäumen und üppigem Grün bestanden ist. Rechts bleibt das Viertel Bat Galim mit einer stadtnahen Strandpromenade und Restaurants liegen. Dort, wo links die Allenby St einmündet, ist am Hang des steilen Kaps die **Elia-Höhle** (Mo-Sa 8-12.30/14.30-17) über einen schmalen Fußweg erreichbar. Der Prophet Elia suchte hier Schutz vor den Verfolgungen durch König Ahab. Lange Zeit später sollen Maria und Josef auf ihrer Flucht aus Ägypten in der 9 m tiefen Höhle Unterschlupf gefunden haben. Daher ist sie Juden, Muslimen und Christen wenn nicht heilig, dann zumindest von Bedeutung.

Nur ein paar Schritte entfernt können Sie in der Allenby St 204 das ***Clandestine Immigration and Naval Museum** (So-Do 8.30-16) besuchen, das an dem kleinen, auf Land liegenden und furchtbar engen Schiff zu erkennen ist, mit dem sich illegale Einwanderer Richtung Palästina auf den Weg machten. Gleich nebenan, Allenby St 198, öffnet sich das Tor des **National Maritime Museums** (Mo-Do 10-16, Fr -13, Sa -15, ₪ 30, Kinder und Jugendliche ₪ 20, www.nmm.org.il). Seefahrer werden sich über die Ausstellungsstücke von 5000 Jahren Seefahrtgeschichte (Schiffsmodelle, Navigation, Zubehör) im oberen Stockwerk freuen, im Erdgeschoss finden wechselnde Ausstellungen statt.

Der Eintritt zu diesem reizvollen, aber speziellen Museum fällt vermutlich leichter, wenn man

Dagon-Silo – ein gutes Orientierungszeichen

6

ein **Kombiticket** für fünf Haifa-Museen (www.hms.org.il) kauft: ₪ 60 bzw. 30 innerhalb von drei Tagen für Kunstmuseum, Maritime Museum, Haifa City Museum, Mané-Katz-Museum und Tikotin Museum für japanische Kunst sind ein prima Angebot.

Von dieser Gegend aus lässt sich auch ein Besuch des ***Karmeliter-Klosters** (6.30-12.30, 15-18) einschieben, das 100 m oberhalb der Elia-Höhle liegt. Von der Höhle führt ein steiler Treppenweg hinauf (per Straße über Allenby/Stella Maris St zu erreichen). Einfacher ist es mit der **Seilbahn** (9-19; ₪ 17, Rückfahrkarte ₪ 24), die am oben erwähnten Clandestine Immigration Museum startet und bis zum Leuchtturm führt; vorher könnte man sich hier noch mit milchig-vegetarischen Köstlichkeiten aus dem Kibbuz Yotvata eindecken. Der Klosterkomplex wurde mehrfach zerstört, das jetzige, innen marmorverkleidete Gebäude geht auf das Jahr 1828 zurück. Die Marienfigur aus Zedernholz stammt aus dem Libanon. Schöne Deckengemälde schildern das Leben des Propheten Elia und seines Schülers Elisa. Unter dem (erhöhten) Chor führen ein paar Stufen in eine kleine Grotte, in der Elia eine Zeit lang gelebt haben soll. In Nebenräumen rechts vom Eingang wurde ein kleines Museum eingerichtet. Gegenüber dem Kloster, auf der anderen Straßenseite, steht der alte **Leuchtturm Stella Maris**. Busse 26, 30, 31, 99a und 115 fahren zum Karmeliterkloster.

Jetzt geht's wieder zurück auf der Jaffa St. Wenn man unterwegs nicht in die HaAzma'ut St – der ewig verstopften Hauptschlagader der Unterstadt – automatisch einbiegt, sondern geradeaus auf der Jaffa St bleibt, kommt man auf den Kikar Paris. In der Nähe, zwischen Nahum und Natanson St, wird ein **Frucht- und Gemüsemarkt** abgehalten, hier gibt es herrlich frisches Grünzeug. Darüber hinaus finden Sie in der Umgebung eine Reihe arabischer Restaurants und Garküchen, in denen man gut essen kann.

Die Mittelstadt Hadar

Vom Kikar Paris klettert die U-Bahn den Berg hinauf, für Autofahrer führt die Allenby St auf den Weg nach oben. Die zweite U-Bahnstation, HaNevi'im, liegt im Zentrum von Hadar, dessen Hauptgeschäftsstraße die Herzl St ist. Parallel dazu verläuft – eine Etage höher – die Fußgängerstraße Nordau St, in der man Cafés und Restaurants findet; vom Publikum her scheint sie von älteren Damen bevorzugt zu werden.

Der ehemalige Campus der Technischen Hochschule namens *****Technion** liegt in der Balfour St, Ecke Shmaryahu Levin St, nur unweit oberhalb der Herzl St. Die Hochschule musste aus Platzmangel in den Stadtteil Neve Sha'anan verlegt werden (siehe S. 292). Der alte Campus dient heute zum Teil als **Madatech – National Museum of Science** (So-Do 11-15, Sa 10-18, ₪ 75, 5-18 J. ₪ 65, www.madatech.org.il), in dem vor allem naturwissenschaftliche Prinzipien dargestellt sind. Der Besucher kann selbst etwa 200 Experimente durchführen. „Lernen durch Selbermachen" lautet das Motto der hochinteressanten Institution, die vor allem auch Kindern im Schulalter Wissenschaft und Technik durch Anfassen und Mitmachen näherbringen will. Besucher können kostenlos im Internet surfen.

Vom U-Bahnhof aus sollten Sie auch der Shabtai Levi St bis zur Nr. 26 folgen, um das ****Haifa Museum of Art** (So-Mi 10-16, Do -19, Fr -13, Sa -17, ₪ 50, Kinder und Jugendliche ₪ 25, www.hma.org.il, zum Kombiticket siehe S. 287 zu besuchen. Es widmet sich vor allem aktueller Kunst mit ihren multimedialen Möglichkeiten, zeigt in der Sammlung jedoch auch ältere Gemälde und Stücke.

Das **Artist's House/Chagall House**, 24 HaZionut St, (So-Do 9-13, 16-19, Fr 10-13) zeigt immer wieder Ausstellungen, dient aber hauptsächlich als Galerie, in der israelische Künstler ihre Werke verkaufen.

Foto vom Vorgarten bei Bedarf: Haifa-VorgartenArtist'sHouse-0017

Bus 23, 30 und 31 bringt Sie zur 45 Yefe Nof St am oberen Ende der Gärten um den ******Baha'i-Schrein** (englische Führung täglich außer mittwochs 12 Uhr, geschlossen am 21.3., 21.+29.4., 2.+29.5. sowie an vier weiteren, lunaren Festtagen, Information So-Do Tel 8313131, www.gan-

**Beit HaGefen

Beit HaGefen, 2 HaGefen St, Tel 852 5252 (So-Do 8-13, 18-20), hat sich seit 1963 der **arabisch-jüdischen Verständigung** verschrieben – die vielen blutigen Auseinandersetzungen zwischen beiden Seiten zeigen nur zu deutlich, welche Wegstrecke noch vor den Initiatoren liegt. Aber vielleicht hat diese Initiative dazu beigetragen, dass man in Haifa miteinander auskommt. Zu den Aktivitäten gehören etwa 250 Theateraufführungen pro Jahr meist in arabischer Sprache vor allem in arabischen Siedlungen in Israel, aber auch in arabischen Ländern wie Jordanien und Marokko. Hinzu kommen viele kulturelle Veranstaltungen in Haifa und Umgebung, Jugendarbeit und gemeinsame Feste der Volksgruppen.

Demonstratives Miteinander am Beit HaGefen

bahai.org.il/en). Die Gärten um den Schrein sind täglich 9-12, die weiter entfernten -17 Uhr geöffnet. Zur englischen Führung um 12 Uhr sollte man sich rechtzeitig einfinden (körperbedeckende Kleidung ist Voraussetzung). Die frisch renovierte vergoldete Kuppel, das Wahrzeichen von Haifa, leuchtet schon von weitem aus dem üppigen Grün der sie umgebenden persischen Gärten. Die oberen Gärten bis zur Yefe Nof St, durch die das Mausoleum nun optisch nicht mehr oberhalb, sondern in der Mitte eines großen Gartens liegt, wurden anlässlich des Jahres 2000 angelegt. 2008 hat die UNESCO die beeindruckende Anlage in ihre Liste des Weltkulturerbes aufgenommen.

Das üblicherweise als Tempel apostrophierte Bauwerk ist tatsächlich das **Mausoleum** des Verkünders des Baha'i-Glaubens, **Bab Mirsa Ali Mohammed**, der 1850 in Täbris im Alter von 31 Jahren wegen seiner Lehren hingerichtet wurde. Sein Nachfolger Baha'ullah (arabisch *Glanz Gottes)* gründete die eigentliche Baha'i-Religion. Neben dem kuppelgekrönten Schrein ist das weiße, säulenumgebene Gebäude Sitz der höchsten Baha'i-Instanz, der Sitz des *Universalen Hauses der Gerechtigkeit* architektonisch von Bedeutung (nicht zugänglich). Hier residiert ein aus neun Baha'i bestehendes Gremium, das jeweils für fünf Jahre von den Nationalen Geistigen Räten gewählt wird.

Wenn Sie die HaZionut St zwischen dem oberen und unteren Garten weiter bergauf fahren, können Sie an der nächsten Straßeneinfahrt rechts den **Sculpture Garden** besuchen. Den öffentlichen Park verwandeln 22 sehr lebendig wirkende Bronze-Skulpturen der Bildhauerin Ursula Malbin in eine harmonisch angelegte Garten-Galerie; www.malbin-sculpture.com. Picknickplätze laden zum Verweilen bei bester Aussicht ein.

****Oberstadt Karmel Center (Merkas HaCarmel)

Die obere Endstation der U-Bahn heißt **Gan HaEm** *(Garten der Mutter)* nach dem üppigen Park (dem größten von Haifa), der sich rechts vom Bahnhof an der HaNassi St erstreckt. Dort hat sich der überraschend vielfältige und kürzlich renovierte **Zoo** (mit Streichelabteilung, Sa-Do 9-18, Fr -15, im Winter Fr -13.30) ein Stück Land abgeknapst zusammen mit dem ***Prähistorischen und Biologischen Shtekelis Museum** (Mo-Do/Sa 10-15, Fr -13), in dem die Entwicklung des Lebens auf der Erde hervorragend dargestellt ist. Wenn Sie wandern wollen in Haifa: Vom Gan HaEm Park ist ein *Nature Trail* durch Parklandschaften ausgeschildert.

Zurück zum U-Bahnhof Gan HaEm. Wenn wir an dessen Ausgang wieder bergab in der Richtung gehen, die wir hinaufkamen, stoßen wir in dem kleinen Park rechts der Sha'ar HaLevanon

Der Glaube der Baha'i

Der ursprüngliche Verkünder des Baha'i-Glaubens (auch Babismus genannt), **Bab Mirsa Ali Mohammed**, stellte sich in eine Reihe mit den Propheten Moses, Zarathustra, Buddha, Jesus Christus und Mohammed. Sie seien die göttlichen Erzieher der Welt und gäben ihr immer die gleichen grundlegenden Lehren. Sie offenbarten aber jeweils zeitgemäße Grundsätze und Gesetze. Sein Nachfolger und Gründer der Baha'i-Religion, **Baha'ullah**, bemühte sich, einen **universellen Glauben** ins Leben zu rufen. Auch er erlitt Verfolgungen und Folterungen, wurde aus dem Iran in die Türkei und schließlich nach Akko verbannt, wo er nach langer Gefangenschaft 1892 starb. Sein Sohn **Abd AlBaha** (arabisch *Diener des Glanzes)* übernahm die Nachfolge und weltweite Verkündung des Glaubens. Damit war die Verbindung in diesen Teil der Welt gelegt, schließlich entstand das Weltzentrum der knapp 8 Millionen Mitglieder in Haifa. Anhänger der Religion leben in nahezu allen Ländern, die meisten in den USA. Die Baha'i in Israel wohnen fast alle nur zeitweise dort zum Dienst in den Heiligen Stätten. Die Schriften wurden in mehr als 350 Sprachen übersetzt.

Die **Baha'i-Religion** erkennt die Einheit Gottes und die seiner Propheten an. Gleichzeitig vertritt sie auch die Ganzheit und Einheit der menschlichen Rasse, die sich, unvermeidlich, vereinen müsse. Daraus folgen fast zwingend die Glaubens- und Verhaltensgrundsätze: das Streben nach harmonischen Beziehungen zwischen den Rassen und Religionen, gleiche Rechte für alle, die Gleichstellung der Geschlechter, Einehe, Schulpflicht und universelle Erziehung, einen allgemeinen, auf das Wesentliche der großen Religionen gestützten Glauben sowie eine universelle parlamentarische Regierung. Eine vordringliche Aufgabe ist die Suche nach Wahrheit und die Verurteilung aller Arten von Vorurteilen. Ausdrücklich erwähnt wird die Wissenschaft als vornehmstes Mittel für den Fortschritt der Menschheit.

Die heilige Schrift der Baha'i besteht aus den Niederschriften Babs, Baha'ullahs und Abd AlBahas, sie ist ihre einzige institutionelle Autorität. Im Baha'ismus gibt es weder geistliche Ämter noch Rituale.

St auf eine Betonrampe, die hinüber zum Hochhausturm und zur **Louis-Promenade** oberhalb der Panoramastraße Yefe Nof führt. Folgen Sie der geschmackvoll angelegten Promenade, sie öffnet sehr schöne Ausblicke auf die Bucht von Haifa. Am Ende stoßen Sie auf eine Kanone und eine Gedenktafel zum Besuch des deutschen Kaisers Wilhelm nebst Gattin Auguste Victoria am 25. Oktober anno 1898; ein kleiner Obelisk ist als **„Wilhelms Obelisk"** bekannt.

Kunstinteressierte können das ***Mané-Katz Museum** (Sa-Do 10-16, Fr -13, ₪ 30 [inkl. Tikotin Museum]), 89 Yefe Nof St (gegenüber Nof Hotel), besuchen, dem Haus und Atelier des Künstlers, in dem moderne Bilder und Zeichnungen von Katz und – in wechselnden Ausstellungen – von jüdischen Kunstschaffenden aus aller Welt gezeigt werden. Das nur aus drei Räumen bestehende Museum vermittelt dennoch einen Eindruck vom Schaffen des Künstlers. Freunde Japans werden sich das ***Tikotin Museum of Japanese Art** (So-Mi 10-16, Do -19, Fr -13, Sa -17, ₪ 50, zum Kombiticket siehe S. 287 www.tmja.org.il), 89 HaNassi St, nicht entgehen lassen. In einem Haus in japanischem Stil sind Gemälde, Zeichnungen, Möbel und Keramiken aus Fernost zu besichtigen.

Von hier weisen auch Schilder den Weg zum **Sculpture Garden** in der HaZionut St (siehe weiter oben). Wenn Sie an Filmen interessiert sind, dann sollten Sie die **Cinémathèque**, 142 HaNassi St, Tel 8103480, besuchen, die täglich zwei unterschiedliche Filme zeigt.

Die teuersten Hotels stehen zwischen Yefe Nof und HaNassi St, weil sich von hier der beste Blick auf die Stadt und das Meer ergibt. Die HaNassi

Der Baha'i-Schrein, Haifas beeindruckendes Wahrzeichen

St ist auch die Shopping-Meile in Karmel Center mit Geschäften, Boutiquen, Restaurants und Cafés. Wenn Sie dieser Straße ein Stück bergauf folgen, stoßen Sie an der Kreuzung Wolfson St auf ein rotes Schild *Kababir*. Es handelt sich um das 1929 gegründete Viertel der Ahmadyas, einer relativ kleinen muslimischen Sekte aus Indien. Unten ganz am Ende ragt ihre **Moschee** auf, die übrigens auch als Landmarke von der südlichen Einfallstraße aus zu sehen ist. Die auch im Inneren helle Moschee kann besichtigt werden.

Noch weiter entfernt – etwa 7 km vom U-Bahnhof Gan HaEm – liegt der Karmel Nationalpark (siehe weiter unten). Auf dem Weg dorthin kommt man an der Haifa-Universität mit ihrem beeindruckenden 30-stöckigen Hochhaus vorbei; www.haifa.ac.il. Von diesem zentralen Hochhaus, dem ****Eshkol Tower** (So-Do 8-15; Busse 22, 30, 36, 37), können Sie den besten und weitesten Blick genießen, den Haifa zu bieten hat; und Sie sollten ihn nicht versäumen, wenn es Ihre Zeit irgendwie ermöglicht. Zu Ihren Füßen liegt natürlich die Stadt am Hang und am Meer, doch der spektakuläre Ausblick reicht auch tief ins Hinterland und bis zum Hermon und den Golan-Höhen. Im Übrigen bieten Studenten Besichtigungstouren durch den innerhalb des Naturparks so schön gelegenen Campus an (Visitor Center Tel 8240097) – hier muss Studieren noch so richtig Spaß machen! Im ersten Stock des Eshkol Towers können Sie auch das **Reuben & Edith Hecht Museum** (So-Do 10-16, Di -19, Fr -13, Sa -14, Eintritt frei; Busse 24, 30, 36, 37, http://mushecht.haifa.ac.il) besuchen, das sich archäologisch mit dem Thema "Die Israelis im Land Israel" beschäftigt und impressionistische Bilder ausstellt (u.a. Monet, Pissaro, Modigliani, Struck). Direkt daneben liegt das **Ancient Ship Museum** mit dem bei Ma'agan Mikhael geborgenen Schiff aus dem 5. Jh vC. Auch die renovierten Gebäude des **Road of Generations** im Außengelände des Hecht Museums sind einen Blick wert.

Die **Technische Universität** *Technion*, die weit über Israels Grenzen bekannt ist, zog vor einigen Jahren aus ihrem Ursprungsplatz im Zentrum Hadars in den neuen Stadtteil Neve Sha'anan etwas unterhalb der Haifa Universität. Die Errungenschaften der Uni werden in einer Multimedia-Show im Visitor Center dargestellt (So-Do 9-14; Bus 17, 19). Das ebenfalls hier liegende Israel Institute of Technology ist in Wissenschaftskreisen weltweit bekannt.

Praktische Informationen

▶ Telefon-Vorwahl 04

• **Tourist Information Office**, 48 Ben Gurion St, Tel 8535606 oder kostenlos 180 0305090, Fax 8535610, So-Do 9-17, Fr -13, Sa 10-15, www.tour-haifa.co.il/eng, auch als App Tour Haifa; gratis Parken westlich des Office in der HaGefen St. Das liebenswürdig-hilfsbereite Personal erwartet sie in der German Colony – ein Nachklang dessen dürfte die deutsche Ausgabe des nützlichen Stadtführers, eines Heftes über die Baha'i und einer Karte der Kirchen sein – Haifa verbindet mit Bremen, Mainz, Düsseldorf, Erfurt und Mannheim einen Großteil seiner Städtepartnerschaften mit Deutschland.

Sie erhalten hier ein brauchbares englisches Kartenblatt der Stadt. Für ₪ 4 mehr gibt es einen englischen Faltplan, der Ihnen acht von der SPNI betreute Naturpfade im Karmelpark, fünf interessante Rundgänge durch die Stadt und vier „1000 Steps Walking Tours" von der U-Bahn-Endstation auf dem Karmel hinunter nach Downtown vorschlägt. Ziehen Sie vor allem für letztere gute Wanderschuhe an: Die 1000 Treppenstufen pro Tour sind garantiert! Bisher nur auf Hebräisch ist für ₪ 30 eine Kombination aus Karte, Infoheft und Hörbuch verfügbar, die einen auf einer Rundfahrt per Auto zu den schönsten Aussichtsplätzen der Stadt begleitet. Mit Unterstützung der englischen Karte und den entsprechend aufgestellten Wegweisern sollte die Rundfahrt trotzdem funktionieren, aber die CD und das Erläuterungsheft muss man leider mitbezahlen.

Die Tourist Information liegt ein kurzes Stück unterhalb der Gartenanlagen des Baha'i-Mausoleums. Beim Besuch bekommt man also gleich einen Eindruck von der ehemaligen Templer-Kolonie und dem Mausoleum mit seinen Gartenanlagen den Berg hinauf.

- **SPNI Field School**, 90 Yafo St, Tel 8553860, gute Informationen vor allem für naturnahes Reisen, Tourenangebote oder Wanderungen durch den Mount Karmel Nationalpark

Schiffsagenturen

- ROSENFELD, 104 HaAzma'ut St, Tel 8613671, www.rosenfeld.net; Fährverkehr nach Griechenland und Zypern derzeit eingestollt, Fracht sollte möglich sein
- MANO, 2 Pal Yam St, Tel 8606666 oder kostenlos 170 0700666, www.mano.co.il; Fracht und Kreuzfahrten

Verkehrsverbindungen

Mit dem Auto ist es in Haifa wegen vielen Einbahnstraßen recht mühsam, auch wenn der fertige Karmel-Tunnel etwas Entlastung bringt: Vom Technologiepark und Kongresszentrum im Westen kann man nun ohne Umrundung des Karmelsporns direkt zur Verkehrsdrehscheibe Lev/Merkasit HaMifraz, an der Kreuzung der Straßen 4 und 75, in kaum halber Zeit ohne Stau durchfahren – Carmeltron verlangt dafür ₪ 12 bzw. die Hälfte, wenn Sie nur bis zur einzigen Abfahrt mittendrin zur Mall Grand Kanyon fahren.

Haifa hat drei Busbahnhöfe, an denen auch die Eisenbahn hält. Der neue **CBS Hof HaKarmel** liegt an der Westküste beim Technologiepark und nimmt alle Fernbusse von und nach Süden auf. Ins Stadtzentrum geht es mit Bus Nr. 103. Ziemlich im Norden befindet sich die alte Station **Bat Galim**, die jetzt die Stadtbusse verteilt, und südlich des Hafen- und Industriegebietes am Treffpunkt der Straßen 4 und 75 gibt es die zweite **CBS Merkasit HaMifraz**, Anlaufstelle für Busse von und nach Norden und nach Galiläa.

Egged betreibt die Stadtbuslinien für ₪ 6,60 pro Fahrt. Erwähnenswert davon sind

▶ 3: Hof HaKarmel CBS – Neve David – West Karmel – Karmel Center – Hadar – Downtown – Bat Galim CBS

▶ 8: Bat Galim CBS – Kiryat Elieser – German Colony – Untere Baha'i-Gärten – Hadar – Ge'ula – German Colony – Bat Galim

In der U-Bergbahn von Haifa

▶ 11: Hof Ha Karmel – Technion

▶ 12/12a: Regierungsbezirk – Bahnhof HaShmona – German Colony – Untere Baha'i-Gärten – Hadar – Karmel Center – Akhusa – Horev Center – Karmel Krankenhaus

▶ 16: Grand Canyon (Shopping) – Ziv Center – Ge'ula – Hadar – Regierungsviertel – Rambam Krankenhaus – Bat Galim CBS

▶ 17 und 19: Technion – Bat Galim CBS

▶ 37(a): Bat Galim CBS – Hadar – Merkas Karmel – Merkas Horev – Universität. 37a fährt weiter zu den Drusendörfern Isfiya und Daliyat AlKarmel

▶ 101: Hof HaKarmel CBS – Tunnel – Grand Kanyon – Tunnel – Lev HaMifraz CBS

▶ 103: Hof HaKarmel CBS – HaHagana – Bat Galim CBS – Downtown/Bahnhof Merkas HaShmona – Lev HaMifraz CBS

▶ 125: Hof HaKarmel CBS – Freud St – Karmel Krankenhaus – Horev Center – Grand Kanyon (Shopping) – Neve Yosef – Lev HaMifraz CBS

▶ 200: **Nachtbus** Dado Beach/Hof HaKarmel CBS – Merkas HaKarmel – Horev Center – Universität – Technion – Ziv Center – Neve Sha'anan – Hadar – German Colony – Sail Tower – Kiryat Mozkin Jct

In dem kleinen Stadtführer der Tourist Information stehen bei jeder Sehenswürdigkeit die zuständigen Buslinien aufgelistet, oder man informiert sich über die App Tour Haifa oder unter Tel 8549131 oder www.egged.co.il.

▶ Auch in Haifa werden einige Buslinien ebenso von **Sherut-Sammeltaxis** bedient.

6

Sie kosten etwas weniger, sind schneller, halten auf Handzeichen auch außerhalb der Bushaltestellen und fahren auch am Shabbat. Zum Flughafen (etwa ₪ 60/$ 15) und in andere Städte bringt einen meist die Firma Amal, 6 Hekhaluz St, reservieren unter Tel 8662324. Sherut nach Akko, Nahariya und Safed fahren nördlich vom Solel Boneh Platz (U-Bahn-Haltestelle) ab.

▶ Einige **Fernbusse** sind von Hof HaKarmel CBS die Linie 910 direkt nach Tel Aviv (₪ 24), Linie 940 direkt oder 947 über Netanya, Ra'anana Junction und Ben Gurion Airport nach Jerusalem (₪ 42), 990/991 nach Elat (₪ 78); von Merkasit HaMifraz CBS Linie 271 nach Nahariya (₪ 18), 166 oder 343 nach Nazareth (₪ 32), 500 direkt und 501 über Akko, Karmi'el, Meron, Safed und Rosh Pina nach Kiryat Shmona (₪ 42). An der Küste entlang ist eher die Eisenbahn zu empfehlen.

▶ Das wichtigste Verkehrsmittel zwischen Berg und Küste ist die 1956 eröffnete **U-Bahn Carmelit,** eigentlich eine U-Bergbahn, denn auf knapp 2 km Streckenlänge bewältigt sie 275 m Höhenunterschied, eine Steigung von ungefähr 15 Prozent! Die einzige U-Bahn Israels startet unweit des Passagierhafens am Kikar Paris alle 10-15 Minuten über die Stationen Solel Boneh, HaNevi'im, Massada und Golomb/Bne Zion zum Gan HaEm Park in der HaNassi St oben auf dem Karmel, dem Startpunkt der 1000-Stufen-Stadtspaziergänge (So-Do 6-24, Fr -15, Sa Shabbatende-24, ₪ 6, 60, Tageskarte ₪ 15, 10er-Karte ₪ 52.80, Transfer-Ticket zum Umsteigen auf einen Stadtbus ₪ 10,60, www.carmelit.com – hebr.). 2011 sollte ein magnetisch gelenktes Spurbussystem namens Metronit mit in Israel einzigartigen Doppelgelenkbussen in Gang kommen. Bisher sind nur die Kosten gestiegen, ein Datum zum Start wird nicht mehr genannt.

▶ Haifa kann man auch komfortabel per **Eisenbahn** erreichen bzw. verlassen; nach Norden bis Nahariya, Richtung Süden nach Jerusalem und über Tel Aviv hinaus bis Ashkelon und Beer Sheba – im Zweifel schneller und günstiger als per Bus. Der neue Hauptbahnhof Merkas HaShmona liegt neben dem Getreidesilo unweit des Passagier-Terminals am Hafen, die anderen Bahnhöfe neben den oben genannten Busbahnhöfen, www.rail.co.il.

▶ **Zentraler Taxistandplatz** ist die Eliyahu St am Kikar Paris.

Wichtige Adressen

Banken

- FIRST INTERNATIONAL, 3 HaBankim St, Tel 8561888; 1 Elkhanan St, Tel 8350200
- LEUMI BANK, 123 HaNassi St, Tel 8300687
- RAMBAM HOSPITAL, Bat Galim, Tel 170 0505150, Universitätsklinik
- CARMEL HOSPITAL, 7 Mikhal St, Tel 8250211
- ISSTA Student Travel, 20 Herzl St, Tel 8682227, www.issta.co.il

Mietwagen

- AVIS, 2 Pal Yam St, Tel 8672111
- BUDGET, 7 HaAshlag St, Tel 03 9350019
- ELDAN, 164 HaHistadrut St, Tel 8410910
- EUROPCAR, 3 HaNapakh St, Tel 6667750
- HERTZ, 150 HaHistadrut St, Tel 8402121
- SHLOMO/SIXT, 48 HaHistadrut St, Tel 8725525

Shopping

▶ Es gibt wohl kaum einen Kaufwunsch, der in Haifa nicht befriedigt werden könnte, allein acht Shopping Center bemühen sich um ihre Kunden. Außerdem wimmelt es im Zentrum von Hadar in der Gegend der Herzl St von kleinen und großen Läden, auch im arabischen Teil der Stadt kann man bummeln und Geld ausgeben. Frischmärkte sind der Talpiot Markt nördlich des Haifa Towers und die Yokhanan St in Wadi Nisnas.

▶ Gleich im Zentrum der German Colony steht das CITY CENTER, 6 Ben Gurion St, aber der größte Kauftempel des ganzen Landes ist der GRAND KANYON (Qanyon ist eigentlich ein hebräisches Wort mit der Grundbedeutung kaufen) südöstlich des Stadtzentrums in der Simkha Golan St, direkt an der einzigen Ausfahrt des Karmel-Tunnels. Vom Kamm des Karmel blickt das PANORAMA CENTER,

109 HaNassi St herab und ebenfalls auf dem Berg liegt weiter südlich das HOREV CENTER im Stadtteil Ahuza. An der Westküste gibt es beim Kongresszentrum gleich zwei Center, die von weitem erkennbare HAIFA MALL, 4 Flieman St, und neu hinzugekommen das CASTRA in einem für Shopping Center sehr ungewöhnlichen Gebäude, 8 Fliemann St, das der vielseitige Küsntler Arik Brauer (Wien/En Hod) außen mit biblischen Szenen auf dem weltweit größten Kachelmosaik geschmückt hat – hier wird angeblich die gelungene Integration von Kunst, Unterhaltung und Kommerz geboten. In der Tat bemerkenswert: Außer der mit bemalten Kacheln verkleideten Mall gibt es vielerlei Kunst und Kunsthandwerk sowie zwei Museen (Eintritt jeweils frei): eins mit Puppen, gut für einen Stopp mit Kindern, und ein archäologisches, denn die Mall ist nach der hiesigen byzantinischen Ruinenstadt benannt. – Richtung Osten jenseits des Tunnels gibt es bei den gleichnamigen Bahnhöfen noch die Center LEV HAMIFRAZ, 55 HaHistadrut St (Ausfallstraße nach Norden) und HUZOT HAMIFRAZ.

▶ Die bekannteste Kunstgalerie ist das Chagall Artists House, 24 HaZionut St, So-Do 9-13, 16-19, Sa 10-13. Die Yad B'Homer Gallery, 9a Massada St, hat sich auf Keramikarbeiten spezialisiert, So-Do 10-13, Fr -15, Sa 18-22.

Unterhaltung und Nightlife

▶ In der Fußgängerzone Nordau St (Hadar) gibt es abends häufig Konzerte. Gegen Ende Juli findet das **Haifa Blues Festival** mit bekannten Musikern statt. Nahezu allabendlich kann man dem **Haifa Symphony Orchestra** im Haifa Auditorium, Tel 8599499, www.haifasymphony.co.il, zuhören. Im Oktober steigt das Haifa Film Festival, www.haifaff.co.il. Ungewöhnlichere Veranstaltungen sind das im März und draußen stattfindende Fest der Kreativität sowie das **Fest der Feste** im Dezember, eine multikulturelle Veranstaltung mit Folklore und gutem Essen, die es im Nahen Osten so nicht noch einmal gibt. Hier wird das Motto Haifas A City To Live And Let Live zelebriert – hingehen!

Wegweiser Nr. 1 am Tourist Office für Haifa-Rundfahrt per Auto

Haifa lässt beim Nachtleben vielleicht Wünsche offen, denn das bekannte Sprichwort sagt, dass man in Haifa hauptsächlich arbeitet. Doch analysieren Sie selbst die Situation. Über das aktuelle Angebot informiert Sie die Tourist Information, und für die Wochenendplanung hilft die Freitagsausgabe der Jerusalem Post und der International Herald Tribune mit der englischen Ausgabe von HaAretz. Jüngere Traveller können an den Universitäten Ausschau halten, was die Studierenden dort gerade vorhaben:

▶ Am besten im **Beit Student**, Tel 8320664, der Technischen Universität Technion nachfragen, das Spektrum reicht von Volkstanz bis Disco. Ähnlich die **Haifa University**, Tel 8240544.

▶ Sonstige Amüsiergelegenheiten gibt es mit Aussicht auf dem Berg, z.B. im Gan HaEm Park das BEER HOUSE mit über hundert Sorten, die nicht alle nach dem deutschen Reinheitsgebot gebraut wurden, sowie Disco für eher jüngeres Publikum im FEVER. In der HaNassi St 135 wartet das BEAR auf Kundschaft, ein Irish Pub. Ansonsten kann man auf dem Berg auf der **Moria St** vom Karmel Center nach Süden flanieren, bis eine Bar oder ein Restaurant passt. Weiter den Berg hinab ist in Hadar der Livemusik-Club MARTEF ESSER zu hören, 23 Yerushalayim St, Tel 8240762, www.martef10.com. Die Hafengegend ist inzwischen weniger düster durch ELI'S PUB, 35 Yafo St, montags ab 23 Uhr Blues&Rock&Jazz-Jam-Session und das sich künstlerisch gebende SYNCOPA, 5 Khayat St; getanzt wird hier unten nach Mitternacht im LUNA, HaPalyam/Al Pasha St. Im Übrigen kann man in der **German Colony** ein erfreuliches Lokal aufsuchen.

6

Badestrände, Sport

▶ Die **Badestrände** beginnen nördlich des Hafens (Richtung Tel Aviv), ziehen sich um das Kap und verlaufen weiter nach Süden – je weiter südlich, umso weniger frequentiert. Vom Zentrum her ist gleich der erste Badestrand nach dem Hafen, **Hof HaShaqet**, am leichtesten zu erreichen. Es folgt der kleinere **Hof Bat Galim.** Südlich vom Leonardo Hotel liegen **Samir** und **Dado Beach**, wobei der **South Dado Beach** gleich beim (Bus)Bahnhof *Hof HaKarmel* völlig neu angelegt wurde. Er dürfte vom Komfort her einer der besten an der israelischen Mittelmeerküste sein: Rettungsschwimmer (Mai-Oktober), viele Schattenspender, saubere Duschen und Toiletten, Cafés und Restaurants in festen Häusern. Die ausgedehnte Anlage sollte zumindest in der Zwischensaison dafür sorgen, dass man ein paar Quadratmeter gepflegten Sand für sich hat. Wer längere Zeit baden will, sollte den weiten Weg von der Stadt hierher nicht scheuen (z.B. mit Bus 103). Wenn es noch ruhiger sein soll, folgt man einfach der Küste weiter nach Süden. Autofahrer fahren am besten bis fast zum Autobahnbeginn gegenüber dem Kongress- und Shoppingcenter und dann an der Haifa South Junction Richtung Bahnhof Hof HaKarmel, überqueren auf der Brücke nördlich davon die Eisenbahn und fahren dann links.

▶ Südlich des Kongresszentrums liegt der X-PARK, ein Muss für alle, die sich an olympischen **Kletterwänden**, in Seilgärten, auf Skates, Blades oder BMX-Bikes oder bei Paintball-Schlachten zuhause fühlen, Tel 054 7883812 oder 159 9524400, www.xpark.co.il. In dieser Gegend gibt es auch Anlagen für Bowling, Squash und Tennis.

▶ **Transportmittel aller Art or**ganisiert HAVAYAT HAROKHVIM – auf dem Karmel per Pferd, Jeep, Fahrrad oder Abseilen für Kletterer; Sa/So 9.30-16, Tel 8549131 oder 8307242, recht weit südlich an der Straße 721 und der Junction zum Kibbuz Bet Oren (Bus 137).

▶ **Windsurfen, Schnorcheln und Tauchen** funktionieren gut an der unteren Seilbahnstation am westlichen Ende der Bat Galim Promenade; an der Westseite der Einfahrt zum Kishon-Fischereihafen (Bus 58) residiert der Tauchclub SHIKMONA, der auch Einführungen und Kurse anbietet, täglich 8-17, Tel 8662005.

▶ Haifa lässt sich auch von der Seeseite aus betrachten: Mit der *Carmelit* kann man täglich zwischen 8-16 Uhr vom Kishon-Hafen aus **Ausflüge entlang der Küste**, allerdings nur bei Vorbestellung unter Tel 8418765, unternehmen.

Essen und Trinken

Preiswertes und auch „schnelles" Essen besonders aus arabischer Küche gibt es um den Kikar Paris, vor allem südwestlich der unteren U-Bahnstation. Am oberen Ende der U-Bahn in Karmel Center können Sie bis zu sehr gediegen und häufig bei bester Aussicht speisen; Abwechslung ist in der Moria St garantiert. Ein Kompromiss aus den beiden geografischen Lagen mögen der Fußgängerbereich der Nordau St oder die Herzl St darstellen. Auch in der ehemals Deutschen Kolonie haben sich eine Reihe stilvoller Restaurants angesiedelt; gehen Sie auf Entdeckungsreise.

Arabisches bzw. **Hafenviertel**

- MA'AYAN HABIRA, (auf Deutsch: Bierquelle), 4 Natanson St, Hafengegend, Seemannskneipe, simpel, u.a. ungarische und rumänische Gerichte, viele Biersorten, relativ preiswert
- MICHEL FELAFEL, 21 Wadi St (Wadi Nisnas), angeblich eins der besten Felafel-Lokale Israels, mit hervorragendem türkischen Kaffee
- ABU YUSSUF, 1 HaMeginim, Kikar Paris, stadtbekannt als gutes und preiswertes orientalisches Restaurant
- SHTRUDL, 8 HaBankim St, der Name ist das hebräische Wort für das @-Zeichen, Internet-Café ab 6.30 Uhr Frühstück außer samstags,

Deutsche Kolonie und Bat Galim

- TAIWAN, 59 Ben Gurion St, eins der besten chinesischen Restaurants in Haifa
- SHISHKEBAB, 59 Ben Gurion St, orientalische Küche, gute gegrillte Fleischgerichte, preiswert

• ROSSINI, 46 Ben Gurion St, italienisch orientiert, obere Preisklasse, Schwerpunkt Fisch und Meeresfrüchte, lange Weinliste
• FATTOUSH, 38 Ben Gurion St, die Plätze unter Pinien, die schöne orientalische Einrichtung unddie exzellente arabische Küche haben ihren Preis
• YOTVATA, Bat Galim Promenade, am Strand an der Endstation der Drahtseilbahn, sehr gutes vegetarisches Restaurant des bekannten gleichnamigen Kibbuz im Wadi Arava
• DOLPHIN, 13 Bat Galim St, gute Fischgerichte, auch Fleisch, nicht billig

Karmel – mit Blick über die Stadt
Top sind die Restaurants der Top-Hotels in der HaNassi und der Yefe Nof St. Preisgünstiger sind: NOF HOTEL RESTAURANT, 101 HaNassi St, chinesische Küche, nicht billig
• FELAFEL HASKENIM, 119 HaNassi St, PANORAMA CENTER, hervorragende Felafel, gute Salate, preiswert
• CHIN LUNG, 126 HaNassi St, Karmel, China Restaurant (Szechuan), preiswert
• CARMELA, 12 Moria St, Bar & Restaurant, Fusion-Küche

Übernachten

Erstaunlicherweise hat Haifa keine berauschende Hotelauswahl zu bieten, sieht man von den Luxusherbergen auf dem Karmel und am Strand ab. Die preiswerteren Unterkünfte liegen meist im Stadtviertel Hadar, also etwa auf halber Höhe des Karmel. In der ganzen Stadt verteilt gibt es einige B&Bs, über die die Tourist Information Auskunft gibt. Überblick verschafft die Website www.tour-haifa.co.il > Accomodation > B&B. Etliche Anbieter, auch aus der weiteren Umgebung, tummeln sich auf www.airbnb.de.

• **DAN CARMEL**, 85-87 HaNassi St, Tel 8303030 oder kostenfrei 170 0505080, Fax 8303000; auf dem Gipfel des Karmel mit spektakulärer Sicht
mF...E+B $ 316-386, D+B $ 336-406

• **DAN PANORAMA**, 107 HaNassi St, Tel 8352222 oder kostenfrei 170 0505080, Fax 8352235; das „Schwesterhotel" mit ebensolcher Sicht, nur etwas billiger, am Rand des Karmel-Zentrums
mF... E+B $ 209-254, D+B $-226-267

• **VILLA CARMEL**, 1 Heinrich Heine St (parallel zur Moria St), Tel 8375777, Fax 8375779, www.villacarmel.co.il; neues Boutique Hotel südwestlich vom Karmel Center, luxuriös und geschmackvoll eingerichtet, alle Annehmlichkeiten, mF...E+B $ 190-280, D+B $ 220-310

• **LEONARDO** (bis 2009 **LE MÉRIDIEN**), 10 David Eleasar St, Tel 8508888, Fax 8500222, www.fattal-hotels.com; Luxushotel direkt am Strand Nähe Kongresszentrum, Pool, AC, TV, Kitchenette, mF E+B ab $ 180, D+B ab $ 190

• **COLONY HOTEL**, 28 Ben Gurion St, Tel 8513344, Fax 8513366, www.colony-hotel.co.il (hebr.); 2009 wieder eröffnetes Boutique-Hotel, Templer-Gebäude von 1905, angenehm eingerichtet, vom Dach schöner Blick auf die Baha'i-Gärten, Wellness-Angebot, AC, TV, WLAN überall, Rabatt bei Internet-Buchung, mF... E+B ₪ 666-756, D+B ₪ 740-840

• **TEMPLARS**, 36 Ben Gurion St, Tel 077 5003110, Fax 077 5631913, www.templars.co.il; neuestes Boutique-Hotel in der German Colony, sehr stylisch-modern, Wellness-Angebote, mF...E+B $ 141-175, D+B $ 158-195

• **NOF**, 101 HaNassi St, Tel 8354311, Fax 8388810, www.nofhotel.co.il; im Zentrum von Karmel, auch hier schöner Ausblick für weniger Geld, Rabatt ab drei Nächten,
mF... E+B ₪ 432-711, D+B ₪ 480-790

• **GALLERY**, 61 Herzl St, Tel 8616161, Fax 8616162, www.haifa.hotelgallery.co.il; mitten im Zentrum gelegenes Boutique-Hotel, Fitness-Center, AC, TV, mF...E+B $ 95-175, D+B $ 110-190

6

- **SHALOM**, 110 HaNassi St, Tel 8377481, Fax 8372443, www.beth-shalom.ch; evangelisches Gästehaus im Zentrum von Karmel, hübscher Garten, sehr sauber, AC, TV, Internet/Tag $ 5, mF .... E+B $ 84, D+B $ 110
- **HADDAD GUEST HOUSE**, 26 Ben Gurion St, Tel 077 2010618, Fax 8512797, www.haddadguesthouse.com; mitten in der German Colony vielleicht etwas laut, recht neuer, aufgeräumter Familienbetrieb katholischer Araber, angenehme Atmosphäre, keine Schließzeit, AC, TV, Waschmaschine, WLAN, Dorms in Planung .... E+B ₪ 330, D+B ₪ 380
- **CARMEL YOUTH HOSTEL (HAIFA GUEST HOUSE)**, Kfar Samir, Tel 8531944, Fax 8532516, www.iyha.org.il; die internationale Jugendherberge nahe der Dado Beach, ca. 4 km südlich des Zentrums (Nähe Kongresszentrum und dortige Sportanlagen), sauber und gepflegt, nur für betuchtere Jugendliche, mF .... E+B $ 76, D+B $ 94
- **BET MOLADA (RUTENBERG INSTITUTE)**, 77/82 HaNassi, Tel 8387958, Fax 8387565, www.rutenberg.org.il; auf dem Karmel, gepflegt, Gästehaus einer pädagogischen Institution, keine Kreditkarten, AC, mF .... E+B $ 65, D+B $ 84

▶ **PORT INN HOSTEL**, 34 Yafo St, Tel 8524401, Fax 8521003, www.portinn.net; sehr sauber, keine Schränke oder Locker, freundlich und hilfsbereit, WLAN gratis, mF Dorm (12 Betten) pP ohne Frühstück ₪ 90, E ₪ 260, D ₪ 300, E+B ₪ 290, D+B ₪ 340

- **STELLA MARIS HOSPIZ**, Stella Maris St, Tel 8332084, Fax 8331593; im Karmeliterkloster, tolle Aussicht, kein Schnickschnack, nichts für Nachtschwärmer: Curfew 22 Uhr, mF ..... E+B $ 64, D+B $ 96
- **MAROM**, 51 HaPalmach St, Tel 8254355, Fax 8554358, http://marom.hotelasp.com; etwas abseits am Karmel gelegen, sauber, AC, TV, manchmal Kitchenette, mF........ E+B $ 51-84, D+B $ 62-102
- **BET ST. CHARLES HOSPICE (GERMAN GUEST HOUSE)**, 105 Yafo St, Tel 8553705, Fax 8514919, www.pat-rosary.com; deutsche Gründung, jetzt von peniblen und freundlichen Rosary Sisters (arabischer Orden) betrieben, in großem Garten, erstaunlich ruhig, sehr sauber, Zimmer mit Waschbecken, Etagenduschen und WC, kleine Gästeküche, familiär, wenn verschlossen: klingeln, AC, WLAN, mF .... E+B $ 45, D+B $ 80
- **EDEN**, 8 Shmarjahu Levin St, Tel 8664816, Fax 8642633; zentral in Hadar gelegen, kein großartiges Haus, laut, Zimmer sehr unterschiedlich, manchmal nur Etagen-Toiletten, aber WLAN, uriger, deutschsprachiger Besitzer .... E(+B) ₪ 180 (250), D(+B) ₪ 280 (350)
- **BETHEL YOUTH HOSTEL**, 40 HaGefen St, Tel 050 7481789, www.bethel-hostel.com; gute Aussicht, sehr sauber, jeder Raum hat eigene Dusche, zweistöckige Betten, sehr angenehm, freundliche Atmosphäre, Altersgrenze zwischen 18 und 35 Jahren (auch Ausnahmen), jüngere Personen als 18 nur in Begleitung eines Angehörigen, Frühstück, Montag und Donnerstag „Free Dinner" Dorm pP $ 32

Umgebung von Haifa

Die folgenden Vorschläge für kurze Abstecher landeinwärts lassen sich auch mit anderen Routen verbinden, sie sind aber hier aufgeführt, weil Haifa ein guter Standort ist und die beschriebenen Ziele in maximal einer Autostunde zu erreichen sind. Auch Busse fahren in diese Richtung; zu den Drusendörfern nimmt man besser ein Sammeltaxi.

Den etwas weiteren Ausflug nach Bet Shearim und Zippori könnte man noch um Nazareth erweitern oder diese Orte auf dem Weg von Haifa nach Tiberias besuchen – im nördlichen Israel liegen die Ziele so dicht beieinander, dass man fast beliebige Kreise ziehen kann.

Selbstverständlich gehören in diese Ausflugskategorie auch alle Küstenorte bis zur Libanongrenze, beginnend mit Akko (siehe S. 303), oder südlich z.B. En Hod oder Zikhron Ya'akov (siehe S. 280).

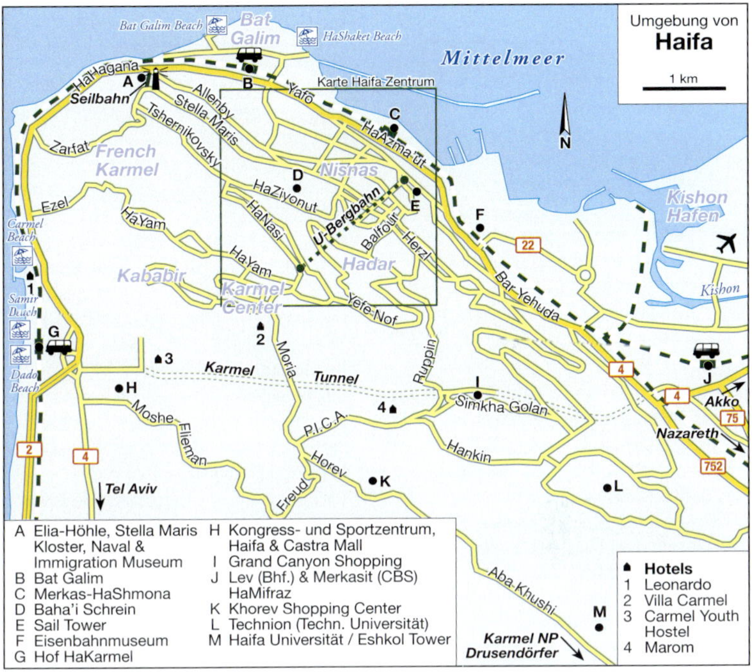

*Karmel Nationalpark

Nur 15 Autominuten (Busse 37 oder 220) von Karmel Center entfernt, wurde südlich der Universität auf dem Kamm des Karmel der **größte israelische Naturpark** eingerichtet (Bus 24 oder 220 von Gan HaEm). Er zieht sich auf dem Bergrücken entlang, gibt immer wieder Ausblicke auf die Küste nach Süden oder Norden frei und bietet Zelt- und Picknickplätze. Ein Abstecher in diese grüne Oase lohnt schon allein wegen der Ruhe, die man hier finden kann. Am Eingang erhält man gute Auskünfte über mögliche Wanderungen und anderes mehr. Auch wenn 2010 vieles verbrannt ist: Es ist spannend, wie die Natur diese Wunde wieder heilt. Das Grün sprießt wieder, und einzelne Bäume blieben leben.

Die Straße 672 führt aus Haifa heraus nach Südosten. Wer Reiten oder andere Offroad-Aktivitäten betreiben will, konnte bis zum Waldbrand (siehe S. 283) an der Damun Junction einen 3-km-Abstecher rechts zur *Gemeinschaftssiedlung **Bet Oren** (Tel 8307242) einlegen, wo man Pferde für Karmel-Ausritte, Jeeps oder Fahrräder leihen oder Traktorausflügen buchen konnte, es gab auch ein Hotel. Das „Pinienhaus" brannte 2010 fast völlig nieder, ohne das Menschen zu Schaden kamen. Der Wiederaufbau läuft seit Ende 2011; mögen bald wieder die dann dringend benötigten Touristen vorbeischauen können.

*Drusendörfer Isfiya und Daliyat AlKarmel

Heute leben etwa 23 000 Drusen in den beiden Dörfern Isfiya und Daliyat AlKarmel zusammen mit relativ vielen Christen, wie eine Kirche an der Hauptstraße von Isfiya zeigt. Bus 220 bringt Sie hin.

Sehenswertes

***__Zippori/Sepphoris__, ehemalige jüdische Siedlung vor allem mit schönen Mosaiken (z.B. Dionysos und Synagoge), S. 301

**__Bet Shearim__, historisch für Nichtjuden weniger aufschlussreich, aber schöne Oase, S. 301

*__Karmel Nationalpark__, erholsames Wandergebiet mit schönen Ausblicken, S. 299

*__Drusendörfer__, interessante Menschen und Märkte, S. 299

Interessanter als Isfiya ist das 2 km entfernte Daliyat AlKarmel, dessen Zentrum sich eher wie ein großer Basar darstellt. Samstags ist Markttag, dann wimmelt es von Besuchern, doch auch an anderen Tagen gibt es im – relativ kleinen – Souk genug zu kaufen. Wenn man Zeit investiert und Glück hat, lassen sich noch interessante alte Stücke ausgraben.

▶ Anschließend kann man in einem der typischen Restaurants im Soukbereich drusische oder arabische Spezialitäten genießen, etwa bei ABU ANTAR oder ANDRINE. Das Restaurant MIFQASH HAAKHIM unterhält in einem Nebenraum ein kleines Museum über die Drusen.

Das Grab des Drusenheiligen **Abu Ibrahim** (8-20, Kopfbedeckung) ist auf byzantinischen Ruinen erbaut; es wird einmal wöchentlich von den Drusen für Gebete aufgesucht.

Ca. 2 km hinter Daliyat zweigt links ein Sträßlein nach **Der AlMuhraqa** ab. Dort soll der **Prophet Elia** die Baals- und Astartepriester im Ringen um den echten Gott gedrängt haben, Opfer zu bringen und auf eine himmlische Antwort zu warten. Bei denen tat sich nichts, aber auf dem Altar des Elia schlug – profan ausgedrückt – ein Blitz ein, Grund genug, die über 450 heidnischen Priester im Tal umzubringen. Vermutlich kennen Sie die geniale Vertonung *Elias* von Felix Mendelssohn-Bartholdy. An der Stelle des Opfers errichteten die Karmeliter eine Elia-Statue und ein Kloster, von dem aus

Die Drusen

In Israel, Syrien und im Libanon leben insgesamt etwa 500 000 Drusen. Ihre **Religion** ist eigentlich **streng geheim**, doch man weiß immerhin so viel, dass sie an einen einzigen Gott und sieben Propheten glauben. Lange vor der realen Existenz der Drusen gab es nach ihrer Auffassung Menschen, die bereits die Geheimnisse ihrer Religion kannten, so auch **Nabi Shu'eib** (Jitro), der Schwiegervater von Moses, dessen Grab bei den Hörnern von Hattin (bei Tiberias, siehe S. 346) verehrt wird. Die **Reinkarnation** der Seele ist ein weiterer Glaubenspfeiler, d.h. dass die Seele eines Verstorbenen sofort in einem Neugeborenen wiederkehrt. Daher tragen drusische Gräber keine Namen.

Die drusische Gemeinschaft ist eine **Zweiklassengesellschaft**, eine religiöse Klasse (Ukkal) und eine weltliche. Nur die **Religiösen** dürfen die heiligen Bücher lesen und die dort verkündeten Doktrinen lernen. Frauen können ohne Weiteres in die religiöse Gruppe überwechseln, Männer müssen beweisen, dass sie ein honoriges und ehrliches Leben führen. Die Religiösen müssen stets die Wahrheit sagen; sollte sich jemand in ein Vergehen oder Verbrechen verstricken, wird er für immer aus der Gemeinschaft ausgeschlossen. Die religiösen Männer tragen die bekannten bauschigen Hosen sowie einen kräftigen Schnauzbart und scheren sich den Kopf, die Frauen sind schwarz gewandet mit einem weißen Kopftuch. Schweinefleisch, Rauchen, Alkohol, Kaffee und frivoles Vergnügen wie Kino oder TV sind verboten. Ein Hinweis: Drusenfrauen sollte man in keinem Fall fotografieren, denn nicht einmal der Staat verlangt Passbilder von ihnen. Drusische **Schrift** ist übrigens farbig, je nach Farbschattierung ändert sich die Bedeutung des Geschriebenen.

man einen herrlichen Ausblick hat. Mit öffentlichen Verkehrsmitteln kommt man nur per Taxi von Daliyat AlKarmel hierher.

Abstecher nach Bet Shearim – Zippori – Yodfat

Geschichte: *135 nC zog Rabbi Juda HaNassi von Yavne nach Bet Shearim und machte den Ort zum religiösen Zentrum, in dem auch der Hohe Rat Sanhedrin zeitweise residierte. Die meisten Mitglieder des Hohen Rats wurden in Katakomben beigesetzt. Nachdem Jerusalem für Juden auch als Begräbnisplatz gesperrt war, ließen sich immer mehr Juden nicht nur aus Palästina, sondern auch aus der Diaspora in dem als heilig geltenden Ort mit dem geheimen Begräbnisplatz bestatten. Der Ort geriet später in Vergessenheit, 1871 fanden erste Ausgrabungen statt, aber erst ab 1936 wurde systematisch gesucht und ein Teil der Stätte freigelegt.*

**Bet Shearim Nationalpark

Die Nekropole von Bet Shearim (täglich 8-17, im Winter -16; ₪ 21/9) bietet für den, der nicht tiefer in die israelitische Geschichte einsteigen will, lediglich eine größere Katakombe, aber – wenn keine lärmenden Busse herumstehen – eine kleine, fast intime Oase, nur eine halbe Autostunde vom Verkehrslärm Haifas entfernt. Der Nationalpark ist im engen Tal recht lauschig angelegt, Picknickplätze unter schattigen Bäumen laden zum erholsamen Verweilen ein.

▶ Wenn Sie diesen Besuch an den von Daliyat AlKarmel anschließen wollen, können Sie z.B. auf der Straße 672 weiter bis zur Straße 70, dann links und später an der HaTishbi Junction auf die Straße 722 und an deren Ende rechts auf die Straße 75 fahren.

▶ Von Haifa aus fährt man auf der Straße 75 in Richtung Nazareth und biegt nach ca. 15 km in Kiryat Tivon beim Schild Bet Shearim Nationalpark rechts ab. Bereits bei der Anfahrt sieht man noch vor dem Eingangstor zum Park links der Straße die Ruinen einer Synagoge, die 351 zerstört wurde, und ein kurzes Stück später die einer Ölpresse. Bet Shearim lässt sich mit

In den Grabhöhlen von Bet Shearim

den Bus 301 von Haifa oder der Linie 826 Tel Aviv-Nazareth erreichen, man muss aber am oben genannten Abzweig aussteigen und dann eine ganze Weile wandern oder etwa 150 m unterhalb des Kreisverkehrs einen Feldweg einschlagen, der direkt hinführt.

Im eigentlichen Park erschließt ein Pfad die etwa 20 **Grabhöhlen**, von denen aber nur zwei zugänglich sind, bei allen anderen kann man bestenfalls das Steintor betrachten. Die erste zugängliche Höhle dient heute als kleines Museum, die zweite ist das eigentlich Interessante an Bet Shearim. In der sich verzweigenden Höhle, der **Nekropolis**, wurden Seitengänge und -räume geschaffen, in denen etwa 130 Sarkophage stehen, viele sind noch erhalten. Sobald man diese Katakombe betritt, schaltet sich eine raffinierte Beleuchtung ein, die den Besucher halbwegs stolperfrei von Objekt zu Objekt kommen lässt und die zum Teil schönen Dekorationen und Inschriften (griechisch, hebräisch und aramäisch) der Sarkophage geschickt ausleuchtet. Seitenarme und Verbindungsgänge lassen ein Labyrinth entstehen, das fast ein bisschen unheimlich wirkt, besonders dann, wenn man allein die Höhle untersucht.

***Zippori Nationalpark

Von Bet Shearim kommt man recht einfach nach Zippori, indem man nur kurz auf der Straße 75 zurückfährt, dann an der Yishai Junction auf die Straße 77 rechts, nach 12 km an der HaMovil Junction erneut rechts auf die Straße 79 abbiegt. Nach weiteren 4 km geht es links auf Straße 7926 zum Nationalpark. – Von Haifa fährt man wie weiter oben beschrieben

Richtung Bet Shearim, biegt aber zuvor an der Yishai Junction auf die Straße 77 links ab und dann weiter wie eben beschrieben. Der Hügel mit den Ruinen des alten Zippori (auch Tsipori; historisch **Sepphoris**) liegt etwa 1 km nördlich des gleichnamigen Moshav.

Geschichte: *Zippori wird erstmals um 100 vC erwähnt. Nach dem Tod Herodes des Großen gab es einen jüdischen Aufstand gegen die Römer, den ein gewisser Varus niederschlug (der wenige Jahre später in Germanien weniger erfolgreich agierte). Die Stadt wurde niedergebrannt, aber von Herodes' Sohn Antipas schnell wieder aufgebaut. Da die Einwohner von Zippori nicht am jüdischen Aufstand gegen die Römer teilnahmen, wurde der Ort um 66 nC nicht zerstört. 135 nC zog der Hohe Rat – Sanhedrin – von Yavne nach Zippori, der angesehene Rabbi Juda HaNassi war der geistige Führer. Im 4. Jh konvertierten Juden zum Christentum, es entstand die erste Kirche. 800 Jahre später errichteten die Kreuzfahrer eine Festung und eine Kirche.*

Der **Zippori Nationalpark** (8-17, im Winter -16; ₪ 27/14) beherbergt die Ausgrabungen. Sie sind über einen beschilderten Rundweg leicht zu erwandern. Gleich hinter dem Kartenhäuschen könnte man links für das begehbare, ungeheuer aufwändige antike Wassersystem anhalten, das vom 1.-7. Jh nC genutzt: Die in einer 260m langen und bis 10 m hohen, natürlichen Felsspalte angelegten Zisternen wurden von Aquädukten gespeist und fassen 4300 m^3 Wasser. Damit konnten 18 000 Einwohner zwei Wochen lang versorgt werden. Wenn Sie auch den Tunnel der Aquädukte erkunden wollen, benötigen Sie eine Taschenlampe. – Sollte die Straßensperre westlich des Besucher-Pavillons geöffnet sein, könnte man bis zu den Parkplätzen im Westen vorfahren, ein paar hundert Meter Fußeg sparen und den Rundgang in umgekehrter Richtung gehen.

Die übliche Besichtigung führt zunächst auf den **Decumanus**, die alte Ost-West-Hauptstraße der Stadt. Im Kreuzungsbereich mit der Nord-Süd-Hauptstraße, dem **Cardo**, sind außer den Fahrspuren der Eselskarren und Pferdewagen auch ein paar antike Mühle-Spiele in den harten Kalkstein geritzt, weiter südlich auch ein siebenarmiger Leuchter. Am Südostende des Cardo wurde ein Haus mit dem sogenannten **Nilmosaik** dekoriert, das nahezu minutiös die Feiern zur Nilflut in Ägypten darstellt. Auf dem Weiterweg sollte man keinesfalls die rekonstruierte römische Villa (ausgeschildert **Roman Villa** oder **Dionysos House**) versäumen, in deren Speisesaal das berühmte **Dionysos-Mosaik** zu sehen ist. Nicht nur die Szenen aus dem Leben des Weingottes sind künstlerisch hervorragend gestaltet, besonders beeindruckt der wunderschöne Frauenkopf, die *Mona Lisa Galiläas*, im zentralen Teil. Der nächste Stopp ist auf dem Gipfel des Hügels bei der **Zitadelle der Kreuzfahrer**, die, im 18. Jh renoviert, von den Palästinensern u.a. als Mädchenschule benutzt wurde. Heute birgt sie eine Ausstellung zur Stadtgeschichte. Vom Dach guter Rundblick. Vorbei an einem jüdischen Wohnquartier geht es zum Römischen Theater. Es ist eher wie ein griechischer Bau in den Hang eingelassen, aber stark zerstört. Entstanden ist es wohl erst um 100 nC und nicht schon einige Jahrzehnte früher, und wie manche hoffen, dann vielleicht sogar unter Mitarbeit bestimmter Zimmerleute aus dem nahen Nazareth. Nördlich der Parkplätze im Westen ist schließlich noch die 1994 entdeckte kleine **Synagoge** zu beachten, deren hochwertiges Mosaik wie in Bet Alfa und Tiberias ebenfalls einen Tierkreis (Zodiak) zeigt.

Wer von Zippori aus weiter nach Nazareth fahren will, hat, wie gesagt, nur 6 km vor sich.

Wenn Sie Zeit für einen weiteren, eher unbedeutenden Abstecher haben, dann böte sich

Yodfat

an, das von Zippori aus über die Straßen 79 (zurück) und nach der Kreuzung mit der 77 nach etwa 15 km auf Straße 784 und 7955 bei Kaukab erreichbar ist. Das heutige Dorf, 1926 als Aufforstungsstation gegründet, bietet von einem Beobachtungsturm kaum mehr als den Blick auf ein paar spärliche Ruinen, u.a. Reste der Stadtmauern. Aber interessant ist die Geschichte dazu.

Geschichte: *Während des jüdischen Aufstandes 66-70 nC spielte Yodfat (damals Jotapata) ähnlich wie Massada eine tragische Rolle. Josephus Flavius, der spätere Chronist des Aufstandes, aber zu dieser Zeit noch Beteiligter, berichtet ziemlich minutiös über die Geschehnisse in seinem „Jüdischen Krieg". Demnach gingen der hauptsächlich auf einem steilen Felsen gelegenen Stadt, die nur von Norden her zugänglich war, während der römischen Belagerung bald schon Wasser und Lebensmittel aus. Die Römer errichteten eine Rampe an der Nordseite und konnten am 47. Tag der Belagerung eine Bresche in die Mauer schlagen. Jetzt „kannten sie weder Mitleid noch Schonung", töteten laut Josephus 40 000 Menschen und führten 1200 Gefangene ab.*

Nördliche Goldküste: Haifa – Akko – Rosh HaNikra

In Haifa versuchen Sie am besten, auf die Küstenße 4 zu kommen und dann nordwärts zu fahren. Sobald man den Karmel im Rücken lässt, beginnt eine stark industrialisierte Zone mit vor allem petrochemischen Werken. Schon des dichten Verkehrs wegen ist man froh, dieses Gebiet hinter sich zu bringen.
22 km nach

****Akko (Acre)

Akko, die große Touristenattraktion nördlich von Haifa, war über Jahrtausende der umschlagstärkste **Hafen Palästinas**. Die äußerst lebendige Stadt hat daher viel Geschichte und viel Stimmung zu bieten. Neben dem alten Akko bauten die Israelis eine jüdische Neustadt, während die arabischen Israelis in der Altstadt blieben. 10 000 der heute 46 000 Einwohner sind Muslime, der Stadtrat ist paritätisch mit Juden und Arabern besetzt.

Blick von der Zitadelle in Sepphoris

6

Sehenswertes

****Altstadt von Akko**, imposante Ruinen der ehemaligen Kreuzritterstadt, schöne Moschee, verwinkelte Gassen mit arabischem Leben, UNESCO-Weltkulturerbe seit 2001, S. 304

Akhsiv, Bade- und Picknick-Spot zwischen historischen Ruinen, „Akhsiv-Land" des Exzentrikers Eli Avivi, S. 312

Baha'ullah Mausoleum, Mausoleum des Baha'i-Begründers mit sehr schönem Park, seit 2008 UNESCO-Weltkulturerbe, S. 310

Museum des Kibbuz Lohamei HaGeta'ot über das kulturelle Leben der Juden in Polen und Litauen, S. 310

Nahariya, gemütliche Badestadt, S. 311

Rosh HaNikra, ein Labyrinth aus Höhlen und Grotten im Kalksteinfels, S. 314

*Montfort**, schön gelegene Kreuzritterburg in Ruinen, S. 313

*Nes Ammim**, christlicher Kibbuz, größte Rosenfarm Israels, S. 310

In keiner Stadt Israels funktionierte das **Zusammenleben** so gut wie hier, bis im Oktober 2008 aus einem kleinen Zwischenfall am Yom Kippur vier Tage lang blutige Krawalle wurden, die bislang jedoch absolute Ausnahme blieben.

Eine Information für alleinreisende Frauen: Verschiedene Leserinnen beschwerten sich über die Aufdringlichkeit der Männer in Akko („für alleinreisende Frauen eher die Hölle, es ist nicht möglich, 5 Minuten allein am Strand zu verbringen, ohne belästigt zu werden"). Alleinreisende Frauen sollten sich also mit anderen Frauen oder Reisenden zusammentun, um der Anmache aus dem Weg zu gehen. Lassen Sie sich tunlichst nicht von selbsternannten Guides durch die Atstadt führen, so ehrlich diese Männer es auch meinen könnten.

***Geschichte**: Akkos bekannte Vergangenheit reicht bis ins 19. Jh vC zurück; damals stellten die Ägypter sog. Fluch-Tafeln mit Städtenamen auf, unter denen auch Akko genannt wurde. Diese Städte wurden von den Pharaonen mit Verwünschungen überschüttet. Erneut dokumentiert ist das Jahr 640 vC, als hier siedelnde Phönizier von Assurbanipal verschleppt wurden. Ab 532 wurde Akko persisch, ab 332 durch Alexanders Eroberung griechisch. Als Kaiser Augustus 30 vC Akko besuchte, wurde er von Herodes empfangen. Der Hafen sorgte dann auch in der byzantinischen Zeit für eine solide wirtschaftliche Grundlage. Als die Kreuzfahrer 1104 nC Akko erobert hatten, errichteten sie den Palast, die Johanniter-Krypta und die oberitalienischen Seestädte Genua, Pisa und Venedig gründeten Handelsniederlassungen, aus denen Stadtviertel wurden. 1187 konnte Saladin Akko erobern, aber 1191 holten sich die Kreuzritter unter Richard Löwenherz die Stadt wieder zurück. Da Jerusalem verloren blieb, wurde Akko die Hauptstadt der Kreuzfahreraktivitäten in Palästina; ca. 50 000 Menschen lebten hinter den Mauern der Stadt. 1290 fielen die Kreuzfahrer über die in Akko lebenden Muslime her, 1291 rächten sich die Mamluken bei der Eroberung und zerstörten die Stadt.*

Erst im 17. Jh kam wieder Leben in die Ruinenlandschaft, als die Drusen mit der Neubesiedlung begannen. Besonders Pascha Ahmed Jazzar – wegen seiner Grausamkeiten auch als „Schlächter" bekannt – trieb 1775-1805 den Aufbau voran. 1799 konnte er mit Unterstützung der Briten die Belagerung durch Napoleon abwehren. 1833-40 spielten die Ägypter unter Ibrahim ein kurzes Interregnum, 1918 eroberten die Briten Akko, 1948 die Israelis. Während der britischen Zeit diente die Zitadelle als Gefängnis für jüdische Untergrundkämpfer. Akko verlor seine Bedeutung als Hafenstadt zunächst an Beirut und Jaffa, später an Haifa.

Die **historische Altstadt** ist von ihren Bauwerken und dem Hauch orientalischen Flairs ein Erlebnis, das zu den unvergesslichen Eindrücken Israels gehören wird. Nehmen Sie sich daher genug Zeit, um sich ohne Hast umschauen zu können. Von der Neustadt findet man via Ben Ami St auf die Weizmann St und dort links abgebogen dann durch die Stadtmauer, deren nordwestlicher Teil – also links der Weizmann St – begehbar ist. Gleich nachdem Sie die Stadtmauer passiert haben, können Sie rechts oder links auf den Touristenparkplatz abbiegen; der rechts führt Sie gleich in den Garten mit der **Tourist Information** samt Kiosk, an dem es Stadtpläne, Kombiticket und Easyguide gibt (siehe S. 308). Linker Hand befindet sich das Akko Theatre, schräg rechts ist der Schatzturm (Burj AlHasna) mit der kleinen Ausstellung *Treasures in the Wall* und geradeaus geht es zur unterirdischen Kreuzfahrerstadt. Von hier aus startet man seine Besichtigungsaktivitäten am besten, die einmal den im Folgenden geschilderten Hauptsehenswürdigkeiten gelten sollten, zum anderen aber auch durch Spaziergänge in den alten Gassen erweitert werden können. Denn die Altstadt ist nicht so groß, dass man sich aussichtslos verlaufen könnte, man findet immer wieder zu markanten Punkten.

Vor Ihnen liegt also der Weg in das Foyer der **unterirdischen Kreuzritterstadt** (Sa-Do 8.30-18, Fr 8.30-17, im Winter eine Stunde kürzer geöffnet, Tickets bis eine Stunde vor Schluss); ab 10 Uhr finden alle 2 Stunden Filmvorführungen „2000 Jahre Akko" statt. Links im Foyer gibt es sehr gute Informationen und Pläne.

Die Kreuzritterstadt, die größte Attraktion Akkos, ist einerseits dem gewaltigen, nur schwer zerstörbaren Mauerwerk, andererseits der Faulheit der Bauleute zu verdanken, die den Schutt der Vergangenheit nicht zur Seite räumten, sondern nur planierten, um dann ihre eigenen Gebäude – hier die Zitadelle – auf diesem neuen Straßenniveau zu errichten.

Wenn Sie den Anweisungen des Walkman folgen, gelangen Sie nach dem Weg durch verschiedene unterirdische Räume in den von seinen Dimensionen her gewaltigsten Saal, den Akko zu bieten hat. Es handelt sich nicht, wie lange angenommen, um eine Krypta, sondern um das einstige **Refektorium der Johanniter**, also um den Speise- und Empfangssaal des Ordens bzw. der Kreuzfahrer. Sein Kreuzrippengewölbe wird von drei mächtigen Säulen getragen, der Saal ist über 450 Quadratmeter groß und 12 m hoch. Wahrscheinlich hat **Marco Polo** hier gespeist. Neben der dritten Säule führt eine Treppe zum ehemaligen Fluchttunnel, der einst vermutlich sowohl zum Hafen als auch zur Nordmauer verlief. Man folgt dem engen Gang, der nach 65 m im sogenannten AlBosta Saal endet. Von dort aus öffnet sich die Ausgangstür direkt in den Souk.

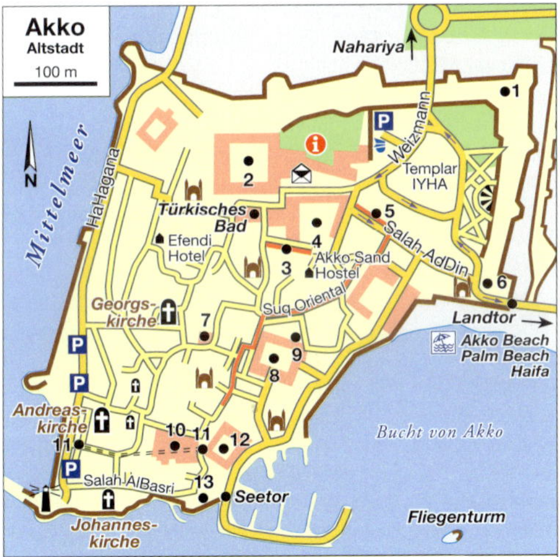

1 Ethnografisches Museum
2 Zitadelle, Kreuzritterstadt
3 Türkischer Basar
4 Ahmad AlJazzar Moschee
5 Souk AlAbjad (Weißer Basar)
6 Akkotel
7 Kleines Badehaus
8 Khan AlFrandji (Franken)
9 Franziskanerkloster
10 Khan AshShuna
11 Templer-Tunnel
12 Khan AlUmdan
13 Abu Christo

6

Doch bevor man sich mit Shopping beschäftigt, sollte man unbedingt das sehenswerte ehemalige **türkische Bad,** dem Hamam von AlJazzar, besichtigen (₪ 25, Kinder 18). Hier wird der Luxus und die Architektur des Bades lebendig. Gehen Sie durch alle Räume bis zum Ausgang, es lohnt sich. Die audiovisuelle Präsentation des letzten Bademeisters (Balan) in Verbindung mit der Stadtgeschichte Akkos verschafft von dem Gebäude einen noch plastischeren Eindruck.

Vom Hamam-Ausgang gehen Sie am besten links, gleich wieder rechts und wieder links, gelangen so zum im Kombiticket enthaltenen **Okashi-Museum** – schön eingewölbte Hallen, in denen der namhafte israelische Künstler Avshalom Okashi arbeitete und in denen nun sein Spätwerk ausgestellt ist, Sa-Do 9.30-18, Fr -17, im Winter Sa-Do 8.30-16, Fr -15, ohne Kombi ₪ 10/5. Vom Museum gelangt man weiter auf die Verlängerung der Weizmann St, die AlJazzar St, an der rechts die große Moschee liegt.

Die **AlJazzar-Moschee** (₪ 10, für Öffnungszeiten Tel 9913039 anrufen) ist die wichtigste der sieben Moscheen in Akko und die drittgrößte in Israel. Sie wurde von Ahmed AlJazzar 1781-82 auf den Grundmauern der zerstörten Kreuzritterkathedrale errichtet. In einem ruhigen, von ein paar Palmen beschatteten Innenhof erhebt sich der Kuppelbau nach osmanischem Vorbild. Die Säulen der Vorhalle stammen von antiken Ruinenstätten. Der kuppelüberwölbte Innenraum wirkt in seiner sehr reichen Ornamentik für unseren Geschmack vielleicht etwas grob, dennoch lohnt sich ein Blick ins Innere sehr. In einem kleinen Schrein wird ein Barthaar des Propheten aufbewahrt, das einmal im Jahr während des Ramadan gezeigt wird (für Besucher nicht zugänglich). In dem kleinen Gebäude rechts neben der Moschee sind die Sarkophage von AlJazzar und seinem Sohn aufgestellt, die nur durch vergitterte Fenster zu sehen sind. Sehr hübsch ist der überdachte Sabil (Brunnen) für die rituellen Waschungen der Gläubigen vor dem Gebet.

Akkos AlJazzar-Moschee

AlJazzar nutzte die Reste der Kathedrale unterhalb der Moschee als Wasserreservoir. Links der Moschee führt eine Tür hinunter (mit roten Pfeilen gekennzeichnet); man geht auf Stegen über dem immer noch vorhandenen Wasser zwischen dicken Mauern und Pfeilern, von fahlen Lampen beleuchtet, durch das verließartige Gemäuer.

Zurück von der Moschee auf der Straße geht es nach rechts weiter. Wenn Sie sich dann geradeaus auf der Salah AdDin St Richtung Landtor halten, und linker Hand der langen Treppe auf die östliche Stadtmauer folgen, erreichen Sie in der Nordostecke im Burj AlCommander das wiederum im Kombiticket enthaltene **Ethnografische Museum** *Treasures On the Wall* (Ethnography Center of Acre and the Galilee, täglich 10-17, winters -16, Fr -15, ohne Kombi ₪ 15, Kinder 10). Nachgebildet wurde hier ein sehenswerter orientalischer Markt des 19. Jhs inklusive der verschiedenen Handwerkskünste sowie ein arabisches Wohnzimmer aus Alt-Damaskus. Auch ein kleiner Garten weckt 1001-Nacht-Assoziationen.

Sie können jedoch auch ohne das Museum am **Weißen Basar** rechts gehen, oder sich hier in einem der Restaurants hier erstmal stärken, denn vor Ihnen liegt nun der Souk. Hier erleben Sie ein bisschen Orient mit seinen Gerüchen, dem Stimmengewirr der Händler und den Angeboten fürs tägliche Leben der Bewohner, besonders aber den Souvenirs für Touristen. Einst gab es mehrere Karawansereien in diesem Viertel. Zuerst erreichen Sie den Khan AshShawarda (Khan der Kaufleute), der auf den Ruinen eines ehemaligen Nonnenklosters errichtet wurde, doch er und der weiter südliche, um 1600 erbaute und damit stadtälteste Khan AlFarandji (mit dem geflügelten Wappenlöwen Venedigs über dem Tor) geben für den Besucher nicht mehr allzu viel her. In der Nähe des Khan AshShawarda wurde der Turm **Burj AsSultan** in die türkische Stadtmauer integriert; tatsächlich stammt er aus Kreuzritterzeiten. Sehenswert ist der **Khan AlUmdan** (Khan der Säulen) in der Nähe der Sinan-Pasha-Moschee am Hafen. Er wurde von AlJazzar als Karawanserei für ottomanische durchreisende Händler gebaut. Im Erdgeschoss öffneten sich die Verkaufsräume für die Kaufleute, die im oberen Stockwerk Quartier bezogen. Antike Säulenreihen, die aus Caesarea stammen, umgeben die beiden Stockwerke im Innenhof. Der Uhrenturm in der Mitte – Baujahr 1906, außen mit dem martialischen Wappen des „Schlächters" – ist Wahrzeichen des Khans (und eines von Akko).

Wenn sie von hier auf ungewöhnliche Weise zur Seeseite der Altstadt wollen, sollten Sie durch den 350 m langen **Templer-Tunnel** gehen. Der Einstieg ist hier zwischen Khan AlUmdan und Khan AshShuna oder am anderen Ende nördlich des Leuchtturms beim Restaurant Uri Buri (₪ 15, Kinder 12). So ungewöhnlich dieses Erblebnis ist – was der Tunnel eigentlich sollte, ist unklar.

Der malerische **Fischereihafen** und die **Marina** liegen jedoch beim Khan AlUmdan an der geschützten Landseite der Altstadt. Sie können von dort einen **Bootstrip** mit der Königin von Akko unternehmen (siehe S. 309). Auf einer künstlichen Insel knapp 100 m vom Ende der Mole entfernt steht der **Turm der Fliegen**, dessen ursprüngliche Bedeutung nicht gesichert ist. Vielleicht reichte damals die Hafenmole bis zur Insel und der Turm diente als Leuchtturm. Gleich südlich des Fischereihafens schließt sich der kleinere Pisa-Hafen an.

Auf und neben der westlich sich anschließenden Stadtmauer haben sich Cafés und Restaurants angesiedelt. Spezialität ist frisch gefangener Fisch. Etwas vorgeschoben steht am westlichen Ende der **Leuchtturm**. Von hier aus kann man parallel zur ehemaligen Seemauer auf der HaHagana St bis zum nordwestlichen Turm Burj AlKarim wandern und dann entlang der nördlichen Stadtmauer bis zur Zitadelle. Oder Sie gehen rechts am Leuchtturmplatz vorbei zum Eingang des Templertunnels und wieder zum Khan AlUmdan, wenn Sie Ihr Kombiticket vervollständigen wollen. Der Ausgang ist am Getreidemarkt, und wenn Sie dort dem in der Tourismus-Karte grün eingezeichneten

Der Khan AlUmdan in der Altstadt von Akko

Khan-Rundgang folgen, gelangen Sie über den Pisa-Platz vorbei am Kleinen Badehaus und über den Genua-Platz ebenfalls Richtung Norden zur Zitadelle.

Die **Zitadelle**, die von AlJazzar im 18. Jh errichtet wurde, ging vor allem als Gefängnis in die Geschichte ein. Hier wurden u.a. der Begründer der Baha'i-Religion Baha'ulla und, später, jüdische und arabische Untergrundkämpfer gegen die Engländer gefangen gehalten. Das **Museum of Underground Prisoners** (So-Do 8.30-16.30, Fr -13.30) soll Erinnerungen an die hier umgekommenen politischen Gefangenen und die Befreiung der Überlebenden wach halten. Bei der Besichtigung erkennt man natürlich auch die Dimensionen des ehemaligen Sultanspalastes. Vom Turm Burj AlHasne bietet sich herrliche Aussicht, vor allem ein guter Überblick über die Altstadt.

Praktische Informationen

- Telefon-Vorwahl 04
- **Polizei**: Tel 9876736 oder 056 273261

• **Tourist Information Office,** 1 Weizmann St, Tel 9956706 oder gebührenfrei 170 0708020, www.akko.org.il (auch auf Deutsch), innerhalb des Gartens vor dem Eingang zur Kreuzfahrerzitadelle. Der hier erhältliche Altstadtplan zu ₪ 4 schlägt auch auf Deutsch sieben thematisch orientierte Rundgänge durch die Altstadt vor. Mitten in diesem Garten gibt es ein Kassenhäuschen, an dem Sie am besten ein, ein Jahr gültiges **Kombiticket** für mehrere Sehenswürdigkeiten Akkos erwerben. Bei der umfassendsten Variante gehört noch Rosh HaNikra an der libanesischen Grenze dazu – für ₪ 77. Im Preis enthalten ist ein Easy-Audio-Guide (auch auf Deutsch), und es gibt auch kleinere Kombinationen von Sehenswürdigkeiten, z.B. ohne Rosh HaNikra und Türkisches Bad.

Busverbindungen

- Der Busbahnhof liegt an der HaArba'a St. Unter anderen verbinden die Busse 271, 281 sowie 500 und 501 Akko mit Haifa. Die 200er-Busse fahren auch nach Nahariya. Busse von Plattform 16 bringen Sie zur Altstadt, den guten Kilometer kann man aber auch zu Fuß machen, z.B. durch die Kaplan St an der Tunesischen Synagoge Or Tora mit bemerkenswerten, neuen Mosaiken vorbei, siehe Bild S. 308.
- Der **Bahnhof** liegt nahe dem Busbahnhof in der David Remez St. Züge nach/von Nahariya halten in Akko, Abfahrten etwa alle ein bis zwei Stunden; während der Hauptverkehrszeiten kommt man per Zug schneller nach Haifa.

Veranstaltungen

- Im Frühling findet in Akko ein Sing-Festival mit dem Titel Voice from the Wall statt, an dem international bekannte Sänger teilnehmen. Im Juli gibt das Haifa Sinfonie Orchester Konzerte in der Altstadt. Während des Sukkot-Festes (meist im Oktober) wird auf den Straßen der Altstadt Theater in vielen Varianten, vom Straßentheater bis hin zum Musical aufgeführt, allerdings meist auf Hebräisch, www.accofestival.co.il. Das

Akkos moderne tunesische Mosaiken-Synagoge, Kaplan St (So-Fr 9.30-12.30)

Theaterfestival wird im Gebäude gegenüber der Tourist Information organisiert, wo sich auch das Acco Theatre befindet, www.acco-tc.com. Hier entstand das erste israelisch-arabische Theaterprojekt „Arbeit macht frei", das im Film Balagan dokumentiert wurde (siehe S. 20). Fragen Sie gegenüber in der Tourist Information nach dem aktuellen Veranstaltungskalender.

Sport und Schiffsausflug

▶ Natürlich gibt es für Badehungrige Sandstrände in Akko; als der beste wird der Argaman Beach (Hof Argaman, Eintritt) an der Landstraße nach Haifa bezeichnet, nur ein kurzes Stück südlich der Altstadt (nach der Marineoffiziersschule). Im Sommer überwachen Rettungsschwimmer den Strand. In Akko kann man Boote leihen oder windsurfen. Auch ohne eigenen Kraftaufwand kann man Akko vom Meer aus betrachten: Die Malkat Akko umrundet die Stadtmauern in etwa drei Stunden, Tel 9910606 oder 050 648917.

Nightlife

▶ Abends ist die Altstadt sehr lebendig, aus den vielen Cafés, in denen Männer sitzen und Wasserpfeife rauchen, dringt arabische Musik. Es macht Spaß, auch zu dieser Tageszeit durch die Gassen zu bummeln und ein bisschen arabisches Nachtleben mitzubekommen. Alleinreisende Frauen sollten sich besser an der dann dicht bevölkerten Strandpromenade nördlich vom Leuchtturm aufhalten. Die Disco des Palm Beach Hotels öffnet im Winter nur an Freitagen, im Sommer in jeder Nacht der Woche.

Essen und Trinken

▶ In der Altstadt gibt es viele Felafel- und Shauwarma-Stände, an denen man sich preiswert den Magen füllen kann. An der Marina locken, natürlich vor allem mit guten

Übernachten

• **EFENDI HOTEL**, Louis IX St, Tel 074 7299799, Fax 074 7299700, www.efendi-hotel.com; 2012 eröffnet, Verbindung zum Restaurant Uri Buri, aufwändigst restauriert und geschmackvoll eingerichtet, tolle Ausblicke, neue Preiskategorie in Akko, mF........E/D+B $ 350-800

• **AKKOTEL**, Salah AdDin St direkt am Land Gate, Tel 9877100, Fax 9810626, www.akkotel.com; 2007 eröffnetes Boutique-Hotel, behutsam und geschmackvoll renoviert, charmanter christlicher Familienbetrieb, das teils in der Stadtmauer liegende denkmalgeschützte Gebäude war u.a. Zollstation, Jungenschule und Gericht und hat schon Napoleon gesehen, mit Kind + $ 50, Dach-Café, AC, TV, Parkplatz & WLAN gratis, mF........E+B $ 145-180, D+B $ 180-225

• **PALM BEACH**, von Haifa Abfahrt En HaMifraz nehmen, Tel 9877777, Fax 9910434, www.palmbeach.co.il; außen etwas ausgeblichen, schöner Blick nach Akko oder zum Karmel, Strand nur Mai-September, Pool, viele Sportmöglichkeiten, Wellness, AC, mF ......E+B $ 125-184, D+B $ 147-206

• **AKKO BEACH**, gleich nördl. vom Palm Beach Hotel, Tel 9957999, Fax 9919074, www.accobeach-hotel.co.il; hell, freundlich, kleine, flache, gepflegte Häuser, Roof Top Bar, Pool (nur 11-17), Sauna, öffentlicher Strand, TV, AC, WLAN gratis, mF........E+B $ 100-121, D+B $ 125-175

• **TEMPLAR INTERNATIONAL YOUTH HOSTEL**, Weizmann St 2 (gleich bei der Tourist Information), Tel 5945711, Fax 9553500, www.iyha.org.il; 2012 eröffnet, großzügig angelegt, archäologische Funde zugänglich gehalten, TV, AC, WLAN gratis, mF........E+B $ 64, D+B $ 78

• **AKKO SAND HOSTEL,** südlich der AlJazzar Moschee mitten in der Altstadt, Abholservice, Tel 9918636 oder 050 9083403, Fax 9818601, sand.hostel@hotmail.com; 2010 eröffnet, freundlich, sauber, angenehm Traveller-orientiert, Dorm-Betten sehr dicht gestellt, Frühstück plus ₪ 25
........Dorm ₪ 80, E+B ₪ 250, D+B ₪ 355

• **WALID'S GATE** (oder auch AKKOGATE GUEST) **HOSTEL**, 14 Salah AdDin St nahe dem Landtor, Tel 9910410, Fax 9815530, http://akkogate.com; freundlich, manche Räume nicht so doll, vorher gucken, nicht übertrieben sauber, TV, AC, Frühstück mäßig für ₪ 25,
........Dorm pP ₪ 80, E+B ₪ 240, D+B ₪ 320

6

Fischgerichten, das PTOLEMAIS und ABU CHRISTO, tolle Aussicht, jedoch nach Preis und Freundlichkeit des Service zu urteilen, wohl schon zu häufig empfohlen worden.

▶ Da es am Leuchtturm leider kein Restaurant mehr gibt, ist am Platz nördlich davon das URI BURI gut zu empfehlen, wiederum mit Fischspezialitäten. Man kann sich hier auf der HaHagana St jedoch auch ein paar Hundert Meter aus der Altstadt hinaus begeben: Erstens lockt die Promenade am Weststrand und zweitens gibt es mehrere Restaurants zwischen den EinAmündungen von Ben Ami und Herzl St, bei denen man z.B. im SARAYA oder daneben im THE LOAVES & FISH (HALEKHEM VEHADAGIM), 30 HaHagana St, gute arabische Küche zu mittleren Preisen und wenige Touristen finden kann.

Weiter von Akko nach Norden. In den hiesigen **Baha'i-Gärten**, an der Landstraße 8510 nach Nahariya im Norden von Akko, steht das ****Mausoleum des Baha'i-Begründers Baha'ullah** (Garten 9-16; Mausoleum Fr-Mo 9-12), umgeben von einem herrlichen Blumengarten, seit 2008 UNESCO-Weltkulturerbe. Hierher kommen Baha'i-Pilger aus aller Welt, aber auch viele Besucher, um die Gärten zu erleben. Auch das Haus, in dem Baha'ullah unter Hausarrest lebte, steht hier.

Weltliche Besucher müssen – bedeckt gekleidet – das westliche Eingangstor benutzen. Es liegt direkt an der Landstraße kurz vor einem Schild, das die Abzweigung der Straße 8501 anzeigt; am Ende dieser Straße öffnet sich rechts der eigentliche Eingang, direkt bevor die Straße vor der Straße 4 endet.

1949 errichteten Überlebende der Nazi-Konzentrationslager etwa 1 km nördlich der Akko North Junction das Kibbuz ****Lohame HaGeta'ot**. In dem angeschlossenen Ghetto-Kämpfer-Museum (So-Do 9-16, Fr -13, ₪ 30, Kinder ab 11 J. ₪ 20, nur Kindermuseum: Erwachsenenrabatt ₪ 10, www.gfh.org.il/Eng) trugen sie eine eindrucksvolle Dokumentation über das kulturelle Leben und den Widerstand der Juden in Polen und Litauen sowie die Erhebung im Warschauer Ghetto zusammen – exzellent gemacht und sehr bewegend. – In der Nähe sind von der Straße aus die gut erhaltenen Reste des Aquädukts zu sehen, das von AlJazzar im 18. Jh zur Versorgung von Akko gebaut worden war.

Etwa gegenüber dem Kibbuz liegt westlich der Straße 4 ein großes Lager namens **Khazrot Yassaf**, das den immer noch einwandernden äthiopischen Juden als erste Ankunftsadresse in Israel dient. Die hübschen schlanken Menschen halten hier noch ein Stück ihrer afrikanischen Heimat lebendig, u.a. beschäftigen sie sich mit kunsthandwerklichen Arbeiten, die man im Bet HaYoz **Craft Center** kaufen kann (Tel 9916325, Fax 9914082, Beispiele bei einer Initiative aus Lod: www.almaz.co.il). Nicht unbekannt sind sog. „Love Chests" aus Keramik, in denen aktive Liebespaare dargestellt sind – ist der Deckel geöffnet, so gibt (angeblich) einer der Ehepartner ein deutliches Zeichen, dass er/sie bereit für körperliche Kurzweil ist.

2 km nördlich kann man erneut von der Straße 4 abbiegen, um

*Nes Ammim

zu besuchen: an der Ampel der Regba Junction rechts, am Tor von Regba links und dann 5 km auf der Straße 8611 bis Nes Ammim (falls Sie Wegweiser vermissen: die scheinen bei der Bevölkerung von Regba hoch im Kurs zu stehen). Die kibbuzartige Siedlung wurde in den 1960er Jahren von europäischen Christen gegründet, die bessere Beziehungen zwischen Juden und Christen entwickeln und Solidarität zeigen wollten, daher der Name Zeichen der Völker. Das kleine Museum ist einen Blick wert. Bekannt wurde das „christliche Kibbuz" mit seinem Rosen- und Avocadoanbau, was jedoch während der Zweiten Intifada aufgegeben wurde. Der Kibbuz wird nahezu ausschließlich von freiwilligen Helfern betrieben, die 1-7 Jahre mitarbeiten und dabei ihren Lebensunterhalt verdienen. Schwerpunkt heutiger Arbeit ist der Dialog zwischen Juden und Arabern. Informationen bei Nes Ammim Deutschland, Bergesweg 16, 40489 Düsseldorf, www.nesammim.de, Aktuelles von vor Ort: www.nesammim.org.

Übernachten

• **NES AMMIM HOTEL,** Tel 04 9950000, Fax 04 9950098, www.nesammim.com/en; hübsch mit Rosenrabatten in Botanischem Garten angelegt, Pool, komfortable Zimmer, AC, WLAN gratis in der Lobby, mF................. E+B $ 93-170, D+B $ 110-200

10 km (von Akko) nach

**Nahariya

***Geschichte**: Auf historischem Boden – die Kanaaniter siedelten hier von etwa 2000-1200 vC gründeten 1934 deutsche Juden eine Siedlung, in der heute etwa 51 000 Einwohner leben und die ein beliebter und doch relativ ruhiger Badeort ist. Nahariya galt noch in den 1960er Jahren als ausgesprochen deutsch mit „Kaffeegehen" und „Schlagsahne" auf dem Kuchen. Davon ist kaum etwas geblieben – www.nahariya.muni.il funktioniert nicht einmal auf Englisch. Auch die Beschaulichkeit hat nachgelassen: Bei Israels Krieg gegen die Hisbollah 2006 gingen rund 800 Katyusha-Raketen auf Nahariya nieder – ein Friedensvertrag mit dem 10 km entfernten Libanon hätte viele Vorteile. Die touristische Infrastruktur hat jedenfalls gelitten.*

Zur Orientierung: Der Fluss HaGa'aton fließt in einer Betonrinne dem Meer entgegen und teilt dabei sowohl die nach ihm benannte Straße als auch die Stadt. Das Westende der Ga'aton St endet quasi am Strand, von dort zieht sich die Promenade am Strand entlang nach Süden.

Vom Baden her kann sich Nahariya nicht unbedingt mit Netanya messen, der südlicher gelegenen Konkurrenz. Hinzu kommt die Tatsache, dass es im Norden Israels Probleme mit der Abwasserbeseitigung gibt und zusätzlich Schmutz vom benachbarten Libanon angeschwemmt wird. Trotz allem gewann der Hauptstrand der Stadt, der Galei Galil Beach, Preise für seine Sauberkeit. Dieser am meisten frequentierte Strand liegt gleich nördlich der Einmündung der HaGa'aton St. Neben Lebensrettern von Juni bis September (in dieser Zeit Eintritt) gibt es hier ein offenes und ein beheiztes Schwimmbad, beide Bäder sind das ganze Jahr über geöffnet. Südlich liegt der eintrittsfreie städtische (Municipal) Beach.

Etwas weiter nördlich des Galei Galil Beach wurden an der HaMa'apilim St spärliche Reste eines im 15. Jh vC errichteten Tempels u.a. der kanaanitischen See- und Fruchtbarkeitsgöttin Astarte ausgegraben. Wenn die Ruinen auch touristisch nichts mehr hergeben, so verhilft die Göttin posthum der hiesigen Tourismusindustrie zu zusätzlichem Verdienst; denn Astarte zuliebe wurde Nahariya angeblich der beliebteste israelische Ort für Flitterwöchner...

Im Stadtteil Givat Kaznelson östlich der Straße 4 wurden bei der Bielefeld St (Nahariyas deutsche Partnerstadt) die Reste einer byzantinischen Kirche mit einem außergewöhnlich schönen und fein gearbeiteten Bodenmosaik mit u.a. Arbeits- und Jagdszenen sowie Fauna- und Floramotiven ausgegraben. Besichtigungen sind nur bei vorheriger Vereinbarung möglich, Tel 9823070.

Das städtische Museum von Nahariya liegt etwas außerhalb des Zentrums im Bet Lieber-

man, auf der Straße 4 von Süden kommend an der ersten Ampelkreuzung links und gleich wieder rechts, oder von der HaGa'aton St auf der 4 Richtung Süden und dann die zweite kleine Straße rechts, So/Mo/Mi/Do 10-12, So/Mi auch 16-18, Eintritt. Der Besuch lohnt durchaus zu den Themen Moderne Kunst (wechselnde Ausstellungen), Stadtgeschichte (Funde aus den Höhlen von Rosh HaNikra) und Meeresbiologie (Schwerpunkt Malakologie: Muschelkunde).

Praktische Informationen

▶ Telefon-Vorwahl 04

Eine Tourist Information ist nicht mehr vorhanden.

Verkehrsverbindungen

▶ **Busterminal** und **Bahnhof** liegen an der HaGa'aton St, Bus 271 und 281 fährt nach Akko und Haifa. Akhziv und Rosh HaNikra sind nicht per Bus erreichbar.

▶ **Züge**: Nahariya ist nördliche Endstation, Abfahrten tagsüber halbstündlich. Nach Haifa fährt man 35 Minuten (₪ 20), nach Tel Aviv per Intercity gut 100 Minuten ₪ 45).

Veranstaltungen, Nightlife

▶ Von Juni bis August findet mittwochs und samstags ab 21 Uhr auf der Promenade Volkstanz statt. Bars liegen natürlich nahe dem Meer, etwa das MULL HAYAM am Ende der HaGa'aton St. Schicker geht es z.B. im SOGO, Ecke HaGa'aton/Jabotinski St zu. Am Wochenende öffnet die ziemlich teure Disco im CARLTON Hotel.

Essen und Trinken

▶ Viele vor allem der preiswerteren Essplätze mit Felafel oder Shauwarma liegen an der HaGa'aton St, besonders an den Plätzen bei der Kreuzung mit der Herzl St. Bekannt und beliebt ist das PENGUIN Café und Restaurant, 31 HaGa'aton St, hauptsächlich Leichtes vom Milchshake bis zur Pizza, gut und preiswert. EL PONCHO, 33 HaGa'aton St, argentinische Steaks und andere Deftigkeiten, SINGAPORE, 17 Jabotinski St, gilt als gutes China-Restaurant. Die oben erwähnte Bar SOGO ist

Regierungssitz von Akhsivland

außerdem auch ein Café und Grill-Restaurant, und an der Strandpromenade findet man THE LANTERN – Café, Bar, Restaurant, koscher, aber Milchiges und Fleischiges.

Übernachten

• **NEW CARLTON**, 23 HaGa'aton St, Tel 9005511, Fax 9823771, www.carlton-hotel.co.il; bestes Haus am Platz, Frühbucherrabatte, Pool, AC, TV, mF .... E+B $ 150-202, D+B $ 179-231

• **FRANK**, 4 HaAliya St, Tel 9920278, Fax 9925535, www.hotel-frank.co.il; gleich nördlich der HaGa'aton St in Strandnähe, sehr sauber, gut möbliert, AC, TV, Pool, mF ...E+B $ 120, D+B $ 145

• **SHTARKMAN ERNA**, 29 Jabotinsky St (zwei Blocks vom Strand entfernt), Tel 9920170, Fax 9928917, www.hotelerna.info; gerade runderneuerter Retro-Look, deutschsprachig, familiäre Atmosphäre, sehr sauber und gepflegt, AC, TV, mF......................... E+B $ 109-134, D+B $ 128-154

Außerhalb

• **GESHER HAZIV TOURIST MOTEL**, Kibbuz Gesher Haziv, nordöstlich von Nahariya, Tel 9958416, Fax 9958568; hübsch eingerichtete Räume, AC, TV,
mF ....E+B ₪ 300-420, D+B ₪ 400-520

6 km nach

**Akhsiv

Bereits das Alte Testament erwähnt Akhsib, später gewannen Phönizier hier Purpur aus Schnecken. Auch die Kreuzritter sahen sich um und nannten den Ort Castel Imbert. Heute ist die historische Gegend zum **Akhsiv Nationalpark** erklärt, der besonders für arabische Familien mehr ein Bade- und Picknick-Spot geworden ist (Eintritt ₪ 30, Kinder ₪ 18, Camping ₪ 50/40). An der Stelle der phönizischen Hafenstadt stehen Umkleideräume mit Duschen. Die noch vorhandenen Ruinen stammen aus kanaanitischer, byzantinischer und Kreuzfahrer-Zeit.

Nördlich des Parks sollten Sie den „unabhängigen Staat" **Akhsivland** besuchen, der 1952 von dem Exzentriker Eli Avivi ausgerufen wurde und seither von der lokalen Verwaltung zähneknirschend geduldet wird. Eli wird seinem Staat hoffentlich noch sehr lang seinen Stempel aufdrücken, denn Totgesagte leben besonders im Land der Auferstehung länger! Dazu trägt sicherlich auch seine aus München stammende Frau Rina bei. Beide drücken auch ihren Staatsgästen ihren Stempel auf: Ein „Visum" für Akhsivland im Reisepass ist eine prima Gelegenheit für Stempelsammler, auch wenn es eventuell die Unterhaltung bei der Ausreise aus Israel verlängert..

Avivi hat ein ziemlich großes **Sammelsurium** an Fundstücken – angeblich alle aus Akhsiv – zusammengetragen und sie in seinem pittoresken Haus, das gleichzeitig Museum ist, ausgestellt, Besichtigung ₪ 20. Vom obersten Stock des hochsitzähnlichen Hausaufsatzes hat man einen schönen Rundblick. Außerdem kann man auf dem Grundstück campen: mit Meeresblick, im Gegensatz zum kaum 200 m nördlich gelegenen Campingplatz. Folgen Sie von der Straße 4 dem Schild Akhziv/Eli Avivi, dann rechts, und linker Hand öffnet sich ein Tor mit Schild Achzibland.

Übernachten

• **AKHSIV HOLIDAY VILLAGE**, an der Straße 4 von Nahariya nach Norden kurz nach Bahnübergang rechts, Tel 04 9823602, Fax 04 9826030, achziv@netvision.net.il; 25 Holzhütten zum Teil unter schattigen Bäumen, sauber, AC, TV, zum Strand über die Straße, Frühstück nur im Sommer E+B ₪ 250-400, D+B ₪ 300-600

• **Camping:** In der AKHSIV NATURE FIELD SCHOOL unter schattigen Bäumen ....pP $ 30

• **AKHSIVLAND** („unabhängiger Staat"), Tel 04 9823250 oder 054 4679689, links der Straße 4 an der Küste (Schild: Eli Avivi), direkt am eigenen Strand, gute Sicht, kühlende Brise, sehr originell, einfach, Gemeinschaftstoiletten.........., z.T. ACE/D ₪ 150-250, D+B ₪ 300-450

• **Camping** ....pP ₪ 100

4 km: Bezet Junction

Links der Straße lädt der Bezet Beach zum Baden ein. Rechts können Sie einen ca. 13 km weiten Abstecher zur Festung

*Montfort

machen, sofern Sie Zeit im Überfluss haben und Wert darauf legen, jede Kreuzritterburg gesehen zu haben – oder aber in der hübschen galiläischen Berglandschaft etwas zu wandern. Die Festung wurde im 12. Jh von Franzosen auf einem steilen Berg errichtet, später kaufte sie der Deutsche Orden. Sie war nach Akko die zweitwichtigste Festungsanlage, die aber 1271 von den Mamluken erobert und zerstört wurde. Einige Funde der Burg sind im Jerusa-

Per Seilbahn zu den Felsengrotten

6

lemer Rockefeller Museum zu besichtigen. Für weniger Interessierte dürfte der Anblick der Festung vom Observation Point im Goren Park das Schönste an Montfort sein, man könnte fast ans deutsche Mittelgebirge denken.
Auf der Straße 899 ca. 10 km bis zum ausgeschilderten Abzweig *Goren Park*, dort rechts in den Park abbiegen und teilweise auf einem Schotterweg bis zum **Montfort Observation Point** am Ende der Straße fahren. Man sieht die eher spärlichen Ruinen auf einem Bergsporn gegenüber dem Wadi liegen. Von hier aus zu Fuß zur Festung hinab und wieder hinauf (Hin- und Rückweg etwa 2 Stunden). Als Alternative: auf der Straße 89 Nahariya – Safed in Miliya links abbiegen und bis zu einem 3 km entfernten Parkplatz fahren, von dort ca. eine halbe Stunde Abstieg.
Doch weiter auf der Küstenstraße.
2 km nach

**Rosh HaNikra

Geschichte: *Wie fast alles in Israel hat auch dieser Fels seine Geschichte. Er wird bereits im Alten Testament erwähnt und von jüdischen Gelehrten „Leiter von Tyros" genannt. Alexander der Große schlug sich 323 vC mit der Felsblockade an der Küste herum wie vor und nach ihm viele andere Karawanen und Heerzüge. Man hackte Treppenstufen ins Gestein, um Kamelen und Pferden den Aufstieg zu erleichtern. Erst die Briten schafften 1942 im Zweiten Weltkrieg einen direkten Durchbruch, indem sie einen 200 m langen Eisenbahntunnel bohrten und damit eine Zugverbindung zwischen dem Libanon und Ägypten ermöglichten. Während des Unabhängigkeitskrieges sprengten die Israelis die Brücken und mauerten den Tunnel wieder zu.*
Selbst der nördliche Küstengrenzort zum Libanon ist beliebt bei Touristen: Hier geht der Sandstrand in abrupte Steilküste von etwa 70 m Höhe über, die aus schneeweißer Kreide besteht. Es handelt sich um den Ausläufer einer Kalksteinbergkette, deren Deckschicht aus harter Kreide, einer Zwischenschicht aus lockerem, brüchigen Kalkstein und einer Unterschicht aus wiederum hartem Kalkstein besteht. In mühevoller Kleinarbeit trug die Brandung das brüchige Gestein davon und schuf ein Labyrinth aus Höhlen und Grotten im Fels. Früher waren diese nur per Boot und Tauchausrüstung zugänglich, Ende der 1960er Jahre wurde ein Verbindungstunnel zwischen einzelnen Höhlen in den Fels gehauen und eine Seilbahn angelegt, so dass der Besuch seitdem auch für Normaltouristen möglich ist.

Die Straße endet an einem Aussichtsplatz, von dem die Drahtseilbahn (Sa-Do 9-18, im Winter -16, Fr -16, vor jüdischen Festtagen -12, ₪ 45, Kinder ab 3 Jahren ₪ 35, www.rosh-hanikra.com – Kombiticket mit Akko-Sehenswürdigkeiten auch hier erhältlich, siehe S. 289) zu den Grotten hinunterfährt. Direkt an der Talstation wird im ehemaligen Eisenbahntunnel eine Sound & Light-Show, auch auf Deutsch, gezeigt. Ein Gang durch die Grotten, in welche die Brandung hineindonnert, ist ein Erlebnis. Mit etwas Muße kann man vor allem in der Nachmittagssonne herrliche Lichtspiele im tiefblauen Wasser, eingefangen zwischen den perlweißen Grottenwänden, beobachten.

Praktische Informationen

▶ Per Auto sind es nur 10 Minuten von Nahariya. Anderweitig muss man in Nahariya ein Taxi nehmen, nachdem keine Busse mehr fahren. Der Taxistand ist zwischen Busterminal und Bahnhof an der Lohamei HaGetaot St.

Übernachten

• **SHLOMI YOUTH HOSTEL,** 4 km östlich von Rosh HaNikra (Busse 20, 23 und 32 der Firma www.nateevexpress.com [hebr.]), Tel 04 9808975, Fax 04 9809163, www.iyha.org.il; großes, gut gepflegtes Hostel, hübsche Gartenanlagen, 4er-Dorms, AC,
mF...............Dorm pP $ 35 , E+B ab $ 72, D+B $ 88

Galiläa und der Golan

Galiläa

Den Norden Israels prägt die bereits aus dem Religionsunterricht bekannte Landschaft von Galiläa. Sie erstreckt sich von der Mittelmeerküste im Westen bis zum Jordan-Grabenbruch im Osten, von der libanesischen Grenze im Norden bis zum Jesre'el Tal im Süden. Diese mit vielen Bäumen bestandene Hügel- und Gebirgslandschaft umfasst den grünen, eher lieblichen und in vielen Augen schönsten Teil Israels mit der sattfruchtbaren Gegend um den See Genezareth, der bereits unterhalb des Meeresspiegels liegt, bis hinauf zum Berg Meron mit 1208 m Höhe. Die Region selbst unterteilt sich wiederum in das rauere nördliche Obergaliläa und das weniger bergige südliche Untergaliläa.
Selbstverständlich gehört auch der Küstenstreifen am Mittelmeer zu Galiläa, der jedoch schon im vorangehenden Kapitel behandelt wurde.

Sehenswertes

****Safed**, heiliger Ort des Judentums, schön und hoch gelegen, eigene Atmosphäre, altes jüdisches Viertel, Künstlerkolonie, S. 318

****Industrial Park Tefen**, sehr interessantes **Museum deutschsprachiger Juden**, S. 316

***Meron**, Grabstätten von Simon Bar Yokhai und Sohn Eleasar sowie anderer Rabbis, Pilgerort, S. 318

***Nationalpark Bar'am**, recht gut erhaltene Synagoge aus dem 3. Jh nC, S. 317

***Peki'in**, Drusenort mit Höhle, in der sich Simon Bar Yokhai mit Sohn 12 Jahre versteckte, S. 317

***Yekhi'am**, schöne Nature Reserve und teilweise imposante Ruinen einer Kreuzritterburg, S. 315

Nahariya – Safed *(Zefat* oder *Tzfat)*

Die Straße 89 führt als eine wichtige Verbindung im Norden Israels nach Osten, halbwegs parallel, aber in gehörigem Abstand zur Libanongrenze. Sie erschließt die hübsche Gebirgslandschaft Galiläas und ist für Touristen von besonders großem Reiz. Wer Zeit hat, sollte Picknickpausen oder auch Wanderungen unterwegs einplanen.

Start: **Nahariya Junction** (Straße 4/89)

7 km: **Ga'aton Junction**

Rechts führt ein 5 km langer Abstecher zum **Kibbuz Yekhi'am**, bzw. dem

Yekhi'am Nationalpark

Hier ragen recht monumentale Ruinen der gleichnamigen Kreuzfahrerburg (8-17, im Winter -16, freitags -15, ₪ 14/7, Camping pP ₪ 40, Kinder 30) so hoch in den Himmel, dass sie bei klarem Wetter von Nahariya aus gesehen werden können. Obwohl es wesentlich besser erhaltene Hinterlassenschaften der Kreuzfahrer in Israel gibt, kann man sich in der kompakten Anlage ein bisschen die Füße vertreten, die Aussicht auf die galiläischen Berge oder hinunter zur Küste genießen und sich von den im Gemäuer geschickt aufgestellten, schattenrissartigen Blechfiguren der Ritter fast erschrecken lassen. Die Burg entstand im 12. Jh, sie wurde 1265 von den Mamluken während der Vorbereitung auf die Eroberung der Festung Montfort zerstört. Als der Beduinen-Scheich Dahr AlAmr 1783 die Reste der Festung eroberte, erkannte er ihre strategische Bedeutung und rekonstruierte sie zum Teil, d.h. den Rittersaal, das Badehaus und die Moschee. – Bei der Ankunft durch den Kibbuz immer bergan fahren, man landet direkt zu Füßen der Burg.

Der Kibbuz ist bekannt für Natur-Tourismus, das Gästehaus heißt

- **TEVA BEYEKHI'AM**, Tel 04 9856057, www.tevabeyechiam.com; ....D+B ₪ 415-650

Die direkt nebenan liegende *Yekhi'am Nature Reserve bietet sehr erholsame Wanderungen, z.B. führt ein (grünweiß markierter) Wanderweg nach Klil, wo israelische Umweltschützer hübsche Häuser landschaftsangepasst in die Natur gebaut haben.

Wenn Sie den nächsten Abstecher auch machen wollen, dann brauchen Sie nicht auf die Straße 89 zurückzufahren, sondern können 2 km nach dem Kibbuz rechts auf der Straße 8833 weiterfahren. Nach 12 km liegt links der Ort **Ma'alot Tarshikha**, der ein gutes Beispiel für funktionierende jüdisch-arabische Gemeinschaft ist – ein Zusammenschluss des jüdischen Ma'alot mit dem arabischen Tarshikha. Rechts zweigt die Straße 854 ab nach

**Tefen

Besonders für Deutsche lohnt sich der Umweg. Dem Industrial Park Tefen ist ein sog. Offenes Museum angeschlossen (Tel 04 9872022, So-Do 9-16, Sa 10-16, Mittagspausen 12.30-13 o. 13-13-30, ₪ 23, www.iparks.co.il/museum >Tefen >Open Museum), das zeitgenössische Kunst und interessante Plastiken im Gelände des Industrieparks ausstellt. Für Technikfreunde gibt es ein Auto- und ein Industriemuseum.

Den Abstecher wert ist aber vor allem das ****Museum**, das sich mit der Geschichte der aus dem deutschsprachigen Raum stammenden Juden beschäftigt und ihren Beitrag zur Entwicklung von Kunst, Kultur, Wissenschaft, Medizin, Politik und Wirtschaft sowohl in Europa als auch in Israel dokumentiert. Eine Fotowand zeigt prominente Israelis deutschen Ursprungs; man ist überrascht, wie viele bekannte Namen dort stehen. Hier wird überdeutlich, welchen Schaden die Nazis letztendlich ihrem eigenen Vaterland antaten, indem sie die deutsch-jüdische Geisteselite vernichteten oder vertrieben. Der Verband der Israelis mitteleuropäischer Abstammung im Netz: www.irgun-jeckes.org.

Tefen entstand 1982 als erster von fünf Industrial Parks des reichsten Israelis, der in Israel, genauer in Nahariya, lebt: Stef Wertheimer. Wertheimer floh 1937 mit 11 Jahren aus Deutschland. Er hofft, mit solchen kapitalistischen Kibbuzim auch in anderen Ländern des Nahen Ostens die Region zu stabilisieren und durch gemeinsame produktive Zufriedenheit Terrorismus quasi überflüssig zu machen – er nennt es *Marshall Plan for the Middle East*. Der nächste Schritt wird ein Park in Nazareth, in dem jüdische und arabische Israelis zusammen arbeiten werden.

In Tefen trifft man außerdem auf eine lange in Nahariya beheimatete Firma, deren Gründer aus Bielefeld hatte fliehen müssen. Nach phönizischem Vorbild fertigt die Firma AM Nahariya Glass/Andreas Meyer Ltd seit vier Jahrzehnten Glaswaren und -kunst, darunter viele Judaica.

► Nach vorheriger Vereinbarung sollte eine Besichtigung möglich sein; zumindest kann man im Outlet eventuell ein originelles Souvenir erstehen, www.glassam.com. Ähnliches gilt für die kostspieligen Produkte der drusischen Erfolgsfrau Gamila Khir aus Peki'in: **Gamila Secret** hat hier eine Fabrik und verkauft ihre in Hollywood hoch gehandelten Seifen und Kosmetika im Outlet.

Auf dem Rückweg zur Straße 89 könnte man einen Schlenker durch Kfar Vradim einlegen, einem kleinen Villenörtchen mit interessanten Häusern.

Stattdessen könnte man aber auch weiter nach Süden bis nach **Karmi'el** fahren, eine erst 1964 gegründete Stadt mit heute über 45 000 Einwohnern, Ruinen einer byzantinischen Kirche und einem Skulpturengarten. Wenn man jetzt 6 km weiter auf der Straße 85 nach Osten fährt, kann man in Rama links auf die Straße 864 abbiegen, um 13 km später wieder auf unserer Route, der Straße 89, anzukommen. Bei klarem Wetter empfiehlt sich kurz hinter Rama ein Stopp am **Aussichtspunkt**: Von hier schweift der Blick vom Mittelmeer bis zum See Genezareth!

Nach 2 km an der **Khosen Junction** rechts auf die Straße 864 abzweigen Richtung

*Peki'in

Hier hatten sich Rabbi **Simon Bar Yokhai** und sein Sohn Eleasar 12 Jahre lang in einer Höhle vor den Römern versteckt. Simon Bar Yokhai war einer der Wortführer der Opposition gegen die Römer nach der Niederschlagung des Bar Kochba Aufstandes (132-135 nC). Die Römer verhängten die Todesstrafe gegen ihn, daher musste er sich in der Höhle verstecken. In dieser Zeit soll er den *Zohar* verfasst haben, den zentralen Teil der Kabbala. Den Juden, die Peki'in fast ununterbrochen mit einer kurzen Ausnahme im 20. Jh bewohnten, gilt die Höhle als heiliger Platz.

Im Ort leben heute vor allem Drusen. Neben deren Gebetsstätten fallen dem Besucher eine griechisch-katholische und eine griechisch-orthodoxe Kirche sowie eine Synagoge auf. Wegen der eher unansehnlichen Höhle lohnt sich der Umweg nicht, sondern wegen der Landschaft, die Großmutter (*Savta*) Gamila zu ihren Naturkosmetika inspirierte (s.o.), und dem nicht uninteressanten Ort. Wenn Sie ein kurzes Stück auf der Straße 864 bleiben, können Sie noch einen Abstecher zum Drusendorf **Bet Djan** einlegen, in dem man kaum weitere Touristen antrifft.

Mitten in Peki'in gibt es eine vergleichsweise teure Internationale **Jugendherberge**, zentrale Reservierung Tel 159 9510511, www.iyha.org.il; E+B $ 80, D+B $ 98.

Man könnte die Meron-Berge über Rama auf der Südseite umfahren, um nach Safed zu kommen, wir wollen aber wegen eines anderen Abstechers auf die Straße 89 zurückkehren.

14 km: **Khiram Junction**

Links zweigt die Straße 899 ab.

3 km zum

*Nationalpark Bar'am

In dem Nationalpark steht eine recht gut erhaltene Synagoge aus dem 3. Jh nC. Ihr erstaunlicher Zustand ist sowohl auf die abgeschiedene Lage als auch darauf zurückzuführen, dass gerade das nördliche Galiläa Rückzugsgebiet der Juden nach der Zerstörung des Zweiten Tempels war. Den beiden Fronteingängen war ein heute nicht mehr vorhandener Portikus vorgebaut. Die Mauerverkleidungen im Inneren, mit denen die großen Steinquader verputzt waren, sind leider entfernt. Ursprünglich standen hier zwei Synagogen, doch die kleinere zerfiel vollständig. Auf der Spitze des Hügels erhebt sich eine maronitische Kirche, der Rest von Kafr Bir'im, dessen Bewohner 1948 für zunächst kurze Zeit evakuiert wurden. Sie durften jedoch nie zurück. Trotz eines Urteils von Israels Oberstem Gericht, dass es dafür keinen Grund gebe, machte die Armee das Dorf 1953 dem Erdboden gleich.

4 km nach

Jish (Gush Khalav)

Gush Khalav blickt auf eine lange jüdische Geschichte zurück. Aus den ersten nachchristlichen Jahrhunderten stammen die Ruinen einer Synagoge, die vermutlich von einem Vorboten des verheerenden Erdbebens im Jahr 551 nC

Die Synagoge von Bar'am

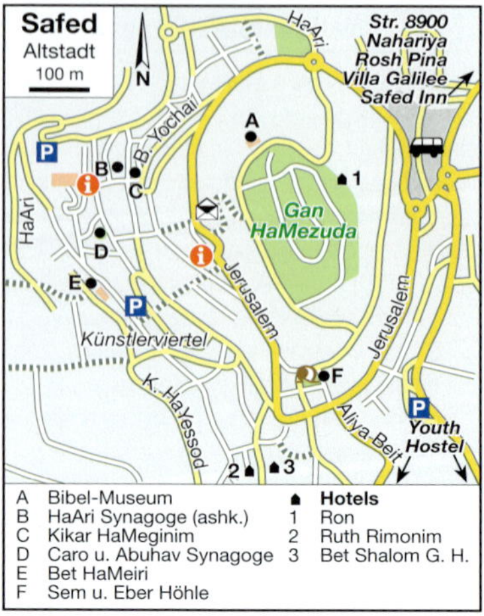

zerstört wurde. Ferner ist ein Mausoleum zu sehen, über das wenig bekannt ist, es gehörte jedoch zu einem größeren Begräbnisplatz aus der Talmudischen Epoche.

4 km nach

*Meron

Das kleine Dorf Meron, 1949 nördlich der gleichnamigen antiken Siedlung gegründet, liegt am Osthang des 1208 m hohen Meron-Berges. Für Juden besitzt es hohen religiösen Stellenwert, weil Rabbi Simon Bar Yokhai und sein Sohn Eleasar (siehe *Peki'in*, weiter oben) hier begraben sind.

Die **Gräber von Simon Bar Yokhai und Sohn Eleasar** sind an ihren Kuppeln zu erkennen, sie liegen ein kurzes Stück von der Kreuzung der Straßen 89/899 südlich am Hang oberhalb der Straße 899, vermutlich unschwer durch den Besucherstrom ultraorthodoxer Juden zu finden. Ein Stück unterhalb ist Rabbi Hillel der Ältere zusammen mit seiner Frau begraben. Er lebte im 1. Jh nC und predigte u.a. Nächstenliebe und Menschlichkeit – manche glauben, dass Jesus einer seiner Schüler war.

In der Nähe (links vom Grab einen Pfad bergauf bis zu einer massiven Steinmauer) steht als Überrest einer **Synagoge** aus dem 3. Jh der schön dekorierte Türsturz des Eingangs. Der Sage nach stürzt der Balken als Vorankündigung herab, bevor der Messias erscheint.

Im Frühling zum Fest **Lag BaOmer** (siehe S. 77), dem Todestag von Simon Bar Yokhai, strömen um 200 000 fromme Juden sowie ein paar Tscherkessen singend und tanzend in einer Prozession von Safed (ab Busstation per Auto) nach Meron, in der spezielle Tora-Rollen aus dem usbekischen Bukhara mitgeführt werden. Zur Tradition gehört auch, dass dreijährigen Knaben bei dieser Gelegenheit in Meron zum ersten Mal die Haare geschnitten werden.

Auf den **Berg Meron** kann man von Meron aus hinaufwandern und zum Kibbuz Sasa wieder hinunter, wobei der umgekehrte Weg etwas leichter ist. Bequemer geht es per Straße, die ca. 3 km vor Sasa rechts von der Straße 89 abzweigt. Das Gipfelgebiet (auf dem auch militärische Anlagen stehen) steht unter Naturschutz.

7 km nach

****Safed / Zefat / Tzfat

Geschichte*: Safed war bereits in der Zeit des Zweiten Tempels als Leuchtfeuerstation bekannt. Mithilfe dieser Feuerkette wurde von Jerusalem aus z.B. der Beginn religiöser Feiertage der Gemeinde in Babylon bekannt gegeben. Doch der Ort tritt eigentlich erst mit den Kreuzrittern in die Geschichte ein. Sie errichteten 1102 nC eine Burg, die Saladin 1188 eroberte, die 1240 von französischen Templern renoviert wurde, sich aber 1266 endgültig den Mamluken unter Baibars ergeben musste. Unter osmanischer Herrschaft siedelten sich im 16. Jh Juden aus ganz Europa in Safed an, 1550 waren es über 10 000. In dieser Zeit hatte sich der Ort zum Zentrum der Kabbalisten entwickelt. Unter ihnen waren einige bekannte Rabbiner wie Joseph Caro und Isaak Luria (auch HaAri genannt). 1578 wurde das erste hebräische Buch in Safed gedruckt. 1834 eroberten Drusen die Stadt, 1837 wurde sie durch ein Erdbeben zerstört. Im 20. Jh siedelten sich sowohl Araber als auch Juden erneut in Safed an; bei arabischen Auf-*

ständen 1929 und 1936-39 wurden beide Male große Teile des jüdischen Viertels zerstört und mehrere Bewohner massakriert. Nach der dramatischen und blutigen israelischen Eroberung 1948 flüchteten die Araber, die etwa 90 Prozent der Bevölkerung stellten. Seither ist Safed wieder eine jüdische Stadt.

Safed (heute 29 000 Einwohner) zählt neben Jerusalem, Hebron und Tiberias zu den vier heiligen Städten des Judentums. Der 834 m hoch gelegene Ort war außerdem lange Zeit als Bergkurort in Israel bekannt, seine Bedeutung liegt heute aber mehr im religiösen Hintergrund. Safed zieht sich über mehrere Hügel, wobei das Zentrum und die historische Stadt um die Bergspitze mit der Kreuzfahrerfestung liegen. Die Straßen sind teils terrassenförmig angelegt. Das alte, am Hang klebende arabische Viertel wurde von Künstlern entdeckt und in eine bekannte Künstlerkolonie umgewandelt (siehe weiter unten).

Aufgrund der religiösen Bedeutung der Stadt sollte man sich besser entsprechend kleiden – jedenfalls brauchen Sie übliche Körperbedeckung, wenn Sie die Synagogen sehen wollen. Am Shabbat sollte nicht öffentlich geraucht werden. Auch beim Fotografieren von Personen sollte man besonders rücksichtsvoll sein.

Die Hauptstraße Jerusalem St zieht sich als Kreis um den zentralen Burghügel mit dem Park der Zitadelle; wer ihr als Spaziergänger folgt, hat in ca. 20 bis 30 Minuten das Zentrum umrundet und viele Shops und Restaurants gesehen. Im südwestlichen Bereich ist die Jerusalem St Fußgängerzone, etwa unterhalb des Beginns liegt das Künstlerviertel. Allerdings scheint die Fußgängerwidmung eher mehr Autofahrer anzuziehen, denn ein nahezu ununterbrochener Autostrom lässt kaum Platz für die wehrlosen Fußgänger.

Wenn man vom Busbahnhof entgegen der Einbahnrichtung in die Jerusalem St geht, fällt rechts ein großes Gebäude auf, an dem Palatine steht. Es handelt sich um einen „Hochzeitspalast", einen großen Komplex, der zum größten Teil aus einem vornehmen Restaurant für Hochzeits- und auch andere Feierlichkeiten besteht. Ein kurzes Stück weiter zweigt links die HaTivat Yiffa St ab, die am Ron Hotel vorbei den Berg hinaufführt.

Am höchsten Punkt der Straße steht in einer Linkskurve der ehemalige türkische Gouverneurspalast (auch über einen Treppenweg von der Jerusalem St aus erreichbar), in dem heute das Israel Bible Museum untergebracht ist (So-Do 10-14, Eintritt frei, Beschreibungen der Kunstwerke auch auf Deutsch). Gezeigt werden Bilder und Skulpturen, die biblische Szenen zum Inhalt haben. Wichtigster Künstler des Museums ist der Amerikaner Phillip Ratner, dessen Werke auch in einer Dauerausstellung im Weißen Haus in Washington zu sehen sind.

Mit dem Museumsbesuch kann man den Aufstieg zum kleinen Park Gan HaMezuda um den höchsten Gipfel der Altstadt verbinden, indem man der Straße noch ein Stück folgt und bei der ersten Gelegenheit links abbiegt. Der höchste Punkt wird von einem „Krieger-Denkmal" gekrönt, von dem aus sich ein schöner Blick (in der ohnehin aussichtsreichen Stadt) auf den See Genezareth, den Berg Tabor und den Meronberg erschließt. Von der ehemaligen Zitadelle ist außer ein paar Mauerresten in der Nähe des Bibel Museums kaum etwas zu entdecken.

Geflochtene Shabbat-Kerzen aus Safed

Das jüdische bzw. Synagogenviertel (Kiryat Batei HaKnesset) liegt am Westhang des Zitadellenhügels. Verwinkelte Gassen ziehen sich durchs Quartier, hier empfängt den Besucher durchaus eine eigene Atmosphäre. Von der Jerusalem St kann man gegenüber der Post eine Treppe hinunter und dann rechts zum Kikar HaMeginim oder aber die Meginel bzw. die Bar Yokhai St bis zu deren Ende ebenfalls zum Kikar HaMeginim gehen. Halten Sie sich am Platz rechts (westlich), durch einen Torbogen Treppen hinunter, und Sie kommen rechts zur HaAri (Ashkenazi) Synagoge (Rabbi Yizkhak Luria). In der Bima, dem Podest, auf dem die Tora gelesen wird, sieht man aus der Richtung der Eingangstür ein Loch, das von einem Schrapnell während des Unabhängigkeitskrieges stammt. Es schlug in dem Augenblick ein, in dem die Betenden sich gebeugt hatten und verletzte niemanden. In einem Raum im hinteren Teil der Synagoge steht Elias Stuhl, der während der Beschneidung der Knaben benutzt wurde. Es wird gesagt (und praktiziert), dass kinderlose Paare einen Sohn bekommen, wenn sie sich in den Stuhl setzen. Ein Souvenirtipp: Gleich um die Ecke steht eine Kerzenfabrik (Besichtigung möglich) mit sehr schönen Erzeugnissen aus Bienenwachs.

Von der Ari-Synagoge geht man am besten zurück zum Kikar HaMeginim und dann weiter den Berg hinunter bis zur nächsten Querstraße, der Alkabetz St, die später Bet Yosef St heißt, in die man links einbiegt. In dieser Straße können Sie Kunsthandwerk erstehen. Auf der linken Seite erhebt sich bald die Yosef Caro Synagoge. Der Rabbi Yosef Caro schrieb ein Standardwerk, das noch heute Grundregeln für das tägliche Leben eines Juden lehrt. Die Synagoge entspricht nicht ganz den üblichen Regeln, z.B. dass der Eingang auf der Jerusalem entfernten Seite liegen soll. Sie wurde zunächst als Toraschule benutzt und erst später zu einer Synagoge umgebaut.

Wandern Sie ein bisschen kreuz und quer durch die Gassen, erst dann teilt sich die Stimmung des Viertels mit. Ziemlich tief am Hang liegt das Bet HaMeiri (So-Do 9-14, Fr -13, ₪ 10), HaYessod St, das Stadtmuseum, das anhand der Sammlung des Schriftstellers I. HaMeiri über das jüdische Leben in Safed in den vergangenen 100 Jahren berichtet.

Interessant dürfte auch der alte jüdische Friedhof im Westen von Safed am Ende der HaAri St sein. Zunächst betritt man den militärischen Teil, auf dem Untergrundkämpfer und Terroropfer beerdigt sind. Von dort führt ein Weg zum historischen Teil mit den Gräbern vieler bekannter Rabbis, u.a. Yosef Caro, Isaak Luria und weiterer Kabbalisten.

Auch das etwas südlicher am Hang gelegene Künstlerviertel sollte man durchstreifen, um in diesem oder jenem Atelier Halt zu machen. Die ehemalige Moschee wurde zur Ausstellungshalle General Exhibition Hall (So-Do 10-18, Fr/Sa 14) umfunktioniert. Die ständig geöffnete Galerie bietet einen Überblick über das künstlerische Schaffen in der Stadt. Hier werden auch Kontakte zu Ateliers im Viertel vermittelt.

In einem kleinen Park an der HaPalmakh St, hinter der Überführung über die Jerusalem St, liegt die Höhle von Shem und Eber, in der Noahs Sohn Shem und sein Enkel Eber begraben liegen sol-

Rabbi Isaak (Yizkhak) Luria – HaAri

Der sehr bekannte Rabbi (meist unter Ari) wurde 1534 in Jerusalem geboren, wuchs jedoch bei einem Onkel in Ägypten auf. Schon in seiner Jugend beschäftigte er sich intensiv mit den Strömungen im jüdischen Glauben, entwickelte sich aber zu einem erfolgreichen Gewürzhändler. Im Alter von 35 Jahren ging er nach Safed und verkündete eine Kabbala-Richtung, der auch einfache Gläubige folgen konnten. Er führte bestimmte gebetliche Vorbereitungen für den Shabbat (Kabbalat Shabbat) ein. Bereits mit 38 Jahren starb er. Er selbst schrieb nur sehr wenig, aber seine Schüler hielten seine Reden schriftlich fest, die großen Einfluss auf die jüdische Glaubensgemeinschaft nahmen.

len. Die Muslime wiederum glauben, dass in dieser Höhle Jakob vom Tod Josephs erfuhr. In jedem Fall ist sie allen drei monotheistischen Religionen heilig. Wenn Sie der HaPalmakh St noch ca. 200 m nach Süden folgen, treffen Sie am Kikar HaAzma'ut auf das Museum des Judentums ungarischer Sprache (Memorial Museum of Hungarian Speaking Jewry, So-Fr 9-13, ₪ 15). Es vermittelt einen bleibenden Eindruck von der Welt, die durch den Naziwahn unterging.
Wenn Sie sich nach all den Besichtigungen erfrischen wollen, dann bietet das Blue Valley Swimming Pool and Leisure Center (Nähe Busbahnhof) das Richtige.

Praktische Informationen

▶ Telefon-Vorwahl 04

• **Tourist Information Livnot uLehibanot**, Alkabetz St, Tel 6924427, www.safed-home.com; So-Do 8.30-16, guter Stadtplan, Veranstaltungskalender, Vermittlung von Guides. Eine weitere brauchbare Website: www.safed.co.il. Wenn Sie tiefer in die Geheimnisse dieser durchaus mystischen Stadt eindringen wollen, sollten Sie sich hier das von der SPNI herausgegebene Büchlein *Six Selfguided Tours to Tsfat* möglichst schon vorher kaufen.

Busverbindungen

▶ Der Busbahnhof liegt am Stadteingang am Kikar HaAzma'ut, am östlichen Einbahnende der Jerusalem St. Der Connex-Bus 450 fährt nach Tiberias, EGGED Linie 361 und 501 nach Haifa via Meron und Akko, 982 nach Jerusalem, 846 direkt nach Tel Aviv. – Von Freitagnachmittag bis Samstagabend fährt kein Bus.

Veranstaltungen

▶ Im Mai/Juni wird von bis zu 200 000 Juden **Lag BaOmer** zu Ehren von Simon Bar Yokhai zelebriert, dessen Höhepunkt eine Prozession von Safed zum Grabmal im Dorf Meron ist (siehe oben sowie S. 318). Zu dieser Zeit sind alle Straßen verstopft und alle Unterkünfte ausgebucht. Im Juli/August zieht das **Klesmer Festival** mit Konzerten von osteuropäischen Juden und Polka-Soul viele Musikliebhaber und Tanzbegeisterte an.

Toraschrein der HaAri-Synagoge

▶ Im **Yigal Allon Theatre and Cultural Center**, HaHalutz St, wie auch im **Wolfson Community Centre,** HaPalmach St, finden Konzerte und Theateraufführungen statt. Wer grundsätzliche Erkenntnisse zu den jüdischen Lehren sammeln will, findet profunde Veranstaltungen über die Tourist Information oder schaut auf www.tzfat-kabbalah.org vorbei.

Essen und Trinken

Dafür ist in der Jerusalem St vor allem im Fußgängerbereich gut gesorgt (hauptsächlich Einfachgerichte wie Felafel und Shauwarma) – bis auf den Shabbat. Ab Freitagabend kann man im heiligen Safed verhungern, es sei denn, man bestellt in der Unterkunft vor (z.B. im Ron Hotel pP ₪ 100, siehe unten) oder hat ein Picknick für Freitag bis Samstagabend parat. Doch immer mehr Lokale nehmen Vorbestellungen an.

• ESHEL, Bar Yokhai St, Tel 6920948, nimmt auch Shabbat-Vorbestellungen

• GAN EDEN, Mt. Kanaan, Tel 057 9443471, gutes nicht ganz billiges Restaurant von Frühstück bis Bar, vegetarisch, Fisch

- CAPPUCINO, 35 Jerusalem St, WLAN, gut zum Frühstücken – auch am Nachmittag

Übernachten

Safed wimmelt auch von Zimmerim-Angeboten, siehe www.safed-home.com/accommodations-in-safed.html

- **GALILEE**, 106 HaG'dud HaShlishi St, Tel 6999563, Fax 6999922, www.villa-galilee.com (hebr.); fast zu schön eingerichtet, umwerfende Aussicht, sehr sauber, großzügige Zimmer, Wellness, mF ....E+B ₪ 890-1250, D+B ₪ 990-1390
- **RUTH RIMONIM**, Künstlerviertel, Tel 6994666, Fax 6920456, www.rimonim.com; bestes Hotel am Ort, ehemalige Karawanserei, AC, TV, mF E+B $ 117-179, D+B $ 162-223
- **SAFED INN**, Mt. Canaan, etwas außerhalb, Tel 6971007, www.safedinn.com; ruhig, großer Garten, sauber, WLAN, Frühstück ₪ 25-50, Abholservice, Fahrradmiete pro Tag ₪ 40, ...Dorm pP ₪ 100, E/D+B ₪ 300-400
- **YOUTH HOSTEL BET BINYAMIN**, 1 Lohamei HaGetaot St, Tel 6921086, www.iyha.org.il; nahe Artist Colony, schöner Garten, sehr sauber, AC, mF .... 4er-Dorm pP $ 34, E+B $ 68, D+B $ 86
- **RON**, HaTivat Yiftah St, Tel 6972590, Fax 6972363, www.ronhotel.co.il; gute, relativ ruhige Lage, Pool, AC, TV, mF .... E+B ₪ 240-380, D+B ₪ 320-460BET
- **SHALOM**, 8 Korchak St, Tel 6920895; genau über dem Ruth Rimonim Hotel, sehr sauber, sehr ruhig, Ventilator, keine Heizung, freundliche Wirtin ....E+B ab ₪ 180, D+B ₪ 290

Ein Leser berichtet von einem sehr eindrucksvollen, etwa 20 km langen Wanderweg nach Magdala/Tiberias, der durch ein schönes Wadi führt, blau-weiß bzw. blau-weiß-rot markiert ist und auf dem er viele Klippschliefer sowie Gazellen sah. Eine andere Wanderung führt durch den Nakhal Amud, eine Schlucht, die sich südlich von Safed nach Hukuk zieht. Wer nur den hübscheren Teil besuchen will, fährt auf der Straße 85 zur **Nakhal Ammud Junction** und beginnt hier (2-3 Stunden).

Von Safed bieten sich für weitere Unternehmungen grundsätzlich zwei Möglichkeiten an, entweder man fährt zunächst einmal über die Straßen 89 und 90 nach Tiberias und schaut sich dort um, oder man wendet sich in Rosh Pina gleich nach Norden in Richtung Golan (siehe S. 348).

***Stadt am See: Tiberias

Geschichte: *Ausgerechnet auf dem Gelände eines Friedhofs gründete Herodes Antipas 17 nC eine neue Stadt, die er nach dem römischen Kaiser Tiberius benannte. Für fromme Juden war sie unrein. Erst im 2. Jh nC deklarierte der berühmte Rabbi Simon Bar Yokhai die Stadt als rein, daraufhin verlegte der Hohe Rat der Juden (Sanhedrin) seinen Sitz nach Tiberias. Bald entwickelte sich Tiberias zur Gelehrtenstadt und zum religiösen Zentrum des Judentums. Der Ort wurde in Teverya (Nabel) umgetauft, weil man der Meinung war, er sei der Nabel der Welt. Hier wurden der Jerusalemer Talmud vollendet und die hebräischen Vokalzeichen für heilige Schriften entwickelt. Im 6. Jh residierte ein christlicher Bischof in Tiberias. Nach der Machtübernahme der Araber verfiel die Stadt langsam, blühte unter den Kreuzrittern, die eine Festung anlegten, kurz auf und wurde schließlich 1247 von Baibars endgültig zerstört. Sultan Suleiman der Prächtige schenkte im 16. Jh die Stadt Don Joseph Nassi und dessen Schwiegermutter Donna Gracia, welche die Juden zurückholten und Tiberias für 100 Jahre Aufschwung gaben.*

Erneut verfiel die Siedlung, bis der Beduinen-Scheich Daher AlOmar im 18. Jh eine neue Siedlung mit Befestigungen baute, in der sich 1765 jüdische Emigranten aus Polen niederließen. Doch 1837 spielte ein Erdbeben der Stadt übel mit. 1940 war Tiberias auf 12 000 Einwohner angewachsen, von denen die Hälfte Juden waren. 1948 floh die arabische Bevölkerung.

Neben Jerusalem, Hebron und Safed gehört Tiberias zu den vier heiligen Städten des Judentums. Darüber hinaus zieht es wegen seiner Lage am See Genezareth und seiner Heilquellen viele Gäste an. Die Stadt mit etwa 40 000 Einwohnern ist nicht gerade hübsch, aber le-

Sehenswertes in Tiberias

- ****See-Promenade**, sehr lebendige Uferpromenade mit Marina-Gebäude und Multivisons-Show *The Galilee Experience*, S. 326
- ****Hammat und Hammat Nationalpark**, Badevorort mit heißen Quellen; hervorragende Mosaikböden in Synagogen-Ruinen, S. 323
- ***Schöne Hanglage am See**, guter Bade- und Erholungsplatz
- ***Grabmäler** von bekannten Rabbinern, S. 324
- ***Terra Sancta (St. Peter) Kirche**, interessante Architektur, geht auf Kreuzfahrerkirche zurück, S. 326
- ***Zitadelle**, beherbergt heute Restaurants, Ateliers und Galerien, S. 327

bendig, manchmal vermittelt sie typisch mediterrane Stimmungen. Sie eignet sich sehr gut als Standort für die Erkundung der Umgebung – und diese bietet wirklich besonders viel.

Die Stadt besteht aus drei Stadtteilen: der Altstadt, dem nördlich anschließenden neuen Viertel *Qiryat Shmuel* und dem 2 km südlich gelegenen Badeviertel *Hammat* mit den heißen Quellen. Der touristischen Bedeutung tragen ca. 40 Hotels Rechnung, vor allem auch im Kurbetrieb. Dieser findet bei den 60 Grad heißen schwefelhaltigen und radioaktiven Quellen Hammats statt, die in der modernen Kuranlage **Tiberias Hot Springs Spa** (tägl. ab 8, So/Mo/Mi -20, Di/Do -22, Fr/Sa -16; ₪ 70, Kinder 40, ab 16 Uhr ₪ 45/30, Schließfach ₪ 10) direkt am Seeufer hervorsprudeln. Die Eintrittsgebühr berechtigt nur zum Baden im Schwefelwasser, alle zusätzlichen Vergnügen und Anwendungen müssen zum Teil teuer bezahlt werden. Nicht umsonst bietet man alle möglichen Specials an, um Kunden zu locken. Das nebenan stehende ältere Gebäude, **Tiberias Hot Springs**, versorgt die Gäste mit noch heißerem Wasser. Ein kleines **Museum** (So-Do 8-17, Fr 8-16; ₪ 10) in der Nähe berichtet über die Bade-Historie.

Quasi nebenan (auf der westlichen Straßenseite) liegen die ****Hammat Synagogen** im **Hammat Tiberias Nationalpark** (Sa-Do 8-16, im Winter -15, ₪ 14/7), von denen die zuerst entdeckte nördlichere uninteressant gegenüber der südlicheren ist. Der Mosaikboden der südlichen Synagoge – einer der schönsten in Israel – ist wegen seiner hohen künstlerischen Qualität unbedingt sehenswert, besonders das Mittelschiff-Mosaik: Am Eingang betrachten zwei

Tiberias und der See Genezareth vom Mount Berenike aus, im Vordergrund eine byzantinische Kirche

Der Jordan und der See Genezareth

Der Jordan wird von den **vier Quellflüssen** Dan, Hermon, Snir und Iyon gespeist. Der westlichste ist der Iyon, der im Libanon entspringt und etwa 8 Millionen Kubikmeter Wasser in den Jordan speist. Dann folgt der Snir, der auf der Südseite des Hermongebirges, 45 km nördlich der israelischen Grenze, hervorkommt. Er trägt mit 117 Millionen Kubikmetern schon deutlich mehr zum Jordanwasser bei. Die Quelle des Dan liegt beim Ort Dan im nördlichen Israel, er führt 122 Millionen Kubikmeter Wasser. Der Hermon, auch *Banias* nach seiner Hauptquelle im nördlichen Israel genannt, schwemmt mit 252 Millionen Kubikmetern am meisten Wasser in den Jordan. Nach der **Vereinigung von Dan und Hermon** heißt der Fluss **Jordan**. Er durchfließt zunächst das 7 km breite und 30 km lange **Hulatal**, das sich von 200 auf 60 m Höhe von Nord nach Süd senkt und durch einen natürlichen Staudamm aus Lava an seinem südlichen Ende eine malariaverseuchte Sumpflandschaft bildete. In den 1950er Jahren wurde es trockengelegt. Durch eine steile Schlucht sucht sich der Jordan dann seinen Weg in den **See Genezareth**, der bereits 209 m unter dem Meeresspiegel liegt. Zuvor fächert er sich im Bethsaida-Becken in eine ganze Reihe von Bächen auf, die sich kurz vor der Mündung wieder vereinigen. Dort, wo der Jordan den See wieder verlässt, sorgen Schleusen dafür, dass nicht zu viel Wasser dem Toten Meer entgegenfließt. Im Gegenteil. Von den 800 Millionen Kubikmetern, die der Jordan jährlich dem See zukommen lässt, werden 500 Millionen in das nationale Wassersystem gepumpt, 250 Millionen verdunsten. Aber nicht allein der Jordan, auch die vielen kleinen Trockenflüsse (die nur zeitweise Wasser führen), die den Golan entwässern, tragen zum Wasserhaushalt des Sees bei. Etwa ein Viertel der Wasserverbraucher des Landes hängt an dieser Versorgung. Durchschnittlich verbrauchen die Israelis etwa 20 Prozent mehr Wasser, als durch Regen vom Himmel fällt. Der See Genezareth, größter und einziger natürlicher **Süßwassersee und -reservoir** Israels, ist bei maximal 44 m Tiefe nur 21 km lang und 13 km breit, etwa ein Drittel der Bodenseefläche. Um dem gestiegenen Bedarf nachzukommen, wurde eine Wasserleitung vom Yarmukfluss zum See gebaut, welche die ständige Sorge vor Wasserknappheit lindern hilft.

Allerdings reicht das Reservoir auch nicht für alle Fälle, **seit 1993** war der **See nicht mehr voll**. Der Tiefststand, bei dem kein Wasser mehr entnommen werden darf, ist durch eine **schwarze Linie bei knapp -215 m** (unter dem Meeresspiegel) markiert – fällt er tiefer, lassen die Salzwasserquellen auf dem Seegrund den See vermutlich für immer umkippen. Im Sommer 2010 schlingerte der Wasserspiegel um die untere der beiden roten Warnlinien herum: nur noch 40 cm d.h. 40 Tage vom absoluten Entnahmestopp entfernt (www.water.gov.il).

Löwen die Widmungsinschrift eines Severus, das Mittelmosaik wird durch einen Tierkreis mit dem Sonnengott Helios bestimmt, im Süden ist der Toraschrein dargestellt. Südlich und westlich der Synagoge kann man Reste der ehemaligen byzantinischen Stadtmauern ausmachen, außerdem gibt es ein Türkisches Bad von 1780. Tiberias besitzt einige ***Grabmale** großer und bekannter **Rabbiner**. Diese sind für Juden und die Geistesgeschichte von hoher Bedeutung, doch für Normaltouristen weniger interessant; der Vollständigkeit halber sollen sie hier erwähnt werden. Direkt oberhalb der Hammat Synagoge erhebt sich, an den Kuppeln erkennbar, das **Grabmal des Rabbi Meir Baal-HaNess**. Es gehört zu den wichtigen jüdischen Heiligtümern des Landes. Der Rabbi war bekannt als weiser Mann und hervorragender Lehrer, der nach dem Bar Kochba Aufstand fliehen musste (sein Lehrer Aqiva wurde von den Römern umgebracht). Am Todestag des Rabbis kommen Tausende von Pilgern, um hier zu beten.

Aber es gibt noch weitere Rabbi-Grabmäler. Im Zentrum, in der Ben Zakkai St, liegt das **Grabmal des Maimonides,** auch **Rambam** genannt. Rabbi Moses Ben Maimon, 1135 in Spanien geboren, wanderte nach Ägypten aus, wo er Leibarzt Saladins in Kairo und als Rabbiner Oberhaupt der Juden Ägyptens wurde. Mit Mishna-Kommentaren und philosophischen Betrachtungen wurde er so bekannt, dass man seinen Leichnam nach Tiberias überführte. Über dem halbtonnenähnlichen Marmorsarkophag wölbt sich eine rote, nach oben offene Stahlbalkenkonstruktion, die einen zur Königskrone stilisierten Davidsstern darstellen soll – von weither sichtbar. Durch einen kurzen, von 14 Pfeilern gesäumten Aufgang geht man zum Grab, das in Frauen- und Männerabteilung geteilt ist. Außerdem sind hier noch die Rabbiner Yokhanan Ben Sakai, Ami, Assi und Horowitz beigesetzt. Der Zustand der Anlage lässt kaum vermuten, dass hier einer der größten Geister der Menschheit begraben liegt, http://harambam.org.il..

Am Hang des Nachbarberges ist das weiße **Grabmal von Rabbi Aqiva** schon von Weitem zu sehen. Auch Aqiva, 50 nC geboren, war einer der ganz wichtigen Interpreten und Lehrer jüdischen Gedankenguts. 135 nC wurde er von den Römern ermordet.

Von Hammat zieht sich die Seeuferstraße nach dem Holiday Inn Hotel ein kurzes Stück durch scheinbar brachliegendes Gelände (links der Straße). Tatsächlich handelt es sich um das Ausgrabungsgebiet des **römisch-byzantinischen Tiberias**, das noch nicht für das Publikum geöffnet ist. Durch den Zaun sind immerhin die Ruinen des großen Badehauses, des Marktplatzes, und des breiten Cardo Maximus und der Basilika

7

zu erkennen. Seit 2009 wird das Amphitheater ausgegraben, sodass das Areal in nicht allzu langer Zeit zugänglich werden könnte; www.facebook.com/tiberiasexcavations.

Die von Hammat kommende Hauptstraße heißt im Zentrum HaBanim St, die dort nur zwei Blocks vom Seeufer entfernt verläuft. Sie führt bald an einem selbsterklärendem **Archäologischen Park** vorbei, in dem auch die Touristeninformation untergebracht ist. Hier lag einst das Zentrum der Kreuzfahrerstadt. Die meisten der schwarzen Mauerreste stammen allerdings von Scheich Daher AlOmar, der im 18. Jh eine Festung errichten ließ, die beim Erdbeben von 1837 zusammenstürzte.

Zwischen HaBanim St und dem See liegt die **Fußgängerzone** Midrakhov mit der Hauptshopping- und Touristenzone. Am Seeufer öffnet sich der Blick über das stahlblaue Wasser auf die gegenüber ansteigenden Golanhöhen,

Kitsch oder Kunst? Modern-antike Hauswand

im Norden auf den Berg Hermon, dem eigentlichen Ursprung des Jordan und des vor Ihnen liegenden Sees. Die ****Seeufer-Promenade** (Tayelet) scheint aus südeuropäischen Ländern verpflanzt zu sein. Sie zieht sich nicht allzu lang von Nord nach Süd, aber hier finden Sie jede Menge Restaurants, eher billige Shops und Promenierfläche.

Im Marina-Gebäude – etwa in der Mitte der Promenade – wird eine Multivisionshow **The Galilee Experience** von 36 Minuten Dauer über die Geschichte von Galiläa in verschiedenen Sprachen, auch deutsch, zur vollen Stunde So-Do 9-23, Fr -15 angeboten; deutsche Vorführungen sollten vorab bestellt werden ($ 8, Kinder 3,50, Tel 6723620, www.thegalileeexperience.com, man muss über eine Außentreppe dorthin). Die Show ist nicht schlecht, dient aber vor allem dazu, Sie hinterher durch den Souvenirshop zu schleusen. Abends findet hier beim Marina-Gebäude täglich um 20, 21 und 22 (im Winter 19 statt 22) Uhr die 15-minütige Licht- und Wasser-Show **Tiberium** statt.

Etwa gegenüber steht die etwas traurige Hülle der ehemaligen AlBahri Moschee von 1880, in der nun schon seit Jahrzehnten ein städtisches Museum eingerichtet werden soll. Nur ein paar Schritte weiter stößt man auf die Karlin Stolin Synagoge, fast daneben auf die **Ez Chaim Synagoge**, die an Rabbi Abulafia erinnert, der von Daher AlOmar eingeladen worden war, die jüdische Gemeinde in Tiberias wieder aufzubauen.

Das südliche Ende der Promenade ist durch ein nicht direkt zugängliches griechisch-orthodoxes **Kloster** markiert, dessen (wenige) Mönche aber auf Läuten hin öffnen und Besucher führen. Das nördliche Ende der Promenade bestimmt die schottische St.-Andreas-Kirche. Sie gehört zum nordwestlich auf der anderen Straßenseite gelegenen **The Sea of Galilee Centre**, welches ursprünglich das erste Hospital war, danach preiswertes Hostel, und nun das noble *Scots Hotel* beherbergt.

Ein Stück vor der Andreaskirche und etwas von der Promenade zurückgesetzt steht die katholische ***St.-Peter-Kirche** (auch **Terra Sancta** genannt, Mo-Sa 8-12.30/14.30-17.30, www.saintpeterstiberias.org), die Teile einer Kreuzfahrerkirche enthält, aber im 19. Jh mehrfach erweitert und umgebaut wurde. Ihre bewegte Geschichte beweist nicht zuletzt ein zugemauerter Mihrab, die muslimische Gebetsnische in der Südmauer, deren ehemaliger Platz durch ein paar weiße Steine und raueren Putz leicht zu identifizieren ist. In ihrer Apsis ist Petrus auf einem Boot zu sehen, außen ist die Apsis im spitz auslaufenden Bug eines Fischerboots gestaltet, das an Petrus erinnern soll. Ein Innenhof auf der anderen Seite der Kirche wurde

von polnischen Soldaten während des Zweiten Weltkriegs angelegt, die hier stationiert waren – etwas befremdlich wirkt die direkt anschließende Autogarage.
Wenn Sie durch eine der Gassen vom Ufer aus zurück zur HaBanim St gehen, wird es geisterhaft, weil die Läden und Restaurants leerstehen. Heraus ragt die Dahr AlAmri Moschee, die Große Moschee ebenfalls in beklagenswertem Zustand. Nur ein kurzes Stück weiter an der Elhadef St liegen die Reste der ehemaligen ***Zitadelle**. Die heutige Anlage wurde 1745 auf den Ruinen der Kreuzfahrerfestung errichtet, leider ist hier auch nichts mehr los. Das nicht sonderlich gepflegte Gemäuer macht einen eher morbiden Eindruck – möge die Stadt sich dieses Quartiers mal wieder annehmen.

Praktische Informationen

▶ Telefon-Vorwahl 04

• **Tourist Information Office**, Archaeological Park, 9 HaBanim St, Tel 6725666, www.gogalilee.org, So-Do 8-16, Fr 8-10. Nehmen Sie auf jeden Fall einen GoTiberias!-Plan und die *Sea of Galilee Regional Map* mit, gegebenenfalls auch die Fahrrad-Karte *Biking Trail* (s.u.). Zum Wandern zwischen Nazareth und Kapernaum empfiehlt sich die Karte des *Jesustrail* (Buch siehe S. 20) – angesichts dieser privaten Initiative hat es sich das Tourismus-Ministerium nicht nehmen lassen, ein Jahr später eine sehr ähnliche Strecke auf einer Satellitenkarte *Gospel Trail* zu nennen. Im Stadtbereich weisen zwar etwas kleine, aber doch auffallende Tafeln auf die Sehenswürdigkeiten hin.

▶ Samstags um 10.30 Uhr startet eine kostenfreie, sehr informative Wandertour in der Nähe des Tourist Office bei den Leonardo Hotels durch Tiberias, angeblich nur für Hotelgäste der Stadt.

Wichtige Adressen

• POLIZEI Tel 100
• Notfall MAGEN DAVID ADOM Tel 679 011
• POST, Ecke HaYarden/Elhadef St (Verlängerung HaBanim St)
• Bücher: STEIMATZKY, 3 HaGalil St

Busse

▶ Die CBS liegt in der HaYarden St, nach der HaShiloa St Kreuzung. Ecke Elhadef St (Nähe Postamt) warten Sherut Taxis.

▶ EGGED-Busse fahren nur über Afula nach Bet Shean – ein leichter Umweg, EGGED Nr. 962-963 fahren nach Jerusalem; die Linie 430 nach Haifa; 63, 841, 963 nach Kiryat Shmona in Obergaliläa; 835, 841 über Afula nach Tel Aviv.

Schiffsverkehr

▶ Von Tiberias aus gibt es **Bootausflüge** auf dem See Genezareth nach Kapernaum und nach En Gev. Zwei Firmen bieten diesen Service an: Die KINNERET SAILING COMPANY aus En Gev legt an der Promenade ab und fährt die am See liegenden Ausflugsplätze an, Tel 6658008, www.eingev.co.il/?CategoryID=289, die LIDO COMPANY operiert vom Lido Beach aus (ein kurzes Stück nördlich der Promenade) und bietet ein ähnliches Programm, vor allem jedoch Rundfahrten, Tel 6710800, www.lido.co.il. Die Angebote sind nicht auf Individualreisende zugeschnitten, aber Sie werden sich häufig einer Gruppe anschließen können, wenn Sie direkt hingehen.

Ausflug per Schiff auf dem See Genezareth Richtung Golanhöhen

Mietwagen

- AVIS, 2 HaAmakim St, Tel 6170050
- ELDAN, 1 HaBanim St, Tel 6722831
- HERTZ, Tankstelle AlHadif, Tel 6723939

Veranstaltungen (auch Umgebung)

▶ Während des Sommers hört man immer wieder **Open Air Konzerte** auf oder in der Nähe der Strandpromenade. Der Kibbuz En Gev veranstaltet das klassische *En Gev Music Festival* während des Passah-Festes im Frühjahr. Das etablierte internationale *Jacob's Ladder Folk Festival* im Kibbuz Ginossar steigt nicht nur im Mai, sondern Dank des Klimas auch an einem *Winter Weekend* im Dezember, www.jlfestival.com. Das Klima begünstigt auch Sportveranstaltungen: im Januar läuft bei optimalen Außenbedingungen der www.tiberias-marathon.co.il; im September zum jüdischen Neujahr ruft der **Sea of Galilee Swim,** kürzere Strecken für alle, En Gev bis Tiberias für ernsthaftere Sportler.

Strände und Baden

▶ Badefreuden können in Tiberias und Umgebung teuer werden, denn die meisten Badestrände kosten im Durchschnitt ₪ 40 Eintritt. **Lido Kinneret Beach**, nördlich der HaYarden St, bietet u.a. Wasserski, der nördlich davon gelegene **Nelson Beach** Kajaks und Paddelboote, weiter nördlich folgen **Quiet Beach** und **Blue Beach**. Nördlich der Stadt kommt irgendwann eins der seltenen Stücke öffentlicher Strand, der zwar leicht zugemüllt, aber gratis zugänglich ist – gerade richtig, um einfach mal die Füße ins Wasser zu halten.

▶ Ca. 15 Minuten südlich der Promenade liegt der unattraktive städtische **Municipal Beach**, der am billigsten ist. 1 km südlich von Tiberias bietet der Planschpark **Gai Beach Water Park** (April-Oktober) allerlei aufregende Rutschen und anderes feuchtfröhliches Vergnügen, täglich 9.30-17, ₪ 75. Wer keine Lust mehr an Baden und anderen nassen Freuden hat, kann um den See fahren oder z.B. den Swiss Forest (siehe unten) besuchen.

Ein Petersfisch vor seiner letzten Aufgabe

Fahrradausflüge

▶ In Tiberias werden Fahrräder zu recht guten Bedingungen angeboten – das Verkehrsmittel wird auch mit einer extra Biking Trail Karte rund um den See beworben. Die etwa 60 km lange Strecke lässt sich an einem Tag zurückzulegen. Man darf sich allerdings nicht zu viel versprechen: meist ohne eigenen Radweg können die vielen Autos nerven, und die Straße führt selten nah am See entlang. Auch das wechselnde Relief ist nicht zu unterschätzen. Fahrräder, auch Mountain Bikes, kann man in den Jugendherbergen, im Aviv Ho(s)tel, HaGalil St, und auch bei anderen Hostels ausleihen – für meistens ₪ 50 am Tag.

Nightlife

▶ Vor allem während der Saison herrscht reges Nachtleben, am heftigsten am jüdischen Wochenende Freitag/Samstag; außerhalb der Saison nur dann. An der Promenade gibt es ein paar Kneipen, die häufig erst gegen Mitternacht richtig in Fahrt kommen, wie das PAPAYA oder die CHUKO BAR; in der Midrakhov St bollert die Musik vor allem bei BIG BEN. Aber auch die meisten Hotels betreiben Bars/Nachtbars.

▶ Sehr beliebt sind **Disco Cruises** (etwa ab 20 Uhr, häufig auch früher, etwa ₪ 30) der Schiffslinien, bei denen die Boote wie ein Sammeltaxi erst vom Lido ablegen, wenn genügend Gäste an Bord sind, um dann etwa 30 Minuten Tanz mit heißen Rhythmen mit einer solchen Lautstärke abzufahren, dass man befürchten muss, dass den Fischen die Schwimmblase platzt. Nicht ganz so laut geht es im Kibbuz Ginossar bei *60's Music and Dancing* her.

Essen und Trinken

In Tiberias fällt es schwer zu verhungern, so viele Restaurants und Imbissstände gibt es vor

Übernachten

In Tiberias teilen sich die Hotels in drei lokale und gleichzeitig auch preislich ähnliche Gruppen auf. Die billigen und preiswerten Unterkünfte sind hauptsächlich südwestlich der HaGalil St – also des Zentrums – zu finden, die Luxusherbergen am Seeufer. Die Mittelklasse Hotels haben sich, aus welch unverständlichem Grund auch immer, ziemlich hoch oben in oder nahe der Ohel Ya'akov St angesiedelt. Besucher sollten daran denken, dass, wie in allen Ferienorten, für das israelische Wochenende deutlich höhere Preise verlangt werden. Visuelle Eindrücke vorab verschafft www.tiberias-hotels.com.

- **THE SCOTS HOTEL**, HaYarden/Gedud Barak St, Tel 6710710, Fax 6710711, www.scotshotels.co.il; vor 100 Jahren von der Schottischen Kirche als Hospital erbaut, dann Gästehaus, heute Hotel, eigener Strand, sehr sauber, gut und geschmackvoll möbliert, großer Garten, jedoch laute Straßen, AC, Reservierung empfehlenswert, mF ..... E+B $ 307-460, D+B $ 339-535
- **CAESAR**, 103 The Promenade, Tel 6727272, www.caesarhotels.co.il, mF ..... E+B ab $ 149-189, D+B $ 199-239
- **RON BEACH**, Gedud Barak St, Tel 6791350, Fax 6791351, www.ronbeachhotel.com; sehr gepflegte Hotelanlage mit Pool und eigenem Strand, großzügige, gut eingerichtete Zimmer jeweils mit Balkon bzw. Terrasse, sehr sauber, AC, TV, mF ..... E+B $ 146, D+B $ 175
- **GOLAN**, 14 Achad HaAm St, Tel 6711555, Fax 6721905, www.golanhotel.com; toller Seeblick, Pool, schön eingerichtet, AC, TV, mF ..... E+B $ 130-150, D+B $ 140-160
- **CASA DONA GRACIA HOTEL-MUSEUM**, 3 HaPrachim St, Tel 6717176, Fax 6717175, www.donagracia.com; ein der sefardischen Ladino-Kultur gewidmetes Hotel, vom Leben der spanischen Adligen Dona Gracia inspiriert, Seenähe, Restaurant, AC, Internet, mF ..... E+B $ 127-142, D+B $ 153-178
- **RIMONIM MINERAL** (vorher HOLIDAY INN), HaMarkhazaot St (Hammat), Tel 6728555, Fax 6724443, www.rimonim.com; Tiberias Hot Springs Spa gehört dazu,, mF ..... E+B $ 116-169, D+B $ 136-193
- **EDEN**, 4 Ohel Ya'acov St, Tel 6790070, Fax 6722461, www.edenhotel.co.il; an hier sehr lauter Straße, etwas mitgenommene Teppiche sollen erneuert werden, relativ große Räume, sauber, AC, TV, mF ..... E+B $ 85-98, D+B $ 110-120
- **ASTORIA**, 13 Ohel Ya'acov St, Tel 6722351, Fax 6725108, www.astoria.co.il; von der Straße abgewendet und daher nur wenige Zimmer laut, Pool, gut eingerichtete und großzügige Zimmer, sehr sauber, AC, TV, preiswert, mF ..... E+B $ 80, D+B $ 90
- **YMCA PENIEL-BY-GALILEE**, ein paar Kilometer nördlich von Tiberias, Tel 6720685, www.ymcagalilee.co.il; schon beim Besuch der Website beschließt man unwillkürlich, dort nicht mehr weg zu wollen, aber die Straße ist vielleicht etwas laut, mF ..... E+B ₪ 300-450, D+B ₪ 400-550
- **TIBERIAS HOSTEL,** Rabin Square, Tel 6792611, www.hostels-israel.com; sauber, gute Lage, WLAN, mF ..... Dorm pP ₪ 85-95, E/D+B pP ₪ 300-400
- **MAMAN MANSION,** Azmon St, Tel 6792986, Fax 6791240, www.maman-mansion.co.il; Pool, ruhig, meistens sauber, alle Räume AC, freundlich, Küche, WLAN, Frühstück ₪ 35 ..... Dorm pP ₪ 80-100, E+B ₪ 200-250, D+B ₪ 300-350
- **AVIV HOTEL & HOSTEL**, HaGalil/Ahva St, Tel 6720007, http://ilh.hostels-israel.com/hotel-aviv, laut, sauber, einfach, alle Räume mit AC und Kühlschrank, freundlich und hilfsbereit, gute Atmosphäre, viele Traveller, Fahrradverleih (₪ 40 für Gäste Rabatt), Golantouren, Küche ..... Dorm pP ₪ 70, E+B ₪ 200, D+B ₪ 250
- **HaGALIL HOSTEL,** 46 HaGalil St/Ecke Azmon St, Tel 077 9241404; freundlich, sauber (von der Küche abgesehen), einfache Viererzimmer, AC, WLAN ..... Dorm pP ₪ 55, E+B ₪ 120-150, D+B ₪ 180-250

allem im Stadtzentrum. Hauptattraktion ist frischer Fisch aus dem See. Auf Schritt und Tritt wird man Ihnen ***St.-Peter's-Fisch*** anbieten, der zu den lokalen Errungenschaften zählt und recht gut schmeckt. Der bis zu 1,5 kg schwere Buntbarsch behält („brütet") übrigens die befruchteten Eier so lange im Maul, bis die Jungen schlüpfen, die dann auch noch ein paar Tage von den Eltern beschützt werden. Zum Fischessen sitzt man am schönsten auf der Seeuferpromenade, probieren Sie eins der Restaurants aus, die Preise sind ziemlich identisch hoch.

▶ Nördlich der Promenade ist es weniger laut. Wenn Sie südostasiatisch essen mögen, wäre das PAGODA in der Gedud Barak St eine Idee, dessen Küche von Israelis geschätzt wird. Allerbeste Küche und viel Ambiente vermittelt auf der anderen Straßenseite das TORRANCE im Scots Hotel (gleich auch die archäologische Ausstellung im Hause anschauen). Günstiger ist ganz in der Nähe des Pagoda das DECKS, halb auf einer Plattform über dem Wasser, recht großer Betrieb, aber noch gemütlich – man betritt den Gastraum am Open-Air-Grill vorbei. Abseits vom Wasser offeriert das GUY RESTAURANT, 63 HaGalil St, hervorragende Gerichte der jüdisch-sefardischen (orientalischen) Küche – dazu auch noch preiswert. In den Querstraßen am Markt, z.B. der HaQishon St, und parallel dazu gibt es weitere gute und preiswerte Restaurants, ambitionierter wäre hier in der Nr. 1 das LITTLE TIBERIAS zwischen Französisch und Thai; in der HaGalil und HaYarden St säumen Felafel- und Shauwarma-Stände den Bürgersteig.

Rund um den See Genezareth (Kinneret)

Der See Genezareth – hebräisch Kinneret – genießt nicht nur wegen seiner religiösen Bedeutung besondere Beachtung, er ist auch ein echtes landschaftliches Schmuckstück. Es lohnt sich sehr, ihn per Auto zu umrunden – auf dem Fahrrad ist leider nicht so erfreulich, siehe oben – oder besser ihn bei einem Schiffsausflug kennenzulernen.

Wenn wir Tiberias nach Norden verlassen, treffen wir auf eine Reihe von Stätten bzw. auf Pilgerorte, die für das Christentum von großer Bedeutung sind. Migdal, der erste dieser Orte nach knapp 5 km, (auch Madjdal) war der Geburtsort der Maria Magdalena, eine der frühen Anhängerinnen von Jesus. Im Mai 2009 sorgte der Papstbesuch bei der antiken Stätte im Wadi AlHammam ungeplant für interreligiöse Verständigung: Benedikt XVI. legte den Grundstein für ein Pilgerzentrum, worauf die folgenden Bauarbeiten eine der ältesten Synagogen samt Darstellung einer Menora (datiert 50 vC–100 nC) zutage förderten. Wer sich nach der Ausgrabung umschauen möchte (etwa Höhe Hawaii Beach), sollte allerdings damit rechnen, dass dies bei den muslimischen Bewohnern der Gegend unerwünscht sein könnte – am besten harmlos touristisch interessiert, aber selbstsicher auftreten.

7 km (nach Tiberias) bis

Ginossar

Der Kibbuz *Ginossar* gehört zu den sehr aktiven dieser Organisation. So machte er z.B. mit einer Kamelherde von sich reden, um Touristen mit Kamelritten zu beglücken – über den Sinn der Aktion kann man trefflich streiten, denn die Tiere sind in dieser Gegend nun wirklich nicht heimisch. Auch das Mittelklasse-Hotel, das nahezu alle Sportwünsche vom Tennis über Fischen, Wasserski bis zum Segeln erfüllt, fällt vom Standard her aus dem üblichen Kibbuzrahmen.

Kulturelle Aktivitäten machen den Kibbuz zusätzlich bekannt: Sein ****Yigal Alon Museum** (tägl. 8-17, Fr -16; ₪ 20/15, Tel 04 6727700) ist dem gleichnamigen Kibbuz-Mitbegründer und hohen Politiker (1918-1980) gewidmet, es zeigt auch moderne Kunst. Am interessantesten jedoch ist das 2000 Jahre alte Bootskelett, das von Fischern und Hobby-Archäologen des Kibbuz im Uferschlamm des Sees gefunden wurde. Entdeckung und Bergung werden außerdem in einem interessanten auch deutschsprachigen Video gezeigt (Vorgeschmack auf einem privaten Online-Shop: www.jesusboat.com).

Das Baujahr des Bootes lässt sich ziemlich genau in die Zeit um 100 vC bis 70 nC bestimmen, was Spekulationen Auftrieb gab, ob nicht auch

Sehenswertes

****Bootsmuseum, Yigal Alon Museum** im Kibbuz Ginossar, 2000 Jahre altes, aus dem See geborgenes Boot; Informationen über das Leben in Galiläa, S. 330

****Kapernaum**, Dorf und Haus, in dem Petrus wohnte; imposante Synagogen-Ruine, S. 333

***Hammat Gader**, uralter Badeort mit heißen Schwefelquellen in landschaftlich schöner Kulisse, interessante römische Badeanlagen, S. 337

***Tabgha**, Kirche mit einigen der schönsten Mosaike Palästinas am *Ort der wunderbaren Brotvermehrung*, S. 332

***Beatitude Monastry**, die etwas pompöse *Kirche der Seligpreisungen* aus den 1930er Jahren, schöner Seeblick, S. 332

***Deganya Alef**, Ursprung der Kibbuz-Bewegung, S. 338

***En Gev**, bekannter Kibbuz am Seeufer mit gutem Fischrestaurant, S. 336

***HaYarden Park**, von dichtem Grün bedeckter Park im Mündungsgebiet des Jordans in den See Genezareth, Bootsfahrten, S. 334

***Kursi**, Jesus befreite hier einen Mann von einem Dämon, früher christlicher Pilgerort, S. 334

***Peterskirche** oder **Primatskapelle**, hier wurde Petrus zum Primus ernannt; hübscher kleiner Park am Seeufer, S. 332

***Yardenit**, moderner, etwas arg kommerzialisierter Taufplatz am Jordan, S.338

Jesus Fahrgast gewesen sein könnte. Zumindest wusste der letzte Besitzer nichts davon, denn er schlachtete alle verwendbaren Teile aus und ließ lediglich die morsche Hülle im See versinken. Nachbauten des Bootes werden heute als Pilgerboote eingesetzt oder zu solch profanen Beschäftigungen wie *St.-Peter's-Fischessen* auf dem Wasser, in dem das arme Tier noch (vermutlich) Stunden zuvor fröhlich herumschwamm.

Übernachten

NOF GINOSAR, Tel 04 6700320, Fax 04 6792170, www.ginosar.co.il; gepflegt, gut eingerichtet, eigener Strand, sauber, AC, TV, mF E+B $ ab 148, D+B $ 164-198

GINOSAR VILLAGE, Country Lodging, Nähe Nof Ginosar, AC, TV, mF E+B $ 127, D+B $ 141

Camping

• **MAGDALA BEACH**, ca. 5 km südlich am gleichnamigen Strand, Tel 04 6722230, Fax 04 6723684; schattig, sauber .... pP ₪ 50.

Kurz nach dem Kibbuz Ginossar steigt die Straße einen Hügel hinauf. Rechts ist an der hier endenden Hochspannungsleitung die **Pumpstation Kinneret** (Sapir) erkennbar. Sie pumpt Wasser in einen Kanal, von dem es bis zum Negev geleitet wird. Dass der See über 200 m unter Meeresniveau liegt, bedeutet einen zusätzlichen Energieaufwand von 100 Megawatt zum Hinaufpumpen. Insgesamt verwendet Israel etwa 12 Prozent der erzeugten elektrischen Energie für den Transport von Wasser.

Neben der Pumpstation führt ein gesperrter Weg zum **Tel Kinneret**, der bereits im 3. Jahrtausend vC besiedelt war. Die archäologischen Funde sind u.a. im Yigal Alon Museum ausgestellt. Links in der Felsschlucht des Amud-Baches wurden vorgeschichtliche Höhlen mit dem Schädel des etwa 100 000 Jahre alten Homo Galilensis entdeckt.

5 km: **Kfar Nahum Junction**

Rechts auf die Straße 87, links auf die 90.

Wir wollen einen kurzen Abstecher nach links machen und folgen der Straße 90 etwa 2 km nach Norden. Rechts zweigt ein Sträßlein ab, das mit *Mount of Beatitudes* ausgeschildert ist. Es liegt auf dem

*Berg der Seligpreisungen

Möglicherweise hat Jesus hier in der Nähe die geistlich Armen, die Leidtragenden, die Sanftmütigen, die nach Gerechtigkeit Hungernden, die Barmherzigen etc. selig genannt. Hier steht die ***Kirche der Seligpreisungen** (8-11.45, 14-16.45, pro Auto ₪ 10), die als achteckiges Bauwerk 1937 als Geschenk Mussolinis errichtet wurde. Auf den acht Seiten der Kirche sind die acht Seligpreisungen in Glas gefasst. Von der Kirche, die in einer gepflegten Gartenanlage steht, öffnet sich ein schöner Ausblick auf den See Genezareth und seine Umgebung.

Wieder zurück zum See. Fast unmittelbar nach dem Abzweig der Straße 87 führt rechts ein Sträßchen nach

**Tabgha

Die Bezeichnung **Tabgha** steht für *Sieben Quellen* (griechisch *Heptapegon),* also einen wasserreichen Ort. Hier soll Jesus mit fünf Brotlaiben und zwei Fischen 5000 Menschen gespeist haben, daher auch *Ort der wunderbaren Brotvermehrung* genannt. Offenbar erzählten die hier lebenden Christen jeweils der nächsten Generation von den Wundertaten, denn eine Pilgerin schrieb 383 einen noch heute erhaltenen Bericht darüber. Im 4. Jh entstand eine Kirche, die im 5. Jh durch ein größeres byzantinisches, mit schönen Mosaikböden ausgestattetes Gotteshaus ersetzt wurde. Den Stein des Brotvermehrungswunders verlegte man unter den Altar. 614 zerstörten die Perser die Kirche.

Der Schutt der ehemaligen Kirche wurde 1932 archäologisch untersucht, dabei kamen einige der schönsten Mosaike Palästinas zutage. Über diese Böden baute man 1936 eine Notkirche und erneuerte sie 1982 zu einer sehr stilvollen Kirchenanlage, wie sie in byzantinischer Zeit im Negev standen (Mo-Fr 8-17, Sa -15). Diese Maßnahmen finanzierte der Deutsche Verein vom Heiligen Lande, dem auch die Kirche und das umliegende Gelände gehören. Man hat also gute Chancen, Andachten auf Deutsch zu hören. Auf dem Gelände steht auch ein Pilgerhospiz, Tel 04 6700100, www.tabgha.net. Weiter südlich kann man in der modern-gepflegten **Jugendherberge Karei Deshe** unterkommen, Tel 04 6720601, www.iyha.co.il.

Die sehenswerten **Mosaike** zeichnen in ihrem interessantesten Teil (Querhausarme) Szenen aus dem Nildelta mit Schilf, Lotosblüten, Flamingos und anderen Vögeln nach, im südlichen Seitenschiff sogar einen Nilometer (Nilwasserstandsanzeige). Vor dem Altar sehen Sie das berühmte Mosaik mit dem Brotkorb und den beiden Fischen, unter dem als Tisch errichteten Altar den Felsen der Brotvermehrung. Der Bereich ist mit einem Seil eigentlich abgesperrt, doch viele Menschen kriechen unter dem Seil durch, um den Felsen zu berühren bzw. Dinge mit ihm in Berührung zu bringen, die sich vermehren sollen. Ich beobachtete einen Japaner, der – pragmatisch – seine Wünsche auf eine Handvoll Münzen konzentrierte, sie mehrfach ausbreitete und wieder einsammelte...

Wieder zurück auf die Hauptstraße, und nur wenige hundert Meter weiter können Sie am Seeufer die ***Peterskirche** oder **Primatskapelle** (8-17) besichtigen, die 1933 aus schwarzem Basalt auf den Ruinen einer Kirche aus dem 4. Jh aufgebaut wurde. An dieser Stelle soll Jesus nach der Auferstehung den Jüngern erschienen sein und Petrus „zum Hirten seines Volkes" ernannt haben. Man geht durch einen schattigen Garten mit hohen Eukalyptusbäumen hinunter zum Seeufer; zwar wird allenthalben um Stille gebeten, aber man kann nur davon träumen, wie schön es hier ohne lärmende Menschenmassen wäre.

Die Kirche selbst ist zwar schlicht, besitzt aber schöne Fenster und ein Mosaik, das an den Besuch von Papst Paul VI. im Jahr 1964 erinnert. Der große Stein innerhalb der Kirche soll die *Mensa Christi* (Tisch Jesu) sein, an dem er das Essen für seine Jünger bereitete, bevor er Petrus mit der Führung seiner Gläubigen beauftragte.

Vom etwa 200 m nördlich des Eingangs gelegenen Parkplatz führt ein Pfad zur *Kirche der Seligpreisungen* hinauf (siehe weiter oben).

Nach etwa 3 km zweigt rechts ein sich schnell mit Bussen verstopfendes Sträßlein zur römisch-katholischen Gedenkstätte Kapernaum ab, zuvor liegt am Seeufer ein Restaurant und eine Schiffsanlegestelle, von der die sogenannten Petrusboote in See stechen.

***Kapernaum

Geschichte: *Vermutlich entstand der Ort im 2. Jh vC. Um die Zeitenwende verfügte er auch über eine Synagoge. Nach dem Tod von Jesus entwickelte sich eine christliche Gemeinde, die ständig wuchs. Aber auch viele Juden, die aus Jerusalem fliehen mussten, siedelten in Kapernaum. Im 4. Jh nC dehnte sich die Siedlung deutlich aus, die alte Synagoge aus Basalt wurde abgerissen, auf ihren Grundmauern baute man eine (teurere) aus Kalkstein. Um 450 errichteten die frommen Christen an der Stelle, an der Petrus gewohnt haben soll, eine Kirche. Mit der arabischen Eroberung verlor Kapernaum an Bedeutung und überlebte nur als kleines Dorf die Jahrhunderte. 1838 wurde der Ort von dem Amerikaner Robinson quasi wiederentdeckt, später kauften die Franziskaner das Gelände und bauten ein Kloster. Ab 1905 legten Ausgrabungen sehenswerte Ruinen aus den ersten Jahrhunderten Kapernaums frei.*

Arabisch wird die Stadt, die eng mit dem Christentum verbunden ist, *Tell Num* genannt. Hier soll Jesus während seines öffentlichen Wirkens gelebt und gelehrt haben, hier soll auch die Heimatstadt von Petrus gewesen sein.
Zur archäologischen Stätte gehören zwei wichtige Gebäude (8-17; ₪ 10, www.capernaum.custodia.org). Eine moderne, meist unzugängliche Kirche auf Stelzen, über deren architektonische Gestalt und Notwendigkeit man durchaus streiten kann, überdeckt das sogenannte **Petrus-Oktogon** so, dass man es gerade noch sehen kann. Diese achteckige Kirche wurde um 450 errichtet anstelle einer Hauskirche, die wiederum über einem Haus des 1. Jh nC entstand – mutmaßlich das des Simon, genannt Petrus. Unter anderem 131 Inschriften im Wandputz,

Mosaik am Ort der Brotvermehrung

mit mehrfacher Nennung der Namen *Jesus, Christus, Herr,* und *Petrus* legen das nahe. Von den Mauerresten der beiden ältesten Gebäude ist auf die Entfernung nichts zu sehen.
Neben diesem wichtigsten Teil gibt es viele Architekturfragmente (achten Sie auf die Bundeslade), Ölmühlenreste und Mosaike (Abbildung eines antiken Schiffes); schauen Sie auch die an, die rechts vom Eingang bis zum Oktogon-Aufgang aufgereiht sind. Am eindrucksvollsten wirken die Ruinen des zweiten sehenswerten Gebäudes, der **Weißen Synagoge** – wegen ihres hellen Kalksteins so genannt – aus wahrscheinlich dem 5. Jh nC. Sehr schön sind die Dattelpalmen auf dem Architrav. Sie wurde durch ein Erdbeben zerstört, ihre immer noch imposanten Ruinen heben sich stark vom Granit der Umgebung ab – und geben genug Rätsel auf, warum eine eher arme Gemeinde wie Kapernaum eine kostspielige Synagoge in einer Zeit baute, in der sie schon stark christianisiert war.
Etwa 1 km nach Kapernaum führt rechts eine Straße zur schön dekorierten griechisch-orthodoxen **Kirche der Sieben Apostel** den Hang hinunter. Die gemütliche kleine Kirche mit ihren knallroten Kuppeln steht mitten im Leben: Manchmal ist die Idylle futsch, wenn drumherum zu intensiv Picknick-Grillen stattfindet und die Mini-Anlagen dudeln.
2 km nach:

Holiday Village Amnon & Almagor

Etwas gehobenes Feriendorf mit vielen sportlichen Aktivitäten; Badebesucher zahlen ₪ 60 Eintritt. Bungalow mF D+B ca. ₪ 600, auch Camping möglich. Günstigere Unterkunft am nächsten Abzweig Abstecher nach links, Str. 8277, zum Moshav Almagor:

• SEA OF GALILEE GUEST HOUSE, Tel 04 6930063, http://ilh.hostels-israel.com/en/sea-of-galilee-guest-house;
mF ....Dorm pP ₪ 100, E/D+B ₪ 450-550

5 km: **Bet Zayda Junction**

Unterwegs überquert man den Jordan auf einer neuen Brücke. Man sollte kurz danach an der alten Brücke anhalten und hinunterschauen: Dieser weltberühmte Fluss ist auch wegen der massiven Wasserentnahme kaum größer als ein prall gefüllter Bach. Und doch gewinnt ein so unerschöpfliches Gewässer in dieser Weltgegend so viel Bedeutung, dass sich ganze Völkerscharen seit Jahrtausenden um ihn streiten. Ein kurzes Stück nördlich liegt die Einfahrt zum

*HaYarden (Jordan) Park

Entlang des Jordans, der sich hier in diverse kleine Teilbäche aufteilt, wurde ein großer Park (Eintritt ₪ 27, Kinder 14, pro Auto ₪ 60, Camping ab ₪ 70, www.yarden.golan.org.il, hebr.) mit schattigen Bäumen geschaffen; am Eingang gibt es manchmal auch deutschsprachige Informationen. Der Abstecher lohnt, weil man schön rasten und zusätzlich einiges unternehmen kann. Als größte Attraktion des Parks gilt eine Schlauchbootfahrt ein kurzes Stück flussabwärts zu der oben erwähnten Straßenbrücke. Die Reise durch das fast dschungelartige Grün der Flusslandschaft dauert etwa eineinhalb Stunden. Ein Zweierschlauchboot kostet einschließlich Rücktransport ₪ 80, wobei der Eintritt erstattet wird.

Daneben kann man den Park auch durchwandern oder historische Mühlen betrachten, deren Bau sich an dem schnell fließenden Wasser förmlich anbot. Der rot markierte Wanderweg verläuft durch das Dickicht der Flusslandschaft und ist in knapp 20 Minuten zu bewältigen, während der blaue Weg zu einem Aussichtspunkt führt und etwa eine Stunde in Anspruch nimmt.

Die wichtigste Ausgrabung ist **Bethsaida**, eine Fischersiedlung und der Geburtsort von Petrus, die einst am Seeufer lag. Der Ort wurde von Herodes' Sohn Philippus gegründet und beim ersten Jüdischen Aufstand 66-73 nC von den Römern so gründlich zerstört, dass heute nicht mehr viel zu sehen ist. Die Archäologen stellten fest, dass die Stadt stark befestigt und ziemlich ausgedehnt war. Nach christlicher Überlieferung wurden die Apostel Petrus, Andreas und vermutlich noch weitere hier geboren.

Die Ausgrabungsstelle besteht für den Laien aus einem ausgedehnten Haufen von Basaltsteinen, in dem man ein paar durch Steintafeln markierte Gebäudegrundmauern und Reste der Stadtmauer erkennt. Ein schattiger Aussichtsplatz eröffnet den Blick auf den Park und den See Genezareth mit seinen historischen Stätten. Führungen können telefonisch angemeldet und dann arrangiert werden: Tel 04 6791590, www.unomaha.edu/bethsaida.

18 km zum Nationalpark

*Kursi

Geschichte: *Dies ist vermutlich der Ort, an dem Jesus einen besessenen Mann (aus Gadara oder Gerasa) von Dämonen befreite und diese in eine Schweineherde fahren ließ, die sich im See ertränkte. Kloster und Kirche wurden vermutlich im 5. Jh nC gebaut. Die in Basilikaform konzipierte Kirche hatte zwei Säulenreihen, der Boden war mit Mosaiken ausgelegt. Zum Komfort und Schutz der Pilger waren Wohnanlagen und Befestigungen errichtet worden. Am Hang stand neben einem Felsen eine Kapelle an der Stelle, an der vermutlich das Wunder stattgefunden hatte. Bei der persischen Invasion 614 wurden die Kirche stark beschädigt und viele andere Gebäude zerstört. Später setzten die Mönche die Kirche wieder instand. Als die Muslime im 9. Jh auch hier die Macht übernahmen, nutzten die neuen Siedler die vorhandenen Bauwerke als Unterkünfte oder bequeme Steinbrüche. Seit Kursi 1982 eröffnet wurde, kommen auch wieder Pilger.*

(8-17, freitags und winters -16; ₪ 14) Hier wurden bei Straßenbauarbeiten 1970 Ruinen gefunden, die von Archäologen als größtes byzantinisches Kloster Israels identifiziert und rekonstruiert werden konnten. Schwarzblaue

Basaltmauerreste und Säulenstümpfe zeichnen ein gutes Bild der ehemaligen Anlagen nach. Die Kirche muss imposant gewesen sein – 45 x 25 m Grundfläche. Das Hauptschiff wurde von zweimal acht Säulen getragen. Leider sind die Mosaike ziemlich beschädigt. Im Norden der Apsis lag die Sakristei, in einem seitlichen Raum wurde eine Olivenpresse gefunden. Im Süden benennt eine Inschrift das Jahr 585 nC. In der Krypta waren 30 Männer beerdigt.

Beim Weg (östlich der Kirche) zur Kapelle am Hang werden Sie mit gutem Ausblick auf den See belohnt. Die Kapelle, die vermutlich eine natürliche Höhle erweiterte, stand neben einem quadratischen Turm, der über einen säulenähnlichen Fels gebaut war.

Bessere Aussicht können Sie genießen, wenn Sie die Straße 789, die kurz vor Kursi links abzweigt, 9 km bis zum Aussichtspunkt **Mizpe Ophir** hinauffahren. Dies lohnt besonders wegen der Pracht von wilden Blumen im Winter und Frühling in der Umgebung des Platzes (Picknick-Anlagen). Wenn Sie dann noch 3 km weiterfahren, gelangen Sie zum Moshav Giv'at Yo'av mit einer ungewöhnlichen Übernachtungsgelegenheit.

Übernachten

- **GENGHIS KHAN IN THE GOLAN**, Giv'at Yo'av, nach dem Tor rechts abbiegen und die fünfte Straße wieder rechts, durchfahren bis zu den Zelten, Tel 052 3715687, www.gkhan.

Das griechisch-orthodoxe Kapernaum

co.il; Mongolen-Zelte auf dem kargen Golan für bis zu acht Personen, jedes mit eigenem Bad-Häuschen, sauber, ruhig, gut für Familien, freundlich und hilfsbereit, prima Tourenvorschläge, Abholen von der Bushaltestelle Giv'at Yo'av (Nr. 51 von Tiberias), Bettzeug ₪ 30 .... Dorm pP ₪ 100, E/D+B ₪ 450-590

4 km nördlich von Kursi am Seeufer liegt

- **RAMOT RESORT**, oberhalb des Kinar Hotels, Tel 04 6732636, Fax 04 6793590, www.ramot-nofesh.com; inmitten von Olivenplantagen gelegen, sehr gut eingerichtet, Pool, Sauna etc., weiter Blick über den See, ruhig, AC, TV, mF... D+B ab $ 167, Häuschen $ 210, Chalet $ 269
- **KINAR HOLIDAY VILLAGE,** Tel 04 6738822, Fax 04 6738811, www.kinar.co.il; schöne, großzügig eingerichtete Räume, am Shabbat kostspielig, weil Mehadrin-Vollpension obligatorisch, AC, TV, mF .... E+B $ 104-278, D+B pP $ 65-170
- **CAMPING DUG**, neben Kinar Hotel, rudimentäre Ausstattung, für Kinder nicht so geeignet
- **CAMPING DUGIT**, neben Kinar Hotel, vorher buchen: Tel 04 6732226, großer Platz unter schattigen Eukalyptusbäumen, bessere sanitäre Anlagen, für Kinder gut geeignet, Super-Planschpark *Luna Gal* gleich um die Ecke, www.luna-gal.co.il (hebr.) .... per Auto ₪ 60

Nach der Kursi Junction 5 km weiter am Ostufer entlang und vorbei an einer Reihe von Badestränden zum Kibbuz

*En Gev

Geschichte: *Der Kibbuz breitet sich auf historischem Boden aus, denn Ausgrabungen belegen, dass diese Gegend bereits seit etwa 18 000 vC besiedelt war und dass Befestigungsanlagen von 10 000 vC bis in die hellenistische Zeit vorhanden waren. 1937 wurde der Kibbuz gegründet, u.a. von Teddy Kollek, dem späteren Bürgermeister von Jerusalem. Vom Unabhängigkeitskrieg bis 1967 stellte En Gev die nordöstlichste israelische Siedlung am See dar, denn nördlich begann syrisches Gebiet. Der vor allem vom Golan her sehr verwundbare Kibbuz war nur per Schiff erreichbar.*

Am Seeufer steht ein bekanntes **Fischrestaurant**. In der Nähe hat die **Kinneret Sailing Co**. ihren Sitz, www.eingev.co.il/?CategoryID=289, und die anderen Ausflugsboote legen hier an, im kleinen Hafen herrscht touristisches Getümmel; eine Traktor-Eisenbahn fährt Interessierte durch das Kibbuz, zu dem ein großes, 1,5 km südlicher gelegenes Hotel gehört. Außerdem gibt es ein kleines historisches Museum zur Fischerei am See Genezareth, das *House of the Anchors*, ₪ 8, es öffnet nach Bedarf: Tel 04 6658998.

Übernachten

- **EN GEV,** Tel 04 6659800, Fax 04 6659818, www.eingev.com; schön gelegen, alle Zimmer mit einer kleinen Küche, AC, TV, mF . E/D+B $ 168-194

Camping

- **SUSITA**, http://eingev.co.il/?CategoryID=279, unmittelbar nördlich von En Gev, direkt am See, schattige Bäume, einfache Sanitäranlagen...... pro Auto ₪ 55, mit Übernachtung ₪ 90

Man könnte von hier 350 m steil vom Seeufer hinauffahren und **Susita** besuchen. Von den Griechen als Hippos *(Pferd)* gegründet, blühte die Siedlung unter den Römern auf, wurde aber von einem Erdbeben im 8. Jh nC zerstört. Übrig blieben die Grundmauern einer Basilika und eines Nymphaeums, neben den Resten der einst blühenden Stadt, die durch ein 25 km langes Aquädukt mit Wasser versorgt wurde. Derzeit gräbt dort die Universität Haifa aus; wer sich auf http://hippos.haifa.ac.il einen Überblick verschafft, dürfte in der Realität manches wiedererkennen.

7 km nach

HaOn

Bekannt ist dieser Kibbuz wegen seiner Straußenfarm. Das Leder der Tiere wird nach Europa exportiert. Am Ufer liegt einer der besten Campingplätze am See Genezareth.

Übernachten

HaON HOLIDAY VILLAGE, südöstliches Seeufer, Tel 04 6656555, Fax 04 6656557, www.haon.co.il;

Cottages mit 4 Betten oder Doppelzimmer, AC, TV, mF E+B $ 90-117, D+B $ 99-148

• **HaON CAMPING**, guter Platz unter schattigen Palmen, allerdings wenige Sanitäranlagen, ... per Auto ₪ 60-190

2 km: Abzweig

Für einen kurzen Abstecher sollten Sie links auf die Straße 98 einbiegen. Nach 7 km durch die landschaftlich schöne Yarmukschlucht hoch über dem Flussbett erreicht sie die schwefelhaltigen Quellen von

**Hammat Gader

Bereits die Römer hatten die Heilwirkung der Quellen erkannt und eine stattliche Kuranlage erbaut, deren imposante, teilrestaurierte Ruinen – auf einer Schautafel erläutert – zwar nicht den stolzen Eintrittspreis von ₪ 92 (Wochenende ₪ 105) rechtfertigen, aber doch versöhnlicher damit stimmen (Mo-Fr 8.30-22.30, Sa/So -17, Tel *6393, www.hamat-gader.com). Der Ort gehörte damals zur Dekapolis, er nahm beide Uferseiten ein, die interessanteren Anlagen liegen im heutigen Jordanien. Jetzt bietet das große Gelände moderne Kur-Badeteiche mit entsprechenden Umkleide- und Duschmöglichkeiten, über die der Grillrauch der Picknickplätze zieht.

Interessant ist ein Blick in das **Römische Bad**, das immerhin eine Grundfläche von ca. 5000 Quadratmetern bedeckt – das größte in Israel. Ein ausgeklügeltes Wassersystem versorgte z.T. durch Bleirohre die Wasserbecken und regelte auch deren Temperatur. Vom heutigen Eingang führt die Eingangshalle (hinten links) zur sogenannten Säulenhalle. Ursprünglich diente sie als Badepool mit lauwarmem Wasser (*Tepidarium*), wurde aber im 5. Jh zugeschüttet und mit Marmor zur Spielhalle ausgekleidet, lediglich drei kleinere Becken verblieben an der Westseite. Links neben der Säulenhalle liegt eine Halle mit vielen Inschriften an den Wänden, das kleinere Tepidarium. Geht man von der Säulenhalle geradeaus durch einen Korridor weiter, so kommt man zur Ovalen Halle mit dem größten Badebecken und wärmsten Wasser (*Caldarium*), die von großen Fenstern belüftet und mit 52 Grad heißem Wasser direkt aus der im Nebenraum (südwestlich) sprudelnden Quelle versorgt wurde. Zur Temperaturregelung wurde kaltes Wasser zugeführt. Ein kleineres Caldarium ist rechts der Hauptachse zu sehen. Nordöstlich lag ein großes Kaltwasserbecken (*Frigidarium*), das nur teilweise freigelegt wurde.

Oberhalb des modernen Badepools steht ein Thai-Restaurant, das man ertragen könnte, wäre nicht die Thaiarchitektur etwas arg deplatziert an diesem Ort. Ähnlich fehl am Platz mögen sich auch die zahllosen Krokodile der **Alligator-Farm** vorkommen, obwohl sich ihre Unterkunftsgewässer noch am besten der Umgebung anpassen. Im Gegensatz zu den auch vorhandenen Papageien sind sie in ihrer stoisch-schauerlichen Gelassenheit wohl am besten geeignet, die vielen Aufweckversuche der Besucher über sich ergehen zu lassen.

Auf der Stichstraße wieder zurück zur vorigen Kreuzung. Von dort

2 km bis

Bet Gabriel

Rechts wurde 1993 ein sehr geschmackvoll eingerichtetes Kulturzentrum (gutes Restaurant) direkt am Seeufer für Ausstellungen, Aufführungen und Konferenzen eröffnet. 1995 unterzeichnete hier der damalige Premier Rabin zusammen mit König Hussein von Jordanien das Friedensabkommen zwischen den beiden Ländern.

Übernachten

• **MA'AGAN HOLIDAY VILLAGE,** am Südende des Sees, Tel 04 6654411, Fax 04 6654455, www.maagan.com; gut eingerichtet, AC, TV, mF .... E+B $ 185-258, D+B $ 258

1 km: **Tsemakh Junction**

Die Straße 92 trifft hier auf die von Bet Shean kommende Straße 90. Rechts im Shopping Center kann man sich bei einem Tourist Information Office z.B. bei der Hotelsuche in Tiberias helfen lassen, wenn man aus dem Süden kommt. Am

Strand gibt es einen großen Wasserpark und häufig Open-Air-Konzerte.

1 km zum

*Kibbuz Deganya Alef

Hier wurde der erste Kibbuz Palästinas 1910 von zwölf Idealisten – zehn Männern und zwei Frauen – gegründet. Trotz Malaria, Typhus und Überfällen entwickelte sich aus der zunächst weltfremd scheinenden Idee eine in Israel außerordentlich erfolgreiche Bewegung (siehe S. 132. Später teilte sich Deganya in zwei Kibbuzim: **Deganya Alef** (das ältere) und **Deganya Bet** (das jüngere). Der erste Eingang an der links abzweigenden Stichstraße gehört zu Deganya Alef; gleich vor dem Tor steht ein 1948 durch einen Molotowcocktail zerstörter syrischer Panzer. Dieser Verlust versetzte den Syrern einen solchen Schrecken, dass sie ihren geplanten Angriff auf das Jesre'eltal abbrachen und die Flucht ergriffen.

Der nächste Kibbuz-Eingang führt in den **Kibbuz Deganya Bet** mit seinem Gästehaus.

Übernachten

• **DEGANYA COUNTRY LODGING**, Kibbuz Deganya Bet, Tel 04 6755758, Fax 04 6755877; durchaus komfortabel eingerichtete Zimmer, sehr sauber, AC, TV, Kühlschrank und Kochplatte, mF ....E+B $ 126, D+B $ 140

1 km nach

*Yardenit

Dort, wo der Jordan den See Genezareth verlässt, wurde vor knapp 2000 Jahren **Jesus** von Johannes dem Täufer vermutlich **nicht getauft**, aber die Israelis lenkten die Pilgerströme hier hin, weil das wahrscheinlichere Qasr AlYahud bei Jericho bis vor kurzem noch militärisches Sperrgebiet war, siehe S. 454. Der nah gelegene Kibbuz Kinneret baute für moderne Touristen **Taufanlagen**, die in den Jordan hinunterführen (gleich nach der Jordanbrücke links abbiegen). Pilger können sich weiße Gewänder ausleihen und sich dann im Jordan taufen oder nachtaufen lassen; natürlich geht es – weniger originell wirkend – auch in Straßenkleidung (Sa-Do 8-18, Fr -16, Dez-Feb -17, Fr -16; Taufservice jeweils eine Stunde kürzer).

Zur Kontemplation ist Yardenit nicht nur wegen der Pilgermassen nicht besonders geeignet: Im Hintergrund donnert der unaufhörliche Verkehrsstrom der Seeuferstraße über die Brücke, dessen Lärm die Sinne der Täuflinge wohl nicht weit aus dem 20. Jh entschweifen lässt. Das hier nahezu stehende, leicht veralgte Jordanwasser macht es den Pilgern, ganz abgesehen von seiner Temperatur z.B. im Winter, auch nicht leichter, kopfunter zu tauchen. Als Souvenir gibt es eine Urkunde, dazu kauft der Pilger heilige Erde, Luft oder heiliges Wasser, tragbar abgefüllt und, für die ganz Skeptischen, auch beurkundet als Souvenir für die Lieben daheim. Das Jordanwasser im Shop kostet in verschiedenen Gebindegrößen $ 5-20. Mit eigenem Behälter kann man es sich natürlich auch gratis am Fluss abfüllen, und ganz unprosaisch könnte man auch einfach im Hotelzimmer zapfen: Da ist immer etwas aus dem Jordan dabei, falls das Wasser nicht aus einer Entsalzungsanlage an der Küste stammt. – In der Nähe werden im Sommer Boote für Trips auf dem Jordan vermietet. Rechts der Taufanlage weist ein Schild auf das nahe gelegene Motorhouse, ein Gebäude, in dem die erste Pumpstation am See untergebracht war.

Unweit dieser Abzweigung liegen links die **SPNI Field School** (die den Besucher mit Karten oder Guides versorgt) und das **Bet Gordon Museum** (*Gordon's House*, So-Do 9-15, Fr 10-13, Eintritt), das zum Kibbuz Deganya Alef gehört. Obwohl nahezu in der gesamten Reiseliteratur erwähnt, handelt es sich nur um ein kleines naturkundliches, ziemlich verlassenes Ein-Raum-Museum, dessen ausgestopfte Vögel und Formaldehyd-Schlangen gemächlich vergammeln. Ein Besuch lohnt nur für Fanatiker oder Eltern, die ihren Kindern alle Sehenswürdigkeiten am See schon mehrmals gezeigt haben.

Gleich auf der rechten Seite der Straße 90 liegt **Bet Yerach**, das Haus des Mondes. Dort wurde eine kanaanitische Siedlung mit einem Mondtempel und Getreidesilos aus der Zeit

3300-2200 vC ausgegraben; eine bestimmte Art Tongefäße aus der Frühbronzezeit wird nach dem arabischen Namen der Stätte Khirbet AlKerak-Ware genannt, im Israel Museum jetzt auch Bet-Yerach-Ware. Heute gibt es praktisch nichts mehr zu sehen.
10 km: **Tiberias**

Von Tiberias zum Mount Tabor und nach Nazareth

Dieser Ausflug bietet sich an, wenn man Tiberias als Standort ausgesucht hat; natürlich können die folgenden Ziele auch in andere Routen eingebunden werden.
Man verlässt Tiberias nach Süden und biegt nach 9 km auf die Straße 767 rechts ab. Oder man nimmt bereits nach 6 km die Straße 7677 hinauf in die Berge nach Poriya, um zunächst den Swiss Forest mit Picknickplätzen zu besuchen, ganz eidgenössisch Switzerland ausgeschildert. Zwar ist der Swiss Forest erst im Entstehen begriffen und Schatten findet man nicht allzu oft, aber der schöne, immer wieder wechselnde Ausblick macht das Unzureichende wieder wett. Der Name rührt angeblich daher, weil der Jewish National Fund die Gelder für die Aufforstung in der Schweiz generierte. Camping möglich. Hier oben steht außerdem die Internationale Jugendherberge Poriya, zentrale Reservierung Tel 159 9510511.
Vom Forest aus fährt man ein kurzes Stück auf der Straße 768 südlich und trifft dann auf die Straße 767. Bei der Tankstelle an der Kreisel-Kreuzung befindet sich eine luftige Aussichtsplattform mit wunderschönem Blick über den See Richtung Golan. Der 767 folgt man nach Westen. Nach 10 km könnte man mit Kafr Kama die größere der beiden Tscherkessen-Siedlungen in Israel besuchen (siehe S. 120) und sich im Restaurant Circassian einen Eindruck von der kaukasischen Küche verschaffen. Nach weiteren 6 km biegt man links auf die Straße 65. Es bietet sich an, gleich an der nächsten Kreuzung, der Gazit Junction, rechts ab zum Dorf Shibli zu fahren und den Mount Tabor zu besuchen. Archäologie-Interessierte könnten zunächst links fahren und das sehenswerte Museum im Kibbuz En Dor mit Funden aus der Umgebung aufsuchen, So-Do 8-15, Fr/Sa -15, Tel 04 6770333.
Wer von Afula kommt, zweigt an der **Tabor Junction** links ab, fährt nach Daburiya und hält sich dort an die Beschilderung *Tabor*.

Sehenswertes

***Mount Tabor**, hoher Berg mit schöner Aussicht und langer Vergangenheit, S. 339

In Nazareth

***Verkündigungskirche**, die moderne Kirche überbaut die Grotte von Mariä Verkündigung, ein etwas deplatziertes Bauwerk an einem so bedeutsamen Platz, S. 341

Gabrielskirche, in der hübsch dekorierten Kirche entspringt eine Quelle, an der Gabriel zum ersten Mal der Maria erschien, S. 342

Josephskirche, überdeckt die Werkstatt Josephs, S. 342

Nazareth Village, belebtes Museum zum Eintauchen in die Zeit Jesu, S. 344

Kafr Kana, Dorf der *Hochzeit von Kana* in der Nähe von Nazareth, S. 346

Souk, teilweise malerische Altstadt der arabischen Bevölkerung, S. 343

*Mensa Christi Kirche**, hier soll der auferstandene Jesus mit seinen Jüngern gespeist haben, S. 343

*Synagogenkirche**, hier soll Jesus als junger Mann gepredigt haben, S. 343

***Tabor/Har Tabor

***Geschichte**: Der 588 m hohe Berg Tabor erhebt sich ohne angrenzende Höhenzüge aus der Jesre'el-Ebene, die er um stattliche 450 m überragt. Er war bereits im 2. Jahrtausend*

7

vC beliebt als Platz für ein Heiligtum der Kanaanäer. In römischer Zeit befestigten die Juden den Berggipfel mit einer großen Mauer, von der noch Reste vorhanden sind. Auch die Bibel erwähnt den Berg. Im Neuen Testament heißt es, dass Jesus mit Petrus und Johannes auf einen hohen Berg ging und dort seinen Jüngern in seiner göttlichen Gestalt erschien. Im 3. Jh nC wurde diese Verklärung Christi – die besonders in den orthodoxen Kirchen hohe Bedeutung genießt – auf dem Berg Tabor lokalisiert.

Die ersten Kirchen stammen aus dem 3. Jh, ab 553 war der Berg Bischofssitz. 1101 gründeten die Benediktiner eine Bastei, später bauten die Kreuzfahrer weitere Kirchen und befestigten den Berg so, dass Saladins Truppen 1191 vergeblich dagegen anrannten. Erst 1263 wurden die Gipfelbauten durch Baibars gründlich zerstört. 1631 erhielten die Franziskaner den Berggipfel von dem Drusenführer Fakhr AdDin. Aus ihren Bauten entstand 1923 die Taborkirche der Franziskaner, während die Griechisch-Orthodoxen bereits 1911 die Eliakirche errichtet hatten.

Hinauf auf den Berg windet sich eine im Dorf Daburiya/Shibli beginnende schmale Straße, die nur bis 2 m Fahrzeughöhe zugelassen ist; Bus-Passagiere werden per Sammeltaxi hinaufbefördert (wartet am Busparkplatz nahe Shibli). Ein Stück unterhalb des Gipfels starten Drachenflieger, welche die hier nahezu idealen Windbedingungen nutzen. Kurz vor dem Gipfel verzweigt sich die Straße, links geht es zur griechisch-orthodoxen Eliakirche. Sie ist von Mönchszellen umgeben. Im Hof führt ein schmales Eisentor in die Grotte des Melchizedek, des Königs von Jerusalem, der Abraham mit Essen versorgte.

Die am Gipfel rechts abzweigende Hauptstraße führt zum Parkplatz. Von dort geht man noch ein kurzes Stück zur Taborkirche (täglich 8-12, 14-18, im Winter -17). Sie wurde 1921-23 von Antonio Barluzzi, nach dem Vorbild frühchristlicher syrischer Kirchen, aus hellem Kalkstein auf den Grundmauern einer frühen Kirche und einer Kreuzritterbasilika erbaut. Im Inneren zeigt das zentrale Mosaik die Verklärung, mit Jesus flankiert von Moses (links) und Elia (rechts), rechts unten die beiden Apostel Petrus und Johannes. Niemand wird auf die Kirchen so fixiert sein, dass man sich dem herrlichen Ausblick vom Tabor entziehen könnte. In fast jede Richtung mit offener Sicht, kann man bei klarem Wetter Israel von der Westgrenze am Mittelmeer bis zur Ostgrenze am Golan überblicken.

Vom Tabor fährt man auf der Straße 65 nach Afula und von dort weiter nach Nazareth. Wenn Sie den Berg nach Nazareth erklommen haben, halten Sie sich möglichst immer geradeaus wieder bergab, dann kommt man direkt auf die Paul VI. St.

***Nazareth

Geschichte: *Historisch hat Nazareth eine eher blasse Vergangenheit hinter sich. Ausgrabungen belegen zwar eine Besiedlung bereits im 2. Jahrtausend vC, aber viel passierte hier nicht. Im 3. Jh nC wurde über der Verkündigungsgrotte eine einfache Kirche, das Abbild einer Synagoge, gebaut. Kaiserin Helena ließ sie im 4. Jh nC durch eine größere Kirche ersetzen, die 614 von den Persern zerstört wurde. Im frühen 12. Jh ließ der Kreuzfahrer Tankred, Fürst von Galiläa, eine Basilika errichten, die den Truppen Baibars' 1263 zum*

Der Berg Tabor

Opfer fiel. 1730 folgte die vierte Kirche, von Franziskanern in Auftrag gegeben. Auch dieser war keine lange Existenz beschieden, sie musste 1955 einem wesentlich größeren Neubau Platz machen, der 1969 eingeweiht wurde. Einen großen Teil der Kosten trug übrigens Frank Sinatra.

Der Ort, in dem der Jungfrau Maria vom Erzengel Gabriel die Geburt Jesu verkündet wurde und wo Jesus dann seine Jugend verbrachte, gehört zu den heiligen Stätten und Wallfahrtszielen der Christenheit. Die größte arabische Stadt Israels zählt 81 000 Einwohner, überwiegend Muslime und knapp ein Drittel Christen.
Mit seinem quirligen Leben, dem typischen orientalischen Durcheinander und dem eher chaotischen Verkehrsverhalten unterscheidet sich Nazareth ganz deutlich z.B. vom nahe gelegenen Haifa. Oberhalb der alten Stadt, die in einem ziemlich steil abfallenden Tal liegt, wird seit 1948 der jüdische Ort Nazareth-Illit auf- und ausgebaut.
Im Lauf der Zeit wurde jede erdenkliche Stelle, die mit Jesus in Zusammenhang gebracht werden konnte, mit Kirchen überbaut; dabei gehen viele Angaben nur auf mündliche Überlieferungen zurück, die zum Teil erst Jahrhunderte nach den Geschehnissen ins Bewusstsein rückten. Wer alle diese Bauwerke besuchen will, muss seine Zeit gut einteilen und dabei einkalkulieren, dass orthodoxe Kirchen meist zwischen 12 und 13 Uhr geschlossen sind. Ferner wird hier der Sonntag als Feiertag gehalten, d.h. alle öffentlichen Einrichtungen wie z.B. die Tourist Information sind sonntags geschlossen.
Die Hauptsehenswürdigkeiten liegen unten im Tal; von Afula kommend fährt man möglichst immer geradeaus den Berg hinunter und gelangt dabei in der Regel auf die **Paul VI St,** von der aus die Verkündigungskirche zu sehen ist. Versuchen Sie dort oder im Bereich des Marienbrunnens (s.u.) zu **parken**. Am Platz vor der Kirche zweigt die **Casa Nova St** Richtung Altstadt ab. Sie wurde zum Jahr 2000 in Verkündigungsstraße umgetauft; die nach wie vor **Casa Nova** genannte Straße ist daher **identisch mit** der *Annunciation/AlBishara* oder *HaBishara St.*

Abendstimmung an der Taborkirche

Die *****Verkündigungskirche** am Rand der Altstadt dominiert Nazareths Stadtbild – der größte Kirchenbau in Nahost. Sie erhebt sich aus dem Häusermeer mitten im Stadtzentrum zwischen der Hauptverkehrsstraße Paul VI und der Seitenstraße Casa Nova. Die Kirche ist an ihrer mächtigen, alles überragenden Kuppel erkennbar, ganz abgesehen von den zahlreichen Souvenir/Devotionalienständen ringsum.
Vom Eingang der Verkündigungskirche im Westen (8-18, Grotte 5.45-21, www.basilicanazareth.org) betritt man einen kleinen Innenhof und erblickt die Westfassade, die mit Spruchbändern aufgelockert ist. Die **Westportale** des Münchner Künstlers Roland Friederichsen zeigen in der Mitte Szenen des Lebens Jesu auf Erden, das nördliche Seitenportal zeigt den Grund für das Kommen des Gottessohns – Sündenfall und nur zeitweise Errettung bei Noah und Abraham, auf dem südlichen Seitenportal sieht man Heilsprophezeiungen bei Jesaja, Hesekiel und Jakobs Segen über Juda, den Löwen. Wenn Sie von Süden in die Kirche gehen, öffnet sich das Marienportal mit entsprechenden Szenen. Die moderne Verkündigungskirche baut auf den

noch erhaltenen Grundmauern der ehemaligen **Kreuzfahrerkirche** auf, die ebenfalls vorhandenen östlichen Apsiden wurden mit einbezogen. Im Prinzip handelt es sich um **zwei übereinander stehende Kirchen**. Sie betreten zunächst die **Unterkirche** mit dem eigentlichen Pilgerziel: neben archäologischen Mauerresten und Säulen geht es links ein paar Stufen zur **Verkündigungsgrotte** hinab. Sie ist flankiert von barocken Säulen, die groberen sind aus der Kreuzfahrerzeit. Andere Reste sind byzantinisch – dieser Ort wird schon lange verehrt. Das Licht der Unterkirche fällt durch eine große achteckige Öffnung im Fußboden der **Oberkirche**. In diese gelangt man über eine Wendeltreppe. Ihre Wände sind mit Mosaiken, Keramikarbeiten, einem Fresko und einer Holzschnitzerei geschmückt, die von den unterschiedlichsten Ländern gestiftet wurden und die Maria mit ihren jeweiligen Traditionen auf unterschiedlichste Weise darstellen. Der Fußboden besteht aus eingelegtem Marmor; die mit Maria zusammenhängenden Darstellungen im Fußboden wurden von Adriano Alessandrini entworfen.

„Space-Maria" – Beitrag der USA zur Verkündigungskirche

Sicherlich lässt sich über Geschmack streiten, und besonders über den der 1950er Jahre. Aber die kühle nackte Betonkonstruktion, die mit seltsamen Sacklöchern optisch aufgelockert werden sollte, bringt nicht jedermann auf die beabsichtigte Assoziation eines offenen Lilienkelchs. Die unsägliche Architektur lässt sich nur dadurch ertragen, dass sie mit einigermaßen anspruchsvollen Dekorationen quasi übertüncht ist – achten Sie z.B. auf die schwarze Madonna mit Kind aus Kamerun. Die Oberkirche dient den rund 8000 Katholiken in Nazareth als Pfarrkirche.
Man verlässt die Oberkirche durch das Nordtor in einen Hof mit einer Taufkapelle. Unterhalb dieses Hofes befindet sich ein Museum, das eigentlich nur Gruppen besichtigen dürfen. Falls Sie Glück haben und sich im Pilgerzentrum einer Gruppe anschließen können, bekommen Sie die feinsten Steinmetzarbeiten der Kreuzfahrerzeit zu sehen, ziseliert gearbeitete Säulenkapitelle, die zur Sicherheit vor Kampfhandlungen vergraben und erst im 20. Jh wiedergefunden wurden. Außerdem werden Wohnhöhlen der Zeitenwende gezeigt. Wieder oben auf dem Platz steht neben der Verkündigungskirche der mächtige Bau des 1730 errichteten **Franziskanerklosters**, dem sich die ****Josephskirche** anschließt, die 1914 über einer Höhle errichtet wurde, in der Josephs Werkstatt gewesen sein soll. Diese Vermutung bezieht sich auf eine Kreuzritterbasilika, auf deren Resten die heutige Kirche errichtet wurde. Es besteht allerdings kein wirklicher Anhalt, ob bereits die Kreuzritter diesen Platz mit der Werkstatt identifizierten. Unterhalb der Kirche liegt ein in den Fels gehauenes, sehr altes Wasserreservoir, das man durch Gitterstäbe im Fußboden der Krypta sehen kann.
Wenn man aus der Josephskirche herauskommt und der engen Straße jenseits des Kirchplatzes nach rechts und weiter geradeaus folgt, so kommt man nach knapp 10 Minuten zur griechisch-orthodoxen ****Gabrielskirche** (Mo-Sa 7-18, So -14). Nach orthodoxem Glauben soll an der Quelle, deren Rauschen man in der heutigen Kirche von 1767 an manchen Stellen hören kann, der Erzengel Gabriel ein erstes Mal

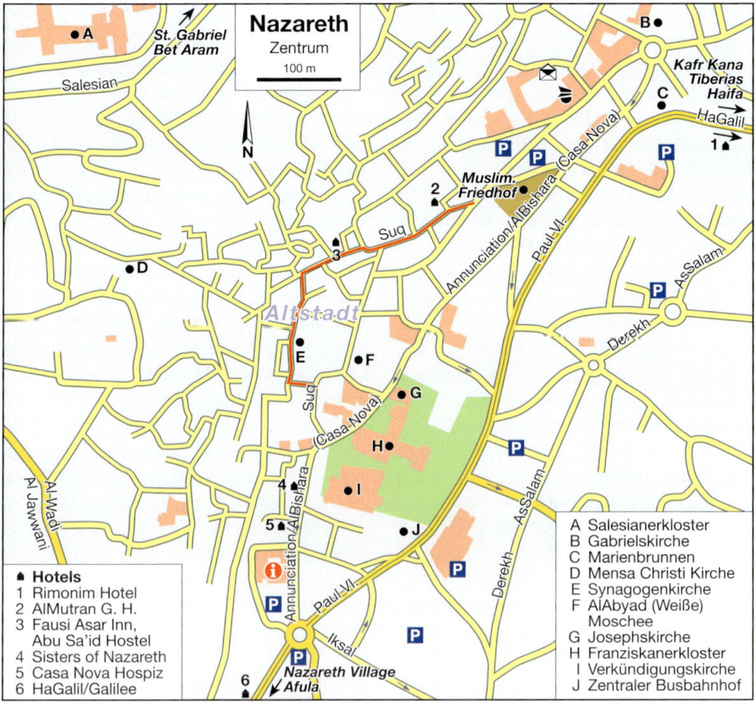

der Maria erschienen sein. Nicht nur wegen der Quelle, sondern auch wegen ihrer schönen Malereien und Dekorationen ist die Gabrielskirche sicher einen Blick wert. Etwas unterhalb der Kirche liegt an der Hauptstraße der **Marienbrunnen** (wo die Gottesmutter mangels Alternativen sicherlich auch Wasser geschöpft haben wird), der von der Marienquelle der Gabrielskirche gespeist wurde – bis die städtischen Wasserwerke das Wasser direkt abzapften.

Sie können jetzt denselben Weg zurückgehen, aber kurz vor der Josephskirche rechts abbiegen, um in die Souk-Gegend zu kommen. Der umliegende, ein bisschen nach Orient duftende ****Souk** wurde für das Jahr 2000 komplett renoviert und lädt mit seinen sympathisch hellen Pflaster- und Haussteinen zu einem Bummel ein. Quasi im Zentrum liegt die griechisch-katholische ***Synagogenkirche** (Mo-Sa 8-17), die auf eine Synagoge zurückgeht (links vom Portal die Treppe hinuntergehen), in der Jesus als Kind unterrichtet wurde und in der er als junger Mann gepredigt haben soll. Archäologen sind jedoch der Meinung, dass die Synagoge tatsächlich aus dem 6. Jh stammt, wovon sich die Griechisch-Katholischen nicht beeindrucken lassen. Links neben der heutigen Kirche befindet sich tatsächlich eine kleine Synagoge. Wenn Sie von hier aus weiter durch den Souk wandern, sollten Sie einen weiten Bogen um die Synagoge beschreiben, dann kommen Sie schließlich wieder auf die Casa Nova St.

Von der Synagogenkirche kann man zur ***Mensa Christi Kirche** weitergehen, die eine 3,60 m lange und 3 m breite Felsplatte überbaut, an der der auferstandene Jesus mit seinen Jüngern gespeist haben soll. Wenig weiter führt direkt eine Treppe oder, mit etwas Umweg, ein windungsreiches Sträßlein den Berg hinauf zum **Salesianerkloster** mit der Kirche zum *Jugendlichen Jesus*. Eine Statue über dem Hochaltar stellt den 16-jährigen Jesus dar. Draußen bietet sich ein schöner Blick auf Nazareth.

Wenn Sie viel Zeit mitbringen, dann gibt es noch diverse Kirchen und Klöster mehr anzuschauen – lassen Sie sich bei der Touristeninformation beraten. Oder man startet in die Umgebung, vielleicht mit einer der geführten Wanderungen z.T. bis Sepphoris und Kapernaum, die Mo-Sa morgens um 8 Uhr am Portal der Verkündigungskirche starten, Tel 054 4361357, http://jesustrail.com, (vgl. den Wanderführer S. 20).

Wer sich historisch für die Zeit Jesu interessiert, sollte das wissenschaftlich betreute ****Nazareth Village** nicht verpassen. Fährt man von der Verkündigungskirche die Paul VI St nach Süden weiter, heißt nach einer Ampel die erste Straße rechts AlWadi AlJawwani. Hier eingebogen führt dann die zweite links zu Nazareths YMCA, in dessen oberem Geschoss sich die Rezeption für das Village befindet. Es erwartet einen ein sorgfältig nachgebildetes galiläisches Dorf des 1. Jh nC, das als *living museum* angelegt ist und in dem Leute ihrem Tagwerk nachgehen; Mo-Sa 9-17, letzte Führung 15, ₪ 50, Kinder 7-18 J. ₪ 22, Tel 6456042, www.nazarethvillage.com.

Praktische Informationen

▶ Telefon-Vorwahl 04

• **Tourist Information Office,** Casa Nova St, nahe der Kreuzung mit der Paul VI. St, Mo-Do 9-18, Fr -14, Tel 6106611 oder 6573003, prima Website www.nazarethinfo.org mit vier Vorschlägen für Rundgänge.

Busverbindungen

▶ Es gibt keinen **Busbahnhof** wie in anderen Städten, die Busse halten an der Paul VI St etwa in Höhe Verkündigungskirche. Bus 823 nach Afula (dort Umstieg nach Haifa), über Megiddo bis Tel Aviv, nach Jerusalem direkt Nr. 955.

▶ **Touren**: Nazarene Tours, Paul VI St, Tel 6470797, Fax 6566505, http://german.nazarene-tours.com, organisiert vor allem Pilger-Busreisen, auch eine große Exodus-Tour von Ägypten über Jordanien nach Israel, hilft aber auch Einzelreisenden weiter.

Essen und Trinken

▶ Im Zentrum nahe der Verkündigungskirche gibt es diverse Essensgelegenheiten, vor allem auch Bäckereien mit schwer-süßem orientalischen Gebäck, AHMAD MAHROUM in der Casa Nova St und Ecke Paul VI/AlBishara St ist bekannt dafür. Auf Touristen eingestellt sind die Restaurants ASTORIA und AIAMAL, beide im Kreuzungsbereich Casa Nova/Paul VI St. In der Nähe des Marienbrunnens gibt es nicht nur Huhn im POLLMONDO am orthodoxen Kirchplatz, nahebei ist auch das AIMEDJANA mit recht breiter Auswahl, und in der AlBishara St etwas weiter südlich erwartet Sie das TISHREEN, feine arabische Küche in angenehm ausgestatteten Räumen. Nach Süden hinaus befindet sich der YMCA beim Municipal Community Center (Nähe French Hospital), ein preiswertes und schmackhaftes Selbstbedienungsrestaurant (viele Pilgergruppen), gleich beim Nazareth Village (siehe oben).

Ausflugsziele von Nazareth könnte die nur 6 km entfernte einstige Großstadt **Zippori/Sepphoris** sein (siehe S. 301). Speziell Interessierte fahren halb nach Haifa: Wenn Sie von der Straße 75 nach Einmündung der 77 die nächste rechts abbiegen (Nr. 7513) und sich dann immer rechts halten, wird es sehr ländlich. Hier eröffnete die German Colony aus Haifa zwei Filialen: Sie erreichen zuerst **Alone Abba**, 1907 von altpreußischen Protestanten als *Waldheim* gegründet, und danach **Bethlehem HaGlilit** – Bethlehem in Galiläa, 1906 von Templern gegründet. Die Deutschen mussten im Zweiten Weltkrieg beide Orte verlassen. Letztere wurden als Moshavim genutzt. Momentan wird Tourismus ausgebaut: Die alten Gebäude werden hergerichtet, es gibt ein paar brauchbare Lokale und Übernachtungsgelegenheiten. Eins der Häuser kann besichtigt werden, verabreden unter Tel 04 9532901.

Übernachten in Nazareth

Die Mehrzahl der Unterkünfte liegt in der Nähe der Verkündigungskirche. Golden Crown, Plaza, St. Gabriel, Bet Aram und St. Lord erfordern Transport oder längere Anmärsche.

- **PLAZA**, 2 Hermon St, Nazareth Ilit, Tel 6028200, Fax 6028222, www.plaza-nazarethilit.co.il; grandiose Aussicht auch für Nichtbewohner vom Restaurant aus, leicht plüschiger Fünf-Sterne-Luxus mit Pool und Fitnessangeboten – Stern 5 strahlt nicht sehr hell, mF............E+B $ 160-195, D+B $ 180-225
- **GOLDEN CROWN**, Mt. of the Precipice am Südende der Stadt Richtung Afula, Tel 6508000, Fax 6016007, www.goldencrown.co.il; stilvolles Fünf-Sterne-Resorthotel mit großem Pool, mF..E+B $ 142-180, D+B $ 169-221
- **RIMONIM NAZARETH (HaMA'AYAN),** Paul VI St, Tel 6500000, Fax 6500055, www.rimonim.com; hübsch eingerichtet, Straße eventuell etwas laut, AC, TV, mF...........E+B $ 80-136, D+B $ 94-153
- **ST. GABRIEL**, Salesian St, nördlich am Höhenrücken oberhalb der Verkündigungskirche (schräg unterhalb der weithin sichtbaren Moschee mit dem Silberhut-Minarett), Tel 6572133, Fax 6554071; das stimmungsvollste Hotel von Nazareth, in altem Kloster aus grauweißen Steinen mit roten Ziegeldächern, schöner Blick auf die Stadt, mF ....E+B $ 85, D+B $ 120
- **HAGALIL (auch GALILEE)**, Paul VI St, Tel 6571311, Fax 6556627; südlich der Verkündigungskirche, sauber, recht gut eingerichtet, Parkplatz, AC, mF..................E+B ₪ 300, D+B ₪ 450
- **CASA NOVA HOSPICE**, Casa Nova St, Tel 6456660, Fax 6579630; direkt gegenüber der Verkündigungskirche, etwas kleine Zimmer, einige mit schönem Kirch-Blick, sehr sauber, eigene Kapelle, auf moralisch einwandfreies Verhalten wird Wert gelegt, Curfew 23 Uhr, keine Kreditkarten, mF..E+B $ 70, D+B $ 90
- **BET ARAM**, ein Stück unterhalb des St. Gabriel Hotels und gegenüber dem Karmeliterkloster, Tel 6570046, Fax 6453119, nazareth@betharram.it, www.betharram.net (nur Info über die Gemeinschaft des Heiligsten Herzens Jesu); großer Garten, sehr sauber und gepflegt, einfache Einrichtung, Curfew 23 Uhr, AC, keine Kreditkarten, mF........................E+B $ 60, D+B $ 80
- **SISTERS OF NAZARETH CONVENT**, Casa Nova St, Eingang in der kleinen Seitenstraße zwischen diesem und dem Casa Nova Hotel, letzte (Eisen)Tür, Tel 6554304, Fax 6460741; unterhalb des Klosters liegt eine alte jüdische Grabkammer, die man nach Rücksprache besichtigen kann; wie auch das Nachbarhospiz Casa Nova beste Lage für den Besuch der heiligen Stätten, sehr sauber, einfach eingerichtet, Curfew 22.30 Uhr, keine Kreditkarten, mF.........................Dorm pP ₪ 95 (oF 70), E+B ₪ 235, D+B ₪ 300
- **FAUZI AZAR INN**, Tel 6020469 oder 054 4322328, www.fauziazarinn.com; schon das charmante, herrschaftliche Gebäude mitten in der Altstadt ist eine Übernachtung wert, sauber, freundlich, hilfsbereit und travellerorientiert, Internet, WLAN, Stadtführungen, freitagabends Konzerte........................Dorm pP ₪ 90-100, D+B ₪ 350-500
- **AIMUTRAN GUEST HOUSE**, Tel 6020469 oder 052 7229090, www.al-mutran.com; 200 Jahre alte arabische Villa mitten in der Altstadt, geschmackvoll eingerichtet, Ableger vom Fauzi Azar Inn, Ventilator..D+B ab ₪ 500
- **ABU SA'ID HOSTEL**, Souq 6086/4, Tel 6462799 oder 050 5703880, www.abusaeedhostel.com; museales Haus, angenehme Traveller-Atmosphäre, Sanitärbereich keine Wellness-Landschaft, Frühstück ₪ 35........................Dorm pP ₪ 90, E+B ₪ 250, D ₪ 240, D+B ₪ 400

Zum Übernachten sei ansonsten der nördliche Nachbarort **Tabash/Khilf Tabash** empfohlen – angeblich die einzige Gemeinde, in der Gemeinschaft von Israelis und Beduinen funktioniert. Kurz vor Bethlehem gibt es einen direkten Feldweg nach Norden, sonst braucht's einen großen Umweg: zurück zur 75, nach links abbiegen, gleich wieder links in die 77, wiederum links in die 7626, und dann etwa 5 km durchfragen zum Naturerlebnis

Gleich ist Nacht an den Hörnern von Hattin

- **GALILEE BEDOUIN CAMPLODGE**, Khilf Tabash, Tel 052 6941188 oder 052 6941141, www.shevet-ahim.co.il [*shevet akhim*: – Brüder sitzen zusammen]; einfach, aber nett: eigenes Zelt mitbringen, oder großes, heizbares Beduinenzelt, oder Privatzimmer im alten Eisenbahnwaggon, trotzdem WLAN.... Dorm pP ₪ 70, E/D ₪ 200-300

Von Nazareth direkt zurück nach Tiberias ginge es über die Straßen 754/77, doch wir wollen noch

**Kafr Kana

anschauen, das 6 km an der Straße 754 nordöstlich von Nazareth liegt.

In diesem Dorf soll Jesus sein erstes Wunder vollbracht haben, die Verwandlung von Wasser zu Wein während der **Hochzeit von Kana**.

Von Nazareth kommend ist die Franziskaner-Kirche (8-12/14-18, im Winter -17) an ihren kupfernen Helmen und Kuppeln etwa im Zentrum des Ortes zu erkennen. Sobald man eine gepflasterte Straße sieht, auf der sich eine hohe Steinsäule mit einer Art Sonnenuhr befindet, sollte man rechts abbiegen, die Kirchen sind nicht weit entfernt.

In der Nähe steht die dem Nathanael geweihte Kapelle, der zunächst an Jesus zweifelte, sich dann aber zu ihm bekehrte. Es gibt in der Nähe von Yodfat (s. S. 302) übrigens einen Ruinenhügel namens Khirbet Qana und näher an Nazareth noch En Kana, die ebenfalls als Ort jener Hochzeit in Frage kommen; andere wiederum lokalisieren das Ganze im südlibanesischen Qana.

Die angeblich damals verwendeten **Steingefäße** werden sowohl in der griechisch-orthodoxen Kirche (8-18.30) als auch in der Franziskanerkirche (ein Stück vor dem Altar) gezeigt.

Weiter zur **Bet Rimon Junction** der Straße 77 und dort rechts abbiegen. Etwa nach 10 km weist ein Schild auf die links der Straße liegenden **Qarne Hittin** (Hörner von Hattin) hin.

Mit viel Fantasie mögen die beiden Hügelkuppen eines eingesunkenen Kraters an Hörner erinnern. In abendländischen Kreisen errang dieser etwas öde Platz traurige Berühmtheit, weil hier im Juli 1187 das **Kreuzritterheer** des Königreichs von Jerusalem unter König Guido von Lusignan von den Muslimen unter Saladin **entscheidend geschlagen** wurde.

Die Kreuzritter hatten bei den Quellen von Sepphoris (Zippori) gelagert und auf den eher abenteuerlichen Rat einiger weniger beschlossen, das 20 km entfernte Heer Saladins anzugreifen. Allerdings mussten sie in ihren Rüstungen durch die glühende Sommerhitze reiten und fanden bei Hattin kein Wasser. Verzweifelt griffen sie am nächsten Morgen an. Der Bischof von Akko, der das Heilige Kreuz trug, fiel, das Kreuz verschwand. Nur wenigen Kreuzrittern gelang die Flucht, die meisten wurden gefangengenommen, die Templer- und Johanniterritter umgebracht, während die weltlichen Teilnehmer zumeist auf dem Sklavenmarkt von Damaskus landeten. Auch der König überlebte. Während Saladin Guido von Lusignan Wasser anbot, warf er dem Raubritter Rainald von Chatillon dessen Gräueltaten vor und schlug ihm später den Kopf ab.

Nach dieser Katastrophe waren die Kreuzritter dermaßen geschwächt, dass Saladin leichtes Spiel hatte, auch Jerusalem zu erobern und dem christlichen Abenteuer – das unzähligen Muslimen, Christen und Juden das Leben gekostet hatte – ein vorläufiges Ende zu bereiten.

Auch mit dieser Story im Hinterkopf gibt es hier wenig zu sehen. Von der Straße aus kann man auf den Gipfel wandern bzw. bis in dessen Nähe fahren, dort sind ein paar Ruinen aus der Bronzezeit erhalten. Es sei denn, Sie wollen

Sehenswertes

****Gamla, jüdische Festung der Zeitenwende in herrlicher Landschaft, die ähnlich wie Massada nach langer Belagerung von den Römern erobert wurde, S. 360
****Tel Hazor, vielschichtige uralte Siedlung mit z.T. sehr interessanten Relikten, S. 349
***Hula Nature Reserve, letzter Rest der ehemaligen Hula-Sümpfe, in dem man Flora und Fauna gut beobachten kann, S. 350
***Tel Dan Nature Reserve, Quellgebiet des Dan-Flusses mit historischem Tel Dan, S. 353
***Ancient Qazrin Park, Ruinen einer jüdischen Siedlung aus dem 5. Jh nC, z.T. rekonstruierte Gebäude, S. 359
**Festung Nimrod, gewaltige Festung aus der Kreuzritterzeit, fantastische Lage mit weitem Blick, S. 356
**Hurshat Tal Nature Reserve, schön gelegene Erholungslandschaft mit steinalten Eichen, S. 353
**Metulla und Nakhal Ayun Nature Reserve, hübsches und schön gelegenes Städtchen an der Libanongrenze mit erwandernswerter Nature Reserve, S. 352
**Banias/Nakhal Hermon Nature Reserve, Quelle des Hermon, Hauptzufluss des Jordan mit historischen Relikten, schöne Wanderungen, S. 355
**Nationalpark Korazim, alte jüdische Siedlung mit einigen interessanten Ruinen, S. 347
**Ya'ar Yehudiya Nature Reserve, abenteuerlichstes Hiking-Gebiet auf dem Golan, S. 360
*Birket (See) Ram, hübscher kleiner Krater-See, S. 358
*Har Bental beim Kibbuz Merom Golan, Hügel mit Blick weit nach Syrien und über den Golan, S. 358
*Rosh Pina, Siedlung aus der Pionierzeit mit restaurierter "Altstadt", S. 348

dem angeblichen Grab des Schwiegervaters von Moses im Kuppelbau am Nordende des Gebirgszuges einen Besuch abstatten. Das Mausoleum von **Nabi Shu'eib** ist heiligste Stätte der Drusen (abgesehen vom Djebel AdDrus im Süden Syriens), was sich besonders an der großen Wallfahrt jeweils im April zeigt. In der Bibel heißt der Schwiegervater Jitro, die Drusen fühlen sich durch ihn den Juden vetterlich verbunden. Per Auto befindet sich das Grab am Ende der Straße 7717, die erst 3 km vor Tiberias links abzweigt.

Von Tiberias in den Norden und auf den Golan

Wir verlassen Tiberias auf der Straße 90 nach Norden. Die interessanten Orte am See sind im Abschnitt über die Rundreise um den See Genezareth beschrieben (siehe S. 330).

9 km: **Kfar Nakhum Junction**, links halten.

6 km: **Korazim Junction**
Rechts 2 km zum Nationalpark

**Korazim (Korasim)

Die alte jüdische Siedlung Korazim (So-Do 8-17, Okt-März -16, Fr -15, ₪ 21/9) geht auf das 1. oder 2. Jh nC zurück. Im 4. Jh wurde sie zerstört, aber bald wieder aufgebaut. Im 8. Jh wurde sie nach und nach verlassen, ab dem 13. Jh wieder besiedelt, aber wesentlich geringer als früher.

Die gesamte Stätte ist gut ausgeschildert, sodass man sich leicht zurechtfinden kann. Zunächst stößt der Besucher der erstaunlich großen Stadt, die in fünf Bezirke aufgeteilt war, auf ein relativ gut erhaltenes rituelles Bad. Im Zentrum, quasi am Ende des Weges, stehen links die Ruinen zweier größerer Gebäude, wobei eine große Zisterne vermutlich beide Häuser versorgte.

Gegenüber sieht man die Reste der aus dunklen Basaltsteinen erbauten Synagoge, die ähnlich

Säulenkapitell mit Menora in Korazim

der von Kapernaum dreischiffig ausgeführt ist, von 12 Säulen unterteilt. Einst war sie reich mit Motiven aus der Tier- und Pflanzenwelt geschmückt. In der westlich anschließenden Wohnsiedlung geben Grundmauern von Häusern einen Eindruck der damaligen Besiedlung.

▶ Kurz nach dem Abzweig ist das Restaurant **Vered HaGalil** einen Blick oder Besuch wert, das wie eine amerikanische Ranch aufgemacht ist. In ländlicher Ruhe und im Angesicht einer Pferdekoppel lässt es sich hier gut speisen oder sogar übernachten:

Übernachten

• **VERED HAGALIL**, Tel 04 6935785, Fax 04 6934964, www.veredhagalil.co.il; Chalets bzw. Cottages, gut eingerichtete Räume, ruhig und abseits des Trubels am See, Pool, Pferde, Reitschule, Whirlpool, AC, TV, Heizung, mF................. Cabin $ 118-145, Cottage $ 147-181

• **THE FRENKELS**, Kfar Korazim, Tel 04 6801686, Fax 04 6934467, www.thefrenkels.com; hübsches, ruhiges B&B mit berückendem Blick und gepflegtem Garten, keine Kreditkarten, AC, TV, WLAN, mF.................................E+B ₪ 500, D+B ₪ 600

1 km nach

Amiad

Im Kibbuz Amiad wird Wein aus Kiwis und anderen Früchten erzeugt, die Weinkellerei kann besichtigt werden, auch *Country Lodging* in Bungalows ist hier möglich, Tel 04 6909829, www.amiad-inn.com. Eine gleichnamige Firma für Wasserfilter ist weltweit im Geschäft. Etwa 1 km südwestlich des Kibbuz ist eine osmanische Karawanserei an der alten Via Maris recht gut erhalten: An *Djub Yussuf* scheint eine muslimische Tradition zu hängen, nach der Josef hier und nicht bei Jenin (s. S. 445) von seinen Brüdern in einen Brunnen geworfen wurde.

7 km nach

*Rosh Pina

In Rosh Pina ist Galiläa vielleicht am sinnenfreudigsten. Die 1882 gegründete Siedlung konnte dank Unterstützung durch Baron Rothschild das steinige Land in fruchtbaren Ackerboden verwandeln. Heute hat sie sich zu einem ansehnlichen kleinen Städtchen von etwa 2500 Einwohnern an einem Verkehrsknotenpunkt entwickelt. Sie besitzt sogar einen Flughafen, der den „hohen Norden" Israels bedient. 10 km westlich liegt Safed (siehe S. 318).

Aus der Gründerzeit ist ein gutes Dutzend Häuser erhalten geblieben, die mit viel Liebe und Sorgfalt renoviert wurden. Man biegt an der **Amiad Junction** links ab und fährt immer bergan bis zu einem Schlagbaum, dort kann man in der links abzweigenden Straße parken. Es lohnt sich, ein bisschen über die Pflastersteinstraßen zu bummeln und die alten Häuser zu betrachten, in das Café einzukehren und dort die Kunstgalerie anzuschauen. Erholen Sie sich zum Beispiel im süßen Shokolatte, www.chocolatte.co.il (auch Herzhaftes), mit kreativem Backwerk der Fliegenden Feige, http://theflyingfig.co.il, oder im Dja'uni, www.jauni.co.il, (breite Auswahl an Speisen und Getränken, manchmal Live-Musik) oder bei den Übernachtungsplätzen unten. Wer länger bleiben möchte hat Auswahl zwischen allerhand Zimmerim, die wochenends jedoch schnell ausgebucht sein können. Zwei Unterkünfte sorgen recht unterschiedlich auch für das leibliche Wohl:

• **VILLA TEHILA**, 10 HaHaluzim St, Tel 04 6937788, Fax 04 6930861, www.villa-tehila.co.il; sehenswert exzentrisches Anwesen von

1882 mit Garten und Streichelzoo, angenehm ungewöhnlich eingerichtete Zimmer – falls ausgebucht, kann man immer noch ins *Blues Brothers* gehen, nach eigener Auskunft der erste und wohl einzige irisch-beduinische Pub der Welt, manchmal Livemusik.................. D+B ₪ 640-890

• **AUBERGE SHULAMIT**, 1 David Shuv St, Tel 04 6931485, Fax 04 6931495, www.shulamit.co.il; geschmackvoll eingerichtete Herberge aus den 1930er Jahren, umwerfender Blick, auch aus dem italienischen, höherpreisigen Restaurant, AC, TV, mF... D+B ₪ 600-800

3 km:

Makhana'im Junction

Hier zweigt die Straße 91 nach Nordosten ab. Sie überquert nach 8 km den Jordan auf der **Bnot Ya'akov Bridge** (Töchter-Jakobs-Brücke). Der Übergang über den Jordan wurde bereits 1178 von den Kreuzrittern durch eine Burg gesichert, die aber Saladin ein Jahr später zerstörte. Im 20. Jh war die Brücke sowohl im Ersten als auch Zweiten Weltkrieg von strategischer Bedeutung, jüdische Untergrundkämpfer sprengten sie 1946 im Kampf gegen die Engländer.

4 km nach

****Tel Hazor / Khatsor

Geschichte: *Etwa von 2600 vC bis ins hellenistische 2. Jh vC war der Hügel besiedelt, 21 Siedlungsschichten belegen dies. Kanaaniter sorgten im 18. und 17. Jh vC für eine erste Blüte. Die Bibel berichtet, dass Hazor die Hauptstadt kanaanitischer Königreiche war, bevor die Israeliten unter Josua sie eroberten und zerstörten. Im 12. Jh siedelten die ersten Israeliten, im 10. Jh ließ König Salomo bauen, danach der in Samaria regierende König Ahab. 732 zerstörten die Assyrer die Stadt, die sich nicht erholte und im 2. Jh vC endgültig erlosch. Seit 2005 gehört Hazor als biblischer Tel mit Megiddo und Beer Sheba zum UNESCO-Welterbe.*

Die ausgebaute Straße 90 schlägt einen westlichen Bogen um die Ruinenstadt, für die es im Süden und im Norden jeweils eine eigene Abfahrt auf die alte Straße 90 gibt, an der westlich der Nationalpark und östlich der Kibbuz Ayelet HaShakhar (ein Ausdruck aus den Psalmen: Hindin der Morgenröte) liegen. Unpassend zum poetischen Namen: Sie können hier mit Paintballs herumschießen gehen: www.pbl.co.il.

Die sehr weitläufige Ruinenstätte (8-17, im Winter -16, freitags -15, ₪ 21/9) besteht aus einer Oberstadt und einer deutlich größeren, nicht so interessanten Unterstadt. In der Bronzezeit war dies die größte Stadt Kanaans mit schätzungsweise 15 000 Einwohnern. Das Gesamtgelände ist in Ausgrabungsabschnitte eingeteilt, die gut ausgeschildert und auf den jeweiligen Tafeln beschrieben sind. Als Autofahrer können Sie nach dem Kassenhäuschen mitten in der Oberstadt parken und sich auf den Nationalpark-Rundgang im westlichen Teil begeben, zu dem die Ziffern im Text gehören.

Man betritt die Stadt durch einen großen **Torbau König Salomos** mit Kasemattenmauern aus dem 10. Jh vC (2). Südlich davon befand sich ein jüngeres **Pfeilerhaus** aus dem 9. Jh, zum Lagern von vielleicht Steuerabgaben, sowie ein privates Wohnhaus aus der Eisenzeit mit vielen Kleinfunden. Beides wurde nach Nordwesten versetzt (7), um darunter weiterzugraben. Zum Vorschein kam ein **kanaanäischer Tempel** aus dem 18.-16. Jh vC. Südlich davon liegt ein Hof mit einer Kulthöhe und großen Säulenbasen, dem sich nach Westen dicke Lehmziegelmauern anschließen (daher die Überdachung als Regenschutz für die ungebrannten Ziegel). Dieser **kanaanäische Palast** wurde im 13. Jh vC zerstört.

Weiter westlich stößt man auf das geniale **Wasserversorgungssystem** (4), dessen senkrechter Tunnel 45 m in die Tiefe reicht. Von dort führt ein waagerechter, 4 m hoher Tunnel direkt zur Quelle. Steile Treppen erlaubten den Zugang zum Sammelbecken am Fuß des senkrechten Tunnels, heute führt eine sichere Wendeltreppe dort hin. Ganz im Westen, dem höchsten Punkt der Oberstadt, befindet sich die **Zitadelle** (5/6), die von König Ahab im 9. Jh vC errichtet und 732 von den Assyrern zerstört

Hula-Ebene

Zwischen Hazor im Süden und Dan an der syrisch-libanesischen Grenze im Norden, von den libanesischen Bergen im Westen bis zu den Golanhöhen im Osten erstreckt sich die Hula-Ebene. Sie entstand durch einen Felsrutsch und Rückstau des Jordan vor etwa 20 000 Jahren. Der erste Versuch zur Trockenlegung des malariaverseuchten Sumpfgeländes wurde 1840 von den Ägyptern unter Ibrahim Pascha durch Teilsprengung des Jordan-Sperrfelsens – südlich der Brücke Bnot Ya'akov – unternommen, blieb aber erfolglos. Ab 1934 wurde der Morast in kleinerem Maße, ab 1951 bis 1958 systematisch trockengelegt. Heute wird das Tal intensiv landwirtschaftlich genutzt. Allerdings ging damit auch ein Stück einmaliger Landschaft in Palästina verloren, bis auf ein kleines Gebiet, für das sich Wissenschaftler und Naturfreunde eingesetzt hatten. Aber dieser letzte Sumpf wurde durch die Infiltration von durch Düngemittel und Pestizide verschmutztem Wasser bedroht, sodass 1971 die Naturschutzbehörde einen Langzeitplan zur Erhaltung in Kraft setzte. 1978 wurde die *Hula Nature Reserve* als streng geschützter Naturpark für Besucher freigegeben. Seither sind Vögel, die früher in den Sümpfen heimisch waren oder während ihrer Afrikareise Rast einlegten, wieder zurückgekehrt. Vogelbeobachtung – *Birdwatching* – gewinnt immer mehr auch touristisch an Bedeutung.

wurde. Festungsmauern – zum Teil noch aus salomonischer Zeit – sind neben den Grundmauern und einem Monumentaleingang zu sehen. Zurück zum Parkplatz geht es am oben erwähnten Lagerhaus (7) vorbei.

Die Unterstadt ist nur sehr mühsam zu besichtigen, und von den Grabungen ist kaum noch etwas zu erkennen; wer viel Ausdauer hat, könnte im Grabungsgebiet *H* ganz im Nordwesten der Unterstadt nach dem **Tempel** aus der Spätbronzezeit (14. Jh nC) Ausschau halten, zu dessen Typus mit Vorhof, Halle und Allerheiligstem auch der spätere Jerusalemer Tempel Salomos zählt.

Man verbringt seine Zeit jedoch sinnvoller bei den Fundstücken vom Tel Hazor, die praktischerweise vor Ort im 1 km entfernten **Museum** im **Kibbuz Ayelet HaShakhar** gezeigt werden (Ticket gilt auch hier, tägl. 8-17, Fr -16, zur Sicherheit am Tag zuvor anrufen Tel 04 6937290). Von Stücken, die an andere Museen gegeben wurden, sind Kopien vorhanden. Daher ermöglicht das zwar kleine, aber mit ausführlichen Informationen versehene Museum einen sehr guten zusätzlichen Eindruck und ein besseres Verständnis von Hazor.

Straße 90 führt am Westrand der Hula-Ebene entlang nach Norden mit schönen Ausblicken auf das Hermon-Massiv.

7 km: **Abzweig**

Rechts 4 km zur

***Hula Nature Reserve

In dem **Naturpark** (Sa-Do 8-16, Aufenthalt -17, Fr -15; ₪ 33, Kinder 20) wurden die letzten Sümpfe sozusagen konserviert, nicht zuletzt, um Vögeln auf der Durchreise einen Rastplatz zu bieten. Wenn es sich einrichten lässt, sollte man das Reservat am Morgen besuchen, weil dann die meisten Tiere zu sehen sind. Nehmen Sie ein Fernglas mit (kann auch ausgeliehen werden). Im *Oforia Visitors Center* sind Ausstellungen und eine audiovisuelle Show zum Thema des Parks (auch auf Deutsch) zu sehen, eine Broschüre mit recht guten Erklärungen und Wegbeschreibungen liegt aus. Ein Rundwanderweg führt – nach Abstechern – zu einem Beobachtungsturm, von dem sich ein weiter Blick in die Umgebung bietet, von dem vor allem aber die anwesenden der bis zu 200 Vogelarten beobachtet werden können.

In der nahe gelegenen musealen **Dubrovin Farm** (Mo-Sa 9-17; ₪ 12) wurde das Pionierleben rekonstruiert. Die ursprünglich christlich-russische Familie konvertierte zum Judentum und wanderte um die Jahrhundertwende ins Heilige Land aus. Umschwirrt von malaria-

Das Pfeilerhaus von Hazor

schwangeren Moskitos rangen die Familienmitglieder den Sümpfen Boden ab und bauten ihr Anwesen aus. Das kleine Museum erzählt die durchaus dramatische Geschichte und stellt Gebrauchsgegenstände aus.

Zur Reserve gehört auch der künstlich angelegte **Agamon See**, www.agamon-hula.co.il, eine sichere Bank zur Vogelbeobachtung besonders Oktober-März. Spende von ₪ 3 erwartet, Fahrradverleih ab ₪ 52 pP, Ferngläser ₪ 20, Audio-Guide ₪ 20, private 2-Stunden-Führung ₪ 310. Nachttouren vorher buchen, ₪ 77.

23 km nach

Kiryat Shmona

Die Kleinstadt mit 23 000 Einwohnern im Grenzgebiet zum Libanon, die auf den Trümmern des 1948 wegen Bedrohung durch die Hagana verlassenen arabischen Dorfes AlKhalsa entstand, erhielt ihren Namen von acht jüdischen Verteidigern, die 1920 bei einem arabischen Überfall fielen. Die Stadt war immer wieder Ziel von Bomben- und Raketenanschlägen vom Libanon bzw. der Terrororganisation Hisbullah.

2 km nördlich zweigt links eine Straße zum Tel Hai Courtyard Museum (So-Do 9-16, Fr/Sa 10-13, ₪ 25, www.hatser-telhai.org.il (hebr.) – rechtzeitig englische Führung bestellen: Tel 04 6951333) ab, das an die Gefallenen erinnert und das Leben in der damaligen Zeit darstellt. Außerdem gibt es einen Skulpturen-Garten (8-16) mit Werken israelischer Künstler. Kurz vorher führt von der Straße 90 ein Abzweig nach rechts zu weniger Heroischem: Das Open Museum im Industriegebiet von Tel Hai ist Israels einziges Museum für Fotografie, So-Do 8-16, im Sommer 10-14, Sa 10-17, ₪ 18/14, www.iparks.co.il/museum.

Wer sich für die jüngere Geschichte interessiert, kann im Kibbuz Kfar Giladi das Museum Bet HaShomer (So-Do 8-15.30, Fr/Sa -12, Eintritt) besuchen, das den ersten Siedlern und ihrem „militärischen Arm" (shomer) gewidmet ist. Und zur jüngsten Geschichte: Um die Stimmung vor Ort zu heben, kaufte ein Magnat das örtliche Fußballteam HaPoel Ironi, das 2012 die Meisterschaft holte.

Im Süden der von Kiryat Shmona führt eine Seilbahn zum Manara Kliff hinauf (Mo-Do 11-16, letzte Bahn 15.30, Fr/Sa ab 10, Tel 04 6905830, ab ₪ 59 pP). Oben öffnet sich herrliche Aussicht über den Norden Israels. Für zusätzliches Geld kann man Klettern oder mit Kindern in einen kleinen Vergnügungspark gehen; www.cliff.co.il.

Praktische Informationen

Busverbindungen

▶ Busse 63, 841 und 963 von Tiberias, 963 von Jerusalem, außerdem Linie 500 & 501 nach Haifa, 501 über Safed, nach Tel Aviv per 841, 842, 845.

Übernachten

Wer nicht vor Ort in einem der Bed & Breakfasts (*Rooms for Rent* oder *Zimmer/im*) übernachten möchte (Überblick z.B. bei www.zimmeril.com), muss sich außerhalb von Kiryat Shmona umsehen.

• **PASTORAL HOTEL KFAR BLUM**, südöstlich von Kiryat Shmona, Tel 04 6836611, Fax 04 6836600, www.kfarblum-hotel.co.il; schöner blumenreicher Garten/Park, Pool, Wellness-Angebot mit Sauna und Hamam, großzügig angelegt, ansprechend eingerichtet, AC, TV, mF.......................... E+B $ 194-254, D+B $ 222-282

• **KFAR GILADI**, nördlich von Kiryat Shmona, Tel 04 6900000, Fax 04 6900069; eines der größten Kibbuzhotels in Obergaliläa, sehr sauber, gutes Essen, mF................E+B $ 147-240, D+B $ 163-260

• **YOUTH HOSTEL**, Tel Hai, etwa 2 km nördlich beim *Industry Park*, Tel 04 6940043, Fax 04 6941743, tel-hai@iyha.org.il; alle Räume AC, höchstens 4 Betten pro Raum, jeder Raum mit eigenem Bad, werden auch als Einzel/Doppelzimmer vermietet, für Shabbat Essen vorbestellen, mF..................... Dorm pP $ 30, E+B $ 62, D+B $ 76

2 km: **HaMezudot Junction**

An diesem Abzweig geradeaus fahren, um u.a. einen Blick auf die Libanon-Grenze zu werfen.

7 km nach

**Metulla

Die Straße steigt von Kiryat Shmona steil in die Berge hinauf und erreicht bei 530 m Höhe Metulla, das sich seiner klaren „Höhenluft" rühmt. Das Grenzstädtchen mit rund 1500 Einwohnern – das nördlichste, sieht man von den besetzten Golanhöhen ab – liegt in einer Sackgasse, da der im Westen nah gelegene Grenzübergang Good Fence zum Libanon seit dem Rückzug der israelischen Armee aus dem Südlibanon im Jahr 2000 geschlossen ist. Er nützte vor allem Israel freundlich gesinnten Christen und Drusen aus dem Libanon, die seit 1976 in Israel arbeiten oder Verwandte besuchen konnten. Falls Sie sich hier umsehen: Lassen Sie das Fotografieren sein – lieber vom Dado-Aussichtspunkt, da überblicken Sie das Hula-Tal.

Das scheint alles sehr lange her zu sein. Kurios ist hier die Music Box of Sami, ein Privatmuseum mit 160 Musikinstrumenten aus 50 Län-

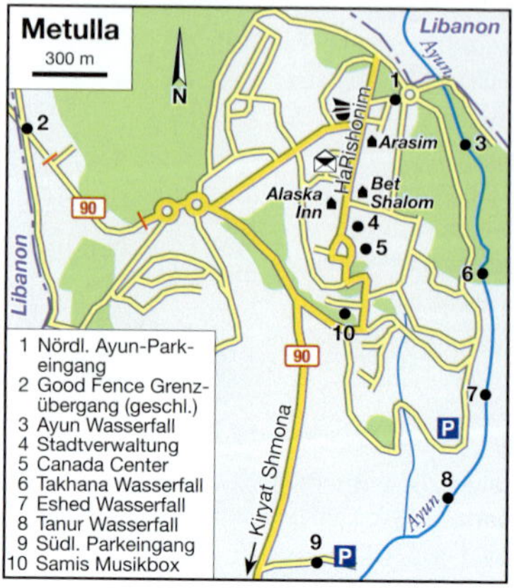

dern, 5 Mizpe HaHula St, im Grunde jederzeit zu besichtigen, aber man muss vorher anrufen: Tel 04 6997073, $ 10-15 Eintritt. Als größte In-Door-Attraktion von Metulla muss über das Canada Center berichtet werden, das einzige Eisstadion in Israel. Wenn in Kürze das zweite - weitest möglich entfernt - in Elat eröffnet wird, kann Israels Eishockey-Nationalmannschaft auch mal im Süden trainieren. Neben Eislauf bietet das Center durchaus kostspielig einen großen Swimmingpool, Fitness Center, Basketball, Fußball, Schießbahn, Squash, Sauna etc. sowie vier Restaurants; Eislauf Mo-Do 11-20, Fr ab 10, Sa 10-20, Baden kürzer, www.canadacentre.co.il (hebr.). In den Unterkünften gibt es Gutscheine für ermäßigten Eintritt.

Übernachten

Die Hotels von Metulla konzentrieren sich auf die Hauptstraße HaRishonim, achten Sie aber auch auf Pensionen (*Rooms for Rent* oder *Zimmer/im*, www.zimmeril.com), die hier eine wichtige Ergänzung der Hotels darstellen.

• **BET SHALOM**, 28 HaRishonim St, Tel/Fax 04 6940767, www.beitshalom.co.il; schmuck eingerichtete Suiten im *Country Style* (zwei für Rollstuhlfahrer), Wellness-Angebot, Restaurant, freundlich, sehr sauber, AC/Heizung, Kitchenette, TV, WLAN, mF .... D+B ₪ 650-1250

- **ALASKA INN**, 15 HaRishonim St, Tel 04 6997111, Fax 04 6997118, www.alaskainn.co.il; bestes Haus am Platz, großzügige, gut eingerichtete Zimmer, Bad jeweils mit Whirlpool, AC/Heizung, sehr sauber, die Hotelbar macht auf 1960er Jahre, TV, mF .... E/D+B ab $ 125
- **ARASIM**, 46 HaRishonim St, Tel 04 6997143, Fax 04 6997666, www.arazim-hotels.co.il (hebr.); große Zimmer, AC, TV, mF. E+B ₪ 440, D+B ₪ 550

**Nakhal Ayun/Iyon Nature Reserve

(Apr-Sep 8-17, sonst -16, Fr -15, ₪ 27/14) ist ein 2 km südlich von Metulla gelegenes Naturreservat mit Picknickplatz und den **Tanur-Wasserfällen** (die im Sommer/Herbst trockenlaufen bzw. -fallen). Der Ayun-Fluss zwängt sich zunächst durch einen 2 km langen, sehr engen Felskanal mit insgesamt vier Wasserfällen unterschiedlicher Höhe. Nach der Schneeschmelze erzeugen die Wassermassen eine große Nebelwolke, die wiederum einen üppigen Pflanzenbewuchs mit vielen Blumen hervorruft. Das Reservat ist auch direkt von Metulla aus zugänglich; von dort aus folgt ein Wanderweg dem Flusslauf nach Süden. Wanderer, die den Park erkunden wollen, beginnen besser am nördlichen Eingang (und stellen nach Möglichkeit ein Auto am anderen Eingang ab, um den Rückweg nicht laufen zu müssen).

Zurück zur HaMezudot Junction und auf der Straße 99 nach Osten.

5 km nach

**Hurshat Tal Nature Reserve

Der südlich der Straße liegende, sehr abwechslungsreich angelegte Naturpark (8-17, im Winter -16, Fr -15, ₪ 38/23) ist bekannt für seine bis zu 2000 Jahre alten Eichen, unter denen man herrlich picknicken kann. Der Name hat nichts mit einem Gebirgseinschnitt zu tun, sondern bedeutet „Tau-Wäldchen". Ein kleiner See wird vom Fluss Dan mit ziemlich kaltem Wasser gespeist, das im Sommer echte Erfrischung bietet. Die Eichen haben dank einer muslimischen Legende überlebt: Zehn Jünger Mohammeds rasteten hier und waren enttäuscht, keinen Baum und keinen Schatten zu finden. Sie schlugen Stecken in die Erde, um ihre Pferde anzubinden – am nächsten Morgen erwachten sie unter wunderbaren Eichen. Diese Geschichte bewahrte die Eichen vor Holzfällern.

Praktische Informationen

Busverbindungen

▶ Täglich ein paar direkte Busse aus Kiryat Shmona.

Übernachten

- Das gleich neben dem Park liegende **KIBBUZ HAGOSHRIM** betreibt ein populäres Hotel, Tel 04 6816000, Fax 04 6816002, www.hagoshrim-hotel.co.il; und das ebenso populäre GOSH RESTAURANT, hervorragendes vegetarisches Essen; Zugang zu öff. Freibad ohne Liegestühle, Tennisplatz, Squash, Mini-Zoo, sehr freundlich, modern eingerichtete Räume, müssten aber renoviert werden – vorher anschauen, AC, TV, mF .... E+B $ 137-191, D+B $ 168-253

Die mächtigen israelitischen Stadtmauern aus der Eisenzeit in Tel Dan

Camping

- **Tal Camping** (nur im Sommer), neben dem Park – der Eintritt zum Park ist im Camping-Preis inbegriffen .... pP ₪ 60, Kinder bis 12 Jahre ₪ 50, Bungalows und Holzhütten für 4 Personen .... pro Nacht ₪ 350-1000

5 km nach

***Tel Dan Nature Reserve

Geschichte: *Der Hügel Dan – Richter, arabisch Tell AlQadi – war schon im 5. Jahrtausend vC besiedelt. Aus dem 18. Jh vC ist die kanaanäische Stadt Laïsh bekannt. Im 10. Jh vC erbaute Jerobeam I., König des Nordreichs Isra-*

7

Golan

Das Gebiet zwischen dem Mount Hermon im Norden und dem Yarmuk-Fluss im Süden, dem Raqqad-Fluss im Osten und dem ostafrikanischen Grabenbruch mit dem See Genezareth und dem Jordan im Westen trägt den Namen Golan. Erdgeschichtlich hatte der Grabenbruch die Anhebung des Golan-Höhenzuges zur Folge, dabei drang Lava durch Risse und Spalten und breitete sich an der Oberfläche aus. Im südlicheren Teil entstand ein ziemlich ebenes Plateau auf etwa 1000 m Höhe und eine gute Basis für fruchtbare Böden. Aus dieser Hochebene ragen ein paar Vulkankegel heraus, die ihr eine gewisse Abwechslung geben. Der Gipfel des nördlich anschließenden Hermon-Massivs ist 2814 m hoch, jedoch syrisches Gebiet.

Die Golan-Hochebene strahlt eine fast fremde, zumindest sehr ungewöhnliche Stimmung in diesem mediterranen Land aus. Eigentlich durchfährt man eine grasbewachsene Hochfläche, von Basaltbrocken durchsetzt. Kuhherden weiden in dem hohen Gras, Falken und Störche kreisen über der Ebene, Steinadler nisten in den Felswänden. Unerwartet führt die Straße an einem Canyon vorbei, der tief eingeschnitten zum See Genezareth abfällt. Diese Canyons bieten Vögeln und Wild Schutz und Zuflucht. Militärische Stellungen, Panzerspuren neben Straßen, Hinweisschilder mit der Aufschrift „Shelter" als Schutzstand bei plötzlichen Angriffen erinnern an die umstrittene politische Situation.

Im Sechs-Tage-Krieg von 1967 eroberten die Israelis die syrischen Golan-Höhen, von denen bis dahin israelische Siedlungen bis weit nach Süden attackiert worden waren. Die etwa 130 000 Bewohner flohen, bis auf 15 000 Drusen. Im Krieg 1973 verlor Israel kurzfristig die Kontrolle über den Golan, stieß dann aber umso weiter nach Syrien vor. Diese zusätzlichen Gebiete wurden 1974 wieder zurückgegeben, aber der Rest 1981 von der Begin-Regierung gegen heftigen internationalen Protest formal annektiert. Eine UN-Pufferzone im gesamten Grenzgebiet erzeugt den nötigen Abstand zwischen den beiden Linien.

Seit der Besetzung entstanden über 30 jüdische Siedlungen. Im September 1994 bot das Rabin-Kabinett an, in einem zweistufigen Rückzug – „Land gegen Frieden" – den Golan weitgehend aufzugeben, falls Syrien einen Friedensvertrag abschließen würde. Er bezahlte dieses Vorhaben mit dem Leben.

Dies waren nicht die ersten Konflikte um die Golan-Hochebene. Wer sie besitzt, kontrolliert die Quellflüsse des Jordan und dessen fruchtbares Tal. Bereits die Römer kämpften um den Besitz. So können sich auch moderate Israelis heute noch nicht vorstellen, den Golan an Syrien zurückzugeben – Syrien könnte 30 Prozent des israelischen Wassers abdrehen. – Touristische Informationen: http://tour.golan.org.il

el, einen Tempel, in dem auch einem goldenen Kalb geopfert wurde, und einen Palast. Im 8. Jh vC wurde die Stadt zerstört. 1993 wurde eine Stele aus dem 9. Jh vC mit der Inschrift „Haus des David" gefunden, der erste archäologische Hinweis auf die israelitische Dynastie.

Das relativ kleine Naturreservat (Sa-Do 8-17, Okt-März -16, Fr -15; ₪ 27, Kinder 14) liegt im Quellgebiet des **Danflusses** (der nach Zusammenfluss mit dem Hermon JorDan heißt). Der Dan sprudelt aus einer Reihe von Quellen am Tel. Archäologen des *Jerusalemer Hebrew Union College* begannen die Grabung hier 1964 auf der Südseite, weil sie im Norden von den Syrern beschossen worden wären. Dort fand man dann das spektakuläre **eisenzeitliche Torsystem** mit einer Stätte der Rechtsprechung und Kultstelen davor – letztere vielleicht in der Bibel verunglimpft. In dem Bereich fand sich auch die *Haus des David*-Inschrift. Östlich davon wurde ein weit älteres **kanaanäisches Tor** aus ungebrannten Lehmziegeln entdeckt (deshalb gegen Regen überdacht) mit dem nach

Ashkelon zweitältesten Mauerbogen der Welt aus dem 18. Jh vC. Auf der Nordseite kam ein **Kultplatz** mit Altarresten und schönem Blick in den Libanon zutage. Südlich davon entspringt der Fluss: Der Tel gehört zum **Naturreservat** und ist auch von dort aus zugänglich. Üppige und fast undurchdringlich dichte Vegetation zieht sich um das Quellgebiet, das man sich auf drei Wanderwegen (½ bis 2 ½ Stunden) erschließen kann.

Im nahe gelegenen naturwissenschaftlichen **Bet Ussishkin Museum** (tägl. 8-16.30, Fr -15, Sa ab 9.30; ₪ 24), das zum Kibbuz Dan gehört und nahe dem Eingang zur Reserve liegt, kann man sich gut über die geologischen Hintergründe der Umgebung sowie über die Biologie/Botanik informieren, unterstützt von einer audiovisuellen Show; außerdem gibt es Ausgrabungsfunde. Im Reservat gibt es ein Restaurant, das gute Forellen aus dem Kibbuz Dan anbietet.

Busverbindung

▶ Täglich bis sechs Busse von Kiryat Shmona

Auf der kurzen Strecke zum nächsten Nationalpark überquert man mit der Hermon-Brücke die Waffenstillstandslinie von 1949. Dieses Gebiet war bis 1967 syrisch und ist momentan faktisch israelisch. Landschaftlich ist es der noch nicht so spektakuläre **Obergolan**.

Südwestlich des Ortes Snir befindet sich die SPNI Hermon Field School mit allem Nötigen, was Sie unterwegs in der Natur brauchen sowie Übernachtungsgelegenheit, Tel 04 6941091 oder 057 2003030.

6 km nach

**Banias/Nakhal Hermon Reserve

Geschichte: *Griechen siedelten an der Quelle des Pan-Flusses und errichteten ein Heiligtum für den Gott Pan, nach dem die gesamte Region Paneas genannt wurde. Daraus entstand Banias. Antiochos III. besiegte hier die ägyptischen Ptolemäer und eroberte damit Palästina. Der Herodes-Sohn Philippus baute an diesem Ort seine Hauptstadt Caesarea Philippi, die im 4. Jh Bischofssitz wurde. Die Araber installierten Banias als Provinzhauptstadt. Vor der Ankunft der Kreuzritter hatten die Assassinen, eine muslimische Sekte, den Ort stark befestigt, übergaben ihn aber 1129 gegen Asyl den Kreuzrittern. Drei Jahre später verloren die Christen ihn wieder, konnten ihn 1140 zurückerobern, 1164 aber mussten sie sich endgültig zurückziehen. Danach reduzierte sich Banias zu einem kleinen arabischen Dorf.*

Eine der Felsnischen in Banias, darunter griechische Inschrift auf römischer Anzeigetafel

In Banias entspringt der Nakhal Hermon (auch Banias), einer der Quellflüsse des Jordans, der bereits ein kurzes Stück flussabwärts einen 33 m hohen Wasserfall erzeugt. Von der Quelle bis über den Wasserfall hinaus wurde das Hermon Reservat (8-17, Okt-März -16, Fr -15, letzter Einlass eine Stunde vor Schluss; ₪ 27/14, Kombiticket mit Nimrod ₪ 38/19, s.u.) angelegt.

Man kann auch – kurz vor dem Reservat – rechts von der Straße abzweigen, dort parken und auf kürzerem Weg den Wasserfall anschauen. Dazu benötigt man etwa 10-15 Minuten; allerdings muss man erst ins Flusstal hinunter und dann wieder auf eine Aussichtsplattform hinauf für den besten Blick.

7

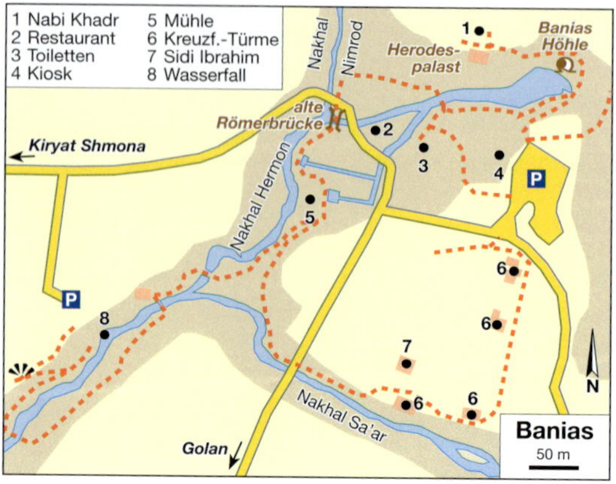

Der Jordan-Quellfluss bricht förmlich aus einer rotbraunen Felswand hervor. Vom Parkplatz führen kurze Wege über den Quellbereich zu den nebeneinander liegenden Höhlen. Dort bargen früher Nischen mit griechischen Inschriften Statuen des Gottes Pan. Links neben den Nischen öffnet sich eine Höhle, in welcher der Hermon ursprünglich entsprang, bis ihm ein Erdbeben den Weg ins Freie verlegte. Ein Pfad führt den Berg hinauf zu dem Drusen-Grabmal des Nabi Khadr, von dem aus sich ein sehr schöner Blick auf die Umgebung bietet.

Wenn Sie etwas Zeit mitgebracht haben, sollten Sie dem Wanderweg flussabwärts folgen. Er führt zunächst zum Nebenfluss Nimrod (Nakhal Govta), dann unter der Straßenbrücke und einer römischen (!) Brücke hindurch an einem aufgelassenen „Wasserkraftwerk" und einer Wassermühle vorbei. Bis hierher benötigt man knapp 10 Minuten. Danach können Sie zum Wasserfall weiterwandern, besser aber dorthin fahren, weil man denselben Weg sonst wieder zurückgehen muss. Ein zweiter, weiter östlich verlaufender Wanderweg streift die wenigen noch vorhandenen Ruinen der Kreuzfahrer. Der etwa 25 m hohe, sogenannte Torturm ist am besten erhalten.

Wer noch Puste für eine weitere Wanderung hat: Am Parkplatz beginnt ein Fußweg durch schönen Buschwald zur Festung Nimrod, die man nach ca. 1,5 bis 2 Stunden erreicht.

Zweigen Sie kurz hinter Banias links auf die Straße 989 ab, die nicht nur landschaftlich sehr schön ist, sondern Sie auch zur Festung Nimrod bringt. An diesem Abzweig stürzt sich der Sa'ar-Fluss in die Tiefe, die Wasserfälle sind einen Stopp und Blick wert.

Busverbindung

▶ Einige Busse täglich von Kiryat Shmona

4 km: Abzweig zur

**Festung (Qala'at/Mivzar) Nimrod

Geschichte: *Es gibt keinen wirklich gesicherten historischen Hintergrund, wann und von wem die Burg gebaut wurde. Vielfach wird das angenommen, was genauso auf Banias zutrifft oder zutreffen kann: Demnach hatten Assassinen die Festung errichtet, die sie 1129 nC den Kreuzfahrern überließen. Trotz Ausbau verloren diese die Burg bereits 1132 an die Araber, konnten sie 1137 noch einmal zurückerobern, mussten sie aber 1164 endgültig abgeben. Durch Inschriften ist gesichert, dass die Mamluken im 13. Jh die Festung weiter ausbauten.*

Die Burg (8-17, im Winter -16, letzter Einlass eine Stunde vor Schluss; ₪ 21/9, Kombiticket mit Banias, s.o.), eine attraktive und herrische Festung hoch auf dem Bergsattel, hat sich dem ca. 150 m breiten und 400 m langen Bergsporn in ihrem Grundriss angepasst. Sie besteht aus einer Reihe unterschiedlichster Räume und Türme (wobei angeblich die quadratischen auf die Kreuzritter zurückgehen). Der Eingang führt durch eine Mauerlücke auf der Westseite. Auch hier lohnt sich der Weg auf die hochgelegene Feste schon allein wegen des grandiosen Ausblicks. Dagegen werden Fledermaus-Freunde in

den Untergeschossen des Südwest-Turms auf ihre Kosten kommen, und Klippschliefer grüßen von den Felsen.
4 km zum

Moshav Neve Ativ

Die Moshavim schlagen aus den 10 km entfernten **Skihängen** am Berg Hermon Kapital, indem sie Gästezimmer und -häuser vermieten; www.neveativ.com (hebr.). Das Skigebiet kann sich natürlich nicht mit den Alpen messen, aber immerhin wurden elf Pisten von insgesamt 25 km Länge vom Moshav erschlossen, die im Winter entsprechend frequentiert sind. Doch auch im Sommer bietet der Hermon Naturliebhabern seltene Flora, herrliche Aussicht und das Gezwitscher vieler Singvögel. Bei Interesse an geführten Touren sollte man Tel 04 6981337 anrufen.

Übernachten

- **RIMONIM HERMON HOLIDAY VILLAGE**, Tel 04 6985888, Fax 04 6985666, www.rimonim.com, ... Cottages für E+B ab $ 138, D+B ab $ 162

Nach 3 km auf der Straße 989 biegt nach rechts die Nr. 9898 zum Moshav Nimrod ab. Vom schönen Blick auf den See (Birket) Ram abgesehen lohnen hier zwei Dinge:

Essen und Trinken

- THE WITCH'S CAULDRON AND THE MILKMAN, Tel 04 6644266, www.the-witch.co.il, die tägliche Karte dieses guten Restaurants schöpft direkt aus der reichen Natur ringsum

Übernachten

- **CHALET NIMROD CASTLE HOSTEL**, Tel/Fax 04 6984218, www.bikta.net; tolle Lage, freundlich und sauber, Zelten möglich (für Golan Trail Wanderer pP ₪ 65, im eigenen Zelt ₪ 35, Abholservice, Ausflüge zu Fuß, per Pferd oder Jeep, Wellnessangebot, Restaurant, AC, WLAN, mF.... Holzhütte D+B ₪ 620-920, pro Kind + ₪ 70

Bleibt man auf der Straße 989, kommt man nach einem weiteren Kilometer in dem Drusen-Städtchen Majdal e-Shams auf die Straße 98, der man nach Süden folgt (falls nicht ein Abstecher ins nördlich gelegene Hermon-Gebiet geplant ist).

Majdal e-Shams

Der größte drusische Ort *Sonnenturm* im Golan mit etwa 9000 Einwohnern entfaltet derzeit eine beeindruckende Bautätigkeit, vor allem für die Wintersaison gibt es zwei neue Hotels. Kleine Restaurants sind im Ort verstreut, am Denkmal (siehe unten) z.B. Hommus Asli. Die in dieser Gegend lebenden Drusen unterhalten nach wie vor starke Bindungen zu ihren Verwandten und Glaubensgenossen jenseits der Grenze in Syrien (drei Kilometer östlich liegt der *Shouting Hill*, von dem aus man sich über die Grenze zurief, bevor es Handys und Skype gab). Sie geben auch offen zu, dass ihnen syrische Staatszugehörigkeit lieber wäre als israelische; im Gegensatz zu den Drusen in der Umgebung von Haifa, die Israel gegenüber absolut loyal sind und sogar in Eliteeinheiten der Armee dienen. Denn sollte der Golan jemals wieder syrisch werden, hätten Israel-Kollaborateure schlechte Karten.

Wer weiter zum **Hermon** möchte, fährt in Majdal e-Shams die Straße 98 nach Norden. Im Sommer kann man zwar nicht Ski fahren, aber ein österreichischer Sessellift bringt einem die israelischen Vorgipfel mit der guten Aussicht von den Militäranlagen näher, es gibt eine Art Sommer-Bob-Bahn, und man kann Äpfel oder Kirschen ernten, tägl. 8-16, Autos bis 15, Eintritt ₪ 49/42, Sessellift ₪ 43/38, Bob/Mountain Sled ₪ 30/25, Tel 159 9550560, www.skihermon.co.il.

Weiter von Majdal e-Shams auf der Straße 98.

Im Golan auf keinen Fall von offiziellen Wanderwegen abweichen – Minengefahr!

Nach 7 km:
Abzweig, links zum

*Birket (See) Ram

Nach einer Brücke zweigt ein Sträßlein nach links ab, von dem wiederum an der ersten Abzweigung nach rechts die Einfahrt zum Restaurant am See abbiegt. Es handelt sich um ein stilles, elliptisches Gewässer, das nicht vulkanisch, sondern durch das hier aus dem Hermonmassiv austretende Wasser entstand (es gibt aber auch eine Vulkan-Theorie). Die Drusen nutzen es zu reichem Fischfang, im Sommer suchen viele Badende Abkühlung von der Hitze, aber ähnlich wie im See Genezareth gibt es Probleme mit dem Wasserstand.

Das Restaurant bietet drusische Spezialitäten an, von der Terrasse bzw. Dach hat man auch den besten Blick auf den See. Wenn Sie nicht im Restaurant essen wollen, sollten Sie zumindest im kleinen Parkplatzkiosk eine Druze Pita essen, einen scharf gewürzten, wohlschmeckenden Brotfladen. In der Umgebung werden hauptsächlich Äpfel angebaut; im Herbst biegen sich die Sträucher von der Last. Wer per Auto unterwegs ist, sollte Abstecher in die Seitenstraßen machen.

1 km nach

Mas'ada

In dem Ort leben viele Drusen, von denen einige noch traditionell gekleidet sind.

Die Straße 98 nähert sich der **entmilitarisierten Zone** zwischen Israel und Syrien bzw. verläuft häufig parallel zu deren Westgrenze.

Achtung: Wie bereits erwähnt, sind noch heute **weite Gebiete des Golan vermint** und zumeist eingezäunt. Daher Vorsicht beim Besuch der Gegend – **nur markierte Wanderwege benutzen**. Wanderungen zuvor **bei der SPNI anmelden**.

13 km: **Abzweig** der Straße 959 zum

Kibbuz Merom Golan

Die erste Kibbuz-Siedlung nach der Eroberung des Golan entwickelte sich zu einem offenbar prosperierenden Unternehmen, das nicht allein vom Obstanbau, einer Hühnerfarm und der Verarbeitung von vulkanischem Gestein zu Blumentopf-"Erde" lebt, sondern auch von einem gut gehenden Hotelbetrieb. Wer in der etwas melancholischen Einsamkeit des Golan übernachten und sich nur durch das Grillenkonzert stören lassen will, ist hier richtig. Im Restaurant kann man gut essen.

Der Abstecher wird aber besonders wegen der Auffahrt auf den nahe gelegenen ***Har/Mt. Bental** *(Sohn des nächtlichen Taus)* empfohlen. Dieser natürliche Aussichtsturm gibt den Blick tief nach Syrien frei (unter anderem auf Quneitra, siehe weiter unten), natürlich auch über die umliegende Golanlandschaft. Sogar die am Gipfel installierten Bunkeranlagen des Militärs können besichtigt werden und hinterher lockt das Café Anan.

Übernachten

- **MEROM GOLAN Kibbuz**, Tel 04 6960267, Fax 04 6960229, www.meromgolantourism.co.il (hebr.); große Anlage, Zimmer und Apartments, gepflegt und sauber, Frühstück/Abendessen im Speisesaal des Kibbuz .... E+B ₪ 450-660, D+B ₪ 530-770

Wenn Sie vom Kibbuz der Straße 959 knapp 1 km nach Westen folgen, gelangen Sie zum ***Vulcanic Park***. Die merkwürdigste aller hier gezeigten Besonderheiten ist die **paläomagnetische Lava**, die erkaltete, als der Magnetpol der Erde noch im Süden lag und diese Information bewahrt hat: Trauen Sie an dieser Stelle keinem Kompass!

Wir kehren zur Straße 98 zurück.

Bald, am Mount Avital, lässt sich von den Aussichtspunkten die in der UN-Pufferzone liegende Stadt **Quneitra** gut beobachten. Nach der Eroberung machten die Israelis die militärischen Einrichtungen der ohnehin stark zerstörten 30 000-Einwohner-Stadt dem Erdboden gleich. Die Syrer bauten außerhalb der UN-Pufferzone eine neue Stadt. Die derzeitige Grenze ist jedoch nicht völlig dicht: Zur Apfelernte dürfen die Drusen hier einmal jährlich unter Aufsicht des Roten Kreuzes einen Teil ihrer

Apfelernte nach Syrien exportieren. Die Laster werden für drei Minuten Weg von Kenianern gefahren, die beiden Seiten als neutral gelten. Aussichtspunkt *Peace Point* an der Straße 98 Richtung Ma'agan, wenige 100 m abseits der Straße, herrlicher Ausblick auf See Genezareth, 1,3 km langer Rundwanderweg.

11 km: **Zivan Junction**

Hier zweigt nach rechts die Straße 91 ab, von dort 12 km bis zur **Nashut Junction**, da links und nach 3 km erreicht man

Qazrin (Katzrin)

Qazrin, die Verwaltungsstadt des Golangebietes, wurde 1977 gegründet und beherbergt derzeit etwa 7000 Einwohner, www.visitkatsrin.org.il (hebr.). Sie gleicht den modernen Reißbrettvorstädten in den USA mit gepflegten Häusern und ebensolchen Vorgärten, feiertags brummen die Rasenmäher. Das Golan Archaeological Museum im Commercial Centre (So-Do 9-16, Fr -14; Sa ab 10, ₪ 17/14) zeigt interessante Funde des Golangebietes und des Ancient Qazrin Parks sowie ein heroisches Multimedia-Spektakel über den Untergang von Gamla (siehe S. 360).

Am Ostende der Stadt erstreckt sich nördlich des Kreisels an der Straße 9088 der ***Ancient Qazrin Park** (tägl. 9-16, Sa ab 10, ₪ 30, Kinder ₪ 16), dessen Besuch sehr lohnt. 1976 entdeckt, wurde die ehemals rein jüdische Siedlung aus dem 5. Jh nC ausgegraben – bisher etwa 10 Prozent davon – und teilrekonstruiert, d.h. neben diversen Grundmauern sind ein vollständig wieder aufgebautes großes sowie ein kleineres Wohnhaus mit Gerätschaften und die ebenfalls teilrekonstruierte Synagoge zu sehen, meist als Living Museum für Schulklassen. Lassen Sie sich am Ticketschalter (manchmal nur Hebräisch) die Broschüre mit detaillierten Informationen geben.

Eine Abfahrt weiter östlich zur Tankstelle und zum Industriegebiet Qazrin führt einerseits zu einer Mall mit der Golan-Touristeninformation (So-Do 8-16), dem IMAX-Film Golan Magic/ Qessem HaGolan, nach dem man außerdem

Drusen in typischer Kleidung

ein instruktives Modell des Gulan zu sehen bekommt, Sa-Do 9-17, Fr -16, ₪ 25/20, www.magic-golan.co.il. Andererseits warten hier folgende Betriebe bzw. Visitor Center auf Besuch: innerhalb der Mall das Golan Brewhouse mit mehreren Biersorten, östlich der Mall ein Shop für Olivenöl und Kosmetika sowie nördlich der Mall die bekannte Weinkellerei Golan Heights mit den Produkten Yarden, Golan und Gamla, die weltweit exportiert werden (Mo-Do 8.30-18.30, Fr -13, So 8-17, Anmeldung erforderlich: Tel 04 6962435 oder 054 6700838, www.golanwines.co.il).

Praktische Informationen

▶ Telefon-Vorwahl 04

• Außer der **Touristen-Information** in der Mall (s.o.) lohnt sich der Weg zur

• **SPNI Golan Field School**, östlich des Ortes kurz vor dem Qazrin Park, Tel 04 6961234 oder 03 6388688; Golan-Wanderer (Hiker) müssen sich hier anmelden, was wegen der guten Informationen ohnehin von Vorteil ist. Schließlich kann man hier auch ein Bett finden.

Busse

▶ Buslinien 15 und 19 von Tiberias etwa vier Mal täglich, von Kiryat Shmona Nr. 58, 843 von Tel Aviv, 966 von Jerusalem.

Übernachten

• Qazrin hat ein gutes Dutzend Zimmer-Angebote, www.zimmeril.com. Außerdem gibt es mehrere Camping-Möglichkeiten z.B. westlich des *Community Center* mit dem Archäologie-Museum oder bei der

7

• **SPNI GOLAN FIELD SCHOOL**, Adresse siehe oben, in der Woche meist nur Gruppen, einfache Räume, Dusche, AC.........................D ₪ 365-415

Von Qazrin weiter zur Straße 87, dort nach rechts abbiegen und etwa 5 km in südwestlicher Richtung bis zum Eingang fahren:

**Ya'ar Yehudiya Nature Reserve

Etwas für's kleine Abenteuer: In der Ya'ar Yehudiya Nature Reserve (nicht zu verwechseln mit der nahe gelegenen *Nakhal Yehudiya Reserve*; 8-17, im Winter -16, Fr -15, letzter Einlass eine Stunde vor Schluss, ₪ 21/9, Übernachten pP ₪ 50/40) lernt man die etwas wilde Seite des Golan kennen. Gestandene Wanderer/ Hiker finden hier eine der größten Herausforderungen in Israel. Wer z.B. den Lauf des Yehudiya erkunden will, muss einige Wasserbecken durchschwimmen und über Felsbarrieren klettern. Neben ausreichender Verpflegung und Trinkwasser ist daher ein Plastiksack mitzunehmen, der als Schwimmbeutel fürs Gepäck dient, wenn man durch die Pools schwimmt.

Bevor Sie sich jedoch auf Wanderschaft begeben, sollten Sie sich bei der SPNI Field School in Qazrin (siehe oben) nach Details erkundigen und mit Karten versorgen. Grundsätzlich bieten sich folgende Routen an:

- **Nakhal Yehudiya Hike**; die wohl interessanteste Wanderung folgt dem Yehudiya-Flusslauf, mehrfach sind Pools zu durchschwimmen, Dauer etwa 4-5 Stunden, kann um 2-3 Stunden verlängert werden
- **Upper Nakhal Zavitan Hike**; Dauer 3-4 Stunden, relativ einfacher Weg, vorbei an interessanten Felsformationen, einem Wasserfall und einem Pool
- **Lower Nakhal Zavitan Hike**; die gut 4-stündige Wanderung ist quasi die Fortsetzung des Upper Nakhal Zavitan Hike
- **Brekhat HaMeshushim**; die Wanderung hat ungewöhnliche, sechseckige Basaltsäulen zum Ziel. Sie dauert von hier aus 6 Stunden hin und 6 Stunden zurück. Also per Auto näher ran: Fahren Sie die Straße 87 weiter Richtung See Genezareth und biegen am Nordufer an der Bethsaida Junction rechts auf die 888 ab. Hier steht schon ein Wegweiser zum ***Hexagon Pool***. 6 km weiter geht es rechts auf einem Feldweg weiter zum *Visitor Center*, Preise siehe oben. Der Fußweg zum von Basaltsäulen umgebenen Pool dauert noch etwa eine Viertelstunde.

Um nach Gamla zu kommen, muss man die Straße 87 wieder hoch fahren und an der **HaMapalim Junction** nach Süden auf die Straße 808 abbiegen.

8,5 km: Abzweig

Rechts nach

****Gamla

Hier biegt die Zufahrt nach Gamla ab (8-17, Winter -16, letzter Einlass eine Stunde vor Schluss; ₪ 27/14). Aufgrund militärischer Übungen kann die Anlage geschlossen sein, daher vorher Tel 04 6822282 anrufen; trifft aber nur für wenige Tage und dann auch nur für 2 bis 3 Stunden zu. Diese Reserve liegt einsam auf dem Golan und erschließt neben der historischen Dimension gute Möglichkeiten, die Flora und Fauna des Golan näher kennenzulernen.

Geschichte: *66 nC befestigten Juden, die auf dem* ***Felsrücken Gamla*** *lebten, ihre ohnehin gut geschützte Stellung so, dass sie dem Ansturm römischer Legionäre eine ganze Weile widerstehen konnte. 67 nC belagerten römische Truppen sieben Monate lang die Festung vergeblich, bis* ***Vespasian*** *mit Verstärkung anrückte und eine Bresche in die Mauer schlagen konnte, aber die Verteidiger konnten die Römer noch einmal abwehren. Ein paar Tage später gelang Vespasian der verlustreiche endgültige Sieg. Er tötete alle Bewohner einschließlich der Flüchtlinge aus der Umgebung, derer er habhaft werden konnte. Die übrigen 5000 stürzten sich – Männer, Frauen und Kinder – vom Bergsporn in den Tod; insgesamt kamen etwa 9000 Menschen um.*

Die Lage dieses Ortes war verloren gegangen. Nach dem Sechs-Tage-Krieg machten sich Archäologen auf die Suche und fanden schließlich den Felsen, der aus einem bestimmten Blickwinkel wie ein Kamel (hebräisch Gamal, *daher* Gamla) *aussieht. Bei den Ausgrabungen kamen eine Synagoge, Häuser, Ritualbäder, Ölpressen und Reste der Stadtmauer zutage. Sogar die von den Römern in die Stadtmauer geschlagene Bresche konnte identifiziert werden.*

Neben den historischen Hinterlassenschaften auf dem etwa 150 m tiefer als der Parkplatz liegenden Bergsporn können sich Wanderer hier auf einem ca. einstündigen Weg bis zum Gamla-Wasserfall und einer vierstündigen Wanderung zum Nakhal Daliot austoben. Alle drei Ausflüge an einem Tag zu schaffen, bedeutet, sehr früh vor Ort zu sein, um wenigstens den Ruinenbesuch vor Beginn der Mittagshitze hinter sich gebracht zu haben.

Für Ab- und Aufstieg zu den Ruinen darf man mit anstrengenden zwei Stunden oder mehr rechnen, denn die Sonne brennt unbarmherzig auf die schattenlosen, steilen Pfade und üblicherweise weht nur wenig Wind; Sonnenschutz und ausreichend Trinkwasser sind daher sehr empfohlen. Gehen Sie vom Parkplatz zunächst auf dem ausgeschilderten Weg „Ancient Gamla" in Verlängerung der Anfahrtsstraße bis zum Aussichtspunkt. Zu Ihren Füßen liegt der Bergrücken mit den Ruinen. Hier beginnt der unkomfortable, steile Pfad hinunter, den Leute mit Knieproblemen auf jeden Fall vermeiden und stattdessen den Shuttle-Bus nehmen sollten.

Unten angekommen sind die Reste der **Synagoge** am beeindruckendsten wie auch die Ruinen der Stadtmauer mit der von den Römern geschlagenen Bresche. Leider sind die Hinweisschilder meist auf Hebräisch gehalten, sodass man sich die Pfade selbst suchen muss. In der entfernteren Ausgrabungsstätte sind u.a. eine Olivenpresse und Wohnhausgrundmauern zu sehen. Kaum lohnenswert ist der mühsame Kraxelweg auf dem Kamm des Bergrückens, weil hier keine historischen Reste zu finden sind, andererseits hat sich die Aussicht – abgesehen vom vordersten Punkt – kaum geändert.

Die Golan-Natur bietet eine etwa einstündige Wanderung (hin und zurück) auf dem rot gekennzeichneten Pfad am Kliff entlang zum Wasserfall **Mapal Gamla**, dem höchsten in Israel, der 51 m von einem Felsabbruch herunterstürzt. Unterwegs kommen Sie an **Dolmen** vorbei, hohen Steingräbern aus der Bronzezeit,

Bergsporn von Gamla mit Grabungsgelände

Sehr gut restaurierter Toraschrein in Umm AlQanatir

auf den See Genezareth wirklich positive Überraschungen erleben. Besonders auch, wenn sich die Straße zum Schluss so steil wie möglich in die Yarmukschlucht hinunterwindet.

- 6 km nach der Einmündung der Straße 808 in die Straße 98 liegt rechts etwas abseits der Kibbuz Avnei Eitan, Tel 04 6762151, Fax 04 6762044, der **Campingmöglichkeiten** anbietet.

Falls Sie noch einen archäologischen Abstecher mögen, sollten Sie vor der 98 rechts zum Kibbuz Natur abbiegen. Nach etwa 4 km müssen Sie kurz vor dem Ort links abbiegen, der Feldweg müsste inzwischen Straße geworden sein. Nach 3 km gelangen Sie nach **Umm AlQanatir**, einem Ort aus talmudischer Zeit, dessen bald fertig restaurierte Synagoge vor allem mit einem außergewöhnlich schönen Tora-Schrein überrascht hat. Hier kommen bald mehr Touristen.

Sollten Sie Hammat Gader (siehe S. 337) noch nicht angeschaut haben, so böte sich der Abstecher dorthin an, sobald Sie den Yarmuk erreicht haben. Ist eher die Jungsteinzeit Ihr Thema, sollten Sie keinesfalls das Museum über die Yarmuk-Kultur im **Kibbuz Sha'ar HaGolan** zwischen den Straßen 98 und 90 verpassen. Die etwa 150 rund 7500 Jahre alten Funde sind täglich 9-12 Uhr zu sehen, Tel 04 6677386. Andernfalls folgt man der Straße 98 nach Westen zum See Genezareth.

die rechts vom Pfad stehen. Begleitet wird man von Raubvögeln – Weißkopfgeier, Adler, Falken oder Bussarde – die in der Luft schweben, und plötzlich auf eine noch lebendige „Mahlzeit" hinunterstoßen.

Die etwa vierstündige Hin- und Zurück-Wanderung zum **Nakhal Daliot** und seinen Wasserfällen bietet schöne Aussicht speziell auf Gamla und, wie der Name sagt, die Wasserfälle. Folgen Sie dem rotweiß gekennzeichneten Pfad.

Wir kehren auf die Straße 808 zurück und fahren weiter nach Süden, um am Ende rechts auf die Straße 98 einzubiegen. So uninteressant diese auch zunächst erscheinen mag, Sie werden bei Einblicken in Canyons oder Ausblicken

See Genezareth – Bet Shean – Megiddo

Diese Route bietet für die Rückreise aus dem Norden zwei Möglichkeiten: Einmal, dem Jordan folgend, über Bet Shean und Jericho direkt, aber durch palästinensisches Gebiet, nach Je-

Sehenswertes

****Bet Shean**, eine blühende Siedlung in römisch-byzantinischer Zeit hat viele ihrer vergrabenen Schätze freigegeben, S. 364

****Megiddo**, 20 Siedlungsschichten türmen sich hier aufeinander, obwohl der heute hochinteressante Ort bereits im 6. Jh vC verlassen wurde, seit 2005 UNESCO-Weltkulturerbe, S. 371

***Bet Alfa**, zufällig wurde hier eins der schönsten Bodenmosaike einer Synagoge gefunden, S. 369

***Kreuzfahrerburg Belvoir**, eine gut erhaltene Festung mit weiter Aussicht, S. 363

*Ma'ayan Harod Nationalpark**, kleiner Park an der biblischen Harod-Quelle, S. 370

*Museum des Kibbuz Gesher**, Schilderung der dramatischen Geschehnisse beim Unabhängigkeitskampf 1948, S. 363

rusalem zu fahren oder aber mit einem Umweg an die Westküste den Süden zu erkunden. Wer die Direktverbindung nach Jerusalem wählt, sollte dennoch Orte wie Megiddo und Bet Alfa nicht auslassen bzw. sie bei anderen Gelegenheiten besuchen.

Von Tiberias kommend, biegt man nach 12 km an der **Zemakh Junction** rechts nach Süden ab und folgt der Straße 90, die zumindest zunächst durch fruchtbare Landschaft führt.

9 km:
Links nach

Old *Gesher

Der Kibbuz Gesher lag ursprünglich unterhalb der Straße am Jordanufer. Während des Unabhängigkeitskrieges 1948 wurde er zunächst von jordanischen, dann von irakischen Truppen angegriffen und zerstört. Im Museum (Sa-Do 10-16, Fr 9-13, ₪ 30) wird die Geschichte der dramatischen Tage nacherzählt. Darüber hinaus haben Sie hier eine der seltenen Gelegenheiten, den Jordan nach dem Austritt aus dem See Genezareth in all seiner Schmächtigkeit direkt zu betrachten, ebenso wie eine zerstörte Karawanserei, eine römische und eine türkische Brücke sowie eine Eisenbahnbrücke über den Jordan, die ebenfalls während der Kämpfe zerstört wurden.

Schließlich kann man das jordanische Naharayim-Kraftwerk sehen, das den Yarmuk – der hier in den Jordan mündet – aufstaut, infolge der Kriegseinwirkungen aber nicht mehr betrieben wird.

3 km: **Kokhav HaYarden Junction**
Rechts 6 km zur

***Kreuzfahrerburg Belvoir

Geschichte: *Die teilrestaurierte Burg mit ihrer mächtigen Mauer, den vier Ecktürmen und der Innenburg wurde um 1130 von französischen Templern auf und aus den Ruinen des römischen Gerofina erbaut. Immerhin konnte sie 1187 der Belagerung Saladins 18 Monate widerstehen, sodass schließlich der Angreifer den Insassen freies Geleit bei freiwilliger Aufgabe zusicherte. 1219 wurde die Festung vom Sultan von Damaskus teilweise zerstört, um sie*

Gepflegte Einschusslöcher in Old Gesher

für die befürchtete Rückkehr der Kreuzritter unbrauchbar zu machen. Dies war eigentlich nicht nötig, denn die Festung stand am falschen, d.h. zu einsamen Platz; die Truppen hier oben konnten z.B. nicht den nahen Marsch der arabischen Truppen zu den Hörnern von Hattin verhindern, wo das Kreuzritterheer vernichtend geschlagen wurde (siehe S. 346).

Eine 6 km lange Zufahrt führt zur 500 m höher auf einem Bergsporn gelegenen Festung Belvoir (hebräisch: *Kokhav HaYarden*) (8-17, im Winter -16, ₪ 21/9, Camping pP ₪ 50/40) führt. Neben recht imposanten und gut restaurierten Ruinen aus schwarzem Basalt gehört der **herrliche Ausblick** bis weit nach Jordanien und über den See Genezareth hinweg zur Belohnung für die Anfahrt. – Am Ticketoffice wird eine Broschüre ausgegeben, in der ein Rundgang durch die Anlage beschrieben ist.

Eigentlich handelt es sich um zwei ineinander liegenden Festungen. Wäre die äußere erobert worden, hätte man sich immer noch in der inneren, nur von den Rittern und Priestern bewohnten sogenannten Donjon verteidigen können (wozu es nie kam). Wie ursprünglich betritt man die Anlage durch den Haupteingang im Turm der Südostecke. Im Erdgeschoss der inneren Feste waren Vorratsräume, Küche und Speisesaal untergebracht, im oberen Stockwerk die Wohnräume der Ritter und eine Kirche. Manchmal erkennt man an Steinmetz-Arbeiten, dass die Steine der Festung vorher zu anderen Gebäuden gehörten.

12 km nach

****Bet Shean

Geschichte: *Etwa 5000 vC beginnt die nachweisbare Geschichte des Siedlungsgebietes Bet Shean, das im sehr fruchtbaren Umfeld des Harod-Flusses liegt. Der Tel Bet Shean (arabisch Tell AlHusn) nördlich der römischen Stadt liefert die ältesten Funde, andere Zeugnisse sind z.T. in der Stadt überbaut. Eine pharaonische Stele – Thutmosis III. hatte den Ort in sein Reich eingegliedert und zum Verwaltungssitz gemacht – bezeugt, dass hier um 1500 vC Kanaaniter lebten, 300 Jahre später drangen Philister nach Bet Shean vor, die in der Nähe am Gilboa-Berg 1010 vC König Saul besiegten und seinen Leichnam hier zur Schau stellten. König Salomo baute die Stadt zu einem wichtigen Verwaltungszentrum aus, die Assyrer zerstörten sie 732 vC. Später hinterließen die Griechen ihre Spuren. Im 2. Jh vC verdrängten die Hasmonäer die Einwohner zugunsten jüdischer Siedler. Unter Pompejus wurde sie 63 vC zur Freien Stadt und zum Mitglied des Zehn-Städte-Bundes Dekapolis. Landwirtschaft und Textilindustrie verhalfen dem Ort zu Wohlstand, aus jener Zeit stammt das Römische Theater.*

Nach dem fehlgeschlagenen jüdischen Aufstand 63 nC wurden die meisten jüdischen Bewohner ermordet. In der folgenden römischen Zeit entwickelte sich der Bet Shean mehr und mehr und erlebte in der byzantinischen Epoche seinen Höhepunkt. Ende des 4. Jahrhunderts durchlief der Ort seine große Zeit, als er Hauptstadt der Provinz Palaestina Secunda wurde. Vermutlich lebten damals etwa 40 000 Menschen in der wohlhabenden Stadt. 749 zerstörte ein schweres Erdbeben nahezu alle Bauten. Im 13. Jh spielten die Kreuzritter eine kurze Gastrolle, hinterließen sogar eine Festung, deren Ruinen heute jedoch bedeutungslos sind. Auch in den folgenden Jahrhunderten verblieb eine jüdische Minderheit in der eher kleinen Siedlung.

Das Harod-Tal strotzt im Vergleich mit der eher wüstenhaften Umgebung im Süden vor Fruchtbarkeit, sodass der Talmud den Eingang zum Paradies hierher verlegte. Noch dazu an der Kreuzung wichtiger Verkehrswege gelegen, ist es kein Wunder, dass diese Gegend seit Jahrtausenden besiedelt ist. Bei den Ausgrabungen wurden bisher zwanzig Siedlungsschichten bis in die Steinzeit unterschieden. Heute leben etwa 16 000 Einwohner in dem nicht gerade hübschen Städtchen.

Obwohl der Nationalpark auf den ersten Blick eher einer großen Baustelle gleicht, die tatsächlich von Jahr zu Jahr ihr Gesicht verändert und komplettiert, konnten die Archäologen bisher nur rund 15 Prozent der Stadt ausgraben und einen Teil der Bauwerke rekonstruieren. Es gibt viel zu sehen, planen Sie 2-4 Stunden ein.

Vom Busterminal im Stadtzentrum führt die Herzl St zum historischen Gebiet (Apr-Sept So-Do 8-17, sonst -16, Fr -16, Sa -17, ₪ 38/23). Wenn Sie per Auto anreisen, fahren Sie von Tiberias aus zum ersten Kreisel (von Jericho aus bis zum zweiten) und folgen der guten Wegweisung Nationalpark, der nicht weit entfernt ist. Unterwegs kommen Sie am Römischen Amphitheater aus dem 2. Jh nC vorbei (es liegt rechts der Straße). Es diente zunächst als Hippodrom, nach dem Umbau hauptsächlich als Gladiatorenbühne, wurde aber mit Vordringen des Christentums ab etwa dem 4. Jh nicht mehr benutzt. Drei Reihen der Originalsitze für etwa 6000 Zuschauer sind noch erhalten, während die übrigen für die nahe gelegene Kreuzritterfestung verwendet wurden. Die übernächste Abzweigung führt zur eigentlichen Attraktion von Bet Shean.

Der Bet Shean Nationalpark zählt zu den interessantesten antiken Stätten Israels. Das Ganze lässt sich auch abends als Lightshow erleben, Mo/Mi/Do/Sa 19-21.30; Information unter Tel 04 6481122. Nach dem Eingang befinden Sie sich auf der Ebene der oberen Ränge des imposanten Römischen Theaters, das im 2. Jh nC

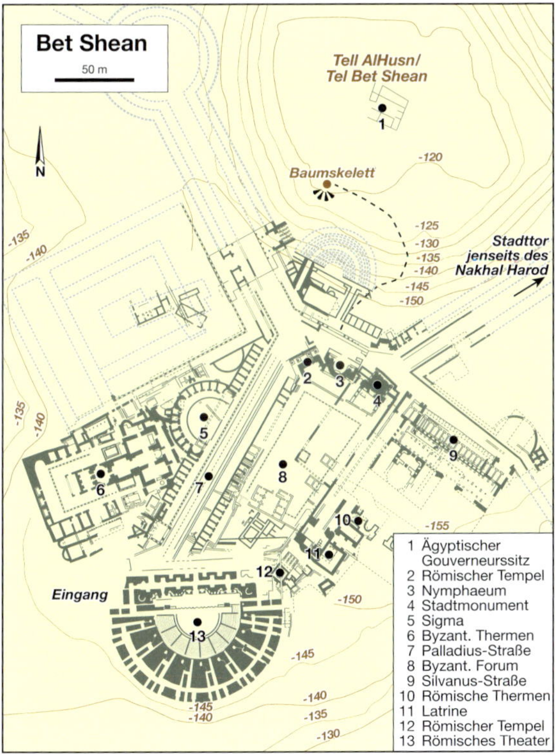

von Septimius Severus erbaut wurde. Es ist das größte römische Theater Israels. 7000 Zuschauer fanden in der halbrunden Anlage Platz, deren erste 14 Sitzreihen noch gut erhalten bzw. restauriert sind. Der untere Teil des Theaters wurde in das Gelände eingelassen, während der obere auf mächtigen Stützkonstruktionen ruht. Die Rückwand des zweigeschossigen Bühnenhauses wurde teilweise wiederhergestellt. Jeweils im Mai finden Festspiele statt.

An das Theater schließen sich imposante Ruinen der römisch-byzantinischen Stadt an, die erst bei jüngeren Ausgrabungen zum Vorschein kamen und deren Restauration noch nicht abgeschlossen ist. Lassen Sie sich auf einem Rundgang im Uhrzeigersinn durch das Gelände führen, d.h. vom Theater aus sollte man sich nach links zum Westlichen Badehaus wenden, das an seinen pyramidenförmigen Schutzüberbauten leicht erkennbar ist. Gitterrost-Laufstege führen durch die Gebäudereste. Hervorragend restauriert sind die Stützkonstruktionen der Bodenplatte (Hypocausten), durch deren Hohlräume Heißluft zum Heizen strömte. Das Badehaus entstand in byzantinischer Zeit, also etwa im 4 Jh nC und bestand aus Heiß- und Lauwarm- sowie Kaltbad und weiteren Räumen zur Körperpflege und -ertüchtigung.

Am auffälligsten in der Ruinenstadt ist allerdings die von Arkaden gesäumte, gepflasterte Palladiusstraße (nach einem Provinzgouverneur des 4. Jhs benannt), die am Theater bzw. Westlichen Badehaus beginnt. Die von Säulenreihen begleitete, über sieben Meter breite Prachtstraße war wohl auch das „Shopping Center" der Stadt, denn in den Arkaden waren viele kleine Läden untergebracht, deren Fußböden zum Teil mit Mosaiken oder Marmor ausgelegt waren. Bald nach dem Badehaus führt die Palladiusstraße am Sigma vorbei, einem halbrunden Platz mit Nischen, dessen Name in einer Inschrift gefunden wurde. Die Böden der kleinen Shops sind ebenfalls zum Teil mit Mosaiken ausgelegt, im sechsten Raum von links wurde ein Mosaik der Stadtgöttin Tyche gefunden.

Die Straße endet an einem Platz, an dem sich der römische Tempel erhob. Das im klassischen Stil errichtete Bauwerk aus dem 2. Jh nC war höchstwahrscheinlich dem Dionysos gewidmet. Es ist nicht allzu viel zu erkennen, aber die durch das Erdbeben alle in eine Richtung gestürzten Säulentrommeln lassen erahnen, dass das einst etwa 15 m hohe Gebäude imposant gewesen sein muss.

Nach links zweigt die Nördliche Straße ab, an der noch nicht viel ausgegraben wurde. Rechts herum beginnt die Silvanusstraße, und gleich gegenüber dem Nymphäum, einem Quellheiligtum, führt eine Treppe auf den Ruinenhügel Tel Bet Shean (arabisch Tell AlHusn) im Norden hinauf, der in römischer Zeit als Akropolis diente. In dem Hügel sind Besiedlungsschichten seit dem 5. Jahrtausend vC bis in die byzantinische Zeit nachgewiesen. Man sollte die 40 m schon wegen des guten Rund- und Überblicks hinaufsteigen. Aber es gibt oben auch einen kleinen Rundgang zu dem gut beschilderten Gebäude (in der Archäologie profan als Gebäude 1500 bekannt), in dem im frühen 12. Jh vC der ägyptische Gouverneur residierte, inklusive Nachbildungen der Stelen und Monumente, die sich im Jerusalemer Rockefeller-Museum befinden. Im Süden kann man massive israelitische Gebäudereste erkennen, die durch ein so heißes Feuer zerstört wurden, dass die Lehmziegel zu Ton gebrannt wurden – hier zeigt sich das Ende des Nordreichs Israel durch die Assyrer.

Wieder im Tal sollte man die Reste des Nymphäums würdigen, das einst mit Säulenreihen und dekorativem Gebälk verziert war und über ein Aquädukt mit Wasser versorgt wurde.

Nach dem Nymphäum zweigt nach links die Talstraße ab, die über das Tal des Harod-Flusses zum Nordost-Tor führte; auch hier waren die Bürgersteige überdacht und mit kleinen Läden gesäumt. Rechts, gegenüber der Einmündung der Talstraße, erkennt man eine monumentale Plattform, auf der ein Stadtmonument gestanden haben könnte. Genauere Vorstellung davon hat das Erdbeben gründlich verhindert.

Blick vom Theater auf die Palladiusstraße und Tel Bet Shean

Die Silvanus-Straße wurde von den Archäologen nach einem Rechtsgelehrten benannt, dessen Name hier in einer Inschrift gefunden wurde. Diese römische Straße war ursprünglich von einer monumentalen Kolonnade flankiert, hinter der ein mit Marmor verkleideter Pool lag. In byzantinischer Zeit wurde die Straße erneuert und über dem Pool eine Halle errichtet. Die Ladenzeile stammt aus muslimischer Zeit. In einem der Geschäfte fanden die Archäologen ein menschliches Skelett, das sich um einen Krug mit Münzen krümmte – die jüngsten darin passend zum Jahr des großen Erdbebens: Weniger Geiz hätte den Mann vielleicht gerettet.

Südlich der Silvanus St liegt das Östliche Badehaus, das in römischer Zeit angelegt, aber in byzantinischer renoviert bzw. umgebaut wurde. Südlich davon wiederum, zwischen Badehaus und Theater, sind öffentliche Toiletten vom Besichtigungsweg her einsehbar: Man saß ein-

Bet Shean – Jericho direkt

Von Bet Shean zieht sich die **Straße 90** durch das Jordantal nach Süden, mal durch kurze wüstenhafte Gebiete, dann wieder durch fruchtbares Ackerland, das häufig erst von fleißigen Kibbuzniks geschaffen wurde. Mit dem Jordan scheint die Straße eine Art Hass-Liebe-Verhältnis zu haben: mal geht sie sehr auf Distanz, mal verläuft sie nahezu direkt am Grenzzaun. 71 km nach Bet Shean erreicht man Jericho (siehe S. 450). Unterwegs werden Sie etwa 11 km nach der Fatsa'el Junction palästinensisches Gebiet betreten, beachten Sie bitte die Bemerkungen auf S. 429 Die Straße verläuft nun zwar in der Westbank, jedoch in der Zone C, die Israel allein beherrscht: Man darf sie auch mit israelischen Mietwagen befahren. An der Grenze könnte Ihnen der Checkpoint auf die Nerven gehen, wenn Sie Pech haben; der Staat Israel lässt die Arbeit dort von einer Privatfirma leisten. Die großartigen Jünglinge werden Sie vermutlich herauswinken, Ihren Pass zunächst einbehalten und einen Drogen- oder Sprengstoffspürhund durch Ihr Auto schicken. Denken Sie dran: Alles nur zu Ihrer Sicherheit, wie damals an der innerdeutschen Grenze, und bleiben Sie entspannt. Leider kostet das Ganze viel Zeit.

Berg Gilboa / Har Gilboa

Die Bergkette Gilboa – 508 m hoher Ausläufer des Berglandes von Samaria am Südrand des Harod-Tales – hat in der jüdischen Geschichte insofern Bedeutung, als hier König Saul mit seinem Heer von den Philistern geschlagen wurde und er sich in sein Schwert stürzte. Die Philister hängten seinen Leichnam an die Stadtmauer von Bet Shean. Die Wiesen am Gilboa-Höhenzug sind vor allem im Frühjahr blumenübersät, dann blüht die nur hier vorkommende Mt. Gilboa-Iris.

Heute dagegen arbeiten die mutmaßlichen Nachfahren der Philister und Israeliten zusammen: Der Bezirk Gilboa arbeitet mit dem Bezirk Jenin über die Grüne Linie hinweg (!) in Wirtschafts- und Tourismusprojekten zusammen. Ein Beispiel finden Sie, wenn Sie nach der Straße 6666 auf die 667 nach Westen einbiegen und dann zur Straße 60 gelangen: An der Kreuzung befindet sich das HaGilboa Gateway, wo Sie auch im Sommer Ski laufen können.

Im Gan HaShlosha Nationalpark

träglich nebeneinander auf schmalen Marmorbalken, zwischen denen die Fäkalien in einen entsprechenden Kanal nahe der Wand fielen, während im Fußbereich ein Frischwasserkanal Wasser zur Reinigung lieferte.

Schräg gegenüber stand in römischer Zeit ein Tempel, der auf einer erhabenen Plattform stand, zu der Treppen hinaufführten. Damit sind wir wieder am Theater angelangt.

Am ehemaligen osmanischen Serail kommt man vorbei, wenn man von auswärts her der Beschilderung zum Nationalpark nachfährt. Es ist an antiken Säulen zu erkennen, die zum Bau des Portals verwendet wurden. Im Stadtpark gibt es ein Freilichtmuseum und in der Nähe das Städtische Museum mit archäologischen Funden. Für letzteres muss man seinen Besuch ankündigen, Tel 04 6586221.

Praktische Informationen

Tourist Information

Westlich des Busbahnhofs gibt es einen von Arkaden umgebenen, kleinen, runden Basaltbau mit einigem Material.

Busverbindungen

▶ Busse 411 und 412 (aus Haifa) von Afula, auch von Tiberias aus gibt es nur Verbindungen über Afula. Von Tel Aviv Linie 929, von Jerusalem Bus 961.

Informationen zum Grenzübergang „Jordan River Crossing" (jordanisch Sheikh Hussein Bridge) nach Jordanien finden Sie auf Seite 43.

Essen und Trinken

▶ Bet Shean glänzt nicht mit Restaurants. Hier muss man sich weitgehend mit der üblichen Felafel- und Shauwarma-Kost zufrieden geben. Im zentralen Shopping Center findet man einen guten Felafel-Mann.

Übernachten

Mit Übernachtungsmöglichkeiten ist es eher schlecht bestellt in dieser einst so wohlhabenden Stadt; am besten geht man in ein Kibbuz-Hotel außerhalb.

• **YOUTH HOSTEL**, nahe der CBS, Tel 04 6060760, Fax 004 6060766, www.iyha.org.il; schöner Blick über das Bet Shean-Tal, modern, sauber, freundlich, Vogelbeobachtung, Touren per Pferd oder Jeep, AC, mF .... Dorm pP $ 34, E+B $ 72, D+B $ 88

- **Außerhalb:** In den Kibbuzim **MESILOT,** 3 km westlich von Bet Shean an Straße 6667, und 4 km weiter in **BET ALFA** an der Straße 669 gibt es Gästehäuser.

Volles touristisches Drumherum bekommt man im

- **KIBBUZ NIR DAVID (TEL AMAL)**, Tel 04 6488525, Fax 04 6488772, ash@nirdavid.net, www.nirtours.co.il (hebr.); der Kibbuz grenzt an den Nationalpark Gan HaShlosha (siehe unten), jeweils halber Preis für Gäste, verschiedene Touren z.B. per Kajak. Restaurant, Unterkunft in gepflegten Blockhütten, AC, TV, mF .... E/D+B ab ₪ 620

Ungewöhnlich im warmen Land: Skifahren am HaGilboa Gateway

***Bet Alfa, Gilboa-Berge

Von Bet Shean aus sollten Sie unbedingt einen Abstecher nach Westen einlegen. Neben der historisch interessanten Synagoge von Bet Alfa lässt sich dieser Ausflug mit dem Besuch zweier Naturparks und der landschaftlich sehr schönen Gilboa-Bergkette verbinden.

Am besten nehmen Sie aus Bet Shean heraus die Straße 6667, die nach 3 km auf die 669 stößt und bald an den Gilboa-Bergen entlangführt. Knapp 3 km später zweigt links ein kurzes Sträßlein ab zum

Gan HaShlosha (Sakhne) Nationalpark

Dieser Erholungspark (8-17, Winter -16, Fr -15, letzter Einlass eine Stunde vor Schluss, ₪ 38, Kinder ₪ 23) inmitten von Schatten spendenden Bäumen besitzt drei natürliche, durch einen Wasserfall miteinander verbundene Badeteiche, die von einer Quelle gespeist werden, die Sommer wie Winter mit einer Temperatur von 28 Grad hervorsprudelt. Ein kleines archäologisches Museum zeigt lokale Funde. Ferner gibt es alle Picknickmöglichkeiten, wie sie sich ein Israeli wünscht, und einen Zoo mit australischen Tieren (Gan-Guru).

Etwa 1 km weiter zweigt links die Straße 6666 auf die Gilboaberge ab, wir bleiben aber für einen kurzen Abstecher auf der Straße 669.

Jesre'el-Tal bzw.-Ebene

Das Jesre'el-Tal, eine nach Osten geneigte Ebene, zieht sich vom Karmel-Gebirge bis zum Harod-Tal an den Gilboa Bergen und stellt damit die bequemste Verbindung vom Mittelmeer in Richtung Osten dar. Die Bibel spricht auch von der Ebene von Esdrelon, auf der viele Schlachten ausgetragen wurden. Denn sie bot genug flaches Land zum Kämpfen und genug Ein- und Ausgänge, um loszuschlagen oder sich zurückzuziehen. Nicht zuletzt übte ihre Fruchtbarkeit genug Attraktivität aus, sie zu besitzen. Seit Menschengedenken war sie aber auch als eine nur an den Rändern besiedelte, malariaverseuchte Sumpflandschaft bekannt. Die Via Maris verlief, die Sümpfe umgehend, durch das Tal und gab ihm entsprechende strategische Bedeutung; Megiddo, Bet Shean und weitere befestigte Städte beweisen dies. Auf die Jesre'el-Ebene konzentrierte sich die zionistische Bewegung um die Wende des 20. Jahrhunderts und wandelte sie sehr erfolgreich in den ertragreichsten Boden Israels um.

***Bet Alfa

Auf dem Kibbuz-Gelände wurde zufällig der Mosaikboden einer Synagoge aus dem 6. Jh nC entdeckt, dessen Mosaike mit zu den bedeutendsten Israels zählen (8-17, im Winter -16, letzter Einlass eine Stunde vor Schluss; ₪ 21/90). Die Grundmauern der dreischiffigen Synagoge wurden wieder überdacht, die Bodenmosaike befinden sich im Mittel- und rechten Seitenschiff. Berühmt ist das Mosaik im Mittelschiff, auf dem u.a. die Opferung Isaaks durch Abraham dargestellt ist. Weitere Bilder sind den Tierkreiszeichen und dem Sonnengott Helios wie auch dem Toraschrein und Tierdarstellungen gewidmet. Gute Erläuterung durch einen Film.

Wenn Ihnen an einem schönen Umweg über die Gilboa-Berge gelegen ist, müssen Sie zurück zur vorigen Kreuzung und dann auf der Straße 6666 den Berg hinauffahren. Andernfalls folgen Sie der Straße 669 bis zur Einmündung in die Straße 71 und halten sich dann links.

Die Straße 6666 mündet in die **Gilboa-Bergstraße** 667, der wir rechts folgen. Die auf dem Bergrücken entlangführende Straße zählt zu den erholsamsten Israels, wird sie doch meist von Föhrenwäldern beschattet, bietet immer wieder schöne Ausblicke und fast lauschige Picknick- und Erholungsplätze. Selbstverständlich wurden auch Wanderwege angelegt, die Gilboa noch besser erschließen. Nach 11 km erreicht man die Kreuzung mit der Straße 675, in die man rechts einbiegt, nach 2 km erneut rechts auf die Straße 71 und nach 1 km nochmals rechts zum

*Ma'ayan Harod Nationalpark

Der Erholungspark am Nordende der Gilboa-Berge liegt an der Harodquelle (8-17, Juli/Aug -18, Winter -16, letzter Einlass eine Stunde vor Schluss, ₪ 27, Kinder 14, Camping ₪ 60/50). Laut Altem Testament suchte der Richter Gideon vermutlich hier seine Kämpfer gegen die Midianiter aus, indem er ihnen in einer Art *Assessment Center* befahl, ohne Hilfsmittel das Quellwasser zu trinken. Diejenigen, die ihre Handflächen benutzten, fielen durch, während die wenigen, die wie Hunde schlürften, kämpfen (und siegen) durften. Auch hier gibt es einen (künstlichen) Badesee und schattige Picknickplätze.

Das Ende der Welt

Laut **Apokalypse des Neuen Testaments** wird sich die Armee der Gerechten zur letzten Schlacht gegen die Kräfte des Bösen in Megiddo versammeln. Dieser Hinweis zieht Scharen christlicher Pilger an, obwohl der Ort Jahrhunderte vor Christi Geburt aufgegeben worden war. Im Neuen Testament ist von **Armageddon** die Rede; in dem Namen lassen sich die Konsonanten von **Megiddo** unschwer erkennen. Im Zusammenhang mit den Aktivitäten um die Jahrtausendwende installierte die Nationalparkverwaltung multimediale Zugänge zur Vergangenheit, und in Planung war ein großer, in den Hügel gebauter Meditationsraum, der sich zur Jesre'el-Ebene hin öffnen sollte, damit man die letzte Schlacht beobachten kann – aber das Ende der Welt lässt nach wie vor auf sich warten. Christliche Pilger sind durch Megiddo inzwischen vielmehr auf ihre Anfänge zurückgeworfen: Südwestlich der Kreuzung der Straßen 65 und 66 wurden 2003-2005 Mosaike eines christlichen **Gebetsraumes** aus dem 3. Jh, also noch vor Kaiser Konstantin, ausgegraben. Griechische Inschriften wie eine Widmung an *Gott, Jesus Christus* und Fische, als altchristliches Symbol, lassen kaum Zweifel am vielleicht frühesten Nachweis für christliche Präsenz im Heiligen Land zu. Bis zur Besichtigung wird es jedoch noch dauern: Die Stätte liegt **innerhalb** des **Hochsicherheitsgefängnisses** von Megiddo. Bis dahin hilft das Internet weiter: www.hadashot-esi.org.il/report_detail_eng.asp?id=363&mag_id=111

Das **Bet Shturman Regional Museum** in En Harod zeigt archäologische Funde der Umgebung (So-Do 8-15, Sa 11-15), während das **Kunstmuseum Mishkan LeOmanut** (9-16.30, Fr -13.30, Sa ab 10) Werke von Chagall und anderen Künstlern vorweisen kann.

Übernachten

- **EN HAROD COUNTRY GUEST HOUSE**, Kibbuz En Harod Ihud, Tel 04 6486083, Fax 04 6486750, www.ein-harod.co.il; Unterkunft in Kibbuz-Gästezimmern oder Blockhütten, auch Zelten möglich, Touren in die Umgebung, gepflegte Anlage, Pool, AC, Internet, WLAN, mF.............. E+B $ 111, D+B $ 128, Hütte $ 188
- **MA'AYAN HAROD YOUTH HOSTEL**, Tel 04 6531669, Fax 04 6531660, www.iyha.org.il; recht moderne Anlage, Pool, Spielplatz, TV, AC, mF.....................Dorm pP $ 38, E+B $ 80, D+B $ 98

Zurück auf die Straße 71 und 10 km bis

Afula

Der 1925 gegründete Ort liegt im Schnittpunkt wichtiger Fernstraßen. Touristisch bietet er nichts Wesentliches, im Gegenteil, die sich hier kreuzenden Straßen sind so schlecht ausgeschildert, dass man sich leicht verfährt. 2 km östlich stand einst die Kreuzfahrerburg La Fève, die Baibars so gründlich zerstören ließ, dass auch hier nichts Sehenswertes übrig blieb.

Für die Weiterreise sollten Sie die Umgehungsstraße 65 westlich von Afula erreichen und dann insgesamt 10 km zur **Megiddo Junction** fahren.

Rechts 2 km zum

****Tel Megiddo Nationalpark

Geschichte: *Ab dem 4. Jahrtausend bestand eine kanaanäische Siedlung in Megiddo. 1479 vC kamen unter Thutmosis III. die Ägypter, später die Israeliten, die dann von den Philistern vertrieben wurden. Um 1000 vC besiegte David die Philister, Salomo baute Megiddo mit einem Palast zur Verwaltungshauptstadt aus. Doch bereits 923 zerstörten Ägypter unter Pharao Scheschonk das Werk Salomos, später bauten Israeliten unter Ahab den Ort wieder auf. 733 fiel Megiddo in die Hände der Assyrer. Ab dem 6. Jh vC wurde die Siedlung nach und nach verlassen, nur die Römer legten ein Lager der 6. Legion in der Nähe an. 1799 nC siegte Napoleon, 1917 General Allenby über osmanische Heere, 1948 Israelis über arabische Einheiten – vom Tel Megiddo aus. Seit 2005 zählt die Ruinenstätte zum Welterbe.*

3500 Jahre alt: kanaanitischer Rundaltar in Megiddo

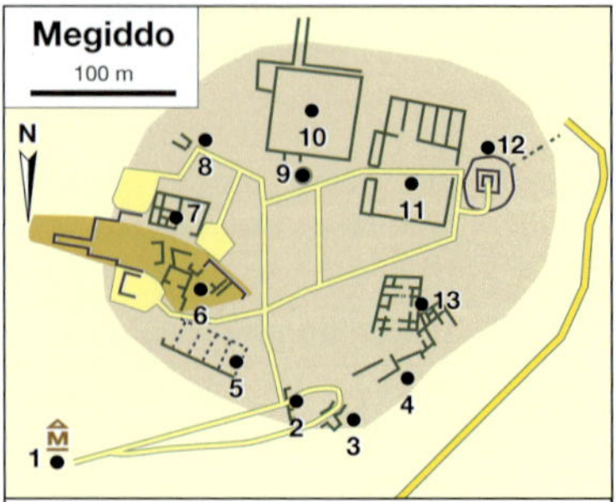

1 Museum
2 Salomos Tor
3 Nordtor aus dem 15. Jh vC
4 Spätbronzezeitl. Palast
5 Salomonischer Nordpalast
6 Kanaan. Tempel, Rundaltar
7 Wagenführerpalast
8 Aussichtspunkt
9 Getreidesilo
10 Palast Salomos
11 Pferdeställe
12 Wasserversorgung
13 Assyrische Paläste

Über Jahrtausende hatte Megiddo (8-17, Okt-März -16, ₪ 27/14) strategische Bedeutung, denn die „Hauptverkehrsader" Via Maris verließ bei Caesarea die Küste, um den Karmel zu umgehen. Am Ausgang des Iron-Tals bei Megiddo ließ sich die Straße am besten kontrollieren. Der Ort wurde viele Male zerstört, eine Siedlungsschicht türmt sich auf die andere, zwanzig konnten insgesamt nachgewiesen werden; http://megiddo.tau.ac.il.

Am Parkplatz steht das Museumsgebäude, in dem sehr gutes Informationsmaterial, ein Video und ein hervorragendes Modell des Hügels (mit herausfahrbaren "Schichten") den historischen Hintergrund erläutern.

Von hier führt der Rundgang zum nördlichen Torkomplex mit einem Äußeren Tor, dem Tor Salomos (10. Jh vC) und, nordwestlich davon, dem 500 Jahre älteren Nordtor. Man hält sich links und kommt zu einem Aussichtspunkt mit gutem Rundblick, besonders auch auf das kanaanitische Heiligtum mit seinem Rundaltar. In der Nähe sind die Grundmauern vom Palast des Wagenführer-Kommandierenden von König Salomo zu sehen.

Gehen Sie auf dem Pfad ein Stück zurück und biegen Sie dann links ab. An der nächsten Gabelung werden Sie den großen, runden Getreidesilo leicht erkennen, der aus dem 8. Jh vC stammt, dahinter Grundmauern vom Palast aus Salomos Zeiten. Rechts vom Silo erstreckten sich Pferdeställe mit Futtertrögen und Löchern in Pfeilern zum Anbinden der Pferde. König Ahab hatte die Ställe auf Palastgebäuden Salomos errichtet.

Die imponierendste technische Leistung, die Not-Wasserversorgung von Megiddo, werden Sie erst jetzt sehen: König Ahab hatte einen 60 m tiefen Schacht in den Fels hinuntertreiben und in einen 120 m langen Gang münden lassen, der in der Höhle der Quelle endet. Auf diese Weise war bei Belagerung der Zugang zum Wasser sichergestellt. Schacht und Gang wurden so renoviert und beleuchtet, dass man beide begehen kann.

Vom Quellbereich führt der Weg ins Freie – allerdings auch aus dem Nationalpark heraus. Falls Sie Ihr Fahrzeug auf dem Parkplatz am Museum abgestellt haben, erwartet Sie ein ca. zehnminütiger Spaziergang auf der Asphaltstraße zurück zum Eingang. Hat man – wie Busreisende – einen Chauffeur, kann dieser zum Parkplatz an diesem Ausgang fahren. Andernfalls lohnt sich der Weg hinaus nicht, man kehrt besser um.

Busverbindungen

▶ Von Haifa Hof HaMifraz Bus 302 direkt; Busse 830, 835, 840, 841 von Tiberias, 823, von Nazareth fahren nur zur Megiddo Junction; von der Keuzung auf Straße 66 Richtung Norden etwa 2 km Fußweg bis zum Eingang.

Der Süden

Jerusalem – Totes Meer – Arad

Diese Route führt bis kurz vor En Gedi durch die Westbank, Zone C. Sie ist also auch mit israelischen Mietwagen machbar.

Von Jerusalem aus erfolgt die Anfahrt wie bei der Route nach Jericho (siehe S. 450), jedoch an der **Almog Junction** geradeaus weiter. 10 km danach:

Busverbindungen

▶ Die folgenden EGGED-Busse fahren von Jerusalem am Toten Meer entlang: Busse 421, 486, 487 bis Neve Zohar mit Stopps in Qumran, En Feshkha, En Gedi und Massada; Bus 444 nach Elat (Qumran, En Feshkha, En Gedi, Massada und Neve Zohar).

Totes Meer

Es gibt nur zwei **öffentliche Strände** mit freiem Eintritt und Süßwasserduschen (ohne Dusche hinterher geht es nicht!) am **Toten Meer**: En Gedi und En Boqeq. Strände mit Eintrittsgebühr und mit Duschen werden meist von Siedlungen betrieben, z.B. Qalya Beach vom gleichnamigen Kibbuz, Mineral Beach von Mizpe Shalem. Aktuelle touristische Infos: www.deadsea.co.il.

Es wird **dringend davor gewarnt**, außerhalb öffentlicher Bereiche am Toten Meer **zu wandern!** Es besteht die Gefahr, in 8-20 m **tiefe Karsttrichter (Dolinen)** durchzubrechen. Weil der Salzwasserspiegel sinkt, können vermutlich Süßwasserquellen im Uferbereich Salz aus dem Gestein waschen und so spontan auftretende Höhlen verursachen. Von Verletzungen abgesehen ist manchmal schlicht kein Entkommen aus der Tiefe: die Handyverbindung für einen Hilferuf ist schlecht in so einem Funk-Loch!

Qalya/Kalia Beach

▶ Der nördlichste **Badestrand** mit Süßwasserduschen und Caféteria, ₪ 39, / 29. Der weiter oberhalb des Meeres nördlich von Qumran gelegene Kibbuz unterhält auch ein Hotel, siehe unten. Hier soll angeblich auch Nacktbaden möglich sein.

Knapp 1 km weiter südlich liegen nebeneinander die **Biankini Beach** (schönes Maghreb-Restaurant, www.biankini.co.il) sowie die **Neve Midbar Beach** mit **Overnight Camp-**

Sehenswertes

- ******Massada**, „Schicksalsberg" der Juden, die sich in der hochgelegenen Festung umbrachten, bevor sie sich nach langer Belagerung den Römern hätten ergeben müssen, S. 381
- ******Totes Meer**, tiefstgelegener See der Erde mit salzhaltigstem Wasser, S. 376
- *****Arad und Tel Arad**, die gemütliche pollenfreie Stadt hat ihren Tel Arad zu bieten, der Jahrtausende besiedelt war und sehenswerte Relikte bewahrt hat S. 387
- *****En Gedi**, Augenweide in Grün zwischen den judäischen Wüstenbergen am Ufer des Toten Meeres, interessante Wandermöglichkeiten, S. 378
- *****Qumran**, Siedlung einer jüdischen Gemeinschaft aus der Zeitenwende, in den Höhlen der Umgebung wurden die berühmten Schriftrollen gefunden, S. 374
- ****Sodom**, geologische Überraschungen und tolle Ausblicke für Wüstenwanderer an einem Ort mit schlechtem Ruf, S. 385
- ***En Boqeq**, Bade-Oase mit Luxus am Toten Meer, guter Strand, S. 384

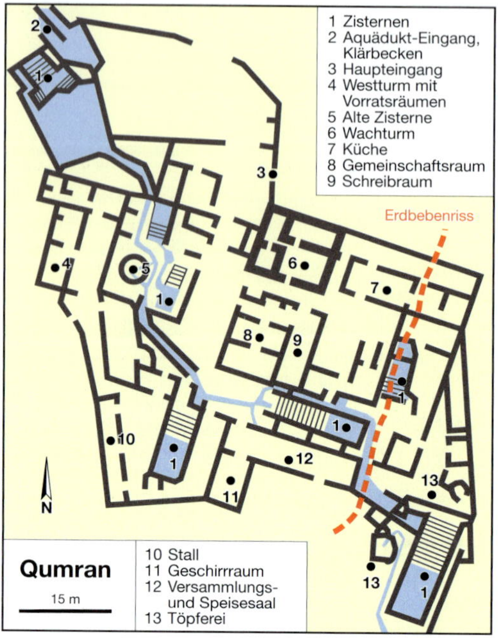

ground, wo man außer familienfreundlich baden auch in Hütten wohnen oder ein eigenes Zelt aufschlagen kann, statt Selbstverpflegung gibt es tagsüber ein Restaurant, Tel 02 9942781, Fax 02 9942782, www.nevemidbar-beach.com, zwei Tageseintritte inklusive Übernachtung pP ₪ 60. Wer per EGGED-Bus kommt, hat von der Haltestelle Kalia Beach noch 20 Minuten Fußweg.

3 km bis

***Qumran

Weltweit bekannt wurde Khirbet Qumran 1947, als in Höhlen des Steilabfalls der Judäischen Berge **Pergamente und Papyri** des Alten Testaments gefunden wurden, die um die Zeitenwende geschrieben worden waren – rund 1000 Jahre älter als die bis dahin bekannten ältesten Abschriften. Bei der weiteren Untersuchung der Gegend wurde die Siedlung einer dem Judentum nahestehenden Gemeinschaft entdeckt und ausgegraben, über deren selbst auferlegte Regeln durch die eigenen Schriften viel bekannt ist, die sich jedoch keiner bis dahin bekannten jüdischen Gruppe eindeutig zuordnen lassen, am ehesten noch den bei den Schriftstellern Josephus, Philo und Plinius d.Ä. erwähnten **Essenern**. Trotz mancher Ähnlichkeiten mit Jesus und Johannes dem Täufer kommen weder Qumran noch die Essener im Neuen Testament vor.

Geschichte: *Etwa 150 vC entstanden unterschiedliche jüdische Gemeinschaften wie Essener, Sadduzäer und Pharisäer als Protest gegen die lockeren Sitten ihrer Glaubensgenossen, vor allem gegen die zu jener Zeit praktizierten Tempelriten und den hellenistischen Einfluss. In der kleinen Siedlung Qumran mit vermutlich 200 bis 500 Einwohnern lebten „Extremisten", die den Tempelkult in Jerusalem so weit ablehnten, dass sie sogar einen eigenen Hohepriester hatten und eine eigene Kalenderzählung führten. 31 vC zerstörte ein* ***Erdbeben*** *den Ort, er wurde aber wieder aufgebaut und schließlich 68 nC während des Jüdischen Krieges von römischen Truppen erobert und zerstört. Zuvor hatten die Einwohner ihre Bibliothek und andere Wertgegenstände in den natürlichen Höhlen der Umgebung versteckt.*

Knapp 2000 Jahre später wurden die Schriftrollen von einem Beduinen entdeckt, dessen Ziege sich in eine Höhle verirrt hatte. Er versuchte wochenlang, die Rollen zu verkaufen, wurde sie aber erst in Jerusalem über einen Antiquitätenhändler an den Metropoliten des syrischen Markusklosters und an Professor Sukenik von der Hebräischen Universität los. Der Metropolit nahm die Rollen mit in die USA und verkaufte sie dort über Umwege an den israelischen Ge-

neral und Archäologen Yigael Yadin, Sohn des Professors Sukenik, der sie zurück nach Israel brachte. Die Schriftstücke werden heute in Jerusalem und Amman aufbewahrt.
Ab 1949 wurden Qumran und seine Umgebung systematisch erforscht. Insgesamt kamen rund ***1000 Handschriften*** *(z.T. nur kleine Fragmente) zum Vorschein. Es handelt sich um Bibeltexte, Bibelkommentare und Schriften der eigenen Gemeinschaft, meist auf Hebräisch, aber auch Aramäisch, Nabatäisch und Griechisch verfasst. Alle Bücher der Hebräischen Bibel wurden zumindest in Bruchstücken gefunden, in noch dazu erstaunlicher Übereinstimmung mit den bis dahin bekannten, viel später geschriebenen Texten: Das System, Abschriften u.a. durch Kontrollzählungen einzelner Worte und sogar Buchstaben zu überprüfen, hat schon damals qualitätvolle Kopien produziert. Darüber hinaus beinhalten die Rollen die Regeln, nach denen die Gemeinschaft in Qumran miteinander lebte; z.B. beschreibt die sog. Kriegsrolle, mit welcher Kriegsstrategie und Waffentaktik sich die Qumranleute als „Söhne des Lichts“ bei der bald bevorstehenden Ankunft des* ***Messias*** *und dem damit verbundenen Weltuntergang gegen die „Söhne der Finsternis“ aufzustellen hätten, die sie selbstverständlich besiegen würden. Aber wir wissen auch* ***Alltägliches****, etwa wie die Mahlzeiten abliefen, wer wann in den Versammlungen das Wort ergreifen durfte und wie viele Tauchbäder täglich zu absolvieren waren, was entfernt an christliche Mönchsregeln erinnert.*

Das Ruinengelände (8-17, im Winter -16, letzter Einlass eine Stunde vor Schluss; ₪ 21, / 9, mit En Feshkha, s.u., ₪ 36/18) liegt etwa 100 m oberhalb der Straße. Schilder innerhalb der Anlage weisen auf die wichtigsten Gebäudekomplexe hin. Der weitläufige Souvenirladen hätte den Qumran-Einsiedlern nicht gefallen. Am Eingang gibt es einen guten Plan der Anlage, und

In der Höhle 4 im Vordergrund fand man u.a. viele Bibeltextfragmente

****Das Tote Meer

Obwohl es sich eigentlich als das ungastlichste Gewässer auf Erden ausgibt, geht vom Toten Meer doch ein ganz eigener Reiz aus.

Es liegt immerhin **422 m unter dem Meeresspiegel** und hat selbst noch einmal eine **Tiefe von 380 m**. Im südlichen Teil schiebt sich die jordanische Halbinsel Lisan (*Zunge*) weit nach Westen in den See; von dort bis zum südlichen Ende erreicht die Wassertiefe nur noch 5-8 m. Je nach Wasserstand dehnt sich das Tote Meer knapp 70 km von Nord nach Süd und bis zu 17 km von West nach Ost aus. Lisan wie auch der westlich des Sees gelegene Mount Sedom entstanden, weil sich Felsen und Steine auf dem Meeresboden absetzten und schließlich das dort eingelagerte Salz empordrückten.

Das Tote Meer verdankt dem ostafrikanischen Grabenbruch seine Existenz. Er bildet hier einen Felsenkessel mit ziemlich steilen Flanken zwischen den bis zu 1014 m hohen judäischen Bergen im Westen und den bis zu 1285 m hohen moabitischen Gebirgszügen im Osten. Vom südlichen Ufer aus steigt die Senke des Grabenbruchs langsam im Wadi Arava an, um nach ca. 130 km wieder Meereshöhe zu erreichen.

Das hauptsächlich vom **Jordan** einfließende Wasser verdunstete früher in einer Menge, die den Wasserspiegel im Jahresmittel konstant hielt. Heute wird vom Jordan so viel Wasser abgezweigt, dass wegen der geringeren Zuflussmengen der Wasserspiegel stetig sinkt, inzwischen um bis zu 1 m jährlich. Etwa ein Drittel des Sees ist bereits verlandet. 1976 tauchte dadurch aus dem Wasser eine Erhebung auf, die den südlichen Teil des Sees abtrennte. Um das Südbecken überhaupt nass zu halten, musste auf israelischer Seite vom nördlichen Teil ein **Kanal** gebaggert werden, der den Zufluss sicherstellt. Bevor das Meer ganz verschwindet, soll es jedoch gerettet werden: Der konkreteste Plan wäre zusammen mit Jordanien durch die Arava-Senke etwa 180 km Kanal für rund $ 5 Milliarden zu bauen und das Rote Meer anzuzapfen. Vielleicht wären die Probleme hinterher jedoch größer als vorher, falls etwas Wichtiges nicht bedacht würde. Man hat nur einen Versuch frei…

Vor etwa 100 000 Jahren war der gesamte Jordangraben bis zum heutigen Tiberias hinauf vom Indischen Ozean angefüllt, dessen Wasseroberfläche damals 200 m höher als heute lag. Nach Abfallen des Wasserspiegels vor 50 000 Jahren blieben nur der See Genezareth und das Tote Meer als Wasserbecken übrig. Dessen **Salzkonzentration** steigt kontinuierlich an. Zur Zeitenwende lag sie bei etwa 8 Prozent, gute 1000 Jahre später trafen die Kreuzfahrer schon auf 15 Prozent, ab 1967 nahm sie wegen der immer geringeren Süßwassereinspeisung des Jordans von 30 auf die heutigen **bis zu 33 Prozent** zu. Diese Konzentration ist eine für fast alle Lebewesen todbringende Brühe – nomen est omen. Dennoch gibt es **Mikroorganismen** und **Algen**, die in dieser extremen Umgebung klar kommen.

Für den Menschen hat der Mineralgehalt die ungewohnte Eigenschaft, dass der Körper nicht untergehen kann. Doch laugt das Wasser die Haut aus, daher muss man sich unbedingt nach einem Salzbad **mit Süßwasser abduschen**. Neben Salz sind Mineralien wie Magnesium, Kalzium, Brom, Kalium und Schwefel im Wasser gelöst, von denen jedes heilende Kräfte für den Menschen aufweist. Bekannt ist die **Heilwirkung** für z.B. Rheumakranke oder bei bestimmten Hautkrankheiten wie Schuppenflechte. Die Luft ist außerdem stark mit Bromin angereichert, das zur Entspannung des Nervensystems verhilft. Auch der schwarze **Uferschlamm** soll der Gesundheit gut tun, indem man sich, durchaus vergnüglich, damit einreibt und ihn nach dem Antrocknen abduscht. Skeptiker halten den Schlamm allerdings für von zu vielen Abwässern verseucht.

Die tiefe Lage und der damit verbundene rund **5 Prozent höhere Sauerstoffanteil** sowie die Verdunstung des Wassers wirken als starke **UV-Filter** – man bekommt nicht so leicht einen Sonnenbrand, sollte sich aber dennoch gegen die immer noch vorhandene Strahlung schützen.

Im Altertum gab das Tote Meer den Menschen viele Rätsel auf, zumal auch noch aus unterirdischen "Lecks" Erdöl als **Teer** nach oben stieg. Dieses relativ seltene Material, damals Erdpech genannt, sammelten die Anrainer. Unter anderen waren die Nabatäer dafür bekannt, die es mit viel

Gewinn zum Abdichten von Booten, zur Einbalsamierung von Mumien nach Ägypten und als Heilmittel verkauften. Die Römer nannten das Tote Meer sogar lacus asphaltitis, Asphaltsee. Dass der hohe Salzgehalt auch mit allerlei Übersinnlichem verbunden war, geht aus der Bibel hervor: Das Weib von Lot erstarrte hier zur **Salzsäule**. Daher nennen die Araber die Salzbrühe Bahr Lut, See des Lot.

auch der angebotene Film ist zur Einstimmung geeignet. Nach dem Film sollte man zunächst auf den ehemaligen Wachtturm steigen, um die Häuser der Gemeinschaft zu überblicken. Von hier aus können Sie auch die bisher kaum ausgegrabenen Friedhöfe der Umgebung sehen sowie die Wohnquartiere: Ein Großteil der Mitglieder der Gemeinschaft hat in dem zusammenhängenden Gebäudekomplex nicht gewohnt, sondern in den umgebenden Höhlen und in Zelten.

Besonders auffallend sind die vielen Wassergräben und Zisternen, denn die Bewohner Qumrans benötigten nicht nur Trinkwasser, sondern vor allem Badewasser für ihr tägliches rituelles Bad. Über einen Aquädukt wurde das Wasser vom Wadi Qumran hergeleitet, in einem großen Absetzbecken (ganz im Nordwesten) abgeklärt und dann zu Verbrauchern bzw. verschiedenen Zisternen geleitet. Links hinter dem Turm lag die **Gemeinschaftsküche**, an die sich Vorratsräume - gegenüber (südlich) dem Hauptgebäude - anschlossen. Historisch interessant ist der lange Schreibraum mit Bänken und Ablagen, auf denen noch einige Tintenfässer mit ausgetrockneter Tinte standen; hier wurden höchstwahrscheinlich viele der Schriftrollen angefertigt. Südlich davon liegt der große Versammlungssaal, in dem wohl auch rituelle Mahlzeiten eingenommen wurden.

Wenn Sie über Zeit und gute Wanderkondition verfügen, können Sie in einige Höhlen klettern, die oberhalb Qumrans liegen. Zuvor sollten Sie sich am Eingang erkundigen, welche überhaupt zugänglich und wie sie erreichbar sind.

Übernachten

- **KALIA**, Kibbuz-Hotel (nördlich neben Qumran), Tel 02 9942833, Fax 02 9942710, www.kaliahotel.co.il; hinter Stacheldrahtzäunen verbirgt sich eine kleine Oase in Grün mit Gästehäusern, Zelten möglich, sehr sauber, AC, TV, Kühlschrank, WLAN, mF..E+B $ 126, D+B $ 140
- **JERICHO INN**, Vered Jericho, siehe S. 450.

3 km bis

En Feshkha/Enot Zukim Nature Reserve

Eine Reihe von Quellen speisen einen Bach, der durch Schilffelder ins Tote Meer fließt. Hier wird die Spannung zwischen Leben und Tod drastisch vor Augen geführt: auf der einen Seite noch üppig lebendige Natur, dann der abrupte Übergang zum absolut toten See. Das recht große Gelände der Nature Reserve beherbergt auch Wild und ein paar Ruinen. Die unansehnlichen Mauerreste gehörten vielleicht zu Gebäuden, die die Leute aus Qumran zum Gerben des Pergaments für ihre Schriftrollen benötigten.

▶ Es gibt eine **Bademöglichkeit** (Apr-Okt 8-17, Nov-März 16, Fr und feiertags eine Stunde früher Schluss, ₪ 27/14, Kombiticket mit Qumran ₪ 36/18): zwei große, vom Bach gefüllte Süßwasserbadebecken, jedoch kein Zugang zum Toten Meer, Umkleidekabinen und Duschen.

14 km: Mezoke Dragot Junction

Hier, kurz vor Mizpe Shalem, wäre die Straße dicht, wenn der Checkpoint aktiv wäre. Rechts führt eine Straße nach 5 km bergauf zur

Trockengefallen: Häuser, die einst am Ufer standen

Mezoke Dragot und HaHeteqim Nature Reserve

mit dem Mezoke Dragot International Center for Desert Tourism. Hier werden Abenteuer in den judäischen Bergen/Kliffs arrangiert. Im Wesentlichen handelt es sich um Wander- und Klettertouren durch schwieriges, aber faszinierendes Gelände, die nahezu alle geführt werden müssen. Es gibt jedoch auch Karten für die eigene Faust.

Auch wenn Sie sich nicht in Abenteuer stürzen wollen, so lohnt für Autofahrer der Abstecher wegen des Panorama-Ausblicks auf das Tote Meer. Manchmal wird Live-Musik oder buddhistische Meditation geboten. Außerdem gibt es ein

• **GUEST HOUSE**, Tel 1 700 707180, 08 6223012 o. 02 9944777, Fax 08 9103226, www.metzoke.co.il; einfache Zimmer, schattenspendende Bäume mit Hängematten, für Shabbat vorbuchen, um den vielen Familien zuvorzukommen, prima Abendessen ₪ 85, eigenes Zelt ₪ 50,...................... Dorm ₪ 100, D+B ₪ 400-520

3 km:

Der Strand **Mineral Beach** lädt zum Baden und mit Live-Darbietungen ins kleine Amphitheater ein, ₪ 50, wochenends ₪ 60/30, www.dead-sea.co.il.

Nach 13 km erreicht man die Oase

***En Gedi

mit Gratis-Badestelle.

Geschichte: *En Gedi war schon im 4. Jahrtausend vC besiedelt. Auch die ägyptisch-pharaonische Epoche lässt sich durch Funde belegen. Insgesamt fünf Siedlungsschichten aus der Zeit vom 7. Jh vC bis zum 5. Jh nC wurden bei Ausgrabungen am Tel Goren nördlich des Kibbuz gefunden. Auch in der Bibel wird En Gedi genannt: David zog sich hier auf der Flucht vor König Saul zurück. Neuere Ausgrabungen lassen darauf schließen, dass damals das berühmte Balsam, mit denen die Könige gesalbt wurden, in En Gedi aus einem Busch gewonnen und zu dem edelsten Salböl des Altertums weiterverarbeitet wurde. Später blieb die Gegend unbesiedelt, bis 1949 das israelische Militär den Ort wiederentdeckte. Ab 1953 entstand der Kibbuz.*

En Gedi – Ziegenquelle – ist eine Augenweide in Grün, nach dem Weg durch die vegetationslose Wüste. Die Flüsse Nakhal David (im Norden) und Nakhal Arugot (südlich) führen genug Wasser, um Akazien, Sodomsapfelbäume und Palmen neben üppigem Schilf gedeihen zu lassen.

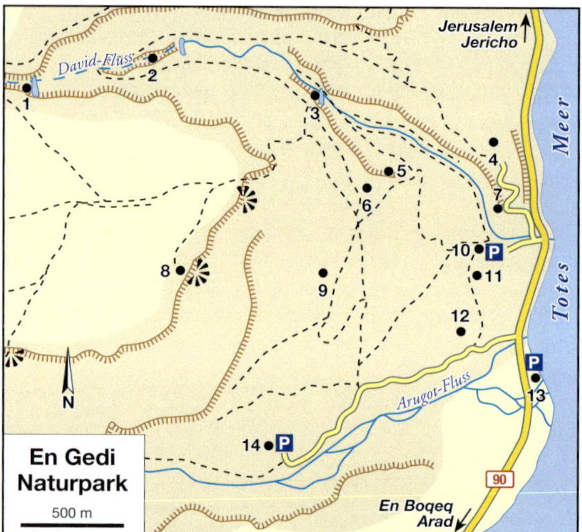

1 Großer Wasserfall
2 Trockener Canyon
3 Shulamit-Wasserfall
4 SPNI Field School
5 Shulamit-Quelle
6 Chalkolithischer Tempel
7 Guest House (IYHA)
8 Israelitische Festung
9 En Gedi Quelle
10 Eingang En Gedi Reserve
11 Römisches Badehaus
12 Synagogenruine
13 Strand, Pundaq Restaurant
14 Eingang Arugot Reserve

Exotische Vögel zwitschern, und wer Glück hat, entdeckt Steinböcke, Hyänen oder Füchse; nachts kommen manchmal Wüstenleoparden – eine kleine Population lebt hoch in den Bergen – zur Tränke. Je früher man loswandert, desto mehr Tiere wird man in der Regel beobachten können. Kein Wunder, dass dieser Platz viele Besucher anzieht und zu den Hauptattraktionen auf israelischer Seite des Toten Meeres zählt. Schließlich gibt es neben dem Bade- und Kurvergnügen in der Salzbrühe noch einen sehenswerten Naturpark zu erwandern.

Genügend Wasser begrünt jede Wüste, hier das Nakhal David

Die größte Attraktion von En Gedi ist der Naturpark **En Gedi Nature Reserve** (April-Sept 8-17, Okt-März -16, Fr -15, aber letzter Einlass Nakhal David -15 und Nakhal Arugot -14 Uhr, guter Plan am Eingang; ₪ 27/14, nur zur Synagoge ₪ 14/7), der eigentlich aus zwei nur locker zusammenhängenden Reserves, dem *Nakhal David* und dem *Nakhal Arugot* Nature Reserve besteht. Das (nördlichere) Nakhal David Naturreservat zieht sich am Nakhal David entlang, das südlicher gelegene am Nakhal Arugot; wobei ersteres der „bequemere" Bereich ist, die Attraktionen sind erreichbarer, daher auch umso mehr frequentiert. Nehmen Sie genug Trinkwasser für Ihre Ausflüge mit!

Wie überall werden auch hier mehrere unterschiedliche Wanderungen angeboten, die umfassendste ist der Dry Canyon Hike auf dem Zafit Pfad, der 4-6 Stunden dauert. Eine Wanderkarte mit weiteren Tourenvorschlägen erhalten Sie am Eingang oder in der Field School. Wer diese Zeit (und Mühe) nicht aufbringen will, kann einfach am Nakhal David entlangwandern und beliebig umkehren; auf keinen Fall sollte man auf wenigstens einen Einblick in dieses ungewöhnliche Stück Natur verzichten.

Vom Haupteingang geht man in ca. 30 Minuten bis zum Shulamit (oder auch Davids) Wasserfall, dort stürzt der Bach 20 m tief in einen Teich. Entweder man wandert dann wieder zurück oder entschließt sich zu einem etwas schwierigeren Weiterweg, das dauert dann insgesamt etwa 3 Stunden. Vom Wasserfall verläuft ein Pfad an der Shulamit Quelle vorbei weiter zur En Gedi Quelle. Auf einer Bergkuppe weiter oberhalb des Pfades liegen die Reste eines chalkolithischen Tempels. Als Bronze noch nicht erfunden war, wurden hier vor etwa 5500 Jahren (!) vielleicht der Mond (Mondstein in der Mitte des Gebäudes?) und die Quelle verehrt. Von hier aus kann man nach Süden weiter zum Nakhal Arugot wandern oder zum Haupteingang zurückkehren.

Knapp 1 km südlich zweigt rechts eine schmale Straße zur etwa 2 km flussaufwärts liegenden Nakhal Arugot Nature Reserve (Eintrittskarte gilt auch hier) ab. Unterwegs kommt man an einer sehenswerten Synagogenruine mit schönen und gut erhaltenen Mosaiken vorbei. Nur ein kurzes Stück weiter erhebt sich rechts der Tel Goren, von dessen fünf Besiedlungsschichten aber praktisch nichts erkennbar ist. Die Wanderung zum Hidden Waterfall nimmt vom Parkplatz aus etwa drei Stunden für Hin- und Rückweg in Anspruch. Diese Gegend ist weit weniger frequentiert, das Wandern mag daher mehr Spaß machen.

Ein Klippschliefer, biologisch weniger mit Murmeltieren als mit Elefanten verwandt

Wie tief das Tote Meer bereits gesunken ist, zeigt sich an den Badestränden von En Gedi. Sowohl der **Strand** am Parkplatz neben dem Restaurant als auch der von En Gedi Spa lag noch Mitte der 1990er Jahre nur wenige Schritte von den jeweiligen Bauwerken entfernt. Im Spa fährt inzwischen eine Bimmelbahn die Badegäste zum Wasser.

Praktische Informationen

▶ Die **SPNI Field School** (oberhalb des Youth Hostels), Tel 08 6584288, Fax 08 6588385, informiert detailliert über die Umgebung, verkauft Karten, besitzt ein kleines Museum und zeigt für einen kleinen Obulus in einer 15-Minuten-Show Wissenswertes über Wüstenpflanzen. Darüber hinaus betreibt die Field School ein Hostel, siehe unten.

▶ Außerdem gibt es in der Tankstelle ein passables Info-Center.

Busverbindungen

▶ Praktisch alle Busse, die am Toten Meer entlangfahren, halten an der Abzweigung zur Nakhal David Reserve, weiterhin (zumindest die meisten Busse) am Restaurant und in En Gedi Spa.

▶ Busse 421 von Tel Aviv und 486, 487 verkehren von oder nach Jerusalem bis En Boqeq/Neve Zohar mit Stopps in Qumran, En Feshkha, En Gedi und Massada; Bus 444 fährt Jerusalem-Elat über Qumran, En Feshkha, En Gedi, En Boqeq und Neve Zohar. Nach Beer Sheba fährt Bus 384 über Massada, En Boqeq, Neve Zohar und Arad.

Essen und Trinken

• Etwa 1,5 km südlich des obigen Abzweigs liegt links das EN GEDI PUNDAQ RESTAURANT (Selbstbedienung) mit recht komfortablem Badestrand, d.h. mit den notwendigen Süßwasserduschen, Toiletten und Lebensrettern. Auch das Restaurant im Kibbuz-Hotel steht Gästen von außen offen.

Übernachten

• **EN GEDI RESORT** (im Kibbuz En Gedi, etwa 1 km südlich vom Restaurant), Tel 08 6594222, www.ein-gedi.co.il; in üppigem Grün hoch über dem Toten Meer (Botanischer Garten für Besucher ₪ 30), Pool & heiße Quellen, Wüstentouren, Gourmet-Restaurant *Chez Khaya* im Botanischen Garten (lang vorher anmelden!), moderne Zimmer, sehr sauber, AC, TV, mF..................... E+B $ 154-217, D+B $ 192-285

• **EN GEDI GUEST HOUSE BET SARA (IYHA)**, am Weg zur SPNI Field School, Tel 08 6584165, Fax 08 6584445, www.iyha.org.il; Weg zum Strand, sauber und gut eingerichtet, AC, mF. ....Dorm pP $ 38, E+B $ 80, D+B $ 98

• **SPNI FIELD SCHOOL**, Tel 08 6588615, Fax 08 6588385, ngedi@spni.org.il; ausgeschildert, sauber, guter Blick, AC, 6-8 Betten pro Raum mF, ... Dorm pP ₪ 120, E+B ₪ 355-415, D+B ₪ 395-465

Camping

• Zelten kann man beim Strand auf dem Picknickplatz unter Bäumen (Toiletten und Duschen vorhanden), Wohnmobile können auf dem bewachten Parkplatz stehen, der nachts sehr

ruhig ist (außer an Feiertagen). Kleines Entgelt für Toilette, Dusche und Strandliegen.
5 km bis

En Gedi Spa

Direkt am südlichsten Strand der Oase liegt das En Gedi Sea of Spa (Sa-Do 8-17, Sommer -18, Fr -16, ₪ 79/51, Sa ₪ 89/55, Eintritt frei für Kibbuz-Gäste, www.eingediseaofspa.com) mit Gästehaus, das für Tagesgäste oder für mehrwöchige Kuren bereitsteht. Hier entspringt das schwefelhaltige Wasser und, wie vorteilhaft, auch noch mit der richtigen Temperatur von 39 Grad, die aus medizinischer Sicht ohnehin nur 1-2 Grad höher als die Körpertemperatur liegen soll. In den warmen Schwefelbädern nimmt man zunächst ein Bad, schmiert sich dann mit dem speziellen Schlamm des Toten Meeres ein, dem große therapeutische Kräfte nachgesagt werden, dann folgt ein Bad im Toten Meer – und man ist komplett regeneriert…
12 km bis

****Massada

450 m ragt der Berg Massada über dem Toten Meer empor, nur durch einen 100 m niedrigeren Bergrücken mit dem Hauptmassiv verbunden. Ein idealer Platz für eine Festung, das erkannte auch Herodes und ließ sie bauen. Heute stellt sie neben Jerusalem einen der Hauptanziehungspunkte für in- und ausländische Touristen dar, was die Ernennung zum UNESCO-Weltkulturerbe 2001 kaum steigern konnte.
Von der Straße 90 zweigt eine Stichstraße zum Parkplatz am Fuß des Berges ab. Von hier aus können Sie entweder auf dem Schlangenpfad hinaufwandern (etwa 45-55 Minuten) oder mit der Seilbahn hinauffahren: 8-17, Okt-März -16, Fr jeweils eine Stunde früher geschlossen, letzter Einlass ebenfalls eine Stunde vor Toresschluss, für Fußgänger ist schon eine Stunde vor Sonnenaufgang geöffnet; Eintritt ₪ 27/14, inklusive Seilbahn hin ₪ 54//27, Retourticket ₪ 72/41, das nach dem Ausgräber benannte, recht interessante Yiga'el Yadin-Museums in der Seilbahn-Basisstation kostet weitere ₪ 20 – eigentlich die Miete für ein englischsprachiges Headset, das einen auch oben auf dem Felsplateau führt.
Wer den Besuch mit einem Naturschauspiel verbinden will, marschiert so früh am Parkplatz ab, dass er von der Festung aus den Sonnenaufgang über dem Toten Meer erleben kann.

Die Massada, zur Trutzburg wie geschaffen

8

Neben dem Sonnenaufgang hat das Frühaufstehen auch den Vorteil, vor den täglich 3000 Besuchern auf dem Berg zu stehen.

Ein weiterer Zugang besteht auf der Westseite; von Arad auf der Stichstraße 3199 kommend, (kein öffentlicher Bus), kann man die 100 m Höhendifferenz ab Straßenende zu Fuß in etwa 15 Minuten überwinden, was den Römern vor knapp 2000 Jahren nicht gegönnt war.

Wer Massada nachmittags besucht, kann März-Oktober Di & Do 21 Uhr (Ankunft mindestens 30 Minuten vorher) an einer 45-minütigen, durchaus lohnenden **Sound and Light Show** mit Simultanübersetzung auf der Westseite teilnehmen. Individualreisende können einfach hinfahren, nur von Arad aus möglich (s.o., per Auto von der Ostseite ca. 75 min), Eintritt ₪ 45/35, Miete für Simultanübersetzung ₪ 15, Tel 08 9959333.

Israels Oper Tel Aviv-Yafo gab jeweils im Juni 2010-2012 auf der **Ostseite** ein **Opernfestival**, www.israel-opera.co.il. Pakete mit Hotel in En Boqeq pP ab $ 350. 2012 lief nicht rund, 2013 ist das Geld zu knapp, aber 2014 soll La Traviata gesungen werden.

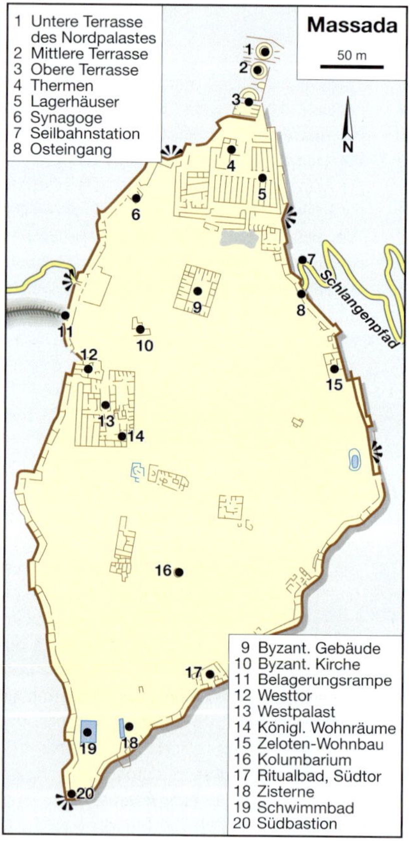

Man kann die Festung auch von oben besichtigen: Von der kleinen Bar Yehuda Flugpiste nordöstlich der Abzweigung zur Massada fliegt die Firma Sunair per Cessna eine knappe halbe Stunde durch die Wüste, ₪ 700 für bis zu 3 Passagiere, Tel 054 5652883.

Direkt an der Bushaltestelle (Busse siehe bei En Gedi) gibt es eine Cafeteria mit allen nötigen Einrichtungen wie Toiletten etc. Wer den Sonnenaufgang erleben will und keinen Platz in der Jugendherberge bekommen hat, muss hier übernachten, denn andernfalls steht die Anreise zumindest von En Gedi oder Arad an.

Geschichte: *Der Hohepriester Jonathan nutzte den Berg Anfang des 1. Jh vC für eine befestigte Anlage, doch erst* ***Herodes der Große*** *ließ von 37 bis 31 vC diese Bauwerke zu einer komfortablen Burg mit Palästen, 12 Zisternen von je 4000 Kubikmetern Inhalt und Vorratsräumen für lange Belagerungen anlegen. Gesichert war das etwa 200 x 600 m große Gipfelplateau durch eine 1300 m lange* ***Kasemattenmauer****. 66 nC eroberten* ***Zeloten*** *(eine jüdische Sekte, auch Sikarier genannt) die römische Garnison, die zu jener Zeit in der Festung stationiert war. Flavius* ***Josephus****, jüdisch-römischer Geschichtsschreiber, berichtet detailliert, was danach geschah: Nach dem Fall aller anderen Festungen im jüdisch-römischen Krieg wurde Massada von römischen Truppen ab 72 nC belagert.*

Die gewaltige Belagerungsrampe der Römer im Westen der Massada

Der Befehlshaber Flavius Silvius ließ auf der Westseite eine ***Rampe*** *aufschütten, auf der er Mauerbrechermaschinen hinaufschaffen konnte. 967 Männer, Frauen und Kinder sahen aus der Burg den Tag der Eroberung näher und näher rücken, nach acht Monaten war die erste Bresche in die Mauer geschlagen, am nächsten Morgen wollten die Römer zum Sturm ansetzen. Der jüdische Anführer Eleazar ben Yaïr hielt eine dramatische Rede und forderte seine Gefährten zum* ***kollektiven Selbstmord*** *und nicht zur Aufgabe auf. Zwölf Männer wurden ausgelost, die alle anderen – nachdem diese jeweils ihre Familien umgebracht hatten – zu töten hatten, ein letzter Ausgeloster brachte seine Kollegen und dann sich selbst um. Als die Römer das Bollwerk brachen, standen sie vor einem Berg von 960 Leichen. Lediglich zwei Frauen und fünf Kinder überlebten, sie hatten sich gut versteckt. Später nahmen byzantinische* ***Mönche*** *Massada als Zufluchtsort. 1838 wurde Massada wiederentdeckt, Ausgrabungen legten die Vergangenheit frei. Seitdem der israelische Staat existiert, werden Rekruten auf Massada mit dem Gelübde vereidigt: „****Massada darf nie wieder fallen!****"*

Die kundenorientierte deutsche Filmversion über Massadas Geschichte im **Visitor Center** in der **Talstation** der Seilbahn endet nicht mehr mit diesem martialischen Satz. Wer zu Fuß den Auf- und Abstieg bewältigt, könnte hier vorbeischauen, da es außer dem Film auch Verpflegung und Getränke sowie das erwähnte Yiga'el Yadin-Museum gibt.

Die Ruinen sind gut beschildert, sodass man sich problemlos zurechtfinden kann. Oben am Osteingang angekommen, sollte man zunächst nach rechts gehen, denn am Nordrand der Festung baute Herodes seinen Palast. Dieser **Nordpalast** ist als ein für damalige Zeit bemerkenswertes Dreistufenbauwerk in den Fels integriert: Auf der Bergspitze lag der Wohnbereich, der sich mit einem Halbrund bis an den Abhang schiebt, von hier sind die beiden unteren Terrassen gut zu sehen. Beim Abstieg auf die 20 m tiefer liegende Mittelterrasse sind in den Fels gehauene Wasserbehälter zu erkennen. Diese Terrasse war wohl das Lusthaus von Herodes mit Baderäumen. Die untere Terrasse ist ein säulenbegrenzter Innenhof (Peristyl) mit kunstvoll kannelierten korinthischen Säulen und Wänden mit Marmorimitationen.

Südlich des Herodes-Palastes liegen Thermen und daneben 15 weitläufige Lagerhallen für die für lange Belagerungen benötigten Vorräte. Hier finden Sie auch ein selbst erklärendes Modell zum Wassersystem der Festung. An der Mauer folgt eine Synagoge der Zeloten, in der Schriftstücke gefunden wurden. Südlich der Magazine stehen Reste einer byzantinischen Kirche aus einer Zeit, als Mönche hier lebten. In einem Nebenraum sind noch Reste von Mosaiken mit Pflanzendarstellungen erhalten. Geht man wieder zur Westmauer zurück, so stößt man bald auf den **Westpalast**, das größte Bauwerk auf Massada. Er diente dem König als Empfangs- und Regierungspalast. Der Thronsaal ist noch zu

identifizieren, in einigen Räumen gibt es schöne Mosaike; es sind die ältesten bekannten in Israel. Gleich westlich des Palastes liegt oberhalb der römischen Rampe das Westtor.
An der Südspitze des ausgedehnten Massada-Plateaus steht die Südbastion, in der Nähe eine große Zisterne. An der Ostmauer sieht man eine weitere Zisterne und Wohngebäude der Zeloten.

Übernachten

Es sollte kein Problem sein, einen Schlafsack in der Wüste auszurollen. Das ist kostengünstig, aber man sollte genügend Trinkwasser sowie einen kleinen Spaten als „Toilettenspülung" dabei haben. Allen anderen bleibt vor Ort nur das

- **MASSADA GUEST HOUSE (IYHA)**, Tel 08 9953222, Fax 08 6584650, www.iyha.org.il (Vorbestellung sehr empfohlen); einzige überdachte Übernachtungsmöglichkeit, Pool, erschwingliches Restaurant, 4-Betten-Dorms, sehr sauber, jeweils eigenes Bad, AC, mF .... Dorm pP $ 38, E+B $ 80, D+B $ 114

Badehaus des Herodes: Säulen tragen den Fußboden, hinter der Wandverkleidung Ziegelrohre für die Heizungsluft

17 km bis

*En Boqeq

Die bei Touristen und vor allem bei Kranken beliebte, eher mondäne Bade-Oase verfügt hauptsächlich über Luxushotels (zum Teil mit eigenem Badestrand) und einen zentralen Pavillon mit Tourist Information, Supermarkt, Restaurants und Cafés und – einem Solarium. Zwei Mineralquellen verwandeln das schluchtartige Tal in fruchtbares Land und speisen die Heilbäder. Ein gut ausgebauter Sandbadestrand ist öffentlich zugänglich.
Gegenüber dem Hotel Lot wurde ein guter Picknickplatz im Tamar Garden angelegt. Außerdem kann man im LOT für $ 45 auch als All-Inclusive-Tagesgast den begrünten Badestrand benutzen und abends ein erfreuliches Buffet genießen. Neben dem Pool des Leonardo Inn befindet sich das Restaurant TAJ MAHAL in einer Beduinenzelt-Imitation, unbeduinischer Alkoholausschank, freitags Live-Musik und unbeduinischer Bauchtanz, gute Grillgerichte, geöffnet ab 12 Uhr, Tel 057 6506502, www.taj-mahal.co.il. Weitere, günstigere Essplätze im öffentlichen Bereich z.B. beim Solarium.

Übernachten

Wer auf Luxus keinen Wert legt, ist in En Boqeq aufgeschmissen. Ein paar Häuser seien genannt, um die Preisspanne anzudeuten – man muss auch immer Halbpension und oft mehrere Nächte buchen. Hochsaison ist hier im Winter. Will man unbedingt am südlichen Toten Meer unterkommen, bieten sich etwas weiter südlich Zimmerim in Neve Zohar an, Tel 08 6584213 oder 052 2702502. Oder man fährt weitere 40 km und findet südlich des Toten Meeres in Neot HaKiKar (siehe unten) eine ruhige, erschwingliche Bleibe.

- **LE MÉRIDIEN**, Tel 08 6591234, Fax 08 6591235, www.fattal.co.il; tolle Pools, Luxus hat etwas nachgelassen, Lobby ziemlich laut, Halbpension .... E+B $ 223-420, D+B $ 246-480
- **HOD**, Resort & Spa, Tel 08 6688222, Fax 08 6584606, www.hodhotel.co.il; .... E+B $ 194-276, D+B $ 228-306

• **LEONARDO INN**, Tel 08 6684666, www.fattal.co.il; Pool, ruhig, selber Strand am Toten Meer wie Méridien – halbstündiges Shuttle dorthin, mF ....E+B $ 132-215, D+B $ 147-242

Mezad Zohar aus der Vogelperspektive

Die Straße 90 umgeht die Hotel-Stadt oberhalb, sodass man sich unten am Ufer noch exklusiver vorkommt. Am Nakhal Boqeq stehen etwas landeinwärts die Ruinen einer kleinen römischen Festung namens Mezad Boqeq, östlich davon die Überreste einer vermutlich herodianischen Werkstatt, häufig Officina genannt.
8 km bis

Neve Zohar

Im Wadi oberhalb von Neve Zohar – ca. 3 km wadiaufwärts – ragt inmitten wilder Erosionslandschaft ein Hügel mit Ruinen auf, von der Hauptstraße führt eine Piste hinauf. **Mezad Zohar** war ein nabatäisches, später byzantinisches Kastell. Noch besser als der direkte Eindruck im Wadi ist der Blick von der Straße 31, die gleich nach Neve Zohar rechts Richtung Arad in den Bergen verschwindet. Fahren Sie – falls Sie nicht dieser Route ohnehin folgen – unbedingt knapp 3 km bis zum zweiten Aussichtspunkt, von dort liegen Burg und das wilde Wadi fotogerecht zu Ihren Füßen. In Neve Zohar gibt es mehrere Zimmer-Übernachtungsangebote, www.neve-zohar.co.il (hebr.).
Abstecher nach

**Sodom

Bleiben Sie auf der Straße 90, die hier wegen der Umgehung von En Boqeq und Neve Zohar einen Haken schlägt. Um nach Elat weiterzufahren, muss man bei dem Abzweig der Straße 31 nach links hinunter Richtung Totes Meer fahren, und dann rechts abbiegen. Hier beginnt rechts ein riesiger Salzstock, der **Har Sedom**, der 130 m aufragt und eine Grundfläche von rund 2 x 11 km einnimmt. Die seltenen Regenfälle und Erosion ließen Tunnels, tiefe Einschnitte und Kamine sowie Höhlen entstehen. Zwar ist der Salzstock in seiner äußeren Farbe kaum von der Umgebung zu unterscheiden, seine scharfkantigen Formen sind jedoch durchaus auffallend.

Der Salzstock wird mit dem biblischen Sodom in Verbindung gebracht, und meistens kann auch eine Salzsäule gezeigt werden, die *Lots Weib* genannt wird. Löst sie sich auf, entsteht im Laufe der Zeit anderswo sicherlich eine ähnliche Formation. Die aktuelle wird nachts angestrahlt. Dasselbe gilt auch für die Höhlen, die sich durch Regenauswaschungen stark verändern.

Die flachen Zonen des südlichen Beckens des Toten Meeres werden zur Salz- und Mineralgewinnung genutzt. Bereits 1953 legten die Israelis riesige Verdunstungsbecken an – heute als **Dead Sea Works** bekannt –, aus denen große Bagger die nach der Wasserverdunstung zurückbleibenden Mineralien bergen, um sie in den Werken weiterzuverarbeiten. Hauptsächlich werden hier Kaliumchlorid, Magnesiumchlorid und Brom gewonnen. Nachts ist hier alles hell erleuchtet.

Kurz vor den Dead Sea Works weist ein Schild zur **Flour Cave** und zum **Mount Sedom Look Out**. Die etwa 6 km entfernte schneeweiße *Mehl-Höhle* ist eigentlich ein Canyon, der sich tief in den weichen Kalkboden einer Ebene geschnitten hat, so schmal und so scharfkantig, dass man ihn erst kurz vor Erreichen erkennt

– nachts könnte man glatt hineinfallen. Aber auch tagsüber wird man auf dem Weg in die Höhle eine **Taschenlampe** benötigen. Der Besuch dieses ungewöhnlichen Flusslaufs kann nur empfohlen werden. Er lässt sich vorzüglich mit einem Abstecher zum *Mt. Sedom Look Out* verbinden, der oben auf dem Salzstock Har Sedom angelegt wurde und einen weiten Ausblick über das südliche Tote Meer bietet.

Der Schotterweg von der Straße 90 aus ist auch mit normalen PKWs zu befahren, sogar Touristenbusse fahren dorthin. Nach 2,3 km verzweigt sich die Piste, links ist die **Flour Cave** ausgewiesen, geradeaus geht es zum Look Out. Fahren Sie zunächst geradeaus, nach 1,5 km kommt eine Verzweigung, an der ein Weg rechts hinauf auf den Salzberg führt. Man könnte auch geradeaus 1,5 km weiterfahren und dann durch einen schmalen Canyon zu Fuß den Har Sedom in ca 20-30 Minuten erklimmen. Am Schild zuvor weist ein dritter Pfeil nach links (von der Hauptstraße 90 aus gesehen) zur Flour Cave. Wenn es nicht geregnet hat, nehmen Sie diese Route, sie endet am Eingang zum Canyon. Für den Rückweg kann man direkt ohne den Abstecher zum Look Out fahren, siehe Ausschilderung.

Die Straße 90 führt von den Dead Sea Works aus durch das **Wadi Arava** nach Elat. Diese direkte Route ist eine Alternative zu der im nächsten Abschnitt beschriebenen Strecke über **Beer Sheba**, d.h. man kann die eine Strecke für die Hinfahrt, die andere für die Rückfahrt nehmen. Obwohl die Arava-Straße ohne spektakuläre landschaftliche Ereignisse aufwartet, bietet sie immer wieder interessante Wüstenformationen am Wegesrand. Wenn Sie nachmittags fahren, ist die jordanische Seite des Grabenbruchs besonders schön beleuchtet. Die Straße steigt vom Toten Meer aus allmählich an und hat in der Gegend von Zofar Meeresniveau erreicht.

Sodom, ein Gebirgsstock aus purem Salz

Ein letzter Hinweis für die Strecke auf der Straße 90: Noch bevor Sie an der Einmündung der Straße 25 nach Dimona vorbeikommen, könnten Sie links auf die Nebenstraße 2499 zu den Moshavim **En Tamar** und vor allem **Neot HaKikar** einbiegen und südlich des Toten Meeres fast bis Jordanien fahren. In dieser Abgeschiedenheit hat sich einiges **Künstlervolk** angesammelt, das nun seinerseits Leute anzieht, wie – etwas erstaunlich – die vielen Übernachtungsmöglichkeiten zeigen (hier nur eine Auswahl, im Juli/August ist es allerdings zu heiß). Davon abgesehen ist der Moshav mit intensivster Landwirtschaft und etwas Industrie nicht gerade attraktiv.

Übernachten

- **VILLA VILLEKULLA**, Tel 052 8666062, barak-horwitz@gmail.com; bei einem Astrid-Lindgren-Fan kann es sich nur gut wohnen, allerdings wäre es Pippi hier noch nicht kunterbunt genug gewesen..D+B ₪ 450-600
- **FATA MORGANA DESERT KHAN**, Tel 050 3445746/7, www.fata-morgana.co.il; Matratzen in Zelt-Hütten, auch Gruppen, Touren & Workshops, beduinisch angehauchtes Restaurant.......Dorm pP ₪ 90
- **BELFER'S DEAD SEA CABINS**, Tel 08 6555104 oder 052 5450970, michalbelfer@gmail.com; sehr angenehme Holzhütten, mF D+B ₪ 450
- **CYCLE INN**, Tel 0252 8991146, www.week-end.co.il/negev/cycle; Gästehaus gut für Gruppen geeignet, Fahrrad-Unterstützung aller Art, ...D+B ₪ 350
- **SHKEDI'S CAMPLODGE**, Tel 052 2317371, www.shkedig.com; Wüstentouren aller Art,

eigenes Zelt mitbringen ₪ 65,
..................Dorm-Zelt pP ₪ 85-90, Zimmer ₪ 300

• **Essen gehen** z.B. tunesisch im INBAR BaKIKAR (nur bei Reservierung: Tel 057 7743418) oder im Fischrestaurant von PNINA (wo man ebenfalls übernachten könnte) Tel 08 6555107, www.2all.co.il/web/Sites/pnina.

Zurück nach Neve Zohar und der Straße 31 Richtung Arad folgen. Besonders im unteren Drittel führt sie durch faszinierende Erosionslandschaft – ein schönes Naturerlebnis steht Ihnen bevor und der Aufstieg vom tiefsten Bereich der Erde in luftigere Höhen. Vergessen Sie dabei nicht den Halt am weiter oben erwähnten Aussichtspunkt auf das Kastell Mezad Zohar.

24 km bis

***Arad

Geschichte: *Seit dem 4. Jahrtausend vC ist Arad besiedelt, im 2. Jahrtausend lassen sich die Kanaanäer nachweisen, die sich mit den Israeliten herumschlugen. 920 vC wurde Arad vorübergehend von Pharao Scheschonk erobert, bald kam es wieder an das Königreich Juda. Nach dessen Untergang 586 vC übernahmen die verschiedenen Eroberer die an wichtigen Handelsstraßen gelegene Stadt. Erst nach der muslimischen Eroberung verfiel sie.*

Arad liegt als Basis nicht ungünstig, wenn man die judäische Wüste oder auch die historischen Plätze der Gegend erkunden will, sei es das nahe gelegene Massada oder nur den Tel Arad. Aber auch die wüstenhafte Natur hat demjenigen viel zu bieten, der auf Trekking- oder Jeeptouren gehen will. Trotz aller Anfechtungen hat sich das 600 m hoch gelegene Städtchen mit etwa 23 000 Einwohnern als eine gewisse Idylle mit geringen sozialen Problemen und sogar nahezu drogenfrei halten können. In Arad lebt der weit über Israels Grenzen hinaus bekannte Schriftsteller Amos Oz.

In der Umgebung wurden reiche Gasvorkommen entdeckt. Daraufhin gründeten israelische Siedler 1961 die neue Stadt, die zunächst auf dem Reißbrett entstand und dabei den Wüstenbedingungen angepasst wurde: Möglichst viel Kühle durch viel Schatten, Pflanzen mit wenig Wasserbedarf. So ist Arad heute eine moderne Siedlung mit erstaunlich viel Grün und Blumen quasi in der Wüste und am Abbruch zum Toten Meer hin. Wegen der nicht oder wenig vorhandenen Pollen, der Höhe und der trockenen Luft ist Arad ein beliebter Aufenthaltsort für Asthma-Kranke; die Stadtverwaltung achtet strikt darauf, dass keine Pflanzen angebaut werden, die diese pollenfreie Situation verändern könnten.

Das verhältnismäßig ruhige Städtchen wacht einmal jährlich auf, wenn in der zweiten Juliwoche das Hebrew Song Festival abgehalten wird. Ursprünglich ein Rock-Pop-Festival, kamen ruhigere Töne auf, nachdem bei einem Unglück Mitte der 1990er Jahre Jugendliche zu Tode kamen. Der Schwerpunkt liegt jetzt auf Liedermacherei und Volksmusik.

Bildende Kunst findet für Besucher vor allem im Künstlerviertel im alten Industriegebiet statt (an der Paz-Tankstelle mit der Touristen Information von Straße 31 abbiegen, am Kreisel rechts, dann die dritte Straße rechts). In der HaSadan St haben sich rund 20 Künstler niedergelassen (10-13, Do/Sa -17, Fr -14); in der Nr. 9 gibt es Skulpturen im „Zentrum für Wüstenkultur, Erde und Keramik", www.desertvision.org, nebenan in Nr. 11 hat sich ein Glaskunstmuseum niedergelassen, Sa-Do vormittags ab 10, www.warmglassil.com.

Ein Bummel durch die Stadt hält keine Überraschungen bereit. Es gibt ein großes Shoppingcenter – Arad Mall – an der Ecke Hevron/HaQanaim St. Jeweils montags findet ein offener Markt statt. Die Moav St, die Verlängerung der innerstädtischen Eliesar Ben Yair St, führt nach Osten in die sog. Hotel Area und bietet unterwegs verschiedene Aussichtspunkte mit zum Teil großartigem Blick.

Von Arad wurde die 20 km lange Stichstraße 3199 (Ramparts Road) durch die Wüste zur Westseite der Festung Massada (siehe S. 381) gezogen. Vom dortigen Parkplatz aus kann man in 20 bis 30 Minuten über die Rampe hinaufgehen, welche die Römer für die Eroberung der Festung bauten, und Di/Do an Sommerabenden die Sound- & Lightshow verfolgen. Auf etwa halbem Weg gelangt man zum Kfar HaNokdim, einer beduinenhaften Unterkunft mitten in der Wüste (siehe unten Übernachten).

Praktische Informationen

▶ Telefon-Vorwahl 08

• **Tourist Information Office**, hinter der Paz-Tankstelle an der Straße 31 am Westausgang der Stadt, Tel 9954160, Do-Sa 9-16. In der Woche Tel 9951622 oder mobil 054 4717809 (Miriam).

Hier können Sie u.a. Touren nach Massada, in die Wüste oder zu Beduinen buchen; siehe auch www.arad.muni.il (hebr.).

Busverbindungen

▶ Bus 384/5 nach Beer Sheba, Bus 389 nach Tel Aviv, Bus 384 nach En Gedi über En Boqeq, Massada; nach Jerusalem keine direkte Linie. Der Busbahnhof liegt im Zentrum.

Essen und Trinken

▶ Arad kann Gourmets nichts bieten. In der Arad Mall finden sich ein paar Imbisse, auch im Shuk südlich des Kreisels der Straße 31 wurde dergleichen schon gesichtet. Empfehlenswert: MUZA, westlich des genannten Kreisels bei der Alon-Tankstelle: innen ein Pub mit mehreren Biersorten vom Fass und einer beachtlichen Sammlung internationaler Fußball-Fan-Schals, außen Orient-Lounge mit Sitzkissen und flachen Tischen. Reichhaltige Karte, gutes Preis-Leistungs-Verhältnis, www.muza-arad.co.il. Im Künstlerviertel gäbe es noch MAX's PUB, und am Markt Jemenitisches im RAKHEL RESTAURANT. Oder man ordert tags zuvor eine Beduinenmahlzeit abends um 18.30 Uhr im Kfar HaNokdim (siehe unten).

Übernachten

• **YEHELIM**, 72 Mo'av St, Tel 077 2028126 oder 052 6522718, www.yehelim.com; kleines, freundliches Boutique-Hotel, oft toller Wüstenblick, sehr sauber, AC, TV, mF............................... D+B ₪ 690

• **INBAR**, 38 Yehuda St, Tel 9973303, Fax 9973322, www.inbar-hotel.co.il; jüngstes Haus am Platz, relativ großzügige Räume, gut eingerichtet, im obersten Stock spezielle Räume für Asthma-Kranke, AC, TV, mF............................... E+B ₪ 450, D+B ₪ 560

• **MARGOA**, Mo'av St, Tel 99512224, Fax 9957778, www.margoa.com; angeschlossene Asthmaklinik/Behandlung, Sauna, Pool, relativ große Räume, sehr sauber, Zimmersafe, AC, TV, mF .... E+B $ 100-130, D+B $ 143-175

• **ARAD GUEST HOUSE (IYHA)**, 4 HaAtad St, Tel 9957150 (Büro nur vormittags besetzt), Fax 9955078, www.iyha.org.il; Bungalows zwischen schattigen Bäumen, sauber, AC, TV, Zwei- bis Sechsbettzimmer, mF...................... Dorm pP $ 38, E+B,$ 80 D+B $ 98

Außerhalb

• **KFAR HANOKDIM**, an der Stichstraße 3199 zur Westseite der Massada, Tel 9950097, Fax 9957326, www.kfarhanokdim.co.il; Beduinenzelte nur große Gruppen, Kamelausritte, Jeeptouren, hübsch eingerichtete Holzhütten, sauber, beheizbar, AC, Rabatt bei Halbpension, sonst: Dinner ₪ 100, Frühstück ₪ 70 .... E+B ₪ 450, D+B ₪ 580

Historisch Interessierte werden den

***Tel Arad

besuchen (8-17, im Winter -16, letzter Einlass eine Stunde vor Schluss, ₪ 14/7), der 8 km westlich an der Straße 31, dann 2,5 km nördlich, zu erreichen ist.

Geschichte: *In den 1960er Jahren wurde hier eine kanaanitische Stadt aus der Frühbronzezeit ausgegraben, die weitläufige Stadtmauer mit Türmen wurde vor knapp 5000 Jahren errichtet. Nach vergeblichen Versuchen der Israeliten gelang es laut Bibel schließlich Josua, den kanaanitischen Ort zu erobern – laut archäologischem Befund kann es jedoch keine Kämpfe gegeben haben, weil der Ort rund 1500 Jahre lang verlassen war. Wahrscheinlich legte König Salomo die Stadtbefestigung und eine Zitadelle an. Zwar eroberten 920 vC die Ägypter kurzzeitig Arad, bald kam es aber an das Königreich Juda zurück. Auch nach dessen Untergang* *konnte sich die Stadt weiterhin behaupten, erst in islamischer Zeit wurde der Ort aufgegeben.*

Am Eingang sind ein kostenloser Plan der Anlage und eine empfehlenswerte Rekonstruktionszeichnung der kanaanitischen Siedlung erhältlich. Die Häuser waren an Straßen und Plätzen angelegt, eine noch erkennbare Stadtmauer umgab sie. Die **kanaanitische Siedlung** liegt unten am Hügel (leicht links vom Eingang), anhand der Grundmauern lässt sich auch für den Laien das Stadtbild rekonstruieren. Erkennbar sind die Mauern eines großen und eines kleinen Doppeltempels, eines Palastes und der Wasserversorgung. Im Wohnbereich im Süden der ummauerten Stadt wurde ein Haus komplett wieder aufgebaut.

Zur **Zitadelle** auf dem Hügel führt eine Asphaltstraße mit Parkplatz.

Wenn man vom Eingang, dem ehemaligen Osttor, zum Aussichtspunkt in der Südwestecke geht, öffnet sich der beste Überblick sowohl über die Zitadelle als auch die kanaanitische Stadt. Im Nordwesten der Zitadelle wurde der einzige israelitische **Tempel** außerhalb Jerusalems freigelegt: Es gibt einen Vorhof mit Altar, und das Allerheiligste wurde richtiggehend bestattet, was zeitlich mit der im Alten Testament sehr gelobten Kultreform des Königs Josia Ende des 7. Jhs vC zusammenfällt: Tempeldienst nur noch in Jerusalem. Auf den Räucheraltären, jetzt im Israel-Museum, befinden sich noch Weihrauchreste. Weiterhin sind in der Zitadelle verschiedene Lagerräume, ein Turm aus hellenistischer Zeit und ein Wasserkanal auszumachen.

53 km bis

Beer Sheba

Beer Sheba, die **Hauptstadt der Wüste** mit knapp 200 000 Einwohnern, ist ein lebendiges Beispiel dafür, was man mit Wasser, Technik und entsprechender Finanzierung aus wüstenhaftem Boden machen kann. Beer Sheba gehört zwar nicht zu den schönsten Orten Israels, doch das Grün in den Straßen und bunte Blumengärten machen die Stadt zur Attraktion einer weithin wüstenhaften Umgebung. Bis 2020 sollen Stadtbild und -struktur stark aufgewertet werden.

Geschichte: *Ausgrabungen auf dem Tel Abu Matar am Ostrand der Stadt ergaben, dass die Gegend bereits im 4. Jahrtausend vC von Halbnomaden besiedelt war. Viel später grub Abraham hier einen Brunnen und zahlte mit sieben Schafen dafür* (Brunnen der Sieben – *hebr. Beer*

Das Allerheiligste in Arad

Sheba). Um 1100 vC hatten die Israeliten auf dem 6 km außerhalb liegenden Tel Beer Sheba ihre südlichste Stadt gebaut. Vom 2. Jh vC bis zum 7. Jh nC war Beer Sheba hauptsächlich Garnisonstadt, zunächst der Makkabäer, dann der Griechen, Römer und Byzantiner. Die folgenden Jahrhunderte bleiben im geschichtlichen Dunkel, jedoch lagerten ständig Beduinen in der Gegend. Um 1900 begannen Juden mit der Ansiedlung, mussten aber während der arabischen Unruhen flüchten und kehrten erst 1948 zurück. Heute leben fast ausschließlich Juden hier, seit Anfang der 1990er Jahre auch viele aus Russland; die Planungen reichen bis zu 500 000 Einwohnern – momentan geht deren Zahl jedoch leicht zurück.

Beer Sheba ist eine jugendliche Stadt mit vielen neuen und manchmal mit anspruchsvoller Architektur gebauten Häusern. Die Altstadt ist fast vollständig eingekreist von Neubauten. Sie ist aber vom Zentrum, das um Post und das Shopping Center Kanyon (Qenion) liegt, nur wenige Schritte entfernt. Wer ein bisschen Zeit erübrigen kann, sollte durch die vergleichswei-

Sehenswertes in Beer Sheba und Umgebung

******Tel Beer Sheba***, interessante Ausgrabungen aus biblischer Zeit, seit 2005 Weltkulturerbe, S. 393

****Joe Alon Centre mit Beduinenmuseum**, abseits gelegenes Multimuseum mit interessanter Beduinenabteilung, S. 394

****Altstadt**, ehemals arabische Altstadt, recht lebendig, osmanische Gebäude werden gerade saniert, S. 391

***Negev Museum of Art**, israelische Gegenwartskunst in ehemaliger Moschee, S. 390

***Beduinenmarkt**, traditioneller Donnerstagsmarkt der Beduinen, der stark kommerzialisiert ist, die Beduinen sind eher am Rand zu finden, S. 391

***Abrahamsbrunnen**, Neubau um einen Brunnen, der auf Abraham zurückgehen soll, S. 390

***Rahat**, größte Beduinenstadt in Israel, aber ohne besondere Atmosphäre, S. 394

se engen Straßen des alten Viertels bummeln. Starten könnte man etwas außerhalb beim neu errichteten und wohl ab Mai 2013 eröffneten sogenannten ***Abrahamsbrunnen** (*Beer Avraham Avinu*, 1 Hevron St, Film ca. ₪ 10, ansonsten ein großer Souvenirladen). Der Brunnen stammt aus dem 12. Jh nC, Abraham jedoch hat viel früher (siehe oben) und ein Stück entfernt gegraben, wenn er denn gegraben hat. Hier sollte man gut parken können.

Die geschichtsbewusste Stadtverwaltung hat einen **Rundgang** ausgearbeitet, der im Stadtplan des Tourist Office verzeichnet ist. Wer viel Zeit hat, kann diesem Weg folgen und diverse Gebäude der jüngeren Geschichte von außen betrachten. Der Rundgang ist ausführlicher als die folgende Beschreibung, aber die von der Verwaltung aufgeführten Details dürften eher für Besucher aus der Umgebung interessant sein als für Touristen.

Bald im neuen Glanz: der Abrahamsbrunnen

Sie sollten vom Brunnen aus die HaAzma'ut St hinaufgehen, denn auf dem Gelände der Nr. 60 finden Sie die **Tourist Information** gleich neben der Moschee mit dem lohnenden ***Historischen Museum Beer Sheba**, beides So-Do 8-16.30, Fr -14, Sa 9.30-16 (beides besuchen ₪ 8, nur das Museum: ₪ 15). Auf demselben Grundstück ist das ***Negev Museum of Art** im früheren osmanischen Gouverneurspalast untergebracht, ein anregendes Setting für zeitgenössische israelische Kunst (Mo/Di/Do 10-16, Fr/Sa -14, Mi 12-19, ₪ 16, im Sommer Open Air Konzerte, www.negev-museum.org.il).

Wenn Sie einen Blick auf einen britischen Kriegsgräber-Friedhof des Ersten Weltkriegs werfen wollen, müssten Sie die HaAzma'ut St noch ein Stück stadtauswärts gehen, er liegt nach dem Militärkomplex linker Hand. Die Straße nach Nordosten über den Kreisel hinweg führt links zum osmanischen Bahnhof, der touristisch jedoch noch nicht erschlossen ist. Vom Museum zurück in die Altstadt kreuzen Sie eine Reihe von Querstraßen, zwischen HaHaluz St und Herzl St wurde ein **Fußgängerbereich** eingerichtet, tagsüber wenig einladend. Aus osmanischer Zeit blieben eine Reihe weiterer offizieller Gebäude erhalten, z.B. der ehemalige Bahnhof in der Rambam St und das Haus des Bahnhofsvorstands. Auch diese Gebäude sollen touristisch genutzt werden.

Die meisten **Shops der **Altstadt** reihen sich an der Hauptader namens Keren Kayemet LeYisrael St (kurz: *KaKaL*), die schließlich wieder zurück zum Abrahamsbrunnen führt. Wenn man die letzte Querstraße (Bet Eshel St) links einbiegt, kommt man nach der nächsten Kreuzung in das vergleichsweise kleine Künstlerviertel, das abends erst richtig aufwacht, wenn die Pubs und Cafés öffnen.

Donnerstags ab 6 Uhr beginnt in Beer Sheba der in Touristenkreisen bekannte und im Stadtbereich ausgeschilderte ***Beduinenmarkt** am südlichen Stadtrand, der am früheren Nachmittag endet. Er war einer der buntesten Märkte dieser Art in Israel, hat sich aber eher zu einer Allerweltsveranstaltung gewandelt. Gehandelt wird alles, von billigen Kleidern, Unterwäsche, Armbanduhren, über Tapeten, Klobürsten bis hin zu (wenig) Schmuck und (wenigen) Beduinenkleidern oder Gebrauchsgegenständen der Nomaden. Unter all der professionell angebotenen Ramschware trifft man kaum noch die Namensgeber des Marktes, der Beduinen-Bereich liegt im hinteren Teil. Die meisten von ihnen – Käufer wie Händler – kommen in aller Herrgottsfrühe, wenn der Markt öffnet und verschwinden wieder, sobald der große Rummel beginnt.

Beer Sheba ist schließlich Sitz der **Ben-Gurion-Universität** (Bus 5, per Bahn: Nordbahnhof), zu der – kaum zufällig – ein Institut zur Erforschung arider Gebiete gehört. Für Interessierte gibt es eine Ausstellung über wissenschaftliche Entdeckungen und deren praktische Anwendung. Das Public Relation Department der Universität organisiert Führungen; vorher anmelden, So-Do 9-16: Tel 6461750, www.bgu.ac.il.

Praktische Informationen

▶ Telefon-Vorwahl 08

• **Tourist Information Office**, 60 HaAzma'ut St, Öffnungszeiten siehe oben, beim Kunst- und beim Stadtmuseum, Tel 6464900, www.bsheva.com (hebr.), Stadtplan ₪ 5.

▶ Überraschung in der Wüste: Beer Sheba hat 2012 einen **Preis für Öko-Tourismus** der Europäischen Wandervereinigung gewonnen. Zusammen haben Stadt und die **SPNI** einen 42 km langen Rundwander- und -radfahrweg im Grüngürtel um die Stadt herum geschaffen, der auch an den *Israel National Trail* angeschlossen werden soll: Der *Round Beer Sheba Trail* (RBST) ist weiß-rot-weiß markiert und auf dem Stadtplan verzeichnet. Südlich der Str. 60

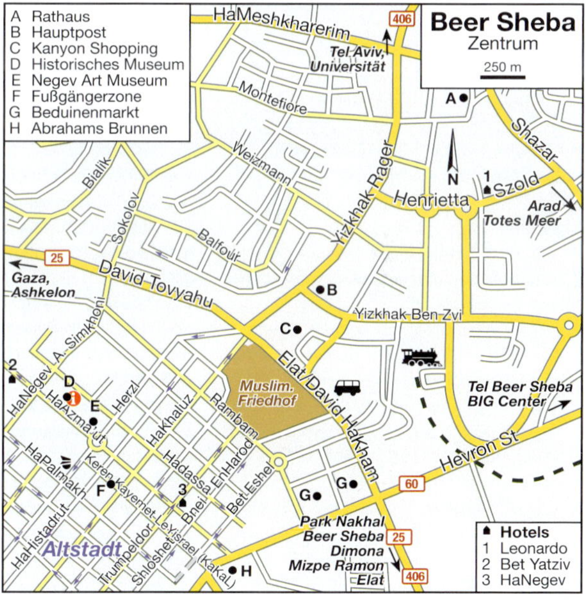

und östlich der 25 entsteht außerdem ein großer **Flusspark** mit vergleichsweise viel Grün: www.kkl.org.il/eng/tourism-and-recreation/forests-and-parks/beersheva-river-park.aspx.

Veranstaltungen

Im Frühsommer findet in der Altstadt das viertägige Smilansky-Festival statt, mit bildender Kunst, Musik und allem, was dazugehört, und im Juli steigt in Beer Sheba ein weithin bekanntes internationales Akkordeon- und Harmonium-Festival.

Verkehrsverbindungen

▶ Bus 370 nach Tel Aviv (New CBS), Busse 446 und 470 (Express) nach Jerusalem, Bus 384 über Arad ans Tote Meer, 392 nach Mizpe Ramon, 397 über Dimona nach Elat. **Lokale Busse:** Die Busse 2, 3, 4 und 7 fahren vom zentralen Busterminal zur Altstadt (und weiter). Der Busterminal liegt in der Elat St direkt südlich neben dem Canyon Shopping Center.

▶ Gleich neben dem Busbahnhof liegt auch die **Eisenbahnstation**, von der aus man an Wochentagen schnell und bequem Richtung Küste und Jerusalem gelangt.

▶ Ein **El Al-Büro** befindet sich in der 1 Nordau St, Tel 6231855.

Mietwagen

- AVIS, 2 Ahamal St, Tel 6271777
- BUDGET, 1 Shazar St, Tel 03 9350017
- SHLOMO/SIXT, 1 Pinkhas HaHozev, Tel 6282589.

Nightlife

▶ Wer Unterhaltung für die Nacht sucht, kann sich in der Altstadt treiben lassen, besonders auf der Trumpeldor und der Smilansky St. Wer in der Altstadt clubben möchte, ist im BARAKA, 70 Shloshet Bne En Harod, gut aufgehoben, am besten Mi/Fr/Sa. Und als Teen oder Twen findet man in jedem Fall Anschluss in den vielen Pubs um die Universität herum, hohe Konzentration in der Ringelblum St – so eng auch immer man möchte.

▶ Außerhalb dieser Zone im südöstlich gelegenen Industriegebiet Kiryat Yehudit öffnet gegen 23 Uhr der angeblich größte Club des Landes: THE FORUM (Nr. 232, Tel 6278222).

Essen und Trinken

▶ Im Kanyon Shopping Center gibt es eine Reihe Restaurants, nicht zuletzt Fast-Food-Ketten wie Pizza Hut oder Burger Ranch. Am Shabbat kann die Versorgung knapp ausfallen, dann wäre ein Blick ins BIG Center im Osten der Stadt zu empfehlen. In der Altstadt um den Fußgängerbereich der Keren Kayemet LeYisrael St (kurz: KaKaL) sollte man ebenfalls preiswert klar kommen. Ein paar Blocks südlich in der 12 Herzl St lädt das ARABICA mit globaler Karte ein, es gibt auch Fernöstliches, www.arabica-rest.co.il (hebr.), Nachtschwärmer finden in der TERMINAL BAR, 61 Herzl St, 24-Stunden-Betreuung. In der südlichen Parallelstraße HaHistadrut gibt es in der Nr. 15 die bewährte Bohnenpaste im BET HaFUL, sowie Felafel, Shauwarma etc.; Nr. 98 bietet Südarabisches im ORIGINAL YEMENITE HOUSE.

Übernachten

Die Hotelsituation in Beer Sheba ist nicht berauschend. Die – wenigen – billigen Hotels liegen ziemlich nahe beieinander in der Altstadt, allerdings ist das Gebotene in einigen Fällen nicht unbedingt den Preis wert.

- **LEONARDO NEGEV**, 4 Henrietta Szold St, Tel 6405444, www.fattal.co.il; einst ein Hilton, 2006 renoviert, mit vier Sternen nach wie vor luxuriös, Wellnessbereich, mF.................. E/D+B $ 165-215
- **BEIT YATZIV**, 79 HaAzma'ut St, Tel 6277444, Fax 6275735, www.beityatziv.co.il; Bildungsstätte für Jugendliche, Pool, wird sukzessive renoviert – nach neuen Räumen fragen, AC, TV, mF............................ E+B ₪ 250, D+B ₪ 350-400
- **HaNEGEV**, 26 HaAzma'ut St, Tel 6277026, Fax 6278744, liei5@actcom.co.il; einfach, sauber, Räume nicht zu eng, AC, TV............ E/D+B ₪ 250

Außerhalb

- **ALAMOUR FAMILY**, im Dorf Alsera 15 km östlich v. Beer Sheba, nur Do-Sa, buchen über www.toursinenglish.com; wohnen bei einer Beduinenfamilie ohne Beduinenzelt in konservativer Umgebung: bedeckende Kleidung muss sein, unverheiratete Paare schlafen getrennt. Kein Festnetz, aber Solarstrom. Ein Erlebnis mit Vollverpflegung.. pP ₪ 295

▶ Weitere Erlebnis-Möglichkeiten ähnlicher Art in von Israel nicht anerkannten, also immer vom Abriss bedrohten Beduinengemeinwesen finden Sie auf **www.bedouinhospitality.com**.

Umgebung von Beer Sheba

Etwa 7 km westlich von Beer Sheba präsentiert die israelische Luftwaffe das **Air Force Museum**, So-Do 8-17, Fr -13; ₪ 30, www.iaf.org.il/46-en/IAF.aspx. In diesem Sammellager ausgedienter Militärflugzeuge wird sich jeder Luftfahrt-Fan oder Technikfreak erfreuen. Das älteste Fluggerät datiert auf das Jahr 1938 und eröffnet eine chronologische Folge bis in die Gegenwart. Das Gelände bietet außerdem die richtige Geräuschkulisse, denn nebenan üben die israelischen Piloten mit ihren Jets. Man zieht häufig den Kopf ein, weil gleich einer von ihnen mit seinem Schleudersitz neben einem landen könnte.

Der ca. 5 km östlich Richtung Arad gelegene ***Tel Beer Sheba** (8-17, Okt-März -16, ₪ 14/7) wurde zum Nationalpark und 2005 zum UNESCO-Weltkulturerbe erklärt. Ruinen verschiedener Zeitabschnitte kamen hier zum Vorschein; wie üblich wurden immer wieder neue Häuser oder Siedlungen auf die Ruinen der alten Abschnitte gebaut. Diese werden mit römischen Ziffern bezeichnet, wobei die Zahl IX die älteste Lage bezeichnet, VIII wird der biblischen Zeit des Samuel zugeordnet. Die Stätte ist ungewöhnlich umfangreich ausgegraben worden und vermittelt gut aufgrund ihrer Überschaubarkeit, wie die Israeliten in der Eisenzeit ihre Städte anlegten.

Die jetzt sichtbaren Grundmauern auf dem Gipfel-Oval gehen im Wesentlichen auf die **judäische Königsepoche** zurück. Von einer Aussichtsplattform oberhalb der Anlage gewinnt man einen guten Überblick über das Gewirr von Grundmauern, die mit vielen blauen Schildern gut erläutert sind. Beeindruckend ist der 70 m tiefe **Brunnen** direkt am **Tor** zur alten Siedlung, aber auch das **Wassersystem** im Südosten, für dessen Besichtigung Sie am Eingang einen Bauhelm geliehen bekommen. Durch dieses System gelangen Sie wieder zum Eingang zurück.

Früher gab es am Tel ein kleines Beduinenmuseum. Wer mehr über das Beduinenleben wissen will, sollte das ****Joe Alon Bedouin Museum** (Sa-Do 9-16, Fr -14, ₪ 28, Tel 9913322, www.joealon.org.il) besuchen, das leider ein ganzes Stück entfernt beim Kibbuz Lahav liegt: Man fährt weiter aus Straße 60 Richtung Arad und biegt an der Shoket Junction links auf die Straße 31. Nach 7 km zeigt ein Schild zum Alon Center nach rechts auf eine schmale Straße, die nach gut 4 km das Museum oberhalb des **Kibbuz Lahav** erreicht – in Föhrenwäldern mit herrlich frischem Nadelduft – gelegen, und das in der Negev-Wüste! Unterwegs weisen Schilder auf Picknickplätze hin. Schon allein diese Wälder sind die Anfahrt wert.

Zur Einstimmung könnte man allerdings schon vorher nach 3 km links nach **Laqia** abbiegen: Hier weben Beduinenfrauen des Selbsthilfe-Projekts **Sidre** auf traditionelle Weise **Teppiche**, deren Herstellungsart man sich zeigen lassen und die man zu angemessenen Preisen auch kaufen kann, Führung ₪ 15, inklusive traditionellem Mahl ₪ 40-75, Kinder die Hälfte,

Das (neue) Negev Museum of Art

Beduinenkinder

am besten vorher anmelden, So-Do 8-17, Sa 10-14, Tel 6519883, www.lakiya.org.

Das Beduinen-Museum in Lahav ist Teil des ****Joe Alon Center**, das nach einem der Mitbegründer und Piloten der israelischen Air Force benannt wurde; www.joealon.org.il. Hier wird das Leben der Beduinen in all seinen Facetten, von einer audio-visuellen Show unterstützt, sehr gut dargestellt. Es ist – nach eigener Darstellung – das einzige Museum seiner Art auf der Erde, und es hält eine Kultur und das tägliche Leben mit Sorgfalt fest, die eher verschwindet als gepflegt wird. Obwohl das Museum überraschend klein ist, sollte man sich ein bisschen Zeit für den Rundgang nehmen und die Gerätschaften oder auch das Spielzeug oder die handgewebten Kleidungsstücke betrachten und bewundern, mit denen die Beduinen heute noch ihren Lebensunterhalt bestreiten – wenn auch kaum mehr in Israel. Nebenan können Sie in einem authentischen Beduinenzelt eine Tasse Tee auf traditionelle Art trinken. Meist im März findet das **Bedouin Culture Festival** statt, Tel 9913322.

Schauen Sie sich in dem Gebäudekomplex des Joe Alon Center auch noch das **Daroma Museum** an, das mittels Höhlen das Leben in Palästina von der Stein- bis zur Eisenzeit darstellt. Weit interessanter ist in den oberen Stockwerken die Information über die Urbarmachung der Ländereien des Kibbuz und die Anpflanzung von mehr als einer Million Bäumen in der semi-ariden Gegend. Hier lernt man tiefen Respekt vor den Leistungen, die mitten im Negev durch die Siedlerpioniere vollbracht wurden. Beim Blick ins Land auf der Aussichtsplattform kann man sich akustisch über „Krieg und Frieden" und die Entwicklung des Kibbuz informieren lassen.

Man fragt sich zwar, warum all diese Museen hier nebeneinander betrieben werden, aber informativ ist jedes für sich.

Nach dem Besuch des Beduinenmuseums könnte man, um beim Thema zu bleiben, auf der Straße 31 weiter nach Norden die Straße 40 kreuzen und danach nach

*Rahat

abzweigen (oder direkt von Beer Sheba über die Straße 25, dann 264).

Rahat gilt mit gut 50 000 Einwohnern als **größte Beduinenstadt** in Israel, was eigentlich ein Widerspruch ist, denn Beduinen lieben die Einsamkeit der Wüste. Aber mehr und mehr machen sie wohl auch von den Annehmlichkeiten fester Häuser mit Strom, Wasser und Sanitäreinrichtungen Gebrauch; nicht zuletzt unter mehr oder weniger sanftem Druck von Seiten der Verwaltung. Angeblich steht im Garten vieler Beduinenhäuser noch ein Zelt, in dem zumindest Brotfladen gebacken und die Mahlzeiten auf traditionelle Weise eingenommen werden. Jedenfalls sind die typischen, dunklen Beduinenzelte der Viehnomaden fast ganz verschwunden.

Generell solidarisieren sich die Beduinen mehr mit dem israelischen Staat als die palästinensische Bevölkerung. Viele absolvieren den üblichen Militärdienst.

Beer Sheba – Mizpe Ramon – Elat

Von Beer Sheba aus wollen wir nicht auf dem kürzesten Weg nach Elat eilen, sondern ein bisschen Zick-Zack fahren, um interessante Stätten zu besuchen und auf diese Weise auch die Negev-Landschaft etwas näher kennenzulernen. Direkt nach der Stadt halten wir uns

links und fahren auf der Straße 25 über Dimona hinaus nach Mamshit. Die Straße folgt mehr oder weniger der Phosphatbahn durch hügeliges semi-arides Land.
Abfahrt Beer Sheba, **Bet Eshel Junction**
32 km bis

Dimona

13 km östlich von Dimona steht der israelische Atomversuchsreaktor, der aber ist für Touristen tabu. Anfangs galt er trotz weiter Abzäunung bloß als Kraftwerk für eine Textilfabrik. Dennoch hat dieser Ort in Sicherheitszirkeln, aber auch in der Weltpresse immer wieder Schlagzeilen geschrieben, wie im zweiten Golfkrieg, als Saddam Hussein ihn mit Scud-Raketen auszulöschen versuchte. Machen Sie besser kein Foto. Weniger bekannt ist, dass in Dimona 1000 „schwarze Juden" in einer eigenen Siedlung leben. Sie nennen sich **Hebrew Israelite Community**, sind ursprünglich schwarze US-Bürger, die glauben, dass ihre Urahnen von den Römern 70 nC nach Afrika vertrieben wurden, www.africanhebrewisraelitesofjerusalem.com. Über den Sklavenhandel gelangten sie nach Amerika und kehrten von dort in ihre Ursprungsheimat zurück. Die Sektenmitglieder leben streng vegan. Als die schwarzen Juden 1969 auftauchten und sich ansiedeln wollten, waren die israelischen

Jede Bewegung um Dimona und im Gaza-Grenzgebiet ist aus dem Zeppelin unter Kontrolle

Sehenswertes

- ****En Avdat Nationalpark**, steile Felsschlucht im landschaftlich faszinierendsten Nationalpark des Negev, S. 400
- ****Maktesh Ramon** südlich von Mizpe Ramon, der größte der drei Krater, landschaftlich, historisch und von der Flora her sehr interessant, gut erschlossen für Wanderungen, S. 403
- ****Timna Park**, ehemalige pharaonische und römische Kupferminen in grandioser Wüstenlandschaft, S. 408
- ***Avdat Nationalpark**, während der Namensvetter-Park Natur erschließt und schützt, sieht man hier hervorragende Zeugnisse einer Nabatäersiedlung und nachfolgender byzantinischer Bauten, Weltkulturerbe seit 2005, S. 401
- ***Mamshit**, besterhaltene Siedlung der Nabatäer im Negev mit Markt, „Palast" und verschiedenen anderen Gebäuden, Weltkulturerbe seit 2005, S. 396
- ***HaMaktesh HaKatan**, der kleine Krater, ein faszinierender kesselartiger Einbruch in den Wüstenboden, S. 396
- **Shivta**, nabatäische Gründung, nur z.T. gut erhaltene byzantinische Ruinen mit drei Kirchen und Rathaus, Weltkulturerbe seit 2005, S. 398
- **Ben Gurion Burial Place**, der landschaftlich und gärtnerisch beeindruckende Begräbnisplatz des Ehepaars Ben Gurion, S. 400
- **Lotan**, ein Kibbuz, das Vogelbeobachtung, nachhaltiges Leben und liberales Judentum miteinander verbindet, S. 408
- **Hai Bar Biblical Nature Park**, großer Wildpark beim Kibbuz Yotvata, S.408
- *HaMaktesh HaGadol,** der sogenannte „große" Krater, von den dreien jedoch der mittlere und am wenigsten aufregende, S. 397

8

Behörden zunächst einigermaßen ratlos. Es dauerte immerhin bis 1995, bis ihnen die israelische Staatsbürgerschaft gewährt wurde.
Die Siedlung mit Schule und einer Kunstakademie liegt links der Herzl St. In der *Boutique Africa* kann man farbenprächtige afrikanische Kleidung, Schmuck oder Sandalen kaufen, im Restaurant vegan essen. Nachts gibt es häufig Konzerte von einer der zehn Bands des Ortes. Ein preiswertes *Guest House* verfügt über drei Räume. Falls überfüllt, solle Neot HaKikar südlich des Toten Meeres noch Kapazitäten haben, siehe S. 386.
8 km: **Abzweig**
Rechts nach

***Mamshit

Geschichte: Die Nabatäer legten hier im Zuge der Sicherung ihrer Handelswege eine Stadt namens Mampsis an, die sich im 1. Jh nC als Karawanen- und Handelsstadt zu ihrer Blüte entwickelte. Die Römer bauten Truppenunterkünfte, in byzantinischer Zeit entstanden zwei Kirchen. Nach der arabischen Eroberung zerfiel die Siedlung. 2005 wurde sie zum Weltkulturerbe erhoben.

Mamshit (8-17, Okt-März -16, letzter Einlass jeweils eine Stunde früher, ₪ 21/9, Camping pP ₪ 50/40), das sind die Reste einer nabatäischen Stadt, in der auch noch byzantinische Relikte zu sehen sind. Dieser Ort spiegelt aber von allen ähnlichen Anlagen in Israel am stärksten den nabatäischen Charakter wider.
Der Rundgang durch die relativ gut erhaltene Stadt macht Spaß, weil erklärende Schilder nichts Wichtiges auslassen und man sich ein gutes Bild vom Leben der Nabatäer machen kann. Vom Parkplatz aus sollte man sich möglichst rechts halten, um der Beschilderung durch das **byzantinische Stadttor** zu folgen. Ein Stück bergauf trifft man auf den **nabatäischen Palast**, dann auf das Verwaltungsgebäude, auf dessen Dach man steigen kann und sollte, um den Rundblick zu genießen. Unweit entfernt stehen die Ruinen der **Kirche des Nilus** (nach einer Inschrift) mit Apsis und einigen Marmorsäulen. Wenn Sie hier ein Stück weiter nach Westen vor die Stadtmauer treten und in das Wadi blicken, sehen Sie die Staumauern, die das auch unterirdisch fließende Wasser aufhalten, damit mitten in der Wüste eine Stadt überhaupt entstehen kann. Jetzt geht es weiter nach Osten den Berg hinauf bis zum höchsten Punkt, dessen Hauptgebäude die sog. **Ostkirche** ist, auch ihre Grundmauern sind durchaus beeindruckend; in einer Nebenkapelle befindet sich ein kreuzförmiges Taufbecken. Quasi nebenan, am nabatäischen Nordtor, steht das ehemalige britische Polizeigebäude. Von der Ostkirche führt der Weg durch den **nabatäischen Markt** und an einem byzantinischen Badehaus vorbei wieder bergab.
Von Mamshit fahren wir noch ca. 1 km auf der Straße 25 nach Osten und könnten dann auf die Straße 206 nach Süden einbiegen. Allerdings bietet sich noch ein 15-km-Abstecher auf der Straße 25 an. An der liegen (4 km nach der Zafit Junction) die stark zerfallenen Ruinen des römischen Forts **Mezad Tamar**, das auf nabatäische Ursprünge zurückgeht, später aber von den Römern komplett erneuert wurde. Die Grundmauern geben dennoch einen guten Eindruck eines solch vorgeschobenen Postens der Römer: Die quadratische Anlage wurde von vier Ecktürmen flankiert, an der Nordmauer lagen die Verwaltungsräume, an der Ost- und Südmauer die Mannschaftsunterkünfte, im Südwesten die Bäckerei, im Nordwesten die Wachräume. Die Wasserversorgung stellte eine große, in Hofmitte gelegene Zisterne sicher.
Zurück zur Straße 25 und an der Rotem Junction auf die Straße 206. Die folgende Strecke wird uns zwei der sogenannten Krater erschließen, linker Hand blinkt am Horizont das Atomkraftwerk. Zuerst können Sie den *Kleinen Krater*

***HaMaktesh HaKatan

betrachten. Er ist vielleicht der schönste von allen, weil er auf einen Blick überschaubar ist, tatsächlich den Eindruck eines Kraters vermit-

telt, die Kraterränder nahezu senkrecht nach unten stürzen und auch der Kraterboden praktisch unberührt, d.h. unbebaut ist.
Den Kleinen Krater von oben sehen zu wollen ist etwas mühselig. Es beginnt damit, dass man nach ca. 12 km am Schild Ma'ale Aqrabim links auf die Straße 227 abbiegt. Es folgen 11 km asphaltierte Straße (die übrigens Teil der von den Engländern gebauten ersten Verbindungsstraße nach Elat war), dann weist ein Schild *HaKatan Observation Point* nach links. Dann folgen 2 km auch mit PKW befahrbare Schotterstraße, die in einen Parkplatz mündet. Hier, wie auch bereits an der Straße 206, ist ein Campingplatz

„Hörner-Kapitell" der Nabatäer

ausgewiesen, der allerdings außer einer steinigen Stellfläche nichts zu bieten hat. Mit einem geländegängigen Fahrzeug könnte man noch weiterfahren, andernfalls sind ca. 20 Minuten Fußmarsch angesagt. Doch der Weg durch die Wüstenhitze wird mit einem faszinierenden Einblick in die Kraterlandschaft belohnt. Noch intensiver ist der Eindruck, wenn man ein Stück in den Krater hinein auf einen Vorsprung kraxelt, von dessen Kanzel man dieses faszinierende Gebirgsrund noch besser betrachten kann. An der Südostseite öffnet sich eine Schlucht, die in die 450 m tiefer liegende **Wüste Zin** führt.
Man könnte nun die Straße 227, von der man zuvor abzweigte, weiterfahren. Nach wenigen Kilometern mit schütterer Straßendecke wird der Belag wieder besser und die Strecke stürzt sich förmlich den Berg hinunter, um nach etwa 25 km bei Ir Ovot und dem Kibbuz En Khazeva bereits 137 m unter dem Meeresspiegel im Wadi Arava die Straße 90 nach Elat zu erreichen. In Khazeva gibt es zwei Bleiben: den Desert Routes Inn, Dorm pP ₪ 100, D+B ₪ 350, Tel 052 3665927, und eine SPNI Field School, Tel 6581546. Vielleicht fahren Sie zumindest noch bis zu einem Aussichtspunkt rechts in einer Haarnadelkurve: Eine Schautafel erklärt, was Sie alles vor sich sehen, und sie können die alte Ma'ale Aqrabim, die antike **Skorpionsteige** erkennen, mit bloßem Auge sogar Treppenstufen, die die Römer an einer besonders steilen Stelle in den nackten Fels schlugen.
Doch wir kehren vom Kraterparkplatz wieder zurück nach Westen, halten uns an der Kreuzung mit der Asphaltstraße 206 links und biegen nach 2 km rechts auf die Straße 225 ab, die durch den

*HaMaktesh HaGadol

den *Großen Krater* nach Yerukham führt. Dieser Krater hat landschaftlich ganz andere Reize. Wenn Sie am Abzweig der 225 noch ein Stückchen geradeaus fahren und dann dem Schild *En Yurka'am* folgen, parken Sie kurz und folgen einem Wadi bis zu einem schmalen Becken, das fast ganzjährig Wasser hat. Den besten Eindruck vom Krater gewinnt man auf der 225, wo sich die Straße am westlichen Steilhang hinaufschraubt. Vorher kann man zweimal stoppen: Bei den *Coloured Sands* könnte man sich mit feuchtem Finger schminken; gut 5 km weiter, links der Straße gibt es versteinerte Baumstämme zu besichtigen – vor 135 Mio. Jahren waren sie grün. Direkt nach dem Kraterrand können Sie rechts zum Mt. Avnon abbiegen auf eine Schotterstraße bis zu einem Parkplatz: Schöner Blick vom Kraterrand, noch besser, wenn man weiter auf den Berg steigt. Weiter auf der 225 durchfährt man Yerukham, das für seine wilden Iris- und Krokusfelder, die im Frühling wie ein bunter Teppich blühen, bekannt ist. Kurz nach dem Ort trifft man auf die Straße 204 und gleichzeitig auf den **Yerukham-Park**, der

Blick in den Krater des HaMaktesh HaGadol Richtung Südwesten

Zurück Richtung Masabim Junction; kurz vorher zweigt rechts eine Straße ab zur Tlalim Junction. An diesem Abzweig gedenken ein kleiner Park mit Spielplatz und ein kleines Museum Golda Meïr, der ehemaligen Premierministerin. Wer sich hier schon von der Wüste erholen will, ist um die Ecke im *Neve Midbar Oasis Spa* gut aufgehoben (tägl. 9-18, So ab 10, Do -22, Fr -16, ₪ 70-80, www.neve-midbar.co.il), in dessen Schwimmbecken man kaum andere Touristen antreffen wird.

aus einem schattigen Waldgelände und einem offenbar fischreichen kleinen See besteht, um den sich Angler tummeln.

An dieser Stelle können Sie sich für einen Umweg nach ****Shivta** (eine recht gut erhaltene byzantinische Siedlung) entscheiden, der entweder hier mit der unweit nördlich nach links abzweigenden Straße 224 oder später bei Sde Boqer an der Khalukim Junction beginnen kann. – Wir wollen von hier aus den Umweg angehen und fahren die Straße 224 12 km bis zur Einmündung in die Straße 40, dann links.

9 km: **Masabim Junction**

Rechts zweigt die Straße 222 ab, an der nach 10 km links ganz einsam **Khalutsa (Elusa)** liegt, eine nabatäische Station aus dem 3. Jh vC an der Weihrauchstraße, 2005 ebenfalls zum Weltkulturerbe erhoben. Der Wüstensand bedeckt leider wieder große Teile, die von Archäologen schon freigelegt worden waren. Das von den Nabatäern erbaute Theater, das bis weit in die byzantinische Epoche bestand, ist noch gut auszumachen. Interessanter dürfte die Besichtigung der relativ großen Ostkirche sein, die mit gut erhaltenen Säulen und korinthischen Kapitellen noch heute eher den Eindruck einer Kathedrale macht.

An der **Tlalim Junction** rechts auf die Straße 211 zum Abstecher nach Shivta abbiegen.

17 km: **Abzweig**

Links abbiegen. Nach 4 km Kreuzung mit Militärlager, danach 4,5 km schlechte, löchrige Asphaltstraße bis

**Shivta

Geschichte: *Die Nabatäer-Stadt Shivta, ursprünglich Subeita genannt, entstand im 1. Jh vC als Verbindungsglied zwischen Avdat und Nizzana (nahe der heutigen ägyptischen Grenze). Unter byzantinischer Herrschaft wurde der Ort im 5. und 6. Jh so gründlich erneuert, dass kaum mehr nabatäische Spuren bei den Ausgrabungen zu finden waren. Obwohl es so aussieht, war Shivta nicht von einer Mauer umgeben, aber die Häuser waren so eng aneinander gebaut, dass sich eine kontinuierliche Außenmauer ergab, die von neun Straßen mit jeweils einem Tor durchbrochen war.*

Shivta (arabisch Subeita) macht einen für israelische Altertümer und noch dazu Weltkulturerbe ungewohnt sich selbst überlassenen Eindruck. Träfe man jemanden an, wäre das B&B-Angebot hier in der Einöde vielleicht ganz

schön. Immerhin, und für ein Weltkulturerbe eigentlich überraschend: Eintritt frei und Tag und Nacht geöffnet.
Die gut erhaltene byzantinische Stadt vermittelt durchaus einen Eindruck vom damaligen Leben. Vom Parkplatz betritt man Shivta von Süden her und folgt einer byzantinischen Straße bis zu einem Platz mit einer Doppelzisterne, an dem die Südkirche steht. Sie war eine dreischiffige Säulenbasilika, die Apsiden stehen noch aufrecht. Nördlich bauten die Muslime im 7. Jh eine Moschee an die Kirche. Von hier aus führt der Rundgang nach Norden, ein Stück aufwärts ist das nächste interessante Objekt, das ebenfalls noch gut erhaltene sogenannte Rathaus, vermutlich das Haus eines besser gestellten Bewohners, wie sich aus Größe und Art schließen lässt. In der Nähe steht die Mittelkirche. Weiter nach Norden öffnet sich die Straße zu einem größeren Platz vor der Nordkirche. Am Platz hatten sich offenbar Handwerker und Händler angesiedelt, Reste einer Traubenpresse sind zu sehen. Die Nordkirche besticht durch fünf aufrecht stehende Apsiden, einmal die drei eigenen, zum anderen zwei einer gleich anschließenden Kapelle.
Etwa 500 m nördlich der Kirche wurde in den 1960er Jahren eine nabatäische Farm rekonstruiert, die aber heute nicht mehr in Betrieb ist. Ein paar Bäume und Weinstöcke wie auch das nabatäische Bewässerungssystem erinnern an den Versuch.
Fährt man auf der Straße 211 weiter nach Westen, so stößt man auf den Grenzübergang Nizzana nach Ägypten (ein Frachtterminal, höchstens für Geschäftsleute zugelassen). 5 km vor der Grenze zweigt eine Straße nach Süden ab, an welcher der **Tel Nizzana (Nessana)** liegt. Auch dies eine nabatäische Gründung, die allerdings ihre Blütezeit in der byzantinischen Epoche erlebte. Bei den Ausgrabungen wurden in einem kleinen Raum der Nordkirche die ***Nizzana Papyri*** gefunden, die sehr detaillierten Aufschluss über das soziale, ökonomische und militärische Leben in jener Zeit vermitteln. Zu sehen gibt es im Wesentlichen die Ruinen eines römischen Forts, eine Basilika und die Nordkirche.
Zurück zur Tlalim Junction, dort rechts.
15 km bis

Sde Boqer

Von dem 1952 am Rand der Wüste gegründeten Kibbuz war der erste Premierminister Israels, David Ben Gurion, so angetan, dass er 1953 Mitglied wurde und als Schäfer arbeitete. Zwar ging er 1955 erneut in die Regierung, zog sich aber 1963 endgültig in den Kibbuz zurück, wo er 1973 starb. Zusammen mit seiner Frau ist er hier beerdigt. Heute hält das Ben-Gurion-Institut, das sich der Erforschung der Lebensbedingungen in der Wüste widmet, die Erinnerung an den Namensgeber wach.
Der erste Abzweig führt zum 1952 gegründeten Kibbuz, der ursprünglich Viehzucht treiben sollte, sehr bald sich aber mit Obst- und Olivenanbau beschäftigte.
Bald nach dem Abzweig zum Kibbuz führt ein kurzes Straßenstück zum eher bescheidenen **Wohnhaus von David Ben Gurion**, das man

Die Nordkirche von Shivta

8

besichtigen sollte; www.bgh.org.il. Ben Gurion scheint es gerade erst verlassen zu haben, Akten liegen noch neben dem Schreibtisch, Bücher auf dem Tisch in der gut 5000 Bände umfassenden Bibliothek. Der Rundgang führt durch alle Räume und endet am Luftschutzbunker.

Nur 3 km südlich zweigt links eine weitere Straße zum ****Begräbnisplatz des Ehepaars Ben Gurion** (*Ben Gurion Burial Place*) ab. Auch diese Stätte sollte man bei einer Negevreise nicht auslassen. Der eigentliche Begräbnisplatz liegt am Rand des Abbruchs in den Nakhal Zin Canyon, ein knapp zehnminütiger Fußweg zum Grabmal ist in die obersten Felsplatten des Plateaus geschlagen, Rabatten von Wüstenblumen begleiten den Besucher auf dem gewundenen Pfad zum schlichten Grab. Der Rückweg führt direkt am Canyon-Rand entlang, immer wieder den Blick in die Wüsteneinsamkeit ziehend – ein erhabenerer Ruheplatz für die Toten war kaum zu finden.

Neben dem Begräbnisplatz wurden das von Ben Gurion gegründete **Sde Boqer College** (auch *Midreshet Ben Gurion*, ein Campus der gleichnamigen Universität in Beer Sheba) angesiedelt, wo Gewinnung von Solarenergie und Wüstenbepflanzung erforscht wird, www.boker.org.il.

Praktische Informationen

▶ **Bus** 392 von Beer Sheba (die Expressbusse Beer Sheba – Elat halten hier nicht).

Kaktusanbau im Kibbuz Sde Boqer

Gleich neben dem Kibbuz erstreckt sich das Naturreservat

****En Avdat Nationalpark

Dieses Naturwunder zieht viele Besucher an (geöffnet 8-17, Okt-März -16, letzter Einlass jeweils eine Stunde vor Schließzeit; ₪ 27/14, mit Avdat ₪ 43/22), es ist einer der faszinierendsten Wüstenabschnitte Israels. Zumindest einen Einblick in die etwa 2 km lange tiefste und längste Schlucht des Landes dürfen Sie auf keinen Fall versäumen. Es gibt zwei Möglichkeiten, an bzw. in die Schlucht zu gelangen. Wenn Sie wandern wollen, dann südlich von der Ben Gurion Begräbnisstätte, dort führt eine schmale Asphaltstraße in den Canyon hinunter und zum **unteren Parkplatz** am **nördlichen Ende** des Parks bei der Quelle **En Mor**, einer kleinen Oase mit giftgrünen Palmen.

Nur von hier aus darf man die Schlucht bewandern, es geht aufwärts und am Schluss über Felstreppen zum **oberen Parkplatz** am **südlichen Ende** des Parks, gut 7 Straßenkilometer entfernt vom Startpunkt am unteren Parkplatz, Das Problem müssen alle lösen, die die zwei bis drei Stunden durch die gesamte Schlucht wandern: Am besten mit zwei Autos unterwegs sein und „oben" wie „unten" eins zur Verfügung haben, oder an der Straße 40 einen Bus zurück nach Norden erwischen oder Trampen – die Strecke an der Straße zu laufen wäre kein erhebender Abschluss Ihres Naturerlebnisses. Das Problem entfällt, wenn man nur bis zum Wasserfall wandert und gleich wieder zum unteren Parkplatz zurückkehrt.

Mit öffentlichen Verkehrsmitteln kann man z.B. frühmorgens den Bus von Beer Sheba Richtung Mizpe Ramon bis Sde Boqer College nehmen, dann in die Schlucht hinuntergehen und der fol-

genden Beschreibung bis zum oberen Parkplatz folgen. Von dort muss man bis zur Hauptstraße laufen und weitertrampen oder auf einen Bus zurück warten. Vielleicht lässt sich auch direkt auf dem Parkplatz ein Lift finden.
Gehen wir zunächst unten in den Canyon. Immer enger rücken die grauweißen Kalkfelsen, die von Feuersteinbändern (einstmals alles Schwämme) durchzogen sind, zusammen. Vor allem vormittags sieht man mit etwas Glück Steinböcke, die – solange Ruhe herrschte – zum Trinken kamen und dann auf schmalen Felsabsätzen flugs wieder nach oben klettern. Hier lohnt ein Fernglas. Im Frühjahr folgen staksige Kälber den weiblichen Tieren, während die Böcke separat nach oben ziehen. Während der Brunftzeit im Herbst kämpfen die Böcke um die Vorherrschaft, das Krachen der zusammendonnernden Geweihe tönt durch den Canyon. Der Weg folgt dem Wadi und gibt immer wieder interessante Blicke auf die Felsen der Schlucht frei. Nach der letzten Biegung sieht man den **En Avdat Wasserfall** von einer Felsklippe in ein Wasserbecken stürzen. Dort endet auch der Weg auf der Talsohle. Will man noch eine Etage höher hinauf – was sich lohnt –, dann muss man, ein kurzes Stück vor dem Wasserbecken rechts, eine in den Fels geschlagene Treppe hinaufgehen. Oben kann man im Flussbett weiterwandern und, wenn es die Kondition erlaubt, den gut 60 m hohen Fels über Treppen und Leitern zum oberen Parkplatz hinaufklettern. Achtung: Auf diesem Weg gibt es in der Regel kein Zurück, weil er so eng ist, dass er nur als Einbahnstraße funktioniert. Nur bei sehr geringem Besucherandrang ist der Rückweg möglich.
Doch wir kehren zum Parkplatz En Mor zurück, verlassen die Schlucht und folgen der Straße 40 nach Süden.

7 km: **Abzweig**

Links zum **oberen**, also **südlichen Parkplatz** des En Avdat Nationalpark. Sie sollten unbedingt den kurzen Abstecher einlegen (die Eintrittskarte vom unteren Parkplatz gilt auch hier). Vom *Observation Point* an der Kante der Schlucht liegt Ihnen die spektakuläre Schlucht zu Füßen, Sie können fast den gesamten Canyon von oben einsehen; ein faszinierender Blick auf die steilen Felsabbrüche mit dem Grün unten im Tal.
Wenn Sie ein Stück nach links (Norden) an der Schlucht entlanggehen, stoßen Sie auf die Reste eines byzantinischen Wachturms, von dem aus damals für die Sicherheit der Anpflanzungen im Wadi gesorgt wurde. Nach Süden führt eine Piste bis zum **Trockenen Wasserfall** des Nakhal Zin. Dort gibt es neue Einblicke in den Canyon, vor allem auf das 60 m tiefer liegende Wasserbecken **En Ma'ariv**, aus dem die Beduinen über Jahrhunderte Wasser hinaufbeförderten; die Schleifspuren ihrer Seile sind noch zu erkennen.

Achtung: Im Negev wird scharf geschossen

Eine letzter Vorschlag für das Transportproblem in En Avdat: Nehmen Sie eine Unterkunft an der Str. 40 zwischen den Ausgängen – mögen Ihre Gastgeber Ihnen behilflich sein, z.B. auf dem kleinen Wüsten-Weingut

- **KARME AVDAT**, westlich der Str. 40, Tel 08 6535177, Fax 08 6535188, www.carmeyavdat.com; sehr freundlich, liebevoll ausgestattete Häuschen, prima Aussicht, Naturpools, Frühstück üppig, Fr immer mit Do oder Sa zusammen buchen, mF .... D+B ₪ 560-890

5 km bis

***Avdat Nationalpark (Oboda)

***Geschichte**: Bereits im 3. Jahrtausend vC war Avdat besiedelt, 312 vC sind zum ersten Mal Nabatäer nachweisbar. Avdat war eine der vielen Befestigungen der Weihrauchstraße zwischen*

Petra in Jordanien und Gaza an der Mittelmeerküste. Immerhin war Avdat so wichtig, dass 9 vC der nabatäische König Obodas hier beerdigt wurde. Als die Römer 106 nC das Nabatäerreich übernahmen, verkam Avdat zunächst, später aber errichteten sie einen Zeustempel. In byzantinischer Zeit entstanden zwei Kirchen und ein Kloster. Nach der islamischen Eroberung verfiel der Ort samt Bewässerungssystem. Auch diese Wüstenstadt an der Weihrauchstraße wird seit 2005 als Weltkulturerbe gewürdigt.

Der Avdat Nationalpark klingt zwar fast namensgleich mit dem En Avdat Nationalpark, die beiden haben aber wenig miteinander zu tun: Dort steht die Natur im Vordergrund, hier die historischen Relikte einer nabatäischen Siedlung, die schon von weitem auf einem Berg östlich der Straße zu erkennen ist. Von der Bushaltestelle an der Tankstelle geht man ca. 15 Minuten den Berg hinauf. Per Auto sollte man zunächst auf den unteren Parkplatz fahren und sich das byzantinische Wohnviertel mit seinen Wohn- und Vorratshöhlen anschauen (8-17, Okt-März -16, Fr jeweils eine Stunde früher geschlossen, letzter Einlass eine Stunde vor Schluss, ₪ 27/14, Kombiticket mit En Avdat ₪ 43/22). Man könnte auch von hier aus ca. 80 Höhenmeter zur Stadt hochsteigen. Per Auto weiter zum oberen Parkplatz könnte man wiederum etwa auf halber Höhe anhalten, um sich rechts der Straße eine römische Grabhöhle anzuschauen, in der vermutlich Priesterinnen der Aphrodite beigesetzt waren. Interessanter wäre jedoch die Villa eine Kurve weiter mit schöner Aussicht.

Vom oberen Parkplatz aus führt der Weg in ein byzantinisches Wohnviertel, in dem (rechts) ein Aussichtsturm – Aufstieg lohnt sich – wieder aufgebaut wurde. Bald stößt man links auf eine nabatäische Weinpresse, die noch in byzantinischer Zeit benutzt wurde. Aus der östlichen Stadtmauer heraus führt ein Pfad zu einer nabatäischen Töpferei, in der die typisch hauchdünne „Eierschalenkeramik" gefertigt wurde. Nördlich davon liegt ein 100 x 100 m großer Armeeposten, dessen Datierung unklar ist. Zurück Richtung Weinpresse.

Durch das Südtor betritt man den großen byzantinischen Innenhof der Festung. Rechts, etwa in der Mitte, sieht man eine große Zisterne, an der Nordmauer Reste einer spätbyzantinischen Kapelle. Westlich schließen sich mehrere Gebäudekomplexe an, gleich links die Theodorus- (oder profaner: Süd-)Kirche, die zum Kloster aus dem 5. und 6. Jh nC gehörte. Die schräg gegenüberliegende Ruine war die Nordkirche, die Stadtkathedrale, die auf nabatäischen Tempelmauern steht. In der Nordwestecke sind Ruinen einer kleinen nabatäischen Säulenhalle erhalten. Von hier sieht man die Versuchsfarm, in der heute nabatäische Bewässerungsmethoden mit guten Ergebnissen nachvollzogen werden.

Die Straße führt weiter durch eher sanft geschwungene Hügellandschaft. Dieser Charakter der unmittelbaren Umgebung ändert sich kaum, bis man in den Krater Ramon schaut.

17 km bis

HaRukhot Junction

Rechts zweigt die Straße 171 ab, die in die grenzparallele Straße 10 mündet. Es kann gefährlich sein, an der Grenze zum unsicher gewordenen Sinai unterwegs zu sein. Doch vorher, 28 km nach der HaRukhot Junction, nördlich des südöstlichen Endes des Maktesh Ramon, führt rechts eine kurze Piste zum Parkplatz von **Borot Loz**. König Salomo (965-928 vC) ließ in dieser Gegend Zisternen anlegen, die ab dem 4. Jh vC von den Nabatäern ausgebaut und technisch verbessert wurden. Ein 4 km langer, weiß-rot-weiß markierter Rundweg zu den besterhaltenen Zisternen und weiteren interessanten historischen Relikten erschließt die Stätte. Wasser trinken und baden verboten.

Von der HaRukhot Junction noch 5 km bis

Mizpe Ramon

1953 wurde für die Arbeiter, die eine Verbindungsstraße zwischen Elat und Beer Sheba bauten, am Rand des Kraters Ramon – **Maktesh Ramon** – eine Siedlung angelegt. Sie wuchs erst, als 1982 eine erweiterte Basis für das aus dem Sinai nach Israel zurückkehrende Militär geschaffen worden war. Heute leben hier viele russische Einwanderer, kyrillische Speisekarten und Wodka sind nicht selten.

Die beiden **Promenaden** am Rand des Cliffs werden nur durch die Straße nach Elat unterbrochen: Entweder man geht (ab dem Youth Hostel) nach Südwesten oder aber über die Straßenbrücke vorbei am Luxushotel *Bereshit* nach Nordosten; beide Spaziergänge sind vor allem in der Morgen- oder Abendstimmung sehr schön; müde Wanderer werden mit einem Weg zufrieden sein. Den besten Ausblick hat man vom Überhang zwischen dem Visitor Center und dem Dromedar-Ausguck westlich davon. Richtung Nordosten gibt es außer dem Krater auch moderne Kunst im *Desert Sculpture Park* zu sehen.

Im sehenswerten Nationalpark **Bio-Ramon** (hebr. *Hai Ramon*, Sa-Do 8-17, Fr -16, winters je eine Stunde früher Schluss, ₪ 21/9), ein Stück unterhalb des Visitor Centers, steht das Leben der Wüste, insbesondere der Wüsteninsekten, Skorpione, Schlangen etc. im Mittelpunkt. Aber auch die Wüstenflora gerät nicht in Vergessenheit.

3 km südwestlich der Stadt kann man eine **Lama- und Alpacafarm** (täglich 8.30-18.30, Fr u. im Winter -16.30, ₪ 25, www.alpaca.co.il) mit über 500 Tieren besichtigen. Die Tiere werden hier zur Wollegewinnung gehalten, für Kinder gibt es eine Streichelecke und man kann per Pony oder Alpaca (spätestens eine Stunde vor Schluss) oder per Pferd (vorher anmelden) ausreiten.

Doch viele Male interessanter als das kleine Städtchen ist der 38 x 6 km große und 400 m tiefe Krater ******Maktesh Ramon,** der heute Teil des größten israelischen Nationalparks ist, des **Har HaNegev Reserve and Zin Cliffs Reserve**. Wenn Sie von Mizpe Ramon in den Krater schauen, seine senkrecht abstürzende Nordwestwand und die Hügel auf dem Grund des Kraterbodens in verschiedenen Farben leuchten sehen, dann werden Sie von diesem Naturwunder begeistert sein. Besonders bei klarer Sicht kann man sich kaum von der Faszination der Kraterlandschaft lösen. Zwar zeichnet sich der gegenüberliegende Kraterrand bei Weitem nicht so deutlich ab wie der östliche, dennoch ist die elliptische Form des Maktesh Ramon deutlich zu erkennen.

Der **Krater** hat nichts mit Vulkanen oder Meteoriten zu tun, er bildete sich vor etwa 70 Millionen Jahren **durch Erosion** und vor allem durch einbrechende Hohlräume, eine typische Erscheinung der Negev-Wüste. Die Gesteinsschichten am nördlichen und südlichen Kraterrand entsprechen einander. Innerhalb des Kratergebiets liegen Kegelberge oder -hügel, Kalkklippen, Quarzblöcke und einige wenige Quellen. Die verstreuten schwarzen Berge und Hügel am Kraterboden sind alte Magmastümpfe, denen der Vulkan drumherum abhanden gekommen ist. Etwa 1200 verschiedene **Wüstenpflanzen** gedeihen hier, von denen sich unterschiedlichste **Tiere** ernähren. Gazellen, Füchse oder Wölfe leben im Krater, sogar Leoparden wurden schon gesehen. In der Südostecke täuschen trockene Wasserfälle den durstigen Wanderer. Beduinen nutzen noch heute Terrassen zum Weizenanbau, die auf die Antike zurückgehen. Man könnte die Weihrauchstraße der Nabatäer, die quer durch den Krater führte,

Schon von unten beeindruckend: Avdat

8

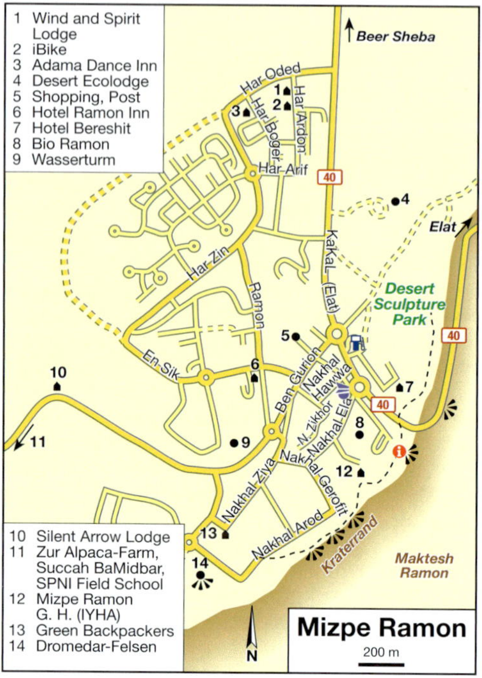

nachverfolgen. Auf dem Kraterboden wurden stattlich große **Fossilien** gefunden, die ca. 150 Millionen Jahre alt sind. Im Osten liegen Reste der **Nabatäerfestung** Mezad Mishor. Der Name des Kraters ist eine arabische Umlautung von Romani/Römer, die hier zu ihrer Zeit Gips abbauten.

An interessanten Stellen im Krater wurden markierte **Wanderwege** angelegt, so dass der Besucher sich sowohl zurecht- als auch Informationen findet. Bereits in Mizpe Ramon verläuft ein Kraterrandweg, der immer wieder neue Ausblicke auf die Landschaft tief unter dem Betrachter freigibt; ein Spaziergang lohnt sich sehr. Im Ort werden unterschiedlichste Methoden angeboten, den Krater ausgiebig kennenzulernen: per Jeep, Kamel, Mountain Bike oder auf eigenen Sohlen. Die Wanderwege am Grund und Rand des Kraters beginnen z.B. in Mizpe Ramon oder folgen der **Weihrauchstraße**. Nehmen Sie auf jeden Fall **genug Wasser** mit in den Krater, für einen ganzen Tag 8-10 Liter pro Person, denn in der erbarmungslosen Hitze trocknet man ungewohnterweise schneller aus als der Körper ein Durstgefühl melden kann.

Praktische Informationen

▶ Telefon-Vorwahl 08

• Es gibt keine städtische **Tourismus Information**, aber eine brauchbare Website: www.mitzpe-ramon.muni.il.

• Direkt am Steilabfall zum Krater, rechts versetzt von der Durchgangsstraße, hat die Nationalparkbehörde ein unübersehbares **Visitor Center** angelegt (Sa-Do 8-17, Fr -16, im Winter eine Stunde eher Schluss, Einlass bis eine Stunde vor Schließzeit, ₪ 27/14 – Preise für Testmonate, danach teurer, Tel 6588691), das man unbedingt aufsuchen sollte – schon wegen des Blicks, aber vor allem für Informationen, wenn man den Krater wie auch immer erkunden möchte. Hier gibt es ein Modell des Kraters mit allen Wanderwegen und wichtigen Informationen. Das *Visitor Center* wurde vor kurzem wiedereröffnet und zeigt außerdem Astronomisches zu Israels erstem Astronauten **Ilan Ramon**, der beim tragischen Absturz der Raumfähre Columbia starb.

• Wem das nicht genug ist, der sollte sich vor allem vor etwas schwierigeren Wandertouren zusätzlich in der **SPNI Field School** – etwa 3 km entfernt am südwestlichen Kraterrand – Auskünfte einholen bzw. sich Führungen anschließen, Tel 6588615, har@spni.org.il.

▶ Einen sehr informativen Plan der gesamten Umgebung hält übrigens die Rezeption des Ramon Inn Hotels für Mountainbiker bereit, und

Übernachten

Im Sommer – der hiesigen Nebensaison – lassen sich günstigere Tarife aushandeln. Es gibt außerdem ein Dutzend private Zimmerim.

- **ISROTEL BERESHIT**, 1 Bereshit St, Tel 6598000, Fax 6588151, www.isrotel.co.il; unverbaubarer Blick aus sehr geschmackvollen Bungalows an der Kraterkante, Hubschrauberservice von Tel Aviv, Zimmer häufig mit Privatpool, sonst noch Wünsche? mF.......... D+B ab $ 322
- **ISROTEL RAMON INN**, 1 En Aqev St, Tel 6588822, Fax 6588151, www.isrotel.co.il; ehemaliges Apartmenthaus zum Hotel umfunktioniert, abseits vom Krater, angenehm geräumig eingerichtet, ökologisch nachhaltig, Mountainbiker sehr willkommen, sehr sauber, überzeugendes Restaurant, Pool, Fitnessangebot, AC, TV, mF .... E+B ab $ 123, D+B ab $ 142
- **SUCCAH BaMIDBAR** (Laubhütte in der Wüste), 7 km außerhalb, ein Stück westlich der Alpaca Farm, Tel 6586280, Fax 6586464, www.succah.co.il; gelebter Eco-Tourismus, (siehe Beschreibung weiter unten), gut und angenehm geräumig eingerichtet, wirtschaftet ökologisch nachhaltig, Mountainbiker sehr willkommen, sehr sauber, überzeugendes Restaurant, Pool, Fitnessangebot, AC, TV, mF.......... E+B ₪ 380-450, D+B ₪ 520-560
- **MIZPE RAMON GUEST HOUSE (IYHA)**, ca. 150 m vom Kraterrand entfernt, westlich vom Visitor Center, Tel 6588443, Fax 6588074, www.iyha.org.il; sauber, mF..... Dorm pP $ 38, E+B $ 80, D+B $ 98
- **SPNI FIELD SCHOOL**, Nähe Alpaca Farm, Tel 6588615 oder 03 6388688; sehr ruhig am Kraterrand gelegen, 26 Räume mit je 6 Betten, Dusche und Toilette, einfach, freundlich und hilfsbereit (mit Ausnahmen), sehr detaillierte Infos, mF.......... 6er Dorm pP ₪ 130-150, E+B ₪ 295-335, D+B ₪ 345-390
- **iBIKE**, 4 Har Ardon St im nördlichen Industriegebiet, Tel 052 4367878, www.ibike.co.il; auf Mountainbiker ausgerichtet, Tourtipps, schöne Räume, Saunamöglichkeit, AC, mF.......... E+B ₪ 295, D+B ₪ 385
- **ALPACA FARM**, 3 km außerhalb, Tel 6588047 oder 052 8977011, www.alpaca.co.il; statt Kraterhier Alpacablick, familienfreundlich, sauber, nachhaltig, Hütten, Touren zu Fuß und per Pferd ab ₪ 130, "Zimmer"/Apartment mit Küche, Bettzeug ₪ 30, Frühstück + ₪ 50
Dorm: .... 4/6er Dorm pP ₪ 90-100, D+B ₪ 500-700
- **ADAMA DANCE INN**, 4 Har Boker St im nördlichen Industriegebiet, Tel 6595190, www.adama.org.il; Adama bedeutet Ackerboden, auf den sich hier alles bezieht: erdverbundene Leute, geerdete Meditation, entsprechende Unterkunft – eigenes Zelt aufschlagen ₪ 80, Tipi ₪ 170, aber auch Häuser aus ungebrannten Ziegeln, Gemeinschaftsküche, WLAN, mF.......... Dorm pP ₪ 90, D ₪ 290-380
- **DESERT ECOLODGE**, östlich der Durchgangsstraße kurz vor dem Abzweig nach Mizpe Ramon, Tel 6586229 oder 054 627 7414, www.navadim.org; herrlicher Blick Richtung Krater und *Desert Sculpture Park*, eine Art Ranch mit Kamelen und Winzerei, auch Pferde und Fahrräder für Wüstentouren, Beduinenzelt zum Essen, Langhütten mit engen Zweierschlafkabinen, extrem einfach, Duschen und Toiletten außerhalb, keine Kreditkarten, Reservieren empfohlen.......... Dorm pP ₪ 90, D ₪ 280
- **THE GREEN BACKPACKERS**, 10/6 Nakhal Sirpad St, Tel 054 6907474, www.thegreenbackpackers.com; kleine, feine Traveller-Adresse, sehr freundlich, nachhaltig, gute Infos & Touren, Küche, Parkplatz, Waschmaschine, Gepäckaufbewahrung, WLAN gratis.......... Dorm pP ₪ 70-75, E/D+B ₪ 255-285
- **SILENT ARROW DESERT LODGE**, 1 km westlich vom Zentrum, Tel 052 6611561, www.hetzbasheket.com; Unterkunft in großen (beheizten) Beduinen-, kleinen Kuppelzelten oder im Privatzelt, Matratzen ausleihbar, Gemeinschaftsbad und –küche, sehr sauber, ruhige Atmosphäre, Bogenschießkurse und Jeeptouren möglich, Fußweg 15 min von Mizpe Ramon (evtl. Abholservice), keine Kreditkarten .... Dorm pP ₪ 80, E/D pP ₪ 120
- **WIND & SPIRIT LODGE**, Har Ardon St im nördlichen Industriegebiet, Tel 054 5492415; der parkettierte Hangar wirkt eher wie eine Turnhalle, freundlich, sauber, AC.......... Dorm pP ₪ 90

• Camping

• Sowohl die SPNI Field School ($ 7 pP) als auch die oben genannten Lodges und Adama offerieren Campmöglichkeit. Die beste Stimmung bietet der **Campingplatz Be'erot** liegt mitten in der Wüste am Kratergrund, mit Toiletten und fließendem Wasser (Tel 6586713, ₪ 50/40 pP im eigenen Zelt, Zimmer bis zu 6 Leuten ab ₪ 350); Anfahrt siehe weiter unten. Der einzige Hinweis auf Leben ringsum ist ein großes Beduinenzelt, in dem man der Umgebung entsprechend essen kann. .

in der Alpacafarm gibt es ein lohnendes Buch über die Wüste und den Maktesh.

Verkehrsbindungen

▶ Bus 392 nach Beer Sheba, dort umsteigen nach Tel Aviv oder Jerusalem, Bus 392 nach Elat (nicht freitags).

Verschiedene Veranstalter verleihen Mountainbikes, man muss mit ₪ 80 pro Tag rechnen.

Essen und Trinken

▶ HANNA'S RESTAURANT, schmackhafte Selbstbedienung bei der Tankstelle, ist wohl am effizientesten, das neue THE BARREL beim Visitors Center hat sicherlich den besten Blick, originell wird es jedoch im Künstlerviertel im Norden: HaKAZE oder kostspielig CHEZ EUGEN in der Har Ardon, PANGEA in der Har Oded. Hier residiert auch der MIZPE RAMON JAZZ CLUB, Konzerte meistens freitags, 8/2 Har Boqer St, Tel 050 5265628, http://jazzramon.wordpress.com (hebr.). Näher am Kraterrand wären noch das PUNDAK RAMON im Isrotel Ramon oder HENRY'S SUSHI, etwas versteckt in der Nakhal Zikhor St. Frühstücks CAFÉ NETTO in der Nakhal Ziya St.

Eine ungewöhnliche Begegnung mit der Wüste will SUCCAH BaMIDBAR vermitteln. Einfachheit, Stille (Schweigen) und Verbundenheit mit der vegetationslosen Natur sollen hier in Palmwedelhütten, aber doch mit den Annehmlichkeiten moderner Technik wie Solarstrom für Laptop oder CD vermittelt und erlebt werden. Man findet die Hütten ein Stück westlich der Alpaca Farm, doch sollte man sich auf jeden Fall unter Tel 6586280 vorher anmelden.

Die Kraterlandschaft kennenlernen

Vom 400 m über dem Kraterboden gelegenen Mizpe Ramon windet sich die Straße hinunter zum Kraterboden.

5 km: **Abzweig**

Rechts weist ein Schild zur **Carpentery**, die am Ende des Schotterweges (Parkplatz) auf einem kurzen Fußmarsch zu erreichen ist. Hier liegen Quarzitklötze herum wie Holzabfälle in einer Schreinerei. Weltweit nur hier: Das Gestein wurde quasi gebacken und kristallisierte dann in Prismen aus.

Nach 5,5 km: **Abzweig**

Links führt eine auch für PKW gut zu fahrende Schotterpiste zu mehreren Zielen, zunächst zum 5 km entfernten **Campingplatz Be'erot** mit Toiletten und fließendem Wasser. In einem großen Beduinenzelt kann man der Umgebung entsprechend essen (vorher anmelden: Tel 6586713). Der Platz eignet sich auch als gute Basis für Trekking-Ausflüge in die Umgebung, z.B. zum Sha'ar Ramon (Ramon-Canyon oder -Tor), zum 702 m hohen Mount Ardon mit herrlicher Aussicht, zum Berg Saharonim oder zur Quelle En Saharonim.

Für eilige Besucher dürfte **En Saharonim**, eine Quelle im Krater, das interessanteste Ziel sein, das 3,5 km vom Campingplatz entfernt und auch mit kleinem PKW zu erreichen ist, während die anderen Orte zum Teil Fahrzeuge mit Allradantrieb benötigen bzw. nur zu erwandern sind. Oberhalb der Quelle En Saharonim, die von dichtem Schilf und Gestrüpp umgeben ist, steht der **Khan Saharonim** (auch Mezad Saharonim). Das ehemalige Fort wurde von den Nabatäern vermutlich im 1.Jh nC als eine von mehreren Befestigungsanlagen der Weihrauchstraße dieser Gegend erbaut; nicht verwunderlich, denn die nahe gelegene Quelle galt es zu nutzen und zu schützen. Sehr gut ist die Anordnung der Räume (u.a. eine Küche) um einen großen Innenhof zu erkennen. Treppenreste in der Südwestecke lassen auf ein oberes Stockwerk schließen.

Nach 3 km: **Abzweig**

Rechts, ein Stück abseits der Straße, kann man den **Ammonite Wall** besichtigen, eine sehr seltene Häufung von Fossilien.

Die Straße 40 führt im Süden kurvenreich, aber nicht so deutlich merkbar wie bei der Einfahrt, wieder aus dem Krater heraus und zieht sich weiterhin durch eine großartige und abwechslungsreiche Wüstenlandschaft. Wenn sich der Blick nach Osten öffnet, erkennt man die hoch in den Himmel ragenden jordanischen Edom-Berge in ihrer pastellroten Grundfarbe. Fotofreunde werden besonders am späteren Nachmittag ihre Freude an den dann deutlich hervortretenden Formen und Konturen der Wüstenlandschaft haben. Gerade diese Strecke zählt zu den landschaftlich faszinierendsten Wüstentouren; wer statt dessen z.B. von Beer Sheba aus schnell ins Wadi Arava hinunterfährt, wird viele dieser Eindrücke der Negevwüste versäumen.

40 km: **Zikhor Junction**

Links zweigt die Straße 13 ins Wadi Arava ab. Wir fahren geradeaus weiter. Wenn man der 13 folgen würde, gibt es an der Einmündung zur Straße 90 eine Art **Wüsten-Vergnügungsviertel**, wo man abends z.B. im *Texas 101* noch etwas trinken gehen und übernachten kann:

8 km nördlich davon an der Straße 90:

- **Aviran Desert Inn** Guesthouse & Hostel im Kibbuz Faran, Tel 052 3868938; nach weiteren 14 km gibt es noch die **Negev Eco Lodge** in Zuqim, 052 6170028, www.desert-days.co.il.

Folgt man jedoch der Straße 40, liegt nach etwa 12 km links Shittim mit Unterkunft im

- **DESERT ASHRAM** (Ashram BaMidbar), Tel 08 6326508 oder 052 5443349, www.desertashram.co.il; Ashram à la Israel, sehr sauber, vegetarisch, Teilnahme am WOrking and Meditation Program (WOMP) möglich; zu Pessach und Sukkot großes Goa & World Groove Festivals mit bis zu 3000 Leuten, E mit Vollverpflegung und 2 Meditationen ....(eigenes) Zelt/Dorm ₪ 90-130, E/D ₪ 380-620

26 km: **Shisafon Junction**

Hier müssen Sie sich entscheiden, ob Sie nach rechts über die westlich gelegene Straße 12 parallel zur ägyptischen Grenze oder auf der Straße 40 hinunter ins Wadi Arava fahren wollen, wobei der kurvenreiche Abstieg durch die Hügel und Klippen auf beiden Strecken ein Naturerlebnis ist. Noch mehr Erlebnis an Natur bietet die westliche Route, die man z.B. auf der Rückreise fahren und dabei landschaftliche Sehenswürdigkeiten in der Nähe von Elat (siehe S. 417) mitnehmen kann. Aufgrund der unübersichtlichen Lage im Sinai kann die Straße 12 gesperrt sein – erkundigen Sie sich direkt am Abzweig im Biorestaurant PUNDAK NEOT SMADAR.

Carpentery im Maktesh Ramon

Weiter auf der Straße 40: Nachdem man bereits die Palmenoase sah, kommt nach 1 km die Einfahrt zum Kibbuz **Neot Smadar**, dem auch das Restaurant gehört. 1989 gründeten vor allem Künstler aus Jerusalem diesen inspirierenden Ort. Täglich 12 Uhr 90-minütige Führung.

- **ECO LODGING**, Tel 08 6358111 oder 054 9798883, www.neot-sem adar.com; sehr hübsche, saubere Häuschen, keine Verpflegung, aber Rabatt im Restaurant .... E+B ₪ 320, D+B ₪ 350

11 km: **Ktura Junction**

Nach rechts auf die Straße 90 abbiegen, die im **Wadi Arava** verläuft. Das Wadi Arava, das sich kaum im Namen und nur durch die in der Mitte verlaufende Grenze vom jordanischen Wadi Araba unterscheidet, zieht sich von Elat bis nach Sedom am Toten Meer, also von Meereshöhe bis minus 400 m. Wer glaubt, dass sich das Wadi sanft gegen Norden neige, irrt. Erst ziemlich zum Schluss verlässt man die Seehöhe und verschwindet relativ schnell in die tiefste Tiefe der – trockenen – Erdoberfläche.

Auch botanisch ist das Wadi Arava interessant, weil es viele Pflanzen aus Afrika und Asien gedeihen lässt und Tieren beider Lebensräume

8

Nahrung bietet. Infolge der geologischen Struktur – hohe Berge auf beiden Seiten und trocken-heißer Wüstenboden – herrschen starke Aufwinde. Die Zugvögel kennen diese günstige Situation und nutzen sie auf ihrem Flug über die Kontinente. Zweimal im Jahr füllt sich das Wadi mit vielen Millionen Vögeln, die hier eine Pause einlegen. Durch die Expansion von Elat wird der Lebensraum der Vögel eingeschränkt, daher hat man im

**Kibbuz Lotan

(nahe der Ktura Junction; auch Übernachtungsmöglichkeit, siehe unten) ein **Vogelreservat** mit einem Teich, Bäumen und Pflanzen angelegt, in dem mehr und mehr Vögel rasten. Man kann das Reservat besichtigen und damit auch die Arbeit der Leute unterstützen. Außerdem bieten die Ornithologen des Kibbuz sog. *Birding Tours* (am besten Okt-Dez oder Feb-Apr; Tel 08 6356935, www.birdingisrael.com) im Negev an, Dauer bis zu zwei Wochen. Ganz unaufdringlich gibt es darüber hinaus Workshops zu ökologisch sinnvollem Leben, und man kann die Spiritualität des liberalen Judentums kennenlernen. Obwohl das Reformjudentum die größte jüdische Gruppierung weltweit darstellt, genießt es in Israel kaum politischen Einfluss, neben den ökologischen Zielen ein wichtiger Grund, 1983 den Kibbuz Lotan zu etablieren.

Übernachten

- **KIBBUZ LOTAN ECOTOURISM**, Kibbuz Lotan, Tel 08 6356935 oder 054 9799030, in Israel gebührenfrei 180 0200075, www.kibbutzlotan.com; individuelle Lehmziegelhäuser, geschmackvoll eingerichtet, sehr freundlich und hilfsbereit, Pool, Touren, Abholservice, WLAN, mF.................. Dorm pP ₪ 100, E/D+B ₪ 300-560

11 km bis

Kibbuz Yotvata

In der Nähe einer der wenigen (und noch dazu ergiebigen) Quellen im Negev wurde 1957 der Kibbuz Yotvata gegründet. Nach vielen Fehlschlägen, harter und erfindungsreicher Arbeit weiden heute mitten in der Wüste Milchkühe; im Laden an der Tankstelle kann man vorzügliche Milchprodukte kaufen. Yotvata zählt zu den eher wenigen Kibbuzim, die wirtschaftlich erfolgreich sind und selbstsicher in die Zukunft schauen. Seine Milchprodukte sind in ganz Israel bekannt und erhältlich, hier vor Ort sogar 24 Stunden pro Tag, außer Freitagabend. Tagsüber auch Touristeninformation im Eingangsbereich.

8 km: **Samar Junction**

Links ab zur

**Hai Bar Yotvata Reserve

In der 12 km² großen Reserve **Hai Bar Biblical Nature Park** werden selten gewordene oder vom Aussterben bedrohte, in der Bibel erwähnte Tierarten gezüchtet, um sie später in freier Natur wieder auszusetzen. Häufig lassen sich bereits von der Straße aus Strauße, Antilopen, Gazellen oder Wildesel erkennen. In einem kleinen Zoo kann man zusätzlich Beutegreifer wie Leoparden, Wüstenfüchse oder Schlangen betrachten oder in einem Raum, in dem am Tag Nachtverhältnisse herrschen und umgekehrt, typische Nachttiere wie Fledermäuse und Skorpione beobachten. Das Außengelände durchfährt man im eigenen Auto wie in einem Safaripark. Beim Kartenkauf kann man eine CD bekommen (Miete ₪ 5, Kauf ₪ 10), die englischsprachige, ausführliche Erläuterungen liefert, persönlicher Tourguide ₪ 200 (So-Do 8.30-17, Fr/Sa -16, letzter Einlass eine Stunde vor Toresschluss, Außengelände ₪ 27/14, Beutegreifer [*Predator Center*] ₪ 25/13, Kombikarte für beides ₪ 43/22. Camping ₪ 50/40).

13 km: **Abzweig**

Rechts ab in den sehenswerten

****Timna Park

Geschichte: *Bereits im 4. bis 3. Jahrtausend vC, d.h. vor etwa 6000 Jahren, wurde in Timna Kupfer gewonnen, im 14. und 13. Jh vC kamen große pharaonische Expeditionen (18. und 19. Dynastie), um das wertvolle Metall abzubauen. Im 12. Jh vC waren einheimische Midianiter allein mit dem Abbau beschäftigt, nach einer Un-*

terbrechung nahmen die Römer in den ersten beiden Jahrhunderten nC die Kupferförderung wieder auf. Schließlich versuchten sich auch die Israelis in den 1950er Jahren, gaben aber nach 20 Jahren wegen der gefallenen Kupferpreise auf.

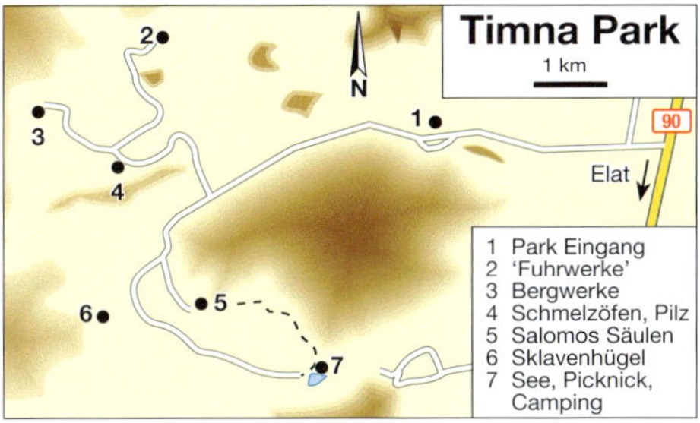

Das Wadi Timna ist eigentlich eine Landschaft für sich: Im halbkreisförmigen Kessel der bizarren, bis über 800 m hohen Timna-Klippen erhebt sich aus der Bodenebene der Djebel Timna, der – aus granitenem Urgestein bestehend – sich seinerseits in steilen und bizarren Klippen abgrenzt. Doch nicht allein wegen ihrer beeindruckenden, fabelgleichen Gebirgsformationen war diese Gegend schon den Ägyptern bekannt, sondern vor allem wegen ihrer Kupfervorkommen, die sich als grüne Adern durch den weicheren Sandstein im Tal ziehen.

Von der Hauptstraße führt eine schmale, 3 km lange Straße hinauf zum Eingangstor (Sa-Do 8-16, Fr -15 [Juli/Aug. täglich -13, + Di 17-20 *Sunset Tour*], ₪ 44/39, Nachtprogramm mit Lightshow ₪ 69/59; **Camping** ₪ 50, www.timna-park.co.il) in die Felsenwildnis, von dort bis zum zentralen Parkplatz sind es noch einmal 4 km. Am Eingang gibt es einen Plan, der den Park und die Sehenswürdigkeiten gut erklärt (auch auf Deutsch erhältlich). Außerdem sollte man sich das interessante Video über die Entstehung Timnas und seine Sehenswürdigkeiten anschauen. Im Park sind Wanderwege gut ausgeschildert, auf denen man z.B. die Geschichte der Kupfergewinnung – Timna ist die älteste bekannte Mine dieser Art – bis heute verfolgen kann.

Mit dem Auto fahren Sie am besten bis zum zentralen Parkplatz, um von dort die **Säulen Salomos** – Salomos Pillars – anzuschauen, durch Erosion aus dem Fels herausgefräste, halbrunde und überdimensionale Säulen, die mit dem König Salomo nichts zu tun haben, aber zweifelsohne beeindruckend in ihrer Größe sind. Gehen Sie von den Säulen nach rechts um die Ecke herum (und nicht zuvor die Treppen hinauf). Am Fuß einer Felswand sind die Grundmauern eines pharaonischen **Hathortempels** zu sehen, die zwar kaum einen Eindruck vom altägyptischen Tempelbau vermitteln, aber als historisches Dokument ägyptischer Expeditionen in fremdes Land interessant sind. Rechts vom Tempel führt eine Treppe zu Felswänden hinauf, auf denen Felszeichnungen eingeritzt sind, u.a. auch ein Relief von Pharao Ramses III.

Vom zentralen Parkplatz geht es ein Stück zurück, dann links Richtung See. Unterwegs liegt rechts der **Sklavenhügel** mit einem Schmelzlager aus dem 14. bis 12. Jh vC und großen Schlackenhaufen aus der Erzgewinnung. Der

Die Säulen Salomos in Timna

Timna-See – ein künstlich geschaffener blauer Fleck in der Felslandschaft – lädt zu einer erholsamen Pause ein, im Restaurant gibt es zumindest Snacks. Man kann hier außerdem Fahrräder, Kamele oder Tretboote mieten, Fläschchen mit buntem Sand füllen und – vielleicht etwas deplatziert – einen Nachbau der Stiftshütte besichtigen, mit der die Israeliten durch die Wüste zogen. Camper können hier gegen Aufpreis auch übernachten.

Bei der Rückfahrt sollte man am Abzweig zu Salomos Säulen vorbeifahren und am nächsten links abbiegen, um noch einige interessante Plätze zu besuchen. Am Ende der nach Nordwesten führenden Straße ist der Fels von

Berühmter Stein-Pilz in Timna

ägyptischen **Kupferminen** nahezu durchlöchert. Einige Schächte – der tiefste mit 37 m – sind noch erhalten, doch der Großteil der etwa 1000 Schächte ist inzwischen verschüttet, die kreisrunden Einschnitte sind aber deutlich erkennbar. Der Rundweg zeigt die Kupfergewinnung, führt durch Felsbögen und schließlich durch unterirdische Gänge zurück zum Parkplatz. Auf dem Rückweg lohnt sich ein Stopp beim **Pilz,** einer pilzförmig-skurrilen Felsformation, und den dort liegenden Schmelzlagern, bei denen die Verhüttung des gewonnenen Erzes nachvollzogen werden kann. In der Nähe zweigt links eine Stichstraße zu ägyptischen **Felszeichnungen** in einer engen Schlucht ab, auf denen u.a. Fuhrwerke dargestellt sind, die von Stieren gezogen werden. Sozusagen nebenan, südlich anschließend, liegt die aufgelassene moderne Mine.

Zurück zur Straße 90, 16 km bis **Elat.**

Elat und Umgebung

Geschichte: *Die Historie dieser Gegend, zu der natürlich auch Aqaba zählt, geht auf* ***Ezion Geber*** *(Tel AlKhulayfa in Jordanien) und das alte Elat zurück, das aber mit Aqaba gleichzusetzen ist. Im 10. Jh vC ließ Salomo in Ezion-Geber Schiffe bauen. Nachdem die Israeliten im 8. Jh vC den Hafen verloren hatten, machten erst im 3. Jh vC die Ptolemäer wieder auf ihn aufmerksam. Danach nahmen ihn die Nabatäer, dann die Römer in Besitz. Im 12. Jh nC traten die Kreuzritter auf, bis sie von Saladin 1170 endgültig vertrieben wurden. Später kamen die Mamluken, dann die Türken, nach dem Ersten Weltkrieg die Briten, die eine Polizeistation unterhielten.*

Im Unabhängigkeitskrieg von 1948 eroberten die Israelis den jordanischen Posten und ein Stück Land entlang der Küste. In dem unwirtlichen, nur schwer erreichbaren Gebiet entstand das Kibbuz Elot, das später an seinen heutigen Platz ein Stück nördlich aussiedelte. Bereits ***1951*** *wurde der* ***Hafen*** *eröffnet, aber israelische Schiffe wurden fast permanent von den arabischen Nachbarn behindert. Als der ägyptische Präsident Nasser 1967 die Straße von Tiran blockierte, löste er den* ***Sechstagekrieg*** *aus und verlor als Folge den Sinai, der erst 1982 an Ägypten zurückgegeben wurde, nachdem im Friedensvertrag Israels der Ausgang ins Rote Meer zugesichert worden war. Elat wurde nicht nur eine wichtige Hafenstadt, sondern auch Tor zum Sinai, Badeort der Israelis und ihrer Besucher aus aller Welt.*

Sehenswertes

******Underwater Observatory Marine Park**, ein gläserner Unterwasserturm vor dem Korallenriff, aus dem man herausschauen und die Fische beobachten kann, S. 416
*****Coral Reef Tank** (Coral Beach Park), sehr gutes, großes Seewasser-Aquarium, S. 416
*****Dolphin Reef**, ein im Wasser abgegrenztes Korallenriff mit Delfinen, die so zahm sind, dass man mit ihnen schwimmen kann, S. 415
*****Korallenstrände** am South Beach, an denen man herrlich schwimmen, schnorcheln oder tauchen kann, S. 416
*****Wüstengebirge** um Elat mit pittoresken und faszinierenden Felsformationen, interessanten Wanderungen, grandiosen Aussichten, S. 417
****North Beach**, schöner Sandstrand, keine Korallen, S. 412
****Vogelbeobachtung**, mit Ornithologen Zugvögel beobachten, S. 417
****Sport aller Art** im Wasser, zu Land und in der Luft, S. 421
***King's City**, Themenpark zur biblischen Antike, technisch auf neuestem Stand, S. 413

Sonnenstadt am Roten Meer

Elat – sozusagen Schwesterstadt des jordanischen Aqaba – besitzt nur 11 km Küste am Roten Meer. Hier herrscht trockenes und ziemlich heißes Klima. Die 49 000-Einwohner-Stadt stellt den einzigen Hafen Israels am Roten Meer, sie ist aber mehr ein quirliges Touristenzentrum, nahezu 365 Tage im Jahr, Tag und Nacht in Betrieb. Rund 11 000 Hotelzimmer stehen für Besucher bereit, mit steigender Tendenz und Wettergarantie: Sonnenschein quasi vom 1. Januar bis zum 31. Dezember; selbst im Winter erreichen die Tagestemperaturen noch gute 20 Grad. Attraktionen sind aber auch die urgewaltige Felslandschaft, an die sich die Stadt anlehnt, wie auch der Küstenstreifen am Roten Meer.

Westlich vom nahezu im Stadtzentrum liegenden Flughafen zieht sich das Zentrum Elats den Berg hinauf mit einem großen Kanyon Shoppingcenter, Post, Busterminal etc. Östlich des Flughafens beginnt das Wadi Arava mit dem Sandstrand, der North Beach genannt wird, an dem sich die feudalen und etwas weniger

Luxushotels sind in Israels südlichster Stadt keine Mangelware

8

vornehmen Hotels teils am Strand, teils um eine Lagune angesiedelt haben. Fährt man von Norden auf die Stadt zu, so sehen diese Hotelburgen wie Wellenbrecher aus, die das Wadi vor den Fluten des Roten Meers schützen. Der Nordstrand, das Ende des Golfs von Elat, macht im Westen einen scharfen Bogen nach Süden. Gleich an der Ecke steht ein weiteres, mächtiges Shoppingcenter, die Mall HaYam. Bald folgen in Richtung Süden die Hafenanlagen, ein Stück weiter südlich beginnt der von Korallen gesäumte Küstenstreifen, der Elat wegen seiner wunderbaren Unterwasserwelt ebenfalls berühmt macht (und der quasi erst an der Südspitze des Sinai endet).

Vermeiden Sie Elat während des Passah- und des Sukkot(Laubhütten)festes – Daten siehe S. 78. Ganz Israel stürzt sich während dieser Zeit (meist je eine Woche) auf die Stadt, alles ist überfüllt und überteuert. Eigentlich sollte man sagen, trotz der hiesigen V.A.T.(MWSt)-Freiheit über-überteuert, denn Elat ist ohnehin schon ein kostspieliger Platz – also nicht unbedingt für sparsame Menschen für längere Zeit zu empfehlen. Aber Tanken lohnt sich.

Der stockende Friedensprozess hat übrigens ein für Elat nicht unwichtiges Projekt zum Stillstand gebracht: einen gemeinsamen Flughafen mit Aqaba, auf dem bereits 1997 probeweise Flüge abgefertigt wurden. Vielleicht wird mal in der Gegend von Timna ein rein israelischer Flughafen gebaut.

Praktische Informationen

Busbahnhof und Stadtflughafen liegen in Elat tatsächlich nur ein paar Schritte voneinander entfernt: Die HaTmarim St beginnt am Flughafengebäude, dann führt sie sofort durchs Stadtzentrum mit jeder Menge Shopping: rechts zunächst an der Kreuzung mit der HaArava St das **Shalom Center** mit **Red Canyon Supermarkt**, Post, Bank, Autovermietern und vielen Restaurants. Kurz vor der Kreuzung mit der HaNegev St folgt der **Busbahnhof**. Nördlich/nordwestlich davon befinden sich vergleichsweise günstige Hotels und die meisten Hostels. In mehr als fußläufiger Entfernung warten außerdem drei weitere Shopping Center, u.a. ein BIG und der Canyon Halr, auf Kundschaft.

Die von Norden kommende Einfallstraße 90 aus dem Wadi Arava verläuft direkt westlich des Flughafens, heißt hier auch wenig überraschend HaArava St und kreuzt die oben genannte HaTmarim St am Eingang zum Flughafen. Sie führt dann an der Küste entlang bis zur israelisch-ägyptischen Grenze, hier wird sie gerade ausgebaut und um einen Radweg (!) erweitert (Bus 15). Wenn man am nächsten Kreisel nach dem Flughafen links auf die Durban St abbiegt, gelangt man zur größten Hotelballung von Elat (die erste Straße rechts, Tarshish St, führt in die Nähe des Tourist Information Center, unweit der Brücke über die Ausfahrt der Lagune).

Hier liegt der ****North Beach**, ein schöner flacher Sandstrand und der beliebteste in Elat. Er unterteilt sich in eine Reihe von Einzelstränden, die meist nach den dahinter liegenden Hotels benannt sind. Fast überall kann man Liegestühle mieten, findet Duschen und viele gleich gesinnte Sonnenanbeter. An drei Stellen sind Lebensrettungsschwimmer stationiert. Parallel zum Wasser verläuft die Promenade, die besonders abends zum Leben erwacht, auf der man bummelt und sich zeigt. Im Osten endet die Promenade quasi am Herod's Hotel. Man kann aber über den dortigen Kanal hinweg weitergehen (oder zwischen dem Herod's und der *King's City* weiterfahren) und kommt dann der jordanischen Grenze schon ziemlich nahe. Der Sunbay Beach in diesem Abschnitt ist nicht so überlaufen. Auch die *East/Peace Laguna*, zu der sich der eben erwähnte Kanal landeinwärts ausweitet, bietet Badestrand mit Wasser

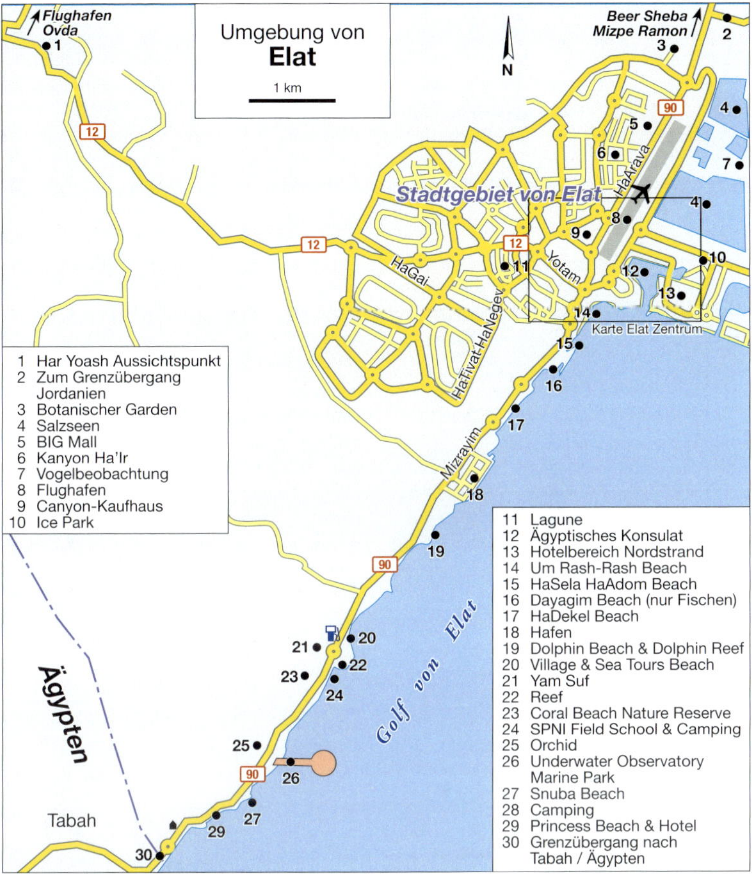

aus dem Golf zum Baden und Zelten mit vergleichsweise wenig Publikum. Nördlich hinter der Hotelfassadenfront der ersten Reihe (ausnahmslos 5*Herbergen) siedelten sich etwas weniger prestigeträchtige, aber immer noch teure Unterkünfte an, zum Teil um die westliche Elat Lagune mit den Jacht-Liegeplätzen, zum Teil aber auch ohne direkten Wasserblick oder -anschluss.

Der Themenpark ***King's City** ist ein Vergnügungsgelände vor allem für Familien mit Kindern, das thematisch lose von Informationen über antike Geschichte und Gestalten des Alten Testaments zusammengehalten wird – z.B. wird das Leben König Salomos durch eine Bootsfahrt erschlossen, nicht gerade das typische Fortbewegungsmittel im alten Israel. Die fantasievolle Annäherung an die Vergangenheit bietet weiterhin die interessante, eher naturkundliche *Höhle der Illusionen und der Weisheit*. Ein Panoptikum mit biblischen Gestalten ist dagegen weniger spektakulär als die Höhle, in der sich die Wachsfigur-Szenen befinden. Ansonsten wartet eine Vielzahl kulinarischer Angebote, falls das trotz des Eintrittspreises noch drin sein sollte sowie die Fahrgeschäfte des ***Fantasy Amusement Park*** im nördlichen Außenbereich; Mo-Do/Sa 10-19, So ab 14, Fr 9-18, **Fantasy** Mo-Do 13-20, Sa ab 11, So ab 15, Fr 11-19, ₪ 125/99, Online-Rabatt ₪ 99/79, Tel 6304430, www.kingscity.co.il (hebr.).

Nördlich davon liegt der einzigartige **Ice Park**, nach Metulla Israels zweites Eishockey-Stadium. Aber nicht nur das: Um die Eislauffläche herum, auf der auch Unterhaltung geboten wird, gibt es zehn Etagen Shopping. Irre, lieber nicht nach der Öko-Bilanz fragen… tägl. 10-24, eine Runde Eislaufen inkl. Schuhen ₪ 40, www.facebook.com/iceparkeilat.

Wenn Sie am oben genannten Kreisel HaArava/Durban St nach rechts bergauf in die Yotam St abbiegen, dann liegt linker Hand das seit 1968 sogenannte **New Tourist Center** mit Shops und Hotels. Außerdem ballen sich hier Kneipen, Restaurants und Kurzweilangebote aller Art, die sich vor allem an Teenager wenden. Beispielsweise finden sich außerhalb dieser Altersgruppe nur wenige Teilnehmer an der stockfinsteren Zu-Fuß-Geisterbahn *Nightmare*, weil Herz- und Fußkranke vermutlich ahnen, dass hier ein Alptraum Wirklichkeit werden könnte – die „Gespenster" legen es nämlich auf nicht gerade harmlose Schockeffekte an und zeigen sich besonders um das weibliche Publikum bemüht; www.nightmare.co.il (hebr.). Ebenfalls Kontakt zu jungen Damen, aber nur für Erwachsene und vermutlich weniger aufregend, ermöglicht der Stripclub *GoGo*, erreichbar über einen der Hintereingänge des New Tourist Center, Tel 050 5262333. Die nächste Striptease-Party kennt angeblich Tel 054 6170418.

Auf der anderen Seite der Yotam St gibt es harmlosere Unterhaltung: die Pyramide des **IMAX-Kinos** mit üblichen 3D-Filmen und mindestens einem Meeresfilm (www.imaxeilat.com, Ticket ₪ 79 gilt für 3 Tage und alle Filme) und nebenan das historische **Museum** mit Stadtgeschichte seit 1949, das mitten in dem ganzen *Fun*-Getöse ringsum etwas deplatziert wirkt; Mo-Do 10-20, Fr 10-14, Sa 12-20, ₪ 10/5, www.eilat-history.co.il (hebr.). Gleich daneben befindet sich zu selben Öffnungszeiten die Elat Art Gallery mit lokalen Kunstobjekten aller Art, Eintritt frei.

Lockeres Strandleben am North Beach mit Blick nach Aqaba

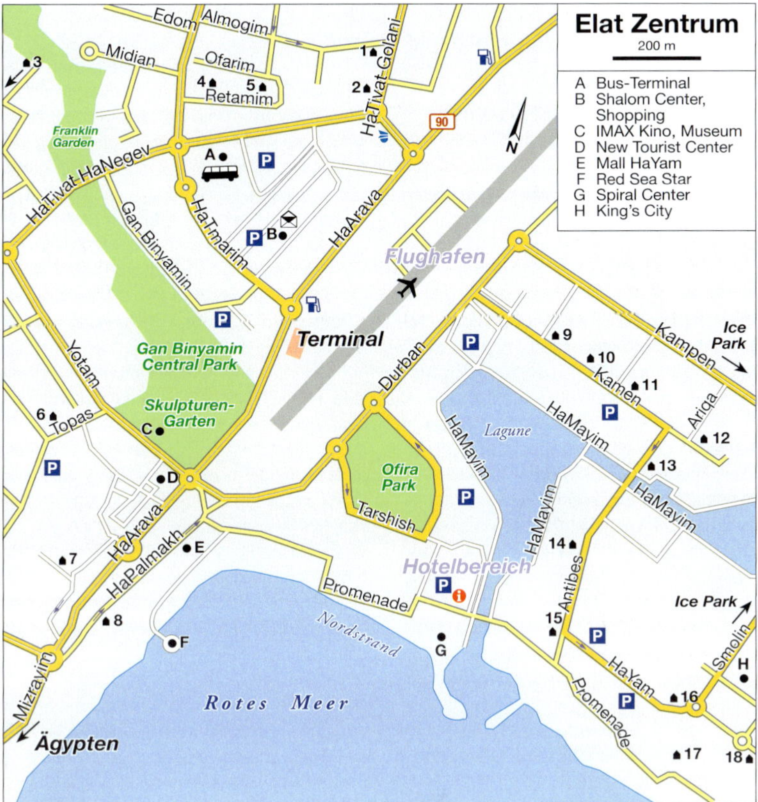

♠ **Hotels**

1 Arava Hostel
2 Nova Like
3 The Shelter
4 Blue, Corinne
5 Sunset, Aviv/Spring
6 Adi
7 Elat G. H. (IYHA)
8 Le Méridien
9 Leonardo Royal Resort
10 Leonardo Privilege
11 Americana
12 Vista
13 Astral Marina
14 Lagoona
15 Hilton Queen of Sheba
16 Sport Club
17 Dan Elat
18 Herod's Palace

Daher soll es lieber tagsüber weiter auf der HaArava St – die später Mizrayim (= Ägypten) St heißt – nach Süden Richtung Tabah gehen.

▶ Nach dem Hafen können Sie am ***Dolphin Reef Shows** mit Delfinen erleben (9-17; ₪ 64, bis 15 Jahre ₪ 44, www.dolphinreef.co.il) in offizieller Sprache: den Tieren beim Training zuschauen. Ein über 10 000 Quadratmeter großer Seebereich ist so abgezäunt, dass die aus Delfinarien kommenden Delfine sich sehr frei bewegen und an ein künftiges Leben in Freiheit gewöhnen können. Als besondere Attraktion kann man mit den Delfinen schwimmen oder tauchen (Schnorcheln ₪ 280 für 30 min, Eintritt inklusive, Kinder ab 10 Jahren nur mit Begleitung; Tauchen 30 min mit eigener Ausrüstung ₪ 140, inklusive Ausrüstung ₪ 223); die neugierigen Tiere gehen dabei auf Tuchfühlung. Es empfiehlt sich, solch ein Delfin-Rendezvous vorher unter Tel 6300111 zu reservieren. Weitere besondere Angebote sind Entspannungspools (ohne Delfine, 2 Std/₪ 150-180 pP) und Delphin-Therapie (€ 400/4 Tage, ohne Unterkunft und Verpflegung).

► Nur ein kurzes Stück weiter südlich liegt das *****Coral Beach Nature Reserve** (9-18, Okt-März -17, Fr jeweils eine Stunde früher, Kasse schließt jeweils eine Stunde früher, ₪ 33/20), 1200 m Strand mit einem Steg zu den interessantesten Korallenriffs. Schnorchel ausleihbar. Noch weiter südlich ragt der Turm des ******Underwater Observatory Marine Park** aus dem Wasser (8.30-16; Tickets gelten drei Tage: ₪ 94/74, zusätzlich mit Oceanarium plus ₪ 10, dazu noch das überflüssige Yellow Submarine, plus ₪ 35/29, www.coralworld.com/eilat). Hier wurde ein Unterwasserobservatorium ins Meer gebaut: Ein 100 m langer Steg führt zu dem Rundbau, von dessen unterer Etage, die 6 m unter der Wasseroberfläche liegt, Fenster den Blick in die Unterwasserwelt ermöglichen und man den schönsten Fischen direkt ins Auge schauen kann. Und das vor der Kulisse buntschillernder Korallenbänke, in denen die Fische sich völlig natürlich und "ungezwungen" bewegen – wenn hier ein Fisch an der Scheibe auf und ab schwimmt, dann macht er das aus Interesse, aber nicht aus Verzweiflung, in einem Gefängnis (Aquarium) zu leben.

Entbehrlich ist das gelbe Unterseeboot: Es taucht gar nicht, und 30 Minuten durch ziemlich fischloses Wasser hin- und herschippern ist den Aufpreis nicht wert.

An Land innerhalb des Marine Park gibt es Kurzweiligeres zu sehen: Haien im Shark Pool zuschauen oder riesigen Schildkröten und Stachelrochen gleich nebenan. In einem hervorragend konzipierten Rundaquarium (*****Coral Reef Tank**) wurde eine faszinierende Korallenwelt mit ihren Bewohnern geschaffen, und im Rare Fish Aquarium zeigt man u.a. See-Anemonen und Seepferdchen. Zwischen 11 und 15 Uhr gibt es im Park verschiedene Fütterungszeiten.

Und dann wäre da noch das **Oceanarium**, eine effekthaschende Veranstaltung, die – sehr subjektiv gesehen – ohne die vielen, eher unnötigen Show-Effekte wesentlich eindrucksvoller wäre: Man erlebt eine U-Bootreise quer durch alle möglichen Meere und sogar durch den Erdmittelpunkt und sitzt dabei auf Sesseln, die sich der Situation des Bootes anpassen. Bei ruhigem Seegang schwingt man genüsslich dahin, bei rauer See wird man kräftig durchgeschüttelt. Auf Großleinwänden sieht man die Unterwasserwelt; dabei handelt es sich teils um hervorragende Aufnahmen und auch recht gute Informationen, z.B. wird die Geburt eines Seelöwenbabys gezeigt. Wer sich also für ₪ 10 durchschütteln lassen will, der sollte sich das recht laute Spektakel nicht entgehen lassen.

Wenn Sie genug vom Baden und Tauchen haben, sind Wandern oder Klettern eine Alternative. Zurück Richtung Norden berät Sie die SPNI Field School gegenüber des Coral Beach Nature Reserve. Oder Sie biegen nach dem nächsten Kreisel das nächste Sträßlein links den Berg hinauf ins Wadi Shlomo ein.

► Ziemlich weit oben liegt die **Camel Ranch**. Hier werden routinemäßig 1½-4 Stunden lange Ausflüge per Kamel in die umliegenden Wadis Shlomo und Zfahot einschließlich Beduinenmahlzeit angeboten (lange Hose empfohlen, Halbtagestouren 9-13, 17-21, im Winter 15-19, ₪ 120 bzw. 200, Kinder ₪ 90 bzw. 150, Tel 6370022 oder 057 7772000, www.camel-ranch.co.il). Das ist zum Ausprobieren vielleicht nicht schlecht, bevor man sich für einen Mehrtagestrip entscheidet.

► Eine vier- bis sechstägige Tour wird z.B. von den **Camel Riders** im Shaharut Inn weit außerhalb beim Ovda Airport angeboten, Tel 6373218 oder 054 956030, www.camel-riders.com, Preis für einen Tag ₪ 200/180.

Sowohl Camel Ranch als auch andere bieten sogenannte **Bedouin Hospitality**. Hier mögen das Essen und die Umgebung noch halbwegs beduinisch sein. Sollte das Angebot auch Bauchtanz und alkoholische Getränke umfassen, oder beispielsweise der Besitzer von *Sheikh Yussufs Tent* am Coral Beach sich mit sommerlich gekleideten jungen Damen ablichten lassen, können Sie davon ausgehen, dass Sie es nicht mit authentischen Söhnen der Wüste zu tun haben. Vielleicht ganz unterhaltsam, aber keine Wüstenerfahrung, weil z.B. Bauchtanz ein typisches Vergnügen der Sesshaften ist.

Falls Sie für eine **Stippvisite nach Ägypten** gehen wollen, so bietet sich das Luxushotel Tabah Hilton gleich hinter der Grenze bei Tabah an. Dieser Betonklotz wurde kurz vor der Rückgabe des Sinai an Ägypten errichtet und Jahre später vom Internationalen Gerichtshof Ägypten zugesprochen, er besitzt heute so etwas wie einen Exklavenstatus der Israelis. Der Vorteil: Der Strand dort ist weniger voll, die Schnorchelplätze sind besser, die Atmosphäre insgesamt ist etwas ruhiger, wer Glücksspiel schätzt, findet ein Casino, die Grenzformalitäten sind – außer der Sicherheitskontrolle – minimal. Die Grenzstation ist 24 Stunden geöffnet.

An der **nördlichen Stadtgrenze** gibt es noch zwei Natur-Attraktionen: Am Kreisel am nördlichen Ende der Landebahn nach Westen in die Sheshet HaYamim St abbiegen und dann gleich die erste rechts geht es zum **Botanischen Garten** innerhalb eines Bio-Hofs – mit ungewöhnlichem Pflanzenbestand, So-Do 8.30-17, Fr -15, Sa 9.30-15, ₪ 25/20, Tel 6318788, www.botanicgarden.co.il.

Elat liegt an den wichtigen Vogelrouten zwischen den Kontinenten, es bietet mit seiner Umgebung gute Rastplätze. Das ****International Birding and Research Centre in Eilat (IBRCE)** (täglich 7-12, Eintritt frei, Touren 9.30-11, ₪ 35, Familienpreis ₪ 100, www.eilatbirds.org, http://eilatbirding.blogspot.de) 3 km nördlich der Stadt entstand auf einer Müllkippe (per Auto zunächst der Beschilderung zum Yizkhak Rabin Grenzübergang folgen). Es informiert über die Flugrouten der Vögel – im Frühling machen 500-1000 Millionen Vögel in der Region Rast –, bietet geführte Wanderungen und Allrad-Touren mit Abholservice zu den besten Beobachtungs- und Fotografierplätzen oder das Zuschauen beim morgendlichen Beringen. Führer sind meist professionelle Ornithologen, denen vor allem an der Erhaltung der Rastplätze gelegen ist, Tel 6335319 oder 050 7671290, wenn mindestens zwei Leute teilnehmen pP ₪ 150/2 Std., ₪ 220/4 Std., ₪ 400/Tag, spezielle Nacht-Exkursionen nach Vereinbarung. Man kann sich aber auch allein auf den Weg machen, was sich allerdings am meisten während der Hauptreisezeiten der Vögel von Februar bis Mai und August bis Oktober lohnt; besorgen Sie sich hierzu jeweils aktuelle Informationen des Birding and Research Centres. Auch die SPNI Field School engagiert sich in Vogelschutz und -beobachtung, von den Angeboten des Kibbuz Lotan war oben die Rede, siehe S. 408.

Umgebung von Elat

Einen schönen Ausflug in die bizarre *****Gebirgswelt von Elat** kann man zu den **Amram Pillars** und zum **Shekhoret Canyon** machen. Man fährt nur ein kurzes Stück auf der Straße 90 aus der Stadt und biegt beim roten Zeichen (km-Schild 20) links von der Asphaltstraße ins Nakhal Amram ab. Die Schotterstraße ist gut befahrbar. Nach 2,5 km biegt man an einer Gabelung rechts ab und erreicht nach weiteren 5 km einen Parkplatz und einen Campingplatz in der Nähe (kein Wasser!), umgeben von bunten Felsmassiven. Zu den Säulen braucht man kaum 5 Minuten zu Fuß und erlebt dabei die Vielfalt der Gesteinsformationen und -farben. Die Säulen selbst ragen überraschend hoch an einer Felswand empor, sie scheinen tatsächlich handgemeißelt und mit Zierrat versehen zu sein – das hat hier jedoch die Erosion zustande gebracht.

Wer den **Shekhoret Canyon** sehen will, sollte eine etwa zweistündige Rundwanderung einplanen, die durchaus interessant, aber nicht gar so spektakulär ist. In jedem Fall muss man zum Abzweig zurück und dann dem grün markierten

Weg nach Südwesten folgen, der vor dem Canyon endet. Wer jetzt wandern will, sollte sich zuvor genauer informieren. Allerdings kann mit etwas Spürsinn und Sorgfalt kaum etwas schiefgehen, denn man folgt etwa eine Stunde lang den grünen Markierungen, bis sich der Canyon öffnet und man an einem Aussichtspunkt auf rote Markierungen trifft.

Ein unbedingt empfehlenswerter Ausflug von ca. 40 km oder ein ca. 145 km langer Rundweg führt auf Straße 12 an der ägyptischen Grenze entlang nach Norden und über die Straßen 40 und 90 zurück nach Elat (auf dieser Strecke sollte man wegen möglicher Kontrollen den Pass mitnehmen). Falls Ihnen das zu weit ist, fahren Sie wenigstens bis zum Red Canyon.

Den **Red Canyon**, für den man gut zu Fuß sein sollte, kann man auch mit öffentlichen Verkehrsmitteln erreichen: Man nimmt den Bus 392 (wochentags 6.30, 9, 13.15, 15, 17 Uhr) Richtung Beer Sheba. An der Haltestelle *Har Uziya* (und nicht kurz davor *Har Uziya Mitspe Khizkiyahu Branching*) aussteigen – von dort erreicht man die Schlucht nach gut 1 km Fußmarsch (ausgeschildert). Die Rückfahrt des Busses sollte man zuvor erfragen. Aufgrund der zunehmenden Verschmutzung der Gegend, besonders durch Schulklassen, könnte bald Eintritt für den Canyon erhoben werden. Hinterlassen Sie am besten nur Fußtapfen.

Per Auto nehmen Sie die Yotam St, die sich, auf Meereshöhe beginnend, als Straße 12 steil in die Berge hinaufwindet. Sie folgt übrigens der *Darab AlHajj*, einer Trasse, die bereits im 8. Jh vom ägyptischen Regenten Ibn Tulum angelegt wurde, um den Mekka-Pilgern einen halbwegs sicheren Abstieg von den Sinai-Höhen zur Küste zu ermöglichen, dennoch war diese Steilstrecke bei den Karawanen gefürchtet. Immer wieder ergeben sich grandiose Ausblicke, den grandiosesten überhaupt kann man nach ca. 10 km auf dem **Gipfel des Har Yoash** erleben: Nach dem Abzweig (*Mt. Yoash Lookout* ausgeschildert) schraubt sich eine nicht ganz einfache Schotterpiste und auf dem letzten Steilstück ein schmales Asphaltband direkt in den Himmel (wer lieber nicht ganz hinauffahren will, für den gibt es zuvor Parkplätze). Oben angekommen schweift der Blick über den Golf von Aqaba mit Elat und Aqaba, die jordanische Gebirgskette bis hin nach Saudi-Arabien und weit auf den Sinai in Ägypten.

Ein kurzes Stück weiter zweigt rechts eine ausgeschilderte Piste ab zum 2 km entfernten Parkplatz der Quelle **En Netafim**. Von dort führt ein schwarz markierter und ziemlich fordernder, manchmal enger Pfad hinunter zur bescheidenen Quelle (der einzigen in der Nähe Elats), die eine Tränke für die ringsherum lebenden Wüstentiere und Vögel ist. Mit etwas Glück kann man Steinböcke sehen – im Zweifel lieber nur aus der Ferne vom Parkplatz aus.

Etwa 2 km nach dem Har Yoash erreicht man den Nefatim Grenzübergang nach Ägypten, der aber normalerweise geschlossen ist. Die Straße 12 geht auf dem Weiterweg nahezu auf Tuchfühlung mit dem Grenzzaun. Immer wieder sind Wanderungen oder *Look-Outs* ausgeschildert. Einer davon ist der **Har Khizkiyahu**, der mit 838 m immerhin 104 m höher als der Har Yoash ist. Natürlich bietet er noch weiteren Ausblick. Nach etwa 10 km weist ein Schild rechts zum **Red Canyon**. Nach ca. 1 km Schotterpiste ist der Parkplatz erreicht. Von hier aus kann man bequem in 45-60 Minuten das Naturwunder des Canyons erwandern. Die seltenen Regenfälle lassen das Wadi so anschwellen, dass es sich einen kurvenreichen Schluchtweg quer durch eine rote Sandsteinbank geformt hat. Über Absätze und Stufen geht es immer tiefer, die Schlucht ist kaum mehr als schulterbreit. Dort, wo man wieder ins gleißende Tageslicht tritt, mag sie 20 bis 30 m hoch sein.

Vom Parkplatz aus kann man entweder direkt zurück nach Elat fahren oder die Rundreise der Straße 12 folgend nach Norden fortsetzen. Allerdings liegt der spektakuläre landschaftliche Teil bald hinter einem. Mehr und mehr fährt man durch eine Hochebene mit ausgedehnten Steinwüsten. 38 km nach Elat zweigt rechts eine Straße zum **Ovda Airport** ab, nach 47 km zum Shaharut Inn, die Kreuzung mit der Straße 40 ist nach 52 km erreicht. Hier biegt man rechts ab, windet sich kurvenreich ins Wadi Arava hinunter und kehrt nach Elat zurück.

Praktische Informationen

▶ Telefon-Vorwahl 08

• **Tourist Information Center**, 8 Bet HaGesher St/Bridge House – nordwestlich der Brücke über die Ausfahrt der Lagune zum Meer, Tel 6309111, Fax 6339122 So-Do 8.30-17, Fr 8-13, freundlich und hilfsbereit, viele Karten und gute Infos; lassen Sie sich den sehr guten Stadt- und Umgebungsplan geben; www.facebook.com/tourism.eilat.
Achten Sie bei den ausliegenden Flyern außerdem auf Discounts: Vor allem Restaurants und Attraktionen geben meistens 10% Rabatt, wenn man ihnen ihren Werbezettel zurückbringt. Auch im privat finanzierten Saisonheft *Welcome Eilat* (elektronische Version unter www.welcomeeilat.co.il) finden Sie viele solcher Anzeigen und Coupons, weit mehr als im offiziellen Tourist Guide *Eilat & the Negev*.

• Ganz wichtig für Wandersleute ist die **SPNI Field School**, Mizrayim St, gegenüber Coral Beach, Tel 6326468, Fax 6372021, eilat@spni.org.il, wo man Kartenmaterial für Wanderungen (Hiking) und vor allem Informationen über die Korallenriffe bekommt. Hier werden geführte Wanderungen in die Berge um Elat oder auch geführtes Schnorcheln über den vor der Haustür liegenden Korallen angeboten, etwa die Hälfte der Guides spricht Englisch. Jedem, der auch nur einen Tag Elats Umgebung erkunden will, muss das SPNI-Buch *Elat – Hiker's Guide* von Jacob Dafni empfohlen werden, das u.a. 30 kurze und lange Wanderungen zu Fuß und auch per Auto durch die Umgebung beschreibt und zu jeder Route eine brauchbare Karte enthält – lange schon vergriffen, also vielleicht besser vor der Reise im Internet antiquarisch erstehen.

Internet

▶ In Elat sollte es nicht schwer sein, ein offenes WLAN zu finden, bei vielen Cafés, Hostels und Hotels ist es im Preis inbegriffen. Ohne eigenes Gerät finden Sie Anschluss im Internetcafé CONNECT im Busbahnhof, Tel 077 5007249.

Verkehrsverbindungen

▶ Wichtige innerstädtische **Busverbindungen** sind die Linien 15/16, die 8-21, Fr -15, Sa -19 Uhr immer zur vollen Stunde direkt vom Busterminal entlang der Küste bis zur ägyptischen Grenze verkehren (₪ 4,70, Tageskarte ₪ 7,50); Linie 1 verbindet die Hotelzone am North Beach mit dem Stadtzentrum. – Nach draußen fahren die folgenden Linien: Bus 392 über Mizpe Ramon nach Beer Sheba und Busse 393 und 394 über das Wadi Arava und Beer Sheba nach Tel Aviv, Bus 444 am Toten Meer entlang nach Jerusalem, Bus 991 über das Wadi Arava und Netanya nach Haifa. – Fernbusse sollte man möglichst zwei Tage im Voraus buchen, sonst sind sie eventuell ausverkauft. EGGED in Elat: Tel 6365111.

▶ Elat lässt sich bequem auch **mit dem Flugzeug** erreichen, zumal der Flughafen mitten in der Stadt liegt. Arkia und Israir verbinden Eilat mehrmals täglich mit Tel Aviv. Internationale Charterflüge landen auf dem etwa 60 km nördlich von Elat liegenden Militärflughafen Avda (*Ovda*, manchmal auch *Uvda*); Bus 392 hält von 6.30 bis 17 Uhr die Verbindung aufrecht.

▶ **Fluginformationen** für Elat erhält man unter: *El Al*, Büro im *Shalom Center*, Tel 6371515; *Arkia* Tel 6384850, 6384888; *Israir* Tel 6340666, 6341090. Die Fluginformation des Ovda Airport ist gebührenfrei unter 170 0705023 erreichbar und per Bus mit Linie 392.

Grenzübergänge

▶ Der 24 Stunden geöffnete ägyptische Grenzübergang zum Sinai liegt am südlichsten Punkt Israels, am Ende der HaArava St, den man mit Bus 15 erreicht. An der Grenze erhält man ziemlich problemlos ein Kurzzeitvisum für den **östlichen Teil des Sinai**. Wer mehr sehen oder länger als 14 Tage bleiben will, muss sich ein Visum beim ägyptischen Konsulat holen (siehe unten). Die Ausreisegebühr beträgt ₪ 101, die Ägypter verlangen LE 75 für die Einreise über Tabah hinaus, siehe S. 48. Achtung, an der Grenze kann man nur sehr ungünstig ₪ gegen LE tauschen; eventuell trifft man auf dem Sinai Traveller, die nach Israel unterwegs sind und gegen realen Kurs tauschen.

▶ Fast ebenso einfach ist der Grenzübertritt nach Jordanien. Die nordöstlich von Elat (Abzweig von der Straße 90) gelegene Grenzstation **Yizkhak Rabin Border Crossing** (früher: Arava, jordanisch: Araba Border Crossing) nach Jordanien ist wochentags von 6.30-20 Uhr, Freitag und Samstag von 8-20 Uhr geöffnet. Das jordanische Visum erhält man an der Grenze. Für die Taxifahrt zur Grenze zahlt man vom Busbahnhof aus etwa ₪ 30 (von der Grenze nach Aqaba offiziell JD 2 pP, man zahlt meist JD 5 fürs Auto, Ausreisegebühr Israel ₪ 101). Achtung: Offiziell dürfen keine Lebensmittel und Getränke nach Jordanien eingeführt werden; das richtet sich wohl gegen Lunchpakete von Gruppenreisen. Es wird bei Individualreisenden offenbar großzügig gehandhabt.

Wichtige Adressen

Bei konsularischen Aufgaben unterstützen Sie für

- Deutschland: Barbara Pfeffer, Tel 6374536 oder 054 4590644
- Österreich: Moshe Schifman, Tel 6375153
- Schweiz: Alfonso Nussbaumer, Tel 6372749

▶ Das **ägyptische Konsulat**, das Visa für Gesamt-Ägypten ausstellt (Nur-Sinai-Permits gibt es direkt an der Grenze), finden Sie in der 68 Efroni St; So-Do 9-12, Bearbeitungszeit 30-60 Minuten, in der Hauptsaison auch länger, Pass, Passfoto und ₪ 100 nötig, Tel 6376882. Wartezeit lässt sich mit dem dortigen WLAN verkürzen. Selbst wenn man nur den Sinai besuchen will, sollte man sich vorsichtshalber das normale Visum beschaffen; vielleicht bekommt man Lust, länger zu bleiben oder weiter nach Ägypten zu fahren.

Mietwagen

- AVIS, Shalom Center, Tel 6373164
- BUDGET, Shalom Center, Tel 03 9350016
- ELDAN, 140 Shalom Center, Tel 6374027
- HERTZ, 4 HaTmarim, Red Kanyon Center, Tel 6375050
- SIXT, Shalom Center C-Hotel, Tel 6373511

Shopping

▶ Neben Baden gehört Shopping zu den Hauptbeschäftigungen der Touristen in Elat. An Gelegenheiten, Geld in beliebiger Menge auszugeben, mangelt es wahrhaftig nicht. Hinzu kommt für jeden Kauflustigen der Vorteil, dass Elat zur Freihandelszone erklärt wurde und daher auf die meisten Produkte **keine Mehrwertsteuer** (V.A.T.; derzeit 17%) erhoben wird. Da Elat allerdings gehobene Preise hat, wirkt sich der Steuervorteil nicht unbedingt aus. Aber beim Tanken spart man ₪ 1 pro Liter.

▶ Außer vielen kleinen Shops im Stadtzentrum, z.B. an der HaTmarim St, und in entsprechend teureren Läden am North Beach sowie Billigkram an der Strandpromenade kann man in die zwei großen Kauftempel schauen, das *Red Kanyon*, HaTmarim St, und *The Mall HaYam*, HaPalmakh St, direkt dort am Strand, wo die Küstenlinie zum North Beach abbiegt. Mit zunehmender Entfernung vom Zentrum dürfte das Preisniveau in den etwas entfernteren Malls *Shopping Center*, *Canyon Halr* und *BIG* im nördlichen Stadtbereich niedriger liegen, per Bus am einfachsten mit Linie 2 und 5 zu erreichen. Eine Empfehlung Richtung Rabin-Grenzübergang: Die *Herbs & Spice Farm* lässt sich besichtigen und bietet im Shop entsprechende Produkte an, die sich auch gut als Mitbringsel eignen, So-Do 9-18, Fr 9-15, Sa 10-18, Tel 6332331.

Arbeiten

In Elat findet man relativ leicht einfache Jobs im Dienstleistungsbereich, vor allem in Hotels. Aber in der Regel handelt es sich um illegale Beschäftigungen, die noch dazu miserabel bezahlt werden; im Schnitt kann man mit vielleicht $ 400 pro Monat rechnen, wenn der Chef freundlich ist. Etwas besser wird man auf Touristenbooten bezahlt. Am Eingang zur Marina gibt es Infos. Insgesamt kümmert sich der Staat jedoch verschärft um Leute ohne Visum ohne Arbeitserlaubnis; und es ist nicht zu empfehlen, ohne so etwas aufgegriffen zu werden.

****Sport**

▶ An sportlichen Aktivitäten bietet Elat nahezu alles, was man sich denken kann: **Baden, Schnorcheln** und **Tauchen**. Die entsprechenden Geräte sind überall zu leihen. Zum Schnorcheln und Tauchen ist der Strand beim Coral Beach Nature Reserve besonders gut geeignet. Bojen markieren fünf Routen durchs Wasser am Riff, auf denen man den Fischreichtum bewundern kann. Hier gibt es auch ein SCUBA-Programm zum Ausprobieren für Leute, die zum ersten Mal tauchen wollen. Allgemeine Infos auch unter www.diving.co.il. Coral Beach ist bei weitem nicht der einzige Platz, diverse andere Tauchschulen wetteifern um Taucher, manchmal findet man Flyer mit Rabatt auf die Tauchschulen. Hier eine Liste der durchweg sehr guten Schulen:

- AQUA SPORT, Tel 6334404, www.aqua-sport.com
- CORAL SEA DIVERS, Tel 6370337, www.coralsea.co.il
- DEEP, Tel 6323636, www.deepdivers.co.il
- DIVERS VILLAGE, Tel 6372268, www.diversvillage.co.il
- DOLPHIN REEF, Tel 6300101, www.dolphin-reef.co.il
- LUCKY DIVERS, Tel 6335990, www.lucky-divers.com
- MARINA DIVERS, Tel 6376786/7, www.reefdivinggroup.co.il, www.scuba.co.il
- NEMO DIVERS, Tel 6317616, www.nemo-divers.co.il
- SNUBA, Tel 6372722, www.snuba.co.il

Wer übrigens Eintrittsgeld für das Coral Beach Nature Reserve vermeiden will und dessen Möglichkeiten nicht benötigt, schnorchelt oder taucht einfach weiter südlich, z.B. wimmelt das Meer gleich nach dem Underwater Observatory ebenfalls von wunderschönen Fischen.

▶ Als nächste Sportmöglichkeit wäre **Wasserski** zu nennen – z.B. im Red Sea Sports Club, Royal Beach Promenade (siehe oben, 15 Minuten ₪ 150-200), wo auch **Parasailing** vom Wasser aus angeboten wird (10 Minuten ₪ 140). Auf einer Banane beginnt der Spaß bei ₪ 35. Konventioneller wären Paddel- oder Tretboote, ₪ 60-80. **Windsurfing** oder Segeln bietet das Windsurfing Center im Reef Hotel, Coral Beach, Tel 6371602.

▶ Ruhiger geht man das Rote Meer per **Schiffsausflug** an. Etwa zwanzig Schiffe, häufig Segler, warten auf Ausflügler. Am besten besorgt man sich eine aktuelle Liste in der Tourist Information oder schaut gleich direkt südöstlich davon an der Marina und am *Spiral Center*, dies- und jenseits der Brücke zum Hilton Hotel. Einige Schiffe kann man im Netz inspizieren: www.yachteilat.co.il (hebr.), www.merrylu.co.il, www.olayacht.co.il oder www.h1h.co.il – Ausflug mit Lunch etwa ₪ 160, Kinder ₪ 120.

▶ Ebenfalls auf diesen Websites findet man ***Glass Bottom Boats***, also Schiffe, durch deren Glasboden man die Korallenbänke bestaunen kann. Die *Jules Verne* hat ähnlich wie das „U"-Boot am Underwater Observatory als Kiel einen Guckkasten mit Fenstern, die meisten

In Elat ist auch für Dinge gesorgt, die man nicht unbedingt braucht

anderen besitzen horizontale Glasflächen, über die man den Kopf beugen muss, rechnen Sie mit ₪ 70, Kinder ₪ 50.

Wer sich selber fortbewegen will, sollte sich um eine geführte **Paddeltour** mit Kajaks aus Plexiglas kümmern – für Leute, die nicht tauchen oder schnorcheln möchten, sicherlich die unmittelbarste Möglichkeit, der Unterwasserwelt zu begegnen; Clear Blue Eilat, Tel 052 8702058 oder 050 8539813.

▶ Aber es geht auch noch unmittelbarer: mit einem futuristischen **Ein-Mann-U-Boot** namens *Aqua Star*, ähnelt einem Motorroller ohne Räder. Tauchkenntnisse angeblich unnötig, Atmen kein Problem, fachkundige Begleitung immer dabei. Ab 15 Jahren darf man so einen Scuba Scooter bedienen, ₪ 350, Tel 6339549 oder 054 2080644, am Strand vor dem Méridien.

▶ **Landratten** steht die Bergwelt um Elat zur Verfügung: **Klettern** und Abseilen (*Abseiling* [kein Witz] oder auch *Rappelling* oder *Snappling*) mit *Olympus*, Tel 052 4436868, www.olympustours.com, oder *Glitch Rappelling*, Tel 057 7399557, oder Eilat Extreme, Tel 050 2601514, www.eilatx.co.il. Weniger Schwindelfreiheit benötigt man bei **Radtouren** mit Erez HaNegev, Tel 050 4878789, oder *Chain Reaction*, Tel 6370478. Eilat propagiert seit kurzem einen **Rund-Radweg** durch die Berge um die Stadt herum, ca. 25 km, in der Tourist Info nachfragen. Für **Jeep-Touren** in die Bergwelt um Elat sollten Sie von 2½-4 Stunden und ₪ 100-200 ausgehen, z.B. mit Ahalan Olympus, Tel 6347022, www.ahalan.co.il, Desert Eco Tours, Tel 052 2765753, www.desertecotours.com, oder Holit, Tel 6318318 oder 052 8082020, www.israelpetratours.com. Größere Ausflüge über die Grenzen kosten pP als Tagestour zum Sinai ca. $ 120, nach Petra rund $ 200+50 und 2 Tage für Kairo rund $ 200.

▶ **Festivals** geben sich in Elat die Klinke in die Hand, hier eine Auswahl der wichtigsten: Ende Januar kann man und vor allem frau beim Bauchtanzfestival tagsüber dazulernen und abends den israelischen Stars der Branche zuschauen, www.eilatfestival.com. Meist Mitte Januar steigt neuerdings das *Red Sea International Music Festival* in einem Pavillon am Hafen, www.redsea-classic.co.il, und überschneidet sich nicht mehr mit dem *Eilat Festival* mit klassischer Kammermusik am April/Mai im Herod's Hotel, http://eilatfestival.co.il – für Liebhaber klassischer Musik nun nicht mehr die Qual der Wahl. Der März begrüßt die durchziehenden Vögel mit dem *Frühjahrsvogelzug-Festival*, www.eilatbirdsfestival.com, April/Mai bringt Tanzfreudige aus aller Welt zum *Salsa Congress*, www.medsalsacongress.com, im Mai folgt außer dem *Eilat Film Festival*, www.eilatfilmfest.com, noch die *Gay Pride Parade* am Wochenende des *Eurovision Song Contests*. Im Juli/August sorgt das Red City Music Festival mit Trance, Goa, HipHop und Rock für Abwechslung am Strand, während in der letzten Augustwoche das *Red Sea Jazz Festival* im Hafenbereich mit täglich zehn Konzerten sowie Workshops mit den Jazzgrößen stattfindet – seit kurzem gibt es auch einen Termin im Januar, www.redseajazzeilat.com. Ende Oktober gibt es außerdem ein Tanzfestival im Timna Park, www.phazamorgana.com. Die Konzerte starten abends, und nachts ist am Pool im Yam Suf Hotel Jam Session. Im November steigt schließlich das *Festival für Unterwasserfotografie*, www.eilatredsea.com.

▶ Die genannten Aktivitäten geben nur einen Ausschnitt dessen wieder, was Elat zu bieten hat – wenn Sie z.B. das Kartenspiel **Bridge** als Sportart betreiben, sollten Sie am besten im November zum internationalen Festival kommen, www.israbridge.com; Extremsportler finden sich im November zum Triathlon, www.triathlon.org.il, oder im Januar/Februar zum israelischen Iron Man-Wettbewerb ein, http://israman.co.il. Sportfans sollten sich in jedem Fall im Tourist Information Center über das aktuelle Angebot informieren. Entspannen könnte man hinterher im türkischen Hamam, Tel 08 6363000.

▶ Nightlife

▶ Ein so touristischer Platz wie Elat zelebriert die Nächte genauso ausgelassen wie die Sonnentage. Um sachte zu beginnen: Unterhalb der Brücke über die Laguneneinfahrt finden Sie abends und nachts die Sternengucker des transportablen *WHAT'S UP*-Observatoriums für ernsthafte Ausflüge zu fernen Galaxien, auch Treffen für bessere Sicht in der Wüste möglich, Tel 054 4819973, http://eilat-holiday.com. Die meisten Diskos finden Sie in der Gegend der Lagune bzw. an der Strandpromenade. Ebenso können Sie Ihr Geld in diversen Nachtbars ausgeben. Der Stress beginnt kaum vor 22.30 Uhr, zuvor kann man an der Promenade im Hotelbezirk flanieren und schon mal ein paar Kontakte knüpfen. Starten Sie vielleicht im YACHT PUB an der Marina beim King Solomon's Wharf, es gibt Live Music und sowohl innen wie außen viel Platz.

▶ An der Royal Beach Promenade bollert allnächtlich ab 23 Uhr eine Cover Band bevorzugt Rock, Pop und Blues im THREE MONKEYS PUB. Wem zu heiß wird, die oder der könnte zwischendurch ins Meer springen oder effizienter die ICE SPACE im Spiral Center an der Marina aufsuchen. Die große Kühlkammer mit -7°C kostet natürlich Eintritt, ₪ 62 immerhin inklusive Drink – ansonsten gibt es Eisskulpturen, eine Rutschbahn und am Eingang passende Kleidung; www.ice-space.co.il. Wem die Füße müde geworden sind, könnte nebenan DR. DAG aufsuchen, wenn er Sprechstunde hat: Pediküre durch kleine Fischchen, die einem im Fußbad die Füße beknibbeln: 15 min für ₪ 50, Tel 077 5145004, www.doctordag.com.

▶ Im Gewimmel des New Tourist Center kann man im PADDY'S herausfinden, wie man sich in Israel einen Irish Pub vorstellt (z.B. inklusive Weihenstephaner). Ein halbes Dutzend weitere Lokale helfen jedoch, dem Déjà-vu zu entkommen.

▶ Ausgesprochen authentische israelische Unterhaltung findet man in Singing Clubs, von denen es allerdings nur noch einen am Stadteingang im Industriegebiet gibt: PAPARAZY, Tel 6331111. Schließlich unterhalten viele der großen Hotels wie das PRINCESS und das AMERICANA Nachtclubs mit Live Music bzw. Shows. Aktuelle Informationen erhalten Sie im Tourist Center bzw. in dort ausliegenden Informationen. Auf jeden Fall familienfreundliches Varieté mit Artistik vom Besten bietet die WOW! Show im ROYAL GARDEN HOTEL, Mo-Sa um 20.30 Uhr, ab vier Jahren, ₪ 120, Tel 6386701.

Hier kann man sich unter öffentlicher Anteilnahme in einer Kugel in den Himmel schießen lassen

Essen und Trinken

Jede Menge Schnellimbisse mit Felafel, Shauwarma, Hamburger, Pizza oder Sandwiches finden Sie im Zentrum zwischen Shalom Center und Busterminal. Im neuen Tourist Center gibt es ebenfalls viele Restaurants, die meist drei Menügruppen zu Festpreisen anbieten.

- HaLEV HaRAKHAV, HaTmarim St nördlich der Kreuzung mit der Eilot St, Tel 6371919, Familienbetrieb mit der wohl besten Felafel der Stadt
- LITTLE BRASIL, Eilot St, Tel 6372018, südamerikanische Grillspezialitäten, nicht ganz billig
- EDDIE'S HIDEAWAY, unweit des Little Brasil, Tel 6371137, leckeres höherpreisiges Fleischlokal
- LALO, Ganim St Nähe Little Brasil, Tel 6330587, israelisch-marokkanische Leckereien
- BARBIE'S, New Tourist Center 6/6, Tel 6342404, ein Diner mit guten Hamburgern
- GINGER, New Tourist Center, Tel 6372517, Thai-Food und Treffpunkt der Schönen, nicht zu teuer
- BOSTON FISH & GRILL, North Beach Promenade, Tel 6333007, der Name sagt es, gutes Preis-Leistungs-Verhältnis
- PAGO PAGO, nahe Isrotel Riviera an der Lagune, Tel 6376660, Fisch & Meeresfrüchte
- RED SEA STAR, dem Strand des Le Méridien Hotel vorgelagert, Tel 6347777, www.redseastar.com, hier wird nicht zu heiß gegessen – was das marine Innendesign nicht schafft (Mollusken-Hocker in der Bar), bekommt das Gewimmel draußen im Korallenriff hin: In diesem Unterwasser-Lokal ist das Auge zu abgelenkt, um mitzuessen; wenig überraschend: Fisch und Meeresfrüchte auf der Speisekarte
- SOOMSOOM, südl. Wohnviertel Shakhmon, Tel 6342111, vegetarisches Bio-Restaurant, Ladengeschäft in der Innenstadt
- LAST REFUGE, Coral Beach direkt am Wasser, hervorragende Fischgerichte, Kenner zählen das Restaurant zu den besten seiner Art in Israel, Tel 6373627, www.hamifla.co.il

Übernachten

Die Luxus- und teureren Mittelklasse-Hotels liegen schwerpunktmäßig am Nordstrand, während sich in der Gegend der HaTmarin St (Red Canyon Shopping Center) preiswertere Unterkünfte angesiedelt haben. Hier nächtigen die meisten Traveller, zumindest sind die Wege zur CBS und zu den bekanntesten Bars sehr kurz. Wer beide Bereiche meidet und stattdessen südlich in der Gegend des Coral Reef eincheckt, wohnt etwas isoliert vom Zentrum, hat aber kurze Wege zu den interessanten Bade- und Tauchstränden.

Darüber hinaus sei nicht vergessen, dass Elat als Sonne-Strand-und-See-Tourismushochburg natürlich auch immer mehr All-Inclusive-Angebote bereithält, allein drei durch die Kette www.fattal.co.il: Leonardo Club und Magic Sunrise Club; die Kette Isrotel steuert das Laguna und das Sport Club Hotel bei. Wir erwähnen diese Möglichkeit nur kurz vorweg, weil All-Inclusive-Begeisterte vermutlich keinen Reiseführer benötigen, wie Sie ihn in Händen halten.

Besonders an Wochentagen kann man durch die hohen Bettenkapazitäten in Elat – seit 2004 wurde kein neues Haus gebaut – zu überraschend hohen Preisnachlässen übernachten. Adresse des Internet-Portals für die etwa 50 Hotels: www.eilathotels.org.il; Stadtplan siehe S. 395. – Zimmerim sind eher selten.

Hotel-Bereich am Nordstrand (Luxushotels -Auswahl)

- **HEROD'S PALACE**, Tel 6380000, Fax 6380020, www.herodshotels.com
mF...E+B $ 265-330, D+B $ 340-475
- **DAN EILAT**, Lobby mit Wasserfall Tel 6362222, Fax 6362333, www.danhotels.com
....E+B $ 246-550, D+B $ 276-550
- **HILTON QUEEN OF SHEBA**, Tel 6306666, Fax 6306632, www.queeneilathotel.co.il; einige Suiten wurden als Apartments ab $ 121 000 angeboten, ansonsten..................... E+B ab $ 133, D+B ab $ 332

Mittelklasse

• **LEONARDO PRIVILEGE**, Kamen St, Tel 6363636, Fax 6363630, www.fattal.co.il; kreisförmig um großen Pool angelegt, viel Grün, Schatten spendende Palmen, großzügige und sehr gut eingerichtete Zimmer mit kleinem Balkon, AC, TV, mF und Dinner ....E+B $ 173-194, D+B $ 192-213

• **LEONARDO ROYAL RESORT** Kamen St, Tel 6366000, Fax 6337279, www.fattal.co.il; ebenfalls großzügig um von Palmen bestandenem Innenhof mit Pool angelegt, erholsame Atmosphäre, sehr gut eingerichtet, AC, TV, mF...E+B $ 132-148, D+B $ 147-163

• **VISTA**, Kamen/Ecke Ariqa St, Tel 6303030, Fax 6303040, www.vistaeilat.co.il; überschaubares Haus, sympathisch eingerichtet, ansprechender Innenhof, Pool, sehr sauber, AC, TV, mF...E+B $ 93-108, D+B $ 1208126

• **ASTRAL MARINA**, Antibes St, Tel 6334191, Fax 6334206, www.marinahoteleilat.co.il; hübsch, aber wenig Platz, vor allem Suiten, Pool, Marina-Anlegestelle.............................. E+B ₪ 302, ₪ 336

• **AMERICANA**, Kamen St, Tel 6303777, Fax 6334174, www.americanahotel.co.il; um den Pool herum mit Häuschen bzw. einem doppelstöckigen Gebäude angelegt, schon etwas älter, brauchbar eingerichtet, AC, mF ....E+B ab $ 39-60, D+B ab $ 46-66

• **Zentraler Bereich**

• **NOVA LIKE**, 6 HaTivat HaNegev St, Tel 6382444, Fax 6382455, www.atlashotels.co.il; Balkone mit und ohne Blick, gepflegtes Haus, gute Atmosphäre, Pool, AC, TV, mF ...E+B $ 110-208, D+B $ 120-283

• **BLUE** (ehemals **PIERRE**), 123 Ofarim St, Tel 6326601, Fax 6326602, www.scuba.co.il; sehr freundlich und sauber, nach Besitzerwechsel sukzessive Renovierung, ruhig (keine Jugendgruppen), Angebote für Taucher, AC, gutes Frühstück, mF ....E+B $ 75-135, D+B $ 90-150

• **ADI**, 6 Topas St, Tzofit-New Tourist Center (ein kurzes Stück westlich des Edomit Hotels, etwas abseits links der Yotam St), Tel 6388111, Fax 6388100, www.adihotel.co.il; sehr freundlich, ruhig, alle Zimmer mit Balkon meist mit Seeblick, AC, hohe Lobby mit WLAN, mF .... E+B ₪ 280-380, D+B ₪ 320-430

• **EILAT GUEST HOUSE (IYHA)**, 7 Mizrayim St (Nähe Club Hotel), südlich des New Tourist Center, Tel 6370088, Fax 6375835, www.iyha.org.il; 460-Betten Hostel, riesiger Speisesaal, 4-6 Betten pro Raum, sauber, AC, mF... Dorm pP $ 30, E+B $ 62, D+B $ 76

• **SPNI FIELD SCHOOL**, Mizrayim St, gegenüber Coral Beach, Tel 6372021 oder 6371127, Fax 6371771; sehr großes modernes Hostel mit bis zu 7 Betten pro Raum, sauber, zweckmäßig eingerichtet, jeweils eigene Sanitäreinrichtungen, Zimmer werden auch als Einzel/Doppel vermietet; AC, mF... Dorm pP ₪ 55, E/D+B ₪ 220-295

• **ARAVA HOSTEL/BET HA'ARAVA,** 06 HaAlmogim St, Tel 6374687, Fax 6371052, www.a55.co.il; freundlich, sauber, gepflegt, Dach wird gerade ausgebaut, Taucher-Rabatte, freies Parken, WLAN, Gemeinschaftsküche, gutes Frühstück ₪ 15-25 .... Dorm pP ₪ 60-80, E/D+B ₪ 180-240

• **SPRING HOSTEL/MOTEL AVIV**, 126 Ofarim St, Tel 6374660, Fax 6371543, www.avivhostel.co.il; vergleichsweise neu, sehr sauber (viel Putzmittel), gut eingerichtet, Pool scheint kaum benutzt zu werden, AC, mF .... E+B ₪ 180-220, D+B ₪ 240-270

• **THE SHELTER**, 149/1 Simtat HaEshel westlich des Franklin Garden, Tel 6332868, www.shelter-hostel.com; sauber, freundlich, Räume nicht sehr groß, Dorms eng, netter Innenhof, unaufdringliches Angebot christlicher Andachten, keine Kreditkarten, Curfew um Mitternacht ....Dorm pP ₪ 60, E/D ab ₪ 175

• **SUNSET MOTEL**, 130/1 Retamim St, Tel 050 2708795, Fax 6373817; relativ klein, einige sehr einfache Dorms, Doppelzimmer sind besser, Zimmer über die Straße ohne WLAN, Frühstück ₪ 25 .... E+B ₪ 160, D+B ₪ 160-220

8

- **CORINNE HOSTEL**, 127/1 Retamim St, Tel 6371472, www.corinnehostel.com; sehr sauber, Waschmaschine, einige Zimmer in Holzhütten im Hof, Gemeinschaftsküche, AC, TV .... Dorm pP ₪ 60-100, E+B ₪ 150, D+B ₪ 300
- **Außerhalb**
- **EILOT COUNTRY LODGING**, Kibbuz Elot, kurz vor nördlichem Stadteingang, Tel 6358816, Fax 6358846, www.eilot.co.il; Einzelhäuser zwischen hohen Bäumen und Rasenflächen, Pool, gepflegt und sauber, Standardeinrichtung, AC, TV, Familien-Apartments mit bis zu 6 Betten, mF .... E+B $ 104, D+B $ 120
- **Camping**
- Obwohl das Schlafen am Strand im Zentrum und in den Parks verboten ist, sind die Reihen in den Sommermonaten meist dicht geschlossen. Allerdings müssen Camper dieser Art mit Diebstahl, alleinschlafende Frauen mit Überfällen und alle mit Ratten rechnen, die sich an den Abfällen und zuweilen an schlafenden Menschen zu schaffen machen. Nicht verboten ist Camping und Strandschlafen nördlich von Coral Beach sowie zwischen Underwater Observatory und ägyptischer Grenze, dort gibt es Toiletten und kaum Ratten. Wer sicher gehen will, quartiert sich auf einem der beiden, nahezu nebeneinander liegenden Campingplätze ein.
- **CORAL BEACH CAMPING**, Tel 6371911, Fax 6371115, schräg gegenüber von Coral Beach Nature Reserve, ist der erste, allerdings fast schattenlose Platz, ca. 100 m südlich, ... Zelt pP ₪ 50, Bungalow pP ₪ 100
- **SPNI CAMPING**, HaArava St, Tel 6372021, Fax 6371771, zweiter Platz mit etwas mehr Schatten .... pP ₪ 50
- Auf beiden Plätzen kann man auch kleine Bungalows mieten.
- Schließlich noch außerhalb Richtung Norden:
- **TIMNA PARK**, Camping ist innerhalb des Parks am kleinen See möglich, siehe S. 390.

Feier-Abend mit Wasserpfeife am Nordstrand

Palästina – künftiger Staat der Palästinenser

Reisen in palästinensischen Gebieten

Man muss kein Held sein, um Palästina zu bereisen, obwohl vermutlich mehr als 95 Prozent der Israelis von einem Besuch der palästinensischen Gebiete abraten würden. Da ist etwa die Erinnerung an die entsetzten Blicke eines distinguierten älteren Juden auf die Frage nach der richtigen Linie nach Jericho an einer Taxi-Umsteigestelle. Er warnte eindringlichst vor den Gefahren und bat, doch in sein Auto einzusteigen und schnellstens nach Jerusalem zurückzukehren. Trotz dieser Warnung war es ein angenehmer Aufenthalt bei interessanten Gesprächen in Kaffeehäusern in Jericho und Ramallah. Eine Leserin schrieb, dass israelische Soldaten am Kontrollpunkt vor Jericho sie mit dem Argument abgewiesen hätten, es seien Unruhen in der Stadt. Sie nahm die Umgehungsstraße und versuchte ihr Glück von Norden her – und erlebte eine friedliche Stadt.

Die beiden Beispiele sollen nichts verharmlosen. Aber da es fast nur schlechte Nachrichten aus der Gegend gibt, neigen die meisten Touristen dazu, die Westbank zu meiden. Doch **Bangemachen gilt nicht**: Das Risiko, dass einem auf der Reise dort etwas passiert, ist kaum höher, als wenn man auf einer deutschen Autobahn unterwegs ist. Natürlich lohnt es sich, ein paar Dinge zu wissen, um vorhandene Risiken nicht zu erhöhen, worüber wir Sie in diesem Kapitel selbstverständlich informieren. Für ausführlichere Informationen über die Vorbereitung einer Reise zu den Menschen in Palästina und weitere besuchenswerte Ziele dort empfehlen wir unseren eigenständigen Reiseführer **Palästina** - *Reisen zu den Menschen*, in zweiter Auflage soeben bei Reise Know-How erschienen.

Praktische Informationen

▶ Bitte beachten Sie die sehr vorsichtigen Warnungen des **Auswärtigen Amtes:** www.auswaertiges-amt.de > Reise&Sicherheit > Reise- und Sicherheitshinweise: Länder A-Z

Israelische Infos in Jerusalem

- **Polizei**, Tel 100
- **Stadtverwaltung**, Hotline Tel 106, von außerhalb der Stadt Tel 02 5314600
- **Tourist Information Office**, Jaffator, Tel 6271422
- **Christliches Informationszentrum**, Jaffator, Tel 6272692, kann speziell bei Reisen zu christlichen Stätten (z.B. Bethlehem) beraten
- **Humanitäres Call Center** Tel 02 9977733/318/ 312/747

Die obige Nummer soll Probleme lösen helfen, wann und wo auch immer in der Westbank sie auftreten, z.B an einem Checkpoint.

Palästinensische Infos in Jerusalem

- **aic – Alternative Information Center**, 4 Shlomzion HaMalka St (Nähe Jaffa St/ Stadtverwaltung), Tel 6241195, www.alternativenews.org, kritische israelische Stimme mit guten Kontakten
- **Jerusalem Media and Communication Center**, Khalil AsSakakini St (Nähe Mount Scopus Hotel), Tel 5838266, www.jmcc.org; Herausgeber des wöchentlichen *Palestine Report*, www.palestinereport.ps

▶ **Palestine Monitor**, Ramallah, eine Internet-Zeitung aus den besetzten Gebieten, www.palestinemonitor.org

▶ **Tours in English** betreibt einen Blog, der tagesaktuell sein kann: http://blog.toursinenglish.com

▶ **Bus-** oder **Taxifahrer** am Damaskustor wissen über Straßensperren etc. Bescheid

In arabischer Umgebung unterwegs

Diese erste Reise durch palästinensisches Gebiet bringt Sie in eine ganz andere Welt: schlechtere Straßen, arg zersiedelte Landschaft mit häufig nur teilfertigen Häusern oder Bauruinen, Schutt und Schmutz an den Straßenrändern, wilde Müllhalden an beliebigen Stellen. Plötzlich gibt es überall Menschen, die auf den Straßen herumlaufen, vor Cafés sitzen, manchmal noch per Esel unterwegs sind. Bei Schulschluss wimmeln die Straßenränder von Kindern, die häufig lange Heimwege zu Fuß zurückzulegen haben; Schulbusse gehören zur Ausnahme. Die Kinder sind meist freundlich und winken dem Fremden zu. Speziell die Ortszentren sind eng, dicht bevölkert, Geschäfte säumen die Straßen, belegen meist auch die (oft gar nicht vorhandenen) Bürgersteige, die hier häufig genug holprige Sandstreifen sind. Aber es gibt auch das Gegenteil, nämlich Umgehungsstraßen, die weniger frequentiert sind, sowie gepflegte, architektonisch anspruchsvolle Häuser, die schmuck am Hang stehen.

Wann immer Sie anhalten oder mit den Bewohnern in Kontakt kommen, wird man Ihnen sehr freundlich begegnen – die typische orientalische Herzlichkeit ist den Menschen geblieben..

Informationen für die Praxis – unterwegs in der Westbank

Die Westbank wurde im Zuge der Oslo Vereinbarungen in die **Zonen A, B, C** und Sperrgebiete aufgeteilt. Die ursprüngliche Regelung wurde in der Westbank inzwischen vereinfacht. Änderungen sind laufend zu erwarten. Nachfolgend der Stand September 2012.

Für alle 3 Zonen A, B und auch C ist derzeit die palästinensische Verwaltung verantwortlich: Beispielsweise Schulen, Krankenhäuser und Ausweiserstellung obliegen den palästinensischen Behörden, doch das Melderegister kontrollieren allein die Israelis.

In der **A-Zone** hat die Palästinensische Autonomiebehörde die Verwaltungs- und Polizeigewalt einschließlich Baugenehmigugnen. Was nicht ausschließt, dass israelische Militäreinsätze z.B. zur Personensuche vorkommen.

In der B-Zone obliegt der israelischen Autonomiebehörde die allgemeine Verwaltung einschließlich Baugenehmigungen.

In der **B- und C-Zone** hat im Wesentlichen nur die israelische Polizei das Sagen. Jedoch arbeitet sie bei Verbrechensverfolgungen mit der palästinensischen Polizei auch vor Ort zusammen.

In der **C-Zone** hat Israel auch die Verwaltungshoheit über Baugenehmigungen (siehe S. 446). Darunter fällt u.a. fast das gesamte Jordantal.

Die **Bewohner der C-Zone** leiden am meisten unter der Besatzung. Aggressive Siedler versuchen den Palästinensern ihr Acker- und Weideland streitig zu machen. Man geht inzwischen von mehr als 300 000 israelischen Siedlern in der Area C der Westbank und ca. 200 000 israelischen Siedlern in Ost-Jerusalem aus.

Derzeit können alle **Straßen im Westjordanland**, auch die sogenannten Siedlerstraßen, von Palästinensern und palästinensischen Mietwagen befahren werden. Allerdings nur, wenn die Straßen nicht direkt in Siedlungen hineinführen oder aus militärischen Gründen gesperrt sind. Palästinenser meiden darum solche Straßen aus Furcht vor Steinwürfen aggressiver Siedler.

Ein **Wechsel auf den Straßen** zwischen den Zonen B und C ist meist nicht mehr nachvollziehbar und für PKW-Verkehr auch unbedeutend, der Wechsel von Zone B + C in die Zone A ist zumeist noch mit großen roten Schildern (1 x 2m) gekennzeichnet, um Siedler davon abzuhalten, nicht versehentlich in die Zone A zu fahren. Zum Teil sind diese Übergänge auch noch mit großen Betonquadern (1,5 x 1,5 x 1,5 m) im Straßenbereich gekennzeichnet. Diese sind mit Dreiecken in brauner und gelber Farbe bemalt.

Militärische Sperrgebiete, die meistens als Truppenübungsplätze deklariert sind, machen 18-20% der Westbank aus. Sie sind deutlich beschildert und die Straßen sind natürlich nicht passierbar.

Israelische und palästinensische Polizisten tragen beide dunkelblaue Uniformen (auch die privat organisierten Hilfskräfte an den Grenzkontrollen). Palästinensische Polizisten begegnen einem normalerweise nur in der Zone A. Es gibt auch eine palästinensische Nationalgarde mit dunkelbraunen oder schwarzen Uniformen für repräsentative Anlässe. Bei grün uniformierten Soldaten handelt es sich durchweg um Israelis. Israelische Militär- und Polizeifahrzeuge sind mit roten Nummernschildern mit weißer Schrift, palästinensische Polizeifahrzeuge mit weißen Nummernschildern mit roter Schrift gekennzeichnet, zu Nummernschildern siehe S. 57.

Tipps für Kenner: Touristen können sich in allen drei Zonen relativ unbefangen bewegen. Am einfachsten und zeitsparendsten mieten Sie dazu einen **palästinensischen Mietwagen** mit gelbem Nummernschild in Ost-Jerusalem, siehe S. 204. Mit solch einem Auto können Sie sowohl in Israel als auch im Westjordanland herumfahren, was mit einem Gefährt einer israelischen Firma nicht erlaubt wäre.

Israel scheint derzeit die Barrieren innerhalb der besetzten Gebiete zu reduzieren und dafür die Hürden gegenüber Palästina zu erhöhen. Dies ermöglichte sogar seit 2009 einen kleinen Wirtschaftsaufschwung in der nördlichen Westbank, auch wenn der „Boom" ohne politische Freiheit inzwischen wieder abflaut. Immerhin können sich nun auch Europäer freier bewegen. Dazu tragen ebenso neue Ortsschilder bei, die die Orientierung sehr verbessern.

Unangenehm bis gefährlich können **jüdische Siedler** werden (siehe S. 97), die sich – beschützt von der Armee – quasi in einem rechtsfreien Raum bewegen und dies die Palästinenser spüren lassen. Besonders aktiv sind die Jugendgruppen der sogenannten Hilltop Youth (hilltop: die Siedlungen liegen meist auf Hügelkuppen) mit einer unangenehmen Mischung aus rechtsradikal-religiösen Ansichten und Gewaltbereitschaft. Die NGO Btselem versucht Übergriffe wenigstens per Video zu dokumentieren, www.btselem.org.

Im Kasten S. 427 sind Adressen gelistet, an die man sich vor oder auch während der Reise wenden kann. Die dort erwähnten **Taxifahrer** (z.B. am Taxistand schräg gegenüber dem Damaskustor) haben sich als Quelle aktueller Informationen sehr bewährt. Da sie ihre Fahrgäste und Wagen nicht unnötig gefährden wollen, sind sie zumeist sehr gewitzt, Schwierigkeiten oder gar Gefahren durch z.B. Umwege zu vermeiden.

- Bleiben Sie **als Tourist erkennbar**: Kamera vor dem Bauch, Frauen am besten in Hosen.
- Wenn Sie dann am Zielort selbstsicher und mit Ihrer umgehängten Kamera im Touristenlook auftreten, dann schwimmen Sie in der Masse mit, immer freundlich begrüßt. Sie sollten Kontakte mit israelischen Soldaten und Siedlern gut abwägen, denn auch diese Menschen haben Interessantes zu erzählen – aber palästinensische Beobachter könnten freundliche Kontakte missverstehen. Sie sollten auch nicht als pro-israelische(r) Missionar(in) auftreten.

Noch ein paar praktische Hinweise

▶ Nehmen Sie stets Ihren **Pass** mit, um sich bei Problemen ausweisen zu können.

▶ Geldwechseln bzw. an **Bargeld** heranzukommen, könnte manchmal schwierig sein. Wenn es klappt, könnte ein Automat lediglich JD ausgeben. Western Union Zweigstellen schaffen Abhilfe gegen Vorlage einer Visakarte. Oder konsequent zum Geldwechsler gehen.

▶ **Mobil telefonieren** ist möglicherweise auch nicht einfach: Die Netzabdeckung ist wegen der gebirgigen Landschaft nicht flächendeckend, und mit einer palästinensischen SIM-Karte gibt es an den Grenzen der Westbank und in der Nähe von Siedlungen vermutlich Probleme mit teurem Roaming über israelische Netze, wenn Ihr Handy das Netz automatisch wählt (kann man abstellen). Pragmatisch kann man weiter mit einer israelischen Karte telefonieren, denn die Infrastruktur der Siedlungen ist auch handymäßig bestens ausgebaut: Cellcom soll die beste Abdeckung haben

▶ Schließlich noch ein – etwas ungewöhnlicher – Hinweis: Kläranlagen in den typisch arabischen Gebieten verkraften häufig **kein**

Sehenswertes ok

****Ramallah**, früher beliebtes Ziel für die Sommerfrische wegen der Höhenlage, Hauptstadt der Westbank, aufgeschlossene, lebendige Stadt, gut für einen ersten Eindruck palästinensischer Lebensweise, S 431
***Nablus**, *(Sichem,* israelisch *Shkhem)* blickt auf eine lange Vergangenheit zurück, ist schön gelegen, bietet historische Relikte, Opferstätte der Samaritaner, S 438
Birzeit, aktive Westbank-Universität mit Musik-Konservatorium sowie Kunst- und Palästina-Museum, S 437
Samaria/Sebaste, Ruinen der ehemaligen Hauptstadt des Nordreichs Israel und später Samariens, von König Omri 880 vC gegründet, S 442
Jenin, während der 2. Intifada noch Terror-Hochburg, mausern sich Stadt und Umland gerade zum Tourismus-Vorzeigeprojekt über die Grüne Linie hinaus, S 443
*Taybeh**, hübsches, christliches Dorf mit bekannter Bierbrauerei, S 437
*Nebi Samwil**, *Berg der Freude,* auf dem die Kreuzfahrer zum ersten Mal Jerusalem sahen, S 430

Toilettenpapier. Man hinterlässt es in den bereitgestellten Körben.

Die folgenden Routen führen in die sogenannte *Westbank*, ein Begriff, der sich – wie schon früher erläutert – auch in deutschsprachigen Medien eingebürgert hat. Der Ausdruck beschreibt zunächst nur die westliche Schulter des Jordantals, bezieht sich aber allgemein auf die Gebiete, die nach dem Unabhängigkeitskrieg innerhalb der so genannten Grünen Linie unter jordanischer Verwaltung blieben. Bevor Sie sich auf die Reise dorthin begeben, sollten Sie sich über die Probleme und eventuellen Gefahren im Klaren sein (siehe oben).

Jerusalem – Ramallah – Nablus – Jenin

Die Ausfahrt aus Jerusalem lässt sich recht gut mit einem Rückblick auf die Stadt verbinden, indem man einen kurzen Umweg auf den Mons Gaudi einlegt. Der direkte Weg aus der Stadt würde – wie seit Jahrtausenden – am Damaskustor beginnen und auf der Nablus (Shkhem) St nach Norden führen. Wir wollen aber die Stadt wie folgt verlassen:

Fahren Sie auf die Autostraße 1 Richtung Tel Aviv, verlassen Sie diese aber an der ersten Kreuzung nach der Tankstelle nach rechts den Berg hinunter. Diese Straße mündet in die Golda Meir St (Straße 436), der man links durch die Siedlung Ramot Alon nach Norden folgt.

5 km: Abzweig, rechts nach

*Nebi Samwil / Nabi Samuel

Die Kreuzfahrer nannten den 885 m hohen Berg, auf dem heute das arabische Dorf Nebi Samwil liegt, *Mons Gaudi* (Berg der Freuden), weil sie von seinem Gipfel zum ersten Mal ihr Ziel Jerusalem sehen konnten. Fünf Jahrhunderte zuvor hatte Kaiser Justinian ein Samuelskloster auf dem Gipfel mit einer Mauer befestigt.

Die Kreuzfahrer erneuerten die Kirche und bauten eine Festung drumherum, deren Reste ausgegraben wurden. Von den Kreuzfahrern stammt die Annahme, dass Samuel hier bestattet sein soll, weil man hier offenbar den Ort RamaRama vermutete. Später wandelten die Muslime das Bauwerk in eine Moschee um. Der eigentliche Sarkophag befindet sich unterhalb der Moschee, im Inneren steht ein Kenotaph. Zwischendurch gab es auch eine Synagoge, was manche heute gern wieder aufleben lassen würden. Vom Dach bzw. Minarett der Moschee bietet sich ein fantastischer Ausblick auf Jerusalem – wie Recht hatten doch die Kreuzfahrer..

Weiter auf der Straße 436, nach der Kreuzung mit der 443/45 gelangen Sie bald an den

Checkpoint Beituniya. Sollten Sie hier nicht weiterkommen, fahren Sie die Straße 45 zurück nach Osten, und über den großen Checkpoint Qalandiya weiter nach Ramallah. Falls es klappt, fahren Sie Straße 436 einfach weiter, bis Sie auf die Jaffa St treffen und nach rechts mitten ins Zentrum von Ramallah gelangen.
12 km bis

****Ramallah

***Geschichte**: Die 870 m hoch gelegene und auf direktem Weg nur 16 km von Jerusalem entfernte Stadt mit knapp 30 000 Einwohnern (plus rund 40 000 in der Nachbarstadt AlBireh) ist bekannt für ihr in den Sommermonaten angenehmes Klima. Daher war sie lange Zeit beliebtes „Sommerfrische"-Ziel von Arabern aus ganz Nahost. Gegründet wurde Ramallah von Christen, die im 16. Jh aus Shobak in Jordanien vertrieben worden waren, die fünf Löwen am AlManara-Platz erinnern an die ersten fünf Familien am Ort. Es hat sicherlich mit dieser christlichen Tradition zu tun, dass die Stadt seit 2005 von einer Bürgermeisterin regiert wird – obwohl nur noch ein Zehntel der Bewohner Christen sind. Zum liberalen Flair tragen sicherlich die Studierenden der wohl besten palästinensischen Universität im nahen Birzeit bei. Wenn in den palästinensischen Gebieten etwas los ist, dann am ehesten hier in der westlich aufgeschlossensten Stadt Palästinas.*

Nachdem 1994 zunächst Jericho Sitz der Palästinensischen Autonomiebehörde werden sollte, lief Ramallah mit einem der Parlamente (das andere liegt in Gaza) und mehreren Ministerien so nahe bei Jerusalem der Stadt im Jordangraben schnell den Rang ab. Die ausländischen Vertretungen eröffneten hier ihre Büros, und auch die deutsche Vertretung zog bald von Jericho hierher. Arafat residierte von 1996-2004 in seinem Hauptquartier Muqata'a (knapp 1 km nördlich des AlManara-Platzes Richtung Birzeit) im direkt angrenzenden, muslimischen Ort AlBireh. 2002 schossen die Israelis den Gebäudekomplex in der Annahme zusammen, dass Ramallah wichtigste Basis des Terrors sei, sodass Arafat bis zu seinem Tod 2004 quasi unter Hausarrest lebte. Von Präsident Abbas wieder aufgebaut, befindet sich Arafats Grab seit 2007 neben einer Moschee auf dem Gelände der Muqata'a. Übrigens nur übergangsweise: Zu anderen Zeiten soll er mal auf dem Jerusalemer Tempelberg seine letzte Ruhe finden. Vielleicht zieht dann auch das Arafat-Museum mit um, das Gebäude ist fast fertig, aber ein Konzept für eine international glaubwürdige Ausstellung fehlt noch – Eröffnung vielleicht im Sommer 2013.

Der zentrale Platz im Zentrum der Stadt heißt AlManara, von dem sechs Straßen abgehen und dessen Verkehrsgewühl entsprechend ausfällt. Einen guten Überblick erhält man von einem der Rooftop Restaurants im Zentrum.

Ramallah ist auch dann einen **Abstecher von Jerusalem** wert, wenn man nur einmal in palästinensische Gebiete "hineinschnuppern" und das arabische Leben beobachten will. Vielleicht gelingt das am besten kurz vor Einbruch der Dunkelheit, wenn man noch etwas vom Erscheinungsbild der Stadt sieht, anschließend gemütlich isst und sich dann im typisch arabischen Nachtleben – Bummeln, Einkaufen und Kaffee oder Tee trinken – treiben lässt (vorher unbedingt nach der Abfahrt des letzten Sammeltaxis erkundigen). Zu dieser Zeit haben die Basaris der Jerusalemer Altstadt längst die Eisentüren ihrer Läden mit lautem

Im Kubus von Arafats Mausoleum

Besuch eines Flüchtlingslagers

Die Leichtigkeit Ramallahs geht verloren bei der Besichtigung eines **Flüchtlingslagers**. In Jerusalemer Hostels (z.B. PETRA) werden solche Trips angeboten, oder man erkundigt sich bei den auf S. 434 genannten Anbietern. Bei einem Besuch wird man die heutige Wirklichkeit der Lager sehen und damit einen Eindruck vom Leben der Vertriebenen gewinnen. Vielleicht auch eher die Verzweiflung verstehen, mit der sich die Palästinenser gegen den Verlust ihres Eigentums, ihrer Lebensqualität und gegen eine widerrechtlich agierende Besatzung wehren (siehe auch Kasten S. 113).

Zunächst einmal ist ein *Refugee Camp* (Flüchtlingslager) kaum von ärmeren arabischen Vierteln zu unterscheiden. Die Zeiten, als die Flüchtlinge noch in Zelten, später in armseligen kleinen Einraumhäuschen hausten, sind längst vorbei. Die Palästinenser sind viel zu unternehmerisch, um über Generationen ihr Leben in Hütten zu verbringen und von UNO-Rationen abhängig zu sein. Zwar gehört der Boden immer noch der UNO, aber den Notunterkünften von einst entwuchsen mehrstöckige Häuschen oder Häuser. Die Bewohner gehen einer Beschäftigung nach, die Kinder studieren oder sind zumindest schulisch wie alle Palästinenser gut ausgebildet.

Am Eingang von *Refugee Camps* wie dem des *AlAmari*, westlich an der Straße nach Jerusalem gelegen, findet man häufig Heldenverehrung von Intifada-Kämpfern, die durch israelische Einwirkung ihr Leben verloren. Je mehr Israelis jemand umbrachte, desto stärker wird er verehrt, selbst wenn er für jeden Mord lebenslang verurteilt und das Haus der Familie dafür von den Israelis niedergewalzt wurde. Die PA baut dann jedem der Brüder ein eigenes Apartment in der Nähe. Gern werden auch junge gelähmte Intifada-Kämpfer vorgeführt, denen israelische Soldaten ganz bewusst das Rückgrat brachen oder gebrochen haben sollen.

Vergleichsweise harmloses Widerstandskämpfer-Gedenken (in Nablus)

Deprimiert fährt der Besucher wieder davon; deprimiert vor allem, weil der schier unlösbare Konflikt so deutlich bewusst wird: Männer, die hier verehrt werden, weil sie sich gegen die jahrzehntelange Besatzung wehrten und Soldaten der Besatzungsarmee töteten, werden 16 km weiter südlich als terroristischer Paria betrachtet und für den Rest des Lebens eingekerkert. Der blanke Hass auf die Israelis, der aus den Erklärungen des *Guides* im Flüchtlingslager sprüht, findet sich in ähnlichen Strukturen wieder, wenn man in Jerusalem z.B. vulgärzionistische Publikationen liest oder auf rassistische Siedler trifft – vielleicht nicht so direkt, sondern subtiler.

Getöse zugeklappt. Wenn Sie auch durch die eigentliche Altstadt Ramallahs bummeln wollen, so müssen Sie die neu hergerichtete Main (Rukab) St bis zur Tankstelle gehen, dort etwa beginnt der ältere Teil der Stadt.

Außer zu flanieren würde es auch lohnen, sich auf das **kulturelle Angebot** Ramallahs einzulassen. Aktuelle Termine listet This Week in Palestine. Das Spektrum ist weit gefächert:

• das 2007 eröffnete Musikzentrum *AlKamandjati* (Unterricht und Konzerte) westlich der AlUmari-Moschee in der Altstadt – ein Junge aus dem AlAmari Flüchtlingslager unterrichtet mittlerweile 500 Kinder in Palästina und im Li-

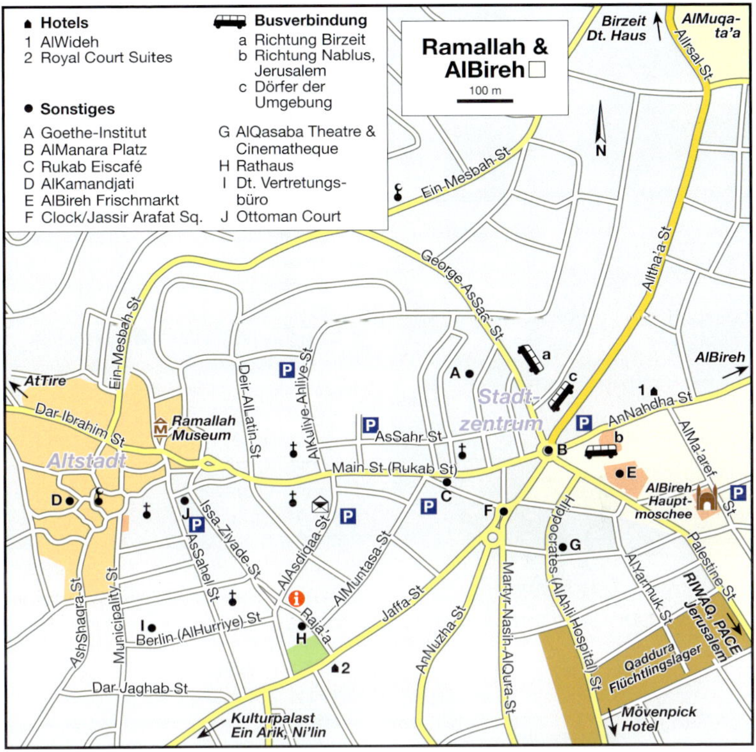

banon, besonders in Flüchtlingslagern; www.alkamandjati.com,

- Kunstausstellungen im *Khalil Sakakini Cultural Centre*, AlMuntasa St (www.sakakini.org),
- das Frauen-Filmfestival *Shashat* im November/Dezember (www.shashat.org),
- die Tanz-Kompanie *AlFunoun* aus AlBireh tritt in tollen Kostümen auf (www.el-funoun.org),
- das Zentrum für Theater, Film und Musik *AlQasaba* 200 m südlich von AlManara (www.alkasaba.org), hier bildet seit 2009 auch die von Deutschland geförderte *Drama Academy Ramallah* professionell aus,
- die NGO *Ashtar Theatre* im Sunrise Building in der Irsal St produziert Theaterstücke und gibt Jugendlichen Schauspielunterricht, interessierte Gäste sind jederzeit willkommen (Gästezimmer $ 50 pP), z.B. www.thegazamonologues.com – Theater am Puls der Zeit: www.ashtar-theatre.org, Kontakt: Iman Aoun, Tel 2980037 oder 059 9434736,
- die *Society of Ina'ash AlUsra* in AlBireh, die Frauen im Gestalten traditioneller Textilien ausbildet, letztere zum Verkauf anbietet und ein Café betreibt (www.inash.org).
- die *Palästinische Zirkus-Schule* (www.palcircus.ps) sowie
- Großveranstaltungen dient der *Ramallah Cultural Palace*, zu Ehren des 2008 verstorbenen und in der Nähe begrabenen größten Dichters Palästinas, Mahmud Darwish in *Darwish Cultural Center* umbenannt, südöstlich des Industrie-

Wasserverkäufer mit Freisprech-Handy

gebiets an der Jaffa St. Mittlerweile wurde dort auch eine Mahmud Darwish-Gedenkstätte mit schönem Blick über Ramallah errichtet.

• Für Familien mit kleinen Kindern könnte schließlich noch das Mukhmas Fun Land (im Industriegebiet am Ende der Jaffa St, www.mukhmas2000.com – arabisch) einen Ausflug wert sein. Swimmingpool und mehrere Karussels warten auf Besucher.

• Für die Eltern ist vielleicht das traditionelle Türkische Bad im AlNijmeh Center/AlBireh interessant, Frauen Sa-Do 9-20, Männer täglich 10-0 Uhr, Tel 2408281.

• Wem es an Bewegung mangelt, sollte im Sportclub *Sarriye* nordwestlich der Altstadt im Stadtteil AtTire vorbeischauen. Hier kann man auch Schwimmen gehen. Der Club ist Teil des Angebots der First Ramallah Group (www.firstramallahgroup.com oder www.facebook.com/group.php?gid=5970109198), die aus Pfadfindergruppen aus den 1930er Jahren hervorgegangen ist, und außer diesen u.a. auch Konzerte, Volkstanz und ein Café organisiert.

Praktische Informationen

▶ Telefon-Vorwahl 02

• **Tourist Information** schräg gegenüber der Stadtverwaltung Issa Ziyadeh St/Ecke AlAsdiqa St, Tel 2945555, www.ramallah.ps, Sa-Do 9-17. Schönes, von RIWAQ restauriertes Gebäude. Hier gibt es einen Stadtplan, einen kleinen Shop und kompetente Auskunft. Einen elektronischen Stadtplan bietet zudem www.ramallah-gis.ps.

• **Vertretungsbüro der Bundesrepublik Deutschland**, Berlin (früher: *AlHurrieh)* St, Tel 2977630, nur für Notfälle außerhalb der Dienstzeiten Tel 059 9656000, Fax 2984786, www.ramallah.diplo.de, Mo-Fr 9-12; Auskunft Visastelle Mo-Fr 12-13, Tel 2977655

• **Goethe-Institut Palästinensische Gebiete**, AsSalam St, im Deutsch-Französischen Kulturzentrum, Tel 2981922, www.goethe.de/ins/ps/ram oder mit Link zum *Centre Culturel Franco*-Allemand: www.ccf-goethe-ramallah.org, Mo-Do/Sa 9-19

Touren

▶ PACE – Palestinian Association for Cultural Exchange, AlBireh, gegenüber der Al'Ain-Moschee; seit 1996 erfahrener Anbieter von Westbank-Touren, sehr auf Sicherheit der Kunden bedacht, vermittelt Kontakte und Besichtigungsmöglichkeiten in einer Dichte, die man auf eigene Faust nicht hätte, Tel 02 2407611 und 059 9318267, Fax 02 2407610, pace.ramallah@gmail.com, www.pace.ps

▶ GREEN OLIVE TOURS, Tel 09 7770020 oder 054 6934433, www.toursinenglish.com; bietet Tages- und Mehrtagestouren in der Westbank und in Israel an, auch eine Tour in die Business-Welt von Ramallah

• RIWAQ, Nablus St in AshSharafe/AlBireh (von AlManara die Jerusalem-Ramallah St bis zum Ende, an der Ampel links, erste rechts und dann gleich auf der rechten Seite), Tel 2406887, www.riwaq.org; Dokumentation, Rettung und Restauration alter Gebäude (siehe oben S. 23), es werden Touren erarbeitet und angeboten, Veröffentlichungen mit bestechend schönen Fotos

Internet

▶ In einigen Café-Restaurants (z.B. Ziryab oder Stones) und Hotellobbys kann man sich gratis einloggen

Verkehrsverbindungen

▶ Hauptverkehrsmittel sind Service Taxis, die von Ramallah in alle Himmelsrichtungen fahren. Der zentrale Stand befindet sich im Busbahnhof östlich vom AlManara-Platz. Nach Jerusalem fährt Bus 18 (Damaskustor). Die andere Buslinie bindet zusätzlich die Universität Birzeit an. Von Jerusalem nimmt man am besten ein Sammeltaxi am Damaskustor; bei der Rückfahrt muss man auf das gelbe Nummernschild achten, weil nur diese Taxis über die Grenze dürfen – vermutlich muss man jedoch mindestensl am Qalandiya Checkpoint zu Fuß über die Grenze (kann über 1 Std. dauern) und auf der Jerusalemer Seite ein anderes Taxi nehmen.

Essen und Trinken

Restaurants und Bars ballen sich in Ramallah vor allem um die Main St (auch Rukab St genannt) und um die Stadtverwaltung herum zwischen Jaffa und AlHurriye/AlAsdiqa St. Es ist eher die Ausnahme, wenn kein Alkohol ausgeschenkt wird. Intensivste Party-Gelegenheit ist Donnerstag abends. Bei Tanzvergnügen bitte beachten: Einzelne Männer sind dort unerwünscht – immer noch jemanden mitbringen.

- ANGELO'S, Main St, gemütliches Lokal mit westlicher wie östlicher Küche, gegenüber
- ANDAREEN, Main St, Café, Snacks, Bar. Abends Live-Musik und Tanz, darunter
- BALADNA, Main St, das andere prima Eiscafé (siehe unten Rukab)
- MESARIN, Clock/Arafat Square beim großen Lipton-Schild, gute Falafel und lange Öffnungszeiten
- RUKAB, Main St, die nach diesem Eiscafé auch Rukab St genannt wird – eine Institution also, Speiseeis hat in der arabischen Welt eine ähnlich lange Tradition wie in Italien und durch Mastix, arabisches Gummi, eine leicht zähe Konsistenz, unbedingt probieren
- STARS & BUCKS, AlManara-Platz, Eingang von der Main St, 1. Stock, Café, das auch kleine Snacks und Wasserpfeifen serviert
- ZIRYAB, Main St im 1. Stock über dem BALADNA Eiscafé, ungewöhnliche Einrichtung

AlManara, Ramallahs zentraler Platz mit Löwenstatuen

9

Übernachten

Fragen kostet nichts: Die meisten Hotels scheinen bei bloßem Nachfragen zu einem Preisnachlass bereit zu sein. Saison ist in Ramallah/AlBireh von April bis Dezember.

- **MÖVENPICK**, AnNahda Square, vom AlManara-Platz nach Süden im Stadtteil AlMasyun, Tel 2985888, Fax 2985333, hotel.ramallah@moevenpick.com, www.moevenpick-ramallah.com; das Fünf-Sterne-Haus mit Schweizer Luxus, Restaurant & Bar, mF .... E+B $ 180, D+B $ 200
- **CAESAR HOTEL**, AlAmin Sq., im südlichen Stadtteil Masyun Heights, Tel 2979400, Fax 2979401, www.caesar-hotel.ps; freundlich und unaufdringlich, mF .... E+B NIS 420, D+B NIS 500
- **ALHAMBRA PALACE**, Irsal St (AlBireh), Tel 2956226, Fax 2950032, www.alhambra-palace-hotel.com; ruhige Lage, Privathaus von 1926, Suiten, TV, AC, WLAN, mF .... E/D+B $ 90-120
- **BEST EASTERN**, 138 Irsal St (AlBireh), vom AlManara-Platz Richtung Birzeit (linke Straßenseite), Tel 2960450, Fax 2958452, www.besteasternhotels.com; der Name ist origineller als die Zimmer, im Doppelzimmer nur verheiratete Paare, AC, TV, mF .... E+B $ 80, D+B $ 110, Suite $ 200
- **ROYAL COURT SUITES**, Jaffa St Höhe Stadtverwaltung, Tel 2964040, Fax 2964047, www.rcshotel.com; sehr freundlich, sehr sauber, nicht in jeder Suite extra Schlafzimmer und Balkon, Parkplatz, Internet kostet, AC, TV, mF .... E+B NIS 255-390, D+B NIS 370-495
- **ALADIN**, Rawda St, unweit AlMuqata'a (AlBireh), Tel 2407689 oder 059 8308382, aladinhotel@gmail.com; freundlich, gutes Preis-Leistungs-Verhältnis, mF .... E+B NIS 240-260, D+B NIS 280-300
- **CITY INN PALACE**, Jerusalem St, von Süden rechte Straßenseite (AlBireh), Tel 2408080; sehr freundlich, elegant eingerichtet, kein Alkoholausschank, mF .... E+B $ 60, D+B $ 85
- **Al'AIN**, gegenüber der Al'Ain Moschee AlBireh, Tel 2405925 oder 2404353, alainhotel@hotmail.com; freundlich, sauber, Lobby im 4. Stock, Raum anschauen: manchmal Schimmel im Bad, mF .... E+B NIS 120, D+B NIS 180
- **ST. ANDREW'S GUESTHOUSE**, AtTire St auf halbem Weg von der Altstadt nach Nordwesten zum Zentrum von AtTire (mit byzantinischer Kirche und Kreuzfahrerturm,12. Jh), Tel 2989172, Fax 2960907, www.etvtc.org; gehört zum Episcopal Center, einer Berufsschule, gut geeignet für Gruppenreisen (nur dann mF E $ 34, D $ 30 pP), auch Monatstarife, einfache Ausstattung, ruhige Lage, ... E $ 26, D $ 22 pP
- **AIWIDEH**, 26 AnNahdha St, Tel/Fax 2980412; www.alwehdehhotel.ps (ohne Infos); angeblich ältestes Hotel in Ramallah, mittendrin, gegenüber Busse nach Jerusalem, leicht schmuddelig, Einrichtung leicht angeschrammt, aber freundlich und hilfsbereit, TV, WLAN, Frühstück + NIS 15 .... E+B NIS 100, D+B NIS 120

Dezentral und außerhalb

- **KHOURIYA FAMILY**, in Jifna, 7 km nördlich von Ramallah, 2 km südöstlich von Birzeit, Tel 2811485 oder 059 9587476, rkhouriya@yahoo.com; sehr freundliche Familie, Appartements mit Küche, weitere Mahlzeiten für je $ 10, Tourangebote, mF .... E/D $ 35 pP
- **REEF HOUSE PENSION**, ebenfalls in Jifna, Tel/Fax 2810881 oder 059 9266499, reefpension@gmail.com; ebenso Familienbetrieb, übersichtlich, Garten, WLAN, Parkplätze, außerdem möglich: Vollpension, Workshops, Touren, mF .... E/D+B $ 35
- **STAR MOUNTAIN GUESTHOUSE/STERNBERG**, vor Abu Qash rechts der Straße Richtung Birzeit auf der einzigen bewaldeten Kuppe weit und breit, Tel 2962707 oder 059 5226310, Fax 2962715, www.starmountain.org; die Herrnhuter Brüdergemeinde finanziert mit dem Haus Behindertenarbeit, einfache Unterkunft (noch einfacher und günstiger möglich), angenehm ruhig, Gruppen bis 25 P., kleine Cottages D € 30-35 pP, 3er-6er pP € 15-20, Kinder die Hälfte, WLAN gratis, mF am ersten Tag .... E+B € 25-30, D+B pP € 15-20

mit Kunstgalerie, WLAN und bei Bedarf am Tisch flambierten Gerichten

- LA WEIN (sprich: la uween – wohin?), Hippocrates (AlAhli Hospital)/Ecke Khalil Salah St, über dem AlQasaba-Theater & Cinematheque, entsprechend viel Künstlervolk unterwegs, donnerstags viel los, Restaurant und Bar, Alkoholika aller Art und Wasserpfeifen
- LA VIE CAFÉ, AlQastal St (Nebenstraße südlich des Clock/Arafat Square), ebenfalls vor allem donnerstags viele coole Leute, manchmal Konzerte, gemütlicher Garten
- SKY BAR, im Obergeschoss der Ankars Suites (siehe unten), manchmal laut, aber toller Blick und die mutmaßlich beste Wasserpfeife der Stadt (einfach mal special bestellen)
- SANGRIA, Jaffa St, gleich bei den Royal Court Suites (selbes Management), gemütliche Open Air Bar mit u.a. mexikanischer Küche
- PRONTO, Raja'a/Ecke AlMuntasa St (nahe Tourist Information), beste Pizza am Ort
- DARNA, AsSahel St/Ecke Berlin (AlHurriye) St, nahe der Deutschen Vertretung, Tel 2950590 oder 059 9204499, www.darna.ps; exquisites Lokal, das häufig von der PA und ausländischen Vertretern angesteuert wird, was sich im Preis niederschlägt
- AsSNUBAR, Ein Sam'an St, vom Zentrum Richtung Norden, Wegweiser: Tel 2965571, sehr empfehlenswert: schöner Blick, Picknickplätze, Schwimmbecken (9-17), Grill-Restaurant täglich 12-24 (April-September), manchmal Livemusik, Jazz bis Rock

3 km auf der Straße 466 bis

Bet-El/Beitin

Die stark befestigte jüdische Siedlung liegt rechts der Straße. Der doppelte Zaun gibt einen Eindruck vom Leben vor und hinter dem Stacheldraht. Unweit südöstlich erstreckt sich das historische **Beitin** (*Bet-El* oder ***Bethel*** bedeutet *Haus Gottes*), wo Jakob einen Altar baute, nachdem er von einer Himmelsleiter geträumt hatte. Es entstand eine Siedlung, in byzantinischer Zeit kamen Kirchen hinzu. Die Moschee des Dorfes steht auf den Ruinen einer Kirche.

Die Straße nach Norden zieht sich durch eine – für die Verhältnisse Palästinas – recht einsame Karstlandschaft, die häufig terrassiert ist, um ihr wenigstens ein bisschen Nutzbares abzugewinnen. Die Strecke ist sehr gut ausgebaut und hat nur relativ wenig Verkehr zu bewältigen.
2 km: **Abzweig,** links führt eine Straße nach

**Birzeit

Hier liegt die bekannteste Universität der Palästinenser, von Süden am Ortseingang gleich links hinter den schwarzen Toren. Während der Besatzungszeit wurde sie mehrfach und bis zu drei Jahren von den Israelis geschlossen. Auch heute spielt die Uni eine wichtige Rolle. Interessenten können sich Informationen über www.birzeit.edu holen. Von besonderem Interesse dürfte das ***Edward Said National Conservatory of Music*** sein, weil vielleicht gerade Konzerte gegeben werden, wenn man in der Region unterwegs ist: http://ncm.birzeit.edu. Sehenswert ist außerdem das kleine **Birzeit Museum**, (Mo-Do+Sa 10-14, http://virtualgallery.birzeit.edu/museum_homepage) mit einer Kunstsammlung, traditionellen palästinensischen Frauengewändern, einer Sammlung von Amuletten und archäologischen Tongefäßen.
Den eigentlichen Ort nordöstlich des heutigen Universitäts-Campus finden Sie über die nördliche Parallele der Umgehungsstraße. Es erwarten sie ein mamlukisch/osmanischer Khan, ein kleines Restaurant mit Galerie sowie die sehr kompetente **Rozana Association** (www.rozana.ps, www.sufitrails.ps, siehe auch oben RIWAQ), die Sie (auch samt Gruppe) gern dabei unterstützt, die umliegenden Sehenswürdigkeiten zu erwandern. Reisende bezeichnen diese Wanderungen als den Höhepunkt ihres Westbank-Besuchs.
Wieder Richtung Norden auf der Straße 466 schlängelt sich diese nach dem Checkpoint Atara weiter als Nr. 465, bis zur noch besser ausgebauten Straße 60. Letztere hätte man schon von Ramallah aus über den Checkpoint Bet-El an Beitin vorbei direkt ansteuern können, und damit einen kürzeren Abstecher auf die Straße 449, von der es bald rechts nach ***Taybeh** geht.

„Oktoberfest" in Taybeh

Hier ist der einzige – im übrigen rein christliche – Ort, an dem in Palästina Bier gebraut wird. Es schmeckt ausgezeichnet, wird auch in hippen Tel Aviver Bars (Minzar) oder in Jerusalem (Sira, Jerusalem Hotel) ausgeschenkt, expandiert inzwischen sogar nach Europa und wird im Herbst mit einem, ja richtig, „Oktoberfest" gefeiert. Statt in Lederhosen wird jedoch in palästinensischer Tracht getanzt, und auch die Zenzis haben sich noch nicht durchsetzen können; Führungen Mo-Sa 8-16, Tel 02 2898868, www.taybehbeer.net.

Speisen könnten Sie bei toller Aussicht in Peter's Place, und übernachten im

- CHARLES DE FOUCAULD CENTRE, Tel 2898161, Fax 2899364, scjtaybe@palnet.com, www.taybeh.info; freundlich, ansprechende Einrichtung, ruhig, Vollpension € 27, mF .... D+B pP NIS 100

Wieder auf Straße 60, noch 32 km bis zum Checkpoint Huwwara, dann 6 km bis in die Innenstadt von

***Nablus / Shkhem

Geschichte: *Bereits im 19. Jh vC bestand am Schnittpunkt wichtiger Handelswege eine Siedlung namens Shekhem (Sichem). Abraham errichtete beim Zug aus Mesopotamien einen Altar, sein Enkel Jakob erwarb ein Grundstück und hob einen Brunnen aus. Im 13. Jh vC ließ Josua die Gebeine seines Vaters Joseph aus Ägypten holen und auf dem von Jakob erworbenen Grundstück bestatten. Im 10. Jh vC wurde Sichem Hauptstadt des Königreichs Israel, verlor aber später an Bedeutung, als König Omri Samaria zur Hauptstadt erkor. 350 vC wurde es Hauptort der* ***Samaritaner****, die sich von der Hauptrichtung des Judentums gelöst hatten, weil sie nur die Tora, also die Fünf Bücher Mose, in ihrer Version anerkennen. 108 vC wurde Sichem von den Hasmonäern zerstört.*

72 nC gründete Titus die Siedlung Flavia Neapolis (aus Neapolis = Neustadt – wurde später arabisch Nablus) in der Nähe des verfallenen Sichem. Sie entwickelte sich schnell und wurde 244 in den Rang einer römischen Colonia erhoben. Einen wesentlichen Bevölkerungsanteil stellten die Samaritaner, die 521 nC die Kirchen verwüsteten und den Bischof töteten. Daraufhin ließ Kaiser Justinian diejenigen Samaritaner, die nicht fliehen konnten, umbringen oder als Sklaven verkaufen. 636 nahmen die Araber die Stadt ein, im 12. Jh spielten die Kreuzfahrer eine Gastrolle. Im 16. Jh bestimmten die Osmanen Nablus zu einem ihrer vier palästinischen Verwaltungssitze. Bei der Proklamierung von Israel kam Nablus an das eher ungeliebte Jordanien, 1967 wurde es von Israel eingenommen, blieb aber seither eine Hochburg des arabischen Nationalismus.

Die zweitgrößte Stadt im Westjordanland mit ca. 140 000 Einwohnern zwängt sich zwischen den 940 m hohen Berg Ebal im Norden und den mit 881 m nur unwesentlich niedriger geratenen Garizim im Süden, die beide grauweiß-karstig ziemlich steil aufragen. Da im Tal zwischen den beiden Bergen nicht genug Platz ist, schwappen die Häuserzeilen wie Wildwasser die Hänge hinauf. Früher war die Stadt angeblich von Häusern aus grauem Stein mit bunten Fensterläden, roten Ziegeldächern und Patios mit Weinstauden geprägt, heute haben mehrstöckige Bauten diese Idylle weitgehend verdrängt.

Trotzdem erhielt sich die sehr lebendige Stadt einen eigenen Charme. Sie zählt andererseits zu den konservativen Plätzen, man sollte sich also bei der Kleidung entsprechend anpassen. Die Menschen von Nablus sind stolze Palästinenser, freundlich und Fremden gegenüber aufgeschlossen. Dazu trägt sicherlich auch die größte palästinensische Universität bei:

auf drei Campussen sind 17 000 Studierende unterwegs, es gibt bezahlbare Arabisch-Intensivkurse für Ausländer; www.najah.edu. Auch wenn im Folgenden vor allem Historisches und die Altstadt AlQasaba besprochen wird: Nablus ist in der Moderne angekommen.

Fahren Sie bis zum Zentrum. Mit eigenem Auto von Süden kommend zweigt man nach dem Checkpoint *Huwwara* an der ersten großen T-Kreuzung links ab, und wenn danach rechts die roten Kuppeln der Jakobsbrunnen-Kirche auftauchen, ist man richtig. Falls man das Zentrum mit dem Platz der Martyrer nicht gleich findet, am besten Taxifahrer fragen (*Martyr's Square*). Parken geht am besten in einer Nebenstraße. Die Innenstadt wimmelt von Menschen, ganze Straßenzüge sind Souks; es scheint, als ob alle Waren dieser Welt feilgeboten würden. Am quirligsten geht es in der AnNasser Street zu. Ein Bummel kreuz und quer durch die Altstadt lohnt sich sehr. Sie kann auf gewisse Weise mit der Altstadt von Jerusalem mithalten, man trifft hier nicht ständig auf andere Touristen, entsprechenden Kitsch im Angebot und aufdringliche Händler. Nablus ist übrigens bekannt als Stadt der Seifenhersteller, und dies wiederum zeigt sich in den Auslagen der Läden. Dabei ist die Produktion der hochwertigen **Olivenölseife** in den vergangenen zwei Jahrzehnten stark zurückgegangen, weil ein geregelter Vertrieb unter der Besatzung kaum noch möglich ist. Zwei besichtigenswerte Fabriken, Tuqan und Bader, halten noch eine gedrosselte Produktion aufrecht.

Nachvollziehen lässt sich der Produktionsprozess auch im Cultural Heritage Enrichment Center (CHEC) in der ehemaligen Arafat Seifenfabrik in der AsSalahi St, Sa-Do 8-14. Hier wird vor allem Kindern und Jugendlichen traditionelles Handwerk wie Weben, Töpfern und Seifenherstellung vermittelt, aber das Angebot richtet sich auch an Touristen, die mit dem Kauf der Produkte zum Erhalt des Zentrums beitragen; Kontakt: Naseer Arafat, Tel/Fax 2378275 oder mobil 059 9358576, www.amrarafat.net. tc. Arafat gibt als Architekt, der sich mit dem Denkmalschutz in der Altstadt von Nablus befasst, auch englischsprachige Führungen durch das meist ottomanische Häusermeer, Konditionen im Vorfeld am besten per Mail klären, arafatn24@yahoo.com. Anfang 2013 erschien sein lohnendes Buch über die Altstadt Nablus, City of Civilizations.

Gegenüber der Arafat-Seifenfabrik gibt es Abu Abdullahs Herb Store, dessen Besitzer auch pharmakologisch beraten kann. Ein anderes Beispiel für die Weiternutzung einer ehemaligen Seifenfabrik, hier der Khamash Soap Factory, ist der urige Heilpflanzenladen Barik weiter südlich. In ähnlicher Entfernung liegen die beiden Badehäuser in Nablus' Altstadt: In der Nähe des CHEC auf der AnNasser St den **Hamam**

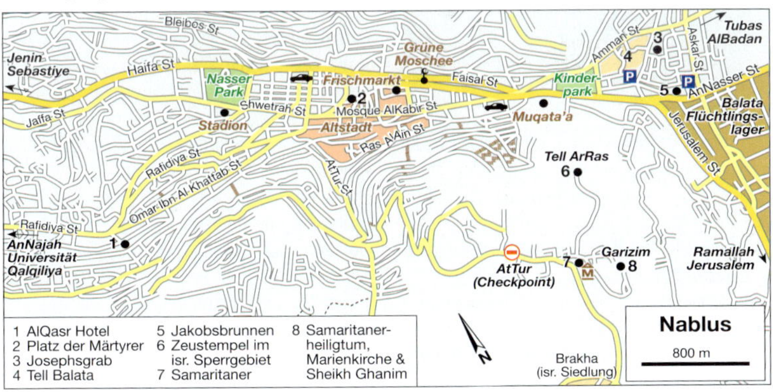

AshShifa aus dem 17. Jh, sowie noch weiter südlich vom Barik Store den **Hamam AlHanna** in der AlYasmina St (im ehemaligen samaritanischen Viertel *Haret AsSamira* – AlHanna ist auch das samaritanische Hamam). Beide sind von frühmorgens bis etwa Mitternacht geöffnet, Dienstag 8-14 ist jedoch Frauentag, im AshShifa auch sonntags; ungefähre Preise: Bad NIS 35, Massage NIS 15, Bad mit Kamelhaarbürste NIS 10 – zur Erholung sehr empfohlen.

Es gibt zwei große **Moscheen**, AnNassar und AlKebir, welche die Silhouette des Zentrums bestimmen; beide können durchaus auch von Nicht-Muslimen besucht werden, am einfachsten in Begleitung eines Muslims. Die Altstadt beherbergt außerdem osmanische Paläste wie

Hamam AshShifa, ein altes türkisches Bad

den **Tuqan Palast**, in die man meistens einen Blick werfen kann. Von einem römischen Theater blieb nur wenig, von einem römischen Amphitheater fast gar nichts erhalten.

dem 881 m hohen **Berg Garizim** – der immerhin 500 m höher als Nablus ist – errichteten die Samaritaner bereits 350 vC ein Heiligtum, das häufig zerstört und wieder aufgebaut wurde. Nach samaritanischer Tradition hatte Abraham seinen Sohn Isaak hier opfern wollen und dann angeordnet, auf dem Gipfel Dankopfer darzubringen. Auch heute noch feiern die Samaritaner Opferfeste nach mosaischen Vorschriften. Dieses blutige Schauspiel zieht eine Menge Zuschauer an, aber hier kann man auch ahnen, was es für Jerusalem bedeuten würde, einen dritten Tempel zu errichten und den Opferkult mit Abertausenden von Tieren wieder einzuführen – eine absurde Vorstellung.

Hinauf auf den Berg führt eine schmale Asphaltstraße, die bald nach dem Zentrum (vor einem parkähnlichen Gelände) links von der Straße 55 abzweigt. Oben liegt ein kleines Dorf, und außer dem erwarteten weiten Ausblick – an klaren Tagen bis zum Mittelmeer – gibt es außerhalb der Opferzeit nur umzäunte, für den Laien wenig aussagefähige Mauerreste auf dem höher gelegenen Plateau zu sehen. Eindrucksvoller sind die Reste der achteckigen Marien-Kirche von Justinian. Es gibt ein kleines Museum der Samaritaner, So-Fr 8-14. Weiter nördlich liegt der Vorgipfel Tell ArRas, auf dem einst ein römischer **Zeus Hypositos Tempel** stand.

Am unteren Osthang des Garizim in Nablus, etwa 2 km östlich des Zentrums, liegen die Relikte des alten Sichem. Es ließen sich 24 Siedlungsschichten unterscheiden, die heute Tell Balata genannt werden. Für Laien sind vor allem zyklopische Stadtmauer samt Tor und ein Baal-Tempel sichtbar. Etwa 100 m entfernt steht ein bewachtes Kuppelgebäude hinter einem schwarzen Tor, in dem sich das **Grab Josephs** befindet. Der für Juden heilige Platz wurde im Oslo-II-Abkommen unter israelisch-palästinensische Gemeinschaftskontrolle gestellt. Als es im September 1996 zu erheblichen Unruhen wegen der Öffnung des Western Wall Tunnels in Jerusalem kam (siehe S. 150), erschossen die Palästinenser fünf israelische Soldaten. Die Spannung ist nach wie vor vorhanden, daher kann man leicht vor – polizeilich – verschlossenen Türen stehen.

Weniger dramatisch geht es beim ein paar hundert Meter südlich gelegenen christlichen Gedenkplatz zu, dem **Jakobsbrunnen**. Hier

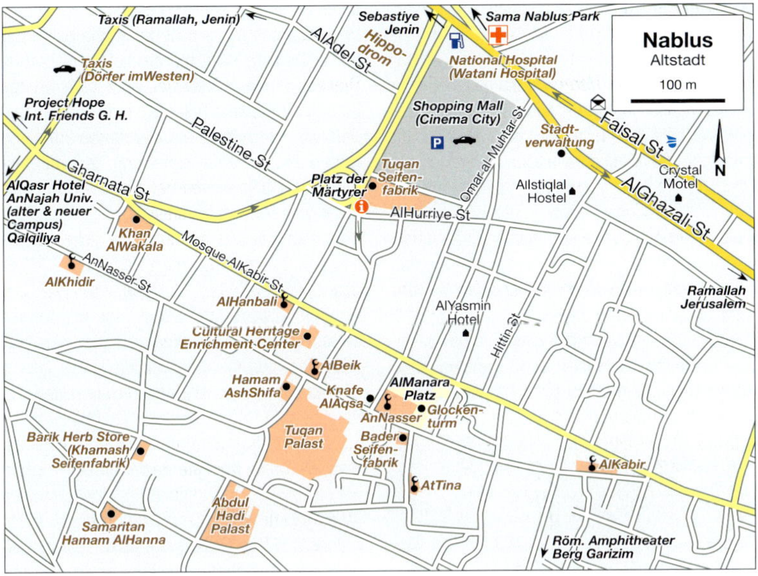

begegnete Jesus der Samaritanerin. Bereits im 5. Jh nC stand eine Kirche an dieser Stelle. Die Perser zerstörten die Basilika, die Kreuzritter bauten eine neue, aber auch sie verfiel. 1860 kaufte die russisch-orthodoxe Kirche den Platz. Ihren Kirchenbau unterbrach die russische Revolution. Heute hütet die griechisch-orthodoxen Kirche die schön gestaltete Anlage samt Kirche und den 36 m tiefen Brunnen. Besucher sind von 7-12 und 14-16 Uhr willkommen.

Praktische Informationen

▶ Telefon-Vorwahl 09

▶ Südöstlich des Martyr Square hat die Stadtverwaltung 2012 eine neue **Tourist Information** eröffnet – ein kleiner, freistehender Kiosk mit roten Dachziegeln und hilfsbereitem Personal, Sa-Do 8-19. www.nablus.org. Auf der neuen englischen Website gibt es ein instruktives Heft über die Stadt zum Herunterladen: *Nablus – A City Tale*. Praktische Informationen auch auf dem www.nablusguide.com des ebenfalls besuchenswerten *Project Hope* in der Nähe des *International Friends Guesthouse* (www.projecthope.ps).

Informationen und Arrangements vermittelt auch Latifa Kayed, Tel 2378114, dreamtours2000@gmail.com, www.dreamtours.ps.

Busverbindungen

▶ Von Jerusalem fährt man wie oben beschrieben nach Ramallah, und von dort weiter im Service Taxi oder tagsüber stündlich verkehrendem Bus nach Nablus.

Essen und Trinken

Nablus ist bekannt für Knafe, eine sirupgetränkte, übersüße Köstlichkeit, die es angeblich nirgendwo besser gibt – am besten warm genießen bei Knafe AlAqsa bei der AnNasser Moschee.

In der Altstadt findet man überall Imbisse, die Felafel, Shauwarma, gegrilltes Huhn oder andere arabische Gerichte verkaufen. Arabische Menüs mit allem Drum und Dran servieren

• SELIM EFENDI, beim Märtyrerplatz, Tel 2371332

• SAIT U SAATER *(Oliven & Thymian)*, im AlYasmin Hotel, Tel 2383164

Übernachten

Nightlife und Übernachtungstourismus sind in Nablus bisher kaum der Rede wert. Das liegt einerseits an der konservativ-muslimischen Orientierung der Bewohner, aber auch an der zerstörten Infrastruktur, seit Nablus während der ersten Intifada eine Hochburg des Widerstands war. Obwohl die Stadt vollständig der PA untersteht, verhängt die israelische Armee nach wie vor Ausgangssperren, dringt abends in die Stadt ein und nimmt Palästinenser fest. Trotzdem nehmen die Übernachtungsgelegenheiten zu.

• **AlQASR**, Rafidiya St, ca. 1 km außerhalb der Altstadt, Tel 2341444, Fax 2341944, www.alqaserhotel.com; guter Ausblick, AC, TV, Internet, mF....................... E+B $ 75, D+B $ 95, Suiten $ 130

• **AlYASMIN**, mitten in der Altstadt, Tel 2333555, Fax 2333666, www.alyasmeen.com; erstes Haus am Platz, also internationales Publikum, AC, TV, Internet, WLAN, mF.....E+B $ 60, D+B $ 75

• **CRYSTAL MOTEL**, AlGhasali St, Tel 2332485, keine Traumunterkunft, aber nahe der Altstadt, TV, AC, WLAN gratis, mF........... E+B NIS 120, D+B NIS 180, 3er NIS 200

• **BET AshSHAM**, 15th St in Rafidiye, Tel/Fax 2376295 oder 059 5171111, www.nablusguesthouse.ps; 2012 eröffnet, hübsch eingerichtet, ruhige Lage im lebhaften Stadtteil, Träger ist eine NGO, die Begegnung ermöglichen will, Gemeinschaftsküche oder Restaurant, AC, WLAN, mF.................................E+B NIS 80, D+B NIS 200

• **INTERNATIONAL FRIENDS GUEST HOUSE**, AnNajah AlQadim St, 15 min zu Fuß zur Innenstadt, Tel/Fax 2381064 oder 059 9048840, ifriends.house@gmail.com, www.guesthouse.ps; ein Ort für Rucksackreisende, freundlich und hilfsbereit, meist sauber, sanitäre Ausstattung knapp bei Vollbelegung, Gemeinschaftsküche, Garten, bietet Touren an, kein Alkohol, kein Zimmerbesuch, Curfew 23 Uhr, mF............................Dorm pP NIS 75, E/D NIS 180

• **AlISTIQLAL HOSTEL**, Hittin St, Tel 2383618, einfache Ausstattung, nur für Männer, gemeinsames Bad, keine Kreditkarten – ziemlich arabisch, das *Unabhängigkeitshostel*.......................... ....Dorm pP NIS 40, E NIS 150

8 km: Kreuzung

Weitere lohnende Ziele um Nablus herum siehe im Band **Palästina** - *Reisen zu den Menschen*. Verlässt man Nablus auf der Straße 557 Richtung Westen, stößt man nach dem Bet Iba Checkpoint bald wieder auf die Straße 60, dort rechts halten.

3 km bis

**Samaria / Shomron / Sebastiye

Abzweig nach rechts nach der gut ausgeschilderten jüdischen Siedlung Shave Shomron samt dem dortigen Checkpoint: Rechts zweigt eine Landstraße ab, die durch Schafweiden den Berg hinaufführt, an dessen Hang Ruinen zu erkennen sind. Sie gehören zu Samaria, ehemals Hauptstadt des Königreichs Israel.

***Geschichte**: König Omri vom Nordreich Israel gründete 880 vC Samaria als Hauptstadt. Innerhalb einer befestigten Mauer wurden von Omri und seinem Sohn Ahab Paläste und Tempel gebaut. 721 eroberten Assyrer Samaria, das Reich Israel fand sein Ende. Im Lauf der Jahrhunderte folgten Babylonier und Perser, ab dem 4. Jh Griechen. 107 vC eroberte der Hasmonäer Hyrkanos I. die Stadt, Herodes heiratete 38 vC die Hasmonäerprinzessin Mariamne, taufte die Stadt in Sebaste um und baute seiner Frau Paläste, in denen er später sie und ihre beiden Söhne umbringen ließ. 68 nC eroberte Vespasian die Festung und zerstörte sie. Sein Sohn Titus gründete Nablus, damit verlor Sebaste an Bedeutung. Zwar gab es später noch eine christliche Gemeinde und einen Bischof in Samaria, aber der Niedergang der Stadt war nicht mehr aufzuhalten.*

Die schmale Straße führt zuerst ins heutige Sebastiye, dem Ruinengelände nähert man sich von Osten. Ein Stopp lohnt bei der frisch restaurierten Yahya Moschee, Nachfahrin einer Kreuzfahrerkirche von 1160 bzw. einer byzantinischen Kirche aus dem 4. Jh mit dem Grab Johannes des Täufers (Yahya).

Unweit davon liegt das Cultural Centre (täglich 9-13/15-17, www.proterrasancta.org/the-exclusive-catalogue-of-the-exhibition-on-sebastia-is-online), das als Touristeninformation fungiert und über das man Führungen in den antiken Ruinen und dem mittelalterlichen Dorf oder einen von vier Wanderwegen buchen kann sowie ein traditionelles Essen in einem der Esslokale vor Ort. Gleichzeitig dient das vor kurzem noch verschüttete Gebäude als

- **SEBASTIYE GUEST HOUSE**, Tel 09 2532545 (funktioniert manchmal nicht), afuno@alqudsnet.com oder cultural_centre2006yahoo.com; Unterkunft im freigelegten Haus aus der Kreuzfahrerzeit (!), Eingang etwas versteckt, unbedingt reservieren, größere Gruppen bis 34 Personen werden auch in Familienunterkünften am Ort untergebracht, mF ....D/3er/4er NIS 150 pP

Fährt man weiter nach Westen durch Sebastiye, öffnet sich bald das alte **römische Forum,** heute vor allem ein Parkplatz. Offiziell gehört Samaria/Sebaste zu den israelischen Nationalparks – er liegt in der Zone C. Der Zugang ist völlig frei. Nördlich und südlich des Platzes gibt es Souvenirs und Restaurants. Den Westen des Platzes beschließen Säulen und Mauerreste der **Marktbasilika**. Wir starten den Rundgang (ca. 30 Minuten) zur **Akropolis** südlich der Basilika.

Zunächst kommt man an einer kleineren byzantinischen **Kirche** vorbei. An dieser Stelle soll das Haupt **Johannes des Täufers** aufgefunden worden sein. Ein paar Meter weiter wendet sich der Rundweg nach Norden, von wo man gut die freigelegte mächtige Kasematten-Mauer des Palastes der Nordreich-Könige Omri und Ahab erkennen kann.

Bald wendet sich der Weg wieder nach Osten Richtung Forum. Hier stößt man auf die Reste der monumentalen Freitreppe, auf der vor 2000 Jahren Gläubige in den herodianischen **Augustus-Tempel** schritten, von dem allerdings nur die aus den zeittypisch großen Steinblöcken errichteten Grundmauern sowie die monumentalen Säulenbasen erhalten blieben. Von diesem Tempel über dem israelitischen Palast aus kann man bei guter Sicht das Mittelmeer sehen.

Geht man den Rundweg weiter nach Nordosten, gibt es noch einen hellenistischen Turm und ein **römisches Theater** zu sehen, bevor man wieder zum Forum gelangt. Von hier aus kann man unten im Tal ein Hippodrom erahnen sowie die Stadtmauer erkennen. Wenn Sie per Auto gekommen sind, können Sie das Forum durch die Gebäude auf der Südseite verlassen und dann über die alte Kolonnadenstraße mit teils aufgerichteten Säulen zu den Resten des **westlichen Stadttors** und weiter zurück zur Straße 60 fahren.

Richtung Norden sind es von hier noch 33 km bis

**Jenin

Das Städtchen von etwa 44 000 Einwohnern liegt an der historischen Route von Jerusalem nach Haifa, dort, wo die Straße die Berge von Samarien verlässt. Nach der Rückeroberung der Kreuzfahrergebiete richteten die Araber hier einen Karawanenstützpunkt ein. Im Ersten Weltkrieg waren deutsche Soldaten zur Unterstützung der Türken in Jenin stationiert, an

Auf der Kollonadenstraße von Samaria/Sebaste

9

die Gefallenen erinnert ein Denkmal, das vom westlichen Stadtrand inzwischen in die Innenstadt versetzt wurde.

Jenin war während der AlAqsa-Intifada Hochburg von Selbstmord-Attentätern. Dieses Image soll sich jedoch u.a. durch ein touristisches Joint Venture mit den Israelis in der Gilboa-Region ändern. Im März gibt es ein *Olivenöl-Fest*, und mit dem *Freedom Theatre* verbindet sich das ambitionierte Projekt, Kinder aus dem Flüchtlingslager Jenin nicht ohne Kultur aufwachsen zu lassen. Wenn gerade eine Aufführung stattfindet: Hingehen! Tel 04 2503345, www.thefreedomtheatre.org. Durch französische Förderung entstand das Jugendzentrum Hakura, das mehr auf Ausbildung im touristischen Bereich setzt. Man kann dort fair gehandelte palästinensische Produkte erstehen; Nasra St (AsSalatin), Tel/Fax 04 2504773, www.hakoura-jenin.ps.

Eine aktuelle kulturelle Herausforderung ergab sich durch den Film Das Herz von Jenin (siehe S. 20), in dessen Nachklang das seit der ersten Intifada eingemottete, größte Kino der Westbank mit 500 Plätzen eindrucksvoll wieder in Gang gebracht wurde – open air können sogar 1200 Leute schauen. Das inzwischen in palästinensische Hände übergegangene Kulturzentrum wird leider nur begrenzt angenommen, weshalb angekündigte Filme ausfallen können. Darüber hinaus entstand zur Finanzierung des Kinos das

• **CINEMA JENIN GUESTHOUSE**, 1 AsSaytun St (Nähe Busbahnhof), Tel 04 2502455 oder 059 9075778, www.cinemajenin.org, mittendrin, Dachterrasse, Gemeinschaftsküche, die Einkünfte finanzieren das Kino, WLAN gratis, mF................................Dorm NIS 75, D+B NIS 250

• **NORTH GATE HOTEL**, Palestine St im Nordwesten der Stadt, Tel 04 2435700 oder 056 9011010, Fax 04 2435701, www.northgate-hotel.com; freundliche Zimmer, (Garten-)Restaurant, kleiner Spielplatz, AC, TV, WLAN gratis, mF..E+B $ 50, D+B $ 75

Etwa 3 km südöstlich Richtung Tubas steht das

• **HADDAD TOURISM VILLAGE**, Tel 04 2417010, Fax 04 2417013, haddadbooking@ymail.com, www.haddadtourismvillage.com; überraschend mondän, Pool, Restaurant, Einkaufsmöglichkeit, Theater, kleines Museum Freizeitpark; Sauna, Indoor-Pool und Fitnessgeräte sollen noch kommen, WLAN in der Lobby gratis, Kinder 4-12 J. NIS 70, weitere Personen + NIS 100, mF................................E+B NIS 260, D+B NIS 340

Antike-Begeisterte finden am südlichen Stadtrand den Bal'ama Tunnel, ein altes, nur teils erforschtes Wassersystem, und 3 km westlich in Burqin gibt es eine der angeblich ältesten Kirchen der Welt, wo Jesus Leprakranke heilte, die griechisch-orthodoxe St.-Georg-Kirche. Hier residiert auch Canaan Fair Trade in der Kefar Qud St (mit Shop in der Jeniner Altstadt), wo man fair gehandelte und oft auch biologisch angebaute Agrarprodukte – vor allem Olivenöl, Gewürze und Kosmetik – erstehen kann. Anfang November steigt in Burqin außerdem das Olive Harvest Festival, Tel 04 2431991, www.canaanfairtrade.com.

Von hier aus fährt man nur 18 km bis Afula in der Jesre'el-Ebene – geografisch nah, und der Checkpoint AlJalame ist in der Regel bloß per Auto 8-18 Uhr passierbar (Beschreibung siehe S. 351).

Quad-Spuren in der Wüste an der Jericho-Straße

Jerusalem – Jericho

Vor Ihnen liegt eine Reise durch faszinierendes Land auf Straßen, die sich in vielen Windungen bis zum Jordantal hinunterschrauben. Bitte denken Sie daran, dass Sie in palästinensisches Gebiet fahren. Informieren Sie sich vor

Sehenswertes

- ****__Jericho__, ältester Ort der Welt in grüner Oase gelegen, 10 000 Jahre alte Relikte menschlicher Besiedlung, schöner Hisham-Palast, S 448
- ****__Wadi Qelt mit Kloster St. Georg__, etwas wildromantisches Tal mit malerischem Kloster am Felshang, S 447
- *__Bethanien__, hier erweckte Jesus den Lazarus vom Tod; schöne Mosaike in der Lazaruskirche, S 445
- *__Ma'ale Adummim mit Martyrius-Kloster__, Grundmauern und großer Mosaikboden eines Klosters in einer Retortenstadt mit schöner Aussicht, S 445
- *__Museum of the Good Samaritan__, Mosaike und anderes aus Kirchen, jüdischen und samaritanischen Synagogen, S 447
- *__Nabi Mussa__, einsamer Wüstenplatz mit, nach muslimischem Glauben, dem Grab Moses, S 448

der Abfahrt (siehe S. 407). Allerdings gehört Jericho zu den ruhigeren Zonen.

Im Kidrontal, unterhalb der Altstadtmauer im Westen und dem Garten Gethsemane im Osten beginnt die Jericho (Yeriho) St, die nach einer Südschleife als Straße 417 auf die Hauptstraße 1 nach Jericho mündet. Nach etwa 5 km deutet links ein großer Parkplatz auf Touristisches, zumal dahinter ein Kirchturm hervorschaut. Sollten Sie jedoch am Checkpoint (der ausgerechnet Lazarus heißt) nicht durchgekommen sein, müssen Sie zurück und fahren auf der Tunnelstraße südlich der Hebräischen Universität auf dem Mount Scopus nach Osten, biegen aber kurz vor Ma'aleh Adummim auf die Straße 417 ab, und da die Mauer hier noch nicht fertig ist, fahren Sie zurück Richtung Südwesten nach

*AlAsariya (Bethanien)

Geschichte: *Am Osthang des Ölbergs liegt das kleine palästinensische Dorf, das man fast schon als Vorort von Jerusalem ansehen kann. Der Ort ist eng mit dem Wirken von Jesus verbunden, denn hier nahmen ihn die Schwestern Maria und Martha auf, hier erweckte er ihren toten Bruder Lazarus wieder zum Leben. Später, kurz vor der Passion, salbte Maria seine Füße. Anschließend ritt er nach Jerusalem, seiner Kreuzigung entgegen. Im 4. Jh wurde über der (vermuteten) Grabhöhle des Lazarus eine Kapelle errichtet, im 12. Jh renovierten die Kreuzritter die Kapelle und errichteten ein Kloster. Später funktionierten die Muslime die Kapelle zur Moschee um und verschlossen den Eingang zum Grab. Im 17. Jh gruben die Christen einen eigenen Eingang zur Grabhöhle. 1954 errichteten die Franziskaner neben der Moschee die Lazaruskirche.*

AlAsariya erreicht man mit dem arabischen Bus 63 von Jerusalem oder von Bethlehem oder Jericho per Service-Taxi für 7-10 NIS.

Die wegen ihrer schönen Mosaike sehenswerte **Lazaruskirche** (8-11.45, 14-18, im Winter -17) steht in einem kleinen, sehr gepflegten Garten, im Vorhof sind noch ein paar Kreuzfahrerruinen und byzantinische Mosaike erhalten. Oberhalb der Kirche finden Sie bei der Moschee den Eingang zur **Grabhöhle des Lazarus**, in die 24 Stufen hinunterführen und in der es wenig zu sehen gibt. Oberhalb der Grabhöhle steht noch eine griechisch-orthodoxe Kirche, die aber nur in der orthodoxen Osterzeit zugänglich ist. Am Weg zur Grabhöhle bietet ein Einheimischer das angeblich älteste Haus der Umgebung zur Besichtigung an. Obwohl die Gerüche dort nicht zu den angenehmsten zählen, lohnt ein Blick wegen der tiefen Zisterne, die typisch für alte Häuser sein soll.

Nach 6 km

*Ma'ale Adummim

Der 1975 laut Prospekt "als Teil des Sicherheitsgürtels um Jerusalem" gegründete Ort wurde vom ersten Haus an geplant und beherbergt heute etwa 38 000 Einwohner, deren Anzahl bis auf 50 000 steigen soll. Es ist sicher nicht uninteressant, einen solchen Retortenort zu besuchen, der außerdem immer wieder

Hauszerstörungen

Würde gleiches Recht für alle gelten, müssten alle widerrechtlich erbauten Häuser in den palästinensischen Gebieten zerstört werden, sowohl die der israelischen Siedler als auch ohne Baugenehmigung errichtete Gebäude der Palästinenser. Die Siedler bauen weiter, obwohl dies gegen die auch von Israel unterzeichnete Genfer Konvention (Artikel 53) verstößt.

Weil die Familien wachsen, bauen auch die Palästinenser weiter. In der sogenannten **Zone C** (siehe Karte S. 111) – die größte im Westjordanland und unter israelischer Verwaltung stehend – benötigen sie für einen Neu- oder Umbau eine Baugenehmigung der Israeli Civil Administration (ICA). Und die gibt es nur extrem selten. Daher greifen sie in der Not zum „Schwarzbau" und errichten Häuser oder Werkstätten auf eigenem Grund, aber ohne behördliche Erlaubnis. Alle diese Schwarzbauten sind vom Abriss bedroht; allerdings trifft es meist Eigentümer, die der ICA missliebig als z.B. Menschrechtsvertreter aufgefallen sind.

Diese für die betroffenen Familien so tragischen Gewaltmaßnahmen wollten engagierte Israelis nicht länger mit ansehen. Sie gründeten das **Israelische Komitee gegen Hauszerstörung** (www.icahd.org). Diese private Organisation versucht, Hauszerstörungen zu verhindern oder Häuser wieder aufzubauen – häufig genug erfolgt erneut die Zerstörung, manchmal sogar mehrfach. ICAHD gibt an, dass seit dem Beginn der Besetzung des Westjordanlandes (1967) etwa 18 000 Häuser abgerissen wurden. Bis 2005 waren nahezu automatisch auch die Häuser palästinensischer Attentäter als Abschreckungsmaßnahme an der Reihe. Dann setzte sich die Erkenntnis durch, dass diese brutale Maßnahme eher neue Attentäter mobilisiert als sie abschreckt, und die Strafexpeditionen gingen auf ein Minimum zurück.

Laut einem Bericht von UNITED NATIONS Office for the Coordination of Humanitarian Affairs (OCHA) wurden z.B. 2011 in der Zone C 560 Gebäude (davon 200 Wohnhäuser und 46 Zisternen und Sammelbecken) zerstört und damit 1006 Palästinenser (davon 565 Kinder) obdachlos – doppelt so viele wie 2010. Derzeit stehen 3000 Abrissbescheide aus (davon 18 an Schulgebäuden), die jederzeit mit Vorwarnzeiten von ca. 1-2 Stunden in die Tat umgesetzt werden können. Die Empfänger der Hiobsbotschaft leben im ständigen Stress, dass ihr mühselig aufgebautes Haus oder eine Werkstatt plötzlich dem Erdboden gleichgemacht wird. Die betroffenen Familien stehen dann nicht nur obdachlos auf der Straße – sie müssen auch noch die Abrisskosten aufbringen.

herrliche Ausblicke auf die Judäische Wüste preisgibt. Hier wohnen auch kaum militante Siedler als meist junge Familien, die sich die Mieten in Jerusalem nicht leisten können – 40 Prozent der Einwohner sind Kinder und Jugendliche. Das Municipal Information Center, Tel 02 5355555, bietet geführte Touren durch die Stadt an; www.jr.co.il/ma und http://maaleadummim.muni.il.

Bei der Gelegenheit kann man auch den mitten in der Stadt zwischen modernen Wohnbauten eingekeilten Komplex des ***Martyriusklosters** anschauen, das der Mönch Martyrius im 5. Jh gründete, bevor er Patriarch von Jerusalem wurde (478–486). Von dem größten Kloster der judäischen Wüste sind hauptsächlich Mauerreste erhalten, die aber noch ein gutes Bild ergeben. Es glänzt mit schönen, farbenprächtigen Mosaikböden, der größte im Nahen Osten ist der vollständig erhaltene Boden des Refektoriums. Interessant ist auch das ausgeklügelte Wassersystem, das jeden möglichen Tropfen Wasser sammelte und Abwasser sinnvoll weiter nutzte. Unbegreiflich sind die Öffnungszeiten: Fr 12.30-14 oder hier sein Glück versuchen: Tel 02 6338230.

Byzantinistik-Fans werden nicht den Umweg wenige Kilometer östlich auf der Straße 1 nach Mishor Adummim scheuen: Dort im Industriegebiet wurde das **Euthymiuskloster** (Khan AlAkhmar) ausgegraben. Es war vom 5. bis 12. Jh in Betrieb. Etwas kleiner und nicht so gut erhalten wie das Kloster seines Lehrers Martyrius, ist jedoch hinter einer Absperrung noch die Krypta mit dem Grab des heiligen Euthymius des Großen zu sehen (8-17, im Winter -16, frei- und feiertags eine Stunde früher geschlossen, 14/7 NIS, Kombiticket inkl. Museum of the Good Samaritan [empfehlenswert, s.u.] 28/13 NIS).
8 km bis

*Museum of the Good Samaritan

In dieser Gegend lässt Jesus sein Gleichnis vom barmherzigen Samaritaner spielen: Der Weg von Jerusalem nach Jericho war damals gefährlich, und hier am höchsten Punkt sind die Felsen rötlich gefärbt – Ma'ale Adummim heißt wörtlich Blutsteige. Rechts der Straße stand bis vor einigen Jahren ein Beduinen-Rasthaus, das auf eine türkische Karawanserei namens Khan AlHatruri zurückging. Die israelische Antikenbehörde hat 2011 auf dem Gemäuer der alten Anlage ein sehenswertes Museum gestaltet, das aufgrund der neutestamentlichen Tradition des Ortes den drei Gemeinschaften der Juden, Christen und Samaritaner gewidmet ist. Zu sehen sind größtenteils aus der Westbank stammende Mosaike aus Kirchen (Shilo, Martyrius-Kloster) und jüdischen und samaritanischen Synagogen (Gaza, Na'aran). Südlich der Straße 1 ist das Museum mit eigener Autobahnabfahrt leicht zu finden; 8-17, im Winter -16, frei- und feiertags eine Stunde früher geschlossen, Eintritt 21/9 NIS, Kombiticket mit Euthymius-Kloster (s.o.) 28/13 NIS, Tel 02 5417555.

Auf der anderen Seite zweigt die Straße 458 (Alon Road) ab. Etwa 3 km nach dem Abzweig (vorbei am Abzweig zur Siedlung Alon) liegt rechts ein Parkplatz, von dem ein Weg zur Quelle **Ein AlFawuar** (hebr. *En Mabu'a*) führt. Man sieht das ehemalige Pumpenhaus aus der britischen Mandatszeit, Eukalyptusbäume spenden Schatten. Je nach Jahreszeit entspringt der Quelle Wasser in Intervallen. Der Platz kann als Startpunkt für eine Tagestour durchs Wadi Qelt nach Jericho dienen (siehe weiter unten).
6 km bis

Mizpe Yerikho

Aussichtspunkt auf Jericho und Abzweigung ins Wadi Qelt. Von hier aus ist ein Abstecher zu einem lohnenden Aussichtsplatz mit wunderschönem Fernblick über die judäische Wüste hinunter nach Jericho und hinauf nach Jerusalem sehr zu empfehlen. Kurz vor dem Aussichtspunkt zweigt nach rechts eine schmale Straße ins ****__Wadi Qelt__ (auch Kelt) und zum St.-Georg-Kloster ab, die schließlich am Ortseingang von Jericho nach 8 km endet.

Das Wadi ist beliebt und bekannt für **Wanderungen** hinunter nach Jericho (Ausführlicheres samt Karte im Band Palästina). Es ist aber auch bekannt für die Wassermassen, die sich bei Regen hinunterwälzen und alles mitreißen. Es empfiehlt sich daher, ein solches Vorhaben nur mit den Ratschlägen der SPNI Field School in Jerusalem (siehe S. 24) zu beginnen oder, besser noch, sich von einem Beduinen führen zu lassen.

Mamlukische Moschee Nabi Mussa

An der Wadi-Qelt-Straße werden Sie nach etwa 3 km an zwei Aussichtsstellen links am gegenüberliegenden Wadihang das ***Kloster St. Georg** bewundern können, das sich sehr malerisch an die steilen Felsen des Wadi lehnt. Am zweiten Aussichtsplatz zweigt links unter einem neu errichteten, kreuzbekrönten Torbogen ein Sträßlein den Berg hinunter ins Tal und zum Kloster ab, das zu Fuß nach ca. 15 Minuten erreicht ist; zurück muss man deutlich länger rechnen.

Die Klosteranlage (Mo-Sa 9-13) entstand auf den Mauerresten eines 480 nC gegründeten Klosters, das 614 von Persern zerstört, 1173 von Kreuzrittern erneut aufgebaut worden war, dann zerfiel und 1878 von griechischen Mönchen wieder errichtet wurde; heute leben etwa ein Dutzend Mönche dort. Der Boden der **St.-Georg-Kirche** ist mit byzantinischen Mosaiken geschmückt, ein Sarkophag wird als der des heiligen Georg vorgeführt. Der hat mit dem drachentötenden Namensvetter in Lod/Lydda nichts zu tun: der hiesige Heilige stammte aus Zypern und wirkte seine Wunder erst um die Wende vom 6. zum 7. Jh. In einer benachbarten Grotte werden Skelette von Mönchen gezeigt, die 614 von den Persern ermordet wurden. In einer weiteren Höhle soll der Prophet Elia von Raben gefüttert worden sein.

Ein von Herodes angelegter und von den Briten reparierter **Aquädukt** im Wadi Qelt fördert noch heute Wasser zu Tal.

Weiter talabwärts gleich nach dem Austritt des Wadis in die Ebene und kurz vor Jericho wurden auf den **Tulul Abu AlAlayiq** Reste von Hasmonäer- und Herodes-Palästen gefunden. Die unbeschilderten Ruinen zeichnen ein Bild der damaligen Prachtbauten nach. Zu sehen sind u.a. die Reste einer großen Empfangshalle, einige Räume, deren Wände mit Fresken geschmückt waren, rituelle Bäder und mehrere große Schwimmbecken. In einem dieser Becken ließ Herodes 35 vC den letzten Hasmonäer-Hohepriester Aristobul III. beim Badespaß hinterlistig ersäufen.

Weiter auf der Straße 1 vom Mizpe Yerikho aus: Nach 2 km kann man rechts ausscheren, um den Marker für den Meeresspiegel (**Sea Level**) zu fotografieren, gegen Bakshish samt dem unvermeidlichen Kamel.

Weiter auf Straße 1.

Nach 4 km: **Abzweig**

Rechts zweigt eine Straße ab (ausgeschildert Nabi Musa), die nach knapp 2 km auf einem Hügel die mamlukische Moschee ***Nabi Mussa** erreicht. Nach muslimischem Glauben liegt in diesem Maqam Moses beerdigt, dessen durch ein Hoffenster sichtbarer Kenotaph vom mamlukischen Sultan Baibars 1269 mit einem Kuppelbau überwölben ließ und das ein Anziehungspunkt für Pilger wurde. Später kam ein Hospiz für Pilger hinzu. Viele Muslime lassen sich in der Nähe dieses Moses-Grabes auf dem umliegenden Friedhof beerdigen. Außerhalb der Gebetszeiten kann die Grabmoschee besichtigt werden, Spende willkommen.

Fährt man weiter in die Wüste hinein, sieht man sie überall zerschrammt von Quad-Fahrern: Es dauert viele Jahrzehnte, bis sich die Vegetationsdecke wieder erholt hat. Nach etwa 10 km beginnt rechts eine Stichstraße für Allradfahrzeuge, die nach 2 km auf die Hasmonäerburg und Herodesfestung Hyrkania führt.

Zurück auf der Straße 1 nach

3 km: **Almog Junction**

Links halten nach Jericho und in palästinensisches Gebiet hinter dem gleichnamigen Checkpoint. Geradeaus weiter geht es zum Toten Meer und zur Jericho-Umgehungsstraße.

8 km bis

***Jericho

Geschichte: *Wahrscheinlich hat die günstige Lage, nämlich an einer reichen Quelle in der Wüste mit im Winter guten klimatischen Bedingungen, dazu beigetragen, dass sich hier Menschen so früh ansiedelten und ihre Spuren sich rund 10 Jahrtausende zurückverfolgen lassen. Die ersten Nomaden müssen etwa zwischen 8000 und 7000 vC angefangen haben, sich um ein Heiligtum anzusiedeln. Sie hatten ihr Jäger- und Sammlertum aufgegeben und sich mit Ackerbau und Viehzucht zu beschäftigen* *gelernt. Es entstand die arbeitsteilige Welt. Innerhalb von 1000 Jahren entwickelten die Bewohner eine Gemeinschaft, die offensichtlich strukturiert und organisiert gewesen sein muss, sonst hätte die imposante Mauer um die Siedlung nicht entstehen können. Ihr Totenkult bestand darin, die Köpfe der Verstorbenen lebensecht mit einer bemalten Tonschicht zu überziehen und unterhalb des gestampften Fußbodens ihrer Häuser beizusetzen (Beispiele im Rockefeller Museum Jerusalem).*

Im 6. Jahrtausend vC zerstörte ein Erdbeben oder ein Krieg den Ort, später besiedelte ein neuer Stamm den Platz. Diese Leute kannten bereits die Töpferei. Im 5. Jahrtausend wurden Häuser mit quadratischer Grundmauer gebaut, 3000 Jahre später brannten die Bewohner Tonkrüge mit menschlichen Gesichtern, im 18. Jh vC wurde eine neue Stadtmauer errichtet, um 1400 vC die Stadt zerstört. Ab etwa dem 13. Jh vC berichtet die Bibel über Jericho, aber ausgerechnet zu der Zeit, zu der Josuas Posaunen hätten erschallen müssen, gibt es in Jericho eine Besiedlungslücke. Im 9. Jh bauten die Israeliten unter König Ahab die Stadt wieder auf, im 5. Jh verließen die Bewohner diese Siedlung. Im 4. Jh entstand weiter südlich ein hellenistisches Jericho, 161 vC eroberten die Makkabäer den Ort, Herodes baute ihn ab 30 vC zu seiner Winterresidenz aus. 70 nC zerstörten die Römer die Anlagen.

Später wuchs eine neue Siedlung an der Stelle der heutigen Stadt, in der während der byzantinischen Epoche einige Kirchen und eine Synagoge gebaut wurden. Nach der arabischen Eroberung errichteten die Omaijaden eine Festung und eine Moschee, der Kalif Hisham 724 den am Stadtrand liegenden Palast Khirbet AlMafyar („Hisham-Palast").

Doch langsam reduzierte sich Jericho zu einem unbedeutenden Dorf, das während der britischen Mandatszeit etwa 4000 Einwohner (heute gut 20 000) zählte. Nach der Proklamation Israels flohen viele Palästinenser nach Jericho, das Flüchtlingslager Aqbat Jaber im Südwesten war das größte seiner Art. Seit 1994 untersteht die Stadt – als die erste in Israel – palästinensischer Verwaltung und wäre fast das geworden, was Ramallah heute vorläufig ist: Hauptstadt des Staates Palästina. Auch wenn daraus nichts wurde, will Jericho nun mit seinem Alter punkten: Seit 10. Oktober 2010 wird das 10 000-jährige Bestehen der Stadt mit kulturellen Aktivitäten gewürdigt – wer auch immer sich getraut hat, diesen Termin festzulegen.

In Jericho werden Besucherinnen und Besucher von entspannten, freundlichen Menschen erwartet, deren Stadt sich vermutlich in Kürze auf der Liste des UNESCO-Welterbes wiederfinden wird.

Jerichos beachtliche Sehenswürdigkeiten sind leicht zu finden.

Zeuge der langen Vergangenheit ist der Welterbe-Anwärter ***Tell AsSultan***, in dessen Erde sich 23 übereinander lagernde Schichten von

Siedlungen seit der Jungsteinzeit unterscheiden ließen. Der hohe Hügel liegt unübersehbar etwa 2 km nach der Kreuzung zum Stadtzentrum, dem Palestine Square, an der Straße Richtung Bet Shean sowie an der Kreuzung, an der links die Straße 449 nach Ramallah abzweigt. Fahren Sie zum Parken ca. 100 m in die Straße 449 hinein, dann liegt rechts die Einfahrt zum Parkplatz hinter den Häusern. Wenn Sie vorher schnell noch die erwähnten, ohne Führung eher unscheinbaren **Zuckermühlen** anschauen wollen, dann liegen sie nach ungefähr 1 km linker Hand teils aus Stein, teils aus Lehmziegeln gemauert. Die Mühlen wurden mit Wasser aus dem Wadi betrieben. Der Betrieb geht auf die Zeit der Omaijaden zurück und lebte unter den Kreuzfahrern wieder auf, die den Rohrzucker als Luxusartikel sogar nach Europa exportierten. Zurück zur ältesten Stadt der Welt.

Der Tell (8-17; NIS 10, Kinder 5; lieber vorher auf Toilette gehen) bietet im Grunde für den Normaltouristen nicht viel. Da ist der Graben durch den Hügel, den die Archäologin Kathleen Kenyon (1906-1978) zog, um die Schichten der Besiedlungen zu untersuchen. Ihre Ausgrabungen in den 1950er Jahren revolutionierten die archäologischen Methoden weg von der Schatzgräberei zur eher naturwissenschaftlichen Erschließung von Grabungsergebnissen, für deren Interpretation keine Textfunde zur Verfügung stehen. Ein Teil der 9000-jährigen **Stadtmauer** und der 9 m hohe **runde Turm** sind für den Laien das Interessante und im Übrigen die ältesten bisher bekannten Steinbauwerke der Welt. Doch das Bewusstsein, in der ersten bekannten menschlichen Siedlung zu stehen und Jahrtausende an Geschichte vorbeiziehen zu lassen, das macht das eigentliche Erlebnis aus. Seit neuestem führt eine Brücke zur besseren Aussicht direkt über den Turm; die restlichen Grabungsareale sind durch Schautafeln recht gut erschlossen. Viele Einzelfunde aus Jericho sind im Jerusalemer Rockefeller Museum ausgestellt, siehe S. 178

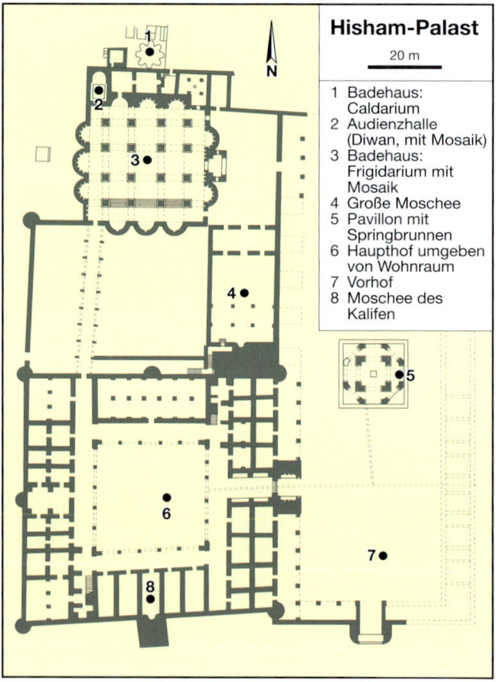

Schauen Sie vom Tell aus nach Westen auf die steil emporwachsenden Berge. Vielleicht werden Sie auf den ersten Blick gar nicht das griechisch-orthodoxe **Kloster der Versuchung Jesu** gar nicht erkennen, das auf halber Höhe am senkrecht abfallenden Berg klebt. Der Berg heißt arabisch *Qarantal*, das Kloster *Deir AlQarantal* oder griechisch *Sarandion*. In der dortigen **Kirche der Versuchung** führt eine Treppe in die *Kapelle der Ersten Versuchung* mit einem Stein, auf dem Jesus während der Versuchung durch den Teufel gesessen haben soll. Auch die Höhle des

Mosaik im Hisham-Palast (weitere Palastausstattung im Jerusalemer Rockefeller-Museum)

Teufels wird gezeigt. Die Mönche führen durch die Anlage und schalten gegen Spende Licht ein, Mo-Fr 9-13/15-16, Sa 9-14.

In der Nähe des Tell bzw. der En AsSultan liegt die Talstation einer **Drahtseilbahn**, die den Besucher in fünf Minuten hinauf zum Kloster der Versuchung bringt, Retour-Ticket NIS 55, www.jericho-cablecar.com. Oben angekommen, kann man sich zunächst in einem Spezialitätenrestaurant stärken.

Von der Straße 449 zweigt kurz hinter Jericho ein Weg Richtung Kloster ab, von dessen Ende noch einmal 30 Minuten Fußmarsch zum Berggipfel angesagt sind, die mit herrlichem Ausblick belohnt werden. Oben stehen die Reste einer Kapelle aus dem 4. Jh nC und einer Hasmonäerburg namens Dok.

Gegenüber dem Tel Jericho, nördlich der Talstation, entspringt die zum Stadtjubiläum stilvoll neu gefasste Quelle **En AsSultan**, die vermutlich Ursprung der Siedlung war und seit 9000 Jahren die Oase speist oder dazu beiträgt.

Zum Besuch des Hisham-Palastes fährt man weiter auf dieser Hauptstraße nach Norden Richtung Tiberias. Nach etwa 2 km weist ein Schild rechts auf die Ruinen einer **Synagoge** (8-16; NIS 10), die ein sehr gut erhaltenes und sehenswertes Bodenmosaik besitzt: In einem Kreis sind die Menora, ein Widderhorn *(Schofar)* und ein Palmwedel *(Lulav)* mit der Inschrift „Friede über Israel" dargestellt.

Ein kurzes Stück später weist ein weiteres Schild nach rechts zum **Hisham-Palast**, arabisch *Khirbet AlMafjar* (8-17, NIS 10), nach der Wadidurchquerung erneut links abzweigen. Der Palast ist ein kleines Prachtstück, er gehört zur Serie von über 20 arabischen Wüstenschlössern, von denen die meisten in Syrien, Libanon und Jordanien stehen. Das 724 vom Kalifen Hisham (oder dessen Bruder Walid II.) in Auftrag gegebene Schlösschen wurde bis auf das Badehaus nie fertiggestellt. Übrigens beschäftigte der Kalif muslimische, christliche und jüdische Handwerker. Allerdings zerstörte bereits 746 ein Erdbeben die vorhandenen Bauten. Bald waren sie von Wüstensand überweht und vergessen. In den 1930er Jahren gruben britische Archäologen die heutigen Ruinen aus einem über tausendjährigen Dornröschenschlaf aus. Mittlerweile soll das Badehaus sogar wieder aufgebaut werden.

Links vom Eingang stößt man, nach einem Vorhof, auf den eigentlichen **Palast**, der aus vier um einen Innenhof angelegten Gebäudeteilen besteht, die von ihren Grundmauern her noch gut erkennbar sind. Im Süden des Hofes (Mitte) stand eine kleine Moschee, im Westen führen Stufen in eine Badehalle mit sehenswerten Mosaiken. Vom Innenhof führt links ein Weg nach Norden zum Badehaus, der vermutlich dem Kalifen vorbehalten war. Rechts von diesem Weg stand eine Moschee.

Die Außenmauern des 40 x 40 m großen Badehauses sind durch Nischen aufgelockert, in denen sich einst männliche mit weiblichen Figuren abwechselten. Etwa im mittleren Bereich befand sich der große Swimmingpool, in der Nordwestecke ein Diwan (Empfangsraum). Die Mosaike des Badehauses sind zum Stadtjubiläum leider nicht gesichert worden und daher noch verdeckt. Das schönste (und berühmte) **Mosaik** finden Sie auf dem Boden im Diwan: Unter einem großen Orangenbaum blicken drei Gazellen nach oben, eine wird von einem Löwen angegriffen. Wenn man um das Gebäude herumgeht, gelangt man über eine Treppe in einen höher gelegenen Raum, von dem aus der beste Blick auf das Bodenmosaik möglich ist. Zurück geht es an den Resten der Moschee und, östlich davon, einem großen Wasserbecken vorbei, das einst von einem oktogonalen Pavillon überdeckt war.

Griechisch-orthodoxe Taufzeremonie am Jordan östlich von Jericho

Schließlich noch das Neueste in Jericho: An der Straße vom Palestine Square zum Tell steht eine Art russisches Raumschiff: Das **Russische Museum** samt Park, Mo-Sa 9-16, Eintritt frei. Der gut gekühlte, imposante Kuppelbau zeigt einerseits die Geschichte russischer Wallfahrten ins Heilige Land und andererseits kurioserweise die archäologischen Funde aus byzantinischer Zeit, die beim Bau des Museums anfielen. Hauptsache auf diesem Gelände ist jedoch ganz im Nordwesten die Sykomore, die als **Baum des Zachäus** verehrt wird – Grund dafür, das Anwesen 1883 in russischen Besitz zu nehmen. Auf diese Maulbeer-Feige soll der kleine, unbeliebte Oberzöllner Zachäus geklettert sein, um Jesus besser sehen zu können.

Die Straße 449 verläuft von Jericho aus über den Checkpoint Yitav weiter nach Osten zum Jordan, zur **Allenby Bridge**, die auch Grenzübergang nach Jordanien ist. Früher war diese Brücke einziger Grenzübergang zum Nachbarland überhaupt, aber nur für Palästinenser aus den besetzten Gebieten und ausländische Fußgänger; Touristen mit Autos sind nicht erlaubt.

Unweit südlich der Brücke soll Johannes der Täufer Jesus im Jordan getauft haben, von der Straße 90 dem Schild zum **Qasr AlYahud** folgen. Der schon den antiken Christen wichtige Platz liegt zwar im militärischen Sperrgebiet, auf das man nach 1,5 km trifft. Aber die israelische National Parks Authority hat den Zugang zur Stätte wieder normalisiert. Nach der Taufstelle sollen künftig auch die umliegenden Kirchen und Klöster renoviert werden.

Die Straße 90 nach Norden kommt man am wieder benutzbaren nördlichen Stadteingang Jerichos vorbei Richtung **Gilgal**. Die Lage dieses biblischen Ortes scheint sich durch einen Fund im Juni 2009 gesichert: Eine Grabung der Universität Haifa entdeckte 4 km nördlich von Jericho die größte von Menschenhand geschaffene Höhle Palästinas (ca. 40 x 100 x 3 m), die von der Zeitenwende bis zum Ausklang der byzantinischen Zeit erst als Steinbruch, dann als

Kloster diente. Die Höhle ist noch nicht zu besichtigen.

Wenige Kilometer weiter erreichen Sie **Awja AtTahta**. Hier sollte man einen Stopp bei den ***Friends of the Earth – Middle East*** (FoEME) einlegen, ein Verein aus jordanischen, palästinensischen und israelischen Umweltschützern. Im *Jordan Rift Valley Center for Environmental Education & Ecotourism Development* können Sie ökotouristische Führungen buchen oder im Gästehaus übernachten: pP 100 NIS mF, sonstige Mahlzeiten 40-50 NIS, Tel 2310424 oder 059 5293007, fadi25@foeme.org, www.jvec.ps.

Praktische Informationen

▶ Telefon-Vorwahl 02

• Anfang 2012 entstand mit japanischer Unterstützung eine neue Touristeninformation, ein kleines Häuschen im südöstlichen Innenbereich des zentralen Palestine Square, täglich 10-18, Tel 2322607, www.jericho-city.org. Auch das *Sultan Tourist Center* an der Talstation der Seilbahn kann weiterhelfen, Tel 2321590. Die Touristen-Polizei befindet sich gegenüber am Tell – Tel 2324011.

Verkehrsverbindungen

Jericho ist mit arabischem Mietwagen in der Regel problemlos erreichbar. Auch mit israelischen Firmen gibt es angeblich kein Problem, vorsichtigerweise kann man jedoch auf dem bewachten Parkplatz des Intercontinental Hotels parken und mit dem Taxi weiterfahren.

▶ Es gibt keine direkten Busse Richtung Jericho. Nach Jerusalem oder Bethlehem gelangt man von hier per arabischem Bus vom Palestine Square, indem man in Abu Dis umsteigt. Eine übliche Verbindung nach Jerusalem läuft sonst per Sammeltaxi nach Bethanien und dann per arabischem Bus 36 zum Damaskustor – entsprechend auch in umgekehrter Richtung.

▶ Ansonsten bringen die Service Taxis einen überall hin: zum Jerusalemer Damaskustor oder zu allen großen Checkpoints bei Ramallah, Bethlehem oder Nablus.

▶ Eine Tour zum Toten Meer kostet z.B. hin und zurück um NIS 120. Allgemein muss man für ein privates Taxi pro Stunde etwa NIS 50 bereithalten.

▶ Im Zentrum Jerichos kann man sich in *Zakr's Bike Shop* oder bei *Abu Sama'an* ein Fahrrad (ca. NIS 5 pro Stunde) mieten.

▶ Man kann auch per Pferd die Westbank erkunden, mit dem Reitclub *Nadi Al-Furusiya/ Palestinian Equestrian Club* im Südosten der Stadt, es gibt auch Reitunterricht, nebenan den Papaya Freizeitpark und das Moon City Hotel, 30 Pferde, monatliches Pferderennen und zweimal jährlich Pferdewettbewerb, Kontakt: Hassan Baslamit, Tel 2325007 oder 059 9264790.

Essen und Trinken

Nightlife braucht man in Jericho nicht zu suchen – höchstens in der Bar des Intercontinental Hotels, aber es ist bekannt für seine Cafés und Restaurants, deren Angebote aus den lokalen landwirtschaftlichen Erzeugnissen stammen. Sehr gut sind frisch gepresste Fruchtsäfte und saisonales Gemüse.

▶ Im Zentrum am Palestine Square, Ecke Amman St, zieht das AIASSAWI RESTAURANT vor allem einheimisches Publikum mit gutem Essen und im Top Café mit schönem Blick vom Dach an, Tel 059 9797665. Wenige Meter entfernt in die En AsSultan St hinein bietet ABU OMAR vor allem Fleischgerichte an, aber auch die Süßigkeiten im Café wirken sehr einladend. Ebenfalls im Palestine Square Bereich locken noch die Grillgerichte von ABU RA'ED. An der langen En AsSultan St, etwa auf halbem Weg (gut 1 km) vom Zentrum zum Tell, gibt es gleich mehrere Anbieter. Stau gibt es vor allem im neuen LEMONAH (früher Seven Trees Garden), das schon mit einem überzeugenden Eiscafé und schönem Garten täglich 10-0 Uhr aufwartet: Dachterrasse, Kindervergnügen, donnerstags regelmäßig Musik, Tel 2312977. Nebenan muss sich der GREEN VALLEY PARK bei der neuen Konkurrenz etwas einfallen lassen; täglich 8-0 Uhr, Tel 059 9365704. Neben gutem Essen bietet die sicherlich spektakulärste Aussicht JABAL QURUNTUL auf halber Höhe des Jordan-Grabenbruchs beim Kloster der Versuchung, Tel 2322614, per Seilbahn zu erreichen.

Übernachten

• **INTERCONTINENTAL**, an der Straße 90, 2 km südlich des Stadtzentrums beim stillgelegten Spielcasino, Tel 2311200, Fax 2311222, www.ichotelsgroup.com; kürzlich renoviert, leider wenige Gäste, prima Restaurant, Luxus mit Fitnessraum, Tennis, Squash, Sauna & Hamam (Tageskarte für Nicht-Hotelgäste $ 30), Pools (auch mit Wasser aus dem Toten Meer, Tageskarte $ 25), AC, TV, WLAN, mF.......................... E+B $ 130-150, D+B $ 150-175

• **JERICHO RESORT VILLAGE,** an der Straße 90 westlich des Hisham Palasts, Tel 2321255, Fax 2322189, www.jerichoresorts.com; angenehme Anlage mit Bungalows und üblichen Hotelzimmern, viel arabisches Publikum, Pool, Tennis, AC, TV, WLAN, Zimmer mit Pool(=Jordangraben)-Blick sind teurer, mF..E+B $ 120-140, D+B $ 140-160, 2er Bungalow $ 200, 4er $ 280

• **JERICHO INN**, Siedlung Vered Jericho, westlich der Straße 90 noch in der Zone C vor dem südlichen Checkpoint, Tel 052 8600969, www.hostels-israel.com; freundliches Haus des unabhängigen Hostelverbands, Abholservice, WLAN........ Dorm pP NIS 100, E/D+B NIS 350-400

• **JERUSALEM/ALQUDS**, AlFurat St, rechts von der Amman St Richtung Allenby Bridge, mit Toreinfahrt, Tel 2322444, www.jerusalemhotel-jericho.com; das Haus ist mit seinem Besitzer in die Jahre gekommen und stark renovierungsbedürftig, sehr freundlich, Zimmer vorher anschauen, teils klein und verschmutzt, AC, TV, Internet, Dinner $ 25, mF.E+B $ 70, D+B $ 90, 3er $ 120, Suite $ 150

• **MOON CITY**, AlFurusiya St, 3 km nach Südosten zwischen Papaya Park und Reitclub, Tel/Fax 2326844, 054 9926297, 059 5147125, moon_city_hotel@yahoo.com; sehr freundlich, sehr ruhig, jede Menge Freizeitbetätigung: Reiten, Schwimmen (25 m-Becken), Vögel beobachten, eigener Garten für Bio-Verpflegung, freitags oft Live Musik, Fahrrad-Service, Halb- und Vollpension möglich, WLAN, mF.... E+B NIS 180-200, D+B NIS 250, 3er NIS 350

• **SAMI YOUTH HOSTEL**, im Aqbat Jaber Flüchtlingslager schräg gegenüber dem Interconti, Tel 2324220; freundlich und unaufdringlich, große Lobby, keine Schließzeiten, Zimmer (mit Kochgelegenheit) und Bäder gut, WLAN gratis, Safe, AC, Abhol-Service, mF..................E/D/3er NIS 120 pP

Jerusalem – Bethlehem – Hebron

Die Straße 60 verläuft von Jerusalem durch palästinensisches Gebiet über Hebron nach Süden. Man findet sie am besten, wenn man etwa unterhalb des Mount Zion – entweder vom Jaffator oder vom Dungtor kommend – von der Yerushalayim St nach Süden auf die Hevron St abzweigt. Informieren Sie sich bitte vor der Reise über die aktuelle politische Situation (siehe S. 407).

Die Straße führt an Har Homa vorbei, einer der umstrittenen neueren jüdischen Siedlungen im palästinensischen Gebiet. Der Berg, arabisch *Jebel Abu Ghneim*, wurde abgeholzt, um den jüdischen Siedlern Platz zu schaffen.

Etwa auf halbem Weg nach Bethlehem fanden israelische Archäologen 1992/97 in der Nähe des Klosters Mar Elias die Kathismakirche, die Ruinen einer ehemals bekannten Anlage aus dem 5. Jh, die um den sog. Sitzstein Marias gebaut worden war – hier hatte sich Maria auf dem Weg nach Bethlehem ausgeruht. Von der oktogonalen, und deshalb wohl sehr bedeutsamen Kirche blieben neben dem Sitzstein im Wesentlichen schöne Bodenmosaike übrig. Die Stätte ist derzeit touristisch nicht zugänglich.

Kurz vor der Stadt, aber im Grunde direkt auf der Grenze, steht rechts der Straße

Rachels Grabmal

(Rakhel's Tomb; immer geöffnet außer So-Do 22.30-1.30 und außer Sa und feiertags, www.keverrachel.com), nach Jerusalem und Hebron die wohl drittheiligste Stätte des Judentums, aber auch im Islam und Christentum von Be-

Sehenswertes

******Bethlehem**, hübsch gelegene, freundliche Stadt, Geburtsort von Jesus mit interessanter Geburtskirche, Altstadt mit Atmosphäre, Hirten-Felder, S 456

******Hebron**, der Haram AlKhalil, die Grabstätte Abrahams, ist der Anziehungspunkt dieser wegen vieler Unruhen bekannten Stadt, S 467

*****Herodeion**, Wüsten-Prachtpalast und Mausoleum des Herodes, fantastische Lage mit weitem Blick, luxuriös eingerichtet, S 465

****Mar Saba**, pittoreskes Wüstenkloster in der Judäischen Wüste, gut gelegen, S 463

deutung. Rachel starb hier bei der Geburt Benjamins. Früher gehörte das Bild dieses Grabes – eine Kuppel auf vier Rundbögen – zu den typischen Ansichten Israels. Nach der Intifada und einigen palästinensischen Übergriffen entschloss man sich, die Anlage besser zu schützen und ringsum schusssicher zu verbauen, so entstand eher ein Festungsbauwerk. Im Innern gibt es außer dem verhängten Grabmal und den eifrig betenden Gläubigen nicht viel zu sehen. Ein Vorhang trennt den Bereich der Frauen ab, die hier um Fruchtbarkeit und leichte Geburt beten. Durch die Betonmauer ist die Stätte nur noch von Jerusalem aus zugänglich, und es kann immer wieder vorkommen, dass nicht-jüdische Besucher außen vor bleiben müssen.

Es ist die Frage, ob Sie hier am Gilo Checkpoint per Auto passieren dürfen. Wenn nicht, schickt man Sie vermutlich auf einige Kilometer Umweg zum Checkpoint Bet Jala, von dem aus Sie sich nach Osten über den Berg nach Bethlehem durchfinden müssen. Wer mit dem Bus oder Taxi kam, wird am Fußgänger-Checkpoint sicherlich Richtung Zentrum durchgelassen – auf der anderen Seite warten Taxis in die Innenstadt.

Warum kommt gerade Deutschen der antipalästinensische Schutzwall so bekannt vor...

9

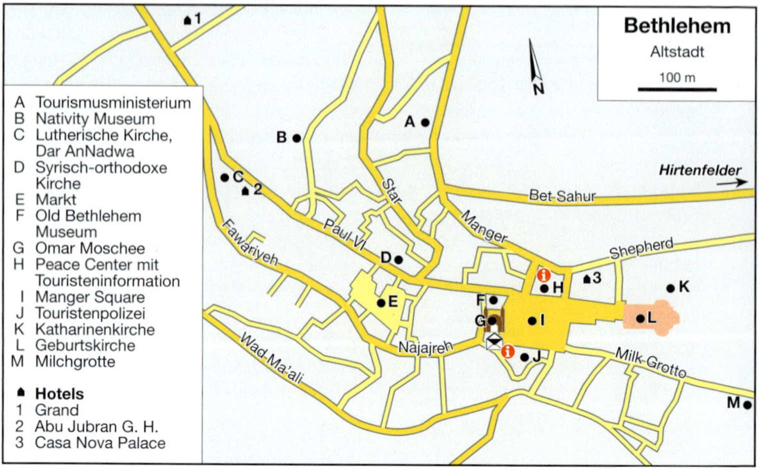

****Bethlehem / Beit Lakhm

Geschichte: *Die nachweisbare Geschichte der Stadt beginnt mit Kaiser Hadrian, der 135 nC ein Adonisheiligtum über der Grotte bauen ließ, von der es hieß, dass dort Jesus geboren worden sei. 325 wurde unter Kaiser Konstantin anstelle des Heiligtums eine Basilika errichtet. Durch eine Öffnung im Boden konnten die Pilger in die Grotte hinabschauen. 529 zerstörten Samaritaner diesen Bau. Zwei Jahre später ließ Justinian die Basilika weitgehend dem alten Bauwerk ähnlich wieder errichten. Diese heute älteste erhaltene Kirche hat erstaunlicherweise alle Wirren der Jahrhunderte überstanden: die Perser ließen sie 614 ungeschoren, ebenso die bald folgenden Muslime. Die Kreuzfahrer renovierten die Basilika, selbst die Mamluken machten halt vor ihr. Später allerdings verfiel sie, die Türken demontierten die Marmorverkleidungen für Bauten in Jerusalem. Schließlich erhielt 1670 die griechisch-orthodoxe Kirche die Erlaubnis, die Basilika wiederherzustellen. In den folgenden Jahrhunderten neideten die anderen christlichen Glaubensrichtungen den Orthodoxen das Kirchenprivileg, es kam zu tätlichen Auseinandersetzungen, die schließlich von der Hohen Pforte durch eine noch heute gültige Eigentumsregelung beruhigt wurden.*

Die Geburtsstadt Jesu, die eine lange biblische Geschichte hat (u.a. wurde David hier zum künftigen König bestimmt), zählt zu den wichtigsten christlichen Städten Israels – die vielen Reisebusse mit den Touristenströmen verdeutlichen es nur allzu sehr. Doch Bethlehem besteht nicht nur aus christlich geprägten Bauten, sondern aus der historischen Altstadt, die sich auf einem quasi abgeflachten Hügel ausdehnte, dessen teilweise steile Flanken möglichen Feinden die Eroberung erschwerten wie auch Kakteen-Zäune, enge Treppen etc. Die Geburtskirche – am Manger Square (Krippenplatz) – erhebt sich quasi am Südwestende des Hügels. Die alten Zugangsstraßen führten vom flacheren Norden durch die Altstadt zur Kirche, während die von den Engländern gebaute Manger St die Kirche und den gleichnamigen Platz unter Umgehung der etwas engen Altstadt erschließt.
Konzentrierte sich die Aufmerksamkeit der Besucher bisher allein auf christliche Objekte, so wurde mit der Totalrenovierung von Bethlehems Altstadt aus Anlass der 2000-Jahr-Feiern auch die sehenswerte Altstadt einbezogen.

Aus ihr wurde der Autoverkehr verbannt, sodass die Touristen prinzipiell am Nordrand aus den Bussen steigen und bequem durch die historische Stadt zur Geburtskirche am Manger Square schlendern und währenddessen Geld ausgeben könnten. Wäre da nicht die Zweite Intifada gewesen: Die Busse halten 20 Minuten an der Geburtskirche und fahren wieder weg. Jeder Besuch, der länger bleibt, ist hoch willkommen.

Das Jahr-2000-Projekt brachte 200 Millionen Dollar aus verschiedenen Ländern, um aus Bethlehem und seinen Nachbarstädten Bet Jala im Westen und Bet Sahur im Osten eine der ersten touristischen Adressen im Nahen Osten zu machen – inklusive umfassender Renovierung der Infrastruktur. Die Jahrtausendwende brachte jedoch auch die AlAqsa-Intifada, im Frühjahr 2002 verschanzten sich etwa 200 Palästinenser in der Geburtskirche, die von der israelischen Armee belagert und beschossen wurde – ein bis dahin nicht vorstellbares Geschehen. Wenig später wandelte Israel sein Schutzbedürfnis im Bethlehemer Bereich in

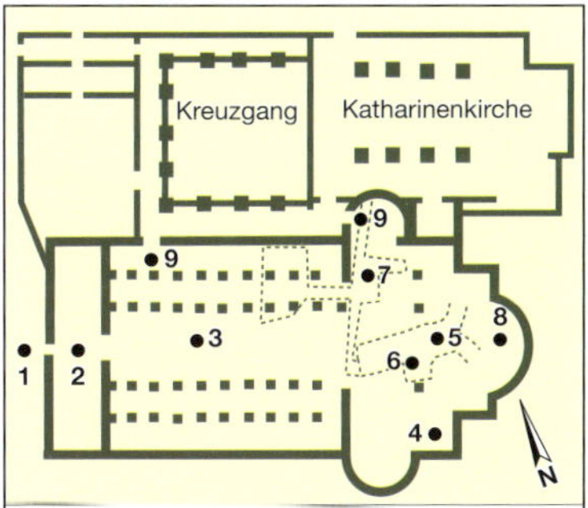

Geburts- und Katharinenkirche

1 Eingang
2 Narthex
3 Mosaike
4 Altar der Beschneidung
5 Geburtsgrotte
6 Krippenaltar
7 Grotte der unschuldigen Kinder
8 Hauptaltar
9 Zur Katharinenkirche

eine Betonmauer, und Bethlehem wurde nach Norden hin abgetrennt. Dieses acht Meter hohe Ungetüm wird zwar laufend verschönert, u.a. von Robert „Banksy" Banks aus London, dem besten Sprayer der Welt (siehe einige seiner sehenswerten Bethlehemer Beiträge auf www.

Geburtsgrotte – hier kam Bethlehems prominentester Sohn zur Welt

Weihnachten in Bethlehem

Viele Christen rund um den Globus träumen vom Weihnachtsfest in Bethlehem. Abgesehen von einer weiten Anreise können sich politische Hindernisse in den Weg stellen. Man sollte sich zuvor z.B. beim Christlichen Informationszentrum in Jerusalem am Jaffator (Tel 02 6272692) nach der aktuellen Lage erkundigen. Dort erhält man auch das Gratis-Ticket, ohne das es keinen Einlass zur Mitternachtsmesse gibt – man braucht Glück, um eins zu erhalten. Vielleicht hilft mailen: fpo@cicts.org.
Nach der Teilnahme an der Mitternachtsmesse kann man von speziellen Telefonzellen nach Hause anrufen und das Glockengeläut live in die Heimat übertragen, anschließend in einem der die ganze Nacht geöffneten Restaurants dinieren, sich danach einen speziellen Stempel in den Pass drücken lassen und besondere Weihnachtsbriefmarken auf der Post kaufen. Zur Freude der Geschäftsleute Bethlehems findet Weihnachten dreimal statt: Am 24./25. Dezember für Katholiken und Protestanten, am 6./7. Januar für die orthodoxen Christen und am 19. Januar für die Armenier, wobei die letzteren Feste farbenfreudiger sind.

santasghetto.com), aber der Tourismus ist noch lange nicht wieder in Gang gekommen.
Der Manger Square zählte noch bis 1998 zu den verkehrsreichsten der Region, Busse luden ihre Gäste aus, Polizeiautos rasten mit Sirenengetöse zur Polizeistation auf der Nordseite. Die Initiative Bethlehem 2000 hat den Platz total umgekrempelt, er stellt sich jetzt als eine autofreie Zone mit Schatten spendenden Bäumen dar, die Polizeistation wurde abgerissen und an ihrer Stelle das **Peace Center** errichtet mit der Touristen-Information (Mo-Do+Sa 8-15), Ausstellungsräumen, Toilettenanlagen etc.; www.peacecenter.org.
Auf den Manger Square schaut die Christenheit an Weihnachten, hier steht die Hauptattraktion von Bethlehem, die **Geburtskirche** (*Basilika of the Nativity*, 6.30-19.30; im Winter 5-17, Geburtsgrotte So vormittags geschlossen), die festungsgleich den Platz dominiert und von außen nicht gerade attraktiv aussieht. Ihrem alten Gemäuer sieht man zweifelsohne die Jahrhunderte an. Das ursprüngliche Portal wurde von den Kreuzfahrern verkleinert, später ganz zugemauert. Geöffnet ist nur ein so niedriger Seiteneingang, dass die Mamluken nicht auf dem Pferd in die Kirche reiten konnten und heutige Touristen Schlange stehen müssen, um gebückt durch das schmale Tor hinein oder herauszukommen.
Das Innere der Basilika wirkt monumental, erstrahlt aber nicht gerade in Schönheit. Die Säulen mit korinthischen Kapitellen haben ihre Vergoldung verloren und scheinen eine Art dunkelbrauner Patina angesetzt zu haben. Die ebenfalls dunkelbraune Holzdachkonstruktion bietet sich unverkleidet dem Auge dar. Doch gerade diese eher brachiale und fast schon morbide Schönheit des Mittelschiffs gibt der Basilika einen unvergleichlichen Charakter und macht sie – für uns – zu der eindrucks- und stimmungsvollsten Palästinas. Durch zwei Öffnungen im Fußboden des Mittelschiffs, deren Holzabdeckungen eher wie auf einer Baustelle herumliegen, kann man Mosaike der Kirche aus dem 4. Jh bewundern.
An der südlichen (rechten) Wand steht ein Taufbecken aus Justinians Zeiten. Der **Altar der Beschneidung** auf dieser Seite gehört ebenso wie der Hauptaltar (hinter der Ikonenwand) den Griechisch-Orthodoxen, die beiden Altäre im Nordteil den Armeniern.
Vom südlichen Querhaus geht man über eine Treppe zur nur 40 Quadratmeter großen **Geburtsgrotte** – Individualtouristen werden meist von dieser Seite eingelassen, aber man kann sein Glück je nach Andrang auch von der Nordseite versuchen, die meist als Ausgang genutzt wird. Ein Stern aus Silber bezeichnet die Stelle, an der Jesus das Licht der Welt erblickt haben soll. Darüber steht ein Altar aus dem 12. Jh. Drei Stufen tiefer liegen die Krippenkapelle mit der Krippe und der Altar der Heiligen Drei

Könige. Der Ausgang der Grotte geht zur Nordseite.
Nördlich der Kirche, erhebt sich die 1881 von den Franziskanern erbaute **Katharinenkirche** (6.30-19. außer So vormittags, im Winter 5-17). In ihrem Vorhof steht ein Standbild des Heiligen Hieronymus, der hier lebte und die Bibel ins Lateinische übersetzte. Aus der Katharinenkirche wird die weihnachtliche Mitternachtsmesse in alle Welt übertragen. Unterhalb des Altars liegt die Kapelle der Unschuldigen, die an die Kinder erinnert, die Herodes getötet haben soll. Von der Kirche aus führt ein Kreuzgang wieder auf den Manger Platz. Wenn Sie, aus der Geburtskirche kommend, sich links halten und in die erste Straße links, die Milk Grotto St, einbiegen, ist die **Milchgrotte** (8-18, Winter -17) nur etwa 200 m entfernt und an einer kleinen Kapelle mit griechisch-orthodoxem Kreuz erkennbar. Es handelt sich um eine Höhle, in der sich die Heilige Familie vor der Flucht nach Ägypten verborgen haben soll und in der Maria einen Tropfen Muttermilch auf die Erde fallen ließ; Pilgerinnen beten hier um Fruchtbarkeit.
Gehen Sie zurück zum Manger Square. Links und rechts der Straße werden einzelne Olivenholzschnitzereien noch geöffnet haben, vielleicht finden Sie ein passendes Souvenir. Westlich vom Square warten lohnende Entdeckungen und Eindrücke auf Sie, kreuz und quer durch die lebendige Altstadt. Man sollte unbedingt genug Zeit einplanen, um nicht nur die Geburtskirche, sondern auch das heutige Bethlehem zu erleben.
Häufig führt diese Entdeckungswanderung vom Manger Square in die Najajra St mit ihren kleinen Seitengassen, steilen Treppen und alten Häusern, zum Obst- und Gemüsemarkt, der den täglichen Bedarf der Bevölkerung deckt, an vielen Shops und Cafés vorbei bis zur Lutherischen Weihnachtskirche und dann wieder mit entsprechenden Abstechern durch die Paul VI St zurück. Das südlich angrenzende, zur Weihnachtskirche gehörende und maßgeblich vom in Deutschland promovierten Pfarrer Dr. Mitri Raheb initiierte Begegnungszentrum Dar AnNadwa, zu dem das

Blick von Bethlehem zwischen unvollendetem Hochhaus und traditionelleren Gebäuden auf die schöne neue Welt jüdischer Siedlungen

International Center und auch das Abu Jubran Guesthouse mit original arabischer Verpflegung gehören (Info auf www.diyar.ps), sollte man zumindest nicht ohne einen Blick in The Cave passieren. Wer für die attraktive Auswahl an Kunsthandwerk in der Einkaufs"höhle" zu wenig Platz im Gepäck hat, kann auch von zuhause ordern: http://cave.annadwa.org. Wer eine Pause benötigt, könnte im AlKuz Café verweilen.
Einen Abstecher wert ist auf dem Weg zurück zur Geburtskirche die erste Straße links, Salesian St 48, wo im Salesianer- Konvent das International Nativity Museum wiedereröffnet wurde (geöffnet nach Vereinbarung morgens, mittags oder abends, Eintritt NIS 20/15, Tel 059 8911511, www.internationalnativitymuseum.com): Mehr als 200 Krippen aus aller Welt sind zu besichtigen. Weiter in der Paul VI St kann man neben der syrisch-orthodoxen Kirche auch das Old Bethlehem Museum (Mo-Sa 8-12, 14-17, Do nur vormittags; NIS 8) besuchen, das palästinensische Handarbeiten, Trachten und eine Hauseinrichtung aus dem 19. Jh ausstellt.

Bet Jala und Bet Sahur

Bethlehem ist mit seinen beiden Nachbarn so eng zusammengewachsen, dass es in der Antike vermutlich in Tripolis (Dreistadt) umbenannt worden wäre.
Vom Manger Platz können Sie einen etwa 2 km weiten Abstecher zum südöstlichen Stadtrand machen, dort liegt das Städtchen **Bet Sahur**,

das ebenfalls mit biblischer Historie aufwartet. Hier wird – neben dem Feld, das Boas gehörte und auf dem das Buch Ruth geschrieben worden sein soll – zweimal das **Feld der Hirten** *(Shepherd's Field)* gezeigt, auf dem sich Hirten befanden, denen eine himmlische Erscheinung die Geburt des Heilands ankündigte. Im 4. Jh pilgerten Christen zu einem Feld, von dem sie annahmen, es sei das der Hirten. Im Laufe der Zeit kamen die römisch-katholische und die griechisch-orthodoxe Kirche zu konkurrierenden Ansichten über das echte Feld. So gilt es heute zwei Felder zu besuchen. Am besinnlichsten ist jedoch die Weihnachtsveranstaltung des eher protestantischen YMCA in einer dritten Felsgrotte – wenn zwei sich streiten...

Von der Manger St zweigt die Beit Sahur St nach Südosten ab, der man folgt. Unterwegs weisen Straßenzeichen zu beiden Feldern. Das etwas nördlicher gelegene **Roman Catholic Field** ((8-17.30, So 8-11.30/14-17.30; arabisch *Deir AsSiyar,* Tel 054 3510966) weist die Ruinen einer Kirche aus dem 4. oder 5. Jh auf, die später zu einem Kloster erweitert wurde. Die moderne Kirche, deren Gestaltung nicht jedermann überzeugt, stammt aus dem Jahr 1954. Sie überbaut eine Höhle, in der die Hirten gelebt haben sollen. Das **griechisch-orthodoxe Feld** (9-15; arabisch *Deir ArRawat,* Tel 2773135) erreicht man am besten von der südlicheren, zum Herodeion führenden Straße. Angeblich hatten die Hirten bestimmt, auf dem Feld der Erscheinung begraben zu werden. Über die Grabhöhle baute Kaiserin Helena eine Basilika und ein Nonnenkloster. Nur die Krypta der Basilika mit den Gräbern von drei Hirten ist noch vorhanden. Der teilweise erhaltene Mosaikboden zählt zu den ältesten christlichen Kirchenböden in Palästina. 1972 wurde eine moderne Kirche errichtet, die ebenfalls sehenswert ist.

Olivenholz-Krippen – kein „Rucksack-Souvenir"

Westlich von Bethlehem in **Bet Jala** geht es im wahrsten Sinne des Wortes meist bergauf. Auf halbem Wege erreicht man die **Abrahamsherberge** (Bet Ibrahim) mit prima Unterkunft (siehe unten), aber auch Begegnungszentrum für alle Religionen.

Oben auf dem Berg geht es links auf der **Talitha Kumi** St zur gleichnamigen ersten evangelischen Schule im Heiligen Land, die 1851 in Jerusalem gegründet wurde – eine Denkmal-Gebäudefront steht Ecke King George/Ben Yehuda St. Der aramäische Name bedeutet: „Mädchen, steh auf!" Inzwischen können über 800 christliche und muslimische Kinder hier vom Kindergarten bis zum deutschen Abitur und vielleicht in der Hotelfachschule ausgebildet werden. Zur Bildungsstätte gehören auch ein Mädcheninternat und ein Gästehaus (www.talithakumi.org, siehe unten). Außerdem befindet sich auf dem Gelände das *Environmental Education Center,* das unter anderem durch ein Museum der örtlichen Flora und Fauna an den Umweltschutz heranführen will.

Praktische Informationen

▶ Telefon-Vorwahl 02

• Die **Tourist Information** befindet sich im *Visitor Information Center* in der Südwestecke des Manger Square (Di-Sa 8-18) sowie schräg gegenüber im Peace Center, (dort Mo-Do+Sa 8-15, Tel 2766677), es gibt allerhand Karten und Literatur, z.B. den auch auf Deutsch erhältlichen akribischen, aber in die Jahre

Übernachten

Die Übernachtung in Bethlehem ist eine gute Alternative zu Jerusalem, wenn man die preiswertere Unterkunft hier vorzieht oder von Bethlehem aus Abstecher in die Umgebung plant. Neben den hier aufgeführten Hotels gibt es christlichen Hospize, die auch das Tourist Office oder das Jerusalemer Christian Information Center vermittelt, sowie B & B über die Alternative Tourism Group, Tel 2772151, www.atg.ps; Stadtplan siehe S. 456. Die hier genannten Preise beziehen sich auf Individualtouristen, die in Bethlehem selten zu sein scheinen. Bei Telefonanfragen erkundigen Sie sich vorsichtshalber nach Preisen für Individualreisende, um nicht auf rabattierte Gruppenpreise „reinzufallen".

BETHLEHEM

- **INTERCONTINENTAL**, Straße 60 von Jerusalem nach Hebron, Tel 2766777, Fax 2766770, www.ichotelsgroup.com; luxuriös im traumhaften Jacir Palace von 1910, mF.E+B $ 112-148; D+B $ 139-179
- **GRAND**, Paul VI St, Tel 2741602 oder 2741440, Fax 2741604, www.grandhotelbethlehem.com; nach renovierten Räumen fragen, sauber, Bar mit Beduinenzelt, mF ....E+B $ 70-85, D+B $ 85-110
- **ABU JUBRAN GUEST HOUSE**, dem lutherischen International Center of Bethlehem angeschlossen, Tel 2770047, www.annadwa.org; gut und sauber, AC, TV, Internet, mF .... E+B $ 66, D+B $ 92
- **SHEPHERD PLAZA**, Mountain Road, Tel 2778682, Fax 2778686, www.shepherdplaza.com; modernere Ableger des SHEPHERD, kleiner Pool, Sauna, mF................................E+B $ 65-75, D+B $ 95-120
- **PARADISE**, Manger St unweit des Rahelgrabs, Tel 2743769 oder 059 259205, Fax 2744544, www.paradisebethlehem.com; Familienbetrieb, AC, TV, Parkplätze, mF ....E+B $ 60, D+B $ 100, 3er $ 120
- **SHEPHERD**, Jamal Abd AnNasser St, Tel 2740656, Fax 2744888, www.shepherdbethlehem.com (SHEPHERD PLAZA gehört dazu); Familienbetrieb, AC, TV, WLAN frei, mF...E+B $ 50-65, D+B $ 85-105
- **CASA NOVA PALACE**, Manger Square, Tel 2743981, Fax 2743540, www.casanovapalace.com; direkter Zugang zur Geburtskirche, solide eingerichtet, Internetzugang, AC, mF. E+B $ 45, D+B pP $ 30
- **CLAIRE ANASTAS**, unweit des Caritas Baby Hospitals, im absoluten „Zonenrandgebiet" von drei Seiten eingemauert, Tel 2741740 oder 054 6989412, claireanastas@hotmail.com, www.anastas-bethlehem.com; ein arabisches Bed & Breakfast, vorher anrufen, einfache Zimmer (insgesamt bis zu 20 Personen), hausgemachtes Bio-Essen, + NIS 50 für Dinner, mF .... E/D/3er pP
- **SWEET DREAMS HOSTEL**, Khlifat St östlich der Geburtskirche, Tel 2743049 oder 052 4320944, http://sweetdreamshostel.webs.com; 2011 eröffnet, Küche, Lockers .... Dorm NIS 60, E/D NIS 85 pP

BET JALA

- **NATIVITY**, im Tal südlich der Main St, Tel 2770650, Fax 2744083, www.nativityhotel.net; gibt 4*+ an, freundlich, sauber, Pool, AC, TV, WLAN gratis, Dinner ca. $ 10, mF........E+B $ 50-70, D+B $ 80-100
- **BET IBRAHIM GUESTHOUSE/ABRAHAMS HERBERGE**, Bet Jala, Tel 2742613, Fax 2744250, www.abrahams-herberge.com, Buchung auch über Deutschland 07474 2737, Fax 07474 8007; mit vor allem deutschen Spenden errichtetes Gästehaus der arabischen ev.-luth. Gemeinde, mitten in der Stadt, hochwertig eingerichtet, Hostel sehr geräumig, AC, mF...Hostel pP € 22, E+B € 48, D+B pP € 37
- **TALITHA KUMI GÄSTEHAUS**, Talitha Kumi St, Tel 2741247 > für Deutsch die 8 wählen > Durchwahl zum Gästehaus 220, Fax 2741847, www.talithakumi.org; Nähe deutsche Schule und dem Environmental Education Center (s.o.), gut, AC, WLAN, mF ....E+B € 33, D+B € 44, 3er € 60, 4er € 72
- **BETHLEHEM BIBLE COLLEGE**, Jerusalem St Nähe Interconti, Tel 2741190 oder 054 5531575, Fax 2743278, www.bethbc.org; einfach, aber nett, liegt im 3. Stock ohne Fahrstuhl, im Semester Mo-Fr Lunch für $ 10, mF...E+B $ 40, D+B $ 60, 3er $ 75
- **OLIVE TREE TOURIST VILLAGE (AsSAITUNA)**, AlAmayer St, Tel 2764660, Fax 2750090, 2010 eröffnet, z.T. orientalisch prunkvoll, Pool, Disco Layal (Do-So), Restaurant, Parkplatz, nach Suiten mit Jacuzzi fragen, AC, TV, WLAN in der Lobby, mF..............................E+B NIS 150-250, D+B NIS 250-350

BET SAHUR

- **MURAD TOURIST RESORT**, 3 km außerhalb auf der Bet Sahur St, Tel 2759880 o. 052 2705695, Fax 2759881, www.murad.ps; freundliche Räume, hängende Gärten, Pools und unterirdisches türkisches Bad, Abwechslung für Kinder, mF .... E+B $ 90-100, D+B $ 120 (+ Kind 4–12 J.: $ 30)
- **GOLDEN PARK RESORT & HOTEL**, AlQuds St, Tel 2774414, Fax 2748841, www.goldenparkresort.ps; freies Wohnen für Patienten der www.st-josephdentalclinic.com (siehe S. 35), Pool im Sommer, Kühlschrank, AC, TV, WLAN, mF.. E+B $ 38-55, D+B $ 80-120
- **BUSTAN QARA'AQA PERMACULTURE FARM**, Wadi Hana Sa'ad, Bet Sahur (5 min per Auto von Bethlehem), Tel 2748994, http://bustanqaraaqa.weebly.com, reservieren unter www.toursinenglish.com > guest houses; nachhaltig, z.B. mit Kompost-Toilette, WLAN, mF .... Dorm pP NIS 150

gekommenen Stadtführer *Bethlehem 2000* – empfehlenswert auch für die Umgebung, falls Sie länger bleiben möchten.

▶ Empfohlen seien außerdem die Websites der Stadtverwaltung www.bethlehem-city.org (mit Mauer), die sämtliche touristischen Inhalte allerdings in die sehr informative, ganz modern als Blog geführte Seite http://vicbethlehem.wordpress.com des *Visitor Information Centers* überführt hat.

▶ Nicht zu vergessen: die Alternative Tourism Group steht mit Rat und Tat zur Seite, vermittelt Bed & Breakfast und hat ihren Sitz in Bet Sahur, 74 Star St, Tel 2772151, www.atg.ps.

Verkehrsverbindungen

▶ Aus **Jerusalem** kann man von der Haltestelle für palästinensische Busse nordwestlich vom Damaskustor Bus Nr. 124 nehmen. Er fährt bis zum Gilo/Rakhel-Checkpoint (NIS 5), den man zu Fuß passiert und dann in ein Taxi umsteigen muss. Oder man geht die ca. 3 km zur Geburtskirche zu Fuß.

▶ Vom selben Abfahrtplatz in Jerusalem verknüpft die Linie 21 Bet Jala, Bethlehem und Bet Sahur miteinander. Der Bus fährt über die Tunnelstrecke der Straße 60 und den Checkpoint westlich von Bet Jala (ca. 40 min, NIS 7). Sie sollten an der Kreuzung Bab AsSqaq aussteigen, die Geburtskirche ist von hier gut 1 km entfernt. Wenn Sie nach Hebron weiterfahren wollen, können Sie hier in den Bus 23 einsteigen (NIS 6).

Essen und Trinken

▶ Am Manger Square offerieren eine Reihe von Restaurants – die zum Teil auch auf die Abfertigung von Bus-Touristen eingerichtet sind – ihre Dienste. Dazu gehören AL ANDALUS mit westlicher und arabischer Küche (mittlere Preise) ebenso wie ST. GEORGE, das recht gutes gegrilltes Huhn und arabische Gerichte anbietet. Preiswerter kann man im AFTEEM am Manger Square essen, einem Felafel-Spezialisten. Die Imbisse in der Altstadt sind vielleicht noch günstiger. Gehobener Standard erwartet einen im Restaurant des PEACE CENTERS. Hochpreisiges findet man am einfachsten in den fünf Bars und Restaurants im Hotel IINTERCONTINENTAL.

▶ In **Bet Jala** findet man unten im Tal gleich bei Bethlehem das kleine, durchaus coole Restaurant-Café TABOO (täglich 13-2) mit eher jungem Volk und manchmal echt lauter Musik. Auf halber Höhe in der Straße zur Nikolauskirche gibt es in wunderschönen Gewölben das RESTAURANT 1890, benannt nach dem Baujahr des Hauses.

▶ Ansonsten bietet fast jedes Hotel auch ein Restaurant, aber den allerbesten Blick über die Tripolis, Siedlungen, Autotunnel und Sperranlagen bietet ganz oben auf dem Berg das BARBRA Restaurant mit guter Cocktailauswahl und Wasserpfeifen, sonntags manchmal Live Musik (Arab Society St, Tel 059 9818461).

Abstecher von Bethlehem aus

Nordwestlich von Bet Jala liegt das Salesianer-Kloster **Cremisan**, das für seine Weine bekannt ist. Man kann sich über die Weinherstellung informieren und von der besonderen Situation erfahren, dass die israelische Mauer mitten durch das Klostergelände verläuft. Spezialität des Hauses ist ein 20 Jahre im Eichenfass gelagerter Brandy, Tel 2744826, www.cremisan.org; Wein in Deutschland ordern: www.cremisan.de.

Östlich von Bethlehem liegen zwei sehr lohnende Besuchsziele. Das zweite, das Kloster ****Mar Saba**, ließe sich bereits von Jerusalem aus über die Straße 356 und den Checkpoint Har Homa/AnNu'man oder auch von Bethanien aus ansteuern. Auf jeden Fall müssen Sie Ubeidiya (Abu Diya) erreichen, was jedoch von Bethlehem aus weniger kompliziert ist. Ohne Auto müssen Sie von Bethlehem aus ein Taxi nehmen, das hin und zurück nach Mar Saba etwa NIS 120 kosten wird.

Von Bethlehem aus führt die nördliche Durchgangsstraße von Bet Sahur Richtung Straße 356/398, die Sie weiter Richtung Osten und den genannten Ort Ubeidiya unterqueren müssen. Haben Sie Geduld, wenn Sie es nicht gleich finden. Zunächst liegt nach 7 km links das **Theodosiuskloster**, das von dem hl. Theodosius gegründet worden war, 614 von den Persern zerstört und um 1900 von griechisch-orthodoxen Mönchen wieder aufgebaut wurde. Dabei scheinen Gebeine von Mönchen gefunden worden zu sein, die in einer Höhle im zentralen Bereich, fein säuberlich aufgeschichtet, gezeigt werden, täglich 8-15.

Etwa 1 km nach dem Kloster liegt rechts Ubeidiya, durch das man sich hindurchfragen muss. Von hier fährt man 6 km weiter Richtung Osten bis

**Mar Saba

Geschichte: *Die steilen Felswände der Kidronschlucht lockten schon relativ frühzeitig eine Reihe christlicher Eremiten an, die sich in Höhlen niederließen. 478 nC ging St. Sabas in die Schlucht und gründete 492 auf dem Hang gegenüber seiner Höhle ein Kloster, das wegen des Ansehens seines Gründers berühmt und nach seinem Tod zum Wallfahrtsort wurde. 712 zog sich Johannes von Damaskus in das Kloster zurück und verfasste wichtige Schriften der Ostkirche. Im 12. Jh brachten die Kreuzritter die Gebeine St. Sabas nach Venedig, im 19. Jh die Russen die von Johannes nach Moskau. Papst Paul VI. gab 1965 die Gebeine von St. Sabas zurück an das Kloster.*

Das Kloster (8-Sonnenuntergang, Mi+Fr geschlossen) schmiegt sich sehr pittoresk über mehrere Etagen an den Felsen, von hohen Mauern umgeben. Es ist offiziell nur Männern zugänglich, Frauen dürfen immerhin von einem gegenüberstehenden Turm auf die Kuppeln des Klosters schauen. Ein Mönch führt die Besucher durch die stimmungsvoll verwinkelte Klosteranlage mit ihrer alten Basilika. Dort ruht in einem gläsernen Sarg die gut erhaltene Mumie St. Sabas', eines zierlichen, kleinen Menschen. Schließlich kann man einen Blick in das 180 m tiefer liegende Kidrontal mit seinen nahezu senkrechten Wänden werfen.

Unten schäumt, im wörtlichen Sinn, der Bach dem Toten Meer entgegen, denn er ist heute

Hass auf allen Seiten

Im Zuge der jüdischen Besiedlung Palästinas zogen Siedler auch nach Hebron. Bei landesweiten arabischen Unruhen 1929 wurden 67 jüdische Bewohner der Stadt von ihren arabischen Nachbarn umgebracht; ein Trauma, das bis heute wachgehalten wird. Die britische Verwaltung siedelte danach die Juden aus Hebron aus. 1942 bauten jüdische Siedler den Kibbuz Kfar Etzion zwischen Bethlehem und Hebron, der im Unabhängigkeitskrieg 1947 von arabischen Truppen erobert und dem Erdboden gleichgemacht wurde. Viele Juden wurden umgebracht. Nach der Eroberung der Westbank 1967 achtete die israelische Regierung streng darauf, dass sich Juden nicht wieder in Hebron ansiedelten und neue Unruhen provozierten. Doch ein gewisser Rabbi Levinger unterlief mit 32 Glaubensgenossen diese Politik, indem er 1968 das Park Hotel im Stadtzentrum zunächst für das Passah-Fest, dann „bis zur Ankunft des Messias" komplett mietete. Die Regierung gab schließlich nach und erlaubte den Bau einer stadtnahen Siedlung, deren Aufbau 1970 unter dem Namen Kiryat Arba auf zuvor konfisziertem Land begann.

1979 besetzte die Frau des Rabbi mit 40 Frauen und Kindern die leer stehende ehemalige jüdische Klinik. Seither lebt eine jüdische Gemeinschaft im Herzen der Stadt, die ständigen Anfeindungen ausgesetzt ist und daher dauernd bewacht werden muss. 1980 kam es zu schweren Zusammenstößen zwischen Muslimen und Juden, als Rabbi Levinger durch Luftschüsse Jugendliche vertreiben wollte, dann aber in einen Laden schoss und den Besitzer tötete. 1994 schoss der jüdische Arzt Dr. Baruch Goldstein in der Ibrahim-Moschee des Haram AlKhalil auf betende Muslime, tötete 29 Menschen und verletzte 150 zum Teil schwer, bevor er sein Magazin verschossen hatte und am Tatort gelyncht wurde. In den folgenden landesweiten Unruhen kamen insgesamt 30 Palästinenser um. Die laut Oslo-II-Abkommen 1996 fällige Übergabe der Stadt an die PA verhandelte die Regierung Netanjahu neu, sodass sich der Truppenabzug um 10 Monate verzögerte, aber 1000 Soldaten zur Sicherung des Haram und der 500 Juden in der Stadt blieben. Es ist keine Frage, dass Zugang zum heiligen Bezirk all jenen möglich sein sollte, denen etwas an den Erzvätern und -müttern liegt. Ein Versuch nachzuvollziehen, was die jüdischen Siedler in der Altstadt Hebrons eigentlich antreibt, könnte auf deren Website www.hebron.com beginnen: Sie laden zu Touren nach Hebron zu den Gräbern der Gründungsväter ein, um jüdische Geschichte mit denen zusammen zu feiern, die sie fortschreiben.

Die Absurditäten sind seitdem nicht weniger geworden, insbesondere Siedlungen in den oberen Stockwerken (!) arabischer Altstadtgebäude, die eine der wichtigsten Basarstraßen Hebrons verödet haben, sind für vernunftbegabte Menschen nicht nachvollziehbar. Die eigene Regierung muss Gewalt gegen diese Siedler, die eigenen Landsleute, anwenden – 2008 etwa bei der Räumung eines Hauses in der Altstadt. Und für die israelischen Soldaten ist es sicherlich auch ein unangenehmer Job, solche Gewalttreiber beschützen zu müssen. Veteranen, die zum Umgang der Armee mit den Palästinensern nicht mehr schweigen können, haben sich 2004 zur Organisation *Breaking the Silence* (hebr. *Shovrim Shtika*) zusammengeschlossen, www.breakingthesilence.org.il.

Die jüngere Geschichte dieser Stadt ist eine Kette von Hass erzeugenden Demütigungen, Intoleranz, religiös-blindem Fanatismus und Mord. Wer immer der Mächtigere hier war, unterdrückte den Schwächeren. Das ist nichts Neues in der Geschichte. Nazi-Deutschland, Vietnam, Ex-Jugoslawien sind nur ein paar Beispiele für ziemlich aktuellen Machtmissbrauch. Vom weit entfernten Schreibtisch aus lässt sich leicht der richtige Weg aufzeigen. Aber die Beteiligten vor Ort schleppen Historie mit sich herum, die rationale Überlegungen durch Emotionen ersetzt, Vernunft und Toleranz bleiben auf der Strecke.

eher eine offene Kanalisation der an ihm liegenden Dörfer, dem sämtliche Abwässer mit auf den Weg gegeben werden. So bilden sich an jeder Verwirbelung hohe Schaumkronen, als ob der Bach nur noch aus Waschlauge bestünde. Zur gegenüberliegenden Seite des Kidrontals führen Pisten von weit her, die gern von Wüstensafaris benutzt werden, damit die Fahrgäste von dort aus einen Blick auf die Klostermauern werfen können – sicher ein aussichtsreicher Rastplatz.
Abstecher zum

***Herodeion

Vom Südosten Bethlehems trifft man, auf der südlicheren Tangente durch Bet Sahur fahrend, auf die Straße 356/398 nach Sa'tara und ca. 3 km weiter auf dem Abzweig zum Har Hordos, dem Berg, auf dem Herodes sein prächtiges **Herodeion** errichtete– das einzige seiner vielen Bauwerke, das seinen Namen trägt. Vom Manger Square gibt es auch ziemlich direkt eine Straße Richtung Südosten, und von Jerusalem folgt man einfach der Straße 356/398, die von der Straße 60 zwischen Ramat Rakhel und Kloster Mar Elias links abbiegt über den Checkpoint Har Homa direkt bis zum israelischen Nationalpark – einer der wenigen verbliebenen in der Westbank in der Area C. Deshalb fährt von Jerusalem auch ein Egged-Bus, Nr. 166.

***Geschichte**: Bereits um 40 vC hatte sich Herodes auf den kegelförmigen Berg zurückgezogen, als er von Antigones bedrängt wurde. Nach seinem Sieg über den Widersacher ließ er ab 37 vC die Bergkuppe abtragen und auf dem kreisrunden Platz eine ebensolche Festung anlegen, mit hoher Doppelmauer und drei Halbrundtürmen und einem Rundturm verstärkt. Im Inneren gab es Paläste, die allen Luxus boten. Wasser wurde von den Teichen Salomos zunächst mit Eseln, später mit einem Aquädukt herbeigeschafft und in riesigen Zisternen gesammelt. Am Fuß des Berges entstand gleichzeitig das Untere Herodeion mit einem sehr großen Pool, großem Garten und schön dekoriertem Badehaus – sowie einer Art Prozessionsstraße, die vielleicht bei der Beerdigung des Königs gedient haben mag.*

Herodes hatte die Festung als sein Mausoleum bestimmt, und 2007, nach 35 Jahren Suche, wurde es mit imposantem Sarkophag auf halber Höhe der Nordostseite des Berges entdeckt, es ist Besuchern zugänglich. Später, im ersten und zweiten Aufstand gegen die Römer, hatten die jüdischen Rebellen hier eins ihrer Hauptquartiere gegen die Römer. Sie widmeten einen Teil der Festung als Synagoge um schlugen imposante Fluchttunnel in den Fels, die zum Teil zu besichtigen sind. Vom 5.-7. Jh lebten byzantinische Mönche im Herodeion und bauten einige heute zerstörte Kirchen.

Zur Festung (8-17, im Winter -16; letzter Einlass eine Stunde vor Schließzeit; NIS 27/14, http://tekoa.org.il/herodion) führt vom Parkplatz aus ein Fußweg hinauf. Oben wird Sie zunächst der Ausblick auf Jerusalem bzw. den Ölberg, Bethlehem und das 1150 m tiefer liegende Tote Meer begeistern. Neben dem heutigen Eingang führte einst eine Marmorprachttreppe in den Palast. Deutlich zu erkennen sind die Reste der beiden Mauern um die Anlage mit den drei Halbrundtürmen und dem runden, einst sehr mächtigen Ostturm. Auf tiefer liegendem Niveau erstreckten sich die Palastanlagen im Westen und ein großer Lustgarten im Osten mit Nischen (Exedrae) im Norden und Süden. In der Nordostecke wurde während des ersten jüdischen Aufstandes ein Eingang zu einem Fluchttunnel angelegt. Die Palastseite im Westen bestand aus verschiedenen einstöckigen Gebäuden. Im nördlichen Teil lagen die Thermen mit einem Umkleideraum (schöner Mosaikboden), einem Kalt-, Warm- und Heißraum. In der byzantinischen Zeit lebten hier die Mönche, die in der Nähe eine kleine Kapelle erbauten. Im Süden lag der große Speisesaal (Triclinium), der später in eine Synagoge umgewandelt wurde.
Sie können die Anlage durch den Fluchttunnel verlassen, der sie auch zu den gewaltigen Zis-

ternen führt. Auf halber Höhe des Berges, zurück am Tageslicht, liegt rechts das Grab des Herodes. Von hier geht man zurück zum Parkplatz.

Wer diese verschwenderische Palastanlage hoch auf dem Berg mit ihren Badehäusern oder dem riesigen Pool im Unteren Herodeion besucht, muss sich immer wieder wundern, wie man damals eine derartig aufwendige Anlage mitten in der Wüste bauen und später auch betreiben konnte. Das **untere Herodeion** ist frei zugänglich. Lassen Sie eine der größten Palastanlagen der Antike auf sich wirken, wenn Sie noch Zeit für einen Rundgang haben.

Wenn Sie von hier aus nach Hebron weiterfahren wollen, können Sie auch der Straße 356 durch die judäische Wüste folgen.

Von Bethlehem direkt nach Hebron

Fährt auf der alten Trasse der Straße 60 aus Bethlehem/Bet Jala ab, gelangt man nach wenigen Kilometern rechts an das steinerne Tor der Stadt **AlKhader**. Man kann ein griechisch-orthodoxes Kloster besichtigen, Tel 052 8658828.

Weiter nach Norden kommt man nach **Battir**. Dieses alte arabische Dorf nah an der israelischen Sperranlage betreibt Terrassen-Landwirtschaft wie in römischer Zeit und feiert Anfang Oktober ein **Auberginen-Festival**. Besichtigen Sie das ***Battir Landscape Ecomuseum,*** ein Gästehaus ist geplant, aber man kann auch bei Familien unterkommen, mF € 25/Kinder 15; Tel 2763509, bleproj.office@gmail.com.

Wieder zurück auf der Straße 60 sind es rund 2 km bis zur Abfahrt links nach **Dheishe**, eines der ältesten palästinensischen Flüchtlingslager mit rund 12 000 Bewohnern. Hier fällt das Kennenlernen leicht. An Versöhnungsarbeit Interessierte können sich an das Center for Conflict Resolution & Reconciliation (CCRR) wenden (Tel 2767745, www.ccrr-pal.org; vom Direktor Noah Salameh stammt der Band *Frieden im Islam*, Berlin 2008), oder man steuert einfach das *Ibda' Cultural Center* an. Von Bethlehem aus gelangt man leicht per Sammeltaxi dorthin (von der Kreuzung der Paul VI St mit der Straße 60 bzw. Hebron St – Bab isQaq genannt –, NIS 3, oder mit normalem Taxi für NIS 15-20).

Ibda' bedeutet Einfallsreichtum: ein Bildungszentrum mit Bibliothek unten, Restaurant oben, zwischendrin ein Guesthouse. Für eine Führung ist eine Spende gern gesehen, auch Volontäre sind immer gefragt, am besten anmelden unter Tel 02 2776444 oder info@ibdaa194.org.

- **IBDA' CULTURAL CENTER GUEST HOUSE**, zentral im Dheishe Camp, Tel 02 277 6444, sicher kein langweiliges Publikum in 4er-Zimmern mit Bad, einfach, keine Kreditkarten........Dorm NIS 50

Ein Stück weiter südlich liegen die **Teiche Salomos** (Salomon's Pools), drei riesige Zisternen, die angeblich Salomo für die Wasserversorgung von Jerusalem anlegte. Historisch gesichert ist, dass Herodes von hier aus ein Aquädukt nach Jerusalem bauen ließ, im 2. Jh nC folgten die Römer mit einem weiteren Aquädukt, der Jerusalem bis ins 20. Jh versorgte. Nördlich davon entsteht ein monumentales Tourist Resort, www.solomonpools.com.

Im fruchtbaren Tal des Dorfs **Artas**, gedeiht Romana-Salat derart gut, dass ihm jährlich im März/April ein Festival mit Musik und Tanz gewidmet wird. Der Name des Dorfes ist Programm: In Artas steckt lateinisch hortus: Garten. Daher gibt es auch ein katholisches Kloster zum *Verschlossenen Garten/Hortus Conclusus* mit guter Aussicht, täglich 8-17, Tel 02 2742427.

Zurück auf die Straße 60.

Nach etwa 3 km geht es gleich rechts nach der Zufahrt zur jüdischen Siedlung Neve Daniel zu Vineyard, ein Stück Land inmitten von vier israelischen Siedlungen, das bisher noch nicht zum Siedlungsbau enteignet werden konnte. Die Familie Nasser, die seit 1924 Eigentümer des Landes ist, hat dort mangels Baugenehmigung Zelte aufgestellt sowie Höhlen gegraben und bietet international regelmäßig Volontariate zum Pflanzen und Ernten an. Auch sonst gibt es immer genügend zu tun. Genaueres, auch wie man dorthin gelangt, auf der Website. Übernachten ist natürlich auch möglich:

- TENT OF NATIONS, Bethlehemer Büro: 17 AlAtan St, nordöstlich der Geburtskirche, Tel 02 2743071 oder 052 2975985, www.tentofnations.

org; beduinenartige Unterkunft mit Halbpension pP..NIS 100

Wieder auf der Straße 60 erreicht man nach gut 6 km

Beit Umar. Auch dieser Ort ist umringt von jüdischen Siedlungen, deren Bewohner Beit Umar gern von der Landkarte verschwinden lassen würden. Olivenbäume werden vernichtet, es drohen Hauszerstörungen. Jeden Samstag wird gewaltfrei demonstriert: Die Initiative vor Ort begegnet der Bedrohung kreativ: Das Center for Freedom and Justice (www.center4freedom.org) engagiert sich für Friedenserziehung der Kinder in einem kleinen Vergnügungspark. Kontakt: Mussa Abu Maria, 059 8139590, 054 2037539, mousamarya@gmail.com. Unterkunft im

- BEIT UMAR HOSTEL, zu buchen über www.toursinenglish.com > guest houses, mF................. pP $ 25, jede weitere Mahlzeit + $ 10.

Will man Hebron von Norden anfahren, muss man die Straße 60 schon nach 2 km wieder verlassen und in Halhul Nord abfahren.

Wer Zeit hat, kann auch in **Halhul** einen Stopp auf der höchsten Erhebung der Westbank einlegen: 1030 m. Das einstige Dorf hat seine Einwohnerzahl in den letzten 50 Jahren auf 22 000 vervierfacht und ist mit Hebron im Grunde zusammengewachsen.

Etwa 2 km nach dem Abzweig steht links der Straße eine kleine Moschee mit dem umzäunten, verdreckten Philippusbrunnen. Hier an der Straße von Jerusalem nach Gaza erinnerte sich das Christentum der ersten Heidentaufe. Die alte Moschee mit einem Minarett von 1226 birgt ein Grab, das spätestens seit dem Mittelalter dem Propheten Jona zugeschrieben wird.

Weiter nach Süden gelangt man nach Unterquerung der Straße 35 nach

****Hebron / Khevron / AlKhalil

Geschichte: *Abraham erwarb die Höhle Machpela in Hebron, die er zum Erb-Begräbnisplatz bestimmte. Das Alte Testament berichtet, dass hier ganze Generationenfolgen beigesetzt wurden. Im 11. Jh vC ließ sich – nach dem Tod von König Saul – David in Hebron zum König salben. Als im 6. Jh vC die Juden in babylonische Gefangenschaft gezwungen wurden, besetzten Edomiter die nun freie Gegend. Erst Judas Makkabäus eroberte die Stadt zurück, Herodes baute sie auf und errichtete über der Höhle Machpela ein erstes Gebäude. Nach dem zweiten jüdischen Aufstand im 2. Jh nC wurden die Juden auch aus Hebron vertrieben. Kaiser Justinian ließ im 6. Jh auf der herodianischen Basis eine Basilika errichten. Als die Muslime im 7. Jh einrückten, wandelten sie die Kirche in eine Moschee um, Juden konnten sich wieder in Hebron niederlassen. Die Kreuzritter bauten die Moschee in eine Kirche zurück, nach der Rückeroberung konvertierten die Mamluken 1267 erneut die Kirche zur Moschee. Die Mamluken verboten den Christen und Juden das Betreten des heiligen Bezirks. Erst nach der israelischen Eroberung 1967 wurden die religiösen Stätten auch Nichtmuslimen wieder geöffnet.*

Das 930 m hoch gelegene Hebron zählt nach wie vor zu den eher explosiven Orten in der Auseinandersetzung zwischen Palästinensern und vor allem ultraorthodoxen Juden und renitenten Siedlern. Die Bewohner Hebrons genießen in Palästina einen Ruf ähnlich dem der Ostfriesen in Deutschland, aber viel zu lachen gibt es seit Jahrzehnten nicht. Erkunden Sie vor einem Besuch die aktuelle Situation (siehe S. 427). Wenn tatsächlich mal wieder Eruptionen anstehen oder jeden Augenblick zu befürchten sind, sollten Sie besser nicht fahren. Zu allen anderen Zeiten lohnt es sich sehr wohl, Hebron zu besuchen, obwohl die relativ lang gestreckte Stadt nicht gerade zu den attraktivsten im Land gehört.

Derzeit leben in der größten Stadt der Westbank etwa 170 000 Palästinenser (nach anderen Schätzungen 200 oder sogar 230 000). Im engeren Stadtgebiet haben sich ca. 500 und im Siedlervorort Kiryat Arba etwa 7000 Juden niedergelassen. Die Stadt ist seit dem Rückzug der Armee 1997 in besondere Zonen außerhalb von Area A, B und C geteilt: H1, etwa 80% des Stadtgebiets, untersteht der PA, H2, etwa 20%

9

des Stadtgebiets inklusive der Altstadt, dem israelischen Militär. Das soll dem Schutz der jüdischen Siedlungen im H2-Gebiet dienen, ist aber offensichtlich nicht der Weisheit letzter Schluss, da die Aufteilung vor allem zu Lasten der in H2 verbliebenen Palästinenser und deren Bewegungsfreiheit geht.

Übrigens bedeutet Hebron sowohl arabisch wie hebräisch Freund – von „Freund Gottes", einem Beinamen des gemeinsamen Stammvaters Abraham.

Die Stadt beginnt knapp einen Kilometer südlich der Straße 35 interessant zu werden. Im Viertel Ras AlJoura kann man **Glasbläsereien** besichtigen, für die Hebron berühmt ist. Hier kauft man auch günstiger als in der Jerusalemer Altstadt. Nach zwei Tankstellen befindet sich vor dem Kreisel auf der rechten Straßenseite z.B. die *Hebron Glass & Ceramics Factory* der muslimischen Familie Natsheh, Tel 059 9212238, keine Kreditkarten. Falls Sie von der Altstadt aus hierher kommen möchten, sollte man mit etwa NIS 10 per Taxi rechnen.

Haram: einzige Durchsicht vom muslimischen zum jüdischen Teil, vorbei am Kenotaph Abrahams

Biegt man nach den Glasbläsern im Kreisel links auf die Qaisun ArRama St ab, so stößt man nach ca. 500 m linker Hand auf das biblische Mamre, wo Abraham auf die Verheißung von Nachkommen hin einen Altar gebaut haben soll. Eine 2 m dicke Steinmauer aus herodianischer Zeit umgibt den Platz. Der Brunnen in der Südwestecke heißt **Abraham's Well**, weil er vom Stammvater gegraben worden sein soll. Tatsächlich stammt er aus der Zeit, in der auch die Außenmauer gebaut wurde.

Zurück zum Kreisel und wiederum links, sind es noch etwa 3 km bis zur Altstadt. Wer sich für den einzigen christlichen Ort in Hebron interessiert, könnte sich zwei Kreisel weiter rechts halten und am nächsten Kreisel sofort wieder rechts abbiegen. Hier auf der King Hussein St sind es dann noch etwa 1,5 km und ein Kreisel weiter, bis rechts ein Stahltor zu einer russisch-orthodoxen Kirche von 1871 samt Kloster führt: **AlMosqobiye**, Tel 050 5351837. Speziell zu sehen ist nichts außer der recht neuen Kirche und einem verkohlten Baumstumpf, der wohl ebenfalls mal als das Baumheiligtum von Mamre gegolten hat. Immerhin kann man an dieser Abrahamseiche auch muslimische Tschetschenen treffen. Kein typisches Hebron-Erlebnis.

Hält man sich, statt zum orthodoxen Mamre zu fahren, an dem entsprechenden Kreisel links, landet man irgendwann an einem Punkt außerhalb der Altstadt, an dem man nicht mehr weiterfahren kann. Ein Parkplatz sollte zu finden sein. Hebrons heiliger Bezirk liegt von hier aus westlich durch die Altstadt hindurch.

Der **Haram AlKhalil**, jüdische Website: www.machpela.com/english, der große Gebäudekomplex über der Höhle Machpela, liegt im Südosten der Stadt, er ist streckenweise mit *Machpela* ausgeschildert. Mit seinen wuchtigen, sorgsam zusammengefügten festungsartigen Mauern zählt er zu den vollendetsten Bauwerken der Antike Israels, die heute noch erhalten sind. Herodes ließ ihn als eine Art rechteckige Plattform von 34 x 59 m (Abweichung maximal 4 mm) mit einer 2,65 m dicken Umfassungsmauer bauen, die bis auf die Mau-

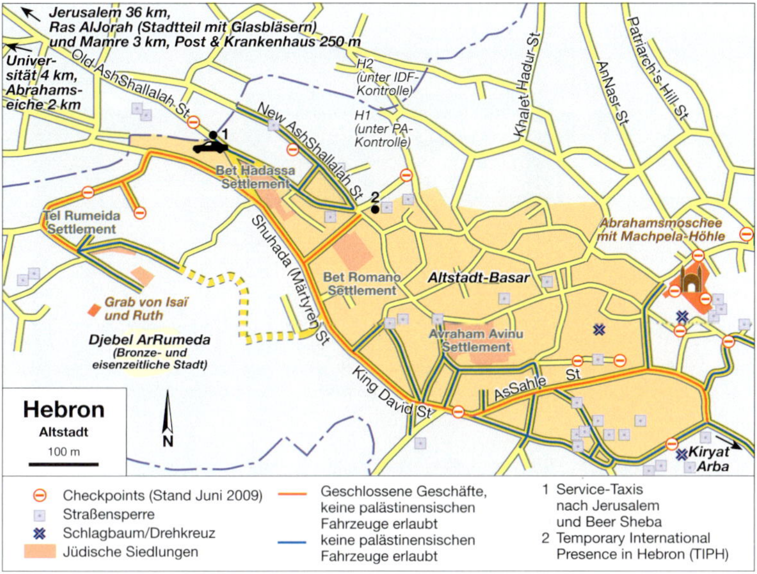

erkrone noch voll erhalten ist. So ähnlich hat die Umfassungsmauer des Tempels in Jerusalem auch einmal ausgesehen. Aus der einheitlichen Neigung der Bodenplatten zu einem Ablauf hin geht hervor, dass der herodianische Komplex ursprünglich nach oben offen war und die Einbauten erst später erfolgten. Die eigentlichen Grabstellen befinden sich in der seit den Kreuzrittern nicht mehr zugänglichen Machpela-Höhle, genau über ihnen stehen Kenotaphe (Scheingräber). Neben der fünften Stufe der Nordtreppe befindet sich ein Loch in der Mauer, von dem die Juden glauben, es stünde mit den Gräbern in Verbindung. Bis 1967 durften sie nur bis hierher gehen und beten.

Bereits die Jordanier ließen in den 1960er Jahren einen Teil der Häuser am Haram entfernen, die Israelis legten einen großen freien Platz vor dem historischen Gebäude an. Die **Ibrahim-Moschee** über den Höhlen unterteilten die Israelis so, dass im nördlichen Teil eine Synagoge geschaffen werden konnte und der südliche Teil als Moschee weiterhin zur Verfügung steht. Nach dem Massaker des Dr. Goldstein 1994 trennten sie außerdem die Eingänge für Muslime (So-Do 7-19, Sa 11.30-19) und für Juden (So-Do 8-16). Der muslimische Teil ist an islamischen Feiertagen für die Öffentlichkeit geschlossen, der jüdische zusätzlich an jüdischen Feiertagen. Man wird Sie fragen, welchem Glauben Sie angehören. Wenn Sie „Christentum" antworten, dürfen Sie beide Teile des Harams besichtigen. Sagen Sie besser nicht z.B. „weiß nicht" oder „Atheismus", auch wenn es der Wahrheit entsprechen sollte – es würde im Nahen Osten kaum verstanden werden, und am Checkpoint schon gar nicht. Die Durchsuchungen sind recht genau, jedes Taschenmesser muss draußen bleiben.

Folgt man dem muslimischen Zugang über die lange Treppe auf der Nordwestseite, so führt der Weg zunächst durch einen Gang, dann rechts zwischen der Haram-Mauer und der Dja'uliye Moschee entlang zum Portal in den Innenraum des Haram. Dort links weiter durch das sog. Basilikator kommt man in die ehemalige Kreuzritterkirche, die heutige Ibrahim-

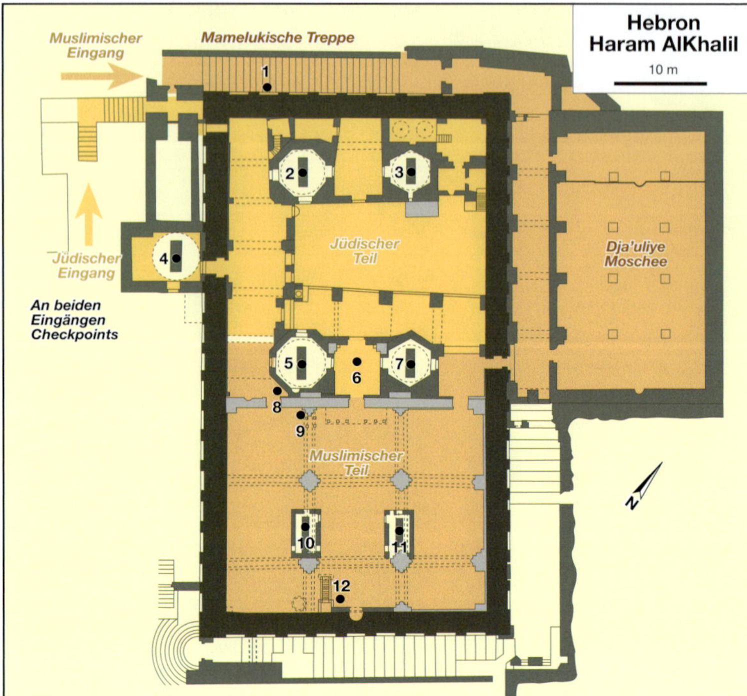

1 Herodianisches Mauerwerk
2 Jakob-Kenotaph
3 Lea-Kenotaph
4 Josephsgrab
5 Abraham-Kenotaph
6 Synagoge
7 Sara-Kenotaph
8 Nische mit Fußabdruck Adams (neuere muslim. Version: Mohammeds)
9 abgedeckte Höhlenöffnung
10 Isaak-Kenotaph
11 Rebekka-Kenotaph
12 Gebetsnische (Mihrab) und Kanzel (Minbar)

Moschee. Nicht zu übersehen sind die beiden Kenotaphe von **Rebekka** (links) und **Isaak**, mit rot-weißer Marmorverkleidung mit grünem Dach. Dahinter, an der Südostwand, der Mihrab und ein Zedernholz-Minbar der Moschee; rechts neben dem Minbar ein Baldachin, unter dem in der Kreuzfahrerzeit eine Treppe in die Höhle hinunterführte.

Der nebenan liegende jüdische Sektor beherbergt in der Nähe der Nordwestwand die Kenotaphe von **Jakob** und nordöstlich davon von **Lea**, gegenüber, an der Trennwand zur Moschee, den von **Sara** und **Abraham**. Zwischen den beiden letzteren wurde eine Synagoge eingerichtet, zwischen südwestlicher Außenwand und Abrahams Kenotaph eine Frauenmoschee. An diese Außenwand wurde im 10. Jh das Grabgebäude für Joseph angebaut, in das man durch eine Gitteröffnung in der Mauer sehen kann.

Hebron besteht nicht allein aus dem Haram. Es ist eine äußerst lebendige orientalische Stadt mit einem großen Souk (auch AlQasaba genannt), auch wenn dieser durch die Siedlungen in der Altstadt stark verkleinert ist. Hier werden unter anderem auch die blaugrünen Produkte der Glasbläser aus dem Norden der Stadt verkauft sowie Schmuck und Gebrauchsgegenstände. Falls traditionelle Kleidung und Stickerei für Sie interessant sind, wäre der Laden der Women in Hebron (Tel 059 8157346, www.womeninhebron.com) und der von Jamal und Suher Maraga in der AlQasaba St unterhalb der Abraham Avinu-Siedlung eine gute Adresse, Tel 2299841. Wenn Sie sich im Souk umsehen – was sich sehr lohnt – sollten Sie deutlich den Touristenstatus zeigen, z.B. fotografieren und sich viel unterhalten, damit die Umstehenden merken, dass Sie nicht Hebräisch sprechen.

Nordöstlich des Zentrums liegt die jüdische Siedlung Kiryat Arba mit ihren weiten und baumbestandenen Straßen, von hohen Stacheldrahtzäunen gegen Angriffe der Palästinenser geschützt. Heute leben etwa 7000 Menschen in dem modernen Viertel; für ihre Nachbarn jenseits des Stacheldrahts eine ständige Provokation. Nicht zuletzt durch das Grab des Haram-Mörders Goldstein, das im Meir-Kahane-Park angelegt wurde und auf dessen Marmorsockel seine Bewunderer u.a. einmeißeln ließen: „Er hat sein Leben gegeben für sein Volk Israel, die Tora und das Land. Er starb als Märtyrer…" – nachdem er 29 muslimische Betende heimtückisch erschossen und noch viele mehr schwer verletzt hatte.

Wenn Sie von Hebron auf der Straße 60 nach Beer Sheba weiterfahren (insgesamt 50 km, was aber angesichts der vielen Straßensperren mühsam und zeitraubend oder vielleicht auch gar nicht möglich ist), so sollten Sie nach 37 km an der Shoket Junction überlegen, ob Sie bereits jetzt einen Abstecher zum Kibbuz Lahav (siehe S. 374) und kurz vor Beer Sheba einen weiteren Abstecher zum Tel Beer Sheba (siehe S. 373) einlegen wollen.

Praktische Informationen

- Telefon-Vorwahl 02
- Die Stadtverwaltung im Internet: www.hebron-city.ps, eine Tourist Information ist

Ehemalige Marktstraße in Hebron: Hier blühte einst buntes Treiben. Heute schützt das Gitter über der Straße vor Launen der militanten jüdischen „Mitbewohner" im oberen Stock (Foto aus dem Jahr 2008)

nicht vorhanden. Hebron ist zwar führend in der elektronischen Stadtverwaltung, was sich jedoch auf der englischen Website und bei touristischen Informationsbedürfnissen noch nicht niedergeschlagen hat.

Sicherheitslage

Drei Jahre nach dem Moscheen-Massaker von 1994 wurde die Temporary International Presence in Hebron (TIPH) installiert, Tel 2224445 oder 059 9202828, www.tiph.org. Die zivile Organisation beobachtet die aktuelle Lage in Hebron, schreibt Reporte und Empfehlungen an alle Seiten. Wenn Sie sich erkundigen, wird natürlich keine Gewähr übernommen, denn die momentane Situation kann sich schnell ändern. Es gibt ein Büro in Dahiyyet ArRame und ein Kontaktbüro in der Salah AdDin St, So-Mi 9-12.

▶ **Christian Peacemaker Team** (CPT), www.cpt.org, Tel 059 8104549, entsendet seit 1995 ausgebildete FriedensarbeiterInnen in Konfliktregionen wie Hebron zur Dokumentation und Veröffentlichung von Menschenrechtsverletzungen. Sie setzen sich aktiv auch in den Konfliktregionen südlich von Hebron ein. Bemerkenswerte GesprächspartnerInnen, guter Blick vom Dach, gute Führungen; Tel 2228485.

▶ **Hebron Rehabilitation Committee** (HRC), www.hebronrc.org, zeigt auf seiner Website, wie die schwierige Situation in der Stadt entstanden ist und was von palästinensischer Seite aus konstruktiv geleistet wird. Renovierte Häuser und Straßen in der Altstadt sollen die Bewohner dazu bringen, ihren Stadtteil nicht zu verlassen; Kontakt: Walid S. Abu AlHalaweh, im Duweik Palast, Tel 2226993 oder 059 9801118.

▶ **Breaking the Silence/Shovrim Shtika,**. www.breakingthesilence.org.il, verschafft tiefen Einblick in die vertrackte Lage in Hebron und Umgebung: ehemalige israelische Soldaten, die den Umgang der IDF mit den Palästinensern als nachteilig für Israel beurteilen, machen Führungen. Die Touren beginnen um 9 und enden 15 Uhr an der Jerusalemer Stadthalle Binyane HaUma gegenüber der CBS, Treffpunkte in Hebron nachfragen. Sie als Gast sind auf der Führung durch Hebron oder durch das Hügelland südlich davon natürlich sicher, werden aber ebenso sicher von nationalreligiösen Siedlern angefeindet werden. Aus deren Sicht handelt es sich bei den Aktivisten von *Breaking the Silence* um Verräter. Daher erfährt man keine Telefonnummern. Zum Buch *Breaking the Silence* siehe S. 17.

Verkehrsverbindungen

▶ Eine direkte Busverbindung gibt es erst ab Bethlehem. Von **Jerusalem** nimmt man den arabischen **Bus 21** nach Bethlehem (westlich des Damaskustors an der Straßenbahnhaltestelle, NIS 7). Direkt mit einem Service Taxi fahren wäre vermutlich flotter, würde aber auch etwas mehr kosten.

▶ In **Bethlehem** steigt man an der Bab AsSqaq-Kreuzung (wo es Richtung Westen hoch nach Bet Jala geht) in **Bus 23** um oder ein, und fährt für NIS 6 weiter nach Hebron. Oder man fährt mit der 21 noch bis AlKhader südlich von Bethlehem und nimmt dort ein Service Taxi.

▶ **Autovermietung** in Hebron: HOLY LAND, Tel 2220811, Richtung Nordwesten bei der Universität.

Essen und Trinken

▶ Hebron hat auch touristisch unter den Wirren der letzten Jahrzehnte sehr gelitten. Hungrige Besucher müssen mit dem vorliebnehmen, was die arabischen Restaurants vor allem der Altstadt zu bieten haben, was aber ebenso schmackhaft und gut ist wie anderswo. Die Stadt ist bekannt für ihre Kamel-Metzgereien und dementsprechend für Kamelfleischgerichte, eine gute Gelegenheit, einmal etwas anderes zu probieren.

• AlWAHID (auch: QAFISHA), Stadtteil Bab AsSawwiye (westlicher Zugang zur Altstadt), Tel 059 9114818; *Our Motto Is Cleanliness,* gute, bezahlbare arabische Küche, wird auch von offiziellen Delegationen angesteuert

• AlQUDS (Tel 2297773) und HEBRON (Tel 2227772), beide am nördlichen Stadteingang, gute Aussicht, traditionelle Küche, überzeugende Vorspeisen

Übernachten

- **HEBRON TOURIST HOTEL**, King Faisal St (Eingang von der westlichen Parallelstraße Ajin Sarah), Tel 2254240/1, Fax 2226760, hebron_hotel@hotmail.com; freundlich, sauber, Zimmer unterschiedlich gut eingerichtet, vorher anschauen, AC, TV, Internet, mF .... E+B $ 38, D+B $ 49, 3er+B $ 60
- **ROYAL SUITES HOTEL**, Stadtteil Ras AlJorah (von Norden kommend am 2. Kreisel links, dann rechte Straßenseite nach gut 300 m), Tel 2224080, 059 8069130 oder 059 8176303; etwas merkwürdige Apartments, leicht angeschrammt, mF .... E NIS 200, D NIS 300
- **WOMEN IN HEBRON**, Altstadt, Tel 059 8072267 (Layla), nawal@womeninhebron.com, www.womeninhebron.com; hier wird Unterkunft in Gastfamilien vermittelt – inklusive Vollverpflegung .... NIS 80-100 pP
- **HEBRON GUEST HOUSE**, in der Altstadt am alten Hauptbasar gegenüber der Abraham-Avinu-Siedlung, Tel 059 7560902 (Muhammad Qneibi, Arabisch besser als Englisch), Buchen einfacher per Mail: hebron.guesthouse@yahoo.com; ganz nah dran an "der Situation", aber sicher, 3 Doppelzimmer mit gemeinsamem Bad und Küche, keine Kreditkarten, plus NIS 30 für Frühstück & Abendessen .... D NIS 50 pP

Jedes Steinchen auf dem ***Grab des Massenmörders Goldstein*** *(S. 469) steht für einen der bedrückend vielen Sympathisanten seiner Tat*

Gazastreifen

Manche Leute fragen sich vermutlich, was denn Informationen über den Gazastreifen sollen, in den derzeit kaum ein normal Sterblicher einreisen kann, obwohl die Infrastruktur dafür vorhanden wäre – wir schreiben darüber, weil wir hoffen, dass sich die Situation so bald wie möglich positiv ändert und Sie als Leser bei einer Einreise wenigstens Basisinformationen an die Hand bekommen.

Hintergrund: *Der 45 km lange, zwischen 6 und 14 km breite Gazastreifen (360 qkm, weniger als die Fläche des Bundeslands Bremen) erwarb in den vergangenen Jahrzehnten traurige Berühmtheit. Er ist keine geografisch abgegrenzte Zone, sondern er entstand als ein Gebiet, das die ägyptische Armee während und nach dem Unabhängigkeitskrieg Israels noch besetzt hielt. Aus dem südlichen Palästina waren etwa 170 000 Bewohner unter anderem aus Jaffa zu den 60 000 Menschen geflohen, die hier bereits lebten. Der Lebensstandard senkte sich erheblich. Die Flüchtlinge wurden in acht großen Lagern untergebracht, die zunächst aus Zelten bestanden, sich inzwischen – eng und schmal – für den Familienzuwachs in mehrstöckige Häuser wandelten, sozusagen in Beton gegossen wurden. Das seit über 60 Jahren existierende Provisorium hält an, trotz der Häuser sind Flüchtlingslager nach wie vor gut zu erkennen, ein Ende ist nicht abzusehen. Seither kümmert sich die UNRWA um die Versorgung der Menschen, siehe Kasten.*

Sehenswertes

Der Gazastreifen hat kaum touristische Höhepunkte zu bieten, sondern ob nun vor oder nach einem Krieg eher Deprimierendes. Ein Besuch lohnt jedoch in jedem Fall: er macht mit einer ganz anderen Wirklichkeit bekannt.

Beim Suez-Krieg 1956 marschierten die Israelis kurzfristig ein, überließen bald das Gebiet wieder den Ägyptern, um es ihnen erneut beim Sechstagekrieg 1967 abzunehmen. Bei den Friedensverhandlungen in Camp David 1978 verzichtete Ägypten auf den Gazastreifen, seitdem ist davon die Rede, dass es mal zu einem Staat Palästina gehören soll. Schon bald entstanden jüdische Siedlungen für schließlich 8000 Menschen auf rund 30 Prozent der Gaza-Fläche, die 2005 von der Regierung Sharon aufgegeben wurden; die israelischen Siedler mussten z.T. mit Gewalt umgesiedelt werden. Die meisten Gebäude und Einrichtungen wurden von der israelischen Armee zurückgebaut.

Seither untersteht das Gebiet „innenpolitisch" komplett den Palästinensern. Nach blutigen Auseinandersetzungen zwischen Hamas und Fatah vor allem im Jahr 2007 regiert es de facto die 2006 nach dem Urteil der internationalen Wahlbeobachter demokratisch gewählte Hamas. Gaza City ist die provisorische Hauptstadt. Da Israel die Hamas als Terrororganisation einstuft, erklärte es im September 2007 Gaza zum „feindlichen Gebiet" und schloss die Grenzen weitgehend. Die USA und die EU traten dem Wirtschaftsboykott bei.

Die Hamas wehrte sich mit Raketenbeschuss des israelischen Grenzbereichs gegen die Unterdrückung. Israel überzog nach mehreren Warnungen Gaza vom 28.12.2008 bis 01.02.2009 mit einem gnadenlosen Krieg, u.a. mit Phosphorbombenabwürfen jenseits der Genfer Konventionen. Rund 1400 Palästinenser verloren ihr Leben, 14 Prozent der Häuser und ein großer Teil der Infrastruktur wurden zerstört. Dieser Krieg wird übrigens offiziell „Israelische Militäroffensive gegen den Gazastreifen" genannt, weil man bei einem Krieg davon ausgeht, dass sich mindestens zwei annähernd gewachsene Parteien gegenüberstehen.

Bei einem Geburtenüberschuss von aktuell rund 4 Prozent pro Jahr leben derzeit etwa 1,7 Millionen Menschen im Gazastreifen. Die Bevölkerungsdichte dieses Landstrichs wird nur von den Staaten Monaco, Singapur und Gibraltar übertroffen. Leider kann sich Gaza ökonomisch nicht mit ihnen messen – das geschätzte Pro-Kopf-Einkommen liegt bei $ 250 pro Monat (in Israel beim Zehnfachen). Die Angaben über die Arbeitslosenquote variieren zwischen 60 und 80 Prozent. Etwa 50 Prozent der Bewohner sind jünger als 15 Jahre. Arbeitslosigkeit, Armutssituation und Ausweglosigkeit bilden neben anderen Faktoren den typischen Nährboden für die Entwicklung von Terrororganisationen. Man kann nur von einem Wunder sprechen, dass dieses Pulverfass nicht schon längst explodiert ist.

Durch die Grenzaussperrungen der letzten Jahre hat sich die wirtschaftliche Situation entschieden verschlechtert, einige Kritiker sprechen von De-Development. Es gibt praktisch keine Industrie mehr und daher keine Arbeit in diesem Sektor. Als die UNRWA vor einigen Jahren acht Müllarbeiter suchte, bewarben sich 11 655 Männer.

Quer durch den Gazastreifen zieht sich die Verlängerung der israelischen Küstenstraße 4, die quasi der uralten Via Maris der Römer folgt. Sie mündet in den einzigen für Ausländer be-

UNRWA

Die UNITED NATIONS RELIEF AND WORKS AGENCY, Gamal Abdul Nasser St (gegenüber der Islamischen Universität), Tel 6777333 oder 2887333, www.un.org/unrwa. Die Flüchtlings-Hilfsorganisation wurde 1949 zunächst mit einem dreijährigen Mandat gegründet, das seither in steter Regelmäßigkeit verlängert wird. Sie wuchs zur größten UN-Organisation mit heute 24 000 Mitarbeitern und einem Etat von $ 542 Millionen (2008) aus.

Die Zeiten der Lebensmittelverteilung sind vorbei, heute beschäftigt sich die Organisation hauptsächlich mit schulischer Erziehung – immerhin sind 30 Prozent der Mitarbeiter Lehrer – und medizinischer Unterstützung.

nutzbaren Grenzübergang namens Eres. Jedoch muss man schon Diplomat, Journalist oder NGO-Mitarbeiter sein, um eventuell ein Permit für den **Grenzübertritt** zu bekommen; normale Touristen haben praktisch keine Chance zu einem Besuch.

Seit der Autonomie lassen die israelischen Checkpoints keine Autos mit gelben Nummernschildern einreisen; innerhalb des Gazastreifens ist man auf Taxis oder öffentliche Verkehrsmittel angewiesen.

Der Grenzübergang erinnert ältere Westdeutsche oft unwillkürlich an die Verfahren an der ehemaligen Grenze zur DDR. Als Tourist geht man vom Parkplatz aus zum VIP-Schalter und liefert seinen Pass ab, der für 15 bis 20 Minuten in den Netzen der Bürokratie verschwindet – ein unangenehmes Gefühl. Dann muss man bis zum etwa 600 m entfernten palästinensischen Taxistand marschieren.

Gaza City

***Geschichte**: Der Ort Gaza gehört – wie so viele andere an dieser Küste – zu den ganz alten Städten der Welt, er taucht wegen seiner Lage an der alten Handelsstraße von Ägypten nach Syrien und Mesopotamien bereits in ägyptisch-pharaonischen Texten auf, z.B. nahm ihn Pharao Thutmosis III. im 15. Jh vC ein. Der Kraftprotz Simson aus der Bibel riss hier den Dagontempel ein und kam nebst vielen Philistern selbst in den Trümmern um. Ähnlich wie in Ashkelon lösten die Eroberer einander ab: Israeliten, Philister, Perser, Griechen, Römer, Araber, Kreuzfahrer, Mamluken, Türken, Franzosen, im Ersten Weltkrieg dann die Briten, schließlich die Ägypter, und seit 1967 die Israelis. Die Autonomieverhandlungen legten seit 1995 einen großen Teil der politischen Verantwortung zurück in die Hände der Palästinenser. Zu besseren Zeiten wurde Gaza 1998 **Partnerstadt** von **Barcelona** und – **Tel Aviv**. Die zu dritt angestrebten Projekte dieser Städte liegen seit längerem wieder auf Eis.*

Vorbemerkung: Wir wissen nicht, was in Gaza noch steht, wenn dieses Buch erscheint.

Mögen die folgenden Zeilen trotzdem nützlich sein und der durch die Tunnel und gelockerte Einfuhr in den vergangenen Monaten feststellbare Bau-Boom schnell wieder Fahrt aufnehmen können.

Gaza City hat aus der langen Vergangenheit nicht viel zu bieten, zumal in jüngster Zeit die Augen mehr aufs tägliche Überleben als auf Archäologisches gerichtet waren und bei der planlosen Bauerei in der Stadt viele Relikte zerstört wurden. Etwas Abhilfe schafft seit Herbst 2008 jedoch das **Archäologische Museum AlMathaf** im gleichnamigen Hotel an der Rashid Street in Gaza-Sodaniye im nördlichen Gazastreifen. Hier stellt der Bauunternehmer Jawdat Khudary fast alle Funde aus (die Aphrodite-Statue wurde von der Hamas zensiert), die er seinen Arbeitern bei Straßenbaumaßnahmen abgekauft hat; mit Restaurant und Garten, Beach St, Tel 2858444, www.almathaf.ps.

Ursprünglich lag Gaza etwa 3 km von der Küste entfernt, wie die **Altstadt** zeigt. Sie entwickelte sich dann an zwei etwa parallel verlaufenden Straßen zum Mittelmeer hin. Mit der Ankunft der Flüchtlinge dehnte sie sich nach Norden und Süden aus, wobei sie im Norden direkt in das Flüchtlingslager Beach Camp übergeht. Heute breitet sich ein eher unübersichtlicher Häuserbrei vom Norden des Gazastreifens bis

Menschen in größter Not helfen

Gaza ist nicht nur einer der dicht besiedelten Landstriche der Erde, es wurde auch die ärmste Region an Nahrungsmitteln. Laut UN liegt die Unterernährung der Bevölkerung auf dem Niveau der ärmsten Länder der südlichen Sahara – über 50% der Familien müssen mit nur einer Mahlzeit täglich auskommen. Die im Krieg zerstörten Häuser können wegen fehlenden Baumaterials nicht aufgebaut werden, es herrscht Mangel an allem, von Medizin über Elektrizität bis zu sauberem Trinkwasser.

Aufgrund dieser verheerenden Zustände gründete sich die internationale Free-Gaza-Bewegung (www.freegaza.org/de), die seit 2008 u.a. versucht, den eingeschlossenen Menschen über die von Israel zugeteilte Versorgung per Lastwagen hinaus Hilfsgüter über See zu liefern, zeitweise mit Erfolg. Doch Ende Mai 2010 endete die Fahrt eines Konvois aus sechs Schiffen mit rund 700 Passagieren in einer Katastrophe. Israelische Soldaten griffen in internationalen Gewässern Passagiere des Führungsschiffes Mavi Marmara an, töteten 9 türkische Staatsangehörige und verwundeten etwa 40. Der Konvoi wurde gezwungen, den Hafen von Ashdod anzulaufen, die Passagiere wurden interniert und später abgeschoben. Über den Verbleib der Hilfsgüter war bei Redaktionsschluss noch nichts bekannt.

Auch wenn die IDF ihr Land vor Waffen und waffentauglichem Material schützen wollte, wurde diese Aktion außerhalb der hoheitlichen Gewässer international vielfach als Piraterie beurteilt. Immerhin reagierte Israel daraufhin mit einem Angebot zur Lockerung der Abriegelungspolitik. Eine Lockerung fand zwar zögernd, aber tatsächlich statt – doch von einer Grenzöffnung kann bisher keine Rede sein. Der Besuch von Gaza kann Risiken mit sich bringen. Wenn Sie das Leben in diesem Provisorium mit eigenen Augen sehen und beurteilen wollen, informieren Sie sich über die aktuelle Situation, siehe S. 427

weit südlich des Stadtzentrums aus. Besonders an der Peripherie fallen dem Besucher unzählige viertel- oder halbfertige Betonbauten auf, die manchmal noch nicht oder nur in ein, zwei Zimmern bewohnbar sind. Sie wurden offenbar willkürlich und nicht nach stadtplanerischen Vorstellungen in die Landschaft gestellt.

Beginnt man mit dem Kennenlernen am Ende der Parallelstraßen Umar AlMukhtar St und der südlicheren AlWahda St am östlichen Midan (Platz) Shayaria, so kann man sich beruhigt hier vom Taxi absetzen lassen und sich zur Küste hin „vorarbeiten". Bald sieht man rechts der Umar AlMukhtar St ein gedrungenes Minarett, das hinter den Häusern der Straßenfront steht. Es gehört zur **Großen Moschee** – *Djami'a AlAkbar* –, einer ursprünglich von den Kreuzrittern gebauten Kirche für Johannes den Täufer, die später in eine Moschee umfunktioniert wurde. Bemerkenswert ist eine Säule mit einer Menora, die aus einer Synagoge des 3. Jhs stammt. Gehen Sie auf der Mukhtar St quasi an der einen Block versetzt liegenden Moschee vorbei und dann rechts. Dort muss man fast schon genau hinsehen, um die von Häusern eingezwängte Moschee zu erkennen.

An ihrem Westtor beginnt ein sehr sympathischer Souk, an dessen Anfang sich einige Goldhändler ein Stück überdachter Fläche teilen, der dann aber in eher kunterbunte Allerweltsgeschäfte übergeht. Fischhändler betreiben ihr schmales Geschäft neben Haushaltswaren, Gewürzhändlern oder einem Schneider. Die Menschen sind freundlich, nehmen das Fotografiertwerden gern auf sich und lassen ansonsten den Fremden tun und lassen, was er will. Die von anderen arabischen Ländern gewohnte Anmache findet hier praktisch nicht statt. Unsere Soukstraße mündet in den Palestine Platz ein, von dem aus die Busse und Minibusse nach Osten fahren.

Vom Palestine Square führt die Umar AlMukhtar St als eine Hauptverkehrsader in ziemlich gerader Richtung zum Strand. Unterwegs kommt man am AlJundi Square, dem Platz des Unbekannten Soldaten mit einem kleinen Park, vorbei. Südlich davon liegt die Islamische Universität und das Büro der **UNRWA**. Am Strand angekommen, kann man nach Süden abbiegen und der Rashid/Orabi St folgen. Hier liegen einige neu gebaute Hotels und die besten Restaurants der Stadt. Aber nur wenige Schritte nördlich beginnt direkt an der Küste das *Beach Camp*, ein Flüchtlingslager, das sich als Riegel grauer, unverputzter Häuser weit nach Osten zieht. Hier kann der Besucher die Realität hautnah erleben, die Flüchtlingsschicksal heißt.

In der Nähe des Hafens weist ein Schild auf den UN-Club, etwas weiter wird man gestoppt, weil der einstige Palast Arafats im Weg liegt. Der Strand selbst macht nicht gerade den besten Eindruck, baden sollte man hier ohnehin besser nicht.

Keine unwichtige Erfahrung nimmt ein Besucher der palästinensischen Gebiete beim **Besuch eines Flüchtlingslagers** mit nach Hause. Wenn man rechtzeitig das UNRWA-Büro kontaktiert, wird höchstwahrscheinlich eine Tour mit Begegnungen organisiert. Prinzipiell stellt es überhaupt kein Problem dar, selbst in eins der Camps zu gehen; vermutlich wird sich bald jemand anbieten, den Besucher herumzuführen. Es bietet sich z.B. das *Beach Camp* (AshShatt) oder das zwischen der Stadt und dem israelischen Eres Checkpoint liegende *Jabaliya Camp* an, das größte.

Von Gaza City verläuft die ehemalige Via Maris weiter nach Süden. Unterwegs streift sie **Khan Yunis**, die zweitgrößte Stadt im Gazastreifen, trifft in Raffah auf die ägyptische Grenze, um dann über El Arish ins Niltal zu führen.

Der südliche Teil des Gazastreifens bietet touristisch auch nichts Interessantes. Es sei denn, man würde den **Gaza International Airport** besuchen wollen oder können, der ganz im Südosten nahe der ägyptischen Grenze liegt. Das 250-Millionen-Dollar-Objekt stand 20 Monate fertig herum, bis es nach intensivem Tauziehen zwischen den Parteien im November 1998 eröffnet wurde, aber nur halbherzig. Denn es mangelte aus politischen Gründen an technischem Gerät wie Funkanlagen und Anflugbefeuerung, um den Flugverkehr abzuwickeln. Inzwischen ist die Anlage und mit ihr viele Millionen europäischer Steuergelder von israelischen Bombern zerstört worden.

Praktische Informationen

- Telefon-Vorwahl 08
- Eine Information gibt es bei der Stadtverwaltung (Municipality) in der Nähe des Palestine Square im Nordwesten der Altstadt; arabische Website: www.mogaza.org. Hilfreich, wenn auch nicht immer aktuell ist das Branchenverzeichnis www.gazatoday.com. Der unregelmäßige Nachrichtenstrom aus Gaza ist durch das Internet stetiger geworden, siehe in der Bloggosphäre z.B. http://ingaza.wordpress.com. Auf dem iPhone leistet die gut gemachte App *iGaza* gute Dienste, für Android gibt es einen Stadtführer für Gaza.

Verkehrsverbindungen

- Mit öffentlichen Verkehrsmitteln nach Gaza zu kommen, ist praktisch nicht möglich. Eine mögliche Alternative besteht darin, dass man von Ashkelon oder Yad Mordekhai ein Taxi zur Grenze nimmt (von Ashkelon ca. 80 NIS) und von dort aus dann weiter nach Gaza zu kommen versucht – falls man ein Permit vorweisen kann.

Einreiseerlaubnis

- Ohne Genehmigung kommt niemand in den Gazastreifen. Sie benötigen außerdem eine von israelischer Seite sowie eine von der Hamas, was die Sache nicht vereinfacht. Selbst wenn Sie eine haben, sollten Sie unbedingt die Öffnungszeiten des Eres-Grenzübergangs überprüfen. In der Regel ist er So-Do 8-15, Fr –14 Uhr geöffnet, die Zeiten können jedoch auch kürzer oder der Übergang ganz geschlossen sein – letzteres in der Regel samstags und an einigen Feiertagen.
- Aktuellste Informationen müsste der öffentliche Ombudsmann der *Coordination of Government Activities in the Territories* (COGAT) in Gaza für Anfragen von Organisationen und Palästinensern haben: Tel 08 6741506, www.cogat.idf.il.

Essen und Trinken

▶ Am Palestine Square und in der Altstadt gibt es beliebig Felafel, Shauwarma und sonstige arabische Köstlichkeiten. In der ArRashid St am Strand liegen die besseren/teureren Lokale, z.B. in den dort sich drängenden Hotels. LA MIRAGE, Tel 2865128, und AL ANDALUS, Tel 2821272, sind Fischrestaurants in der Nähe des Hafens.

Übernachten

Die meisten – der wohl kaum von Gazabewohnern bezahlbaren – Hotels befinden sich am Strand an der ArRashid St (manchmal auch Ahmad Orabi St genannt), zwischen der Einmündung der Djamal Abdul Nasser St im Süden und der Umar AlMukhtar St im Süden.

- **AdDEIRA**, ArRashid St, Tel 2838100, Fax 2838400, www.aldeira.ps; schön eingerichtete, großzügige Zimmer, gute Aussicht vom Balkon, AC, TV, WLAN $ 2/Stunde, $ 10/Tag, mF.......................... E+B $ 125-150, D+B $ 165-185
- **AIMATHAF**, ArRashid St, 2858444 oder 059 7418080, www.almathaf.ps; freundliche Zimmer, sauber, Restaurant und Gaza-Museum im Hause, TV, AC, WLN, mF......................E+B $ 75, D+B $ 85
- **BEACH**, ArRashid St, Tel 2828008, Fax 2828604, große Zimmer, kleiner Pool, AC, TV, WLAN, über dem Restaurant *Orient House*, in dem auch das schmackhafte Frühstück serviert wird,mF....................................E+B $ 60, D+B $ 80
- **PALESTINE**, ArRashid St, Tel/Fax 2823355, ammar_bak@hotmail.com; direkt am Strand, südliche Zimmer kein Strandblick, sehr sauber, gut eingerichtet, mF.......................E+B $ 55, D+B $ 70

Ein Junge betrachtet sein früheres Zuhause im Stadtteil AsSalam in Gaza Stadt. Die Überbleibsel des Hauses werden von Bauarbeitern abgetragen und zu neuem Material recycelt werden. Wegen der Belagerung durch Israel gibt es im Gazastreifen kaum Baumaterialien. © Kai Wiedenhöfer 2010

Anhang

Glossar

Ashkenasim – mittel- und osteuropäische Juden und ihre Nachkommen
Bab – arab.: Stadttor
Bar/Bar Mizwa – hebr.: Sohn/Tochter der Pflicht, ähnlich einer Konfirmationsfeier
B.C.E. – *before common era*, vor unserer Zeitrechnung
Bet Knesset – hebräisch für Synagoge
C.E. – *common era*, unsere Zeitrechnung, häufig in Museen für: nach Christus
Chassidim – hebr.: Fromme; streng orthodoxe Juden
Djami'a – große Freitagsmoschee
Gemara – Auslegung der Mishna, Teil des Talmud
glatt kosher – koscher auch im Sinne der strengeren sefardischen Regeln
halal – arab.: rein, erlaubt, v.a. den islamischen Speisevorschriften in Koran und Sunna genügend
Haram – arab.: (im Islam) verboten; daher auch: heilige Bezirke (Jerusalem und Hebron)
Haredim – hebr.: Gottesfürchtige, Selbstbezeichnung der ultraorthodoxen Juden
Kabbala – wörtl.: Überlieferung, mystische Tradition des Judentums, das die direkte Offenbarung Gottes z.B. in Buchstaben-Zahlen-Kombinationen sucht
Kashrut – Vorschriften der koscheren Küche, was zum Genuss erlaubt ist
Kenotaph – griech.: Schein- bzw. Schaugrab ohne Beisetzung, zum Gedenken
Khamez – Gesäuertes, darf in der Pessach-Zeit nicht gegessen werden
Khanqa – klosterähnliches Gebäude muslimischer Bruderschaften
Kibbuz/Kibbuzim – hebr.: Gemeinschaftssiedlung/en
Kibbuznik – Bewohner eines Kibbuz
Kikar – hebr.: Platz
Kippa – kleines Käppchen für Männer, in der Synagoge Vorschrift, von orthodoxen Juden auch ganztags getragen
Klezmer – Musik der ashkenasischen Juden
Kopten – ägyptische Christen, deren Kirche sich seit dem 5. Jh eigenständig entwickelt
kosher – den jüdischen Speisegeboten genügende Lebensmittel und Küchengeräte
Koran – arab.: heiliges Buch der Muslime
Kotel – West- bzw. Klagemauer, heiligste Stätte der Juden
Liwan – arab.: nur zum Innenhof hin geöffnete Halle
Madrasa – Hochschule für religiöses islamisches Recht
Masdjid – Moschee
Mashrabiya – gedrechseltes Holzgitter, ineinander verzapft
Mehadrin – bezeichnet besonders strikte Kashrut-Regeln für Ultra-Orthodoxe
Menora – siebenarmiger Leuchter, Symbol des Staates Israel
Merkas – hebr.: Zentrum
Midrasch – hebr.: Auslegung, rabbinischer Bibelkommentar
Minarett – Moscheen-Turm für den Muezzin
Mihrab – Gebetsnische in einer Moschee, Richtung Mekka ausgerichtet
Minbar – Predigtkanzel in einer Moschee
Mishna – anfangs mündliche Auslegung der Tora, Grundlage des Talmud
Mitnagdim – hebr.: Gegner (der Chassidim); streng orthodoxe Juden
Muezzin – arab.: Gebetsrufer
Peijes/Peijot – Schläfenlocken der streng orthodoxen Juden
Rabbi – jüdischer Tora-Gelehrter mit leitenden Aufgaben in der Synagoge
Sabra – Kaktusfrucht, außen stachlig, innen süß, auch Bezeichnung für im Land geborene Israelis
Sefardim – spanische und nordafrikanische Juden und ihre Nachkommen
Service – arab.: Sammeltaxi (sprich: *ßerwíeß*)
Sherut – hebr.: Sammeltaxi
Shia – arab.: Partei; Muslime, die Mohammeds Schwiegersohn Ali als dessen rechtmäßigen Nachfolger ansehen
Shiit – Anhänger der Shia (ca. 15% der Muslime)
Shoá – hebr.: der Völkermord an den Juden im Dritten Reich

Shofar – Widderhorn, wird an manchen jüdischen Festen geblasen
Souk – arab.: Markt, Basar (hebr.: Shuk)
Streimel – pelzbesetzter Hut ultraorthodoxer Juden
Yeshiva – Tora-Schule
Sunna – arab.: Tradition, Überlieferungen aus dem Leben Mohammeds
Sunnit – Anhänger der Sunna (85% der Muslime)
Synagoge – griech.: Versammlungshaus oder -raum, heute fast ausschließlich für jüdische Gottesdiensthäuser verwendet
Tallit – jüdischer Gebetsschal
Talmud – hebr.: Lehre, Zusammenfassung von Mishna, Gemara und rabbinischen Kommentaren
Tefillin – Lederkapseln mit kleinen Schriftrollen an den jüdischen Gebetsriemen
Tel, **Tell** – hebr. u. arab. für Ruinenhügel einer antiken Siedlung
Tenakh – von Christen Altes Testament genannt, bezeichnet das Akronym **T**ora, **N**evi'im und **K**etuvim
Tora – hebr.: Gesetz, Bezeichnung der ersten fünf Bücher der Bibel
Wakala – Handelshaus, Karawanserei
Zizit – quastenartige Schaufäden am Tallit, von Ultraorthodoxen auch unter Alltagskleidung getragen

Minilexikon

Die folgende Wortliste könnte Ihnen auf Ihrer Reise nützlich sein. Zur Aussprache: fast alle Buchstaben wie im Deutschen, außer kh – wie ch in acht; gh – wie ein am Gaumen gerolltes R; w – wie ein englisches „Dabbelju"; dj – wie das französische j in Journal.

DEUTSCH	HEBRÄISCH	ARABISCH
Wichtige allgemeine Ausdrücke		
ja / nein	ken / lo	aíwa, eh / la
bitte	bewakashá	min fádlak
zu einer Frau:	min fádlik	
bitteschön	bewakashá	tafáddal
zu einer Frau:	tafáddali	
danke (viel)	todá (rabá)	schukrán
gern geschehen	ejn dawár	áfwan; áhlan
guten Tag	shalóm	ßalám, arkhabá
guten Morgen	bóker tov	sabáh al-kher
Antwort:		sabáh an-nur
guten Abend	érev tov	mása al-cher
Antwort:		mása an-nur
gute Nacht	laila tóv	láyla táyyiban
wie geht es?	ma nishmá?	kaif al-khál?
auf Wiedersehen	lehitra'ót	ma'a ßaláma
entschuldigen Sie	slikhá	áfwan
Entschuldigung!	slikhá!	áfwan; äßif!
Macht nichts	ejn dawár	ma'alésh
Hilfe!	hazílu!	an-nádjde!
jetzt	akhsháv	hallá'
schlecht	ra'	sáiyye
(alles) o.k.	(kol) beßéder	tammám
es gibt/gibt es?	jesh	fi
es gibt nicht	ejn	má fi
Moment, langsam!	réga	shuwáiye
Wichtige allgemeine Wörter		
Apotheke	bet merkáchat	saidalíya
Arzt	rofé	duktúr
Brief	michtáv	rißála, máktub
Briefmarke	bul	tábi'
Frau	ishá	ßitt
Geld	kéßef	fulús
gestern	etmól	imbaríkh
groß	gadól	kibír
gut	tov	kuwájis
heute	hajóm	aj-jám
jetzt	akhsháv	hallá'
kalt	kar	bárid
klein	katán	ßeghír
Krankenhaus	bet kholím	mustashfá
Mann	ish	rádjul
morgen	machár	búkra
Polizei	mishtára	bulíß
Post	doar	bósta
Schmerzen	ké'evim	wadjá'
Telefon	telefon	telfón
Unfall	te'urá	hádis
viel	harbé	kitír
warm	cham	sekhn
wenig	kzat	schuwáiye
Zoll	mécheß	djamárik
Fragen		
wer?	mi?	min?
wo?	éfo	uwén?
wohin?	le'an	la-uwén?

was?	ma?	shu?
warum?	láma?	lesh?
wann?	mataj?	imta?
wie?	ekh?	kif?
wie teuer?	ekh jakar?	bi kam?
wieviel?	kama?	kam?, qaddesh?
ist es möglich?	efschári?	mumkin...?

Persönliches

ich	aní	ána
du (mask.)	atá	ínte
du (fem.)	at	ínti
er	hu	húwa
sie	hi	híja
wir	anákhnu	néhna
ihr	atém (f. atén)	íntu
sie	hem (f. hen)	hénne

Reisen

Auto	mechonít, otó	sayyára
Bus	ótobuß	bas
Deutschland	germanía	almániya
Taxi	táksi	táksi
Sammeltaxi	sherút	ßerwíeß
Ermäßigung	hanachá	khasm
Fahrkarte	kartís neßia	táskara
Fahrpreis	mekhír neßia	ídjra
Fahrrad	ofanájim	bißiklít
Flughafen	nemal te'ufá	matár
Flugzeug	matóß	tajjára
Minute(n)	daká, dakót	daqíqa, daqá'iq
Österreich	óstrija	nímßa
Schweiz	swiß	ßwísra
Stadt	medína	medína
Straße	rechóv	schári'a

Ortsbestimmung

geradeaus	jaschár	dúghri
links	ßmol	jaßár
rechts	jamín	jamín
nach	acharéj	íla
hier	po	hon
dort	sham	heník
Norden	zafón	shemál
Osten	misrách	sharq
Süden	daróm	djanúb
Westen	ma'aráv	gharb
Berg	har	djébal
Haus	bajt, bet	bejt

Restaurant/Hotel

Doppelzimmer	khéder sugi	ghúrfa bi-srirén
Essen	okhel	akl
Fisch	dag	ßámak
Fleisch	baßár	lakhm
Gemüse	jerakót	chudar
Hotel	bet malón	fúnduq, otél
Huhn	tarnegól	djadj
Kaffee	kaffé	(q)áhwa
Frühstück	arukhat bóker	fetúr
Tee	te	shaj
Toilette	scherutím	hammám
Damen	gvarót; nashím	saidát
Herren	gvarím	asjád
trinken (ich)	lischtót	áshrab
Wasser	majim	maij
Zucker	ßukár	sekkár
guten Appetit	beté avón	bil-hanna wash-shífa
Prost	lekhájim	ßákha –
Antwort:		ßakhtéyn

Markt/Einkaufen

Apfel	tapúakh	tefákh
Brot	lékhem	khubs
Eier	bejza	bed
Fruchtsaft	miez	'asír
Kartoffeln	tapuchéj adamá	batáta
Markt	shuq	ßuq
Milch	chaláv	lában
Orange	tapusím	burtqán
teuer	jakár	gháli

Zahlen

	hebräisch	*arabisch*	*arab. Zahlen*
0	éfeß	ßifr	٠
1	akhát	uwahid	١
2	shtájim	itnén	٢
3	shalósh	tláte	٣
4	árba	árba'a	٤
5	khamésh	khámße	٥
6	shesh	ßítte	٦
7	shéva'	ßáb'a	٧
8	shmoné	temánje	٨
9	tésh'a	tí's'a	٩
10	éßer	'áshara	١٠
20	eßrím	'ishrín	٢٠
100	méa	míja	١٠٠
1000	élef	alf	١٠٠٠

Bibelstellenverzeichnis

Pilgern und religiös Interessierten sollen die beiden folgenden Tabellen dienen, d.h. die Gegenwart mit den **in der Bibel erwähnten Orten veknüpfen**. *Tabelle 1* nennt zu jedem erwähnten biblischen Ort dieses Führers die entsprechende Bibelstelle.
Umgekehrt hilft *Tabelle 2*, Orte der Bibel im Buch zu finden.

Bibelstellenverzeichnis, Tabelle 1: Sortierung nach Orten

Ort	Geschehen	Bibelstelle	Seite
Abu Gosh	Emmausgeschichte	Lukasevangelium 24,13-35	194
Afeq	Israel verliert Bundeslade an Philister	1. Samuelbuch 4,1-11	253
Afeq	Paulus übernachtet als Gefangener	Apostelgeschichte 23,31-32	253
Akko/Ptolemais	Paulus kehrt von 3. Reise zurück	Apostelgeschichte 21,7	304
Arad	Eroberung durch Josua	Josuabuch 12,14	388
Ashdod	Israels Bundeslade bei den Philistern	1. Samuelbuch 5,1-8	259
Ashdod	Philippus predigt	Apostelgeschichte 8,40	259
Banias	s. Caesarea Philippi	355	
Beer Sheba	Abraham schließt Bund mit Abimelekh	1. Mosebuch 21,22-34	389
Beer Sheba	Hagar und Ismael irren in der Wüste umher	1. Mosebuch 21,9-21	389
Beer Sheba	Isaak errichtet Altar, erneuert Bund mit Abimelekh	1. Mosebuch 26,23-33	389
Berg der Selig-preisungen	Jesu Bergpredigt	Matthäusevangelium 5-7	332
Bethanien	Auferweckung des Lazarus	Johannesevangelium 11,1-45	445
Bethanien	Maria und Marta	Lukasevangelium 10,38-42	445
Bethanien	Salbung Jesu durch Maria	Johannesevangelium 12,1-9	445
Bethel	Goldenes Kalb und warnende Propheten	1. Königebuch 12,28-13,32	437
Bethlehem	Geburt Jesu, Herodes Kindermord	Matthäusevangelium 2,2-16	456
Bethlehem	Geburt Jesu, Hirten	Lukasevangelium 2,4-20	456
Bethlehem	Rachels Grab	1. Mosebuch 35,19-20; 48,7	455
Bethlehem	Ruth aus der Fremde wird Stammmutter Davids	Ruthbuch	460
Bethsaida	Heilung eines Blinden	Markusevangelium 8,22-26	334
Bethsaida	von Jesus verflucht	Lukasevangelium 10,13-16	334
Beth Shean	Philister hängen König Sauls Leichnam an die Stadtmauer	1. Samuelbuch 31,8-10	364
Bet Sahur	Hirten auf dem Feld	Lukasevangelium 2,8-20	460
Bet Shemesh	die Bundeslade zurück aus Philisterland	1. Samuelbuch 6	195
Caesarea Maritima	Paulus vor Gericht und im Gefängnis	Apostelgeschichte 23,23-26,32	276
Caesarea Maritima	Petrus tauft römischen Hauptmann Kornelius	Apostelgeschichte 10	276
Caesarea Philip-pi/Banias	Petrusbekenntnis und Passionsankündigung	Matthäusevangelium 16,13-20	355
Dan	Stamm Dan siedelt bei der Stadt Lajish, Umbe-nennung der Stadt	Richterbuch 18	353
Dor	von Josua erobert	Josuabuch 12,23	280
Ebal (Berg)	s. Garizim		438

Ort	Geschehen	Bibelstelle	Seite
Elat	Salomo lässt Schiffe bauen	1. Königebuch 9,26	410
Elat	Volk Israel lagert hier auf Wüstenzug	4. Mosebuch 33,35-36	410
En Gedi	David lässt Saul am Leben	1. Samuelbuch 24	378
En Gedi	Palmen	Sirachbuch 24,14	378
En Gedi	Weingärten	Hohelied Salomos 1,14	378
En Harod	Gideon rekrutiert ein Heer gegen die Midianiter	Richterbuch 7,1-8	370
En Kerem	Maria besucht Elisabeth	Lukasevangelium 1,39-45	192
Ezion-Geber	s. Elat		410
Garizim (Berg)	Gipfel-Tempel wird Zeus Xenios geweiht	2. Makkabäerbuch 6,2	440
Garizim (Berg)	Segen auf dem Garizim, Fluch auf dem Ebal	5. Mosebuch 11,29-30; Josuabuch 8,33-34	440
Gaza	Philippus bekehrt den äthiopischen Kämmerer auf der Straße Jerusalem-Gaza	Apostelgeschichte 8,26-39	475
Gaza	Simson bringt den Dagontempel zum Einsturz und dadurch viele Philister um	Richterbuch 16,21-30	475
Gaza	Simson trägt das Stadttor bis Hebron	Richterbuch 16,1-3	475
Geser	Pharao zerstört, Salomo baut wieder auf	1. Königebuch 9,15-17	256
Geser	von Makkabäern erobert	1. Makkabäerbuch 13,43-48	256
Gilgal	Volk Israel zieht über den Jordan	Josuabuch 3-4	453
Hazor	Schlacht Jonatans gegen Demetrius	1. Makkabäerbuch 11,67-74	349
Hazor	von Josua erobert	Josuabuch 11,10-14	349
Hazor	von Salomo wieder aufgebaut	1. Königebuch 9,15	349
Hebron	Abraham erwirbt die Höhle Makhpela als Grabstätte	1. Mosebuch 23; 25,8-10	467
Hebron	David wird König	2. Samuelbuch 5,1-5	467
Hermon (Berg)	Eintracht ist wie Tau vom Hermon	Psalm 133,3	357
Hermon (Berg)	Nordgrenze Israels	5. Mosebuch 3,8-10	357
Jaffa	Jona schifft nach Tarsus ein	Jonabuch 1,3	223
Jaffa	Petrus erweckt Tabita u. wohnt beim Gerber Simon	Apostelgeschichte 9,36-43	236
Jericho	Blindenheilung und Zachäusgeschichte	Lukasevangelium 18,3519,10	452
Jericho	Elia fährt zum Himmel, Elisa reinigt eine Quelle	2. Königebuch 2,4-22	449
Jericho	von Josua ausgekundschaftet und zerstört	Josuabuch 2 u. 6	449
Jer., Altstadt	Heilung am Teich Bethesda	Johannesevangelium 5,1-18	157
Jer., Altstadt	Richtplatz Golgatha nahe bei der Stadt, Grab Jesu nahebei	Johannesevangelium 19,17.20.42	161
Jer., Davidsstadt	ein Turm am Siloa-Teich ist eingestürzt, 18 Tote	Lukasevangelium 13,4	174
Jer., Davidsstadt	Heilung am Siloa-Teich	Johannesevangelium 9	174
Jer., Davidsstadt	Hiskia baut Wasserversorgung	2. Königebuch 20,20	174
Jer., Davidsstadt	Hiskia-Tunnel	Sirachbuch 48,19	174
Jer., Davidsstadt	Wasserleitung vor dem Bau des Hiskia-Tunnels	Jesajabuch 8,6	174
Jer., Ölberg	David verlässt die Stadt und weint	2. Samuelbuch 15,30-32	140
Jer., Ölberg	Gottes Herrlichkeit verlässt die Stadt	Hesekielbuch 11,23	140
Jer., Ölberg	Jesus fährt zum Himmel	Lukasevangelium 24,50-51; Apostelgeschichte 1,9-12	141

Ort	Geschehen	Bibelstelle	Seite
Jer., Ölberg	Jesus zieht in Jerusalem ein	Matthäusevangelium 21,1-11	140
Jer., Ölberg	Salomos Götzendienst	1. Königebuch 11,7-8	140
Jer., Tempelberg	Abraham soll Isaak opfern	1. Mosebuch 22,2	152
Jer., Tempelberg	David plant Tempel	2. Samuelbuch 7,1-16	152
Jer., Tempelberg	Jeremia im Tempel über Verfehlungen Israels	Jeremiabuch 7	152
Jer., Tempelberg	Jesus vertreibt Händler und Wechsler	Johannesevangelium 2,13-22	152
Jer., Tempelberg	Jesus wird auf der Tempelzinne versucht	Lukasevangelium 4,9-13	152
Jer., Tempelberg	Jesus wird dargestellt & als 12-jähriger im Tempel	Lukasevangelium 2,22-52	152
Jer., Tempelberg	König Josia findet Gesetzbuch	2. Königebuch 22	152
Jer., Tempelberg	Tempel von Nebusaradan zerstört	2. Königebuch 25,8-21	152
Jer., Tempelberg	Tempel von Salomo erbaut und eingeweiht	1. Königebuch 7-8	152
Jer., Tempelberg	Tempel wieder errichtet unter den Persern	Esrabuch 3-6	152
Jer., Tempelberg	Vision des künftigen Tempels	Hesekielbuch 40-44,3	152
Jer., Tempelberg	von Antiochus IV. entweiht	1. Makkabäerbuch 1,21-42	152
Jer., Tempelberg	von Judas Makkabäus wieder eingeweiht	1. Makkabäerbuch 4,36-61	152
Jerusalem	David holt die Bundeslade	2. Samuelbuch 6	137
Jerusalem	Erinnerung im Exil	Psalm 137	137
Jerusalem	Frieden für alle Völker	Jesajabuch 2,1-5	133
Jerusalem	herrliche Zukunft	Jesajabuch 60; 62	133
Jerusalem	Jesus sagt Zerstörung voraus	Lukasevangelium 21,20-24	137
Jerusalem	Klage über Zerstörung	Psalm 79,1-4	137
Jerusalem	Melchizedeq, Priesterkönig von Salem	1. Mosebuch 14,18	137
Jerusalem	Segen für die Stadt	Psalm 122	133
Jerusalem	Stadtmauer wieder aufgebaut	Nehemiabuch 3	137
Jerusalem	unter Gottes Schutz	Psalm 147	133
Jerusalem	Vision der himmlischen Stadt	Johannesoffenbarung 21	133
Jerusalem	von David erobert	2. Samuelbuch 5,6-13	137
Jerusalem	von Nebukadnezar erobert u. zerstört	2. Königebuch 25	137
Jerus., Ölberg	Gebet u. Gefangennahme Jesu in Gethsemane	Matthäusevangelium 26,36-56	143
Jer., Zionsberg	Jesus beim letzten Abendmahl	Lukasevangelium 22,7-23	172
Jer., Zionsberg	Pfingstwunder	Apostelgeschichte 2,1-4	172
Jer., Zionsberg	Verleugnung des Petrus	Johannesevangelium 18,15-27	175
Joppe	s. Jaffa		235
Kana	erstes Wunder Jesu Wasser zu Wein für eine Hochzeit	Johannesevangelium 2,1-11	346
Kapernaum	Hauptmann von Kapernaum	Matthäusevangelium 8,5-13	333
Kapernaum	Jesus lehrt und heilt	Markusevangelium 1,21-2,12	333
Kapernaum	von Jesus verflucht	Lukasevangelium 10,13-16	333
Karmel (Berg)	Gottesurteil zwischen Elia und Baalpriestern	1. Königebuch 18	300

Ort	Geschehen	Bibelstelle	Seite
Kiryat Arba	s. Hebron		467
Korazim	von Jesus verflucht	Lukasevangelium 10,13-16	347
Kursi	Dämonenaustreibung Jesu	Markusevangelium 5,1-20	334
Lakhish	von Assyrern erobert, Verhandlungen mit Hiskia	2. Königebuch 18,13-19,37	265
Lakhish	von Josua erobert	Josuabuch 10,31-35	265
Lakhish	noch nicht von Babylon erobert	Jeremiabuch 34,7	265
Lod/Lydda	Petrus heilt Äneas	Apostelgeschichte 9,32-35	254
Maale Adummim	Gleichnis vom barmherzigen Samaritaner	Lukasevangelium 10,25-37	447
Mamre	Abram baut Altar, Abraham werden Nachkommen verheißen	1. Mosebuch 13,18 u. 18,1-15	468
Maresha	Ausbau zur Festung unter Rehabeam	2. Chronikbuch 11,5-12	266
Megiddo	König Josia in Schlacht tödlich verletzt	2. Chronikbuch 35,20-25	371
Megiddo	Ort der Apokalypse	Johannesoffenbarung 16,16	370
Megiddo	von Salomo ausgebaut	1. Königebuch 9,15	371
Modein	Beginn des Makkabäeraufstands	1. Makkabäerbuch 2,15-30	254
Nabi Shueib	Grab von Moses Schwiegervater Jitro	2. Mosebuch 3,1	347
Nablus	s. Sichem	438	
Nazareth	Engel kündigt Maria Jesu Geburt an	Lukasevangelium 1,26-38	342
Nazareth	Jesus verkündigt sich als Messias	Lukasevangelium 4,14-30	343
Nazareth	Rückkehr aus Jerusalem	Lukasevangelium 2,39	340
Nebi Samwil	Samuel stirbt, Begräbnis in Rama	1. Samuelbuch 25,1	430
Philippusbrunnen	Philippus unterrichtet und tauft den äthiopischen Kämmerer	Apostelgeschichte 8,2639	467
Qarantal (Berg)	Jesus wird versucht	Matthäusevangelium 4,1-11	451
Samaria	Mission und Zauberer Simon	Apostelgeschichte 8,5-25	442
Samaria	Residenz Ahabs mit Baaltempel	1. Königebuch 16,29-33	442
Samaria	von Assyrern erobert	2. Königebuch 17,5-6	442
Samaria	von Omri als Hauptstadt des Nordreichs gegründet	1. Königebuch 16,24	442
Sebaste	Johannes der Täufer angeblich hier enthauptet	Markusevangelium 6,1729	443
Sebaste	s. Samaria		442
Sichem	Abimelekh, König von Sichem	Richterbuch 9	438
Sichem	Entstehung der Samaritaner	2. Königebuch 17,24-41	438
Sichem	Jakob wohnt bei Sichem, Blutrache wegen Vergewaltigung seiner Tochter	1. Mosebuch 33,17-34,31	438
Sichem	Jesus und Samaritanerin am Jakobsbrunnen	Johannesevangelium 4,1-42	441
Sodom (Berg)	Sodom und Gomorra zerstört	1. Mosebuch 19,1-29	385
Tabgha	5000 Menschen reichen 5 Brote und 2 Fische	Markusevangelium 6,30-44	332
Tabgha	am See Genezareth nach der Auferstehung	Johannesevangelium 21	332
Tabor (Berg)	Verklärung Jesu	Matthäusevangelium 17,1-9	340
Teiche Salomos	Salomo legt Teiche zur Baumbewässerung an	Prediger Salomos 2,6	466
Tiberias	Galiläisches Meer heißt auch See von Tiberias	Johannesevangelium 6,1	322
Tiberias	per Boot zu Jesus	Johannesevangelium 6,23	322

Bibelstellenverzeichnis, Tabelle 2: Sortierung nach Bibelstellen			
Bibelstelle	Ort	Geschehen	Seite
1. Königebuch 11,7-8	Jer., Ölberg	Salomos Götzendienst	140
1. Königebuch 12,28-13,32	Bethel	Goldenes Kalb und warnende Propheten	437
1. Königebuch 12,29-30	Dan	Jerobeam stellt goldenes Kalb auf	353
1. Königebuch 16,24	Samaria	von Omri als Nordreich-Hauptstadt gegründet	442
1. Königebuch 16,29-33	Samaria	Residenz Ahabs mit Baaltempel	442
1. Königebuch 18	Karmel (Berg)	Gottesurteil zwischen Elia und Baalpriestern	300
1. Königebuch 7-8	Jer., Tempelberg	Tempel von Salomo erbaut und eingeweiht	152
1. Königebuch 9,15	Hazor	von Salomo wieder aufgebaut	349
1. Königebuch 9,15	Megiddo	von Salomo ausgebaut	371
1. Königebuch 9,15-17	Geser	Pharao zerstört, Salomo baut wieder auf	256
1. Königebuch 9,26	Elat	Salomo lässt Schiffe bauen	410
1. Makkabäerb. 1,21-42	Jer., Tempelberg	von Antiochus IV. entweiht	152
1. Makkabäerb. 11,67-74	Hazor	Schlacht Jonatans gegen Demetrius	349
1. Makkabäerb. 13,43-48	Geser	von Makkabäern erobert	256
1. Makkabäerb. 2,15-30	Modein	Beginn des Makkabäeraufstands	254
1. Makkabäerb. 4,36-61	Jer., Tempelberg	von Judas Makkabäus wieder eingeweiht	152
1. Mosebuch 13,18 u. 18,1-15	Mamre	Abram baut Altar, Abraham werden Nachkommen verheißen	468
1. Mosebuch 14,18	Jerusalem	Melchizedeq, Priesterkönig von Salem	137
1. Mosebuch 21,22-34	Beer Sheba	Abraham schließt Bund mit Abimelekh	389
1. Mosebuch 21,9-21	Beer Sheba	Hagar und Ismael irren in der Wüste umher	389
1. Mosebuch 22,2	Jer., Tempelberg	Abraham soll Isaak opfern	152
1. Moseb. 23; 25,8-10	Hebron	Abraham erwirbt Höhle Makhpela als Grabstätte	467
1. Moseb. 28,10-22; 35	Bethel	Jakobs Traum von der Himmelsleiter	437
1. Mosebuch 33,17-34,31	Sichem	Jakob wohnt bei Sichem, Blutrache wegen Vergewaltigung seiner Tochter	438
1. Moseb. 35,19-20; 48,7	Bethlehem	Rachels Grab	455
1. Samuelbuch 16,1-13	Bethlehem	Samuel salbt David zum König	456
1. Samuelbuch 24	En Gedi	David lässt Saul am Leben	378
1. Samuelbuch 31,8-10	Beth Shean	Philister hängen König Sauls Leichnam an die Stadtmauer	364
1. Samuelbuch 4,1-11	Afeq	Israel verliert Bundeslade an Philister	253
1. Samuelbuch 5,1-8	Ashdod	Israels Bundeslade bei den Philistern	259
2. Chronikbuch 11,5-12	Maresha	Ausbau zur Festung unter Rehabeam	266
2. Königebuch 17,24-41	Sichem	Entstehung der Samaritaner	438
2. Königebuch 17,5-6	Samaria	von Assyrern erobert	442
2. Königeb. 18,13-19,37	Lakhish	von Assyrern erobert, Verhandlungen mit Hiskia	265
2. Königebuch 2,4-22	Jericho	Elia fährt zum Himmel, Elisa reinigt eine Quelle	449
2. Königebuch 20,20	Jer., Davidsstadt	Hiskia baut Wasserversorgung	174

Bibelstelle	Ort	Geschehen	Seite
Hohelied Salomos 1,14	En Gedi	Weingärten	378
Hohelied Salomos 4,12	Artas	verschlossener Garten als Symbol für eine Braut	467
J1. Mosebuch 26,23-33	Beer Sheba	Isaak errichtet Altar, erneuert Bund mit Abimelekh	389
Jeremiabuch 34,7	Lakhish	Jerusalem noch nicht von Babylon erobert	265
Jeremiabuch 47,5-7	Ashkelon	Vernichtungsprophezeiung	260
Jeremiabuch 7	Jer., Tempelberg	Jeremia im Tempel über Verfehlungen Israels	152
Jesajabuch 2,1-5	Jerusalem	Frieden für alle Völker	133
Jesajabuch 60; 62	Jerusalem	herrliche Zukunft	133
Jesajabuch 8,6	Jer., Davidsstadt	Wasserleitung vor dem Bau des Hiskia-Tunnels	174
Johannesevang. 11,1-45	Bethanien	Auferweckung des Lazarus	445
Johannesevang. 12,1-9	Bethanien	Salbung Jesu durch Maria	445
Johannesevang. 18,15-27	Jer., Zionsberg	Verleugnung des Petrus	175
Johannesevang. 19,17.20.42	Jer., Altstadt	Richtplatz Golgatha nahe bei der Stadt, Grab Jesu nahebei	161
Johannesevang. 2,1-11	Kana	erstes Wunder Jesu Wasser zu Wein für eine Hochzeit	346
Johannesevang. 2,13-22	Jer., Tempelberg	Jesus vertreibt Händler und Wechsler	152
Johannesevang. 21	Tabgha	am See Genezareth nach der Auferstehung	332
Johannesevang. 4,1-42	Sichem	Jesus und Samaritanerin am Jakobsbrunnen	441
Johannesevang. 5,1-18	Jer., Altstadt	Heilung am Teich Bethesda	157
Johannesevang. 6,1	Tiberias	Galiläisches Meer heißt auch See von Tiberias	322
Johannesevang. 6,23	Tiberias	per Boot zu Jesus	322
Johannesevang. 9	Jer., Davidsstadt	Heilung am Siloa-Teich	174
Johannesoffenb. 16,16	Megiddo	Ort der Apokalypse	370
Johannesoffenb. 21	Jerusalem	Vision der himmlischen Stadt	133
Jonabuch 1,3	Jaffa	Jona schifft nach Tarsus ein	223
Josuabuch 10,31-35	Lakhish	von Josua erobert	265
Josuabuch 11,10-14	Hazor	von Josua erobert	349
Josuabuch 12,14	Arad	Eroberung durch Josua	388
Josuabuch 12,23	Dor	von Josua erobert	280
Josuabuch 2 u. 6	Jericho	von Josua ausgekundschaftet und zerstört	449
Josuabuch 3-4	Gilgal	Volk Israel zieht über den Jordan	453
Josuabuch 8,33-34	Garizim (Berg)	Segen auf dem Garizim, Fluch auf dem Ebal	440
Lukasevang. 1,26-38	Nazareth	Engel kündigt Maria Jesu Geburt an	342
Lukasevang. 1,39-45	En Kerem	Maria besucht Elisabeth	192
Lukasevang. 10,13-16	Bethsaida	von Jesus verflucht	334
Lukasevang. 10,13-16	Kapernaum	von Jesus verflucht	333
Lukasevang. 10,13-16	Korazim	von Jesus verflucht	347
Lukasevang. 10,25-37	Maale Adummim	Gleichnis vom barmherzigen Samaritaner	447
Lukasevang. 10,38-42	Bethanien	Maria und Marta	445
Lukasevang. 13,4	Jer., Davidsstadt	ein Turm am Siloa-Teich ist eingestürzt, 18 Tote	174

Bibelstelle	Ort	Geschehen	Seite
Lukasevang. 18,35-19,10	Jericho	Blindenheilung und Zachäusgeschichte	452
Lukasevang. 2,22-52	Jer., Tempelberg	Jesus wird dargestellt & als 12-jähriger im Tempel	152
Lukasevang. 2,39	Nazareth	Rückkehr aus Jerusalem	340
Lukasevang. 2,4-20	Bethlehem	Geburt Jesu, Hirten	456
Lukasevang. 2,8-20	Bet Sahur	Hirten auf dem Feld	460
Lukasevang. 21,20-24	Jerusalem	Jesus sagt Zerstörung voraus	137
Lukasevang. 22,7-23	Jer., Zionsberg	Jesus beim letzten Abendmahl	172
Lukasevang. 24,13-35	Abu Gosh	Emmausgeschichte	194
Lukasevang. 24,50-51	Jer., Ölberg	Jesus fährt zum Himmel	141
Lukasevang. 4,14-30	Nazareth	Jesus verkündigt sich als Messias	343
Lukasevang. 4,9 13	Jer., Tempelberg	Jesus wird auf der Tempelzinne versucht	152
Markusevang. 1,21-2,12	Kapernaum	Jesus lehrt und heilt	333
Markusevang. 1,29-35	Kapernaum	Jesus im Haus des Simon	333
Markusevang. 2,23-3,6	Shabbat	74	
Markusevang. 5,1-20	Kursi	Dämonenaustreibung Jesu	334
Markusevang. 6,1729	Sebaste	Johannes der Täufer angeblich hier enthauptet	443
Markusevang. 6,30-44	Tabgha	5000 Menschen reichen 5 Brote und 2 Fische	332
Markusevang. 8,22-26	Bethsaida	Heilung eines Blinden	334
Matthäusevang. 16,13-20	Caesarea Philippi/Banias	Petrusbekenntnis und Passionsankündigung	355
Matthäusevang. 17,1-9	Tabor (Berg)	Verklärung Jesu	340
Matthäusevang. 21,1-11	Jer., Ölberg	Jesus zieht in Jerusalem ein	140
Matthäusevang. 26,36-56	Jerus., Ölberg	Gebet u. Gefangennahme Jesu in Gethsemane	143
Matthäusevang. 5-7	Berg der Seligpreisungen	Jesu Bergpredigt	332
Matthäusevang. 8,5-13	Kapernaum	Hauptmann von Kapernaum	333
Nehemiabuch 3	Jerusalem	Stadtmauer wieder aufgebaut	137
Prediger Salomos 2,6	Teiche Salomos	Salomo legt Teiche zur Baumbewässerung an	466
Psalm 122	Jerusalem	Segen für die Stadt	133
Psalm 133,3	Hermon (Berg)	Eintracht ist wie Tau vom Hermon	357
Psalm 137	Jerusalem	Erinnerung im Exil	137
Psalm 147	Jerusalem	unter Gottes Schutz	133
Psalm 79,1-4	Jerusalem	Klage über Zerstörung	137
Richterbuch 16,1-3	Gaza	Simson trägt das Stadttor bis Hebron	475
Richterbuch 16,21-30	Gaza	Simson bringt den Dagontempel zum Einsturz und viele Philister um	475
Richterbuch 18	Dan	Stamm Dan siedelt bei der Stadt Lajish, Umbenennung der Stadt	353
Richterbuch 7,1-8	En Harod	Gideon rekrutiert ein Heer gegen die Midianiter	353
Richterbuch 9	Sichem	Abimelekh, König von Sichem	370
Ruthbuch	Bethlehem	Ruth aus der Fremde wird Stammmutter Davids	438
Sirachbuch 24,14	En Gedi	Palmen	460

Index

Schreiben Sie uns bitte,

falls Sie neue und/oder bessere Informationen haben und solange diese Infos wirklich noch aktuell sind. Am einfachsten für Sie und uns sind Emails, natürlich werten wir auch ganz normale Briefe sorgfältig aus.
Wenn wir Ihre Zuschrift verwerten können, schicken wir Ihnen ein Freiexemplar von einem der unten aufgeführten Titel aus unserer Verlagsproduktion (von anderen Reise Know-How-Verlagen ist das leider nicht möglich):

(__) ÄGYPTEN INDIVIDUELL
(__) ÄGYPTEN - Das Niltal von Kairo bis Abu Simbel
(__) JORDANIEN
(__) Exemplar der nächsten Auflage dieses Buches

Wir freuen uns sehr, wenn Sie Ihre Infos als Email oder gut leserlich per Post schicken. Bei Email vergessen Sie bitte nicht, auch Ihre Postanschrift anzugeben.

Unsere Anschrift:
Reise Know-How Verlag Tondok
Nadistr. 18, D-80809 München
Email: neues@tondok-verlag.de

Reise Know-How Verlag Tondok

Zuverlässige Informationen gehören zu den "Essentials" beim Reisen. Diese und noch viel mehr erfahren Sie aus unseren Reiseführern.

Wil Tondok

ÄGYPTEN INDIVIDUELL

Ein Reisehandbuch zum Erleben, Erkennen und Verstehen eines fantastischen Landes

Der Reiseführer für ganz Ägypten, der wegen seiner umfassenden und zuverlässigen Informationen zum ständigen Begleiter der meisten Individualreisenden wurde. 18 Auflagen in 28 Jahren - was spricht mehr für die Aktualität

18. Auflage, ISBN 3-89662-476-5, 744 Seiten, 112 Pläne und Karten 270 Fotos, 800 Index-Einträge, komplett in Farbe, € 24,90

Wil Tondok

ÄGYPTEN - DAS NILTAL von Kairo bis Abu Simbel

Seit Jahrtausenden pulsierendes Leben am Nil – heute touristisches Ziel von Weltrang. Dieser Führer konzentriert sich kenntnisreich auf alle Belange einer Nilreise, auf Nilkreuzfahrten, auf die Reisepraxis und den kulturellen Hintergrund.

3. Auflage 2009; ISBN 3-89662-464-2, 480 Seiten, komplett in Farbe, 70 Pläne und Karten, Niltal-Atlas,110 Fotos, € 16,90

Wil Tondok

JORDANIEN

Reisen zwischen Jordan, Wüste und Rotem Meer

Alles über das attraktive Land zwischen Jordan und Wüste. Tipps und fundierte Empfehlungen zum täglichen Reiseleben, detaillierte Beschreibungen der vielen Sehenswürdigkeiten, wie z.B. Petra, Jehrash, Wadi Rum oder Aqaba.

5. Auflage, ISBN 978-3-89662-457-4, 372 Seiten, 50 Karten, 130 Fotos, 8seitiger Atlas, komplett in Farbe, € 20,90

Burghard Bock, Wil Tondok

PALÄSTINA – *Reisen zu den Menschen*

Der erste deutschsprachige Palästina-Führer liegt nach knapp 2 Jahren bereits in der zweiten Auflage vor. Er macht auf ein neues (eigentlich uraltes) und in vieler Hinsicht interessantes Reiseziel aufmerksam: auf die palästinensische Westbank und ihre gastfreundlichen Menschen.

2. Auflage 2013, ISBN 978-3-89662-484-0; 280 Seiten, 37 Karten, 90 Fotos, 560 Internetadressen und Apps, viele Querverweise, € 13,90 (D)

Ortsnamen in arabischer und hebräischer Schrift

Zeigen Sie bei Verständigungsschwierigkeiten auf das entsprechende Wort *(NP = Nationalpark).*

Stadt/Land	Hebräisch	Arabisch
Israel	ישׂראל	إسرائيل
Palästina	פלסטין	فلسطين
Ägypten	מצרים	مصر
Jordanien	ירדן	الأردن
Syrien	סוריה	سورتا
Libanon	לבנון	لبنان
Abu Gosh	אבו גוש	ابو غوش
Afula	עפולה	العفولة
Akko	עכו	عكا
AlBireh	אל־בירה	البيرة
Arad	ערד	عراض
Ashdod	אשדוד	إسدود
Ashkelon	אשקלון	مجدل عسقلان
Avdat NP	עבדת	عبدات
Banias NP	בניאס	بنياس
Bar'am NP	ברעם	برعم
Beer Sheva	באר שבע	بئر السبع
Belvoir NP	כוכב הירדן	الكوكب
Bet Alfa	בית אלפא	بيت الفا
Bet Guvrin	בית גוברין	بيت جبرين
Bethlehem	בית לחם	بيت لحم
Bet Shean	בית שאן	بيسان
Bet Shearim NP	בית שערים	بيت شعاريم
Bet Shemesh	בית שמש	بيت شيمش
Caesarea	קיסריה	قيسارية
Daliyat AlKarmel	דלית אל־כרמל	دالية الكرمل
Dimona	דימונה	ديمونة
Elat	אילת	إيلات
En Gedi	עין גדי	عين غدي
En Hod	עין הוד	بيت هود
En Boqeq	עין בוקק	بيت بوقيق
Erez (Grenzübergang zu Gaza)	ארז	إيريز
Gamla	גמלא	جملا
Gaza	עזה	غزة
Haifa	חיפה	حيفا
Hamat Gader	חמת גדר	الحمّة
Hazor NP	חצור	حصور، تلّ القدخ
Hebron	חברון	الخليل
Hermon, Berg	הרמון, הר	حرمون، جبل
Herodion NP	הרודיון	هروديون
Herzliya	הרצליה	هرتسليا
Hisham-Palast	ארמון הישאם	قصر هشام
Jaffa	יפו	يافا
Jenin	ג׳נין	جنين
Jericho	יריחו	اريحا
Jerusalem	ירושלים	القدس
Jordan Park	פארק הירדן	منتزه نهر الأردن
Kafr Kana	כפר כנא	كفر كنا

Kapernaum	כפר נחום	كفر ناحوم
Kiryat Shmona	קרית שמונה	قريات شمونه
Korazim NP	כורזים	كورزيم
Latrun	לטרון	اللطرون
Lod	לוד	اللدّ
Lotan	לוטן	لوطان
Majdal e-Shams	מג׳דל שמס	مجدل شمس
Maktesh	מכתש	مختيش
(Katan, Gadol, Ramon)	(קטן, גדול, רמון)	(الخظيرة، الختيرة، رامون)
Mamshit	ממשית	ممشيت
Mar Saba Kloster	מנזר מרסבא	دير مارسابا
Mas'ada	מסעדה	مسعده
Maskeret Batya	מזכרת בתיה	مسكرت بتية
Massada	מצדה	مسادا
Megiddo	מגידו	مجيدو
Meron, Berg	מירון, הר	ميرون، جبل
Metulla	מטולה	مطوله
Mizpe Ramon	מצפה רמון	متسبه رامون
Montfort NP	מונפורט	مونفورط
Nabi Musa	נבי מוסה	النبي موسى
Nablus	שכם	نابلس
Nahariya	נהריה	نهريا
Nazareth	נצרת	الناصرة
Netanya	נתניה	نتانيا
Neve Ativ	נווה אטי״ב	نوه اتيف
Neve Shalom	נווה שלום	واحة السلام
Peqi'in	פקיעין	البقيعة
Petakh Tikva	פתח תקווה	بتاح تكفا
Qazrin	קצרין	قتسرين
Qumran NP	קומראן	قمران
Ramallah	רמאללה	رام اللّه
Ramla	רמלה	الرملة
Rekhovot	רחובות	رحوبوت
Rosh HaNikra	ראש הנקרה	راس الناقورة
Rosh Pina	ראש פינה	روش بينا
Safed	צפת	صفد
Salomos Teiche	בריכות שלמה	برك سليمان
Sde Boqer	שׂדה בוקר	سده بوك
Sepphoris NP	ציפורי	صفورية
Shivta	שיבטה	سبطا
Sodom	סדום	سدوم
Soreq Höhle NP	מערות שׂורק	مغارة سوريق
Tabgha	טבח׳ה	طبخة
Tabor, Berg	תבור, הר	طابور، جبل
Tel Aviv	תל אביב	تل ابيب
Tel Dan NP	תל דן	تل دن، تلّ القاضي
Tiberias	טבריה	طبريا
Timna	תמנע	تمنع
Tzfat	צפת	صفد
Wadi Qelt	ואדי קלט	وادي قلت
Zfat	צפת	صفد
Zikhron Ya'akov	זכרון יעקב	زخرون يعقوب
Zippori	ציפורי	صفورية

Kilometer- & Fahrtzeit-Tafel

Unsere Tafel zu den Straßenverbindungen in Israel und Palästina ist für den Gebrauch mit der Überblickskarte im Umschlag um 90° gekippt. Die Orte sind nach touristischer Bedeutung und geografischer Verteilung ausgewählt, sodass sich auch Ziele in jeweiliger Nähe leicht erschließen lassen.

Die Zeiten sind fast unsinnig genau. Wir sind die Strecken jedoch nicht mit der Stoppuhr abgefahren – die Daten stammen aus unterschiedlichen Quellen, die Fahrtzeiten z.B. vorwiegend aus dem Mapa-Atlas HaSahav 2009, die in der Ausgabe 2011 jedoch (vorsichtshalber?) weggelassen wurden. Die zugrunde liegenden Algorithmen und Annahmen sind uns unbekannt. Insofern ist davon auszugehen, dass man je nach Fahrzeug, Insassen, Verkehrszeit, (Maut-) Straßenqualität, Checkpoints und Straßenblockaden wohl selten in der angegebenen Zeit ein Ziel erreicht. Extremfall Gaza: Die Kilometerangabe reicht bis Gaza-Stadt, aber die Fahrtzeit nur bis zum Grenzübergang Eres. Nicht einmal Israel, Fatah und Hamas werden die Dauer der letzten 12 km angeben können. Trotzdem finden wir einen ungefähren Anhaltspunkt besser als keinen.

Auto-Fahrtzeit in Stunden:Minuten

	Arad	Ashkelon	Beer Sheba	Ben Gurion	Bet Shean	Caesarea Maritima	Elat	En Gedi	Gaza via Eres	Haifa	Hebron	Jericho	Jerusalem	Metulla	Mizpe Ramon	Nablus	Nazareth	Qazrin	Rosh HaNikra	Tel Aviv	Tiberias
Akko	3:29	2:30	3:09	1:58	1:27	1:19	5:06	2:54	2:11	0:52	2:33	2:31	2:34	1:30	4:09	2:00	0:56	1:23	0:26	1:52	1:04
Arad		1:31	0:56	1:49	3:32	2:45	2:41	0:43	1:14	2:57	0:50	1:56	2:02	4:23	1:35	2:31	3:18	4:08	3:43	1:55	3:34
Ashkelon			1:08	0:53	2:33	1:45	4:10	1:59	0:20	1:53	1:06	1:56	1:15	3:24	2:04	1:30	2:17	3:08	2:42	0:54	2:36
Beer Sheba				1:28	3:13	2:26	3:09	1:19	0:45	2:32	1:04	2:16	1:40	4:04	1:12	2:09	2:59	3:47	3:21	1:33	3:15
Ben Gurion					2:03	0:55	4:24	1:34	0:53	1:27	1:12	1:20	0:44	2:53	2:28	0:58	1:48	2:56	2:10	0:21	2:04
Bet Shean						1:08	4:21	1:40	2:02	1:22	2:25	2:03	2:40	1:29	4:11	1:47	0:47	0:56	1:40	1:55	0:43
Caesarea Maritima							4:19	2:12	1:18	0:34	1:50	2:28	1:52	2:27	3:23	1:19	1:25	2:12	1:22	1:04	1:42
Elat								2:33	3:18	4:34	3:09	3:22	4:37	5:56	2:00	4:56	5:06	5:13	5:18	3:47	4:42
En Gedi									1:51	2:30	1:54	0:54	1:11	2:56	1:53	2:27	2:13	2:30	3:14	1:40	2:13
Gaza via Eres										1:38	1:05	1:53	1:20	2:55	1:45	1:47	1:52	2:46	2:26	0:49	2:15
Haifa											2:08	2:41	2:05	1:41	3:33	1:31	1:02	1:52	1:15	1:20	1:21
Hebron												1:39	0:50	3:11	1:58	2:12	2:08	3:02	2:49	1:18	3:07
Jericho													0:36	2:26	2:47	1:29	1:46	2:08	2:43	1:32	1:43
Jerusalem														2:47	2:37	1:22	2:04	2:35	2:46	0:56	2:16
Metulla															4:16	2:53	1:33	0:48	1:17	2:45	0:53
Mizpe Ramon																3:09	3:59	3:55	3:39	2:23	4:12
Nablus																	1:37	2:34	2:11	0:55	2:05
Nazareth																		1:17	1:08	1:29	0:44
Qazrin																			1:22	2:14	0:35
Rosh HaNikra																				1:48	1:12
Tel Aviv																					1:44

Entfernung in Kilometern

	Arad	Ashkelon	Beer Sheba	Ben Gurion	Bet Shean	Caesarea Maritima	Elat	En Gedi	Gaza via Eres	Haifa	Hebron	Jericho	Jerusalem	Metulla	Mizpe Ramon	Nablus	Nazareth	Qazrin	Rosh HaNikra	Tel Aviv	Tiberias
Akko	253	157	223	137	86	61	464	231	196	22	232	171	174	93	303	111	38	75	20	108	63
Arad		111	45	140	193	198	219	62	105	230	56	116	150	295	110	170	247	353	284	151	276
Ashkelon			66	54	183	113	315	159	28	134	71	117	71	244	146	110	151	225	195	63	180
Beer Sheba				110	200	172	241	106	65	206	67	153	115	296	80	140	217	323	254	115	246
Ben Gurion					111	74	351	129	87	115	99	84	44	199	190	60	96	174	154	15	137
Bet Shean						63	367	135	189	70	168	82	134	99	301	75	37	72	119	117	37
Caesarea Maritima							397	195	133	39	159	157	108	137	254	72	69	128	81	58	77
Elat								233	296	443	275	290	307	469	139	366	423	437	495	343	407
En Gedi									164	231	124	58	80	236	164	114	173	204	245	139	174
Gaza via Eres										169	91	159	123	251	154	138	176	247	214	80	206
Haifa											201	154	161	118	280	93	37	91	43	94	65
Hebron												79	41	278	152	101	191	262	244	103	204
Jericho													38	183	227	63	119	150	190	107	121
Jerusalem														224	195	60	131	193	198	69	162
Metulla															373	168	91	56	117	195	66
Mizpe Ramon																220	297	351	334	197	256
Nablus																	73	145	131	47	102
Nazareth																		72	62	106	29
Qazrin																			99	176	40
Rosh HaNikra																				142	82
Tel Aviv																					134